rororo

## Leitfaden zum Arbeitsrecht 1

Arbeitsrecht ist kein Sonderrecht einer beliebigen Gruppe. Es gilt für rund 90 Prozent aller Erwerbstätigen und betrifft eine Reihe von existenziellen Fragen. Wer sich auf diesem Gebiet auskennt, hat im Konfliktfall bessere Karten.

Das Standardwerk von Wolfgang Däubler wird hier in der 16. Auflage vorgelegt. Es gibt einen umfassenden Überblick und greift zahlreiche aktuelle Probleme auf, darunter:

Arbeitsrecht als Standortfaktor
Einflüsse der Globalisierung
Europäische Betriebsräte
Betriebliche Bündnisse für Arbeit
Tarifliche Sozialpläne

Außerdem gibt dieses Handbuch u. a. Auskunft über
- Entstehung des Arbeitsrechts
- Richterrecht und «hM»
- Koalitionsfreiheit
- Tarifautonomie
- Streik und Aussperrung
- Betriebsverfassung
- Handlungsmöglichkeiten von Betriebsräten
- Neue Techniken im Betrieb
- Arbeitnehmervertreter im Aufsichtsrat

**Wolfgang Däubler,** geb. 1939, Jurist; Professor für deutsches und europäisches Arbeitsrecht, Bürgerliches Recht und Wirtschaftsrecht an der Universität Bremen. Mitglied des Aufsichtsrats und des Kreditausschusses eines öffentlich-rechtlichen Kreditinstituts. Zahlreiche Beratungseinsätze in Slowenien, Lateinamerika, Vietnam und der VR China. Gastprofessor an der Universität Trento/Italien. Zahlreiche Veröffentlichungen, insbesondere Kommentar zum BetrVG («DKK», mit anderen), 10. Aufl. 2006; Kommentar zum TVG, 2. Aufl. 2006; Gläserne Belegschaften? Datenschutz in Betrieb und Dienststelle, 4. Aufl. 2002; Schulung und Fortbildung von betrieblichen Interessenvertretern, 5. Aufl. 2004; BGB kompakt, 2. Aufl. 2003.

Wolfgang Däubler

# Das Arbeitsrecht 1

## Die gemeinsame Wahrung von Interessen im Betrieb

Leitfaden für Arbeitnehmer

Rowohlt Taschenbuch Verlag

**Originalausgabe**

1.–23. Tausend August 1976
24.–33. Tausend Dezember 1977 (2., überarbeitete Aufl.)
34.–40. Tausend Januar 1979 (3., unveränderte Aufl.)
41.–48. Tausend März 1980 (4., unveränderte Aufl.)
49.–54. Tausend Januar 1982 (5., überarbeitete Aufl.)
55.–59. Tausend Mai 1983 (6., unveränderte Aufl.)
60.–71. Tausend Juli 1985 (7., erweiterte u. überarbeitete Aufl.)
72.–75. Tausend November 1986 (8., leicht überarbeitete Aufl.)
76.–79. Tausend Januar 1988 (9., unveränderte Aufl.)
80.–81. Tausend Juli 1989 (10., unveränderte Aufl.)
82.–91. Tausend Mai 1990 (11., vollständig überarbeitete, erweiterte Neuausgabe)
92.–97. Tausend Dezember 1990 (12., unveränderte Aufl.)
98.–102. Tausend Februar 1993 (13., leicht überarbeitete Aufl.)
103.–112. Tausend September 1995 (14., überarbeitete Neuausgabe)
113.–121. Tausend April 1998 (15., überarbeitete Neuausgabe)
122.–127. Tausend September 2006 (16., vollständig überarbeitete, erweiterte Neuausgabe)

Veröffentlicht im Rowohlt Taschenbuch Verlag,
Reinbek bei Hamburg, September 2006

Umschlaggestaltung ZERO Werbeagentur, München
Satz Pinkuin Satz und Datentechnik, Berlin
Druck und Bindung Clausen & Bosse, Leck
Printed in Germany
ISBN 13: 978 3 499 61966 3
ISBN 10: 3 499 61966 0

# Vorwort

Das vorliegende Buch hat den Anspruch, ein Stück Realität zu erklären. Es geht deshalb um mehr als die Darstellung von aktuellen Gesetzen und wichtigen Urteilen: Der Leser soll auch erfahren, wie sich das Arbeitsrecht entwickelt hat und wie es faktisch wirkt. Bisweilen wird auch ein Blick in fremde Rechtsordnungen geworfen, die mit vergleichbaren Problemen konfrontiert sind und die möglicherweise bessere Lösungen entwickelt haben.

Arbeitsrecht verändert sich schnell. Gegenüber der 1998 erschienenen Ausgabe war daher vieles neu zu schreiben. Der gesetzliche Rahmen ist ein anderer, die Rechtsprechung hat neue Akzente gesetzt, aber auch die eigene Sicht der Dinge ist nicht dieselbe geblieben. Wir haben uns endgültig von der Illusion verabschiedet, die Globalisierung der Märkte lasse das Arbeitsrecht unberührt: Der Kostendruck, der von Billiganbietern ausgeht, die Verhaltensrichtlinien amerikanischer Konzerne, die auf die deutschen Töchter «durchschlagen», die Datenübermittlung ins Ausland und nicht zuletzt die Drohung mit Produktionsverlagerung – dies alles sind Herausforderungen, denen man nicht mehr ausweichen kann.

Selbst in einer weltweiten Marktwirtschaft darf der Mensch nicht allein zum Kostenfaktor werden. Der Einzelne bleibt eine Persönlichkeit, deren Würde unantastbar ist. Damit verträgt es sich nicht, wenn Rechte nur auf dem Papier stehen und wenn Kranke und Ältere «ausgesondert» werden. Auch das heutige Arbeitsrecht versucht, hier gegenzusteuern und ein Minimum an Absicherung zu erreichen. Dies setzt gemeinsames Handeln voraus; ohne Betriebsräte und Gewerkschaften lässt sich gegen den Druck des Marktes wenig ausrichten, verkümmert das «Soziale» in der «sozialen Marktwirtschaft».

Das Buch gibt Gesetzgebung, Rechtsprechung und juristische Literatur auf dem Stand von März 2006 wieder. Anregungen und Kritik sind unter daeubler@uni-bremen.de jederzeit willkommen.

Bremen, Mai 2006
*Wolfgang Däubler*

# Inhalt

# Verzeichnis der Abkürzungen und der mehrfach zitierten Literatur

| | |
|---|---|
| a.A. | anderer Ansicht |
| a.a.O. | am angegebenen Ort |
| Abendroth, GG | Abendroth, Wolfgang: Das Grundgesetz. Eine Einführung in seine politischen Probleme, Pfullingen 1966 |
| ABl | Amtsblatt |
| ABlEG | Amtsblatt der Europäischen Gemeinschaften |
| AcP | Archiv für die civilistische Praxis (Band, Jahr und Seite) |
| ADGB | Allgemeiner Deutscher Gewerkschaftsbund |
| Adomeit | Adomeit, Klaus: Das Arbeitsrecht und unsere wirtschaftliche Zukunft, München 1985 |
| AFG | Arbeitsförderungsgesetz |
| AfP | Archiv für Presserecht (Jahr und Seite) |
| AG | Aktiengesellschaft (auch: Zeitschrift) |
| AiB | Arbeitsrecht im Betrieb (Jahr und Seite) |
| AK-GG | Kommentar zum Grundgesetz, Reihe Alternativkommentare, bearbeitet von Denninger u. a., 3. Aufl., Neuwied und Darmstadt 2001 |
| AktG | Aktiengesetz |
| Altvater u. a. | Altvater, Lothar; Hamer, Wolfgang; Ohnesorg, Norbert; Peiseler, Manfred: Bundespersonalvertretungsgesetz, Kommentar für die Praxis, 5. Aufl., Frankfurt/M. 2004 |
| AmtsG | Amtsgericht |
| Ananiadis | Ananiadis, Antonios: Die Auslegung von Tarifverträgen, Berlin 1974 |
| ANErfG | Gesetz über Arbeitnehmererfindungen |
| Anm. | Anmerkung |
| AöR | Archiv des öffentlichen Rechts (Band, Jahr und Seite) |
| AP | Arbeitsrechtliche Praxis |
| ArbG | Arbeitsgericht |
| ArbGeb | Arbeitgeber (Jahr und Seite) |
| ArbGG | Arbeitsgerichtsgesetz |
| ArbZG | Arbeitszeitgesetz |
| AR-Blattei | Arbeitsrechtsblattei |
| ARS | Arbeitsrechtssammlung (Band und Seite) |
| Art. | Artikel |

| | |
|---|---|
| AuA | Arbeit und Arbeitsrecht (Jahr und Seite) |
| Auktor | Auktor, Christian: Der Wellenstreik im System des Arbeitskampfrechts, München 2002 |
| AuR | Arbeit und Recht (Jahr und Seite) |
| AZO | Arbeitszeitordnung |
| BAG | Bundesarbeitsgericht |
| BAGE | Amtliche Sammlung der Entscheidungen des Bundesarbeitsgerichts (Band und Seite) |
| Balders | Balders, Sven-Frederik: Die Neubesetzung der Stellen streikender Arbeitnehmer in den Vereinigten Staaten von Amerika und der Bundesrepublik Deutschland, Baden-Baden 1999 |
| BArbBl | Bundesarbeitsblatt (Jahr, Heft und Seite) |
| BAT | Bundesangestelltentarifvertrag |
| Bayreuther | Bayreuther, Frank: Tarifautonomie als kollektiv ausgeübte Privatautonomie. Tarifrecht im Spannungsfeld von Arbeits-, Privat- und Wirtschaftsrecht, München 2005 |
| BB | Betriebsberater (Jahr und Seite) |
| BBiG | Berufsbildungsgesetz |
| BDSG | Bundesdatenschutzgesetz |
| Belling | Belling, Detlev W.: Die Haftung des Betriebsrats und seiner Mitglieder für Pflichtverletzungen, Tübingen 1990 |
| Bender | Bender, Wolfgang: Der Wegfall der Geschäftsgrundlage bei arbeitsrechtlichen Kollektivverträgen am Beispiel des Tarifvertrags und des Sozialplans, München 2005 |
| Benze–Föhr u. a. | Benze, Dieter; Föhr, Horst u. a.: Mitbestimmungsgesetz '76. Kommentar für die Praxis, Hannover 1977 |
| Berg–Bobke | Berg, Peter und Bobke, Manfred: Das Betriebsverfassungsgesetz. Ein Leitfaden für aktive Betriebsratsarbeit, Köln 1982 |
| Berg u. a. | Berg, Peter; Platow, Helmut; Schoof, Christian; Unterhinninghofen, Hermann: Tarifvertragsgesetz und Arbeitskampfrecht. Basiskommentar, Frankfurt/M. 2005 (Zitierweise: Berg u. a. § 1 TVG bzw. AKR) |
| Berger | Berger, Jürgen: Einführung in das österreichische Arbeits- und Sozialrecht, 3. Aufl., Innsbruck 1977 |
| Berghäuser | Berghäuser, Klaus: Koalitionsfreiheit als demokratisches Grundrecht, Köln 1980 |
| Bergmann u. a. | Bergmann, Joachim; Jacobi, Otto; Müller-Jentsch, Walther: Gewerkschaften in der Bundesrepublik, Frankfurt/M. und Köln 1975 |
| Bergwitz | Bergwitz, Christoph: Die Rechtsstellung des Betriebsrats, Berlin 2003 |
| Bertelsmann | Bertelsmann, Klaus: Aussperrung. Eine Untersuchung ihrer Zulässigkeit unter besonderer Berücksichtigung ihrer geschichtlichen Entwicklung und Handhabung in der Praxis, Berlin 1979 |

| | |
|---|---|
| Bertelsmann-Stiftung/ Böckler-Stiftung | Bertelsmann-Stiftung und Hans-Böckler-Stiftung (Hrsg.), Mitbestimmung und neue Unternehmenskulturen – Bilanz und Perspektiven, Bericht der Kommission Mitbestimmung, Gütersloh 1998 |
| BetrR | Der Betriebsrat (Jahr und Seite) |
| BetrVG | Betriebsverfassungsgesetz |
| Beuthien (Hrsg.) | Beuthien, Volker (Hrsg.): Arbeitnehmer oder Arbeitsteilhaber? Zur Zukunft des Arbeitsrechts in der Wirtschaftsordnung, Stuttgart 1987 |
| BFH | Bundesfinanzhof |
| BGB | Bürgerliches Gesetzbuch |
| BGBl | Bundesgesetzblatt |
| BGH | Bundesgerichtshof |
| BGHSt | Amtliche Sammlung der Entscheidungen des Bundesgerichtshofs in Strafsachen (Band und Seite) |
| BGHZ | Amtliche Sammlung der Entscheidungen des Bundesgerichtshofs in Zivilsachen (Band und Seite) |
| Bieback u. a. | Bieback, Karl Jürgen u. a.: Streikfreiheit und Aussperrungsverbot. Zur Diskussion einer gewerkschaftlichen Forderung, Neuwied und Darmstadt 1979 |
| Biedenkopf, 46. DJT | Biedenkopf, Kurt: Sinn und Grenzen der Vereinbarungsbefugnis der Tarifvertragsparteien, Gutachten für den 46. DJT, in: Verhandlungen des 46. DJT, Bd. I, Teil 1, S. 97–167 |
| Biedenkopf, Grenzen | Biedenkopf, Kurt: Grenzen der Tarifautonomie, Karlsruhe 1964 |
| Binkert | Binkert, Gerhard: Gewerkschaftliche Boykottmaßnahmen im System des Arbeitskampfrechts, Berlin 1981 |
| Birk, Unterstützungskampfmaßnahmen | Birk, Rolf: Die Rechtmäßigkeit gewerkschaftlicher Unterstützungskampfmaßnahmen, Stuttgart 1978 |
| Birk, Warnstreik | Birk, Rolf: Der gewerkschaftliche Warnstreik im öffentlichen Dienst, Stuttgart 1985 |
| BiUrlG | Bildungsurlaubsgesetz |
| BK | Bonner Kommentar zum Grundgesetz (Loseblatt) |
| Bl. | Blatt |
| Blätter | Blätter für deutsche und internationale Politik (Jahr und Seite) |
| Blank | Blank, Michael; Die Tarifzuständigkeit der DGB-Gewerkschaften, Baden-Baden 1996 |
| Blank–Blanke u. a. | Blank, Michael; Blanke, Hermann; Klebe, Thomas; Kümpel, Winfried; Wendeling-Schröder, Ulrike; Wolter, Henner: Arbeitnehmerschutz bei Betriebsaufspaltung und Unternehmensteilung, 2. Aufl., Köln 1987 |
| Blanke | Blanke, Thomas: Funktionswandel des Streiks im Spätkapitalismus, Frankfurt/M. 1972 |
| Blanke, EBRG | Ders., Europäisches Betriebsräte-Gesetz. Europäische Mitbestimmung – SE, 2. Aufl., Baden-Baden 2006 |

| | |
|---|---|
| Blanke, «Vorrats-SE» | Blanke, Thomas: «Vorrats-SE» ohne Arbeitnehmerbeteiligung, Düsseldorf 2005 |
| Blanke u. a. | Blanke, Thomas; Erd, Rainer u. a., Kollektives Arbeitsrecht. Quellentexte zur Geschichte des Arbeitsrechts in Deutschland, 2 Bände, Reinbek 1975 |
| BlfStR | Blätter für Steuerrecht, Sozialversicherung und Arbeitsrecht (Jahr und Seite) |
| Blume | Blume, Otto: Normen und Wirklichkeit einer Betriebsverfassung, Tübingen 1964 |
| Bobke | Bobke, Manfred: Arbeitsrecht für Arbeitnehmer, 5. Aufl., Köln 1993 |
| Bobke, Aussperrung | Ders.: Gewerkschaften und Aussperrung, Köln 1982 |
| Bobke–Grimberg | Bobke, Manfred und Grimberg, Herbert: Der gewerkschaftliche Warnstreik im Arbeitskampfrecht, Köln 1983 |
| Böhmert | Böhmert, Sabine: Das Recht der ILO und sein Einfluß auf das deutsche Arbeitsrecht im Zeichen der europäischen Integration, Baden-Baden 2002 |
| Boemke | Boemke, Burkhard: Schuldvertrag und Arbeitsverhältnis, München 1999 |
| Boemke, Arbeitsrecht | Boemke, Burkhard: Studienbuch Arbeitsrecht, 2. Aufl., München 2004 |
| Bösche | Bösche, Burchard: Die Rechte des Betriebsrats bei Kündigungen, Köln 1979 |
| Böttcher | Böttcher, Inge: Gemeinsame Ausübung eines Zurückbehaltungsrechts, Frankfurt/M. 1986 |
| Brecht | Brecht, Holger: Die Umsetzung von Tarifverträgen auf Betriebsebene. Das Verhältnis betrieblicher und tariflicher Rechtsetzung auf der Grundlage rechtstatsächlicher Erkenntnisse, Berlin 2003 |
| Brehm–Pohl (Hrsg.) | Brehm, Horst und Pohl, Gerd (Hrsg.): Interessenvertretung durch Information, Köln 1978 |
| Breit (Hrsg.) | Breit, Ernst (Hrsg.): Europäischer Binnenmarkt: Wirtschafts- oder Sozialraum?, Bonn 1988 |
| BremDiszH | Bremischer Disziplinarhof |
| BRG | Betriebsrätegesetz |
| Brors | Brors, Christiane: Die Abschaffung der Fürsorgepflicht. Versuch einer vertragstheoretischen Neubegründung der Nebenpflichten des Arbeitgebers, Tübingen 2002 |
| Brox–Rüthers–Henssler | Brox, Hans; Rüthers, Bernd; Henssler, Martin: Arbeitsrecht, 16. Auflage, Stuttgart u. a. 2004 |
| Brox–Rüthers | Brox, Hans und Rüthers, Bernd: Arbeitskampfrecht. 2. Aufl., Stuttgart u. a. 1982 |
| BSG | Bundessozialgericht |
| BT-Drucksache | Bundestags-Drucksache |
| Burghardt | Burghardt, Heinz: Die Handlungsmöglichkeiten des Betriebsrats, Köln 1979 |

| | |
|---|---|
| BUrlG | Bundesurlaubsgesetz |
| BVerfG | Bundesverfassungsgericht |
| BVerfGE | Amtliche Sammlung der Entscheidungen des Bundesverfassungsgerichts (Band und Seite) |
| BVerwG | Bundesverwaltungsgericht |
| BVerwGE | Amtliche Sammlung der Entscheidungen des Bundesverwaltungsgerichts (Band und Seite) |
| bwPolG | baden-württembergisches Polizeigesetz |
| Carinci u. a. | Carinci, Franco; De Luca Tamajo, Raffaele; Tosi, Paolo; Treu, Tiziano: Diritto del Lavoro, Tomo 1: Il diritto sindacale, 4ª edizione, Torino 2002; Tomo 2: Il rapporto di lavoro subordinato, 5ª edizione, Torino 2003 |
| Caspar | Caspar, Richard: Die gesetzliche und verfassungsrechtliche Stellung der Gewerkschaften im Betrieb, Köln u. a. 1980 |
| CF | Computer-Fachwissen (Heft, Jahr und Seite) |
| Colneric | Colneric, Ninon: Der Industrial Relations Act 1971, Ebelsbach 1979 |
| Conaghan u. a. | Conaghan, Joanne; Fischl, Richard Michael; Klare, Karl (ed.): Labour Law in an Era of Globalization. Transformative Practices & Possibilities, Oxford 2000 |
| CR | Computer und Recht (Jahr und Seite) |
| Crusius u. a. (Hrsg.) | Crusius, Reinhard; Schiefelbein, Günter; Wilke, Manfred: Die Betriebsräte in der Weimarer Republik. Von der Selbstverwaltung zur Mitbestimmung, 2 Bände, Berlin 1978 |
| DA | Das Argument (Jahr und Seite) |
| Däubler, Arbeitsrecht Ratgeber | Däubler, Wolfgang: Arbeitsrecht. Ratgeber für Beruf, Praxis und Studium, 6. Aufl., Frankfurt/M. 2006 |
| Däubler, Betriebsverfassung in globalisierter Wirtschaft | Ders.: Betriebsverfassung in globalisierter Wirtschaft. Eine Momentaufnahme, Baden-Baden 1999 |
| Däubler, BGB kompakt | Ders.: BGB kompakt, 2. Aufl., München 2003 |
| Däubler, Gesellschaftliche Interessen | Ders.: Gesellschaftliche Interessen und Arbeitsrecht, Köln 1974 |
| Däubler, Gewerkschaftsrechte | Ders.: Gewerkschaftsrechte im Betrieb, 10. Aufl., Baden-Baden 2000 |
| Däubler, Gläserne Belegschaften? | Ders.: Gläserne Belegschaften? Datenschutz in Betrieb und Dienststelle, 4. Aufl., Frankfurt/M. 2002 |
| Däubler, Grundrecht | Ders.: Das Grundrecht auf Mitbestimmung, 4. unveränderte Aufl., Frankfurt/M. 1976 |
| Däubler, Internet | Ders.: Internet und Arbeitsrecht, 3. Aufl., Frankfurt/M. 2004 |
| Däubler, Neue Beweglichkeit | Ders.: Neue Beweglichkeit im öffentlichen Dienst? Der gewerkschaftliche Warnstreik als Rechtsproblem, Stuttgart 1984 (hrsg. vom Hauptvorstand der Gewerkschaft ÖTV) |
| Däubler, Privatisierung | Ders.: Privatisierung als Rechtsproblem, Neuwied 1980 |
| Däubler, Schulung und Fortbildung | Ders.: Handbuch Schulung und Fortbildung. Gesamtdarstellung für betriebliche Interessenvertreter, 5. Aufl., Frankfurt/M. 2004 |

| | |
|---|---|
| Däubler, Das soziale Ideal | Ders.: Das soziale Ideal des Bundesarbeitsgerichts, 2. Aufl., Frankfurt/M. und Köln 1975 |
| Däubler, Sozialstaat EG? | Ders.: Sozialstaat EG? Die andere Dimension des Binnenmarkts, mit Beiträgen von Gerhard Fels, Meinhard Hilf, Werner Weidenfeld und Ulrich Weinstock, Gütersloh 1989 |
| Däubler, Streik | Ders.: Der Streik im öffentlichen Dienst, 2. Aufl., Tübingen 1971 |
| Däubler, TVG | Ders. (Hrsg.): Tarifvertragsgesetz, Kommentar, 2. Aufl., Baden-Baden 2006 |
| Däubler, Tarifvertragsrecht | Ders.: Tarifvertragsrecht, Handbuch, 3. Aufl., Baden-Baden 1993 |
| Däubler, Verhandeln und Gestalten | Ders.: Verhandeln und Gestalten, München 2003 |
| Däubler, Weltweiter Tarifvertrag | Ders.: Der Kampf um einen weltweiten Tarifvertrag. Probleme des deutschen Arbeitsrechts bei der Verbesserung der Arbeitsbedingungen auf Billigflaggenschiffen, Baden-Baden 1997 |
| Däubler–Dorndorf | Ders. und Dorndorf, Eberhard: AGB-Kontrolle im Arbeitsrecht, München 2004 |
| Däubler–Kittner–Lörcher | Ders. und Kittner, Michael; Lörcher, Klaus (Hrsg.): Internationale Arbeits- und Sozialordnung, 2. Aufl., Köln 1994 (mit Supplement 1995) |
| Däubler–Küsel (Hrsg.) | Ders. und Küsel, Gudrun (Hrsg.): Verfassungsgericht und Politik, Reinbek 1979 |
| Däubler/Mayer-Maly | Ders. und Mayer-Maly, Theo: Negative Koalitionsfreiheit?, Tübingen 1971 |
| Dammann | Dammann, Klaus: Tarifvertrag und Arbeitskampf, Köln 1977 |
| DB | Der Betrieb (Jahr und Seite) |
| dbr | Der Betriebsrat (Jahr, Heft und Seite) |
| Deinert | Deinert, Olaf: Der Europäische Kollektivvertrag: Rechtstatsächliche und rechtsdogmatische Grundlagen einer gemeineuropäischen Kollektivvertragsautonomie, Baden-Baden 1999 |
| Deppe u. a. | Deppe, Frank; von Freyberg, Jutta u. a.: Kritik der Mitbestimmung. Partnerschaft oder Klassenkampf?, Frankfurt/M. 1969 |
| DG | Der Gewerkschafter (Jahr, Heft und Seite) |
| DGB (Hrsg.), Corporate Social Responsibility | DGB Dietmar Hexel (Hrsg.): Corporate Social Responsibility. Neue Handlungsfelder für Arbeitnehmervertretungen, Berlin 2005 |
| Dieterich, Betriebliche Normen | Dieterich, Thomas; Die betrieblichen Normen nach dem TVG vom 9. 4. 1949, Heidelberg 1964 |
| Dietz–Nipperdey | Dietz, Rolf und Nipperdey, Hans-Carl: Die Frage der tarifvertraglichen Regelung der Einziehung von Gewerkschaftsbeiträgen durch die Betriebe, Köln 1963 |
| DJT | Deutscher Juristentag |
| DKK | Däubler, Wolfgang; Kittner, Michael; Klebe, Thomas (Hrsg.): |

| | |
|---|---|
| | BetrVG mit Wahlordnung. Kommentar für die Praxis, 10. Aufl., Frankfurt/M. 2006 |
| DKK-FB | Däubler, Wolfgang; Kittner, Michael; Klebe, Thomas (Hrsg.): Formularbuch Betriebsverfassungsrecht, Frankfurt/M. 2006 |
| Döring–Kempen (Hrsg.) | Döring, Diether und Kempen, Otto-Ernst (Hrsg.): Sozialistengesetz, Arbeiterbewegung und Demokratie, Köln und Frankfurt/M. 1979 |
| DÖV | Die Öffentliche Verwaltung (Jahr und Seite) |
| Dorndorf–Weiss | Dorndorf, Eberhard und Weiss, Manfred: Warnstreiks und vorbeugender Rechtsschutz gegen Streiks, Frankfurt/M. 1983 |
| DPG | Deutsche Postgewerkschaft |
| DRiG | Deutsches Richtergesetz |
| Duden u. a. | Duden, Konrad; Külz, Helmut u. a.: Gerechtigkeit in der Industriegesellschaft, Karlsruhe 1972 |
| DuD | Datenschutz und Datensicherung (Jahr und Seite) |
| Dütz | Dütz, Wilhelm: Gewerkschaftliche Betätigung in kirchlichen Einrichtungen, Königstein/Ts. 1982 |
| Dütz, Arbeitsrecht | Ders.: Arbeitsrecht, 9. Aufl., München 2004 |
| Düwell | Düwell, Franz Josef (Hrsg.): BetrVG. Handkommentar, Baden-Baden 2002 |
| DuR | Demokratie und Recht (Jahr und Seite) |
| DVBl | Deutsches Verwaltungsblatt (Jahr und Seite) |
| DVO | Durchführungsverordnung |
| DVR | Datenverarbeitung im Recht (Jahr und Seite) |
| DZWiR | Deutsche Zeitschrift für Wirtschaftsrecht (Jahr und Seite) |
| EA | Europa-Archiv (Heft, Jahr und Seite) |
| EBRG | Gesetz über Europäische Betriebsräte |
| EG | Europäische Gemeinschaft |
| EGBGB | Einführungsgesetz zum Bürgerlichen Gesetzbuch |
| EGMR | Europäischer Gerichtshof für Menschenrechte |
| EG-Vertrag | Vertrag zur Gründung der Europäischen Gemeinschaft (Fassung von Amsterdam und Nizza) |
| EMRK | Europäische Menschenrechtskonvention |
| Enderle u. a. | Enderle, A.; Schreiner, H. u. a.: Das rote Gewerkschaftsbuch, Berlin 1932 |
| Erd | Erd, Rainer: Verrechtlichung industrieller Konflikte. Normative Rahmenbedingungen des dualen Systems der Interessenvertretung, Frankfurt/M. und New York 1978 |
| ErfK | Erfurter Kommentar zum Arbeitsrecht, hrsg. von Dieterich, Thomas; Müller-Glöge, Rudi; Preis, Ulrich; Schaub, Günter, 6. Aufl., München 2006 (zit.: ErfK-Bearbeiter) |
| ESC | Europäische Sozialcharta |
| Etzel | Etzel, Gerhard: Betriebsverfassungsrecht. Systematische Darstellung, 8. Aufl., Neuwied u. a. 2002 |
| EU | Europäische Union |
| EuGH | Gerichtshof der Europäischen Gemeinschaften |

| | |
|---|---|
| EuGRZ | Europäische Grundrechte-Zeitschrift (Jahr und Seite) |
| EuR | Europarecht (Jahr und Seite) |
| EuroAS | Informationsdienst Europäisches Arbeits- und Sozialrecht (Heft, Jahr und Seite) |
| EuZW | Europäische Zeitschrift für Wirtschaftsrecht (Jahr und Seite) |
| EWS | Europäisches Wirtschafts- und Steuerrecht. Betriebsberater für Europarecht (Jahr und Seite) |
| EzA | Entscheidungssammlung zum Arbeitsrecht |
| Fabricius (Hrsg.) | Ders. (Hrsg.): Die Rechtsstellung des Arbeitnehmers in der metallverarbeitenden Industrie in der Bundesrepublik Deutschland und in Großbritannien, Neuwied und Darmstadt 1983 |
| Fabricius, Mitbestimmung | Fabricius, Fritz: Mitbestimmung in der Wirtschaft. Ein gesellschafts-, wirtschafts- und rechtspolitisches Problem, Frankfurt/M. 1970 |
| Fabricius, Unternehmensrechtsreform | Ders.: Unternehmensrechtsreform und Mitbestimmung in einer sozialen Marktwirtschaft. Rechtstheoretische Grundlagen, Stuttgart u. a. 1982 |
| Falke u. a. | Falke, Josef; Höland, Armin; Rhode, Barbara; Zimmermann, Gabriele (unter Mitwirkung von Lutz Rohland), Sozialwissenschaftliche Forschungsgruppe am Max-Planck-Institut für ausländisches und internationales Privatrecht: Kündigungspraxis und Kündigungsschutz in der Bundesrepublik Deutschland, Forschungsbericht, hrsg. vom Bundesminister für Arbeit und Sozialordnung, 2 Bände, Bonn o. J. (1981), zitiert nach Gliederungspunkten |
| Faulstich (Hrsg.) | Faulstich, Peter (Hrsg.), Lernzeiten. Für ein Recht auf Weiterbildung, Hamburg 2002 |
| Feuerborn | Feuerborn, Andreas: Sachliche Gründe im Arbeitsrecht. Konkretisierung eines normativen Rechtsbegriffs zwischen Vertragsfreiheit und Arbeitnehmerschutz, München 2003 |
| FH | Frankfurter Hefte (Jahr und Seite) |
| Fitting | Fitting, Karl (begr.); Engels, Gerd; Schmidt, Ingrid; Trebinger, Yvonne; Linsenmaier, Wolfgang: BetrVG, Handkommentar, 22. Aufl., München 2004 (zit.: Fitting) |
| Fitting–Wlotzke–Wißmann | Fitting, Karl; Wlotzke, Otfried; Wißmann, Helmut: Kommentar zum Mitbestimmungsgesetz, 2. Aufl., München 1978 |
| Flatow/Kahn-Freund | Flatow, Ernst Siegfried und Kahn-Freund, Otto: Kommentar zum Betriebsrätegesetz, 13. Aufl., Berlin 1931 |
| Fn | Fußnote |
| Föhr, Willensbildung | Föhr, Horst: Willensbildung in den Gewerkschaften und Grundgesetz, Berlin 1974 |
| Franzen | Franzen, Martin: Privatrechtsangleichung durch die Europäische Gemeinschaft, Berlin und New York 1999 |
| Freiheit | Posser, Diether und Wassermann, Rudolf (Hrsg.): Freiheit in der sozialen Demokratie, Karlsruhe 1975 |

| | |
|---|---|
| Frowein–Peukert | Europ. Menschenrechtskonvention, Kommentar, 2. Aufl., Kehl u. a. 1996 |
| FS | Festschrift |
| FS 25 Jahre BAG | Gamillscheg, Franz; Hueck, Götz; Wiedemann, Herbert (Hrsg.): 25 Jahre Bundesarbeitsgericht, München 1979 |
| FS 50 Jahre BAG | Oetker, Hartmut; Preis, Ulrich; Rieble, Volker (Hrsg.), 50 Jahre Bundesarbeitsgericht, München 2004 |
| FS 100 Jahre Arbeitsgerichtsverband | Die Arbeitsgerichtsbarkeit. Festschrift zum 100-jährigen Bestehen des Deutschen Arbeitsgerichtsverbandes, Neuwied u. a. 1994 |
| FS Beitzke | Sandrock, Otto (Hrsg.): Festschrift für Guenther Beitzke, Berlin 1979 |
| FS Böckler | Vetter, Heinz Oskar (Hrsg.): Vom Sozialistengesetz zur Mitbestimmung. Zum 100. Geburtstag von Hans Böckler, Köln 1975 |
| FS Bötticher | Bettermann, Karl August und Zeuner, Albrecht (Hrsg.): Festschrift für Eduard Bötticher, Berlin 1969 |
| FS Brenner | v. Oertzen, Peter (Hrsg.): Festschrift für Otto Brenner, Frankfurt/M. 1967 |
| FS Däubler | Klebe, Thomas; Wedde, Peter; Wolmerath, Martin (Hrsg.): Recht und soziale Arbeitswelt. Festschrift für Wolfgang Däubler, Frankfurt/M. 1999 |
| FS Dieterich | Hanau, Peter; Heither, Friedrich; Kühling, Jürgen (Hrsg.): Richterliches Arbeitsrecht. Festschrift für Thomas Dieterich zum 65. Geburtstag, München 1999 |
| FS Gitter | Heinze, Meinhard und Schmitt, Jochem (Hrsg.): Festschrift für Wolfgang Gitter, Wiesbaden 1995 |
| FS Gnade | Däubler, Wolfgang; Bobke, Manfred; Kehrmann, Karl (Hrsg.): Arbeit und Recht. Festschrift für Albert Gnade, Köln 1992, |
| FS Hanau | Isenhardt, Udo und Preis, Ulrich (Hrsg.): Arbeitsrecht und Sozialpartnerschaft, Festschrift für Peter Hanau, Köln 1999 |
| FS Hepple | Barnard, Catherine; Deakin, Simon; Morris, Gillian (Hrsg.), The Future of Labour Law, Liber Amicorum Bob Hepple QC, Oxford and Portland/Oregon 2004 |
| FS Hilger und Stumpf | Dieterich, Thomas; Gamillscheg, Franz; Wiedemann, Herbert (Hrsg.): Festschrift für Marie Luise Hilger und Hermann Stumpf, München 1983 |
| FS Ipsen | Stödter, Rolf (Hrsg.): Hamburg, Deutschland, Europa. Festschrift für Hans Peter Ipsen, Tübingen 1977 |
| FS Kehrmann | Engelen-Kefer, Ursula; Schoden, Michael; Zachert, Ulrich (Hrsg.): Arbeitsrecht in der Bewährung, Festschrift für Karl Kehrmann, Köln 1997 |
| FS Kissel | Heinze, Meinhard und Söllner, Alfred (Hrsg.): Arbeitsrecht in der Bewährung. Festschrift für Otto Rudolf Kissel, München 1994 |

| | |
|---|---|
| FS Molitor | Gamillscheg, Franz; Rüthers, Bernd; Stahlhacke, Eugen (Hrsg.): Sozialpartnerschaft in der Bewährung, Festschrift für Karl Molitor, München 1988 |
| FS Nipperdey | Dietz, Rolf u. a. (Hrsg.): Festschrift Hans Carl Nipperdey, 2 Bände, München 1965 |
| FS Thomas Raiser | Damm, Reinhard; Heermann, Peter W.; Veil, Rüdiger (Hrsg.): Festschrift für Thomas Raiser, Berlin 2005 |
| FS Reich | Krämer, Ludwig u. a. (Hrsg.): Recht und diffuse Interessen in der europäischen Rechtsordnung, Festschrift Norbert Reich, Baden-Baden 1997 |
| FS Schaub | Schlachter, Monika; Ascheid, Reiner; Friedrich, Hans-Wolf (Hrsg.): Tarifautonomie für ein neues Jahrhundert, Festschrift für Günter Schaub, München 1998 |
| FS Stahlhacke | Farthmann, Friedhelm; Hanau, Peter u. a. (Hrsg.): Arbeitsgesetzgebung und Arbeitsrechtsprechung. Festschrift für Eugen Stahlhacke, Neuwied u. a. 1995 |
| FS Trinkner | Graf von Westphalen, Friedrich und Sandrock, Otto (Hrsg.): Lebendiges Recht – Von den Sumerern bis zur Gegenwart. Festschrift für Reinhold Trinkner, Heidelberg 1995 |
| FS Ulmer | Habersack, Mathias u. a. (Hrsg.): Festschrift für Peter Ulmer, Berlin 2003 |
| FS Vogel | Däubler-Gmelin, Herta; Schmidt, Helmut; Schmude, Jürgen (Hrsg.): Gestalten und Dienen. Fortschrift mit Vernunft. Festschrift für Hans-Jochen Vogel, Baden-Baden 1996 |
| FS Weiss | Höland, Armin; Hohmann-Dennhardt, Christine; Schmidt, Marlene; Seifert, Achim (Hrsg.): Arbeitnehmermitwirkung in einer sich globalisierenden Arbeitswelt, Liber Amicorum Manfred Weiss, Berlin 2005 |
| FS Wiedemann | Wank, Rolf u. a. (Hrsg.): Festschrift für Herbert Wiedemann, München 2002 |
| FS Wiese | Hanau, Peter; Lorenz, Egon; Matthes, Hans-Christoph (Hrsg.): Festschrift für Günther Wiese zum 70. Geburtstag, Neuwied u. a. 2003 |
| FS Wissmann | Kohte, Wolfhart; Dörner, Hans-Jürgen; Anzinger, Rudolf (Hrsg.): Arbeitsrecht im sozialen Dialog. Festschrift für Hellmut Wissmann, München 2005 |
| FS Wlotzke | Anzinger, Rudolf und Wank, Rolf (Hrsg.): Entwicklungen im Arbeitsrecht und Arbeitsschutzrecht, Festschrift für Otfried Wlotzke, München 1996 |
| FS Zeuner | Bettermann, Karl-August; Löwisch, Manfred u. a. (Hrsg.): Festschrift für Albrecht Zeuner zum 70. Geburtstag, Tübingen 1994 |
| Fuchs | Fuchs, Harald: Der Sozialplan nach dem BetrVG 1972, Köln 1977 |
| Furtwängler | Furtwängler, Franz-Josef: ÖTV – Geschichte einer Gewerkschaft, Stuttgart 1955 |

| | |
|---|---|
| Galperin–Löwisch | Galperin, Hans und Löwisch, Manfred: Kommentar zum Betriebsverfassungsgesetz, 6. Aufl., 2 Bände, Heidelberg 1982 |
| Gamillscheg, Arbeitsrecht | Gamillscheg, Franz: Arbeitsrecht, Bd. I, Arbeitsvertrags- und Arbeitsschutzrecht, 8. Aufl., München 2000 (mit Nachtrag 2001); Bd. II, 6. Aufl., München 1984 |
| Gamillscheg, Internationales Arbeitsrecht | Ders.: Internationales Arbeitsrecht, Tübingen 1959 |
| Gamillscheg, Kollektives Arbeitsrecht | Ders.: Kollektives Arbeitsrecht, Bd. I, München 1997 |
| Gast, Arbeitsvertrag und Direktion | Gast, Wolfgang: Arbeitsvertrag und Direktion, Berlin 1978 |
| Gast, Tarifautonomie | Gast, Wolfgang: Tarifautonomie und die Normsetzung durch Betriebsvereinbarung, Heidelberg 1981 |
| GBl | Gesetzblatt |
| GdED | Gewerkschaft der Eisenbahner Deutschlands |
| Gege | Gege, Maximilian: Die Funktion des Wirtschaftsausschusses im Rahmen der wirtschaftlichen Mitbestimmung, Frankfurt/M. 1977 |
| Gerhardt | Gerhardt, Michael: Das Koalitionsgesetz, Berlin 1977 |
| Germelmann | Germelmann, Claas-Hinrich: Der Betriebsfrieden im Betriebsverfassungsrecht, Frankfurt/M. 1972 |
| Gerum–Steinmann | Gerum, Elmar und Steinmann, Horst: Unternehmensordnung und tarifvertragliche Mitbestimmung, Berlin 1984 |
| GewO | Gewerbeordnung |
| GG | Grundgesetz |
| Ghera | Ghera, Edoardo: Diritto del Lavoro, Bari 1993 |
| Giesen | Giesen, Richard: Tarifvertragliche Rechtsgestaltung für den Betrieb, Tübingen 2002 |
| Gilberg | Gilberg, Dirk: Die Mitwirkung des Betriebsrats bei der Berufsbildung, Heidelberg 1999 |
| Gitter | Gitter, Wolfgang: Arbeitsrecht, 3. Aufl., Heidelberg 1994 |
| Giugni | Giugni, Gino: Diritto Sindacale, Bari 1996 |
| GK | Gemeinschaftskommentar |
| GK(-BetrVG) | Kraft, Alfons; Wiese, Günther; Kreutz, Peter; Oetker, Hartmut; Raab, Thomas; Weber, Christoph; Franzen, Martin: Gemeinschaftskommentar zum BetrVG, 2 Bände, 8. Aufl., München und Neuwied 2005 |
| Glietsch | Glietsch, Herbert: Die Zulässigkeit neuer Arbeitskampfformen, Bern und Frankfurt/M. 1976 |
| GMH | Gewerkschaftliche Monatshefte (Jahr und Seite) |
| Gola–Wronka | Gola, Peter und Wronka, Georg: Handbuch zum Arbeitnehmerdatenschutz, 3. Aufl., Frechen 2004 |
| Großmann–Schneider | Großmann, Ruprecht und Schneider, Friedrich: Arbeitsrecht, 9. Aufl., Bonn 1995 |
| Growe | Growe, Dietrich: Ordnungwidrigkeitsverfahren nach dem |

| | |
|---|---|
| | Betriebsverfassungsrecht. Handlungsanleitung für die Praxis, Köln 1990 |
| Grundrechte | Neumann, Franz; Nipperdey, Hans-Carl; Scheuner, Ulrich: Handbuch der Grundrechte, Berlin 1958 ff. |
| GRUR | Gewerblicher Rechtsschutz und Urheberrecht (Jahr und Seite) |
| GS | Gedächtnisschrift; Großer Senat |
| GS Blomeyer | Richardi, Reinhard und Reichold, Hermann (Hrsg.): Altersgrenzen und Alterssicherung im Arbeitsrecht. Wolfgang Blomeyer zum Gedenken, München 2003 |
| GS Dietz | Hueck, Götz u. a. (Hrsg.): Gedächtnisschrift für Rolf Dietz, München 1973 |
| GS Heinze | Söllner, Alfred; Gitter, Wolfgang; Waltermann, Raimund; Giesen, Richard; Ricken, Oliver (Hrsg.): Gedächtnisschrift für Meinhard Heinze, München 2005 |
| GüKG | Güterkraftverkehrsgesetz |
| GVBl | Gesetz- und Verordnungsblatt |
| hA | herrschende Ansicht |
| HAG | Heimarbeitsgesetz |
| Hamann–Lenz | Hamann, Andreas und Lenz, Helmut: Kommentar zum Grundgesetz, 3. Aufl., Neuwied und Berlin 1970 |
| Hammer, Kirchliches Arbeitsrecht | Hammer, Ulrich: Kirchliches Arbeitsrecht. Handbuch, Frankfurt/M. 2002 |
| Hanau–Adomeit | Hanau, Peter und Adomeit, Klaus: Arbeitsrecht, 13. Aufl., Neuwied u. a. 2005 |
| Hanau–Steinmeyer–Wank | Hanau, Peter; Steinmeyer, Heinz-Dietrich; Wank, Rolf: Handbuch des europäischen Arbeits- und Sozialrechts, München 2002 |
| Hanau–Ulmer | Hanau, Peter und Ulmer, Peter: Mitbestimmungsgesetz, München 1981 |
| Hartwich, Sozialstaatspostulat | Hartwich, Hans Hermann: Sozialstaatspostulat und gesellschaftlicher Status quo, 2. Aufl., Opladen 1977 |
| Hefermehl–Köhler–Bornkamm | Hefermehl, Wolfgang; Köhler, Helmut; Bornkamm, Joachim: Wettbewerbsrecht. Kommentar, 24. Aufl., München 2006 |
| Heinz | Heinz, Volker G.: Die englische Limited. Eine Darstellung des Gesellschafts- und Steuerrechts mit Gesetzesauszügen und Mustern, Baden-Baden 2004 |
| Heinze | Heinze, Meinhard: Personalplanung, Einstellung und Kündigung, Stuttgart 1982 |
| Henniges | Henniges, Rolf-Hermann: Einstweiliger Rechtsschutz gegen gewerkschaftliche Streiks, Neuwied und Darmstadt 1987 |
| Henssler–Braun | Henssler, Martin und Braun, Axel (Hrsg.), Arbeitsrecht in Europa, Köln 2003 |
| Hepple | Hepple, Bob: Labour Laws and Global Trade, Oxford and Portland/Oregon 2005 |
| Hergenröder | Hergenröder, Curt W.: Der Arbeitskampf mit Auslandsberührung, Berlin 1987 |

| | |
|---|---|
| Herkommer | Herkommer, Vera: Die Europäische Sozialklausel. Zollpräferenzen zur Förderung von Kernarbeitsstandards in Entwicklungsländern, Baden-Baden 2004 |
| Hernekamp | Hernekamp, Karl: Arbeitskampf. Aktuelle Dokumente, Berlin und New York 1975 |
| Hess u. a. | Hess, Harald; Schlochauer, Ursula; Worzalla, Michael; Glock, Dirk unter Mitarbeit von Nicolai, Andrea: Kommentar zum Betriebsverfassungsgesetz, 6. Aufl., München-Unterschleißheim 2003 |
| Hesse | Hesse, Konrad: Grundzüge des Verfassungsrechts der Bundesrepublik Deutschland, 19. Aufl., Heidelberg 1993 |
| hM | herrschende Meinung |
| Höland | Höland, Armin: Das Verhalten von Betriebsräten bei Kündigungen, Recht und Wirklichkeit im betrieblichen Alltag, Frankfurt/M. und New York 1985 |
| Hölters | Hölters, Wolfgang: Harmonie normativer und schuldrechtlicher Abreden in Tarifverträgen, Berlin 1973 |
| Hofe | Hofe, Gerhard: Betriebliche Mitbestimmung und Humanisierung der Arbeitswelt, Kronberg/Ts. 1978 |
| Hoffmann, Rechtsfortschritt | Hoffmann, Reinhard: Rechtsfortschritt durch gewerkschaftliche Gegenmacht, Frankfurt/M. 1968 |
| v. Hoyningen-Huene | v. Hoyningen-Huene, Gerrick: Betriebsverfassungsrecht, 5. Aufl., München 2002 |
| v. Hoyningen-Huene, Billigkeit | Ders.: Die Billigkeit im Arbeitsrecht, München 1978 |
| Hromadka–Maschmann | Hromadka, Wolfgang und Maschmann, Frank: Individualarbeitsrecht, 2. Aufl., Berlin u. a. 2002; Kollektivarbeitsrecht und Arbeitsstreitigkeiten, 3. Aufl., Berlin u. a. 2004 |
| Hrsg. | Herausgeber |
| Hueck–Nipperdey | Hueck, Alfred und Nipperdey, Hans-Carl: Lehrbuch des Arbeitsrechts, 7. Aufl., Bd. I, Berlin und Frankfurt/M. 1963, Bd. II/1, Berlin und Frankfurt/M. 1967, Bd. II/2, Berlin und Frankfurt/M. 1970 |
| Hueck–Nipperdey–Dietz, AOG | Hueck, Alfred; Nipperdey, Hans-Carl; Dietz, Rolf: Kommentar zum Arbeitsordnungsgesetz, 4. Aufl., München und Berlin 1943 |
| Hüper | Hüper, Rolf: Betrieb im Unternehmerzugriff, Köln 1985 |
| Huster–Kraiker u. a. | Huster, Ernst-Ulrich; Kraiker, Gerhard u. a.: Determinanten der westdeutschen Restauration, Frankfurt/M. 1972 |
| HWK | Henssler, Martin; Willemsen, Heinz Josef; Kalb, Heinz-Jürgen (Hrsg.): Arbeitsrecht. Kommentar, Köln 2004 (Zitierweise: HWK-Bearbeiter) |
| IAB | Institut für Arbeitsmarkt- und Berufsforschung |
| IG Druck | Hauptvorstand der IG Druck und Papier (Hrsg.): Rolle und Aufgaben der Gewerkschaften im letzten Viertel des 20. Jahrhunderts, Stuttgart 1974 |

| | |
|---|---|
| IG Metall (Hrsg.), Tarifpolitik | IG Metall (Hrsg.): Tarifpolitik im Strukturwandel. Arbeitsverfassung und industrielle Demokratie, Köln 1988 |
| IG Metall (Hrsg.), Umweltschutz | Umweltschutz zwischen Reparatur und realer Utopie. Wege aus der Bedrohung, Köln 1988 |
| ILO | Internationale Arbeitsorganisation |
| ILR | International Labour Review (Jahr und Seite) |
| IMSF | Institut für Marxistische Studien und Forschungen |
| InsO | Insolvenzordnung |
| IPR | Internationales Privatrecht |
| IPRspr | Rechtsprechung zum Internationalen Privatrecht (Jahr und Seite) |
| Isensee-Kirchhof | Isensee, Josef und Kirchhof, Paul (Hrsg.): Handbuch des Staatsrechts, Band VII, Heidelberg 1992 |
| ITF | Internationale Transportarbeiterföderation |
| itVerfGH | italienischer Verfassungsgerichtshof |
| Jacobi–Müller-Jentsch–Schmidt | Jacobi, Otto; Müller-Jentsch, Walther; Schmidt, Eberhard: Gewerkschaften und Klassenkampf, Kritisches Jahrbuch, Frankfurt/M. 1972 ff. |
| Jacobs | Jacobs, Matthias: Tarifeinheit und Tarifkonkurrenz, Berlin 1999 |
| Jäcker | Jäcker, Hans: Die Einigungsstelle nach dem BetrVG 1972, Bonn 1974 |
| Jahnke | Jahnke, Volker: Tarifautonomie und Mitbestimmung, München 1984 |
| JAV | Jugend- und Auszubildendenvertretung |
| Jawad | Jawad, Alexander: Die rechtliche Stellung und Rechtsfähigkeit des Betriebsrats, Aachen 2004 |
| Jb | Jahrbuch |
| Joachim–Etzel | Joachim, Hans G. und Etzel, Gerhard: BetrVG von A–Z, 2. Aufl., Neuwied und Darmstadt 1981 |
| JöR | Jahrbuch des öffentlichen Rechts |
| Johannson | Johannson, Kurt: Der Betriebsrat. Erläuterungen zur Betriebsratsarbeit, 2. Aufl., Köln 1978 |
| Joost | Joost, Detlev: Betrieb und Unternehmen als Grundbegriffe im Arbeitsrecht, München 1988 |
| Junker | Junker, Abbo: Grundkurs Arbeitsrecht, 4. Aufl., München 2004 |
| JurA | Juristische Analysen (Jahr und Seite) |
| JuS | Juristische Schulung (Jahr und Seite) |
| JW | Juristische Wochenschrift (Jahr und Seite) |
| JZ | Juristen-Zeitung (Jahr und Seite) |
| Käufer | Käufer, Katja: Weiterbildung im Arbeitsverhältnis, Baden-Baden 2002 |
| Kahn-Freund | Kahn-Freund, Otto: Arbeit und Recht, Köln 1979 |
| Kalb | Kalb, Heinz Jürgen: Arbeitskampfrecht. Eine systematische Darstellung und Dokumentation der wichtigen arbeitskampf- |

| | |
|---|---|
| | rechtlichen Entscheidungen in Leitsätzen, Neuwied und Darmstadt 1986 |
| Kalbitz | Kalbitz, Rainer: Aussperrungen in der Bundesrepublik, Frankfurt/M. 1979 |
| Kamanabrou | Kamanabrou, Sudabeh: Die Auslegung und Fortbildung des normativen Teils des Tarifvertrags, Berlin 1997 |
| Kamanabrou, Anpassungsklauseln | Dies.: Vertragliche Anpassungsklauseln, München 2004 |
| Kasiske | Kasiske, Rolf (Hrsg.): Gesundheit am Arbeitsplatz, Reinbek 1976 |
| KassArbR | Leinemann, Wolfgang (Hrsg.): Kasseler Handbuch zum Arbeitsrecht, 2 Bände, 2. Aufl., Neuwied 2000 |
| Kazakos | Kazakos, Aris: Die Suspendierung von Hauptpflichten unter besonderer Berücksichtigung des Arbeitskampfrechts, Frankfurt/M. 1980 |
| Kehrmann–Pelikan | Kehrmann, Karl und Pelikan, Wolfgang: Lohnfortzahlungsgesetz. Kommentar, 2. Aufl., Köln 1973 |
| Kempen–Zachert, 3. Aufl. | Kempen, Otto Ernst und Zachert, Ulrich: TVG, Kommentar für die Praxis, 3. Aufl., Köln 1997 |
| Kempen/Zachert | Kempen, Otto Ernst; Zachert, Ulrich (Hrsg.), Tarifvertragsgesetz, Kommentar für die Praxis, bearbeitet von Kempen, Otto-Ernst; Stein, Axel; Wendeling-Schröder, Ulrike; Zachert, Ulrich; Kocher, Eva, 4. Aufl., Frankfurt/M. 2006 (Zitierweise: Kempen/Zachert-Bearbeiter) |
| Kerkow u. a. | Kerkow, Uwe; Martens, Jens; Schmitt, Tobias: Die Grenzen der Freiwilligkeit. Handlungsmöglichkeiten und Erfahrungen von NGOs und Gewerkschaften bei der Anwendung freiwilliger Selbstverpflichtungen der Wirtschaft, Bonn und Berlin 2003 |
| Kerwer | Kerwer, Christof: Das europäische Gemeinschaftsrecht und die Rechtsprechung der deutschen Arbeitsgerichte, Köln 2003 |
| Kilian u. a. | Kilian, Wolfgang, unter Mitarbeit von Thomas Meissner und Brigitte Maschmann-Schulz: Personalinformationssysteme in deutschen Großunternehmen. Berlin, Heidelberg und New York 1982 |
| Kissel | Kissel, Otto Rudolf: Arbeitskampfrecht: Ein Leitfaden, München 2002 |
| Kisseljow | Kisseljow, Igor: Arbeitskonflikte in der kapitalistischen Gesellschaft: Soziale und rechtliche Aspekte, Moskau 1978 (russ.) |
| Kittner, Arbeits- und Sozialordnung | Arbeits- und Sozialordnung. Ausgewählte und eingeleitete Gesetzestexte, 31. Aufl., Köln 2006 |
| Kittner, Arbeitskampf | Ders.: Arbeitskampf. Geschichte – Recht – Gegenwart, München 2005 |
| Kittner (Hrsg.), GewJb | Ders. (Hrsg.): Gewerkschaftsjahrbuch, 1984 bis 1993, Köln 1984 ff. |

| | |
|---|---|
| Kittner (Hrsg.), Gewerkschaften heute | Ders. (Hrsg.): Gewerkschaften heute, Jahrbuch für Arbeitnehmerfragen, Köln 1994 |
| Kittner, Verbot der Aussperrung | Ders.: Verbot der Aussperrung. 7 Fragen – 70 Antworten, Frankfurt/M. 1979 |
| Kittner–Däubler–Zwanziger | Ders.: Däubler, Wolfgang; Zwanziger, Bertram: Kündigungsschutzrecht. Kommentar für die Praxis, 6. Aufl., Frankfurt/M. 2004 |
| Kittner-Kittner | Kittner, Michael und Kittner, Susanne: Arbeits- und Sozialrecht kompakt, 5. Aufl., Frankfurt/M. 2004 |
| Kittner/Körner-Dammann/Schunk | Kittner, Michael; Körner-Dammann, Marita; Schunk, Albert: Arbeit unter dem Apartheid-Regime, Köln 1988 |
| Kittner–Zwanziger | Kittner, Michael und Zwanziger, Bertram: Arbeitsrecht. Handbuch für die Praxis, 3. Aufl., Frankfurt/M. 2005 (Zitierweise: Bearbeiter in: Kittner–Zwanziger) |
| KJ | Kritische Justiz (Jahr und Seite) |
| Klebe u. a. | Klebe, Thomas; Ratayczak, Jürgen u. a.: BetrVG. Basiskommentar, 12. Aufl., Frankfurt/M. 2005 |
| Klebe–Roth (Hrsg.) | Klebe, Thomas und Roth, Siegfried (Hrsg.): Informationen ohne Grenzen, Hamburg 1987 |
| Klein | Klein, Harald: Koalitionsfreiheit im pluralistischen Sozialstaat. Eine verfassungsrechtliche Analyse der Rechtsprechung des BAG, Königstein/Ts. 1979 |
| Kliemt | Kliemt, Gundolf: Die Praxis des Betriebsverfassungsgesetzes im Dienstleistungsbereich, Tübingen 1971 |
| Klinkhammer–Rancke | Klinkhammer, Heinz und Rancke, Friedbert: Verschwiegenheitspflicht der Aufsichtsratsmitglieder. Zum Transparenzgebot im MitbG 1976, Königstein/Ts. 1978 |
| Klosterkemper | Klosterkemper, Heinrich: Das Zugangsrecht der Gewerkschaften zum Betrieb, Königstein/Ts. 1980 |
| Koberski–Sahl–Hold | Koberski, Wolfgang; Sahl, Karl-Heinz; Hold, Dieter: Arbeitnehmer-Entsendegesetz. Kommentar, 2. Aufl., München 2002 |
| Köstler u. a. | Köstler, Roland; Kittner, Michael; Zachert, Ulrich; Müller, Matthias: Aufsichtsratspraxis. Handbuch für die Arbeitnehmervertreter im Aufsichtsrat, 7. Aufl., Frankfurt/M. 2003 |
| Konzen | Konzen, Horst: Unternehmensaufspaltungen und Organisationsänderungen im Betriebsverfassungsrecht, Heidelberg 1986 |
| Kotthoff | Kotthoff, Hermann: Betriebsräte und betriebliche Herrschaft. Eine Typologie von Partizipationsmustern im Industriebetrieb, Frankfurt/M. und New York 1981 |
| Kotthoff, Betriebsräte und Bürgerstatus | Ders.: Betriebsräte und Bürgerstatus, München und Mering 1994 |
| Koubek u. a. | Koubek, Norbert; Küller, Hans-Detlef u. a. (Hrsg.): Betriebswirtschaftliche Probleme der Mitbestimmung, Köln 1980 |
| KR | Gemeinschaftskommentar zum Kündigungsschutzgesetz und zu sonstigen kündigungsschutzrechtlichen Vorschriften, |

| | |
|---|---|
| | bearbeitet von Bader, Etzel u. a., 7. Aufl., München-Unterschleißheim 2004 (Zitierweise: KR-Bearbeiter) |
| Kranig | Kranig, Andreas: Lockung und Zwang. Zur Arbeitsverfassung im Dritten Reich, Stuttgart 1983 |
| Krause | Krause, Rüdiger: Mitarbeit in Unternehmen. Tätigkeitsverhältnisse im Spannungsfeld von Gesellschafts-, Dienstvertrags- und Arbeitsrecht, Tübingen 2002 |
| Krause, Arbeitsrecht | Krause, Rüdiger: Arbeitsrecht, Baden-Baden 2005 |
| Krebber | Krebber, Sebastian: Unternehmensübergreifende Arbeitsabläufe im Arbeitsrecht, München 2005 |
| Krejci | Krejci, Heinz: Aussperrung. Verfassungs- und Privatrechtsfragen nach deutschem Recht, Wien 1980 |
| Kreutz | Kreutz, Peter: Grenzen der Betriebsautonomie, München 1979 |
| KRG | Kontrollratsgesetz |
| Kriebel | Kriebel, Volkhart: Zentralisation und Dezentralisation im Tarifsystem, Berlin 1984 |
| KSchG | Kündigungsschutzgesetz |
| Kukuck | Kukuck, Horst-Albert: Zum Problem der politischen Komponente im Richterrecht, Königstein/Ts. 1980 |
| LAG | Landesarbeitsgericht |
| LAGE | Entscheidungen der Landesarbeitsgerichte |
| Le Friant | Le Friant, Martine: Die straf- und verwaltungsrechtliche Verantwortung des Arbeitgebers, Neuwied und Darmstadt 1987 |
| Leibholz–Rinck | Leibholz, Gerhard und Rinck, H. J.: GG, Kommentar anhand der Rechtsprechung des BVerfG, Loseblatt, Köln 1971 ff. |
| Lerche, Zentralfragen | Lerche, Peter: Verfassungsrechtliche Zentralfragen des Arbeitskampfes – Zum hessischen Aussperrungsverbot, Bad Homburg v. d. Höhe, Berlin und Zürich 1968 |
| LFZG | Lohnfortzahlungsgesetz |
| LG | Landgericht |
| Lichtenberg (Hrsg.) | Lichtenberg, Hagen (Hrsg.): Sozialpolitik in der EG, Baden-Baden 1986 |
| lit. | litera (= Buchstabe) |
| Löwisch, SprAuG | Löwisch, Manfred: Kommentar zum Sprecherausschussgesetz, 2. Aufl., Heidelberg 1994 |
| Löwisch (Hrsg.), Arbeitskampf- und Schlichtungsrecht | Ders. (Hrsg.): Arbeitskampf- und Schlichtungsrecht, bearbeitet von Löwisch, Hergenröder, Krauss, Rieble, Bittner und Rumler, 2. Aufl., Heidelberg 1997 |
| Löwisch–Kaiser | Ders. und Kaiser, Dagmar: Betriebsverfassungsgesetz. Kommentar, 5. Aufl., Heidelberg 2002 |
| Löwisch–Rieble | Löwisch, Manfred und Rieble, Volker: Tarifvertragsgesetz. Kommentar, 2. Aufl., München 2004 |
| Löwisch–Spinner | Löwisch, Manfred und Spinner, Günter: Kommentar zum Kündigungsschutzgesetz, 9. Aufl., Heidelberg 2004 |
| Lorenz–Schneider (Hrsg.) | Lorenz, Frank und Schneider, Günter (Hrsg.): Das neue Be- |

| | |
|---|---|
| | triebsverfassungsgesetz – eine Reform mit Perspektiven? Recklinghausen 2002 |
| Loritz | Loritz, Karl-Georg: Möglichkeiten und Grenzen der Sonntagsarbeit, Stuttgart 1989 |
| LS | Leitsatz |
| Lutter (Hrsg.) | Lutter, Marcus (Hrsg.): Europäische Auslandsgesellschaften in Deutschland, Köln 2005 |
| Lyon-Caen/Pélissier/ Supiot | Lyon-Caen, Gérard; Pélissier, Jean; Supiot, Alain: Droit du travail, 18[e] édition, Paris 1996 |
| Maase u. a. | Maase, Mira; Sengenberger, Werner; Weltz, Friedrich: Weiterbildung – Aktionsfeld für den Betriebsrat. Eine Studie über Arbeitnehmerinteressen und betriebliche Personalpolitik, 2. Aufl., München 1978 |
| Manz–Mayer–Schröder | Manz, Gerhard; Mayer, Barbara; Schröder, Albert (Hrsg.): Europäische Aktiengesellschaft SE, Kommentar, Baden-Baden 2005 |
| Marschollek | Marschollek, Günter: Kollektives Arbeitsrecht, 2. Aufl., Münster 2006 |
| Mason | Mason, Tim: Sozialpolitik im Dritten Reich. Arbeiterklasse und Volksgemeinschaft, 2. Aufl., Opladen 1978 |
| Mattner | Mattner, Andreas: Sonn- und Feiertagsrecht, Köln, Berlin u. a. 1988 |
| Mayer–Raasch | Mayer, Udo und Raasch, Sibylle: Internationales Recht der Arbeit und Wirtschaft, Opladen 1980 |
| Mayer–Ralfs | Mayer, Udo und Ralfs, Ulla: Rationalisierung und Rationalisierungsschutz, 2. Aufl., Neuwied und Darmstadt 1984 |
| Maunz-Dürig | Maunz, Theodor; Dürig, Günter; Herzog, Roman; Scholz, Rupert: Kommentar zum Grundgesetz, 2. Aufl., München und Berlin 1963 ff. |
| Mb-Gespr | Mitbestimmungsgespräch (Jahr und Seite) |
| MEW | Marx-Engels-Werke |
| Mitb | Die Mitbestimmung (Jahr, Heft und Seite; früher: Mitbestimmungsgespräch) |
| MitbG | Mitbestimmungsgesetz |
| Mitscherlich | Mitscherlich, Matthias: Das Arbeitskampfrecht der BRD und die Europäische Sozialcharta, Baden-Baden 1977 |
| MMitbG | Montanmitbestimmungsgesetz |
| mN | mit Nachweisen |
| Moll | Moll, Wilhelm: Künstliche Beschäftigung im Kollektivvertragsrecht der USA und der Bundesrepublik Deutschland, Frankfurt/M. 1982 |
| MRK | Europäische Menschenrechtskonvention |
| MTV | Manteltarifvertrag |
| Müller-Guercke | Müller-Guercke, Petra: Gewerkschaftliche Betätigung in den Betrieben? Eine rechtsvergleichende Untersuchung im Rahmen der EG, Köln 1980 |

| | |
|---|---|
| MünchArbR | Münchener Handbuch zum Arbeitsrecht, hrsg. von Reinhard Richardi und Otfried Wlotzke, 3 Bände, 2. Aufl., München 2000 (zitiert MünchArbR-Bearbeiter) mit Ergänzungsband Individualarbeitsrecht, 2. Aufl., München 2001 (zitiert: MünchArbR-ErgBd-Bearbeiter) |
| mwN | mit weiteren Nachweisen |
| Nagel | Nagel, Bernhard: Unternehmensmitbestimmung. Eine problemorientierte Einführung, Köln 1980 |
| Nagel–Freis–Kleinsorge | Nagel, Bernhard; Freis, Gerhild; Kleinsorge, Georg: Die Beteiligung der Arbeitnehmer in der Europäischen Gesellschaft – SE, Einführung zum SE-Ausführungsgesetz, Kommentar zum SE-Beteiligungsgesetz, München 2005 |
| Nagel–Haslinger–Meurer | Nagel, Bernhard; Haslinger, Sebastian; Meurer, Petra: Mitbestimmungsvereinbarungen in öffentlichen Unternehmen mit privater Rechtsform, Baden-Baden 2002 |
| Naucke–Trappe | Naucke, Wolfgang und Trappe, Paul (Hrsg.): Rechtssoziologie und Rechtspraxis, Neuwied und Berlin 1970 |
| Nautz | Nautz, Jürgen P.: Die Durchsetzung der Tarifautonomie in Westdeutschland, Frankfurt/M., Bern und New York 1985 |
| Neumann-Duesberg | Neumann-Duesberg, Horst: Lehrbuch des Betriebsverfassungsrechts, Berlin 1960 |
| Nikisch | Nikisch, Arthur: Arbeitsrecht, Bd. I, 3. Aufl., Tübingen 1961; Bd. II, 2. Aufl., Tübingen 1959; Bd. III, Tübingen 1966 |
| NJW | Neue Juristische Wochenschrift (Jahr und Seite) |
| NJW-RR | NJW-Rechtsprechungsreport (Jahr und Seite) |
| Noé | Noé, Claus: Gebändigter Klassenkampf. Tarifautonomie in der BRD, Berlin 1970 |
| NStZ | Neue Zeitschrift für Strafrecht (Jahr und Seite) |
| NZA | Neue Zeitschrift für Arbeitsrecht (Jahr und Seite) |
| NZA-RR | Neue Zeitschrift für Arbeitsrecht – Rechtsprechungs-Report (Jahr und Seite) |
| NZG | Neue Zeitschrift für Gesellschaftsrecht (Jahr und Seite) |
| NZS | Neue Zeitschrift für Sozialrecht (Jahr und Seite) |
| Ockenfels | Ockenfels, Wolfgang: Gewerkschaften und Staat. Zur Reformdiskussion des Deutschen Gewerkschaftsbundes, Walberberg 1979 |
| von Oertzen, Analyse | von Oertzen, Peter: Analyse der Mitbestimmung – Ein Diskussionsbeitrag, Hannover 1965 |
| von Oertzen, Betriebsräte | Ders.: Betriebsräte in der November-Revolution, 2. Aufl., Berlin und Bad Godesberg 1976 |
| Oetker, Erhaltungsarbeiten | Oetker, Hartmut: Die Durchführung von Not- und Erhaltungsarbeiten bei Arbeitskämpfen, Heidelberg 1984 |
| Oetker, Berufsbildungsmaßnahmen | Ders.: Die Mitbestimmung der Betriebs- und Personalräte bei der Durchführung von Berufsbildungsmaßnahmen, Neuwied und Darmstadt 1986 |
| Ohl | Ohl, Heinrich: Der Sozialplan. Recht und Praxis kompensato- |

| | |
|---|---|
| | rischer Leistungen für den Verlust des Arbeitsplatzes, Karlsruhe 1977 |
| o. J. | ohne Jahrgang |
| Ojeda Avilés | Ojeda Avilés, Antonio: Derecho Sindical, Septima edición, Madrid 1995 |
| ÖTV | Gewerkschaft Öffentliche Dienste, Transport und Verkehr |
| OLG | Oberlandesgericht |
| Oppolzer | Oppolzer, Alfred: Handbuch Arbeitsgestaltung, Hamburg 1989 |
| Ossberger | Ossberger, Karl-Friedrich: Betriebliche Kontrollen. Ihre Voraussetzungen und Grenzen, Köln u. a. 1981 |
| Ossenbühl–Richardi | Ossenbühl, Fritz und Richardi, Reinhard: Neutralität im Arbeitskampf, Köln, Berlin u. a. 1987 |
| Ostendorf | Ostendorf, Heribert: Kriminalisierung des Streikrechts, Neuwied und Darmstadt 1987 |
| Osterland u. a. | Osterland, Martin; Deppe, Wilfried u. a.: Materialien zur Lebens- und Arbeitssituation der Industriearbeiter in der BRD, Frankfurt/M. 1973 |
| Ott-Schäfer (Hrsg.) | Ott, Claus und Schäfer, Hans-Bernd (Hrsg.): Ökonomische Analyse des Arbeitsrechts, Tübingen 2001 |
| Otto | Otto, Hansjörg: Einführung in das Arbeitsrecht, 3. Aufl., Berlin und New York 2003 |
| OVG | Oberverwaltungsgericht |
| Palandt | Palandt, Otto: Bürgerliches Gesetzbuch, bearbeitet von Bassenge, Brudermüller u. a., 65. Aufl., München 2006 |
| PBefG | Personenbeförderungsgesetz |
| Pera | Pera, Giuseppe: Diritto del Lavoro, terza edizione, Padova 1988 |
| PersVG | Personalvertretungsgesetz |
| Peter–Kempen–Zachert | Peter, Gabriele; Kempen, Otto Ernst; Zachert, Ulrich: Die Sicherung tariflicher Mindeststandards. Rechtliche und rechtspolitische Aspekte, Baden-Baden 2004 |
| Picker | Picker, Eduard: Der Warnstreik und die Funktion des Arbeitskampfes in der Privatrechtsordnung, Köln u. a. 1983 |
| Piehl | Piehl, Ernst: Multinationale Konzerne und internationale Gewerkschaftsbewegung, Frankfurt/M. 1974 |
| Piehler | Piehler, Klaus: Einstweiliger Rechtsschutz und materielles Recht, Frankfurt/M. 1980 |
| Pietzcker | Pietzcker, Jost: Der Staatsauftrag als Instrument des Verwaltungshandelns, Tübingen 1978 |
| Popp | Popp, Klaus: Öffentliche Aufgaben der Gewerkschaften und innerverbandliche Willensbildung, Berlin 1975 |
| Preis | Preis, Ulrich: Arbeitsrecht, Bd. 1, Individualarbeitsrecht, 2. Aufl., Köln 2003, Bd. 2, Kollektivarbeitsrecht, Köln 2003 |
| Pünnel-Isenhardt | Pünnel, Leo und Isenhardt, Udo: Die Einigungsstelle des BetrVG, 4. Aufl., Neuwied 1997 |
| Quelle | Die Quelle (Jahrgang und Seite) |

| | |
|---|---|
| R | Rückseite |
| RAG | Reichsarbeitsgericht |
| RAGE | Amtliche Sammlung der Entscheidungen des Reichsarbeitsgerichts (Band und Seite) |
| Raiser | Raiser, Thomas: Mitbestimmungsgesetz. Kommentar, 4. Aufl., Berlin 2002 |
| Rajewsky | Rajewsky, Xenia: Arbeitskampfrecht in der Bundesrepublik, Frankfurt/M. 1970 |
| Ramm, Arbeitskampf | Ramm, Thilo: Der Arbeitskampf und die Gesellschaftsordnung des Grundgesetzes, Stuttgart 1965 |
| Ramm, Koalitionsrecht | Ders.: Das Koalitions- und Streikrecht der Beamten, Köln 1970 |
| Ramm, Parteien | Ders.: Die Parteien des Tarifvertrags, Stuttgart 1961 |
| Rancke | Rancke, Friedbert: Betriebsverfassung und Unternehmenswirklichkeit, Opladen 1982 |
| RdA | Recht der Arbeit (Jahr und Seite) |
| RdJB | Recht der Jugend und des Bildungswesens (Jahr und Seite) |
| RDV | Recht der Datenverarbeitung (Jahr und Seite) |
| RegE | Regierungsentwurf |
| Reichold | Reichold, Hermann: Betriebsverfassung als Sozialprivatrecht, München 1995 |
| Reichold, Arbeitsrecht | Reichold, Hermann: Arbeitsrecht, München 2002 |
| Reifner (Hrsg.) | Reifner, Udo (Hrsg.): Das Recht des Unrechtsstaats, Frankfurt/M. 1981 |
| RG | Reichsgericht |
| RGBl | Reichsgesetzblatt |
| RGSt | Amtliche Sammlung der Entscheidungen des Reichsgerichts in Strafsachen (Band und Seite) |
| RGZ | Amtliche Sammlung der Entscheidungen des Reichsgerichts in Zivilsachen (Band und Seite) |
| RiA | Recht im Amt (Jahr und Seite) |
| Richardi | Richardi, Reinhard (Hrsg.): Betriebsverfassungsgesetz mit Wahlordnung, bearbeitet von Richardi, Reinhard; Thüsing, Gregor; Annuß, Georg, 10. Aufl., München 2006 |
| Richardi, Arbeitsrecht in der Kirche | Ders.: Arbeitsrecht in der Kirche. Staatliches Arbeitsrecht und kirchliches Dienstrecht, 4. Aufl., München 2003 |
| Richardi, Grenzen industrieller Sonntagsarbeit | Ders.: Grenzen industrieller Sonntagsarbeit. Ein Rechtsgutachten, Bonn 1988 |
| Richardi, Kollektivgewalt | Ders.: Kollektivgewalt und Individualwille bei der Gestaltung des Arbeitsverhältnisses, München 1968 |
| Ridder, Rechtsstellung | Ridder, Helmut: Zur verfassungsrechtlichen Stellung der Gewerkschaften im Sozialstaat nach dem Grundgesetz für die BRD, Stuttgart 1960 |
| Rieble | Rieble, Volker: Arbeitsmarkt und Wettbewerb, Berlin u. a. 1996 |
| RIW | Recht der Internationalen Wirtschaft (Jahr und Seite) |

| | |
|---|---|
| Rn | Randnummer |
| Roßnagel, Grundrechte | Roßnagel, Alexander: Radioaktiver Zerfall der Grundrechte? Zur Verfassungsverträglichkeit der Kernenergie, München 1984 |
| Roßnagel, Kernenergie | Ders.: Bedroht die Kernenergie unsere Freiheit, 2. Aufl., München 1983 |
| Roth–Kohl (Hrsg.) | Roth, Siegfried und Kohl, Heribert (Hrsg.): Perspektive: Gruppenarbeit, Köln 1988 |
| Rspr. | Rechtsprechung |
| Rüthers | Rüthers, Bernd: Arbeitsrecht und politisches System, Frankfurt/M. 1973 |
| Rüthers, Rechtsprobleme | Ders.: Rechtsprobleme der Aussperrung unter besonderer Berücksichtigung des Pressewesens, Berlin 1980 |
| Rummel | Rummel, Christoph: Die Beteiligung des Betriebsrats an der Personalplanung und an personellen Einzelmaßnahmen, Köln 1978 |
| Rumpff–Boewer | Rumpff, Klaus und Boewer, Klaus: Mitbestimmung in wirtschaftlichen Angelegenheiten, 3. Aufl., Heidelberg 1990 |
| Runggaldier | Runggaldier, Ulrich: Kollektivvertragliche Mitbestimmung bei Arbeitsorganisation und Rationalisierung, Frankfurt/M. 1983 |
| Sachse | Sachse, Wolfgang: Das Aufnahme- und Verbleiberecht in den Gewerkschaften der Bundesrepublik, Köln 1985 |
| SAE | Sammlung Arbeitsrechtlicher Entscheidungen (Jahr u. Seite) |
| Säcker, Aufsichtsratsausschüsse | Säcker, Franz Jürgen: Aufsichtsratsausschüsse nach dem MitbG 1976. Einsetzung, Besetzung und Arbeitsweise, Düsseldorf 1979 |
| Säcker, Grundprobleme | Ders.: Grundprobleme der kollektiven Koalitionsfreiheit, Düsseldorf 1969 |
| Säcker, Gruppenautonomie | Ders.: Gruppenautonomie und Übermachtkontrolle im Arbeitsrecht, Berlin 1972 |
| Säcker, Gruppenparität | Ders.: Gruppenparität und Staatsneutralität als verfassungsrechtliche Grundprinzipien des Arbeitskampfrechts, Heidelberg 1974 |
| Säcker, Informationsrechte | Ders.: Informationsrechte der Betriebs- und Aufsichtsratsmitglieder und Geheimsphäre des Unternehmens, Heidelberg 1979 |
| Säcker–Oetker | Ders. und Oetker, Hartmut: Grundlagen und Grenzen der Tarifautonomie, München 1992 |
| Schacht–Unterseher | Schacht–Unterseher: Das Tarifverhandlungssystem der Bundesrepublik, in: Meißner, Werner und Unterseher, Lutz: Verteilungskampf und Stabilitätspolitik, Stuttgart und Berlin 1972, S. 84 ff. |
| Schaub | Schaub, Günter (Hrsg.), bearbeitet von Schaub, Günter; Koch. Ulrich; Linck, Rüdiger: Arbeitsrechts-Handbuch, 11. Aufl., München 2005 |

| | |
|---|---|
| Schiek, Europäisches Arbeitsrecht | Schiek, Dagmar: Europäisches Arbeitsrecht, 2. Aufl., Baden-Baden 2005 |
| Eberhard Schmidt, Neuordnung | Schmidt, Eberhard: Die verhinderte Neuordnung 1945–52, 2. Aufl., Frankfurt/M. 1971 |
| F. Schmidt, Reform | Schmidt, Folke: Die Reform des kollektiven Arbeitsrechts in Schweden, Köln 1978 |
| Schneider (Hrsg.) | Schneider, Dieter (Hrsg.): Zur Theorie und Praxis des Streiks, Frankfurt/M. 1971 |
| Michael Schneider | Schneider, Michael: Aussperrung. Ihre geschichtliche Funktion vom Kaiserreich bis heute, Köln 1980 |
| Schneider–Kuda | Schneider, Dieter und Kuda, Rudolf: Arbeiterräte in der November-Revolution, 3. Aufl., Frankfurt/M. 1973 |
| Scholz, Koalitionsfreiheit | Scholz, Rupert: Koalitionsfreiheit als Verfassungsproblem, München 1971 |
| Scholz, Mitb. | Ders.: Paritätische Mitbestimmung und Grundgesetz, Berlin 1974 |
| Scholz–Konzen | Ders. und Konzen, Horst: Die Aussperrung im System von Arbeitsverfassung und kollektivem Arbeitsrecht, Berlin 1980 |
| Schüren | Schüren, Peter: Die Legitimation der tariflichen Normsetzung, München 1990 |
| Schumann u. a. | Schumann, Michael; Gerlach, Frank u. a.: Am Beispiel der Septemberstreiks, Frankfurt/M. 1971 |
| Schwarz | Schwarz, Mathias: Arbeitnehmerüberwachung und Mitbestimmung, Berlin 1982 |
| Schwendy | Schwendy, Klaus Dieter: Abänderbarkeit betriebsverfassungsrechtlicher Rechtssätze durch Tarifvertrag und Betriebsvereinbarung, Hamburg 1969 |
| Schwerdtner | Schwerdtner, Peter: Fürsorgetheorie und Entgelttheorie im Recht der Arbeitsbedingungen, Heidelberg 1970 |
| Seiter | Seiter, Hugo: Streikrecht und Aussperrungsrecht, Tübingen 1975 |
| Seiter, Arbeitskampfparität | Seiter, Hugo: Arbeitskampfparität und Übermaßverbot unter besonderer Berücksichtigung des «Boykotts» in der deutschen Seeschiffahrt, Düsseldorf 1979 |
| Seiter, Staatsneutralität | Ders.: Staatsneutralität im Arbeitskampf, Tübingen 1987 |
| Senghaas-Knobloch (Hrsg.) | Senghaas-Knobloch, Eva (Hrsg.): Weltweit geltende Arbeitsstandards trotz Globalisierung. Analysen, Diagnosen und Einblicke, Münster 2005 |
| SGB | Sozialgesetzbuch |
| Siebert–Becker | Siebert, Gerd; Becker, Knut: Betriebsverfassungsgesetz '72, Kommentar für die Praxis, 7. Aufl., Bonn 1992 |
| Siebrecht | Siebrecht, Fritz: Das Recht im Arbeitskampf, 3. Aufl., Köln 1964 |
| Simitis (Hrsg.) | Simitis, Spiros (Hrsg.): Kommentar zum Bundesdatenschutzgesetz, 5. Aufl., Baden-Baden 2003 |

| | |
|---|---|
| Simitis, Schutz von Arbeitnehmerdaten | Ders.: Schutz von Arbeitnehmerdaten, Regelungsdefizite – Lösungsvorschläge. Hrsg. vom Bundesminister für Arbeit und Sozialordnung, Bonn 1980 |
| Simitis–Rydzy | Ders. und Rydzy, Wilhelm: Von der Mitbestimmung zur staatlichen Administration: Arbeitsbedingungen bei riskanten Technologien. Eine Studie am Beispiel der Nuklearindustrie, Baden-Baden 1984 |
| Sinzheimer, Arbeitsrecht und Rechtssoziologie | Sinzheimer, Hugo: Arbeitsrecht und Rechtssoziologie, Frankfurt/M. und Köln 1975 |
| Sinzheimer, Korporativer Arbeitsnormenvertrag | Sinzheimer, Hugo: Der korporative Arbeitsnormenvertrag. Eine privatrechtliche Untersuchung. 1. Teil Leipzig 1907, 2. Teil Leipzig 1908 |
| Slg. | Sammlung (der Rechtsprechung des Europäischen Gerichtshofs) |
| Söllner–Waltermann | Söllner, Alfred und Waltermann, Raimund: Grundriss des Arbeitsrechts, 13. Aufl., München 2003 |
| Sörgel, Konsensus | Sörgel, Werner: Konsensus und Interessen. Eine Studie zur Entstehung des Grundgesetzes für die Bundesrepublik Deutschland, Stuttgart 1969 |
| Spilger | Spilger, Andreas Michael: Tarifvertragliches Betriebsverfassungsrecht. Rechtstatsachen und Rechtsfragen tarifvertraglicher Regelungen von Betriebsratsrechten, Berlin 1988 |
| Staat | Der Staat (Jahr und Seite) |
| StabG | Stabilitätsgesetz |
| ständ. Rspr. | ständige Rechtsprechung |
| Statist. Jahrbuch | Statistisches Jahrbuch für die Bundesrepublik Deutschland (Jahr und Seite) |
| A. Stein | Stein, Axel: Tarifvertragsrecht, Stuttgart u. a. 1997 |
| Steinbrück | Steinbrück, Hans-Joachim: Streikposten und einstweiliger Rechtsschutz im Arbeitskampfrecht der Bundesrepublik Deutschland, Baden-Baden 1992 |
| Steinhaus | Steinhaus, Kurt: Streiks in der Bundesrepublik 1966 bis 1974, Frankfurt/M. 1975 |
| StGH | Staatsgerichtshof |
| Stindt | Stindt, Heinrich Meinhard: Verfassungsgebot und Wirklichkeit demokratischer Organisation der Gewerkschaften, dargestellt am Beispiel der Deutschen Postgewerkschaft, Bochum 1976 |
| Stoffels, AGB-Recht | Stoffels, Markus: AGB-Recht, München 2003 |
| Streik und Aussperrung | Kittner, Michael (Hrsg.): Streik und Aussperrung, Frankfurt/M. 1974 |
| Streisand | Streisand, Joachim: Deutsche Geschichte von den Anfängen bis zur Gegenwart, 3. Aufl., Köln 1976 |
| Teuteberg | Teuteberg, Hans Jürgen: Geschichte der industriellen Mitbestimmung in Deutschland, Tübingen 1961 |

| | |
|---|---|
| Thüsing (Hrsg.) | Thüsing, Gregor (Hrsg.): Tarifautonomie im Wandel, Köln u. a. 2003 |
| Thüsing | Ders.: Der Außenseiter im Arbeitskampf: zur Rechtsstellung des nicht und des anders organisierten Arbeitnehmers und Arbeitgebers bei Streik und Aussperrung, Berlin 1996 |
| Travlos-Tzanetatos | Travlos-Tzanetatos, Dimitrios: Die Regelungsbefugnis der Betriebspartner und ihre Grenzen zum Einzelarbeitsverhältnis, Berlin 1974 |
| Treber | Treber, Jürgen: Aktiv produktionsbehindernde Maßnahmen. Zur Zulässigkeit von Betriebsbesetzungen und Betriebsblockaden unter Berücksichtigung des Funktionszusammenhangs von Privatautonomie, Tarifautonomie und Arbeitskampfrecht, Berlin 1996 |
| Triebel | Triebel, Götz: Die Haftung des Betriebsrats und der Durchgriff auf seine Mitglieder, Berlin 2003 |
| Tudyka–Etty–Sucha | Tudyka, Kurt P.; Etty, Tom; Sucha, Marian: Macht ohne Grenzen und grenzenlose Ohnmacht, Frankfurt/M. 1978 |
| TVG | Tarifvertragsgesetz |
| TVöD | Tarifvertrag für den öffentlichen Dienst |
| Umnuß | Umnuß, Karsten: Organisation der Betriebsverfassung und Unternehmerautonomie, Baden-Baden 1993 |
| UmwG | Umwandlungsgesetz |
| Utermark | Utermark, Silke: Die Organisation der Betriebsverfassung als Verhandlungsgegenstand, Frankfurt/M. 2005 |
| UWG | Gesetz gegen den unlauteren Wettbewerb |
| VereinsG | Vereinsgesetz |
| VerfGH | Verfassungsgerichtshof |
| Vilmar, Ind. Demokratie | Vilmar, Fritz (Hrsg.): Industrielle Demokratie in Westeuropa, Reinbek 1975 |
| Vilmar, Mitbestimmung | Ders.: Politik und Mitbestimmung. Kritische Zwischenbilanz – Integrales Konzept, Kronberg 1977 |
| VOBl | Verordnungsblatt |
| Vogt | Vogt, Aloys: Sozialpläne in der betrieblichen Praxis, 2. Aufl., Köln 1981 |
| Vollmer | Vollmer, Lothar: Die Entwicklung partnerschaftlicher Unternehmensverfassungen, Köln u. a. 1976 |
| VRG | Vorruhestandsgesetz |
| VVDStRL | Veröffentlichungen der Vereinigung der Deutschen Staatsrechtslehrer (Band und Seite) |
| Waas, Betriebsübergang | Waas, Bernd: Tarifvertrag und Betriebsübergang, Baden-Baden 1999 |
| Waas, Friedenspflicht | Ders.: Drittwirkungen der Friedenspflicht: Die tarifvertragliche Rechtsstellung des verbandsangehörigen Arbeitgebers im Arbeitskampf, Berlin 2001 |
| Waas, Modell Holland | Ders.: Modell Holland – Flexibilität und Sicherheit im Arbeitsrecht der Niederlande, Baden-Baden 2003 |

| | |
|---|---|
| Waas, Tarifkonkurrenz | Ders.: Tarifkonkurrenz und Tarifpluralität, Baden-Baden 1999 |
| Wahsner, Erfassung | Ders.: Erfassung und Integration als System. Militärische und zivile Dienstpflichten in der BRD, Köln 1972 |
| Wahsner–Borgaes | Ders. und Borgaes, Hans-Udo: Der folgenlose Rechtsbruch. Recht und Praxis der Bußgeldbestimmungen im Betriebsverfassungsgesetz, Frankfurt/M. und New York 1982 |
| Walz | Walz, Stefan: Multinationale Unternehmen und internationaler Tarifvertrag. Eine arbeitskollisionsrechtliche Untersuchung, Baden-Baden 1981 |
| Wank | Wank, Rolf: Arbeitnehmer und Selbständige, München 1988 |
| Weber | Weber, Rudolf: Der Betriebsbeauftragte, Berlin 1988 |
| Weick | Weick, Günter: Der Boykott zur Verfolgung nichtwirtschaftlicher Interessen, Frankfurt/M. 1971 |
| Weigand–Wohlgemuth | Weigand, Horst und Wohlgemuth, Hans H.: Arbeitskampf. Streik und Aussperrung in der Bundesrepublik, Köln 1980 |
| Weiler | Weiler, Paul C.: Governing the Workplace. The Future of Labor and Employment Law, Cambridge/Mass. and London 1990 |
| Weiss–Weyand | Weiss, Manfred und Weyand, Joachim: BetrVG. Kommentar, 3. Aufl., Baden-Baden 1994 |
| Wendeling-Schröder | Wendeling-Schröder, Ulrike: Divisionalisierung, Mitbestimmung und Tarifvertrag, Köln u. a. 1984 |
| Wendt | Wendt, Sabine: Die Betriebsbesetzung. Rechtstatsächliche und rechtsvergleichende Untersuchung einer neuen Arbeitskampfform in Großbritannien, Frankreich, Italien und der Bundesrepublik Deutschland, Frankfurt/M. und New York 1984 |
| Werkkreis | Werkkreis Literatur der Arbeitswelt (Hrsg.): Dieser Betrieb wird bestreikt, Frankfurt/M. 1974 |
| Weyand | Weyand, Joachim: Die tarifvertragliche Mitbestimmung unternehmerischer Personal- und Sachentscheidungen, Baden-Baden 1989 |
| Wiedemann | Wiedemann, Herbert (Hrsg.), Kommentar zum Tarifvertragsgesetz, bearbeitet von Wiedemann, Herbert; Oetker, Hartmut; Wank, Rolf, 6. Aufl., München 1999 (Zitierweise: Wiedemann-Bearbeiter) |
| Wiese | Wiese, Günther: Das Initiativrecht nach dem Betriebsverfassungsgesetz, Neuwied und Darmstadt 1977 |
| Wiethölter, Funkkolleg | Wiethölter, Rudolf: Rechtswissenschaft, Funkkolleg, Frankfurt/M. 1968 |
| Willemsen u. a. | Willemsen, Heinz-Josef u. a.: Umstrukturierung und Übertragung von Unternehmen, 2. Aufl., München 2003 |
| Wilpert–Rayley | Wilpert, Bernhard und Rayley, Jörg: Anspruch und Wirklichkeit der Mitbestimmung, Frankfurt/M. und New York 1983 |
| T. Wißmann | Wißmann, Tim: Tarifvertragliche Gestaltung der betriebsverfassungsrechtlichen Organisation, Berlin 2000 |

| | |
|---|---|
| Wlotzke/Preis | Wlotzke, Otfried; Preis, Ulrich (unter Mitarbeit von Burghard Kreft, Wolfgang Bender und Sebastian Roloff): Kommentar zum BetrVG, 3. Aufl., München 2006 (Zitierweise: Wlotzke/Preis-Bearbeiter) |
| Wörlen–Kokemoor | Wörlen, Rainer und Kokemoor, Axel: Arbeitsrecht, 7. Aufl., Köln u. a. 2005 |
| Wohlgemuth | Wohlgemuth, Hans H.: Staatseingriff und Arbeitskampf. Zur Kritik der herrschenden Arbeitskampfdoktrin, Köln und Frankfurt/M. 1977 |
| WRP | Wettbewerb in Recht und Praxis (Jahr und Seite) |
| WRV | Weimarer Reichsverfassung |
| WSI-Mitteilungen | Mitteilungen des Wirtschafts- und Sozialwissenschaftlichen Instituts der Gewerkschaften (Jahr und Seite) |
| WWI-Mitt. | Mitteilungen des Wirtschaftswissenschaftlichen Instituts der Gewerkschaften (Jahr und Seite) |
| Zachert, Betriebliche Mitbestimmung | Zachert, Ulrich: Betriebliche Mitbestimmung. Eine problemorientierte Einführung, Köln 1979 |
| Zachert, NAV | Ders.: Die Sicherung und Gestaltung des Normalarbeitsverhältnisses durch Tarifvertrag, Baden-Baden 1989 |
| Zachert, Tarifvertrag | Ders.: Tarifvertrag. Eine problemorientierte Einführung, Köln 1979 |
| Zachert u. a. | Ders.; Metzke, Maria; Hamer, Wolfgang: Die Aussperrung. Zur rechtlichen Zulässigkeit und praktischen Durchsetzungsmöglichkeit eines Aussperrungsverbots, Köln 1978 |
| ZAS | Zeitschrift für Arbeits- und Sozialrecht (Jahr und Seite) |
| ZBR | Zeitschrift für Beamtenrecht (Jahr und Seite) |
| Zechlin | Zechlin, Lothar: Streik, Strafrecht, Polizei. Juristischer Leitfaden für Konflikte mit der Staatsgewalt, Köln 1986 |
| ZESAR | Zeitschrift für Europäisches Sozial- und Arbeitsrecht (Jahr und Seite) |
| ZfA | Zeitschrift für Arbeitsrecht (Jahr und Seite) |
| ZGR | Zeitschrift für Unternehmens- und Gesellschaftsrecht (Jahr und Seite) |
| ZHR | Zeitschrift für das gesamte Handelsrecht (Band, Jahr und Seite) |
| ZIAS | Zeitschrift für internationales und ausländisches Arbeits- und Sozialrecht (Jahr und Seite) |
| Zimmermann | Zimmermann, Rita: Die Relevanz der herrschenden Meinung für Anwendung, Fortbildung und wissenschaftliche Erforschung des Rechts, Berlin 1983 |
| Zimmermann, P. | Zimmermann, Petra: Das droit d'expression des salariés und seine Ausdehnung – eine neue Form der Arbeitnehmermitbestimmung in Frankreich aus rechtlicher und rechtstatsächlicher Sicht, Diss. Trier 2002 |
| ZIP | Zeitschrift für Wirtschaftsrecht (Jahr und Seite; früher: Zeitschrift für Insolvenzpraxis) |

| | |
|---|---|
| Zöllner, Aussperrung | Zöllner, Wolfgang: Aussperrung und arbeitskampfrechtliche Parität, Düsseldorf 1974 |
| Zöllner, Maßregelungsverbote | Ders. Maßregelungsverbote und sonstige tarifliche Nebenfolgeklauseln nach Arbeitskämpfen, Köln u. a. 1977 |
| Zöllner–Loritz | Ders. und Loritz, Karl-Georg: Arbeitsrecht, 5. Aufl., München 1998 |
| ZPO | Zivilprozessordnung |
| ZRP | Zeitschrift für Rechtspolitik (Jahr und Seite) |
| ZTR | Zeitschrift für Tarifrecht (Jahr und Seite) |

# 1. Einleitung

## 1.1. Zur Bedeutung des Arbeitsrechts

«Arbeitsrecht ist das Sonderrecht der unselbständig tätigen Arbeitnehmer» – mit diesen Worten umschreibt das Lehrbuch von Hueck-Nipperdey den Gegenstand «Arbeitsrecht»[1]. Als «Sonderrecht» einer bestimmten Personengruppe[2] ist es an den meisten Universitäten über die bescheidene Stellung eines Nebenfachs nicht hinausgekommen. Auch in der Erwachsenenbildung spielt es in der Regel keine zentrale Rolle. 1

Dieser Zustand wird den tatsächlichen Verhältnissen in keiner Weise gerecht. Die erfasste «Gruppe» ist recht ansehnlich: 88,07 % aller Erwerbstätigen (in absoluten Zahlen: 31,405 Mio.[3]) befanden sich im März 2004 als Arbeiter, Angestellte oder Beamte in abhängiger Stellung. Selbst wenn man von den Beamten wegen ihres rechtlichen Sonderstatus einmal absieht[4], so gilt **das Arbeitsrecht für mehr als vier Fünftel** der aktiven Bevölkerung. 2

Der geregelte Lebensbereich «Arbeit» ist für den Einzelnen von zentraler Bedeutung. Noch immer verbringt fast jeder rund die Hälfte seines aktiven Daseins am Arbeitsplatz.[5] **Dort entscheidet sich, ob** er seine Persönlichkeit entfalten kann oder ob **er zeitlebens ein «Rädchen» in einer fremdgesteuerten Apparatur** bleibt. Was in diesem Bereich geschieht, wirkt weit in die sog. Freizeit hinein.[6] Lebensstandard und Sozialprestige bestimmen sich in 3

1 Hueck-Nipperdey, Bd. I, S. 3. Hromadka-Maschmann (§ 1 Rn 1 ff.) betrachten den Arbeitsvertrag als einen Dienstleistungsvertrag neben vielen anderen.

2 Hueck-Nipperdey, Bd. I, S. 5; ähnlich Nikisch, Bd. I, S. 5.

3 Statist. Jahrbuch 2005, 83. Dabei sind nur die sozialversicherungspflichtig Beschäftigten erfasst.

4 Ihre Zahl betrug im März 2004 insgesamt 2,242 Mio. = 6,29 % der Erwerbstätigen – vgl. Statist. Jahrbuch 2005, 83.

5 Trotz einer durchschnittlichen tariflichen Wochenarbeitszeit von 37,4 Stunden in den alten und 38,9 Stunden in den neuen Bundesländern betrug 2003 die tatsächlich geleistete durchschnittliche Arbeitszeit im Westen 41,9, im Osten 43,0 Stunden (Angaben nach Bauer-Munz WSI-Mitt. 2005, 43). Die *arbeitsgebundene* Zeit (einschließlich Wegezeiten und Pausen) beträgt pro Werktag noch immer über 10 Stunden – nähere Angaben in Bd. 2 Rn 219 f.

6 Eingehende Angaben zur «Zeitbudgetforschung» bei Osterland u.a., S. 277 ff. und Oppolzer, S. 49 ff.

aller Regel nach der Stellung im Betrieb,[7] wer dort nichts gilt, wird es meist auch in der «Freizeitgesellschaft» schwer haben. In vielen Fällen führen körperliche und psychische Belastungen am Arbeitsplatz dazu, dass Erholung nur noch als passiver Konsum möglich ist, dass viele so früh als möglich in den vorgezogenen Ruhestand flüchten. Das Arbeitsrecht ist unter diesen Umständen nicht «irgendeine», sondern die den zentralen Bereich menschlicher Existenz regelnde Rechtsmaterie. Die **Qualität einer Rechtsordnung**, ihre Freiheitlichkeit wie ihre Unfreiheitlichkeit bestimmt sich deshalb vorwiegend danach, welche **Stellung der einzelne im Produktionsprozess**, d. h. am Arbeitsplatz, im Betrieb, im Unternehmen und in der Gesamtwirtschaft besitzt.[8]

## 1.2. Was heißt «Arbeitsrecht»? Gesetze und sonstige Rechtsquellen

### 1.2.1. Geschriebenes Recht und Richterrecht

4 Der alltägliche Sprachgebrauch versteht unter Arbeitsrecht die «einschlägigen», d. h. die auf Arbeitnehmer bezogenen Gesetze. Man denkt an die Koalitionsfreiheit des Art. 9 Abs. 3 Grundgesetz und an das Tarifvertragsgesetz, an Betriebsverfassung und Jugendarbeitsschutz. So unbestreitbar richtig dies ist, in Wirklichkeit trifft es allenfalls die halbe Wahrheit: Das reale, für das Verhalten von Arbeitgebern und Arbeitnehmern maßgebende Recht findet sich **nur teilweise in den Gesetzestexten**. Zahllose, oft außerordentlich wichtige Regeln wurden erst durch die Arbeitsgerichte, speziell durch das BAG, sowie durch das Bundesverfassungsgericht (BVerfG) entwickelt.[9] So ist das Streik und Aussperrung umfassende «Arbeitskampfrecht» fast ausschließlich ein Werk der Rechtsprechung, und Ähnliches gilt für die Schranken, die der Gestaltungsfreiheit der Tarifvertragsparteien gezogen sind. Diese starke Stellung der Gerichte hat verschiedene **Gründe**[10]:

5 ▶ Kein Gesetz kann so präzise formuliert sein, dass Zweifelsfragen über

---

7 Vgl. schon Boettcher–Hax u. a., Unternehmensverfassung als gesellschaftspolitische Forderung, Berlin 1968, S. 16.

8 Richtig Häberle JZ 1984, 354.

9 Dazu und zu weiteren hier nicht im Einzelnen aufgeführten Quellen des Arbeitsrechts (z. B. zum Gewohnheitsrecht) s. Däubler AiB 1993, 695 ff.

10 Zum Folgenden s. a. Dieterich RdA 1986, 2 ff.

seine Tragweite ausgeschlossen sind. Ob etwa die in § 5 Abs. 3 Nr. 3 BetrVG 1972 enthaltene Beschreibung der leitenden Angestellten als Personen, die

«nach Dienststellung und Dienstvertrag … im Wesentlichen eigenverantwortlich Aufgaben wahrnehmen, die ihnen regelmäßig wegen deren Bedeutung für den Bestand und die Entwicklung des Betriebs im Hinblick auf besondere Erfahrungen und Kenntnisse übertragen werden»,

auch «Hauptabteilungsleiter»[11] oder «Grubenfahrsteiger»[12] erfasst, kann beim besten Willen nicht der bloßen Lektüre des Gesetzestextes entnommen werden.[13]

▶ **Viele Bereiche** des Arbeitsrechts haben **keine gesetzliche Regelung** erfahren. 6
So ist etwa die Aussperrung nur in Art. 29 Abs. 5 der hessischen Landesverfassung erwähnt (und verboten) worden, taucht jedoch weder im Grundgesetz noch im sonstigen geschriebenen Recht auf. Das BAG hat sich daher berufen gefühlt, diese Lücke zu schließen und ein eigenständiges System von Aussperrungsregeln zu entwickeln, die in ähnlicher Form auch in einem parlamentarischen Gesetz stehen könnten.[14] Oft enthalten **Gesetze** aber auch nur **vorsichtige Andeutungen**: Wenn etwa nach § 1 Abs. 2 Satz 1 KSchG aus «Gründen, die in der Person des Arbeitnehmers liegen», gekündigt werden kann, so lässt sich daraus nicht mit hinreichender Sicherheit ableiten, ob auch Krankheit ein Kündigungsgrund sein kann und unter welchen Voraussetzungen dies der Fall ist.

▶ Die Frage, wann ein Gesetz «vieldeutig» oder «lückenhaft» ist, entscheidet sich nach den Vorstellungen der zuständigen **Richter**; sie **befinden** in beträchtlichem Umfang selbst **über den Umfang ihres Entscheidungsspielraums**.[15] Dass dabei oft recht «souverän» verfahren wurde, zeigen u. a. einige von Reuß als «Begriffsmanipulationen» betitelte ältere BAG-Urteile.[16] Aber auch in der aktuellen Rechtsprechung lassen sich Beispiele finden, bei denen man sich ein wenig die Augen reibt. So verbietet etwa § 4 Abs. 1 Satz 1 TzBfG eine Schlechterstellung von Teilzeit- gegenüber Vollzeitkräften, «es sei denn, dass sachliche Gründe eine unterschiedliche Behandlung rechtfertigen.» Satz

11 So der Fall BAG BB 1975, 279.

12 So der Fall BAG BB 1975, 326.

13 Zur Neufassung dieser Bestimmung im Jahre 1989, die noch mehr Probleme aufwirft, s. etwa Kappes DB 1989, 1188.

14 Zur Kodifikation des Arbeitskampfrechts s. Däubler (Hrsg.), Arbeitskampfrecht, Rn 105 ff. sowie unten 5.14.2. (Rn 1704 f.).

15 Aus diesem Grunde würde sich auch durch den Erlass eines «Arbeitsvertragsgesetzes» nicht viel an dieser Situation ändern. Der Gesetzentwurf des Landes Sachsen findet sich in BR-Drucksache 293/95 (dazu Neumann DB 1995, 2013), der des Landes Brandenburg in BR-Drucksache 671/96. Kritisch mit Recht Schlochauer, FS Wlotzke, S. 121 ff. mwN.

16 Reuss AuR 1972, 193, 206 ff.

2 fährt dann fort: «Einem teilzeitbeschäftigten Arbeitnehmer ist Arbeitsentgelt … mindestens in dem Umfang zu gewähren, der dem Anteil seiner Arbeitszeit an der Arbeitszeit eines vergleichbaren vollzeitbeschäftigten Arbeitnehmers entspricht.» Auch für den Fall, dass «sachliche Gründe» vorliegen könnten, ist keine Ausnahme vorgesehen. Darin liegt gerade der Sinn der Vorschrift, denn andernfalls wäre sie überflüssig, weil sich die grundsätzliche Gleichberechtigung schon aus Satz 1 ergibt. Dennoch meint das BAG,[17] auch bei Satz 2 gebe es eine ungeschriebene Ermächtigung zur Abweichung aus «sachlichem Grund».

8 Das auf diese Weise entstehende **«Richterrecht» bestimmt das Verhalten** von Arbeitnehmern, Arbeitgebern und anderen Betroffenen in gleicher Weise, wie wenn eine ausdrückliche Gesetzesbestimmung existieren würde. Zwar ist es denkbar, dass ein Gericht in einem neuen Verfahren anders entscheidet, doch kommt dies in der Praxis nur äußerst selten vor.[18] Entsteht ein Streit, so wären die Beteiligten schlecht beraten, wollten sie sich mit dem Argument, das Gesetz habe in Wahrheit einen anderen Inhalt, über die bisherige Rechtsprechung des BAG hinwegsetzen: Käme es zum Prozess, würde aller Voraussicht nach derjenige gewinnen, der sich auf die früheren Urteile (**«Präjudizien»**) berufen kann. Jeder Wahlvorstand achtet deshalb darauf, keinen leitenden Angestellten im Sinne der einschlägigen BAG-Urteile in die Wählerliste aufzunehmen, jede Gewerkschaft zieht bei der Organisierung eines Streiks auch das den Arbeitgebern von der Rechtsprechung zugebilligte Aussperrungsrecht in Betracht, jeder in einem Presseunternehmen bestehende Betriebsrat wird berücksichtigen, dass das BAG den «Tendenzschutz» des Arbeitgebers weit und deshalb die Mitbestimmungsrechte eher eng auslegt. Von ihrer sozialen Wirkung her gesehen haben höchstrichterliche Urteile daher Gesetzeskraft.[19] Man könnte sogar noch einen Schritt weiter gehen und sie als «übergesetzliche» Rechtsquelle bezeichnen: So erlangt die Erstreckung der AGB-Kontrolle auf Arbeitsverträge durch § 310 Abs. 4 BGB erst jetzt wirklich praktische Bedeutung, nachdem das BAG eine Reihe von Grundsatzfragen entschieden und einzelne Klauseln für unzulässig erklärt hat.[20]

9 Diese «Richterherrschaft» besitzt im Grunde nur ein unmittelbares **Kor-**

17 AP Nr. 7 zu § 4 TzBfG.

18 Daran ändert auch die Tatsache nichts, dass das BAG bisweilen seine Meinung geändert hat (Beispiele bei Wichmann AuR 1988, 79); bezogen auf rund 630 000 arbeitsgerichtliche Verfahren und ca. 1500 BAG-Entscheidungen pro Jahr (Grotmann-Höfling AuR 2004, 406) spielt dies zahlenmäßig nur eine ganz geringe Rolle.

19 Vgl. etwa Larenz, Methodenlehre der Rechtswissenschaft, 5. Aufl., S. 412. Zur Unterscheidung von faktischer Wirksamkeit und normativem Geltungsanspruch s. auch Bydlinski JZ 1985, 149 ff. und Picker JZ 1988, 1 ff., 62 ff. Rechtsvergleichend: Auvergnon (éd.), Les juges et le droit social, Bordeaux 2002 (ISSN 0753-2601).

20 S. insbes. BAG NZA 2005, 1111; Überblick bei Däubler, dbr Heft 12/2005, S. 7 ff.

**rektiv**: Die Gerichte müssen sich der sog. **juristischen Methode** bedienen. Was man darunter zu verstehen hat, ist Gegenstand eines langen Theorienstreits.[21] Die heutige Praxis der «Gesetzeshandhabung» – und auf sie kommt es hier entscheidend an – läuft im Ergebnis auf ein Abwägen von unterschiedlichsten Gesichtspunkten und «Problemlösungen» hinaus: Man fragt nach Wortlaut und Entstehungsgeschichte einer Vorschrift sowie nach ihrer Stellung im Rechtssystem, man füllt Lücken durch Analogien zu bereits bestehenden Lösungen, man bewertet die beteiligten Interessen nach dem Maßstab einer rational schwer nachvollziehbaren «Billigkeit». Ob diese in Urteilstexten wiederkehrenden «Argumentationsmuster» wirklich für die richterliche Entscheidung maßgebend sind, ob ihnen «motivierende Kraft» zukommt, ist bisweilen in Zweifel gezogen worden.[22] In der Tat spricht manches für den **Einfluss außerjuristischer Faktoren** wie der subjektiven Einstellung des Richters, insbesondere seiner Vorstellung von Gerechtigkeit. Selbst wenn diese Vermutung nicht zutreffen sollte, ist der Spielraum der Gerichte außerordentlich groß: Durch die Vielzahl «zulässiger» oder wenigstens «vertretbarer» Argumente bedingt, lassen sich relativ vielfältige Ergebnisse nach den «Regeln der (juristischen) Kunst» begründen. Allerdings wird jedes Gericht die **Reaktion der Betroffenen wie der juristischen Fachöffentlichkeit** im Auge behalten und sich nicht dem Vorwurf aussetzen wollen, eine «völlig inakzeptable» Entscheidung getroffen zu haben. Von daher kann in der Realität keineswegs von «Richterkönigen» die Rede sein.

**Bundesrichter** werden nach Art. 95 Abs. 2 GG **von** einem **Richterwahl-** 10
**ausschuss gewählt,** der sich aus den 16 Landesarbeitsministern und 16 vom Bundestag benannten Personen zusammensetzt. Die Ernennung erfolgt durch den Bundespräsidenten. Eine Abwahl oder eine Nicht-Wiederwahl gibt es nicht. Nach §§ 10 Abs. 1, 28 Abs. 1 DRiG werden die Richter «auf Lebenszeit» berufen und scheiden nach § 48 Abs. 1 DRiG erst im Alter von 65 Jahren wieder aus ihrem Amt aus.[23] Konkret bedeutet dies, dass ein mit 43 Jahren Gewählter 22 Jahre lang die Rolle eines «Mitgesetzgebers» spielen kann, auch wenn die ihn bei der Wahl tragende Mehrheit längst zur Minderheit geworden ist und wenn seine Wertvorstellungen nur noch von geringen Teilen der Bevölkerung gebilligt werden. Entsprechende Erscheinungen sind auch bei den Gerichten der ersten und zweiten Instanz denkbar. Dies ist eine notwendige Konsequenz der richterlichen Unabhängigkeit. Als Korrektiv wirken nicht nur die Richterkollegen im Senat (bzw. die höheren Instanzen), sondern insbes.

---

21 Dazu auch Dieterich RdA 1986, 3.

22 Rottleuthner, Richterliches Handeln. Zur Kritik der juristischen Dogmatik, Frankfurt/M. 1973, S. 183 ff.

23 Bis 1986 lag die Altersgrenze bei 68 Jahren. Die ehrenamtlichen Richter werden auf vier Jahre berufen.

auch die **juristische Fachöffentlichkeit**, in der niemand in die Position des skurrilen Außenseiters gelangen möchte. Die bisweilen ins Gespräch gebrachte Richteranklage nach Art. 98 Abs. 1 GG[24], die eine Amtsenthebung bei jedem Verstoß «gegen die Grundsätze des Grundgesetzes» ermöglicht, liegt selbst bei einem aus dem Rahmen fallenden Urteil außerhalb jeder ernsthaften Überlegung. Dem Gesetzgeber steht es frei, von ihm nicht gebilligte richterrechtliche Grundsätze zu korrigieren. So gewährt etwa der seit 2004 geltende § 90 Abs. 2a SGB IX einen verstärkten Kündigungsschutz nur noch dann, wenn zumindest ein Antrag auf Anerkennung als Schwerbehinderter gestellt ist – vorher hatte das BAG[25] unter bestimmten Voraussetzungen von diesem Erfordernis abgesehen.

11 Insbesondere in den 70er Jahren wurde das Richterrecht mit dem Argument kritisiert, Richter würden wegen ihrer Ausbildung und ihres beruflichen Werdegangs stärker als die Bevölkerungsmehrheit **dazu tendieren, Überkommenes zu bewahren und Reformen zu blockieren**[26]. Dafür sei auch ihre soziale Herkunft verantwortlich. In der Tat ergab eine ältere Untersuchung, dass 60 % der Berufsrichter an Oberlandesgerichten aus der «oberen Mittelschicht» stammten, die nur 4,6 % der Gesamtbevölkerung ausmachte, während die sog. Unterschicht lediglich durch 2,8 % der Richter repräsentiert war, obwohl ihr 50 % der Bevölkerung zugerechnet wurden.[27] Selbst wenn dies alles auch für die Berufsrichter der Arbeitsgerichtsbarkeit gelten sollte, wären Rückschlüsse auf das Entscheidungsverhalten voreilig: Wer sich um sozialen Aufstieg bemüht, wird sich in aller Regel dem «mainstream» anschließen, während sich andere Menschen im Interesse sozialer Gerechtigkeit davon auch einmal entfernen werden. Berechtigt ist lediglich die Kritik an der praxisfremden und bloße Falllösungen einübenden Juristenausbildung an den Universitäten[28]; ihre Defizite müssen durch praktische Erfahrungen ausgeglichen werden. Im Übrigen kann ein Beharren auf dem Bisherigen in Zeit des sozialen Rückschritts aus Sicht der Arbeitnehmer durchaus akzeptabel sein.

12 Wie an anderer Stelle im Einzelnen belegt[29], hat sich die Rechtsprechung

24 Ridder, in: Kittner (Hrsg.), Streik und Aussperrung, S. 536.

25 NZA 2002, 1145.

26 Aus der sehr reichhaltigen Literatur zur Richtersoziologie s. Bendix, Zur Psychologie der Urteilstätigkeit des Berufsrichters, Neuwied und Berlin 1968; Lautmann, Justiz – die stille Gewalt, Frankfurt/M. 1972; Rasehorn, Recht und Klassen. Zur Klassenjustiz in der Bundesrepublik, Darmstadt und Neuwied 1974; Rottleuthner, Richterliches Handeln, a.a.O.; Wassermann, Justiz im sozialen Rechtsstaat, Darmstadt und Neuwied 1974. Zusammenfassend und weiterführend Rita Zimmermann S. 65 ff.

27 Dahrendorf, Deutsche Richter. Ein Beitrag zur Soziologie der Oberschicht, in: derselbe, Gesellschaft und Freiheit, München 1965, S. 185.

28 Dazu Großfeld JZ 1986, 357 ff.; Böckenförde JZ 1997, 317; Däubler, Verhandeln und Gestalten, § 1; Derleder NJW 2005, 2834 (in bemerkenswertem Gegensatz zu seiner langjährigen Tätigkeit als stellvertretender Vorsitzender des Bremischen Justizprüfungsamts).

29 Däubler, Das soziale Ideal des Bundesarbeitsgerichts (2. Aufl. 1975), sowie – bezogen auf die

des BAG unausgesprochen im Rahmen des **Wirtschaftsmodells der sozialen Marktwirtschaft** bewegt. Dies bedeutet, dass sie im Ergebnis wohlverstandenen Unternehmerinteressen Rechnung trug und den Bedürfnissen der Arbeitnehmer meist nur innerhalb dieses Rahmens entgegenkam. Bei dieser Feststellung ging (und geht) es nicht um «Richterschelte» oder gar den Vorwurf mangelnder Neutralität gegenüber den Prozessparteien, sondern um die Beschreibung der objektiven Funktion, die die Arbeitsgerichte bei der Schaffung und Weiterentwicklung von Richterrecht erfüllen.

## 1.2.2. Die «herrschende Meinung» in der juristischen Literatur

Solange keine gefestigte, in mehreren Urteilen höherer Gerichte bestätigte 13
Rechtsprechung zu einem Problem vorliegt, orientiert sich die Praxis meist an den Auffassungen, die von «anerkannten» Rechtswissenschaftlern in Lehrbüchern, Kommentaren, Monographien und Aufsätzen vertreten werden. So führen Arbeitgeber, Gewerkschaften und Betriebsräte ihre Auseinandersetzungen des Öfteren unter Berufung auf rechtswissenschaftliche Lehrmeinungen – gelegentlich in Auftrag gegebene Gutachten haben den Zweck, auf wenig oder nicht erörterten Sachgebieten die eigene Position abzusichern.[30] Die von relativ wenigen Personen – Professoren, hohen Richtern, Justiziaren, bekannteren Rechtsanwälten und in führender Stellung tätigen Verwaltungsjuristen – erarbeiteten Auslegungsergebnisse gewinnen auf diese Weise **Quasi-Gesetzeskraft**, wenn sie von der Mehrheit der Autoren geteilt werden: Im Zweifelsfall werden sich die Gerichte an der «herrschenden Meinung» orientieren. So hat es mit zum vorläufigen Scheitern betriebsnaher Tarifpolitik Anfang der 70er Jahre beigetragen, dass die Mehrheit der «renommierteren» Arbeitsrechtswissenschaftler sie für rechts- und verfassungswidrig erklärte: Das Risiko war sehr hoch, dass die Gewerkschaft zu Schadensersatz verurteilt worden wäre, hätte sie diesem Konzept entsprechend Firmentarife durch Streiks erzwungen.[31]

Die schon beim Richterrecht auftauchende **Frage der demokratischen** 14
**Legitimation stellt sich** hier **ungleich schärfer**. Hochschullehrer oder Mi-

Rechtsprechung des Ersten Senats Anfang der 80er Jahre – Wolfgang Schneider AiB 1983, 67 und H. P. Michaelis BetrR 1984, 85. Vgl. auch Zachert AuR 1977, 2ff. sowie zur einseitig arbeitgeberorientierten Rechtsprechung des LAG Schleswig-Holstein Grimberg AiB 1988, 126ff.

30 Dass sich eine «herrschende Meinung» auch schaffen lässt, zeigt die Diskussion um die Verfassungsmäßigkeit der paritätischen Mitbestimmung. Näher dazu 14. Aufl. unter 7.5.3. Zur juristischen Auftragsforschung allgemein Rita Zimmermann, S. 49f. und Däubler WSI-Mitt. 1985, 70.

31 Vgl. Eberhard Schmidt, in: Jacobi/Müller-Jentsch/Schmidt, 1972, S. 151, 155ff. Zum Konzept als solchem s. unten Rn 319ff.

nisterialdirektor wird man nicht durch Wahl, sondern durch Ernennung, wobei ausschließlich die fachliche Qualifikation, nicht jedoch die Übereinstimmung mit den Auffassungen der Parlaments- oder gar der Bevölkerungsmehrheit maßgebend sein soll. Es fehlt somit jeder Ansatz von demokratischer Legitimation. Im Arbeitsrecht kommen einige nur historisch zu erklärende Besonderheiten hinzu: Unmittelbar nach dem Zweiten Weltkrieg entstand – wie Wahsner im Einzelnen nachgezeichnet hat[32] – ein «Kartell» von Professoren, die bereits zwischen 1933 und 1945 Arbeitsrecht gelehrt hatten.[33] Von wenigen Sonderfällen abgesehen, besetzten die Schüler dieser ersten Nachkriegsgeneration noch Anfang der 70er Jahre die einschlägigen Lehrstühle und Institute.[34] Sicher wäre es völlig falsch, wollte man dieser «Herkunft» entscheidende Bedeutung für die Würdigung einer wissenschaftlichen Position beimessen, zumal die betroffenen Personen nicht die geringsten Sympathien für das faschistische Herrschaftssystem besitzen. Allerdings mag es nahe liegen, dass die Schüler und «Enkel» dieser Professoren eher zu Positionen eines aufgeklärten Konservativismus als zu denen einer Arbeitnehmerorientierung gelangen.[35] Der während der Weimarer Zeit existierende «linke» (d.h. in der Regel nur: gewerkschaftsfreundliche) Flügel der Arbeitsrechtswissenschaft wurde 1933 zur Emigration gezwungen und war auch nach 1945 nicht mehr in der Lage, die Entwicklung in der BRD irgendwie zu beeinflussen.[36]

15 In ihrer **sozialen Herkunft** ähneln die Professoren den Richtern, zeichnen sich jedoch durch eine noch etwas stärkere Überrepräsentierung der Oberschicht und eine noch stärkere Zurückdrängung der Unterschicht aus[37] – eine Tatsache, die auch hier nicht zu dem vorschnellen Schluss auf eine «natürliche» Arbeitgeberorientierung verleiten darf. Wichtiger ist, dass wohl dotierte **Gutachten** das Denken in eine bestimmte Richtung lenken können.[38]

---

32 Wahsner, KJ 1974, 369, 376.

33 Zur Entwicklung der Arbeitsrechtswissenschaft vom Ende des 19. Jahrhunderts bis 1933 s. Dubischar RdA 1990, 83 ff.; vgl. auch Blanke AuR 1994, 119 ff. und Dieterich RdA 1995, 324, der auf die besonders aggressive «Streitkultur» im Arbeitsrecht verweist.

34 S. die Nachweise bei Wahsner, KJ 1974, 383 ff. Dazu auch Rita Zimmermann S. 62 f. sowie die Glosse in AuR 1995, 90 ff. (Risor Silvaticus: Rückwirkung des Einigungsvertrages).

35 Zur politischen Einstellung von Jura-Professoren s. Klausa, Deutsche und amerikanische Rechtslehrer. Wege zu einer Soziologie der Jurisprudenz, Baden-Baden 1981, S. 241 ff.

36 Zu den Lebensläufen dieser Wissenschaftler im Einzelnen Wahsner, KJ 1974, 375 / 376; Zimmermann, S. 62 sowie die Beiträge über Sinzheimer (Erd), Korsch (Buckmiller), Kahn-Freund (Däubler), Neumann (Preuß) und Fraenkel (von Brünneck) in: Kritische Justiz (Hrsg.), Streitbare Juristen. Eine andere Tradition, Baden-Baden 1988.

37 Nachweise bei Dahrendorf (a.a.O.), S. 185; Rüthers JZ 1972, 190.

38 Zu den Mechanismen wissenschaftlicher Meinungsbildung aufschlussreich Luhmann, Selbststeuerung der Wissenschaft, in: Ders., Soziologische Aufklärung, 2. Aufl., Opladen 1971, S. 232 ff. S. auch Wesel, hM, Kursbuch 56 (1979), 88 ff. und Däubler WSI-Mitt. 1985, 64 ff.

### 1.2.3. Tarifverträge und betriebliche Rechtssetzung

Arbeitsrecht erschöpft sich nicht in Gesetzen, Rechtsprechung und juristischer Literatur. Neben diese staatlichen und quasi-staatlichen Rechtsquellen treten vielmehr die von Gewerkschaften mit Arbeitgeberverbänden oder mit einzelnen Firmen abgeschlossenen Tarifverträge sowie die Betriebsvereinbarungen, die zwischen Betriebsrat und Geschäftsleitung abgeschlossen werden. In diesen zusätzlichen **«gesellschaftlichen Rechtsquellen»**[39] kommt ein demokratisches Element zum Ausdruck, das andere Rechtsgebiete so nicht kennen. Über ihre Interessenvertretungen sind die Arbeitnehmer als die eigentlich Betroffenen gleichberechtigt an der Entstehung der für sie geltenden Normen beteiligt. Gerade deshalb ist es auch nicht gleichgültig, ob eine bestimmte Frage in Tarifverträgen oder im staatlichen Recht geregelt ist: Die **tarifliche Auseinandersetzung** kennt klare Fronten und **belohnt** im Regelfall die gemeinsame Einsatzbereitschaft, während Gesetzgebung und Rechtsprechung als neutrale Schlichter erscheinen, die mit den Forderungen der Arbeitnehmer wenig zu tun haben. Die sehr starke rechtliche Durchstrukturierung (**«Verrechtlichung»**) unserer Arbeitsbeziehungen und die gesetzliche Regelung vieler an sich dem Tarifvertrag zugänglicher Sachkomplexe[40] wurden deshalb in der Vergangenheit bisweilen als Nachteil des deutschen Systems der Arbeitsbeziehungen bezeichnet, der den Klassenkampf behindere[41]. **In Krisenzeiten** zeigt sich allerdings, dass eine starke **verfassungsrechtliche** und gesetzliche **Verankerung sozialer Errungenschaften** ein großes Stück **Schutz gegen «sozialen Kahlschlag»** bietet. Eine «Entrechtlichung» wird heute von neoliberaler Seite gefordert, während auch die Radikalen von einst konsequent an den vorhandenen rechtlichen Garantien festhalten: Ersichtlich haben sich die Fronten verkehrt. 16

Die Darstellung und kritische Würdigung des «selbst geschaffenen» Arbeitsrechts stößt auf praktische Schwierigkeiten. Allein im Jahre 2004 wurden 6100 Tarifverträge neu registriert; die Gesamtzahl aller gültigen Tarifverträge belief sich im selben Jahr auf 61 772.[42] Ein Überblick über die wichtigsten Vereinbarungen erscheint regelmäßig in den WSI-Mitteilungen.[43] Die Zahl 17

39 Interessant Aliprantis, La place de la Convention Collective dans la Hiérarchie des Normes, Paris 1980.

40 S. bereits Kahn-Freund, Collective Bargaining and Legislation, in: Jus privatum gentium, FS Rheinstein, Tübingen 1969, S. 1023 ff.

41 Dazu Unterseher, in: Jacobi/Müller-Jentsch/Schmidt, 1972, S. 140 ff. Zur Kritik s. Däubler, Arbeitsbeziehungen und Recht in der Bundesrepublik – eine Skizze, in: Gamillscheg u. a. (Hrsg.): In Memoriam Sir Otto Kahn-Freund, München 1980, S. 44 ff.

42 WSI (Hrsg.), WSI-Tarifhandbuch 2005, S. 70.

43 S. etwa Bispinck/WSI-Tarifarchiv WSI-Mitt. 2005, 383 (1. Halbjahr 2005). Wichtig weiter das

der Betriebsvereinbarungen ist – soweit ersichtlich – nicht erfasst. Hilfreich ist die Auswertung einzelner Regelungskomplexe durch die Hans-Böckler-Stiftung.[44] Einig ist man sich jedoch darüber, dass die Kollektivverträge das Arbeitsrecht zu einem flexiblen System machen: Je nach der wirtschaftlichen Belastbarkeit der Branche oder des Einzelunternehmens und je nach dem Engagement der Arbeitnehmer sind bessere oder schlechtere Regelungen möglich. Häufig besaßen Tarifverträge auch eine Vorreiterrolle: Was zunächst nur in einzelnen Wirtschaftsbereichen galt, wurde später vom Gesetzgeber auf die gesamte Wirtschaft ausgedehnt. Ein Beispiel ist die Entgeltfortzahlung im Krankheitsfall, ein anderes der Bildungsurlaub, der mittlerweile in einer Reihe von Bundesländern gesetzlich anerkannt ist.

17a Neben der Betriebsvereinbarung existiert im Betrieb die **Betriebsabsprache**, die formlos zwischen Betriebsrat und Arbeitgeber abgeschlossen wird. Obwohl sie häufig eine Vielzahl von Beschäftigten betrifft, hat sie keine normative Wirkung, sondern bindet nur die beiden Betriebsparteien.[45] Große Bedeutung hat die sog. **Betriebsübung**: Durch regelmäßige Gewährung bestimmter Leistungen entsteht bei den Arbeitnehmern die berechtigte Erwartung, auch in Zukunft so behandelt zu werden.[46]

Der Arbeitgeber lässt sechs Monate lang die private Internetnutzung zu, soweit die Erledigung der Arbeit nicht sichtbar darunter leidet. Betriebsübung entstanden.

Nach der Rechtsprechung wird das praktizierte Verhalten stillschweigend zum Bestandteil des Arbeitsvertrags.[47] Insoweit liegt **keine «Rechtsquelle»** vor, während in der Literatur zum Teil von betrieblichem Gewohnheitsrecht die Rede ist.[48] Auch eine **«Gesamtzusage»** des Arbeitgebers, wonach er sich durch Erklärung gegenüber der Belegschaft zu bestimmten Leistungen verpflichtet, wird vertragsrechtlich qualifiziert: Dadurch, dass die Arbeitnehmer in Kenntnis der Zusage weiterarbeiten, kommt nach § 151 BGB eine entsprechende Änderung der Arbeitsverträge zustande.[49]

---

jährlich erscheinende WSI-Tarifhandbuch, herausgegeben von Bispinck. Zur Analyse einzelner Felder s. als Beispiel Bispinck, Altersbezogene Regelungen in Tarifverträgen – Bedingungen betrieblicher Personalpolitik, WSI-Mitt. 2005, 582ff.

44 Sie erscheint in Broschürenform und ist häufig auch über www.boeckler.de herunterzuladen. S. als Beispiele Böker, Arbeitszeiterfassungssysteme, Frankfurt/M. 2004; Braun-Eggerdinger, Sucht und Suchtmissbrauch, Frankfurt/M. 2004; Akin u.a., Integration von Beschäftigten ausländischer Herkunft, Frankfurt/M. 2004.

45 Näher unten 6.8.2.1. (Rn 940ff.).

46 HWK-Thüsing § 611 BGB Rn 228.

47 BAG AP Nr. 50 und 54 zu § 242 BGB Betriebliche Übung.

48 Einzelheiten in Band 2 unter 3.4. (Rn 141 ff.).

49 Nachweise bei HWK-Thüsing vor § 611 BGB Rn 149.

## 1.2.4. Völkerrechtsnormen und Arbeitsrecht

Geringe Aufmerksamkeit erfahren die im Völkerrecht entwickelten Arbeitsrechtsnormen. Ihre weitgehende Ausklammerung wird weder ihrer großen Zahl noch ihrer inhaltlichen Bedeutung gerecht:[50] **Ein beträchtlicher Teil aller im Arbeitsrecht auftauchenden Fragen** wie z.B. Koalitions- und Streikrecht, Lohngleichheit von Mann und Frau, Urlaubsrecht usw. hat auch in völkerrechtliche Bestimmungen Eingang gefunden.[51] 18

Den relativ höchsten Bekanntheitsgrad besitzt die vom Europarat ausgearbeitete Europäische Menschenrechtskonvention (**EMRK**)[52] sowie die ebenfalls dort entstandene **Europäische Sozialcharta**[53], doch kommt auch der Datenschutzkonvention[54] Bedeutung zu. Schon vor über 30 Jahren hat Udo Mayer mit Recht auf die Bedeutung der UN-Menschenrechtsdeklaration von 1948 und den Pakt über wirtschaftliche, soziale und kulturelle Rechte hingewiesen[55], wo u.a. das wirtschaftliche Selbstbestimmungsrecht der Völker, das Recht auf Arbeit sowie das Koalitions- und Streikrecht garantiert sind. Einen ähnlich umfassenden Regelungsbereich besitzen die **Abkommen und Empfehlungen der Internationalen Arbeitsorganisation (ILO)**[56], die insbesondere im Zusammenhang mit der Einschränkung des Streikrechts durch § 116 AFG[57], bei den sog. Berufsverboten im öffentlichen Dienst[58] und im Urlaubsrecht[59] Bedeutung erlangt haben. 19

---

50 Dies wird im Grundsatz auch von Reuter (FS Hilger/Stumpf, S. 587 mit Fn 74) zugestanden, der als Ursachen die «unzureichenden Leistungen der Arbeitsrechtsvergleichung» sowie die Tatsache nennt, dass dieses Recht «aus italienischem, französischem oder englischem Geist» nicht in die andersartige Sozialstruktur der Bundesrepublik passe. Dies trifft freilich nur dann zu, wenn man – wie Reuter – die Schutzfunktion des deutschen Arbeitsrechts weit zurückdrängt. Grundsätzlich zum «Arbeitsvölkerrecht» Däubler WSI-Mitt. 1987, 186ff. sowie in FS 100 Jahre Arbeitsgerichtsverband, S. 619ff.

51 Dokumentation der geltenden Völkerrechtsnormen mit arbeitsrechtlichem Gegenstand bei Däubler-Kittner-Lörcher, Internationale Arbeits- und Sozialordnung, 2. Aufl., Köln 1994 mit Supplement 1995.

52 BGBl 1952, II, 686. Zu ihrer unmittelbaren Anwendbarkeit s. Roš, Die unmittelbare Anwendbarkeit der Europäischen Menschenrechtskonvention, Zürich 1984. Wichtig insbesondere Frowein-Peukert, EMRK-Kommentar, Kehl, Straßburg und Arlington, 2. Aufl. 1996.

53 Zustimmungsgesetz der BRD vom 19. 9. 1964, BGBl II, 1261. Zum Änderungsprotokoll 1991, das die praktische Umsetzung verbessern soll, s. Lörcher, FS Gnade, S. 689ff. Es ist bisher von der Bundesrepublik nicht ratifiziert worden.

54 Vom 28. Januar 1981, BGBl 1985, II, 539ff. Dazu Auernhammer DuD 1985, 7ff.

55 Mayer DuR 1974, 247ff. Zum Internationalen Pakt über wirtschaftliche, soziale und kulturelle Rechte Zuleeg RdA 1974, 321ff.

56 Zur Entstehung, Entwicklung und aktuellen Bedeutung der ILO instruktiv Mayer-Raasch, S. 193ff. sowie Lörcher RdA 1994, 284 und aus neuerer Zeit Böhmert, Das Recht der ILO und sein Einfluss auf das deutsche Arbeitsrecht im Zeichen der europäischen Integration, Baden-Baden 2002.

57 Vgl. etwa Colneric AuR 1986, 12ff.

58 Vgl. etwa Lörcher PersR 1988, 5ff.

59 BAG DB 1994, 1088 (wenn auch ohne Veränderung der deutschen Rechtsprechung).

20 Während die EMRK unbestrittenermaßen den Rang eines innerstaatlichen Gesetzes besitzt, auf das sich jedermann vor Gericht berufen kann, ist die innerstaatliche Verbindlichkeit anderer Abkommen z. T. zweifelhaft.[60] Die Bundesrepublik muss jedoch auf alle Fälle auch ihnen Rechnung tragen, soweit das innerstaatliche Recht Interpretationsspielräume lässt: Der Richter würde seine Aufgabe als Teil der Staatsgewalt verkennen, wollte er nicht die in dem internationalen Abkommen vorgesehene, sondern eine andere, die Bundesrepublik in völkerrechtliche Schwierigkeiten bringende Lösung wählen.[61] Dies betrifft auch die Auslegung des Grundgesetzes, die u. a. «Inhalt und Entwicklungsstand der Europäischen Menschenrechtskonvention» in Betracht zu ziehen hat.[62] «Bezugsgröße» sind dabei nicht nur der Wortlaut der internationalen Abkommen, sondern auch die Aussagen der Kontrollgremien, die ihre Einhaltung überwachen sollen.[63]

### 1.2.5. EG und Arbeitsrecht

21 Wachsende Bedeutung haben die von der EG erlassenen Normen gewonnen, die die **«soziale Dimension» des Binnenmarkts** wenigstens ansatzweise mit Leben erfüllt haben.[64] Dies gilt etwa auf dem Gebiet des **Arbeits-**

---

60 Aufgeschlossen BVerfGE 58, 233, 254, das im Zusammenhang mit der ESC ausschließlich die verschiedenen Möglichkeiten innerstaatlicher Geltung erörtert, die Alternative «Wirkungslosigkeit» aber von vornherein ausschließt. Zum Streit um die innerstaatliche Verbindlichkeit der Streikgarantie des Art. 6 Nr. 4 ESC s. unten 5.2.3.1. (Rn 491 ff.).

61 Ebenso BAG NZA 1984, 398 re. Sp., bestätigt durch BAG NZA 2003, 734, 739, sowie im Ergebnis Frowein, Zur völkerrechtlichen und verfassungsrechtlichen Gewährleistung der Aussperrung, Tübingen 1976, S. 18; Mayer-Raasch, S. 246; Gerhard Müller DB 1984, 2692; Picker Beilage Nr. 7/85 zu DB, S. 13 Fn 67; Säcker, Gruppenparität, S. 82 und passim; Schwerdtfeger, Arbeitslosenversicherung und Arbeitskampf, Berlin 1974, S. 67; Seiter, S. 137 ff.; Zachert, Betriebliche Mitbestimmung, S. 66; Zöllner, Aussperrung, S. 10 ff.; BAGE 11, 338, 342. Für das ILO-Übereinkommen Nr. 135 dahingestellt in BAG AuR 1979, 256 = DB 1979, 1044.

62 So ausdrücklich BVerfG NJW 1987, 2427.

63 Lörcher AuR 1991, 103. Stark abschwächend für den Fall des ILO-Übereinkommens Nr. 111 BAG AP Nr. 4 zu § 611 BGB Abmahnung = NZA 1989, 716; kritisch zu dieser Entscheidung, aber auch zu den Grenzen der Bindung Däubler, FS 100 Jahre Arbeitsgerichtsbarkeit, S. 633 f.

64 Dazu aus der ersten Phase der Diskussion Breit (Hrsg.), Europäischer Binnenmarkt: Wirtschafts- oder Sozialraum, Bonn 1988; Steinkühler (Hrsg.), Europa '92. Industriestandort oder sozialer Lebensraum, Hamburg 1989; Däubler, Sozialstaat EG? Die andere Dimension des Binnenmarktes, Gütersloh 1989. Aus der Zeit der Integrationsfortschritte Anfang der 90er Jahre s. Däubler NZA 1992, 577 und EWS 1993, 272 ff., Heinze RdA 1994, 1 und FS Kissel, S. 363 ff., Lörcher AuR 1993, 207; Schaub NZA 1994, 769; Schlachter, Der Europäische Gerichtshof und die Arbeitsgerichtsbarkeit, Stuttgart u. a. 1995; Simitis, FS Kissel, S. 1097 ff.; Wank RdA 1995, 10. Umfassender Überblick über den gegenwärtigen Entwicklungsstand bei Hanau-Steinmeyer-Wank und bei Schiek (jeweils a.a.O.). Wichtig auch Kerwer, a.a.O.

**schutzes**[65] sowie für die Gleichbehandlung der aus einem anderen Mitgliedstaat kommenden **Wanderarbeitnehmer**[66]. Die Richtlinien über die schriftliche Fixierung der Arbeitsbedingungen[67], über die Arbeitszeit[68] und über den Jugendarbeitsschutz[69] dringen in den «Kernbereich» des Arbeitsrechts ein. Dasselbe gilt für die Richtlinie über **Massenentlassungen**[70] und die Richtlinie über den **Schutz erworbener Rechte bei Betriebsübergang und Fusion.**[71] Die Richtlinie über **Europäische Betriebsräte**[72] bringt eine wichtige und notwendige Ergänzung des Systems kollektiver Interessenvertretung, die sog. **Entsenderichtlinie** bekämpft ansatzweise soziales Dumping.[73] Bemerkenswert ist, dass Art. 139 EG-Vertrag den sozialen Gegenspielern auf europäischer Ebene weit reichende Initiativrechte in Bezug auf den Erlass neuer Vorschriften gewährt.[74]

Die **Gleichbehandlung von Männern und Frauen** ist auf der Grundlage 22
des Art. 141 (früher: 119) EG-Vertrag und von verschiedenen Richtlinien[75] Gegenstand einer reichhaltigen EuGH-Rechtsprechung geworden, die u.a. die Schlechterstellung von Teilzeitkräften grundsätzlich beseitigt[76] und die Frage nach der Schwangerschaft illegalisiert hat.[77] Die beiden **Antidiskriminierungsrichtlinien** des Jahres 2000[78] verbieten unmittelbare und mittelbare

65 Eingehender Überblick bei Wlotzke RdA 1992, 85 und bei Lörcher, in: Däubler–Kittner–Lörcher, Nr. 440.

66 Dazu Hanau-Steinmeyer-Wank, § 15.

67 ABl vom 18.10.1991, Nr. L 288/32 – sog. Nachweisrichtlinie. Zu ihrer Umsetzung s. Bd. 2 Rn 96ff.

68 ABl vom 13.12.1993, Nr. L 307/18, aktuelle Fassung: durch Richtlinie 2003/88/EG vom 4.11.2003, ABl vom 18.11.2003, L 299/9ff.

69 ABl vom 20.8.1994, Nr. L 216/12.

70 Neueste Fassung: Richtlinie des Rates 98/59/EG zur Angleichung der Rechtsvorschriften der Mitgliedstaaten über Massenentlassungen vom 20.7.1998, ABl L 225/16.

71 Neueste Fassung: Richtlinie des Rates 2001/23/EG zur Angleichung der Rechtsvorschriften der Mitgliedstaaten über die Wahrung von Ansprüchen der Arbeitnehmer beim Übergang von Unternehmen, Betrieben oder Unternehmens- oder Betriebsteilen vom 12.3.2001, ABl Nr. L 82/16.

72 ABl vom 30.9.1994, Nr. L 254/64, auf Großbritannien ausgedehnt durch die Richtlinie 97/74/EG, ABl vom 16.1.1998, Nr. L 10/22.

73 ABl vom 21.1.1997, Nr. L 18/1. Dazu Däubler, EuZW 1997, 613ff.

74 Dazu Deinert RdA 2004, 211ff.

75 Am bedeutsamsten die «Gleichbehandlungsrichtlinie»: Richtlinie 2002/73/EG des Europäischen Parlaments und des Rates vom 23. September 2002 zur Änderung der Richtlinie 76/207/EWG des Rates zur Verwirklichung des Grundsatzes der Gleichbehandlung von Männern und Frauen hinsichtlich des Zugangs zur Beschäftigung, zur Berufsbildung und zum beruflichen Aufstieg sowie in Bezug auf die Arbeitsbedingungen, ABl Nr. L 269/15. Zum Vorschlag der Kommission, die einschlägigen Richtlinien in einer zusammenzufassen, s. Philipp EuZW 2005, 515.

76 EuGH DB 1986, 1525 (betriebliche Altersversorgung) und EuGH DB 1989, 1574 (Lohnfortzahlung im Krankheitsfall).

77 EuGH NZA 1991, 171 – Dekker; EuGH NZA 2000, 255 – Mahlburg.

78 Richtlinie 2000/43/EG des Rates vom 29. Juni 2000 zur Anwendung des Gleichbehandlungsgrundsatzes ohne Unterschied der Rasse oder der ethnischen Herkunft (ABl Nr. L 180/22) und Richt-

Diskriminierungen wegen Rasse und ethnischer Herkunft, wegen Religion und Weltanschauung, wegen Behinderung, wegen Alters und wegen der sexuellen Identität. Ihre längst überfällige Umsetzung in deutsches Recht wird einige neue Akzente setzen; dennoch bleibt das Arbeitsrecht in weiten Teilen auch in absehbarer Zukunft nationales Recht.

23 Anders als bei traditionellen Völkerrechtsnormen ist die **innerstaatliche Verbindlichkeit** des EG-Vertrags (und der auf seiner Grundlage erlassenen Verordnungen) unbestritten. Beide gehen dem nationalen Recht in ähnlicher Weise vor wie das Bundesrecht dem Landesrecht. Seit 1987 verzichtet das Bundesverfassungsgericht sogar darauf, das Gemeinschaftsrecht am Maßstab der Grundrechte des Grundgesetzes zu überprüfen.[79] Allerdings besteht insoweit eine Grenze, als nach seiner Maastricht-Entscheidung[80] eine Verletzung des Wesensgehalts von Grundrechten sowie ein Handeln der Gemeinschaft außerhalb ihrer Kompetenzen nicht hingenommen werden muss. Die im Arbeitsrecht besonders wichtigen **Richtlinien** binden an sich nur die Mitgliedstaaten, doch kann sich der einzelne Bürger der öffentlichen Hand gegenüber ausnahmsweise dann auf sie berufen, wenn sie eine ausreichend konkrete Regelung enthalten und wenn sie der Mitgliedstaat nicht oder nur mangelhaft umgesetzt hat.[81] In einem solchen Fall gehen auch sie dem nationalen Recht vor.[82] Im Verhältnis zwischen Privaten (also auch für das Arbeitsverhältnis bei einem nichtstaatlichen Arbeitgeber) haben sie keine unmittelbare Wirkung, doch ist das **nationale Recht** im Rahmen des Möglichen **richtlinienkonform auszulegen**.[83] Im Einzelfall kann der Mitgliedstaat den Gemeinschaftsbürgern gegenüber sogar zum Schadensersatz verpflichtet sein.[84]

23a Das Gemeinschaftsrecht kennt (ungeschriebene) allgemeine Rechtsgrundsätze, zu denen auch die **Grundrechte** gehören. Ihr Inhalt wird in der Rechtsprechung des EuGH aus den Verfassungstraditionen der Mitgliedstaaten sowie aus völkerrechtlichen Abkommen abgeleitet, die von den Mitgliedstaaten ratifiziert wurden. Besondere Bedeutung kommt der EMRK und der Europäischen Sozialcharta zu, auf die **Art. 136 Abs. 1 EG-Vertrag** ausdrücklich

---

linie 2000/78/EG des Rates vom 27. November 2000 zur Festlegung eines allgemeinen Rahmens für die Verwirklichung der Gleichbehandlung in Beschäftigung und Beruf (ABl Nr. L 303/16).

79 BVerfG NJW 1987, 577.

80 BVerfG EuGRZ 1993, 434f.

81 Grundlegend EuGH NJW 1978, 1741 – Simmenthal; s. weiter EuGH NJW 1986, 2178, 2180 – Marshall; EuGH NJW 1994, 2473 – Faccini Dori.

82 BVerfG EuGRZ 1988, 113ff.

83 Zuletzt EuGH NZA 2004, 1145, 1151 – Pfeiffer; aus der Lit. insbes. Canaris, FS Bydlinski, 2002, S. 47ff.; Schlachter RdA 2005, 115.

84 EuGH NJW 1992, 165 – Francovich und Bonifaci; EuGH NJW 1996, 3141 – Dillenkofer.

Bezug nimmt.[85] Das Verbot der Diskriminierung wegen Alters wurde vom EuGH daher als «allgemeiner Rechtsgrundsatz des Gemeinschaftsrechts» qualifiziert.[86] Die Gemeinschaftscharta der sozialen Grundrechte der Arbeitnehmer von 1989[87] und die in Nizza proklamierte **Charta der Grundrechte der Europäischen Union**[88] besitzen zwar keine Rechtsverbindlichkeit, stellen jedoch wichtige Orientierungspunkte für die Weiterentwicklung der Rechtsprechung des EuGH dar.

Die **Grundrechte des EG-Rechts** haben einen beschränkten **Anwendungsbereich**. Sie sind von den Gemeinschaftsorganen bei ihrem Handeln zu beachten, aber auch von den **nationalen Instanzen**, soweit diese **Gemeinschaftsrecht umsetzen**, also z. B. einen Verwaltungsakt aufgrund einer EG-VO erlassen oder eine Richtlinie ausführen. Die Bindung besteht auch dann, wenn von Ausnahmen Gebrauch gemacht wird, die das EG-Recht zulässt.[89] Geht es jedoch um einen rein innerstaatlichen Sachverhalt – die Belegschaft eines Betriebes in Hannover streikt um eine Lohnerhöhung –, so können sich die Beteiligten nicht auf Gemeinschaftsrecht berufen. **Proteststreiks gegen (geplante) Maßnahmen der Gemeinschaft,** wie sie im Januar 2006 zur Verhinderung der Liberalisierung der Hafenarbeit stattgefunden haben, dürften dagegen nach Gemeinschaftsrecht zu beurteilen sein.[90] 23b

### 1.2.6. Das sog. Soft Law

Immer häufiger finden sich auch im Rahmen der Arbeitsbeziehungen Verhaltensregeln, die bei Verstößen keine Sanktionen vorsehen und die man üblicherweise als «soft law» bezeichnet. Ihre Erscheinungsformen sind vielfältig. 23c

▶ Seit 1983 existieren in der chemischen Industrie sog. **Sozialpartnervereinbarungen**, die den Mitgliedsfirmen und ihren Beschäftigten eine bestimmte Verhaltensweise empfehlen. Erfasst sind z. B. die Wahl von Vertrauensleuten im Betrieb, die berufliche Weiterbildung und der betriebliche Umweltschutz.[91]

▶ Unter dem Stichwort **«Corporate Governance»** wurden Grundsätze guter Unternehmensführung und ihrer Kontrolle entwickelt. Nach § 161 AktG muss

---

85 Zur Stellung der Grundrechte im Gemeinschaftsrecht s. Schiek, Europäisches Arbeitsrecht, Rn 50 ff. und Wank in: Hanau-Steinmeyer-Wank, § 13 jeweils mwN; Däubler, FS Hanau, S. 493 f.

86 EuGH NZA 2005, 1345, 1348.

87 In Art. 136 Abs. 1 EG-Vertrag gleichfalls in Bezug genommen.

88 ABl vom 7. 12. 2000, Nr. C 364/01. Dazu Däubler AuR 2001, 380 und Weiss AuR 2001, 374.

89 Grundlegend EuGH Slg. 1975, 1219 ff. (Rutili). Dazu Schiek, Europäisches Arbeitsrecht, Rn 51.

90 Vgl. Däubler, FS Hanau, S. 492.

91 Einzelheiten bei Molitor, FS Stahlhacke, S. 341 ff.; Zachert, FS Hanau, S. 137 ff.

in der Bilanz börsennotierter AGs lediglich angegeben werden, ob und in welchem Umfang ihnen Rechnung getragen wurde.[92] Dahinter steht die Überlegung, dass die Einhaltung zu positiven und die Nichteinhaltung zu negativen Reaktionen an der Börse (oder allgemeiner: auf dem Kapitalmarkt) führen wird, doch hat sich diese Erwartung bislang nicht erfüllt.[93]

▶ In zwei nicht unwichtigen Bereichen hat die bisherige Bundesregierung auf ein Gesetzesvorhaben verzichtet und sich stattdessen mit Empfehlungen begnügt, deren Inhalt mit den großen Wirtschaftsverbänden abgestimmt wurde. Anstelle eines Gesetzes zur **Frauenförderung in der Privatwirtschaft**[94] wurde am 2. 7. 2001 eine «Vereinbarung» zwischen der Bundesregierung und BDA, BDI, DIHT und ZDH unterzeichnet, wonach die Spitzenverbände ihren Mitgliedern empfehlen, «betriebliche Maßnahmen zur Verbesserung der Chancengleichheit von Frauen und Männern sowie der Familienfreundlichkeit» zu ergreifen. Weiter heißt es: «Solange die Vereinbarung erfolgreich umgesetzt wird, wird die Bundesregierung keine Initiative ergreifen, um die Chancengleichheit von Frauen und Männern auf gesetzlichem Wege zu erreichen.»[95] Eine wirksame Erfolgskontrolle ist jedoch nicht ersichtlich.[96] Etwas mehr Effekt scheint dem im Juni 2004 geschlossenen **«Ausbildungspakt»** beschieden zu sein, wonach drei Jahre lang jährlich 30 000 neue Ausbildungsplätze geschaffen werden sollen;[97] er trat an die Stelle eines vom Parlament bereits beschlossenen Gesetzes über eine Ausbildungsplatzabgabe. Allerdings besteht das Defizit, dass der Abbau bisher bestehender Ausbildungsplätze nicht ausgeschlossen wird.[98]

▶ International tätige Unternehmen verpflichten sich freiwillig dazu, insbes. in Entwicklungsländern bestimmte **soziale Mindeststandards** zu wahren.[99] Verstöße würden primär zu einem Imageverlust führen.

▶ Auch auf internationaler und europäischer Ebene wird vom Mittel des «soft law» Gebrauch gemacht. So sind die (zahlreichen) **«Empfehlungen» der ILO** ohne rechtliche Verbindlichkeit. Auch der EG-Vertrag kennt in Art.

---

92 Dazu Peltzer, Deutsche Corporate Governance. Ein Leitfaden, München 2003. Neueste Fassung des Corporate Governance Kodex in ZIP 2005, 1336.

93 Nowak-Rott-Mahr, Wer den Kodex nicht einhält, den bestraft der Kapitalmarkt?, ZGR 2005, 252 ff.

94 S. den Gesetzentwurf bei Pfarr RdA 2002, 120 f.

95 Die Vereinbarung ist abrufbar unter www.bundesregierung.de, Stichwort: Frauenförderung (30. 10. 2005).

96 S. die Erklärung über das Gespräch von Bundeskanzler Schröder mit dem Vorstand des Deutschen Frauenrats vom 10. 7. 2003, der letzten unter www.bundesregierung.de verfügbaren Information über dieses Thema.

97 Wesentliche Inhalte in AuR 2004, 291.

98 Erklärungen über eine gleichwohl erfolgreiche Umsetzung finden sich in AuR 2005, 15 und 2005, 60.

99 Einzelheiten unten unter 7.5.4.2. (Rn 1380 ff.).

249 Abs. 5 «Empfehlungen und Stellungnahmen», die ausdrücklich als «nicht verbindlich» bezeichnet werden.

Das soft law findet sich insbesondere dort, wo sich eine volle rechtliche 23d
Bindung nicht durchsetzen lässt. Insoweit ist es ein **Zeichen der Schwäche** jener Kräfte, die sich für die in den «Abmachungen» und «Empfehlungen» niedergelegten Inhalte engagieren. Die Chance, dass eines Tages aus den Bestimmungen «hard law» entsteht, ist am ehesten dort gegeben, wo gemeinsame Interessen bestehen oder wo effektiv von dritter Seite eine gesetzliche oder eine andere verbindliche Regelung droht. Solange davon nicht die Rede sein kann, besteht die **Gefahr**, dass dem Bürger **Sand in die Augen gestreut wird**, weil die Realität mit freundlichen Sprüchen und folgenlosen Formeln übertüncht wird. Wer sich mit Arbeitsrecht befasst, kann allerdings auch angesichts solcher Perspektiven das soft law nicht mehr ignorieren.[100]

## 1.3. Für wen gilt das Arbeitsrecht? – Arbeitnehmer und andere Beschäftigte

Man spricht einen Gemeinplatz aus, wenn man betont, das Arbeitsrecht gelte 24
für «Arbeitnehmer». Andere Beschäftigtengruppen wie freie Mitarbeiter oder Beamte unterliegen allenfalls einzelnen seiner Vorschriften. Von daher ist die Bestimmung der Größe «Arbeitnehmer» für alle weiteren Überlegungen von ganz entscheidender Bedeutung.[101]

### 1.3.1. Grundsätzliches

Einigkeit besteht zunächst, dass der «Arbeitnehmerbegriff» für alle arbeits- 24a
rechtlichen Normen ein einheitlicher ist, es sei denn, Gruppen wie die leitenden Angestellten im BetrVG würden von einer bestimmten Regelung aus-

100 Zur italienischen Diskussion s. Heft 1/2003 von «Lavoro e Diritto» mit Beiträgen von Balandi, Bano und Pastore.

101 In anderen Rechtsordnungen findet man eine vergleichbare Situation vor. S. Comparative Labor Law & Policy Journal vol. 21 (1999) Number 1 mit Beiträgen von Langille-Davidov (Canada), Engels (Belgien), Däubler (Deutschland), Yamakawa (Japan), Niederlande (van Peijpe), Schweden (Källström) und Linder (USA). Auch dort ist das Arbeitsrecht das Recht der «Beschäftigten», **nicht etwa** ein **«Arbeitsmarktrecht»**, das auch die Stellung der Arbeitslosen miterfassen würde.

genommen.[102] Unbestritten ist weiter, dass es keine gesetzliche Definition gibt. Das geschriebene Recht enthält vielmehr nur zwei Regeln, die gewisse Rückschlüsse ermöglichen.

▶ § 84 Abs. 1 Satz 2 HGB bestimmt für Handelsvertreter: «Selbständig ist, wer im Wesentlichen frei seine Tätigkeit gestalten und seine Arbeitszeit bestimmen kann.» Dies lässt den Rückschluss zu, dass derjenige, dessen Arbeit von einem anderen festgelegt wird und der nicht frei über seine Zeit verfügen kann, unselbständig und deshalb Arbeitnehmer ist.

▶ Der für alle Arbeitnehmer geltende § 106 GewO legt fest, der Arbeitgeber könne «Inhalt, Ort und Zeit der Arbeitsleistung nach billigem Ermessen näher bestimmen, soweit diese Arbeitsbedingungen nicht durch den Arbeitsvertrag, Bestimmungen einer Betriebsvereinbarung, eines anwendbaren Tarifvertrages oder gesetzliche Vorschriften festgelegt sind.» Dies gelte auch «hinsichtlich der Ordnung und des Verhaltens der Arbeitnehmer im Betrieb.»

24b Definitive Klarheit ist dadurch nicht geschaffen. Die Rechtsprechung hat deshalb auf eine exakte begriffliche Definition verzichtet. Vielmehr nennt sie lediglich eine bestimmte Anzahl von «Gesichtspunkten» und «Indizien», die für (oder gegen) das Vorliegen eines Arbeitsverhältnisses sprechen. Entscheidend kommt es darauf an, ob die fragliche Person dem «Typus» eines Arbeitnehmers entspricht. Das BVerfG[103] fasst diesen mit den Worten zusammen:

> «Den jeweiligen Typus und dessen Kenntnis setzt das Gesetz stillschweigend voraus; es übernimmt ihn so, wie ihn der Gesetzgeber in der sozialen Wirklichkeit idealtypisch, d.h. im Normal- oder Durchschnittsfall vorfindet. Es ist nicht erforderlich, dass stets sämtliche als idealtypisch erkannten, d.h. den Typus kennzeichnenden Merkmale (Indizien) vorliegen. Diese können vielmehr in unterschiedlichem Maße und verschiedener Intensität gegeben sein; je für sich genommen haben sie nur die Bedeutung von Anzeichen oder Indizien. Entscheidend ist jeweils ihre Verbindung, die Intensität und die Häufigkeit ihres Auftretens im konkreten Einzelfall. Maßgeblich ist das Gesamtbild.»

Dies erscheint zunächst wenig hilfreich, doch haben sich im Laufe einer langen Rechtsprechung bestimmte Indizien als «wesentlich» herausgebildet. Auch besteht aufgrund vieler Gerichtsentscheidungen eine Menge Anschauungsmaterial, das eine Übertragung auf ähnlich gelagerte Fälle ermöglicht. Das BVerfG hatte jedenfalls keine verfassungsrechtlichen Bedenken dagegen, der Rechtsprechung eine so weit reichende Vollmacht zu erteilen.[104]

24c Zentrale Charakteristika des «Arbeitnehmer-Typus» sind die Weisungsabhängigkeit und die Eingliederung in die betriebliche Organisation des Ar-

---

102 BAG AP Nr. 48 zu § 5 BetrVG 1972; ErfK-Preis § 611 BGB Rn 45.

103 NZA 1996, 1063.

104 BVerfG NZA 1996, 1063. Ebenso bereits BVerfGE 59, 231, 264.

beitgebers,[105] was sich unschwer aus den §§ 84 Abs. 1 Satz 2 HGB und 106 GewO ableiten lässt.[106] Man spricht insoweit von **persönlicher Abhängigkeit**. Beide Elemente werden in aller Regel gleichzeitig vorliegen; die «Einbindung» in die betriebliche Organisation setzt die Anordnungsbefugnis des Arbeitgebers als selbstverständlich voraus.[107] Möglich ist aber auch, dass es – wie z. B. im Haushalt oder bei einer Außendiensttätigkeit – an einer Eingliederung fehlt; in diesem Fall kommt es allein auf die Weisungsabhängigkeit an.[108] Unerheblich ist, wenn einzelne Bereiche aus dem Weisungsrecht «ausgespart» sind. Mit der begrifflichen Unschärfe ist ein erheblicher Zuwachs an Flexibilität verbunden, die auch neue Tätigkeitsfelder «integrierbar» macht.

Beispiel: Ein angestellter EDV-Spezialist weiß von bestimmten Programmen mehr als seine Vorgesetzten. Er wird kaum Weisungen in Bezug auf den konkreten Inhalt seiner Arbeit erhalten; er bleibt jedoch Arbeitnehmer, weil er zu bestimmten Zeiten anwesend sein und seine Arbeit mit anderen Mitarbeitern koordinieren muss.

Die **wirtschaftliche Abhängigkeit** vom «Arbeitgeber» oder «Auftraggeber» 24d
spielt keine Rolle; sie ist ein ungeeignetes Abgrenzungskriterium, da sie auch bei vielen anderen Vertragstypen auftauchen kann.[109]

Auch wer vier Mietshäuser besitzt und gut von den Einnahmen leben könnte, ist Arbeitnehmer, wenn er eine weisungsabhängige Tätigkeit z. B. als Bankangestellter übernimmt.

Einigkeit besteht über zwei weitere Punkte: 24e

▶ Der Tätigkeit muss ein **privatrechtlicher Vertrag** zugrunde liegen («Arbeitsvertrag»). Dieser reicht auch dann aus, wenn er fehlerhaft ist (eine schwangere Frau wird z. B. eingestellt, um entgegen § 8 Abs. 1 MuSchG Nachtarbeit zu leisten).[110] Andere Rechtsgrundlagen wie z. B. ein Gesellschaftsvertrag, der die Beteiligten zur Mitarbeit verpflichtet, genügen grundsätzlich nicht.

▶ Der Vertrag muss die Leistung von «Arbeit» zum Gegenstand haben, die im Hinblick auf eine Gegenleistung erbracht wird (**«Erwerbsarbeit»**). Wer aus Gefälligkeit seinem Nachbarn beim Hausbau hilft oder in der Freizeit

---

105 BAG NZA 1999, 983, 984 linke Spalte.

106 Auch § 7 Abs. 1 Satz 2 SGB IV hat für das sozialversicherungsrechtliche Beschäftigungsverhältnis bestimmt: «Anhaltspunkte für eine Beschäftigung sind eine Tätigkeit nach Weisungen und eine Eingliederung in die Arbeitsorganisation des Weisungsgebers.»

107 Vgl. etwa BAG NZA 1999, 205, 207: «Die Klägerin war in die betriebliche Organisation der Beklagten insbesondere dadurch eingebunden, dass sie ihre Dienste zu Zeiten zu erbringen hatte, auf deren Lage sie selbst keinen maßgeblichen Einfluss hatte.»

108 BAG NZA 1999, 983, 984: Gebührenbeauftragter für Rundfunkgebühren ist nicht in eine betriebliche Organisation integriert.

109 ErfK-Preis § 611 BGB Rn 79.

110 Einzelheiten Bd. 2 Rn 179 ff.

gelegentlich die Amateurmannschaft des FC Vorderwestermurr verstärkt, fällt deshalb nicht unter das Arbeitsrecht.

In beiden Fällen können allerdings **parallele Probleme wie im Arbeitsverhältnis** auftauchen: Der Gesellschafter hält seine Vergütung für unangemessen, der hilfsbereite Nachbar hätte gerne die Kosten für seine durch den Bauschutt ramponierte Kleidung ersetzt, der Fußballspieler ist zum Auswärtsspiel mit seinem Pkw gekommen und fragt nach einem Km-Geld. Hierauf wird an späterer Stelle eingegangen.[111]

### 1.3.2. Indizien für und gegen die Arbeitnehmereigenschaft

24f Wer in Bezug auf die Dauer, die zeitliche Lage, den Ort, den konkreten Inhalt und die Durchführung seiner Arbeit den Weisungen eines andern unterliegt, wird schon mit Rücksicht auf § 106 GewO in aller Regel Arbeitnehmer sein. Dem typologischen Ansatz der Rechtsprechung entsprechend ist es aber **nicht** erforderlich, dass sich die **Weisungsbefugnisse auf alle** diese **«Felder»** des Arbeitsverhältnisses erstrecken; entscheidend ist letztlich, ob die fragliche Person dem andern zur Verfügung steht. So ist ein **Chefarzt** beispielsweise Arbeitnehmer[112], weil ihm zwar niemand inhaltliche Weisungen geben kann, jedoch eine örtliche und zeitliche Bindung gegeben ist. Umgekehrt ist auch der Fall der sog. **Vertrauensarbeitszeit** denkbar, wo der Beschäftigte selbst über den Zeitpunkt und die Dauer sowie oft auch über den Ort seiner Arbeit bestimmt, jedoch inhaltlich durch die übertragenen Aufgaben voll in Anspruch genommen ist; auch hier zweifelt niemand an der Arbeitnehmereigenschaft.[113] Ist die Tätigkeit im Arbeitsvertrag so genau bezeichnet, dass kein Anlass mehr für weitere Anweisungen besteht, so soll dies nach der früheren BAG-Rechtsprechung gegen die Arbeitnehmereigenschaft sprechen.[114] Dies stieß zu Recht auf Kritik[115], da auch (vertraglich) vorweggenommene Weisungen Abhängigkeit schaffen und da überdies in einem solchen Fall eine «Eingliederung»

111 Bd. 2 Kap. 16 («Arbeit außerhalb des Arbeitsverhältnisses»). Grundlegend Rüdiger Krause, Mitarbeit in Unternehmen, Tübingen 2002.

112 BAG AP Nr. 24 zu § 611 BGB Ärzte, Gehaltsansprüche. Zu seiner Qualifizierung als leitender Angestellter Diringer NZA 2003, 890.

113 Ebenso zum Fall eines Gebührenbeauftragten mit freier Zeiteinteilung BAG AP Nr. 104 zu § 611 BGB Abhängigkeit und zum Fall eines Nachrichtenredakteurs bei der Deutschen Welle, der jeden Tag um 18 Uhr die von ihm zusammengestellten Nachrichten über den Sender verlesen musste, BAG AP Nr. 15 zu § 611 BGB Abhängigkeit. Zur Vertrauensarbeitszeit s. Band 2 Kap. 4.

114 BAG AP Nr. 61 zu § 611 BGB Abhängigkeit. Es ging um einen Lehrer im Bereich der Erwachsenenfortbildung, dessen Tätigkeit umfassend vertraglich festgelegt war.

115 ErfK-Preis § 611 BGB Rn 64; Kittner, in: Kittner-Zwanziger § 5 Rn 38.

vorliegt. Inzwischen hat das BAG für den Fall eines mit einer **genau «vorprogrammierten» Tätigkeit** versehenen Zeitungszustellers gerade wegen des geringen Spielraums, der dem Beschäftigten blieb, anders entschieden und die Arbeitnehmereigenschaft bejaht.[116] Eine tatsächlich bestehende Abhängigkeit geht auch nicht dadurch verloren, dass der Arbeitgeber von seinem **Direktionsrecht** längere Zeit **keinen Gebrauch** macht.[117]

Arbeitnehmer müssen ihre **Tätigkeit** in aller Regel **in eigener Person** erbringen; die Möglichkeit, sich durch einen andern vertreten lassen zu können, ist für eine selbständige Tätigkeit typisch.[118] Allerdings ist es denkbar, dass die anderen Indizien höheres Gewicht haben; ein weisungsabhängiger Lkw-Fahrer, der das Recht hat, sich bei Krankheit oder Urlaub durch eine Ersatzperson vertreten zu lassen, verliert allein deshalb nicht seinen Arbeitnehmerstatus.[119] 24g

Die **Arbeitsmittel** werden normalerweise vom Arbeitgeber gestellt; Arbeit mit fremden Ressourcen ist daher ein Indiz für Arbeitnehmertätigkeit. Auch hier gibt es jedoch den Üblichkeiten des fraglichen Lebensbereichs entsprechend Ausnahmen: Muss ein Model in bestimmter Kleidung erscheinen oder der angestellte Taxifahrer sein eigenes Taxi einsetzen, so steht dies einer Arbeitnehmertätigkeit nicht entgegen.[120] Bringt der Arbeitende **Kapital** ein, so spricht auch dies regelmäßig für Selbständigkeit, doch läge trotzdem ein Arbeitsverhältnis vor, wenn der Betreffende den Weisungen der anderen Seite unterliegt und in die betriebliche Organisation eingegliedert ist. Hier wäre dann die Frage zu stellen, ob der Kapitalbeteiligung eine angemessene Gewinnchance gegenübersteht; andernfalls könnte die Abmachung wegen Verstoßes gegen § 138 BGB unwirksam sein. 24h

Ohne Bedeutung ist die **Dauer** eines Rechtsverhältnisses; Ein-Tages-Arbeitsverhältnisse sind ebenso denkbar wie ein entsprechend kurzer Einsatz als Selbständiger. Kann der «Auftraggeber» die unentgeltliche **Teilnahme an Trainingsmaßnahmen** verlangen, spricht dies für ein Arbeitsverhältnis.[121] Ist das **Arbeitspensum so groß**, dass es der Beschäftigte nur durch **Einsatz weiterer Personen** bewältigen kann, so soll dies nach der Rechtsprechung[122] entscheidend für eine selbständige Tätigkeit sprechen. Damit lässt sich das Arbeitsrecht unschwer «aushebeln», was seinem Schutzanliegen widerspricht. 24i

---

116 BAG NZA 1998, 368, 369.
117 BAG NZA 1997, 194, 195.
118 BAG NZA 2002, 787.
119 LAG Düsseldorf NZA 2000, 320.
120 BSG NZA 1991, 907, 908 (Model); BAG AP Nr. 2 zu § 9 BetrVG 1972 (Taxifahrer).
121 BAG NZA 1999, 205, 207.
122 BAG AP Nr. 4 zu § 611 BGB Zeitungsausträger.

Erwägenswert ist eine solche Überlegung nur dann, wenn es sich um eine freiwillige Abmachung handelt und sich beide Seiten darüber im Klaren sind, dass der Auftragnehmer ohne Dritte nicht auskommen wird. Ein relativ geringer Nettoertrag kann für das Vorliegen eines Arbeitsverhältnisses sprechen.[123]

24j Werden **vergleichbare Arbeiten durch Arbeitnehmer** erledigt, so kann der Betroffene Gleichbehandlung verlangen. Ihn als freien Mitarbeiter (und damit ohne den arbeitsrechtlichen Schutz) zu beschäftigen, wäre nur aus sachlichem Grund sowie dann zulässig, wenn er die freie Wahl zwischen beiden Beschäftigungsformen hatte.[124] Werden im Betrieb sowohl Arbeitnehmer als auch freie Mitarbeiter eingesetzt, so kommt es darauf an, mit welcher Gruppe nach dem Zuschnitt der Tätigkeit die größere Ähnlichkeit besteht. Unterscheiden sich die Formen und Inhalte der Arbeit nicht, bedarf die Vereinbarung eines Freien-Mitarbeiter-Verhältnisses des sachlichen Grundes oder einer freien Entscheidung der fraglichen Person.

## 1.3.3. Abweichende vertragliche Regelungen?

24k Für den Arbeitgeber ist es im Regelfall von großem Interesse, eine bestimmte Aufgabe durch eine selbständig tätige Person erledigen zu lassen; die dafür aufzuwendenden Mittel sind drastisch geringer als bei der Beschäftigung eines Arbeitnehmers.

Unterstellt, mit einem **Arbeitnehmer** sei ein **Bruttogehalt von € 2000** vereinbart. Die Gesamtbelastung durch Sozialabgaben beläuft sich auf ca. 44 %, wovon beide Seiten je die Hälfte tragen. Für den Arbeitgeber kommen also **440 € dazu**, dem Arbeitnehmer werden 440 € abgezogen. Unterstellt, er ist noch mit 150 € Lohnsteuer belastet, erhält er nur € 1410 «auf die Hand». Für einen **Selbständigen muss der Arbeitgeber effektiv nur € 2000** und nicht € 2440 aufwenden. Diese Summe bekommt der Beschäftigte auch ausbezahlt und muss lediglich einmal im Vierteljahr eine Vorauszahlung auf die Einkommensteuer leisten. Ist dies nicht eine Vertragsgestaltung, bei der beide Seiten gewinnen? Manche sagen: «Ja». Dabei wird aber übersehen, dass das Fehlen der Sozialversicherung im Krankheitsfall und im Alter verheerende Folgen haben kann. Versichert man sich privat, muss man auch die «Arbeitgeberbeiträge» bezahlen und steht am Ende evtl. schlechter als ein Arbeitnehmer da. Lediglich für den Arbeitgeber ergibt sich definitiv ein Vorteil.

Lässt sich eine solche vertragliche Abmachung realisieren?

24l Einigkeit besteht darüber, dass der Arbeitnehmerbegriff zwingenden Charakter besitzt. Weder durch Arbeits- noch durch Tarifvertrag kann aus einem

123 BAG NZA 1997, 1126 und BGH NZA 1999, 53, 56 – Eismann-Fälle.

124 BAG AP Nr. 10 zu § 611 BGB Abhängigkeit.

Arbeitnehmer ein Nicht-Arbeitnehmer gemacht werden.[125] Würde man anders entscheiden, könnten die Arbeitsvertragsparteien das ganze Arbeitsrecht abbedingen; auch dessen zwingende Vorschriften stünden dann auf dem Papier. Damit wäre sein Schutzzweck völlig verfehlt, wonach es ja gerade um die Verhinderung von schlechten (vertraglich vereinbarten) Arbeitsbedingungen geht.

Keinen größeren Erfolg bringt auch der Versuch, einerseits arbeitnehmertypische Pflichten zu vereinbaren, andererseits aber dem Vertrag einen anderen Namen zu geben. 24 m

Beispiel aus der Praxis: Der Filmvorführer in einem Kino muss jeden Abend um 18 Uhr da sein, um seine wenig Spielräume lassende Arbeit bis 1 Uhr nachts zu erledigen. Der Arbeitgeber schließt mit ihm einen **«Werkvertrag»**; danach hat er genauso wenig wie ein gelegentlich herangezogener Handwerker einen Anspruch auf Urlaub oder Entgeltfortzahlung im Krankheitsfall. Der Vorführer ist dennoch Arbeitnehmer mit allen (gesetzlichen) Rechten.

Verbreitet ist in neuerer Zeit auch eine Abmachung, wonach **Personen mit abgeschlossener Berufsausbildung** zunächst sechs Monate lang **als «Praktikanten»** für keine oder eine sehr niedrige Vergütung beschäftigt werden. Werden sie wie Arbeitnehmer eingesetzt, besteht ein Arbeitsverhältnis mit allen Rechten und Pflichten.[126]

Denkbar ist auch die Gestaltung, dass der Beschäftigte formal zu einem **Selbständigen** wird, der sein eigenes Gewerbe anmeldet und dies auch den Finanzbehörden anzeigt. Gleichzeitig erhält er jedoch durch die Vereinbarung so weit gehende **Vorgaben** für seine Tätigkeit, dass ihm **so gut wie kein Spielraum** für die Verfolgung eigener wirtschaftlicher Ziele mehr bleibt. 24 n

Bei **Verkaufsfahrern** der Firma Eismann haben BGH[127] und BAG[128] deshalb die Selbständigkeit verneint. Anders bei einem Inhaber von «Jacques' Weindepot», der die Ladenöffnungszeiten und das Weinsortiment selbst wählen, seine Arbeitnehmer aussuchen, nach eigenen Vorstellungen Reklame machen und in kleinerem Umfang Zusatzartikel vertreiben konnte.[129] Wäre auch nur einiges davon (zusammen mit dem «allgemeinen Rahmen») vom Auftraggeber festgelegt worden, hätte man ein Arbeitsverhältnis annehmen müssen.

---

125 BAG NZA 1995, 823, 833; BAG NZA 1997, 600, 602.

126 So zum Fall einer Orchesterpraktikantin BAG Urteil vom 13. 3. 2003 – 6 AZR 564/01 juris unter Bezugnahme auf BAG NZA 2000, 1343.

127 NZA 1997, 1126.

128 NZA 1999, 53.

129 BAG BB 1990, 1064, 1065.

Soweit effektiv erhebliche Spielräume bei der Organisation der eigenen Arbeit bleiben, ist der Anwendungsbereich des Arbeitsrechts verlassen: Es fehlt an der arbeitnehmertypischen persönlichen Abhängigkeit. In solchen Fällen wird das oben genannte Ziel (Vermeidung der Lohnnebenkosten) erreicht.

24o Verschiedentlich hatte sich die Rechtsprechung mit dem Fall zu befassen, dass der Arbeitnehmer das **Recht** hatte, die im Schichtplan vorgesehenen **Einsatzzeiten abzulehnen**[130] oder die gewünschten Zeiten selbst in den Schichtplan einzutragen.[131] Mit Recht betonte das BAG, dass im ersten Fall ein schichtplankonformes Verhalten erwartet werde und im zweiten das Anordnungsrecht des Arbeitgebers wieder auflebe, wenn sich für bestimmte Zeiten kein Freiwilliger findet. Auch die Tatsache, dass man bestimmte Tage im Voraus ausklammern und so sogar den Jahresurlaub verlängern könne, ändere am Vorliegen eines Arbeitsverhältnisses nichts.[132] Schließlich wurde ein Arbeitsverhältnis sogar dann angenommen, wenn zwar der einzelne Einsatz jeweils der Vereinbarung bedurfte, über längere Zeit, d. h. über mehr als sechs Monate hinweg, jedoch eine häufige Heranziehung erfolgte.[133] Die Freiheit des Arbeitnehmers, ja oder nein zu einer bestimmten Tätigkeit zu sagen, beeinflusst die persönliche Abhängigkeit nicht, da sich diese in der Arbeit selbst manifestiert. Auch wird die fragliche Person in den meisten Fällen ihre Zustimmung schon deshalb nicht versagen, weil sie die Fortsetzung der Tätigkeit nicht aufs Spiel setzen möchte; von einer freiwilligen Einigung kann daher nicht die Rede sein.

24p Schließlich ist an die Fälle zu denken, in denen **Vertrag und tatsächliche Durchführung auseinander fallen**: Auf dem Papier hat die fragliche Person volle Freiheit bei der Organisation ihrer Arbeit und der Verwendung ihrer Zeit, in der Praxis wird sie jedoch wie ein Arbeitnehmer «nach Weisung» beschäftigt. Hier stellt die Rechtsprechung auf die tatsächliche Durchführung ab; wird ein freier Mitarbeiter effektiv wie ein Arbeitnehmer beschäftigt, findet das Arbeitsrecht Anwendung.[134]

24q Wird eine Abmachung **ausdrücklich als Arbeitsvertrag bezeichnet**, obwohl man nach der Einzelausgestaltung der Pflichten oder nach der praktischen Durchführung durchaus zweifeln kann, ob dies inhaltlich zutrifft, so bleibt

---

130 BAG NZA 1995, 622.
131 BAG NZA 1997, 191.
132 BAG NZA 1995, 21, 23.
133 BAG NZA 1999, 82.
134 So ausdrücklich BAG NZA 1997, 600, 602. Ebenso im Ergebnis BAG NZA 1995, 161 LS 2; BAG NZA 1998, 364, 365; BAG NZA 2004, 39.

es gleichwohl bei der Anwendung des Arbeitsrechts.[135] Dies rechtfertigt sich damit, dass in einem solchen Fall keine zwingenden Schutzvorschriften umgangen werden; einen «freien Mitarbeiter» besser zu stellen, muss immer erlaubt sein.

Wurde der **falsche Vertragstyp gewählt**, also z.B. ein Arbeitnehmer als 24r
freier Mitarbeiter beschäftigt, ergeben sich für die Vergangenheit nicht unkomplizierte Probleme der Rückabwicklung. Auf sie ist an späterer Stelle einzugehen.[136]

## 1.3.4. Kritik und Alternativen

Trotz umfangreicher Rechtsprechung ist eine beträchtliche **Grauzone** geblie- 24s
ben; es gibt noch immer Fälle, in denen sich nicht sicher voraussagen lässt, ob das Arbeitsrecht Anwendung findet oder nicht.

Dies gilt etwa für Lehrer, die bislang als Arbeitnehmer behandelt wurden, soweit sie an öffentlichen Schulen unterrichteten, während die bei anderen Bildungseinrichtungen Tätigen grundsätzlich als freie Mitarbeiter qualifiziert wurden. Wo verläuft die genaue Grenze, wann wird die Rechtsprechung diese reichlich irrationale Unterscheidung aufgeben?

Dies schafft nicht nur **Rechtsunsicherheit**, sondern bringt die Arbeitgeberseite in eine höchst komfortable Position, da sie auch in zweifelhaften Fällen einen «Selbständigen-Vertrag» abschließen und darauf vertrauen kann, die betroffene Person werde durch eine gerichtliche Klärung schwerlich ihre weitere Beschäftigung aufs Spiel setzen. Eine «Bremse» stellt insoweit nur das Sozialversicherungsrecht dar, doch eröffnet dieses in § 7a SGB IV die Möglichkeit des sog. Anfrageverfahrens. Danach beginnt die Beitragspflicht erst von dem Zeitpunkt an, in dem die Arbeitnehmereigenschaft definitiv festgestellt ist.

**Wank** hat den herrschenden Arbeitnehmerbegriff mit dem Argument kriti- 24t
siert, dass er nicht teleologisch auf den Zweck der arbeitsrechtlichen Normen bezogen sei.[137] Warum soll beispielsweise die Entgeltfortzahlung im Krankheitsfall mit der persönlichen und nicht mit der wirtschaftlichen Abhängig-

---

135 BAG AP Nr. 37 zu § 1 KSchG 1969 Betriebsbedingte Kündigung; LAG Thüringen NZA-RR 1998, 296.

136 Bd. 2 Kap. 16.

137 Wank, Arbeitnehmer und Selbständige, München 1988.

keit verknüpft werden?[138] Seine eigene Konzeption setzt am Begriff des Selbständigen an: Nur wer **freiwillig ein unternehmerisches Risiko** eingeht, fällt unter diese Kategorie, andernfalls ist er Arbeitnehmer.[139] Dabei müssen Risiken und Chancen in einem angemessenen Verhältnis stehen.

24u Die Position von Wank hat in Rechtsprechung[140] und Literatur[141] **einige Unterstützung** gefunden, doch hat sie derzeit keine Chance, auch vom BAG akzeptiert zu werden. Wichtige Richter haben sie kritisiert;[142] das Gericht hat seine bisherige Rechtsprechung in den 18 Jahren seit Erscheinen des Buches unverändert fortgesetzt. Hierin mag man eine gewisse Skepsis gegenüber Neuem sehen, doch kommt hinzu, dass das geltende Recht nicht von der Zweiteilung Arbeitnehmer – Selbständige, sondern von der Dreiteilung Arbeitnehmer – arbeitnehmerähnliche Personen – Selbständige ausgeht.[143] Auch dürfte ein Wandel der Rechtsprechung zu neuen Rechtsunsicherheiten führen, da schwer zu entscheiden wäre, wann wirklich eine freiwillige Übernahme von unternehmerischem Risiko vorliegt.

### 1.3.5. Der Arbeitnehmerbegriff im EG-Recht

24v Auch EG-rechtliche Normen wie die Freizügigkeit nach Art. 39 und die Entgeltgleichheit von Mann und Frau nach Art. 141 EG-Vertrag stellen auf den Begriff des «Arbeitnehmers» ab, der gleichfalls keine gesetzliche Definition erfahren hat. Die **Rechtsprechung des EuGH** nimmt keine Verweisung auf nationales Recht an, da sonst der nationale Gesetzgeber über den Anwendungsbereich des Gemeinschaftsrechts entscheiden könne.[144] Sie hat deshalb eine eigene Begriffsbestimmung entwickelt, die dem Anschein nach jedoch kaum von den in Deutschland anerkannten Grundsätzen abweicht.[145] So wird etwa darauf abgestellt, dass es sich um eine weisungsgebundene Tätigkeit handelt, die nicht «völlig untergeordnet und unwesentlich» ist und die im Hin-

138 Kurzfassung der Position bei Wank DB 1992, 90 ff. Analoge Kritik in Bezug auf das Recht der USA bei Linder, Comparative Labor Law & Policy Journal 21 (1999) 187 ff.

139 Wank, Arbeitnehmer und Selbständige, S. 125 ff.

140 LAG Niedersachsen LAGE § 611 BGB Arbeitnehmerbegriff Nr. 24; LAG Köln LAGE § 611 BGB Arbeitnehmerbegriff Nr. 27.

141 Joerges AG 1991, 325; Matthießen ZIP 1988, 1094; Schaub, Arbeitsrechts-Handbuch, 6. Aufl., § 36 I 4 g.

142 Reinecke ZIP 1998, 581 ff.; Schliemann RdA 1997, 322.

143 Zu den arbeitnehmerähnlichen Personen s. Däubler ZIAS 2000, 326 (mit rechtsvergleichendem Ausblick) sowie Bd. 2 Kap. 16.

144 EuGH Slg. 1986, I-2112 – Lawrie-Blum.

145 Einzelheiten bei Hanau-Steinmeyer-Wank, § 14; Schiek, Europäisches Arbeitsrecht, Teil 2A Rn 1 ff.

blick auf eine Gegenleistung erbracht wird, also nicht etwa nur ein Mittel der Rehabilitation oder Wiedereingliederung des Betroffenen ist.[146] Auch spielt es keine Rolle, wenn im Vertrag von einer (in Wahrheit fiktiven) Selbständigkeit die Rede ist.[147] Die arbeitsrechtlichen Richtlinien[148] verweisen demgegenüber meist auf nationales Recht.

## 1.4. Wie gewinnt man Zugang zu Gesetzestexten, Rechtsprechung und Literatur?

### 1.4.1. Gesetzestexte

Offizielle Quelle ist das Bundesgesetzblatt (BGBl). In Teil I findet sich das innerstaatliche Recht, in Teil II sind die internationalen Verträge abgedruckt. Es ist dick und unhandlich und wird deshalb selten benutzt. Einfacher und preiswerter ist es deshalb, sich das **dtv-Taschenbuch** «Arbeitsgesetze» (mit Einleitung Richardi) oder die «Arbeits- und Sozialordnung» von Kittner zu kaufen. Beide erscheinen jedes Jahr neu. Die Loseblattsammlung von Nipperdey ist recht vollständig, wegen des Einsortierens der regelmäßigen erscheinenden Ergänzungslieferungen aber nicht besonders «pflegeleicht». **Im Internet** findet sich unter http://bundesrecht.juris.de/bundesrecht/ (ohne «www») eine unentgeltlich zugängliche Gesetzessammlung auf neuestem Stand; die entsprechenden pdf-Dateien lassen sich herunterladen. 25

### 1.4.2. Rechtsprechung

Die Rechtsprechung des **Bundesverfassungsgerichts** findet man am besten in der Amtlichen Sammlung seiner Entscheidungen. Sie wird üblicherweise mit «BVerfGE» abgekürzt; es folgen Band und Seite. Unter www.bverfg.de 25 a

146 S. zuletzt EuGH NZA 2005, 757 (Tätigkeit von 30 Wochenstunden in einem Heim der Heilsarmee, wofür Naturalleistungen und ein Taschengeld gewährt werden, genügt); s. weiter EuGH Slg. 1989, 1621.

147 EuGH NZA 2004, 201, 204 – Allonby.

148 Überblick oben 1.2.5. (Rn 21 ff.).

findet man alle seit 1. 1. 1998 ergangenen Entscheidungen, denen man mit einer Volltextsuche zu Leibe rücken kann.

25b Entscheidungen des **Bundesarbeitsgerichts** kann man in der gleichen Weise nach der Amtlichen Sammlung zitieren (abgekürzt BAGE – es folgen Band und Seite). Üblich ist allerdings, auf die sog. AP (= Arbeitsrechtliche Praxis) zurückzugreifen, die in rund 90 Bänden in recht vollständiger Weise alle wichtigen Entscheidungen seit 1954 dokumentiert. Ähnlich aufgebaut ist die «EzA» (= Entscheidungssammlung zum Arbeitsrecht). Zu Entscheidungen der Landesarbeitsgerichte gibt es eine unter der Abkürzung «LAGE» zitierte besondere Sammlung. Im Internet findet man unter www.bundesarbeitsgericht.de zurück bis zum 1. 1. 2000 alle wichtigeren Entscheidungen des Bundesarbeitsgerichts sowie Presseerklärungen zu ganz neuen Urteilen, die noch nicht im Einzelnen ausformuliert sind.

25c Sind weder Amtliche Sammlungen noch AP und EzA verfügbar und hilft auch das Internet nicht weiter, weil man z. B. ein älteres Urteil sucht, so kann man Entscheidungen auch (oft in gekürzter Form) in **Zeitschriften** nachlesen. Am nützlichsten sind insoweit die «Neue Zeitschrift für Arbeitsrecht» (= NZA) und «Der Betrieb» (= DB); speziell für Betriebsräte sind «Der Betriebsrat» (= dbr) und «Arbeitsrecht im Betrieb» (AiB) gedacht.

## 1.4.3. Literatur

25d Wer – insbesondere als Nicht-Jurist – eine erste **Einführung in das Arbeitsrecht** sucht, sei auf die «kleine Ausgabe» der vorliegenden zwei Bände verwiesen (Däubler, Arbeitsrecht. Ratgeber für Beruf, Praxis und Studium, 6. Aufl. Frankfurt/Main 2006, 398 S.). Daneben gibt es eine Reihe instruktiver **Lehrbücher und Grundrisse**. Nähere Angaben finden sich im Literaturverzeichnis unter den Verfassernamen (Bobke, Boemke, Brox-Rüthers-Henssler, Dütz, Gamillscheg, Großmann-Schneider, Hanau-Adomeit, Hromadka-Maschmann, Junker, Kittner-Kittner, Krause, Otto, Preis, Reichold, Söllner-Waltermann, Wörlen-Kokemoor und Zöllner-Loritz).

25e Als **Nachschlagewerk** dient das von Richardi und Wlotzke herausgegebene dreibändige Münchener **Handbuch des Arbeitsrechts** (2. Aufl. 2000, mit Ergänzungsband 2001), das auf gut 6000 Seiten viele (aber nicht alle) Fragen behandelt. Einen ähnlichen Charakter weist das von Leinemann herausgegebene Kasseler Handbuch zum Arbeitsrecht auf (2. Aufl., Neuwied 2000), das es mit zwei Bänden auf 5073 Seiten bringt. Verbreiteter (weil auch vom Preis her erschwinglicher und aktueller) sind die einbändigen Handbücher von

Schaub (11. Aufl. München 2005) und Kittner-Zwanziger (3. Aufl., Frankfurt/Main 2005) sowie das «Personalbuch» von Küttner (12. Aufl., München 2005), das auch sozial- und steuerrechtliche Fragestellungen einbezieht und dadurch eine besondere Praxisnähe erreicht.

**Kommentare** sind nach einzelnen Gesetzesparagraphen gegliederte Erläuterungswerke; sie sind das wichtigste Arbeitsmittel der Juristen. Der 2006 in 6. Aufl. erschienene Erfurter Kommentar (abgekürzt: **ErfK**) erläutert in übersichtlicher Form alle wichtigen arbeitsrechtlichen Gesetze. 2004 ist der **«Kommentar Arbeitsrecht»** hinzugekommen, der von Henssler, Willemsen und Kalb herausgegeben wird (deshalb die Abkürzung: HWK) und der den Diskussionsstand gut dokumentiert. Zu einzelnen Gesetzen wie BetrVG und EFZG gibt es jeweils spezielle Kommentare. 25f

Will man juristische **Aufsätze** nachlesen, kommen außer den oben Rn 25c genannten noch weitere Zeitschriften in Betracht. Im Arbeitsrecht wichtig sind «Arbeit und Recht» (= AuR), «Betriebs-Berater» (= BB), «Zeitschrift für Tarif-, Arbeits- und Sozialrecht des öffentlichen Dienstes» (= ZTR), «Arbeit und Arbeitsrecht» (AuA) und «Der Personalrat» (PersR). Eher theoretisch orientierte Beiträge finden sich in «Recht der Arbeit» (= RdA) und in der «Zeitschrift für Arbeitsrecht» (= ZfA). Das «Bundesarbeitsblatt» (= BArbBl) wird vom Bundesministerium für Arbeit herausgegeben und enthält insbesondere wichtige statistische Informationen. 25g

Vertiefende Darstellungen zu Einzelfragen oder größeren Problemkomplexen finden sich in **Monographien**, die typischerweise nur in größeren Bibliotheken verfügbar sind. 25h

# 2. Entstehung und Funktion des Arbeitsrechts[1]

## 2.1. Der Ausgangstatbestand: Gegenläufige Interessen von Arbeitnehmern und Arbeitgebern

26 Am Anfang des modernen Arbeitsrechts stehen in Deutschland die Befreiung der Bauern aus der Leibeigenschaft und die industrielle Revolution. Beides führte zur Herausbildung des «doppelt freien Lohnarbeiters» (Marx) als gesellschaftlicher Massenerscheinung: Auf der einen Seite konnte dieser anders als der an die «Scholle», d.h. letztlich an einen Adligen gebundene Bauer frei über seine Arbeitskraft verfügen und sie an jeden verkaufen, der sie verwenden wollte. Auf der anderen Seite war (und ist) er «frei» von allen Produktionsmitteln, die er benötigte, um durch Arbeit seine Lebensbedürfnisse zu sichern – auch dies im Unterschied zum leibeigenen Bauern, der meist über eigene Arbeitsgeräte und eigenes Vieh verfügte und der an dem von ihm bebauten Boden ein (freilich beschränktes) Recht hatte.[2] Der **Lohnarbeiter** war deshalb **gezwungen, seine Arbeitskraft einem Unternehmer**, d.h. jemandem **zu überlassen**, der Produktionsmittel besaß. Im Ergebnis bedeutete dies, dass er zwar nicht mehr an eine einzelne Person, etwa einen bestimmten Kapitalisten, wohl aber – Marx spricht hier von **«unsichtbaren Fäden» – an die Kapitalistenklasse als solche gebunden** war. Der Verkauf der Arbeitskraft geschieht dabei in allen Formen der bürgerlichen Gesellschaft zu einer Grundbedingung: Der abhängig Arbeitende muss mehr (wirtschaftliche) Werte schaffen, als er selbst in Form des Lohnes erhält, wäre

1 Die Abschnitte 2.1., 2.2. und 3.1. wurden in der ursprünglichen Fassung gemeinsam mit Burchard Bösche, Bremen, erarbeitet. Die benutzte Terminologie sollte niemanden davon abhalten, sich um die objektive Beurteilung der beschriebenen Phänomene zu bemühen.

2 Noch mehr gilt diese Feststellung für den mittelalterlichen Handwerker, der voller Eigentümer seiner Produktionsmittel, aber den Regeln seiner Zunft unterworfen war. Einen instruktiven geistesgeschichtlichen Überblick über das Phänomen «persönliche Abhängigkeit» bietet – ausgehend vom Beispielsfall vertraglich vereinbarter lebenslänglicher Dienste – Alonso Olea, a.a.O.

doch andernfalls seine Beschäftigung für den Unternehmer von vornherein uninteressant.

Das Verhältnis zwischen dem Lohnarbeiter (im überkommenen, aber **objektiv falschen Sprachgebrauch** «Arbeitnehmer» genannt) und dem die Arbeitskraft kaufenden Unternehmer («Arbeitgeber»[3]) wird von einem **Interessengegensatz** beherrscht, der nicht nur beim Abschluss des Arbeitsvertrags besteht, sondern der auch während der Tätigkeit im Betrieb fortdauert. 27

Die **Interessen der Arbeitnehmer** richten sich – abstrakt gesprochen – auf eine Arbeits- und Lebenssituation, in der sie ihre schöpferischen Fähigkeiten voll entfalten und im Rahmen des Möglichen, d. h. unter Beachtung des erreichten Grades an Arbeitsteilung, ihre Ziele selbst setzen können.[4] 28

Das bedeutet konkret die **Garantie des** nach den jeweiligen ökonomischen Entwicklungsbedingungen der Gesellschaft höchstmöglichen **Lebensstandards**, dessen Existenz erste Voraussetzung für ein menschenwürdiges Dasein ist. Zum Zweiten folgt daraus ein Recht auf umfassende **Sicherung der Existenz**; weder der Arbeitsplatz noch die Wohnung dürfen der ausschließlichen Verfügung eines andern unterliegen, der allein nach eigenen Vorstellungen entscheiden kann. Zum Dritten verlangen die Interessen der Arbeitnehmer **Freiheit am Arbeitsplatz** in einem sehr weit gefassten Sinn, d.h. eine Freiheit, die über die Einschränkung des Direktionsrechts und menschengerechte Gestaltung der Arbeitsabläufe bis zum Recht auf Mitentscheidung über alle Fragen des Produktionsprozesses reicht. Viertens muss dem Einzelnen genügend **Freizeit** verbleiben, um andere als arbeitsbezogene Aktivitäten zu entfalten. Die arbeitsgebundene Zeit muss kürzer werden, die Arbeit darf nicht derart ermüdend sein, dass in der Freizeit nur noch passiver Konsum möglich ist. Dem abhängig Beschäftigten muss schließlich die Möglichkeit verbleiben, in einem **Prozess des lebenslangen Lernens** sich auf neue Arbeitsanforderungen einzustellen und als demokratischer Bürger die Veränderungen der Gesellschaft mitzugestalten. 29

Unabdingbare **Voraussetzung** zur wenigstens teilweisen Durchsetzung dieser Interessen ist **das organisierte und solidarische Zusammenwirken vieler**. Das Interesse der abhängig Beschäftigten richtet sich daher auf Stärkung ihrer Organisationen, zu denen **Gewerkschaften**, aber auch andere Vereinigungen gehören.[5] Solidarität ist für Arbeitnehmer somit nicht (nur) 30

---

3 Zum arbeitsrechtlichen Sprachgebrauch s. Däubler, Archiv für Rechts- und Sozialphilosophie 1977, Sonderheft «Sprache und Recht», S. 107ff. Der Vorschlag, von «Arbeitsperson» zu reden, vermeidet zwar die ideologische Färbung der überkommenen Terminologie, erfasst jedoch auch die selbständige Arbeit; auch konnte er sich bisher nicht durchsetzen.

4 Der Sache nach übereinstimmend Creighton, FS Hepple, 253 Fn 1 (mit dem etwas missverständlichen Begriff der «equality of capability» umschrieben).

5 Zu diesen zählen politische Parteien, soweit sie sich an Arbeitnehmerinteressen orientieren. Interessant auch der (gelungene) Versuch nationaler Minderheiten im amerikanischen Silicon Valley,

moralische Verpflichtung, sondern notwendige Konsequenz der eigenen Lebens- und Arbeitssituation.[6]

31 Im Gegensatz dazu steht der einzelne **Unternehmer** unter dem ständigen **Druck des Marktes**, möglichst billig zu produzieren, insbesondere durch fortlaufende Erweiterung und Erneuerung seiner Anlagen die Stückkosten zu senken. Diese Ausrichtung der Produktion von Waren und Dienstleistungen beruht nicht auf einem zufälligen Willensentschluss, der so oder auch anders ausfallen könnte, sondern auf handfestem Zwang: Selbst ein Großunternehmer, der auf Gewinn und auf Investitionen verzichten wollte, müsste bald seine Zahlungen einstellen, da er angesichts rasanter wirtschaftlicher Veränderungen binnen kurzem nicht mehr konkurrenzfähig wäre.

32 Die an die Arbeitnehmer zu zahlenden Vergütungen stellen ebenso wie Schutzvorrichtungen gegen Unfälle und sonstige Gesundheitsschäden für den Unternehmer einen **Kostenfaktor** dar, den es niedrig zu halten gilt. Der Unternehmer ist an möglichst hoher Arbeitsleistung, insbesondere an voller Ausnutzung der Arbeitszeit durch gesteigertes Arbeitstempo, interessiert. Bei schlechtem Geschäftsgang will er sich möglichst schnell und einfach von einzelnen Arbeitskräften trennen können, um keine «unnützen» Kosten zu haben.

33 Weiter hat der Unternehmer ein **Interesse an unverzüglicher**, von den Arbeitnehmern nicht zu beeinflussender **Entscheidung** über Preise und die Einführung neuer Techniken, damit er seine (aktuellen oder potenziellen) Konkurrenten überflügeln oder ihren Angriff abwehren kann. Mitbestimmung ist für ihn nur dann erträglich, wenn sie den Inhalt seiner Entscheidungen nicht wesentlich verändert und wenn sie dazu beiträgt, dass diese von der Belegschaft leichter akzeptiert werden (weil das Vertrauen zu den eigenen Interessenvertretern einer allzu lauten Kritik im Wege steht). Fortbildung hat sich auf die bessere Erfüllung der betrieblichen Funktionen zu beschränken.[7] Persönlichkeitsentfaltung ist für den Arbeitnehmer nur unter Wahrung dieser Bedingungen, d.h. vorwiegend in der evtl. verbleibenden Freizeit möglich. Damit das reibungslose Funktionieren der Arbeitsabläufe nicht gestört wird, sollen kollektive Aktionen der Arbeitnehmer nach Möglichkeit unterbleiben. Die Aufspaltung der Belegschaften in einzelne Gruppen kann diesem Ziel sehr entgegenkommen.

---

sich mit Hilfe einer netzförmigen Struktur beruflich in jeder Hinsicht zu unterstützen. Dazu Hyde, in: Conaghan u.a., S. 233 ff.

6 Näher Pfarr-Kittner RdA 1974, 284 ff.

7 Zur Diskussion um betriebliche Weiterbildung s. Käufer, a.a.O.

## 2.2. Die traditionelle Funktion des Arbeitsrechts – Verbesserung der Austauschbedingungen und Erhaltung des gesellschaftlichen Status quo

**Seinem Gegenstand nach regelt das Arbeitsrecht** die Beziehungen zwischen Arbeitgeber und Arbeitnehmer, d. h. **alle Fragen, die mit dem «Ankauf» und der «Verausgabung» der Arbeitskraft zusammenhängen**. Dabei erfüllt es zwei Funktionen, die zusammengehören wie die beiden Seiten einer Medaille: Es sorgt dafür, dass sich die Austauschbedingungen nicht beliebig zu Lasten der Arbeitnehmer verschlechtern, und es schafft gleichzeitig die Voraussetzungen dafür, dass die bisherigen ökonomischen und politischen Verhältnisse erhalten bleiben. Dies bedarf im Einzelnen der Begründung. 34

### 2.2.1. Die Schutzfunktion des Arbeitsrechts

In der Frühphase des Kapitalismus regelten sich die Arbeitsbedingungen weitgehend «über den Markt», indem der einzelne Arbeitnehmer mit dem einzelnen Kapitalisten einen Arbeitsvertrag schloss. Dieser war ein zivilrechtlicher Vertrag und wurde wie jeder andere Warenkauf behandelt, ohne dass man darauf geachtet hätte, dass es die **Ware Arbeitskraft nur in «Behältern aus Fleisch und Blut»** gibt.[8] Die Bedingungen dieses Vertrages konnten «frei» ausgehandelt werden, sodass der Unternehmer seine ganze Überlegenheit ausspielen und den Vertragsinhalt faktisch diktieren konnte. Aus den ländlichen Gebieten, wo wegen des raschen Bevölkerungswachstums und der mit hohen finanziellen Belastungen verbundenen Bauern-«Befreiung»[9] meist kein Auskommen mehr zu finden war, strömten fortlaufend Arbeitskräfte in die Industrie. Außerdem vereinfachte die sich entwickelnde Technik viele Arbeitsvorgänge, sodass sie auch von ungelernten Arbeitskräften wie Frauen und Kindern bewältigt werden konnten: Die Zahl der «Anbieter» auf dem Arbeitsmarkt vergrößerte sich so weiter. Die Folge waren unmenschliche Arbeitsbedingungen, überlange Arbeitszeiten, Hungerlöhne sowie massenhafte Frauen- und Kinderarbeit. 35

Erst der Zusammenschluss der Arbeitnehmer in einzelnen spontanen Kampfaktionen und später in festeren gewerkschaftlichen Organisationen 36

8 Bildhaft Sinzheimer, Arbeitsrecht und Rechtssoziologie, S. 100: «Das Recht machte keinen Unterschied, ob ein Pferd oder ein Mensch vermietet war.»
9 S. dazu den informativen Überblick bei Fabricius, Mitbestimmung, S. 37 ff.

ermöglichte **Gegenwehr gegen** eine derartige **schrankenlose Ausbeutung**. Dies fand seinen Niederschlag in zwei Veränderungen des Rechtssystems:

37 ▶ Der vom Arbeitgeber mit dem einzelnen Arbeitnehmer «vereinbarte» Arbeitsvertrag wurde durch den von der Gewerkschaft ausgehandelten **Tarifvertrag** ergänzt, der einen Mindeststandard an Lohn und Arbeitsbedingungen garantierte; mit seiner Hilfe wurde die Lage der Arbeitnehmer erheblich verbessert. Weiter schränkten betriebliche Interessenvertretungen die freie Disposition des Arbeitgebers über Arbeitsabläufe und Arbeitsplätze so weit ein, dass der Unternehmer auf bestimmten Gebieten heute nur noch mit Zustimmung des **Betriebsrats** handeln kann. Innerhalb gewisser Grenzen besitzen die Arbeitnehmer so das Recht, ihre **Interessen selbst wahrzunehmen** und durch Entfaltung von sozialem Druck die Gegenseite zu Konzessionen zu zwingen.

38 ▶ Neben dieses Recht zur Selbsthilfe tritt das **staatliche Arbeitnehmerschutzrecht**, das von sich aus einen bestimmten Minimalstandard für die Arbeitsbedingungen festlegt.[10] So sollen etwa das Arbeitszeit- und das Urlaubsrecht den Arbeitnehmer vor einem vorzeitigen Verschleiß seiner Arbeitskraft bewahren, während das Kündigungsschutzgesetz wenigstens ein Minimum an Arbeitsplatzsicherheit schaffen will.

39 Alle diese Erfolge waren ohne gewerkschaftliche und politische Organisationen der abhängig Beschäftigten nicht denkbar. Dies zeigt nicht nur die Geschichte einzelner Rechte wie Koalitionsfreiheit und Arbeitszeitschutz, sondern auch das heute geltende Arbeitsrecht: **Wesentliche Verbesserungen** werden i. d. R. **zunächst in Tarifverträgen erkämpft**, um dann vom Gesetzgeber auf alle Arbeitnehmer ausgedehnt zu werden. Als Beispiele sind etwa zahlreiche Tarifverträge zu nennen, die unter dem BetrVG 1952 die Betriebsratsbefugnisse erweiterten und so das BetrVG 1972 teilweise vorwegnahmen[11] oder die einen Bildungsurlaub gewährten[12], der dann in die Gesetzgebung vieler Bundesländer übernommen wurde.[13] Eine ähnliche Geschichte besitzt die **Lohnfortzahlung im Krankheitsfall**, die in vollem Umfang erstmals im schleswig-holsteinischen Metallarbeiterstreik 1956 erreicht[14] und später durch das Arbeiterkrankheitsgesetz 1957[15] und das Lohnfortzahlungsgesetz 1969[16] auf alle Arbeiter ausgedehnt wurde.[17] Ein wesentlicher Hebel für eine solche

10 Diese Unterscheidung findet sich der Sache nach auch bei Sinzheimer (a.a.O., S. 102/103), der von «Arbeitsfreiheitsgesetzgebung» und «Arbeiterschutzgesetzgebung» spricht.

11 Nachweise bei Däubler, Grundrecht, S. 94ff. und bei Spilger, a.a.O.

12 Nachweise bei Däubler-Gmelin, Bildungsurlaub, Diss. Bremen 1974.

13 Einzelheiten in Bd. 2 Rn 606ff.

14 Dazu Bergmann u. a., S. 224ff.

15 BGBl I, 649.

16 BGBl I, 946.

17 Zur Entwicklung im Einzelnen Kehrmann-Pelikan, S. 1–6. Heute gilt für alle Arbeitnehmer einheitlich das EFZG von 1994. Dazu Bd. 2 Rn 855ff.

gesetzliche Absicherung liegt neben den (wahlkampfrelevanten) Arbeitnehmerforderungen selbst in dem Interesse einzelner Unternehmergruppen, die von ihnen zugestandenen Leistungen zum gesetzlichen Normalstandard zu machen, um so die Gleichheit der Wettbewerbsbedingungen wiederherzustellen. Dies geht u. a. zu Lasten wirtschaftlich schwacher Unternehmen, werden doch die tariflichen Verbesserungen in aller Regel in Bereichen mit relativ günstiger Ertragslage vereinbart.

Nicht nur gesetzliche Normen, **auch Richterrecht und herrschende Meinung** werden durch die Stärke wie die Schwäche der Gewerkschaften beeinflusst. Dies zeigt etwa das Beispiel des BetrVG 1972, das zwar zunächst in ähnlicher Weise wie später die paritätische Mitbestimmung als verfassungsrechtlich bedenklich eingestuft wurde[18], dessen Verfassungsmäßigkeit später aber nicht mehr in Zweifel gezogen wurde, weil ein Abbau der erreichten Rechte außerordentlich schwere Konflikte mit ungewissem Ausgang zur Folge gehabt hätte. 40

Nicht allein die Durchsetzung von Fortschritten, sondern auch die **Verteidigung einmal erreichter Positionen** ist von der Kampfkraft der Arbeitnehmerorganisationen abhängig. Es wäre ein schwerer Irrtum anzunehmen, dass ein bestimmter Besitzstand gesichert sei, weil er in Gesetzesform gegossen wurde oder sich in einer ständigen Rechtsprechung niedergeschlagen hat. Die Erfahrungen im Ersten Weltkrieg, in den Krisenjahren der Weimarer Republik wie auch während der Nazidiktatur haben gezeigt, dass Zeiten der Schwäche der Arbeiterbewegung immer auch Zeiten des arbeitsrechtlichen Rückschritts sind. So wurde in den zwanziger Jahren der gesetzliche Acht-Stunden-Tag nach und nach ausgehöhlt und in der Weltwirtschaftskrise die Tarifautonomie faktisch aufgehoben. Die Zerschlagung der Gewerkschaften im Jahre 1933 hatte auch im Arbeitsrecht verheerende Wirkungen: Das Koalitions- und Streikrecht, das Betriebsrätegesetz von 1920 sowie das klassische liberale Recht jedes Arbeitnehmers, sich aus eigenem Entschluss einen neuen Arbeitsplatz suchen zu können, wurden abgeschafft. 41

In der Gegenwart besteht nicht die Gefahr solch dramatischer Entwicklungen. Allerdings wird das **Risiko** immer sichtbarer**, dass die Angst** des Einzelnen um den Arbeitsplatz die **Kampfkraft der Gewerkschaften auf Dauer lähmt** und so ein allmählicher Erosionsprozess eintritt. Auch kann der betriebliche Solidarzusammenhang immer mehr verloren gehen, weil ein wachsender Teil der Arbeit durch Leiharbeitnehmer, befristet Beschäftigte und Teilzeitkräfte erledigt oder gar an «Selbständige», Heimarbeiter oder an ausländische Firmen vergeben wird. Weiter ist nicht auszuschließen, dass die Flexibilisierung der Arbeitszeit die Erfahrungen gemeinsamen Betroffenseins 42

18 Galperin, Regierungsentwurf, Düsseldorf 1971; Herbert Krüger, Regierungsentwurf, Hamburg 1971; Obermayer DB 1971, 1715f.

zusätzlich erschwert. Auch ist **verstärktes Konkurrenzdenken und Individualismus** («jeder ist seines Glückes Schmied») **keine gute Voraussetzung für kollektives Handeln**. Gemeinsame Grundinteressen bestehen weiter, doch immer mehr Gruppen und Einzelne entwickeln spezifische Bedürfnisse und «Lebensentwürfe» – eine Rahmenbedingung, die hohe Anforderungen an die Interessenvertretung und speziell an die Tarifpolitik stellt, denen die Gewerkschaften nur partiell gerecht werden.[19]

## 2.2.2. Die Befriedungsfunktion des Arbeitsrechts

43 Das Arbeitsrecht gewährt nicht nur den Arbeitnehmern Schutz, indem es ihnen die Wahrnehmung ihrer Interessen gegenüber dem sozialen Gegenspieler gestattet und gewisse Minimalanforderungen für die Arbeitsbedingungen aufstellt, es liefert auch einen wichtigen **Beitrag zur Sicherung der bestehenden gesellschaftlichen Verhältnisse**.[20] Dies geschieht auf drei Wegen:

44 ▶ Zum einen enthält das Arbeitsrecht seit seiner Entstehung in der industriellen Revolution Regeln, deren ausdrückliches Ziel darin besteht, die **Machtentfaltung der Arbeiterbewegung in Grenzen** zu halten, insbesondere jede «systemüberwindende» Perspektive von vorneherein zu verhindern. Dazu zählen etwa Koalitionsverbote, spezifische Schutznormen zugunsten von Unorganisierten, Streikverbote (z.B. für den sog. wilden Streik) und die Einführung von Arbeitsbüchern.

---

19 Dazu Däubler Mitb 5/1992, S. 11ff. («... dass aus Beschlüssen Wirklichkeit wird») sowie zur Bildung der Gewerkschaft der Flugsicherung (GdF) Däubler, Anm. zu LAG Rheinland-Pfalz und LAG Hessen, AP Nr. 168 und 169 zu Art. 9 GG Arbeitskampf. S. weiter Re-Individualisierung der Arbeitsbeziehungen – Fraktalisierung der Betriebe? Dokumentation eines Gesprächs der Otto Brenner Stiftung, Frankfurt/M. 1997 (ISBN 3-7663-2868-9).

20 Unter Bezugnahme auf die hier getroffene Unterscheidung zwischen Ordnungs- und Befriedungsfunktion wurden Arbeitsrichter und Prozessbevollmächtigte von der Sozialwissenschaftlichen Forschungsgruppe im Max-Planck-Institut Hamburg befragt, ob in der Praxis mehr die Schutz- oder mehr die Ordnungsfunktion überwiegen solle – es ging also um Handlungsorientierungen, nicht – wie hier im Text – um die Schilderung eines objektiv bestehenden Zustands. Die Ergebnisse (Falke u.a., unter IV. 1.7.2.): Für ein Überwiegen der Schutzfunktion plädierten 28,8% der Arbeitsrichter erster, jedoch nur 12,0% der Arbeitsrichter zweiter Instanz, 8% der Rechtsanwälte, 73,5% der Rechtsschutzsekretäre und 19,6% der Verbandsvertreter auf Arbeitgeberseite. Dem Ordnungsprinzip gaben den Vorrang: 39,2% der Arbeitsrichter der ersten, 62% der Arbeitsrichter der zweiten Instanz, 80,8% der Rechtsanwälte, 16,2% der Rechtsschutzsekretäre sowie 86,6% der Arbeitgebervertreter. Dass keine Gewichtung zwischen beiden möglich sei, meinten 32% der Arbeitsrichter erster und 26% der Richter zweiter Instanz, 11,2% der Rechtsanwälte, 10,3% der Rechtsschutzsekretäre und 11,5% der Arbeitgebervertreter.

Die **Arbeitsbücher** haben im 19. Jahrhundert jahrzehntelang die Diskussion beherrscht und wurden auch von den Nazis wieder praktiziert. Sie dokumentierten in knapper Form das bisherige Arbeitsleben und sollten verhindern, dass Arbeitnehmer ohne Einwilligung ihres Arbeitgebers den Arbeitsplatz wechselten. Vor Antritt einer neuen Stelle waren sie vorzulegen, sodass ein legaler Wechsel unschwer blockiert werden konnte. Auch hatte der Arbeitgeber die Möglichkeit, durch ausdrückliche Eintragungen oder durch geheime Vermerke jeden künftigen Arbeitgeber vor dem Betreffenden zu warnen. 45

Eine besondere Rolle spielte die im Arbeitsrecht festgeschriebene **Trennung von Arbeitern und Angestellten**. Die Privilegierung der Letzteren bei den Kündigungsfristen, bei der Altersversorgung und bei der Lohnfortzahlung im Krankheitsfall sollte ein einheitliches, solidarisches Vorgehen aller Arbeitnehmer verhindern, zumindest erschweren.[21] Der dem Arbeitgeber nützliche Grundsatz des «teile und herrsche» wird heute durch die Bildung anderer Gruppen praktiziert: An der Spitze der betrieblichen Hierarchie stehen über den «einfachen» die sog. leitenden Angestellten, und am anderen Ende befinden sich viele ausländische Arbeitnehmer, Leiharbeiter, Befristete und Aushilfen. Dazu kommen Arbeitnehmer, die im Auftrage ihres ausländischen Arbeitgebers als «Billigarbeiter» im Inland eingesetzt werden oder die illegal hier tätig sind.[22] Schließlich sind zahlreiche schlecht bezahlte und **unsichere Arbeitsplätze Frauen vorbehalten**, während Führungspositionen fast völlig bei Männern monopolisiert sind.[23] 46

▶ Neben diesen unmittelbar gegen die gemeinsame Interessenwahrung gerichteten **Normen** enthält das Arbeitsrecht zum Zweiten viele Bestimmungen, die zwar ihrem Inhalt nach arbeitnehmerschützend sind, **deren Existenz jedoch gleichzeitig wohlverstandenen Interessen einzelner oder aller Unternehmer entspricht**. Beispielhaft lässt sich dies an der Frage der Arbeitszeit deutlich machen. Arbeitswissenschaftliche Untersuchungen haben ergeben, dass die Arbeitsleistung keineswegs proportional zur Länge des Arbeitstages steigt, sondern Schwankungen unterliegt, die dazu führen, dass die Verlängerung der Arbeitszeit von einem bestimmten Punkte an zumindest mittel- und langfristig keine Vergrößerung, sondern eine relative Verringerung der Gesamtleistung bewirkt.[24] Dazu kommt, dass die durch das Laufen der Maschinen und Anlagen verursachten Kosten im Verhältnis zum Arbeitslohn 47

---

21 Zur faktischen und rechtlichen Angleichung beider Gruppen in der Gegenwart s. Bd. 2 Rn 1642 ff.

22 Zu entsprechenden Erscheinungen insbesondere in der Bauwirtschaft s. Däubler DB 1995, 726 ff.

23 S. schon Däubler-Gmelin, Frauenarbeitslosigkeit, S. 43 ff., 62 ff. Seither hat sich nichts Wesentliches geändert.

24 Dazu insbesondere Ernst Abbé, Die volkswirtschaftliche Bedeutung der Verkürzung des industriellen Arbeitstages, in: Gesammelte Abhandlungen, Bd. 3, 1906, S. 203 ff.; H. Heitbaum, Die Notwendigkeit der Arbeitszeitverkürzung vom Standpunkt der Arbeitswissenschaften, in: DGB (Hrsg.), 40 Stunden sind genug, Köln o. J., S. 13 ff.; Rosenbrock Mitb 1984, 36 ff. Zum Ganzen Kramer, Freizeit und Reproduktion der Arbeitskraft, Köln 1975, sowie Bd. 2 Rn 195 ff.

immer größer werden; da gleichzeitig bei verlängerter Arbeitszeit die Fehlerhäufigkeit und damit auch die Stillstandszeiten der Maschinen ansteigen, können kürzere Arbeitszeiten und die Einstellung von mehr Arbeitskräften für den Unternehmer im Ergebnis billiger sein. Auch ohne den Kampf der Arbeiterbewegung wäre daher aller Wahrscheinlichkeit nach die Arbeitszeit heute kürzer als in der Zeit des Frühkapitalismus.

48 Ein anderes Beispiel bietet die **Fließbandarbeit**: Für sich allein genommen hat sie ohne Zweifel einen produktivitätssteigernden Effekt, doch beeinträchtigt sie auf der anderen Seite die Arbeitsmotivation und Einsatzbereitschaft der beteiligten Arbeiter. Im Extremfall kann dies so weit gehen, dass es profitabler wird, auf das Fließband wieder zu verzichten und stattdessen zu einem (durchaus menschlicheren) Arbeitsgruppensystem überzugehen, wie dies in einem englischen[25] und in schwedischen Automobilbetrieben[26] Anfang der 70er Jahre geschah.[27]

49 Neben diesen auf das Einzelunternehmen bezogenen gehen auch übergreifende **gesamtkapitalistische Interessen** in das Arbeitsrecht ein, die unter Umständen sogar gegen einzelne widerstrebende Arbeitgeber mit staatlichen Machtmitteln durchgesetzt werden. So beschränkte das Preußische **Kinderarbeitsregulativ** von 1839 die Kinderarbeit in Industriebetrieben, weil die rheinpreußischen Provinzen nicht mehr in der Lage waren, ihr Kontingent an gesunden Rekruten zu stellen.[28] Dabei war allerdings noch ein weiteres, für die Entwicklung des Arbeitsrechts wesentliches Moment im Spiel: der **Gegensatz innerhalb der herrschenden Klassen**. Der preußische Staatsapparat des Jahres 1837 (als das Regulativ erlassen wurde – es trat zwei Jahre später in Kraft) wurde vom ostelbischen Großgrundbesitz beherrscht, der im rheinischen und westfälischen Bürgertum seinen schärfsten Konkurrenten um die Macht im Staate sah. Dementsprechend wurde die Einschränkung der Kinderarbeit auf die Industrie beschränkt, während in der Landwirtschaft alles beim Alten blieb – eine Erscheinung, die sich bis 1918 fortsetzte, waren die Landarbeiter doch bis zu diesem Zeitpunkt den halbfeudalen Gesindeordnungen unterworfen und von der Koalitionsfreiheit ausgeschlossen.[29] Schon 1848 wurde im Kommunistischen Manifest darauf hingewiesen, dass die Arbeiter aufgrund der Uneinigkeit der Herrschenden rechtliche Vorteile erringen können[30], was

25 Dazu Deppe u. a., S. 238 ff.

26 Dazu Vilmar (Hrsg.), Industrielle Demokratie, S. 100 ff.

27 Zur späteren Diskussion um die Gruppenarbeit s. die Beiträge in Roth-Kohl (Hrsg.), a.a.O.

28 Dazu Kuczynski, Die Geschichte der Lage der Arbeiter unter dem Kapitalismus, Bd. 1, Berlin (DDR) 1961, S. 314, und Bd. 9, Berlin (DDR) 1968, S. 88 ff.

29 Vgl. Landmann, Kommentar zur Gewerbeordnung, Bd. II, 6. Aufl., München 1912, S. 217.

30 MEW Bd. 4, 471: «Sie (d. h. die Organisation der Proletarier – W. D.) erzwingt die Anerkennung einzelner Interessen der Arbeiter in Gesetzesform, indem sie die Spaltungen der Bourgeoisie unter sich benutzt.»

Marx am Beispiel des Kampfes um den Zehn-Stunden-Tag in England eingehend analysiert hat.[31] Auf der anderen Seite zeigt das Sozialistengesetz, dass die auf diese Weise errungenen Rechtspositionen schnell wieder abgebaut werden, sobald sich die Auseinandersetzungen zwischen den Herrschenden gelegt haben: Den Unterdrückungsmaßnahmen gegen die Arbeiterbewegung ging die Einigung zwischen den ostelbischen Großgrundbesitzern und der rheinischen Schwerindustrie über die Einführung von Schutzzöllen voraus, die vorher ein ganz wesentlicher Streitpunkt gewesen waren. Der Grund hierfür lag in der Tatsache, dass die Agrarier wegen rapide fallender Weltmarktpreise für Getreide ihr Interesse am Freihandel verloren hatten.[32]

▶ Zum Dritten dient schließlich das staatliche Arbeitsrecht (nicht aber der 50
Tarifvertrag!) insofern der Erhaltung des Status quo, als es die Abhängigkeit seiner Vorschriften von gesellschaftlichen Entwicklungen, insbesondere von der Stärke der Arbeitnehmerorganisationen im Bewusstsein vieler Arbeitnehmer, durch die **Vorstellung** verdrängt, der **Staat schaffe als neutraler Mittler** und aus eigenem Antrieb **die beiden Seiten gerecht werdende Lösung**. Ist er es nicht, der die in einzelnen Bereichen erreichten Verbesserungen auf alle ausdehnt und dabei sogar wenig kampfstarke Gruppen wie die Heimarbeiter und die Schwerbehinderten schützt? Korrigieren nicht staatliche Gerichte im Einzelfall Unternehmerwillkür und Ausbeutung? Kommt es nicht sogar zu Reformen, um die gar nicht unmittelbar gekämpft wurde, sondern die wie die unter Bismarck eingeführte Sozialversicherung einer vorausschauenden Sozialpolitik entspringen? Ideologische Vorstellungen dieser Art reduzieren gewerkschaftliche Aktivitäten im Wesentlichen auf Appelle an die staatlichen Instanzen und schwächen so die Bereitschaft zum solidarischen Kampf. Ihnen ist mit einem Hinweis auf die **wirklichen Erfahrungen** zu begegnen, die zeigen, dass, von absoluten Ausnahmefällen abgesehen, Unternehmerschaft und Staat stets zu bestimmten Konzessionen gezwungen werden mussten[33] – die im 3. Kapitel behandelte Geschichte der Koalitionsfreiheit, die im 6. Kapitel skizzierte Entwicklung der betrieblichen Interessenvertretung und die im 7. Kapitel beschriebene Auseinandersetzung um die paritätische Mitbestimmung bieten hierfür genügend Anschauungsmaterial. Bisweilen ist dieser Zwang ein sehr mittelbarer, weil ein seine Interessen weit schauend wahrendes Bürgertum bestimmte Verbesserungen zugesteht, um so einer «gefährlichen» Radikalisierung der Arbeiterbewegung vorzubeugen – ohne diese wären jedoch auch solche Entwicklungen kaum eingeleitet worden.

---

31 MEW Bd. 23, S. 245 ff.

32 Vgl. Lütge, Deutsche Sozial- und Wirtschaftsgeschichte, Berlin u. a. 1952, S. 379 ff. Zur politischen Konstellation bei Erlass des Sozialistengesetzes s. Abendroth, in: Döring-Kempen (Hrsg.), S. 13 ff.

33 O'Higgins, FS Hepple, S. 290: Arbeitsrechtsnormen als Kompromiss zwischen den Organisationen von Arbeit und Kapital, »durch den Staat vermittelt«.

## 2.3. Neue Arbeitsprozesse – neues Arbeitsrecht?

51 Lassen sich die hier skizzierten Funktionen des Arbeitsrechts auch unter den Bedingungen der Gegenwart aufrechterhalten? Seit den 60er und 70er Jahren des 20. Jahrhunderts haben sich wichtige Veränderungen in der Organisation der Arbeit ergeben. Die **standardisierte Massenfertigung** im Großbetrieb, wo jeder seinen genau vorbestimmten Anteil zu erbringen hatte und keinerlei Entscheidungsspielraum besaß («Taylorismus»), ist zur **Ausnahmeerscheinung** geworden. Die moderne Arbeitswelt ist anders beschaffen.

52 Aus dem einheitlichen organisatorischen Zusammenhang «Betrieb» wird die **«fraktale Fabrik»**; rechtlich und zum Teil auch wirtschaftlich selbständige Firmen übernehmen einzelne Teile des Herstellungsprozesses in eigener Verantwortung. Dies gilt auch im Dienstleistungssektor: An die Stelle des Warenhauses tritt die Ladenstraße oder das Einkaufszentrum mit einer Vielzahl selbständiger Kleinbetriebe.

53 Der Anteil der Beschäftigten, die unmittelbar mit der industriellen Produktion befasst sind, geht immer weiter zurück. Im Vordergrund steht für die **Mehrzahl der Arbeitnehmer** die Erbringung von **Dienstleistungen**. Dies wird nicht zuletzt am Verhältnis Arbeiter – Angestellte deutlich: Die Ersteren machten in den 30er Jahren noch 80 % der abhängig Erwerbstätigen aus,[34] 1984 war ihre Mehrheit auf 52,5 % zusammengeschmolzen,[35] im Jahr 2004 belief sich ihr Anteil nur noch auf knapp 40 %.[36]

54 Der **Einsatz von Informationstechnologien** ist als «Industrialisierung der Kopfarbeit» beschrieben worden.[37] Ähnlich wie die Maschine einen Teil der körperlichen Arbeit übernahm, wird nunmehr ein Teil der geistigen Arbeit vom Computer erledigt. Als Beispiel mag die Erledigung von Überweisungsaufträgen im Banksektor stehen. Das (beim Menschen bleibende) Wissen um technische und organisatorische Abläufe wird für den Arbeitsprozess und seinen Output immer wichtiger. Viele sprechen deshalb von einer **«Wissensgesellschaft»**, die nur funktionieren kann, wenn die Einzelnen in loyaler Weise ihr spezifisches Wissen in den Arbeitsprozess einbringen.

55 Auch durch **Veränderungen auf Arbeitgeberseite** drohen arbeitsrechtliche Normen leer zu laufen. Die abhängige Konzerngesellschaft ist häufig kein vollwertiger Verhandlungspartner, verglichen mit einem selbständigen Unter-

34 Zahlen bei Falkenberg, Das Arbeitsrecht der Gegenwart 7 (1970), S. 67.

35 Statist. Jahrbuch 1985, S. 108.

36 Statist. Jahrbuch 2005, S. 84: 8,52 Mio. Arbeiter im Vergleich zu 12,88 Mio. Angestellten. Dabei wurden nur die Vollzeitbeschäftigten berücksichtigt, doch dürfte sich das Verhältnis bei Berücksichtigung der Teilzeitkräfte kaum grundlegend ändern.

37 Steinmüller DVR 1982, 179 ff.

nehmen. Noch fühlbarer sind technisch-organisatorische Abhängigkeiten im Rahmen einer logistischen Kette; bei der **Just-in-time-Produktion** tritt dies am deutlichsten in Erscheinung.[38] Die dadurch geschaffenen Zwänge reichen bis hin zum Zeitpunkt der Betriebsversammlung, die nur «koordiniert» bei allen Beteiligten stattfinden kann, will man nicht schwerste Störungen in Kauf nehmen. Immer häufiger ist vom **«virtuellen Unternehmen»** die Rede, dessen Existenz nur noch am Bildschirm sichtbar wird.[39] An die Stelle einer stabilen wirtschaftlichen Einheit tritt das von einigen Personen initiierte zeitlich beschränkte Projekt, zu dem Individuen oder Gruppen ihrer Sachkunde wegen hinzustoßen.[40]

Der Einsatz der Arbeitskräfte wird immer perfekter an den Arbeitsanfall 56
angepasst. Neben die traditionelle Schichtarbeit und die Leistung von Überstunden tritt die **flexible Teilzeitarbeit** sowie die **Befristung**, mit deren Hilfe sich ein Teil des unternehmerischen Risikos abwälzen lässt. Noch effizienter geschieht dies beim **Einsatz von (formal) Selbständigen**, die keinerlei Bestandsschutz genießen und die dem Arbeitgeber keine «Lohnnebenkosten» verursachen.[41] Nicht einmal die Rechte eines «Marktbürgers» besitzen die illegal Tätigen, deren Zahl in den vergangenen Jahren zugenommen haben dürfte.

Es mag **verführerisch** erscheinen, aus diesen und weiteren neuen Er- 57
scheinungen den Schluss abzuleiten, es sei **Zeit für ein grundlegend neues Arbeitsrecht**. Eine von der EG-Kommission eingesetzte Kommission unter der Leitung von Prof. Supiot scheint dieser Versuchung ein wenig erlegen zu sein; aus den überzeugend beschriebenen Veränderungen wurde ein umfassender Reformbedarf hergeleitet, ohne dass allerdings konkrete Vorschläge gemacht wurden, wie «das Neue» bewältigt werden könnte.[42] Übersehen wird dabei, dass das **Arbeitsrecht** von Anbeginn an eine **«flexible Größe»** war, dass sich seine Normen nicht deshalb ändern, weil plötzlich neue Techniken oder neue Arbeitsformen auftauchen.[43] Schon vor 80 Jahren galt es mit im Grundsatz vergleichbaren Inhalten wie heute für die Verkäuferin im Kolonialwarenladen, für den Fließbandarbeiter im Metallbetrieb und für den kauf-

38 Vgl. Wellenhofer-Klein DB 1997, 978 ff. Zum Phänomen der Unternehmenskooperation (unter Ausklammerung konzernrechtlicher Verbindungen) im Arbeitsrecht s. zusammenfassend und weiterführend Krebber, a.a.O.

39 Wolmerath, FS Däubler, S. 717 ff.

40 Dazu auch Fricke AiB 1997, 31 ff.

41 Zum Phänomen realer und scheinbarer Selbständigkeit s. Wank DB 1992, 90 ff.

42 Vgl. Supiot, Beyond Employment. Changes in Work and the Future of Labour Law in Europe, Oxford 2001. Die Arbeit erinnert bisweilen an die vulgärmarxistische Tradition, wonach jede Änderung der «Basis» automatisch Veränderungen im «Überbau» nach sich ziehen muss.

43 Eingehend dazu Däubler, FS Dieterich, S. 65 ff. Auch die von Davies und Freedland (FS Hepple, S. 129 ff.) überzeugend beschriebenen Veränderungen im englischen Arbeitsvertragsrecht bewegen sich noch in diesem Rahmen: Statt eines «standardisierten» einen «individuellen» Arbeitsvertrag zu haben, der u. a. für eine genaue Bewertung der erbrachten Leistung sorgen will, ist nichts grundlegend Neues.

männischen Angestellten bei einer Versicherung – obwohl niemand zweifeln wird, dass die Organisation der Arbeit eine völlig andere war und die gesamtgesellschaftliche Wertschöpfung der eines heutigen «Schwellenlandes» entsprach. Verantwortlich für diese Flexibilität, für diese «Anpassungsfähigkeit» ist die **dezentrale Struktur der Normsetzung**; Tarifverträge und Betriebsvereinbarungen können die Regeln schaffen, die für die jeweilige Branche, das jeweilige Unternehmen oder den jeweiligen Betrieb angemessen sind. Selbst die Unfallverhütungsvorschriften sind je nach potenzieller Gefährdung unterschiedlich beschaffen. Ein wichtiger Anpassungsmechanismus ist weiter das **Richterrecht**, das sehr viel differenzierter (und oft schneller) als der Gesetzgeber auf neu auftauchende Probleme reagieren kann. Auch die Just-in-time-Produktion und der virtuelle Betrieb lassen sich so unschwer in das überkommene System integrieren[44] – dass sich der Schwerpunkt der Tätigkeiten auf den Dienstleistungssektor verschoben hat, zwingt erst recht nicht zu grundlegend neuen Strukturen. Allenfalls werden die Neigung zum Gewerkschaftsbeitritt und die Bereitschaft zum Streik geringer, was aber nicht zu einem Überdenken des Art. 9 Abs. 3 GG Anlass geben kann.

58 Eine Reihe von Veränderungen wie z. B. der verbreitete Einsatz von Leiharbeitnehmern, befristet Beschäftigten und «Praktikanten» hängt weniger mit den arbeitsrechtlichen Normen als damit zusammen, dass die **Gewerkschaften** in vielen Fällen **nicht die Kraft** haben, sich der Beschäftigung von «Billigarbeitskräften» entgegenzustellen. Konzeptionelle Vorstellungen wie die «flexicurity», die flexiblen Einsatz bei unterschiedlichen Unternehmen mit stabiler Beschäftigung kombiniert,[45] haben unter solchen Umständen wenig Chancen auf Realisierung.

Das Wort **«flexicurity»** ist eine Kombination aus «flexibility» und «security». Entsprechendes wird seit Jahrzehnten bei der Hafenarbeit praktiziert, wo ein durch Tarifvertrag künstlich geschaffener Arbeitgeber («Gesamthafenbetrieb») auf Dauer berechnete Arbeitsverträge schließt und die einzelnen Arbeitnehmer dem Bedarf entsprechend bei einzelnen Hafenbetrieben einsetzt. «Dienstleistungsagenturen» sollten eine ähnliche Funktion beim Einsatz von Arbeitskräften im Haushalt erfüllen. Über ein erfolgreiches Experiment wird aus Kalifornien berichtet.[46]

59 Ähnliches gilt für die Ausdehnung arbeitsrechtlicher Normen auf arbeitnehmerähnliche Personen oder für den grandios gescheiterten Versuch, **«Scheinselbständige»** in die Sozialversicherung einzubeziehen und so einen wichtigen Anreiz für die Beschäftigung von Nicht-Arbeitnehmern zu beseitigen.

44 Dazu näher Däubler CR 2005, 767 ff.

45 Näher Däubler AuR 2005, 1, 5 f.; Hanau RdA 1999, 159. Zur Situation in den Niederlanden, wo dieses Konzept besonders nachhaltig vertreten wurde, s. Waas, Modell Holland, a.a.O.

46 Klare, in: Conaghan u. a., S. 23.

Besonders deutlich wird der «interessenpolitische» Hintergrund bei der Beschäftigung von Leiharbeitnehmern, die weiter als Billigarbeitskräfte eingesetzt werden können, weil die **Tarifverträge von** dem im Gesetz vorgesehenen **Equal-pay-Grundsatz** zu ihren Lasten **abweichen.**[47]

## 2.4. Die aktuelle Herausforderung: Arbeitsrecht in globalisierter Wirtschaft

### 2.4.1. Die offenen Märkte

Der Begriff «Globalisierung» hat eine ökonomische wie auch eine kulturelle 60
Dimension. Im vorliegenden Zusammenhang interessiert primär die wirtschaftliche Seite.

(Fast) überall auf der Welt wird man Menschen finden, die Englisch verstehen, das Fernsehen vermittelt Unterhaltung auf vergleichbarem Niveau, Informationen beziehen viele aus CNN und BBC-World, die Filme stammen aus den USA, und in vielen Augen findet man das Dollar-Zeichen. Diese **«kulturelle» Globalisierung** gilt nicht für die Ausgegrenzten, doch üben sie nur selten politischen Einfluss aus. Dies mag in manchen moslemischen Ländern und in einzelnen Staaten Lateinamerikas bisweilen anders sein. Auch existieren eigenständige Lebensformen in China.

**Zölle und andere Handelshemmnisse** haben seit Beginn der 90er Jahre erheblich **an Bedeutung verloren**. Erleichtert sind aber nicht nur Import und Export. Vielmehr ist es möglich, in anderen Ländern für den dortigen Markt, aber auch für das Inland oder für den Weltmarkt insgesamt zu produzieren. Dabei kann sich jeder Unternehmer Unterschiede in den Lohnkosten zunutze machen. Nur noch in wenigen Ländern gibt es Einschränkungen für **ausländische Investitionen**. Der Zusammenbruch der sozialistischen Staaten in Mittel- und Osteuropa hatte zur Folge, dass die **Welt** nicht mehr sicherheitspolitisch, sondern **primär ökonomisch determiniert** ist.[48] Sozialpolitische Maßnahmen lassen sich nicht mehr mit der Erwägung rechtfertigen, ein Übermaß an Missständen könne zu einer Stärkung des kommunistischen Einflus-

---

47 «Equal pay» meint, dass die Bezahlung der vergleichbarer Stammarbeitnehmer im Einsatzbetrieb entsprechen muss; er ist in tarifdispositiver Weise seit 2004 niedergelegt in §§ 3 Abs. 1 Nr. 3, 9 Nr. 2 AÜG.

48 Oppermann-Beise EA Heft 7/1994, S. 195.

ses oder gar einem Anschluss an das «sozialistische Lager» führen. Die Welt scheint unipolar geworden zu sein.[49]

61 Die **globale Marktwirtschaft** wird nicht durch eine zentrale politische Instanz gesteuert. Die UN hat eine (beschränkte) sicherheitspolitische Mission, ist aber meilenweit von einer «Weltregierung» entfernt. Regeln für den Markt werden durch die WTO gesetzt, sozialpolitische Korrektive von der ILO erwartet. Produktion und Handel bewegen sich überall dort in einem **«rechtsfreien» Raum**, wo es keine Normen gibt oder diese in der Praxis keine Rolle spielen.

Um es an einem sozialpolitischen **Beispiel** zu verdeutlichen: In den Entwicklungsländern arbeiten im Durchschnitt 85 % aller Beschäftigten im **informellen Sektor**, der sich dem staatlichen Zugriff entzieht: Weder werden Steuern bezahlt noch gibt es Beiträge zu einer Sozialversicherung oder irgendwelche Rechte, die man gerichtlich oder bei einer anderen Stelle geltend machen könnte.[50] Internationale Abkommen, die z.B. die Kinderarbeit verbieten oder die Koalitionsfreiheit garantieren, dringen nicht bis zu den dort tätigen Menschen vor.

Der Gedanke, weltweite Regeln zu schaffen, über deren Einhaltung die einzelnen Staaten wachen, die sie notfalls mit den ihnen zur Verfügung stehenden Mitteln erzwingen,[51] ist beifallswert, aber bisher nur in ganz wenigen Sektoren realisiert. Dass sich dies in absehbarer Zukunft ändern könnte, ist nicht ersichtlich.

### 2.4.2. Auswirkungen auf die Arbeitsbeziehungen

62 Die Möglichkeit, in vielen Ländern mit niedrigeren Lohnkosten als in Deutschland zu produzieren, ändert für sich allein nur wenig. Entscheidend kommt es nicht auf die Vergütung pro Zeiteinheit, sondern auf die **Lohnstückkosten**, d.h. darauf an, wie viel man für die Herstellung eines Regenschirms oder eines Feuerwerkskörpers aufwenden muss. Länder, in denen eine hohe Produktivität herrscht, können deshalb auch höhere Arbeitsvergütungen bezahlen, ohne dadurch im Wettbewerb einen Nachteil zu erleiden.

63 Sind die Lohnstückkosten vergleichbar, wird ein Unternehmen versuchen, die eigenen **Kosten zu senken**. Dies kann dadurch geschehen, dass es billigere Arbeitskräfte beschäftigt oder dass es den Produktionsprozess rationalisiert, insbes. durch Nutzung neuer Techniken den Aufwand verringert. Dies führt meist zu einem **Beschäftigungsabbau**. Auf gesamtgesellschaftlicher Ebene

49 Vgl. auch O'Higgins, FS Hepple, S. 289 ff.
50 Hepple, S. 16.
51 Habermas KJ 2005, 222 ff.

wird versucht, Schutznormen abzubauen (**«Deregulierung»**), um so den Einsatz der Arbeitskräfte zu verbilligen und ihn noch besser an den Arbeitsanfall anzupassen. An die Stelle kollektiver Handlungsformen soll der Individualvertrag treten. «Mehr Markt im Arbeitsrecht» lautete die Parole nicht nur des sog. Kronberger Kreises.[52] **Atypische Arbeitnehmer** wie Leiharbeitskräfte und geringfügig Beschäftigte sowie **Selbständige** ohne Kosten für Sozialversicherung, Entgeltfortzahlung und Urlaub werden verstärkt herangezogen. Weiter will sich ein Arbeitgeber bei einer etwaigen Personalrekrutierung unter keinen Umständen einen Fehlgriff erlauben. Der Informationsbedarf gegenüber Bewerbern steigt enorm, auch bei bereits Beschäftigten ist möglichst viel **«Transparenz»** wünschenswert. Der Warencharakter der Arbeitskraft kommt noch deutlicher als in der Vergangenheit zum Ausdruck.[53]

Daneben oder alternativ dazu kommt in Betracht, sich durch **Gründung** 64
**einer ausländischen Niederlassung** den komparativen Kostenvorteil des anderen Landes selbst zu sichern. Dabei sind allerdings eine **Reihe weiterer Faktoren** zu berücksichtigen: Stehen genügend qualifizierte Arbeitskräfte zur Verfügung? Ist die Infrastruktur des anderen Landes so weit ausgebaut, dass keine Engpässe bei der Energieversorgung und auch keine Transportprobleme auftreten? Sind die lokalen Behörden kooperativ, oder wird man als «Ausbeutungsobjekt» betrachtet? Lassen sich die inoffiziellen Zahlungen an Entscheidungsträger wenigstens kalkulieren? Ist die persönliche Sicherheit entsandter Mitarbeiter gesichert? Nur wenn alle diese Voraussetzungen erfüllt sind, kommt ein Auslandsengagement ernsthaft in Betracht.

Dem Verfasser wurde 2005 von einer Vertreterin des Deutschen Industrie- und Handelstags in Shanghai mitgeteilt, knapp die Hälfte aller deutschen Unternehmen, die in Shanghai investieren, würden sich nach einiger Zeit wieder zurückziehen – und dies trotz der Tatsache, dass die dortige Verwaltung für ihre Kooperation und Effizienz bekannt ist. Manche Manager mögen auch Schwierigkeiten haben, sich in die Mentalität eines anderen Volkes zu versetzen; wer zu Hause nicht einmal mit seiner Sekretärin auskam …

Die **Drohung mit einer Produktionsverlagerung** muss also nicht unter allen Umständen ernst gemeint sein.[54]

Die Dinge verhalten sich selbstredend anders, wenn bereits eine Niederlas- 65

---

52 Kronberger Kreis (Hrsg.), Mehr Markt im Arbeitsrecht, Frankfurt/M. 1986. Vgl. auch Möschel ZRP 1988, 48 ff.

53 Tucker, Comparative Labor Law & Social Policy Journal 26 (2004) 97, 150: «Growing commodification of labor».

54 S. etwa den Fall ArbG Leipzig NZA-RR 2003, 142, wo der Arbeitgeber damit drohte, er würde den Betrieb nach Polen verlagern, wenn er die Anwaltskosten des Betriebsrats für zwei Beschlussverfahren tragen müsse. Dies wurde vom ArbG Leipzig als Behinderung der Betriebsratstätigkeit qualifiziert; dass es überhaupt zu einem solchen Verfahren kam, lässt sich nur damit erklären, dass der Betriebsrat offensichtlich nicht an die Ernstlichkeit der Verlagerungsabsicht glaubte.

sung besteht und weitere Teile des Arbeitsprozesses dorthin verlagert werden sollen. In diesem Fall tritt eine fundamentale Änderung der Verhandlungssituation ein: Der Arbeitgeber kann der Arbeitnehmerseite damit drohen, ihr gewissermaßen den Boden unter den Füßen wegzuziehen. Was früher noch eine einigermaßen ausgeglichene Verhandlungssituation gewesen sein mag, ist nunmehr **einem einseitigen Diktat vergleichbar**: Was will ein Betriebsrat oder eine Gewerkschaft erwidern, wenn die Alternative «30 % Lohnabsenkung» oder «Schließung des Betriebs und Arbeitslosigkeit» ist? Theoretisch könnte man daran denken, andere Teile des Unternehmens zu bestreiken, doch fehlen hierfür in der Regel schon die subjektiven Voraussetzungen: Da kaum jemand wirklich vor einem verlagerungsbedingten Verlust seines Arbeitsplatzes gefeit ist, befürchten die anderen, selbst in den Strudel gerissen zu werden; «lieber nicht auffallen» lautet dann die Devise.[55]

66 Erweiterte Handlungsmöglichkeiten für die Arbeitgeberseite sind nicht die einzige Auswirkung der Globalisierung auf die Arbeitsbeziehungen. **Zwischen** den **Entscheidungsträgern und** den **Arbeitenden** liegt häufig eine **Staatsgrenze**. Dies ist zwar nicht ökonomisch, wohl aber juristisch und faktisch von Belang: Mitbestimmungsrechte richten sich gegen eine Betriebs- oder Unternehmensleitung, die u. U. keinerlei Spielräume hat; dass die in die Verhandlungen eingebrachten Argumente überhaupt «noch oben» weitergegeben werden, ist alles andere als sicher. Die Zusammenarbeit mit ausländischen Interessenvertretungen ist schwierig. Auch wird man nicht selten auf einen **«Standortegoismus»** treffen, wonach einzelne Interessenvertretungen keinen Finger rühren, wenn die geplanten Abbaumaßnahmen in anderen Niederlassungen stattfinden sollen, sie selbst aber verschont bleiben.

67 Die Globalisierung hat weiter zur Folge, dass **ausländische Billig-Arbeitskräfte** auch **im Inland** ihre Dienste anbieten. Anders als bei der Anwerbung der «Gastarbeiter» in den 60er und Anfang der 70er Jahre gibt es keine Instanzen, die für eine prinzipielle Gleichstellung mit deutschen Arbeitnehmern sorgen.[56] Vielmehr handelt es sich entweder um illegal als Touristen eingereiste Personen oder um Arbeitnehmer, die von ihrem ausländischen Arbeitgeber zur Erfüllung bestimmter Aufträge ins Inland entsandt werden. Dies ist im Prinzip nur im Rahmen der EG möglich, doch sind durch den Beitritt mittel- und osteuropäischer Länder auch hier enorme Lohnunterschiede zu verzeichnen.

68 Der internationale Wettbewerb sorgt dafür, dass sich die Nationalstaaten gezwungen sehen, die **Unternehmensbesteuerung möglichst gering** zu hal-

55 Weitere Überlegungen bei Däubler NJW 2005, 30ff. sowie bei O'Higgins, FS Hepple, S. 290: «labour law results of a balance of power».

56 Zur Anwerbung der «Gastarbeiter» s. Däubler DuR 1974, 1ff. Dass die Gleichbehandlung nicht immer erreicht wurde, steht auf einem anderen Blatt, doch sahen die Musterarbeitsverträge die Wahl des deutschen Rechts und gleiche Entlohnung vor.

ten, um so die Chancen der «eigenen» Unternehmen auf dem Markt zu wahren. Dies ist neben dem Altersaufbau der Bevölkerung der wichtigste Grund, weshalb Sozialleistungen reduziert werden. Für die Beschäftigten ergibt sich so die Notwendigkeit, im Wege der Tarifpolitik einen Ausgleich zu schaffen oder Konsumverzicht zu praktizieren.

### 2.4.3. Reaktionen auf nationaler Ebene

Die hier skizzierten Auswirkungen der Globalisierung schaffen eine Reihe 69
von **Problemen**, die **bisher eher am Rande des arbeitsrechtlichen Interesses** lagen. Unter welchen Voraussetzungen lassen sich Vergütungen absenken? Welche Grenzen sind dabei zu beachten?[57] Kann bei drohender Verlagerung die Belegschaft um einen «Standorttarif» kämpfen, oder ist gar ein Solidaritätsstreik anderer Belegschaften zulässig?[58] Bleiben **Mitbestimmungsrechte** auch dann erhalten, wenn eine **Entscheidung von der ausländischen Konzernspitze** getroffen wird?

Beispiel:[59] Die ausländische Konzernspitze führt per E-Mail eine Mitarbeiterbefragung durch, von der die deutsche Geschäftsführung überhaupt nicht unterrichtet ist. Wird nach persönlichen Daten gefragt, ist § 94 BetrVG gleichwohl anwendbar. Der Betriebsrat kann eine einstweilige Verfügung gegen die deutsche Betriebsleitung erwirken, wonach die Aktion vorläufig zu stoppen ist.[60]

Können die in ausländischen Niederlassungen deutscher Unternehmen Beschäftigten in die Betriebsverfassung und die Vertretung der Arbeitnehmer im Aufsichtsrat einbezogen werden?[61] Werden die von ausländischen Unternehmen hierher entsandten **Billigarbeitskräfte von deutschen Tarifverträgen erfasst**?[62]

Über diese «Komplettierung» des Systems hinaus hat die Öffnung der 69a
Märkte eine wichtige **prinzipielle Konsequenz**. Kann – wie in der Regel – geplanten Verlagerungen kein effektiver Widerstand entgegengesetzt werden, steht die Schutzfunktion des Arbeitsrechts immer häufiger zur Disposition: Tarifverträge, u. U. auch gesetzliche Rechte werden zum Tauschobjekt, um durch Kostensenkung und längere Arbeitszeiten den Standort zu erhalten. Die **Ökonomie siegt über die Sozialpolitik**. Dies heißt zugleich, dass arbeitsrechtliche Normen nur noch insoweit unbestrittene Daseinsberechtigung

57 Dazu etwa unten 4.3.2. (Rn 220 ff.)
58 Dazu unten 5.7.4.5. (Rn 620c ff.).
59 Nach LAG Hessen AuR 2002, 33.
60 So LAG Hessen AuR 2002, 33; dazu eingehend U. Fischer AuR 2002, 7.
61 Zu Letzterem s. unten 7.4.1. (Rn 1334 ff.).
62 Problem des Arbeitnehmerentsendegesetzes; dazu unten 4.15.3. (Rn 462c ff.)

haben, als sie sich auch ökonomisch rechtfertigen lassen. Die Sicherung der bestehenden Verhältnisse[63] wird so zum dominierenden Argument.

Man wird beispielsweise nicht danach fragen, ob die Verpflichtung eines Arbeitnehmers, Fortbildungskosten an den Arbeitgeber zurückzuzahlen, wenn er vor Ablauf von drei Jahren das Unternehmen verlässt, mit seinen persönlichen Freiheitsrechten vereinbar ist. Vielmehr geht es allein darum, Investitionen in «Humankapital» zu fördern, die nicht mehr getätigt würden, wenn der Arbeitnehmer am nächsten Tag zum Konkurrenten wechseln könnte.

69b Fragen dieser Art werden von den Vertretern der **ökonomischen Analyse des Rechts** erörtert.[64] Das Beispiel der Pflicht zur Rückzahlung von Weiterbildungskosten bei vorzeitigem Ausscheiden macht deutlich, dass es einerseits nützlich ist, nach den wirtschaftlichen Auswirkungen arbeitsrechtlicher Normen zu fragen,[65] dass es aber **gefährlich** wäre, **sich darauf zu beschränken**: Verfassungs- und Arbeitsrecht wollen auch Werte verwirklichen, die sich möglicherweise «markthemmend» auswirken.

Würde man etwa den Standpunkt vertreten, die Bindungsdauer nach einer (u.U. sehr teuren) Bildungsmaßnahme könne ruhig sechs Jahre betragen, da dies den Arbeitgeber zu besonders nachhaltigen Investitionen in sein «Humankapital» veranlasse, so bliebe die freie Wahl des Arbeitsplatzes nach Art. 12 Abs. 1 GG weithin auf der Strecke. Oder um es am Extremfall deutlich zu machen: Würde sich herausstellen, dass die Beschäftigung von Sklaven die Produktion im Ergebnis verbilligt, so wäre dies kein Grund, die Sklaverei wieder einzuführen.

69c **Zentrale arbeitsrechtliche Normen** lassen sich überdies mit dem Gedanken rechtfertigen, dass sie die **Produktivität fördern** und so eine positive Auswirkung auf die Konkurrenzfähigkeit deutscher Unternehmen haben. Dies gilt etwa für Partizipationsrechte der Arbeitnehmer, insbes. für die betriebliche Mitbestimmung.[66] Auch zahlreiche ausländische Erfahrungen weisen in diese Richtung. In Spanien hatte sich beispielsweise bis zum Ende der Franco-Ära die Erkenntnis durchgesetzt, dass die **traditionell-autoritäre Unternehmensführung weniger produktives Wirtschaften** ermöglichte als demokratische Formen.[67] Eine Untersuchung der Europäischen Stiftung zur Verbesserung der Lebens- und Arbeitsbedingungen hat interessante Aufschlüsse erbracht,

---

63 Oben 2.2.2. (Rn 43 ff.). Dies gilt in gleicher Weise auch in Entwicklungsländern. Für Südafrika s. etwa Kalula, FS Hepple, S. 286.

64 S. etwa Ott-Schäfer (Hrsg.), Ökonomische Analyse des Arbeitsrechts, Tübingen 2000.

65 S. etwa Brors, Abschaffung der Fürsorgepflicht, S. 105 ff. und in: Ott-Schäfer, a.a.O., S. 215 ff.

66 Vgl. dazu Sadowski, Mitbestimmung – Gewinne und Investitionen, Gütersloh 1997 sowie Blanpain, FS Weiss, S. 59 ff. und Thamisch AuR 2006, 81 ff.

67 Rodriguez-Piñero, in: Däubler (Hrsg.), Arbeitsbeziehungen in Spanien, S. 21 ff.

die ähnliche Einschätzungen nahe legen.[68] Gegenstand war der **Einfluss von Arbeitnehmervertretern bei der Einführung neuer Informationstechnologien**, der vergleichend in Großbritannien, Frankreich, Italien, Dänemark und der Bundesrepublik untersucht wurde. Bemerkenswert war, dass der Informationsstand der Arbeitnehmer wie die Intensität ihrer Beteiligung bei der Einführung der Technologien in Dänemark und der Bundesrepublik am höchsten waren. Es folgten Italien und Frankreich – Großbritannien war am Ende zu finden.[69] Obwohl dies in der Studie nicht ausdrücklich betont wurde, drängt sich der Schluss auf, dass die sehr hohe Arbeitsproduktivität in der Bundesrepublik und in Dänemark eben auch Folge der besser ausgebauten Arbeitnehmerbeteiligung ist.[70] Entsprechendes ergab ein Vergleich zwischen Genossenschaften und normalen privatkapitalistischen Firmen in **Norditalien.**[71] Auch der Kündigungsschutz lässt sich auf diese Weise rechtfertigen, da eine positive Korrelation zwischen der Dauer der Betriebszugehörigkeit und der Höhe der Produktivität besteht.[72]

Noch relativ wenig erörtert ist die Frage, wie das **Arbeitsrecht** beschaffen 69d
sein muss, um **Innovationen möglich** zu machen. An anderer Stelle wurde eine Reihe von Anforderungen formuliert, die dabei erfüllt sein müssten.[73] Dazu gehören etwa Existenzsicherheit, keine volle Okkupation der Arbeitszeit durch «Pflichtaufgaben» sowie die Existenz einer unabhängigen Stelle, die außerhalb der Hierarchie steht und an die man sich mit neuen Ideen wenden kann. Dabei kann man sich auf Beispiele einzelner Firmen,[74] daneben aber auch auf die erfolgreichen Bemühungen in **Finnland** stützen, das in den letzten 15 Jahren zu einem führenden Hightech-Land wurde.[75]

## 2.4.4. Reaktionen auf internationaler Ebene

Die Unterschiede in den Arbeitskosten können dazu führen, dass sich eine 70
**Schraube nach unten** entwickelt («race to the bottom»).

68 European Foundation for the Improvement of Living and Working Conditions, New Information Technology and Participation in Europe, Dublin 1989.

69 Zusammenfassende Darstellung bei Fröhlich-Krieger WSI-Mitt. 1989, 628.

70 Weitere Beispiele bei Däubler GMH 2001, 212 ff.

71 Burtlett u. a., Industrial and Labour Relations Review 46 (1992) S. 103 ff.

72 Auer-Berg-Coulibaly, International Labour Review 144 (2005) 319 ff. (wobei Zeiten über 20 Jahre eher einen negativen Einfluss haben).

73 Däubler BB 2005, 2521 ff.

74 Klotz CF Heft 9/2003 S. 8 ff.; Ders. CF Heft 11/2005 S. 5 ff.; Heft 12/2005 S. 4 ff.

75 Dazu im Einzelnen Sengenberger WSI-Mitt. 2005, 162 ff.

Mitte der 90er Jahre besuchte der Verf. eine Textilfabrik in Bombay. Das Monatseinkommen eines Textilarbeiters lag bei umgerechnet 200,– DM monatlich. Als die Belegschaft eine Erhöhung auf 250,– DM verlangte, verwies die Geschäftsleitung darauf, in Sri Lanka lägen die Löhne bei 80,– DM im Monat; dort einen Betrieb aufzubauen, mache keine besonders großen Probleme. Die Forderung nach den 250,– DM wurde fallen gelassen.

Um solche Erscheinungen einzudämmen, wurde von verschiedenen Seiten der Versuch unternommen, ein **universelles soziales Minimum** zu definieren und notfalls mit Hilfe von Sanktionen durchzusetzen. Die bisherigen Ergebnisse sind wenig ermutigend.

70a Die **ILO-Übereinkommen**[76] haben an sich die Aufgabe, zentrale arbeitsrechtliche Schutznormen aus dem internationalen Wettbewerb herauszunehmen,[77] doch sind sie längst nicht von allen Staaten ratifiziert. Bemerkenswert ist etwa, dass so wichtige Vorschriften wie die Übereinkommen Nr. 87 (Koalitionsfreiheit) und Nr. 98 (Tarifautonomie) von Brasilien, China, Indien, Mexiko und den USA nicht ratifiziert sind, sodass weltweit rund die Hälfte aller abhängig Beschäftigten nicht von diesen Rechten erfasst wird.[78] Auch im Falle der Ratifikation fristet das «ILO-Recht» häufig ein Schattendasein.[79] Die praktizierten Kontrollverfahren sind überdies wenig effizient und haben nur im Fall des «Außenseiterstaats» Myanmar (früher: Burma) zur Ausübung von wirksamem Druck geführt.[80]

70b Angesichts dieser Umstände hat sich die ILO 1998 für die universelle Durchsetzung von sog. **Kernarbeitsnormen** ausgesprochen. Dazu gehört das Verbot der Zwangs- und der Kinderarbeit, das Verbot der Diskriminierung in Beschäftigung und Beruf sowie Koalitionsfreiheit und Tarifautonomie.[81] Diese Normen, die in insgesamt acht Übereinkommen niedergelegt sind, seien aufgrund der Mitgliedschaft in der ILO auch für diejenigen verpflichtend, die sie nicht ratifiziert haben. Dies ist allerdings für sich allein ohne unmittelbare rechtliche Wirkung. Zum Völkergewohnheitsrecht wird nur das Verbot von Sklaverei und Zwangsarbeit gezählt.[82] Daneben hat die ILO das universelle Ziel einer **«decent work»** proklamiert, was insbesondere deshalb Inter-

---

76 Dazu oben unter 1.2.4. (Rn 19).

77 Potter ZfA 2001, 205 ff.

78 Hepple, S. 61.

79 Zur Irrelevanz vor deutschen Arbeitsgerichten s. Däubler, in: Senghaas-Knobloch (Hrsg.), S. 105 ff. Der Gesetzgeber hat jedoch in einigen Fällen vor der Ratifikation das deutsche Recht angepasst. S. Böhmert, S. 221 ff.

80 Hepple, S. 38 ff.

81 Mit Recht wird kritisiert, dass Konventionen über Gesundheitsschutz, Arbeitszeit und angemessene Vergütung nicht erfasst sind. S. statt aller Creighton, FS Hepple, S. 268.

82 Hepple, S. 60.

esse verdient, weil damit auch die Arbeit im informellen Sektor erfasst werden soll.[83] Beides gewinnt praktische Bedeutung nur als Bezugsgröße, wenn andere Instanzen die Gewährung bestimmter Leistungen von der Einhaltung sozialer Minimalstandards abhängig machen wollen; die ILO selbst verfügt über keine effektiven Mittel, um die von ihr proklamierten Werte effektiv zu realisieren.[84]

Wirksamstes Mittel für die umfassende Durchsetzung von Mindeststandards scheint die sog. **Sozialklausel** in Handelsverträgen zu sein. Konkret geht es darum, dass einem Staat bestimmte wirtschaftliche Vorteile nur dann gewährt werden, wenn bestimmte sozialpolitische Standards gewahrt sind. Die **WTO** konnte sich allerdings bislang **nicht** auf eine solche Vorschrift verständigen, da zahlreiche **Entwicklungsländer** den Standpunkt vertreten, ihnen solle ein komparativer Kostenvorteil genommen werden; es handle sich der Sache nach um protektionistisches Verhalten der Industrieländer, die sich aufgrund ihrer wirtschaftlichen Lage unschwer bestimmte Schutznormen leisten könnten. Entsprechende Regeln existieren jedoch im Außenwirtschaftsrecht der EU und der USA. 70c

Nach dem **EG-Außenwirtschaftsrecht** genießen Entwicklungsländer bestimmte Zollpräferenzen, sind also nicht dem «normalen» EG-Außenzoll unterworfen. Dieser Vorteil kann dann noch erheblich vergrößert, d.h. eine Absenkung bis auf null erreicht werden, wenn der fragliche Staat sämtliche Kernarbeitsnormen der ILO im Wesentlichen in nationale Gesetze umgesetzt hat und anwendet.[85] Davon wurde etwa gegenüber **Moldawien**[86] und **Sri Lanka** Gebrauch gemacht.[87] Umgekehrt können die Zollpräferenzen insgesamt entzogen werden, wenn der Staat Zwangsarbeit praktiziert oder «schwer und systematisch» gegen eines der anderen ILO-Übereinkommen verstößt.[88] Dies wird derzeit gegenüber Weißrußland erwogen.[89] Die **Schwierigkeit bei der Umsetzung** dieses an sich richtigen Prinzips liegt darin, dass verlässliche Informationen über die Realität in dem fraglichen Land schwer zu gewinnen sind. Auch lässt sich vermuten, dass beispielsweise die Tolerierung oder gar Akzeptierung unabhängiger Gewerkschaften eine so große Veränderung dar- 70d

83 Konkrete Überlegungen insoweit bei Olivier-Mpedi ZIAS 2005, 144ff.

84 O'Higgins (FS Hepple, S. 300) verweist darauf, wirtschaftlich sei die ILO von der (weiteren) Mitgliedschaft der USA abhängig; dies macht sie «konfrontationsunfähig».

85 Zum neuesten Stand s. den Überblick bei Herkommer, in: Senghaas-Knobloch (Hrsg.), S. 179ff. Die nunmehr geltende VO (EG) Nr. 980/2005 bezieht auch den Schutz der Umwelt sowie die Drogenbekämpfung mit ein.

86 Mitgeteilt bei Ölz ZIAS 2002, 321.

87 Kommissionsverordnung Nr. 2342/2003, ABlEG vom 31.12.2003, L 346/34.

88 Darstellung im Einzelnen bei Herkommer, S. 163ff.; Ölz ZIAS 2002, 319ff. Zu ähnlichen Vorläuferregelungen Däubler, FS Hanau, S. 489ff.; Hilpold EuR 1996, 98.

89 Entscheidung der Kommission vom 29.12.2003, ABlEG vom 9.1.2004, Nr. L 5/90.

stellen würde, dass hierfür der Anreiz eines erfreulicheren Zollsatzes der EU bei weitem nicht ausreicht.

70e Auf eine sehr viel längere Tradition blickt die vergleichbare Regelung im **US-Außenwirtschaftsrecht** zurück.[90] 13 Ländern wurde der Präferenz-Status auf Dauer, 17 vorübergehend entzogen. Dabei waren allerdings weniger die Schwere der Verstöße als Überlegungen der außenpolitischen Opportunität maßgebend.[91] Der Versuch des Gewerkschaftsbundes AFL/CIO, auch die Volksrepublik China auf die «schwarze Liste» zu setzen, wurde 2004 zurückgewiesen.[92]

70f Einen spezifischen Durchsetzungsmechanismus sieht das «Side Agreement» zum Abkommen über die Nordamerikanische Freihandelszone (**NAFTA**) vor: Die drei Mitgliedstaaten (USA, Kanada und Mexiko) können mit Hilfe internationaler Verfahren gezwungen werden, ihr jeweiliges **eigenes Arbeitsrecht einzuhalten** – eine höchst «souveränitätsfreundliche» Regelung, die insbesondere dem Bedürfnis der USA entgegenkommt, sich keinen von Dritten erstellten Regeln zu unterwerfen. Der praktische Effekt ist nach mehr als zehn Jahren aber denkbar gering.[93]

70g Ein weiterer Umsetzungsmechanismus könnte darin liegen, dass man die **Vermarktung von Waren,** die **unter Verstoß gegen elementare Sozialstandards hergestellt** wurden, als **unlauteren Wettbewerb** qualifizieren würde. Entsprechende Überlegungen können sich auf eine Entscheidung des BGHs[94] stützen, der die Ausnutzung eines sozialen und rechtlichen Gefälles zwar prinzipiell billigte, bei groben Verstößen gegen allgemein anerkannte Grundsätze (wie das Verbot der Zwangs- und der Kinderarbeit) aber eine Ausnahme erwogen hat.[95]

70h Nicht anders als im nationalen Bereich muss man auch in der globalisierten Wirtschaft die Frage stellen, ob nicht auch **die Betroffenen selbst** ein Minimum fixieren könnten. Etwas Derartiges ist jedenfalls in der Seeschifffahrt gelungen: Die **ITF** hat **Musterkollektivverträge** entwickelt, die auf sog. Billigflaggenschiffen angewandt werden sollen. Sie fixieren ein Vergütungsniveau, das zwischen dem in den Entwicklungsländern üblichen und dem der Industrieländer liegt, und sehen überdies eine Unfall- und Krankenversicherung vor, die es üblicherweise im Flaggenstaat und in den Heimatländern der Seeleute nicht gibt. Der Abschluss und die Einhaltung der Verträge wird

90 Einzelheiten bei Hepple, S. 91 ff. und di Caprio, Comparative Labor Law & Social Policy Journal 26 (2004) 1 ff. (auch zum Folgenden).

91 Vgl. Compa-Vogt, Comparative Labor Law and Social Policy Journal 22 (2001). S. 199 ff.

92 Mitgeteilt bei Hepple, S. 98.

93 Hepple, S. 108 ff.

94 NJW 1980, 2018.

95 Näher Däubler, FS Trinkner, S. 478 ff.

notfalls durch Hafenarbeiterboykotts erzwungen; ein gutes Drittel der Billigflaggenschiffe ist mittlerweile «tarifgebunden».[96]

Andere Formen der «Selbsthilfe» bestehen in der Einrichtung eines **«Weltkonzernbetriebsrats»** (etwa bei VW) oder von «Netzwerken» zwischen den einzelnen Interessenvertretungen des nationalen Rechts, die von der «Basis» oder von internationalen Gewerkschaftszusammenschlüssen getragen sein können.[97] In Betracht kommt weiter die Vereinbarung eines **Verhaltenskodex für das Unternehmen**, der ggf. bestimmte Sozialstandards auch für Zulieferer verbindlich macht und damit in Entwicklungsländern auch den informellen Sektor erreicht.[98] Allerdings handelt es sich meist um ein freiwilliges Entgegenkommen einer auf ihren guten Ruf bedachten Unternehmensleitung, sodass die Durchsetzung im Konfliktfall Schwierigkeiten machen dürfte. 70i

Die Handlungsmöglichkeiten sind auf internationaler Ebene ersichtlich beschränkt. Die **relativ besseren Aussichten**, auch Arbeitnehmerinteressen zur Geltung zu bringen, bestehen **immer noch auf nationaler Ebene**. Dabei sollte man sehr viel stärker als bisher ein gemeinsames Vorgehen mit Interessenvertretern in anderen Ländern in Betracht ziehen.[99] Im Einzelfall ist auch denkbar, dass sich ohne direkte Koordination Widerstand gegen einzelne Maßnahmen multinationaler Konzerne regt, der gebündelt werden könnte. 70j

Unter Berufung auf Börsenregeln versuchen zahlreiche US-amerikanische Firmen, **ihre Beschäftigten** zur Einhaltung eines **«Verhaltenskodex»** zu veranlassen. Dieser greift tief in die Persönlichkeitssphäre ein und verpflichtet u. a. dazu, Verstöße von Arbeitskollegen über eine Hotline dem Arbeitgeber mitzuteilen. Das ArbG Wuppertal[100] und das **LAG Düsseldorf**[101] haben solche Regeln zum Teil für unzulässig, z.T. für mitbestimmungspflichtig erklärt.[102] In Frankreich hat das **Tribunal de Grande Instance von Versailles** einen entsprechenden Verhaltenskodex für generell unzulässig gehalten, solange er nicht von der Arbeitsinspektion genehmigt ist.[103] Die amerikanischen Anforderungen werden sich an europäische Standards anpassen müssen, zumal die New Yorker Börsenregeln keine verbindlichen Pflichten verlangen und bei nicht-leitenden Angestellten auch nicht vorsehen, Abweichungen von «Empfehlungen» publik zu machen. Eine deutsch-französische Diskussion des Problems könnte von Nutzen sein. 70k

---

96 Weitere Einzelheiten bei Däubler, Kampf um einen weltweiten Tarifvertrag, S. 16 ff. Auf S. 63 ff. sind die Kollektivverträge auf dem Stand von 1995 wiedergegeben.

97 Dazu und zu den relativ bescheidenen Handlungsmöglichkeiten Müller-Platzer-Rüb WSI-Mitt. 2006, 5 ff.

98 Näher unten 7.5.4.2. (Rn 1383 ff.).

99 Zu den entsprechenden Möglichkeiten der Betriebräte unten 6.17.3. (Rn 1211 ff.).

100 NZA-RR 2005, 476 = dbr Heft 9/2005, S. 25.

101 DB 2006, 162 = dbr Heft 4/2006, S. 40.

102 Zur Problematik s. insbes. Wisskirchen-Jordan-Bissels DB 2005, 2190 ff.

103 Einzelheiten bei Junker BB 2005, 602 ff.

## 2.5. Das Arbeitsrecht als Teil der Rechtsordnung

### 2.5.1. Die Binnenstruktur

71 Nach herkömmlicher Auffassung wird die Materie «Arbeitsrecht» in **«Individualarbeitsrecht»** und **«kollektives Arbeitsrecht»** unterteilt. Zum ersten werden das Arbeitsvertragsrecht sowie das Arbeitsschutzrecht (z. B. ArbZG, Gefahrenschutz am Arbeitsplatz) gerechnet, das zweite soll das «Recht der Berufsverbände» einschließlich des Tarifvertrags- und Arbeitskampfrechts sowie das Betriebsverfassungs- und Personalvertretungsrecht sowie das Recht der Unternehmensmitbestimmung umfassen. Grundgedanke ist, dass im einen Fall das Individuum, im anderen das Kollektiv im Mittelpunkt steht. Beides **verzerrt die Realität**: So dienen auf der einen Seite beispielsweise Tarifvertrags- und Betriebsverfassungsrecht letztlich ebenso der freien Entfaltung der Arbeitnehmerpersönlichkeit wie der Kündigungsschutz oder das Verbot der Fließbandarbeit für Jugendliche. Auf der anderen Seite sind in aller Regel ohne den gemeinsamen Einsatz vieler Betroffener (also des «Kollektivs») auch keine Fortschritte im Einzelarbeitsverhältnis erreichbar.

71a Bezogen auf die traditionelle **Einteilung in Privatrecht und öffentliches Recht** kann das Arbeitsrecht als Ganzes keinem dieser Bereiche zugeordnet werden. Vielmehr wird es durch seine spezifische Zielsetzung zusammengehalten; es stellt eine **teleologische, keine systematische Einheit** dar.[104] Während das Arbeitsvertragsrecht aus dem klassischen Zivilrecht stammt, ist das Arbeitsschutzrecht ebenso eindeutig dem öffentlichen Recht zuzuordnen – was nicht ausschließt, dass seine Normen zugleich Pflichten des Arbeitgebers (und manchmal auch des Arbeitnehmers) aus dem Arbeitsverhältnis begründen. **Tarifvertragsrecht und Betriebsverfassungsrecht** gehören zwar dem Privatrecht an, doch finden sich **«Anleihen» aus anderen Rechtsgebieten**: Erinnert sei beispielsweise an die Auslegungsgrundsätze bei Tarifverträgen, die sich nach herrschender Auffassung an der Handhabung von Gesetzen, nicht am Vertragsrecht orientieren.[105] Ist die Wahl eines Betriebsrats fehlerhaft und wird sie deshalb angefochten, so tritt nicht etwa entsprechend § 134 BGB Nichtigkeit ein; vielmehr ist der Betriebsrat ähnlich wie ein Kommunalparlament so lange im Amt, bis eine rechtskräftige gerichtliche Entscheidung vorliegt.[106]

71b Das Arbeitsvertragsrecht ist in wesentlichen Teilen im **BGB** geregelt. Bei

104 Eingehender Däubler, FS 50 Jahre BAG, S. 3, 17.

105 Dazu Kamanabrou, S. 56 ff.

106 An diesen Besonderheiten ändert sich auch dann nichts, wenn man mit Reichold (S. 542 ff.) das Betriebsverfassungsrecht «privatrechtsakzessorisch» verstehen will.

der **Schuldrechtsmodernisierung** im Jahre 2001 wurden spezifische Vorschriften wie die §§ 310 Abs. 4, 615 Satz 3 und 619a ins BGB eingefügt, die arbeitsrechtliche Besonderheiten hervorgehoben und so eine schematische Übernahme insbesondere des Rechts der Leistungsstörungen verhindert haben. Das BGB folgt anders als in seiner ursprünglichen Fassung aus dem Jahre 1900 nicht mehr ausschließlich dem Leitbild des autonomen Individuums, das auf den Arbeitnehmer nie gepasst hätte.[107] Vielmehr verfügt es heute über ein «doppeltes» Leitbild: Es enthält insbesondere im Verbraucherrecht auch zahlreiche **Normen, die** nicht mehr am «autonomen», sondern **am «unterlegenen» Individuum anknüpfen**. Insofern ist von einer «Reintegration» des Arbeitsvertragsrechts (nicht: des Arbeitsrechts insgesamt) in das BGB kein Abbau von sozialem Schutz zu befürchten.

In Übereinstimmung mit den Vorstellungen des Gesetzgebers und der weit überwiegenden Auffassung in der juristischen Literatur[108] hat das BAG anerkannt, dass der **Arbeitnehmer Verbraucher** im Rechtssinne nach § 13 BGB ist.[109] Damit wird der Anwendungsbereich der AGB-Kontrolle auf alle Arbeitsverträge erstreckt, die nicht zwischen den Parteien frei ausgehandelt wurden.[110] Dies hat inzwischen dazu geführt, dass **Arbeitsverträge** einer sehr viel **schärferen Inhaltskontrolle als in der Vergangenheit** unterzogen werden.[111] Diese manchen Arbeitsrechtler überraschende Feststellung hängt damit zusammen, dass der Schutz des Verbrauchers in den letzten Jahrzehnten sehr viel weniger «Gegenwind» als der Arbeitnehmerschutz hatte[112] und dass in der Vergangenheit überdies viele Dinge mit Hilfe von Tarifverträgen und betrieblicher Mitbestimmung geregelt wurden, sodass unangemessene Vertragsklauseln nur in einem «Restbereich» angesiedelt waren. Angesichts des erodierenden kollektivrechtlichen Schutzes ist es konsequent, dass das **Arbeitsvertragsrecht mit dem Verbraucherrecht gleichzieht**, soweit nicht weiterhin (kontrollfreie) Tarifverträge oder Betriebsvereinbarungen eingreifen. Noch nicht ausreichend durchdacht ist die Frage, inwieweit die gegenüber dem Verbraucher bestehenden umfassenden Informationspflichten des Unternehmers auch im Verhältnis zu Arbeitnehmern – etwa beim Abschluss eines Aufhebungsvertrags – zu beachten sind.[113] 71c

107 Dazu Däubler NZA 1988, 857, 862; Gamillscheg AcP 176 (1976) S. 199. In neuerer Zeit Boemke, Schuldvertrag und Arbeitsverhältnis, S. 210 ff.

108 Nachweise bei Däubler-Dorndorf, Einl. Rn 60 ff.

109 BAG NZA 2005, 1111, bestätigt durch BAG NZA 2006, 324.

110 § 310 Abs. 3 BGB. Dazu BAG NZA 2005, 1111.

111 Dazu der Überblick bei Däubler dbr Heft 12/2005, S. 7 ff. sowie Band 2 Kap. 3.

112 Dies gilt auch für die EG-Ebene, wo heute alle wesentlichen verbraucherrechtlichen Fragen eine Regelung gefunden haben. Zur dort praktizierten «Ungleichbehandlung» von Arbeitnehmern und Verbrauchern s. Däubler, FS Reich, S. 441 ff.

113 Vorüberlegungen bei Däubler-Dorndorf, Einl. Rn 141 ff.

Beispiel aus der Rechtsprechung:[114] Arbeitnehmer X ist bei einer Bewachungsfirma beschäftigt. Auch in der Silvesternacht kommt er bis 6 Uhr in der Frühe seinen Verpflichtungen nach. Am Neujahrsmorgen erscheint um 10 Uhr der Arbeitgeber in der Wohnung des Arbeitnehmers und präsentiert ihm einen Aufhebungsvertrag. Nach kurzem Gespräch unterschreibt der Arbeitnehmer. Wenn man schon nicht die Grundsätze über das Haustürgeschäft anwenden will, hätte der Arbeitgeber wenigstens umfassend über die Folgen der Aufhebung informieren und dem Arbeitnehmer Zeit lassen müssen, sich die Sache auch in ausgeschlafenem Zustand noch einmal zu überlegen.

Das Arbeitsvertragsrecht hat jedenfalls – so könnte man sagen – seinen Frieden mit dem BGB gemacht.

71 d Kollektives und individuelles Arbeitsrecht kommen nicht in allen Betrieben in gleicher Weise zur Geltung. Bestimmte Normen setzen das **Überschreiten bestimmter «Grenzwerte»** voraus.

Ein Betriebsrat kann nur gebildet werden, wenn im Betrieb in der Regel mindestens fünf Arbeitnehmer beschäftigt sind, von denen drei wählbar sein müssen (§ 1 BetrVG).

Insoweit gibt es schon heute ein Arbeitsrecht der **Kleinunternehmen** und Kleinbetriebe. Hinzu kommt, dass trotz Überschreitung der Grenzwerte die gesetzlichen Regelungen häufig auf dem Papier stehen: Auch im 30-Personen-Betrieb wird kein Betriebsrat gewählt, der Arbeitgeber gehört keinem Verband an und übernimmt Tarifverträge auch nicht freiwillig. Die Einzelnen bleiben auf das Arbeitsvertrags- und das Arbeitsschutzrecht beschränkt; auch eine Berufung hierauf kann schwierig sein, weil sie als «Illoyalität» gewertet werden könnte, die den Arbeitsplatz in Gefahr bringt. Das **Arbeitsrecht** hat nur noch **«fragmentarischen» Charakter**.[115]

71 e Weniger dramatisch sind **Unterschiede**, die **zwischen einzelnen Branchen** bestehen, die aber gleichwohl fühlbar sind. Sie betreffen nicht nur die Höhe der tariflichen Leistungen, sind beispielsweise auch das Arbeitsschutzrecht und spezifische Rechtsinstitute wie die Gemeinsamen Einrichtungen der Bauwirtschaft und das Recht des Seemanns, von einem ausländischen Hafen in die Heimat zurückgebracht zu werden.[116]

114 Der Fall wurde vor dem BAG im Jahre 2005 verglichen.

115 Dazu Band 2 unter 14.6.

116 Einzelheiten in Band 2 unter 14.2. Als «Branche» lässt sich auch der öffentliche Dienst qualifizieren.

## 2.5.2. Schnittstellen mit anderen Rechtsgebieten

### 2.5.2.1. Sozialrecht

Das Sozialrecht, insbesondere das Recht der Sozialversicherung ist von vorneherein als **selbständige Materie** entwickelt worden. Es nimmt bestimmte **elementare Risiken des Arbeitnehmers aus dem Arbeitsverhältnis heraus** und sichert sie über eine (in der Regel obligatorische) Versicherung ab. Erfasst sind die Risiken «Arbeitsunfall», «Krankheit», «Mutterschaft», «Erwerbsunfähigkeit und Alter», «Pflegebedürftigkeit» und «Arbeitslosigkeit». Auch gewährt das Sozialrecht eine Mindestsicherung, die sich bei Erwerbsfähigen «Arbeitslosengeld II» und bei Nicht-Erwerbsfähigen «Sozialhilfe» nennt. 72

Welche Risiken vom Sozialrecht erfasst werden, ist eine vom Gesetzgeber entschiedene **politische Frage**, die in einzelnen Ländern durchaus unterschiedlich ausfallen kann. 72a

So wäre es beispielsweise denkbar, die Entgeltfortzahlung im Krankheitsfall für die ersten sechs Wochen derselben Erkrankung nicht dem Arbeitgeber aufzuerlegen, sondern eine Lohnersatzleistung durch die Krankenkasse vorzusehen («Krankengeld», das bei uns nach Ablauf der Sechs-Wochen-Frist gewährt wird).

In der Gegenwart besteht für viele die Notwendigkeit, sich angesichts sinkender Renten um eine **zusätzliche Altersversorgung** zu bemühen. Diese nimmt – etwa im Fall der betrieblichen Altersversorgung – typischerweise arbeitsrechtliche Formen an.

Das **Sozialrecht** unterscheidet sich in rechtstechnischer Hinsicht vom Arbeitsrecht. Es zählt insgesamt zum **öffentlichen Recht** und hat in Form der 12 Bücher des SGB eine umfassende **Kodifizierung** erfahren. Bei Streitigkeiten entscheiden die **Sozialgerichte**, die anders als die Arbeitsgerichte nicht auf das Parteivorbringen beschränkt sind, sondern den Sachverhalt grundsätzlich von Amts wegen aufzuklären haben.[117] 72b

Zwischen beiden Rechtsgebieten gibt es nicht wenige **inhaltliche Koordinierungsprobleme**. Sie beginnen mit dem personellen Geltungsbereich: Während das Arbeitsrecht für Arbeitnehmer gilt,[118] spricht § 7 Abs. 1 Satz 1 SGB IV davon, eine die Sozialversicherungspflicht auslösende **Beschäftigung** werde «insbesondere» in einem Arbeitsverhältnis erbracht. **Auch andere Personengruppen** wie z. B. Heimarbeiter können daher **«Beschäftigte»** sein. In einzelnen Versicherungszweigen wie z. B. in der Rentenversicherung sind zudem bestimmte Gruppen von Selbständigen erfasst. So besteht nach § 2 Nr. 72c

117 Dazu I. Schmidt AuR 2001, 420 ff.

118 Einzelheiten zum Arbeitnehmerbegriff oben 1.3. (Rn 24 ff.).

9 SGB VI Rentenversicherungspflicht für alle Personen, die auf Dauer und im Wesentlichen nur für einen Auftraggeber tätig sind.[119] Umgekehrt kann allerdings auch der Fall eintreten, dass jemand als **Arbeitnehmer** tätig ist, **ohne in die Sozialversicherung einbezogen** zu sein.

Dies gilt etwa weitgehend für geringfügig Beschäftigte mit einer Vergütung bis zu 400 € im Monat sowie für die sog. Ich-AG, solange sie einen Zuschuss nach § 421 l SGB III erhält: Sie gilt nach § 7 Abs. 4 Satz 2 SGB IV als selbständig (weshalb sie beispielsweise nicht arbeitslosenversichert ist), hat jedoch alle Arbeitnehmerrechte, wenn sie mit abhängiger Arbeit beschäftigt wird.[120]

Im Regelfall betreffen aber Arbeitsrecht und Sozialversicherungsrecht denselben Personenkreis.

72d Umstritten ist bisweilen, inwieweit **sozialrechtliche Grundsätze Auswirkungen auch im Arbeitsrecht** haben (sollen). So sollen die Arbeitgeber nach § 2 Abs. 2 Satz 2 Nr. 2 SGB III die Inanspruchnahme von Leistungen der Arbeitsförderung sowie Entlassungen von Arbeitnehmern «vorrangig durch betriebliche Maßnahmen» vermeiden, woraus man den Schluss ziehen kann, die Kündigung müsse Ultima Ratio sein.[121] Nach § 84 Abs. 2 Satz 1 SGB IX ist der Arbeitgeber zu einem sog. betrieblichen **Eingliederungsmanagement** verpflichtet, wonach bei einer Arbeitsunfähigkeit von mehr als sechs Wochen pro Jahr mit Zustimmung des Betroffenen Maßnahmen ergriffen werden müssen, um eine definitive Heilung sicherzustellen und einer erneuten Arbeitsunfähigkeit vorzubeugen. Ist eine krankheitsbedingte Kündigung unwirksam, wenn dieser Pflicht nicht Rechnung getragen wird?[122] Umgekehrt können **arbeitsrechtliche Abmachungen** erhebliche **sozialrechtliche Folgen** haben: Wer als Arbeitnehmer einen Aufhebungsvertrag unterschreibt, ohne dazu wegen einer sonst mit Sicherheit drohenden betriebsbedingten Kündigung gezwungen zu sein, erhält nach § 144 Abs. 1 SGB III zwölf Wochen lang kein Arbeitslosengeld («Sperrfrist»). Beide Rechtsgebiete müssen daher häufig zusammengesehen werden, um die Situation des Betroffenen vollständig zu erfassen.

### 2.5.2.2. Steuerrecht

72e Während Arbeitsrecht und Sozialrecht immer häufiger als zusammengehörig erkannt werden, haben die **arbeitnehmerbezogenen Vorschriften** des Steu-

---

119 Dies führt im Übrigen dazu, dass diese Personen mangels «Arbeitgeber» die gesamten Beiträge (knapp 20 % des Einkommens) selbst bezahlen müssen. § 6 Abs. 1 a SGB VI sieht für Berufsanfänger in den ersten drei Jahren und für Ältere Ausnahmen vor.

120 Däubler AiB 2002, 735; Kittner, in: Kittner-Zwanziger § 5 Rn 107 a; Greiner DB 2003, 1058.

121 Bepler AuR 1999, 221 ff. mwN.

122 Dazu Band 2 Kap. 8.

errechts unter Arbeitsrechtlern wenig Aufmerksamkeit erfahren.[123] Auch hier stellt sich das Problem, dass «nichtselbständige Tätigkeit» im Sinne des Steuerrechts nicht völlig deckungsgleich mit einer «Arbeitnehmertätigkeit» ist. So wird etwa ein Vorstandsmitglied zur Lohnsteuer herangezogen, obwohl es weder materiell-rechtlich noch prozessual als Arbeitnehmer anzusehen ist.[124] Auf einzelne Regelungen wie z. B. die Steuerfreiheit von Trinkgeldern ist im jeweiligen Zusammenhang einzugehen.

### 2.5.2.3. Strafrecht

In der Anfangszeit der Arbeiterbewegung spielte das Strafrecht als Mittel der 72f
Repression gegenüber Arbeitnehmern eine beträchtliche Rolle.[125] In manchen Rechtsordnungen wird es heute als Mittel eingesetzt, um arbeitsrechtswidriges Verhalten des Arbeitgebers zu sanktionieren.[126] Auch wir kennen einzelne Vorschriften dieser Art: Nach § 119 BetrVG macht sich ein **Arbeitgeber strafbar**, der die Wahl oder die legale Betätigung eines Betriebsrats behindert. Verurteilungen sind verbreiteter Einschätzung nach selten – im Gegensatz zu der Vorschrift des § 266a StGB, die die Nichtabführung von Sozialversicherungsbeiträgen mit Strafe bedroht. Auf **Arbeitnehmerseite** spielt das Strafrecht heute am ehesten bei sog. Streikexzessen eine Rolle. Die Drohung mit Geld- oder Freiheitsstrafe passt wenig in den Kontext der auf Kooperation angelegten deutschen Arbeitsbeziehungen. Selbst der Rückgriff auf ein bloßes Ordnungswidrigkeitenverfahren nach § 121 BetrVG brachte – wie eine empirische Untersuchung ergab – die gestörten Beziehungen zwischen Betriebsrat und Arbeitgeber nicht wieder ins Lot.[127]

### 2.5.2.4. Gesellschaftsrecht

Soweit und solange einzelne Aufsichtsratsmitglieder von den Arbeitnehmern 72g
gewählt werden,[128] ergibt sich das Problem, ob sie dieselben Rechte und Pflichten wie die von den Anteilseignern bestimmten Mitglieder haben. Im Allgemeinen wird dies bejaht, was auf einen Vorrang des Gesellschafts- gegenüber dem Arbeitsrecht hinausläuft. Umstritten ist jedoch, inwieweit das Handeln unternehmerischer Organe auch Arbeitnehmerinteressen mitberücksichtigen muss, doch handelt es sich dabei um eine innerhalb des Gesell-

---

123 Überblick über die einschlägigen Vorschriften bei Lang RdA 1999, 64 ff.

124 Dazu Preis NZA 2000, 914, 915, 919.

125 S. dazu unten 3.1.3. (Rn 86 ff.).

126 S. etwa Le Friant, Die straf- und verwaltungsrechtliche Verantwortung des Arbeitgebers, Neuwied und Darmstadt 1987, wo die französischen Erfahrungen aufgearbeitet sind.

127 S. die empirische Studie von Growe (s. Literaturverzeichnis).

128 Zum geltenden Recht s. unten 7.2. (Rn 1278 ff.).

schaftsrechts zu entscheidende Frage. Abgrenzungsprobleme können sich ergeben, wenn ein (Minderheits-)Gesellschafter oder Vereinsmitglied abhängige Arbeit leistet.[129]

## 2.6. Exkurs: Deutsches Arbeitsrecht im Ausland

### 2.6.1. Schlimme Vergangenheit

73 Als sich im 19. Jahrhundert die ersten arbeitsrechtlichen Normen herausbildeten, war Deutschland eine **Kolonialmacht**. Das für die «Heimat» erlassene Recht galt nicht für die Kolonien, die allerdings bisweilen als Experimentierplatz für neue Rechtsinstitute dienten.[130] Was in Bezug auf die abhängige Arbeit geschah, ist – soweit ersichtlich – nur für **Deutsch-Neuguinea** aufgearbeitet.[131] Dort wurden Arbeitsrechtsverordnungen erlassen, die sich vorwiegend mit Fragen der Arbeitsdisziplin befassten und insbesondere auch den Einsatz der Prügelstrafe regelten.[132]

73a Die **Besetzung anderer europäischer Länder während des Zweiten Weltkriegs** brachte ähnliche Regelungen hervor; ob es sich dabei überhaupt noch um «Recht» handelte, wird man bezweifeln können. Die Verordnungen über die Beschäftigung von Juden, Polen und Zigeunern[133] – im Anhang unkommentiert abgedruckt bei Hueck–Nipperdey–Dietz[134] – dokumentiert in eindrucksvoller Weise die Entrechtung der Betroffenen. Selbst die «kleinen» Rechte wie die Entgeltfortzahlung an Feiertagen, die nach 1933 noch verblieben waren, wurden diesen Personengruppen ausdrücklich genommen. Bei der Beschäftigung von Zwangsarbeitern wurde völlig auf eine gesetzliche Re-

---

129 Dazu Diller, Gesellschafter und Gesellschaftsorgane als Arbeitnehmer, Köln 1994; grundlegend Rüdiger Krause a.a.O.

130 So wurde die GmbH durch das Gesetz betreffend die Rechtsverhältnisse der deutschen Schutzgebiete vom 15. 3. 1888 (RGBl S. 75) in den Kolonien eingeführt, ehe dann 1892 das GmbH-Gesetz erlassen wurde. S. Ramm, Einführung in das Privatrecht, 2. Aufl., München 1974, S. 250 ff. (mit Auszügen aus dem Gesetz von 1888).

131 Chalmers, The Colonial Legal System in German New Guinea: 1884 – 1914, ZVglRWiss 79 (1980) 209, 221 f.

132 Auch die Unmenschlichkeit wurde minuziös geregelt; nur Personen mit Lizenz («Disziplinarerlaubnis») durften Körperstrafen vollziehen (Chalmers, a.a.O., S. 222 Fn 71).

133 RGBl 1941, 675; RArb Bl I 1941, 448; RGBl I 1942, 138.

134 AOG, S. 962, 949, 969.

gelung verzichtet; faktisch herrschte die reine Willkür.[135] Im Zusammenhang mit etwaigen Entgeltansprüchen stellte das BAG fest, dass jedenfalls keine Arbeitsverhältnisse vorlagen.[136] In neuerer Zeit hat das von der deutschen Besatzungsmacht in den Niederlanden erlassene Arbeitsrecht eine eingehende Darstellung und Würdigung erfahren.[137]

## 2.6.2. Der Sonderfall Elsass-Lothringen

Seit 1871 gehörte Elsass-Lothringen zum Deutschen Reich. Da Zweifel an der Loyalität der Bevölkerung in dem neu gewonnenen Territorium bestanden, wurden nur wenig Selbstverwaltungsrechte gewährt. Die Staatsgewalt über die **«Reichslande»** wurde unmittelbar von der Berliner Reichsregierung ausgeübt; eine dezentrale Einheit wie im übrigen Territorium («Königreich Sachsen», «Freie Hansestadt Bremen» usw.) gab es im Widerspruch zu den sonst praktizierten bundesstaatlichen Strukturen nicht. 73b

Zu den Reichsgesetzen, die in Elsass-Lothringen galten, gehörte auch das damals bestehende **Arbeitsrecht**, insbesondere die Vorschriften des BGB und der Gewerbeordnung. Als nach dem Ersten Weltkrieg Elsass-Lothringen wieder Teil Frankreichs wurde, blieb das deutsche Recht zunächst in Kraft. Ab 1924 galt zwar grundsätzlich französisches Recht, doch gab es zahllose Ausnahmen. Weiter angewandt wurde etwa bis 1982 die deutsche ZPO, und die Grundbuchordnung gilt noch heute in ihrer Fassung von 1918.[138] Auch die wichtigsten arbeitsrechtlichen Vorschriften wurden **nicht angetastet**: Dies betrifft etwa die (dispositive) **Entgeltfortzahlung** bei persönlicher Verhinderung nach § 616 BGB a.F., das Verbot der **Sonntagsarbeit** nach den §§ 105 a ff. GewO a.F. und die Regeln der §§ 74 ff. HGB a.F. über das **nachvertragliche Wettbewerbsverbot**. Die Auslegung, die diese Vorschriften durch die französischen Gerichte erfahren haben, ist allerdings nicht immer mit den bei uns gefundenen Lösungen identisch. Die Unterschiede lassen interessante Rückschlüsse auf das benutzte juristische «Handwerkszeug» zu und machen z. B. die höhere Wertigkeit des Wortlauts einer Vorschrift in Frankreich deutlich.[139] 73c

---

135 Schminck-Gustavus KJ 1980, 1 ff., 184 ff. (polnische Zwangsarbeiter).

136 BAG NZA 2000, 385. Dazu Weber AuR 2001, 12 sowie allgemein Pawlita AuR 1999, 426.

137 Bornheim, Die arbeitsrechtliche Normsetzung des Reichskommissariats in den Niederlanden, Berlin 2002.

138 Überblick bei Institut du droit local alsacien-mosellan (éd.), Histoire du droit local, Strasbourg 1990; weitere Informationen unter www.idl-am.org.

139 S. die lesenswerte Untersuchung von Simon, Le droit local du travail, applicable en Alsace-Moselle: Repos dominical, Garantie des Ressources, Clause de Non-Concurrence, Durée du Préavis, Strasbourg 1990. Die deutsche Herkunft der Normen kommt in der Bezeichnung als « code civil

## 2.6.3. Die Herstellung der deutschen Einheit

73d Eine Art **«Export»** in das Gebiet der früheren DDR erfuhr das bundesdeutsche Arbeitsrecht **durch den Einigungsvertrag**.[140] Nur vorübergehend galten noch einige DDR-Vorschriften weiter.[141] Da die Berufsrichter an den Arbeitsgerichten in ihrer großen Mehrheit aus den alten Bundesländern kamen,[142] ergaben sich auch insoweit keinerlei Sonderentwicklungen.[143] Die in der DDR praktizierte positivistische Methode der Rechtsanwendung[144] führte dazu, dass der Umgang mit dem neuen Recht zusätzlich erschwert wurde. Die Vorstellung, es gebe vielfältige Interpretationsmöglichkeiten, zwischen denen man eine rationale Abwägung vornehme, erschien vielen reichlich fremd. Auch dass man im juristischen Meinungskampf zu einer Minderheit gehören könnte, war für viele Hochschullehrer und Richter eine eher erschreckende Vorstellung. Selbst wenn es nicht zu politisch motivierten Entlassungen zahlreicher DDR-Juristen gekommen wäre,[145] hätte sich deshalb wohl kaum eine abweichende Entwicklung ergeben.

## 2.6.4. Die Gegenwart: Deutsches Arbeitsrecht als Ideengeber?

73e Seit den 50er Jahren erwies sich das deutsche Arbeitsrecht für viele ausländische Wissenschaftler und Entscheidungsträger als höchst **interessantes Modell**, das viele Vorteile kombinierte: Beteiligungsrechte und Kündigungsschutz als demokratisches Element, wenig Arbeitskämpfe, dafür hohe Produktivität, die sich in Exporterfolgen niederschlug. Für die Übernahme auch nur einzelner Elemente in das eigene Recht fehlten jedoch die Voraussetzungen,

---

local», «code du commerce local» usw. nicht zum Ausdruck; so ganz selbstverständlich scheint der Umgang mit der Geschichte doch nicht zu sein. Mit dem elsässisch-lothringischen Recht befassen sich zwei Zeitschriften: Revue du droit local und Revue juridique de l'Est.

140 Dazu Däubler, Rechtsexport. Die Einführung des bundesdeutschen Arbeitsrechts im Gebiet der früheren DDR, Frankfurt/M. 1996.

141 Unbefristet gelten die Kündigungsschutzvorschriften zugunsten der Kämpfer gegen den Faschismus weiter, doch hat dies in der Gegenwart nur noch symbolischen Charakter.

142 Dieterich NZA 1995, 556 berichtet, dass nur 68 von 278 Richterstellen mit früheren DDR-Juristen besetzt wurden. Instruktiv insoweit auch Inga Markovits, Die Abwicklung. Ein Tagebuch zum Ende der DDR-Justiz, München 1993.

143 Dazu auch Dieterich NZA 1995, 553 ff.

144 Dazu Heide Pfarr, Auslegungstheorie und Auslegungspraxis im Zivil- und Arbeitsrecht der DDR, Berlin 1972.

145 Diese wurde vom Sachverständigenausschuss der ILO als Verstoß gegen das Übereinkommen Nr. 111 qualifiziert. Zum selben Schluss kam der UN-Sozialausschuss in Bezug auf den Internationalen Pakt über wirtschaftliche, soziale und kulturelle Rechte – beides mitgeteilt bei Körner, FS Weiss, S. 124/125.

da die Arbeitsbeziehungen typischerweise sehr stark national geprägt sind. Shop-Stewards kann man nicht durch Betriebsräte ersetzen, wo der Firmentarif dominiert, kann man nicht plötzlich Flächentarife einführen. Insoweit beschränkte man sich bis Ende der 80er Jahre auf das **«Anschauen» und «Analysieren»**, was zu einigen interessanten Arbeiten führte.[146]

Die **Umbrüche in den Staaten Osteuropas** und der **Zerfall der Sowjetunion** brachten einen **Bedarf nach neuem Recht** mit sich, der sich zunächst auf «marktnahe» Materien wie Handels- und Gesellschaftsrecht, Gewerblicher Rechtsschutz und Vertragsrecht konzentrierte. Im Laufe der Jahre kam das Arbeitsrecht hinzu. Viele Länder begnügten sich freilich damit, mit ausländischer Expertenhilfe einen «Kodex» zu schaffen, der in der Realität ohne Bedeutung blieb (und bleiben sollte), der aber die Möglichkeit eröffnete, wegen der guten arbeitsrechtlichen Verhältnisse Zollpräferenzen oder Kredite der Weltbank zu bekommen.[147] Das reale Leben wird durch ganz andere Regeln bestimmt, die man als «soziale Normen» bezeichnen kann.[148] Soweit in solchen Fällen auf deutsche Vorbilder zurückgegriffen wurde, sollte man **nicht** von **«Übernahme»** oder «legal transplant», sondern **eher** von Karikatur oder **Phantom** sprechen. 73f

In einer Reihe von Ländern kann man davon ausgehen, dass dem Recht durchaus handlungsleitende Funktion zukommt. In solchen Fällen stellt sich ernsthaft das Problem, ob die Übernahme einzelner Normen wie des § 613 a BGB oder einzelner Einrichtungen wie der Betriebsräte oder der Arbeitsgerichte in einem andern wirtschaftlichen und sozialen Kontext funktionieren kann. Insoweit ist von Versuchen zu berichten, die aber keine definitiven Aussagen zulassen. 73g

Das **slowenische Arbeitsrecht** orientiert sich in seinen Grundstrukturen stark am deutschen, weist jedoch ähnlich wie Österreich die Besonderheit auf, dass auf Arbeitgeberseite auch die Kammern tariffähig sind, sodass praktisch eine 100%-Abdeckung aller Beschäftigten mit Tarifverträgen eintritt.[149] Betriebsräte nach deutschem Vorbild wurden 1993 übernommen, allerdings mit sehr viel geringeren Mitbestimmungsrechten ausgestattet.[150] Das am 1. 1. 2003 73h

146 S. etwa Pedrazzoli, La «Cogestione» Tedesca. Esperienze e Problemi, in: Politica del Diritto 1977, 261 ff.; Ojeda Avilés, La Cogestión de las grandes Empresas en Europa. La experiencia alemana y la ley de cogestión de 1976, Sevilla 1978.

147 Kritisch zu diesen Erscheinungen Hepple, S. 65 ff; Erfahrungsbericht (aus Kirgisistan) bei Däubler, FS Vogel 1996, S. 79 ff.

148 Eugen Ehrlich, Grundlegung der Soziologie des Rechts, 1913 (3. Aufl. 1967) beschrieb ganz ähnliche Phänomene aus der Bukowina, die vor dem Ersten Weltkrieg zu Österreich-Ungarn gehörte und wo das österreichische ABGB gleichfalls nur in den Büchern existierte.

149 Kohl WSI-Mitt. 2004, 381 ff.

150 Kohl AiB 1998, 28 ff.

in Kraft getretene Arbeitsverhältnisgesetz[151] bewegt sich zwar in vielen Teilen innerhalb des uns vertrauten kategorialen Rahmens, schützt jedoch die Beschäftigten in einer Reihe von Punkten sehr viel stärker: Bei verhaltens- und personenbedingten Kündigungen, denen die Gewerkschaft widersprochen hat, findet eine Weiterbeschäftigung bis zur ersten gerichtlichen Entscheidung statt, eine Kündigung wegen Krankheit ist ausgeschlossen, das Gesetz schreibt die 37½-Stunden-Woche fest usw.[152] Bemerkenswert ist, dass der Inhalt des Gesetzes im Wesentlichen im Sozialökonomischen Rat erarbeitet wurde, wo die Arbeitgeberseite der letztlich Gesetz gewordenen Fassung ausdrücklich zustimmte. Die effektive Wirksamkeit des Arbeitsrechts wird nicht bestritten; Arbeitnehmer wenden sich im Streitfall an das zuständige Arbeitsgericht. Ob sich auch die Auslegung der Vorschriften in ähnlichen Bahnen wie bei uns bewegt, lässt sich derzeit noch nicht einschätzen.

73i Sehr viel problematischer war die Übernahme einzelner deutscher Rechtsinstitute in den Labour Relations Act No. 66 der **Republik Südafrika** im Jahre 1995.[153] Insoweit wird von erheblichen Implementationsproblemen berichtet.[154] Durchaus erfolgreich scheinen neue Schieds- und Schlichtungsverfahren zu verlaufen, die in Ergänzung des Gesetzes von 1995 eingeführt wurden.[155] Auch dem Arbeitsgesetz der **Volksrepublik China** wird nachgesagt, dass es dem deutschen Arbeitsrechtler viel Vertrautes biete.[156] Inhaltlich nimmt es Anregungen aus verschiedenen Rechtsordnungen auf,[157] doch darf man nicht übersehen, dass der Rückgriff auf Rechtsnormen in China eine absolute Ausnahmeerscheinung ist.[158] Auch ist der befristete Arbeitsvertrag nach verbreiteter Einschätzung zum «Normalarbeitsverhältnis» geworden, sodass die Vorschriften über den Kündigungsschutz (und viele andere) weithin leer laufen.

73j Die genannten Beispiele sind nicht die einzigen, in denen sich einzelne deutsche Rechtsvorstellungen in anderen Rechtsordnungen wiederfinden. So hat etwa **Frankreich** im Jahre 1992 die in Deutschland entwickelten Grundsätze über die Begrenzung des **Fragerechts des Arbeitgebers** übernommen,[159] und das **japanische Tarifvertragsrecht** weist erhebliche Ähn-

---

151 Zakon o delovnih razmerjih, Uradni List (Gesetzblatt der Republik Slowenien) Nr. 42/2002.

152 Überblick über das Gesetz bei Däubler AuR 2003, 129ff.

153 Präzise Darstellung bei Lunk NZA 1996, 1311ff.

154 Olivier, FS Weiss, S. 451f.; dazu auch Kalula, FS Hepple, S. 277ff.

155 Dazu von Zelewski NZA 2001, 196ff.

156 V. Schneider AuR 1998, 429.

157 Eingehende Darstellung bei Bauer-Diem NZA 1997, 978ff.

158 Dies lässt sich u.a. daran ablesen, wie häufig Gerichte in Arbeitssachen angerufen werden. Während bei uns jedes Jahr auf 1 Mio. Arbeitnehmer etwa 20000 Klagen kommen, beläuft sich diese Zahl in China auf ca. 150.

159 Kritik bei Ray in Droit Social 1993 (frz. Zeitschrift), 103 ff.

lichkeiten mit dem deutschen auf.[160] In den **USA** wurde der Vorschlag gemacht, jedenfalls dort, wo es keine Gewerkschaften gibt, Betriebsräte nach deutschem Vorbild einzurichten,[161] doch bestehen in der Praxis hierfür keine Realisierungschancen.

Die skizzierten Erfahrungen machen zum einen deutlich, dass die These, 73k
das deutsche Arbeitsrecht sei ein **Standortnachteil**, zumindest der **Überprüfung** bedarf. Zum andern muss man aber auch berücksichtigen, dass die «Attraktivität» letztlich von der «Problemlösungskapazität» abhängt. Gelingt es uns auch in den nächsten zehn Jahren nicht, die über dem Durchschnitt vergleichbarer Länder liegende Arbeitslosigkeit zu reduzieren, wird man die deutschen Arbeitsbeziehungen eher als abschreckendes Beispiel wahrnehmen. Weiter sollten wir mehr als bisher daran denken, dass **Rezeptionsprozesse nicht nur in einer Richtung** denkbar sind – auch im Arbeitsrecht können wir von den Erfahrungen anderer eine Menge lernen.

---

160 Nishitani, Vergleichende Einführung in das japanische Arbeitsrecht, Köln u.a. 2003, S. 130ff.

161 Weiler, S. 284ff. mit eingehenden Nachweisen aus dem angloamerikanischen Schrifttum (Fn 73).

# 3. Die Koalitionsfreiheit – Historische und aktuelle Bedeutung

## 3.1. Der Kampf um die grundsätzliche Anerkennung

### 3.1.1. Erste Ansätze: Die Revolution von 1848

74 Die Koalitionsfreiheit und das Streikrecht wurden in einem langen und opferreichen Kampf errungen. Als die Klasse der Lohnabhängigen zu Beginn des 19. Jahrhunderts entstand, fand sie **Koalitionsverbote** vor, wie sie beispielsweise das preußische Allgemeine Landrecht von 1794 enthielt:

«Die Gesellen machen unter sich keine Kommune oder privilegierte Gesellschaft aus.»[1]

Ursprünglich richtete sich diese Vorschrift gegen die wandernden Handwerksgesellen, wurde dann aber zu einer wirksamen Waffe gegen die Fabrikarbeiter gemacht. 1845 wurde das Koalitionsverbot in die neu geschaffene Allgemeine Preußische Gewerbeordnung übernommen und ausdrücklich auf Industriearbeiter ausgedehnt. Die Durchführung eines Streiks war mit Gefängnis bis zu einem Jahr bedroht.[2]

75 Während der Märzrevolution von 1848 wurden die deutschen Arbeiter erstmals auf breiter Front in die politische Bewegung hineingezogen und kämpften an der Seite der fortschrittlichen Teile des Bürgertums um demokratische Rechte. Die Koalitionsverbote brachen faktisch zusammen; die von der Frankfurter Nationalversammlung beschlossenen **«Grundrechte des deutschen Volkes»** enthielten die gesetzliche Anerkennung des freien Vereinigungsrechts.[3]

Im Verlaufe der Revolution bildete sich eine Vielzahl örtlicher Arbeitervereine, die zum Teil regen Anteil an dem revolutionären Geschehen nahmen. Aus dem Zusammenschluss solcher Vereine entstand die **«Arbeiterverbrü-**

---

1 II. Teil 8. Abschnitt § 396.

2 §§ 181–183 Allgemeine Preußische Gewerbeordnung, Gesetzessammlung 1845, S. 41 ff.

3 Gesetzblatt der Freien Hansestadt Bremen, 1849, S. 26 ff.: «§ 30. Die Deutschen haben das Recht, Vereine zu bilden. Dieses Recht soll durch keine vorbeugende Maßregel beschränkt werden.»

**derung»**, auf deren Generalversammlung im Jahre 1849 ca. 15000 Arbeitnehmer vertreten waren.[4]

Mit dem Scheitern der bürgerlichen Revolution erlahmte auch die Kraft der Arbeiterbewegung. Wie alle übrigen demokratischen Organisationen wurden die Arbeiterverbrüderung und praktisch alle lokalen Arbeitervereine verboten und aufgelöst.[5] Die alten **Koalitionsverbote** wurden **wiederhergestellt** bzw. durch neue, inhaltlich ähnliche Vorschriften ersetzt. 76

## 3.1.2. Die Halblegalisierung der Gewerkschaften: 1869 Koalitionsfreiheit – 1878 Sozialistengesetz

Nach zehnjähriger fast vollständiger Unterdrückung erhielt die Arbeiterbewegung – begünstigt durch die rasch voranschreitende Industrialisierung – in den 60er Jahren neuen Auftrieb. Obwohl die Koalitionsverbote beinahe überall weiterbestanden, kam es immer häufiger zu spontanen Streikaktionen und im Zusammenhang damit zur Gründung lokaler und bald auch nationaler Arbeitervereine. 1863 entstand mit dem **«Allgemeinen Deutschen Arbeiterverein»** die erste ausgesprochene Arbeiterpartei[6]; die Gründung des «Allgemeinen Deutschen Zigarrenarbeiter-Vereins» 1865 in Leipzig bildete den Auftakt zur Herstellung einer breiten nationalen Gewerkschaftsbewegung.[7] 77

Trotz des Widerspruchs zu den meisten damaligen Landesgesetzen wurden diese Organisationen von den Behörden im Großen und Ganzen **geduldet**, was vielfältige polizeiliche Schikanen aber nicht ausschloss.[8] Der wesentlichste Grund lag in der Erkenntnis, dass sich die sozialen Auseinandersetzungen angesichts gewachsener Stärke der Arbeiterbewegung nicht mehr einfach durch Unterdrückung der Organisationen bewältigen ließen; diese trugen unter Umständen sogar zu einem ruhigeren Verlauf der Lohnbewegungen bei. Zudem hatte sich in Preußen, dem beherrschenden deutschen Staat, während der 60er Jahre der Konflikt zwischen dem großgrundbesitzenden Adel, der den Staatsapparat beherrschte, und dem aufstrebenden Bürgertum verschärft. Jede der beiden Parteien wollte die Arbeiterbewegung auf ihre Seite ziehen, 78

4 Deutsche Geschichte in Daten, hrsg. vom Institut für Geschichte der Deutschen Akademie der Wissenschaften zu Berlin, Berlin 1969, S. 441.

5 Furtwängler, S. 23.

6 Helga Grebing, Geschichte der deutschen Arbeiterbewegung, 4. Aufl., München 1971, S. 50ff.

7 Furtwängler, S. 28.

8 So beauftragte der ADAV in Bremen 1864 die Zulassung durch den Senat, die ihm unter Hinweis auf die bestehende Rechtslage verweigert wurde. Dennoch konnte der Verein in der Folgezeit völlig ungehindert öffentliche Versammlungen abhalten. S. Ulrich Böttcher, Anfänge und Entwicklung der Arbeiterbewegung in Bremen, Bremen 1953, S. 44.

sie zumindest nicht durch scharfe Unterdrückungsmaßnahmen oder deren Befürwortung gegen sich einnehmen. Das ging so weit, dass Bismarck versuchte, Karl Marx als Korrespondenten für sein Hausblatt, die «Norddeutsche Allgemeine», zu gewinnen.[9]

79 Vor diesem Hintergrund erklärt es sich, dass das allgemeine Wahlrecht für den Reichstag eingeführt wurde und dass die **Gewerbeordnung** für den Norddeutschen Bund[10], die spätere Reichsgewerbeordnung, die **Aufhebung der Koalitionsverbote** für gewerbliche Arbeiter verfügte. Ihr § 152 Abs. 1 lautete:

«Alle Verbote und Strafbestimmungen … wegen Verabredungen und Vereinigungen zum Behufe der Erlangung günstigerer Lohn- und Arbeitsbedingungen, insbesondere mittels Einstellung der Arbeit oder Entlassung der Arbeiter, werden aufgehoben.»

80 Die **Arbeiterbewegung** machte jedoch keine Anstalten, sich mit der ihr zugedachten Rolle als Hilfstruppe zufrieden zu geben. Mit der voranschreitenden Industrialisierung wuchs sie zahlenmäßig weiter an und lernte, **ihre neu erworbenen Kräfte** sowie ihre rechtlichen Möglichkeiten zu nutzen. Die legendären «Gründerjahre» nach dem siegreichen Krieg gegen Frankreich brachten einen neuen Höhepunkt: Über siebenhundert Streiks sind allein in den Jahren 1871–73 bekannt geworden.[11] Die sozialdemokratischen Kandidaten konnten in den Reichstagswahlen immer größere Stimmenerfolge erringen. Damit hatte sich die Situation für die herrschenden Kreise gründlich geändert; Adel und Großbürgertum, die sich auch in der Frage der Schutzzölle geeinigt hatten, taten sich zusammen, um gemeinsam die «Umsturzbestrebungen» zu bekämpfen. Das unter der Führung des Schwerindustriellen von Stumm stehende «Komitee der Arbeitgeber zur Bekämpfung der Sozialdemokratie» beschloss 1877 einen Aufruf, das sog. «Sozialistengesetz der Saarindustrie», in dem es hieß:

«Es sollen keine Arbeiter auf den Werken geduldet werden, welche sich an sozialdemokratischen Agitationen direkt oder indirekt beteiligen, insbesondere

a) sozialdemokratische Blätter halten oder verbreiten,
b) an sozialdemokratischen Versammlungen oder Vereinen teilnehmen,
c) Wirtshäuser frequentieren, in welchen sozialdemokratische Versammlungen abgehalten werden oder Blätter dieser Richtung aufliegen.»[12]

---

9 S. dazu: Bismarck, Schreiben an das Handelsministerium zur Aufhebung der Koalitionsverbote vom 21. 1. 1865, abgedruckt in: Blanke u. a. Bd. 1, S. 55; August Bebel, Aus meinem Leben, Bd. 1, Berlin 1946, S. 62 ff.

10 Bundesgesetzblatt des Norddeutschen Bundes 1869, S. 245 ff.

11 Jürgen Kuczynski, Die Geschichte der Lage der Arbeiter unter dem Kapitalismus, Bd. 3: Darstellung der Lage der Arbeiter in Deutschland von 1871 bis 1900, Berlin 1962, S. 40.

12 Ebd., S. 94.

Ein gutes Jahr später folgte das **«Gesetz gegen die gemeingefährlichen Bestrebungen der Sozialdemokratie»**[13], das sog. Sozialistengesetz, das die sozialdemokratische Partei in die Illegalität trieb. Obwohl die Koalitionsfreiheit des § 152 Abs. 1 GewO formell unangetastet blieb, wurden innerhalb weniger Wochen nach Erlass des Ausnahmegesetzes 17 gewerkschaftliche Zentralverbände und 63 lokale Berufsvereine wegen angeblicher sozialdemokratischer Bestrebungen aufgelöst.[14] Dass sich das Sozialistengesetz direkt gegen die Vertretung von materiellen Interessen richtete, wird besonders deutlich am **Streikerlass** des preußischen Innenministers **von Puttkamer** vom 11. 4. 1886, in dem es hieß: 81

«In dem Augenblick, wo durch Tatsachen jene den Umsturzbestrebungen dienende Tendenz bei einer Arbeitseinstellung zutage tritt, wird auch die Notwendigkeit gegeben sein, gegen die mit ihr zusammenhängenden öffentlichen Kundgebungen auf dem Gebiete der Presse sowie des Vereins- und Versammlungswesens die Vorschriften des Gesetzes gegen die gemeingefährlichen Bestrebungen der Sozialdemokratie vom 21. Okt. 1878 mit derselben Strenge in Anwendung zu bringen, wie gegen jene überhaupt.»[15]

Im Reichstag erklärte von Puttkamer, hinter jedem Streik lauere «die Hydra der Revolution».[16]

Die freie, d.h. sozialdemokratisch beeinflusste Gewerkschaftsbewegung 82
konnte nur noch in meist lokalen **Fachvereinen** fortwirken, die sich zumindest äußerlich auf die unmittelbarsten Anliegen des jeweiligen Berufes beschränkten und ständig von polizeilicher Auflösung und strafrechtlicher Verfolgung bedroht waren.[17]

Das **Sozialistengesetz** hat dennoch die Entwicklung der Arbeiterbewe- 83
gung nicht aufhalten können. Die sozialdemokratischen Kandidaten (denen das passive Wahlrecht nicht entzogen war) errangen bei den Reichstagswahlen immer bessere Ergebnisse. Gegen Ende der 80er Jahre machte eine bis dahin beispiellose Streikwelle die **Erfolglosigkeit** des Gesetzes offenbar.[18] Die Arbeitsniederlegungen, die ihren Höhepunkt in dem Ausstand von 150000 Ruhrbergarbeitern im Jahre 1889 fanden, wurden weitgehend von den Fachvereinen initiiert. Ihre Mitgliederzahl wird für 1890, das Jahr, in dem das Sozialistengesetz aufgehoben wurde, auf 300000 geschätzt, während die

13 Reichsgesetzblatt 1878, S. 351 ff. Der Wortlaut ist wieder abgedruckt bei Döring-Kempen (Hrsg.), S. 117 ff.

14 Dieter Fricke, Die deutsche Arbeiterbewegung 1869–1890, Leipzig 1964. S. weiter Beier, in: Döring–Kempen (Hrsg.), S. 82 ff.

15 Zit. nach Blanke u. a., Bd. 1, S. 74.

16 Ebd.

17 S. dazu Alfred Förster, Die Gewerkschaftspolitik der deutschen Sozialdemokratie während des Sozialistengesetzes, Berlin 1971, passim.

18 Fricke, S. 311.

freien Gewerkschaften vor Erlass des Gesetzes im Jahre 1878 nur ca. 50 000 Mitglieder hatten.[19]

### 3.1.3. Bis zum Ende des Kaiserreichs: Kampf um die gewerkschaftliche Bewegungsfreiheit

84 Die Jahre von 1890 bis zum Ersten Weltkrieg sahen **ein rasches Wachstum der Gewerkschaften** und die Herausbildung großer, zentralisierter Verbände; 1913 waren über 2,5 Mio. Arbeitnehmer gewerkschaftlich organisiert.[20] Die gewachsene Stärke zwang vor allem kleinere und mittlere Unternehmer, z. B. im Druckerei- und im Baugewerbe, die Gewerkschaften als Vertreter der Arbeiter anzuerkennen und mit ihnen Tarifverträge abzuschließen.[21] **1913** wurden **annähernd 13 500 Tarifverträge** gezählt, die für 218 000 Betriebe mit über 2 Mio. Arbeitnehmern galten.[22] Rechtsprechung und juristische Literatur standen aufgrund ihres ausschließlich individualistischen Weltbildes dem neuen Gebilde zunächst ratlos gegenüber. Die Lehrmeinungen wie die Urteile waren höchst unterschiedlich: Manche hielten Tarifverträge für rechtlich unverbindlich, andere räumten dem Einzelarbeitsvertrag den Vorrang ein, wieder andere bejahten die zwingende Wirkung des Tarifvertrags auch gegenüber Außenseitern, die keiner Tarifpartei angehörten.[23] Trotz dieser unklaren Rechtslage kam es nur sehr selten zu Tarifbrüchen; die Einhaltung des Vereinbarten beruhte auf der Stärke und jederzeitigen Kampfbereitschaft der Belegschaften.[24]

85 Auf der anderen Seite gelang es den Gewerkschaften bis zum Ende des

---

19 Förster, S. 334; Paul Umbreit, 25 Jahre Deutscher Gewerkschaftsbewegung 1891 bis 1915, Berlin 1915, S. 3. Dazu weiter Beier, in: Döring-Kempen (Hrsg.), S. 89 ff.

20 S. Umbreit, S. 172.

21 Zur Verbreitung von Tarifverträgen s. Adolf Braun, Die Tarifverträge und die deutschen Gewerkschaften, Stuttgart 1908, S. 96 ff. Vgl. weiter Zapka, Politisch-ökonomische Entwicklungs- und Durchsetzungsbedingungen des Tarifvertragssystems, Frankfurt/M., Bern und New York 1983, der die interessante These vertritt, die Entstehung von Tarifverträgen setze ökonomische Interessenkongruenzen zwischen Kapital und Arbeit voraus – für nicht kartellierte Branchen lag der Vorteil des Tarifvertrags in einer gewissen Vereinheitlichungswirkung. Damit allein lässt sich freilich nur der (höhere oder geringere) Grad des Widerstands der Arbeitgeberseite erklären. Zur Interessenlage der Arbeitgeberseite s. weiter Müller-Jentsch WSI-Mitt. 1993, 496 ff.

22 Grebing, S. 103.

23 S. Theodor Leipart, Die gesetzliche Regelung der Tarifverträge, Berlin 1912, S. 18 ff.

24 Nach Braun, S. 47, ist bei den Buchdruckern, dem Gewerbe mit der längsten Tarifpraxis, der Tarif niemals gebrochen worden (bis 1907). Ähnlich war die Situation bis in die jüngste Vergangenheit in England; s. Colneric, S. 29 f.; Mückenberger, Arbeitsrecht und Klassenkampf, Frankfurt/M. und Köln 1974, S. 11, und Kahn-Freund, Arbeit und Recht, S. 129 ff. Ähnlich die heutige Situation in der internationalen Seeschifffahrt.

Ersten Weltkriegs **nicht, auch gegenüber der Großindustrie** nennenswerte Erfolge zu erzielen. Vor allem die Vertreter der Schwerindustrie an Rhein, Ruhr und Saar, die damals sog. «Scharfmacher», lehnten es kategorisch ab, mit den Gewerkschaften, die sie verächtlich «Streikvereine» nannten, auch nur zu verhandeln, geschweige denn Tarifverträge abzuschließen. Für sie galt das bereits 1890 ausgesprochene Wort des Generalsekretärs des «Centralverbandes Deutscher Industrieller», H. A. Bueck:

«Niemals werden deutsche Arbeitgeber sich bereit finden, mit den Vertretern von Arbeiterorganisationen auf dem Fuße der Gleichberechtigung zu verhandeln.»[25]

Unter dem Einfluss der «Scharfmacher» unternahm die Reichsregierung auch 86
nach 1890 mehrere Anläufe zur Beschränkung der Koalitionsfreiheit und zum Abbau anderer Rechte der Arbeiterbewegung. Den Höhepunkt bildete die sog. **Zuchthausvorlage** von 1899, die von Wilhelm II. mit den Worten angekündigt wurde:

«Das Gesetz naht sich seiner Vollendung und wird den Volksvertretern in diesem Jahr zugehen, worin jeder, er möge sein, wer er will, er möge heißen, wie er will, der einen deutschen Arbeiter, der willig wäre, seine Arbeit zu vollführen, daran zu hindern versucht oder gar zu einem Strike anreizt, mit Zuchthaus bestraft werden soll.»[26]

Es gelang den Gewerkschaften und der SPD, einen so breiten Massenprotest gegen diesen Gesetzentwurf zu entfachen, dass es die Reichstagsmehrheit vorzog, die Vorlage sang- und klanglos scheitern zu lassen. Allein in Berlin hatten z. B. am 7. Juni 1899 neunzehn Protestversammlungen mit insgesamt 70 000 Teilnehmern stattgefunden.[27]

Auch wenn die Arbeiterbewegung nach dem Fall des Sozialistengesetzes 87
die Einführung neuer Ausnahmegesetze verhindern konnte, so war die Koalitionsfreiheit keineswegs wirklich gesichert. § 152 Abs. 1 GewO hatte nur die «Verbote und Strafbestimmungen» aufgehoben «wegen Verabredungen und Vereinigungen zum Behufe der Erlangung günstigerer Lohn- und Arbeitsbedingungen». Nicht beseitigt waren damit eine große Zahl anderer Verbots- und Strafbestimmungen, die in vielfältiger Weise die Bewegungsfreiheit der Arbeiterorganisationen behinderten.[28] Zudem drohte **§ 153 GewO** demjenigen bis zu drei Monaten Gefängnis an, der einen anderen durch «Drohung» oder «Ehrverletzung» zur Teilnahme beispielsweise an einem Streik zu veranlassen suchte. Danach erklärte das Reichsgericht den Verteiler eines Flugblattes für

25 Soziale Praxis, VIII. Jg. 1899, S. 405.

26 Vorwärts Nr. 210 vom 8. 9. 1898.

27 Furtwängler, S. 92.

28 S. die umfassende Darstellung bei Carl Legien, Das Koalitionsrecht der deutschen Arbeiter in Theorie und Praxis, Hamburg 1899, passim, und Ekkehard Buchwald, Das kollektive Arbeitsrecht im Spiegel der Rechtslehre und Rechtsprechung 1848 bis 1914, Diss. München 1969, S. 35 ff.

strafrechtlich verantwortlich, weil es den Satz enthalten hatte: «Boykottbruch ist ebenso gemein und ehrlos wie Streikbruch.»[29] Streikposten-Stehen wurde als «grober Unfug» bestraft[30], ebenso der Hinweis bei Zeitungsmeldungen über Streiks: «Zuzug ist fern zu halten.»[31] Das Reichsgericht verurteilte 1891 die Mitglieder einer Lohnkommission wegen **Erpressung**, obwohl die Arbeiter das vertragliche Recht hatten, jederzeit ohne Kündigung die Arbeit niederzulegen. Entscheidend für das Gericht war, dass die Unterhändler sich nicht verhandlungsbereit gezeigt hätten:

«Vielmehr sind die Angeklagten G., Bl. und M. dem S. in höhnischer und dreister Weise mit der einseitigen Aufforderung und Ankündigung gegenübergetreten, dass der geforderte Arbeitslohn noch am selben Tage bis Nachmittag an die Lohnkommission auszuzahlen sei, widrigenfalls von den Arbeitern gestreikt würde.»[32]

88 Besondere Gefahren drohten der Gewerkschaftsbewegung von den **Landesvereinsgesetzen**, deren Gültigkeit von § 152 GewO nicht berührt wurde. Sie enthielten durchweg besondere Einschränkungen für politische Vereine, denen z. B. nach § 8 Abs. 1 des Preußischen Vereinsgesetzes vom 11. 3. 1850 untersagt war, Frauen, Schüler und Lehrlinge als Mitglieder aufzunehmen und mit anderen Vereinen gleicher Art in Verbindung zu treten.[33] Nach der Rechtsprechung des Reichsgerichts war bereits jeder Appell an staatliche Instanzen oder an die Öffentlichkeit «politisch» und damit auch jede Gewerkschaftsarbeit, die über die unmittelbare Auseinandersetzung mit einzelnen Unternehmern hinausging. So verurteilte das Reichsgericht ein Vorstandsmitglied des Tischlerverbandes in Altona, weil dieser Petitionen an den Reichstag geschickt, gleichzeitig jedoch mit anderen Vereinen und Komitees zusammengearbeitet hatte.[34] Da das «Verbindungsverbot» (jede einzelne Zahlstelle galt als selbständiger Verein!)[35] angesichts der Kapitalmacht nicht einzuhalten war, wenn man nicht überhaupt auf wirksame Gewerkschaftsarbeit verzichten wollte, drohte den Gewerkschaften über die strafrechtliche Verfolgung hinaus ständig die polizeiliche Auflösung. Wenn auch diese Bestimmung 1900 als Nebenfolge des Kampfes gegen die Zuchthausvorlage fiel[36], so blieben für politische Vereine immer noch so viele Beschränkungen, dass die «Politischerklärung» ständig wie ein Damoklesschwert über den Gewerkschaften schwebte.

29 Gruchot 54, S. 643, 648.
30 OLG Breslau, Urteil vom Juni 1898, zit. in: Legien, S. 95.
31 Legien, S. 100.
32 RGSt 21, S. 114.
33 Gesetzes-Sammlung 1850, S. 277 ff.
34 RGSt 16, S. 383.
35 Zur «Zahlstelle» als der kleinsten Einheit s. Schüren, S. 113.
36 RGBl 1899, S. 699.

Der bürgerliche Sozialreformer Lujo Brentano hat diesen Zustand treffend 89
mit dem Satz gekennzeichnet: «Die Arbeiter haben das Koalitionsrecht. Doch wenn sie davon Gebrauch machen, werden sie bestraft.»

### 3.1.4. Nach dem Ersten Weltkrieg: Volle Legalisierung – 1933: Zerschlagung der Gewerkschaftsbewegung

Was in 25 Jahren beharrlicher Gewerkschaftsarbeit nicht durchgesetzt werden 90
konnte, bewirkten zwei revolutionäre Wochen in der ersten Novemberhälfte 1918: **Auch** die **Schwerindustrie** wurde **verhandlungs- und verständigungsbereit**. Der Geschäftsführer des «Vereins Deutscher Eisen- und Stahlindustrieller», Reichert, charakterisierte die Situation folgendermaßen:

«Es kam darauf an: Wie kann man die Industrie retten? … Inmitten der allgemeinen großen Unsicherheit, angesichts der wankenden Macht des Staates und der Regierung gibt es für die Industrie nur aufseiten der Arbeiterschaft starke Bundesgenossen, das sind die Gewerkschaften.»[37]

Am 15. November 1918 wurde zwischen den Gewerkschaften und den Spitzenverbänden der Unternehmer das sog. **Zentralarbeitsgemeinschaftsabkommen** abgeschlossen, das den Gewerkschaften die Erfüllung ihrer wesentlichsten Forderungen zusicherte, u. a. Anerkennung auch durch die Großindustrie, Sicherung der Koalitionsfreiheit, Abschluss von Tarifverträgen in allen Wirtschaftszweigen, Einführung des Acht-Stunden-Tages.[38] Die – unausgesprochene – Gegenleistung der Gewerkschaftsführungen bestand in der Nichtunterstützung, teilweise sogar in der offenen Bekämpfung weiter gehender sozialistischer Bestrebungen, die von der revolutionären Rätebewegung getragen wurden.

Das Verhandlungsergebnis schlug sich nieder in der **Tarifvertragsverordnung vom 23.12.1918**[39], die in § 1 bestimmte, dass von den tariflich festgelegten Arbeitsbedingungen grundsätzlich nur zugunsten der Arbeitnehmer abgewichen werden durfte. Damit war der langjährige Juristenstreit über die Rechtswirkungen von Tarifverträgen im Kern erledigt. Das Recht zur Bildung von «Vereinigungen zur Wahrung und Förderung der Arbeits- und Wirtschaftsbedingungen» bekam mit **Art. 159 der Weimarer Reichsverfassung** 91

37 J. Reichert, Entstehung, Bedeutung und Ziel der «Arbeitsgemeinschaft», Berlin 1919.
38 Text des Abkommens: ebd., S. 21 ff.
39 RGBl I, S. 1456.

vom 11. 8. 1919[40] Verfassungsrang, dagegen gelang es nicht, das Streikrecht in der Verfassung zu verankern.[41]

92 Die revolutionären Ereignisse brachten den Gewerkschaften über die Absicherung ihrer rechtlichen Stellung hinaus einen gewaltigen **Mitgliederzuwachs**: Der freigewerkschaftliche ADGB erreichte 1922 mit 7,0 Mio. Organisierten seinen Höchststand.[42] Entsprechend entwickelte sich die Tarifbewegung; Ende 1922 waren fast 900 000 Betriebe mit 14,6 Mio. Beschäftigten durch Tarife erfasst, die Zahl der betroffenen Beschäftigten hatte sich seit 1918 verdreizehnfacht.[43] Die galoppierende **Inflation** des Jahres 1923 und die damit verbundene Unsicherheit für die Arbeitnehmer führte jedoch zu einem **großen Einbruch**, von dem sich die Gewerkschaftsbewegung während der Zeit bis 1933 nicht wieder erholen sollte; binnen zwei Jahren verringerte sich die ADGB-Mitgliederzahl um 3,3 Mio.[44] In diese Zeit fiel mit der Schlichtungsverordnung vom 30. 10. 1923[45], die eine staatliche **Zwangsschlichtung** bei Lohnauseinandersetzungen einführte, der erste schwere Eingriff in das Streikrecht. Der staatliche Schlichter konnte einen Schiedsspruch für «verbindlich» erklären, sodass ihm die Wirkung eines Tarifvertrages unter Einschluss der Friedenspflicht zukam, was jede weitere auf die geregelten Fragen bezogene Arbeitsniederlegung unzulässig machte.[46]

93 Die 1929 mit aller Macht einsetzende **Weltwirtschaftskrise** traf die Gewerkschaften noch weit schwerer als die Inflationsjahre 1923/24. Die Zahl der Arbeitslosen stieg über 1,4 Mio. 1928 auf 6,1 Mio. im Februar 1932.[47] Die Angst um den Arbeitsplatz beherrschte das Bewusstsein der Arbeitnehmer und machte jedes offensive Vorgehen unmöglich. Diese Schwächesituation, aber auch die Konzeptionslosigkeit der Gewerkschaftsführungen im Kampf gegen die vordringenden reaktionären Kräfte ermöglichten die kampflose Durchsetzung der Brüning'schen Notverordnung vom 8. 12. 1931, die ohne Rücksicht auf Tarifverträge Löhne und Gehälter drastisch herabsetzte und damit die Koalitionsfreiheit nahezu wirkungslos machte.[48]

---

40 RGBl I, S. 1383.

41 Anschütz, Die Verfassung des deutschen Reiches vom 11. 8. 1919, 14. Aufl. 1933 (unveränd. Neudruck, Bad Homburg 1960), Art. 159, Anm. 5. Zu konzeptionellen Schwächen der Linken bei der Interpretation des Art. 159 WRV s. Nogler AuR 1996, 206 ff.

42 Jürgen Kuczynski, Die Geschichte der Arbeiter unter dem Kapitalismus, Bd. 5: Darstellung der Lage der Arbeiter in Deutschland von 1917/18 bis 1932/33, Berlin 1966, S. 243.

43 S. Enderle u. a., S. 20.

44 Kuczynski, Bd. 5, S. 243.

45 RGBl I, S. 1043.

46 Zur Frage der Zwangsschlichtung s. Enderle u. a., S. 154 ff., und: Die Reform des Schlichtungswesens, in: Bericht über die Verhandlungen der XI. Generalversammlung der Gesellschaft für soziale Reform in Mannheim am 24. und 25. Oktober 1929, Jena 1930, S. 17 ff.

47 Kuczynski, Bd. 5, S. 197.

48 Vierte Notverordnung des Reichspräsidenten zur Sicherung von Wirtschaft und Finanzen und zum

Der desolate Zustand der Gewerkschaften wie der Arbeiterbewegung überhaupt ließen die Republik zur **leichten Beute für die Nazis** werden. Anders als 1920, als der vom ADGB proklamierte Generalstreik dem reaktionären Kapp-Putsch binnen weniger Tage ein Ende setzte, gab es gegen die Machtübernahme durch die Nazis kaum nennenswerten gewerkschaftlichen Widerstand. Die ADGB-Führung versuchte, durch Anpassung an die Faschisten zumindest die Organisation zu retten. Höhepunkt dieses Kurses war der Aufruf des ADGB-Bundesausschusses an die Mitglieder, sich an den von den Nazis veranstalteten Feiern zum 1. Mai 1933 «festlich zu beteiligen».[49] Davon unbeeindruckt, besetzte die SA am 2. Mai in einer generalstabsmäßig vorbereiteten Aktion die Gewerkschaftshäuser, beschlagnahmte das Gewerkschaftsvermögen und verhaftete eine Vielzahl von Funktionären.[50] 94

An die Stelle der Gewerkschaften trat die **«Deutsche Arbeitsfront»**, der auch die Unternehmen angehörten.[51] Ihr Ziel bestand darin, 95

> «den Arbeitsfrieden dadurch zu sichern, dass bei den Betriebsführern Verständnis für die berechtigten Ansprüche ihrer Gefolgschaft, bei den Gefolgschaften das Verständnis für die Lage und die Möglichkeiten ihres Betriebes geschaffen wird»[52].

Die Bildung anderer Organisationen auf diesem Gebiet wurde ausdrücklich ausgeschlossen; lakonisch sprachen Hueck–Nipperdey–Dietz 1943 davon, dass «es keine Koalitionen mehr gibt».[53]

Trotz der niederdrückenden Umstände, unter denen der Faschismus siegen konnte, haben sich aus der Arbeiterbewegung Hunderttausende am **Widerstand gegen die Nazidiktatur** beteiligt und für die Wiederherstellung demokratischer Verhältnisse lange Freiheitsstrafen und oft das Leben riskiert.[54] Nach einer Statistik der Gestapo befanden sich im April 1939 308000 Deut- 96

Schutze des inneren Friedens, RGBl I, S. 699ff.; s. dazu Otto Kahn-Freund, Der Funktionswandel des Arbeitsrechts, in: Archiv für Sozialwissenschaft und Sozialpolitik, Bd. 67, 1932, S. 146, zit. nach Thilo Ramm (Hrsg.), Arbeitsrecht und Politik, Neuwied/Berlin 1966, S. 235. Zur Entwicklung des Arbeitsrechts in der Weimarer Republik s. weiter Nörr ZfA 1986, 403ff.

49 Gerhard Beier, Das Lehrstück vom 1. und 2. Mai 1933, Frankfurt/M. und Köln 1975, S. 82.

50 Ebd. Viel Verständnis für das Verhalten der Gewerkschaften zeigt die Würdigung des damaligen ADGB-Vorsitzenden Theodor Leipart durch Dieter Schulte (GMH 1997, 129ff.). Zufall?

51 Dazu Wahsner, Faschismus und Arbeitsrecht, in: Reifner (Hrsg.), S. 86ff., 90ff.; vgl. weiter Hans Gerhard Schumann, Nationalsozialismus und Gewerkschaftsbewegung, Hannover und Frankfurt/M. 1958; Mason, Sozialpolitik, S. 99ff.; Kranig, S. 27ff.

52 Erdmann, Die deutschen Arbeitgeberverbände im sozialgeschichtlichen Wandel der Zeit, Neuwied und Berlin 1966, S. 211.

53 Hueck–Nipperdey–Dietz, AOG, § 69 Rn 5. Anders ging man mit dem Problem im faschistischen Spanien um: In Lehrbüchern konnte man eingehende Ausführungen über Koalitionsfreiheit und Streik in anderen Ländern lesen. S. etwa Bayon Chacon y Perez Botija, Manual de Derecho del trabajo, Volumen I, Novena Edición, Madrid 1973/74, S. 121ff.

54 Angaben zu Streiks bei Mason GMH 1984, 523f., der auch interessante Vergleiche zu Widerstandsaktionen im faschistischen Italien zieht.

sche in Haft, davon weit überwiegend Angehörige der Arbeiterbewegung wegen politischer «Delikte».[55] Ungezählt sind die von den Nazis ermordeten Widerstandskämpfer.

### 3.1.5. Koalitionsfreiheit und Gewerkschaften nach 1945

97 Die enormen Opfer, die gerade die aktivsten Kräfte erbrachten, haben den Wiederaufbau der Gewerkschaften nach 1945 stark erschwert. Dennoch bildeten sich unmittelbar nach dem Zusammenbruch des Faschismus in zahlreichen Betrieben **«Ausschüsse» oder «Betriebsräte»**; Initiatoren waren in der Regel die verbliebenen Kader der illegalen Organisationen, die es als ihre Aufgabe betrachteten, den Produktionsapparat von den Anhängern der Nazidiktatur zu befreien und das Wirtschaftsleben wieder in Gang zu setzen.[56] Obwohl in manchen Betrieben ein Machtvakuum herrschte, da zahlreiche Großeigentümer und Manager geflohen oder wegen aktiver Kollaboration mit den Nazis inhaftiert waren, kam es so gut wie nie zu einer Beherrschung der Betriebe durch die Arbeitnehmer: Nach zwölf Jahren Faschismus und angesichts unmittelbarer Not fehlten für eine solche «Arbeiterselbstverwaltung» alle bewusstseinsmäßigen Voraussetzungen.[57]

98 Unmittelbar nach dem Sieg der Alliierten begannen die Bemühungen um den **Neuaufbau der Gewerkschaften**. Unter den in Deutschland gebliebenen aktiven Teilen der Arbeiterbewegung bestand weitgehende Übereinstimmung darüber, dass es Einheitsgewerkschaften sein sollten und **keine Richtungsgewerkschaften**, wie sie noch in der Weimarer Republik mit dem ADGB sowie den (zahlenmäßig und politisch sehr viel weniger wichtigen) Hirsch-Duncker'schen Gewerkvereinen, den Christlichen Gewerkschaften und der kommunistischen RGO bestanden hatten. Das in der Weimarer Zeit teilweise noch praktizierte Berufsverbandsprinzip sollte durch das **Industrieverbandsprinzip** ersetzt werden: Ein Betrieb – eine Gewerkschaft. Außerdem sollten die einzelnen Fachverbände nur unselbständige Gliederungen der «Allgemeinen Gewerkschaft» sein und nicht etwa autonome Gewerkschaften, die nur in einem Dachverband wie dem heutigen DGB zusammengefasst sind.[58]

---

55 S. Wolfgang Abendroth, Sozialgeschichte der europäischen Arbeiterbewegung, Frankfurt/M. 1969, S. 146.

56 Eb. Schmidt, S. 25 ff.

57 Zum Bewusstseinsstand der deutschen Bevölkerung nach dem Ende des Krieges s. die Angaben bei Deppe, Das Bewusstsein der Arbeiter, Köln 1971, S. 282 ff.

58 Eb. Schmidt, Neuordnung, S. 38 f.

Die **westlichen Besatzungsmächte** verhielten sich **reserviert** gegenüber diesen Bestrebungen. Sie sahen die Gefahr, dass ihnen nicht genehme linke oder gar kommunistische Kräfte zu großen Einfluss erlangen könnten, und knüpften daher die Genehmigung des gewerkschaftlichen Organisationsaufbaus jeweils an die Einhaltung bestimmter Bedingungen, die eine Entwicklung in ihrem Sinne gewährleisten sollten. So wurde z. B. in der britischen Zone die Einführung autonomer Industriegewerkschaften gegen den Willen der Gewerkschafter von der Besatzungsmacht erzwungen.[59] Zudem verzögerten die Militärbehörden den Aufbau: Es dauerte bis April 1947, ehe sich der **«DGB Britische Zone»** mit insgesamt 2 Mio. Mitgliedern konstituieren konnte, obwohl bereits im Oktober 1945 allein in Westfalen 367 örtliche Gewerkschaften bestanden.[60] 99

Die zwischen 1946 und 1949 in Kraft getretenen **Landesverfassungen** bestätigten die inzwischen vollzogene Neugründung von Gewerkschaften, gingen jedoch in ihren förmlichen Garantien in der Regel über die Weimarer Verfassung hinaus, indem sie auch das Streikrecht in mehr oder weniger weit gehenden Formulierungen garantierten.[61] Die hessische Verfassung verbot darüber hinaus jede Form der Aussperrung.[62] Die darin zum Ausdruck kommende stärkere Position der Gewerkschaftsbewegung fand sichtbaren Ausdruck in dem Demonstrations- und **Generalstreik vom 12. November 1948**, an dem sich 9,25 Mio. Arbeiter, Angestellte und Beamte beteiligten.[63] Neben einer Verbesserung der wirtschaftlichen Lage der Bevölkerung und einer Steuerreform wurde insbesondere die «Überführung der Grundstoffindustrien und Kreditinstitute in Gemeinwirtschaft» und eine «Demokratisierung der Wirtschaft und gleichberechtigte Mitwirkung der Gewerkschaften in allen Organen der wirtschaftlichen Selbstverwaltung» gefordert.[64] 100

Die neu gewonnene Kraft reichte nicht aus, um mehr zu tun, als den Willen zu einer grundlegenden Änderung der Wirtschaftsordnung nachhaltig zu bekunden. Dies galt auch für den **am 14. 10. 1949 in München gegründeten DGB**, dessen Programmatik eindeutig auf sozialistische Ziele festgelegt war[65], der jedoch trotz seiner (damals) über 5 Mio. Mitglieder[66] nicht einmal die paritätische Mitbestimmung im Aufsichtsrat auf alle Großunternehmen 101

59 Ebd., S. 37 ff.
60 Ebd., S. 42/44.
61 S. die Nachweise bei Däubler, Streik, S. 13–17.
62 Art. 29 Abs. 5: «Die Aussperrung ist rechtswidrig.»
63 Dazu Gerhard Beier, Der Generalstreik vom 12. 11. 1948, Frankfurt/M. und Köln 1975.
64 Gerhard Beier, a.a.O.
65 Eb. Schmidt, Neuordnung, S. 166 ff.
66 Zur Mitgliederentwicklung s. Bergmann u. a., S. 359.

ausdehnen konnte[67], von einer auch nur teilweisen Erfüllung der Sozialisierungsforderungen ganz zu schweigen.[68]

101 a Organisatorisch folgte man dem in der britischen Zone entwickelten Modell. Der einzelne **Arbeitnehmer** wurde **Mitglied einer Branchengewerkschaft**, diese war ihrerseits Mitglied in der «Dachorganisation» DGB. Die Tarifpolitik war (und ist) ausschließlich Sache der «Einzelgewerkschaften». Dem entspricht weitgehend die Verbandsstruktur auf Arbeitgeberseite. Über vier Jahrzehnte hinweg blieb diese Organisationsform ohne größere Veränderungen; bemerkenswert allenfalls, dass die zunächst außerhalb des DGB stehende GdP Mitte der 70er Jahre dem DGB beitrat.

101 b Seit etwa 1995 haben zahlreiche Branchengewerkschaften fusioniert; ihre Zahl ist deshalb von **16** (zeitweise 17) **auf 8 gesunken**.[69] Mitglieder im DGB sind heute:

**ver.di** (= Vereinigte Dienstleistungsgewerkschaft) mit 2,464 Mio. Mitgliedern. Dabei handelt es sich um einen Zusammenschluss aus ÖTV (= Gewerkschaft öffentliche Dienste, Transport und Verkehr), DPG (= Deutsche Postgewerkschaft), HBV (= Gewerkschaft Handel, Banken, Versicherungen), IG Medien und der früher außerhalb des DGB stehenden DAG (= Deutsche Angestelltengewerkschaft);

**IG Metall** (= Industriegewerkschaft Metall) mit 2,425 Mio. Mitgliedern. Sie hat die frühere GTB (= Gewerkschaft Textil-Bekleidung) und die frühere GHK (= Gewerkschaft Holz und Kunststoff) aufgenommen;

**IG BCE** (= Industriegewerkschaft Bergbau-Chemie-Energie) mit 770 Tsd. Mitgliedern; sie stellt einen Zusammenschluss aus IG Chemie und IG Bergbau dar und hat die frühere Gewerkschaft Leder aufgenommen;

**IG BAU** (= Industriegewerkschaft Bauen Agrar Umwelt), ein Zusammenschluss aus IG BSE (= Bau Steine Erden) und GGLF (= Gewerkschaft Gartenbau, Landwirtschaft und Forsten); sie verfügt über 424 Tsd. Mitglieder;

**TRANSNET**, früher GdED (= Gewerkschaft der Eisenbahner Deutschlands) mit 270 Tsd. Mitgliedern;

**GEW** (= Gewerkschaft Erziehung und Wissenschaft) mit 254 Tsd. Mitgliedern;

---

67 Dazu unten 6.1.11. (Rn 740 ff.) und 7.1.–2. (Rn 1275 ff.).

68 Darstellung der Entwicklung der deutschen Gewerkschaften und der sie betreffenden rechtlichen Rahmenbedingungen bei Schüren, S. 95–196. Zur weiteren Entwicklung der Arbeitsbeziehungen in der Bundesrepublik s. den Überblick bei Däubler AiB 1988, 35 ff.

69 Aktueller Überblick (Stand Ende 2004) bei DGB-Bundesvorstand (Hrsg.), Bericht zur gewerkschafts- und gesellschaftspolitischen Lage, Februar 2005, S. 86. Dort auch die im Text folgenden Zahlenangaben.

**NGG** (= Gewerkschaft Nahrung-Genuss-Gaststätten) mit 225 Tsd. Mitgliedern;

**GdP** (= Gewerkschaft der Polizei) mit 177 Tsd. Mitgliedern.

Insgesamt hatten die DGB-Gewerkschaften 2004 noch 7,013 Mio. Mitglieder; der Höchststand war Ende 1991 mit 11,8 Mio. erreicht worden.[70] Über die Umkehrung des Trends wird nachgedacht.[71] Auch der Umgang mit den Medien wird gelegentlich zum Thema gemacht,[72] die Zusammenarbeit mit sozialen Bewegungen wie attac nicht mehr mit einem Tabu belegt.[73]

Außerhalb des DGB steht der **DBB** (= Deutscher Beamtenbund), der **CGB** 101c (= Christlicher Gewerkschaftsbund) sowie eine Reihe von Berufsverbänden, die sich in der «Einheitsgewerkschaft» nur schlecht repräsentiert fühlen:[74]

**VC** (= Vereinigung Cockpit), **UFO** (Flugbegleiter), **GdF** (= Gewerkschaft der Flugsicherung), **GdL** (= Gewerkschaft der Lokomotivführer), **Marburger Bund** (angestellte Ärzte). Dass Probleme dieser Art praktisch nur im Organisationsbereich von ver.di auftreten, hängt u. a. auch damit zusammen, dass die «Megafusion» noch nicht zu einer einheitlich handelnden Organisation geführt hat. Dies hat wiederum seine Ursache darin, dass man beim Zusammenschluss darauf verzichtete, aus den Erfahrungen vieler missglückter Unternehmensfusionen zu lernen. Auch hat man sich zu wenig an dem Grundsatz «In der Vielfalt liegt die Kraft» orientiert und die spezifischen Bedürfnisse einzelner Beschäftigtengruppen nicht oder nicht ausreichend beachtet.

## 3.2. Die Koalitionsfreiheit des Art. 9 Abs. 3 GG[75]

Das am 24. 5. 1949 in Kraft getretene Grundgesetz für die Bundesrepublik 102 Deutschland garantiert in Art. 9 Abs. 3 die Koalitionsfreiheit mit den Worten:

70 Statist. Jahrbuch 1994, 762.

71 S. die Beiträge von Behrens-Hamann und Heery in: WSI-Mitt. 2003, 518 ff., 522 ff.

72 Prott WSI-Mitt. 2005, 272.

73 Vgl. Frege u. a. WSI-Mitt. 2003, 549 ff.

74 Näher dazu Däubler, Gemeinsame Anm. zu LAG Rheinland-Pfalz und LAG Hessen, AP Nr. 168 und 169 zu Art. 9 GG Arbeitskampf.

75 Zu weiteren hier nicht angesprochenen oder vertieften Fragen sei auf ErfK-Dieterich, Erl. zu Art. 9 GG und auf Däubler–Hege, Koalitionsfreiheit, Baden-Baden 1976, verwiesen.

«Das Recht, zur Wahrung und Förderung der Arbeits- und Wirtschaftsbedingungen Vereinigungen zu bilden, ist für jedermann und für alle Berufe gewährleistet. Abreden, die dieses Recht einschränken oder zu behindern suchen, sind nichtig, hierauf gerichtete Maßnahmen sind rechtswidrig.»

Im Zuge der Notstandsgesetzgebung wurde **1968 ein dritter Satz** eingefügt, wonach sich bestimmte Notstandsmaßnahmen nicht gegen «Arbeitskämpfe» richten dürfen, «die zur Wahrung und Förderung der Arbeits- und Wirtschaftsbedingungen von Vereinigungen im Sinne des Satzes 1 geführt werden». Konkretere Aussagen insbesondere zur Rechtsstellung der Gewerkschaften finden sich nicht; ob die Verfassung auch das Recht zur gewerkschaftlichen Betätigung im Betrieb, das Recht zum Abschluss von Tarifverträgen oder gar einen Anspruch der Gewerkschaften auf Teilhabe an der Unternehmensmitbestimmung garantiert, ist allein aus dem Wortlaut heraus nicht zu beantworten. Will man sich nicht mit bloßen Behauptungen in der einen oder anderen Richtung begnügen, ist eine Rückbesinnung auf Funktion und Zweck des Art. 9 Abs. 3, auf seine Entstehungsgeschichte wie auf seine Stellung im Rahmen des Grundgesetzes erforderlich.

## 3.2.1. Koalitionsfreiheit – Mittel zur kollektiven Selbstbestimmung über die Arbeits- und Wirtschaftsbedingungen?

103 Wie jedes andere Grundrecht kann auch die Koalitionsfreiheit des Art. 9 Abs. 3 GG nur als Teil und konkrete Ausprägung des gesamten geltenden Verfassungssystems begriffen werden.[76]

104 Dieses ist primär durch die auch im Wege der Verfassungsänderung nicht zu beseitigenden Grundsätze der **Wahrung der Menschenwürde** (Art. 1 GG) und des **demokratischen Sozialstaats** (Art. 20 GG) charakterisiert. Beide sind ihrerseits primär aus den Vorstellungen heraus zu erfassen, die im Parlamentarischen Rat geherrscht haben.[77] Danach wurde das neu geschaffene Verfassungswerk durch zwei nie in Zweifel gezogene Grundentscheidungen getragen:

105 ▶ Das **Grundgesetz** ist gegen die nationalsozialistische Ordnung, ihre Theorie wie ihre Praxis gerichtet. Es **will**, wie seine Präambel in der bis 1990 geltenden Fassung ausdrücklich sagt, **eine «neue Ordnung» schaffen,** die den Einzelnen aus den Zwängen des verflossenen Systems befreit und ihn als demokratischen Staatsbürger zum Herrn seines eigenen Schicksals machte.

---

76 Dazu paradigmatisch Hesse, Rn 72.

77 Zur Notwendigkeit einer entstehungszeitlichen Interpretation Abendroth, GG, S. 13; Däubler, Grundrecht, S. 143 ff.; Ridder, Rechtsstellung, S. 5.

Das Grundgesetz ist eine gegen den Faschismus gerichtete und deshalb eine **«Kontrastverfassung»**[78]. Dies blieb auch 1990 und 1994 bei den einigungsbedingten Änderungen Konsens.

▶ Das Grundgesetz hat die soziale Ordnung nur in groben Umrissen geregelt. 106
Als Kompromiss zwischen einer sich sozialistisch verstehenden SPD und einer immer stärker der sozialen Marktwirtschaft zuneigenden CDU war die **Ausklammerung der sog. Lebensordnungen**, insbesondere der Verzicht auf soziale Grundrechte das einzige Mittel, um überhaupt innerhalb relativ kurzer Zeit das Verfassungswerk zustande zu bringen. Die weitere wirtschaftliche und soziale Entwicklung wurde somit bewusst offen gelassen; wie die Sozialisierungsermächtigung des Art. 15 GG sowie andere Bestimmungen zeigen, sollte ein sozialistischer Entwicklungsweg ebenso möglich bleiben wie ein die Grundrechte achtendes kapitalistisches System.[79] Auch daran wurde in der jüngeren Vergangenheit nichts geändert.

Für die im demokratischen Sozialstaat zu verwirklichende Menschenwür- 107
de bedeutet dies, dass der Einzelne in Selbstbestimmung über seine Lebensverhältnisse entscheiden darf («antifaschistische Komponente»), dass damit aber nicht etwa eine volle Demokratisierung aller Lebensbereiche (das wäre eine Festlegung auf eine demokratisch-sozialistische Ordnung), sondern nur (als Mindeststandard) eine Beteiligung der Betroffenen an den in einer kapitalistischen Wirtschaft fallenden Entscheidungen gefordert wird (**«Offenheitspostulat»**). Dieses bescheidenere Prinzip gilt freilich – und das muss mit aller Deutlichkeit betont werden – nicht nur im politischen Bereich, sondern auch und gerade im Arbeitsprozess; **Selbstbestimmung muss auch am Arbeitsplatz, im Betrieb und Unternehmen** sowie in der Gesamtwirtschaft verwirklicht werden.[80]

Dieses Grundprinzip hat in unserer Verfassung verschiedene **Konkre-** 108
**tisierungen** erfahren. So kann nach Art. 12 Abs. 1 GG jeder Deutsche in prinzipiell freier Weise seinen Beruf wählen, was – wie die ebenfalls in Art.

---

78 BVerfGE 2, 1, 12; 5, 85, 122; 6, 309, 361; 8, 71, 78; aus der umfangreichen Literatur s. Hamann-Lenz, Einführung C1; G. Müller RdA 1964, 125; Ramm, Arbeitskampf, S. 71 ff. (anders später Ramm JZ 1978, 184). Wie hier auch Wohlgemuth-Bobke, BlfStR 1979, 178; ähnlich Denninger, AK-GG, 2. Aufl., vor Art. 1 Rn 3 ff. und Runggaldier S. 125: Historisch Überkommenes stellt Mindestniveau dar.

79 Statt aller Sörgel, Konsensus, S. 109 ff.; Hartwich, Sozialstaatspostulat, S. 49 ff.

80 So auch die Mitbestimmungskommission, BT-Drucks. VI/334, S. 56; Säcker, Institutsgarantie, S. 52; Scholz, Mitb, S. 50 ff. Reuter (FS Hilger und Stumpf, S. 584) fasst diese Ausführungen sinngemäß wie folgt zusammen: «Es stellt mithin selbst historische Vorbilder einer ‹unbegrenzten Auslegung› deutlich in den Schatten, wenn die These vertreten wird, Marktwirtschaft sei ohne die gleichzeitige Chance ihrer außerparlamentarischen Überwindung ein Verstoß gegen die Menschenwürde.» Durch Verkürzung wird so ein leicht abschießbarer Pappkamerad geschaffen – von der Infamie ganz abgesehen, die auf die Nazis gemünzte und insoweit völlig zutreffende Figur der «unbegrenzten Auslegung» in den vorliegenden Zusammenhang zu übertragen. «Linke Sozialdemokraten, GRÜNE und Kommunisten sind schlimmer als Nazis» wäre eine vergleichbare Aussage im allgemein politischen Raum.

12 angesprochene **freie Wahl des Arbeitsplatzes** zeigt – auch die abhängige Beschäftigung umfasst. Mit Recht hat das Bundesverfassungsgericht darauf hingewiesen, dass Art. 12 die Arbeit «in ihrer Beziehung zur Persönlichkeit des Menschen im Ganzen» sieht, «die sich erst darin voll ausformt und vollendet, dass der Einzelne sich einer Tätigkeit widmet, die für ihn Lebensaufgabe und Lebensgrundlage ist und durch die er zugleich seinen Beitrag zur gesellschaftlichen Gesamtleistung erbringt». Das Grundrecht gewinne so Bedeutung «für alle sozialen Schichten»; die Arbeit habe für alle «gleichen Wert und gleiche Würde».[81] Persönlichkeitsentfaltung in der Arbeit ist freilich nicht schon dadurch gesichert, dass der Einzelne den Arbeitsplatz frei wählen (und deshalb gegebenenfalls auch kündigen und sich eine neue Stelle suchen) kann. Wie die historische Erfahrung zeigt, ist außer der in Art. 74 Nr. 12 GG vorgesehenen arbeitsrechtlichen Gesetzgebung hierfür die gemeinsame Interessenvertretung unerlässlich. Dem hat Art. 9 Abs. 3 GG Rechnung getragen, der damit ein weiteres, entscheidendes Mittel zur Realisierung des Selbstbestimmungsprinzips enthält: Aus dem Gesamtsystem der Verfassung heraus verstanden, hat die **Koalitionsfreiheit** den Sinn, dem einzelnen abhängig Beschäftigten die **Möglichkeit zur gleichberechtigten, jede Objektstellung ausschließenden Einwirkung auf seine Arbeits- und Wirtschaftsbedingungen zu verschaffen**.[82]

109 In diesem allgemeinen Sinne enthält das Grundgesetz ein **Grundrecht auf Mitbestimmung**, das – wie bisweilen übersehen wird[83] – sehr unterschiedliche Formen der Realisierung durch den Gesetzgeber und die sozialen Gegenspieler zulässt. Die ausdrückliche Schaffung eines Grundrechts auf Mitbestimmung der öffentlichen Bediensteten durch **Art. 26 der sächsischen Verfassung** hatte u. a. die konkrete Konsequenz, dass eine Reihe von Vorschriften des sächsischen PersVG als verfassungswidrig aufgehoben wurden; dazu zählte etwa die Ausklammerung der Lehrkräfte an Berufsakademien sowie die Regelung, wonach Personalräte nicht ortsnahe bei der Dienststelle, sondern nur bei den Regionalschulämtern errichtet werden sollten.[84]

---

81 BVerfGE 7, 377, 397; weitergeführt in BVerfGE 50, 290, 349 und 365 und in BVerfG NJW 1991, 1667. Dazu auch Häberle JZ 1984, 350 ff.

82 Ähnlich BVerfGE 34, 308, 317 ff. Zur Konzeption der «Ermöglichungsrechte» s. Bd. 2 Rn 41 ff.; zustimmend Kittner-Breinlinger, Zeitschrift für Rechtssoziologie 1981, 77. Insoweit wollte der Parlamentarische Rat entgegen Runggaldier (S. 127, Fn 311) die abhängige Arbeit durchaus verändern. Zum Mitbestimmungsrecht nach der hessischen Verfassung s. Breunig AuR 1987, 20.

83 Etwa von Kremendahl, in: Kremendahl–Meyer, Sozialismus und Grundgesetz, Kronberg 1974, S. 285, der mir der Sache nach ein «Grundrecht auf Montan-Mitbestimmung» zuschreibt. Wenig weiterführend auch Zöllner-Loritz § 7 IV 1 (S. 93) sowie Rieble, Rn 1421, der mir gleichfalls einen engen Mitbestimmungsbegriff unterstellt.

84 SächsVerfGH AuR 2001, 144.

Soll Art. 9 Abs. 3 GG seinem Zweck gerecht werden, darf nicht nur der Einzelne, sondern muss **auch die Koalition als solche** in seinen Schutzbereich fallen, nützt das Recht auf Zusammenschluss doch wenig, wenn der geschaffenen Organisation die Hände gebunden sind. Zutreffend hat dies das Bundesverfassungsgericht mit dem weiteren Argument begründet, das Bekenntnis zum sozialen Rechtsstaat schließe es aus, ein Grundrecht, «dessen Ausdehnung auf soziale Gemeinschaften sich bereits in der Weimarer Zeit angebahnt hatte, nunmehr ohne zwingenden Grund in seiner Wirksamkeit auf Einzelpersonen zu beschränken»[85]. Nicht nur der Bestand als solcher, sondern auch die **Betätigung der Koalition** wird nach seiner praktisch kaum mehr bestrittenen Auffassung von **Art. 9 Abs. 3 abgesichert**. Dazu gehört auch das Recht, selbst zu bestimmen, welche Aussagen und welche Aktivitäten der «Wahrung und Förderung der Arbeits- und Wirtschaftsbedingungen» dienen. So reicht ein mittelbarer Zusammenhang, wie er etwa bei der Friedenspolitik besteht, völlig aus; umso mehr ist auch gewerkschaftliches Engagement in der Umweltpolitik möglich. Rechtsprechung und Literatur haben insoweit sehr viel früher als bei anderen Grundrechten erkannt, dass organisations- und verfahrensrechtliche Vorkehrungen erforderlich sind, um dem Grundrecht zu praktischer Wirksamkeit zu verhelfen.[86] Welche Konsequenzen dies im Einzelnen hat, wie weit also diese «kollektive Koalitionsfreiheit» reicht, soll uns beschäftigen, sobald die auch bei der «individuellen Koalitionsfreiheit» auftauchenden (und ebenfalls nur vom Selbstbestimmungsprinzip her zu klärenden) Auslegungsfragen behandelt sind. 110

## 3.2.2. Wem steht die Koalitionsfreiheit zu?

### 3.2.2.1. Die Träger auf «Arbeitnehmerseite»

Seinem Wortlaut nach billigt Art. 9 Abs. 3 die Koalitionsfreiheit «jedermann» und «allen Berufen» zu. Außer Arbeitern und Angestellten sind damit unbestrittenermaßen **auch Beamte** sowie **arbeitnehmerähnliche Personen** wie freie Mitarbeiter, Heimarbeiter und andere formal Selbständige erfasst, die ihre **persönliche Arbeitsleistung in wirtschaftlicher Abhängigkeit** erbringen.[87] Anders als beim Versammlungs- und Vereinigungsrecht ist die deutsche Staatsangehörigkeit nicht vorausgesetzt, sodass **ausländische Arbeitnehmer** 111

85 BVerfGE 4, 96, 102ff.

86 Zum Diskussionsstand s. Kempen, FS Gitter, S. 427ff.; Däubler, Tarifvertragsrecht, Rn 388 mwN. Implizite auch bejaht von BVerfG DB 1995, 483.

87 ErfK-Dieterich Art. 9 GG Rn 28. Zu Heimarbeitern ebenso BVerfGE 34, 307, 317; ähnlich wie hier Kempen/Zachert-Stein § 12a Rn 7; Kittner-Schiek, AK-GG Art. 9 Abs. 3 Rn 104; Löwisch-Rieble § 12a Rn 2; MünchArbR-Löwisch/Rieble § 243 Rn 22. Auch Gewerkschaftsangestellte besitzen die volle Koalitionsfreiheit – BAG NZA 1998, 754; einschränkend Dütz AuR 1995, 337ff.

in gleicher Weise wie ihre deutschen Kollegen eine Koalition bilden oder einer bestehenden beitreten können. Auch **Minderjährigkeit** ist **kein Hindernis**; wird der Jugendliche für reif genug gehalten, um Arbeit als abhängig Beschäftigter zu leisten, so muss man ihn ohne Rücksicht auf die Stellungnahme seines gesetzlichen Vertreters in die Lage versetzen, seine Interessen nicht nur als Individuum beim Vertragsschluss, sondern auch kollektiv zu wahren.[88] Weiter genießen **Auszubildende** – solange nach dem bisherigen dualen System ausgebildet – das Grundrecht aus Art. 9 Abs. 3, während Schüler bzw. allgemeiner gesprochen: Personen, die sich in einem schulischen Ausbildungsverhältnis befinden, keine «Arbeits- und Wirtschaftsbedingungen» und deshalb keine Koalitionsfreiheit besitzen.[89] Bei ihnen greift jedoch subsidiär und mit ähnlicher Reichweite Art. 12 GG ein, der das Recht zur selbstbestimmten Gestaltung der Ausbildungsbedingungen in sich schließt; Studenten versuchen bisweilen, dies mit Hilfe von Vorlesungsboykotts zu erreichen.[90]

112 Auch **Strafgefangene** können sich auf Art. 9 Abs. 3 GG berufen, da sie gleichfalls entlohnte «Arbeit» im Rechtssinne verrichten (§ 43 StVollzG). Die öffentlich-rechtliche Natur ihres Beschäftigungsverhältnisses steht nicht entgegen, doch sind die Betätigungsmöglichkeiten wegen der Arbeitspflicht nach § 41 StVollzG und wegen der spezifischen Zwänge des Anstaltsbetriebs beschränkt.[91]

113 Wer **aus Altersgründen** aus dem Arbeitsprozess **ausgeschieden** ist, kann unbestrittenermaßen Gewerkschaftsmitglied bleiben, obwohl er nur noch ein beschränktes Eigeninteresse an der «Wahrung und Förderung der Arbeits- und Wirtschaftsbedingungen» besitzt.[92] Erst recht muss dies für einen arbeitslos gewordenen Arbeitnehmer gelten, da er im Gegensatz zum Ruheständler von der gewerkschaftlichen Interessenvertretung unmittelbar betroffen ist: Wird eine Arbeitszeitverkürzung oder ein Beschäftigungsprojekt (5000 mal 5000)[93] durchgesetzt, erhöht sich seine Chance, wieder einen Arbeitsplatz zu erhalten. Aus diesem Grunde muss **Arbeitslosen** auch der erstmalige Gewerkschaftsbeitritt offen stehen[94] – und zwar ohne Rücksicht darauf, ob man die Gefahr sieht, «die Arbeitsplatzbesitzer» könnten ihre Interessen zu Lasten der Arbeitsuchenden durchsetzen.[95]

---

88 Zutreffend Kittner AuR 1971, 280 ff.; HWK-Hergenröder Art. 9 GG Rn 100.

89 MünchArbR-Löwisch/Rieble § 243 Rn 26.

90 Vgl. weiter Däubler-Hege, Koalitionsfreiheit, Rn 98.

91 Näher Bd. 2 Rn 2164 ff.; dort auch zur Gegenmeinung.

92 Für tarifliche Regelbarkeit der betrieblichen Altersversorgung mit Wirkung für und gegen die Rentner Däubler-Reim, TVG, § 1 Rn 287; Wiedemann-Wiedemann § 1 Rn 306 f.

93 Überlegungen dazu in: Mitb Heft 4/5/1984 mit Beiträgen von Dünnwald, Mehrens, Hildebrandt u. a.

94 Ebenso MünchArbR-Löwisch/Rieble § 243 Rn 27.

95 Vgl. dazu etwa Zöllner, 52. DJT, S. D 53 ff.

113a Die Eigenschaft als abhängig Beschäftigter charakterisiert in manchen Bereichen die Lebenssituation nicht so stark, dass sie ausreichende Grundlage für einen Zusammenschluss wäre. Wie eine Studie über Interessenvertretung in **Silicon Valley** deutlich macht,[96] können sich auch auf der Grundlage der gemeinsamen Nationalität (konkret: Chinesen und Inder) «Berufsverbände» bilden, die die **arbeitsbezogenen Interessen umfassend wahrnehmen** und beispielsweise auch beim Selbständig-Werden behilflich sind. Bemerkenswert ist die **netzförmige Organisationsstruktur**, die im Gegensatz zu überkommenen gewerkschaftlichen Organisationsprinzipien steht, die sich immer noch am traditionellen hierarchischen Industriebetrieb orientieren.

#### 3.2.2.2. Die Koalitionsfreiheit des Arbeitgebers

114 Die sehr allgemeine Fassung des Art. 9 Abs. 3 bezieht auch den einzelnen Unternehmer mit ein, der sich mit anderen zu Arbeitgeberverbänden zusammenschließen kann. Dies gilt auch für juristische Personen des Privatrechts sowie für Handwerksinnungen[97], nicht aber für Mehrheitsgesellschafter oder Vorstandsmitglieder.[98] Eine Arbeitgeberkoalition hat freilich nicht den Zweck, die selbstbestimmte Gestaltung der Arbeits- und Wirtschaftsbedingungen zu ermöglichen, da die Arbeitgeber dieses Recht bereits kraft ihrer Verfügungsmacht über Kapital und eingesetzte Produktionsmittel und ihrer daraus folgenden starken Stellung beim Abschluss von Arbeitsverträgen besitzen. **Arbeitgeberverbände** haben vielmehr in der Sozialordnung des Grundgesetzes die **Funktion**, die kollektive Regelung der Arbeits- und Wirtschaftsbedingungen dadurch zu erleichtern, dass den Arbeitnehmerkoalitionen ein überbetrieblich organisierter Partner gegenübersteht.

### 3.2.3. Was ist eine Koalition?

115 Der Koalitionsbegriff machte lange Zeit in der Praxis relativ wenig Schwierigkeiten: Koalitionen im Sinne des Art. 9 Abs. 3 sind Gewerkschaften und Arbeitgeberverbände, die sich beide durch ihr Aufgabengebiet «Arbeits- und Wirtschaftsbedingungen» von normalen Vereinen im Sinne der allgemeinen Vereinigungsfreiheit unterscheiden. Dennoch haben Rechtsprechung und Literatur eine Reihe von Koalitionsmerkmalen entwickelt, die nicht nur bei Neugründungen bedeutsam sind, sondern die dazu führen, dass sich auf Arbeitnehmerseite auch andere Zusammenschlüsse als Gewerkschaften auf

96 Hyde, Employment Law in Silicon Valley, in: Conaghan u. a., S. 233 ff.
97 BAG NZA 2004, 562.
98 MünchArbR-Löwisch/Rieble § 243 Rn 30 ff.

Art. 9 Abs. 3 berufen können. Aus diesen Gründen scheint ein kurzer, zum Teil stichwortartiger Überblick über den Koalitionsbegriff angebracht.[99]

116 ▶ Zweck muss die **Wahrung und Förderung der Arbeits- und Wirtschaftsbedingungen** sein. Nicht erfasst sind deshalb Verbraucherverbände und Kartelle, da sich ihre Tätigkeit nicht auf den Arbeitsmarkt, sondern allein auf Wirtschaftsbedingungen bezieht.

117 ▶ Die Interessen der Mitglieder müssen **dem sozialen Gegenspieler und dem Staat gegenüber** wahrgenommen werden; Parteien, die nur im politischen Raum aktiv sind, können deshalb als solche keine Koalitionen sein.

118 ▶ Die Koalition muss auf **freiwilligem Beitritt** beruhen; Zwangsverbände wie Arbeitnehmerkammern oder Handwerkskammern fallen nicht unter Art. 9 Abs. 3.[100]

119 ▶ Koalitionen müssen vom sozialen Gegenspieler, aber auch vom Staat, von politischen Parteien und von Kirchen **unabhängig** sein; vom Arbeitgeber ausgehaltene «gelbe» Gewerkschaften können sich deshalb ebenso wenig auf Art. 9 Abs. 3 berufen wie Koalitionen, die vom Staat oder einer politischen Organisation ferngesteuert werden. Zulässig ist dagegen die freiwillige Ausrichtung an einem politischen Programm oder an kirchlichen Überzeugungen, solange eine eigenständige Willensbildung erfolgt. Unschädlich ist es, wenn einzelne wenige Arbeitgeber oder ihre Repräsentanten Mitglieder der Gewerkschaft sind,

*Beispiel:* Ein Minister gehört ver.di an; das macht ver.di nicht vom Gegner abhängig.

oder wenn sich der Tätigkeitsbereich der Koalition auf ein Großunternehmen beschränkt: Das zusätzliche Koalitionserfordernis der «Überbetrieblichkeit» hatte Sinn, als noch das kleine und mittlere Unternehmen vorherrschte, da dort in der Tat kaum eine selbständige Organisation möglich war. Im Zeichen von Großunternehmen und eines ausgebauten arbeitsrechtlichen Schutzsystems ist diese Begründung hinfällig geworden. Genauso wie man bei Bahn und Post «Unternehmensgewerkschaften» (GdED, DPG) unbesehen akzeptierte, muss man dies auch bei anderen Großunternehmen tun. Die Grenze dürfte in Anlehnung an das MitbG bei 2000 Beschäftigten zu ziehen sein.[101] Erst recht bestehen keine Bedenken, wenn sich wie bei der Gewerkschaft der Flugsicherung der Organisationsbereich auf ein Großunternehmen konzen-

---

99 Eingehende Darstellung bei Däubler-Hege, Koalitionsfreiheit, Rn 101–146 und bei Däubler-Däubler, TVG, Einl. Rn 86 ff. Aus der Rechtsprechung s. etwa BAG DB 1987, 947 und zuletzt BAG 28. 3. 2006 – 1 ABR 58/04.

100 Anders die Innungen, die keine Zwangsmitgliedschaft kennen und die deshalb trotz ihrer öffentlich-rechtlichen Aufgaben vom BAG (NZA 2004, 562) wie eine Koalition behandelt werden.

101 Für völlige Preisgabe des Koalitionserfordernisses der Überbetrieblichkeit die Vorauflage sowie MünchArbR-Löwisch/Rieble § 243 Rn 61.

triert, daneben aber auch noch Mitglieder in einzelnen Kleinunternehmen existieren.[102]

▶ Nach der Rechtsprechung soll zum Koalitionsbegriff auch **«die Anerkennung des geltenden Tarifrechts als verbindlich»** gehören.[103] Damit ist die Koalition gegenüber jedem beliebigen Verein diskriminiert: Noch niemand ist auf die Idee verfallen, das Recht eines Sportvereins oder einer Aktiengesellschaft zum Abschluss von Verträgen davon abhängig zu machen, dass sie vorher die Vorschriften des BGB als für sich verbindlich anerkannt haben. Ob sich eine Koalition des Mittels «Tarifvertrag» bedienen will oder nicht, muss allein ihr überlassen bleiben; sie vorher darauf festzulegen bedeutet im Grunde, unerwünschte Organisationen vom Schutz des Art. 9 Abs. 3 auszunehmen, ohne dass dafür irgendeine verfassungsrechtliche Legitimation besteht. 120

▶ Die Koalition muss **kein bestimmtes Organisationsprinzip** wahren. Ob es sich um eine Industriegewerkschaft oder um einen Berufsverband von EDV-Spezialisten handelt, ist prinzipiell gleichgültig; auf Arbeitgeberseite fallen auch gemischtfachliche Verbände unter Art. 9 Abs. 3.[104] 121

▶ Die Koalition **muss nicht auf Dauer angelegt** sein; auch der für einen einmaligen Zweck gebildete Zusammenschluss (sog. Ad-hoc-Koalition) genießt den Schutz des Art. 9 Abs. 3 GG. Eine Unterschriftenaktion, die der Beseitigung eines Missstands dient, oder eine aus ähnlichem Anlass einberufene Belegschaftsversammlung darf daher vom Arbeitgeber nicht zum Anlass für irgendwelche Sanktionen genommen werden (Art. 9 Abs. 3 S. 2). Die Einbeziehung vorübergehender Zusammenschlüsse entspricht dem Wortlaut des Art. 9 Abs. 3, der von «Vereinigungen» spricht und sich damit an die Verbotsvorschrift des Art. 9 Abs. 2 anpasst: Da der dort gebrauchte Vereinigungsbegriff auch **Ad-hoc-Zusammenschlüsse** erfasst (auch gegen sie muss im Falle ihrer Verfassungswidrigkeit ein Vorgehen möglich sein!), kann bei Art. 9 Abs. 3 nichts anderes gelten. Weiter spricht die historische Entwicklung für eine solche Auffassung, da § 152 GewO bloße «Verabredungen» gleichfalls von den Koalitionsverboten ausnahm und die Weimarer Verfassung den dadurch erreichten Grad an Bewegungsfreiheit sicher nicht einschränken (sondern im Gegenteil erweitern) wollte. Dass das Grundgesetz hinter § 152 GewO zurückfallen würde, kann erst recht nicht angenommen werden. Konsequenterweise hat deshalb auch das **BVerfG** Art. 9 Abs. 3 GG angewandt, als sich ein **unorganisierter Arbeitgeber einem konkreten Arbeitskampf** 122

102 LAG Rheinland-Pfalz AP Nr. 168 zu Art. 9 GG Arbeitskampf.

103 BVerfGE 4, 96, 107; 18, 18, 28; 50, 290, 368; BAGE 21, 98, 101 = AP Nr. 25 zu § 2 TVG.

104 Der Gesetzgeber hat freilich das Recht, solchen Organisationen die Tariffähigkeit zu versagen – BVerfGE 4, 96 ff.

**des Arbeitgeberverbands angeschlossen** hatte.[105] Die Auffassungen in der Literatur sind geteilt[106], wobei jedoch die Rechtsprechung des BVerfG nicht immer voll zur Kenntnis genommen wird.[107]

123 ▶ Die Arbeitnehmerkoalition muss – obwohl die Rechtsprechung diese Voraussetzung nicht erwähnt – eine **demokratische Struktur** besitzen, da nur so von einer «gebündelten» Grundrechtsausübung die Rede sein kann.[108] Ob das auf Parteien bezogene Demokratiegebot des Art. 21 Abs. 1 Satz 3 GG entsprechend angewandt werden kann, mag zweifelhaft sein, doch ergibt sich ein ähnliches Ergebnis daraus, dass einzelne Gewerkschaftsmitglieder bei der Willensbildung nicht ungleich behandelt werden dürfen.[109]Anders bei Arbeitgeberkoalitionen: Sie brauchen von ihrer unterschiedlichen Zielsetzung her nicht egalitär-demokratisch strukturiert zu sein und können daher (wie in der Praxis üblich) das Stimmrecht ihrer Mitglieder nach der Zahl der Beschäftigten oder dem Umsatz bestimmen.

124 ▶ Nach der Rechtsprechung des BVerfG[110] muss eine Koalition **nicht zum Arbeitskampf bereit** sein. Dies gilt jedenfalls für den Bereich der Hausgehilfinnen. Ob in der gewerblichen Wirtschaft oder im öffentlichen Dienst anders zu entscheiden ist, blieb dahingestellt. Dort wird man fragen müssen, wie sich die Organisation die Vertretung der Mitgliederinteressen gegenüber der Gegenseite vorstellt; sind keinerlei **Druckmittel** ersichtlich, dürfte die Verfolgung der in Art. 9 Abs. 3 GG genannten Zwecke nicht wirklich gegeben sein, also eine «Scheinkoalition» vorliegen, die lediglich unter Art. 9 Abs. 1 GG fällt.

125 Will eine Arbeitnehmerkoalition **zugleich Gewerkschaft** sein, muss sie **auf Dauer** angelegt sein; nur dann kann sie die gewerkschaftstypischen Aufgaben, insbesondere den Abschluss von Tarifverträgen erfüllen. Weiter muss sie über eine gewisse **«Mächtigkeit»** verfügen. Diese zeigt sich insbesondere daran, ob sie von der Arbeitgeberseite ernst genommen, d.h. so behandelt wird, dass Verhandlungsangebote nicht einfach ignoriert werden.[111] Dafür ist

---

105 BVerfGE 84, 212, 225; darauf verweist auch ErfK-Dieterich Art. 9 GG Rn 22.

106 Nachweise bei Seiter, S. 80; wie hier im Prinzip jedoch BAG AP Nr. 37 zu Art. 9 GG Arbeitskampf Bl. 2R; Ramm RdA 1968, 416 und AuR 1971, 97ff.; MünchArbR-Löwisch/Rieble §243 Rn (bei mehr als einmaligen Aktivitäten); Nikisch II, S. 2; Reuß, Festgabe Kunze, S. 277.

107 Erstaunlich etwa Höfling, in: Sachs Art. 9 Rn 53, der die Ad-hoc-Koalition für unzulässig erklärt, im nächsten Satz jedoch auf die auch hier genannte Entscheidung des BVerfG verweist. Beides kann nicht nebeneinander richtig sein.

108 Dazu insbesondere Popp, S. 107ff. sowie Schüren, S. 230ff. und Dütz DB 1996, 2385; kritisch zum Koalitionserfordernis der demokratischen Binnenstruktur jedoch MünchArbR–Löwisch/Rieble §243 Rn 69, 70.

109 Scholz, Koalitionsfreiheit, in: Isensee-Kirchhof (Hrsg.), Handbuch des Staatsrechts, Bd. VI, Heidelberg 1989, §151 Rn 62.

110 BVerfGE 18, 18, 27.

111 So die Formulierung in BVerfG DB 1982, 231 und BAG a.a.O. Es muss keine Chance auf einen vollständigen Sieg bestehen – BAG BB 2005, 1054, 1057.

die Zahl der Mitglieder ein gewichtiges Indiz, doch kommt es auch darauf an, ob sich diese wie z. B. Flugbegleiter in Schlüsselpositionen befinden.[112] Weiter wird verlangt, dass die Vereinigung von ihren Ressourcen her in der Lage ist, vor Beginn von Tarifverhandlungen die wirtschaftliche Lage zu analysieren, Tarifforderungen aufzustellen und die Einhaltung der getroffenen Vereinbarungen zu überwachen (sog. **Leistungsfähigkeit**).[113] Damit ist eine relativ hohe Schwelle geschaffen, deren genaue Bestimmung im Einzelfall schwierig sein kann.[114]

Fasst man alle diese Merkmale zusammen, so ergeben sich folgende **Definitionen**: 126

1. Eine Arbeitnehmerkoalition ist jede frei gebildete, demokratisch strukturierte Vereinigung, die von ihrem Gegenspieler und vom Staat wie von gesellschaftlichen Organisationen unabhängig und bereit ist, für den von ihr verfolgten Zweck der Wahrung und Förderung der Arbeits- und Wirtschaftsbedingungen notfalls Druck auszuüben. Von einer Gewerkschaft kann demgegenüber nur die Rede sein, wenn zu diesen Voraussetzungen noch Dauerhaftigkeit und «Mächtigkeit» der Organisation hinzukommen.[115]

2. Eine Arbeitgeberkoalition ist eine frei gebildete und unabhängige Vereinigung, die die Interessen der Arbeitgeber gegenüber Arbeitnehmerkoalitionen verfolgt.

### 3.2.4. Die Betätigung des Einzelnen in der Koalition

Die «individuelle Koalitionsfreiheit» umfasst nicht nur das Recht zum Beitritt[116] und zum Austritt aus der Koalition, sondern auch die Befugnis, sich als Einzelner an deren kollektiven Aktionen zu beteiligen.[117] 127

112 BAG BB 2005, 1054, 1057.

113 So zuletzt BAG BB 2005, 1054, 1059.

114 So sollen nach BVerfG DB 1982, 231 eine tarifliche Abmachung mit einer Firma von 200 bis 240 Beschäftigten und 16 Sitze in verschiedenen Betriebsräten nicht ausreichen. S. weiter BAG DB 1987, 947. Einzelheiten bei Dütz DB 1996, 2387 f.

115 Zur Unterscheidung zwischen «Koalition» und «Gewerkschaft» s. a. Kempen/Zachert-Kempen § 2 Rn 4; Wiedemann-Oetker § 2 Rn 24. Kritisch zum Erfordernis sozialer Mächtigkeit beim Gewerkschaftsbegriff Runggaldier S. 82.

116 Nach der Rechtsprechung des BGH (NJW 1985, 1216, bestätigt in NJW 1988, 555) hat der Einzelne grundsätzlich einen Anspruch auf Aufnahme, wenn die Gewerkschaft in dem betreffenden Bereich eine überragende Stellung einnimmt. Eine Zurückweisung ist nur möglich, wenn von vornherein keine Integration in die gewerkschaftliche Organisation beabsichtigt ist (s. den Fall BGH NJW 1987, 1214) oder wenn schützenswerte Interessen der Gewerkschaft verletzt wären.

117 BVerfGE 19, 303, 312; 28, 295, 304. Dies ist kein an die kollektive Koalitionsfreiheit «angehängtes» Recht, sondern ein Individualrecht des Einzelnen: BVerfG DB 1996, 1627.

*Beispiel:* Das Gewerkschaftsmitglied X verteilt während der Tarifrunde Flugblätter oder nimmt an einer Urabstimmung teil – auch sein individuelles Verhalten wird durch Art. 9 Abs. 3 GG geschützt.

Der Schutz der individuellen und der – sogleich zu besprechenden[118] – kollektiven Koalitionsfreiheit ist insoweit deckungsgleich.[119] **Beteiligen sich Nicht-Mitglieder** an einzelnen gewerkschaftlichen Aktionen, so greift auch insoweit Art. 9 Abs. 3 GG ein; der Sache nach liegt ein Spezialfall der Ad-hoc-Koalition vor. Mit Recht wird daher die Beteiligung von Außenseitern am gewerkschaftlich organisierten Streik allgemein zugelassen.[120]

128 Nur den Mitgliedern steht das gleichfalls von Art. 9 Abs. 3 GG geschützte **Recht** zu, **über das Verhalten der eigenen Organisation mitzubestimmen.**[121]

### 3.2.5. Der Schutz vor Diskriminierungen, insbesondere wegen gewerkschaftlichen Engagements: Art. 9 Abs. 3 S. 2 GG

129 Alle Welt ist sich einig: Niemand darf wegen seiner Mitgliedschaft in einer Koalition oder seiner gewerkschaftlichen Aktivitäten in irgendeiner Weise benachteiligt werden.[122] In der Realität wird dieser Grundsatz dennoch **oft nicht ernst genommen**, da es insbesondere in Klein- und Mittelbetrieben zahlreiche Arbeitgeber gibt, die den Gewerkschaftsbeitritt als schwere Illoyalität werten. Setzt sich ein Einzelner über den vom Arbeitgeber geschaffenen «Konsens» hinweg, so besitzt dieser fast immer subtile Möglichkeiten der Repression bis hin zu einer unter einem Vorwand ausgesprochenen Kündigung. Die Koalitionsfreiheit steht in diesen Fällen praktisch auf dem Papier, wird doch kaum je der Nachweis gelingen, dass der Arbeit-

118 Unten 3.2.7. (Rn 142 ff.) und 3.2.8. (Rn 152 ff.).

119 Vgl. BVerfGE 19, 303, 312; 28, 295, 304.

120 Zu den dadurch aufgeworfenen konstruktiven Fragen s. Seiter, Streikrecht, S. 40 ff.; sie werden bei der hier vertretenen Lösung vermieden. Näher dazu Däubler (Hrsg.), Arbeitskampfrecht, Rn 131. Gamillscheg, Kollektives Arbeitsrecht I, § 21 II 4 b (1) stimmt wohl zu, formuliert aber etwas missverständlich, es würden zwei Koalitionen kämpfen: Es kämpft eine, die vorübergehend Unterstützer von außen hat. Dass man eine Koalition auch nur vorübergehend unterstützen darf, folgt aus der Anerkennung der Ad-hoc-Koalition.

121 Vgl. Schüren, S. 230 ff.

122 Vgl. den Fall BAG AP Nr. 49 zu Art. 9 GG = NZA 1988, 64 = DB 1987, 2312: Der Arbeitgeber hatte die Einstellung einer Bewerberin davon abhängig gemacht, dass sie zunächst ihre Mitgliedschaft in der DAG schriftlich kündigte. Dies verstieß gegen Art. 9 Abs. 3 Satz 2 GG; die DAG konnte – da Wiederholungsgefahr bestand – auf Unterlassung klagen.

geber gerade wegen der Koalitionsmitgliedschaft bestimmte Maßnahmen ergriffen hat.[123]

Dieser Zustand ist nicht verfassungskonform. Art. 9 Abs. 3 S. 2 muss so 130
ausgelegt werden, dass er auch in der Praxis «greift», dass er effektiv **Diskriminierungen** verhindert. Deshalb sind zwei Modifikationen unerlässlich:

- Der Arbeitnehmer braucht nicht den Nachweis zu führen, dass der Arbeit- 131
geber gegen die Koalitionsfreiheit verstoßen hat; er kann sich vielmehr damit begnügen, **Indizien für ein solches Verhalten** vorzutragen, und es dem Arbeitgeber überlassen, seinerseits einen in jeder Hinsicht stichhaltigen Nachweis eines sachlichen, nicht mit Art. 9 Abs. 3 in Zusammenhang stehenden Grundes zu führen.[124] Eine solche Veränderung der Beweislast zum Zwecke eines effektiveren Grundrechtsschutzes ist nichts prinzipiell Neues: So folgt nach Auffassung des Bundesverfassungsgerichts aus der Eigentumsgarantie des Art. 14 GG ein Anspruch auf effektiven Rechtsschutz[125] sowie das Recht des Vermieters, im Prozess um eine Mieterhöhung deren Voraussetzungen ohne unzumutbare Schwierigkeiten nachweisen zu können.[126]
- Um zu verhindern, dass bis zur endgültigen gerichtlichen Klärung we- 132
sentliche Nachteile entstehen, muss der Arbeitnehmer im Falle der Kündigung seine **Weiterbeschäftigung am bisherigen Arbeitsplatz** im Wege der einstweiligen Verfügung **erzwingen** können. Es reicht auch hier aus, wenn er den Verdacht koalitionsfeindlichen Verhaltens des Arbeitgebers glaubhaft machen kann. Selbst dann bleibt das deutsche Recht noch immer hinter der in Schweden für Vertrauensleute geltenden Regelung zurück, wo die Gewerkschaft unter bestimmten Voraussetzungen allein entscheidet, ob eine Verletzung der Koalitionsfreiheit vorliegt und welche Maßnahmen zum Schutze des Arbeitnehmers ergriffen werden.[127]

Fast keiner Erwähnung bedarf die Tatsache, dass die Koalitionsfreiheit des Arbeitgebers 133
nicht in gleicher Weise gefährdet ist; Art. 9 Abs. 3 S. 2 gewinnt hier so gut wie nie praktische Bedeutung.

---

123 S. die zahlreichen Beispiele für antigewerkschaftliches Verhalten bei Zachert, Betriebliche Mitbestimmung, S. 59f. und in AiB 1989, 156. Umfassendes, auch rechtsvergleichendes Material bei Gamillscheg, Kollektives Arbeitsrecht I, § 5 II 1 b – S. 193 ff.

124 Eine gewisse Parallele stellt die Beweiserleichterung nach § 611 a Abs. 1 S. 3 BGB dar (eine entsprechende Regelung wird das Antidiskriminierungsgesetz bringen). Ähnlich Kittner-Schiek, AK-GG, Art. 9 Abs. 3 Rn 107 und im Grundsatz auch Gamillscheg, Kollektives Arbeitsrecht I, § 5 II 1 b (2) – S. 194. Die Frage ist trotz der sehr ins Einzelne gehenden Ausführungen nicht behandelt bei MünchArbR-Löwisch § 244 Rn 10–61 und bei Höfling-Burkiczak RdA 2004, 263 ff., die überdies durch einseitige Literaturauswahl bestechen. Zur Beweislast bei Diskriminierung in Frankreich Le Friant AuR 2003, 51 ff.

125 BVerfGE 25, 348, 361.

126 BVerfGE 37, 132, 145.

127 Dazu F. Schmidt, Reform, S. 157 ff.

### 3.2.6. Die sog. negative Koalitionsfreiheit

134 Nach allgemeiner Auffassung hat die Koalitionsfreiheit eine «negative» Entsprechung: Das **Recht, sich keiner Gewerkschaft** bzw. sich keinem Arbeitgeberverband **anzuschließen**, das sog. **Fernbleiberecht**. In Literatur und Rechtsprechung hat es ein ganz außerordentliches Maß an Interesse gefunden, während das Recht auf Nichtausübung anderer Grundrechte typischerweise eher im Hintergrund bleibt. So finden sich wenig Aussagen zu der Freiheit, einem gewöhnlichen Verein fernzubleiben, auf eine Versammlung zu verzichten oder sein Eigentum aufzugeben. Allenfalls das Recht, keine Meinung zu äußern oder sein weltanschauliches Bekenntnis zu verschweigen, haben Rechtsprechung und Literatur beschäftigt.[128] Dennoch sollte diese «Schwerpunktbildung» nicht zu einer vorzeitigen Abqualifizierung führen, da hinter dem Gedanken negativer Freiheiten ein **durchaus berechtigter Kern** steckt: Ein Charakteristikum des faschistischen Systems, von dem sich das Grundgesetz bewusst distanzierte, lag darin, den Einzelnen zum «Mitmachen» zu zwingen, auch wenn dies seiner Überzeugung widersprach. Eine bestimmte Meinung bekunden zu müssen, um allen etwaigen Verdächtigungen aus dem Wege zu gehen, die Pflicht, sich an einer Wahl oder einer Organisation zu beteiligen, um nicht als «Störenfried» oder gar als «Saboteur» zu gelten – das alles war Teil einer totalitären Praxis, deren Wiederkehr das Grundgesetz unter allen Umständen verhindern wollte.

135 Die grundsätzliche Anerkennung der Freiheit, sich nicht engagieren und keiner Vereinigung beitreten zu müssen, bedeutet **nicht**, dass dieses Recht **so weit ausgedehnt** wird, **dass** die **positive Freiheit ihrerseits in Gefahr** gerät. Darauf hinzuweisen, besteht im Rahmen der negativen Koalitionsfreiheit aller Anlass, vertritt doch das Bundesarbeitsgericht die Auffassung, eine Tarifklausel, die bestimmte (weit unter dem Gewerkschaftsbeitrag bleibende) Leistungen den Organisierten vorbehält, könne einen «sozialinadäquaten» Eingriff in das Fernbleiberecht der Nichtorganisierten darstellen.[129] Während man einem Gewerkschaftsmitglied ohne Zögern zumutet, ein Prozent seines Monatseinkommens für die Organisation aufzuwenden, wird der Außenseiter dagegen geschützt, dass er kraft Tarifvertrags einen geringeren Nachteil in Kauf nehmen muss!

---

128 Zur negativen Meinungsfreiheit s. Maunz-Dürig-Herzog-Scholz, Art. 5 Rn 13, 40; Ridder JZ 1961, 538; Schnur VVDStRL 22, 111; zur negativen Bekenntnisfreiheit hessStGH NJW 1966, 34; BVerfG DVBl 1970, 929; BVerfG NJW 1974, 574 sowie die Kruzifixentscheidungen BVerfG NJW 1995, 2447 und BVerwG NJW 1999, 3063.

129 BAG AP Nr. 13 zu Art. 9 GG, bestätigt durch BAG DB 1978, 1647. Zum genauen Inhalt dieser Entscheidung s. Däubler BB 2002, 1643. S. weiter ErfK-Dieterich Art. 9 GG Rn 32.

**Konkretes Zahlenbeispiel:** Durch Tarifvertrag wurde den Organisierten ein zusätzliches Urlaubsgeld von DM 100,– jährlich gewährt. Der durchschnittliche Gewerkschaftsbeitrag betrug im konkreten Fall jährlich DM 180,–. BAG: Unzulässige Beschränkung der Freiheit des Außenseiters. 136

Die vom BAG gegebene Begründung kann in keiner Weise überzeugen. Das Recht, einer Gewerkschaft fernzubleiben, ist nur im Rahmen des Art. 9 Abs. 1 geschützt[130], genießt jedoch nicht die besondere Absicherung durch Art. 9 Abs. 3 S. 2 GG. Hierfür sind drei Gründe maßgebend: 137

- Seiner **historischen Bedeutung nach** ist das Koalitionsrecht ausschließlich ein positives, auf Praktizierung des Zusammenschlusses gerichtetes Recht. Den Gewerkschaften und Arbeiterparteien, die 1919 eine ausdrückliche Koalitionsgarantie erzwangen, **ging es** ausschließlich um das Recht auf ungehinderten Zusammenschluss, **nicht um das Fernbleiberecht**. Das letztere war eine selbstverständliche, keiner besonderen Absicherung bedürftige Ergänzung der Freiheit zur Koalitionsbildung, ja hatte sogar durch § 153 GewO einen Sonderschutz erfahren, der zu Beginn der Weimarer Zeit bewusst abgeschafft wurde. Daran wollte auch das Grundgesetz nichts ändern. 138
- Weiter spricht der **Zweck des Art. 9 Abs. 3** gegen die Einbeziehung des Fernbleiberechts. Die besondere Absicherung der Koalitionsfreiheit trägt der Tatsache Rechnung, dass der Arbeitgeber in aller Regel gewerkschaftliches Engagement nicht übermäßig schätzt und dem betreffenden Arbeitnehmer deshalb Nachteile drohen. Für die negative Koalitionsfreiheit stellt sich die Situation völlig anders dar. Wer die Gewerkschaft meiden will, sieht sich anders als der zum Beitritt Entschlossene keinem Druck des Arbeitgebers ausgesetzt, sondern wird im Gegenteil eher Zustimmung und Förderung erfahren. Die Gewerkschaft hat ihrerseits kein Druckmittel in der Hand, sondern steht im Prinzip nicht besser als jeder beliebige private Verein, der dem Nichtmitglied lediglich die von der eigenen Organisation erbrachten Leistungen vorenthalten kann. 139
- Wollte man die negative Koalitionsfreiheit dem Schutz des Art. 9 Abs. 3 unterstellen, so wäre **im Ergebnis die positive Koalitionsfreiheit entwertet**, im Extremfall gegenstandslos gemacht: Jede Satzungsbestimmung, die den Austritt an besondere Voraussetzungen wie etwa die Wahrung einer Frist knüpft, wäre wegen Verstoßes gegen Art. 9 Abs. 3 S. 2 verfassungswidrig, eine Klage auf Zahlung rückständiger Beiträge ließe sich unschwer als unzulässige, da einen Nachteil verursachende Beeinträchtigung qualifizieren. Da- 140

130 Däubler, in: Däubler/Mayer-Maly, S. 34 ff. Überblick über die neuere Diskussion bei ErfK-Dieterich Art. 9 GG Rn 32 und bei Gamillscheg, Kollektives Arbeitsrecht I, S. 374 ff. Das BVerfG (NJW 1981, 1830) unterstellt die negative Koalitionsfreiheit allerdings dem Art. 9 Abs. 3 GG. Ebenso in der neueren Literatur mit Nachdruck Schüren RdA 1988, 138 ff. Ähnlich wie hier dagegen Gamillscheg BB 1988, 556 f. und Zachert DB 1995, 323 f.

mit würde man der Sache nach zu § 152 Abs. 2 GewO zurückkehren, der den Ansprüchen der Gewerkschaft gegen ihre Mitglieder die gerichtliche Durchsetzbarkeit versagte. Auf diese Weise wäre die Koalition schlechter gestellt als jeder andere privatrechtliche Verein – eine Konsequenz, die ganz sicher nicht von den Verfassern des Grundgesetzes beabsichtigt war.

141 Die Frage, welche **«Opfer»** wirtschaftlicher oder sonstiger Art **von einem Außenseiter** verlangt werden können, bestimmt sich unter diesen Umständen allein nach Art. 9 Abs. 1, der auch die negative Vereinigungsfreiheit schützt. Die daraus folgenden Konsequenzen werden uns insbesondere im Rahmen der tariflichen Differenzierungsklausel beschäftigen.[131]

### 3.2.7. Der Bestandsschutz der Koalitionen

142 Die Einbeziehung des «Koalitionsbestandes» in den Schutzbereich des Art. 9 Abs. 3[132] stellt alles andere als eine Selbstverständlichkeit dar; aus ihr ergeben sich vielmehr eine ganze Reihe nicht unwichtiger Rechtsfolgen:

143 ▶ Die Koalition muss existieren können, ohne dass es einer besonderen staatlichen Genehmigung bedarf. Eine **zwangsweise Auflösung** ist **nur** unter den Voraussetzungen des Art. 9 Abs. 2 GG (Verstoß gegen Strafgesetze, die verfassungsmäßige Ordnung und den Gedanken der Völkerverständigung) und nur **aufgrund gerichtlicher Entscheidung**, nicht durch eine Maßnahme der Verwaltung möglich (§ 16 VereinsG). Solange ein solches Verbot nicht vorliegt, ist die Koalitionstätigkeit generell als verfassungskonform zu behandeln.

144 ▶ Über die nackte Existenz hinaus hat die Koalition das Recht, ihre internen Verhältnisse nach eigenen Vorstellungen zu gestalten; sie genießt **Autonomie**. Dem Staat ist es deshalb verboten, ein «Gewerkschaftsstatut» zu erlassen, das den Entscheidungsspielraum der Mitglieder über den durch Art. 9 Abs. 3 gezogenen Rahmen hinaus einengt.

*Beispiel:* Durch Gesetz wird vorgeschrieben, dass Gewerkschaftsvorsitzende nicht durch den Gewerkschaftstag, sondern von der Gesamtheit der Mitglieder gewählt werden müssen. Unzulässig wegen Eingriffs in die innergewerkschaftliche Autonomie.

---

131 Unten 4.9.2. (Rn 399 ff.); dort auch zu den sog. Bonusregelungen. Zur Problematik der Vorruhestandsregelungen s. dort sowie BAG DB 1987, 487 und Dorndorf AuR 1988, 1 ff.

132 BVerfGE 4, 96, 109; wichtig insbesondere BVerfGE 50, 290, 373. BVerfG DB 1996, 2082 nennt als Beispiele «die Bestimmung über ihre Organisation, das Verfahren ihrer Willensbildung und die Führung ihrer Geschäfte». Die Bestandsgarantie wurde zuletzt bestätigt durch BVerfG NZA 2005, 153.

▶ Die Koalition hat ein **Recht auf unbeeinflusste interne Willensbildung** auch gegenüber dem Arbeitgeber. Der Einzelne kann daher im gewerkschaftsinternen Bereich auch Äußerungen tun, die – in der Öffentlichkeit abgegeben – eine Verletzung arbeitsvertraglicher Pflichten darstellen würden.[133] Wollte man anders entscheiden und die Treuepflicht auch hier durchschlagen lassen, so wäre die Unabhängigkeit der Koalition im Mark getroffen; sie könnte ihre Funktion der Wahrung von Arbeits- und Wirtschaftsbedingungen nicht mehr sachgerecht erfüllen, sondern müsste sich «arbeitgeberwärts» orientieren.[134] 145

*Beispiele:* Ein Arbeitnehmer kritisiert heftig Missstände, die er nicht beweisen kann. Oder: Ein Buchhalter berichtet seiner Gewerkschaft von umfangreichen Kapitaltransfers des Arbeitgebers in die Schweiz. Ohne diese Information wäre eine Lohnforderung nur schwer zu begründen gewesen.

▶ Der Koalitionsbestand darf **nicht** dadurch in Frage gestellt werden, dass der Staat **Konkurrenzorganisationen mit ähnlichem Aufgabengebiet** schafft. So sind zwar die in Bremen und im Saarland bestehenden **Arbeitnehmerkammern** wegen der reibungslosen Praxis mit Art. 9 Abs. 3 vereinbar, doch hat das Bundesverfassungsgericht angedeutet, dass bei einer Ausdehnung dieser Einrichtung auf andere Bundesländer die Grenze des verfassungsrechtlich Zulässigen überschritten wäre.[135] Die Sprecherausschüsse für leitende Angestellte erwecken insoweit Bedenken.[136] Dasselbe würde erst recht gelten, könnten **Betriebsräte** entgegen § 77 Abs. 3 BetrVG eine **eigene betriebliche Tarifpolitik** betreiben. 146

▶ Zum Zwecke der Selbsterhaltung wie auch der Steigerung der Leistungsfähigkeit haben die Koalitionen das **Recht zur Werbung und zur Betreuung von Mitgliedern**[137]. Insoweit steht ihnen richtiger Auffassung nach auch ein Zutrittsrecht zum Betrieb zu.[138] Dieses lässt sich als überkommene Form der Koalitionsbetätigung auf Art. 9 Abs. 3 GG stützen; die frühere einengende Rechtsprechung des BVerfG[139] ist durch die jüngsten Entscheidungen überholt.[140] Selbst wenn man dem nicht folgen würde, ließe sich dieselbe Rechts- 147

133 Vgl. den Fall BAG NZA 2005, 159: Polemische Äußerung («brauner Mob») im gewerkschaftlichen Intranet von der Meinungsfreiheit des Art. 5 Abs. 1 GG gedeckt und keine Verletzung arbeitsvertraglicher Pflichten.

134 Ebenso Kittner-Schiek, AK-GG, Art. 9 Abs. 3 Rn 121.

135 BVerfGE 38, 281, 309; dazu Bull AuR 1975, 271 ff. Für Verfassungsmäßigkeit der Zwangsmitgliedschaft in der Arbeitnehmerkammer Bremen OVG Bremen NZA-RR 2005. 429.

136 Däubler AiB 1986, 99 ff.; Siebert-Degen-Becker, Ergänzungsband zur 6. Aufl., S. 115 f.

137 Eingehend BVerfG DB 1996, 1627 f.

138 Säcker, Grundprobleme, S. 136 ff.; weitere Nachweise bei Däubler, Gewerkschaftsrechte, Rn 407 ff. Ebenso nunmehr BAG 28. 2. 2006 1 AZR 460/04 und 1 AZR 461/04, AuR 2006, 118.

139 BVerfG NJW 1981, 1829 = BB 1981, 1150.

140 BVerfG DB 1996, 1628: Der Schutz des Art. 9 Abs. 3 GG erstreckt sich auf alle koalitionsspezifischen Verhaltensweisen (nicht nur auf deren Kernbereich), bestätigt zuletzt durch BVerfG NZA

folge aus dem ILO-Übereinkommen Nr. 135 sowie meist auch aus der tariflichen Durchführungspflicht sowie aus betrieblichem Gewohnheitsrecht ableiten.[141] Unbestritten war immer das Recht der im Betrieb beschäftigten Gewerkschaftsmitglieder, **Flugblätter zu verteilen** und Plakate anzubringen.[142] Wie weit diese Befugnisse reichen, ist durch Abwägung zwischen dem Arbeitnehmergrundrecht aus Art. 9 Abs. 3 GG und der wirtschaftlichen Betätigungsfreiheit des Arbeitgebers nach Art. 2 Abs. 1 GG zu bestimmen.[143] Nur bei ernsthaften Störungen der Arbeitsabläufe dürfte daher die Grenze des Zulässigen überschritten sein.

*Beispiel:* Ein Arbeitnehmer hat im Rahmen gleitender Arbeitszeit «vorgearbeitet» und benutzt seinen früheren Arbeitsschluss, um im Betrieb zu bleiben und gewerkschaftliches Informationsmaterial an die noch weiterarbeitenden Kollegen zu verteilen. Eine BAG-Entscheidung, die ein solches Verhalten für unzulässig hielt[144], wurde vom BVerfG aufgehoben.[145] Kürzere Gespräche sind daher auch während der Arbeitszeit zulässig.

Auch muss man heute entgegen der früheren BAG-Rechtsprechung[146] das Recht bejahen können, das arbeitgebereigene **Postverteilungssystem** zu benutzen.[147]

148 ▶ Der Arbeitgeber darf den Koalitionsbestand **nicht durch Benachteiligung** der Mitglieder oder der Organisation beeinträchtigen. Verboten ist ihm darüber hinaus auch die **Gewährung** finanzieller oder sonstiger **Vorteile**, um das Verhalten des «Unterstützten» gegenüber der Koalition zu beeinflussen.

*Beispiel:* Der Arbeitgeber zahlt während einer Aussperrung an Nichtorganisierte eine **«Aussperrungsunterstützung»**.

Einmischungen dieser Art verstoßen nicht nur gegen Art. 9 Abs. 3 S. 2, sondern auch gegen Art. 2 Abs. 2 des ILO-Übereinkommens Nr. 98.[148]

---

2005, 153. BVerfG NJW 1981, 1829 hatte eine Beschränkung auf die «unerlässlichen» Betätigungsmittel vorgenommen.

141 Näher dazu Däubler, Gewerkschaftsrechte, Rn 428 ff.

142 BVerfG NJW 1981, 1829; BAG BB 1984, 212.

143 BVerfG DB 1996, 1628 re. Sp. unten. Dazu auch Grimberg AiB 1996, 316.

144 BAG AP Nr. 7 zu § 611 BGB Abmahnung.

145 BVerfG DB 1996, 1627. Zu dieser Entscheidung s. a. die zutreffende Einschätzung bei Schulte Westenberg NJW 1997, 375.

146 BAG AP Nr. 45 zu Art. 9 GG. Kritisch zu ihr Gamillscheg, Kollektives Arbeitsrecht I, § 6 V 2 c (3) – S. 252; Sarge-Gester AiB 1988, 230 ff.

147 So auch die Einschätzung bei Schulte Westenberg NJW 1997, 376. Zu weiteren konkreten Handlungsformen s. unten 6.16.2. (Rn 1195 ff.).

148 BGBl 1955, II, 1122. Eingehend zur «Aussperrungsunterstützung» Pfarr AuR 1977, 33. S. weiter BAG DB 1987, 2470, wonach eine Anti-Streik-Prämie gegen das tarifliche Maßregelungsverbot verstößt. Näher unten 5.6. (Rn 594 ff.).

▶ Um den Bestand der Koalition zu sichern, darf ein Arbeitnehmer nicht deshalb schlechter gestellt werden, weil er **wegen der Erfüllung gewerkschaftlicher Funktionen** seinem Arbeitgeber **nicht** während der gesamten Arbeitszeit **zur Verfügung steht**.[149] Die für Betriebsräte geltenden Vorschriften, insbesondere der Grundsatz der vollen Entgeltfortzahlung, finden entgegen einer verbreiteten Rechtsprechung analoge Anwendung.[150] 149

*Beispiel:* Ein angestellter Journalist wird zum Bundesvorsitzenden des Deutschen Journalistenverbandes gewählt. Unterstellt, die Ausübung dieser Funktion nimmt seine ganze Arbeitskraft in Anspruch: Kann er bezahlte **Freistellung** verlangen? Man könnte dies bejahen; bei einem Betriebsratsmitglied, das durch sein Amt acht Stunden pro Tag in Anspruch genommen wird, würde man ohne viel Aufhebens genauso entscheiden. Eine Ausnahme wird nur dann zu machen sein, wenn der Vorsitzende aus einem Unternehmen mit weniger als 200 Beschäftigten kommt (vgl. § 38 BetrVG) oder wenn die Organisation ihrer Größe wegen die Entgeltfortzahlung übernehmen könnte. Man bewegt sich hier aber auf ungesichertem Terrain.

▶ Weiter verlangt der Bestandsschutz, dass eine Koalition **vor Gericht** selbständig **klagen** kann.[151] Gegen unlautere Werbemethoden ihrer Konkurrenz[152] und gegen sonstige rechtswidrige Eingriffe in ihr Betätigungsrecht kann sie sich zur Wehr setzen.[153] 150

*Beispiel:* Der Arbeitgeber macht die Einstellung einer Bewerberin von ihrem vorherigen Gewerkschaftsaustritt abhängig. Die betroffene Gewerkschaft kann auf Unterlassung klagen.[154]

Ein Unterlassungsanspruch besteht auch dann, wenn ein Dritter sich unbefugt **Daten des gewerkschaftseigenen Intranets** verschafft und diese in einem gerichtlichen Verfahren verwendet.[155]

Schließlich ist die Gewerkschaft befugt, für einzelne Funktionen **unterschiedliche Rechtsträger** zu schaffen, z. B. die Verwaltung ihres Vermögens einer selbständigen GmbH zu übertragen.[156] 151

---

149 Selbst eine tarifvertraglich vereinbarte Freistellung von Tarifkommissionsmitgliedern wird jedoch vom BAG eng ausgelegt – s. BAG AuR 1984, 220 mit ablehnender Anm. Weiss.

150 Näher dazu Däubler-Hege, Koalitionsfreiheit, Rn 195.

151 So BGHZ 50, 325, 329. Dies ergibt sich seit BGHZ 146, 341 auch daraus, dass eine nach außen in Erscheinung tretende Gesellschaft des bürgerlichen Rechts rechtsfähig ist und deshalb klagen kann; da § 54 BGB für den nicht eingetragenen Verein auf das Gesellschaftsrecht verweist, gilt dasselbe auch für eine nicht ins Vereinsregister eingetragene Gewerkschaft.

152 BGHZ 42, 210; BGHZ 50, 325, 327; BAG AuR 2005, 268.

153 BAG AP Nr. 49 zu Art. 9 GG.

154 S. oben Fn 122.

155 OLG Schleswig AiB 2003, 632.

156 MünchArbR-Löwisch/Rieble § 246 Rn 32.

### 3.2.8. Die Betätigungsfreiheit der Koalitionen und ihre Grenzen

152 Soll Art. 9 Abs. 3 GG sein Ziel, die gleichberechtigte Mitentscheidung der Arbeitnehmer über ihre Arbeits- und Wirtschaftsbedingungen, erreichen, so muss nach allgemeiner Auffassung auch die Betätigungsfreiheit der Koalition geschützt sein. Für die Selbstbestimmung der Arbeitgeberseite ist freilich schon anderwärts gesorgt: Eigentumsgarantie und Vertragsfreiheit geben dem Arbeitgeber alle denkbaren Möglichkeiten zur Durchsetzung seiner Interessen. Art. 9 Abs. 3 wird daher vorwiegend für die Arbeitnehmerseite bedeutsam. Der **Gesetzgeber** entscheidet nach seinem Ermessen, ob er **alle Arten von Koalitionen gleich behandeln** oder ob er einzelne Rechte wie insbes. die Tarifvertragsfreiheit bestimmten Organisationen vorbehalten will.

153 Nach herrschender, in den meisten Punkten auch vom Bundesverfassungsgericht bestätigter Auffassung erfährt die **Betätigungsfreiheit** insgesamt **fünf konkrete Ausprägungen**:

▶ Die Gewerkschaften haben das Recht der «verbandsmäßigen Gestaltung der Löhne und Arbeitsbedingungen», insbesondere durch den Abschluss von Tarifverträgen.[157] Dieser Bereich hat durch das **TVG** und die Rechtsprechung eine eingehende Normierung erfahren (näher dazu Kap. 4.).

▶ Die Koalitionen können zur Durchsetzung von Mindestarbeitsbedingungen **Arbeitskämpfe** durchführen, insbesondere Streiks organisieren.[158] Dies wird durch Art. 9 Abs. 3 S. 3 GG ausdrücklich bestätigt (näher dazu Kap. 5.).

▶ Die Koalitionen können sich im Rahmen der **Betriebsverfassung** und der Personalvertretung frei betätigen[159]; Art. 9 Abs. 3 verbietet eine völlige Trennung von der betrieblichen Interessenvertretung (näher dazu Kap. 6.).

▶ Die Koalitionen haben das Recht, an der **Unternehmensmitbestimmung** beteiligt zu werden; diese darf nicht gegen jeden gewerkschaftlichen Einfluss «abgeschottet» werden[160] (näher dazu Kap. 7.).

▶ Die Koalitionen dürfen schließlich die in ihnen organisierten Gruppeninteressen **gegenüber dem Staat** und den politischen Parteien vertreten[161] (dazu unten 3.3.).

154 Alle diese Befugnisse sind nach der neueren Rechtsprechung des BVerfG «generell», d.h. insoweit geschützt, als sie sich auf die Wahrung und För-

---

157 BVerfGE 4, 96, 106; 18, 18, 27.

158 BVerfGE 84, 212, 224 f. = AuR 1992, 29 mit Anm. Däubler; BVerfG DB 1995, 1464.

159 BVerfGE 19, 303, 313; BAG AP Nr. 10 zu Art. 9 GG.

160 Badura RdA 1974, 131; Säcker, Grundprobleme, S. 58 ff.; die Rspr hat diese Frage noch nicht entschieden.

161 BVerfGE 28, 295, 305. Im Grundsatz auch BAG NZA 2005, 592 für eine Unterschriftensammlung gegen Stellenstreichungen bei der Polizei, doch dürfen dafür nicht die Polizeidienststellen benutzt werden.

derung der Arbeits- und Wirtschaftsbedingungen beziehen.[162] Die nie mit letzter Eindeutigkeit vertretene These, dies alles sei nur in einem **«Kernbereich»** garantiert, ist **aufgegeben** worden.[163] Der Kernbereich ist allenfalls noch Grenze für gesetzgeberische Ausgestaltungen und Eingriffe.[164] Der Gesetzgeber ist jedenfalls dann zum Handeln befugt, wenn er sich dabei auf Grundrechte Dritter oder andere Verfassungswerte stützen kann und überdies den Grundsatz der Verhältnismäßigkeit wahrt.[165] Ob er auch zum Schutze sonstiger Rechtsgüter eingreifen darf, blieb lange unentschieden,[166] wird aber nunmehr eindeutig abgelehnt.[167] Stellt man wie hier auf das die Koalitionsfreiheit prägende Selbstbestimmungsrecht ab, so ist der Gesetzgeber darauf beschränkt, unter *Wahrung dieses Grundprinzips* die einzelnen Betätigungsformen näher auszugestalten oder sie durch andere zu ersetzen.

Trifft der Gesetzgeber im Bereich der Arbeits- und Wirtschaftsbedingungen eine Regelung, so muss er beachten, dass der **Grundrechtsschutz nicht für alle koalitionsmäßigen Betätigungen gleich intensiv** ist.[168] Die «Wirkkraft des Grundrechts» nehme vielmehr – so das BVerfG – in dem Maße zu, in dem eine Materie aus Sachgründen am besten von den Tarifvertragsparteien geregelt werden könne; dies gelte vor allem für die Festsetzung der Löhne und der anderen materiellen Arbeitsbedingungen. Außerdem würden bestehende tarifvertragliche Bestimmungen grundsätzlich einen stärkeren Schutz genießen als lediglich mögliche (aber nicht aktuell vereinbarte) Inhalte.[169] Je gewichtiger der von Art. 9 Abs. 3 GG verliehene Schutz sei, desto schwerwiegender müssten die Gründe für den Eingriff sein.[170] Man kann insoweit von einem «gestuften Grundrechtsschutz» sprechen. 155

Eine **exakte Grenzziehung**, die in allen denkbaren Fällen Orientierung verschaffen könnte, ist allerdings auch auf diesem Wege nicht erreichbar. Das BVerfG hat den gesetzlichen Ausschluss tariflicher Regelungen über die **Befristung im Hochschulbereich** mit dem Argument gerechtfertigt, dass es sich auf der einen Seite um kein zentrales Thema der Tarifverträge gehandelt habe, dass es auf der anderen Seite aber um die Wissenschaftsfreiheit nach Art. 5 Abs. 3 GG und die Funktionsfähigkeit der Hochschulen, also ein gewichtiges 155a

162 BVerfGE 94, 268, 292 = DB 1996, 1627, bestätigt durch BVerfGE 100, 214, 221 und 100, 271, 282.

163 Die Änderung der Rechtsprechung konstatierten auch Grimberg AiB 1996, 316; Schulte Westenberg NJW 1997, 375.

164 Für Gleichsetzung des Kernbereichs mit dem Wesensgehalt des Grundrechts aus Art. 9 Abs. 3 GG und den daraus folgenden Betätigungsformen Kühling AuR 1994, 131.

165 So BVerfG DB 1996, 2082.

166 Ausdrücklich dahingestellt in BVerfG DB 1996, 2082.

167 BVerfG NZA 2005, 153, 154 li. Sp.

168 BVerfGE 94, 268, 284 f.

169 BVerfGE 94, 268, 285.

170 BVerfGE 94, 268, 285, bestätigt durch BVerfGE 100, 271, 284.

Ziel, gegangen sei.[171] In einer weiter gehenden Entscheidung hat das BVerfG die teilweise Anrechnung von Zeiten der medizinischen Rehabilitation auf den tariflichen Erholungsurlaub mit der Erwägung gerechtfertigt, der Gesetzgeber habe sich am Ziel «Bekämpfung der Arbeitslosigkeit» orientiert.[172] Dies kommt unter den gegebenen Umständen einer **Pauschalvollmacht zu Eingriffen in die Tarifautonomie** gleich, die alle Konturen des Verhältnismäßigkeitsprinzips sprengt. Auch steht es zu der durchgängig proklamierten «Sachnähe» der Tarifparteien in Widerspruch, wenn der Gesetzgeber seine Einschätzung über die Wirkungen auf den Arbeitsmarkt an die Stelle der Einschätzung durch die Tarifparteien setzt.[173]

### 3.2.9. Individuelle contra kollektive Koalitionsfreiheit – Die Ausschlussproblematik

156 Das Recht des Einzelnen, sich in der und für die Koalition zu betätigen, kann mit dem Recht **der Organisation in Konflikt** geraten, ein Minimum an einheitlichem Vorgehen zu sichern und gewerkschaftsschädigendes Verhalten zu unterbinden. Die Gewerkschaftssatzungen haben für diesen Fall in der Regel Vorsorge getroffen und sehen aufgrund meist sehr allgemeiner Formulierungen die Möglichkeit des Ausschlusses vor.

*Beispiel*[174]*:* § 7 Nr. 1 der Satzung der damaligen IG Chemie-Papier-Keramik bestimmte: «Ein Mitglied kann ausgeschlossen werden, wenn es

a) die Gewerkschaft oder die Interessen der Mitglieder gröblich geschädigt hat;
b) den Anordnungen des Hauptvorstandes, soweit diese auf der Satzung oder auf Beschlüssen der zuständigen Organe beruhen, nicht folgt …»

157 In Konkretisierung derartiger Bestimmungen hat der DGB sog. **Unvereinbarkeitsbeschlüsse** erlassen, wonach die Unterstützung von linksextremen Organisationen wie KPD/ML, KBW und «revolutionäre» oder «rote Gewerkschaftsopposition» (RGO) einen Ausschlussgrund darstellen.[175] Schon vorher

171 BVerfGE 94, 268, 284 ff.

172 BVerfGE 103, 293, 308; kritisch dazu Dieterich AuR 2001, 390, 392; Däubler, in: Grundrechte-Report 2002, S. 137 ff.

173 ErfK-Dieterich Art. 9 GG Rn 86.

174 Nachweise bei Föhr, Willensbildung, S. 10 ff., und Stindt, Verfassungsgebot und Wirklichkeit demokratischer Organisation der Gewerkschaften, S. 193 ff.

175 Wiedergegeben in OLG Celle AuR 1981, 31. Im Wortlaut abgedruckt in: reents-verlag (Hrsg.), Rotbuch zu den Gewerkschaftsausschlüssen. Mit Gutachten zum Russell-Tribunal, Hamburg 1978, S. 625. Eingehend Sachse, S. 65 ff. Angesichts der Auflösung der genannten Organisationen sind diese Beschlüsse weithin gegenstandslos geworden.

war Entsprechendes für die Mitgliedschaft in der NPD und anderen rechtsradikalen Organisationen festgestellt worden.[176] Dasselbe ist für die Mitgliedschaft bei den «Republikanern» möglich[177], doch haben nicht alle Gewerkschaften entsprechend weit gefasste Satzungsbestimmungen.[178]

Im **Grundsatz** ist man sich einig, dass die Mehrheit ggf. eine abweichende Minderheit ausschließen darf, da ihr Bestand nach demokratischen Grundsätzen letztlich den Vorrang haben muss. So dürfen Streikbrecher aus der Gewerkschaft entfernt werden,[179] auch wenn sie vielleicht sehr gewichtige Argumente für eine Einigung ohne Arbeitskampf ins Feld führen mögen. 158

Ob dasselbe auch dann gilt, wenn nicht konkrete gewerkschaftliche Aktivitäten gestört, sondern nur bestimmte **«gewerkschaftsfeindliche» Auffassungen** vertreten werden, ist **sehr viel zweifelhafter**. Popp hat mit Recht auf die Gefahr hingewiesen, dass das Mittel der Unvereinbarkeitsbeschlüsse auch zur Eliminierung vorstandskritischer Mitgliedergruppen missbraucht werden kann; durch allzu totale Geschlossenheit ginge so u. U. sogar die Fähigkeit verloren, neue Impulse zu entwickeln und sich als Organisation auf veränderte Umstände einzustellen.[180] Auch ist zu bedenken, dass der Gewerkschaftsausschluss für den Einzelnen in der Regel den faktischen Verlust der Koalitionsfreiheit bedeutet, ein solches Opfer[181] aber nur dann verlangt werden kann, wenn die kollektive Koalitionsfreiheit der Organisation, d.h. der Mehrheit, in nachhaltiger Weise beeinträchtigt wird. Der BGH hat diese «Grundrechtskollision» in der Weise gelöst, dass die Gewerkschaft sich im Wege des Ausschlusses zur Wehr setzen könne, «wenn eigene Mitglieder ihren Bestand und ihre prinzipiellen Zielsetzungen bekämpfen»;[182] der **Ausschluss eines aktiven NPD-Mitglieds** wurde daher zu Recht bestätigt.[183] Die bloße Mitgliedschaft in bestimmten Organisationen oder gar eine schlichte «Gesinnung» reichen für einen Ausschluss dagegen nicht aus.[184] Kritik ist auch an grundsätzlichen Positionen der Gewerkschaften möglich; die Minderheit muss die Chance haben, sich zu artikulieren, und darf mit ihren Diskussionsbeiträgen nicht in den innergewerkschaftlichen «Untergrund» abgedrängt werden. Die Grenze des 159

176 Vgl. BGH NJW 1973, 35.

177 OLG Düsseldorf AuR 1995, 381; LG Düsseldorf AuR 1995, 382; Sachse AuR 1995, 382 f.

178 So die IG Medien, weshalb der Ausschluss eines «Republikaners» vom BGH (AuR 1995, 380) für rechtswidrig erklärt wurde.

179 BGH NJW 1978, 990. Eingehend Sachse S. 213 ff.

180 Popp, Öffentliche Aufgaben, S. 182.

181 Der Hinweis von Säcker-Rancke (AuR 1981, 12) auf den in vielen Bereichen bestehenden Gewerkschaftspluralismus verfängt jedenfalls für solche Personengruppen nicht, die (untechnisch gesprochen) wegen «Links-Abweichung» aus einer DGB-Gewerkschaft ausgeschlossen wurden.

182 So BGHZ 71, 126, 129.

183 BGH NJW 1973, 35.

184 Darauf wurde bei den Unvereinbarkeitsbeschlüssen des DGB gegenüber den K-Gruppen auch nicht abgestellt.

Zulässigen ist erst überschritten, und von «Bekämpfen» kann erst die Rede sein, wenn es sich der Form nach um Beleidigungen oder Verleumdungen handelt oder wenn die Minderheit beabsichtigt, ihr Ziel nicht auf demokratische Weise, sondern z. B. durch Spaltung zu erreichen.[185]

160 Mit Rücksicht auf die ideellen und wirtschaftlichen Folgen, die der Gewerkschaftsausschluss für den Betroffenen hat, ist im Einzelfall der **Verhältnismäßigkeitsgrundsatz** zu beachten;[186] so darf etwa ein einmaliger «Ausrutscher» nicht zum Verlust der Mitgliedschaft führen.

*Beispiel:* Das Gewerkschaftsmitglied M. schreibt in einem Leserbrief, der Vorsitzende seiner Gewerkschaft «sammle Aufsichtsratsmandate wie andere Leute Briefmarken». Dies schädigt zwar das gewerkschaftliche Ansehen in der Öffentlichkeit (zumal es einen solchen Vorsitzenden nicht gibt), doch wäre der Ausschluss eine übermäßig harte Sanktion. Anders, wenn es sich schon um den fünften Brief dieser Art handeln würde.

161 Bei Betriebsrats- oder Personalratswahlen darf der Einzelne nicht auf **Listen von Konkurrenzorganisationen** kandidieren.

*Beispiel:* Ein CGB-Mitglied kandidiert auf der ver.di-Liste. Ausschluss aus der CGB-Gewerkschaft gerechtfertigt.

162 Nach der Rechtsprechung des BGH berechtigte die **Einreichung einer schlichten «Minderheitenliste»** dann nicht zum Gewerkschaftsausschluss, wenn außer dem Wettbewerb um Stimmen keine gewerkschaftsfeindliche Tendenz ersichtlich war.[187] Dies stellte einen Eingriff in die innergewerkschaftliche Autonomie dar, da ein von der Mehrheit beschlossener Grundsatz, bei Betriebsratswahlen nur einheitlich aufzutreten, von vornherein zur «Satzungsbestimmung zweiter Klasse» wurde, die nicht mit Hilfe der Ausschlussdrohung durchgesetzt werden konnte. Das BVerfG hat deshalb diese Rechtsprechung korrigiert und ein Ausschlussrecht der Gewerkschaft gebilligt.[188] Anders ist jedoch dann zu entscheiden, wenn die Minderheit keine Möglichkeit hatte, auf der «gewerkschaftlichen» Liste angemessen vertreten zu sein.[189] Kommt im Einzelfall keine korrekte, den innergewerkschaftlichen Regeln entsprechende Liste zustande, so kann auch die Kandidatur auf einer

185 BGH NJW 1988, 555. Für Geltung des Art. 5 Abs. 1 GG im innergewerkschaftlichen Bereich auch Säcker–Rancke AuR 1981, 15. Eingehend und überzeugend zur Problematik einer innergewerkschaftlichen Opposition im hier vertretenen Sinne Schüren, S. 195 ff., 279 ff.

186 Ebenso Popp JuS 1980, 804. Vgl. auch Sachse, S. 146.

187 BGHZ 71, 126, bestätigt durch BGH NJW 1988, 555.

188 BVerfGE 100, 214.

189 So bereits die ursprüngliche Rechtsprechung: BGHZ 45, 314, 318. Eingehend zur Gesamtproblematik J. A. E. Meyer, Gutachten über die Frage, ob Gewerkschaften von ihren Mitgliedern verlangen dürfen, dass diese nur auf sog. gewerkschaftlichen Listen zum Betriebsrat kandidieren, erstattet im Auftrage der Otto-Brenner-Stiftung, Frankfurt/M. 1980.

andern Liste keinen Ausschlussgrund mehr darstellen, da es auf betrieblicher Ebene insoweit keinen «Mehrheitswillen» gibt.[190]

*Beispiel:* Die häufig kritisierte bisherige Betriebsratsmehrheit beruft eine Vertrauensleutesitzung ein, zu der nur die Hälfte der Vertrauensleute eingeladen werden. Dort wird die «gewerkschaftliche» Liste aufgestellt, die auch die Zustimmung des mit dem Betriebsratsvorsitzenden eng befreundeten Sekretärs der Ortsverwaltung findet. Die Kritiker stellen nunmehr eine eigene Liste auf; kein Ausschlussgrund.

Über die Berechtigung eines Gewerkschaftsausschlusses entscheiden die **ordentlichen Gerichte**[191]; sie können dabei auch die im innergewerkschaftlichen Verfahren ermittelten Tatsachen auf ihre Richtigkeit überprüfen.[192] Angesichts der überragenden Bedeutung der DGB-Gewerkschaften ist ein Ausschluss auch inhaltlich nur dann möglich, wenn er bei Abwägung der beiderseitigen Interessen der Billigkeit entspricht.[193] 163

Die Frage, ob es sich mit dem Selbstverständnis eines aktiven Gewerkschafters vereinbaren lässt, bei einem solchen Konflikt die staatlichen Gerichte zu bemühen und so einen weiteren Beitrag zur **Verrechtlichung der Gewerkschaftsbewegung** zu leisten[194], ist insbesondere im Zusammenhang mit dem Ausschluss der GEW Berlin aus der Bundes-GEW erörtert worden[195]; die Antwort hängt letztlich davon ab, ob die gewerkschaftliche Autonomie eher durch die «Marginalisierung» bestimmter Gruppen oder eher durch eine ständige Rechtsprechung der obersten Bundesgerichte gefährdet wird.

## 3.2.10. Grenzüberschreitende Koalitionsfreiheit

Das Grundrecht aus Art. 9 Abs. 3 GG garantiert auch den **Zusammenschluss zu internationalen Gewerkschaftsorganisationen**,[196] Art. 8 Buchstabe c des Internationalen Pakts über wirtschaftliche, soziale und kulturelle Rechte[197] und Art. 5 des ILO-Übereinkommens Nr. 87[198] enthalten ausdrücklich eine derartige Garantie. In der Praxis existieren allerdings in der Regel nur Spitzen- oder Dachorganisationen, d.h. Zusammenschlüsse von nationalen Ge- 164

190 Ebenso für den Fall von Streikbrecherarbeit, wenn der Streikbeschluss nicht satzungskonform war, BGH NJW 1978, 990. Ähnlich Popp JuS 1980, 804 und Sachse, S. 237/238.

191 Dazu Bd. 2 Rn 2190ff.

192 So BGH AuR 1984, 157 mit Anm. Herschel.

193 BGH NJW 1988, 554f.; dies folgt notwendigerweise aus dem Aufnahmeanspruch (dazu oben Fn 116).

194 Dazu Erd, Verrechtlichung, S. 238ff.

195 Dazu LG Berlin und KG RdJB 1977, 309ff. mit Anm. Däubler sowie Erd KJ 1977, 49ff.

196 Däubler-Hege, Koalitionsfreiheit, Rn 197; Hergenröder, Arbeitskämpfe mit Auslandsberührung, S. 176ff. mwN.

197 BGBl 1973, II, 1569; abgedruckt auch bei Däubler-Kittner-Lörcher unter Nr. 130.

198 BGBl 1956, II, 2072; abgedruckt auch bei Däubler-Kittner-Lörcher unter Nr. 210.

werkschaften, keine Mitgliederorganisationen.[199]. Der Beitritt einer deutschen Gewerkschaft zu einer solchen «Internationalen»[200] ist ebenso von Art. 9 Abs. 3 GG gedeckt wie die dort entfaltete Tätigkeit. Soweit auch Einzelpersonen Mitglied werden können wie bei der ITF[201], ist dies rechtlich unbedenklich. Auch gegen eine **Doppelmitgliedschaft** von Arbeitnehmern in einer deutschen und einer internationalen (oder einer ausländischen) Gewerkschaft ist nichts einzuwenden. Die letztere ist nach deutschem Recht dann **tariffähig**, wenn sie im Inland oder in ihrem Betätigungsbereich insgesamt den von der Rechtsprechung entwickelten Kriterien entspricht.[202]

165 **Sonderprobleme** ergeben sich, wenn deutsche Gewerkschaften **Tarifverträge für im Ausland Arbeitende** oder mit ausländischen Arbeitgebern abschließen[203] sowie bei der Organisierung grenzüberschreitender Arbeitskämpfe[204].

166 **Arbeitnehmer, die im Ausland arbeiten**, jedoch deutschem Arbeitsrecht unterliegen[205], können Gewerkschaftsmitglied bleiben oder vom Ausland aus der zuständigen deutschen Gewerkschaft beitreten. Ob dies auch für Arbeitnehmer gilt, die z. B. als sog. **Ortskräfte** ausländischem Recht unterliegen, ist kaum erörtert[206], dürfte aber mit Rücksicht auf den universellen Charakter der Koalitionsfreiheit zu bejahen sein.

167 *Beispiel:* Ein deutscher Ingenieur wird für 5 Jahre von Wolfsburg aus zu VW do Brasil entsandt. Da er weiter im Grundsatz deutschem Recht untersteht, kann er jederzeit der IG Metall beitreten. Dasselbe Recht steht an sich auch den brasilianischen VW-Mitarbeitern zu, doch wäre ein Beitritt unüblich und widerspräche dem stillschweigend praktizierten Grundsatz, dass keine Gewerkschaft im Organisationsbereich einer ausländischen Partnerorganisation um Mitglieder wirbt.

---

199 Zum 2004 neu gegründeten Europäischen Verband der Wanderarbeiter (EVW) im Bausektor s. Der Grundstein, Heft 9/2004, S. 25 ff. und Heft 10/2004, S. 7. Dazu das Interview mit Matthias Kirchner dbr Heft 8/2005, S. 11 f.

200 Die IG Metall ist z. B. Mitglied im Europäischen Metallgewerkschaftsbund (EMB) und im Internationalen Metallarbeiterbund (IMB), der DGB ist Mitglied im Europäischen Gewerkschaftsbund (EGB) und im Internationalen Bund Freier Gewerkschaften (IBFG). Zur Mitwirkung des EGB bei der Schaffung EG-rechtlicher Normen Lörcher NZA 2003, 184.

201 Internationale Transportarbeiterföderation, zu der sich insbes. auch die Seeleutegewerkschaften zusammengeschlossen haben. Soweit es in einem Land keine oder keine unabhängigen Gewerkschaften gibt, werden auch einzelne Seeleute aufgenommen.

202 Dazu unten Rn 194 f. Zur Tariffähigkeit der ITF s. Kloss, Modern Law Review 46 (1983), 774 und Däubler, Weltweiter Tarifvertrag, S. 53 f. Sie blieb dahinstehen in BAG AP Nr. 54 zu § 2 TVG.

203 Unten 4.15. (Rn 459 ff.).

204 Unten 5.13. (Rn 694 ff.).

205 Dies gilt insbesondere bei vorübergehender oder dauernder Entsendung – näher Däubler RIW 1987, 249 ff.

206 Andeutungen bei Hergenröder, Arbeitskämpfe mit Auslandsberührung, S. 176 ff.

## 3.3. Koalitionsfreiheit und Staat

### 3.3.1. Der Staat als wirtschaftliches Entscheidungszentrum

Traditionellem Bewusstsein entspricht es, die «Arbeits- und Wirtschaftsbedingungen» als Problem des Verhältnisses zum Arbeitgeber zu begreifen; je mehr diesem gewerkschaftliche «Gegenmacht» entgegengesetzt wird, umso eher kann man mit einer Verbesserung der Lage der abhängig Beschäftigten rechnen. Übersehen werden dabei zwei Dinge. 168

Zum einen werden **zahlreiche lebensnotwendige Leistungen** vom Wohngeld bis zur Altersrente nicht vom Arbeitgeber, sondern **von der öffentlichen Hand erbracht**; es tritt – etwas anspruchsvoll formuliert – eine partielle «Entkoppelung» von Tarifvertrag und Reproduktionsleistungen ein.[207] Will man die von Art. 9 Abs. 3 GG ermöglichte Selbstbestimmungsordnung auch unter solchen Bedingungen realisieren, so muss die Koalitionsfreiheit auch gegenüber staatlichen Instanzen wirksam werden; andernfalls wäre ein Teil der Arbeits- und Wirtschaftsbedingungen von vornherein fremdbestimmt. Reduziert der Staat wegen Finanzknappheit seine Leistungen, sind die Tarifparteien aufgerufen, für einen Ausgleich zu sorgen – in der Gegenwart eine eher utopische Vorstellung, die gleichwohl im Zusammenhang mit der ursprünglich geplanten Besteuerung der Nacht- und Feiertagszuschläge eine Rolle gespielt hat. 169

Zum Zweiten ist das **Verhalten der Arbeitgeberseite**, ihr Handlungs- und Konzessionsspielraum nicht allein vom Markt, sondern auch **von den Entscheidungen politischer Instanzen abhängig**. Währungs- und Außenwirtschaftspolitik, Subventionen und Steuervorteile sowie Erklärungen über «tragbare» und «nicht mehr tragbare» Lohnerhöhungen beeinflussen das Arbeitgeberverhalten in beträchtlichem Umfang. Neben diesen globalen Vorgaben stehen «Interventionen» im Einzelfall. So tritt die öffentliche Hand etwa in vielen Bereichen als wichtiger Nachfrager auf, wie das Beispiel der Flugzeug- und Rüstungsindustrie, aber auch der Bausektor zeigt, wo ca. 50% der Gesamtnachfrage aus dem staatlichen und kommunalen Bereich stammen. In zahlreichen Fällen sind Unternehmen darüber hinaus auf **Subventionen** angewiesen – der Staat fördert beispielsweise die Windkraft, aber auch die Industrieansiedlung in strukturschwachen Gebieten. Weiter gibt es einzelne Branchen, in denen das Unternehmerverhalten aus Gründen der öffentlichen Sicherheit total durchreglementiert ist – zu denken ist dabei insbesondere an **kerntechnische Anlagen**, wo Auflagen und Richtlinien nach dem Atomgesetz bis in die Details der Arbeitsvorgänge hinein alles vorpro- 170

207 Mückenberger KJ 1980, 258ff.

grammieren.[208] Schließlich übernimmt der Staat eine Reihe von Aufgaben in eigener Regie, weil sie in der Regel nicht Gewinn bringend sind und deshalb nicht in privatwirtschaftlicher Form organisiert werden können.[209]

## 3.3.2. Das Problem der Einwirkungsmöglichkeit auf staatliche Entscheidungen

171 Die damit aufgeworfenen Rechtsfragen sind – vom öffentlichen Dienst einmal abgesehen[210] – noch recht wenig erörtert. Gibt die Koalitionsfreiheit das Recht, auch das zur öffentlichen Hand «abgewanderte» Entscheidungszentrum zu beeinflussen? In welchen Formen kann eine solche Einwirkung erfolgen, wie verträgt sie sich mit dem parlamentarischen Prinzip? Könnten die bestehenden Einwirkungsmöglichkeiten durch den Gesetzgeber wieder entzogen werden? Bis zu welchem Grad ist eine Ausdehnung möglich?[211]

Davon zu unterscheiden ist die im Anschluss zu behandelnde Frage, ob sich die Gewerkschaft gegen hoheitliche Eingriffe in ihre Rechte, insbes. gegen Eingriffe in die Tarifautonomie, zur Wehr setzen kann. Ist es zulässig, dass staatliche Behörden wie im Falle Arbed-Saarstahl Subventionen davon abhängig machen, dass auf tarifliche Rechte verzichtet wird?[212] Was bliebe den Betroffenen anderes als Nachgeben? Müsste nicht eigentlich auch der Subventionsgeber mit am Verhandlungstisch sitzen, wenn es um eine Lohnerhöhung geht?

## 3.3.3. Gesetzliche Konkretisierungen

### 3.3.3.1. Beteiligung im Rahmen der Selbstverwaltung

172 Die wenigsten Schwierigkeiten bereitet die Beteiligung von Arbeitnehmervertretern dort, wo öffentliche Aufgaben nicht durch den Staat selbst, sondern durch autonome, mit eigenen Handlungsspielräumen ausgestattete Körperschaften erfüllt werden. Wichtigster (wenn auch in der öffentlichen

208 S. als Beispiel die Richtlinie für den Fachkundenachweis von Kernkraftwerkspersonal, GMBl 1979, 233. Dazu weiter Simitis–Rydzy, a.a.O., Roßnagel, Grundrechte, S. 68 ff., Däubler, in: Böttcher (Hrsg.), Recht–Justiz–Kritik, Festschrift für Richard Schmid, Baden-Baden 1985, S. 161 ff. und – zum Mitbestimmungsrecht des Betriebsrats – DKK-Klebe § 87 Rn 34.

209 Vgl. Däubler, Privatisierung, S. 45 ff.

210 Zu der sich außerhalb gesetzlicher Ermächtigungen vollziehenden Praxis s. Plander, FS Kehrmann, S. 295 ff.; der Spezialfall eines Beschäftigungspaktes für (angestellte und beamtete) Lehrer an öffentlichen Schulen ist behandelt bei Däubler ZTR 1997, 289 ff., 337 ff.

211 Zur Frage des politischen Demonstrationsstreiks s. unten 5.3.4. (Rn 509 ff.).

212 Dazu einige Überlegungen bei Däubler NZA 1985, 545 ff. und Zechlin NJW 1985, 585 ff.

Diskussion nur wenig beachteter) Anwendungsfall sind die **Sozialversicherungsträger**[213], deren Organe zur Hälfte mit Vertretern der Versicherten, zur anderen Hälfte mit Arbeitgebervertretern besetzt sind.[214] In diesem Rahmen steht den Gewerkschaften das Recht zu, Vorschläge für die Wahl der Versicherten-Vertreter zu machen, was ihnen in der Regel einen beträchtlichen Einfluss sichert.[215] Von diesem **halb paritätischen Grundmodell** gibt es verschiedene **Abweichungen**: So besteht der **Verwaltungsrat der Bundesagentur für Arbeit** nur zu einem Drittel aus Arbeitnehmervertretern (neben einem Drittel Arbeitgebern und einem Drittel öffentliche Hand), und diese werden nicht gewählt, sondern vom Bundesarbeitsminister auf Vorschlag der Gewerkschaften ernannt.[216] Auf der anderen Seite stellen die Versicherten **bei den Knappschaften zwei Drittel** aller Vertreter – eine «Überparität», die zu keinerlei Unzuträglichkeiten geführt hat und die während der Weimarer Zeit für alle (!) Sozialversicherungsträger galt.[217] Ganz ohne Arbeitgebervertreter kommen die **Ersatzkassen** aus[218] – eine **«Insel» der Selbstverwaltung**, deren Bedeutung beschränkt ist, da die Einbindung in gesetzliche Regelungen der Entfaltung eigener Initiativen enge Grenzen setzt.

Trotz demokratischer Struktur ist die **Beteiligung an den sog. Sozialwahlen in der Regel recht gering**, dem Organisationsprinzip dieses sozi- 172a
alstaatlichen Wirkungsbereichs fehlt – wie von Ferber feststellte[219] – jede Ausstrahlungskraft.[220] Der Grund dürfte einmal darin liegen, dass nur Beschäftigte wahlberechtigt sind. Sinnvoller wäre es, das Wahlrecht allen aktuellen und potenziellen Empfängern von Sachleistungen zu gewähren, da insoweit der größte Spielraum des Sozialversicherungsträgers besteht und daher die Partizipation mit dem Stimmzettel Prioritäten verändern könnte.[221] Wichtiger scheint freilich die Tatsache, dass die Eigenschaft als **«Versicherter»** nicht dieselbe **Intensität an sozialen Kontakten** wie die Eigenschaft als «Arbeitnehmer» mit sich bringt[222] – dass auch diese nicht immer genügt,

213 Dazu bereits von Ferber GMH 1975, 154.

214 § 44 Abs. 1 Nr, 1 SGB IV sowie früher das Gesetz über die Selbstverwaltung auf dem Gebiet der Sozialversicherung i. d. F. vom 3. 8. 1967, BGBl I, 845.

215 Die Ergebnisse der Sozialwahlen 1974 reduzierten allerdings trotz gewerkschaftlicher Appelle (Janzen DG 1974/5, S. 15) diesen Einfluss erheblich. Zum «Aufwärtstrend» bei den Sozialwahlen 1980 s. Lingen, Quelle 1980, 428.

216 §§ 371 Abs. 4, 379 Abs. 1 SGB III.

217 Föhr, Willensbildung, S. 92.

218 § 44 Abs. 1 Nr. 3 SGB IV.

219 GMH 1975, 155.

220 Die Wahlbeteiligung lag 2005 bei ca. 30 %. Weitere Informationen abrufbar unter www.sozialwahl.de.

221 Von Ferber GMH 1975, 154 ff.; dort auch zur quantitativen Bedeutung der Sozialversicherung.

222 Insofern liegt der Fall ähnlich wie bei Verbraucherverbänden, dazu Däubler, in: Duden u. a., S. 63.

wurde bereits erwähnt.[223] Außerdem ergeben sich Konflikte regelmäßig nur zwischen dem Sozialversicherungsträger und dem Einzelnen; anders als im Betrieb, wo häufig Gruppen oder die ganze Belegschaft betroffen sind, liegt gemeinsames Vorgehen deshalb auch bei der Stimmabgabe nicht besonders nahe.

### 3.3.3.2. Beteiligung an der staatlichen Regelung von Lohn- und Arbeitsbedingungen

173 Außerhalb der Selbstverwaltung liegt der Schwerpunkt gewerkschaftlicher Präsenz bei staatlichen Instanzen, deren Kompetenz sich auf Entgelt und Arbeitsbedingungen erstreckt. Die wichtigsten Anwendungsfälle seien hervorgehoben.

▶ Die vom zuständigen Arbeitsminister vorzunehmende **Allgemeinverbindlicherklärung** von Tarifverträgen findet nur im «Einvernehmen» mit einem **«Tarifausschuss»** statt, der je zur Hälfte aus Vertretern der Arbeitgeber und der Gewerkschaften besteht.[224] Da eine positive Stellungnahme nur durch Mehrheitsbeschluss zustande kommt, kann die Gewerkschaft (aber auch die Arbeitgeberseite!) jede Allgemeinverbindlicherklärung blockieren.[225]

▶ Die nach § 4 HAG zu errichtenden **Heimarbeitsausschüsse** bestehen nach § 5 aus einem Vorsitzenden und je zwei Beisitzern aus Kreisen der Auftraggeber und der Heimarbeiter. Für die zweite Gruppe kann die zuständige Gewerkschaft, unter Umständen auch die Spitzenorganisation Vorschläge an die zuständige Arbeitsbehörde machen. Nach § 19 HAG ersetzen die Heimarbeitsausschüsse unter bestimmten Voraussetzungen die sozialen Gegenspieler, da sie «Entgelte und sonstige Vertragsbedingungen» mit bindender Wirkung festlegen können.

▶ Der sog. **Hauptausschuss** nach dem Gesetz über die Festsetzung von Mindestarbeitsbedingungen besteht aus je fünf Vertretern der Gewerkschaften und der Arbeitgeberverbände.[226]

▶ Bei Streitigkeiten zwischen dem Arbeitnehmererfinder und seinem Arbeitgeber entscheidet eine **Schiedsstelle**, die aus einem Vorsitzenden und zwei Beisitzern besteht. Auf Antrag eines Beteiligten muss eine Erweiterung um je ein Mitglied «aus Kreisen der Arbeitgeber und der Arbeitnehmer» erfolgen.[227] Außerdem werden die Spitzenorganisationen der Arbeitgeber und Arbeitneh-

---

223 Oben 3.2.2.1. (Rn 113 a).

224 § 5 I TVG iVm § 1 DVO.

225 Zu ihrer Bedeutung s. unten 4.3.3.3 (Rn 230) und 4.12.3. (Rn 428 ff.).

226 Näher zu diesem Gesetz unten 4.13. (Rn 454).

227 § 30 Abs. 4 ANErfG.

mer vor Erlass der Richtlinien über die Bemessung der Erfindervergütung angehört.[228]

▶ Nach § 94 BBG, § 58 BRRG sind die Spitzenorganisationen der zuständigen Gewerkschaften bei der **Vorbereitung beamtenrechtlicher Regelungen** zu beteiligen.[229]

▶ Die **Kammern der Arbeitsgerichte und der Landesarbeitsgerichte** bestehen aus einem Berufsrichter sowie einem Arbeitgeber- und einem Arbeitnehmerbeisitzer.[230] Beim BAG überwiegen dagegen die Berufsrichter, da jeder Senat nur aus einem Arbeitnehmer- und einem Arbeitgebervertreter sowie aus drei Berufsrichtern besteht.[231] Die Ernennung der Beisitzer erfolgt durch den Landes- bzw. Bundesarbeitsminister, die jedoch nur Personen auswählen können, die sich auf den Vorschlagslisten von Gewerkschaften und sozialpolitischen Vereinigungen bzw. der Arbeitgeberverbände befinden. In der Praxis bedeutet dies, dass in der Regel Betriebsratsmitglieder oder hauptamtliche Gewerkschaftsangestellte den Platz des Arbeitnehmervertreters in der einzelnen Kammer einnehmen. Auch bei der Auswahl der Berufsrichter erster und zweiter Instanz sind Gewerkschaften und Arbeitgeberverbände mitbeteiligt.[232]

▶ Für die Sozialgerichtsbarkeit gelten ähnliche Grundsätze.[233]

Charakteristikum dieser Art Arbeitnehmerbeteiligung ist das deutliche **Zurückbleiben hinter der Halbparität** – sieht man einmal von der Allgemeinverbindlicherklärung und den Heimarbeitsausschüssen ab. Das bedeutet, dass es nur darum gehen kann, durch Argumente zu überzeugen – ein Vetorecht existiert nicht. Schon deshalb besteht **kein Konflikt mit dem parlamentarischen Prinzip**, zumal es auch bei der Beteiligung an arbeitsgerichtlichen Verfahren nur darum geht, sich über die Ausschöpfung der vom Gesetz gelassenen Spielräume zu verständigen.[234] 174

### 3.3.3.3. Beteiligung an sonstigen Entscheidungen der öffentlichen Hand

In einer Reihe von Fällen besitzen die Gewerkschaften (wie auch die Arbeitgeberverbände) Entsendungsrechte in Gremien, deren Zuständigkeit sich 175

228 § 11 ANErfG.

229 Dazu Wohlgemuth AuR 1988, 308 in kritischer Auseinandersetzung mit OVG Nordrhein-Westfalen AuR 1988, 324.

230 §§ 16 Abs. 1, 35 Abs. 2 ArbGG.

231 § 41 Abs. 2 ArbGG.

232 §§ 18, 36 ArbGG.

233 Föhr, Willensbildung, S. 102 mN zu Ansätzen in anderen Gerichtsbarkeiten.

234 Zur Rolle der ehrenamtlichen Richter und zum Einbringen ihres «Vorverständnisses» in den Entscheidungsprozess s. Däubler AuR 1976, 369.

nicht auf Lohn- und Arbeitsbedingungen bezieht. Grund hierfür ist z. T. die Anerkennung als **Repräsentant einer wichtigen gesellschaftlichen Gruppe** (Beispiel: Vertretung in den Rundfunkräten), zum Teil ihre Fähigkeit, auch die Interessen der **Arbeitnehmer** in ihrer Eigenschaft **als Verbraucher** wahrzunehmen. Letzteres rechtfertigt etwa die Anhörung der Gewerkschaften vor der Erteilung einer Genehmigung nach dem Personenbeförderungsgesetz.[235] Weiter können sie nach § 82 BBiG 2004 ein Drittel der Mitglieder des Landesausschusses für Berufsbildung vorschlagen.

#### 3.3.3.4. Entziehbarkeit durch den Gesetzgeber?

176 Soweit sich die skizzierten Rechte auf die Arbeits- und Wirtschaftsbedingungen beziehen, stellen sie eine Ausgestaltung der Koalitionsfreiheit des Art. 9 Abs. 3 GG dar, die nach der Rechtsprechung des BVerfG auch die Interessenvertretung gegenüber Staat, Öffentlichkeit und Parteien mit erfasst.[236] Dies bedeutet **nicht**, dass die heute gegebenen Formen **auf alle Zeiten «zementiert»** wären. Änderungen sind möglich, doch würde ein fühlbarer **Abbau** nur zulässig sein, wenn er sich auf **höherrangige Verfassungsgüter** stützen könnte.[237] Soweit in der Literatur Äußerungen vorhanden sind, gehen sie in dieselbe Richtung.[238] So wäre es etwa nicht hinzunehmen, würde die Beteiligung ehrenamtlicher Richter in der Arbeitsgerichtsbarkeit mit dem Argument beseitigt, Entscheidungen durch den Berufsrichter allein seien erheblich kostengünstiger.

### 3.3.4. Einbeziehung neuer Felder?

177 Ohne ausdrückliche gesetzliche Grundlage hat die Praxis in einzelnen Fällen den Betriebsräten, z. T. aber auch den Gewerkschaften **Mitspracherechte** eingeräumt, wenn es um die **Gewährung bestimmter staatlicher Förderungsleistungen** ging. In den «Grundsätzen zur Förderung der Forschung und Entwicklung auf dem Gebiet ‹Humanisierung des Arbeitslebens›» vom 2. 11. 1976[239] wurde unter Ziffer 5.2.1. bestimmt, dass «bei betrieblichen

---

235 14 Abs. 1 Nr. 3, Abs. 2 PBefG.

236 S. oben 3.2.8. (Rn 153).

237 Zu den Voraussetzungen von Eingriffen in einzelne koalitionsspezifische Betätigungsformen s. oben 3.2.8. (Rn 154).

238 Kittner-Schiek, AK-GG Art. 9 Abs. 3 Rn 148; Runggaldier S. 243 ff.; R. Scholz, Koalitionsfreiheit, S. 257 ff.

239 Bundesanzeiger vom 13. 11. 1976 (das Programm ist 1989 ausgelaufen). Ähnlich das arbeitsmarktpolitische Sonderprogramm der Bundesregierung für Regionen mit besonderen Beschäftigungsproblemen vom Mai 1979, bei dem Förderungsanträge nur bei beigefügter Stellungnahme des Be-

Forschungs- und Entwicklungsprojekten, welche die Arbeitnehmer des antragstellenden Unternehmens betreffen», eine «schriftliche Einverständniserklärung des örtlichen Betriebsrats» zu dem Antrag vorliegen müsse. Weniger weit gehend hieß es im Forschungsprogramm «Fertigungstechnik» des Bundesministeriums für Forschung und Technologie, dass bei Vorhaben, die «Bedeutung für die Arbeitsplätze des zu fördernden Betriebs haben», den Anträgen eine schriftliche Stellungnahme des jeweiligen Betriebsrats beizufügen sei.[240] Stimmte sie nicht mit dem Antrag des Arbeitgebers überein, so wurde ein drittelparitätisch besetzter Fachausschuss (bestehend aus Vertretern der Arbeitgeber, der Gewerkschaften und der Wissenschaft) tätig, dessen Stellungnahme bei der Endentscheidung des Ministeriums zu «berücksichtigen» war. Von gewerkschaftlicher Seite wurde die Forderung erhoben, die Betriebsräte nicht nur in diesen beiden Bereichen, sondern auf dem gesamten Gebiet der Technologieförderung gleichberechtigt einzuschalten. Soweit ein Vorhaben mehrere Betriebe berühre, müsse überdies die überbetriebliche Interessenvertretung, d. h. die Gewerkschaft, eingeschaltet werden.[241]

In der Gegenwart hat die Berücksichtigung von Arbeitnehmerinteressen 177a bei der **staatlichen Auftragsvergabe** erhöhte Bedeutung erlangt. Inhaltlich geht es insbes. darum, bei Ausschreibungen nur solche Unternehmen zu berücksichtigen, die sich an die Tarifverträge halten, die am Arbeitsort gelten. Ob man eine solche «Tariftreueerklärung» von ihnen verlangen kann, ist umstritten.[242]

**Arbeitgebergrundrechte** sind entgegen Scholz[243] durch eine solche 177b Praxis nicht verletzt. Wer eine bestimmte öffentliche Leistung in Anspruch nimmt, die zur Erreichung bestimmter Zwecke angeboten wird, muss sich die Beschränkungen seiner Handlungsfreiheit gefallen lassen, die für das Erreichen dieser Zwecke notwendig sind.[244] Dies gilt jedenfalls dann, wenn das Unternehmen auf die staatliche Leistung nicht existenziell angewiesen ist und wenn sich der verfolgte Zweck innerhalb der Rechtsordnung bewegt.[245] Andernfalls wäre es beispielsweise nicht einmal möglich, eine regelmäßige Berichtspflicht über den Fortgang eines Vorhabens festzulegen, läge darin doch ein Eingriff in die unternehmerische Betätigungsfreiheit nach Art. 12

triebsrats bearbeitet wurden – dazu Bosch Mitb 1983, 557. Weitere Beispiele aus dem Bereich der Arbeitsverwaltung bei Bieback RdA 1983, 265 Fn 2.

240 Zitiert nach R. Scholz BB 1981, 441.

241 Janzen GMH 1980, 256 ff.

242 Dazu die Nachweise unten 4.3.3.5. (Rn 230 b).

243 BB 1981, 445.

244 Ähnlich Pietzcker, S. 401.

245 Vgl. Bieback RdA 1983, 273. Eine Auflage, zum katholischen Glauben überzutreten oder eine bestimmte Meinung zu vertreten, wäre selbstredend rechtswidrig – derlei abenteuerliche Klauseln kennt aber die Praxis nicht.

Abs. 1 GG.[246] **Allgemeine verwaltungsrechtliche Grundsätze** sind somit **gewahrt**, wenn Subventionen oder Staatsaufträge von der vollen Beachtung des geltenden Arbeitsrechts durch den Empfänger abhängig gemacht werden. Der innere Zusammenhang mit der Ausführung des Auftrags wird dadurch hergestellt, dass sie faktisch ja in der Hand der Belegschaft liegt, die von den Arbeitsrechtsnormen betroffen ist.[247] Bei ausländischen Anbietern ist allerdings nur zu berücksichtigen, ob sie ihr «Heimatrecht» beachten und dem AEntG Rechnung tragen.[248]

### 3.3.5. Staatliche Eingriffe in die Koalitionsfreiheit

177c Wie weit der Staat in spezifisch koalitionsmäßige Betätigungen eingreifen kann, ist insbesondere im Zusammenhang mit der **Tarifautonomie** praktisch geworden.[249] Die Rechtsprechung des BVerfG hat sich insoweit als recht «großzügig» erwiesen.[250] Auch im Einzelfall kann es fragwürdige Interventionen geben. Als Beispiel hierfür mag die (versuchte) Sanierung von **Arbed-Saarstahl** stehen, wo «Stützungsmaßnahmen» davon abhängig gemacht wurden, dass auf tarifliche Rechte verzichtet wurde und die Arbeitgeberfirma aus dem Arbeitgeberverband austrat.[251] Auch wird etwa die staatliche Wissenschaftsförderung üblicherweise davon abhängig gemacht, dass das von bestimmten Tarifverträgen bestimmte Leistungsniveau den Beschäftigten gegenüber nicht überschritten wird.

177d Im Fall Arbed-Saarstahl fehlte für ein solches Vorgehen schon die **gesetzliche Grundlage**.[252] Selbst wenn es sie gegeben hätte, wäre jedenfalls das **Verlangen nach Austritt** aus dem Arbeitgeberverband **nicht zu rechtfertigen** gewesen. Einen solchen Eingriff lässt Art. 9 Abs. 3 GG ersichtlich nicht zu; von der Koalitionsfreiheit würde nichts übrig bleiben. Auch der Gedanke eines Grundrechtsverzichts hilft nicht weiter, da dieser durch Art. 9 Abs. 3 Satz 2 GG sowieso ausgeschlossen ist. Selbst wenn man dies anders sehen würde, könnte er allenfalls dann rechtfertigende Wirkung haben, wenn das Unternehmen sich hätte frei und ohne drohende Nachteile entscheiden können.[253]

---

246 Ob und in welchem Umfang bei lebenswichtigen Leistungen eine Ausnahme zu machen ist, kann hier dahinstehen.

247 Ebenso Bieback RdA 1983, 275.

248 Zu diesem s. unten 4.17.3. (Rn 462b ff.).

249 Dazu oben 3.2.8. (Rn 155 ff.) mwN.

250 Einzelheiten bei Däubler-Däubler, TVG, Einl. Rn 131 ff.

251 Darstellung im Einzelnen bei Zechlin NJW 1985, 585/586.

252 Zechlin NJW 1985, 585 ff.

253 Vgl. Bieback RdA 1983, 273. Zum «Grundrechtsverzicht» ErfK-Dieterich Einl. zum GG Rn 65.

### 3.3.6. Staatliche Schutzpflicht?

In Rechtsprechung und Literatur wird verstärkt darauf verwiesen, dass die Koalitionsfreiheit wie andere Grundrechte den Staat zum Eingreifen verpflichte, wenn ihre Realisierung gefährdet sei.[254] Dies kann etwa der Fall sein, wenn in weitem Umfang ausländische «Billigarbeitskräfte» im Inland eingesetzt werden und so die tariflichen Arbeitsbedingungen unterlaufen werden.[255] Die Möglichkeit zur **Allgemeinverbindlicherklärung** von Tarifverträgen[256] sowie die Erstreckung bestimmter Arbeitsbedingungen auf ausländische Arbeitskräfte durch das **AEntG**[257] sind **Ausdruck** dieser **staatlichen Schutzpflicht**. Wie weit diese geht, ist durch die Verfassung nicht determiniert, sondern im Einzelfall politisch zu entscheiden. So wird man die Bindung eines Zuwendungsempfängers an bestimmte Obergrenzen für die Vergütung nicht von vornherein ablehnen können, doch muss eine gerichtliche Kontrolle möglich bleiben. 177e

Im konkreten Fall erhielt die wissenschaftliche Einrichtung einen Zuweisungsbescheid, doch wurde das Geld erst ausbezahlt, als die Widerspruchsfrist wegen der beigefügten Auflagen bereits abgelaufen war. Bei einer später erhobenen Klage könnte sich die Behörde m. E. nach Treu und Glauben nicht auf die Fristversäumnis berufen.

254 Vom Ansatz her BVerfGE 92, 26 ff. und Kempen, FS Gitter, S. 427 ff. Zum Schutzpflichtkonzept allgemein ErfK-Dieterich Einl. zum GG Rn 37 ff.

255 Dazu – am Beispiel des Bauarbeitsmarktes – Kempen, a.a.O., und Däubler DB 1995, 726 ff.

256 S. unten 4.3.3.3. (Rn 230) und 4.12.3. (Rn 428 ff.).

257 Dazu unten 4.17.3. (Rn 462 b ff.).

# 4. Tarifvertragsrecht[1]

## 4.1. Die Tarifpraxis

178 **Fragen des Tarifvertragsrechts**, auftauchende (und wieder verschwindende) Kontroversen wie auch höchstrichterliche Entscheidungen lassen sich nur **vor dem Hintergrund** der **Tarifpraxis** erklären. So ist etwa die BAG-Rechtsprechung zur Differenzierungsklausel[2] eine direkte Folge des von den Gewerkschaften Anfang der 60er Jahre unternommenen Versuchs, die Mitgliederentwicklung mit rechtlichen Mitteln zu fördern.[3] Aus diesem Grund seien einige Informationen über die wichtigsten Etappen der Tarifpraxis vorausgeschickt.

### 4.1.1. Die Zeit des Wirtschaftsaufbaus

179 **Nach dem Zweiten Weltkrieg** und der Aufhebung des von den Alliierten verfügten Lohnstopps[4] konzentrierte sich die gewerkschaftliche Tarifpolitik zunächst auf die **Durchsetzung von Lohnerhöhungen**. Die allmähliche Beseitigung der Arbeitslosigkeit[5] und ein stetiges Wachstum[6] ermöglichten insoweit beträchtliche Erfolge.[7] Freisetzungen durch technischen Wandel konnten angesichts der Wirtschaftsexpansion unschwer aufgefangen werden.[8]

1 Zu zahlreichen Einzelfragen wird auf Däubler, Tarifvertragsrecht, 3. Aufl., Baden-Baden 1993, sowie auf Däubler (Hrsg.), Kommentar zum TVG, 2. Aufl., Baden-Baden 2006 verwiesen.

2 BAG AP Nr. 13 zu Art. 9 GG; BAG DB 1978, 1647. Dazu bereits oben Rn 135 ff.

3 Dazu Hueck-Nipperdey, Bd, II/1, S. 134 (sog. Anerkennungsforderungen).

4 Näher dazu Nautz S. 41 ff.

5 Zahlenangaben bei Weller, Arbeitslosigkeit und Arbeitsrecht, 1969.

6 Überblick bei Glastetter, in: IG-Metall-Vorstand (Hrsg.), Krise und Reform in der Industriegesellschaft, 1976, S. 21 ff.

7 Zachert, Tarifvertrag, S. 123. Näher dazu unten 4.5.1. (Rn 272 ff.).

8 So wurden etwa in den Jahren 1950 bis 1960 insgesamt 47,9 % aller in der Industrie Beschäftigten freigesetzt, und von 1960–1968 verlor noch einmal rund ein Drittel aller Arbeitnehmer seinen Arbeitsplatz, ohne dass dies zu mehr als ganz kurzfristiger Arbeitslosigkeit geführt hätte – Zahlen nach Osterland-Deppe u. a., S. 43.

Schlechte Arbeitsbedingungen wurden häufig durch «Schmutzzulagen», «Erschwerniszulagen» u. Ä. kompensiert.[9] Im Einzelfall war allerdings auch die Verausgabung der Arbeitskraft als solche (und nicht nur die Gegenleistung des Arbeitgebers) Gegenstand von Tarifverträgen. Als Beispiel sei die im Metallerstreik in Schleswig-Holstein durchgesetzte Lohnfortzahlung im Krankheitsfalle genannt, die jedenfalls *eine* Form des Leistungsdrucks am Arbeitsplatz beseitigte.[10] Auch die schrittweise Realisierung der 40-Stunden-Woche[11] kann als Beitrag zur Reduzierung der Arbeitsbelastung gewertet werden.

**Die Krise der Jahre 1966/67** hatte ihrer kurzen Dauer wegen keine nach- 180
haltigen Auswirkungen auf die Tarifpraxis. Die Erfahrung, dass Freisetzungen nicht unverzüglich durch anderweitige Arbeitsmöglichkeiten aufgefangen werden konnten, führte allerdings zum **Abschluss von Rationalisierungsschutzabkommen.**[12] Sie erschwerten ein unfreiwilliges Ausscheiden der Arbeitnehmer und sahen im Falle der gleichwohl unvermeidlich werdenden Kündigung einen finanziellen Ausgleich vor; mehr als eine (geringfügige) «Verteuerung» von Rationalisierungsprozessen konnten sie nicht bewirken.[13]

Ein Schritt in tarifpolitisches Neuland wurde mit dem 1973 in der Metall- 181
industrie Nordwürttemberg/Nordbadens erkämpften **Lohnrahmentarif II** getan.[14] Er hatte den betrieblichen Arbeitsprozess als solchen zum Gegenstand und versuchte, durch Einführung bezahlter Erholungspausen, durch Veränderung der Takt- und Fließbandarbeit und durch zahlreiche andere Regelungen einen wesentlichen Beitrag zur Humanisierung der Arbeitsbedingungen zu leisten.[15] Dass ein solches Ziel in die praktische Tarifpolitik einging, hing vermutlich damit zusammen, dass das «Anspruchsniveau» der Arbeitnehmer gestiegen war: Eine finanzielle Kompensation wurde nicht mehr als ausreichendes «Trostpflaster» für drohenden Gesundheitsverschleiß betrachtet. Dies ist wiederum nicht nur als Reaktion auf gestiegene Arbeitsanforderungen, sondern auch als «Politisierungsprozess» zu begreifen, der seine Impulse von der Studentenbewegung und einer innovatorisch ausgerichteten SPD erhielt.

---

9 Gerlach WSI-Mitt. 1979, 221.

10 Dazu Bergmann u. a., S. 224 ff.

11 Zur Arbeitszeitverkürzung s. unten 4.6.3. (Rn 341 ff.).

12 Zu ihnen etwa Böhle-Lutz, Rationalisierungsschutzabkommen, 1974.

13 Gerlach WSI-Mitt. 1979, 222.

14 Abgedruckt in RdA 1974, 177 ff.; dazu Güntner RdA 1974, 153 ff., und unten 4.6.1. (Rn 329 ff.).

15 Zur Konzeption und zu den praktischen Schwierigkeiten bei der Umsetzung s. Steinkühler GMH 1977, 394; Vorstand der IG Metall (Hrsg.), Werktage werden besser, 1977, sowie Dabrowski–Neumann u. a., Der Lohnrahmentarifvertrag II in der betrieblichen Praxis, 1977.

### 4.1.2. Krisenbewältigung Ende der 70er Jahre

182 Die Ende 1973 einsetzende Krise verschob die Gewichte gewerkschaftlicher Tarifpolitik. Zwar blieb die Lohn- und Gehaltspolitik Kernstück tarifpolitischer Bemühungen,[16] doch trat neben sie der Kampf um die **Erhaltung der Arbeitsplätze und des sozialen Besitzstands**.[17] Die hierfür eingesetzten Gestaltungsformen waren durchaus unterschiedlicher Art. So setzte etwa die Gewerkschaft NGG im Manteltarifvertrag der Zigarettenindustrie von 1976 ein volles Mitbestimmungsrecht des Betriebsrats bei Rationalisierungsmaßnahmen sowie bei Einstellungen und Entlassungen durch.[18] In einem dreiwöchigen Arbeitskampf gelang es der IG Druck und Papier im Frühjahr 1978, sog. **qualitative Besetzungsregelungen** zu erreichen, wonach bestimmte Arbeitsplätze vorrangig mit Fachkräften der Druckindustrie zu besetzen waren.[19] Die IG Metall erkämpfte ebenfalls 1978 in Nordwürttemberg/Nordbaden einen **Absicherungstarifvertrag**, der insbesondere die Abgruppierungen um mehr als zwei Lohngruppen (bzw. um mehr als eine Gehaltsgruppe) verbot.[20] Die weiter gehende Forderung, die bisherige Eingruppierung sowie die bisherige durchschnittliche Lohnhöhe festzuschreiben,[21] konnte nicht durchgesetzt werden.[22] Gleichwohl war ein möglicher sozialer Abstieg in Grenzen gehalten.

### 4.1.3. Arbeitszeitverkürzung mit Lohnausgleich und Flexibilisierung in den 80er Jahren

183 Eine zentrale Rolle spielten in den 80er Jahren Forderungen nach einer weiteren Verkürzung der Arbeitszeit, was nicht nur als Freizeitgewinn, sondern auch als Mittel zur Erleichterung von Neueinstellungen und damit zur Verringerung der Arbeitslosigkeit gedacht war.[23] Die Resultate waren zunächst durchaus unterschiedlich. Auf dem **Urlaubssektor** wurden vergleichsweise schnell beträchtliche Erfolge erzielt[24], und auch eine **Verkürzung der Ar-**

---

16 Zachert, Tarifvertrag, S. 119. Näher zu den Ergebnissen der gewerkschaftlichen Lohnpolitik unten 4.5.1. (Rn 272 ff.).

17 Gerlach WSI-Mitt. 1979, 224. Vgl. auch Klees BlfStR 1981, 33.

18 Mitgeteilt bei Gerlach WSI-Mitt. 1979, 223.

19 Der Tarifvertrag ist abgedruckt in: RdA 1978, 116. Dazu eingehend Berg/Wendeling-Schröder/Wolter RdA 1980, 299 ff. und – die Zulässigkeit bejahend – BAG DB 1984, 1099.

20 Der Tarifvertrag «zur Sicherung der Eingruppierung und zur Verdienstsicherung bei Abgruppierungen» ist abgedruckt in: RdA 1978, 384.

21 Der Tarifvertragsentwurf der IG Metall ist abgedruckt bei Blomeyer ZfA 1980, 75.

22 Dazu Däubler, Vorwärts vom 25. 5. 1978.

23 S. bereits DGB-Bundesvorstand (Hrsg.), Vorschläge des DGB zur Wiederherstellung der Vollbeschäftigung, 1977; Aktionsprogramm vom Juni 1979, ÖTV-Magazin Heft 7/1979, S. 19.

24 S. den Überblick bei Clasen RdA 1984, 245, wonach im Jahre 1983 63 % aller in den Anwen-

**beitszeit** älterer Beschäftigter[25] und von **Schichtarbeitern**[26] schien noch einigermaßen konsensfähig zu sein, während die Verkürzung der Wochenarbeitszeit für alle auf den schroffen Widerspruch der Arbeitgeber stieß.[27] In den großen Arbeitskämpfen vom Frühsommer **1984** wurde die **Schallgrenze der 40 Stunden durchbrochen** und für die Metall- wie für die Druckindustrie die 38,5-Stunden-Woche ab 1. 4. 1985 vereinbart[28]; wenig später sind andere Branchen gefolgt.[29] Im Frühjahr 1987 wurde angesichts drohender Arbeitskämpfe bei Metall und Druck ein weiterer großer Schritt gemacht: Ab 1989 galt die 37-Stunden-Woche.[30] In der Tarifrunde **1990** wurde **in einigen Branchen die 35-Stunden-Woche** festgeschrieben: In der Metallindustrie gilt sie seit 1. 10. 1995, in der Druck- und der Stahlindustrie bereits seit 1. 4. 1995.[31] Im öffentlichen Dienst trat am 1. 4. 1989 die 38½-Stunden-Woche in Kraft.[32] Im Durchschnitt aller Branchen lag die tarifliche Wochenarbeitszeit **bei etwa 37½ Stunden**.[33] Die tarifliche Jahresarbeitszeit war schon im Jahre 1990 auf 1689,1 Stunden gesunken[34] und erreichte damit einen Wert, der erheblich unter dem anderer EG-Staaten, Japans und der USA lag.[35]

Die beschriebenen **Arbeitszeitverkürzungen** wurden durchweg bei 184
**«vollem Lohnausgleich»** erreicht: Die Durchführung der einzelnen Schritte ließ das jeweilige Monatsgehalt unverändert, Stundenverdienste wurden prozentual entsprechend angehoben. Für die Arbeitgeberseite war dies deshalb akzeptabel, weil sie ihre Forderung nach verstärkter **Flexibilisierung der Arbeitszeit** weitgehend durchsetzen konnte. So kann seither in vielen Bereichen die Arbeitszeit unterschiedlich auf die einzelnen Wochen verteilt

---

dungsbereich von Tarifverträgen fallenden Arbeitnehmer 6 Wochen (in einzelnen Fällen sogar einige Tage mehr) Urlaub besaßen. Zur Entwicklung in einzelnen ausgewählten Tarifbereichen s. die Angaben in: RdA 1979, 176.

25 S. die Beispiele bei Clasen RdA 1984, 243 (insbesondere chemische Industrie). Zu entsprechenden Regelungen im Bereich der Gewerkschaft NGG s. Gerlach WSI-Mitt. 1979, 226.

26 Clasen RdA 1984, 244: Tarifverträge mit Regelungen über Freischichten bei Nacht- und Schichtarbeit galten für rund 5,4 Mio. Arbeitnehmer. Als Beispiel s. den Tarifabschluss nach dem Stahlarbeiterstreik 1978/79 – dazu Gerlach WSI-Mitt. 1979, 226.

27 Zum sog. Tabukatalog der Arbeitgeber, zu dem auch die 40-Stunden-Woche zählte, s. u. a. Wiedemann, FS 25 Jahre BAG, 1979, S. 637.

28 Die (angenommenen) Vermittlungsvorschläge sind abgedruckt in: RdA 1984, 362f. Vgl. auch Mitb Heft 9/1984 (S. 363ff.).

29 S. etwa das Schlichtungsergebnis in der Holz- und Kunststoff verarbeitenden Industrie von Rheinland-Pfalz, abgedruckt in: NZA 1984, 390. In der Stahlindustrie wurde mit Wirkung vom 1. 10. 1984 die 38-Stunden-Woche eingeführt – s. Handelsblatt vom 18. 7. 1984, S. 1.

30 Die Tarifeinigung im Metallbereich ist wiedergegeben in RdA 1987, 289.

31 Bispinck/WSI-Tarifarchiv WSI-Mitt. 1991, 139ff.

32 Kurz–Scherf/WSI-Tarifarchiv WSI-Mitt. 1989, 127.

33 Bispinck/WSI-Tarifarchiv WSI-Mitt. 1994, 476.

34 Bispinck/WSI-Tarifarchiv 1991, 133.

35 S. die vergleichende Darstellung bei O. Vogel, in: EG-Binnenmarkt ’92, S. 38.

werden, wenn sich Geschäftsleitung und Betriebsrat darauf verständigen; zwingend vorgeschrieben ist nur, dass bestimmte Höchst- und Mindestgrenzen eingehalten und die vorgeschriebene Dauer innerhalb eines bestimmten Zeitraums von z.B. sechs Monaten erreicht wird.[36] Aufgrund eines Vorschlags des Schlichters Georg Leber in der Tarifrunde 1984 gab es in der Metallindustrie daneben eine sog. **Arbeitszeitdifferenzierung**: Betriebsräte und Geschäftsleitung konnten vereinbaren, dass die Wochenarbeitszeit für Teile des Betriebs, für einzelne Beschäftigte oder für Gruppen von Beschäftigten zwischen 36,5 und 39 Stunden betrug, sofern nur ein Durchschnittswert von 37 Stunden gewahrt blieb.[37] Das BAG hat diese Regelungen für zulässig erklärt.[38] In den Tarifverträgen des Jahres 1990 wurde ein anderes Modell vereinbart: Danach können 18 % der Belegschaft arbeitsvertraglich ihre Wochenarbeitszeit auf bis zu 40 Stunden erhöhen, sofern bestimmte Voraussetzungen wie das Recht auf «Rückkehr» zur Normalarbeitszeit gewahrt bleiben.[39] In einer Reihe von Branchen wurde außerdem über das gesetzliche Verbot der Sonntagsarbeit hinaus die **Wochenendarbeit beschränkt**. Wichtig ist etwa die Regelung, wonach der Betriebsrat Samstagsarbeit mit seinem Veto verhindern kann, ohne dass die Einigungsstelle seine Entscheidung korrigieren könnte.[40] Bei allen diesen Regelungen werden die Kompetenzen des Betriebsrats ausgeweitet.[41] Dies entspricht einem Trend zur **Dezentralisierung der Verhandlungssysteme**, der auch in anderen Ländern zu beobachten ist.

185 Neben der Verkürzung der Wochenarbeitszeit spielte seit 1984 auch die tarifliche Vereinbarung des sog. **Vorruhestands** eine erhebliche Rolle.[42] Schon im Juli 1984 galt für etwa ein Drittel aller von Tarifverträgen erfassten Arbeitnehmer eine entsprechende Regelung; etwa 240 000 Beschäftigte besaßen danach einen Anspruch auf vorzeitiges Ausscheiden aus dem Arbeitsleben.[43] Davon hatten bis zum 31. Dezember 1988 etwa 200 000 Personen Gebrauch gemacht, doch sank die Zahl der Arbeitslosen dadurch nur um ca. 90 000.[44] Die

36 S. den Fall LAG Baden-Württemberg NZA 1989, 317.

37 Die «Bandbreite» betrug 1984 37 bis 40 Stunden und wurde 1987 auf 36,5 bis 39 Stunden verringert.

38 BAG AP Nr. 23 zu § 77 BetrVG 1972. Näher dazu unten 4.7.3.3. (Rn 348 ff.) und Bd. 2 Rn 244 ff.

39 Bispinck/WSI-Tarifarchiv WSI-Mitt. 1991, 139. In manchen Tarifbezirken steht dieses Recht nur 13 % der Belegschaft zu, doch sind dort bestimmte Führungskräfte aus dem Geltungsbereich ausgenommen. Zu den Tarifverträgen s. weiter Richardi DB 1990, 1613 ff.

40 Dazu Richardi NZA 1988, 677.

41 Vgl. Weyand AuR 1989, 193 ff.

42 Entsprechende Tarifverträge sind wiedergegeben in: NZA 1984, 318 (Textil), NZA 1985, 54 (Bau), RdA 1984, 109 (Medien). Zum Abschluss in der chemischen Industrie s. Handelsblatt vom 4. 3. 1985, S. 1.

43 S. die Mitteilung in RdA 1984, 367. Näher zum Vorruhestand in Bd. 2, 9. Aufl., unter 9.3.

44 Angaben nach Institut für Arbeitsmarkt- und Berufsforschung, Handelsblatt vom 14. 8. 1989, S. 3.

Nicht-Verlängerung des Gesetzes im Jahre 1988 machte den Neuabschluss entsprechender Regelungen gegenstandslos.

Die gewerkschaftliche Lohnpolitik hatte während der **80er Jahre** keine vergleichbare Erfolgsbilanz aufzuweisen; in einzelnen Jahren waren **sogar Realeinkommensverluste** hinzunehmen.[45] Gleichzeitig verstärkten sich die (erfreulichen) Tendenzen, die konkreten Arbeitsbedingungen tariflich zu regeln und beispielsweise Pausen bei Bildschirmarbeit[46] oder Besetzungsregeln vorzusehen.[47] 186

Die durch Tarifabschlüsse erreichten Verbesserungen erscheinen auf den ersten Blick beeindruckend, doch ist nicht zu übersehen, dass es sich um «Spitzenerfolge», nicht um das Normalmaß handelte. In vielen Bereichen war Vergleichbares nicht durchzusetzen; der Arbeitsplatzabbau konnte dort ohne sichtbare Gegenwehr vonstatten gehen. Die praktische Wirksamkeit der Tarifautonomie muss deshalb nicht nur nach den spektakulären Erfolgen der Gewerkschaften, sondern auch nach ihren **weniger sichtbaren Niederlagen** beurteilt werden.[48] 187

## 4.1.4. Die Einbeziehung der neuen Bundesländer

Auch die Tarifpolitik orientierte sich in der früheren DDR zunächst am westdeutschen Vorbild. Nach der Währungsunion erfolgte zunächst eine pauschale Erhöhung der Nominallöhne auf etwa 45 bis 50% des im Westen bezahlten Niveaus. Anschließend wurden die überkommenen Lohn- und Gehaltsstrukturen verändert, da die vorhandenen Differenzierungen als zu gering und «leistungsfeindlich» betrachtet wurden.[49] In einer dritten Phase wurde dann ab Ende 1991 die Angleichung an das westliche Niveau zum zentralen Ziel erklärt, doch ist dieses bis heute nicht voll erreicht. Stufenpläne, die eine Angleichung in mehreren Etappen und über einen Zeitraum von 3 bis 6 Jahren vorsahen, mussten teilweise wieder revidiert werden. Dies gilt auch für die Metallindustrie. Aufgrund einer fristlosen Kündigung der geltenden Tarifverträge wurde der Angleichungszeitpunkt hinausgeschoben und außerdem eine 188

45 Zimmermann WSI-Mitt. 1991, 122.

46 Nachweise bei Kempen/Zachert-Zachert § 1 Rn 463. Wichtig z.B. der Tarifvertrag vom 30. November 1987 über die Arbeitsbedingungen von Arbeitnehmern des Landes Hessen auf Arbeitsplätzen mit Geräten der Informationstechnik, abgedruckt in RdA 1988, 233.

47 Die Zulässigkeit bejahten BAG DB 1984, 1099 und BAG DB 1990, 1919.

48 Zu den Unterschieden in der Jahresarbeitszeit zwischen den verschiedenen Branchen s. die Angaben bei Bispinck/WSI-Tarifarchiv WSI-Mitt. 1991, 133: Während die Investitionsgüterindustrie eine Jahresarbeitszeit von 1629,9 Stunden aufwies, belief sich diese im Bereich Gartenbau, Land- und Forstwirtschaft auf 1773,2 Stunden.

49 Goebel, FS Wlotzke, S. 317.

Härteklausel eingeführt, die bei wirtschaftlichen Notsituationen dem Unternehmen die Möglichkeit eröffnet, vorübergehend unter Tarif zu bezahlen.[50] Bei der Wochenarbeitszeit wurde eine Verkürzung auf durchschnittlich 38,9 Stunden erreicht.[51]

## 4.1.5. Krisenverarbeitung seit den 90er Jahren

188a Die schwere Wirtschaftskrise in den Jahren **1992 und 1993** sowie der damit verbundene **Beschäftigungseinbruch** hatten zur Folge, dass die Realeinkommen erneut sanken.[52] Die fortschreitende Globalisierung der Wirtschaft sorgte dafür, dass der «Standort Deutschland» auch von gut gehenden Unternehmen in Frage gestellt wurde; die Schaffung neuer Arbeitsplätze im Inland wurde zur Ausnahmeerscheinung. Vier Tendenzen sind für die Tarifpraxis von besonderer Bedeutung.

### 4.1.5.1. «Verbetrieblichung» des Verhandlungssystems

188b Von Arbeitgeberseite wurde immer wieder die Starrheit des bestehenden Flächentarifs kritisiert, dessen Bedingungen nicht auf Unternehmen unterschiedlicher Produktivität und unterschiedlicher Marktabhängigkeit passen würden. Insbesondere in Notsituationen müsse ein **«Bündnis für Arbeit»** möglich sein, das eine Unterschreitung des Tarifniveaus erlaube, zum Ausgleich jedoch eine zeitlich befristete Beschäftigungsgarantie gewähre. Die Tarifpolitik reagierte zunächst mit **Arbeitszeitverkürzungen ohne** (oder mit geringem) **Lohnausgleich**. Signalwirkung hatte die Einführung der Vier-Tage-Woche (= 28,8 Stunden) bei VW[53]; in der Metallindustrie wurde eine entsprechende Absenkung auf 30 Stunden durch Betriebsvereinbarung zugelassen.[54] Auch in anderen Branchen wurde zum Teil entsprechend verfahren.[55] Außerdem wurden zahlreiche **Öffnungsklauseln** vereinbart, die unter bestimmten Voraussetzungen den Abschluss betrieblicher «Bündnisse» durch Betriebsrat und Arbeitgeber gestatten.[56] Diese sehen heute meist eine **Verlängerung der Arbeitszeit**

---

50 Überblick bei Bispinck/WSI-Tarifarchiv WSI-Mitt. 1993, 469 ff. Auswertung durch Hickel-Kurtzke WSI-Mitt. 1997, 98 ff.

51 Bauer-Munz WSI-Mitt. 2005, 43.

52 Bispinck/WSI-Tarifarchiv WSI-Mitt. 1994, 469 ff.

53 Wortlaut des Tarifvertrags in DB 1994, 42 mit Kommentierung Bauer.

54 Das Verhandlungsergebnis ist abgedruckt in NZA 1994, 355; dazu Bauer–Diller NZA 1994, 353 ff.

55 Überblick bei Bispinck/WSI-Tarifarchiv WSI-Mitt. 1994, 419 ff.

56 Nach der WSI-Betriebsrätebefragung 2004/2005 sollen drei von vier Flächentarifen mittlerweile solche Öffnungsklauseln enthalten (mitgeteilt in: Böckler-impuls Heft 11/2005, S. 1).

bei bisheriger oder geringerer Bezahlung vor. Selbst in Unternehmen mit guter Ertragslage finden sich entsprechende Regelungen, wobei die dauerhafte Sicherung der Wettbewerbsfähigkeit als entscheidendes Argument dient.[57]

### 4.1.5.2. Mitgliederschwund und Billigtarife

Zahlreiche Arbeitgeber verlassen ihre Verbände; ausgegründete Tochterge- 188c
sellschaften treten ihnen von vornherein nicht bei. Dies hat zur Folge, dass der Tarifschutz zumindest mittelfristig verloren geht. Angesichts eines sinkenden gewerkschaftlichen Organisationsgrades[58] ist in aller Regel der Abschluss eines **Firmentarifs nicht erzwingbar**. Nach einer repräsentativen Untersuchung bestand schon im Jahre 1995 nur noch in 62 % aller Betriebe tariflicher Schutz.[59] Inzwischen ist dieser Anteil auf 46 % im Westen und 26 % im Osten gesunken.[60] Da die Tarifbindung bei größeren Unternehmen verbreiteter ist, arbeiten gleichwohl **noch 70 % im Westen bzw. 54 % im Osten im Anwendungsbereich von Tarifverträgen**.[61]

Die Vorstellung, Arbeit zu tariflichen Bedingungen garantiere immer ein 188d
angemessenes Entgelt, bedarf in dieser Allgemeinheit der Revision. Dabei ist weniger an den Extremfall zu denken, dass im Bereich der schleswig-holsteinischen Landwirtschaft ein jugendlicher Stallhelfer (bis 16 Jahren) monatlich 461,77 € verdient.[62] Viel gravierender ist, dass sich die Monatsvergütung im Friseurhandwerk in allen Altersklassen bei 492,00 € in Sachsen und 793,00 € in Nordrhein-Westfalen bewegt,[63] was einer Stundenvergütung von 3,09 € bzw. 4,98 € entspricht. Floristen sind kaum besser dran; in der untersten von drei Lohngruppen schwankt ihre Vergütung zwischen 4,40 € und 4,80 € pro Stunde in Sachsen-Anhalt und zwischen 5,99 € und 7,91 € im Bundesgebiet West.[64] **«Billigtarife» dieser Art diskreditieren** insbesondere in den Augen der Beschäftigten **die Tarifautonomie**: Sie bringt gegenüber dem «Marktpreis» keine Verbesserungen mehr, sondern verschafft dem Arbeitgeber sogar noch eine komfortablere Position, weil es einem Gericht sehr viel schwerer fallen wird, das Verbot des Lohnwuchers auf einen Tarifvertrag anzuwenden.

---

57 Die WSI-Betriebsrätebefragung 2004/2005 ergab, dass in knapp einem Viertel von Unternehmen mit «guten» Gewinnen betriebliche Bündnisse für Arbeit geschlossen wurden – mitgeteilt in Böckler-impuls Heft 11/2005, S. 2.

58 Zur Mitgliederentwicklung s. die Angaben oben 3.1.5. (Rn 101 b).

59 IAB-Betriebspanel 1995, wiedergegeben bei Bellmann u. a. Flexibilität von Betrieben in Deutschland, Nürnberg 1996, S. 57.

60 Angaben nach dem IAB-Betriebspanel 2003, wiedergegeben bei Ellguth-Kohaut WSI-Mitt. 2004, 451.

61 Angaben wie Fn 60.

62 Mitgeteilt in RdA 2005, 124.

63 Mitgeteilt bei Bispinck/WSI-Tarifarchiv, WSI-Tarifhandbuch 2005, S. 148 f.

64 Mitgeteilt bei Bispinck/WSI-Tarifarchiv, WSI-Tarifhandbuch 2005, S. 146 f.

Bei den gewerkschaftlichen Akteuren steht hinter solchen Abmachungen vermutlich die Vorstellung, die Form «Tarifvertrag» verfüge schon als solche über einen Eigenwert.[65]

#### 4.1.5.3. Staatlich subventionierte Arbeitsverhältnisse

189 Die tariflichen Vergütungssätze und Arbeitsbedingungen geraten weiter dadurch unter Druck, dass Arbeitgeber auf Arbeitsverhältnisse ausweichen können, die wegen staatlicher Leistungen «preiswerter» sind. Dabei ist weniger an die Eingliederungszuschüsse nach den §§ 218 ff. SGB III und an die Zuschüsse bei Neugründungen nach §§ 225 ff. SGB III zu denken, da sie in wenn auch standardisierter Weise spezifische Nachteile ausgleichen wollen: Im ersten Fall geht es um Arbeitnehmer mit «Vermittlungshemmnissen» wie z. B. Schwerbehinderung, im zweiten stehen die wirtschaftlichen Schwierigkeiten eines «Markteintritts» im Vordergrund. Anders verhält es sich jedoch mit **ABM-Arbeitsverhältnissen**, für die nach § 364 Abs. 2 SGB III ein je nach Qualifikationsstufe unterschiedlicher Zuschuss gewährt wird. Da der Träger der fraglichen Maßnahme typischerweise nur über sehr geringe Eigenmittel verfügt, ist er wirtschaftlich zu einer «außertariflichen» Beschäftigung gezwungen. Die Beschränkung auf zusätzliche und im öffentlichen Interesse liegende Aufgaben (sowie die Knappheit der öffentlichen Mittel) beschränkt zwar den Anwendungsbereich dieser Beschäftigungsform, doch ändert sich am Grundproblem nichts. Die Tarifparteien haben dem durch **Ausklammerung der ABM-Beschäftigten aus den Tarifverträgen** Rechnung getragen, ohne dass es je zu einer breiteren Diskussion über die Sinnhaftigkeit dieser Regelung gekommen wäre. Das Bundesverfassungsgericht hat es sogar zugelassen, dass die Förderung an die Einhaltung eines Mindestabstands von den Tariflöhnen geknüpft wurde.[66] Die Bedenken sind umso gewichtiger, als in der Praxis bestimmte Funktionen nur noch mit Hilfe von «ABM-Planstellen» erfüllt werden.[67]

189a Keine Arbeitsverhältnisse liegen bei den sog. **Ein-Euro-Jobs** nach § 16 Abs. 3 SGB II vor. Vielmehr handelt es sich um eine zugewiesene oder durch Eingliederungsvereinbarung mit der Arbeitsagentur akzeptierte Tätigkeit, die dem öffentlichen Recht unterliegt. Die Voraussetzungen decken sich mit denen einer ABM-Maßnahme. Der Aufwendungsersatz in Höhe von ein bis zwei Euro pro Stunde wird nicht vom «Einsatzbetrieb», sondern von der Agentur für Arbeit bezahlt. Der «Träger» des Einsatzes erhält eine erhebliche Unkostenpauschale für den mit der Beschäftigung verbundenen Arbeitsaufwand. Es

---

65 Weitere Kritik bei Däubler AiB 2005, 261.

66 BVerfGE 100, 271, 287.

67 Kittner, in: Kittner-Zwanziger § 26 Rn 24.

verwundert daher nicht, dass etwa im handwerklichen Bereich durchaus darüber geklagt wird, reguläre Arbeitsplätze würden durch «Ein-Euro-Jobber» übernommen.[68] Gleichwohl gibt es Modellversuche, um Ein-Euro-Jobs **auch für die Privatwirtschaft nutzbar** zu machen.[69]

Soweit Empfänger eines Existenzgründungszuschusses nach § 421 l SGB III (sog. **Ich-AGs**) als Selbständige tätig sind, unterliegen sie selbstredend nicht den in der fraglichen Branche geltenden Tarifverträgen. Denkbar ist aber auch, dass sie abhängige Arbeit leisten, ohne dadurch ihrer Zuschüsse verlustig zu gehen. In diesem Fall sind arbeitsrechtliche Vorschriften in vollem Umfang anzuwenden, sodass auch Tarife zur Anwendung kommen können.[70] Allerdings gilt dieser Personenkreis nach § 7 Abs. 4 SGB IV für die Sozialversicherung als «selbständig» und ist daher im Rahmen seiner Versicherungspflicht (etwa § 2 Nr. 10 SGB VI – Rentenversicherung) allein zur Tragung der Beiträge verpflichtet. Aus Sicht des Arbeitgebers handelt es sich um «sozialversicherungsfreie» (und deshalb deutlich billigere[71]) Arbeitsverhältnisse. 189b

### 4.1.5.4 Folgen der Globalisierung: Drohung mit Produktionsverlagerung und Einsatz ausländischer Billigarbeitskräfte

Ein neues Element hat sich in Tarifverhandlungen auch insoweit ergeben, 189c als nicht mehr nur in singulären Ausnahmefällen mit einer Verlagerung der Produktion nach Osteuropa, China oder Indien gedroht wird. Soweit diese Alternative ernst gemeint ist[72], was insbesondere dann der Fall sein wird, wenn es um die Vergabe neuer Projekte an bereits bestehende ausländische Niederlassungen geht, ist das **«Verweigerungspotenzial» der Arbeitnehmerseite minimal**.[73] In vielen Fällen wird die Bereitschaft bestehen, sich auf ein «Bündnis für Arbeit» unter deutlicher Absenkung der tariflichen Bedingungen einzulassen. Dies mag die «Abwärtsspirale» in Grenzen halten, setzt die Gewerkschaft als Tarifpartner jedoch großen Legitimitätsproblemen aus: Warum soll der Einzelne seinen Beitrag bezahlen, wenn auf absehbare Zeit nur der «Notfall» verwaltet wird? Einen vergleichbar massiven Zwang kann die Tatsache ausüben, dass die Arbeitgeberseite bestimmte Aufgaben auf ausländische Arbeitgeber «outsourcen» kann, die ihre **nach Deutschland entsandten Arbeitskräfte** im Grundsatz wie in ihrer Heimat, d. h. mit 10 bis

68 S. die Mitteilung in AuR 2005, 19.
69 S. die Notiz in AuR 2005, 59.
70 Bauer-Krets NJW 2003, 537, 544; Däubler AiB 2002, 729, 734; Greiner DB 2003, 1058, 1060 ff.
71 S. die Zahlenangaben oben Rn 24 k.
72 Zum Fall einer «leeren» Drohung ArbG Leipzig NZA-RR 2003, 142.
73 Zu den Auswirkungen der Globalisierung auf das Arbeitsrecht s. oben 2.4. (Rn 60 ff.).

20 % des deutschen Niveaus entlohnen. Dies ist insbesondere (aber nicht nur) im Bausektor von Bedeutung.

### 4.1.6. Neue Rechtsprobleme

190 Solange «Bündnisse für Arbeit» darin bestanden, dass länger als im Tarif vorgesehen, aber bei vollem tariflichem Entgelt gearbeitet wurde, war die Frage von wesentlicher Bedeutung, ob die **Überschreitung** der tariflichen **Höchstarbeitszeit** nicht für den einzelnen Arbeitnehmer **«günstiger»** sei und deshalb nach § 4 Abs. 3 TVG im Arbeitsvertrag vereinbart werden konnte.[74] Heute steht die ganz andere Frage im Mittelpunkt, ob man nicht den **Verzicht auf betriebsbedingte Kündigungen in den Günstigkeitsvergleich einbeziehen** kann und so möglicherweise 15 % weniger Vergütung mit dreijähriger Arbeitsplatzgarantie günstiger sind als die aktuellen tariflichen Rechte.[75] Der Austritt aus den Arbeitgeberverbänden wirft als solcher relativ wenige neue Fragen auf, doch ist dies anders, wenn zwar die Mitgliedschaft beibehalten, die Tarifwirkung aber vermieden werden soll (sog. **OT-Mitgliedschaft**).[76] Bei Umstrukturierungen taucht die Frage auf, wie die **arbeitsvertraglichen Bezugnahmen** auf die «einschlägigen» oder die «jeweils im Betrieb angewandten» Tarifverträge zu verstehen sind.[77] Schließlich muss man sich die Frage stellen, ob der **Tarifvertrag** in beliebigem Umfang **als Mittel zur Verschlechterung** von Arbeitsbedingungen eingesetzt werden darf.[78]

191 «Klassische» Fragen wie die tarifliche Absicherung gewerkschaftlicher Vertrauensleute[79] oder die Dynamisierung der Tariflöhne[80] haben demgegenüber an Bedeutung verloren. **Differenzierungsklauseln** scheinen dagegen eine gewisse Renaissance zu erleben.[81]

192 Eine für Arbeitnehmer positive Korrektur der Tarifpraxis ist dadurch eingetreten, dass § 4 TzBfG **Teilzeitkräfte und befristet Beschäftigte** auch dort **gleich behandelt**, wo es die einschlägigen Tarifverträge nicht tun.[82] In Bezug auf den Einsatz von Selbständigen ist an einen entsprechenden Grundsatz bis

---

74 So zuerst Joost ZfA 1984, 173; den Diskussionsstand zusammenfassend Hromadka DB 1992, 1042 ff. und Däubler AuR 1996, 350 f.

75 Ablehnend die Burda-Entscheidung des BAG (BAG NZA 1999, 887), anders zahlreiche Stimmen in der Literatur.

76 Dazu BAG DB 2005, 2305.

77 Dazu zuletzt BAG NZA 2005, 478.

78 Dazu Zachert NZA 1994, 529 und aus der neueren Rechtsprechung BAG NZA 2004, 444 (Entzug des schon verdienten Weihnachtsgeldes in einem Sanierungstarifvertrag).

79 Dazu unten 6.16.1. (Rn 1186 ff.).

80 Dazu unten 4.4.3. (Rn 283 ff.).

81 Dazu Zachert DB 1995, 322 ff.; Däubler BB 2002, 1643.

82 Dazu Bd. 2 Rn 1940 f. (einschließlich der Ausnahmen beim «sachlichen Grund»).

auf weiteres nicht zu denken; lediglich für Urheber wurde eine gesetzliche Mindestregelung geschaffen.[83] Die **Gleichbehandlung von Leiharbeitnehmern** mit den vergleichbaren Arbeitskräften im Einsatzbetrieb hätte an sich eine weit reichende Verbesserung für die Leiharbeitnehmer bringen können, doch haben dies höchst bescheidene Tarifverträge verhindert.[84] Im Bausektor wurde der Einsatz von Billigarbeitskräften durch das **Arbeitnehmerentsendegesetz** gebremst[85], während Tariftreuegesetze nur in einzelnen Ländern zustande kamen.[86] Arbeitskämpfe um **«Sozialtarife»**, die bei verlagerungsbedingten Entlassungen über die §§ 111 ff. BetrVG hinausgehende Ausgleichsleistungen vorsehen, wurden von der Rechtsprechung gebilligt.[87]

## 4.2. Wie kommt ein Tarifvertrag zustande?

Ein gültiger, rechtswirksamer Tarifvertrag setzt voraus, dass er auf Arbeitnehmer- wie auf Arbeitgeberseite von einer tariffähigen Partei abgeschlossen wurde (1), die nach ihrer Satzung für die geregelten Arbeitsverhältnisse zuständig ist (2). Der Tarifvertrag muss schriftlich niedergelegt werden (3) und besitzt im Regelfall einen obligatorischen und einen normativen Teil (4). In der Praxis kommt er meist aufgrund (oft langwieriger) Verhandlungen zustande, in die – wie das Beispiel der Urabstimmung zeigt – unter Umständen sogar die einzelnen Gewerkschaftsmitglieder einbezogen werden (5). 193

### 4.2.1. Wer ist tariffähig?

#### 4.2.1.1. Arbeitnehmerseite

Auf Arbeitnehmerseite steht nach dem unzweideutigen Wortlaut des § 2 Abs. 1 TVG das Recht zum Abschluss von Tarifverträgen ausschließlich den **«Gewerkschaften»** zu. Wie dieser Begriff zu bestimmen und die Abgrenzung 194

83 Dazu Däubler-Hensche, TVG, Einl. Rn 900 ff.

84 Dazu Schüren, FS 50 Jahre BAG, S. 877 ff.; Schüren-Riederer AuR 2004, 241 ff.

85 Näher unten 4.15.3. (Rn 462 c ff.). Neueste Kommentierung bei Däubler-Lakies, TVG, Anhang 2 zu § 5.

86 Dazu Löwisch DB 2004, 814.

87 LAG Schleswig-Holstein AuR 2004, 152; LAG Niedersachsen AuR 2004, 471; Hess LAG AuR 2006, 120; dazu Hensche AuR 2004, 443; Kühling-Bertelsmann NZA 2005, 1017 mwN.

zu anderen Organisationen vorzunehmen ist, wurde bereits oben ausgeführt[88]; hier reicht es, in Erinnerung zu rufen, dass alle Voraussetzungen einer «Koalition» im Sinne des Art. 9 Abs. 3 GG erfüllt sein müssen und dass die Organisation zusätzlich noch auf Dauer berechnet und in der Lage sein muss, auf den Gegenspieler Druck auszuüben.

194a Bei einer kleineren Gewerkschaft kann das Problem auftreten, dass sie nur in bestimmten Bereichen wie in einer Branche oder einigen Unternehmen «ernst genommen» wird, während sie in anderen keinerlei Druck auszuüben vermag. Dütz[89] hat im Einzelnen herausgearbeitet, dass sich die Tariffähigkeit auf die Bereiche beschränkt, in denen echte Verhandlungen möglich sind. Das BAG hat die Möglichkeit einer solchen **relativen Tariffähigkeit** in Erwägung gezogen, aber keine definitive Entscheidung getroffen.[90] Gegen eine derartige Aufspaltung der Handlungsfähigkeit sprechen die zahlreichen Abgrenzungs- und Einschätzungsprobleme, die sich in den Randbereichen einer Branche ergeben können. Dagegen spricht weiter, dass dem deutschen Recht eine relative Rechtsfähigkeit weitgehend fremd ist. Schlägt sich der geringe Organisationsgrad in einem sehr schlechten Tarifvertrag nieder, so spricht für diesen keine Richtigkeitsvermutung mehr; er würde ähnlich wie eine Betriebsvereinbarung einer **gerichtlichen Billigkeitskontrolle** unterliegen und deshalb ggf. außer Anwendung bleiben.

***Beispiel:*** Die Gewerkschaft X ist in einigen Teilen des öffentlichen Dienstes ausreichend verankert, will jedoch einen Tarifvertrag mit einem privaten Entsorgungsunternehmen abschließen. Dort verfügt sie lediglich über zwei Mitglieder. Führt dies zu einer tariflichen Stundenvergütung von 4 €, läge kein wirksamer Tarifvertrag vor; die Betroffenen könnten eine angemessene Vergütung nach § 612 BGB verlangen.

195 «Gewerkschaft» ist einmal der Mitgliederverband selbst, also die auf Branchenebene existierende Organisation wie IG Metall, IG BCE, ver.di usw. § 2 TVG erstreckt darüber hinaus die Tariffähigkeit auf Zusammenschlüsse von Gewerkschaften, die sog. **Spitzenorganisationen**, sofern sie eine entsprechende Satzungsbestimmung oder eine Vollmacht ihrer Mitgliedsgewerkschaften besitzen. Juristisch bestünden daher keine Bedenken, den DGB als Dachverband mit dem Abschluss von Tarifverträgen – etwa über Fragen der Mitbestimmung oder der Vermögensbildung – zu betrauen, doch ist man sich innerhalb der Gewerkschaftsbewegung einig, eine solche Form der «Zentralisierung» nicht zu wollen.

---

88 S. oben 3.2.3. (Rn 115 ff.).

89 DB 1996, 2385, 2389.

90 BAG DB 1997, 584. Dagegen nunmehr BAG 28. 3. 2006 – 1 ABR 58/04 – CGM.

#### 4.2.1.2. Arbeitgeberseite

Auf Arbeitgeberseite sind nicht nur Verbände und Spitzenorganisationen tariffähig; **auch der einzelne Arbeitgeber** kann einen Tarifvertrag abschließen. Mit dieser Entscheidung hat der Gesetzgeber der realen Verhandlungsmacht Rechnung getragen – durch seine Verfügung über Kapital und Produktionsmittel und sein Recht zur Organisation des Arbeitsprozesses besitzt schon ein einzelner Arbeitgeber so viel Überlegenheit gegenüber dem Arbeitnehmerindividuum, dass erst der Zusammenschluss der abhängig Beschäftigten ein relatives Gleichgewicht herstellt. Zulässig ist daher nicht nur der sog. Verbands-, sondern auch der Firmentarif (§ 2 Abs. 1 TVG). 196

Kann ein Tarifvertrag auch **für ein noch gar nicht bestehendes Unternehmen** abgeschlossen werden? Das **BAG bejaht** die Frage,[91] sofern sich jemand bereit findet, für die künftige Gesellschaft zu handeln. Im konkreten Fall plante die Inhaberin zahlreicher Verbrauchermärkte, eine AG, diese auf eine noch zu gründende Tochtergesellschaft zu übertragen. Sie konnte «in Vertretung» der künftigen Einheit einen Tarif abschließen, die diesen dann genehmigte. Dies vermeidet einen tariflosen Zustand und erleichtert so die Umstrukturierung von Unternehmen. 196 a

**Weder** der einzelne Arbeitgeber **noch** der Arbeitgeberverband kann auf seine **Tariffähigkeit verzichten**, da andernfalls die Tarifautonomie ins Leere laufen würde.[92] Der Verband hat lediglich die Möglichkeit, seinen Tätigkeitsschwerpunkt zu ändern und sich nicht mehr um die Gestaltung der Arbeits- und Wirtschaftsbedingungen, sondern z. B. um Lobbyarbeit bei Regierungsstellen zu bemühen.[93] 197

### 4.2.2. Wer besitzt die Tarifzuständigkeit?

Jede Gewerkschaft und jeder Arbeitgeberverband kann nur dann einen wirksamen Tarifvertrag abschließen, wenn er für die erfassten Arbeitsverhältnisse «zuständig» ist, d. h. **nach seiner Satzung** grundsätzlich bereit ist, Arbeitnehmer aus dem erfassten Betrieb bzw. den Unternehmer als Mitglied aufzunehmen.[94] Der Umfang der Zuständigkeit ist dabei grundsätzlich der eigenen Entscheidung der Verbände überlassen.[95] So konnte beispielsweise die ÖTV Tarifverträge auch für Friseurbetriebe[96] und für Betriebe abschließen, 198

91 BAG NZA 2001, 1149, 1151.

92 Näher dazu Däubler, Tarifvertragsrecht, Rn 72–78.

93 Kempen/Zachert-Stein § 2 Rn 103.

94 BAG AP Nr. 3 zu § 4 TVG Geltungsbereich.

95 BAG DB 1997, 731; zur Frage der Tarifzuständigkeit umfassend Blank, a.a.O.

96 So der Fall BAG AP Nr. 3 zu § 2 TVG.

die sich der Vernichtung von Datenträgern widmen.[97] Die Satzung kann an der Natur des Unternehmens, aber auch an der des Betriebs anknüpfen.[98] Stellen die Arbeitsgerichte fest, dass die Tarifzuständigkeit fehlt, so kann diese durch eine entsprechende Satzungsänderung neu begründet werden.[99]

199 **Innerhalb des DGB** besteht ein **Schiedsverfahren**, das Meinungsverschiedenheiten zwischen den Mitgliedsgewerkschaften klärt. Eine entsprechende Entscheidung bindet nicht nur die Beteiligten, sondern auch die Arbeitgeberseite, soweit die Satzungsauslegung vertretbar erscheint.[100] Solange keine Entscheidung vorliegt, ist nach Auffassung des BAG[101] diejenige Gewerkschaft allein zuständig, die die älteren Rechte hat. Aus der Tatsache, dass die Tarifzuständigkeit am Betrieb anknüpfen kann, folgt, dass durchaus mehrere Firmentarife mit einem Unternehmen in Betracht kommen, die jeweils einen unterschiedlichen Geltungsbereich besitzen.

*Beispiel:* Zu einem Unternehmen gehört neben zwei Metallbetrieben auch ein kleinerer Chemiebetrieb. Warum soll für letzteren nicht die IG Bergbau-Chemie-Energie tarifzuständig sein? Auch bei Unfallverhütungsvorschriften wird allein auf den Betriebszweck abgestellt.

199a Auf Arbeitgeberseite taucht immer häufiger die Frage auf, ob der Verband aus seiner Zuständigkeit solche Mitglieder ausnehmen kann, die keine Tarifbindung wollen (sog. **OT-Mitglieder**).[102] Wie an anderer Stelle im Einzelnen begründet[103], lässt sich eine solche Gestaltung nicht mit § 3 Abs. 1 TVG und dem Grundgedanken einer funktionsfähigen Tarifautonomie vereinbaren. Das **BAG** hat demgegenüber der Satzungsautonomie des Verbandes den Vorrang eingeräumt und eine **OT-Mitgliedschaft im Grundsatz anerkannt**.[104] Dies führt dazu, dass mit den fraglichen Unternehmen nur noch Firmentarife abgeschlossen werden können. In Bezug auf die bisher geltenden Tarifverträge wird der Wechsel in die OT-Mitgliedschaft wie ein Verbandsaustritt behan-

97 BAG DB 1997, 682.

98 BAG DB 1997, 732. Wird an das Unternehmen angeknüpft, so kann die Tarifzuständigkeit wegfallen mit der Folge, dass bestehende Tarifverträge nicht einmal nachwirken sollen – so BAG DB 1980, 262 = AuR 1980, 189. Dies verfehlt den Willen der tarifschließenden Gewerkschaft, die meist eine bestimmte Anzahl konkreter Betriebe im Auge hat, die definitiv für die Dauer der Laufzeit des Tarifs erfasst sein sollen, und die nicht an eine abstrakte Ordnung denkt, die nur die jeweils alle Merkmale erfüllenden Unternehmen erfasst.

99 BAG AP Nr. 4 zu § 2 TVG.

100 BAG DB 1997, 731 ff.

101 BAG DB 1997, 734.

102 S. etwa Buchner NZA 1996, 761; Reuter RdA 1996, 201; Schaub BB 1994, 2007.

103 Däubler NZA 1996, 230 ff. Ähnlich Berg u. a. § 2 TVG Rn 74; Däubler-Peter, TVG, § 2 Rn 118 ff.; Kempen/Zachert-Stein § 2 Rn 118. Abweichend Wiedemann-Oetker § 2 Rn 20.

104 BAG DB 2005, 2305.

delt.[105] Das **BAG** hat vorsichtig angedeutet, dass trotz deklarierter OT-Mitgliedschaft die Tarifbindung eintreten würde, wenn die fraglichen Firmen weiter voll über die Tarifpolitik ihres Verbandes mitbestimmen könnten.[106] Nicht zu beanstanden ist es, wenn sich zwei Verbände gründen, von denen nur einer Tarifverträge abschließen will, während sich der andere um Fragen außerhalb der Arbeits- und Wirtschaftsbedingungen kümmert.

Tariffähigkeit wie Tarifzuständigkeit (und ihr Umfang) sind nach § 97 Abs. 5 199b
ArbGG in einem besonderen **Beschlussverfahren** zu klären; sein Ergebnis bindet jedermann.[107]

## 4.2.3. Wahrung der Schriftform

§ 1 Abs. 2 TVG schreibt für alle Tarifverträge eine Einigung in schriftlicher 200
Form vor. Sie müssen daher **von beiden Seiten unterzeichnet** werden. Dies rechtfertigt sich mit der Erwägung, im Rahmen des Möglichen Unklarheiten und Streitigkeiten über den Tarifinhalt zu vermeiden und so dem einzelnen Arbeitnehmer eine sichere Grundlage für seine Ansprüche zu verschaffen. Nicht ausreichend ist ein bloßer Briefwechsel zwischen den beiden Verhandlungsführern oder eine Verständigung per Fax oder E-Mail[108]; erst recht haben mündliche Versprechungen und Absichtserklärungen keine verbindliche Kraft. Die häufig benutzten sog. **Protokollnotizen** sind regulärer Bestandteil des Tarifvertrags, wenn dieser ausdrücklich auf sie verweist; andernfalls sind sie lediglich Hilfsmittel bei der Auslegung einzelner Tarifklauseln.[109] Grundsätzlich zulässig ist nach der BAG-Rechtsprechung auch eine Verweisung auf **«Tarifverträge in ihrer jeweiligen Fassung»**[110] oder auf Regelungen des Beamtenrechts, die auch in Erlassen niedergelegt sein können.[111] Im Einzelfall wird dabei allerdings immer besonders sorgfältig zu prüfen sein, wie weit der Wille der Tarifparteien reicht; aus dem Rahmen fallende Regelungen des in Bezug genommenen «Normenwerks» werden sie typischerweise nicht übernommen haben.[112]

105 BAG DB 2005, 2305.

106 BAG DB 2005, 2305 unter I 2 b der Gründe.

107 BAG DB 1997, 582 und 584.

108 Däubler-Reim, TVG, § 1 Rn 143. Zur elektronischen Form s. dort Rn 144.

109 Wiedemann-Wiedemann § 1 Rn 233; Kempen/Zachert-Zachert, § 1 Rn 774 ff.

110 BAG AP Nr. 7 zu § 1 TVG Form mit der Einschränkung, dass der in Bezug genommene Tarifvertrag entweder zwischen denselben Parteien abgeschlossen wurde oder in engem Sachzusammenhang zu den nunmehr zu bewältigenden Regelungsfragen stand. S. dazu auch Kempen/Zachert-Zachert § 1 Rn 794 ff. mwN und BAG AP Nr. 11 zu § 1 TVG Form.

111 BAG AP Nr. 1 zu § 1 TVG Durchführungspflicht.

112 Ebenso für das Parallelproblem bei Allgemeinen Geschäftsbedingungen § 305 c Abs. 1 BGB. Einzelheiten zur Vorgängervorschrift des § 3 AGBG bei Däubler, Tarifvertragsrecht, Rn 124.

201 Ein **Vorvertrag zu einem Tarifvertrag** ist nicht formbedürftig, also auch mündlich gültig[113]; allerdings gewährt er keine tariflichen Rechte.[114] Im Einzelfall kann es sogar in Betracht kommen, einen formnichtigen Tarifvertrag in einen solchen Vorvertrag umzudeuten.[115]

### 4.2.4. Was regelt ein Tarifvertrag? – Die Unterscheidung zwischen obligatorischem und normativem Teil

202 Nach der Formulierung des § 1 Abs. 1 TVG regelt der Tarifvertrag «die Rechte und Pflichten der Tarifvertragsparteien und enthält Rechtsnormen, die den Inhalt, den Abschluss und die Beendigung von Arbeitsverhältnissen sowie betriebliche und betriebsverfassungsrechtliche Fragen ordnen können». Damit ist im Gesetz selbst eine grundsätzliche Aufteilung angesprochen:

203 ▶ Zum einen gibt es in Tarifverträgen Abmachungen, die nur die beiden Tarifparteien (also Gewerkschaften auf der einen und Einzelunternehmer oder Arbeitgeberverband auf der anderen Seite) berechtigen und verpflichten. Man vereinbart beispielsweise, dass man sich bei Meinungsverschiedenheiten über die Auslegung des Tarifvertrags zusammensetzt, oder man legt fest, wie gegen Mitglieder vorgegangen werden soll, die sich nicht an den Tarifvertrag halten. Klauseln dieser Art bezeichnet man als **obligatorischen Teil**.

204 ▶ Zum anderen enthält ein Tarifvertrag Regeln, die nach Art eines Gesetzes abstrakt formuliert sind und die für alle erfassten Arbeitsverhältnisse gelten sollen. So wird etwa bestimmt:

«Die Stundenvergütung in der Lohngruppe X wird mit Wirkung vom 1. April 2006 um 2 % auf 13,66 € erhöht.»[116] Oder:
«Einem Arbeitnehmer, der das 53., aber noch nicht das 65. Lebensjahr vollendet hat und dem Betrieb mindestens drei Jahre angehört, kann nur noch aus wichtigem Grund gekündigt werden.»[117]

Vorschriften dieser Art machen den wesentlichen Teil des Tarifvertrags aus; sie werden unter der Bezeichnung **«normativer Teil»** zusammengefasst.

205 In aller Regel enthält ein Tarifvertrag sowohl obligatorische als auch normative Bestimmungen. Zulässig ist eine **Beschränkung** auf die Begründung

113 BAG AP Nr. 6 zu § 1 TVG Form. Ebenso Birk AuR 1977, 237; Däubler-Reim, TVG, § 1 Rn 156; Kempen/Zachert-Zachert § 1 Rn 778; a. A. Löwisch-Rieble § 1 Rn 375, 541.

114 BAG DB 1983, 2146.

115 Däubler-Reim, TVG, § 1 Rn 167.

116 Dies entspricht der mittleren Vergütungsgruppe im Bauhauptgewerbe.

117 So § 9 I des Manteltarifvertrags für die Metallindustrie Nordwürttemberg/Nordbaden vom 20. 10. 1973 (abgedruckt RdA 1974, 174).

**wechselseitiger Rechte und Pflichten** der Tarifparteien, wie das Beispiel der Schlichtungsabkommen zeigt[118]; auf den normativen Teil kann daher verzichtet werden, ohne dass die Abmachung den Charakter eines Tarifvertrags verliert. Die umgekehrte Fallkonstellation wird von der herrschenden Meinung jedoch bis heute nicht akzeptiert, da mit dem normativen Teil notwendig und unabdingbar die Verpflichtung verbunden sei, während der Laufzeit des Tarifvertrags keinen Arbeitskampf zu beginnen (Friedenspflicht).[119]

## 4.2.5. Zustandekommen in der Praxis

### 4.2.5.1. Lohntarif, Lohnrahmentarif, Manteltarif

Je nach dem typischerweise vereinbarten Inhalt haben sich bestimmte Arten 206 von Tarifverträgen herausgebildet, die rechtlich alle den gleichen Grundsätzen unterliegen, die aber aus praktischen Gründen unterschieden werden.

In den **«Entgeltabkommen»** oder «Lohntarifverträgen» wird in der Regel 207 nur die Entgelthöhe bei Zeit- wie bei Akkordlohn festgelegt; Bezugsgröße ist dabei die Vergütungsgruppe, in die der einzelne Arbeitnehmer schon bisher eingruppiert war. Lohntarife haben in der Regel Laufzeiten von etwa einem Jahr.[120]

In den **Rahmentarifverträgen (RTV)**, auch Lohn- oder Gehaltsrahmen- 208 tarif genannt, werden insbesondere die Lohngruppen festgelegt: Es wird bestimmt, welche Merkmale eine Tätigkeit erfüllen muss, damit der Arbeitnehmer beispielsweise Lohngruppe 1 mit Stundenlohn € 7,32 oder Lohngruppe 3 mit Stundenlohn € 9,17 erhält. Die Beschreibung erfolgt häufig unter Verwendung relativ abstrakter Merkmale wie «gründliche und vielseitige Fachkenntnisse» und «überwiegend selbständige Leistungen»[121], sodass bei der Einordnung der einzelnen konkreten Tätigkeit ein beträchtlicher Spielraum besteht. Weiter enthalten die Rahmentarife unter Umständen Vorschriften über die Lohnfindungsmethoden und die konkrete Lohnberechnung, etwa die Ermittlung des sog. Zeitfaktors beim Akkord[122] oder die Festlegung von Zielverein-

118 S. den Überblick bei Löwisch (Hrsg.), Schlichtungs- und Arbeitskampfrecht, S. 503ff.

119 Dazu näher unten 4.3. (Rn 249ff.).

120 Längere Laufzeiten sind in jüngerer Zeit insbesondere dann anzutreffen, wenn zugleich ein Tarifvertrag über Arbeitszeitverkürzung abgeschlossen wurde – Kurz-Scherf/WSI-Tarifarchiv WSI-Mitt. 1989, 117.

121 So beispielsweise die Vergütungsgruppe V c der Anlage 1 a zum BAT.

122 S. als Beispiele den Lohnrahmentarif I vom 8.11.1967 (wiedergegeben bei Zachert, Tarifvertrag, S. 470) sowie den Lohnrahmentarif II für die Metallindustrie Nordwürttemberg/Nordbadens vom 20.10.1973 (abgedruckt RdA 1974, 177).

barungen.[123] Tarifverträge dieser Art besitzen in der Regel eine Laufzeit von ca. drei Jahren, da man davon ausgeht, dass die geregelten Fragen anders als die Lohnhöhe seltener einer Anpassung an veränderte Umstände bedürfen.

209 In **«Manteltarifverträgen» (MTV)** werden sonstige Arbeitsbedingungen festgelegt; hier finden sich Bestimmungen über die Wochenarbeitszeit, über Erholungs- und Sonderurlaub, Überstunden, Kündigungsfristen u.Ä.m. Auch sie besitzen eine längere, in der Regel dreijährige Laufzeit, ist doch auch hier nur selten ein Anlass für kurzfristige Veränderungen gegeben. Zu beachten ist, dass die verwendete Terminologie nicht immer dem hier Beschriebenen folgt und Manteltarife manchmal auch als Rahmentarife bezeichnet werden. Weiter ist die Trennung keine totale; so ist es durchaus denkbar (und unbestritten zulässig), in einem Lohntarif Fragen mitzuregeln, die «an sich» in den Rahmen- oder Manteltarif gehören würden.

210 Neben diesen drei Tarifvertrags-Typen gibt es einzelne Sonderverträge, die sich nicht in dieses Schema einordnen lassen. So wird etwa die betriebliche Mitbestimmung des fliegenden Personals der Deutschen Lufthansa und anderer Fluggesellschaften durch besondere Tarifverträge geregelt[124], und die zusätzliche Alters- und Invalidenhilfe im Bausektor wird durch eine **gemeinsame Einrichtung** der Arbeitgeberverbände und der IG BAU sichergestellt, die auf einem speziellen Tarifvertrag beruht.[125] Quantitativ bilden derartige Abmachungen, zu denen man auch Absicherungs- und Rationalisierungsschutzabkommen rechnen kann[126], die Ausnahme, doch sagt dies wenig über ihre tatsächliche Bedeutung aus.

### 4.2.5.2. Wer führt die Tarifverhandlungen?

211 Die innergewerkschaftliche Zuständigkeit zur Kündigung bestehender und zum Abschluss neuer Tarifverträge liegt beim **Hauptvorstand**, soweit es um Tarifverträge für das Bundesgebiet geht, teilweise jedoch beim Bezirksvorstand, wenn ausschließlich regionale Abmachungen in Frage stehen.[127] Diesem rechtlich und politisch verantwortlichen Organ steht eine **Tarifkommission** beratend zur Seite, die von den Ortsverwaltungen oder vom Vorstand im Einvernehmen mit den Bezirksleitern besetzt wird.[128] Sie bildet – bei der IG Metall auf Vorschlag des Bezirksleiters – die **Verhandlungskommission**, die

123 S. den Fall BAG NZA 2004, 936.

124 Überblick über bestehende Abmachungen bei GK-Wiese-Franzen § 117 Rn 14, 16.

125 Vgl. BAG AP Nr. 2 zu § 4 TVG Ausgleichskasse.

126 S. oben 4.1.2. (Rn 182).

127 Gemäß § 18 III a der IG-Metall-Satzung vertritt der Vorstand die Organisation nach außen; nach § 16 IV ist der Bezirksleiter nur Beauftragter des Vorstands und an dessen Weisungen gebunden. Vgl. im Übrigen Föhr, Willensbildung, S. 63.

128 Näher dazu Föhr, Willensbildung, S. 63.

mit dem entsprechenden Gremium auf Arbeitgeberseite zusammentrifft. Die Einzelheiten des Verfahrens liegen im Ermessen der Beteiligten; weigert sich die eine Seite, mit bestimmten Personen der anderen Seite zu verhandeln oder die von dieser gewünschte Öffentlichkeit herzustellen, so sind die Verhandlungen gescheitert.[129] Erfolgt eine Einigung in der Sache, so bedarf sie der Zustimmung des (Haupt- bzw. Bezirks-)Vorstands; ein negatives Votum der Tarifkommission hat keine rechtliche, jedoch große moralische Bedeutung.

#### 4.2.5.3 Schlichtung, Urabstimmung, Arbeitskampf

Kommt keine Einigung mit der Arbeitgeberseite zustande, so ist zu unterscheiden:

▶ **Besteht** wie in den meisten Branchen **ein Schlichtungsabkommen**, so 212
kann in der Regel jede Seite ein Schlichtungsverfahren in Gang setzen. Im Rahmen eines paritätisch mit Arbeitgeber- und Gewerkschaftsvertretern sowie mit einem neutralen Vorsitzenden besetzten Gremiums wird dabei erneut ein «Interessenausgleich» versucht. Ergebnis ist ein gegebenenfalls mit Mehrheit beschlossener Einigungsvorschlag, der im Falle seiner Annahme dieselbe rechtliche Wirkung wie ein Tarifvertrag entfaltet. Wird er auch nur **von einer Seite abgelehnt**, so ist das **Verfahren beendet**; weder die Gewerkschaften noch die Arbeitgeber können daher zu einem Tarifabschluss gezwungen werden.[130] Dennoch hat die Schlichtung beträchtliche Bedeutung, weil sie den Rückgriff auf Kampfmittel hinauszögert und überdies den Eindruck erweckt, es gäbe eine den Umständen nach objektiv festliegende und gerechte Lösung des Lohnkonflikts.

▶ Scheitert das Schlichtungsverfahren oder ist es in der betreffenden Branche 213
gar nicht vorgesehen, so kann die Tarifkommission dem Vorstand die **Durchführung einer Urabstimmung** empfehlen. Dieser ist zwar nach den Satzungen in seiner Entscheidung völlig frei, doch wird er in aller Regel einem solchen Vorschlag entsprechen. Findet die **Urabstimmung** statt, so bedarf die Entscheidung *für* einen Streik einer Mehrheit von 75 % der zur Abstimmung aufgerufenen Mitglieder; schon eine Minderheit von 25,1 % kann daher die Durchführung einer Arbeitsniederlegung verhindern.[131] Auch ein positiver Ausgang der Urabstimmung verpflichtet den Vorstand jedoch nicht zum effektiven Streikaufruf: Mit dem Ergebnis im Rücken kann er auch einen erneuten

---

129 In der Weigerung der Arbeitgeberseite, mit bestimmten Gewerkschaftsvertretern zu verhandeln, sieht das BAG mit Recht keine Verletzung des Art. 9 Abs. 3 GG (BAG DB 1982, 178 = BB 1982, 244). Es bleibt der Rückgriff auf den Arbeitskampf.

130 Zu den negativen Erfahrungen mit der Zwangsschlichtung in der Weimarer Zeit zuletzt von Brauchitsch AuR 1993, 137f.

131 Beispiele bieten Urabstimmungen über Lehrerstreiks in Hessen 1973 und in Berlin 1975. Bei einzelnen Gewerkschaften reicht nach der Satzung die einfache Mehrheit.

Verhandlungsversuch unternehmen. Führt dieser zu einer Einigung «in letzter Minute», so bedarf es zwar für die Annahme des erzielten Ergebnisses nach der Satzung in der Regel einer neuen Urabstimmung, doch wird es dem Vorstand meistens gelingen, wenigstens 25,1 % der Stimmen für seine Position zu gewinnen.[132] Nur wenn kein Einigungsversuch mehr unternommen wird, wenn er erfolglos bleibt oder wenn sein Ergebnis von mehr als 75 % der Mitglieder abgelehnt wird, kommt es tatsächlich zur Arbeitsniederlegung. Nicht allein die Schlichtung, sondern auch die Gewerkschaftssatzungen suchen also den Streik schon vom Verfahren her erheblich zu erschweren. Dies ist sicherlich berechtigt, was das 75 %-Quorum bei der ersten Urabstimmung betrifft, da ohne wirklich breiten Rückhalt kein Arbeitskampf begonnen werden sollte, doch ist nicht recht einzusehen, warum eine knapp über 25 % liegende Minderheit eine einmal beschlossene Aktion wieder rückgängig machen darf.

214 Ob überhaupt Urabstimmungen stattfinden, ist nach den Arbeitskampfrichtlinien des DGB in das **Ermessen der Einzelgewerkschaften** gestellt.[133] Die Satzung der IG BCE verzichtet daher ausdrücklich darauf, den Vorstand zu einer solchen «Mitgliederbefragung» zu verpflichten: Dies erweitert auf der einen Seite seine Unabhängigkeit von der «Basis», kann jedoch andererseits zu einem sehr viel schnelleren Einsatz des Mittels Streik führen. Mit Recht ist auch in der juristischen Literatur eine stärkere Partizipation der Mitglieder bei Tarifverhandlungen gefordert worden.[134]

### 4.2.5.4. Die Tarifpolitik der Miniorganisationen – Anschlusstarif oder Verhandlungsanspruch?

215 Kleine Gewerkschaften und Splittergruppen, die nicht stark genug sind, um die Gegenseite an den Verhandlungstisch zu zwingen oder gar einen Arbeitskampf durchzuführen, begnügen sich in der Regel mit dem Abschluss sog. Anschlusstarife: Sie übernehmen pauschal das von den «Großen» vereinbarte Ergebnis und machen es so – meist mit einer gewissen zeitlichen Verzögerung – auch für ihre Mitglieder verbindlich. Da dies ihre Attraktivität nicht übermäßig steigert, versuchte eine Mini-Gewerkschaft des öffentlichen Dienstes, ihre Beteiligung an den zwischen den öffentlichen Arbeitgebern auf der einen sowie ÖTV und DAG auf der anderen Seite geführten Tarifverhandlungen auf dem Klagewege durchzusetzen. Der Versuch, ein wenig an der Publizität der Großen teilzuhaben, schlug jedoch fehl: **Das BAG lehnte einen**

---

132 Beispiel: Für die vom IGM-Vorstand 1973 vereinbarten 8,5 % stimmten in NRW ganze 26 %, dagegen 52,2 % der Mitglieder. Ein offizieller Streik fand nicht mehr statt. Trotz einer Inflationsrate von ca. 5 % ein Vorgang, der sich in dieser Weise heute nicht wiederholen würde.

133 § 6 der Richtlinien, AuR 1974, 272.

134 Schüren, S. 179 ff., 227 ff.

**Verhandlungsanspruch** zu Recht **ab**[135], ist es doch der freien Entscheidung jeder Seite überlassen, mit wem sie in Tarifverhandlungen eintreten will. Eine «totale Verweigerung» der Arbeitgeberseite ist notfalls mit Hilfe von Streiks zu verhindern.

## 4.3. Welche Wirkungen entfaltet ein Tarifvertrag?

Während der obligatorische Teil des Tarifvertrags keine rechtlichen Besonderheiten aufweist, sondern wie ein normales Rechtsgeschäft (Kauf, Miete usw.) grundsätzlich nur die beiden Vertragspartner bindet, gestaltet der normative Teil die Arbeitsverhältnisse von Personen, die in der Regel nicht unmittelbar an den Tarifverhandlungen beteiligt waren. Wie wird dies juristisch im Einzelnen bewerkstelligt? Welche Arbeitsverhältnisse werden eigentlich durch den Tarifvertrag erfasst? Welchen inhaltlichen Bindungen unterliegen die Tarifparteien? 216

### 4.3.1. Unabdingbarkeit und Günstigkeitsprinzip

Nach § 4 Abs. 1 TVG **gelten die Rechtsnormen des Tarifvertrags «unmittelbar»** zwischen den beiderseits Tarifgebundenen. Nach allgemeiner Auffassung bedeutet dies, dass sie in gleicher Weise wie ein Gesetz auf das Arbeitsverhältnis einwirken[136]; einer besonderen «Geltungsvereinbarung» oder Bezugnahme bedarf es nicht. 217

Darüber hinaus haben die Tarifnormen nach § 4 Abs. 1 TVG nicht nur unmittelbare, sondern **auch zwingende Wirkung**: Den Arbeitsvertragsparteien, d. h. dem einzelnen Arbeitgeber und dem einzelnen Arbeitnehmer, ist es nicht möglich, von dem tariflich Vereinbarten zuungunsten des Arbeitnehmers abzuweichen. In dieser «Mindestniveaugarantie» liegt der entscheidende Wert des Tarifvertrags für die Arbeitnehmer: Der Arbeitgeber kann seine Überlegenheit gegenüber dem Einzelnen bei den Verhandlungen über den Abschluss 218

135 BAG AP Nr. 5 zu Art. 9 GG, bestätigt durch BAG DB 1982, 178 = BB 1982, 244 und BAG DB 1989, 1832 = NZA 1989, 601. Ebenso zu Art. 11 EMRK EGMR EuGRZ 1976, 62. Übereinstimmend Waas AuR 1991, 334 ff. und A. Stein Rn 72; anders Wiedemann-Wiedemann § 1 Rn 182 ff.

136 BAG DB 1987, 2315; Däubler-Deinert, TVG, § 4 Rn 471 mwN.

oder die Änderung des Arbeitsvertrags nicht mehr ausspielen. Unmittelbare und zwingende Wirkung der Tarifnormen werden üblicherweise unter dem Begriff «Unabdingbarkeit» zusammengefasst.

219 Es liegt in der Logik dieser Konstruktion, dass eine arbeitsvertragliche Abweichung «nach oben hin» sehr wohl zulässig bleibt. § 4 Abs. 3 TVG betont dies ausdrücklich, man spricht insoweit vom sog. **Günstigkeitsprinzip**. Der Arbeitsvertrag kann also z. B. über den Tariflohn oder die tarifliche Urlaubsdauer hinausgehen und zusätzliche Sozialleistungen vorsehen. Was «günstiger» ist, kann im Einzelfall durchaus zweifelhaft sein,

kann eine Woche Zusatzurlaub die Verkürzung der Kündigungsfristen um zwei Wochen aufwiegen?

doch kann dies hier nicht im Einzelnen erörtert werden.[137] Umstritten ist insbesondere, ob die vertragliche Verlängerung der Wochenarbeitszeit oder eine freiwillig übernommene Wochenendarbeit günstiger als der tarifliche Normalstandard sind.[138] Auch wird über die Einbeziehung der Beschäftigungsgarantie in den Günstigkeitsvergleich gestritten.[139]

219 a Was geschieht, wenn ein Arbeitnehmer schlechter als im Tarifvertrag vorgesehen vergütet wird? Er kann seine Ansprüche bei Gericht einklagen, auch wenn er ausdrücklich die **untertariflichen Bedingungen** akzeptiert hat. Kommt er zu spät, weil der Tarifvertrag z. B. eine Ausschlussfrist von 6 Monaten vorsieht, hat er u. U. Schadensersatzansprüche gegen den Arbeitgeber, sofern dieser betrügerisch gehandelt oder gegen die guten Sitten verstoßen hat.[140]

## 4.3.2. Abweichung «nach unten»?

### 4.3.2.1. Ermächtigung an die Betriebspartner – die sog. Öffnungsklauseln

220 § 4 Abs. 3 TVG garantiert allerdings nicht nur das Günstigkeitsprinzip, sondern ermächtigt die Tarifparteien auch, im konkreten Fall auf die Unabdingbarkeit zu verzichten, also eine Verschlechterung des Vereinbarten durch Arbeitsvertrag zuzulassen.[141] Davon wird mit Recht so gut wie nie Gebrauch gemacht, da ein solcher Tarifvertrag letztlich auf eine unverbindliche Empfehlung hinaus-

137 Dazu eingehend Däubler, Tarifvertragsrecht, Rn 188–223 und AuR 1996, 346 ff. sowie nunmehr Däubler-Deinert, TVG, § 4 Rn 573 ff.

138 Dazu unten 4.5.3.2. (Rn 343) und 4.5.3.4. (Rn 354 ff.).

139 S. die Nachweise bei Raab ZfA 2004, 371 ff. Näher unten 4.3.2.2. (Rn 224).

140 Von Hoyningen-Huene/Wagner NZA 1995, 969 ff.

141 Kempen/Zachert-Stein § 4 Rn 14; vgl. auch Beuthien BB 1983, 1992.

liefe. Auch wurde eine **Pauschalermächtigung,** die die Lohnhöhe generell der arbeitsvertraglichen Festlegung überlassen wollte, vom BAG der Sache nach als **«Pseudotarifvertrag»** qualifiziert; ein darum geführter Arbeitskampf war daher rechtswidrig.[142]

Immer häufiger werden in den letzten Jahren «Tariföffnungsklauseln» vorgesehen, die eine «untertarifliche» Regelung durch Betriebsvereinbarung zulassen.[143] Sie sollen **«betriebliche Bündnisse für Arbeit»** ermöglichen, durch die das Arbeitgeberunternehmen von Kosten entlastet und den Arbeitnehmern eine zeitlich befristete Beschäftigungsgarantie gewährt wird. Dahinter steht die Überlegung, die sog. **interne Flexibilität** zu erhöhen; statt bei angespannter wirtschaftlicher Lage Entlassungen auszusprechen, schnüren alle «den Gürtel enger», sodass die Belegschaft samt ihrem innerbetrieblichen Know-how erhalten bleibt und im irgendwann kommenden Aufschwung keine Kosten für die Rekrutierung und Einweisung neuer Arbeitskräfte entstehen.[144] Entsprechende Abmachungen bestehen in 20 bis 30% der Unternehmen, wobei Branchen mit niedrigem Lohnniveau mangels Spielraums schwächer vertreten sind und ein echter Verzicht auf betriebsbedingte Kündigungen als Gegenleistung in 89% der tarifgebundenen, aber nur in 65% der tariffreien Unternehmen gewährt wird.[145] 220a

Tarifrechtlich bestehen gegen Öffnungsklauseln keine grundsätzlichen Bedenken, solange **keine «Preisgabe» wesentlicher Regelungskompetenzen** (und sei es auf Zeit) vorliegt.[146] Trotz der schwächeren Stellung des Betriebsrats im Vergleich zur Gewerkschaft ist dabei noch eher an den Schutz von Arbeitnehmerinteressen zu denken als bei einer Regelung durch Arbeitsvertrag. Wie weit die Überantwortung an die Betriebsparteien gehen kann, ist letztlich ungeklärt, doch lassen sich Maßstäbe aus Art. 80 Abs. 1 Satz 2 GG gewinnen, wonach Inhalt, Zweck und Ausmaß einer Ermächtigung festgelegt sein müssen.[147] 220b

Auch betriebsverfassungsrechtlich bestehen keine grundsätzlichen Hindernisse. Da § 77 Abs. 3 BetrVG nur **«ergänzende» Vereinbarungen** zulässt, muss der Regelungsbereich allerdings klar umrissen sein[148]; auch unterliegen abgeschlossene Betriebsvereinbarungen einer gerichtlichen Billigkeitskon- 220c

---

142 BAG AP Nr. 2 zu Art. 9 GG Arbeitskampf.

143 Beuthien BB 1983, 1992ff. Zu weiteren Forderungen dieser Art s. oben Rn 59 sowie Tyska AuR 1985, 276.

144 Bellmann-Alda WSI-Mitt. 2004, 255; Massa-Wirth/Seifert WSI-Mitt. 2004, 247. Große praktische Bedürfnisse für Bündnisse für Arbeit konstatiert auch Kort, FS 50 Jahre BAG, S. 755.

145 Angaben nach Bellmann/Alda WSI-Mitt. 2004, 251, 254.

146 Näher dazu Weyand AuR 1989, 196 und Däubler, Tarifvertragsrecht, Rn 241ff.

147 Zachert NZA 1988, 188.

148 Beuthien BB 1983, 1996; s. weiter DKK-Berg § 77 Rn 73ff.; Fitting § 77 Rn 122, jeweils mwN.

trolle.[149] Häufig machen die Tarifverträge die betriebliche Regelung vom **Vorliegen bestimmter Voraussetzungen** abhängig. Auch sehen sie in der Regel Grenzen für eine Abweichung nach «unten» vor («Nicht mehr als 10% Lohnreduzierung für nicht mehr als sechs Monate» oder: «Verlängerung der Arbeitszeit um höchstens drei Stunden»).

220d Die Tarifparteien können die **«Öffnungsklausel»** jederzeit rückgängig machen und so den betrieblichen Entwicklungen ein Ende bereiten.[150] Faktisch wird dies allerdings nur selten in Betracht kommen. Gewerkschaftspolitisch sind Abmachungen dieser Art nur dann akzeptabel, wenn die Gewerkschaft auch im Einzelfall zustimmen muss.[151]

### 4.3.2.2. Recht zur Unterschreitung des Tarifniveaus auch ohne Ermächtigung?

221 **Schon vor über 20 Jahren** wurde die These vertreten, es bestehe eine ungeschriebene Kompetenz der Betriebspartner, auch ohne Öffnungsklausel tarifliche Ansprüche zu kürzen, um auf diese Weise das Unternehmen zu retten.[152] Später wurde ein ähnliches Ergebnis mit der Überlegung begründet, den Einzelnen treffe eine Treuepflicht im Hinblick auf die «gemeinsamen Interessen von Arbeitgeber und Belegschaft»; deshalb müsse in Notsituationen auf die volle Geltendmachung tariflicher Rechte verzichtet werden.[153] Am bekanntesten wurde das Argument Adomeits, untertariflich bezahlte Arbeit sei allemal günstiger als Arbeitslosigkeit.[154] Weder in der Literatur noch erst recht in der Rechtsprechung fanden diese Positionen jedoch ernsthaft Akzeptanz.[155]

222 **Betriebsvereinbarungen,** die ohne entsprechende Ermächtigung einzelne tarifliche Rechte preisgeben, würden schon **an §77 Abs. 3 Satz 1 BetrVG scheitern**: Danach sind sie generell auf Gebieten unzulässig, die durch Tarifvertrag geregelt sind oder üblicherweise geregelt werden. Auf einen Günstigkeitsvergleich kommt es insoweit gar nicht an.

223 Die allein in Betracht kommenden **einheitlichen Arbeitsverträge** sind allerdings von vornherein mit der Hypothek belastet, dass sich möglicherweise nicht alle Arbeitnehmer einbeziehen lassen: Einige verfügen über einen Sonderkündigungsschutz, andere gehen in absehbarer Zeit in Altersteilzeit und

149 Dazu unten 6.4.2. (Rn 802).

150 S. auch Kempen/Zachert-Wendeling-Schröder §4 Rn 394f.

151 Zur Einschaltung der Betriebspartner in die Tarifverträge über Arbeitszeit s. unten 4.5.3.5. (Rn 359ff.). Zu den Öffnungsklauseln in den neuen Bundesländern s. Hickel-Kurtzke WSI-Mitt. 1997, 98ff.

152 Vollmer DB 1982, 1670ff.

153 Reuter RdA 1994, 167.

154 Adomeit NJW 1984, 26.

155 Zur Kritik s. die Vorauflage sowie Kriebel, S. 100 und Joost ZfA 1984, 189 Fn 72.

legen deshalb auf das karrierefördernde Wohlwollen der Personalabteilung keinen Wert mehr, wieder andere sehen den Verzicht als überflüssig an, zumal sie als Leistungsträger jederzeit zu einem anderen Arbeitgeber wechseln könnten.[156] In der Regel wird der Arbeitgeber in diesen Fällen auch keine Änderungskündigung aussprechen können.

Soweit die betroffenen Arbeitnehmer zustimmen, stellt sich das **Problem** 224
**des Günstigkeitsvergleichs**: Ist im Vergleich zum Tarifvertrag ein Arbeitsvertrag günstiger, der zwar bestimmte tarifliche Leistungen abbedingt, dafür aber die betriebsbedingte Kündigung für drei Jahre ausschließt? Die Rechtsprechung[157] und die herrschende Ansicht in der Literatur[158] nehmen einen sog. **Sachgruppenvergleich** vor: Nur Regelungen, die innerlich zusammengehören, die eine Einheit bilden, können bei einem Vergleich berücksichtigt werden. Diese Voraussetzung ist z.B. gegeben, wenn es beim Urlaub um Wartezeit, Dauer und Urlaubsgeld geht.[159] Tarifliche Ansprüche auf Entgelt und Sozialleistungen weisen mit dem Kündigungsausschluss keinen auch nur entfernt vergleichbaren Zusammenhang auf. Das BAG[160] hat deshalb die Vergleichbarkeit verneint und keinen Günstigkeitsvergleich vorgenommen. Dem ist auch aus anderen Gründen zuzustimmen: Würde man abweichend entscheiden, könnte man mit Hilfe eines so verstandenen Günstigkeitsprinzips die Unabdingbarkeit des Tarifvertrags hinfällig machen: Sobald nur eine zusätzliche Arbeitsplatzgarantie gewährt wird, stünden alle tariflichen Rechte zur Disposition. Hinzu kommt, dass eine Quantifizierung praktisch unmöglich wäre: Kann ein drei Jahre dauernder Ausschluss der betriebsbedingten Kündigung nur 10% oder kann er auch 30% Lohnsenkung rechtfertigen?[161] Wie bestimmt man die «Werthaltigkeit» der Arbeitsplatzgarantie? Letztlich liefe eine solche Lösung auf eine richterliche Tarifgestaltung hinaus.[162] Ein «angemessenes» Verhältnis zu verlangen,[163] bringt keinerlei Erkenntnisfortschritt. Schließlich könnte man ein so verstandenes Günstigkeitsprinzip auf alle arbeitsrechtlichen Normen anwenden – warum sollte man nicht auch auf den Mutterschutz verzichten oder Jugendliche am Fließband arbeiten lassen, würde doch auch dies dem Unternehmen Kosten sparen? Nicht nur die Unabdingbarkeit von Tarifverträgen, die des gesamten Arbeitsrechts stünde auf

---

156 Auf diese Probleme verweist auch Heise, FS 50 Jahre BAG, S. 657.

157 BAG NZA 1984, 255.

158 ErfK-Schaub-Franzen, § 4 TVG Rn 66; Däubler, Tarifvertragsrecht, Rn 204; Kempen/Zachert-Zachert § 4 Rn 310ff.; Wiedemann-Wank § 4 Rn 436ff.; weitere Nachweise bei Däubler-Deinert § 4 Rn 657.

159 Weitere Beispiele bei Däubler-Deinert, TVG, § 4 Rn 658.

160 NZA 1999, 887, 893.

161 Auf diese «Unwägbarkeiten» verweist auch Kort, FS 50 Jahre BAG, S. 765.

162 Joost ZfA 1984, 189 Fn 72.

163 So Robert NZA 2004, 633, 638.

dem Spiel. Das Günstigkeitsprinzip will ersichtlich keine solchen Folgen bewirken: Es ergänzt die tarifvertragliche Mindestniveaugarantie, will sie aber nicht aushebeln.[164]

### 4.3.2.3. Gesetzliche Öffnungsklauseln

225 Schon Anfang der 90er Jahre hat die **Deregulierungskommission** den Vorschlag gemacht, ausdrücklich eine Abweichung vom Tarifvertrag durch Betriebsvereinbarung zu gestatten, wenn sich das Unternehmen in einer wirtschaftlichen Notlage befinde.[165] Die Regierung hat dies verschiedentlich begrüßt[166], jedoch keinen entsprechenden Gesetzentwurf im Parlament eingebracht. Daran hat sie gut getan: Die **Unabdingbarkeit** von Tarifverträgen **gehört zum «Kernbereich»** der Tarifautonomie, in den der Gesetzgeber nicht eingreifen darf.[167] Auch in der Literatur wird dies (fast) einhellig so gesehen.[168]

225a Die **Fraktion der CDU/CSU** im Deutschen Bundestag hat im Jahre 2003 einen **Gesetzentwurf** eingebracht, der u. a. eine Änderung des § 4 Abs. 3 TVG vorschlug: Als günstiger sollte es immer gelten, wenn eine Zweidrittelmehrheit der Belegschaft und eine Zweidrittelmehrheit des Betriebsrats einer vom Tarif abweichenden Regelung zustimmt.[169] Dagegen sprachen nicht nur die eben genannten Bedenken;[170] nicht bedacht war auch, dass es jedenfalls in all den Branchen an der **Erforderlichkeit** eines solchen Eingriffs in die Tarifautonomie **fehlte**, in denen man sich bereits über den Inhalt einer Öffnungsklausel verständigt hatte. Hinzu kamen zahlreiche übersehene praktische Probleme: In welchem Verfahren sollte die Mehrheitsmeinung festgestellt werden? In **geheimer Abstimmung**, durch Handheben auf einer Betriebsversammlung oder durch **Einzelgespräche im Personalbüro**? Das Resultat dürfte nicht in allen Fällen identisch sein. Auch fragt sich, wie der Begriff «Belegschaft» zu bestimmen ist: Geht es nur um die Betroffenen oder müssen immer alle Betriebsangehörigen gefragt werden? Unterstellt, Einschnitte seien nur in einer Abteilung notwendig, weil ihr Deckungsbeitrag «abgesackt» ist: Müssten auch die Nichtbetroffenen ihre Meinung kundtun, wäre ggf. die

---

164 Gegen eine Uminterpretation des § 4 Abs. 3 TVG auch Wendeling-Schröder, FS Wißmann, S. 179.

165 Marktöffnung und Wettbewerb, S. 149.

166 S. etwa Handelsblatt vom 12./13. 2. 1993, S. 6.

167 S. Däubler-Däubler, TVG, Einl. Rn 100 ff.

168 DKK-Berg § 77 Rn 76; Dieterich RdA 2002, 1, 6 ff.; Hanau RdA 1993, 4 ff.; G. Müller AuR 1992, 258; Zachert DB 1991, 225. Zu der allgemein akzeptierten These, dass die Unabdingbarkeit zum Kernbereich zählt, s. die Nachweise bei Däubler, Tarifvertragsrecht, Rn 352 Fn 20 und in: TVG, Einl. Rn 99 f.

169 BT-Drucks. 15/1182.

170 Kritisch auch Dieterich u. a. RdA 2004, 65, 69; Schneider AiB 2003, 270; Wolter NZA 2003, 1317, 1320; Zachert AiB 2004, 718.

Zweidrittelmehrheit sehr schnell zu erreichen. Soweit ersichtlich, werden entsprechende Pläne von der Großen Koalition nicht weiterverfolgt.

## 4.3.3. Für wen gilt ein Tarifvertrag?

### 4.3.3.1. Örtlicher und fachlicher Geltungsbereich

Die Tarifnormen entfalten ihre unmittelbare und zwingende Wirkung nur im Rahmen des von den Tarifparteien bestimmten Geltungsbereichs: Ein für den Bezirk Weser-Ems abgeschlossener Tarifvertrag gilt nicht in Hessen, und zwar auch nicht für die dort befindlichen Zweigstellen Bremer oder Oldenburger Firmen. Genauso wenig gilt ein Chemietarif für Metallbetriebe.[171] Dies vorausgeschickt, ist weiter zu differenzieren: 226

### 4.3.3.2. Wirkung nur für Organisierte?

Normen über den Inhalt, den Abschluss und die Beendigung von Arbeitsverhältnissen gelten **nur für «beiderseits Tarifgebundene»**, d.h. für die Beziehungen zwischen einem im tarifschließenden Arbeitgeberverband organisierten Arbeitgeber[172] und den bei ihm beschäftigten Mitgliedern der tarifschließenden Gewerkschaft. Ohne unmittelbare Verbindlichkeit bleibt der Tarifvertrag daher in all den Betrieben, deren Inhaber keinem (oder einem anderen) Arbeitgeberverband angehört. Dasselbe gilt, wenn zwar der Arbeitgeber tarifgebunden, der Arbeitnehmer aber unorganisiert ist oder einer anderen als der tarifschließenden Gewerkschaft angehört. 227

Für **Normen über betriebliche und betriebsverfassungsrechtliche Fragen** macht § 3 Abs. 2 TVG eine **beschränkte Ausnahme**: Sie gelten unmittelbar und zwingend im Verhältnis zu allen Belegschaftsangehörigen, sofern nur der Arbeitgeber tarifgebunden ist.[173] Gehört dieser freilich nicht dem tarifschließenden Arbeitgeberverband an, so bleibt es auch insoweit bei der allgemeinen Regel. 228

Durch diese relativ strenge Begrenzung der Tarifwirkung auf die Mitglieder der Tarifparteien[174] **unterscheidet sich das deutsche TVG von zahlreichen** 229

---

171 Eingehend zu den Fragen des Geltungsbereichs Däubler, Tarifvertragsrecht, Rn 251–288, und Däubler-Deinert, TVG, § 4 Rn 180 ff., worauf aus Platzgründen verwiesen wird.

172 Gleichgestellt ist der Arbeitgeber, der selbst einen Firmentarif abschließt.

173 Für Verfassungsmäßigkeit des § 3 Abs. 2 TVG BAG DB 1996, 2634 und eingehend Gamillscheg, Kollektives Arbeitsrecht I, § 17 I 2 d – S. 719 f. S. weiter Däubler, Grundrecht, S. 281 f.; Dieterich, FS Däubler, S. 451 ff.; Kempen/Zachert-Kempen § 3 Rn 32 ff.

174 Der Verbandsaustritt des Arbeitgebers lässt die Tarifbindung nach § 3 Abs. 3 TVG bis zum Auslaufen des geltenden Tarifvertrags bestehen. Zum Verbandswechsel des Arbeitgebers s. Gamillscheg,

**ausländischen Rechtsordnungen**, die in der Regel die Tarifbindung des Arbeitgebers genügen lassen.[175] In der Praxis wird sie durch arbeitsvertragliche Bezugnahmeklauseln relativiert.

#### 4.3.3.3. Bezugnahmeklausel im Arbeitsvertrag

229a Soweit schriftliche Arbeitverträge geschlossen werden, wird meist auch auf Tarifverträge verwiesen.[176] Der Arbeitgeber, der die Verträge in der Regel vorformuliert, schafft damit einheitliche Arbeitsbedingungen für alle Beschäftigten. Außerdem soll – so ausdrücklich das BAG[177] – den nichtorganisierten Arbeitnehmern «der Anlass genommen werden, die normative Geltung der Tarifregelungen durch einen Gewerkschaftsbeitritt herbeizuführen». Ein **Verstoß gegen Art. 9 Abs. 3 GG** wird darin auch dann **nicht** gesehen, wenn von diesem Mittel systematisch Gebrauch gemacht wird.[178]

229b Die Bezugnahme stellt eine verkürzte Absprache über den Inhalt des Arbeitsvertrags dar;[179] sie schafft **nicht etwa** eine **Tarifbindung** im Sinne des § 3 Abs. 1 TVG. Das bedeutet, dass einzelne tarifliche Rechte später wieder aus der «Verweisung» herausgenommen werden können, soweit ein solcher Änderungsvertrag der Angemessenheitskontrolle nach § 307 Abs. 1 BGB standhält.[180] § 4 Abs. 4 TVG findet deshalb keine Anwendung.[181] Da der Arbeitgeber bei der Einstellung in der Regel die Gewerkschaftsmitgliedschaft nicht kennt, werden auch mit **organisierten Arbeitnehmern** solche Bezugnahmevereinbarungen geschlossen. Bei ihnen besitzt dann die Anwendung des Tarifvertrags eine **doppelte Rechtsgrundlage**.[182]

229c Die **Bezugnahme** ist eine **statische**, wenn auf einen ganz bestimmten Tarifvertrag in einer konkreten Fassung verwiesen wird.

---

Kollektives Arbeitsrecht I, § 17 I 5 c – S. 726 f., Kempen/Zachert-Kempen § 3 Rn 32 ff. sowie BAG AP Nr. 4 zu § 3 TVG = DB 1987, 590. Zu weiteren Versuchen der Flucht aus dem Tarifsystem s. Däubler NZA 1996, 230 mwN.

175 So etwa § 12 I des österreichischen Arbeitsverfassungsgesetzes (dazu Floretta-Strasser, Wien 1974) und Art. L 132–10 des französischen Code du Travail (dazu Javillier, Droit du travail, 1978, S. 583 ff.). Die italienische Rechtsprechung kommt unter Anwendung des Art. 36 der Verfassung (Recht auf gerechten Lohn) jedenfalls in Bezug auf die Vergütung zum selben Ergebnis (vgl. Daum, Die besondere Struktur des Einzelarbeitsverhältnisses im italienischen Recht, Dissertation, Frankfurt/M. 1970, S. 85 ff. – dazu Däubler AuR 1972, 377).

176 Kempen/Zachert-Stein § 3 Rn 143.

177 DB 2002, 1005, 1006.

178 Kritisch dazu Berg u. a. § 3 TVG Rn 118.

179 Däubler-Lorenz § 3 Rn 223; Kempen/Zachert-Stein § 3 Rn 153.

180 Dazu im Einzelnen Bd. 2, Kap. 3.

181 Zum Vergleich mit einer Rechtswahlvereinbarung s. Däubler-Lorenz § 3 Rn 223.

182 BAG DB 2002, 1005, 1007.

*Beispiel:* Für das Arbeitsverhältnis gilt der Firmentarifvertrag vom 1. 2. 2007, durch den die Wochenarbeitszeit für zwei Jahre auf 40 Stunden erhöht und eine betriebsbedingte Kündigung ausgeschlossen wurde.

Von einer dynamischen Bezugnahme spricht man dann, wenn auf einen Tarifvertrag oder eine Mehrzahl von Tarifverträgen «in ihrer jeweiligen Fassung» verwiesen wird. Dabei wird wiederum unterschieden:

▶ Werden die jeweiligen Tarifverträge einer bestimmten Branche in Bezug genommen, handelt es sich um eine sog. **kleine dynamische Verweisung**.

*Beispiel:* «Auf das Arbeitsverhältnis finden die Tarifverträge der Metallindustrie in Nordwürttemberg/Nordbaden in ihrer jeweiligen Fassung Anwendung.»

▶ Sollen die für den Betrieb oder das Unternehmen maßgebenden Tarifverträge in ihrer jeweiligen Fassung gelten, spricht man von einer sog. **großen dynamischen Verweisung**.[183] Damit ist auch der Fall erfasst, dass das Unternehmen oder der Betrieb, in dem der Arbeitnehmer arbeitet, die Branche wechselt.

Da der Arbeitnehmer nicht immer erkennen kann, welche Bestimmungen 229d
der jeweils für ihn geltende Tarifvertrag beinhaltet, scheinen zumindest die beiden dynamischen Bezugnahmeklauseln wegen **fehlender Transparenz** im Sinne des § 307 Abs. 1 Satz 2 BGB Bedenken zu erwecken. Dem steht aber die Spezialvorschrift des § 2 Abs. 1 Satz 2 Nr. 10 NachwG entgegen, wonach es genügt, wenn der Arbeitgeber «in allgemeiner Form» auf die anwendbaren Tarifverträge hinweist.[184]

Im Einzelfall kann **zweifelhaft** sein, **ob** eine **statische oder** eine **dyna-** 229e
**mische Verweisung** vorliegt.

*Beispiel:*[185] Im Arbeitsvertrag ist bestimmt «Der Arbeitnehmer erhält eine Vergütung von 1200 € zuzügl. 700 € Ortszuschlag (Vergütungsgruppe KR II/3)». Trotz der konkreten Beträge eine dynamische Verweisung auf den Entgelttarif, in dem sich die Vergütungsgruppe KR II/3 befindet.

Im Zweifelsfall ist nach § 305c Abs. 2 BGB die für den Arbeitnehmer günstigere Auslegungsalternative zu wählen.[186] Wird auf die Tarifverträge einer bestimmten Branche verwiesen, so sind damit **auch** etwa abgeschlossene **Firmentarife** mit erfasst.[187]

In ständiger Rechtsprechung hat das **BAG** beide Formen der dynamischen 229f

183 Zur Terminologie s. Berg u. a. § 3 TVG Rn 117; Däubler-Lorenz, TVG, § 3 Rn 229 ff.; Kempen/Zachert-Stein § 3 Rn 148.

184 Däubler-Lorenz § 3 Rn 219 mwN.

185 Nach BAG NZA 2006, 202.

186 So BAG a.a.O.; Däubler-Lorenz § 3 Rn 220.

187 BAG DB 2005, 2420.

Verweisung als **«Gleichstellungsabrede»** interpretiert: Es solle nur sichergestellt werden, dass Organisierte und Nichtorganisierte gleich behandelt würden.[188] Dies hat zur Folge, dass bei einem Wegfall der Tarifbindung des Arbeitgebers auch die Bezugnahme ins Leere geht, während bei wörtlicher Auslegung auch künftige Tarifverträge angewandt werden müssten. Letzteres nimmt das BAG nur an, wenn ein unorganisierter Arbeitgeber eine entsprechende Klausel vereinbart.[189] In der Literatur hat dies zum Teil heftige Kritik erfahren.[190] Sie stützte sich u.a. darauf, für den Arbeitnehmer sei es nicht nachvollziehbar, dass ein und dieselbe Klausel völlig unterschiedliche Folgen habe je nachdem, ob der Arbeitgeber einem Verband angehöre oder nicht. Wenn das BAG demgegenüber meinte, der Arbeitnehmer könne den Arbeitgeber **bei den Einstellungsverhandlungen nach der Verbandsmitgliedschaft fragen**, um notfalls auf einer «arbeitgeberverbandsaustrittsfesten» Klausel zu bestehen,[191] so ist ihm mit Recht entgegengehalten worden, dass diese Vorstellung nicht übermäßig realitätsnah sei[192] – ganz abgesehen davon, dass eine solche Frage wohl genauso unzulässig wäre wie die nach der Gewerkschaftszugehörigkeit des Arbeitnehmers.[193] Das **BAG** hat inzwischen eine **Revision seiner Rechtsprechung** angekündigt; bei allen nach dem Inkrafttreten des § 305 c Abs. 2 BGB (1. 1. 2002) abgeschlossenen Arbeitsverträgen müsse die für den Arbeitnehmer günstigere Auslegung gewählt werden, was auf eine Inbezugnahme der jeweiligen Tarifverträge hinausläuft.[194]

229 g Die Bezugnahme auf den Tarifvertrag ist an keine Form gebunden. Sie kann daher auch konkludent oder dadurch erfolgen, dass bestimmte Tarifverträge im Betrieb längere Zeit praktiziert werden und so eine **betriebliche Übung** entsteht.[195] Wurden im Laufe der Jahre auch tarifliche Änderungen ohne Vorbehalt nachvollzogen, muss dies auch in Zukunft geschehen; daran kann nur im Wege einer «gegenläufigen» Betriebsübung oder durch Modifizierung der Arbeitsverträge etwas geändert werden.

---

188 BAG NZA 2002, 634 = DB 2002, 1005 mit kritischen Anm. Bayreuther; BAG NZA 2003, 933 und 1207.

189 BAG NZA 2005, 478 = DB 2005, 778.

190 Annuß AuR 2002, 361, 364; Däubler RdA 2002, 303, 305; Lambrich BB 2002, 1267 u. a.

191 So BAG DB 2002, 1005, 1007 li. Sp.

192 Bayreuther DB 2002, 1009; Thusing NZA 2003, 1185.

193 Boemke NZA 2004, 142.

194 BAG 14. 12. 2005 – 4 AZR 536/04; dazu Klebeck NZA 2006, 15. Vgl. auch: BAG NZA 2006, 202. Für Rückgriff auf § 305 c Abs. 2 auch Bayreuther DB 2002, 1010; Däubler RdA 2002, 305 f.; Kempen/Zachert-Stein § 3 Rn 187 u. a.

195 BAG NZA 1999, 879; dazu Däubler-Lorenz § 3 Rn 216.

#### 4.3.3.4. Allgemeinverbindlicherklärung

Denkbar ist, dass **tarifliche Arbeitsbedingungen** durch nicht verbandsangehörige Unternehmen **systematisch unterboten** werden oder dass mit neu Eingestellten, die – wie in der Regel – keiner Gewerkschaft angehören, untertarifliche Bedingungen vereinbart werden. Ein mögliches Gegenmittel gegen solche Erscheinungen ist die Allgemeinverbindlicherklärung nach § 5 TVG, die die Tarifbindung auch auf die bisher nicht tarifgebundenen Arbeitgeber und Arbeitnehmer im Geltungsbereich des Tarifvertrags erstreckt.[196] Damit kann zwar den gröbsten Auswüchsen ein Riegel vorgeschoben werden, doch sind nicht alle unerfreulichen Erscheinungen beseitigt. 230

Denkbar ist, dass die **Voraussetzungen** für die Allgemeinverbindlicherklärung nicht erfüllt sind, weil die tarifgebundenen Arbeitgeber weniger als 50 % der Arbeitnehmer des Tarifgebietes beschäftigen. Auf der anderen Seite erreicht die untertarifliche Beschäftigung oft kein so hohes Ausmaß, dass von einem «sozialen Notstand» die Rede sein könnte, wo es nach § 5 Abs. 1 Satz 2 TVG nicht mehr auf das Erreichen der 50 %-Quote ankäme. In der Regel sind sozial besonders schwache Arbeitnehmerschichten betroffen, die sich mit Rücksicht auf betriebliche Machtverhältnisse oder bewusstseinsmäßige Schranken nicht gewerkschaftlich organisieren können. Geradezu zynisch ist der Versuch, die fehlende Außenseiterwirkung mit dem **Interesse des Nichtorganisierten** zu rechtfertigen, **nicht einer fremdgesetzten Ordnung ausgeliefert zu sein**;[197] er hat sowieso nur die Wahl zwischen der Unterwerfung unter den Tarif und der Unterwerfung unter die vom Arbeitgeber vorgeschlagenen Bedingungen, sodass die erste Alternative für ihn in aller Regel die bessere ist.[198] Günstigere arbeitsvertragliche Abmachungen bleiben im Übrigen auch nach einer Allgemeinverbindlicherklärung möglich. 230a

#### 4.3.3.5. Einbeziehung von Leiharbeitnehmern

Nach der seit 1. 1. 2004 geltenden Neufassung des AÜG können Leiharbeitnehmer verlangen, in Bezug auf «wesentliche Arbeitsbedingungen einschließlich des Arbeitsentgelts» genauso wie vergleichbare (Stamm-)Arbeitnehmer des Einsatzbetriebs behandelt zu werden (§§ 3 Nr. 3, 9 Nr. 2 AÜG). Soweit deren Bedingungen tariflich festgelegt sind, läuft dies auf eine **faktische Erstreckung der Tarifwirkung auf Dritte** hinaus; verfassungsrechtliche Be- 230b

---

196 Dazu unten 4.10.3. (Rn 428 f.). Übersicht bei Zachert, in: Peter-Kempen-Zachert, S. 11 ff.

197 S. etwa Lieb RdA 1967, 442; Richardi, Kollektivgewalt, S. 225, 236; Zöllner RdA 1962, 458 ff.; Ders., RdA 1964, 447.

198 Näher dazu Däubler, Grundrecht auf Mitbestimmung, S. 282 ff.

denken dagegen sind nicht ersichtlich.[199] In der Praxis kommen solche Fälle allerdings so gut wie nie vor, da der «equal-pay»-Grundsatz durch Tarifvertrag abbedungen werden kann und davon in reichlichem Umfang Gebrauch gemacht wurde. Mit nichtorganisierten Leiharbeitnehmern wird im Arbeitsvertrag auf einen Tarif der Leiharbeitsbranche verwiesen.

### 4.3.3.6. Erweiterte Tarifwirkung durch Vergabebedingungen

230c Nach den Vergabegesetzen einzelner Bundesländer dürfen öffentliche Aufträge nur an solche Unternehmen vergeben werden, die die am Arbeitsort üblichen tariflichen Vergütungen bezahlen. Damit ist – ähnlich wie im Bereich der Leiharbeit – den Tarifverträgen faktisch auch Wirkung für Dritte verliehen, wobei allerdings nicht deren gesamte Geschäftstätigkeit, sondern nur die Abwicklung einzelner öffentlicher Aufträge erfasst ist.[200]

### 4.3.3.7. Arbeitnehmerähnliche Personen

231 Tarifverträge gelten grundsätzlich nur für «Arbeitnehmer». § 12a TVG bezieht bestimmte Gruppen von freien Mitarbeitern ein, § 17 Abs. 1 HAG geht davon aus, dass auch die Beschäftigungsverhältnisse von Heimarbeitern tariflich geregelt werden können.[201] Inwieweit andere arbeitnehmerähnliche Personen einbeziehbar sind, ist noch nicht ausreichend geklärt, jedoch zu bejahen.[202] Unbestritten ist, dass betriebliche Ausbildungsverhältnisse durch Tarif gestaltet werden können.[203]

### 4.3.3.8. Vom Ausland ins Inland entsandte Arbeitskräfte

232 Tarifverträge können u. U. auch auf solche Arbeitskräfte erstreckt werden, die von ihrem ausländischen Arbeitgeber für kürzere oder längere Zeit ins Inland entsandt werden und dabei weiter ihrem ausländischen Arbeitsrecht unterliegen. Eine gesetzliche Grundlage hierfür gibt es derzeit nur in der Bauwirtschaft (und der weniger bedeutsamen Schifffahrtsassistenz – konkret: Schleppfahrzeuge in deutschen Häfen). Einzelheiten zu diesem «Arbeitnehmerentsendegesetz» sind an späterer Stelle zu erörtern.[204]

---

199 BVerfG NZA 2005, 153.

200 Einzelheiten bei Däubler-Lakies, TVG, Anhang 1 zu § 5 Rn 10 ff. und bei Däubler ZIP 2000, 681 ff. sowie auch bei Kempen, in: Peter-Kempen-Zachert, S. 46 ff.

201 Zu Letzteren s. Kempen/Zachert-Zachert § 1 Rn 461 und Bd. 2 Rn 2100 ff.

202 Insoweit gilt dasselbe wie für die Koalitionsfreiheit – s. oben 3.2.2.1. (Rn 111 ff.).

203 BAG NZA 1984, 393, 400 und Bd. 2 Rn 2076 f.

204 Unten 4.17.2. (Rn 462 c ff.).

## 4.4. Tarifvertrag und staatliche Rechtsordnung

Die Beziehungen zwischen Arbeit und Kapital sind in der Bundesrepublik in hohem Maße staatlich reglementiert.[205] Ob es um Sozialversicherung und Betriebsrenten, um Urlaub oder um Gesundheitsschutz am Arbeitsplatz geht, überall ist eine umfassende Regelung vorhanden, die den Tarifparteien nur noch einen beschränkten Spielraum lässt. Dies kann unter bestimmten Voraussetzungen die gewerkschaftlichen Handlungsmöglichkeiten beengen, ist in Zeiten des Mitgliederschwunds und der Massenarbeitslosigkeit jedoch außerordentlich hilfreich.[206] Eine Abschaffung einzelner Normenkomplexe (**«Deregulierung»**) würde die Gewerkschaft vor völlig neuartige Aufgaben stellen, denen sie angesichts des sowieso vorhandenen großen Problemdrucks nicht gewachsen wäre. 233

### 4.4.1. Kann ein Tarifvertrag dem Gesetz vorgehen?

Dass eine **«legislative Okkupation»** (Biedenkopf) **des Gesamtbereichs der Arbeits- und Wirtschaftsbedingungen** gleichwohl nicht erstrebenswert und auch nicht zulässig wäre, ist bereits an anderer Stelle gesagt worden.[207] Soweit der Gesetzgeber einer arbeitsrechtlichen Regelung nicht *eindeutig* abschließenden Charakter zugemessen hat, bleibt eine tarifliche Verbesserung des gesetzlichen Standards möglich, spricht doch im sozialen Rechtsstaat eine Vermutung für die Freiheit des Einzelnen und damit für umfassende Selbstregelung durch die Beteiligten. Das **«Günstigkeitsprinzip»** gilt daher auch **im Verhältnis Tarifvertrag-Gesetz.**[208] 234

Häufig wird in Einzelgesetzen ausdrücklich Entsprechendes bestimmt; so

205 S. aus der älteren Lit. Biedenkopf, Grenzen, S. 126 ff.; Erd, Verrechtlichung, passim (dazu Däubler KJ 1980, 107); Schacht-Unterseher, S. 88.

206 Zur Position des Verf. in der Diskussion um die Verrechtlichung der Arbeitsbeziehungen s. Kursbuch Nr. 56, 1979, S. 111 (Befreiung der Arbeit – Auf den Krücken des Arbeitsrechts); in: Gamillscheg u. a., In Memoriam Sir Otto Kahn-Freund, München 1980, S. 49 (Arbeitsbeziehungen und Recht in der Bundesrepublik – eine Skizze); Gewerkschaften und Arbeitsrecht. Einige Thesen, Zeitschrift für Rechtssoziologie 1981, 80 ff.; Arbeitsrecht und betriebliche Interessenvertretung, BetrR 1982, 389 ff.

207 3.2.8. (Rn 152 ff.).

208 So ausdrücklich BAG GS AP Nr. 17 zu § 77 BetrVG 1972 = DB 1987, 383 = AuR 1987, 378; Gamillscheg, Kollektives Arbeitsrecht I, § 16 II 2 a (1) – S. 688; Kempen/Zachert-Kempen, Grundl., Rn 268; Löwisch-Rieble § 1 Rn 319; Marschollek, S. 42 f.; Nikisch, II, 227 ff.; Runggaldier, S. 277; Wiedemann-Wiedemann Einl. Rn 360; Wlotzke, Günstigkeitsprinzip, S. 11 ff.; anders insbesondere Biedenkopf, Grenzen, S. 147 ff. – dazu Däubler, Streik, S. 158 ff.

kann gem. § 11 EFZG die Entgeltfortzahlung im Krankheitsfalle zwar verbessert, nicht aber eingeschränkt werden. Dasselbe bestimmt § 13 Abs. 1 BUrlG für die wesentlichsten Vorschriften des Urlaubsrechts.

235 **Anders** wird bei **organisatorischen Vorschriften** (z. B. der Betriebsverfassung) entschieden; insoweit haben die Tarifparteien nur Spielraum, soweit sie sich – wie in § 3 BetrVG – auf eine besondere gesetzliche Ermächtigung stützen können. Allerdings ist immer zu prüfen, ob der in einer solchen Regelung liegende Eingriff in die Tarifautonomie im Hinblick auf Art. 9 Abs. 3 GG gerechtfertigt ist. Zwingenden Charakter haben auch sozialstaatliche Minimalstandards. Eine Abmachung, wonach die Unfallversicherung im konkreten Fall ausgeschlossen sein soll, wäre ersichtlich nach § 134 BGB unwirksam. Auch das in § 138 BGB enthaltene **Verbot des Lohnwuchers** gehört hierher; ob es durch einen Tarifvertrag verletzt ist, bestimmt sich nach den Umständen des Einzelfalls, insbesondere danach, ob es sich um einen wirklichen «Hungerlohn» handelt.[209]

### 4.4.2. Verschlechterung des gesetzlichen Standards?

236 Eine **Verschlechterung** des durch das staatliche Recht gewährten «Schutzstandards» ist grundsätzlich nicht möglich. In einer Reihe von Fällen hat jedoch der Gesetzgeber **ausdrücklich** bestimmt, dass von seinen Vorschriften auch zu Lasten der Arbeitnehmer abgewichen werden darf (sog. **Zulassungsnormen**).

237 *Beispiele:* Nach § 622 Abs. 4 S. 1 BGB können die gesetzlichen Kündigungsfristen durch Tarifvertrag verkürzt werden (was in der Regel den Arbeitnehmer benachteiligt), und § 21 a Abs. 1 Nr. 4 JArbSchG eröffnet die Möglichkeit, das in § 16 JArbSchG enthaltene Verbot der Samstagsarbeit für Jugendliche durch Tarifvertrag abzubedingen.

Damit wird ein Element der Flexibilität in das Arbeitsrecht eingebaut, das freilich mit Gefahren verbunden ist, wenn es der Gewerkschaft an ausreichender Stärke fehlt. Deutlich wird dies etwa dann, wenn in Krankenhäusern der volle Spielraum des ArbZG ausgeschöpft oder sogar darüber hinausgehende Regelungen getroffen werden.

---

209 So ausdrücklich BAG NZA 2004, 971, 973.

### 4.4.3. Das sog. tarifdispositive Richterrecht

Die Rechtsprechung hat weiter den Grundsatz aufgestellt, dass in bestimmten Fällen allein der Tarifvertrag (nicht der Arbeitsvertrag) von bestimmten Schutznormen abweichen kann, die sie selbst entwickelt hat. 238

*Beispiel:* Rückzahlungsklauseln bei Gratifikationen sind nur innerhalb eines bestimmten Rahmens zulässig, um das Recht zum Wechsel des Arbeitsplatzes nicht übermäßig zu beschränken. Davon kann nicht der Arbeitsvertrag, wohl aber der Tarifvertrag abweichen.[210]

**Für die Gewerkschaften** bedeutet eine solche Ausdehnung der Tarifautonomie einen wahren **Pyrrhussieg**; was kraft Gesetzes oder kraft Richterrechts für jedermann gilt, findet auf ihre Mitglieder nur dann Anwendung, wenn im Tarif nichts Gegenteiliges vereinbart ist. Wie wird voraussichtlich ein Arbeitnehmer reagieren, dem vom Gericht bestätigt wird, er könne zwar «an sich» die Gratifikation behalten, doch habe seine Gewerkschaft leider eine abweichende tarifliche Regelung getroffen? Um derlei «unmögliche» Situationen zu verhindern, wird man sich in Tarifverhandlungen häufig gezwungen sehen, auf anderen Gebieten Konzessionen zu machen – eine unerfreuliche Konsequenz, die bei Annahme eines zwingenden Mindeststandards nicht eintreten würde.[211] Der Sache nach stellt diese Ausgestaltung von Schutznormen daher einen unberechtigten Eingriff in die Tarifautonomie dar. 239

### 4.4.4. Tarifvertrag und Grundrechte

Die Rechtsprechung und der weit überwiegende Teil der Literatur gingen bis in die 90er Jahre davon aus, dass die Tarifparteien bei ihrer Normsetzung in gleicher Weise wie der Staat die Grundrechte ihrer Mitglieder beachten müssen.[212] Dieser **Grundrechtsbindung** wurde sogar gewohnheitsrechtlicher Charakter beigemessen.[213] Dies lässt sich mittlerweile nicht mehr aufrechterhalten. Zahlreiche Autoren vertreten die Auffassung, der Abschluss von Ta- 240

210 BAG DB 1973, 973.

211 Kritisch auch Birk ZfA 1974, 446, 448 und Seiter ZfA 1970, 363 ff.; vgl. weiter Herschel AuR 1972, 129; Kempen/Zachert-Zachert Grundl. Rn 296; Lieb RdA 1972, 129; Reuß AuR 1972, 136. Für einen tariffesten «Kern» Däubler-Schiek, TVG, Einl. Rn 335.

212 BAG AP Nr. 4, 6, 7 zu Art. 3 GG, ständige Rspr, zuletzt BAG DB 1996, 2635; Baumann RdA 1987, 290; Biedenkopf, Grenzen der Tarifautonomie, S. 73 ff.; Blomeyer, ZfA 1980, 22; Gamillscheg, AcP 164, 400; Hueck-Nipperdey II/1, S. 373 ff.; Herbert Krüger, RdA 1957, 201; Nikisch I, S. 41; Ossenbühl NJW 1965, 1563; Reuter, ZfA 1978, 14; Sachs RdA 1989, 25; weitere Nachweise zur älteren Diskussion bei Däubler, Grundrecht auf Mitbestimmung, S. 224, Fn 34.

213 Gamillscheg, Kollektives Arbeitsrecht I § 16 I 1 c (1) – S. 668.

rifverträgen sei «gebündelter Ausdruck individueller Selbstbestimmung»[214], sei kollektive Privatautonomie[215], was die Beschränkung ihrer Wirkung auf die Koalitionsmitglieder plausibel macht. Von diesem Ansatz her fehlt jeder Anlass für eine Gleichbehandlung mit dem staatlichen Gesetzgeber; nicht anders als beim Abschluss normaler Individualverträge ist der den Beteiligten überlassene Freiraum nur dann überschritten, wenn der Staat zum Schutze der Grundrechte Einzelner intervenieren muss. Diese sog. Schutzpflichtlehre führt tendenziell dazu, dass mehr Einschränkungen der Individualsphäre als bei unmittelbarer Gebundenheit der Tarifparteien möglich sind.

241 Die **Rechtsprechung** der einzelnen Senate des BAG ist **uneinheitlich**, ohne dass eine Einschaltung des Großen Senats ernsthaft in Erwägung gezogen wurde.[216] Bemerkenswert ist, dass der Dritte Senat[217] und der Sechste Senat[218] von einer vollen **Bindung an Gleichheitsgrundrechte** ausgehen, die in der bisherigen Judikatur bei weitem im Vordergrund standen. Bei Freiheitsrechten dominiert die Schutzpflichtlehre. Praktische Bedeutung hat dies insbesondere bei Art. 12 Abs. 1 und Art. 14 Abs. 1 GG. So hat der Siebte Senat die Altersgrenzen bei Piloten nicht unmittelbar an Art. 12 Abs. 1 GG gemessen, sondern nur geprüft, ob die Beeinträchtigung der Berufsfreiheit so schwer sei, dass der Staat zu ihrem Schutz intervenieren müsse, was im Ergebnis verneint wurde.[219] Als durch einen Sanierungstarif bereits entstandene Vergütungsansprüche entzogen wurden, wurde eine **Verletzung des Art. 14 Abs. 1 GG nicht einmal geprüft**; als Grenze für Verschlechterungen wurde lediglich der Vertrauensschutz der «beteiligten Kreise» (nicht einmal jedes betroffenen Individuums) geprüft.[220] Der «gelockerte» Prüfungsmaßstab wirkt sich so in erster Linie zu Lasten der Arbeitnehmer aus.

242 Unklarheit besteht, inwieweit auch personale Rechte wie die **Gewissens- oder die Meinungsfreiheit** nur noch im Rahmen der Schutzpflichtlehre beachtet werden müssen. In der Literatur wird betont, insoweit bestehe keine tarifliche Regelungsbefugnis, «soweit kein Bezug zu beruflichen Aufgaben besteht»[221]; soweit dieser existiert, ist also wohl von einer verstärkten Einschränkbarkeit auszugehen. Anders argumentiert Schiek:[222] Eingriffe in die Persönlichkeitssphäre seien nicht durch die tarifliche Regelungsform legitimiert. Angesichts dieser Zweifelsfrage lässt sich die These wohl nicht auf-

---

214 S. Zachert AuR 2002, 330, 331.
215 Grundlegend Dieterich, FS Schaub, S. 121 ff.
216 Überblick bei Däubler-Schiek, TVG, Einl. Rn 171 ff.
217 BAG AP Nr. 2 zu § 1 TVG Gleichbehandlung = RdA 2001, 110 mit Anm. Dieterich.
218 AP Nr. 309 zu Art. 3 GG = NZA 2004, 1399; dazu Dieterich RdA 2005, 177.
219 BAG AP Nr. 11, 12 und 14 zu § 1 TVG Luftfahrt.
220 BAG NZA 2004, 444.
221 ErfK-Dieterich Einl. GG Rn 53.
222 in: Däubler, TVG, Rn 289 ff.

rechterhalten, im Ergebnis spiele es keine Rolle, ob man der alten oder der neuen Auffassung folge.[223]

Der Ausgangspunkt der neuen Lehre, die tarifliche Rechtsetzung sei kollektive Privatautonomie, überzeugt nicht.[224] Aus der Sicht des einzelnen Koalitionsmitglieds ist der Abschluss eines Tarifvertrags nicht mit dem Abschluss eines Individualvertrags zu vergleichen, wo die Schutzpflichtlehre zu Recht ihren Platz hat. Vielmehr sieht sich der Einzelne **der tariflichen Normsetzung** in vergleichbarer Weise **«ausgeliefert»** wie der Rechtsetzung durch den Staat oder eine Kommune: Er hat sich damit abzufinden. Die demokratische Binnenstruktur der Normgeber reicht als Mittel des Freiheitsschutzes hier wie dort nicht aus – ganz abgesehen davon, dass sich die potenziellen Einflussmöglichkeiten bei der tariflichen Normsetzung immer nur auf eine Seite des Verhandlungstisches beschränken. Das Argument, man könne sich anders als bei Staat oder Kommune durch Austritt dem Wirkungsbereich der Koalitionen entziehen, dieses **«opting-out»** verschaffe aber zusätzlichen Einfluss, ist für die Arbeitnehmerseite völlig fiktiv, da die Arbeitsverträge in aller Regel pauschal auf die einschlägigen Tarifverträge verweisen. Auch schafft man nicht die Voraussetzungen für eine bessere Interessenvertretung, wenn man als Individuum den Verband verlässt, sondern trägt noch zusätzlich zu dessen Schwäche bei. Für die Arbeitgeberseite hat diese Alternative etwas mehr Realitätsgehalt, doch sorgen die Weiterwirkung der Tarifnormen nach § 3 Abs. 3 TVG und ihre Nachwirkung nach § 4 Abs. 5 TVG dafür, dass ein Ausscheren nur mittelfristig wirksam wird. Wenn der führende Vertreter der These von der «kollektiven Privatautonomie» meint, es treffe zu, dass die Adressaten tariflicher Regelungen ihre Rechtsstellung als «fremdbestimmt» betrachten und betrachten können, doch handle es sich aus der Sicht der Verfassung um grundrechtlich legitimierte Freiheitsausübung[225], so muss man sich die Frage stellen, ob angesichts der zutreffend beschriebenen Realität nicht der gewählte Ausgangspunkt für die Verfassungsinterpretation der Revision bedarf: Die **gemeinsam handelnden Tarifparteien** sind eine **«soziale Gewalt»**, gegen die der Einzelne des Schutzes bedarf. 243

Einigkeit besteht darüber, dass **im Verhältnis zu Außenseitern volle Grundrechtsbindung** besteht, da diese ja nicht «privatautonom» unter den Anwendungsbereich des Tarifvertrags geraten. Dies führt – und hier liegt der zweite Einwand – zu wertungsmäßigen Ungereimtheiten. So entscheidet etwa die Qualifizierung als Inhalts- oder Betriebsnorm[226] darüber, ob volle oder nur 244

223 Vgl. Boemke, FS 50 Jahre BAG, S. 621 ff.; Söllner NZA 1996, 897, 901.

224 Skeptisch bezüglich der Begrifflichkeit auch Kempen/Zachert-Kempen Grundl. Rn 201.

225 Dieterich, FS Wiedemann, S. 246.

226 Dazu oben 4.3.3.2. (Rn 227, 228).

abgeschwächte Grundrechtsgeltung besteht, wobei sich schwer lösbare Probleme ergeben, wenn eine Tarifbestimmung beiden Normkategorien unterfällt.[227] Wird ein Tarifvertrag für allgemein verbindlich erklärt, könnten sich zwar Außenseiter, nicht aber Organisierte darauf berufen, eine einzelne Vorschrift greife übermäßig z. B. in ihr Grundrecht auf Meinungs- oder Gewissensfreiheit ein. Das Ergebnis einer Benachteiligung wegen Gewerkschaftszugehörigkeit wäre schwerlich zu vermeiden, zumal man nie ausschließen kann, dass im Verfahren der Allgemeinverbindlicherklärung ein Grundrechtsverstoß unentdeckt bleibt.

245 Die neue Lehre führt schließlich zu **schwer handhabbaren und wenig übersichtlichen Grundsätzen**. Bei wie viel Freiheitsverlust ist der «Interventionspunkt» erreicht, der die Schutzpflicht auslöst? Kann z. B. jede Nebentätigkeit durch Tarifvertrag verboten werden oder ist dies nicht mehr «hinnehmbar»? Wie steht es mit der Meinungsfreiheit am Arbeitsplatz? Was geschieht mit Normen, die auch die Freizeit einbeziehen, weil sie einen Zusammenhang mit dem Arbeitsverhältnis unterstellen? An welchem Maßstab ist eine Vorschrift wie § 8 Abs. 1 Satz 2 BAT zu messen, die von Angestellten des öffentlichen Dienstes verlangt, sich durch ihr «gesamtes Verhalten» zur freiheitlich demokratischen Grundordnung zu bekennen?[228] Könnte die Berufung auf eine Gewissensentscheidung anders als im Arbeitsvertrag durch Tarif eingeschränkt oder ausgeschlossen werden? Die Liste der Fragen ließe sich beliebig verlängern, was die in jahrzehntelanger Rechtsprechung mühevoll erarbeitete (relative) **Orientierungssicherheit weitgehend zunichte** machen würde.

246 Was die **Einzelfragen** der Bindung an Arbeitnehmer- und Arbeitgebergrundrechte betrifft, so muss aus Platzgründen auf anderwärts gemachte Ausführungen verwiesen werden.[229] Nicht unerwähnt bleiben soll allerdings eine BAG-Entscheidung, die es mit Recht als **Verstoß gegen die Menschenwürde** qualifizierte, wenn ein angestellter Arzt im Anschluss an seine normale Dienstzeit die Nacht über zum Bereitschaftsdienst eingeteilt wird und am folgenden Tag normale acht Stunden weiterarbeiten muss, ohne wenigstens eine sechsstündige Ruhepause zu haben.[230]

227 Dazu Däubler-Reim, TVG, § 1 Rn 344.

228 Ähnlich nunmehr § 41 TVöD.

229 Däubler, Tarifvertragsrecht, Rn 424–489. S. auch Gamillscheg, Kollektives Arbeitsrecht I, S. 666–687; Däubler-Schiek, TVG, Einl. Rn 247–303 (vom Ausgangspunkt der neuen Lehre her).

230 BAG AP Nr. 7 zu § 17 BAT.

## 4.5. Unabdingbare Friedenspflicht?

### 4.5.1. Rechtsprechung und herrschende Lehre

**Nach** Auffassung des **BAG** ist mit jedem Tarifvertrag **automatisch** die **Pflicht** verbunden, während seiner Laufzeit **keine Arbeitskampfmaßnahmen** durchzuführen, um seinen Inhalt zu verändern; auch sind ggf. «kampfwillige» Mitglieder von Aktionen abzuhalten.[231] Diese sog. Friedenspflicht wurde in der Literatur durch einen Hinweis auf das «Wesen» des Tarifvertrags begründet[232], wobei verschiedentlich auf die dem Tarifvertrag (angeblich) zukommende Ordnungsfunktion verwiesen wird.[233] Die Friedenspflicht sei notwendiger schuldrechtlicher Inhalt eines jeden Tarifvertrags; ihre Übernahme stelle die Gegenleistung der Gewerkschaften für den Tarifabschluss durch die Arbeitgeberseite dar.[234] Teilweise wird sogar ihre gewohnheitsrechtliche Geltung behauptet.[235] 249

Die **Friedenspflicht** ist grundsätzlich **«relativ»**, d. h. nur auf den Inhalt des Tarifvertrags bezogen; was dort nicht geregelt ist, kann weiterhin Gegenstand eines Arbeitskampfes sein.[236] Unbestrittenermaßen kann sie jedoch **kraft ausdrücklicher Vereinbarung zu einer «absoluten» gemacht** werden, die jede – auch eine auf tariflich nicht geregelte Fragen bezogene – Arbeitsniederlegung verbietet.[237] 250

### 4.5.2. Wem dient die Friedenspflicht?

**Auf den ersten Blick** scheint die Friedenspflicht ein rechtliches Instrument darzustellen, das **beiden Seiten gleichermaßen dient**: Der Unternehmer kann sicher sein, in seinem Betrieb nicht mit neuen Forderungen oder gar einem Streik konfrontiert zu werden, er kann die Arbeitskosten für einige Zeit 251

231 S. insbesondere BAG AP Nr. 1 und 2 zu § 1 TVG Friedenspflicht und LAG Niedersachsen DB 1988, 714.

232 Ananiadis, S. 79; Biedenkopf, Grenzen, S. 17 ff.; Hueck-Nipperdey, II/1, S. 309; Zöllner ZfA 1973, 239, u. a.

233 Boldt RdA 1971, 268; Rüthers RdA 1968, 168. S. weiter Löwisch Beilage 2/1988 zu NZA, S. 5: «Friedensordnung».

234 Hanau-Adomeit C II 6 a (Rn 256). Kriebel (S. 137) geht von einer «Verstetigungsfunktion» des Tarifvertrags aus.

235 Hueck-Nipperdey, Bd. II/1, S. 310.

236 BAG NZA 2003, 734; BAG DB 1983, 1098; Nachweise aus der Literatur bei Däubler-Reim, TVG, § 1 Rn 1004.

237 Nikisch, II, S. 337. Aus neuerer Zeit etwa Berg u. a., AKR, Rn 35; Schaub § 201 Rn 10; Kriebel, S. 114; Löwisch Beilage 2/1988 zu NZA, S. 5.

fest kalkulieren; die Arbeitnehmer und ihre Gewerkschaften besitzen ihrerseits zwingende Mindestarbeitsbedingungen, um deren Erhaltung nicht immer wieder erneut gekämpft werden muss. Wegen dieses «Kompromisscharakters» scheint die Friedenspflicht gegen Kritik immun zu sein. Bei näherem Zusehen erweist sich die Problematik als sehr viel komplizierter.

252 In der Tarifpraxis ergeben sich häufig Schwierigkeiten, weil **unklar** ist, **wie weit die Friedenspflicht konkret reicht**. Da sie sich ihrer «Relativität» wegen allein auf den Inhalt des «vertraglich Geregelten» bezieht, hängt alles von der Tragweite der bestehenden Tarifnormen ab. Diese ist oft alles andere als eindeutig:

Ein ungekündigter Manteltarif enthielt längere Kündigungsfristen für ältere Arbeitnehmer. In den Verhandlungen um einen Lohntarif wurde von der Gewerkschaft die Forderung erhoben, die ordentliche Kündigung älterer Arbeitnehmer generell auszuschließen. Könnte zur Durchsetzung einer solchen Regelung notfalls auch gestreikt werden, oder stünde dem die Friedenspflicht aus dem laufenden Manteltarif entgegen? Die Entscheidung hängt offensichtlich davon ab, ob man in der Festlegung der Fristen eine abschließende Regelung des Sachkomplexes «Arbeitsplatzschutz älterer Arbeitnehmer» (dann Streikverbot) oder nur eine Sonderregelung für eine kündigungsschutzrechtliche Frage, nämlich die Fristen, sieht (dann Streikfreiheit). Wie sich im Streitfalle ein Arbeitsgericht verhalten würde, vermag niemand mit Sicherheit vorauszusagen.

Weitere Zweifelsfragen liegen auf der Hand. Darf um einen die Lohngruppen regelnden Rahmentarif gekämpft werden, obwohl der Entgelttarif ungekündigt fortbesteht?[238]

253 **Unsicherheiten** dieser Art wirken sich – und das ist der entscheidende Unterschied zu anderen Verträgen – **ausschließlich zu Lasten der einen Seite**, nämlich der Gewerkschaften, aus. Da die Arbeitnehmer einen Anteil am Produktivitätszuwachs nur dann erhalten können, wenn sie eine Lohnerhöhung durchsetzen, sind sie notwendigerweise in der Rolle des Angreifers. Sie müssen initiativ werden und den Arbeitgeber notfalls zu Konzessionen zwingen.[239] Eine falsche Auslegung des bestehenden Tarifvertrags und damit des Umfangs der Friedenspflicht kann die Gefahr von Schadensersatzansprüchen mit sich bringen, die unter Umständen Millionenhöhe erreichen können.

254 Zu diesem ersten Nachteil tritt ein weiterer hinzu: Das mit der Friedenspflicht verbundene Kampfverbot wird von der Rechtsprechung so weit ausgedehnt, dass auch die Vorbereitung eines für die Zeit nach Beendigung des Tarifvertrags geplanten Streiks erheblich erschwert wird: Die **Friedenspflicht** soll nämlich nicht nur eine Arbeitsniederlegung während der Laufzeit des Tarifvertrags, sondern **jede «Kampfmaßnahme» verhindern.** Darunter ver-

238 Ablehnend Hueck-Nipperdey, Bd. II/1, S. 320.
239 BAG AP Nr. 64 zu Art. 9 GG Arbeitskampf, Bl. 4 R.

steht aber das BAG schon die Durchführung einer Urabstimmung, ja überhaupt alles, was «den Verhandlungspartner bewusst und gewollt unter den unmittelbaren Druck eingeleiteter Arbeitskämpfe setzen und damit seine Entschließungsfreiheit beeinträchtigen soll»[240]. Im Ergebnis bedeutet dies, dass die Gewerkschaft mit der Vorbereitung eines Streiks möglichst lange warten muss, will sie (vernünftigerweise) das Risiko von Schadensersatzansprüchen vermeiden.

Bei Flächentarifen über das Entgelt hat die Friedenspflicht die weitere Konsequenz, das **«Konjunkturrisiko»** einseitig **auf die Arbeitnehmer abzuwälzen**. Da sich die Tariflöhne häufig an den sog. Grenzbetrieben orientieren, die die vereinbarten Erhöhungen gerade noch «verkraften» können, werden in anderen Unternehmen übertarifliche Löhne bezahlt.[241] Kommt nun ein solches Unternehmen entgegen den Erwartungen in wirtschaftliche Schwierigkeiten, so kann der Arbeitgeber in aller Regel die übertariflichen Lohnbestandteile abbauen, ohne dass die Arbeitnehmer dem ernsthaften Widerstand entgegensetzen könnten.[242] Häufig besitzt der Tarifvertrag daher eine Absicherungsfunktion nur in den Grenzbetrieben oder in anderen weniger gewinnbringenden Unternehmen – allerdings nur, wenn nicht wegen der angespannten wirtschaftlichen Lage ein «betriebliches Bündnis für Arbeit» geschlossen wird.[243] Werden die Arbeitnehmer auf diese Weise faktisch am wirtschaftlichen Abschwung beteiligt, so gilt dasselbe keineswegs für einen plötzlich einsetzenden Boom: «Explodieren» die Gewinne, so haben die Beschäftigten wegen der Friedenspflicht keine Möglichkeit, aus dem laufenden Tarif auszusteigen und Lohnerhöhungen durchzusetzen. 255

Genau diese Konstellation lag den **Septemberstreiks von 1969** zugrunde: Nach Überwindung der Rezession 1966/67 waren im Jahre 1968 die Bruttoeinkommen der Unselbständigen um 7,3 %, die Bruttoeinkommen aus Unternehmertätigkeit und Vermögen aber um 19,5 % gestiegen, und im ersten Halbjahr 1969 waren ähnliche, wenn auch nicht ganz so extreme Relationen festzustellen.[244] Die mit relativ langer Laufzeit versehenen Tarifverträge trugen dieser Entwicklung nicht Rechnung. 256

Das **wirtschaftliche Opfer**, das **die Arbeitnehmer** mit dem Arbeitskampfverzicht **erbringen**, ist daher sehr viel größer als das der Arbeitgeber: Für Letztere ist die Bindung an den Tarif im Falle einer Rezession nur dann «läs- 257

---

240 BAG AP Nr. 2 zu § 1 TVG Friedenspflicht. Kritisch Zöllner-Loritz § 39 V 1 e.

241 Zu den einzelnen Ursachen dieser Entwicklung vgl. unten 4.4.4.1. (Rn 292).

242 Dazu unten 4.4.4.2. (Rn 293). Der Einwand von Kriebel (S. 135), dies liege an der fehlenden Einbeziehung der Effektivlöhne, ist ebenso richtig wie im vorliegenden Zusammenhang irrelevant: Die Wirkung der Friedenspflicht kann nicht abstrakt, sondern nur bezogen auf die jahrzehntelange Tarifpraxis bestimmt werden.

243 Dazu s. oben 4.3.2.1. (Rn 220 a ff.).

244 Angaben nach Schumann u. a., S. 28 ff.

tig», wenn sie vorher keine übertariflichen Löhne bezahlt haben und wenn kein «betriebliches Bündnis für Arbeit» erreichbar ist; für Erstere wirkt sie immer und ausnahmslos insbesondere im wirtschaftlichen Aufschwung.

258 Schließlich hat die Friedenspflicht noch eine **gewerkschaftspolitische Dimension**: Da sie nach herrschender Auffassung die Pflicht umfasst, die eigenen Mitglieder von Kampfmaßnahmen abzuhalten, zwingt sie die Gewerkschaft, sich von spontanen Arbeitsniederlegungen so gut wie immer zu distanzieren. Dies kann erhebliche Probleme mit sich bringen: Auch wenn alle Welt die Arbeitsniederlegungen billigt, muss sich die Organisation von ihrer eigenen Basis distanzieren, was ihre Geschlossenheit und Schlagkraft nicht gerade fördert.[245]

### 4.5.3. Ausschluss oder Einschränkung der Friedenspflicht im Tarifvertrag?

259 Gibt es rechtliche Möglichkeiten, die Friedenspflicht einzuschränken oder abzubedingen? Die herkömmliche Antwort ist eindeutig: Die **Friedenspflicht hat** mit allen beschriebenen Konsequenzen **zwingenden Charakter**, sie kann durch die Beteiligten nicht abgeändert werden. Die Argumente sind dieselben wie die für die Friedenspflicht als solche ins Feld geführten: Wesen des Tarifvertrags, Ordnungsfunktion, Gewohnheitsrecht, notwendiger Bestandteil der wechselseitigen Verpflichtungen.[246] Betrachten wir die Gesichtspunkte der Reihe nach.

260 Das **«Wesen des Tarifvertrags»** ist ein Begriff, in den man nachgerade alles hineinlegen kann, was man anschließend als «wissenschaftlichen Fund» wieder herausholt. So könnte man mit genau dem gleichen Recht behaupten, der Tarifvertrag sei seinem «Wesen» nach nur ein vorübergehender Waffenstillstand, der jedes bindende Kampfverbot ausschließe. Man könnte sich dabei sogar auf das Beispiel des französischen Rechts stützen, das eine tarifliche Friedenspflicht nur dann annimmt, wenn sie ausdrücklich vereinbart ist (wobei man sich bezeichnenderweise noch um die Rechtmäßigkeit einer solchen Abrede streitet)[247]; der Normalfall ist dort der friedenspflichtlose Tarifvertrag. Dasselbe gilt in Großbritannien, wo der Tarifvertrag seinem «Wesen» nach nicht mal einklagbar ist.[248] Auch die Europäische Sozialcharta geht nicht von einer zwingenden Verknüpfung von Tarifvertrag und Friedenspflicht aus, da sie

245 Vgl. Loderer, in: Kittner (Hrsg.), Streik und Aussperrung, S. 19ff. S. auch Reinhard Hoffmann GMH 1970, 716: Gewerkschaft wird zum Disziplinierungsinstrument.

246 Oben 4.3.1. (Rn 249ff.).

247 Lyon-Caen/Pélissier/Supiot No 1167f.

248 Colneric, S. 29f.; Kahn-Freund, S. 132ff. Eine rechtliche Bindungswirkung bedarf auch heute noch der ausdrücklichen Vereinbarung, die unüblich ist.

in Art. 6 Nr. 4 das Recht auf kollektive Maßnahmen einschließlich des Streikrechts «vorbehaltlich *etwaiger* Verpflichtungen aus *geltenden* Gesamtarbeitsverträgen» garantiert und es damit für möglich hält, dass sich aus geltenden Gesamtarbeits-(= Tarif-)Verträgen keine derartigen Verpflichtungen ergeben. Ein **friedenspflichtloser Tarifvertrag verliert** auch **nicht jede Bedeutung** und wird zum Gentlemen's Agreement, wie Zöllner[249] meint: Seine Normen gelten unmittelbar und zwingend, und zwar so lange, bis der alte Tarifvertrag durch einen neuen abgelöst oder die ursprünglich vorgesehene Laufzeit verstrichen ist und deshalb nach § 4 Abs. 5 TVG nur noch die sog. Nachwirkung besteht. Das «Wesens»-Argument erweist sich daher als wenig stichhaltig.[250]

Auch der Hinweis auf die **«Ordnungsfunktion» des Tarifvertrags** führt 261 nicht sehr viel weiter. Der Begriff der Ordnung ist ähnlich ausfüllungsbedürftig wie der des Wesens; man kann darunter sowohl den heutigen Zustand einer weit gefassten, zwingenden Friedenspflicht wie auch das schlichte Gegenteil, eine eng interpretierte, vertraglich abdingbare Friedenspflicht verstehen. Ist nicht Ruhe und Ordnung am ehesten dann gewährleistet, wenn eine möglichst weitgehende Übereinstimmung zwischen dem Willen der Beteiligten und der Rechtslage besteht, provoziert es nicht geradezu Unruhe, wenn eine Gewerkschaft an einen von der wirtschaftlichen Entwicklung überholten Tarifvertrag gebunden bleibt? Nicht aufgedrängte Pflichten, sondern freie Selbstbestimmung der Betroffenen sichern das friedliche Austragen von Interessengegensätzen. Selbst wenn man dem nicht zustimmen und «Ordnung» im Sinne einer Status-quo-Erhaltung auffasst – die Verfassung enthält in Bezug auf die Tarifautonomie keinen solchen Grundsatz, sondern allenfalls ein generelles Gebot zu mehr sozialem Fortschritt.[251] Auch das Abstellen Kriebels auf die **«Verstetigungsfunktion» des Tarifvertrags** bringt keinen Erkenntnisgewinn.[252]

Erst recht kann nicht von der gewohnheitsrechtlichen Anerkennung einer 261 a zwingenden Friedenspflicht die Rede sein. Die für die **Entstehung von Gewohnheitsrecht** generell geforderten Voraussetzungen – lang dauernde Übung und die Überzeugung, dass «es so sein solle» – lagen bei einem erheblichen Teil der Betroffenen nicht vor. Die zahlreichen spontanen Arbeitsniederlegungen der 70er Jahre, an denen gerade auch Gewerkschaftsmitglieder

---

249 ZfA 1973, 237.

250 Zustimmend Kempen/Zachert-Zachert § 1 Rn 676: These hat keine wesentliche Bedeutung mehr.

251 Einen Auftrag zur sozialen Evolution nehmen an: BVerfGE 5, 85, 198; Abendroth, Grundgesetz, S. 66; Hamann-Lenz, Einführung, S. 67 und Art. 9 Anm. B 8b bb; Ramm, Arbeitskampf, S. 169; Radke, FS Brenner, S. 140 ff.; Schwendy, S. 114.

252 Kriebel S. 137. Die hier vorgetragenen Argumente werden dabei auch nur teilweise aufgenommen. Die Tatsache, dass der Tarifvertrag in der Vergangenheit ohne Zweifel eine Verstetigungsfunktion hatte, berechtigt nicht zu dem Schluss, dass abweichende Vereinbarungen unzulässig wären.

teilgenommen haben[253], zeigen mit aller Deutlichkeit, dass die «Rechtsunterworfenen» einen Rechtssatz «zwingende Friedenspflicht» weder praktizieren noch innerlich akzeptieren.[254] Auch in der Gegenwart sind spontane Streiks nicht verschwunden, welche die Tarifinhalte verändern wollen. Im Übrigen war man sich schon bei der Schaffung des TVG im Jahre 1948 darüber im Klaren, dass eine gesetzliche Regelung der Friedenspflicht zu Auseinandersetzungen und Schwierigkeiten geführt hätte[255], und fasste deshalb dieses «heiße Eisen» erst gar nicht an – ein weiteres Indiz dafür, dass keineswegs jenes Maß an einheitlicher Rechtsüberzeugung bestand, das für die Entstehung von Gewohnheitsrecht erforderlich ist.[256]

262 Schließlich kann auch der These nicht zugestimmt werden, die Friedenspflicht sei «notwendigerweise» im obligatorischen Teil des Tarifvertrags enthalten, weil die **Wahrung des Arbeitsfriedens** die **Gegenleistung** der Arbeitnehmer für den Tarifabschluss durch den Arbeitgeber sei. Was im Einzelfall Leistung und Gegenleistung ist, unterliegt allein der Bestimmung durch die Vertragsparteien. Im Rahmen des hier nicht eingreifenden Verbots gesetz- und sittenwidriger Verträge sind sie bei der Bestimmung ihrer Pflichten frei. Wenn sie dies wollen, können sie daher das «Stillhalten» der Arbeitnehmer während der Laufzeit des Tarifvertrags als Gegenleistung für Lohnerhöhungen vorsehen, sie müssen dies aber nicht tun: Stattdessen können sie sich damit begnügen, die Beendigung eines Arbeitskampfes oder das vorübergehende, jederzeit «widerrufliche» Stillhalten der Belegschaften vorzusehen. In Übereinstimmung mit der mittlerweile herrschenden Ansicht in der Literatur[257] sind die Tarifparteien daher berechtigt, die Friedenspflicht in mehr oder weniger großem Umfang einzuschränken. Im Ergebnis wird damit nur das erlaubt, was die herrschende Meinung hinsichtlich der Ausdehnung längst zugestanden hat: Die Verstärkung der relativen zur absoluten Friedenspflicht wird allgemein als zulässig angesehen.[258] Auch in der Rechtsprechung der

253 Vgl. Müller-Jentsch, in: Jacobi/Müller-Jentsch/Schmidt, 1974, S. 44 ff.

254 Ebenso Kempen-Zachert, 3. Aufl., § 1 Rn 341.

255 Vgl. Herschel ZfA 1973, 186.

256 Ebenso Dammann, S. 90 ff.; Däubler-Reim § 1 Rn 995. Auch das BAG misst im Übrigen einer Norm nur dann gewohnheitsrechtlichen Charakter bei, wenn sie «vom Rechtsgeltungswillen der betroffenen Arbeitgeber und Arbeitnehmer getragen wird» (BAG DB 1980, 1268).

257 Buchner DB 1970, 2074; Däubler, Grundrecht auf Mitbestimmung, S. 438 ff.; Däubler-Reim, TVG, § 1 Rn 1946; Dammann, S. 90 ff.; ErfK-Dieterich Art. 9 GG Rn 119 a; ErfK-Schaub-Franzen § 1 TVG Rn 65 (mit Einschränkungen); Gamillscheg, Kollektives Arbeitsrecht I, § 22 II 1 d – S. 1077; Hromadka-Maschmann, Bd. II, § 14 Rn 48; Kempen/Zachert-Zachert § 1 Rn 695 ff.; Strasser RdA 1965, 401; Strasser-Reischauer, Der Arbeitskampf, Wien 1972, S. 176; Zachert, Tarifvertrag, S. 113. Für den praktisch wichtigsten Fall der Öffnungsklausel auch Hensche RdA 1971, 16; von Hoyningen-Huene ZfA 1980, 469; Reuß AuR 1975, 7. Anders HWK-Henssler § 1 Rn 63; Löwisch-Rieble § 1 Rn 392 (mit Ausnahmen); Wiedemann-Wiedemann § 1 Rn 683.

258 S. oben Fn 257.

Instanzgerichte finden sich mittlerweile einige Ansätze in dieser Richtung, so wenn das LAG Schleswig-Holstein[259] und das LAG Hamburg[260] die Geltung der Friedenspflicht von einem entsprechenden «Regelungswillen» der Tarifparteien abhängig machen[261] oder wenn das LAG Düsseldorf eine enge Auslegung der Friedenspflicht als geboten ansieht.[262] Ein völliger Ausschluss der Friedenspflicht wird nicht akzeptiert.

Für **Einschränkungen** existieren viele **Beispiele.** So wäre es möglich, im 263
oben genannten Beispiel der Arbeitsplatzsicherung für ältere Arbeitnehmer die Vereinbarung längerer Fristen mit dem ausdrücklichen Vorbehalt einer künftigen tariflichen Regelung der Kündigungsgründe zu versehen, oder zu bestimmen, die Durchführung einer Urabstimmung stelle keine Kampfmaßnahme und deshalb keine Verletzung der Friedenspflicht dar. Zulässig wäre auch, die Friedenspflicht auf das an die Gewerkschaften gerichtete Verbot zu beschränken, von sich aus einen Streik zu organisieren – sie wären damit frei, zu anderen Aktionen, insbesondere zu spontanen Arbeitsniederlegungen Stellung zu nehmen und die im Ausstand Befindlichen moralisch und finanziell zu unterstützen. Weiter könnte man die Friedenspflicht dann entfallen lassen, wenn die Teuerungsrate ein bestimmtes Maß übersteigt.[263] Auch wäre es möglich, **bestimmte Unternehmen** generell oder unter bestimmten Voraussetzungen auszunehmen.[264] Schließlich könnte man den Gegenstand der Friedenspflicht in der Weise bestimmen, dass nur der reine Vertragsinhalt, nicht aber übertarifliche Leistungen erfasst wären – man hätte damit entsprechend den insoweit übereinstimmenden Interessen der Tarifparteien den Vertrag als solchen den Auseinandersetzungen entzogen, würde aber die Benachteiligung der Gewerkschaften durch die «Manipuliermasse» der übertariflichen Leistungen und die Unmöglichkeit der Teilhabe an «Gewinnexplosionen» vermeiden.[265] Der Abbau der mit der Friedenspflicht verbundenen Nachteile für die Arbeitnehmerseite ist daher durchaus möglich, auch ohne dass man mit der traditionellen Zurückhaltung gegenüber «permanenten» Arbeitskämpfen brechen müsste.[266]

---

259 Beilage 2/1988 zu NZA, S. 32.

260 Beilage 2/1988 zu NZA, S. 27.

261 Vgl. auch LAG Frankfurt BB 1985, 2109, wonach die Friedenspflicht «als vereinbart zu gelten hat».

262 LAG Düsseldorf AiB 1989, 159 mit zustimmender Anm. Buschmann.

263 Beispiel bei Gamillscheg, Kollektives Arbeitsrecht I, § 22 II 1 d – S. 1077.

264 Gamillscheg, Kollektives Arbeitsrecht I, § 22 II 1 d – S. 1077.

265 Für generelle Ausklammerung übertariflicher Zulagen aus der Friedenspflicht Kempen/Zachert-Zachert § 1 Rn 699.

266 Insoweit übereinstimmend Kriebel, S. 137 ff.

### 4.5.4. Tragweite der Friedenspflicht im (bisherigen) Normalfall

264 Die hier genannten Möglichkeiten zur Veränderung des Umfangs der Friedenspflicht wurden bisher nicht genutzt; in aller Regel schweigen sich Tarifverträge über das Kapitel «Friedenspflicht» völlig aus. Dies wirft die Frage auf, ob in allen diesen Fällen – d.h. bisher: im Normalfall – die von der herrschenden Meinung praktizierte weite Auslegung Platz greifen muss oder ob auch eine andere, den Beteiligten geringere Bindungen auferlegende Interpretation möglich wäre, die beispielsweise aus der Friedens- eine streng auf den Vertragsinhalt begrenzte «Durchführungspflicht» machen würde, die nach bisheriger Auffassung *neben* der Friedenspflicht besteht.[267]

265 Ausgangspunkt einer genaueren Inhaltsbestimmung der Friedenspflicht muss die Feststellung sein, dass sie **ihrem sachlichen Gehalt nach eine Grundrechtsbeschränkung** ist, die die Ausübung des verfassungsrechtlich gewährleisteten Streikrechts[268] auf Zeit ausschließt oder jedenfalls in wesentlichem Umfang begrenzt.[269] Auf eine Formel gebracht, bedeutet daher «viel Friedenspflicht» «wenig Grundrechtsschutz». Ein solcher, von der herrschenden Meinung stillschweigend bejahter Grundsatz steht im Widerspruch zu zwei vom Bundesverfassungsgericht entwickelten Prinzipien der Verfassungsinterpretation: Zum einen ist bei mehreren Auslegungsmöglichkeiten derjenigen der Vorzug zu geben, «die die juristische Wirkungskraft der Grundgesetznorm am stärksten entfaltet»[270]. Zum Zweiten ist zu beachten, dass dem Grundgesetz (Art. 2 Abs. 1) eine allgemeine Vermutung zugunsten der Freiheit des Individuums zugrunde liegt[271], die gleichfalls zu einer einschränkenden, engen Bestimmung von Grundrechtseingriffen führt. Für die Friedenspflicht bedeutet dies, dass sie **«im Zweifel» eng zu interpretieren** ist[272]; mangels anderer Anhaltspunkte im Tarifvertrag darf sie nicht weiter gehen, als dies den beiderseitigen Interessen entspricht, wie sie im Zeitpunkt des Tarifabschlusses bestehen.[273] **Soweit** ein Sachkomplex also **nicht eindeutig im Tarifvertrag geregelt** ist und soweit es nicht um die tatsächliche Durchführung einer Arbeitsniederlegung, sondern nur um ihre Vorbereitung geht, greift die Friedenspflicht nicht ein. Denkbar und im Grunde konsequent wäre es auch, den Streik um übertarifliche Entgeltbestandteile nicht als Verletzung der Friedenspflicht anzusehen und diese auch dann entfallen zu lassen, wenn

267 Dammann, S. 111 ff.; vgl. auch Reinhard Hoffmann GMH 1970, 718.

268 S. oben 3.2.8. (Rn 152 ff.) und unten 5.2.1. (Rn 479 ff.).

269 Dieser Ausgangspunkt findet sich auch bei Dammann, S. 136 ff.

270 BVerfGE 6, 72.

271 BVerfGE 17, 13 ff.

272 Ebenso LAG Düsseldorf AiB 1989, 159 mit zustimmender Anm. Buschmann.

273 Ebenso im Ergebnis Kempen/Zachert-Zachert § 1 Rn 679.

sich durch Preiserhöhungen oder unerwartete Gewinnsteigerungen die beim Abschluss des Tarifvertrages vorhandenen Umstände geändert haben.[274]

Eine solche Neubestimmung der Friedenspflicht ist sicherlich verfassungskonform. Dennoch ist davor zu warnen, eine Veränderung des bisherigen Rechtszustands allein von einer solchen «besseren» juristischen Argumentation zu erwarten.[275] Entscheidend ist, ob die Gewerkschaften bereit sind, nicht mehr alle ihnen durch die Friedenspflicht auferlegten Bindungen widerspruchslos hinzunehmen und sich für deren Abbau einzusetzen. 266

## 4.5.5. Durchführungspflicht

Neben der Friedenspflicht folgt nach herkömmlicher Auffassung aus dem Tarifvertrag auch eine sog. Durchführungspflicht, wonach beide Seiten das Vereinbarte **nach Kräften in die Wirklichkeit umsetzen** müssen.[276] Dem Arbeitgeber ist es danach etwa untersagt, systematisch Unorganisierte einzustellen und mit ihnen untertarifliche Bedingungen zu vereinbaren.[277] Auch muss – so ein weiteres Beispiel – die Lehrerarbeitszeit so auf Unterricht, Korrekturarbeiten, Klassenkonferenzen usw. aufgeteilt werden, dass sich auch unter Berücksichtigung der Ferien keine längere als die tariflich vereinbarte Arbeitszeit ergibt.[278] Nicht erkannt wird bisher, dass es auch ein Problem der Durchführungspflicht darstellt, wenn der Geltungsbereich des Tarifvertrags durch organisatorische Veränderungen wie Privatisierungen und Betriebsaufspaltungen geschmälert wird. In Anlehnung an ausländische Vorbilder[279] muss «Durchführung» auch bedeuten, dass man **dem Tarifvertrag nicht durch einseitige Maßnahmen das «soziale Substrat» teilweise entzieht**. Dies gilt insbesondere dort, wo § 613 a BGB nicht eingreift. Für den Arbeitgeber ergibt sich daraus nicht etwa ein Verzicht auf Umstrukturierungen; er muss vielmehr lediglich sicherstellen, dass die tariflichen Arbeitsbedingungen weiterhin gewahrt bleiben. 267

Beim Verbandstarif kann nach herrschender Auffassung der einzelne Arbeitgeber nicht unmittelbar von der Gewerkschaft in Anspruch genommen werden[280]; diese kann vielmehr lediglich **vom Arbeitgeberverband verlan-** 268

274 So insbesondere Dammann, S. 111 ff., 120 ff.

275 Dies wird nicht beachtet bei Reinhard Hoffmann GMH 1970, 718.

276 Hueck-Nipperdey, Bd. II/1 S. 232 ff.; Kempen/Zachert-Zachert § 1 Rn 666 ff.

277 Hueck-Nipperdey, Bd. II/1, S. 334; Nikisch, II, S. 345.

278 BAG AP Nr. 1 zu § 1 TVG Durchführungspflicht. Offensichtlich war es für die klagende GEW in diesem Fall nicht möglich, eine Überschreitung der 40-Stunden-Woche konkret darzulegen – angesichts der lang dauernden Diskussion eine erstaunliche Tatsache.

279 Däubler, Privatisierung, S. 137 ff. mwN.

280 Dazu unten 4.10.4.2. (Rn 432).

**gen**, auf seine Mitglieder im Sinne tariftreuen Verhaltens einzuwirken und dabei alle ihm zu Gebote stehenden Mittel bis hin zum Verbandsausschluss einzusetzen.[281] Ob insoweit nur eine Feststellungsklage möglich ist[282] oder ob auf Vornahme bestimmter Handlungen geklagt werden kann, ist mittlerweile im zweiten Sinne entschieden.[283] Das BAG sieht allerdings eine Leistungsklage immer als zulässig an, wenn der Kläger ein konkretes Einwirkungsmittel benennt, hält sie aber nur dann für begründet, wenn gerade auf den Einsatz dieses Instruments (z.B. Ausschluss) ein Anspruch besteht[284] – eine Voraussetzung, die deshalb irreal ist, weil sich Arbeitgeberverbände insoweit weder in ihrer Satzung noch gar im Tarifvertrag binden werden. In Wirklichkeit bleibt es daher beim **stumpfen Schwert der Feststellungsklage**.

269 Die Frage, was geschieht, wenn verbandsangehörige Arbeitgeber den Tarifvertrag mit Hilfe von Betriebsvereinbarungen unterlaufen, ist im Rahmen des Betriebsverfassungsrechts zu erörtern.[285]

## 4.6. Das Recht der Entgelt- und der Entgeltrahmentarife

270 **Ältester** und auch heute noch wichtigster **Gegenstand** von Tarifverträgen ist die Festlegung des Entgelts. Seine Höhe entscheidet über den Lebensstandard des Einzelnen und damit über seine Entfaltungsmöglichkeiten und seinen Bewegungsspielraum in der arbeitsfreien Zeit. Der Kampf um bessere Löhne ist geeignet, über alle ideologischen und politischen Unterschiede hinweg ein einheitliches Vorgehen der Arbeitnehmer zu sichern.

271 Wenn an dieser Stelle und im Folgenden von «Lohn» oder «Entgelt» die Rede ist, so meint dieser Ausdruck **die gesamte Gegenleistung des Arbeitgebers** für die verausgabte Arbeitskraft. In der betrieblichen Praxis wie in der rechtswissenschaftlichen Diskussion findet demgegenüber häufig eine Aufteilung in «Grundvergütung» und Zusatzleistungen statt. Die Letzteren genießen typischerweise einen geringeren Bestandsschutz.[286] Tarifverträge können die Gesamtheit der Arbeitgeberleistungen regeln. Eine Reihe von Rechtsfragen stellt sich unabhängig davon, wie die Vergütung im Einzelnen aufgeschlüsselt

---

281 Kempen/Zachert-Zachert § 1 Rn 669 ff.

282 So wohl BAG AP Nr. 1 zu § 1 TVG Durchführungspflicht.

283 BAG DB 1992, 1786.

284 BAG DB 1988, 1171.

285 Dazu unten 6.8.1.2.2. (Rn [illegible]33 ff.).

286 Eingehend dazu Bd. 2 Rn 886 ff.

ist. Vorweg soll ein kurzer Überblick über die bisherige Lohnentwicklung in Deutschland gegeben werden.

## 4.6.1. Zu den Ergebnissen gewerkschaftlicher Lohnpolitik

Bis Anfang der 70er Jahre war die Entwicklung der Arbeitnehmereinkommen durch einen stetigen Aufschwung gekennzeichnet. Nominal stiegen die Bruttolöhne von **1950 bis 1971** auf nahezu das Fünffache[287]; berücksichtigt man die gleichzeitig eingetretenen Preissteigerungen, so ergibt sich eine **Reallohnerhöhung auf rund das Dreifache**.[288] Stellt man auf die dem Einzelnen tatsächlich zur Verfügung stehenden Summen, d. h. auf die **Nettoverdienste** ab, so bleibt trotz der wachsenden Belastung mit Steuern und Sozialabgaben immer noch eine **Steigerung auf das Zweieinhalbfache** oder um rund 150 %.[289] Eine vergleichbare Erhöhung des durchschnittlichen Lebensstandards hatte es in der deutschen Geschichte noch nie gegeben. Nicht zuletzt dadurch wurde in breiten Teilen der Bevölkerung eine «Grundloyalität» gegenüber dem Gemeinwesen Bundesrepublik geschaffen. 272

Bedingt durch die sog. Ölkrise und konjunkturelle Einbrüche, trat **Mitte der 70er Jahre eine Stagnation** ein. Ergab sich 1973 noch eine einprozentige Lohnsteigerung[290], so minderte sich das reale Nettoeinkommen der Arbeitnehmer 1974 und 1975 um 0,4 bzw. 1 %.[291] 1976 wurde ebenfalls kein voller Ausgleich des inflationsbedingten Kaufkraftverlustes erreicht.[292] In den Jahren **bis 1980 verbesserte** sich die Situation allerdings erheblich, ohne dass jedoch die Zuwachsraten der Vergangenheit wieder erreicht worden wären: Die Reallöhne stiegen 1977 um 1,8 %, 1978 um 3,6 % und 1979 um 1,3 % und blieben damit sogar hinter dem Wachstum der Arbeitsproduktivität zurück.[293] 272a

Die 80er Jahre führten zunächst zu einem kontinuierlichen Rückgang; die Reallöhne fielen von 1980 bis einschließlich 1984 um insgesamt 5,5 %.[294] Die 272b

287 Angaben nach Osterland u. a., S. 112.

288 WSI-Mitteilungen 1973, 422.

289 S. Fn 287.

290 S. Fn 288.

291 Blätter für dt. und int. Politik 1975, 698.

292 Einer Steigerung der Nettolohn- und -gehaltssumme um 3,9 % stand eine Steigerung der Lebenshaltungskosten der Arbeitnehmerhaushalte um 4,6 % gegenüber (Goldberg, Blätter 1977, 375 f., aufgrund von Angaben in «Wirtschaft und Statistik»). Zur Gesamtproblematik s. a. Haupt-Pauly und Krüer-Buchholz, in: Huffschmid-Schui (Hrsg.), Gesellschaft im Konkurs? Handbuch zur Wirtschaftskrise 1973–1976 in der BRD, Köln 1976, S. 212 ff., S. 433 ff. sowie der instruktive Überblick bei Nahamowitz DuR 1989, 257 ff.

293 Angaben nach Goldberg, Blätter 1980, 374.

294 Angaben nach Kurz-Scherf/WSI-Tarifarchiv, WSI-Mitt. 1989, 118, auch zum Folgenden.

**1985 einsetzende Trendwende** brachte bis Ende 1988 eine Steigerung von insgesamt 9 %, was pro Jahr knapp über 2 % ausmachte – eine erfreuliche, wenn auch im Vergleich zu früheren Phasen der Wirtschaftsentwicklung relativ bescheidene Verbesserung.[295] Im Jahre 1989 mussten sich die Arbeitnehmer mit 0,1 % und 1990 mit 1,9 % Zuwachs begnügen; 1991 war – einigungsbedingt – mit 2,5 % ein vergleichsweise «fettes» Jahr.[296] Danach kehrte sich dieser Trend wieder um: Im **Jahre 1993** betrug die durchschnittliche Tariflohnerhöhung 3,8 %, was angesichts einer Steigerung der Lebenshaltungskosten um 4,1 % einen **Reallohnrückgang** bedeutete.[297] Dazu kam, dass in der Krise zahlreiche übertarifliche Vergütungsbestandteile abgebaut wurden, sodass sich die effektiven Einkommen nur um 2,7 % erhöhten. Auch 1994 lag das Plus von 2,0 % unter der Inflationsrate.[298]

273 Die **Nettolöhne sind von 1994 bis zur Gegenwart um rund 1 % pro Jahr** gestiegen, wobei das Jahr 2001 die höchste Steigerung mit 3,4 % brachte, während das andere Extrem 1997 mit einem Rückgang von 1,2 % darstellte.[299] Die Arbeitsproduktivität wies demgegenüber eine durchschnittliche Steigerung von knapp 1,8 % auf.[300] Auch die Bruttolohnquote, d. h. der Anteil der Unselbständigen am Volkseinkommen, ist von 74,5 % im Jahr 1994 auf 71,6 % im Jahr 2004 gesunken. Der Anteil der abhängig Beschäftigten an der Wertschöpfung ist daher zurückgegangen.

274 Bei der Beurteilung der Entwicklung ist zu beachten, dass die angegebenen Prozentsätze in Wahrheit eher zu hoch als zu niedrig sind, da die **Begriffe des «Unselbständigen» und des «Selbständigen»** die wirkliche **Polarisierung der Einkommensstruktur nicht voll wiedergeben**: Zu den Ersteren zählen auch leitende Angestellte, Vorstandsmitglieder und höhere Beamte, während zu den Letzteren auch Kleinhändler und Bauern gerechnet werden, deren Einkommen unter denen eines durchschnittlichen Arbeitnehmers liegen können. Dazu kommt, dass das Einkommen der Selbständigen einen «Hang zur Bescheidenheit» aufweist, weil bisweilen Teile des Lebensunterhalts als Betriebsausgaben verbucht werden und sich außerdem einzelne Einnahmen der exakten Erfassung entziehen. Bei Arbeitnehmern sind derartige Erscheinungen die absolute Ausnahme.[301]

275 Der Überblick macht deutlich, dass das immer wieder von den Gewerkschaften proklamierte **Ziel**, den Anteil der Arbeitnehmer am Ertrag der Wirt-

---

295 Zahlen zum Vergleich der «interventionistischen» 70er Jahre mit den «liberalistischen» 80er Jahren bei Nahamowitz DuR 1989, 257 f.

296 Bispinck/WSI-Tarifarchiv WSI-Mitt. 1994, 138.

297 Bispinck, in: Kittner (Hrsg.), Gewerkschaften heute, 1994 S. 125 f., auch zum Folgenden.

298 Bispinck/WSI-Tarifarchiv WSI-Mitt. 1994, 475.

299 Angaben nach Bispinck/WSI-Tarifarchiv 2005 S. 77, eigene Berechnungen.

300 Wie vorhergehende Fn.

301 Vgl. jedoch Bösche AuR 1999, 49.

schaft zu erhöhen («aktive Lohnpolitik»)[302], **nicht erreicht** wurde. Hier Ursachenforschung zu betreiben, erscheint heute müßig. Von juristischem Interesse sind allerdings die Bemühungen, die Einkommensentwicklung mit rechtlichen Mitteln zu steuern; viele der behandelten Fragen können durchaus auch heute wieder aktuell werden.

### 4.6.2. Bindung der Tarifparteien an das gesamtwirtschaftliche Gleichgewicht?

In den 60er und 70er Jahren gab es ernsthafte Versuche, nur «gemeinwohl- 276
verträgliche» Lohnabschlüsse zuzulassen. Sie sind heute fast nur noch von historischem Interesse. Das **Gesetz zur Förderung der Stabilität und des Wachstums der Wirtschaft** vom 8. Juni 1967[303] sah die Möglichkeit vor, als Ergebnis der Konzertierten Aktion zwischen Bundesregierung, Wirtschaftsverbänden und Gewerkschaften sog. **Orientierungsdaten** zur Verfügung zu stellen, um so ein stabilitätsgerechtes Verhalten der öffentlichen Hand, der Unternehmerverbände und der Gewerkschaften zu erreichen. Diese enthielten zwar in der Regel Obergrenzen für Lohnerhöhungen, doch war man sich über ihre rechtliche Unverbindlichkeit völlig einig.[304] Dennoch wurde der Standpunkt vertreten, wenn Tarifnormen sich darüber hinwegsetzen und effektiv das gesamtwirtschaftliche Gleichgewicht gefährden würden, seien sie rechtswidrig – ebenso der um sie geführte Arbeitskampf.[305] Andere hielten dem entgegen, dass damit den Orientierungsdaten mittelbar doch Verbindlichkeit verliehen würde; auch seien keine ausreichenden Beurteilungskriterien ersichtlich.[306] Der Sache nach wäre die staatliche Festlegung von «Toleranzgrenzen» auf eine mildere Form der in Weimar praktizierten Zwangsschlichtung hinausgelaufen, was sich nicht mit Art. 9 Abs. 3 GG vereinbaren ließe.[307]

---

302 So das Aktionsprogramm des DGB vom 19. 3. 1965, abgedruckt u. a. in: Dokumente der Gewerkschaften, Frankfurt/M. 1970, S. 47, 49.

303 BGBl I S. 582.

304 Bericht des Ausschusses für Wirtschafts- und Mittelstandsfragen, Anhang zu BT-Drucksache V/1678, S. 4; Däubler, Grundrecht, S. 309; Koppensteiner, Die konzertierte Aktion im Spannungsfeld zwischen Geldwertstabilität und Tarifautonomie, in: Hoppmann (Hrsg.), Konzertierte Aktion, Frankfurt/M. 1971, S. 236; Säcker, Grundprobleme, S. 54; Stern-Münch, Kommentar zum Stabilitätsgesetz, 2. Aufl., Stuttgart u. a. 1972, § 3 Anm. VII 2 c.

305 Säcker, Grundprobleme, S. 54; ähnlich Hueck-Nipperdey, Bd. II/2 S. 1032 für den Fall «gröblicher» Missachtung der Orientierungsdaten.

306 S. insbes. Koppensteiner, a.a.O.; skeptisch auch Zöllner ArbGeb 1969, 456. Zum Ganzen s. auch Rüfner RdA 1985, 198f.

307 Gegen sie bereits Hueck-Nipperdey, Bd. II/1, S. 733; aus neuerer Zeit Löwisch (Hrsg.), Arbeitskampf- und Schlichtungsrecht, 1997, Abschnitt 170.1 Rn 32.

### 4.6.3. Tarifvertrag und Inflation

283 Auch kleinere Inflationsraten sind geeignet, das im Tarifvertrag garantierte Mindestlohnniveau zu senken; der Tarif behält seinen vollen Wert nur dann, wenn am Ende seiner Laufzeit Euro noch gleich Euro ist. Will man seine traditionelle Funktion der Reallohnsicherung aufrechterhalten, muss man daher zusätzliche Vorkehrungen treffen, um eine **Anpassung an den Geldwertschwund** sicherzustellen. Hierfür kommen verschiedene Abmachungen in Betracht. Sie kurz zu skizzieren, ist auch in Zeiten hoher Geldwertstabilität sinnvoll.

284 **Indexklauseln** binden die Tariflöhne an die vom Statistischen Bundesamt ermittelten Lebenshaltungskosten, sodass sie mit diesen automatisch steigen. In der deutschen Tarifpraxis kommen sie – soweit ersichtlich – nicht vor,[308] doch gehören sie in anderen Ländern zum überkommenen Instrumentarium der Tarifpolitik.[309] In Italien ist die früher generell praktizierte «scala mobile» abgeschafft worden, doch bleibt den Tarifparteien das unbestrittene Recht, die vereinbarten Vergütungen zu indexieren.[310]

285 Ob die Indexklausel einer **Genehmigung** nach dem früheren § 3 Satz 2 Währungsgesetz bedurfte, war umstritten.[311] Der heute an seine Stelle getretene § 2 des Preisangaben- und Preisklauselgesetzes[312] betrifft nur Geldschulden, denen Sach- oder Dienstleistungen im Rahmen von Austauschverträgen gegenüberstehen, nicht die normative Festlegung von Vertragsinhalten. Deshalb wäre eine Genehmigung wohl nicht erforderlich,[313] doch erfreut sich die Frage in der Literatur mangels praktischer Relevanz keiner großen Aufmerksamkeit

286 Die rechtliche Zulässigkeit bedeutet nicht, dass man auch in der Praxis Indexklauseln vereinbart. Gegen sie wird eingewandt, dass sie **Tarifverhandlungen weithin überflüssig** machen, wenn nicht mehr als die Erhaltung des Reallohns oder eine Steigerung von 0,5 % «drin» ist: Sie würden sich in einem solchen Fall auf minimale Verbesserungen beschränken, für die sich die Mitglieder nicht begeistern lassen. Allerdings ist zu beachten, dass die allermeisten Tarifverträge auch heute ohne Mitgliedermobilisierung geschlossen werden und dass es möglicherweise nicht von Nachteil wäre, könnte man die knappen gewerkschaftlichen Ressourcen in anderen Feldern einsetzen.

---

308 Schaub § 202 Rn 6.

309 Vgl. Kuntze, Preiskontrolle, Lohnkontrollen und Lohn-Preis-Index-Bindung in den europäischen Ländern, Berlin und München 1973, S. 159 ff.

310 Carinci u. a. S. 185 (unter Bezugnahme auf das Urteil des Verfassungsgerichts vom 26. 3. 1991, n. 124).

311 Nachweise bei Wiedemann-Wiedemann Einl. Rn 379.

312 Im Wortlaut wiedergegeben bei Palandt-Heinrichs § 245 Rn 24.

313 Anders Löwisch-Rieble § 1 Rn 859.

Weniger Probleme wirft die sog. **Indexkündigungsklausel** auf: Die Tarifparteien vereinbaren, dass der Tarifvertrag bei Überschreitung einer bestimmten Inflationsrate oder bei einer bestimmten Erhöhung des Lebenshaltungsindex kündbar ist. Dies ist schon deshalb zulässig, weil auch ein nicht an bestimmte Gründe gebundenes Kündigungsrecht möglich wäre.[314] Die Tarifpraxis der 70er Jahre kannte eine Reihe von Abmachungen dieser Art.[315] 287

### 4.6.4. Tarifliche Vereinbarung von Nettolöhnen – Gegenmittel zur Steuerprogression?

Ein durchaus fühlbarer Nebeneffekt jeder (auch einer nur leichten) inflationä- 288
ren Entwicklung liegt in der wachsenden Belastung der Arbeitnehmer durch Steuern und Sozialabgaben. Da bei gleich bleibendem Reallohn die Nominalbeträge notwendigerweise steigen, unterliegen die Spitzenbeträge des Einkommens einer höheren Steuerbelastung. Um diesen Effekt zu vermeiden, könnte man im Tarifvertrag nicht mehr Brutto-, sondern **Nettolöhne vereinbaren**. Rechtlich bestünden dagegen **keine Bedenken**,[316] genauso wenig wie gegen eine (seit langem) anerkannte «Nettolohnabrede» im Arbeitsvertrag[317]. Mit Rücksicht auf die unterschiedliche Besteuerung der einzelnen Arbeitnehmer (Familienstand, Freibeträge) müsste im Tarif eine bestimmte, z.B. die ungünstigste Fallkonstellation (Ledige entsprechend Lohnsteuertabelle) zugrunde gelegt werden. Von da her ließe sich unschwer das dieser Lohn- oder Gehaltsgruppe entsprechende Bruttoeinkommen und das höhere Nettoeinkommen anderer Arbeitnehmer bestimmen. Gleichzeitig würden Personen, denen das Steuerrecht mit Rücksicht auf besondere Belastungen entgegenkommt, stärker als andere begünstigt.

### 4.6.5. Tarifvertrag und betriebliche Lohnpolitik

Die in den Betrieben tatsächlich bezahlten **sog. Effektivlöhne** können höher 290
als die Tariflöhne liegen. In wirtschaftlich guten Zeiten wird dies öfters anzutreffen sein als in der Krise oder einer Atmosphäre allgemeinen Kostensparens. So wird berichtet, dass 1970 die Effektivstundenlöhne in der Metall

---

314 Däubler-Winter, TVG, § 1 Rn 463; Löwisch-Rieble, § 1 Rn 859 ff.; Wiedemann-Wiedemann § 1 Rn 377.

315 Wiedergegeben bei Zachert, Tarifvertrag, S. 191.

316 BAG AP Nr. 2 zu § 1 TVG Tarifverträge: Metallindustrie; zustimmend Däubler-Winter, TVG, § 1 Rn 464; Wiedemann-Wiedemann § 1 Rn 375.

317 Schaub-Linck, § 71 Rn 3 a mwN.

verarbeitenden Industrie um 24 % und in der chemischen Industrie um 20 % über den tariflich vereinbarten Sätzen lagen[318]; in einigen Großbetrieben der Chemie wurden 50 % erreicht.[319] Im Jahre 2002 zahlten im Westen 45 % der Betriebe und im Osten 19 % der (tarifgebundenen) Betriebe über Tarif; dabei wurde die tarifliche Vergütung um 10,8 % bzw. um 9,9 % übertroffen.[320] Wichtig dürften dabei neben traditionellen «Zulagen» insbesondere leistungsbezogene Entgeltbestandteile wie Zielerreichungsprämien sowie Tantiemen sein. Dem stehen Absenkungen durch Betriebsvereinbarungen[321] und auch durch Firmentarif gegenüber.

291 Was sind die Ursachen dieser Entwicklung? Kann der Tarifvertrag unter diesen Umständen überhaupt noch die Funktion einer Mindestlohngarantie entfalten, oder fallen die eigentlich relevanten Entscheidungen erst im Betrieb? Wird er gewissermaßen nicht nur durch potenzielle «Abweichung nach unten»[322], sondern auch durch «Abweichung nach oben» entwertet? Welchen Grad rechtlicher Absicherung besitzen die über- und außertariflichen Lohnbestandteile? Könnten sie irgendwie in den Tarifvertrag einbezogen werden?

### 4.6.5.1. Ursachen übertariflicher Vergütungen

292 Wichtigster und am häufigsten genannter Grund für das Auseinanderfallen von Tarif- und Effektivlöhnen ist die Zentralisierung von Tarifverhandlungen. In der Bundesrepublik herrscht (immer noch) der Flächentarif vor, nicht der Firmentarif. Dies hat zur Folge, dass **sich die Tarifparteien meist am sog. Grenzbetrieb orientieren**, d. h. an denjenigen Unternehmen, die die vereinbarten Lohnerhöhungen gerade noch verkraften können, ohne in Existenzschwierigkeiten zu geraten.[323] Zahlreiche, insbesondere größere Betriebe sind daher unschwer in der Lage, über das tariflich Vereinbarte hinauszugehen. Dass sie dies auch faktisch tun (und nicht etwa ihre bessere Situation allein den Gewinnen zugute kommen lassen), hat eine Reihe von Ursachen, von denen die wichtigsten kurz genannt seien:

▶ In einzelnen Betrieben besteht eine unter Umständen schon jahrzehntealte **kämpferische Tradition der Belegschaft**; die zusätzlichen Vergütungen stellen gewissermaßen eine Gegenleistung für die Kooperationsbereitschaft

318 Bergmann u. a., S. 181.

319 Angaben nach Hensche RdA 1971, 9.

320 Angaben nach Berg u. a. § 1 TVG Rn 221 unter Bezugnahme auf das WSI-Tarifhandbuch 2004.

321 S. oben 4.3.2.1. ( Rn 220ff.).

322 Dazu oben Rn 220ff.

323 Vgl. bereits Gerfin, Ausmaß und Wirkung der Lohndrift, in: Arndt (Hrsg.), Lohnpolitik und Einkommensverteilung, Berlin 19[illegible], S. 508ff.; Hensche RdA 1971, S. 9.

während einer bestimmten Zeit dar.[324] Ein Abbau hätte möglicherweise sogar spontane Arbeitsniederlegungen zur Folge.

▶ In anderen Betrieben überwiegt das Interesse der Unternehmensleitung, das **«Betriebsklima»** durch übertarifliche Bezahlung in ihrem Sinne zu beeinflussen. So kann eine Zusatzvergütung als weiterer Leistungsanreiz gedacht sein[325], aber auch den Sinn haben, die Bindung der Arbeitnehmer an den Betrieb zu vergrößern (Altersrente!)[326] oder die Belegschaft in einzelne «Statusgruppen» aufzuspalten, um die «Leistungsträger» oder andere zu begünstigen, die sich durch besondere Loyalität auszeichnen werden.[327]

▶ In der Vergangenheit spielte weiter eine Rolle, dass sich die tariflichen Vergütungen der Akkordarbeiter erhöhten, weil sich ihre Arbeitsmöglichkeiten verbesserten, sodass die «Zeitlöhner» nachziehen mussten, um so die alten Relationen wiederherzustellen.[328]

▶ Für das Management liegt der wesentlichste Vorzug übertariflicher Löhne in ihrer **«konjunkturpolitischen Flexibilität»**. Während der Hochkonjunktur besteht die Chance, durch besonders günstige Angebote die Konkurrenz am Arbeitsmarkt auszustechen und gesuchte Spezialisten zu engagieren[329], während der Krise können die übertariflichen Leistungen ohne größere Schwierigkeiten wieder abgebaut werden.[330]

Einzelne dieser Ursachen können in bestimmten Betrieben überwiegen oder gar allein maßgebend sein; möglich ist auch, dass sich Motivationen und Ziele der Belegschaft und des Managements mischen.[331]

### 4.6.5.2. Leistungen nach Arbeitgeberermessen – Die fehlende rechtliche Absicherung übertariflicher Lohnbestandteile

Die übertariflichen Leistungen werden entweder vom Arbeitgeber zugesagt und in die Arbeitsverträge übernommen oder – so in vielen Großbetrieben – zwischen Betriebsrat und Geschäftsleitung ausgehandelt.[332] In beiden Fällen hat es der Arbeitgeber in der Hand, den Ansprüchen der Arbeitnehmer fast 293

324 Vgl. Gerfin, S. 508 ff.

325 Schacht-Unterseher, S. 94.

326 Schacht-Unterseher, S. 93, unter Berufung auf Schelsky. Gerfin (S. 502 ff.) spricht vorsichtig von «betriebspolitischen Erwägungen».

327 Schacht-Unterseher, S. 93. Beispiel: Nur die «Führungskräfte» erhalten eine attraktive betriebliche Altersversorgung.

328 Gerfin, S. 502 ff.; Schacht-Unterseher, S. 93.

329 Bergmann u. a., S. 181; Schacht-Unterseher, S. 93.

330 Vgl. auch oben 4.3.2. (Rn 251 ff.).

331 Zusammenfassend dazu Kriebel, S. 88–94.

332 Vgl. Bergmann u. a., S. 180: «Innerbetriebliche Lohnrunden», und Teschner, in: Jacobi/Müller-Jentsch/Schmidt, 1972, S. 139.

jeden Bestandsschutz zu entziehen, die übertariflichen Lohnbestandteile zu einer «Manövriermasse» zu machen.

### (1) Arbeitsvertragliche Abmachungen

294 Wird im Betrieb eine «Zulage» oder eine andere im Tarif nicht vorgesehene Leistung gewährt, so entsteht **für die Zukunft** ein **Anspruch** nur dann, wenn eine entsprechende Klausel in den **Arbeitsvertrag** aufgenommen wurde oder wenn eine **Betriebsübung** entstand.[333] Bei tariflich nicht abgesicherten Weihnachtsgratifikationen gilt dies beispielsweise dann, wenn sie dreimal hintereinander vorbehaltlos bezahlt wurden.[334] Davon kann sich der Arbeitgeber nur schwer wieder lösen; eine Änderungskündigung mit dem Ziel der Entgeltabsenkung ist nur in Notsituationen möglich.[335]

294a Nicht selten werden Leistungen als «einmalige» oder «zeitliche befristete» gewährt; der Arbeitgeber kann sie jederzeit einstellen, da niemand darauf vertrauen kann, sie auch in Zukunft zu erhalten. Typischer ist jedoch ein **Versprechen «bis auf Widerruf».** Ein solcher Widerrufsvorbehalt ist nach der neuesten Rechtsprechung wegen § 308 Nr. 4 BGB allerdings nur gültig, wenn überwiegende Arbeitgeberinteressen für die Widerruflichkeit sprechen und diese im Vertrag selbst benannt sind (z. B. kein positiver Deckungsbeitrag der Abteilung, kein ausgewiesener Bilanzgewinn).[336]

295 Darf der Arbeitgeber diese **Zusatzleistungen mit Tariflohnerhöhungen verrechnen**? Die Rechtsprechung kommt ihm weit entgegen: **«Im Zweifel»** ist eine Anrechnung **möglich**;[337] dies gilt auch dann, wenn der Tarifvertrag eine Einmal-Leistung vorsieht.[338] Lediglich dann, wenn die Leistung ausdrücklich oder stillschweigend «**als selbständiger Entgeltbestandteil** neben dem jeweiligen Tarifentgelt» vereinbart ist, soll eine **Ausnahme** gelten.[339] Dies wird insbesondere bei Leistungs- und Erschwerniszulagen angenommen.[340] Weiter werden auch solche Tariferhöhungen ausgenommen, die lediglich einem Ausgleich der Arbeitszeitverkürzung dienen sollen.[341] Möglich bleibt

---

333 Zur Betriebsübung s. oben 1.2.3. (Rn 17 a).

334 BAG AP Nr. 3 zu § 611 BGB Gratifikation, ständige Rechtsprechung.

335 Einzelheiten Bd. 2, Kap. 8.

336 BAG NZA 2005, 465.

337 BAG AP Nr. 5, 7 und 8 zu § 4 TVG Übertariflicher Lohn und Tariflohnerhöhung.

338 BAG NZA 2003, 224, sofern sie an die Stelle einer prozentualen Erhöhung treten. Anders nach BAG DB 2002, 902, wenn eine nicht in die Entgelttabelle eingehende Einmalzahlung vereinbart ist. Ebenso Berg u. a. § 4 Rn 233.

339 BAG AP Nr. 118 zu § 87 BetrVG 1972 Lohngestaltung = NZA 2003, 1056 LS.

340 So die Ausnahme in BAG AP Nr. 5 zu § 4 TVG Übertariflicher Lohn und Tariflohnerhöhung. Eingehend zur Konkretisierung dieses Ausnahmetatbestands Wolter AiB 1983, 41 f. (mit Beispielen) sowie BAG AiB 1989, 86 mit Anm. Trittin.

341 BAG NZA 1996, 832 = AiB 1996, 613 mit Anm. Schirge.

daneben, dass sich der Arbeitgeber die Verrechnung mit Tariflohnerhöhungen ausdrücklich vorbehält, doch wird er eine solche «Unfreundlichkeit» nur dann in den Vertrag schreiben, wenn einer der Ausnahmetatbestände ernsthaft in Betracht kommt. Auch «vollwertige» arbeitsvertragliche Ansprüche ohne Widerrufsvorbehalt können auf diese Weise abgebaut werden. Soweit nach diesen Grundsätzen eine Anrechnung ausscheidet, kann sie auch nicht im Tarifvertrag angeordnet werden; dies würde gegen das Günstigkeitsprinzip verstoßen.[342]

### (2) Abreden zwischen Betriebsrat und Arbeitgeber

Wurden übertarifliche Vergütungsbestandteile zwischen Arbeitgeber und Betriebsrat ausgehandelt, so wird der Arbeitgeber in der Regel gleichfalls Widerrufsvorbehalte durchsetzen können, die hier allerdings nicht dem § 308 Nr. 4 BGB genügen müssen.[343] Die rechtliche Situation des Arbeitnehmers ist keineswegs besser als unter (1). In den allermeisten Fällen ist der Betriebsrat gar nicht berechtigt, eine wirksame Betriebsvereinbarung abzuschließen, da **nach § 77 Abs. 3 BetrVG** «Arbeitsentgelte und sonstige Arbeitsbedingungen, die durch Tarifvertrag geregelt sind oder üblicherweise geregelt werden, nicht Gegenstand einer Betriebsvereinbarung sein» können. Dies bedeutet, dass eine Einigung über eine höhere Monatsvergütung, eine bessere Erschwerniszulage oder mehr Auslösung **keine unmittelbare rechtliche Wirkung** besitzt.[344] Allerdings kann die Absprache ausdrücklich oder stillschweigend in die Arbeitsverträge übernommen werden. Meist geschieht dies so, dass sie im Betrieb – etwa durch Aushang – bekannt gemacht und von den Arbeitnehmern «konkludent», d. h. durch Weiterarbeit in Kenntnis der neuen Leistungen, angenommen wird.[345] 296

Ist die **Betriebsvereinbarung ausnahmsweise wirksam**, weil sie nicht gegen § 77 Abs. 3 BetrVG verstößt (der vereinbarte Essensgeldzuschuss hat im Tarif keine Regelung erfahren), so hat dies keineswegs besonders positive Folgen. Nach § 77 Abs. 5 BetrVG kann die Betriebsvereinbarung mit einer Frist von drei Monaten **gekündigt** werden; da es um freiwillige Leistungen des Arbeitgebers geht, tritt nach § 77 Abs. 6 BetrVG **keine Nachwirkung** ein. Außerdem kann mangels besonderer Absprache nicht davon ausgegangen werden, dass die Zusagen des Arbeitgebers auch in die Arbeitsverträge eingehen. 297

---

342 BAG DB 1971, 2117; BAG AP Nr. 12 zu § 4 TVG Ordnungsprinzip; zum Ganzen auch Däubler-Deinert, TVG, § 4 Rn 801.

343 § 310 Abs. 4 Satz 3 BGB nimmt u. a. Betriebsvereinbarungen von der Inhaltskontrolle nach den §§ 307 – 309 aus. Näher zu dieser Bd. 2.

344 DKK-Berg § 77 Rn 65.

345 Vgl. BAG DB 1990, 1873 sowie Berg, a.a.O.

#### (3) Mitbestimmung des Betriebsrats

298 Nach § 87 Abs. 1 Nr. 10 BetrVG hat der Betriebsrat **kein Mitbestimmungsrecht** in Bezug auf die Höhe der vom Arbeitgeber gewährten Leistungen; über die **Größe des «Topfes»** entscheidet dieser allein.[346] Dies gilt auch dann, wenn der Arbeitgeber die Tariferhöhung voll auf übertarifliche Leistungen anrechnen will.[347] Der Betriebsrat hat **nur bei** den sog. **Verteilungskriterien** mitzureden: Diese werden dann zum Problem, wenn der Arbeitgeber die Tariflohnerhöhungen nur teilweise anrechnen will. Hier werden Spielräume bestehen, weshalb er nicht ohne Zustimmung des Betriebsrats handeln kann. Wird einige Zeit über die Verteilungskriterien verhandelt, kann sich die dann gefundene Einigung sogar Rückwirkung beilegen, da auf Seiten der Arbeitnehmer kein Vertrauensschutz in den Fortbestand der Zulage entstanden sei.[348] Setzt sich der Arbeitgeber über das Mitbestimmungsrecht des Betriebsrats hinweg, macht dies die gesamte Anrechnung unwirksam; die betroffenen Arbeitnehmer können die bisherigen Zulagen in vollem Umfang weiter beanspruchen.[349] Er ist also gut beraten, sich korrekt an das BetrVG zu halten.

### 4.6.5.3. Tarifliche Gegenmaßnahmen (Übersicht)

299 Die ungesicherte rechtliche Situation der übertariflichen Lohnbestandteile zwingt zu Überlegungen, wie dieser Zustand im Wege der Tarifpolitik beseitigt oder wenigstens in seinen Auswirkungen gemildert werden kann. Die Praxis hat hierfür eine Reihe typischer «Klauseln» und Rechtsformen entwickelt. Von ihnen ist lediglich die **Besitzstandsklausel** praktisch außer Streit; bisherige Rechte können aufrechterhalten bleiben, gleichgültig, ob sie auf Arbeitsvertrag, auf Betriebsvereinbarung oder auf Tarifvertrag beruhen.[350] Die übrigen Gegenmaßnahmen sind in ihrer rechtlichen Zulässigkeit umstritten – eine nicht weiter erstaunliche Tatsache, geht es doch um eine für die Arbeitgeberseite wichtige «Verfügungsmasse».

300 Um den Arbeitgeber daran zu hindern, eine Tariflohnerhöhung auf die übertarifliche Vergütung anzurechnen, wird eine **sog. begrenzte Effektivklausel** vereinbart. Sie bestimmt, dass die Lohnerhöhung «effektiv» werden soll, indem keine Verrechnung, sondern eine Aufstockung des übertariflichen Lohnbestandteils auf das neue Tarifniveau stattfindet.

301 Weiter geht die **sog. Effektivgarantieklausel**. Sie ordnet an, dass die ge-

346 Statt aller BAG GS DB 1992, 1579 ff.

347 BAG NZA 2004, 1239.

348 BAG DB 1996, 1576.

349 BAG AiB 1997, 175.

350 BAG DB 1985, 597 = AP Nr. 1 zu § 4 TVG Besitzstandsklauseln; aus der Lit. S. Berg u. a. § 4 TVG Rn 228; Däubler, Tarifvertragsrecht, Rn 585 ff.; Däubler-Deinert, TVG, § 4 Rn 781 ff.

samten bisher bezahlten Effektivlöhne nunmehr Gegenstand des Tarifvertrags sind und an seiner Garantiewirkung teilhaben. Der Parallelität der Rechtsprobleme wegen sollen beide Klauseln im Zusammenhang behandelt werden (unten Rn 304 ff.).

Ein weiteres, auch gewerkschaftspolitisch viel diskutiertes Mittel ist der **Abschluss betrieblicher Zusatztarifverträge**: Man vereinbart in den wie bisher auf regionaler Ebene abgeschlossenen Tarifen sog. Öffnungsklauseln, die eine Ergänzung durch Firmentarife zulassen. Dies ist vor über 30 Jahren unter dem Stichwort der «betriebsnahen Tarifpolitik» diskutiert worden, mit deren Hilfe man den «übertariflichen Raum» tarifieren wollte. Heute geht es primär darum, auf betrieblicher Ebene vom Niveau des Flächentarifs nach unten abzuweichen; neben der bereits im Zusammenhang mit der Unabdingbarkeit behandelten Betriebsvereinbarung[351] kommt hierfür der Firmentarif in Betracht. 302

Eine ähnliche Bedeutung haben zusätzliche Tarife, die zwar zwischen den Verbänden abgeschlossen werden, die aber ihren Geltungsbereich auf ein (Groß-)Unternehmen begrenzen und so den dort herrschenden Besonderheiten Rechnung tragen. Auch ein solcher **«unternehmensbezogener Verbandstarif»** könnte das übertarifliche Lohnniveau «einfangen», auch er könnte als Mittel der Absenkung verwendet werden. 303

### 4.6.5.4. Begrenzte Effektivklausel und Effektivgarantieklausel

Das einleuchtendste und scheinbar am wenigsten mit Problemen behaftete Mittel, um den Spielraum des Arbeitgebers zu beschränken, ist die Effektivklausel. Während die Zulässigkeit der Effektivgarantieklausel von jeher umstritten war, gingen sowohl das Reichsarbeitsgericht[352] wie auch das **BAG**[353] **von der rechtlichen Unbedenklichkeit der begrenzten Effektivklausel** aus. Erst im **Jahre 1968** vollzog das BAG eine völlig unerwartete **Kehrtwendung** und erklärte auch die begrenzte Effektivklausel für unzulässig[354] – ein Wandel, der sicherlich u.a. dadurch zu erklären ist, dass die übertariflichen Löhne im Laufe der 60er Jahre immer bedeutsamer geworden waren und dass ein leichter Abbau in künftigen Krisen für die Arbeitgeber deshalb besondere Bedeutung gewonnen hatte.[355] Den Gewerkschaften wurde damit ein wesent- 304

351 S. oben 4.3.2. (Rn 220 ff.).

352 RAG ARS 5, 50; 6, 90; 7, 23; 8, 484.

353 BAG AP Nr. 1 zu § 4 TVG Effektivklausel (Urteil vom 1. 3. 1956); BAG AP Nr. 5 zu § 4 TVG Effektivklausel (Urteil vom 26. 4. 1961).

354 BAG AP Nr. 7 zu § 4 TVG Effektivklausel (Urteil vom 14. 2. 1968), bestätigt in BAG AP Nr. 8 zu § 4 TVG Effektivklausel (Urteil vom 18. 8. 1971), zuletzt BAG DB 1987, 1522.

355 Vgl. Mückenberger-Welteke KJ 1975, 16, 19.

liches Mittel aus der Hand genommen, um wenigstens ansatzweise auch die betriebliche Lohnpolitik beeinflussen zu können.[356]

305 Die juristische Begründung der «neuen Linie» hat selbst bei ansonsten mehr konservativ orientierten Autoren erheblichen **Widerspruch** erfahren[357], da sie eine ganze Reihe von «immanenten» Angriffsflächen bietet. Das LAG Hamburg hat ihr inzwischen die Gefolgschaft versagt.[358]

306 Eine eingehende Auseinandersetzung mit allen in der Diskussion genannten Argumenten erscheint nicht erforderlich, zumal gerichtliche Auseinandersetzungen aus den letzten zehn Jahren nicht bekannt geworden sind. Deshalb soll eine **kurze Zusammenfassung** genügen.[359]

307 Beide Formen von Effektivklauseln lassen die **arbeitsvertragliche Natur übertariflicher Ansprüche unberührt**. Die begrenze Effektivklausel regelt lediglich eine «Modalität», nämlich ein dem Benachteiligungsverbot nach § 612 a BGB ähnliches Verbot, die Tariflohnerhöhung zum Anlass für eine Anspruchsreduzierung zu nehmen. Die Effektivgarantieklausel versieht die arbeitsvertraglichen Ansprüche mit tariflichem Schutz, verleiht ihnen also Unabdingbarkeit. Beides lässt sich entgegen BAG unschwer mit der im Tarifrecht herrschenden Begrifflichkeit vereinbaren; insbesondere wird nicht etwa ein einzelvertraglicher Anspruch in einen tariflichen verwandelt.

308 Das «Verrechnungsproblem», das Anlass und Gegenstand der Effektivklauseln ist, hat ersichtlich keine gesetzliche Regelung erfahren. Es lässt sich vermuten, dass die Frage aus der Perspektive des Jahres 1948 nicht von besonderer Dringlichkeit war. Dies hat zur Folge, dass die Tarifparteien selbst eine Lösung entwickeln können, sind sie doch in erster Linie dazu berufen, den vom Gesetzgeber frei gelassenen Raum auszufüllen.[360]

309 Auch der **Gleichheitsgrundsatz** des Art. 3 Abs. 1 GG ist **nicht verletzt**. Dies wäre nur dann der Fall, wenn die in Bezug genommenen vertraglichen Abmachungen ihrerseits nicht mit dem Gleichheitssatz vereinbar wären, was

356 Eine volle Einbeziehung der betrieblichen Ebene wäre damit allerdings nicht erreicht, da betriebliche Entwicklungen immer nur im Nachhinein «eingefangen» werden – im Ansatz richtig Kriebel S. 74, der jedoch zu wenig beachtet, dass die Effektivgarantieklausel faktisch kaum mehr Spielräume offen ließe.

357 Bötticher, Anm. zu BAG AP Nr. 7 zu § 4 TVG Effektivklausel; Ders., RdA 1968, 418 ff.; Etzel AuR 1969, 257 ff.; Hölters, S. 174 ff.; Rumpff BB 1968, 1161; Stahlhacke DB 1969, 791; A. Stein Rn 335 ff.; Wiedemann, Übertarifliches Entgelt und tarifliche Effektivklauseln, in: GS Dietz, S. 361 ff.; Zöllner, § 36 IV 2 (anders Zöllner-Loritz). In der aktuellen Diskussion kritisch Berg u. a. § 4 TVG Rn 222 ff.; Däubler-Deinert, TVG, § 4 Rn 792 ff.; Kempen/Zachert-Stein § 4 Rn 384 ff.; die Rechtsprechung des BAG unterstützend Löwisch-Rieble § 1 Rn 828 ff.; Wiedemann-Wank § 4 Rn 531, 537.

358 LAG Hamburg AuR 1991, 120 = AiB 1991, 63 mit Anm. Engel.

359 Eingehend die Vorauflage (Rn 306–318).

360 So die Formulierung in BVerfGE 20,312, 317; ähnlich BVerfGE 18, 18, 28. Vgl. auch Säcker, Gruppenautonomie, S. 308 ff. für das entsprechende Problem der Ablösung günstigerer allgemeiner Arbeitsbedingungen durch Tarifvertrag.

jedoch nur in absoluten Sondersituationen anzunehmen ist. Etwas Gleichheitskonformes in seinem Bestand zu sichern, kann nicht gleichheitswidrig sein.[361]

Die **Schriftform des Tarifvertrags** (§ 1 Abs. 2 TVG) ist entgegen BAG 310
gleichfalls gewahrt.[362] Die jeweilige Effektivvergütung ist für den Einzelnen bestimmbar; mehr verlangt das Gesetz nicht. Wäre es anders, müssten sogar Bedenken gegen einen ganz gewöhnlichen Entgelttarif bestehen, der zusammen mit dem Entgeltrahmen beispielsweise eine bestimmte Vergütung für Tätigkeiten mit «besonderer Verantwortung» vorsieht: Wann diese Voraussetzung erfüllt ist, lässt sich gleichfalls nicht dem Normtext entnehmen, sondern bestimmt sich nach den Umständen des Einzelfalls. Mit Recht verweist das LAG Hamburg[363] überdies darauf, dass tarifliche Überstundenzuschläge häufig nach dem Effektivlohn berechnet werden – auch dies ein durchaus vergleichbarer Tatbestand, der bislang keinerlei Einwände provoziert hat.

#### 4.6.5.5. Der Abschluss betrieblicher Zusatztarife

Der Gedanke, die übertariflichen Leistungen durch betriebliche Zusatztarife 319
abzusichern, hat eine lange Geschichte. Schon Mitte der 50er Jahre wurden entsprechende Forderungen erhoben[364]; 1958 fanden sie breite Unterstützung auf dem 5. Ordentlichen Gewerkschaftstag der IG Metall.[365] Abgesehen vom Sonderfall Ford/Köln gab es allerdings erst **1970** ernsthafte Versuche, die sog. **betriebsnahe Tarifpolitik** in die Praxis umzusetzen. Maßgebend hierfür waren u.a. die Erfahrungen zahlreicher Betriebsräte während der Rezession 1966/67, als die Arbeitgeber auf breiter Front von den Möglichkeiten zur Reduzierung ihrer Leistungen Gebrauch gemacht hatten.[366] Wie nicht anders zu erwarten, wehrten sie sich entschieden gegen die drohende Einschränkung ihres Handlungsspielraums. **In der chemischen Industrie Hessens**, wo der Abschluss zusätzlicher Firmentarife zentrale Forderung in der Lohnrunde 1970 war[367], teilten sie der Gewerkschaft mit, in Zukunft werde man auf «tarifpolitische Forderungen auf dieser Ebene» nicht mehr reagieren.[368] Dabei stützten sie sich vorwiegend auf Argumente, die seit

---

361 Berg u.a. § 4 TVG Rn 224 mwN.

362 Ebenso bereits Etzel AuR 1969, 259; Hölters, S. 179; Rumpff BB 1968, 1162, Fn 10; Stahlhacke DB 1969, 794; Tomandl ZAS 1969, 41, 47.

363 AiB 1991, 64 mit Anm. Engel.

364 Rehhahn GMH 1954, 582 ff. und Nickel GMH 1954, 651 ff.

365 Vgl. die Darstellung bei Bergmann u.a., S. 169 ff. und Kriebel, S. 29 ff.

366 Vgl. Schacht-Unterseher, S. 95.

367 Vgl. auch Eberhard Schmidt, in: Jacobi/Müller-Jensch/Schmidt 1972, S. 154 ff.

368 Mitgeteilt bei Schacht-Unterseher, S. 109.

1965 in der rechtswissenschaftlichen Diskussion aufgetaucht waren.[369] Sie betrafen im Wesentlichen zwei Gesichtspunkte[370], die auch heute noch von Bedeutung sind.

320 Zum einen wurde betont, wer derartige Tarife erkämpfen wolle, verletze die **Koalitionsfreiheit der Arbeitgeberseite**. Die in Art. 9 Abs. 3 GG geschützte Betätigung des Verbandes müsse auch seinen Mitgliedern zugute kommen.[371] Dies zeige sich nicht nur in der Wirkung von Tarifverträgen; der einzelne Arbeitgeber müsse sich vielmehr «darüber hinaus mit dem Anschluss an den tarifschließenden Verband davor bewahren können, noch als einzelner Kampfgegner in Tarifauseinandersetzungen zu sein».

321 Dem ist **entgegengehalten** worden, auf Arbeitnehmerseite würde dem Art. 9 Abs. 3 GG kein vergleichbarer Schutzbereich beigemessen. Trotz Gewerkschaftsbeitritts sei der Einzelne nicht davor gefeit, mit unerwünschten Vertragsangeboten des Arbeitgebers, mit Kündigungen oder mit Versetzungen konfrontiert zu werden; der Schutz reicht nicht weiter als die gewerkschaftliche Aktivität als solche.[372] Doch davon ganz abgesehen: Das Recht des einzelnen Arbeitgebers, einer Koalition beizutreten und in dieser für seine Ziele zu werben, wird durch die Forderung nach einem betrieblichen Zusatztarif nicht beeinträchtigt.[373] Nur dann, wenn das Kampfziel darin bestünde, ihn zum Austritt zu veranlassen, würde anderes gelten. Auch die kollektive Koalitionsfreiheit des Verbandes ist nicht berührt: Er kann seinen Aufgaben nachkommen und – wie nicht zuletzt das Beispiel der chemischen Industrie in Hessen zeigt – sich auf Wunsch ihrer Mitglieder in die Auseinandersetzung einschalten.

321a Mit Recht hat das BAG[374] außerdem auf **§ 2 Abs. 1 TVG** verwiesen, der den einzelnen Arbeitgeber tariffähig mache, ohne eine Ausnahme für verbandsgebundene Firmen auch nur anzudeuten. Der Arbeitgeberkoalition stehe es zwar frei, ihren Mitgliedern den Abschluss separater Tarifverträge zu untersagen, doch mache ein Verstoß gegen eine entsprechende Satzungsbestimmung weder einen gleichwohl geschlossenen Haustarif unwirksam noch einen darum geführten Streik rechtswidrig.[375] Auch ergebe sich aus § 2 TVG, dass das Paritätsprinzip im Falle eines Arbeitskampfes nicht verletzt

369 Vgl. Buchner DB 1970, 2030 ff. und 2074 ff.; Deeken DB 1967, 464 ff.; Hueck-Nipperdey, Bd. II/1, S. 309, Fn 14; Mayer-Maly DB 1965, 32 ff.; Richardi, Kollektivgewalt, S. 352 ff.; ebenso Boldt RdA 1971, 257 ff.

370 Eingehender Däubler, Grundrecht, S. 434 ff.

371 So in der juristischen Literatur insbesondere Buchner DB 1970, 2077 ff., auch zum Folgenden.

372 Zustimmend Zachert, Tarifvertrag, S. 179. Ebenso Wiedemann-Oetker § 2 Rn 132.

373 BAG NZA 2003, 734,738; ebenso Berg u. a. AKR Rn 61; Wiedemann-Oetker § 2 Rn 131.

374 NZA 2003, 734, 736 ; ähnlich bereits BAG NZA 1996, 613.

375 BAG NZA 2003, 734, 736 f.

sei. Das BAG hat in der Literatur im Wesentlichen Zustimmung gefunden;[376] ein **Verstoß gegen Art. 9 Abs. 3 GG** ist daher **nicht feststellbar**.[377]

Das zweite Argument gegen betriebliche Zusatztarife stützte sich auf die 322
**Friedenspflicht**: Diese würde «denaturiert», wenn Verbands- und Firmentarif verschiedene Laufzeiten hätten und damit permanente Auseinandersetzungen unvermeidlich wären.[378] Beträfen beide denselben Regelungsgegenstand, so greife überdies unmittelbar die tarifliche Friedenspflicht ein, von der – da sie zum Wesen des Tarifvertrags gehöre – auch durch eine Öffnungsklausel nicht abgewichen werden könne.[379] Mit Recht hat Hensche eingewandt, diese These lege den Tarifvertrag auf die Funktion fest, den Wirtschaftsablauf möglichst störungsfrei zu halten; hierfür fehle jede normative Grundlage.[380] Nach geltendem Recht seien die sozialen Gegenspieler nicht auf Vereinbarungen mit möglichst geringem Kampfrisiko beschränkt. Gewichtiger ist demgegenüber der Hinweis, die tarifliche Friedenspflicht schließe es aus, die im Verbandstarif geregelten Gegenstände auch nur in einzelnen Unternehmen oder Betrieben zur Disposition zu stellen. Ihm ist auch das BAG in seiner neueren Rechtsprechung gefolgt[381], hat damit aber gleichzeitig deutlich gemacht, dass **um nicht geregelte Gegenstände sehr wohl ein Arbeitskampf** geführt werden könne.[382] Außerdem haben sich in diesem Zusammenhang zahlreiche Autoren dafür ausgesprochen, bei **Vorliegen einer tariflichen Öffnungsklausel** sei sehr wohl auch eine kampfweise Auseinandersetzung um Fragen möglich, die im Verbandstarif geregelt seien.[383]

Werden dort die entsprechenden Vorkehrungen getroffen, lassen sich die übertariflichen Vergütungen sehr wohl «einfangen» und mit einer festen Grundlage versehen. Sehr viel größere praktische Bedeutung hat derzeit allerdings die Möglichkeit, durch Firmentarif die für die Branche geltenden Bedingungen abzusenken.

---

376 Berg u. a., AKR, Rn 59 ff.; Däubler-Peter § 2 Rn 144; ErfK-Schaub-Franzen § 2 Rn 23; HWK-Henssler § 2 Rn 21.

377 So Runggaldier, S. 213; Hensche RdA 1971, 9 ff.; von Hoyningen-Huene ZfA 1980, 458; Lauschke AuR 1965, 102 ff.; Radke DB 1965, 1176 ff.; Wiedemann-Oetker § 2 Rn 128 ff.; Zachert, Tarifvertrag, S. 179; Zöllner ZfA 1980, 505; wohl auch BAG AP Nr. 2 zu Art. 9 GG Arbeitskampf.

378 So Mayer-Maly DB 1965, 33.

379 So insbesondere Hueck-Nipperdey, II/1, S. 309, Fn 14, und S. 424, Fn 92.

380 Hensche RdA 1971, 16.

381 BAG NZA 2003, 734, 736 ff.

382 Ebenso Däubler-Peter, TVG, § 2 Rn 144; Wiedemann-Oetker § 2 Rn 137.

383 Däubler-Peter, TVG, § 2 Rn 144; HWK-Hergenröder Art. 9 GG Rn 189; Kempen/Zachert-Stein § 2 Rn 135; Wiedemann-Oetker § 2 Rn 137. Zur allgemeinen Problematik der Dispositivität der Friedenspflicht und der Öffnungsklauseln s. oben 4.5.3. (Rn 259 ff.).

#### 4.6.5.6. Der Abschluss unternehmensbezogener Verbandstarife

326 Eine ähnliche Funktion wie die betrieblichen Zusatztarife haben Verbandstarifverträge, die sich auf einen Betrieb, ein Unternehmen oder eine Gruppe von Unternehmen beziehen.[384] Bei ihnen ergeben sich keine Probleme der Koalitionsfreiheit, da man sich im gewohnten Rahmen bewegt. Die Friedenspflicht ist nicht verletzt, wenn es um tariflich nicht geregelte Gegenstände geht oder wenn sich beide Seiten verständigt haben oder aktuell verständigen, dass sie sich dieser Regelungsform bedienen wollen. Neu kommt das vor langer Zeit von Richardi[385] entwickelte Argument hinzu, durch solche Tarifverträge werde der **verbandsrechtliche Gleichbehandlungsgrundsatz** verletzt. Auch insoweit bestehen jedoch keine wirklichen Bedenken. Zum einen schlagen etwaige interne Bindungen nicht auf Tarifvertrag und Arbeitskampf durch; Verstöße gegen geschriebenes oder ungeschriebenes Satzungsrecht sind insoweit ohne Bedeutung.[386] Zum Zweiten wird in aller Regel ein ausreichender sachlicher Grund vorliegen, um das fragliche Unternehmen anders als die übrigen Verbandsmitglieder zu behandeln. Dazu zählt nicht zuletzt die wirtschaftliche Leistungsfähigkeit, die im positiven Fall zu besonders ausgeprägten übertariflichen Leistungen führt, die in der negativen Variante jedoch eine Unterschreitung des allgemeinen Tarifniveaus notwendig machen kann.

## 4.7. Tarifverträge über Arbeitsbedingungen und Arbeitszeit

### 4.7.1. Die Entwicklung der Praxisprobleme

329 Tariflich regelbar ist nicht nur die Gegenleistung des Arbeitgebers. Möglich und nicht weniger wichtig ist es, die **Arbeitsleistung als solche**, insbesondere ihre Art und Weise und ihre Dauer zu gestalten. Bis zum Beginn der 70er Jahre war die konkrete Arbeitssituation im Betrieb **nur selten von Tarifen**

384 Dass auf diese Weise auch ein Konzerntarif möglich ist, betont zu Recht Wiedemann-Oetker § 2 Rn 140.

385 Kollektivgewalt, S. 349 ff.

386 BAG NZA 2003, 734, 737; ebenso Berg u. a., AKR, Rn 62; HWK-Henssler § 2 TVG Rn 21; Wiedemann-Oetker § 2 Rn 145.

**erfasst.**[387] Der Grund bestand nicht in etwaigen juristischen Hindernissen: Es gab keinen Zweifel, dass auch in diesem Bereich Inhaltsnormen (soweit nur die Beziehung zwischen Arbeitgeber und einzelnem Arbeitnehmer betroffen ist) und betriebliche Normen (soweit alle Arbeitnehmer oder eine Gruppe gleichmäßig betroffen sind) zulässig waren. Es fehlte auch nicht an Beispielen[388]: Vorschriften über Schutzvorrichtungen am Arbeitsplatz, über die werksärztliche Betreuung, über die diebstahlssichere Unterbringung des Eigentums der Arbeitnehmer, über sanitäre Anlagen, über Torkontrollen und andere Ordnungsmaßnahmen sogar disziplinarischer Art, schließlich über die inhaltliche Gestaltung der Arbeit wie z. B. das Verbot von Nacht- und Akkordarbeit, den Ausschluss bestimmter Arbeiten für Frauen und Jugendliche sowie Regelungen von Kurzarbeit und Zusatzschichten.

Rechtswissenschaftliche Untersuchungen konzentrierten sich in diesem 330 Bereich meist darauf, tarifliche Inhaltsnormen von den Betriebsnormen abzugrenzen oder die von Sinzheimer entwickelte Kategorie der **«Solidarnormen»**, d. h. den wichtigsten Teil der betrieblichen Normen, auf ihren Anwendungsbereich zu befragen: Normen, die dem einzelnen Arbeitnehmer nur als Mitglied der Belegschaft oder doch einer Gruppe davon zugute kommen.[389] Diese Überlegungen hatten vorwiegend rechtsdogmatische Bedeutung: Zwar beziehen sich Inhaltsnormen nur auf beiderseits Tarifgebundene, während Betriebsnormen die Tarifgebundenheit des Arbeitgebers genügen lassen; doch sind in diesem Bereich kaum Fälle denkbar, in denen der Außenseiter vom Arbeitgeber effektiv schlechter gestellt werden könnte.[390] Erhebliche praktische Relevanz hat die bei betrieblichen Normen auftretende Frage, ob der einzelne Arbeitnehmer einen Erfüllungsanspruch hat (so etwa regelmäßig hinsichtlich der diebstahlssicheren Unterbringung seines Eigentums), ob ihm nur ein Zurückbehaltungsrecht zusteht (etwa bei Nichtbeachtung von Unfallverhütungsvorschriften) oder ob schließlich die Durchsetzung allein der Gewerkschaft als Tarifpartei vorbehalten bleiben soll.[391] Die Frage ist durch Auslegung des Tarifvertrags zu lösen, wobei im Zweifelsfall die weiter gehende Durchsetzungsmöglichkeit gewollt ist.[392]

Die **Anfang der 70er Jahre** einsetzende Bewegung für eine **Huma-** 331

---

387 Zur Entwicklung der Tarifpraxis im Allgemeinen s. den Überblick oben Rn 178 ff.

388 Vgl. schon damals Hueck-Nipperdey-Stahlhacke, TVG, § 1 Rn 51 ff., 65 ff.; umfassend heute Giesen, Tarifvertragliche Rechtsgestaltung für den Betrieb, 2002.

389 S. Dieterich, Die betrieblichen Normen nach dem TVG vom 9. 4. 1949, Heidelberg 1964.

390 Bedeutsamer ist die Unterscheidung, wenn sich die Tarifbindung für den Arbeitnehmer nachteilig auswirkt, etwa bei der Verlängerung der Arbeitszeit nach § 7 der alten AZO, die als betriebliche Norm auch für Außenseiter gelten soll, vgl. Hueck-Nipperdey, Bd. II/1, S. 263.

391 Ob nur im letzteren Fall von Solidarnormen die Rede sein soll, wird im Schrifttum unterschiedlich beantwortet, vgl. schon Hueck-Nipperdey, Bd. II/1, S. 271, 291 sowie nunmehr Giesen, S. 406 ff.

392 Vgl. Giesen, a.a.O.

**nisierung der Arbeitswelt** brachte insofern einen wesentlichen Wandel in der Tarifpraxis: Auch die konkreten Arbeitsbedingungen wurden in weitem Umfang Gegenstand von Tarifverhandlungen.[393] Die Forderungen bezogen sich insbesondere auf eine Begrenzung der Arbeitsgeschwindigkeit, auf eine Reduzierung der Arbeitsmonotonie, auf den weiteren Abbau schwerer körperlicher Arbeit und einseitiger Belastung, auf die Vermeidung von Über- und Unterforderungen, auf die Erweiterung des für den Einzelnen vorgesehenen Aufgabenbereichs, auf die Beseitigung überflüssiger Kontrolle sowie auf die Schaffung teilautonomer Gruppen.[394] Die weitestgehenden Erfolge brachte der **Lohnrahmentarif II** für die Metallindustrie Nordwürttemberg/Nordbadens[395], dessen wesentliche Regelungen allerdings nur ausnahmsweise in andere Tarifbereiche übernommen wurden.[396] Rechtliche Bedenken sind gegen seine Regelungen nicht erhoben worden.

332 Die **1974 einsetzende Krise** ließ nur noch solche Humanisierungsforderungen als «realistisch» erscheinen, die zugleich einen Beitrag zum Schutz der Arbeitsplätze zu bringen versprachen.[397] Die **beschleunigte Rationalisierung und Automation** führte zu einem erheblichen Abbau von Arbeitsplätzen. Zuerst wurde dies im Druckbereich deutlich, wo der Übergang zum Lichtsatzverfahren den Beruf des traditionellen Setzers weithin überflüssig machte.[398] Die Einführung von **Informationstechnologien**, insbes. von rechnergesteuerten Produktionsvorgängen und von EDV-gestützten (Dienst-)Leistungen ist in den folgenden 20 Jahren zu einer **universellen Erscheinung geworden**. Industrieroboter traten an die Stelle von Menschen, die Montage wurde automatisiert[399], die Tätigkeit des Drehers zu einem beträchtlichen Teil von NC-Werkzeugmaschinen ersetzt.[400] Heute ist der PC von kaum einem Arbeitsplatz mehr wegzudenken; so wie die Maschine einstens einen Teil der körperlichen Arbeit ersetzte, erledigt nunmehr der Computer einfachere geistige Tätigkeiten.[401] Das benötigte Arbeitsvolumen wird geringer.[402] Durch Übernahme von Elementen der **«lean production»** (gestraffte Produktion)

393 S. oben 4.1. (Rn 178 ff.).

394 S. den Überblick in Bd. 2 Rn 597 ff.

395 Abgedruckt RdA 1974, 177 ff.; dazu Güntner RdA 1974, 153 ff. Er ist 2005 gekündigt, dann aber wieder in Kraft gesetzt worden.

396 S. die eingehende Darstellung bei Kempen-Zachert, 3. Aufl., § 1 Rn 255.

397 Helfert GMH 1980, 248.

398 Dazu Mahlein GMH 1978 261 ff.

399 Dazu Muster Mitb 1984, 325 ff.

400 Dazu Hoffmann-Irrek Mitb 1983, 168 ff.

401 Steinmüller DVR 1982, 179 ff: «Industrialisierung der Kopfarbeit».

402 Zu den Auswirkungen neuer Technologien auf das Arbeitsrecht s. Däubler, in: Festschrift Richard Schmid, Baden-Baden 1985, S. 161 ff. sowie (aktueller) Internet und Arbeitsrecht, 3. Aufl. 2004, Rn 50 ff. und CR 2005, 767 ff.

aus Japan hat sich dieser Trend noch verstärkt.[403] «Flache Hierarchien» und Stärkung der dezentralen Ebene mögen im Einzelfall der Produktivität förderlich sein – im Ergebnis benötigt man weniger Arbeitskräfte.

Die Einführung neuer (Management-)Techniken hat nicht nur eine quan- 333
titative Seite; sie wirkt sich auch auf die Arbeitsbedingungen aus. Einzelne Arbeitnehmer sind **von Dequalifizierung bedroht**, bisher benötigtes Wissen verliert seine Bedeutung.[404] Mit der Reduzierung der Arbeitsanforderungen ist in der Regel auch eine Lohnminderung verbunden. In vielen Fällen tritt eine **Intensivierung der Arbeit** ein, weil sich das vorgegebene Pensum nur noch mit Mühe innerhalb von 35 bis 40 Stunden bewältigen lässt. Dazu kommt, dass Informationstechnologien die Person des Arbeitnehmers vollständig erfassen können und so **bisher völlig unbekanntes Kontrollpotenzial** entsteht. Dieses reicht bis zur Erfassung des jeweiligen Aufenthaltsorts eines Außendienstmitarbeiters mit Hilfe von GPS oder Handy-Ortung.[405]

## 4.7.2. Die Reaktion der Tarifpolitik

Die Gegenwehr der Gewerkschaften hat eine Reihe von Regelungen hervor- 334
gebracht, die zum Teil auch Gegenstand der juristischen Diskussion wurden und die deshalb etwas näher betrachtet werden sollen. Die größten Bedenken haben Tarifklauseln erregt, die unmittelbar an den Investitionsentscheidungen der Unternehmen ansetzen.[406] Fragen werfen auch Tarifnormen auf, die die Mitbestimmungsrechte des Betriebsrats auf alle Einstellungen und Kündigungen oder auch auf alle Rationalisierungsmaßnahmen ausdehnen.[407] Weiter spielen die Verbesserung des Kündigungsschutzes[408] und die Aufrechterhaltung der bisherigen Eingruppierung[409] eine Rolle. Im vorliegenden Zusammenhang sind jene Klauseln zu behandeln, die sich unmittelbar auf die Arbeitsbedingungen beziehen und die von daher die Auswirkungen der veränderten Situation auf dem Arbeitsmarkt und der neuen Techniken in Grenzen halten wollen.

### 4.7.2.1. Weiterqualifizierung

Veränderte Anforderungen legen es nahe, die eigene Qualifizierung weiter- 335
zuentwickeln; auch in der Tarifpolitik fand dies seinen Niederschlag.

---

403 S. dazu die Beiträge in Mitb Heft 4/1992.
404 Dazu Däubler CR 2005, 768 mwN.
405 Däubler, CF Heft 7–8/2005 S. 42.
406 Dazu unten 4.9. (Rn 374 ff.).
407 Dazu unten 4.8.3.
408 Dazu Däubler, Tarifvertragsrecht, Rn 946–952.
409 Dazu Däubler, Tarifvertragsrecht, Rn 615–654.

Das Problem stellt sich auch für Juristen: Wer nicht bereit ist, sich auf Fragen der «Informationsgesellschaft» und der Globalisierung der Märkte einzulassen, ist über kurz oder lang nur noch in «Nischen» wie dem Nachbarrecht sachkundig.

Notwendig sind Regelungen, die der Weiterbildung einen ähnlichen Stellenwert wie der beruflichen Erstausbildung beimessen. Was zugunsten von Auszubildenden vereinbart werden kann, steht – rein juristisch gesehen – auch für eine tarifliche Regelung der **Weiterbildung und Umschulung** zur Verfügung.[410] Eingehende Regelungen gibt es in der Metallindustrie Baden-Württemberg[411] sowie in einigen anderen Bereichen.[412] Einen gewissen «Erhaltungseffekt» entfalten auch Tarifnormen, die den Arbeitgeber verpflichten, im Rahmen seiner Möglichkeiten zunächst eine Umsetzung, Versetzung oder Umschulung zu versuchen, bevor er eine Kündigung ins Auge fasst. Auffallend ist, dass **das geltende Gesetzesrecht** das **«Rechtsgut Qualifikation» nicht schützt**, sondern völlig der marktimmanenten Entwicklung überlässt. Insoweit bleibt alles der Tarifpolitik überlassen, die sich häufig der Frage konfrontiert sieht, ob Weiterbildungsmaßnahmen während der Arbeitszeit stattfinden können[413] oder ob sie in der Weise «co-finanziert» werden, dass der Arbeitnehmer ein Zeitguthaben einbringt, der Arbeitgeber jedoch die Lehrgangskosten bezahlt.

#### 4.7.2.2. Qualitative Besetzungsregeln

336 Einen gewissen Qualifikationsschutz schaffen weiter die sog. qualitativen Besetzungsregeln.[414] Allerdings können sie nicht verhindern, dass wegen veränderter Arbeitsinhalte die vorhandenen Fähigkeiten nicht mehr (voll) genutzt werden können. Vorschriften über die Zusammensetzung der Belegschaft sind nach einhelliger Meinung **Betriebsnormen**, da sie die Organisationsgewalt des Arbeitgebers beschränken und da sie ihren Sinn verlieren würden, könnten sie nicht einheitlich für alle erfassten Arbeitnehmer gelten.[415] Ihre rechtliche Zulässigkeit ist im Wesentlichen ein Grundrechtsproblem.[416] Das BAG hat die entsprechenden Regelungen in der Druckindustrie

410 Däubler, Tarifvertragsrecht, Rn 322 ff., 844 ff.

411 Dazu Bahnmüller-Fischbach WSI-Mitt. 2004, 182 ff.

412 Däubler-Hensche, TVG, § 1 Rn 761.

413 Zum arbeitsvertraglichen Anspruch auf Weiterbildung während der Arbeitszeit s. Käufer, Weiterbildung im Arbeitsverhältnis, S. 197 ff.

414 Zum Begriff s. oben 4.1. (Rn 182).

415 Hueck-Nipperdey, Bd. II/1, § 15 IV 2 (S. 291); Nikisch, II, § 73 IV 1 (S. 299); Reuter ZfA 1978, 4; Richardi, Kollektivgewalt, S. 238; Wiedemann-Wiedemann, Einl. Rn 328.

416 Dazu Däubler, Tarifvertragsrecht, Rn 846, Däubler-Hensche, TVG, § 1 Rn 734 ff. und Berg/Wendeling-Schröder/Wolter RdA 1980, 311 f.

für verfassungskonform erklärt; aus sozialstaatlichen Gründen sei es zulässig, die durch Rationalisierung betroffenen Fachkräfte das berufliche Risiko des technologischen Fortschritts nicht allein tragen zu lassen und ihnen den Vorrang gegenüber anderen Bewerbern auf den neu gestalteten Arbeitsplätzen einzuräumen.[417]

### 4.7.2.3. Verdienstsicherung

Einen mittelbaren Schutz von Arbeitsplätzen und erreichtem Qualifikationsniveau stellt die kollektivrechtliche Absicherung des **Lohngruppendurchschnitts** dar, wie sie von der IG Metall vorgeschlagen, aber nicht durchgesetzt wurde.[418] Auch insoweit handelt es sich um Betriebsnormen,[419] die in der Regel zugleich Inhaltsnormen sind, da sie auch einzelne Arbeitnehmer begünstigen. Der Einwand Blomeyers, es könne der Fall eintreten, dass mehrere Arbeitnehmer einen Anspruch auf Höhergruppierung hätten, nur einer jedoch effektiv höher gruppiert werden müsse[420], beschreibt zwar richtig eine mögliche Situation, doch steht diese nicht der Annahme von Inhaltsnormen entgegen: Es handelt sich um eine Gcsamtgläubigerschaft, die im Rahmen des Schuldrechts noch niemals irgendwelche Bedenken erweckt, sondern im Gegenteil durch § 428 BGB ausdrückliche Anerkennung erfahren hat. Auf Bedenken hinsichtlich des Gleichheitssatzes ist an anderer Stelle eingegangen worden.[421] 337

### 4.7.2.4. Quantitative Besetzungsregeln

Ein wichtiges Mittel, einer weiteren Leistungsverdichtung entgegenzuwirken oder die vorhandene Arbeitsintensität zu mindern, stellen sog. *quantitative Besetzungsregeln* dar, die für die Durchführung bestimmter Arbeitsgänge, etwa **für die Bedienung einer bestimmten Maschine**, eine **Mindestzahl von Arbeitskräften** bindend vorschreiben. Ihrem Rechtscharakter nach sind derartige Abmachungen gleichfalls Betriebsnormen, da sie die Zusammensetzung der Belegschaft regeln.[422] Ihre rechtliche Zulässigkeit ist insbesondere im Hinblick auf Arbeitgebergrundrechte erörtert worden, doch bestehen im 338

417 BAG DB 1984, 1099, bestätigt durch BAG NZA 1991, 676. Im Ergebnis wie BAG auch Moll S. 133 ff. Eingehend Däubler-Hensche § 1 Rn 734 ff. Ähnlich Runggaldier, S. 338 ff., der mit Recht darauf hinweist, Art. 12 GG sei gar nicht berührt.

418 Der Tarifvertragsvorschlag ist abgedruckt in: ZfA 1980, 75.

419 Blomeyer ZfA 1980, 34.

420 Blomeyer ZfA 1980, 33.

421 Dazu Däubler, Tarifvertragsrecht, Rn 587, 1120.

422 S. Dieterich, FS Däubler, S. 451 ff.; Däubler-Hensche, TVG, § 1 Rn 742.

Normalfall hier keine Bedenken.[423] Der Heizer auf der E-Lok hat in Deutschland keine Tradition.[424]

### 4.7.2.5. Sonstige Normen zur Arbeitsintensität

339 Die Arbeitsintensität kann weiter dadurch in Grenzen gehalten werden, dass durch Tarifvertrag **bezahlte Mindestpausen** vorgesehen werden. Als bekanntestes Beispiel ist insofern der Lohnrahmentarif II aus der Metallindustrie Nordwürttemberg/Nordbadens zu nennen, der bei Akkord- und Leistungslöhnern sowie bei anderen Arbeitnehmern mit taktgebundener Arbeit pro Stunde 5 Minuten bezahlter Erholungszeit und 3 Minuten bezahlter persönlicher Bedürfniszeit vorsieht («Steinkühler-Pause»).[425] Schwieriger stellt sich die Situation bei Zeitlöhnern dar, wo die Intensivierung der Arbeit häufig durch einseitige Anordnung des Arbeitgebers im Rahmen des Direktionsrechts möglich ist.[426] Die Forderung, auch insoweit Schranken zu ziehen, kann durch Erweiterung der Mitbestimmungsrechte des Betriebsrats[427], aber auch dadurch realisiert werden, dass man tarifliche Zumutbarkeitsmaßstäbe festlegt, deren Handhabung im Einzelfall nicht dem Arbeitgeber, sondern der Arbeitnehmerseite (Betriebsrat, Gewerkschaft)[428] oder einer paritätischen Kommission überlassen bleibt. Von großer praktischer Bedeutung sind bezahlte Pausen bei **Bildschirmarbeit**, die es zuerst nur in der Druckindustrie und in einzelnen Unternehmen und Verwaltungen gab[429]: Inzwischen sieht § 5 der Bildschirmarbeitsverordnung[430] vor, dass die Bildschirmarbeit in regelmäßigen Abständen durch Pausen oder durch eine andere Tätigkeit unterbrochen werden muss. Empfehlenswert ist eine zeitliche Beschränkung der Bildschirmarbeit auf 4 Stunden täglich, sodass Mischarbeitsplätze entstehen.[431]

---

423 Däubler, Tarifvertragsrecht, Rn 816f. sowie Berg/Wendeling-Schröder/Wolter RdA 1980, 311 jeweils mwN auch für die Gegenmeinung. Für Zulässigkeit auch Moll, S. 133.

424 Zur andersartigen Situation in den USA Moll, a.a.O.

425 Abgedruckt RdA 1974, 177.

426 Dazu Janßen GMH 1980, 254.

427 Dazu unten 4.6. (Rn 368ff.) und 6.19.6. (Rn 1273ff.).

428 Dies entspricht der in Schweden geltenden Regelung – s. F. Schmidt, Reform des kollektiven Arbeitsrechts, S. 157ff.

429 Wichtig der Tarifvertrag vom 30.11.1987 über die Arbeitsbedingungen von Arbeitnehmern des Landes Hessen auf Arbeitsplätzen mit Geräten der Informationstechnik, abgedruckt RdA 1988, 233.

430 Abgedruckt bei Kittner, Arbeits- und Sozialordnung, Nr. 7d.

431 Kempen/Zachert-Zachert § 1 Rn 516ff. Dazu auch Däubler-Hensche, TVG, § 1 Rn 709.

#### 4.7.2.6. Datenschutz

Auch die mit dem Datenschutz im Betrieb zusammenhängenden Fragen können tariflich geregelt werden.[432] Von Interesse könnte insbesondere sein, die Datenerfassung am Arbeitsplatz einzuschränken[433] oder aber Mitbestimmungsrechte bei der Bestellung des betrieblichen Datenschutzbeauftragten zu vereinbaren.[434] In der Praxis wird von diesen Möglichkeiten aber kaum Gebrauch gemacht.[435] Der Schwerpunkt der Überwachungsabwehr liegt auf der betrieblichen Ebene.[436] Ähnliches gilt für **Beurteilungssysteme**, die im Angestelltensektor weit verbreitet sind.[437] 340

### 4.7.3. Insbesondere: Regelungen zur Arbeitszeit

Die Verkürzung der Arbeitszeit, die gleichermaßen dem Gesundheits- und Persönlichkeitsschutz wie der besseren Verteilung des vorhandenen Arbeitsvolumens dient[438], kann verschiedene Formen annehmen, deren praktische Bedeutung durchaus unterschiedlich ist.[439] 341

#### 4.7.3.1. Bezahlte Erholungspausen

Während die im ArbZG vorgesehenen Pausen nicht zur Arbeitszeit zählen und nicht bezahlt werden[440], kann ein Tarifvertrag bezahlte Pausen vorsehen. Sie bewirken eine Reduzierung der Arbeitsintensität und können deshalb zur Humanisierung des Arbeitslebens beitragen, besitzen jedoch gleichzeitig auch die Funktion der Arbeitszeitverkürzung. So machen die von der IG Metall Baden-Württemberg durchgesetzten 8 Minuten pro Stunde aus einem 8-Stunden-Tag 342

---

432 Wohlgemuth, WSI-Mitt. 1979, 442.

433 Beispiele bei Däubler-Hensche, TVG, § 1 Rn 745.

434 Einen Fall der Einräumung von Mitbestimmungsrechten durch Betriebsvereinbarung betrifft LAG Düsseldorf RDV 1989, 34.

435 Gola-Wronka, Rn 24.

436 Zur Verlagerung technikbezogener Fragen auf die betriebliche Ebene s. Däubler, in: Rürup (Hrsg.), Sozio-ökonomische Konsequenzen des technischen Wandels, Darmstadt 1987, S. 215 ff.; Däubler-Hensche, TVG, § 1 Rn 745.

437 S. das Beispiel bei Zachert, Tarifvertrag, S. 120 ff.

438 S. oben 4.1. (Rn 183 ff.).

439 Dazu das umfangreiche rechtsvergleichende Material in: Schweizerische Beiträge zum Europarecht, Colloque International. Crise, maintien de l'emploi et partage du travail, hrsg. von Junod und Aubert, Genève 1984 mit Länderberichten von Däubler (Bundesrepublik), Vogel-Polsky (Belgien), Alonso Olea (Spanien), Javillier (Frankreich), Ghera (Italien), Napier (Großbritannien), Aubert (Schweiz), Vandamme (EG) und Wiebringhaus (Europarat).

440 Dazu Bd. 2 Rn 237 ff.

rechnerisch einen knappen 7-Stunden-Tag.[441] Entsprechende Regelungen gibt es häufig bei **Schichtarbeit**.[442] Aus Arbeitgebersicht sind solche Regelungen wenig willkommen, da sie entweder zur Neueinstellung von Personal und damit zu zusätzlichen Kosten oder zur Intensivierung der Arbeit zwingen, was möglicherweise auf Widerstand stößt.

### 4.7.3.2. Die Überstunden und ihre Begrenzung

343 In zahlreichen Tarifverträgen sind Überstunden an «dringende betriebliche Erfordernisse» gebunden,[443] doch bewirkt dies in der Praxis nur wenig, da Unternehmer und Belegschaften in vielen Fällen der Leistung von Überstunden gleichermaßen aufgeschlossen gegenüberstehen. Das dem Betriebsrat zukommende Mitbestimmungsrecht versagt deshalb häufig ebenfalls als Bremse.[444] Wirkungsvoller wären deshalb **zahlenmäßige Obergrenzen** («nicht mehr als 2 Überstunden pro Woche»[445]), die sich in der Praxis allerdings sehr viel seltener finden. Ihre Überschreitung macht die Arbeitsleistung ebenso rechtswidrig wie die Missachtung staatlicher Normen über die Höchstarbeitszeit. Zu beachten ist allerdings, dass der Anfall von «Überstunden» bei flexiblen Arbeitszeiten sehr viel seltener ist. Kann die «Normalarbeitszeit» auf 45 Stunden steigen, sofern nur in anderen Wochen kürzer gearbeitet wird, so wird dieser tarifliche Rahmen nur selten nach oben überschritten werden.[446]

344 Auch der Rückgriff auf das **Günstigkeitsprinzip** macht entgegen Joost[447] die Überschreitung der Obergrenze nicht rechtmäßig. Einigkeit besteht zunächst darüber, dass tarifliche Höchstarbeitszeiten, die ausschließlich oder vorwiegend dem Gesundheits- und Persönlichkeitsschutz des Arbeitnehmers

---

441 Genauer: eine Arbeitszeit von 6 Stunden, 56 Minuten.

442 Beispielsweise bestimmt § 8.8 MTV 1988 für die Arbeiter und Angestellten der Metallindustrie Nordwürttemberg/Nordbaden: «Den im Dreischichtbetrieb … eingesetzten Beschäftigten ist ausreichend Gelegenheit zur Einnahme der Mahlzeiten zu gewähren, mindestens jedoch 30 Minuten in jeder Schicht. Der Monatslohn und das Gehalt werden fortgezahlt.» Zum Sonderproblem, wie diese Pausen bei der Verkürzung der Wochenarbeitszeit zu berücksichtigen sind, s. Däubler BB 1985, 1856.

443 Nach einer älteren Auswertung des WSI war in 48 % aller erfassten Tarifverträge eine solche Klausel enthalten – mitgeteilt bei Kempen-Zachert, 3. Aufl., § 1 Rn 155.

444 Zum Umfang der über den Tarifvertrag hinausgehenden Arbeitszeit s. die Nachweise oben Kap. 1., Fn 5.

445 So der Entwurf eines Arbeitszeitgesetzes, eingebracht von der Bundestagsfraktion DIE GRÜNEN (BT-Drucksache 10/2188) § 8 Abs. 1. Was man sich zu Oppositionszeiten so alles einfallen lässt … Zu vergleichbaren (aber doch etwas flexibleren) Regelungen in Slowenien s. Däubler AuR 2003, 129, 131 (im Monat nicht mehr als 20 Überstunden).

446 S. als aktuelles Beispiel § 7 Abs. 8 Buchstabe a TVöD, wonach im Falle der Festlegung eines «Arbeitszeitkorridors» Überstunden nur vorliegen, wenn über 45 Stunden oder die vereinbarte Obergrenze hinaus gearbeitet wird.

447 ZfA 1984, 173 ff.; grundsätzlich zustimmend Löwisch DB 1984, 2459; von Hoyningen-Huene NZA 1985, 14.

dienen, nicht durch einzelvertragliche Abmachung überschritten werden können: Die (zumindest potenzielle) Preisgabe von Persönlichkeitsgütern ist niemals «günstiger»[448]. Etwas anderes soll jedoch dann gelten, wenn die Beschränkung der Arbeitszeit ausschließlich oder vorwiegend **arbeitsmarktpolitischen Zielen** dient. Hier sei eine Verlängerung der Arbeitszeit mit Rücksicht auf den damit verbundenen höheren Verdienst grundsätzlich günstiger.[449]

Bezieht man diese Aussagen auf die heute vorhandenen Arbeitszeitstruk- 345
turen, so kommt das Günstigkeitsprinzip nicht zur Anwendung, da die Grenze zulässiger Überstunden in der Regel erst dort erreicht ist, wo wie bei 45 oder 48 Wochenstunden der Gesundheits- und Persönlichkeitsaspekt im Vordergrund steht.[450] Dabei ist überdies zu beachten, dass die Arbeit in den vergangenen Jahrzehnten immer mehr intensiviert wurde, sodass 48 Stunden im Jahre 1930 möglicherweise weniger ermüdend waren als 40 Stunden in der Gegenwart.[451] Sollte jedoch in Zukunft die Gesamtarbeitszeit auf 35 oder weniger Stunden beschränkt werden, wäre in der Tat denkbar, dass den entsprechenden Tarifnormen vorwiegend arbeitsmarktpolitischer Charakter zugesprochen würde. Auch in einem solchen Fall wäre jedoch eine einzelvertragliche Verlängerung ausgeschlossen. Wollte man das Günstigkeitsprinzip eingreifen lassen, **würde die tarifliche Regelung ihren zwingenden Charakter** völlig verlieren und zu einer bloßen Empfehlung werden: Die 35 Stunden könnten einzelvertraglich beliebig überschritten, aber – da ja Teilzeitarbeit nicht verboten werden soll – auch beliebig unterschritten werden.[452] Dies würde darauf hinauslaufen, den Tarifparteien überhaupt die Kompetenz zu nehmen, Arbeitszeit aus beschäftigungspolitischen Gründen zu verkürzen.[453] Dies verfehlt nicht nur die Vorstellungen beider sozialen Gegenspieler, sondern steht auch im Widerspruch zur Rechtsprechung des BAG, das im Zusammenhang mit den Besetzungsregeln in der Druckindustrie den Tarifparteien ausdrücklich das Recht zusprach, den Arbeitsmarkt zu gestalten und die Chancen bestimmter Bewerbergruppen zu reduzieren.[454] Auch ist es nicht Funktion des Günstigkeitsprinzips, die Unabdingbarkeit auszuhebeln; es hat dieser gegenüber nur ergänzende Funktion.[455]

---

448 So im Ergebnis auch Joost ZfA 1984, 181 und Zöllner DB 1989, 2121.

449 Joost ZfA 1984, 180. Ebenso im Ergebnis neben Zöllner auch Buchner DB 1989, 2029.

450 Vgl. Hanau NZA 1985, 74.

451 S. Bd. 2 Rn 223 ff. Dieser Aspekt fällt bei Joost (a.a.O.) völlig unter den Tisch.

452 Däubler-Deinert, TVG, § 4 Rn 708.

453 Auch dies wird mit beachtlichen Argumenten vertreten. S. dazu Glaubitz, FS Däubler, S. 465 ff.; vgl. auch Richardi ZfA 1990, 211 ff. Berechtigte Kritik bei Däubler-Deinert, TVG, § 4 Rn 698 ff.

454 BAG DB 1984, 1100. Dafür auch Waltermann NZA 1991, 754. Zum Ganzen näher Däubler DB 1989, 2534 und Tarifvertragsrecht, Rn 218.

455 Zum Parallelproblem der Unterschreitung des Tarifniveaus, um Arbeitslosigkeit zu vermeiden, s.

346 Schließlich fehlt es an ausreichenden Argumenten dafür, weshalb der Regelungskomplex «Arbeitszeit und Vergütung» als Einheit betrachtet werden muss.[456] Bei isolierter Betrachtung ist eine Erweiterung der Arbeitspflicht aber ohne Zweifel ungünstiger.[457]

347 Möglich ist weiter, für geleistete Überstunden einen **Freizeitausgleich** vorzusehen[458]; arbeitsmarktpolitische Effekte sind davon allerdings nur dann zu erwarten, wenn diese Form der «Abgeltung» obligatorisch ist und innerhalb von 1 bis 2 Monaten erfolgen muss. Auch hier kann der Arbeitsvertrag nicht als Mittel zur Umgehung tariflicher Bestimmungen eingesetzt werden – **Weiterarbeit und Entschädigung in Geld** sind, wie das BAG bereits in den 50er Jahren entschieden hat[459], **nicht «günstiger»**[460]. Ist der Ausgleichszeitraum verstrichen, ohne dass Freizeit gewährt wurde, so verfällt der Anspruch. Will man dies vermeiden, so müsste im Tarifvertrag eine Regelung getroffen werden, wonach der Überstundenzuschlag umso höher wird, je später der Freizeitausgleich erfolgt – der Arbeitgeber wäre in diesem Fall selbst an einer frühzeitigen Abwicklung interessiert.

### 4.7.3.3. Verkürzung der Wochenarbeitszeit mit und ohne Lohnausgleich

348 Im Mittelpunkt der Auseinandersetzungen stand in den 80er Jahren die Reduzierung der Wochenarbeitszeit, konkret: die **allmähliche Annäherung an die 35-Stunden-Woche** bei gleichzeitigem vollem Lohnausgleich. Die Erfolge waren sichtbar,[461] enttäuschten jedoch nicht wenige, die sich einen schnelleren Fortschritt erhofft hatten.

349 Rechtlich ergeben sich im Grundsatz keine neuen Probleme. Eine (arbeits-)vertragliche Überschreitung der tariflichen 37 oder 38 Stunden ist so lange unproblematisch, wie die für Überstunden gegebenenfalls vorhandenen Höchstgrenzen nicht erreicht sind: Wird mit einem Angestellten der Druckindustrie vereinbart, dass er wöchentlich nicht 35, sondern 40 Stunden arbeitet, so stellt dies der Sache nach eine Abrede über wöchentlich 5 Überstunden

---

oben 4.3.2. (Rn 220 ff.). Für Zulässigkeit einer Höchstarbeitszeit zur Beschäftigungssicherung BAG NZA 2001, 328.

456 Vgl. BAG DB 1984, 2143: Nur in innerem Sachzusammenhang stehende Gruppen von Bestimmungen können im Rahmen der Günstigkeitsprüfung verglichen werden. Zum Sachgruppenvergleich s. oben 4.3.2.2. (Rn 224).

457 Ebenso LAG Baden-Württemberg DB 1989, 2028 und AiB 1997, 121.

458 Vgl. etwa § 17 Abs. 5 BAT und nunmehr § 8 TVöD für (allerdings sehr eng definierte) Überstunden.

459 BAG AP Nr. 1 zu § 817 BGB.

460 Joost ZfA 1984, 173 ff. hat diese Entscheidung leider nicht verarbeitet. Mit Nachdruck wie hier ArbG Arnsberg AiB 1995, 799.

461 Kurz-Scherf/WSI-Tarifarchiv WSI-Mitt. 1989, 124 ff. S. oben 4.1.3. (Rn 183 ff.).

dar.[462] Wollte man dieses zusätzliche Zeitkontingent dagegen als «Normalarbeitszeit» (ohne Überstundenvergütung) qualifizieren, wäre dies eindeutig eine gegenüber dem Tarifvertrag ungünstigere und deshalb unwirksame Regelung. Auch die Außenseiter werden von einer tariflichen Arbeitszeitverkürzung erfasst, da ihre Arbeitsverträge üblicherweise auf die Tarifverträge in ihrer jeweiligen Fassung Bezug nehmen.[463] Ob die «Belastbarkeit» der Unternehmen die Bedeutung einer rechtlichen Schranke besitzt, bestimmt sich nach denselben Grundsätzen wie bei Lohntarifen.[464] Sieht – wie seit 1990 in der Metallindustrie – der Tarifvertrag vor, dass ein bestimmter Prozentsatz der Belegschaft länger als 35 Wochenstunden arbeiten darf, kann der Betriebsrat einer Einstellung nach § 99 Abs. 2 Nr. 1 BetrVG die Zustimmung verweigern, wenn damit die «Quote» überschritten wäre.[465] Allerdings setzt dies eine «starre», zu jedem Zeitpunkt zu erfüllende Quote voraus; sieht der Tarifvertrag nur Grenzen zu bestimmten Stichtagen vor («nicht mehr als 10 % am 31. 3. und am 30. 9.»), stellt die einzelne Neueinstellung keinen Tarifvertragsverstoß dar, auch wenn im Augenblick der zulässige Prozentsatz überschritten ist.[466]

Die **erstmals 1994** auf breiter Front vereinbarte **Arbeitszeitverkürzung** 350
**ohne Lohnausgleich**[467] ist im Grundsatz durchaus zulässig: Da Tarifabschlüsse Ergebnis eines marktförmigen Prozesses sind und sich an den wirtschaftlichen Rahmenbedingungen orientieren müssen, besteht keine Gewähr dafür, dass ein neuer Vertrag nicht hinter einen alten zurückfällt.[468] Gleichwohl ergeben sich eine Reihe neuer Rechtsprobleme, die bisher wenig beachtet wurden: Die in der Metallindustrie gefundene Kompromissformel «Beschäftigungssicherung gegen Lohnverzicht» gewann so viel Akzeptanz[469], dass so gut wie niemand «Haare in der Suppe» fand. Auf drei Bereiche sei gleichwohl hingewiesen.

▶ Wird in den einzelnen Arbeitsverträgen auf die Tarifverträge «in ihrer 351
jeweils gültigen Fassung» verwiesen (sog. dynamische Verweisung), kann sich der Einzelne nicht darauf berufen, er habe bisher eine längere Arbeitszeit gehabt. Anders ist dies jedoch dann, wenn der **Arbeitsvertrag** eine bestimmte Wochenarbeitszeit garantiert: Hier ist eine Absenkung nur durch ein-

---

462 Hanau NZA 1985, 74. Dies übersieht Richardi NZA 1985, 174.

463 So Hanau NZA 1985, 74 gegen Löwisch DB 1984, 2458.

464 In beiden Fällen geht es um die Bindung der Tarifparteien an das Eigentumsgrundrecht bzw. die Berufsfreiheit des Arbeitgebers – dazu Däubler, Tarifvertragsrecht, Rn 476 ff.; Reuter ZfA 1978, 441 f.

465 ArbG Hannover AiB 1997, 293 ff. (mit eingehender Erörterung auch der grundrechtlichen Problematik). Ebenso BAG NZA 1992, 606 für die Unterschreitung einer tariflich vorgegebenen Mindestarbeitszeit von 20 Stunden.

466 BAG NZA 1998, 213, 215 für einen Metalltarif.

467 S. oben 4.1.4. (Rn 188).

468 Dazu und zu den unterschiedlichen juristischen Konstruktionsversuchen Däubler, AuR 1984, 4.

469 Von Seggern AiB 1994, 585 ff.

vernehmliche Änderung des Arbeitsvertrags oder durch Änderungskündigung möglich, deren Voraussetzungen nicht leicht zu begründen sind.[470]

352 Zum Zweiten sind die Tarifparteien an die **Grundsätze über die sog. unechte Rückwirkung** gebunden.[471] Danach darf das Vertrauen des Einzelnen in den Fortbestand des bisherigen Zustands nur insoweit enttäuscht werden, als das mit einem verschlechternden Tarifvertrag verbundene Anliegen, etwa die Sicherung der Beschäftigung in der Branche, den Vorrang besitzt.[472] Als nichtig wurde deshalb vom BAG eine Regelung angesehen, die den in den Vorruhestand getretenen Arbeitnehmern von einem bestimmten Zeitpunkt an alle Ansprüche gegen den früheren Arbeitgeber nahm.[473] Auf der anderen Seite wurde betont, dass Rechtsnormen über die Höhe von Löhnen und Gehältern immer unter dem Vorbehalt späterer Änderungen stehen; insofern könne die für Vorruheständler vorgesehene Dynamisierung nachträglich verschlechtert werden.[474] Übertragen auf die Arbeitszeitverkürzung ohne Lohnausgleich würde dies bedeuten, dass eine Reduzierung der Arbeitszeit um 3 bis 4 % (und damit eine entsprechende Reduzierung der Vergütung) nicht an den Grundsätzen über die unechte Rückwirkung scheitern würde, wohl aber eine **Reduzierung um ein Viertel**, da eine derartige Einbuße völlig unvorhersehbar wäre und der Einzelne sich z. B. im Rahmen einer längerfristigen Verschuldung beim Hausbau auf einen solchen Einbruch nicht einstellen konnte. Das BAG hat einen Tarifvertrag gebilligt, bei dem die regelmäßige Arbeitszeit vorübergehend von 38,5 auf 30,5 Stunden (d. h. um 1/5) abgesenkt, aber ein Teillohnausgleich gewährt und die betriebsbedingte Kündigung etwas beschränkt wurde.[475] Prüfungsmaßstab war allein Art. 12 Abs. 1 GG; die Grundsätze über die unechte Rückwirkung fanden keine Erwähnung.

353 ▶ Die eine tarifvertragliche Ermächtigung ausschöpfende **Betriebsvereinbarung[476] unterliegt einer gerichtlichen Billigkeitskontrolle[477]**. Insoweit müssen dieselben Grundsätze wie bei der Kürzung betrieblicher Altersrenten[478] und bei der Änderungskündigung[479] gelten, sodass ein Lohnverzicht nur

---

470 Zu ihren Voraussetzungen im Einzelnen KR-Rost § 2 KSchG Rn 112; Zwanziger, in: Kittner-Däubler-Zwanziger, § 2 KSchG Rn 81 ff.

471 Zu dieser BVerfGE 30, 392, 402 sowie – bezogen auf die Tarifparteien – Däubler, Tarifvertragsrecht, Rn 287.

472 So BAG AP Nr. 2 zu § 1 TVG Vorruhestand Bl. 3 R.

473 BAG AP Nr. 2 zu § 1 TVG Vorruhestand Bl. 3 R.

474 BAG AP Nr. 3 zu § 1 TVG Vorruhestand Bl. 4.

475 BAG NZA 2001, 328

476 Zur Verteilung der Normsetzungskompetenz zwischen Tarifparteien und Betriebspartnern in den einschlägigen Tarifverträgen der Metallindustrie und zu den dadurch aufgeworfenen Rechtsproblemen s. Zachert AuR 1995, 5 ff.

477 Dazu unten 6.8.1.2.3. (Rn 935).

478 Dazu Bd. 2 Rn 1353.

479 Dazu Bd. 2 Rn 1116 ff.

dann wirksam ist, wenn **auch andere** am Unternehmen Interessierte ihrerseits wirtschaftliche **Opfer bringen.**[480] Die Frage, ob man sich einer Arbeitszeitverkürzung ohne Lohnausgleich durch eine arbeitsvertragliche Verlängerung der Wochenarbeitszeit entziehen kann, scheint in der Praxis nicht zum Problem geworden zu sein. Das BAG nahm jedenfalls bei einer Verkürzung der Wochenarbeitszeit von 38,5 auf 30,5 Stunden eine verbindliche «Höchstarbeitszeit» an,[481] womit vermutlich entsprechende individuelle Sonderwege ausgeschlossen sein sollten.

### 4.7.3.4. Einschränkung der Wochenendarbeit

Die **zeitliche Lage der Arbeit** ist traditionellerweise **in Tarifverträgen wenig angesprochen**; man findet dort meist nur Regeln über Zuschläge bei Schicht-, Nacht- und Sonntagsarbeit. Die Begrenzung auf die «Rechtsfolgen» hängt damit zusammen, dass der Betriebsrat über die Einführung dieser Arbeitsformen nach § 87 Abs. 1 Nr. 2 BetrVG mitbestimmen kann[482] und dass die Sonntagsarbeit zusätzlich noch bestimmten gesetzlichen Voraussetzungen entsprechen muss.[483] Auch dürften die wirtschaftlichen und arbeitsorganisatorischen Bedingungen in den einzelnen Betrieben oft so unterschiedlich sein, dass sich eine schematische Regelung im Flächentarif verbietet. 354

An dieser Situation hat sich insofern etwas geändert, als im Metall- wie im Drucksektor in den Tarifrunden **1987/88** die **Samstagsarbeit** erheblich eingeschränkt wurde. So sieht etwa § 7.5. des MTV für die Metallindustrie Nordwürttemberg/Nordbaden vor, dass der Samstag grundsätzlich nur dann in die regelmäßige individuelle Arbeitszeit einbezogen werden darf, wenn der Betriebsrat aus freien Stücken zustimmt – «aus freien Stücken» deshalb, weil sein «Nein» definitiven Charakter hat und nicht durch einen Einigungsstellenspruch aus dem Weg geräumt werden kann. 355

Rechtliche Bedenken sind zwar erhoben worden, greifen jedoch nicht durch. Die **Betriebsnutzungszeit** ist **zulässiger Gegenstand tariflicher Regelung**[484]; Arbeitgebergrundrechte sind auch dann grundsätzlich nicht verletzt, wenn man davon ausgeht, dass sie von den Tarifparteien in vollem Umfang zu beachten sind.[485] Erst recht ist eine Berufung auf das Kartellrecht nicht möglich. Zwar wäre es eventuell nach **GWB** unzulässig, würden Un- 356

480 Däubler AuR 2005, 1 ff.

481 BAG NZA 2001, 328.

482 Dazu unten 6.9.2. (Rn 965 ff.).

483 Näher Bd. 2 Rn 255 ff.

484 BAG DB 1989, 1419 sowie die das Mitbestimmungsrecht des Betriebsrats betreffende Entscheidung BAG AP Nr. 8 zu § 87 BetrVG 1972 Arbeitszeit. Ebenso BAG DB 1996, 2634.

485 BVerfG AP Nr. 15 zu § 87 BetrVG 1972 Arbeitszeit.

ternehmen z. B. die Ladenöffnungszeiten untereinander absprechen[486], doch ist ein solcher «Kartelleffekt» notwendigerweise mit Tarifverträgen über die Lage der Arbeitszeit verbunden und deshalb von Art. 9 Abs. 3 GG und dem TVG gedeckt.[487] Keine Einwände sind schließlich gegen das Vetorecht des Betriebrats zu erheben – ist es zulässig, die Arbeit am Samstag überhaupt zu verbieten, muss es auch möglich sein, diese mit Zustimmung des Betriebsrats zuzulassen.[488]

357 Bezüglich der **Sonntagsarbeit** sind die Tarifparteien von vornherein darauf beschränkt, den vom Gesetz gelassenen Rahmen einzuengen; eine Erweiterung ist im Gegensatz zu einzelnen ausländischen Rechtsordnungen[489] schon deshalb nicht möglich, weil das in Art. 140 GG i. V. m Art. 139 WRV enthaltene Verbot der Sonntagsarbeit auch kirchenpolitischen Zielen dient, über die die Tarifparteien nicht verfügen können.[490]

358 Auch bei der Lage der Arbeitszeit stellt sich das Problem, **ob individuelle Abmachungen nicht günstiger** sein können. Löwisch bejaht dies insbes. dann, wenn die im Tarifvertrag ausgeschlossene Samstagsarbeit freiwillig und in jederzeit widerruflicher Weise übernommen wird, da dies die Zeitsouveränität des Einzelnen erhöhe.[491] Dem ist entgegenzuhalten, dass das Günstigkeitsprinzip nicht so interpretiert werden darf, dass es die Unabdingbarkeit des Tarifvertrags beseitigt; insofern gilt dasselbe wie im Rahmen der Dauer der Arbeitszeit.[492] Auch bestehen **gegen** die **«Freiwilligkeit»** des Arbeitnehmers **erhebliche Bedenken**.[493]

### 4.7.3.5. Verlagerung von Entscheidungskompetenzen auf die betriebliche Ebene

359 Die Verkürzung der Wochenarbeitszeit im Jahre 1984 war – wie oben dargestellt[494] – mit einer Erweiterung der Flexibilisierungsmöglichkeiten auf betrieblicher Ebene verbunden. Dies wirft die Frage auf, inwieweit der dadurch bewirkte «Machtzuwachs» der Betriebsparteien rechtliche Bedenken wecken kann.

486 Vgl. Kulka RdA 1988, 336 ff.; Poth NZA 1989, 626.

487 BAG DB 1989, 2228. Dies verkennen Kulka und Poth, a.a.O. Zum Verhältnis von Tarifautonomie und Kartellrecht s. auch Däubler, Grundrecht auf Mitbestimmung, S. 302 ff. sowie Däubler-Schiek, TVG, Einl. 455 ff. mwN.

488 Vgl. Richardi NZA 1988, 673, 677.

489 Dies gilt etwa für Frankreich und Belgien – vgl. zu Schoenaich-Carolath RdA 1988, 293.

490 BayObLG DB 1963, 627 = AP Nr. 1 zu § 105 c GewO Bl. 6; Richardi, Grenzen industrieller Sonntagsarbeit, S. 95 ff.; Däubler, Beilage 7/1988 zu DB, S. 12; Däubler-Hensche, TVG, § 1 Rn 545.

491 Löwisch DB 1989, 1185.

492 Dazu oben 4.7.3.2. (Rn 345).

493 Einzelheiten bei Däubler, Tarifvertragsrecht, Rn 222. Skeptisch auch A. Stein Rn 622.

494 Oben 4.1.3. (Rn 183 ff.).

Unproblematisch ist zunächst eine Regelung, wonach die betriebseinheitli- 360
che Arbeitszeit von z. B. 38,5 Stunden wöchentlich in der Weise flexibilisiert werden kann, dass in verschiedenen Wochen unterschiedlich lange gearbeitet wird.[495] Fraglich ist jedoch, ob – wie im Metalltarif geschehen – die Betriebspartner daneben auch ermächtigt werden können, die **Dauer der individuellen Arbeitszeit** je nach betrieblichen und sonstigen Bedürfnissen innerhalb des Rahmens von 37 bis 40 Stunden **unterschiedlich** festzulegen. **Bedenken** wurden in der Richtung geäußert, dass es sich um tarifliche Inhaltsnormen handle, die nicht auf dem Umweg über die Betriebsvereinbarung auf Außenseiter erstreckt werden könnten.[496] Weiter könnten Mitbestimmungsrechte nicht über das vom Gesetz Vorgesehene hinaus erweitert werden.[497] Schließlich verbiete § 75 BetrVG jede Differenzierung nach der Gewerkschaftszugehörigkeit und lasse deshalb eine allein auf Organisierte beschränkte Flexibilisierung nicht zu.[498]

Das **BAG** hat diese **Bedenken zurückgewiesen**.[499] Zwar könne der Be- 361
triebsrat nicht über die Dauer der Arbeitszeit mitbestimmen, doch sei eine tarifliche Erweiterung seiner Befugnisse unbedenklich. Die Außenseiter seien nicht dagegen geschützt, dass die Betriebsparteien von ihrer Normsetzungsbefugnis Gebrauch machen und so auch ihre Arbeitsverhältnisse regeln. Der «ergänzende» Charakter der Betriebsvereinbarungen, den § 77 Abs. 3 Satz 2 BetrVG vorschreibe, sei gewahrt, da die Tarifparteien sehr enge Vorgaben gemacht hätten.[500] Dem ist zuzustimmen. Dieselben Grundsätze gelten auch für andere Konstellationen wie die Arbeitszeitverkürzung ohne Lohnausgleich.[501]

Wie weit die Ermächtigung reichen kann, ist schon angesprochen wor- 362
den.[502] So wäre es etwa unzulässig, wollten sich die Tarifparteien darauf beschränken, die Wochenarbeitszeit auf «35 bis 40 Stunden» festzulegen und alles Weitere den Betriebsräten und Geschäftsleitungen zu überlassen.

### 4.7.3.6. Verkürzung der Jahres- und der Lebensarbeitszeit

Die Reduzierung der **Jahresarbeitszeit** durch **Verlängerung des Urlaubs** 365
hat bisher keine spezifischen Probleme aufgeworfen; eine Urlaubsdauer von

---

495 von Hoyningen-Huene NZA 1985, 10.

496 Löwisch DB 1984, 2457 und NZA 1985, 170.

497 von Hoyningen-Huene NZA 1985, 11 und NZA 1985, 169; Richardi NZA 1984, 387. Zur Kritik s. unten 4.6. (Rn 368 ff.).

498 von Hoyningen-Huene NZA 1985, 11.

499 BAG AP Nr. 23 zu § 77 BetrVG 1972 = RdA 1988, 49.

500 BAG a.a.O. Bl. 5.

501 Oben 4.5.3.3. (Rn 348 ff.). Dazu Zachert AuR 1995, 6.

502 Oben 4.3.2.1. (Rn 220 ff.).

6 Wochen ist zur Regel geworden.[503] Nicht im Zusammenhang mit der Verkürzung, sondern der Flexibilisierung der Arbeitszeit steht das Modell eines Jahresarbeitszeitvertrags («1650 Stunden im Jahr»), das die konkreten Einsatzzeiten weithin ins Ermessen des Arbeitgebers stellt.[504] Soweit ersichtlich, ist es bislang nicht in relevantem Umfang in die Tarifpraxis eingegangen[505], was insofern erstaunlich ist, als § 12 TzBfG eine so weitgehende Flexibilisierung dem Tarifvertrag vorbehält.

366 Die **Verkürzung der Lebensarbeitszeit** hatte schon auf der Grundlage des Vorruhestandsgesetzes vom 19. 4. 1984[506] eingehende tarifliche Regelungen erfahren.[507] Da das Gesetz 1988 nicht verlängert wurde, kann bezüglich der aufgetauchten Rechtsfragen auf die 11. Auflage verwiesen werden. Das Altersteilzeitgesetz von 1996 fand eine sehr viel höhere Akzeptanz und führte zu zahlreichen tariflichen Regelungen.[508] Diese räumen zum Teil Ansprüche auf Abschluss eines Altersteilzeitvertrages ein und erhöhen generell den (steuerfreien) Aufstockungsbetrag, sodass der Altersteilzeiter insgesamt 80 bis 85 % seiner bisherigen Bezüge erhält. Verschiedentlich werden auch Störfälle geregelt, die z. B. bei vorzeitigem Ausscheiden aus dem Arbeitsverhältnis eintreten.

367 Insbes. bei gesuchten Fachkräften und leitenden Mitarbeitern stellt sich das Problem, ob die bei 65 Jahren liegende tarifliche Altersgrenze noch widerspruchsfrei hingenommen wird. Rechtlich geht es weniger um ein Problem des Art. 12 Abs. 1 GG, da ein derartiger tariflicher Eingriff von der Rechtsprechung akzeptiert wird.[509] Entscheidend ist vielmehr, ob es sich um eine unerlaubte Diskriminierung wegen Alters handelt, was kontrovers diskutiert wird; dabei sprechen wohl die besseren Argumente für eine Bejahung der Frage.[510]

503 S. schon Clasen RdA 1987, 170. Aktuelle Zahlen bei Bispinck/WSI, WSI-Tarifhandbuch 2005, S. 93 f.

504 Vgl. Löwisch RdA 1984, 198.

505 Däubler-Hensche, TVG, § 1 Rn 569.

506 BGBl I S. 601.

507 S. oben 4.1.3. (Rn 185).

508 Däubler-Hensche, TVG, § 1 Rn 614.

509 BAG NZA 2004, 96, 98; BAG NZA 2004, 1336; BAG NZA 2004, 1352.

510 Vertiefend Schlachter, GS Blomeyer, S. 355 ff.

## 4.8. Tarifliche Regelung der Betriebs- und Unternehmensverfassung?

### 4.8.1. Der Grundsatz

Nach § 1 Abs. 1 TVG erstreckt sich die Regelungsbefugnis der Tarifparteien 368 auch auf «betriebsverfassungsrechtliche Fragen», wobei gemäß § 3 Abs. 2 TVG die **Tarifbindung des Arbeitgebers genügt**. Die tatsächliche Tragweite dieser Vorschrift bestimmt sich danach, ob und in welchem Umfang das BetrVG eine zwingende und abschließende Regelung enthält und mögliche Gestaltungsspielräume daher von vornherein entscheidend verengt. Einig ist man sich über drei Punkte.

### 4.8.2. Beschränkung durch das BetrVG

Die **organisatorischen Bestimmungen des BetrVG** können grundsätzlich 369 **nicht** durch Tarifvertrag **verändert** oder abbedungen werden. Dies folgt u. a. aus einem Umkehrschluss aus § 3 BetrVG, der keineswegs beliebige Abweichungen vom gesetzlichen Modell zulässt. Auch die Ermächtigungen in § 38 Abs. 1 Satz 2 BetrVG (freigestellte Betriebsratsmitglieder), § 47 Abs. 4 (Mitgliederzahl des Gesamtbetriebsrats), § 55 Abs. 4 (Mitgliederzahl des Konzernbetriebsrats) und § 117 Abs. 2 BetrVG (Errichtung einer tariflichen Vertretung für die im Flugbetrieb beschäftigten Arbeitnehmer von Luftfahrtunternehmen) legen einen entsprechenden Gegenschluss nahe. Soweit ersichtlich, bestand in dieser Frage immer Einigkeit.[511] Es ist daher nicht möglich, z. B. dem Gesamtbetriebsrat über § 50 BetrVG hinaus durch Tarif zusätzliche Kompetenzen einzuräumen.[512] Auch die Ersetzung des Betriebsrats durch ein gewerkschaftliches Vertretungsorgan ist nicht möglich; das **duale System steht nicht zur Disposition** der Tarifparteien. Dies schließt es nicht aus, durch tarifliche Absicherung der gewerkschaftlichen Vertrauensleute einen Unterbau für die «zweite Säule» zu schaffen.[513]

**Soweit das BetrVG nicht eingreift**, kommt die tarifliche Regelungs- 369 a befugnis nach §§ 1 Abs. 1, 3 Abs. 2 TVG voll zur Geltung. So könnte für (mehrere) **Kleinstbetriebe mit weniger als fünf** Beschäftigten ein gemein-

511 S. statt aller BAG AP Nr. 1 zu § 1 BetrVG 1972; Birk ZfA 1988, 307; Fitting § 1 Rn 246; Däubler-Hensche, TVG, § 1 Rn 787; Kempen-Zachert, 3. Aufl., § 1 Rn 274.

512 Ebenso BAG NZA 1999, 1056.

513 S. LAG Düsseldorf AuR 1996, 238.

schaftlicher Betriebsrat errichtet werden.[514] Zulässig ist auch die tarifliche Schaffung einer Interessenvertretung in einem **reinen Ausbildungsbetrieb**, wo die Auszubildenden nicht zur Belegschaft gezählt werden.[515] In dem vom BetrVG ausgeklammerten Bereich sind im Übrigen auch arbeitsvertragliche Einheitsregelungen zulässig, die Beteiligungsrechte vorsehen. So hat das BAG[516] ein durch Gesamtzusage und damit letztlich arbeitsvertraglich begründetes **Redaktionsstatut** für zulässig erklärt, wonach sich der Redakteursausschuss ausschließlich mit Fragen der «Tendenzverwirklichung» zu befassen hatte, die nicht dem Einwirkungsbereich des Betriebsrats unterliegen. Eine vergleichbare Regelung könnte auch durch Tarifvertrag getroffen werden.

369c Einigkeit besteht schließlich auch insoweit, dass Tarifverträge die vom BetrVG vorgesehenen **Rechte** des Einzelnen wie **des Betriebsrats** und anderer Organe **nicht einschränken** können.[517] Insoweit geht es um «Mindestanforderungen an wirksame Interessenvertretung»[518]. Unausgesprochen mag auch hier der Gedanke eine Rolle spielen, dass die Tarifparteien den «zweiten Strang» der Interessenvertretung nicht entmachten oder «aushungern» dürfen. So wäre etwa jede tarifliche Bestimmung unwirksam, die dem Arbeitgeber entgegen dem Mitbestimmungsrecht des § 87 Abs. 1 Nr. 2 und 3 BetrVG das Recht zur einseitigen Anordnung von Kurzarbeit einräumen würde.[519]

### 4.8.3. Erweiterung von Betriebsratsbefugnissen

370 Sehr viel kontroverser ist die Frage, ob die gesetzlichen **Rechte des Betriebsrats** durch Tarifvertrag **erweitert** werden können. In Betracht kommt einmal, Gegenstände der Mitbestimmung zu unterwerfen, auf die der Betriebsrat bisher keinen oder einen geringen Einfluss («Anhörung») hat. Zum andern kann es darum gehen, die Qualität des Mitbestimmungsrechts insgesamt zu verändern, z. B. dem Betriebsrat ein nicht über die Einigungsstelle ausräumbares Vetorecht gegenüber bestimmten Maßnahmen des Arbeitgebers einzuräumen.

---

514 Däubler, Grundrecht auf Mitbestimmung, S. 381 ff.; in gleichem Sinne Heither, FS Schaub, S. 309. Vgl. auch Kempen/Zachert-Wendeling-Schröder § 1 Rn 593.

515 BAG NZA 2005, 371.

516 NZA 2002, 397.

517 BAG AP Nr. 9 zu § 56 BetrVG 1952 Wohlfahrtseinrichtung; BAG AP Nr. 10 zu § 113 BetrVG 1972; BAG AiB 1993, 732; Fitting § 1 Rn 245; Gamillscheg, Kollektives Arbeitsrecht I, S. 596 f.; Heither, FS Schaub, S. 308; Hess u. a. vor § 1 Rn 64; Kempen/Zachert-Wendeling-Schröder § 1 Rn 579; Wiedemann-Oetker § 1 Rn 598.

518 So Hess u. a. vor § 1 Rn 64.

519 BAG DB 1974, 537.

In der **Literatur** waren die Meinungen zum ersten Bereich seit jeher geteilt; eine **knappe Mehrheit** der Autoren sprach sich wohl immer **für die Möglichkeit tariflicher Erweiterung** aus.[520] Die **Rechtsprechung des BAG** hat sich in der zweiten Hälfte der 80er Jahre eindeutig für eine Erweiterung ausgesprochen.[521] Zulässig ist es danach, Sonderzahlungen aus dem sog. Tronc einer Spielbank von der Zustimmung des Betriebsrats abhängig zu machen,[522] die Wochenfrist des § 99 Abs. 3 Satz 1 BetrVG zu verlängern,[523] die Mitbestimmung nach § 87 Abs. 1 Nr. 2 BetrVG auf die Dauer der Arbeitszeit zu erstrecken[524] und dem Betriebsrat ein volles Mitbestimmungsrecht bei Einstellungen und Beförderungen einzuräumen[525] – und zwar auch bei Tendenzbetrieben.[526] Dieses kann weiter auf Voraussetzungen und Höhe einer Erschwerniszulage erstreckt werden.[527] Möglich ist außerdem, Kündigungen von der Zustimmung des Betriebsrats abhängig zu machen.[528] Schließlich kann durch Tarifvertrag jedenfalls bei karitativer und erzieherischer Zwecksetzung des Unternehmens auf den Tendenzschutz verzichtet werden.[529] 371

**Dem BAG ist zuzustimmen.** Die in den §§ 1 Abs. 1 und 3 Abs. 2 TVG anerkannte Rechtsetzungsbefugnis der Tarifparteien in betriebsverfassungsrechtlichen Fragen wird durch das BetrVG nicht generell eingeschränkt; dieses hat vielmehr in § 2 Abs. 3 die **Befugnisse der Koalitionen unberührt** gelassen. Die ausdrücklichen gesetzlichen Ermächtigungen zu abweichender tariflicher Regelung[530] lassen einen Umkehrschluss nur in organisatorischen Angelegenheiten zu; zur Frage des möglichen Inhalts von Betriebsratsbefugnissen sagen sie nichts.[531] Hinzu kommt die vom BAG nicht angeschnittene **verfassungsrechtliche Dimension**: Da sich die tarifliche Regelungsbefugnis an sich auf den Gesamtbereich der Arbeits- und Wirtschaftsbedingungen erstreckt,[532] **bedürfen Eingriffe einer grundrechtlich fundierten Rechtfertigung,** die hier nicht ersichtlich ist. Weiter gilt im Verhältnis zwischen Arbeitnehmer schützenden Normen und Tarifverträgen grundsätzlich das 371a

520 S. die Nachweise bei Däubler, Grundrecht auf Mitbestimmung, S. 88 Fn 518 und 519, und für die Gegenwart bei Däubler-Hensche, TVG, § 1 Rn 788.

521 Vgl. zuletzt BAG NZA 2005, 371 mwN.

522 BAG DB 1986, 231.

523 BAG DB 1986, 593.

524 BAG AP Nr. 23 zu § 77 BetrVG 1972.

525 BAG AP Nr. 53 zu § 99 BetrVG 1972.

526 BAG DB 1995, 1670.

527 BAG DB 1995, 2610.

528 BAG NZA 2001, 271.

529 BAG DB 2000, 2126. Zum Tendenzschutz s. unten 6.15. (Rn 1171 ff.).

530 S. oben 4.8.2. (Rn 369).

531 Dazu schon Däubler, Grundrecht auf Mitbestimmung, S. 364 f.; ähnlich Kempen/Zachert-Wendeling-Schröder § 1 Rn 581.

532 So auch BAG DB 1991, 181.

**Günstigkeitsprinzip**;[533] für eine im Ausnahmefall mögliche Abweichung sprechen keinerlei Anhaltspunkte. Zu berücksichtigen ist schließlich, dass die Gefahr einer Kräfteverschiebung innerhalb des dualen Systems hier keine Rolle spielt: Der Betriebsrat erhält seine Zusatzrechte nur «auf Widerruf», den Tarifparteien steht es juristisch frei, eine vorhandene Regelung aufzuheben oder nicht wieder zu erneuern. Auch dürfte es in der Rechtsprechung eine beträchtliche Rolle gespielt haben, dass die Tarifpraxis seit langer Zeit über das BetrVG hinausging; ein Verbot durch das BAG hätte wohl kaum Zustimmung gefunden.[534]

### 4.8.4. Vetorecht für den Betriebsrat

372 Was die Intensivierung der Mitbestimmung betrifft, so darf ein **Vetorecht des Betriebsrats** das Unternehmen nicht funktionsunfähig machen.[535] Ein Vetorecht ist daher nur dann zulässig, wenn die entsprechende Handlungsweise des Arbeitgebers ohne Grundrechtsverstoß auch ganz verboten werden könnte. So ist es etwa zulässig, die Betriebsnutzungszeiten tariflich zu regeln.[536] Möglich wäre daher ein **generelles Verbot der Wochenendarbeit** mit der Folge, dass man diese stattdessen auch von der nicht ersetzbaren Zustimmung des Betriebsrats abhängig machen kann.[537] Im selben Umfang könnte theoretisch auch ein Alleinbestimmungsrecht der Arbeitnehmerseite vorgesehen werden. Zulässig ist schließlich, im Falle eines Neins des Betriebsrats zu einer **Kündigung** den Arbeitgeber an das Arbeitsgericht zu verweisen.[538] Das läuft im Ergebnis auf eine **Weiterbeschäftigung bis zur rechtskräftigen Entscheidung** durch die Arbeitsgerichtsbarkeit hinaus.

### 4.8.5. Regelung der Unternehmensverfassung

373 Anders als im betrieblichen Bereich werden von der herrschenden Meinung keine «Zugeständnisse» mehr gemacht, wenn es um die **Unternehmensverfassung** geht: Hier soll **jede tarifliche Regelung ausscheiden**, weil den sozialen

533 So ausdrücklich BAG GS AP Nr. 17 zu § 77 BetrVG 1972 = AuR 1987, 378. Näher oben 4.4.1. (Rn 234).

534 Zur Praxis s. Kurz-Scherf, WSI-Mitt. 1986, 185 ff.; Spilger, S. 115 ff.

535 Zu dieser aus Art. 14 Abs. 1 GG folgenden Grenze gesetzgeberischer und tariflicher Intervention s. BVerfGE 50, 290 ff.; die Grenze bereits früher ziehend Löwisch DB 1998, 882.

536 BVerfG NJW 1986, 1601, unter 3 der Gründe.

537 Ebenso Richardi NZA 1988, 677.

538 BAG NZA 2001, 271.

Gegenspielern insoweit die Zuständigkeit fehle[539]; das Montanmodell könne daher nicht durch Tarifvertrag auf nichtmitbestimmte Unternehmen übertragen werden. Diese Position überzeugt schon deshalb nicht, weil sie allein auf den normativen Teil des Tarifvertrags abstellt, der nach der Formulierung des § 1 Abs. 1 TVG in der Tat die Unternehmenssphäre nicht erfasst, weil sie jedoch den **obligatorischen Teil** ausklammert, der insbesondere den Teil der Arbeits- und Wirtschaftsbedingungen abdeckt, der normativer Regelung nicht zugänglich ist. Eine Grenze für tarifliche Abmachungen folgt deshalb nur aus zwingenden Gesetzesvorschriften, und zwar des Gesellschaftsrechts, die eine bestimmte Struktur der Unternehmensorgane festschreiben. Lässt jedoch die Satzung den Aktionären bzw. den Gesellschaftern freie Hand, gilt dasselbe auch für die Tarifparteien: Eine AG oder GmbH kann sich tarifvertraglich **verpflichten, ihre Satzung so zu ändern,** dass den Arbeitnehmern ein weiter gehender Einfluss als bisher zukommt.[540] Als Grundregel wird man den Satz akzeptieren können, dass das, was durch einfachen Vertrag Banken und anderen Gläubigern gewährt werden kann – Entsendungsrechte in den Aufsichtsrat, Genehmigungsbedürftigkeit bestimmter Vorhaben –, auch der tariflichen Regelung nicht entzogen ist.[541] Bemerkenswert ist auch die reichhaltige Vertragspraxis, die sich allerdings meist anderer Gestaltungsmittel als des Tarifvertrags bedient.[542]

## 4.9. Tarifliche Regelung der Unternehmenspolitik?

### 4.9.1. Grundsätzliche Zulässigkeit

Tarifnormen können statt der Zusammensetzung und der Kompetenz von Unternehmensorganen auch einzelne Entscheidungen der Geschäftsleitung zum 374

539 Beuthien ZfA 1983, 141 ff.; Farthmann, AG 1969, 205 ff.; Fitting, 20. Aufl., Anhang, § 76 BetrVG 1952, Rn 8 ff.; Hanau ZGR 1977, 419; Hanau-Adomeit, C II 3 f. – Rn 245; A. Hueck BB 1952, 928; Hueck-Nipperdey Bd. II/2, S. 1490; Richardi, Kollektivgewalt, S. 244; Zöllner-Loritz § 38 III 1.

540 Däubler, Grundrecht, S. 329 ff.

541 Näher dazu Däubler, Grundrecht, S. 327 ff. Wie hier im Ergebnis Fabricius, FS Hilger und Stumpf, S. 155 ff.; Hensche AuR 1971, 38; Jahnke S. 200; Kempen/Zachert-Wendeling-Schröder § 1 Rn 597; Köstler u. a. Rn 329; Nagel, S. 138; für nicht-erstreikbare Verträge Vollmer S. 111 ff. Kritisch zur hier eingenommenen Position Söllner, Arbeitsrecht der Gegenwart, Bd. 16 (1978), S. 28 und Beuthien ZfA 1983, 141 ff.

542 Einzelheiten umfassend dokumentiert bei Seibt AG 2005, 413 ff.

Gegenstand haben. Biedenkopf nannte schon vor längerer Zeit als **Beispiele aus der** englischen und **amerikanischen Tarifpraxis**[543]:

(1) Der Unternehmer verpflichtet sich, über Investitionsvorhaben, durch die Arbeitsplätze abgewertet oder beseitigt werden, mit der Gewerkschaft zu beraten. Dieser steht unter bestimmten Voraussetzungen ein Vetorecht zu.

(2) Produktionsverlagerungen («Outsourcing») setzen die Zustimmung der Gewerkschaft voraus; sie wird nur erteilt, wenn die sozialen Folgeprobleme zufrieden stellend gelöst sind.

(3) Um der rückläufigen Nachfrage Rechnung zu tragen, wird die Einführung der 3-Tage-Woche vereinbart. Sie soll nicht nur Entlassungen vermeiden, sondern auch zu einer Verknappung der produzierten Güter führen.

375 In **Italien** wurden in den 70er Jahren zahlreiche Firmentarife geschlossen, die die Geschäftsleitungen verpflichteten, im Süden des Landes zu investieren und dort neue Arbeitsplätze zu schaffen.[544] Am bekanntesten ist der **FIAT-Tarif**, der die Investitionen auch inhaltlich vorprogrammierte und die Produktion von landwirtschaftlichen Maschinen und Kleinwagen vorsah.[545] Auch in Schweden existiert eine tarifvertragliche Mitbestimmung, die sich auf einzelne Sachentscheidungen des Unternehmens bezieht.[546]

376 Ist Vergleichbares auch in der Bundesrepublik möglich? Kann etwa die IG Metall die Schließung eines Betriebes durch einen «Standorttarif» verhindern, um den notfalls auch gestreikt werden dürfte?[547] Hätte die IG Chemie einstens mit dem Zementfabrikanten Seibel in Erwitte einen Tarifvertrag abschließen können, in dem sich dieser zur Wiederaufnahme der Produktion im früheren Umfang verpflichtet hätte?[548] Lassen sich Massenentlassungen verzögern oder gar verhindern?

377 Einer **langjährigen Tradition der deutschen Gewerkschaften** entspricht es, Fragen dieser Art **nicht zum Gegenstand von Tarifverhandlungen** zu machen.[549] Droht eine Betriebsschließung, verhandelt der Betriebsrat über Interessenausgleich und Sozialplan.[550]

Das letzte Wort hat notfalls die Einigungsstelle. Die Gewerkschaft schaltet

543 Biedenkopf, 46. DJT, S. 159.

544 Albers, Blätter für dt. und internat. Politik 1975, 190, berichtet, bis April 1974 seien verbindliche Zusagen über die Errichtung von 120000 (!) zusätzlichen industriellen Arbeitsplätzen in Süditalien erkämpft worden. Eingehend dazu Runggaldier, S. 221 ff.

545 Berichtet bei Simitis, The Modern Law Review 1975, 22 und in AuR 1975, 328.

546 Dazu näher Gerum-Steinmann, Unternehmensordnung.

547 Zum Konflikt um Kalletal s. Möller DG 7/75, S. 8 ff. Zu Überlegungen über die Fortführung der AG Weser s. Ziegenfuß u. a., Wer kämpft, kann verlieren, wer nicht kämpft, hat schon verloren, Hamburg 1984.

548 Zum Fall Erwitte s. unten 5.14.3.2. (Rn 711 f.).

549 Einige Gegenbeispiele aus der Zeit vor 1914 finden sich bei Sinzheimer, Korporativer Arbeitsnormenvertrag, Bd. 1, S. 46 ff.

550 Zu darüber hinaus führenden Beschäftigungsplänen Klebe-Roth DB 1989, 1518.

sich zwar insbes. als Beratungsinstanz des Betriebsrats ein, doch geschieht dies eher auf informelle Weise. Der Einsatz von Druckmitteln wie etwa die Organisierung von Streiks spielt anders als in einer Lohnrunde (jedenfalls offiziell) keine Rolle. **Erst in jüngster Zeit** gibt es eine Reihe von Gegenbeispielen, in denen im Zusammenhang mit Betriebsschließungen und Produktionsverlagerungen um **«Sozialtarife»** gekämpft wurde, die Qualifizierungsmaßnahmen, längere Kündigungsfristen und höhere Abfindungen zum Gegenstand hatten. Sie haben in beträchtlichem Umfang die Arbeitsgerichte beschäftigt.[551]

Das **BAG** hat sich 1990 zu der Frage geäußert, inwieweit unternehmerische 378
Entscheidungen Gegenstand von Tarifverhandlungen sein können.[552] Es hat dabei eine **Abwägung zwischen der Tarifautonomie** und der **unternehmerischen Betätigungsfreiheit** vorgenommen. In eher pragmatischer Weise wurde dabei im Anschluss an Wiedemann[553] der Grundsatz aufgestellt, die tarifliche Gestaltungsbefugnis erstrecke sich auch auf die unternehmerische Sphäre, wenn sich die soziale und die wirtschaftliche Seite einer Maßnahme nicht trennen ließen. Für ein Personalbemessungssystem, das für konkret umschriebene Arbeiten eine Mindestzahl von Arbeitskräften vorsah, wurde dies bejaht.

Die Schwierigkeit der Entscheidung liegt darin, dass die **«Untrennbar-** 379
**keit» von wirtschaftlicher und sozialer Seite sehr unterschiedlich beurteilt** werden kann. Verlangt man einen sehr engen Zusammenhang, könnte man die Auffassung vertreten, eine Entscheidung «Schließung des Standorts A» sei als solche noch nicht für die Arbeitnehmer relevant; erst die Umsetzungsmaßnahmen könnten dann Gegenstand von Verhandlungen sein. Eine weite Konzeption würde demgegenüber z. B. zu dem Ergebnis kommen, eine Auslandsinvestition beeinflusse auch die Arbeitsbedingungen im Inland: Die Arbeitsplätze würden leichter zur Disposition stehen, der Hinweis auf geringere Kosten in der Auslandsniederlassung könne die Verhandlungsposition im Inland entscheidend schwächen. Die nötige Trennschärfe wird daher erst noch zu erarbeiten sein.[554] Fest steht allerdings, dass mit der BAG-Entscheidung die These Biedenkopfs, wonach der Tarifvertrag für die unternehmerische Entscheidung nur Daten setzen dürfe,[555] endgültig überwunden ist.[556]

---

551 S. etwa LAG Hamm NZA-RR 2000, 535 = AP Nr. 164 zu Art. 9 GG Arbeitskampf; LAG Schleswig-Holstein AuR 2004, 152 = AP Nr. 165 zu Art. 9 GG Arbeitskampf; LAG Niedersachsen AuR 2004, 471; HessLAG AuR 2006, 120; weitere Nachweise bei Kühling-Bertelsmann NZA 2005, 1017 Fn 1–4.

552 BAG AP Nr. 56 zu Art. 9 GG = PersR 1990, 239 ff. = NZA 1990, 886.

553 RdA 1986, 231, 233; ihm zustimmend Beuthien ZfA 1988, 1, 10.

554 Weiterführend und überzeugend Kühling-Bertelsmann NZA 2005, 1017 ff.

555 Biedenkopf, 46. DJT, S. 161 ff.

556 Kritisch zu ihr bereits Meier-Krenz, DB 1988, 2149 ff.; Moll, S. 126 ff.; Runggaldier, S. 126 ff.; Säcker-Oetker, S. 71; Söllner, Arbeitsrecht der Gegenwart, Bd. 16 (1978), S. 19, 28; anders auch Weyand, Tarifvertragliche Mitbestimmung, S. 181.

380 In der **Literatur** wird weiter gehend die Auffassung vertreten, die Tarifautonomie erfasse alle unternehmerischen Entscheidungen, die irgendeine Rückwirkung auf die Stellung der Beschäftigten im Arbeitsprozess haben können.[557] Dies bedeutet, dass, abgesehen von internen Vorgängen im Bereich der Anteilseigner, praktisch jede unternehmerische Entscheidung potenzieller Gegenstand von Tarifverhandlungen ist. Sieht man in der Tarifautonomie ein Mittel zur Selbstbestimmung im Arbeitsprozess[558], ist diese Konsequenz auch für Skeptiker unvermeidbar.[559] Eine Ausnahme wäre mit Rücksicht auf das Grundrecht des Arbeitgebers aus Art. 12 Abs. 1 GG nur dann zu machen, wenn es um eine personal geprägte Entscheidung zum Ausstieg aus dem Beruf geht.[560]

381 Daran ändert sich auch dann nichts, wenn man – mit welcher Begründung auch immer – eine Bindung der Tarifparteien an **Prinzipien der sozialen Marktwirtschaft** annimmt. Diese verbieten nicht, dass ein Unternehmen seinen Verhandlungsspielraum vertraglich einschränkt, dass es z. B. mit einem Kreditgeber vereinbart, nur mit dessen Zustimmung Betriebsstätten ins Ausland zu verlagern oder neue Produktionskapazitäten zu schaffen. Das Konzernrecht lässt es sogar zu, dass sich eine AG oder eine GmbH in ihrer gesamten Geschäftstätigkeit den Weisungen eines anderen Unternehmens unterstellt (§§ 291 ff. AktG). Entsprechende Gestaltungsmöglichkeiten müssen auch im Wege des Tarifvertrags möglich sein.[561] Die Beteiligung der Arbeitnehmer an der Gestaltung der Arbeits- und Wirtschaftsbedingungen ist verfassungsrechtlich besonders geschützt: Schon deshalb darf **der Tarifvertrag** in diesem Bereich **gegenüber anderen vertraglichen Gestaltungsmitteln nicht benachteiligt** werden.

---

557 Näher dazu Däubler, Grundrecht auf Mitbestimmung, S. 163 ff., 334 ff. Zustimmend Berghäuser, S. 213; Gast, Arbeitsvertrag und Direktion, S. 181 ff.; Ders., Tarifautonomie, S. 14; Jahnke, S. 82 ff.; Köstler u. a., Rn 319 ff.; Rieth, Die Steuerung unternehmerischen Handelns durch Tarifvertrag, Diss. Konstanz 1980; Weiss, GMH 1977, 682; Wohlgemuth, Staatseingriff und Arbeitskampf, S. 70. Wie hier mit eingehender Begründung auch Runggaldier, S. 126 und passim (mit der selbstverständlichen Einschränkung, dass die Unternehmerentscheidungen auf die Arbeitsbedingungen zurückwirken müssen). Im Ergebnis übereinstimmend Kühling-Bertelsmann NZA 2005, 1017 ff. Vgl. weiter Simitis AuR 1975, 321, 328 ff.

558 Näher Däubler, Grundrecht auf Mitbestimmung, S. 129 ff.

559 Die Verankerung der Tarifautonomie im Selbstbestimmungsprinzip wird bei der Kritik Beuthiens ZfA 1983, 141 ff., ZfA 1984, 1 ff. überhaupt nicht zur Kenntnis genommen.

560 Kühling-Bertelsmann NZA 2005, 1017, 1025 ff.

561 Zustimmend Wohlgemuth, Staatseingriff, S. 70.

## 4.9.2. Rationalisierungsschutzabkommen und Sozialtarife

In einem Randbereich unternehmerischer Entscheidungen haben sich auch die deutschen Gewerkschaften frühzeitig engagiert und einige Erfolge erzielt: in der Bewältigung der sozialen und personellen Folgen des technischen Wandels, wie er sich in Rationalisierungsmaßnahmen niederschlägt. Die **Größe des Problems war schon in der Vergangenheit kaum zu überschätzen**; sie zeigt sich daran, dass zwischen 1950 und 1960 fast jeder zweite Arbeitnehmer «freigesetzt» wurde und dass bis 1968 nochmals ein Drittel dasselbe Schicksal erfuhr.[562] Zwar sorgte das allgemeine Wirtschaftswachstum dafür, dass die Betroffenen – häufig nach Umschulung – bald wieder einen Arbeitsplatz fanden, doch glich dies oft die erlittenen Nachteile nicht aus: Längere Anfahrtswege, schlechtere Arbeitsbedingungen und geringere Entlohnung waren in vielen Fällen dauernde Konsequenz des Arbeitsplatzverlustes.[563] Seit Beginn der 60er Jahre bemühten sich daher die Gewerkschaften, die den Arbeitnehmern aus dieser Entwicklung erwachsenden Nachteile abzumildern. Bis 1975 schlossen sie für fast die Hälfte aller Beschäftigten[564] sog. Rationalisierungsschutzabkommen. 382

Dabei handelt es sich um Tarifverträge mit längerer Laufzeit, die im Wesentlichen folgenden Inhalt haben[565]: 383

▶ Genaue **Begriffsbestimmung der «Rationalisierungsmaßnahme»**; damit soll verhindert werden, dass der Arbeitgeber Veränderungen der Produktionsabläufe als angeblich nicht der Rationalisierung dienend ausklammert und so dem Anwendungsbereich des Tarifs entzieht.

▶ **Einschaltung des Betriebsrats**, mit dem jedoch nicht die Rationalisierungsmaßnahmen selbst, sondern nur deren Folgen für die Arbeitnehmer beraten werden müssen. Eine Nichtbeachtung dieses «Rechts» bleibt ohne Konsequenz, sodass in der Regel die gesetzlichen Bestimmungen der §§ 111 ff. BetrVG bessere Möglichkeiten bieten.

▶ **Milderung der** mit der Zuweisung eines anderen Arbeitsplatzes (Umsetzung) verbundenen **Lohneinbußen**. Die am weitesten gehende Regelung (öffentlicher Dienst) sah vor, dass der alte Verdienst unverändert fortbezahlt wird, jedoch an allgemeinen Lohnerhöhungen so lange nicht mehr teilnimmt, bis er von der normalerweise am neuen Arbeitsplatz bezahlten Vergütung «eingeholt» ist.

▶ Der Arbeitgeber ist zur Verschaffung eines gleichwertigen Arbeitsplatzes

562 Angaben nach Osterland u. a., S. 43.

563 Zur Illustration s. den Roman Max von der Grüns, Irrlicht und Feuer, Reinbek 1967.

564 RdA 1976, 255. Dabei ist allerdings zu berücksichtigen, dass in aller Regel eine langjährige Betriebszugehörigkeit vorausgesetzt wird, sodass die Zahl der nicht nur potenziell, sondern effektiv erfassten Arbeitnehmer sehr viel geringer ist.

565 S. die Übersicht in RdA 1972, 299 ff., RdA 1976, 322 ff., und bei Osterland u. a., S. 103 ff.

und zur Bezahlung der gegebenenfalls erforderlichen **Umschulung** verpflichtet, soweit ihm dies zumutbar ist. Bei schlechtem Geschäftsgang dürfte die Zumutbarkeit häufig verneint werden.

▶ Bei einer Kündigung hat der Arbeitgeber in der Regel eine längere als die gesetzliche **Kündigungsfrist** zu beachten.[566] Der entlassene Arbeitnehmer hat Anspruch auf eine **Abfindung** zwischen 2 und 12 Monatsverdiensten; sie setzt in der Regel eine mindestens zehnjährige Betriebszugehörigkeit voraus.

384 Der Inhalt der Rationalisierungsschutzabkommen macht deutlich, dass sie **nur** die **Folgen der vom Arbeitgeber ergriffenen Maßnahmen**, nicht diese selbst zum Gegenstand hatten.[567] Ein Versuch, über diesen Rahmen etwas hinauszugehen, wurde von der IG Metall schon vor bald 40 Jahren unternommen: In ihrem Entwurf für ein Rationalisierungsschutzabkommen[568] sah sie die Schaffung eines «paritätischen Ausschusses für Personalplanung» vor, der aus drei Vertretern des Betriebsrats und drei Vertretern des Arbeitgebers bestehen sollte. Er hatte die Aufgabe, Vorschläge für die weitere Entwicklung des Personalbestands zu machen. Kam er zu keinem Ergebnis, so sollte die (paritätisch und mit einem neutralen Vorsitzenden besetzte) Einigungsstelle endgültig entscheiden. Wesentlich war, dass «Personalveränderungen», d.h. insbesondere Kündigungen, erst dann zulässig sein sollten, wenn eine Übereinstimmung erzielt war oder die Einigungsstelle gesprochen hatte – der Arbeitgeber konnte insoweit also nicht mehr alleine entscheiden. Im anschließenden Schlichtungsverfahren ließ sich diese Bestimmung freilich nicht durchsetzen.[569] Auch in anderen Bereichen ist man nicht näher an die Investitionsentscheidungen des Unternehmers herangekommen. Rechtliche Probleme ergaben sich unter diesen Umständen nicht, da die **Milderung der sozialen Folgen** auch nach der Theorie Biedenkopfs zu denjenigen Sachgebieten gehört, die lediglich «Datencharakter» tragen und die **unternehmerische Entscheidungsfreiheit nicht antasten**.[570]

385 Die Anfang 1974 einsetzende Beschäftigungskrise führte zwar zu zahlreichen neuen Abmachungen,[571] doch ließen diese die Investitionsentscheidungen als solche unberührt. Die wichtigsten Klauseln sind an anderer Stelle behandelt worden.[572] Erst in den letzten Jahren wurde um **«Sozialtarife»** gekämpft und beispielsweise eine Entgeltfortzahlung für drei Jahre und die Finanzierung von Weiterbildungsmaßnahmen bis zu derselben Dauer ge-

---

566 S. die Beispiele bei Osterland u.a., S. 106.

567 Richtig Osterland u.a., S. 107.

568 Abgedruckt in RdA 1968, 137.

569 S. den Wortlaut des Abkommens, abgedruckt in RdA 1968, 260.

570 Für Zulässigkeit der Rationalisierungsschutzabkommen auch Hueck-Nipperdey, Bd. II/2, S. 1484.

571 S. oben 4.1.2. (Rn 182).

572 S. oben 4.7.2. (Rn 334ff.).

fordert. Mit Recht stellten die Arbeitsgerichte darauf ab, dass es auch hier um die Folgen der unternehmerischen Entscheidungen ging: Die Höhe der Forderung sage nichts über ihre Qualität aus, sodass man nicht etwa eine mittelbare Regelung der Schließungsentscheidung annehmen könne; es sei Sache des Arbeitgebers, überzogenen Vorstellungen mit Gegendruck zu begegnen.[573] Auch spricht die Erfahrung dafür, dass gerade hohe Forderungen nur zu einem Teil durchgesetzt werden können. Den Gerichten kommt in der Tat keine «Tarifforderungszensur» zu. Standorttarife, die beispielsweise die Verlagerung ins Ausland verbieten oder dadurch unmöglich machen, dass eine unbeschränkte Entgeltfortzahlung verlangt wird, sind bisher nicht ernsthaft verlangt worden.

## 4.10. Die tarifvertragliche Schaffung gemeinsamer Einrichtungen

Nach §4 Abs. 2 TVG können die Tarifparteien gemeinsame Einrichtungen 388
gründen; das Gesetz nennt als Beispiele Lohnausgleichs- und Urlaubskassen. Ihre wirtschaftliche Funktion liegt in erster Linie darin, **bestimmte Arbeitgeberleistungen** zu **«vergemeinschaften»**, d.h., alle Arbeitgeber gleichmäßig zu belasten und alle Arbeitnehmer in gleichem Umfang mit Rechten auszustatten. So gewährt etwa die **Zusatzversorgungskasse des Baugewerbes** den in diesem Wirtschaftssektor beschäftigten Arbeitnehmern Ansprüche auf Zuschüsse zu den Renten aus der gesetzlichen Sozialversicherung und finanziert sich durch Beiträge der Arbeitgeber, die sich nach der Zahl der «lohnpflichtigen Arbeitsstunden» bestimmen.[574] Unabdingbar ist eine solche Einrichtung, wenn in einer Branche üblicherweise bei unterschiedlichen Arbeitgebern gearbeitet wird, **sodass bestimmte Ansprüche** mangels Erfüllung der notwendigen Wartezeit gar **nicht** oder nur ausnahmsweise **entstehen würden**. Dies zeigt das Beispiel des Urlaubsanspruchs, der ein Arbeitsverhältnis von mindestens sechs Monaten Dauer voraussetzt (§4 BUrlG); wer durchschnittlich dreimal im Jahr den Arbeitgeber wechselt, hätte somit keinen zusammenhängenden Jahresurlaub. Konsequenterweise hat man daher in der Bauwirtschaft, wo dieses Problem am häufigsten auftaucht, eine «Gemeinnützige Urlaubskasse» geschaffen, die sich aus Beiträgen aller Arbeitgeber finan-

573 So insbes. LAG Niedersachsen AuR 2004, 471 und HessLAG AuR 2006, 120.
574 Mitgeteilt bei Zöllner, 48. DJT, S. G 17.

ziert und die die Entgeltzahlung während der Zeit des Urlaubs übernimmt.[575] Interesse verdient eine weitere gemeinsame Einrichtung im Bausektor, die aus Beiträgen aller Arbeitgeber die **Vergütungen der Auszubildenden** bezahlt – auf diese Weise werden auch die weniger ausbildungswilligen Betriebe zur Kasse gebeten.[576]

389 Trotz ihrer wichtigen sozialpolitischen Funktion haben die gemeinsamen Einrichtungen **keine sehr weite Verbreitung** gefunden.[577] Mit Rücksicht auf die durchweg **paritätische Verwaltung** wurden sie lange Zeit als Mittel zur Entwicklung eines partnerschaftlichen Verhältnisses von Kapital und Arbeit begriffen;[578] praktisch existierten sie fast nur in Branchen wie Bau und Textil, deren Gewerkschaften dem Gedanken der Sozialpartnerschaft aufgeschlossen gegenüberstanden.[579] Heute sind diese Vorbehalte gegenstandslos.[580] Vieles spricht dafür, dass sie im Bereich der **Altersvorsorge** zusätzliche Bedeutung gewinnen werden.[581] Auch wird der **Gesamthafenbetrieb** als gemeinsame Einrichtung qualifiziert, dessen Funktion darin besteht, als «künstlicher Arbeitgeber» für ein Dauerarbeitsverhältnis zu sorgen und gleichzeitig den Einsatz bei den einzelnen Hafenunternehmen zu organisieren.[582] Er verwirklicht also den Gedanken der «Flexicurity».[583]

390 Die durch gemeinsame Einrichtungen aufgeworfenen Rechtsfragen sind zahlreich und waren schon früh Gegenstand monographischer Untersuchungen[584] sowie der Verhandlungen des 48. Deutschen Juristentags.[585] Soweit ersichtlich, haben sie die Gerichte bislang wenig beschäftigt. Eine Vertiefung kann daher an dieser Stelle unterbleiben.[586] Bemerkenswert ist lediglich, dass die gemeinsamen Einrichtungen die bislang **einzige institutionalisierte Form der Mitbestimmung im überbetrieblichen Bereich** darstellen; nach (allerdings bestrittener) Auffassung könnte man sie auf weitere Gegenstände, insbesondere traditionelle Unternehmeraufgaben, ausdehnen und so

---

575 Zöllner, 48. DJT, S. G 16.

576 Däubler-Hensche, TVG, § 1 Rn 932.

577 Zöllner, 48. DJT, S. G 13 gab im Jahr 1970 ihre Zahl mit 20 an. Angaben über Branchen mit gemeinsamen Einrichtungen bei Kempen/Zachert-Kempen, § 4 Rn 228 ff. und bei Däubler-Hensche, TVG, § 1 Rn 932.

578 Bötticher, Die gemeinsamen Einrichtungen der Tarifvertragsparteien, Heidelberg 1966, S. 21.

579 S. die Übersicht bei Zöllner, S. G 16–21.

580 Däubler-Hensche, TVG, § 1 Rn 933.

581 Vgl. Löwisch-Rieble § 4 Rn 172 (mit aktuellen Beispielen).

582 BAG AP Nr. 5 zu § 1 GesamthafenbetriebsG.

583 Näher dazu Bd. 2.

584 Bötticher, a.a.O., und Fechner, Ein Schritt voran. Rechtsgutachten zur Vorsorgekasse des deutschen Holzgewerbes, Düsseldorf 1965.

585 Bd. II, S. Q 7 ff. (Referat Ballerstedt).

586 Eingehender Däubler, Tarifvertragsrecht, Rn 1131–1162; Däubler-Hensche, TVG § 1 Rn 935–959; Wiedemann-Oetker § 1 Rn 609–656. Zum Problem der Nachwirkung s. Däubler-Bepler TVG § 4 Rn 878.

beispielsweise zu einem wichtigen **Instrument der Investitionssteuerung** machen.[587] Initiativen in dieser Richtung sind bisher allerdings nicht zu verzeichnen. Diskutiert wurde lediglich die Verwendung der gemeinsamen Einrichtung als «Kapitalsammelbecken», das Gewinnanteile von Arbeitnehmern zusammenfasst[588] oder das – mit Lohngeldern gespeist – die Schaffung neuer Arbeitsplätze finanziert.[589]

## 4.11. Tarifverträge zur Stabilisierung der Gewerkschaftsarbeit

Aufmerksamkeit verdient weiter eine Gruppe tariflicher Abmachungen, die das Ziel verfolgen, die gewerkschaftliche Tätigkeit im Betrieb von einigen Beschränkungen zu befreien. Anfang und Mitte der 60er Jahre wurden entsprechende Vereinbarungen unter dem Stichwort **«Anerkennungsforderungen»** diskutiert: Aus ihrer Anerkennung als Ordnungsmacht des sozialen Lebens leiteten die Gewerkschaften bestimmte Forderungen ab, die ihre Arbeit erleichtern sollten.[590] So verlangten sie beispielsweise die Einziehung der Gewerkschaftsbeiträge durch die Arbeitgeberseite und die Gewährung bestimmter **Leistungen nur an Organisierte**. Die Einführung eines **«Solidaritätsbeitrags»** für Außenseiter, die in gleicher Weise wie die Organisierten an den Erfolgen gewerkschaftlicher Bemühungen teilhaben, wurde ernsthaft erwogen. Weiter bemühte man sich um Abkommen, durch die die Arbeit der **gewerkschaftlichen Vertrauensleute im Betrieb** abgesichert werden sollte. Keine Rolle spielte dagegen der aus England und den USA bekannte **closed shop** (= eingestellt werden nur Gewerkschaftsmitglieder) und der union shop (= man behält den Arbeitsplatz nur, wenn man der Gewerkschaft beitritt). Unmittelbarer **Anlass** für die Forderungen war **der stetig gesunkene Organisationsgrad**; während 1951 noch 38 % aller Arbeitnehmer Mitglied einer dem DGB angeschlossenen Gewerkschaft waren, belief sich diese Zahl 1963 nur noch auf 30 %.[591] 391

In den 70er Jahren traten die «Anerkennungsforderungen» stärker in den 392

587 Däubler, Grundrecht, S. 315 ff. mwN.; anders Löwisch-Rieble § 4 Rn 171.

588 Erwähnt auch bei Däubler-Hensche, TVG, § 1 Rn 934; eher kritisch Wiedemann, in: Beuthien (Hrsg.), Arbeitnehmer oder Arbeitsteilhaber?, S. 153 f.

589 Hanau-Preis, in: Lafontaine (Hrsg.), «Das Lied vom Teilen». Die Debatte über Armut und politischen Neubeginn, Hamburg 1989, S. 145 ff. Für freie Wahl der Anlageform Löwisch, FS Däubler, S. 472.

590 Vgl. Hueck-Nipperdey, Bd. II/1, S. 134.

591 S. die Angaben bei Bergmann u. a., S. 359. Heute wäre man schon über 30 % froh.

Hintergrund, zumal sich der Organisationsgrad wieder auf 33,4 % erhöht hatte.[592] In der Gegenwart sind sie als Kategorie nicht mehr präsent, doch ist das zugrunde liegende Problem dringender denn je.[593] In der Praxis wurden sog. **Bonus-Regelungen** entwickelt: Bei der Unterschreitung des Flächentarifs sollen die Gewerkschaftsmitglieder eine gewisse Ausgleichszahlung bekommen, die faktisch nicht auf Außenseiter erstreckt wird, weil dem Arbeitgeber hierfür die finanziellen Mittel fehlen.[594] Auch die verbindliche Beschränkung von Leistungen auf Organisierte ist wieder zum Thema geworden.[595] Die rechtliche Zulässigkeit aller derartigen Abmachungen war seit jeher umstritten und bedarf deshalb der Erörterung. Dies gilt auch für die Vertrauensleuteabkommen.

### 4.11.1. Beitragseinziehung durch den Arbeitgeber?

394 Ob es zulässig ist, den Arbeitgeber zur Einziehung der Gewerkschaftsbeiträge zu verpflichten, wurde schon in den 60er Jahren unterschiedlich beurteilt. Dietz und Nipperdey kamen in zwei der Arbeitgeberseite erstatteten Gutachten zu einem negativen Ergebnis[596], Fechner begründete als DGB-Gutachter das Gegenteil.[597] Bis heute ist die Rechtslage nicht eindeutig geklärt; die Meinungen in der Literatur sind geteilt[598], eine **BAG-Entscheidung existiert nicht**. Die gegen eine solche tarifliche Abmachung vorgetragenen Argumente sind freilich alles andere als überzeugend:

395 Einmal wird behauptet, eine solche Regelung beseitige die Gegnerunabhängigkeit der Gewerkschaften, da die Gegenseite ihnen so einen erheblichen wirtschaftlichen Vorteil zuwende.[599] Dabei wird jedoch verkannt, dass die

592 S. die Zahlenangaben bei Löhrlein, in: Kittner (Hrsg.), Gewerkschaftsjahrbuch 1984, S. 58.

593 Zur aktuellen Entwicklung des Organisationsgrads s. die Nachweise oben 3.1.5 (Rn 101 b).

594 Dazu Gamillscheg NZA 2005, 146 ff.; Giesen NZA 2004, 1317 und Rudzio, DIE ZEIT Nr. 46 vom 4. 11. 2004, S. 25.

595 Däubler BB 2002, 1543 ff.; Bauer-Arnold NZA 2005, 1209.

596 Dietz-Nipperdey, Die Frage der tariflichen Regelung der Einziehung von Gewerkschaftsbeiträgen durch die Betriebe, Schriftenreihe der Bundesvereinigung der Deutschen Arbeitgeberverbände, Heft 33, Köln 1963.

597 Fechner, Die tarifliche Regelung der Abführung von Gewerkschaftsbeiträgen durch den Arbeitgeber, 1963 (zitiert nach Biedenkopf, Grenzen, S. 360, Fn 165). Es ist bezeichnend für das mangelnde Verständnis der DGB-Führung für juristische Auseinandersetzungen, dass das Gutachten nicht veröffentlicht wurde; durch falsche Sparsamkeit überließ man so das Feld dem Gegner.

598 Dagegen Bötticher, S. 146; Hueck-Nipperdey, Bd. II/1, S. 96, 338; für Zulässigkeit Farthmann AuR 1963, 353; Gamillscheg, Kollektives Arbeitsrecht I, § 9 III 1 d – S. 424; Kempen/Zachert-Kempen § 2 Rn 64; die Einwilligung des einzelnen Arbeitnehmers verlangen Löwisch-Rieble, § 1 Rn 857; Wiedemann-Wiedemann § 1 Rn 452. Differenzierend Biedenkopf, Grenzen, S. 260 ff.; Herschel JZ 1965, 83.

599 So insbesondere Dietz, in: Dietz-Nipperdey, S. 23.

Unabhängigkeit nur dann gefährdet ist, wenn bestimmte Vorteile jederzeit entzogen werden können und sich der Empfänger deshalb um Wohlverhalten bemüht. Solange der Tarifvertrag gültig ist, steht den Arbeitgebern eine solche Möglichkeit nicht zur Verfügung; ein Tarifbruch würde sie zu Schadensersatz verpflichten. Nach einer wirksam gewordenen Kündigung könnten sie zwar diese Leistungen einstellen, doch ist dies in einer Tarifrunde ein sehr viel weniger gravierendes Mittel als z. B. die von der Rechtsprechung zugelassene Aussperrung. Dass in Wirklichkeit die Unabhängigkeit der Gewerkschaften nicht gefährdet, sondern wegen des sicheren Beitragseingangs eher vergrößert wäre[600], zeigt die Tatsache, dass gerade sie eine solche Regelung forderten und sich die Arbeitgeber dagegen energisch zur Wehr setzten.[601]

Der tatsächlichen Interessenlage kommt das zweite Argument sehr viel nä- 396
her: Den Arbeitgebern sei eine Förderung ihres Gegenspielers «unzumutbar», eine entsprechende tarifliche Verpflichtung aus diesem Grund unwirksam.[602] Die «Tarifgrenze der Unzumutbarkeit» wurde ausschließlich im vorliegenden Zusammenhang entwickelt; bei anderen Fragen hat sie zunächst keine Rolle gespielt.[603] Gegen diese spezifische Beschränkung der Tarifautonomie spricht ihr **außerordentlich pauschaler Charakter**. Was «zumutbar» und was «unzumutbar» ist, lässt sich sehr unterschiedlich beurteilen; die Gültigkeit des Tarifvertrags würde so letztlich in die Hand des zuständigen Arbeitsrichters gelegt. Dies läuft auf eine Tarifzensur hinaus. In Wahrheit müssen die Tarifparteien selbst entscheiden, was sie sich zumuten oder nicht zumuten wollen.

Schließlich wurde das (damals in § 117 Abs. 2 GewO enthaltene) **Verbot** 397
**der Lohnverwendungsabrede** ins Feld geführt; die Tarifparteien könnten nicht bestimmen, was der Arbeitnehmer mit seinem Lohn anzufangen habe.[604] Zu Recht hat Farthmann dies kritisiert; hier gehe es um die technische Abwicklung einer freiwillig eingegangenen Verpflichtung, die jederzeit wieder rückgängig gemacht werden könne.[605] Zumindest dann, wenn der Arbeitnehmer ausdrücklich zustimmt, bestünden daher auch insoweit keine rechtlichen Bedenken.[606]

Trotz des Streits um die rechtliche Zulässigkeit wird die **Beitragsabfüh-** 398
**rung** in einer Reihe von Bereichen **praktiziert**,[607] ohne dass die Rechtmäßigkeit dieses Verfahrens in Frage gestellt würde. Für die Gewerkschaft ergibt

600 Vgl. Kempen/Zachert-Kempen § 2 Rn 64.

601 Wie hier im Ergebnis Löwisch-Rieble § 1 Rn 855; Wiedemann-Wiedemann Einl. Rn 452.

602 Bötticher, S. 146; Hueck-Nipperdey, Bd. II/1, S. 96, 338.

603 Vgl. Gitter AuR 1970, 129.

604 So insbesondere Nipperdey, in: Dietz-Nipperdey, S. 36 ff.

605 Farthmann AuR 1963, 353.

606 So auch Biedenkopf, Grenzen, S. 147.

607 So bei Nachfolgegesellschaften der Deutschen Bundespost und im Bergbau – vgl. Gamillscheg, Kollektives Arbeitsrecht I, § 9 III 1 d (1) – S. 422.

sich dabei der Vorteil, mit einem sicheren und pünktlichen Beitragseingang rechnen zu können; auch spielt die fehlende Beitragsehrlichkeit einzelner Mitglieder keine Rolle mehr. Auf der anderen Seite kann es problematisch sein, wenn der Arbeitgeber die Gewerkschaftsmitgliedschaft einzelner Arbeitnehmer kennt.[608] Verschiedentlich wurde auch darauf hingewiesen, dass das Kassieren von Beiträgen am Arbeitsplatz oder in der Wohnung Gespräche über Ziele und Aufgaben der Gewerkschaften erleichtere und so erheblich zum Zusammenhalt der Mitglieder beitrage – heute eine eher nostalgische Vorstellung, werden doch die Beiträge üblicherweise vom Bankkonto abgebucht.

## 4.11.2. «Sondervorteile» für Gewerkschaftsmitglieder

### 4.11.2.1. Der Streit um die Differenzierungsklausel

399 Im Jahre 1965 verlangte die Gewerkschaft Textil-Bekleidung Tarifverträge über ein zusätzliches Urlaubsgeld. Dieses sollte in der Weise finanziert werden, dass alle tarifgebundenen Arbeitgeber 2 % der Bruttolohnsumme an eine gemeinsame Einrichtung bezahlten. Für das Urlaubsgeld waren mindestens 60,– DM vorgesehen. Höhere Ansprüche sollten von der Dauer der Betriebs- wie auch der Gewerkschaftszugehörigkeit abhängen. Ein Organisierter hätte demnach 40,– bis 60,– DM mehr als ein Nichtorganisierter erhalten; ein Abgehen von diesen Grundsätzen war ausdrücklich untersagt.[609] Weil ein Unternehmer diese Vorschläge nicht akzeptieren wollte, wurde er bestreikt; als Antwort ließ er die Arbeitsniederlegung durch einstweilige Verfügung verbieten[610] und verklagte die Gewerkschaft auf Schadensersatz. Der zuständige Erste Senat des BAG, zu dem die Angelegenheit nach ca. zwei Jahren gelangt war, rief den Großen Senat[611] an, um die Grundsatzfrage klären zu lassen, ob im Tarifvertrag bestimmte Leistungen zwingend den Organisierten vorbehalten bleiben dürfen (sog. Differenzierungsklausel). Durch zahlreiche Gutachten[612] und eine von Nipperdey inszenierte Unterschriftenaktion auf

608 Zur datenschutzrechtlichen Problematik s. Däubler, Gewerkschaftsrechte, § 20a II 1 (Rn 671 ff.).

609 Der Sachverhalt ist mitgeteilt bei Hanau-Adomeit, C II 4 (Rn 249).

610 Näher zu einstweiligen Verfügungen gegen Streiks unten 5.8.4. (Rn 640 ff.).

611 Er entscheidet über Grundsatzfragen und besteht heute nach § 45 Abs. 5 ArbGG aus dem BAG-Präsidenten, je einem Berufsrichter der Senate, in denen der Präsident nicht den Vorsitz führt, und je drei ehrenamtlichen Richtern aus den Kreisen der Arbeitnehmer und Arbeitgeber.

612 A. Hueck, Tarifausschlussklauseln und verwandte Klauseln im Tarifvertragsrecht, München 1966; Zöllner, Tarifliche Differenzierungsklauseln, Düsseldorf 1967 (beide für die Arbeitgeberseite);

dem Deutschen Juristentag[613] vermutlich nicht ganz unbeeindruckt, **verneinte der Große Senat die Rechtmäßigkeit der konkreten Tarifbestimmung**[614] und berief sich dabei auf das Grundrecht der negativen Koalitionsfreiheit (1), auf die (angebliche) Überschreitung der Grenzen der Tarifautonomie, die in der Regelung der Arbeitsverhältnisse von Außenseitern liege (2), und auf den Grundsatz der Unzumutbarkeit, der die Förderung des Gegenspielers verbiete (3). Die dagegen von der Gewerkschaft eingelegte Verfassungsbeschwerde wurde vom Bundesverfassungsgericht als unzulässig verworfen[615], da der Beschluss des Großen Senats nur eine abstrakte Rechtsfrage geklärt habe, ein Eingriff in Rechte der Gewerkschaft (der Voraussetzung für eine Verfassungsbeschwerde ist) aber erst vorliege, wenn sie vom zuständigen Senat zu Schadensersatz verurteilt worden wäre. Da dies noch nicht erfolgt war, weil die Beteiligten zunächst den Ausgang des Rechtsstreits vor dem Bundesverfassungsgericht abwarten wollten, musste man nunmehr vor dem Ersten Senat des BAG weiterprozessieren. Nach einiger Zeit kam eine **außergerichtliche Einigung** zwischen den Parteien zustande, über deren Inhalt nichts Präzises in Erfahrung zu bringen ist; im Prozess selbst stellten beide den Antrag auf Ruhen des Verfahrens, dem das Gericht nach § 251 ZPO stattgeben musste.

In einem **Parallelfall** traf der Erste Senat am 31. 3. 1978 (also 13 Jahre 400
nach dem Streik!) eine Endentscheidung und stellte dabei klar, dass das Ruhen des anderen Verfahrens ohne Bedeutung sei: Der **Beschluss des Großen Senats habe bindende Wirkung**, eine erneute Vorlage komme trotz der in der Literatur geäußerten Kritik nicht in Betracht.[616] Die Angelegenheit schien damit vor den Arbeitsgerichten «ausgepaukt». Eine solche Annahme lag umso näher, als das BAG in einem ähnlich liegenden Fall wiederum den Schutzbereich der negativen Koalitionsfreiheit sehr weit bestimmte: Räumt ein Tarifvertrag einem bestimmten Prozentsatz der Beschäftigten einen **Anspruch auf Vorruhestand** ein, so würde es gegen die negative Koalitionsfreiheit verstoßen, wenn man dies nur auf die Organisierten beziehen würde.[617]

**Anfang 1994** hat sich das **LAG Hamm von der Auffassung des BAG** 401
**distanziert** und genau gegenteilig entschieden.[618] Bemerkenswert ist weiter,

Bötticher, Gemeinsame Einrichtungen, S. 105 ff. (für das Bundesarbeitsministerium); Fechner, Ein Schritt voran, Düsseldorf 1965 (Gewerkschaft Holz); vgl. auch die unabhängige Untersuchung von Gamillscheg, Die Differenzierung nach der Gewerkschaftszugehörigkeit, Berlin 1966.

613 Verhandlungen des 46. DJT, S. D 73 ff.

614 BAG AP Nr. 13 zu Art. 9 GG.

615 BVerfG NJW 1971, 1212.

616 BAG DB 1978, 1647.

617 BAG AP Nr. 46 und 47 zu Art. 9 GG = DB 1987, 487 und 492. Kritisch Gamillscheg BB 1988, 555.

618 LAG Hamm LAGE § 4 TVG Nr. 4. Ähnlich schon LAG Düsseldorf LAGE Art. 9 GG Nr. 2: unzulässig nur bei «empfindlichem Druck».

dass bis in die Gegenwart Differenzierungsklauseln praktiziert werden, die sich in einem hohen Organisationsgrad niederschlagen.[619] Auch macht die genaue Lektüre der Entscheidung des Großen Senats deutlich, dass sie nicht jeden, sondern nur einen «sozialinadäquaten» Druck auf die Nichtorganisierten ausschließen wollte. Diesen sah sie im konkreten Fall darin, dass der Zusammenhang zwischen dem niedrigeren Urlaubsgeld und dem ersparten Gewerkschaftsbeitrag für die Betroffenen nicht durchschaubar war; wäre es um eine ersichtliche Ausgleichsleistung gegangen, hätte das Gericht wohl anders entschieden.[620] Würde es zu erneuten gerichtlichen Auseinandersetzungen kommen, wäre der Ausgang zumindest offen;[621] bis zur Höhe des Gewerkschaftsbeitrags könnte wohl eine Besserstellung der Organisierten als «sozialadäquat» qualifiziert werden. Auch ist zu berücksichtigen, dass das Bundesverfassungsgericht Arbeitgeber-Außenseitern erheblich gravierendere Nachteile zugemutet hatte, als sie im BAG-Fall zur Diskussion standen.[622]

402 Das BAG hat in der Literatur vorwiegend Kritik erfahren.[623] Seiner Berufung auf die negative Koalitionsfreiheit ist oben bereits widersprochen worden.[624] Auch bezüglich der These, es gebe eine Tarifgrenze der Unzumutbarkeit, kann auf schon Ausgeführtes verwiesen werden.[625] Es bleibt das Argument, die Differenzierungsklausel gestalte in unzulässiger Weise die Arbeitsverhältnisse der Außenseiter. Auch ihm kann nicht gefolgt werden.

403 Die rechtliche Wirkung der fraglichen Abmachung beschränkt sich darauf, den Arbeitgeber zu verpflichten, bestimmte Leistungen für Außenseiter nicht zu erbringen. Dies ist – je nach den Absichten der Tarifparteien – eine rein schuldrechtliche Verpflichtung oder eine sog. negative Inhaltsnorm, aufgrund deren der einzelne tarifgebundene Arbeitnehmer von seinem Arbeitgeber verlangen kann, Außenseitern bestimmte Leistungen nicht zu gewähren. Dass dies faktisch die Rechtsstellung der Nichtorganisierten beeinflusst, ist nicht zu bestreiten, doch gibt es keinen Rechtssatz, der den Tarifparteien die rein tatsächliche Einwirkung auf die Situation anderer Personen verbietet. Konsequenterweise wird es allgemein akzeptiert, dass Außenseiter wie Organisierte bezahlt werden, und zwar selbst dann, wenn sich die gewerkschaftliche

619 Beispiel ist die sog. Mieder-Stiftung; auf Arbeitnehmerseite ist Tarifpartei heute die IG Metall, die die Gewerkschaft Textil-Bekleidung (GTB) aufgenommen hat.

620 Einzelheiten bei Däubler BB 2002, 1643.

621 Vgl. auch ErfK-Dieterich Art. 9 GG Rn 32.

622 BVerfGE 20, 312 ff. zur Tariffähigkeit der Innungen.

623 Gitter JurA 1970, 66; Kempen/Zachert-Wendeling-Schröder § 3 Rn 246; Hanau JuS 1969, 213; Herschel AuR 1970, 193; Leventis, Tarifliche Differenzierungsklauseln, Berlin 1974; Radke AuR 1971, 4; Reuß AuR 1970, 33; Ritter JZ 1969, 111; A. Stein Rn 363; Weller AuR 1970, 161. Eine ideologiekritische Aufarbeitung der gesamten Diskussion um die Differenzierungsklausel unternimmt Kukuck, S. 183 ff.

624 3.2.6. (Rn 135 ff.).

625 Oben 4.11.1. (Rn 396).

Lohnpolitik als verfehlt herausstellen sollte. Sicherlich sind solchen faktischen Einwirkungen Grenzen gezogen, doch ergeben sich diese aus Grundrechten, insbesondere aus der negativen Koalitionsfreiheit, nicht aber aus einer angeblichen «immanenten Grenze» der Tarifautonomie. Wie wenig die Auffassung des BAG zu überzeugen vermag, zeigt sich schließlich daran, dass dem Arbeitgeber das unbestrittene Recht zusteht, einen Nichtorganisierten unter Tarif zu bezahlen:[626] Genau derselbe wirtschaftliche Erfolg soll dann rechtswidrig sein, wenn er Ergebnis einer gemeinsamen Entscheidung der Tarifparteien ist.

#### 4.11.2.2. Aktuelle Perspektiven

Die oben[627] skizzierten **Bonusregelungen** weisen die Besonderheit auf, dass 405
sie den **Arbeitgeber nicht verpflichten**, den Außenseitern bestimmte Leistungen vorzuenthalten, dass er dies aber faktisch in den meisten Fällen tun wird. Rechtlich handelt es sich dabei um eine sog. einfache Differenzierungsklausel: Man ordnet im Grunde nur an, was sowieso in § 3 Abs. 1 TVG steht: Der Tarifvertrag gilt nur für die Gewerkschaftsmitglieder, von den Nichtorganisierten ist nicht die Rede. Eine solche Abmachung ist **unbestritten rechtmäßig**.[628] Allerdings wird sie in der Praxis ihr Ziel nur dann erreichen, wenn es in einer wirtschaftlichen Engpasssituation darum geht, die gewerkschaftliche Zustimmung zu einer Abweichung vom Flächentarif zu erhalten.

Eine Differenzierungsklausel im hier erörterten Sinn in Tarifverhandlun- 406
gen zu erzwingen, fällt angesichts der immer noch bestehenden rechtlichen Risiken schwer. Dabei spielt es keine Rolle, ob man die Form einer **Tarifausschlussklausel** wählt, wonach genau bestimmte Leistungen nur an Organisierten erbracht werden dürfen, oder ob man sich für eine sog. **Spannenklausel** entscheidet, die den Arbeitgeber lediglich verpflichtet, einen bestimmten summenmäßigen Abstand zwischen den an Organisierten und den an Nichtorganisierten erbrachten Leistungen zu wahren. Würde im Tarif bestimmt:

«Das zusätzliche Urlaubsgeld in Höhe von € 100,– darf nicht an Außenseiter gewährt werden»,

so wäre dies eine Tarifausschlussklausel; würde jedoch festgelegt:

«Das Urlaubsgeld der Organisierten muss das den Außenseitern gewährte um € 100,– übersteigen»,

---

626 BAG AP Nr. 7 zu § 4 TVG.

627 Rn 392.

628 S. Dorndorf AuR 1988, 6; Giesen NZA 2004, 1317.

so läge eine Spannenklausel vor, die übrigens der Sache nach auch der BAG-Entscheidung zum Differenzierungsproblem zugrunde lag. Zwischen beiden besteht kein qualitativer, sondern vorwiegend ein «optischer» Unterschied.[629]

407 Die Schwierigkeiten, einen faktischen Ausgleich für das im Gewerkschaftsbeitrag liegende finanzielle Opfer zu erreichen, sollte Anlass sein, sich daran zu erinnern, dass **«mehr Geld» nicht der einzige denkbare Vorteil ist, der mit einer Gewerkschaftsmitgliedschaft verbunden** ist. Wer **als «Neuer»** in einen Betrieb kommt, hat zunächst einmal **Schwierigkeiten**, sich in dem zunächst für ihn fremden Umfeld zurechtzufinden. Viele formelle und informelle Regeln werden ihm unbekannt sein.

Wie sehen die genauen Erwartungen des Vorgesetzten aus? Ist seine «Brummigkeit» ein Zeichen der Missbilligung oder verhält er sich immer so? Wer hat zu wem eine besonders enge Beziehung, sodass man besser nicht über den anderen herzieht?

Später stellen sich grundsätzlichere Fragen. **Hat man im Betrieb eine Zukunft?** Wird man irgendwann in eine bessere Position aufsteigen? Ist es sinnvoll, an einer Qualifizierungsmaßnahme teilzunehmen und dafür 20 Stunden vom Zeitguthaben abbuchen zu lassen?

408 Alle diese Fragen lassen sich nicht spontan beantworten. Viele holen sich ein paarmal eine blutige Nase, bevor sie erkennen, wie die Spielregeln im Betrieb beschaffen sind. Deshalb braucht der einzelne einen **«Mentor»**, einen erfahrenen Kollegen, der sich im Betrieb genau auskennt und der ihm die richtigen Ratschläge geben kann. An diesem Punkt kann die Gewerkschaft ansetzen: Würde sie einen **«Berufslotsen»** zur Verfügung stellen, der in erster Linie für die eigenen Mitglieder da ist, so hätten diese einen im Grunde unschätzbaren Vorteil. Die Frage nach der «Nützlichkeit» der Gewerkschaftsarbeit wäre für die Betreuten bis auf weiteres geklärt. Aller Voraussicht nach würde dies sehr viel mehr zu einem Beitritt motivieren als zahllose Erklärungen gegen bösartigen Sozialabbau, hinter denen – wie der Einzelne zumindest spürt – keine echte Power steht.

408 a Als «Berufslotse» könnten sich **Vertrauensleute**, insbesondere aber **Betriebsratsmitglieder** anbieten. Beide sind in ihrer gewerkschaftlichen Betätigung frei – bei den Vertrauensleuten folgt dies unmittelbar aus Art. 9 Abs. 3 GG, bei den Betriebsratsmitgliedern aus § 74 Abs. 3 BetrVG. Soweit nicht nur Gewerkschaftsmitglieder betreut werden, ließe sich die Information der «Neuen» auch als Betriebsratsaufgabe ansehen, die während der Arbeitszeit erledigt werden kann.

---

629 Zur sog. einfachen Differenzierungsklausel, die ausdrücklich noch einmal auf die Organisationszugehörigkeit abstellt, aber die (arbeitsvertragliche) Gleichstellung der Außenseiter nicht verbietet, s. Dorndorf AuR 1988, 6; Giesen NZA 2004, 1317, und oben Rn 405.

### 4.11.3. Tarifliche Vereinbarung eines Solidaritätsbeitrags?

Gegenüber dem Streit um die Zulässigkeit der Differenzierungsklausel trat 409
nach anfänglich intensiver Diskussion[630] die Frage nach der Erhebung eines «Solidaritätsbeitrags» fast völlig in den Hintergrund. Nach diesem Konzept sollten die Nichtorganisierten durch Gesetz oder Tarifvertrag verpflichtet werden, eine bestimmte Summe (gedacht war an 50 % des Mitgliedsbeitrags) an die Gewerkschaftskasse zu bezahlen, weil ja auch sie von den Erfolgen gewerkschaftlicher Tarifabschlüsse profitieren. Als Vorbild berief man sich häufig auf die **Schweiz**, die seit vielen Jahren eine solche Einrichtung kennt.[631] In der Gegenwart erheben die Gewerkschaften diese Forderung nicht mehr; sie könnte bei den Betroffenen mit wenig Akzeptanz rechnen. Eine «Gewerkschaftsabgabe» würde nur Vorbehalte gegen «Apparate» mit angeblicher Selbstbedienungsmentalität verstärken.

Die **rechtliche Zulässigkeit** des Solidaritätsbeitrags ist **umstritten**[632]; 410
Biedenkopf plädierte vor vielen Jahren für ein bedingtes Ja und wollte die Erhebung davon abhängig machen, dass die Außenseiter an Urabstimmungen teilnehmen können und auch eine (allerdings herabgesetzte) Streikunterstützung erhalten.[633] Tarifrechtlich ließe sich ein Solidaritätsbeitrag nur in der Form konstruieren, dass der Arbeitgeber verpflichtet würde, mit Außenseitern einen geringeren Lohn zu vereinbaren und die Differenz zur Vergütung der Organisierten an die Gewerkschaft abzuführen – eine wohl zulässige, aber eben nicht wünschenswerte Gestaltung.

### 4.11.4. Tarifliche Absicherung von Vertrauensleuten

Insbesondere in größeren Betrieben, wo zahlreiche Gewerkschaftsmitglie- 411
der tätig sind, bedarf die **Gewerkschaft** auch auf betrieblicher Ebene einer

630 S. die Nachweise bei Biedenkopf JZ 1961, 349, Fn 38.

631 Zanetti RdA 1973, 77. Das schweizerische Bundesgericht (BGE 74 II 168; 75 II 315) hat den Solidaritätsbeitrag allerdings insoweit beschränkt, als nur die eigentlichen Tarifverhandlungskosten ausgeglichen werden dürfen. Andere ausländische Regelungen sind kurz skizziert bei Gamillscheg, Kollektives Arbeitsrecht I, § 7 III 7 b (2) – S. 354.

632 Ablehnend Dorndorf AuR 1988, 16; Gamillscheg, Kollektives Arbeitsrecht I, § 7 III 7 b (1) – S. 354 f.: Hueck-Nipperdey, Bd. II/1, S. 169; Kempen/Zachert-Wendeling-Schröder § 3 Rn 241; zustimmend die bei Biedenkopf JZ 1961, 349, Fn 38, genannten Autoren; im Grundsatz auch Däubler, Tarifvertragsrecht, Rn 1192. Eine gesetzliche Einführung halten für zulässig Wiedemann-Wiedemann, Einl. Rn 297.

633 Biedenkopf JZ 1961, 350 ff.

**«Binnenstruktur»**: Eine bestimmte Anzahl von Mitgliedern (z.B. 15 oder 20) wählen einen Vertrauensmann oder eine Vertrauensfrau; auf betrieblicher Ebene existiert dann eine «Vertrauensleuteversammlung», die ggf. eine «Vertrauenskörperleitung» bestimmt. Die **Aufgabe der Vertrauensleute** ist eine doppelte: Zum einen sollen sie Probleme und Anliegen der Mitglieder aufgreifen und bei den zuständigen Instanzen weiterverfolgen (z.B. Betriebsrat, Ortsverwaltung der Gewerkschaft); zum andern sollen sie die Inhalte gewerkschaftlicher Politik an der «Basis» vermitteln. Dafür benötigen sie Zeit; außerdem sind sie mehr als andere Arbeitnehmer in der Gefahr, in eine Konfrontationssituation mit dem Arbeitgeber zu geraten, was die Gefahr von «Strafversetzungen» und Kündigungen mit sich bringen kann.

411 a Die **Existenz von Vertrauensleuten** fällt in den **Schutzbereich des Art. 9 Abs. 3 GG.**[634] Ein Arbeitgeber, der «etwas Derartiges» nicht dulden und mit Sanktionen beantworten würde, würde gegen Art. 9 Abs. 3 Satz 2 GG verstoßen. Die Betätigungsmöglichkeiten richten sich nach allgemeinen Grundsätzen; dies bedeutet, dass nur ganz ausnahmsweise **Arbeitszeit** in Anspruch genommen werden kann.[635] Der durch **Art. 9 Abs. 3 Satz 2 GG** gewährte Schutz **reicht** jedenfalls dann **nicht aus**, wenn entgegen der oben vertretenen Auffassung[636] vom einzelnen Arbeitnehmer der volle Nachweis verlangt wird, eine konkrete Maßnahme habe «koalitionsfeindliche Tendenz» besessen. Von daher besteht ein Bedürfnis, durch Tarifvertrag ein gewisses Freistellungskontingent sowie eine bessere Absicherung der persönlichen Rechtsstellung zu erreichen.

412 Die **Rechtmäßigkeit derartiger «Absicherungstarifverträge»** ist **in der Rechtsprechung** des BAG grundsätzlich **anerkannt.** Den Mitgliedern von Tarifkommissionen und «anderen Mandatsträgern» kann (bezahlte) Arbeitsbefreiung für die Ausübung ihrer Funktionen eingeräumt werden.[637] Bei einem Streit um die Nachwirkung des Vertrauensleuteabkommens für den öffentlichen Dienst hat das BAG dessen Wirksamkeit als selbstverständlich unterstellt.[638] In der **Literatur** wandten sich ursprünglich nur zwei Stimmen aus dem Arbeitgeberlager gegen solche Abmachungen,[639] doch erhoben sich Mitte

---

634 BAG AuR 1979, 256 = DB 1979, 1043.

635 Dazu oben 3.2.7. (Rn 147) und Däubler, Gewerkschaftsrechte im Betrieb, Rn 504 ff. Im Einzelfall kann nach § 39 Abs. 3 BetrVG während der Arbeitszeit die Sprechstunde des Betriebsrats aufgesucht werden.

636 Oben 3.2.5. (Rn 130 f.).

637 BAG AP Nr. 2 zu § 1 TVG Tarifverträge Banken; BAG AP Nr. 5 zu § 87 BetrVG 1972 Betriebsbuße.

638 BAG NZA 1998, 492.

639 Losacker, Arbeitsrecht der Gegenwart, Bd. 2 (1965), S. 65; Bulla BB 1975, 889.

der 70er Jahre eine Reihe kritischer Stimmen.[640] Aktuell schließt sich jedoch die herrschende Meinung dem BAG an.[641] Weder bei Freistellungs- noch bei Kündigungsschutzvorschriften liegt eine unzulässige «Sondervergünstigung» für Gewerkschaftsmitglieder vor, da die Begrenzung der Tarifnormen auf sie dem Tarifsystem immanent ist[642] und da es außerdem nur um einen Ausgleich für potenzielle Benachteiligungen geht.[643] Auch gerät die Unabhängigkeit der Gewerkschaft durch derartige Tarifnormen nicht in Gefahr,[644] da ihre Handlungsmöglichkeiten vergrößert werden und die Arbeitgeberseite bei mangelndem «Wohlverhalten» nicht mit einem Entzug drohen kann. In der Literatur wurde schließlich auch die Einräumung von Mitwirkungs- und **Mitbestimmungsrechten an Vertrauensleute** diskutiert,[645] doch geht es in der Gegenwart sehr viel stärker darum, wenigstens ihre Existenz und ein Minimum an Betätigung zu sichern. Betriebsverfassungsrechtliche Prinzipien wären im Übrigen nicht verletzt, da § 2 Abs. 3 BetrVG die gewerkschaftliche Interessenvertretung ausdrücklich aus seinem Regelungsbereich ausklammert.[646]

## 4.11.5. Tarifliche Organisationsklauseln?

Anders als noch in der Weimarer Zeit[647] spielen sog. Organisationsklauseln in 413
der heutigen Tarifpraxis keine Rolle mehr. In Form der **allgemeinen Organisationsklausel** verboten sie dem Arbeitgeber die Einstellung unorganisierter Arbeitnehmer, in Form der beschränkten Organisationsklausel engten sie seine Entscheidungsfreiheit noch weiter ein, indem ihm auch die Einstellung Andersorganisierter untersagt wurde. Dieser in Großbritannien und den USA früher weit verbreitete sog. **closed shop**[648] ist jedenfalls in seiner zweiten Variante **unzulässig**, da er gegen die positive Koalitionsfreiheit der Mitglieder

640 Bötticher RdA 1978, 133 ff.; Blomeyer DB 1977, 101 ff. sowie Kraft, Ramm und Scholz auf einem vom Innenausschuss des Deutschen Bundestags am 19. 5. 1976 veranstalteten Hearing (dazu FAZ vom 20. 5. 1976, S, 6).

641 Berg u. a. § 1 TVG Rn 103; Däubler, Gewerkschaftsrechte, Rn 522 ff.; Däubler-Hensche, TVG, § 1 Rn 862 ff.; Kempen/Zachert-Zachert § 1 Rn 546 ff.; Löwisch-Rieble § 1 Rn 852 ff.

642 Löwisch-Rieble § 1 Rn 852.

643 Dies verkennt Bulla BB 1975, 889.

644 Löwisch-Rieble § 1 Rn 852.

645 Däubler, Grundrecht, S. 397 ff.; Lenk GMH 1970, 146 ff. Zu den Einzelregelungen s. unten 6.16.1. (Rn 1186 ff.).

646 Wie hier LAG Düsseldorf AuR 1996, 238. Eingehende Auseinandersetzung mit der Literatur Däubler, Gewerkschaftsrechte, § 17 IV (Rn 522 ff.) und Kempen/Zachert-Wendeling-Schröder § 1 Rn 547 ff.

647 Nachweise bei Hueck-Nipperdey Bd. II/1, S. 162, Fn 22.

648 Zu England vgl. Colneric, S. 14, 414.

der «ausgeschlossenen» Gewerkschaft verstößt.[649] Auch die allgemeine Organisationsklausel ist aber bedenklich, da der Nicht-Erwerb oder gar der Verlust eines Arbeitsplatzes ein so hohes Opfer darstellt, dass nicht mehr von einer freien Ausübung der negativen Koalitionsfreiheit die Rede sein kann. Im Verhältnis zur Differenzierungsklausel ist das «Opfer» ein unvergleichlich größeres.[650] Der Europäische Gerichtshof für Menschenrechte tendiert ebenfalls in diese Richtung, da er einen englischen **union shop** als Verstoß gegen die Vereinigungsfreiheit des Art. 11 MRK qualifizierte.[651] Die im angloamerikanischen Bereich bestehende Notwendigkeit, einen «Sprecher für die gesamte Belegschaft» zu schaffen, besteht bei uns nicht, da diese Funktion bereits von den Betriebsräten wahrgenommen wird.

## 4.11.6. Gewerkschaftliche Informationsrechte – ein neues Feld?

414 Um Tarifverhandlungen sinnvoll führen zu können und utopische Maximalpositionen ebenso zu vermeiden wie unangebrachte Zurückhaltung, muss die Gewerkschaft über die wirtschaftliche Situation der Branche bzw. des Unternehmens informiert sein. **Ausländische Rechtsordnungen** räumen ihr deshalb Informationsrechte gegen die Arbeitgeberseite ein – so etwa das schwedische[652], das niederländische[653] und das italienische Recht.[654]

415 Das deutsche **Recht kennt solche Ansprüche nicht**. Auch in der Tarifpolitik spielen sie heute keine Rolle mehr.[655] Dies dürfte damit zusammenhängen, dass zahlreiche Wirtschaftsdaten öffentlich zugänglich sind und dass im Einzelfall Betriebsratsmitglieder, die zugleich der Tarifkommission angehören, die nötigen Ergänzungen aus ihrer Praxis heraus geben können. Dabei haben sie selbstredend Betriebs- und Geschäftsgeheimnisse nach § 79 BetrVG zu wahren.

---

649 Hanau-Adomeit C I 5 e – Rn 193; Hueck-Nipperdey, Bd. II/1 S. 163; Nikisch, II, S. 37.

650 Hanau-Adomeit, C I 5 e – Rn 193; Hueck-Nipperdey Bd. II/1, S. 163; Nikisch, II, S. 38. Vgl. auch Däubler, in: Däubler/Mayer-Maly, S. 46 und Dorndorf AuR 1988, 16.

651 EGMR EuGRZ 1981, 559 = NJW 1982, 2717.

652 Vgl. §§ 18 ff. des Mitbestimmungsgesetzes, abgedr. bei Folke Schmidt, Die Reform des kollektiven Arbeitsrechts in Schweden, 1978, S. 246 ff. Näher dazu Folke Schmidt, a.a.O., S. 122 ff.

653 S. van der Hoeven WSI-Mitt. 1979, 187 (192 ff.).

654 Zur Tarifpraxis eingehend Runggaldier, S. 226 ff.

655 Zum Vorschlag der IG Metall, das bestehende Lohnniveau durch Tarifvertrag abzusichern und den Arbeitgeber zu verpflichten, einmal jährlich der Gewerkschaft umfassende Auskunft über die Umsetzung des Tarifs zu geben, s. Blomeyer ZfA 1980, 75 (Entwurf) und 62 ff. (Stellungnahme).

## 4.12. Die Realisierung des Tarifvertrags

Der Abschluss eines Tarifvertrags braucht sich nicht unter allen Umständen 421
in der Realität auszuwirken; betriebliche Machtverhältnisse und andere Faktoren können vielmehr zu einem «Vollzugsdefizit», zu einem **Widerspruch zwischen Recht und Rechtswirklichkeit** führen. Der Gesetzgeber hat vor diesem Problem nicht völlig die Augen verschlossen, sondern eine Reihe spezieller Regelungen getroffen, die eine Realisierung des tariflich Vereinbarten erleichtern sollen.

### 4.12.1. Wie erhält man Kenntnis von einem Tarifvertrag?

Nur wer Kenntnis von seinen Rechten hat, kann sie auch wirklich ausüben. 422
Einen kleinen Beitrag zur Realisierung dieses Grundsatzes scheint § 6 TVG zu leisten, wonach sämtliche Tarifverträge zum **Tarifregister** anzumelden sind, das vom Bundesarbeitsministerium geführt wird. Nach § 16 Satz 1 der DVO zum TVG[656] können sie dort während der normalen Dienststunden von jedermann – und deshalb natürlich auch von den tarifgebundenen Arbeitgebern und Arbeitnehmern – eingesehen werden. Die so geschaffene Öffentlichkeit ist freilich von recht beschränkter Bedeutung. Kennt man Überschrift und Datum des im Betrieb anwendbaren Tarifvertrags, so muss man den Wortlaut an Ort und Stelle einsehen. Zwar erteilt der Bundesminister für Arbeit und Sozialordnung nach § 16 Satz 2 der DVO zum TVG (schriftliche) **«Auskunft über die Eintragungen»**, doch beziehen sich diese nur auf Formalien wie Parteien, Datum des Tarifabschlusses usw., nicht jedoch auf den **Inhalt des Vereinbarten**. Die Reise nach Bonn, wo das Tarifregister noch immer geführt wird, ist daher nicht zu vermeiden; andernfalls bleibt nur die Möglichkeit, sich an die zuständige Gewerkschaft bzw. den zuständigen Arbeitgeberverband zu wenden.[657] Die Praxis des Tarifregisters fördert deren Attraktivität.

Etwas stärker auf die Informationsbedürfnisse der Arbeitnehmer stellt 423
§ 8 TVG ab, der den Arbeitgeber verpflichtet, die für seinen Betrieb maßgebenden **Tarifverträge an geeigneter Stelle auszulegen**. Trägt er dem nicht Rechnung, drohen ihm allerdings **keinerlei Sanktionen**. Ein Bußgeld ist nirgends vorgesehen. Nach ständiger Rechtsprechung des BAG soll § 8 TVG auch kein «Schutzgesetz» zugunsten des Arbeitnehmers sein, dessen Verletzung den Arbeitgeber zum Schadensersatz nach § 823 Abs. 2 BGB ver-

---

656 In der Fassung vom 19. 12. 1988, BGBl I, 2307, abgedruckt auch in NZA 1989, 336.

657 Dass für unorganisierte Arbeitgeber und Arbeitnehmer selbst bei anwaltlicher Vertretung Schwierigkeiten entstehen können, beschreibt Lindena DB 1988, 1114.

pflichten würde.[658] Dies überzeugt nicht, da der einzelne Beschäftigte durch § 8 TVG zumindest mitgeschützt und nicht zu erkennen ist, weshalb ein Verstoß ohne jede Konsequenz bleiben sollte[659]. Auch liegt es nahe, insoweit eine arbeitsvertragliche Nebenpflicht anzunehmen, den Arbeitnehmer auf die für ihn maßgebenden Regeln hinzuweisen. Auch hier zeigt sich ähnlich wie bei der Handhabung des § 6, dass ein «milder» Druck zum Beitritt ausgeübt wird: Dass dies die Tarifparteien tun dürfen, ist nicht zu beanstanden,[660] doch ist nicht recht einzusehen, weshalb dies auch der Staat tun darf.

423a Die Probleme werden auf die Spitze getrieben, wenn im Tarifvertrag eine **Ausschlussfrist** enthalten ist, die der Arbeitnehmer mangels näherer Kenntnis **versäumt**. Auch hier soll es nicht auf die fehlende Kenntnis ankommen; dem Arbeitgeber wird sogar das Recht eingeräumt, sich auf den Ablauf der Ausschlussfrist zu berufen, wenn er die Bekanntmachung des Tarifs bewusst unterlassen hat.[661] Da es schließlich auch ausreichen soll, dass der Tarifvertrag in der Personalabteilung eingesehen werden kann, hat § 8 TVG überall dort seine Bedeutung eingebüßt, wo der Arbeitgeber nicht von sich aus zu einem fairen und korrekten Verhalten bereit ist. Das TVG bietet jedenfalls im Ergebnis keine Garantie, dass der einzelne Arbeitnehmer auch wirklich von allen ihn betreffenden Tarifverträgen Kenntnis erlangt.

423b Die neueste Rechtsprechung des BAG hat diesen wenig akzeptablen Zustand dadurch etwas gemildert, dass sie im vorliegenden Zusammenhang das **NachwG** herangezogen hat. Nach dessen § 2 Abs. 1 Satz 2 Nr. 10 muss der Arbeitgeber den Arbeitnehmer in allgemeiner Form auf die Tarifverträge hinweisen, die für das Arbeitsverhältnis gelten. Unterlässt er dies, macht er sich schadensersatzpflichtig.[662] Dasselbe gilt dann, wenn er entgegen § 3 NachwG nicht auf einen neu abgeschlossenen **Haustarif** hinweist, der dem bisher geltenden Verbandstarif vorgeht.[663] Im Falle der Ausschlussfrist liegt der Schaden im Verlust des Anspruchs; man **unterstellt** zugunsten des Arbeitnehmers, er hätte sich im Falle eines Hinweises anders verhalten und seine Ansprüche

---

658 BAG AP Nr. 1 zu § 1 TVG Bezugnahme auf Tarifvertrag; BAG AP Nr. 1 zu § 8 TVG 1969; BAG AP Nr. 43 zu § 4 TVG Ausschlussfristen; a. A. LAG Frankfurt/M. NZA-RR 2002, 427.

659 Einzelheiten bei Bepler ZTR 2001, 241 ff.; Däubler-Reinecke, TVG § 8 Rn 18 ff.; Däubler, Tarifvertragsrecht, Rn 1301; Kempen/Zachert-Zachert § 8 Rn 8; Koch, FS Schaub, S. 421 ff.; anders Wiedemann-Oetker § 8 Rn 16 mit dem Argument, es sei nicht ersichtlich, dass der Individualschutz gerade im Wege des Individualschutzes sichergestellt werden solle. Eine solche ausdrückliche Festlegung verlangt § 823 Abs. 2 aber nicht. Für Zurücktreten hinter das NachwG Löwisch-Rieble § 8 Rn 14 (gegen die Voraufl.).

660 Oben 4.11.2.1. (Rn 402 ff.).

661 BAG AP Nr. 1 zu § 1 TVG Bezugnahme auf Tarifvertrag. Wie hier werten ein solches Verhalten als Rechtsmissbrauch ArbG Hamburg AiB 1986, 260 m. Anm. Grimberg; Kempen/Zachert-Stein § 4 Rn 524 ff.

662 BAG AuR 2002, 467 = NZA 2002, 1096.

663 BAG NZA 2004, 102.

**rechtzeitig geltend gemacht**.[664] Eines gesonderten Hinweises auf die Ausschlussfrist bedarf es aber nicht.

## 4.12.2. Der Sonderschutz tariflich begründeter Rechte

Die Sicherung des im Tarifvertrag festgelegten Mindestniveaus der Arbeits- 424
bedingungen könnte dadurch unterlaufen werden, dass der Arbeitgeber zwar den Tarifvertrag als solchen respektiert, dass er jedoch aufgrund seiner Überlegenheit den einzelnen Arbeitnehmer veranlasst, auf einen Teil der nach dem Tarifvertrag entstandenen Ansprüche zu verzichten oder besonders kurze Ausschlussfristen für die Geltendmachung von Rechten zu vereinbaren. Missbräuchen dieser Art schiebt **§ 4 Abs. 4 TVG** einen Riegel vor, indem er

- jeden **Verzicht** auf tariflich entstandene Rechte für **nichtig** erklärt, es sei denn, er wäre in einem von den Tarifparteien gebilligten Vergleich enthalten;
- jede **«Verwirkung»** tariflich entstandener Rechte **ausschließt**. Der Arbeitnehmer braucht sich daher nicht entgegenhalten zu lassen, mit der Geltendmachung seiner Ansprüche so lange gezögert zu haben, dass der Arbeitgeber darauf vertraute, er werde die Sache auf sich beruhen lassen;
- jede Vereinbarung von **Ausschlussfristen verbietet**, es sei denn, dies geschehe in einem Tarifvertrag. Gleichgestellt wird die einzelvertragliche Vereinbarung einer kürzeren als der gesetzlichen Verjährungsfrist.[665]

Die beifallswerte Regelung des § 4 Abs. 4 TVG hat freilich die Recht- 425
sprechung nicht gehindert, den Arbeitnehmerschutz in zwei Punkten wieder erheblich zu relativieren.

Zum einen wurde das **Verbot der Verwirkung eng interpretiert**; nach 426
Auffassung des BAG steht dem Arbeitgeber daher für besonders gelagerte Fälle der Einwand der unzulässigen Rechtsausübung zu, obwohl dieser seinen Ursprung gleichfalls in § 242 BGB hat.[666]

Zum Zweiten wurden die häufig **in Tarifverträgen vereinbarten Aus-** 427
**schlussfristen der Sache nach weit ausgelegt**, obwohl auf abstrakter Ebene immer für das Gegenteil plädiert wird.[667] Schreibt etwa ein Tarifvertrag die gerichtliche Geltendmachung von Lohnansprüchen innerhalb von 2 Monaten vor und wird einem Arbeitnehmer gekündigt, so reicht es nicht aus, wenn er nur Kündigungsschutzklage erhebt; vor Ablauf des zweiten Monats muss

---

664 BAG NZA 2002, 1096: Vermutung des aufklärungsgemäßen Verhaltens.

665 Däubler-Zwanziger, TVG, § 4 Rn 1208; Kempen/Zachert-Stein § 4 Rn 455; Wiedemann-Wank § 4 Rn 688. Zu zahlreichen Einzelfragen der Ausschlussfristen s. Däubler, Tarifvertragsrecht, Rn 1327–1374 mwN. Alphabetischer Rechtsprechungsüberblick bei Kempen/Zachert-Stein § 4 Rn 529.

666 BAG AP Nr. 7 zu § 9 TVG; BAG AP Nr. 1 zu § 817 BGB.

667 BAG AP Nr. 39 zu § 4 TVG Ausschlussfristen mwN.

er vielmehr auch einen Antrag auf Zahlung des rückständigen Entgelts gestellt haben.[668] Ausschlussfristen, die sich auf das Arbeitsverhältnis beziehen, ergreifen weiter grundsätzlich auch Ansprüche aus unerlaubter Handlung, obwohl diese ja gerade nicht auf den arbeitsvertraglichen Beziehungen der Beteiligten beruhen.[669] Schließlich gehört zur «Geltendmachung» innerhalb der Ausschlussfrist auch, dass der Berechtigte seinen Anspruch wenigstens annähernd der Höhe nach bezeichnet.[670] Leidtragender dieser Entwicklung ist vorwiegend der einzelne Arbeitnehmer, der die für eine Fristwahrung aufgestellten Voraussetzungen sehr viel schwerer erfüllen wird als der in der Regel juristisch beratene Arbeitgeber. Hinzu kommt, dass **Ausschlussfristen** von vornherein **den Arbeitnehmer stärker belasten**, da er in Form der Arbeit typischerweise eine Vorleistung erbringt und deshalb häufiger darauf angewiesen ist, die ausstehende Gegenleistung im Klagewege zu erzwingen. Für den Arbeitgeber ist die Ausschlussfrist dagegen praktisch nur bei Ansprüchen auf Schadensersatz und auf Rückgewähr überzahlter Beträge «lästig», also in ungleich selteneren Fällen. Unter diesen Umständen wäre den Gewerkschaften dringend zu empfehlen, in der Zukunft von der Vereinbarung von Ausschlussfristen ganz abzusehen oder sie lediglich zu Lasten des Arbeitgebers festzulegen. Auch ist zu beachten, dass die im «tariffreien» Raum einzelvertraglich vereinbarten Ausschlussfristen nach der neuesten Rechtsprechung des BAG[671] drei Monate nicht unterschreiten dürfen – es wäre misslich, würde man den Tarifgebundenen Fristen von ein oder zwei Monaten zumuten. Wenigstens werden die Fristen bei Insolvenz des Arbeitgebers hinfällig, da kein Interesse an einer möglichst schnellen Klärung mehr besteht.[672]

## 4.12.3. Die Allgemeinverbindlicherklärung

428 Das dritte Mittel zur Realisierung der Tarifverträge ist die in § 5 TVG vorgesehene Allgemeinverbindlicherklärung, die insbesondere eine **Aushöhlung des Tarifs** durch massenhafte Beschäftigung von Außenseitern zu untertariflichen Bedingungen **verhindern** soll.[673] Sie wird vom Bundesminister für Arbeit und Sozialordnung im Einvernehmen mit dem **Tarifausschuss** aus-

668 BAG AP Nr. 31 und 43 zu § 4 TVG Ausschlussfristen.

669 BAG AP Nr. 37 und 49 zu § 4 TVG Ausschlussfristen; anders wohl BAG AP Nr. 36 zu § 4 TVG Ausschlussfristen. Als Auslegungsfrage qualifiziert bei Kempen/Zachert-Stein § 4 Rn 486, die jedoch für den Regelfall zu einer Einbeziehung kommen.

670 BAG AP Nr. 33, 43, 48 und 49 zu § 4 TVG Ausschlussfristen.

671 BAG NZA 2005, 1111.

672 Vgl. BAG NJW 1984, 910.

673 S. oben 4.3.3.3. (Rn 230). Näher zu ihrer Funktion Berg u. a. § 5 TVG Rn 2 ff.; Däubler, FS Kehrmann, S. 281 ff.

gesprochen. Dieser besteht aus je drei Vertretern der Arbeitgeber- wie der Arbeitnehmerseite; eine «Bank» kann bei einheitlicher Abstimmung daher jede Allgemeinverbindlicherklärung verhindern, weil gegen ihr Votum kein Beschluss und damit auch kein «Einvernehmen» zustande kommt. Davon ist in den letzten Jahren von der Arbeitgeberseite verstärkt Gebrauch gemacht worden.[674] Nur 7,7 % aller Tarifverträge waren Ende 2004 für allgemein verbindlich erklärt.[675]

Wird die Allgemeinverbindlicherklärung ausgesprochen, so gilt der normative Teil des Tarifvertrags **automatisch für alle Arbeitsverhältnisse und Betriebe**, die in den Geltungsbereich des Tarifvertrags fallen, ohne Rücksicht darauf, ob der jeweilige Arbeitgeber oder Arbeitnehmer organisiert ist oder nicht. 428a

Beispiel: Ein Reinigungsunternehmen gehört keinem Arbeitgeberverband an, die teilzeitbeschäftigten Reinigungskräfte sind nicht gewerkschaftlich organisiert, weil der Arbeitgeber so etwas «übel nehmen» würde; der Arbeitsplatz ist unsicher, da unschwer andere Arbeitskräfte eingestellt werden können, sodass man nicht unangenehm auffallen möchte. Der für allgemein verbindlich erklärte Tarifvertrag für das Gebäudereinigungshandwerk findet gleichwohl Anwendung.

Dieser **Vereinheitlichungsfunktion** wegen kann der Minister nicht etwa einzelne Tarifbestimmungen aus der Allgemeinverbindlicherklärung ausnehmen, und zwar selbst dann nicht, wenn er sie für rechtswidrig hält.[676] Die nunmehr in den Tarifvertrag einbezogenen Arbeitgeber und Arbeitnehmer können von den tarifschließenden Verbänden die Übersendung einer Abschrift des Tarifvertrags zum Selbstkostenpreis verlangen.[677] Wenigstens in diesem Fall ist für Publizität gesorgt; ein Verzeichnis der für allgemein verbindlich erklärten Tarife findet man unter www.bma.de im Internet.

Die **Rechtsnatur** der Allgemeinverbindlicherklärung ist kontrovers.[678] 429
BAG[679] und BVerfG[680] vertreten den Standpunkt, dass es sich um einen «Rechtsetzungsakt eigener Art» handle. Dies sagt wenig über die Frage, ob im Streitfall eher die für Verordnungen oder eher die für Verwaltungsakte gel-

674 Berg u. a. § 5 TVG Rn 11, 22.

675 476 von 6180 Tarifverträgen; diese betrafen ca. 0,5 Mio. Arbeitnehmer. Angaben nach Berg u. a. § 5 TVG Rn 8.

676 So OVG Nordrhein-Westfalen BB 1984, 723 – Ausnahme nur bei offensichtlicher Rechtswidrigkeit.

677 § 9 Abs. 1 DVO zum TVG.

678 Vgl. den Überblick bei Hofbauer, Die Rechtsnatur der Tarifverträge und der Allgemeinverbindlicherklärung, Berlin 1974, sowie bei BVerfG DB 1977, 1510 = BVerfGE 44, 322, 338 und bei Backhaus-Wenner DB 1988, 115 ff.

679 BAG BB 1979, 1092.

680 BVerfGE 44, 322 = DB 1977, 1510.

tenden Grundsätze Anwendung finden. Die Tarifparteien können die **Verwaltungsgerichte** anrufen, wenn eine Allgemeinverbindlicherklärung abgelehnt oder gegen ihr Votum ausgesprochen wird.[681] Im Verhältnis zum einzelnen Arbeitnehmer liegt ersichtlich eine normative Regelung vor; klagt er vor dem Arbeitsgericht, so kann dieses wie bei Verordnungen die Rechtmäßigkeit der Allgemeinverbindlicherklärung voll überprüfen.[682] Richtigerweise werden deshalb auch die Grundsätze über die (beschränkte) Rückwirkung von Gesetzen entsprechend angewandt.[683]

### 4.12.4. Die Durchsetzung des Tarifvertrags durch Klage vor dem Arbeitsgericht

430 Die im Gesetz vorgesehenen Sicherungen reichen häufig nicht aus, um die Respektierung des Tarifvertrags in allen erfassten Betrieben durchzusetzen. So kann es in Zeiten der Arbeitslosigkeit vorkommen, dass auch organisierte Arbeitnehmer bereit sind, unter Tarif zu arbeiten, um auf diese Weise einen Arbeitsplatz zu erhalten[684] oder ihre Weiterbeschäftigung zu sichern.[685] Auch zu besseren Zeiten wurde von großen Schwierigkeiten bei der Durchsetzung der Pausenregelung im Lohnrahmentarif II für die Metallindustrie in Nordwürttemberg/Nordbaden berichtet. Einzelne Firmen hatten z. B. versucht, die tariflich festgelegte Erholungszeit von 5 Minuten pro Stunde[686] zusammenzufassen und ans Ende der Arbeitszeit zu legen, «da man die Arbeitnehmer nicht ermüdet den Belastungen des Straßenverkehrs aussetzen könne». Andernorts wurden sonstige Formen der Arbeitsunterbrechung wie z. B. ein Maschinenstillstand auf die Erholungszeit angerechnet.[687] Nach rund einem halben Jahr war die Regelung in 32 von 276 betroffenen Betrieben noch nicht eingeführt.[688] Wie lassen sich in solchen Fällen Tarifvertrag und Tarifwirklichkeit in Einklang bringen?

681 Ebenso BVerwG DB 1985, 529. Zu Problemen des Verwaltungsrechtsschutzes s. weiter Däubler, FS Kehrmann, S. 291 f.

682 Einzelheiten bei Däubler, Tarifvertragsrecht, Rn 1285.

683 BAG DB 1983, 722 = BB 1983, 1215 (LS); BAG DB 1997, 433.

684 S. bereits den Fall LAG Mannheim AP 1952, 112. Ähnliches wurde 1975 aus der Lederindustrie berichtet. Für generelle Legalisierung derartiger Praktiken Adomeit NJW 1984, 26.

685 Diese Situation liegt vielen Bündnissen für Arbeit zugrunde. Soweit sie sich nicht in den rechtlich vorgezeichneten Bahnen bewegen, liegt ein hier interessierender Tarifbruch vor.

686 § 3.14.2. Lohnrahmentarifvertrag II (RdA 1974, 179), sog. Steinkühler-Pause.

687 Vgl. Dabrowski u. a., S. 190 ff.

688 S. die Nachweise bei Dammann, S. 247.

#### 4.12.4.1. Klage durch den einzelnen Arbeitnehmer

Die normale Antwort auf einen Rechtsverstoß ist der Gang zum Kadi oder, 431
wie man unterkühlter sagt: die Beschreitung des Rechtswegs. Da Tarifverträge nach § 4 Abs. 1 TVG unmittelbar und zwingend gelten, kann ein der IG Metall angehörender Arbeitnehmer im obigen Beispiel seine Erholungszeit einklagen. Seine Prozessaussichten wären gut, allerdings müsste er u. U. 6 bis 12 Monate lang warten, bis ein Urteil erster Instanz vorliegen würde.[689] Ginge der Arbeitgeber in die Berufung, käme nochmals dieselbe Zeit hinzu.[690] Für eine eventuelle Revision vor dem BAG müsste man u. U. ein weiteres Jahr rechnen[691], was einen **Gesamtzeitraum von 2 bis 3 Jahren** ausmacht.[692] Erst dann läge eine rechtskräftige und damit vollstreckbare Entscheidung vor. Ob das Arbeitsgericht eine **einstweilige Verfügung** erlassen würde, um ihm für die Zwischenzeit erst mal seine Pausen zu sichern, ist sehr **ungewiss**; wahrscheinlich würde der Richter seinem Antrag nur stattgeben, wenn er eine konkrete Gesundheitsgefährdung glaubhaft machen könnte. Darüber weiter nachzudenken ist freilich relativ müßig: Schon 1970 wurde darauf hingewiesen, dass etwa **80 %** der gewerkschaftlich organisierten Arbeitnehmer **erst nach Beendigung des Arbeitsverhältnisses** gegen ihren Arbeitgeber **prozessieren** und dass die restlichen 20 % vorwiegend aus dem öffentlichen Dienst und nur zum geringeren Teil aus Großbetrieben der gewerblichen Wirtschaft stammen.[693] Im Normalfall führt ein Arbeiter oder Angestellter so gut wie nie einen Prozess gegen seinen Arbeitgeber, solange er dem Betrieb angehört. Aller Wahrscheinlichkeit nach befürchtet er Repressionen seitens des Arbeitgebers[694], möglicherweise würde sein Verhalten auch von den Kollegen missbilligt.[695] Wie dem auch sei, die **Klage des einzelnen Arbeitnehmers** ist **kein verlässliches Mittel**, um eine Realisierung des Tarifvertrags sicherzustellen.

---

689 Zur Verfahrensdauer Bd. 2 Rn 1187 ff.

690 Vgl. die Angaben bei Klebe BB 1980, 838, Fn 2. Die bei Frohner (BB 1980, 161) mitgeteilten Zahlen sind wenig aussagekräftig, da sie nur die durchschnittliche Dauer aller Verfahren, also auch der durch Klagerücknahme, Vergleich usw. beendeten erfassen. Hier geht es aber nur um die rd. 8 %, die durch Urteil erledigt werden.

691 So selbst Frohner BB 1980, 161, was insofern verwertbar ist, als über 40 % der Revisionen zu einem streitigen Urteil führen.

692 Weshalb die Kritik Frohners (BB 1980, 161, Fn 8) an der Sache vorbeigeht.

693 Ramm, in: Naucke-Trappe, S. 169.

694 Darauf führt Ramm, a.a.O., allein die Zurückhaltung beim Prozessieren zurück. Zu den Barrieren beim Zugang zum Arbeitsgericht s. Bd. 2 unter 17.

695 Dies könnte insbesondere dann geschehen, wenn sich der Einzelne über ein rechtswidriges «Bündnis für Arbeit» hinwegsetzen würde.

#### 4.12.4.2. Klage durch die Gewerkschaften

432 Die bei einer Arbeitnehmer-Klage auftauchenden Schwierigkeiten fehlen, wenn die Gewerkschaft als solche prozessiert: Sie unterliegt in aller Regel nicht der Gefahr, vom Arbeitgeber unter Druck gesetzt oder von ihren Mitgliedern scheel angesehen zu werden. Dafür ergeben sich andere Probleme. Bei dem noch immer vorherrschenden Flächentarif kann die Gewerkschaft nur **gegen** ihren Tarifpartner, d.h. **den Arbeitgeberverband vorgehen**.[696] Diesen trifft aber lediglich die Pflicht, seine Mitglieder zur Beachtung des Tarifvertrags «anzuhalten»; er muss auf sie im Sinne voller «Tariftreue» einwirken. Bleiben seine Versuche erfolglos, muss man das hinnehmen. Auch die Gewerkschaft kann nichts Unmögliches verlangen. Im Ergebnis bedeutet dies, dass man mit einer Klage **so gut wie nichts erreicht**, zumal niemand sicher kontrollieren kann, ob sich der Arbeitgeberverband ernsthaft (und nicht nur nach außen hin) um eine Respektierung des Tarifvertrags bemüht hat.

433 Anders wäre die Situation nur dann, wenn die **Gewerkschaft** die im normativen Teil festgelegten Ansprüche **gegen den einzelnen Arbeitgeber** einklagen könnte.[697] Nach herrschender Auffassung ist sie **dazu nicht in der Lage**, da die Tarifnormen eben Rechte und Pflichten nur für die Arbeitsvertragsparteien begründen und das Prozessrecht grundsätzlich keine Möglichkeit gibt, fremde Rechte im eigenen Namen geltend zu machen.[698] Ein «Durchgriff» auf den einzelnen Arbeitgeber ist unter diesen Umständen nur beim Firmentarif möglich, dem jedoch von der Zahl der betroffenen Arbeitnehmer her bei weitem nicht dieselbe Bedeutung wie dem Flächentarif zukommt. Was bleibt, ist lediglich eine **Bevollmächtigung** der Gewerkschaft durch den einzelnen Arbeitnehmer oder eine Abtretung seiner Ansprüchen an sie[699] – beides stößt in der Regel auf ähnliche machtmäßige und psychologische Hindernisse wie eine direkte Klage des Arbeitnehmers.

434 In **Anlehnung an ausländische Vorbilder**[700] könnte man der Gewerkschaft das Recht zubilligen, die tariflichen **Ansprüche ihrer Mitglieder in**

---

696 Einzelheiten oben unter 4.3.5. (Rn 268).

697 Eine Lösung sieht Ramm, Parteien, S. 69 ff. darin, den einzelnen Arbeitgeber zur Tarifpartei neben dem Verband zu machen, doch hat diese Auffassung bisher keine weiteren Anhänger gefunden. Vgl. außerdem Gamillscheg AuR 1996, 355 f.

698 BAG AP Nr. 7 zu § 256 ZPO; BAG RdA 1985, 52, 56.

699 Dazu BAG AP Nr. 64, 66, 67 zu Art. 9 GG Arbeitskampf. Was bei Massenklagen gegen die Aussperrung funktioniert, ist beim Normalfall der arbeitsrechtlichen Streitigkeit schwerlich praktizierbar.

700 Art. I. 135-4 des französischen code du travail, dazu Lyon-Caen/Pélissier/Supiot, Rn 569 ff. Ähnlich in Spanien – dazu Valdés Dal-Re, El nuevo proceso laboral, in: Cruz-Villalon und Valdés Dal-Re, Lecturas sobre la Reforma del Proceso Laboral, Madrid 1991, S. 328 ff. Zum Klagerecht der Gewerkschaften im Europäischen Gemeinschaftsrecht s. Rogalla, Beamtenmitsprache im Neuner-Europa, Baden-Baden 1978, S. 176 ff.

**eigenem Namen** gerichtlich geltend zu machen.[701] Dies könnte durch eine ausdrückliche gesetzliche Regelung, aber auch dadurch geschehen, dass man im **Beitritt** eine **konkludente Ermächtigung** sehen würde, die tariflichen Rechte im eigenen Namen geltend zu machen.[702] Das BAG ist jedoch einen anderen Weg gegangen und hat die (teilweise) Ersetzung des Tarifvertrags durch eine andere **innerbetriebliche Ordnung** als **Eingriff in die Koalitionsfreiheit** gewertet, gegen den sich die betroffene Gewerkschaft im Wege eines Unterlassungsanspruchs zur Wehr setzen kann.[703] Dabei kommt es nicht darauf an, ob diese «Konkurrenzordnung» die Form einer Betriebsvereinbarung oder die einheitlicher arbeitsvertraglicher Bedingungen annimmt; einige wenige Einzelfälle mit tarifwidrigen Arbeitsvertragsklauseln würden jedoch nicht ausreichen.[704] Ob die Gewerkschaft bei der Klage eine Liste ihrer im Betrieb beschäftigten Mitglieder einreichen muss, ist umstritten; der 4. Senat hat dies in einer Entscheidung bejaht,[705] doch ist dies auf heftige Kritik gestoßen.[706]

Selbst wenn man der Gewerkschaft ein generelles Klagerecht einräumen 435
würde, wären damit nicht alle Schwierigkeiten beseitigt. Auch dann könnte der Arbeitgeber aufgrund seines Direktionsrechts erst einmal nach seinen Vorstellungen Anordnungen treffen, während sich die Arbeitnehmerseite ihre Rechte nachträglich vom Gericht «zurückholen» müsste:

- **Der Arbeitgeber kann vollendete Tatsachen schaffen.** Gibt er einem Tarifvertrag eine bestimmte Auslegung und richten sich die betrieblichen Verhältnisse danach aus, so kann es dem Arbeitsgericht schwer fallen, den inzwischen «eingespielten» Zustand einfach für tarifwidrig zu erklären. Dabei kommt dem Arbeitgeber zustatten, dass einzelne Tarifbestimmungen wie z. B. die Eingruppierungsmerkmale oft einen erheblichen Spielraum für unterschiedliche Auslegungen lassen; wer hierbei das Recht des «ersten Zugriffs» hat, wird seine Auffassung in der Regel durchsetzen können.
- **Bis zur gerichtlichen Klärung** vergeht unter Umständen eine **erhebliche Zeit**. Da einstweilige Verfügungen nur in besonders dringenden Fällen erlassen werden, verfestigt sich der vom Arbeitgeber geschaffene «provisorische Zustand» immer mehr.
- Die **Auslegung, die das Arbeitsgericht dem Tarifvertrag gibt,** muss nicht mit dem identisch sein, was sich die Tarifparteien gedacht haben. Zwar ist nach der Rechtsprechung des BAG der «Wille der Tarifpartner» für den In-

701 Ramm, in: Freiheit, S. 231.
702 Sog. gewillkürte Prozessstandschaft. Bei Anwaltsvereinen, die gegen Nichtanwälte wegen unlauteren Wettbewerbs vorgehen, wird eine solche Ermächtigung vom BGH angenommen.
703 BAG NZA 1999, 887.
704 BAG NZA 1999, 887, 892. Einzelheiten bei Däubler AiB 1999, 538.
705 BAG NZA 2003, 1221; im Prinzip auch sächsVerfG NZA 2005, 483.
706 Dieterich AuR 2005, 121 ff. mwN.

halt einer Tarifnorm maßgebend, doch gilt dies nur, wenn er «in den tariflichen Normen seinen Niederschlag gefunden hat».[707] Entgegen der früheren Rechtsprechung[708] reicht es dafür aus, dass er sich aus dem «tariflichen Gesamtzusammenhang» ergibt.[709] Besteht insoweit keine Klarheit, ist dem Richter die Auslegung freigestellt: Er kann die Tarifgeschichte, die Praxis in den Betrieben, die Entstehungsgeschichte des Tarifvertrags, aber auch andere Gesichtspunkte heranziehen.[710] Seine «Souveränität» ist hier ebenso groß wie bei Gesetzen[711]; entsprechend gering ist die Sicherheit, dass sich im Endergebnis auch wirklich das bei den Tarifverhandlungen Gewollte durchsetzt.[712] Die Realisierung des Tarifvertrags sollte daher auf andere Weise sichergestellt werden.

## 4.12.5. Leistungsverweigerungsrecht der Arbeitnehmer

436 Die Missachtung der Pausenregelungen[713] und einer Reihe anderer Bestimmungen des Lohnrahmentarifs II in Nordwürttemberg/Nordbaden hatte außer der Einleitung mehrerer Schiedsgerichtsverfahren[714] verschiedene Arbeitsniederlegungen zur Folge, an denen sich über 20000 Arbeitnehmer beteiligten.[715] Waren dies (nach hM) illegale «wilde Streiks», oder haben sich die Beschäftigten rechtmäßig verhalten?[716]

437 Nach § 273 BGB kann der Schuldner (hier: der Arbeitnehmer, der die Arbeitsleistung schuldet) seine Leistung verweigern, bis der Gläubiger (hier: der Arbeitgeber) seinerseits seine fälligen Verpflichtungen erfüllt hat. Wird daher am Monatsende das Gehalt nicht bezahlt, so kann der Arbeitnehmer seine Tä-

707 BAG DB 1985, 130.

708 BAG AP Nr. 117 zu § 1 TVG Auslegung.

709 BAG, DB 1985, 130. Die frühere Rechtsprechung hatte insoweit allein auf den Wortlaut des Tarifvertrags abgestellt.

710 BAG DB 1985, 130. Anders als nach der früheren Rechtsprechung ist der Richter dabei nicht mehr an eine bestimmte Reihenfolge der zu prüfenden Gesichtspunkte gebunden.

711 Oben 1.2.1. (Rn 9ff.). Zur richterlichen Fortbildung von Tarifverträgen weiterführend Kamanabrou, S. 268ff.

712 Diese Problematik ist schlicht übersehen bei der Untersuchung von Ananiadis, a.a.O. Eingehend zu den Auslegungsgrundsätzen bei Tarifverträgen Däubler-Däubler, TVG, Einl. Rn 489ff. und Kamanabrou, a.a.O.

713 Oben 4.12.4. (Rn 430).

714 Die Tarifparteien hatten für Streitigkeiten aus dem Tarifvertrag die Arbeitsgerichtsbarkeit ausgeschlossen und eine Schiedsstelle eingesetzt, die in erster und letzter Instanz entscheiden sollte, deren Sprüche allerdings nach § 110 ArbGG der Rechtmäßigkeitskontrolle durch die Arbeitsgerichte unterliegen.

715 Frankfurter Rundschau vom 26. 9. 1974.

716 Zur Frage, ob ein Streik zur Durchsetzung eines Tarifvertrags rechtmäßig ist, s. Berg-Bobke WSI-Mitt. 1982, 239 mwN.

tigkeit einstellen, ihm steht ein **«Zurückbehaltungsrecht»** an seiner Arbeitsleistung zu.[717] Dies gilt nicht nur für den Fall, dass der Arbeitgeber mit der Erfüllung seiner Hauptpflicht, d.h. der Entgeltzahlung, in Verzug gerät.[718] Zum gleichen Ergebnis kommt man vielmehr auch, wenn der Arbeitgeber sonstige Pflichten aus dem Arbeitsverhältnis nicht erfüllt, es sei denn, es handle sich um absolut untergeordnete Fragen.[719] So vertritt etwa Zöllner mit Recht den Standpunkt, der Arbeitnehmer könne die Arbeit verweigern, wenn der Arbeitgeber seiner aus allgemeinen Grundsätzen folgenden Verpflichtung zur Schaffung menschengerechter Arbeitsbedingungen nicht nachkomme.[720] Dasselbe muss ersichtlich dann gelten, wenn sich die Pflichten des Arbeitgebers aus einem Tarifvertrag ergeben.

Wird also die tariflich vorgesehene Erholungszeit nicht gewährt, so können 438
die davon betroffenen Arbeitnehmer nach § 273 BGB die Arbeit verweigern. Anders als bei einem Streik hat hier der Arbeitgeber sogar das **Entgelt fortzubezahlen**, da er in **Annahmeverzug** gerät.[721]

Die Existenz eines solchen Zurückbehaltungsrechts hängt selbstredend 439
davon ab, dass den Arbeitnehmern **wirklich ein Anspruch gegen den Arbeitgeber** zusteht, weil dieser seine Pflichten tatsächlich (und beweisbar!) verletzt hat. Weigert er sich, das Entgelt fortzuzahlen, oder spricht er gar Kündigungen wegen «beharrlicher Arbeitsverweigerung» aus, so entscheiden in letzter Instanz die Arbeitsgerichte, wessen Auslegung des Tarifvertrags die zutreffende war. Im Einzelfall kann dies dazu führen, dass eine Entgeltklage als unbegründet abgewiesen wird. Eine Kündigung dürfte jedoch kaum je bestätigt werden, müsste dann doch der Arbeitnehmer schuldhaft gehandelt haben – eine Voraussetzung, die jedenfalls dann nicht erfüllt ist, wenn er sich vorher bei seiner Gewerkschaft oder einem Anwalt Rechtsrat geholt hat und ihm dabei die Unbedenklichkeit seines Tuns bestätigt wurde.[722]

Weiter ist zu berücksichtigen, dass das Zurückbehaltungsrecht nur den Ar- 440
beitnehmern zusteht, denen gegenüber der Arbeitgeber seine Pflichten verletzt hat; **Nicht-Betroffene** im gleichen Betrieb oder in anderen Betrieben **können sich der Aktion nicht anschließen**.[723] Tun sie es dennoch, so ist ihr Verhalten nur dann gerechtfertigt, wenn (ganz ausnahmsweise) die Bedingungen eines

---

717 Allg. Meinung; vgl. Hueck-Nipperdey Bd. I, S. 222; Schaub § 50 mwN.

718 So im Fall BAG NZA 1985, 355.

719 Etwas einschränkend Nikisch, I, S. 375.

720 Zöllner RdA 1973, 215. Näher zum Zurückbehaltungsrecht Böttcher, a.a.O.; Däubler (Hrsg.), Arbeitskampfrecht, Rn 1418 ff. und AiB 1989, 139 ff. sowie Kempen/Zachert-Stein § 4 Rn 191 ff.

721 Hueck-Nipperdey, Bd. I, S. 222; Nikisch, I, S. 375; Schaub § 50, 8.

722 Vgl. Däubler, Streik, S. 247; Moll RdA 1976, 104; Söllner ZfA 1973, 26. Ähnlich LAG Hamm DuR 1976, 395 und in Ansätzen auch BAG DB 1978, 1403, 1405.

723 Weitergehend Kempen/Zachert-Stein § 4 Rn 196; Moll RdA 1976, 104; Müller-Guercke S. 352 ff.

rechtmäßigen Streiks erfüllt sind; wie diese nach Auffassung des BAG beschaffen sind, wird uns im nächsten Kapitel beschäftigen.[724]

## 4.12.6. Durchsetzung von Tarifverträgen mit Hilfe des Wettbewerbsrechts?

441 Wer sich durch **rechtswidriges Verhalten** im Wettbewerb einen **Vorsprung** vor seinen rechts- und vertragstreuen Mitbewerbern verschafft, handelte unlauter im Sinne des bisherigen § 1 UWG. Dies war – soweit der Gesetzesverstoß bewusst und planmäßig erfolgte – in Rechtsprechung und Literatur anerkannt.[725] Einheitlich ging die Rechtsprechung davon aus, dass auch Tarifverträge zu den «Rechtsvorschriften» in diesem Sinne zählen.[726] Damit war – wie Alfred Hueck schon in der Weimarer Zeit betonte[727] – ein «gutes Hilfsmittel zur Durchsetzung der Tarifautonomie» vorhanden, das auch im vorliegenden Zusammenhang nutzbar gemacht werden kann.

442 Die **Unterschreitung des Tarifniveaus** durch Arbeitgeber, die dem Verband angehören oder die (typischer Fall!) an einen für allgemein verbindlich erklärten Tarifvertrag gebunden sind, wird in der Regel «bewusst und planmäßig» sein; ein bloßer Einzelfall würde für einen Anspruch nach dem UWG nicht ausreichen.[728] Das Bewusstsein, rechtswidrig zu handeln, ist nicht erforderlich.[729] Der aus dem rechtswidrigen Verhalten folgende Vorsprung im Wettbewerb war nach der Rechtsprechung des BGH[730] allerdings nicht bereits wegen der besseren betriebswirtschaftlichen Lage anzunehmen, die aus den geringeren Lohnkosten folgt; vielmehr mussten entsprechend **günstigere Leistungsangebote** gemacht werden. Dies konnte im Einzelfall zu erheblichen Beweisproblemen führen.

442a Durch die **Neufassung des UWG** im Jahre 2004[731] hat sich diese Situation geändert.[732] Das jetzt geltende UWG bezieht auch den Arbeitnehmer ein, der als Marktteilnehmer geschützt sein soll. Außerdem führt nach § 4 Nr. 11

---

724 S. unten 5.1. (Rn 471 ff.). Die Möglichkeit einer legalen gewerkschaftlichen Demonstration bejahen Kempen/Zachert-Stein § 4 Rn 196.

725 Überblick bei Baumbach-Hefermehl, Wettbewerbsrecht, 19. Aufl., München 1996, § 1 UWG Rn 608 ff.

726 RGZ 117, 16 ff.; KG WRP 1981, 275; OLG Hamburg NJW 1987, 1651; OLG Stuttgart NJW-RR 1988, 103; OLG Frankfurt/M. GRUR 1988, 844; BGH AuR 1993, 377 ff.

727 JW 1927, 2367.

728 Ebenso OLG Köln GRUR 1991, 59; OLG Hamburg NJW 1987, 1652; Baumbach-Hefermehl, a.a.O., § 1 Rn 658 mwN.

729 BGH NJW 1988, 2471, 2473; OLG Hamburg NJW 1987, 1652; Kohte AuR 1989, 246.

730 BGH AuR 1993, 377.

731 BGBl I 1414.

732 Eingehend dazu Kocher GRUR 2005, 647 ff.; Zwanziger DB 2005, 2318.

UWG nunmehr jeder Verstoß gegen eine Vorschrift, die das Verhalten auf dem Markt regelt, zur Annahme einer «Unlauterkeit», die zu Ansprüchen auf Unterlassung, Schadensersatz und Gewinnherausgabe führt. Auch Tarifverträge und Arbeitsschutznormen haben als Teil der Lohnkosten einen Marktbezug.[733] Auf den vom BGH verlangten **nachweisbaren Vorteil kommt es nicht mehr an**.[734] Vorausgesetzt ist lediglich, dass die Beeinträchtigung «nicht nur unerheblich» ist; würden die Tarifverträge nur um 10 Cent pro Stunde unterschritten, würde man wohl das UWG nicht bemühen. Die schon früher vertretene Auffassung, entgegen dem BGH reiche bereits eine relevante Verletzung des Tarifs,[735] ist so nachträglich vom Gesetzgeber bestätigt worden.

Der Rückgriff auf das Wettbewerbsrecht ist deshalb von besonderem Interesse, weil nach § 8 UWG 2004 (bisher: § 13 UWG) nicht nur ein benachteiligter Wettbewerber auf Unterlassung und Schadensersatz klagen kann. Vielmehr sind auch berufsständische Organisationen wie Industrie- und Handelskammern, Handwerkskammern usw. sowie **Verbraucherverbände klagebefugt**. 443

### 4.12.7. Ungewohnte Reformperspektive: Vorläufige Regelung durch die Arbeitnehmerseite

Die «Selbsthilfe» der Arbeitnehmer durch (in der Regel gemeinschaftliche) 444
Ausübung eines Zurückbehaltungsrechts oder durch Streik ist ein sicherlich effektives, aber häufig mit Verlusten für beide Seiten verbundenes Mittel zur Durchsetzung von Tarifverträgen. In **Schweden** wurde daher die Anwendung des Tarifvertrags nicht mehr allein dem Arbeitgeber überlassen, sondern das «Recht des ersten Zugriffs» auf Arbeitgeber und Gewerkschaft verteilt. Danach soll unter bestimmten Voraussetzungen – insbesondere dann, wenn der Arbeitgeber nicht von sich aus eine schnelle gerichtliche Klärung herbeiführt – die von den Gewerkschaften gegebene Auslegung des Tarifvertrags zunächst maßgebend sein. Ist etwa der Arbeitgeber der Ansicht, ein bestimmter Arbeitnehmer gehöre in Lohngruppe 5, steht jedoch die Gewerkschaft auf dem Standpunkt, im konkreten Falle sei die höhere Lohngruppe 7 anwendbar, so wäre *ihre* Auffassung und nicht die des Arbeitgebers zunächst maßgebend. Erst wenn sich auf die Initiative des Arbeitgebers das Arbeitsgericht

733 Ebenso jedenfalls für Tarifverträge, die für allgemein verbindlich erklärt sind, Kocher GRUR 2005, 649. Anders Köhler, in: Baumbach-Köhler-Bornkamm, Wettbewerbsrecht, 24. Aufl. 2005, § 4 Rn 11.38.

734 Richtig Zwanziger DB 2005, 2319.

735 Nachweise bei Däubler, Tarifvertragsrecht, Rn 1398 ff. Im Gegensatz dazu verlangte Rieble (Rn 501) ein planmäßiges Ausnutzen des Tarifbruchs.

für Lohngruppe 5 entschieden hätte, wäre der Arbeitnehmer dort eingruppiert. Eine solche **Veränderung der «Definitionsmacht»**, d.h. des Rechts, über die Anwendung von Bestimmungen im einzelnen Fall zu entscheiden, ist Teil des schwedischen Mitbestimmungsgesetzes von 1976, kannte jedoch schon einige Vorläufer: So bestimmte die Gewerkschaft im Streitfalle darüber, wie weit die Befugnisse ihrer Vertrauensleute im Betrieb gingen, und der (von den Arbeitnehmern bestimmte) Kontaktmann für Arbeitsschutz hatte (und hat) das Recht, die Weiterbeschäftigung an einzelnen Arbeitsplätzen so lange zu untersagen, bis die Ungefährlichkeit der Arbeit durch das zuständige Gericht verbindlich festgestellt ist.[736]

445 Lösungen dieser Art, die die Alleinherrschaft des Arbeitgebers empfindlich einschränken, sind in unserer Rechtsordnung nur in ganz geringen Ansätzen vorhanden[737], das geltende Tarifrecht kennt sie nicht. Auf der anderen Seite besteht aber auch **kein Verbot, Vergleichbares in der Bundesrepublik** zu entwickeln; nicht nur der Gesetzgeber, auch die Tarifparteien könnten diesen Gedanken übernehmen und in ihren Verträgen beispielsweise bestimmen:

Bestehen Meinungsverschiedenheiten zwischen den Tarifparteien über die Auslegung und Anwendung dieses Vertrags, so nehmen sie unverzüglich Verhandlungen auf. Führen diese zu keinem Ergebnis, so entscheidet das Arbeitsgericht. Bis zur Entscheidung des Arbeitsgerichts wird der Anwendung des Tarifvertrags die Auslegung zugrunde gelegt, die ihm von dem zuständigen Gewerkschaftsorgan gegeben wurde.

446 Das **«Gewerkschaftsorgan»** kann näher bezeichnet werden; so wäre etwa bei Auseinandersetzungen in einem Betrieb an die Vertrauenskörperleitung, bei Auseinandersetzungen in mehreren Betrieben desselben Ortes an den Vorstand der Ortsverwaltung oder sonst an die Bezirksleitung zu denken. Möglich ist selbstverständlich auch, statt eines gewerkschaftlichen Gremiums den **Betriebsrat** einzuschalten und seine Auslegung für die zunächst maßgebende zu erklären. Die darin liegende Einschränkung des Direktionsrechts des Arbeitgebers, d.h. seines Rechtes, die konkreten Arbeitsabläufe zu bestimmen und dem einzelnen Arbeitnehmer Weisungen zu erteilen, ist unbedenklich zulässig.[738] Ob Abmachungen dieser Art jemals zustande kommen, ist freilich weniger eine Frage des Rechts als ein Problem des (tarifpolitischen) Wollens.

---

736 Zu all dem Folke Schmidt, Reform, S. 157ff.; wie hier im Prinzip auch Zachert, Tarifvertrag, S. 213. Die schwedischen Regelungen sind auch im Zeitalter der Deregulierung bestehen geblieben.
737 So etwa im Bereich des Betriebsverfassungsrechts, wo dem Betriebsrat (z.B. bei Freistellungen zur Schulung und Fortbildung) eigene Beschlusskompetenzen zustehen; s. unten 6.7.3.1. (Rn 902).
738 Hueck-Nipperdey, Bd. I, S. 158, 159 mwN.

## 4.13. Tarifkonkurrenz und Tarifpluralität

### 4.13.1. Tarifkonkurrenz

Bisweilen tritt der Fall ein, dass auf ein und dasselbe Arbeitsverhältnis mehrere Tarifverträge Anwendung finden. Betreffen sie dieselben Gegenstände (z. B. Entgelt, Kündigungsschutz), so liegt eine sog. Tarifkonkurrenz vor. Sie war in der Weimarer Zeit eine relativ häufige Erscheinung, wegen des Industrieverbandsprinzips und der dominierenden Stellung der DGB-Gewerkschaften jedoch in der Bundesrepublik **lange Zeit ein Randproblem. In der Gegenwart** hat die Frage **neue Brisanz** erhalten, was insbes. mit der Erosion des Flächentarifs, aber auch mit Verbandswechsel und Umstrukturierung auf Arbeitgeberseite zusammenhängt. 447

Eine Reihe von Fällen lässt sich beispielhaft nennen:[739] 447 a

(1) Das verbandsangehörige Unternehmen schließt im Wege des Firmentarifs ein «betriebliches Bündnis für Arbeit», das vom Flächentarif «nach unten» abweicht.[740]

(2) Ein Arbeitgeber schließt Tarifverträge mit zwei Gewerkschaften, ein Arbeitnehmer gehört beiden an. Ein Fluglotse ist beispielsweise der «Gewerkschaft der Flugsicherung» beigetreten, hat aber gleichzeitig seine Mitgliedschaft bei ver.di beibehalten. Gilt für ihn der GdF- oder der ver.di-Tarif?[741]

(3) Der Arbeitgeber hat mit zwei verschiedenen Gewerkschaften Firmentarife über die Struktur der Interessenvertretung vereinbart, die sich inhaltlich widersprechen. Wahrscheinlicher ist der Fall, dass sich die Geltungsbereiche nur überschneiden: Mit der einen Gewerkschaft wird beispielsweise eine Regelung für den gesamten Flugbetrieb, mit der anderen nur für das Cockpit-Personal geschlossen.[742]

(4) Der Flächentarif ist für allgemein verbindlich erklärt worden. Der Arbeitgeber, der nie dem Verband angehörte, hatte jedoch einen Firmentarif geschlossen.

(5) Zwei Tarifverträge werden gleichermaßen für allgemein verbindlich erklärt. Dabei übersieht man, dass es einen «Überschneidungsbereich» gibt, der unter beide Tarife fällt. «Bau» und «Gartenbau» lassen sich

---

739 Vgl. Däubler-Zwanziger, TVG, § 4 Rn 923 ff.

740 S. oben 4.3.2. (Rn 220 ff.).

741 Zur Konkurrenz von ver.di und GdF s. Däubler, Anm. zu AP Nr. 168 und 169 zu Art. 9 GG Arbeitskampf.

742 § 117 Abs. 2 BetrVG überlässt die Struktur der Interessenvertretung beim fliegenden Personal der tariflichen Regelung.

zwar grundsätzlich unterscheiden, doch ist denkbar, dass die Errichtung eines Geräteschuppens unter beide Tarife fällt.[743]

(6) Der Arbeitgeber tritt aus seinem bisherigen Verband aus und schließt sich einem anderen an, dessen Tarifverträge geringere Leistungen vorsehen. Die Tarifverträge des alten Verbandes bleiben aber zunächst nach § 3 Abs. 3 TVG bindend, die des neuen gelten kraft Verbandsmitgliedschaft. Steht auf Arbeitnehmerseite dieselbe Gewerkschaft (oder handelt es sich um betriebliche oder betriebsverfassungsrechtliche Normen), finden zwei Tarifverträge auf die einzelnen Arbeitsverhältnisse Anwendung.

(7) Zwei Unternehmen oder zwei Gewerkschaften verschmelzen; plötzlich gelten für einige Beschäftigtengruppen zwei Tarifverträge.

Haben sich die **Tarifparteien** darüber **verständigt,** welcher der von ihnen abgeschlossenen Tarife vorgehen soll, ist dies zu respektieren, doch findet sich in der Praxis eine solche Festlegung nur selten.[744] Gegenüber Tarifverträgen, an denen zumindest eine andere Partei beteiligt ist, kann überdies kein Vorrang, sondern lediglich ein freiwilliges Zurücktreten angeordnet werden.[745] Alles andere wäre ein Vertrag zu Lasten Dritter. Fehlt eine solche «Konkurrenzregel», so ist zu unterscheiden:

448 Rechtsprechung und herrschende Lehre wenden in erster Linie das sog. **Spezialitätsprinzip** an: Der betrieblich, fachlich, persönlich und räumlich nähere Tarifvertrag verdrängt den «entfernteren».[746] Für ihn spricht die Vermutung, dass er den Erfordernissen und Eigenheiten des fraglichen Betriebs oder der fraglichen Arbeitsverhältnisse besser gerecht wird. Ein **Firmentarif geht** daher einem **Verbandstarif**, ein regionaler einem Bundestarif vor. Auch hätte ein Schlossertarif Vorrang vor einem allgemeinen Metallarbeitertarif – die Tatsache, dass dadurch auch innerhalb des Betriebs differenziert wird, ist im Ergebnis ohne Bedeutung.[747]Anders als im staatlichen Bereich wird der Grundsatz «Bundesrecht bricht Landesrecht» durch das umgekehrte Prinzip «Stadtrecht bricht Landrecht» ersetzt.

448 a Das **Spezialitätsprinzip** führt häufig, aber **nicht immer zum Ziel**. In den obigen Beispielen (1) und (2) ergibt sich ein eindeutiges Ergebnis, im Fall (3) ist jedenfalls in der Ausgangssituation kein Tarif der speziellere. Bei (4) ist man wieder auf sicherem Terrain.[748] Bei den konkurrierenden Flächentarifen

---

743 In der Praxis bemüht man sich, durch gegenständliche Begrenzung der Allgemeinverbindlicherklärung eine Tarifkonkurrenz zu vermeiden.

744 Vom Vorrang des Willens der Tarifparteien geht die allgemeine Meinung zu Recht aus. S. statt aller BAG AP Nr. 11 zu § 4 TVG Tarifkonkurrenz mit Anm. Wiedemann.

745 Schaub § 203 Rn 56.

746 BAG DB 2005, 2419; aus der früheren Rspr s. BAG BB 1976, 137 und DB 1984, 1303.

747 Im selben Sinn BAG BB 2005, 1054, 1060.

748 Eine Ausnahme gilt allerdings im Rahmen des AEntG, wonach der für allgemein verbindlich erklärte Tarifvertrag auch nicht durch einen Firmentarif unterschritten werden darf – s. unten 4.17.3. (Rn 462 d).

im Fall (5) wird darauf abgestellt, welcher der beiden den fachlichen Schwerpunkt des Betriebs am besten erfasst.[749] Beim Verbandswechsel in Fall (6) spricht viel für einen Vorrang des bisherigen Tarifs,[750] im Fall (7) kann es um zwei Firmentarife gehen, die beide nach § 3 Abs. 2 TVG für den ganzen Betrieb Verbindlichkeit beanspruchen, ohne dass der eine oder der andere als der speziellere angesehen werden kann.

Versagt das Spezialitätsprinzip, so wird auf das **«Mehrheitsprinzip»** abgestellt, d. h., es wird danach gefragt, welcher Tarif kraft Verbandszugehörigkeit die größere Zahl von Arbeitnehmern erfasst: Er hat gewissermaßen die stärkere demokratische Legitimation.[751] Bei konkurrierenden Firmentarifen über betriebliche und betriebsverfassungsrechtliche Fragen wie im Ausgangstatbestand des Beispiels (3) kommt es daher auf die größere Mitgliederzahl an. Wird ein **Betrieb** der Branche X in einen Betrieb der Branche Y **eingegliedert** und kommen zwei verschiedene Firmentarife (ein «mitgebrachter» und ein «vorgefundener») in Betracht, so wird gleichfalls auf die größere Zahl der «sowieso» Erfassten abgestellt. 449

Schwierigkeiten bleiben auch dann bei der zweiten Sachverhaltsalternative im Beispiel (3). Gibt es eine eigenständige **Cockpit**-Gewerkschaft, wird man wohl das Mehrheitsprinzip zunächst auf diesem kleineren Bereich zur Anwendung bringen. Für den konkurrierenden Tarif bleibt dann ggf. nur die Vertretung der übrigen Beschäftigten, was keine weiteren Probleme bereitet, da § 117 Abs. 2 BetrVG keine einheitliche Interessenvertretung verlangt. 449 a

Die Diskussion um die Tarifkonkurrenz konzentriert sich auf die Fälle, in denen zwei Tarifverträge normativ für bestimmte Arbeitsverhältnisse gelten. Geht es um den sehr viel häufigeren Fall, dass die **Tarifverträge** nur **kraft Bezugnahmeklausel** Inhalt des Arbeitsvertrags werden, ist zunächst nach dem exakten Inhalt der Klausel zu fragen. Verweist diese nur auf einen von mehreren in Betracht kommenden Tarifverträgen (von denen keiner normativ gilt), so bleibt es bei dieser Entscheidung. 449 b

Im Betrieb X gibt es zwei Gewerkschaften, die jeweils einen Entgelttarif abgeschlossen haben. Wird nur auf den der Gewerkschaft A verwiesen, ist allein dieser maßgebend.

Wird auf die jeweils im Betrieb maßgebenden Tarife Bezug genommen, gelten dagegen die Regeln der Tarifkonkurrenz. Konkurriert ein **für allgemein verbindlich erklärter Verbandstarif** mit einem **arbeitsvertraglich in Be-**

---

749 BAG AP Nr. 11, 12, 16 und 22 zu § 4 TVG Tarifkonkurrenz; Däubler-Zwanziger, TVG, § 4 Rn 930.

750 Näher dazu unten 4.14.3. (Rn 453 h).

751 BAG AP Nr. 16 und 20 zu § 4 TVG Tarifkonkurrenz; Däubler-Zwanziger, TVG, § 4 Rn 938; Kempen/Zachert-Wendeling-Schröder § 4 Rn 286.

**zug genommenen Firmentarif**, so ändert sich daran nichts; die Tatsache, dass der eine Tarif normativ, der andere nur als Teil des Arbeitsvertrags gilt, ist nach Auffassung des BAG ohne Bedeutung.[752] Auch das Günstigkeitsprinzip findet keine Anwendung.

449c Der **«zurücktretende» Tarifvertrag** wird nicht unwirksam, sondern **gilt** gewissermaßen **latent weiter**. Wird der «vorgehende» aufgehoben, tritt er wieder voll in Kraft.[753] Umstritten ist, ob dies auch dann gilt, wenn der «vorgehende» Tarif nur noch nachwirkt.[754] Die Überbrückungsfunktion der **Nachwirkung** sowie die Rechtsprechung zur Konkurrenz eines normativ geltenden und eines vertraglich in Bezug genommenen Tarifs[755] sprechen dafür, auch dem nachwirkenden Tarifvertrag den Vorrang einzuräumen.

## 4.13.2. Tarifpluralität

450 Nach ständiger Rechtsprechung des BAG gelten die Grundsätze über die Tarifkonkurrenz auch für die Fälle der sog. Tarifpluralität.[756] Diese liegt dann vor, wenn im Betrieb zwei verschiedene Tarifverträge anwendbar sind, ohne dass sie kumulativ ein und dasselbe Arbeitsverhältnis erfassen würden.

*Beispiel:*[757] Der von der Gewerkschaft HBV abgeschlossene Einzelhandels-Tarifvertrag war für allgemein verbindlich erklärt worden und erfasste daher alle Arbeitsverhältnisse im Betrieb. Die DAG schloss nunmehr einen Haustarif, der in der Folgezeit vom Arbeitgeber auch im Verhältnis zu den HBV-Mitgliedern und den Unorganisierten zugrunde gelegt wurde. Das BAG erklärte dies für rechtens. Der Einzelhandels-Tarifvertrag sei für alle unanwendbar geworden, der Firmentarif gehe als der speziellere vor. Es gelte das Prinzip der Tarifeinheit, wonach in einem Betrieb nicht mehrere Tarifverträge anzuwenden seien.

Zur Begründung führte das BAG aus, der **Grundsatz der Tarifeinheit** habe zwar im TVG keinen Niederschlag gefunden, folge aber aus den «übergeordneten Prinzipien der Rechtssicherheit und Rechtsklarheit». Die Anwendung mehrerer Tarifverträge, die von verschiedenen Tarifparteien abgeschlossen worden seien, würde **zu «kaum lösbaren» Schwierigkeiten** führen. Folge man dem nicht, so enthalte das TVG eine **Regelungslücke**, die unter Rückgriff

---

752 BAG DB 2005, 2420.

753 Däubler-Zwanziger, TVG, § 4 Rn 937; Kempen/Zachert-Wendeling-Schröder § 4 Rn 187; Wiedemann-Wank § 4 Rn 299.

754 Für Anwendung des «nachwirkenden» Däubler-Bepler, TVG, § 4 Rn 861; für Anwendung des «zurücktretenden» Däubler-Zwanziger, TVG, § 4 Rn 938.

755 BAG DB 2005, 2420.

756 BAG AP Nr. 4, 11, 12, 16 und 20 zu § 4 TVG Tarifkonkurenz; BAG NZA 2003, 632.

757 BAG AP Nr. 20 zu § 4 Tarifkonkurrenz.

auf allgemein anerkannte Rechtsprinzipien zu schließen wäre. Dazu gehöre auch der Grundsatz der Tarifeinheit. Durch die Verdrängung des Verbandstarifs entstehe zwar ein tariffreier Raum, da der DAG-Tarif auf die HBV-Mitglieder keine Anwendung finde, doch sei dies hinzunehmen. Durch Beitritt zur DAG könnten die Einzelnen ja den Schutz des Haustarifs erlangen. Art. 9 Abs. 3 GG sei nicht verletzt; die Grundsätze der Tarifeinheit und der Spezialität würden den allein von der Verfassung garantierten Kernbereich der Tarifautonomie «bei weitem» nicht berühren. Die Koalition, deren Tarif verdrängt worden sei, könne ebenfalls einen speziellen Tarifvertrag abschließen.

Die Rechtsprechung des BAG ist **mit seltener Einmütigkeit kritisiert** 450a
worden.[758] Schon vom **methodischen Vorgehen** her ist unklar, wie sich die Haupt- und die Hilfsargumentation des BAG im Ausgangspunkt unterscheiden: In beiden Fällen wird richtigerweise zugrunde gelegt, dass das Problem der Tarifkonkurrenz im TVG nicht angesprochen wurde. Man kann insoweit von einer «Lücke» reden, doch gibt es sie gerade im hier relevanten Bereich nicht. § 4 Abs. 1 Satz 1 TVG enthält vielmehr eine eindeutige Festlegung des Inhalts, dass im Verhältnis zu den Mitgliedern der Gewerkschaft X der eine und im Verhältnis zu den Mitgliedern der Gewerkschaft Y der andere Tarifvertrag anzuwenden ist.

Selbst wenn man eine Lücke konstruiert, ist **nicht ersichtlich**, weshalb 450b
ein im Sinne des BAG verstandenes Prinzip der **Tarifeinheit allgemein anerkannt** sein soll. Auch lässt sich dieses nicht mit Erwägungen der Rechtssicherheit und Rechtsklarheit rechtfertigen. Bei Inhalts-, Abschluss- und Beendigungsnormen können mehrere Tarifverträge nebeneinander angewandt werden, ohne dass dadurch Widersprüche oder Ungereimtheiten entstehen müssten. Auch muss man sich fragen, was der Hinweis soll, die ihren Tarifvertrag «verlierende» Gewerkschaft könne ja auch einen Firmentarif abschließen: Hätte das BAG in einem solchen Fall nichts gegen eine Tarifpluralität einzuwenden?

Die **Rechtsprechung** zur «Tarifeinheit» **verletzt die Koalitionsfreiheit** 450c
des Einzelnen wie der Koalition: Der Entzug von Betätigungsmöglichkeiten einschließlich der «Annullierung» eines bestehenden Tarifvertrags stellt einen gravierenden Eingriff in das Grundrecht des Art. 9 Abs. 3 GG dar. Hierfür ist keine Rechtfertigung ersichtlich, da die angeblichen Unzuträglichkeiten und Schwierigkeiten nicht näher benannt werden und so eine Verhältnismäßigkeitsprüfung nicht möglich ist.

758 Ablehnend u.a. Berg u.a. § 4 TVG Rn 57 ff.; Däubler, Tarifvertragsrecht, Rn 1503 ff.; Däubler-Zwanziger, TVG, § 4 Rn 947; ErfK-Dieterich Art. 9 GG Rn 82; ErfK-Schaub-Franzen § 4 TVG Rn 115; Hanau-Kania, Anm. zu BAG AP Nr. 20 zu § 4 TVG Tarifkonkurrenz; Jacobs, S. 412 ff.; Kraft RdA 1992, 166; Löwisch-Rieble § 4 Rn 132; Reuter JuS 1992, 108; Wendeling-Schröder AuR 2000, 339; Wiedemann-Wank § 4 Rn 277; dem BAG zustimmend Buchner, FS 50 Jahre BAG, S. 631 ff.

450d Das BAG hat im Übrigen **in** durchaus **ähnlichen Konstellationen** das Prinzip der **Tarifeinheit nicht bemüht**, sondern ein Nebeneinander von tariflichen Regelungen zugelassen. Wirkt etwa der mit der Gewerkschaft X geschlossene Tarifvertrag nur noch nach und schließt der Arbeitgeber mit der Gewerkschaft Y nunmehr einen Tarif, so bleiben beide nebeneinander bestehen.[759] Dasselbe gilt, wenn im Zusammenhang mit einem **Betriebsübergang** die tariflichen Bedingungen nach § 613 a Abs. 1 Satz 2 BGB in die Arbeitsverträge eingehen und der Erwerber einen neuen Tarif schließt, an den die Arbeitnehmer mangels Gewerkschaftszugehörigkeit nicht gebunden sind: Auch hier werden **zwei kollektive Ordnungen nebeneinander** praktiziert.[760] Schließlich ist in neuester Zeit betont worden, einer **Spezialistengewerkschaft** sei es durchaus möglich, sich um den Abschluss eines speziellen Tarifvertrags zu bemühen, der dem allgemein für den Betrieb geltenden vorgehe.[761] Dies mag man als ersten Schritt zur Preisgabe der viel beschworenen «Tarifeinheit» betrachten, zumal sich in der Entscheidung der Hinweis findet, die alte Rechtsprechung sei auf der Grundlage der inzwischen aufgegebenen Kernbereichslehre entwickelt worden.

## 4.14. Die Beendigung des Tarifvertrags

### 4.14.1. Beendigungsgründe

451 Ist für die Geltung des Tarifvertrags eine bestimmte zeitliche Grenze festgelegt (z. B. 3 Jahre), so endet er mit dem **Ablauf dieser Frist**. In der Praxis ist eine solche Abmachung die Ausnahme, die sich etwa dann findet, wenn befristet von normalen tariflichen Standards abgewichen wird.

*Beispiel:* Die Arbeitszeit wird vom 1. 1. 2007 bis 31. 12. 2007 von wöchentlich 35 auf wöchentlich 38 Stunden erhöht. Diese Regelung hat keine Nachwirkung.

Statt einem automatischen Auslaufen wird in der Regel ein **Kündigungsrecht zu einem bestimmten Termin** vereinbart. Man sieht etwa vor:

---

759 BAG AP Nr. 26 zu § 4 TVG Nachwirkung = DB 1997, 2229.

760 BAG AP Nr. 49 zu § 613 a BGB; ErfK-Preis § 613 a BGB Rn 119, 120.

761 BAG BB 2005, 1054, 1060: Gewerkschaft der Flugbegleiter.

«Dieser Tarifvertrag ist mit dreimonatiger Frist erstmals zum 31. 12. 2007 kündbar»
oder
«Dieser Tarifvertrag gilt bis 31. 12. 2007. Er verlängert sich um weitere zwei Jahre, wenn er nicht mit dreimonatiger Frist zu diesem Zeitpunkt gekündigt wird.»

In der Festlegung des Kündigungszeitpunkts (bis wann?) und der Kündigungsfrist (hier: 3 Monate) sind die Tarifparteien frei. Sie können sogar die Möglichkeit vorsehen, dass sich jede Seite ohne Wahrung einer Frist vom Vertrag wieder lösen kann.[762] Auf der anderen Seite ist eine Dauerbindung nicht zulässig; spätestens nach fünf Jahren ist in Analogie zu § 624 BGB und § 15 Abs. 4 TzBfG eine ordentliche Kündigung mit sechsmonatiger Frist möglich.[763] Alles andere würde auf eine Preisgabe der Tarifautonomie hinauslaufen, weil die Tarifparteien in Bezug auf den Tarifinhalt jede Funktion verlieren würden und keine Anpassung an veränderte Umstände mehr möglich wäre.[764] 452

Taucht das Thema **«Kündigung» im Tarifvertrag** überhaupt **nicht** auf, kann im Regelfall **mit dreimonatiger Frist** gekündigt werden.[765] Dies gilt nur dann nicht, wenn es sich wie bei einem tariflichen Sozialplan um die Regelung eines einmaligen Vorgangs handelt, wo keine Kündigung in Betracht kommt. Auf der anderen Seite sind auch Fälle denkbar, bei denen sich aus den Umständen ergibt, dass jederzeit auch eine fristlose Kündigung möglich sein soll. 452 a

Ist ein Tarifvertrag mit Rücksicht auf die getroffenen Abmachungen noch nicht kündbar, so kann sich eine Partei von ihm nur lösen, wenn ein **wichtiger Grund** vorliegt, der ihr ein **weiteres Festhalten unzumutbar** macht. Dies ergibt sich für alle Dauerschuldverhältnisse aus § 314 BGB. Eine für eine Seite ungünstige Entwicklung der wirtschaftlichen Verhältnisse, z. B. eine überraschend hohe Inflationsrate, aber auch Veränderungen des Arbeitsprozesses, die massenhafte Abgruppierungen zur Folge haben, würden nicht genügen; Derartiges gehört zu den «tarifvertragstypischen» Risiken.[766] Für solche Fälle hilft, wie an anderer Stelle ausgeführt[767], nur eine vertragliche Einschränkung bzw. eine enge Auslegung der Friedenspflicht. Notwendig sind vielmehr Umstände, die man in anderem Zusammenhang als **Wegfall der Geschäftsgrundlage** qualifizieren würde. Davon könnte etwa dann die Rede sein, wenn sich beide Seiten völlig falsche Vorstellungen über die wirtschaftliche Ent- 452 b

762 BAG AP Nr. 6 zu § 4 TVG Nachwirkung; Däubler-Deinert, TVG, § 4 Rn 108; Kempen/Zachert-Stein § 4 Rn 131.

763 Hanau-Kania DB 1995, 1230; Löwisch-Rieble § 1 Rn 174.

764 Däubler-Deinert, TVG, § 4 Rn 107; a. A. Kempen/Zachert-Stein § 4 Rn 133.

765 Däubler-Deinert, TVG, § 4 Rn 109; HWK-Henssler § 1 TVG Rn 24; Kempen/Zachert-Stein § 4 Rn 132; Wiedemann-Wank § 4 Rn 22 (Analogie zu § 77 Abs. 5 BetrVG).

766 Zu den Anforderungen an den «wichtigen Grund» Däubler-Deinert, TVG, § 4 Rn 129 ff.

767 Oben 4.3.3. (Rn 259 ff.) und 4.3.4. (Rn 264 ff.).

wicklung gemacht haben, wenn beispielsweise die **Kaufkraft** entgegen allen Erwartungen um **mehr als 40 % gesunken** ist. Die Unzumutbarkeit bestimmt sich nach den Auswirkungen auf die Mehrzahl der Mitglieder; allein auf den Verband abzustellen, der ggf. von Massenaustritten bedroht wäre, erscheint nicht angemessen, da der Austritt nach § 3 Abs. 3 TVG die unzumutbar gewordene Tarifbindung weiter bestehen lässt und deshalb von den Mitgliedern keineswegs automatisch als Ausweg gewählt würde. Liegt ein solcher Fall vor, ist zunächst **über** eine **Anpassung** des Tarifvertrags zu **verhandeln**; erst wenn ein entsprechender Versuch erfolglos bleibt, ist eine (in der Regel fristlose) außerordentliche Kündigung möglich.[768].

452c Eine fristlose **Kündigung ohne vorangehenden Einigungsversuch** kommt dann in Betracht, wenn sich die Gegenseite eines schweren Vertragsbruchs schuldig gemacht hat.[769] Dieser kann in einer offensichtlich unbegründeten außerordentlichen Kündigung, aber auch in der systematischen Nichtbeachtung des Tarifvertrags liegen.

*Beispiel:* Die im Firmentarif vereinbarte Lohnerhöhung um 2,5 % wird nicht gewährt, «weil das insgesamt zu teuer kommt». Auch für die nächsten Monate wird kein anderes Verhalten in Aussicht gestellt.

452d Die **Kündigung einzelner Teile des Tarifvertrags** ist nur zulässig, wenn dies ausdrücklich vereinbart ist.[770]

### 4.14.2. Die sog. Nachwirkung des Tarifvertrags

453 Die Beendigung des Tarifvertrags durch Zeitablauf oder Kündigung macht ihn für den einzelnen Arbeitnehmer nicht gegenstandslos, sondern lässt nur die zwingende Wirkung entfallen. Nach § 4 Abs. 5 TVG **behält** er seine **unmittelbare Wirkung**, gestaltet also weiter die einzelnen Arbeitsverhältnisse. An seinem völligen Verschwinden kann auch die Arbeitgeberseite nicht interessiert sein, da dann in vielen Fällen ein inhaltsloser Arbeitsvertrag zurückbleiben würde, der letztlich durch die Gerichte nach § 612 Abs. 2 BGB inhaltlich zu ergänzen wäre.

768 Näher Däubler, ZTR 1996, 241 ff. Im Ergebnis übereinstimmend BAG DB 1997, 782 und DB 1997, 2331; ArbG Wiesbaden AiB 1997, 235 mit zustimmender Anm. Sahl. Zur außerordentlichen Kündigung der Metalltarife in den neuen Bundesländern s. Buchner NZA 1993, 289 ff.; Zachert NZA 1993, 299. Neueste Gesamtdarstellung mit vielen weiterführenden Gedanken Bender, S. 131 ff.

769 Vgl. BAG AP Nr. 4 zu § 1 TVG Friedenspflicht.

770 Däubler, Tarifvertragsrecht, Rn 1448; Däubler-Deinert, TVG, § 4 Rn 171 ff. mwN.

*Beispiel:* Der Arbeitsvertrag einer Blumenverkäuferin verweist auf den Tarifvertrag der Floristikbranche, der einen Stundenlohn von 4 € vorsieht. Würde dieser von einem Tag auf den anderen wegfallen, wäre nach § 612 Abs. 2 BGB die «übliche Vergütung» geschuldet, die ggf. einen höheren Betrag ausmachen würde.

Die Nachwirkung kann allerdings im Tarifvertrag ausgeschlossen werden, doch geschieht dies in der Praxis nur, wenn eine «Auffangordnung» vorhanden ist, beispielsweise wieder die tarifliche Normalarbeitszeit eintritt. Typischerweise ist die Nachwirkung zeitlich unbegrenzt; dies verstößt nicht gegen die Rechte der einen oder der anderen Arbeitsvertragspartei.[771]

Der nachwirkende Tarifvertrag kann jederzeit **durch** eine andere, auch 453a eine einfache **arbeitsvertragliche Abmachung ersetzt** werden.[772] Gerade wegen dieser dispositiven Natur bestehen keine verfassungsrechtlichen Bedenken, etwa im Hinblick auf die Berufsfreiheit oder die negative Koalitionsfreiheit.[773]

Der gekündigte Tarifvertrag sah für angelernte Arbeitnehmer eine Stundenvergütung von 10 € vor. Der Arbeitgeber will arbeitsvertraglich eine Absenkung auf 8,50 € vereinbaren, «da sonst aus wirtschaftlichen Gründen mit Kündigungen zu rechnen sei.» Die Arbeitnehmer unterschreiben, da es dem Unternehmen ihrer Einschätzung nach nicht besonders gut geht und die Gewerkschaft mangels Streikbereitschaft keinen Firmentarif erzwingen kann.

Nach der neuesten Rechtsprechung des BAG kann die «andere Abmachung» **bereits zu einem Zeitpunkt** getroffen werden, in dem der Tarifvertrag noch volle Wirkung entfaltet.[774]

Ohne ausreichenden Anhaltspunkt im Wortlaut des Gesetzes erstreckt 453b das BAG die Nachwirkung **nicht** auf **solche Arbeitsverhältnisse**, die **erst nach Beendigung des Tarifvertrags** begründet werden,[775] und reduziert damit zusätzlich die Schutzfunktion des Tarifvertrags.[776] Schließlich soll es den Tarifparteien auch nicht gestattet sein, einen **Tarifvertrag** zu ändern und ihn dabei **im Zustand der Nachwirkung** zu **belassen.**[777] Zutreffend wurde dem

771 BVerfG NZA 2000, 947. Zum Ausschluss der Nachwirkung BAG DB 1987, 391.

772 Wiedemann-Wank § 4 Rn 323 ff.

773 BVerfG NZA 2000, 947.

774 BAG DB 2005, 2305, 2307.

775 BAG AP Nr. 1 zu § 4 TVG Nachwirkung.

776 Kritisch Däubler-Bepler, TVG, § 4 Rn 814 ff.; Herschel ZfA 1976, 98 f.; Kempen/Zachert-Kempen § 4 Rn 535; Wiedemann-Wank § 4 Rn 330 ff.; Däubler, Das soziale Ideal, S. 48; A. Stein Rn 130 f., Wie BAG dagegen Löwisch-Rieble § 4 Rn 413.

777 BAG AP Nr. 6 und 8 zu § 4 TVG Nachwirkung. Kritisch dazu Birk ZfA 1974, 450, und Däubler-Bepler, TVG, § 4 Rn 895 mwN.

entgegengehalten, schon nach § 4 Abs. 3 TVG könnten die Tarifparteien dispositives Recht schaffen.[778] In Wirklichkeit ging es dem BAG wohl primär darum, einen «friedenspflichtlosen» Tarifvertrag zu verhindern, was nur dann nachvollziehbar wäre, wenn die Friedenspflicht nicht vom Willen der Tarifparteien abhängen würde, sondern Folge eines vorgegebenen zwingenden Rechtssatzes wäre.[779]

## 4.14.3. Tarifausstieg

453c Die **Erosion des Tarifsystems**[780] vollzieht sich in den unterschiedlichsten Formen, die zum Teil neue Rechtsfragen aufwerfen. Dabei sind praktisch nur Veränderungen auf der Arbeitgeberseite von Interesse, da der Austritt eines Arbeitnehmers aus der Gewerkschaft angesichts der verbreiteten Praxis der Bezugnahmeklauseln[781] in aller Regel an der Anwendung der vorher praktizierten Tarifverträge nichts ändert. Im Gesetz findet sich lediglich die Vorschrift des § 3 Abs. 3 TVG, wonach die Tarifgebundenheit bestehen bleibt, «bis der Tarifvertrag endet». Im Einzelnen bedürfen folgende Fälle der Hervorhebung:

453d Der **Arbeitgeber tritt** aus seinem Verband **aus.** Dabei muss er im Regelfall die in der Satzung vorgesehene **Kündigungsfrist** wahren. Diese beträgt häufig sechs Monate zum Jahresende, was inhaltlich nicht zu beanstanden ist.[782] Ganz ausnahmsweise kann auch ein Austritt mit sofortiger Wirkung in Betracht kommen, wenn ein weiteres Verbleiben im Verband nicht mehr zumutbar ist, doch stellen diese absolute Ausnahmeerscheinungen dar;[783] ein sich abzeichnender Tarifabschluss mit wirtschaftlich negativen Folgen reicht jedenfalls nicht aus. Ein **einvernehmliches Ausscheiden** ist nur dann möglich, wenn etwas Entsprechendes in der Verbandssatzung vorgesehen ist; andernfalls könnte der Vorstand die in der Satzung vorgesehene Kündigungsfrist leer laufen lassen, was jenseits seiner Kompetenzen liegt.[784] Tarifverträge, die zu dem Zeitpunkt verbindlich sind, in dem das Unternehmen ausscheidet, behalten nach § 3 Abs. 3 TVG zunächst ihre normative Wirkung. Lediglich der obligatorische Teil wird hinfällig, da der Verband

---

778 Kempen/Zachert-Kempen § 4 Rn 549; gegen BAG weiter Herschel ZfA 1976, 102 und Wiedemann-Wank § 4 Rn 364 ff.

779 Zur Begründung der Friedenspflicht s. oben 4.5. (Rn 249 ff.).

780 S. oben 4.1.5.2. (Rn 188 c).

781 S. oben 4.3.3.3. (Rn 229 a ff.).

782 Vgl. BAG NZA 2005, 645.

783 Plander NZA 2005, 898.

784 Vgl. Plander NZA 2005, 898 ff. mwN.

als Tarifpartner keinen Einfluss mehr auf sein früheres Mitglied hat.[785] Damit besteht auch **keine Friedenspflicht mehr**, sodass ein Arbeitskampf um einen Firmentarif zulässig ist, der sich auch auf die tariflich geregelten Bedingungen beziehen kann.[786] Die «Weiterwirkung» des Tarifvertrags, auch «Nachbindung» genannt, dauert so lange, bis der Tarifvertrag gekündigt oder insgesamt geändert wird.

Wird ohne Kündigung nur ein Teil geändert, so bleibt die Bindung an den Rest erhalten, soweit dieser eine eigenständige, aus sich selbst heraus verständliche Regelung enthält.[787] Wird keine eigene Regelung getroffen, sondern nur auf die Tarife derselben Branche in einem anderen Bundesland verwiesen, so endet die Nachbindung, wenn der in Bezug genommene Tarif seinerseits durch einen neuen ersetzt wird.[788]

**Im Anschluss** daran tritt **Nachwirkung** nach § 4 Abs. 5 TVG ein,[789] da es wertungsmäßig keinen Unterschied macht, ob der Verband einen ausgelaufenen Tarif nicht erneuert oder ob dies deshalb geschieht, weil der Arbeitgeber nicht mehr Verbandsmitglied ist und ein Firmentarif nicht zustande kam.

Genau wie der Austritt wird der (heute selten vorkommende) Ausschluss 453e
aus dem Verband behandelt. **Löst sich dieser auf**, ist die Rechtsfolge keine andere, als wenn eine größere Gruppe von Unternehmen ausgetreten wäre. Es ist Sache der Liquidatoren, den nach § 3 Abs. 3 TVG weiterwirkenden Tarifvertrag zu kündigen.[790] Ebenso hat das BAG für den Fall der **Insolvenz** des Verbandes entschieden – es ist Sache des Insolvenzverwalters, die nach § 3 Abs. 3 TVG weiter bestehenden Tarifverträge zu kündigen.[791] Genau wie ein Liquidator hat er alle Angelegenheiten des Verbandes, nicht nur die für diesen vermögensrechtlich relevanten abzuwickeln.

Derselbe Effekt wie bei einem Austritt entsteht dann, wenn der Arbeit- 453f
geber in eine **OT-Mitgliedschaft** überwechselt.

OT-Mitgliedschaft bedeutet «Ohne Tarifbindung»: Der Verband sieht in seiner Satzung zwei Gruppen von Mitgliedern – solche mit und solche ohne Tarifbindung – vor und gestattet einen Wechsel vom einen in den anderen Status.

785 Kempen/Zachert-Kempen § 3 Rn 66.

786 Däubler-Lorenz § 3 Rn 117; Kempen/Zachert-Kempen § 3 Rn 67, jeweils mwN.

787 Die Frage ist umstritten. S. die Nachweise in BAG NZA 2001, 453, 456, das selbst eher der These zuneigt, bei jeder Änderung komme es zu einer Beendigung der Nachbindung.

788 BAG NZA 2001, 453ff.

789 BAG AP Nr. 10, 13 und 14 zu § 3 TVG; Däubler, Tarifvertragsrecht, Rn 301; Schaub BB 1994, 2006; Wiedemann-Oetker § 3 Rn 78.

790 Däubler-Peter, TVG, § 2 Rn 154ff.; Kempen/Zachert-Kempen § 3 Rn 73; anders noch BAG AP Nr. 4 zu § 3 TVG mit kritischen Anm. Wiedemann; dazu Däubler-Peter, TVG, § 2 Rn 155.

791 BAG NZA 2001, 334.

Ihre Zulässigkeit war und ist umstritten,[792] doch hat das BAG eine solche Möglichkeit im Grundsatz anerkannt.[793] Damit wird § 3 Abs. 1 TVG, wonach die «Mitglieder der Tarifvertragsparteien» tarifgebunden sind, durch ein weiteres Tatbestandsmerkmal «nach Maßgabe ihrer Satzung» ergänzt; eine Rechtfertigung hierfür ist nicht ersichtlich. Einleuchtender ist demgegenüber die These, sog. **Gastmitglieder**, die kein aktives und passives Wahlrecht innerhalb des Verbandes haben und die lediglich bestimmte Leistungen wie z. B. Beratung in Rechtsangelegenheiten in Anspruch nehmen, seien keine Mitglieder im tarifrechtlichen Sinne und deshalb nicht an Tarifverträge gebunden.[794] Will man Wertungswidersprüche vermeiden, so muss man jedenfalls verlangen, dass die OT-Mitglieder keinerlei Einfluss auf die Tarifpolitik nehmen und auch nicht an einem eventuellen Arbeitskampffonds partizipieren können. Bei einem Wechsel in die OT-Mitgliedschaft findet **§ 3 Abs. 3 TVG entsprechende Anwendung.**[795]

453 g **Ändert** das Unternehmen seinen **fachlichen Schwerpunkt** und fällt es deshalb nicht mehr unter die bisher maßgebenden Tarifverträge, so wendet die Rechtsprechung § 3 Abs. 3 TVG nicht entsprechend an; vielmehr soll allein Nachwirkung nach § 4 Abs. 5 TVG eintreten.[796]

*Beispiel:* Ein Metallunternehmen produziert nur noch Kunststoffe oder wird zum Handelsunternehmen.

Dies macht den Fortbestand der Tarifbindung letztlich von einer Entscheidung der Arbeitgeberseite abhängig, was § 3 Abs. 3 gerade verhindern will.

453 h **Wechselt** der **Arbeitgeber in einen anderen Verband**, so ändert dies grundsätzlich nichts an der Anwendung des § 3 Abs. 3. Hat der neue Verband jedoch mit derselben Gewerkschaft einen Tarifvertrag geschlossen und betrifft dieser dieselben Gegenstände, so soll er vorgehen.[797] Dies überzeugt nicht, da § 3 Abs. 3 auch vor einer «Flucht in den Billig-Tarif» schützen will[798] und da der bisherige Tarifvertrag durch die Belegschaft im Grundsatz mitlegitimiert wurde.[799]

792 S. etwa Däubler ZTR 1994, 452 ff.; Kempen/Zachert-Stein § 2 Rn 117 ff.

793 BAG DB 2005, 2305.

794 BAG AP Nr. 12 zu § 3 TVG Verbandszugehörigkeit; zuletzt BAG ZTR 2005, 367 (mit eingehender Darstellung der Satzungsbestimmungen).

795 BAG DB 2005, 2306; Berg u. a. § 3 TVG Rn 44 mwN.

796 BAG AP Nr. 13 zu § 3 TVG; BAG AP Nr. 22 und 26 zu § 4 TVG Nachwirkung; anders Däubler-Lorenz, TVG, § 3 Rn 88 mwN.

797 BAG DB 1984, 1303.

798 Berg u. a. § 3 TVG Rn 46.

799 Berg u. a. § 3 TVG Rn 45; Däubler NZA 1996, 225; Däubler-Lorenz, TVG, § 3 Rn 90; Kempen/Zachert-Kempen § 3 Rn 68.

## 4.15. Wo der Tarifvertrag versagt – Gesetzliche Festlegung von Mindestarbeitsbedingungen?

Das deutsche Recht kennt im Gegensatz etwa zu Frankreich und Großbritan- 454
nien[800] sowie den USA[801] **keinen gesetzlichen Mindestlohn**. Bei anderen Arbeitsbedingungen gibt es durchaus ein staatlich festgelegtes Minimum: Erinnert sei etwa an die Entgeltfortzahlung von sechs Wochen im Falle der Arbeitsunfähigkeit und an die **vier Wochen bezahlten Erholungsurlaubs**, die § 3 Abs. 1 BUrlG jedem Arbeitnehmer gewährt. Auch der Grundsatz der **Gleichbehandlung** kann in manchen Fällen eine gewisse Absicherung verschaffen – so wenn nach § 4 Abs. 1 TzBfG Teilzeitkräfte nicht ohne sachlichen Grund schlechter als Vollzeitkräfte behandelt werden dürfen und wenn § 4 Abs. 2 TzBfG dasselbe im Verhältnis zwischen befristet und unbefristet Beschäftigten anordnet.[802] Nur die absolute Höhe der Gegenleistung des Arbeitgebers bleibt ausgenommen. Insoweit gibt es lediglich das **Verbot des sog. Lohnwuchers** nach § 138 Abs. 1 BGB, dessen genauen Inhalt die Rechtsprechung bislang im Dunkel gelassen hat: Ausdrücklich ließ es das BAG dahinstehen, ob die Wuchergrenze bei 2/3 des Tariflohnes oder erst bei der Hälfte beginnt. Weiter blieb letztlich offen, was in tariflich nicht geregelten Wirtschaftsbereichen gelten soll.[803] Ob eine Vergütung auch wegen Unangemessenheit im Sinne des § 307 Abs. 1 beanstandet werden kann, weil sie sich zu Lasten des Arbeitnehmers vom Branchenüblichen deutlich entfernt, ist Gegenstand der Diskussion.[804]

Das **Gesetz über die Festsetzung von Mindestarbeitsbedingungen** vom 454a
11. Januar 1952[805] eröffnet die Möglichkeit, inakzeptable Sozialstandards zu verbieten. Voraussetzung ist, dass

- Gewerkschaften oder Vereinigungen von Arbeitgebern für den Wirtschaftszweig oder die Beschäftigungsart nicht bestehen oder nur eine Minderheit der Arbeitgeber oder Arbeitnehmer umfassen und
- die Festsetzung von Mindestarbeitsbedingungen zur Befriedigung der notwendigen sozialen und wirtschaftlichen Bedürfnisse der Arbeitnehmer erforderlich erscheint und
- eine Regelung von Entgelten oder sonstigen Arbeitsbedingungen durch Allgemeinverbindlicherklärung eines Tarifvertrags nicht erfolgt ist.[806]

---

800 Überblick bei Burgess WSI-Mitt. 2003, 436 ff.

801 Burmeister WSI-Mitt. 2004, 603 ff.

802 Weitere Beispiele bei Däubler-Lakies, TVG, Anhang 1 zu § 5 Rn 5 ff.

803 BAG NZA 2004, 971 ff.

804 Überblick bei Däubler-Lakies, TVG, Anhang 1 zu § 5 Rn 50 ff.

805 BGBl I, 17.

806 § 1 Abs. 2 des Gesetzes.

Daneben enthält das Gesetz zahlreiche Verfahrensvorschriften, die die Beteiligung der Arbeitgeber und Arbeitnehmer an der Ausarbeitung der staatlichen Mindestnormen sicherstellen sollen.

454b Obwohl das Gesetz nunmehr seit 55 Jahren besteht, ist von ihm kein einziges Mal Gebrauch gemacht worden. Gerade in der Gegenwart wird man schwerlich behaupten können, hierfür bestehe auch kein Anlass. In der Realität wollen weder Gewerkschaften noch Arbeitgeberverbände eine staatliche Intervention, obwohl sie sie etwa im Bereich des Urlaubs ohne jeden Protest hinnehmen. Auch akzeptieren sie, dass im Bereich der Heimarbeit eine ganz ähnliche Regelung durchaus mit Leben erfüllt wird und dass Auszubildende kraft Gesetzes einen Anspruch auf angemessene Vergütung haben. Um eine rationale Entscheidung dürfte es sich daher keineswegs handeln.

## 4.16. «Sonstige Kollektivverträge» – eine Ergänzung des Tarifsystems?

455 Der im öffentlichen Bewusstsein und in der arbeitsrechtlichen Diskussion völlig im Vordergrund stehende Tarifvertrag ist nicht das einzige Mittel, wie sich Gewerkschaften und Arbeitgeberseite auf einen rechtlich festgeschriebenen Kompromiss verständigen können. Vielmehr weichen sie in wachsendem Umfang auf andere Gestaltungsmittel aus.

▶ Bei **Notdienstvereinbarungen** im Arbeitskampf[807] erscheint der Tarifvertrag wegen seiner Schriftform und des in den Satzungen der Verbände vorgesehenen «Ratifizierungsverfahrens» als ein zu aufwendiges Mittel. Dasselbe gilt, wenn sich beispielsweise Gewerkschaftssekretär und Geschäftsführer darüber **verständigen, wo die Gewerkschaft** im Betrieb **plakatieren** darf und wie sich der Umgang mit gewerkschaftlichen E-Mails gestaltet.[808]

▶ Gewerkschaften und Arbeitgeberseite sind sich **unsicher, ob** ein bestimmter Gegenstand überhaupt **tariflich regelbar** ist. Man schließt deshalb einen «Vertrag» oder eine «Vereinbarung». Historisches Beispiel sind Abmachungen zur **Erhaltung der Montanmitbestimmung** Ende der 50er Jahre,[809] doch gibt es auch in der Gegenwart zahlreiche vergleichbare Abkommen, die

807 Dazu unten 5.3.7.2. (Rn 529).

808 Näher dazu Däubler, Gewerkschaftsrechte, Rn 366; Dütz, Gewerkschaftliche Betätigung, S. 65.

809 Vgl. Spieker Mb-Gespr. 1962, 181, 182. Hensche (AuR 1971, 38) möchte als weitere Kollektivvertragsform neben dem Tarifvertrag daher den «mitbestimmungsrechtlichen Unternehmensvertrag» entwickeln.

sich u. a. auf die Unternehmensmitbestimmung in komplizierten Konzernstrukturen beziehen.[810] In diese Kategorie gehören weiter Abkommen zur Verwaltungsmodernisierung, die u. a. den künftigen Aufgabenzuschnitt der Verwaltung und ihre Arbeitsmethoden regeln.[811]

▶ Im Einzelfall schließt eine **nicht tariffähige Koalition** eine Abmachung mit der Arbeitgeberseite. Nach einer spontanen Arbeitsniederlegung sagt der Arbeitgeber beispielsweise eine Erhöhung des Entgelts um 5 % zu.[812]

▶ Der **Arbeitgeberverband wünscht keine «Alleingänge»** seiner Mitglieder und macht deshalb den Abschluss von Firmentarifen von seiner Zustimmung abhängig. Um nicht in einen offenen Konflikt zu geraten, schließt ein Unternehmen eine schlichte «Vereinbarung».[813]

▶ In der chemischen Industrie spielen die sog. **Sozialpartnervereinbarungen** eine große Rolle. Diese sind Empfehlungen ohne rechtliche Verbindlichkeit. Angesichts der Dezentralisierung der Tarifpolitik[814] beschränken sich die Verbände auf «Angebote» an die Mitglieder, bringen dabei jedoch ihren Sachverstand und einen bereits gefundenen Kompromiss ein.[815] Faktisch bleibt auf diese Weise ein großes Maß an Einfluss erhalten, da sich die angeschlossenen Unternehmen nur im Ausnahmefall den Aufwand separater Verhandlungen mit abweichendem Ergebnis leisten.[816]

Ob eine Vereinbarung «Tarifvertrag» oder «nichttarifliche Einigung» ist, 456
bestimmt sich nach dem **Willen der beteiligten Parteien**.[817] Die gewählte Bezeichnung ist hierfür ein wichtiges, aber keineswegs immer entscheidendes Indiz.[818] Maßgebend sind die Grundsätze über die Auslegung von Verträgen.[819]

Auch die beschriebenen «sonstigen Kollektivverträge» stützen sich auf 457
**Art. 9 Abs. 3 GG**, soweit es um die Gestaltung der Arbeits- und Wirtschaftsbedingungen geht.[820] Die Tarifparteien sind frei, sich dieses alternativen Gestaltungsmittels zu bedienen. Das TVG beansprucht keine Exklusivität.[821]

---

810 Seibt AG 2005, 413 ff.

811 Einzelheiten bei Däubler, TVG, Einl. Rn 850, 858.

812 Zur Ad-hoc-Koalition s. oben 3.2.3. (Rn 122). Für Anerkennung der Abmachungen nicht tariffähiger Koalitionen Löwisch-Rieble, Grundl., Rn 67.

813 So etwa geschehen im Bereich der Tarifgemeinschaft deutscher Länder (TdL). Dazu Plander, FS Kehrmann, S. 300 ff.; Heldmann PersR 1996, 388.

814 Dazu oben 4.1.5.1. (Rn 188 b).

815 Molitor, FS Stahlhacke, S. 340.

816 Vgl. Eich NZA 1995, 149 ff.

817 BAG AP Nr. 29 zu § 1 TVG; BAG NZA 2005, 178; Gamillscheg, Kollektives Arbeitsrecht I, § 12, 9 c (S. 510); Zachert, FS Hanau, S. 141.

818 Näher Däubler, TVG, Einl. Rn 868.

819 BAG NZA 2005, 178.

820 Soweit dieser Bereich verlassen wird, liegt ein gewöhnlicher zivilrechtlicher Vertrag vor.

821 Für Art. 9 Abs. 3 GG als Rechtsgrundlage auch der sonstigen Kollektivverträge auch BAG AP

Dies entspricht im Übrigen der Rechtslage in vielen anderen Ländern, die zum Teil einen noch viel ausgeprägteren **Dualismus von Tarifverträgen und «sonstigen Kollektivverträgen»** aufweisen.[822]

458 Die Koalitionsvereinbarungen (wie sie auch genannt werden) unterliegen **nicht** der **Schriftform** des § 1 Abs. 2 TVG.[823] Dies gilt beispielsweise – wie das BAG zumindest angedeutet hat – für ein Notdienstabkommen im Arbeitskampf.[824] Eine normative Gestaltung der Arbeitsverhältnisse erfolgt nicht; die einzelnen Arbeitnehmer können jedoch entsprechend § 328 BGB begünstigt werden.[825] Damit bleibt die Möglichkeit offen, das eingeräumte Recht nach § 333 BGB zurückzuweisen; dies kann auch in einem Vertrag mit dem Arbeitgeber geschehen.[826] Die den Tarifvertrag charakterisierende **Unabdingbarkeit** ist daher **nicht erreichbar**.[827]

458a Die Sozialpartnervereinbarungen und andere Formen von **«soft law»**[828] enthalten in der Regel die **Verpflichtung** der Verbände, sie im jeweiligen Wirkungskreis **bekannt zu machen**. Ob sie Maßstäbe z. B. für die Angemessenheit arbeitsvertraglicher Klauseln setzen können, erscheint zweifelhaft, da sie sonst doch ein Stück Verbindlichkeit erlangen würden.[829]

## 4.17. Tarifverträge und Globalisierung der Wirtschaft

459 Trotz des europäischen Binnenmarkts und einer immer stärkeren Öffnung zum Weltmarkt ist Tarifpolitik bislang im Wesentlichen eine nationale Angelegenheit geblieben. Dennoch stellen sich eine Reihe von Fragen mit grenzüberschreitendem Bezug, deren Bedeutung aller Voraussicht nach in 10 Jahren größer als heute sein wird.

---

Nr. 2 zu § 1 TVG Tarifverträge: Seniorität; BAG AP Nr. 1 zu § 5 TVArb Bundespost = BB 1988, 2111; BAG AP Nr. 29 zu § 1 TVG; BAG NZA 2005, 178.

822 Nachweise im Einzelnen bei Däubler, TVG, Einl. Rn 864–866.

823 Kempen/Zachert-Zachert § 1 Rn 732; Löwisch-Rieble, Grundl., Rn 71 f.

824 So wohl auch BAG AP Nr. 135 zu Art. 9 GG Arbeitskampf Bl. 2.

825 BAG AP Nr. 29 zu § 1 TVG.

826 BAG NZA 2005, 178.

827 Gegen eine entsprechende Anwendung des § 4 Abs. 4 TVG BAG NZA 2005, 178; zustimmend Zachert NZA 2006, 13.

828 Zu dieser Kategorie s. oben 1.2.6. (Rn 23 a f.).

829 Dazu Däubler, TVG, Einl. Rn 889.

## 4.17.1. Ins Ausland entsandte Arbeitnehmer

Zahlreiche in der Bundesrepublik ansässige Unternehmen entsenden Mitarbeiter ins Ausland, die dort für einen beschränkten Zeitraum oder auch auf Dauer tätig sein sollen. Sind sie weiterhin an den Inlandsbetrieb «angekoppelt», erhalten aus Deutschland ihre Aufträge und können sie bei Bedarf zurückgerufen werden, so liegt eine Art **Außenposten** des Betriebs vor, die man üblicherweise mit dem wenig trennscharfen Begriff der **«Ausstrahlung»** bezeichnet. Dabei spielt es keine entscheidende Rolle, dass die Tätigkeit ggf. auf Dauer angelegt ist.[830] Der Arbeitnehmer unterliegt **weiter dem deutschen Recht** und wird auch tarifrechtlich so behandelt, als würde er weiter im Inland arbeiten.[831] 460

Fehlt eine solche Nähe zum Inlandsbetrieb, ist bei Entsandten gleichwohl in der Regel weiter deutsches Arbeitsvertragsrecht anwendbar.[832] Die Tarifparteien können auch solche Arbeitsverhältnisse in ihre Regelungen einbeziehen. Zulässig ist es nach der Rechtsprechung sogar, einen **Tarifvertrag ausschließlich für Auslandsmitarbeiter** zu schließen.[833] 461

*Beispiel:* Das Goethe-Institut schließt mit der GEW einen Tarifvertrag für die in seinen ausländischen Niederlassungen beschäftigten deutschen Arbeitnehmer ab.[834]

Werden Arbeitnehmer aus dem ausländischen Arbeitsmarkt rekrutiert, handelt es sich um sog. **Ortskräfte**, die dem Recht ihres Arbeitsorts unterliegen. Ob sie gleichwohl **in einen deutschen Tarifvertrag einbezogen** werden können, ist umstritten, im Ergebnis aber zu bejahen.[835]

830 So BAG DB 1990, 992 zum Betriebsverfassungsrecht (dazu unten 6.17.2. Rn 1209).

831 BAG AP Nr. 9 zu IPR Arbeitsrecht; Gamillscheg, Internationales Arbeitsrecht, S. 361; Walz, S. 147. Eine ausdrückliche Ausklammerung aus den Tarifverträgen bedürfte der sachlichen Rechtfertigung im Sinne des Art. 3 Abs. 1 GG.

832 Däubler RIW 1987, 252; Palandt-Heldrich Art. 30 EGBGB Rn 8.

833 BAG NZA 1991, 387; BAG DB 1992, 98. Ebenso schon RAGE 11, 100f. In der Literatur ebenso Birk NJW 1978, 1831; Friedrich RdA 1980, 112; Walz, S. 150; Wiedemann-Stumpf § 1 Rn 32 mwN.

834 BAG AP Nr. 9 zu IPR Arbeitsrecht; Gamillscheg, Internationales Arbeitsrecht, S. 361; Walz S. 147.

835 Gegen die Erstreckung deutscher Tarifverträge auf Arbeitsverhältnisse unter ausländischem Recht neuerdings BAG RdA 2004, 175 mit krit. Anm. Schlachter. Überblick über den Diskussionsstand bei Däubler, TVG, Einl. Rn 617ff.

### 4.17.2. Beschäftigte ausländischer Unternehmen im Inland

462 Besitzt ein **ausländisches Unternehmen** im Inland nur eine rechtlich unselbständige Niederlassung (**Zweigstelle**), so wird es in der Regel nicht Mitglied in einem deutschen Arbeitgeberverband sein. Die zuständige Gewerkschaft kann dennoch für die Beschäftigten einen Tarifvertrag deutschen Rechts abschließen.

*Beispiel:* Die Fluggesellschaften PanAm und British Airways hatten lange Zeit nur Zweigstellen in Deutschland; die ÖTV schloss insoweit Firmentarife ab.

Auch ein Tarifvertrag ausländischen Rechts käme nach herrschender Auffassung in Betracht.[836]

462a Denkbar ist weiter, dass eine **ausländische Gewerkschaft** einen **Tarifvertrag schließt**, der auch die ins Inland entsandten Beschäftigten erfasst. Vom Standpunkt des deutschen Rechts aus wirft dies keine Probleme auf.[837] Konflikte mit deutschen Tarifverträgen haben sich bisher nicht ergeben, u. a. deshalb, weil es kaum Arbeitnehmer gibt, die sowohl einer ausländischen als auch einer inländischen Gewerkschaft angehören,[838] und weil auch von der Allgemeinverbindlicherklärung nur selten Gebrauch gemacht wird.

**Insbesondere: Beschäftigte aus Niedriglohnländern**

462b Gravierende Probleme ergeben sich dann, wenn Beschäftigte ausländischer Firmen **weit unter deutschem Lohnniveau** im Inland eingesetzt werden. Die Zahl dieser in der Bundesrepublik tätigen «Billigarbeitnehmer» aus anderen EU-Ländern und z.T. auch aus Drittstaaten konzentriert sich insbesondere auf den Bausektor.[839] Da die Arbeitskosten rund die Hälfte der Baukosten ausmachen[840], ist ein ausländischer Anbieter in der Lage, die deutschen Preise um 25 % zu unterbieten, wenn er für seine Beschäftigten nur halb so viel wie ein deutscher Arbeitgeber aufwenden muss.[841] In Wirklichkeit liegen die **Löhne** insbesondere der osteuropäischen Arbeitnehmer oft nur **bei 10 %** (oder weniger) **der deutschen**.[842] Großunternehmen können

836 Nachweise bei Däubler, TVG, Einl. Rn 668ff.: Wahl der auf den Tarifvertrag anwendbaren Rechtsordnung.

837 Näher Däubler, Tarifvertragsrecht, Rn 1694ff.

838 Dazu oben 3.2.10. (Rn 164ff.).

839 Hickl NZA 1997, 513: 1996 wurde die Zahl ausländischer Arbeitnehmer auf deutschen Baustellen auf 200000 geschätzt, während zugleich 190000 deutsche Bauarbeiter arbeitslos waren. Weitere Daten bei Deinert RdA 1996, 339 Fn 2 und Hold AuA 1996, 113. Die Zahl der illegal auf dem Bau Tätigen lässt sich nur schätzen; dazu Asshoff WSI-Mitt. 2004, 629ff.

840 Kehrmann-Spirolke AiB 1995, 621.

841 Webers DB 1996, 574.

842 Däubler-Lakies, TVG, § 1 AEntG Rn 14.

sich wehren, indem sie selbst im Ausland Subunternehmerfirmen gründen oder mit bestehenden zusammenarbeiten; für den Mittelstand ist diese Ausweichstrategie meist verschlossen; den Unternehmen droht die wirtschaftliche Katastrophe.[843] Für die deutschen Beschäftigten ist der Effekt in beiden Fällen derselbe: Sie verlieren ihren Arbeitsplatz, wenn ihr Arbeitgeber sich die Billigkonkurrenz zunutze macht, und sie verlieren ihn auch dann, wenn er niederkonkurriert wird.

Um dieses Phänomen in Grenzen zu halten, wurde das sog. **Arbeitnehmer-Entsendegesetz** (AEntG) erlassen.[844] Es sieht – beschränkt auf die Bauwirtschaft und Schlepperdienste in deutschen Häfen – Folgendes vor: 462c

▶ Tarifliche Bestimmungen über «Mindestentgeltsätze» einschließlich der Überstundenvergütung sowie über die Dauer des Erholungsurlaubs, das Urlaubsentgelt und ein zusätzliches Urlaubsgeld werden auf die hierher entsandten Arbeitskräfte erstreckt, sofern die fraglichen Tarifverträge für allgemein verbindlich erklärt wurden.[845] Diese gewinnen dadurch die Eigenschaft von «zwingendem Recht» im Sinne des Art. 34 EGBGB, finden also auch dann Anwendung, wenn die Arbeitnehmer nach ausländischem Recht tätig sind.[846]

Die **Allgemeinverbindlicherklärung** kann nicht nur in dem Verfahren nach § 5 TVG erfolgen (wo die Arbeitgeberseite aufgrund ihrer paritätischen Vertretung im Tarifausschuss ein Vetorecht hat); vielmehr ist auch der **Weg über eine Rechtsverordnung** des Bundesministers für Arbeit und Soziales möglich. Dies ist mit dem Grundgesetz vereinbar.[847]

▶ Erfasst sind neben **Beschäftigten ausländischer Subunternehmer** auch Leiharbeitskräfte sowie Scheinselbständige, die in der Regel aus Großbritannien eine sog. E-101-Bescheinigung mitbringen.[848]

Die Einhaltung der Mindestbedingungen wird von der Arbeitsverwaltung und den Hauptzollämtern nach näherer Maßgabe der §§ 2–4 AEntG **überwacht**. Verstöße werden als Ordnungswidrigkeiten geahndet; dabei kann nicht nur gegen den ausländischen Subunternehmer, sondern auch gegen seinen deutschen Auftraggeber vorgegangen werden. Wer eine Geldbuße von 462d

843 Hickl NZA 1997, 514.

844 Vom 26. 2. 1996, BGB I, 227, zuletzt geändert durch Gesetz vom 23. 7. 2004, BGBl I, 1842, abgedruckt in: Beck-Texte im dtv, unter Nr. 74. Dazu der Kommentar von Lakies, in: Däubler, TVG, Anhang 2 zu § 5.

845 § 1 Abs. 1 AEntG. Zur Allgemeinverbindlicherklärung s. oben Rn 230, 428 f.

846 BAG NZA 2003, 1424 LS = RdA 2004, 175 mit kritischen Anm. Schlachter.

847 BVerfG NZA 2000, 948. Ebenso BAG NZA 2003, 275.

848 Die Bescheinigung «belegt», dass es sich um eine Self-Employed Person handelt. Eine Bindungswirkung im Arbeitsrecht wird allgemein abgelehnt (Koberski-Sahl-Hold § 1 Rn 21; Mankowski BB 1997, 471; Steinmeyer DVBl 1995, 968), im Sozialversicherungsrecht ist sie umstritten (Cornelissen RdA 1996, 138; Franzen DZWiR 1996, 99; Steinmeyer DVBl 1995, 968). Zum Ganzen s. Däubler EuZW 1997, 618.

wenigstens 2500 € bezahlen muss, soll nach § 6 AEntG «für eine angemessene Zeit» **von** allen **öffentlichen Bauaufträgen ausgeschlossen** werden. Diese Sanktionen sind deshalb besonders wichtig, weil ins Inland entsandte ausländische Arbeitskräfte so gut wie nie in der Lage sind, ihre Rechte gerichtlich durchzusetzen,[849] woran auch der Ende 1997 geschaffene inländische Gerichtsstand nach § 8 AEntG nichts geändert hat.

462e Nach § 1 a AEntG haftet jeder Unternehmer, der einen andern Unternehmer mit der Erbringung von Bauleistungen beauftragt, für die Erfüllung der vom Gesetz erfassten Arbeitnehmeransprüche. Die **Haftung des «Generalunternehmers»** ist dabei Vorbild gewesen, doch wird jedes Unternehmen in der «Subunternehmerkette» erfasst.[850]

462f Die deutsche Regelung stimmt mit der **EG-Richtlinie über die Entsendung** von Arbeitnehmern im Rahmen der Erbringung von Dienstleistungen überein.[851] Beide sind allerdings an der **gemeinschaftsrechtlichen Dienstleistungsfreiheit** zu messen, die keine unverhältnismäßige und insbesondere keine die ausländischen Anbieter benachteiligende Regelung zulässt. So hat etwa der EuGH den Standpunkt vertreten, nur deutsche Unternehmen könnten durch **Abschluss eines Firmentarifs** dem für allgemein verbindlich erklärten Tarifvertrag entgehen, was eine Diskriminierung der Unternehmen aus anderen Mitgliedstaaten darstelle.[852] Das BAG sieht in der seit 1999 geltenden Fassung des § 1 Abs. 1 AEntG ein auch an die deutschen Unternehmer gerichtetes Verbot, sich den tariflichen Vorgaben durch einen Firmentarif zu entziehen.[853] Weiter hat der EuGH festgestellt, dass beim Vergleich zwischen den mit den ausländischen Arbeitnehmern vereinbarten Vergütungen und den Sätzen des deutschen Tarifvertrags auch **Zuschläge und Zulagen** berücksichtigt werden müssen, die keine unmittelbare Gegenleistung für die erbrachte Arbeit sind. Die **Haftung nach § 1 a AEntG** fand die Billigung des EuGH[854] wie die des BAG;[855] dieses stellte fest, dass nur Ansprüche für tatsächlich geleistete Arbeit erfasst seien.[856] Der EuGH hat konsequent an seiner Rechtsprechung festgehalten, wonach die Mitgliedstaaten das Recht haben, ihre sozialen Mindeststandards auf Beschäftigte ausländischer Firmen

849 Zu den Schwierigkeiten s. Deinert RdA 1996, 351; Däubler DB 1995, 729 (mit Überlegungen zur Schaffung von Klagerechten für Behörden und/oder Gewerkschaften).

850 Däubler-Lakies, TVG, § 1 a AEntG Rn 10. Asshoff (WSI-Mitt. 2004, 630) berichtet, dass es Subunternehmerketten von mehr als neun Ebenen gibt.

851 Richtlinie 96/71/EG des Europäischen Parlaments und des Rates vom 16. Dezember 1996, ABl vom 24. 1. 1997, Nr. L. 18/1, abgedruckt auch bei Koberski-Sahl-Hold, S. 386 ff.

852 EuGH NZA 2002, 207 – Portugaia.

853 BAG NZA 2003, 275 und BAG NZA 2005, 114. Die Prämisse der ganzen Diskussion ist falsch, da auch ausländische Arbeitgeber einen Firmentarif abschließen können – s. oben 4.17.2. (oben Rn 462).

854 NZA 2004, 1211.

855 BAG NZA 2003, 490; BAG NZA 2005, 627.

856 BAG NZA 2005, 627.

zu erstrecken, die im Inland tätig sind.[857] Dem liegt der Gedanke zugrunde, dass der **Sozialkostenwettbewerb dem Leistungswettbewerb nicht gleichgestellt** ist: Art. 136 Abs. 1 EG-Vertrag sieht als Zielgröße u. a. eine «Verbesserung der Lebens- und Arbeitsbedingungen» vor, die durch massenhaftes Angebot von Billigarbeitskräften gerade nicht erreicht würde. Die Ausnutzung unterschiedlicher Lohnkosten mag zwar nicht wettbewerbswidrig sein.[858] Gleichzeitig gibt es jedoch keinen gemeinschaftsrechtlichen Grundsatz, Sozialkosten als Wettbewerbsfaktor beizubehalten; sie können jederzeit ausgeklammert werden.

Was geschieht, wenn **außerhalb des Bausektors** und der Schifffahrtsassis- 462 g
tenz ausländische Billigarbeitskräfte in Deutschland eingesetzt werden? Auch Tarifverträge, die für allgemein verbindlich erklärt sind, werden von der Rechtsprechung nicht auf ihre Arbeitsverhältnisse erstreckt, Art. 34 EGBGB sei nicht anwendbar.[859] Anders wird jedoch für die Entgeltfortzahlung im Krankheitsfalle nach § 3 EFZG und für den Zuschuss zum Mutterschaftsgeld nach § 14 MuSchG entschieden.[860] Außerdem sieht **§ 7 AEntG für Arbeitnehmer aller Branchen** die Geltung bestimmter elementarer Schutzvorschriften vor; dazu gehören etwa **Höchstarbeitszeiten** und Mindestruhezeiten, der gesetzliche Anspruch auf bezahlten **Erholungsurlaub**, der gesetzliche **Mindestlohn**, der bei uns durch das Verbot des Lohnwuchers ersetzt wird, das **Arbeitsschutz-** und das **Antidiskriminierungsrecht**.[861] Der zwischen CDU/CSU und SPD im Oktober 2005 geschlossene Koalitionsvertrag sieht im Übrigen vor, das gesamte AEntG auf das Gebäudereinigungshandwerk zu erstrecken.

## 4.17.3. Grenzüberschreitende Tarifverträge?

### 4.17.3.1. Innerhalb der EU

Die hier angesprochenen Probleme würden gemildert, wenn es **einheitliche** 463
**Tarifverträge** in den EU-Ländern geben würde. Allerdings sind wir von einem solchen Zustand noch **meilenweit entfernt**: Die Sozialstandards sind unterschiedlich hoch, das Arbeitsrecht wie die Tarifpraxis sind tief in den nationalen Traditionen verankert, es fehlen einheitliche Organisationen, die EG-

857 EuGH NJW 1982, 1935 – Seco; EuGH EuZW 1990, 257 – Rush Portuguesa; EuGH EuZW 1994, 600 – Vander Elst (wo in Ziff. 23 von «ständiger Rechtsprechung» die Rede ist); EuGH EuZW 1996, 400 – Guiot.

858 Eichenhofer ZIAS 1996, 63.

859 BAG RdA 2004, 175 mit kritischen Anm. Schlachter. Zum Diskussionsstand in der Lit. Däubler, TVG, Einl. Rn 656 ff.

860 BAG NZA 2002, 734, 738.

861 Näher dazu Peter, in: Peter-Kempen-Zachert, S. 40.

weit für alle Drucker oder alle Metallarbeiter dasselbe Entgelt oder denselben Kündigungsschutz vereinbaren könnten. Auch ist in vielen Ländern die Bereitschaft gering, den auf niedrigen Löhnen beruhenden Wettbewerbsvorteil zu relativieren oder gar aufzugeben. Hindernisse gibt es auch auf rechtlicher Ebene: Ein einheitlicher Tarifvertrag würde in Frankreich nach französischem, in Italien nach italienischem und in Deutschland nach deutschem Arbeitsrecht behandelt. Ein **europäisches Tarifvertragsrecht** existiert bislang nicht.[862] Allerdings gibt es zwei Möglichkeiten, gleichwohl ein Stück grenzüberschreitender Regelung zu realisieren.

463 a ▶ **Auf der Ebene einzelner Konzerne** können sich Gewerkschaften oder betriebliche Interessenvertretungen **über bestimmte Punkte absprechen**, um diese dann in Verhandlungen mit der Konzernleitung einzubringen. Schon in der Vergangenheit stand dabei die Einrichtung eines europaweiten Konsultationsverfahrens oder eines europäischen Betriebsrats im Vordergrund.[863] Seit der EBR-Richtlinie von 1994[864] sind entsprechende Abmachungen bei allen größeren Unternehmen erzwingbar, die ein Mindestmaß an «Europäisierung» aufweisen.[865] **Europäische Betriebsräte** sind zum Teil zu echten **Verhandlungspartnern** der zentralen Konzernleitungen geworden.[866]

463 b ▶ Möglich ist weiter, in bestimmten Branchen die **Tarifverhandlungen** zunächst zeitlich und dann in gewissem Umfang auch inhaltlich **zu koordinieren**: Wenn gleichzeitig über höhere Löhne, über kürzere Arbeitszeiten oder über mehr Bestandsschutz verhandelt wird, werden sich die Belegschaften nicht gegeneinander ausspielen lassen, indem beispielsweise Streikarbeit wegen des Produktionsausfalls in einem anderen Land geleistet wird.[867] In einem solchen «Internationalismus von unten» dürften größere Chancen als in den Abmachungen auf höchster Ebene liegen.

### 4.17.3.2. Weltweit

464 Eine Vorreiterstellung im Bereich grenzüberschreitender Tarifverträge nimmt die Seeschifffahrt ein. Anlass hierfür sind in erster Linie besonders schlechte Arbeitsbedingungen: Etwa die Hälfte der gesamten Weltflotte fährt unter sog.

862 Zu den Ansätzen auf der Grundlage der Vereinbarungen im Rahmen des Sozialen Dialogs nach Art. 139 Abs. 2 EG-Vertrag s. Däubler-Schiek, TVG, Einl. Rn 791 ff.

863 J. Deppe (Hrsg.), Euro-Betriebsräte (mit zahlreichen Erfahrungsberichten).

864 Richtlinie 94/45/EG des Rates über die Einsetzung eines europäischen Betriebsrats oder die Schaffung eines Verfahrens zur Unterrichtung und Anhörung der Arbeitnehmer in gemeinschaftsweit operierenden Unternehmen und Unternehmensgruppen vom 22. September 1994 (ABl vom 30. 9. 1994, Nr. I. 254/64).

865 Einzelheiten unter 6.17.4. (Rn 1215 ff.).

866 Unten 6.17.4.3. (Rn 1228).

867 Zu koordinierter Tarifpolitik im Bausektor s. Baumann-Laux-Schnepf WSI-Mitt. 1997, 134 ff.

Billigflaggen von Staaten wie Zypern, Liberia, Honduras, Antigua u.a., die so gut wie keine effektive Kontrolle über die Schiffe ausüben. Wie bereits oben[868] dargestellt, hat die ITF einen Mustertarifvertrag entwickelt, den rund ein Drittel der Reeder von Billigflaggenschiffen akzeptiert hat. Durch ein Zusatzabkommen wird in der Regel auch ein Gerichtsstand und die anwendbare Rechtsordnung festgelegt – in der Praxis spielt beides allerdings kaum eine Rolle, da Tarifbruch mit neuen Boykottaktionen beantwortet würde.[869]

Sonderprobleme ergeben sich im Zusammenhang mit dem sog. **Zweiten Schiffsregister**.[870] Dort ist trotz deutscher Flagge gleichfalls die Möglichkeit eröffnet, auf ausländisches «Billigarbeitsrecht» auszuweichen. Soweit die gewerkschaftliche Kraft dazu reicht, kann dies durch einen **«Rechtswahltarifvertrag»** ausgeschlossen werden: Schuldrechtlich sowie im Wege der Abschlussnorm kann man den Arbeitgeber verpflichten, ausschließlich Arbeitsverträge deutschen Rechts abzuschließen.[871] 465

868 Rn 70.

869 Insoweit besteht dort eine Situation wie im deutschen Tarifrecht vor dem 1. Weltkrieg – dazu oben Rn 84.

870 Dazu Däubler, Das Zweite Schiffsregister, a.a.O.; Geffken NZA 1989, 88ff.

871 Für Zulässigkeit einer solchen Abrede im Tarifvertrag LAG Rheinland-Pfalz IPRspr 1981, 94; Birk, FS Beitzke, S. 849; Däubler, NZA 1990, 674; Schnorr, FS Nipperdey, Bd. II, S. 907; Simitis, FS Kegel, S. 174f.

# 5. Arbeitskampfrecht[1]

466 Von allen Teilen des Arbeitsrechts genießt das Arbeitskampfrecht die **größte Publizität**: An seinem Beispiel werden die in einer bestimmten Gesellschaftsordnung herrschenden Konflikte besonders deutlich; auch entscheidet es letztlich darüber, ob und in welchem Umfang die Arbeitnehmer ihre Interessen nicht nur proklamieren, sondern auch durchsetzen können.

467 Als Erstes soll nach der **Rechtmäßigkeit von Streiks** gefragt werden – und zwar unter Einbeziehung auch der Landesverfassungen und der von der Bundesrepublik ratifizierten völkerrechtlichen Verträge. Daran schließt sich das zweite Problem an, was mit der «Rechtmäßigkeit» eigentlich erreicht ist – heißt dies, dass der Arbeitgeber gar keine Sanktionen verhängen kann, oder darf er Gegenmaßnahmen ergreifen, z. B. die Entgeltzahlung verweigern oder alle Beschäftigten **aussperren**? Zum Dritten sollen uns Unterlaufungsstrategien gegen das Streikrecht beschäftigen. Wäre es beispielsweise zulässig, wenn der Arbeitgeber die Mitglieder der Streikleitung darauf «hinweisen» würde, er werde schon Mittel und Wege finden, um ihre Arbeitsplätze im nächsten halben Jahr wegzurationalisieren?

468 Erhebliche Aufmerksamkeit verdient weiter der **rechtswidrige Streik**. Nach der Rechtsprechung des BAG verstoßen sämtliche sog. nichtgewerkschaftlichen Arbeitsniederlegungen («wilde Streiks») gegen die Rechtsordnung. Was geschieht in solchen Fällen? Kann der Arbeitgeber den Streikteilnehmern kündigen, ja unter Umständen an einem Einzelnen ein Exempel statuieren? Kann er Schadensersatzansprüche geltend machen oder gar die Polizei holen? Darf er im Ausnahmefall sogar mit dem Staatsanwalt drohen? Wie könnte eine alternative Arbeitskampfordnung aussehen? Kann im Wege von tariflichen «Arbeitskampfordnungen» die Grenze zwischen rechtmäßigem und rechtswidrigem Streik verschoben werden?

469 Der folgende Abschnitt ist den häufig unterschätzten **«atypischen» Kampfmitteln** gewidmet. Wie ist ein «Dienst nach Vorschrift» rechtlich zu

---

1 Zu zahlreichen Einzelfragen sei auf Däubler (Hrsg.), Arbeitskampfrecht, 2. Aufl., Baden-Baden 1987, verwiesen. Aktuellste Darstellung bei ErfK-Dieterich Art. 9 GG Rn 91–284. S. weiter Kissel, Arbeitskampfrecht, München 2002.

beurteilen? Können die Arbeitnehmer anstelle eines Streiks ihre Arbeitsverhältnisse kündigen? Lässt sich der Arbeitgeber u. U. von der Verbraucherseite her, d. h. durch einen «Käuferstreik», unter Druck setzen? Besondere Aufmerksamkeit verdient der **grenzüberschreitende Arbeitskampf**, auch wenn er in der Gegenwart noch relativ selten vorkommt.

Zum Abschluss sollen die **Perspektiven** des Arbeitskampfrechts angesprochen werden. Dazu gehört u. a. die Frage, ob die Öffentlichkeit für die Streikziele mobilisiert werden kann und inwieweit angesichts veränderter Rahmenbedingungen auch Blockaden und Betriebsbesetzungen rechtmäßig sein können. 470

## 5.1. Wann ist ein Streik rechtmäßig? – Das «Richterrecht» des BAG

Von einem «Streik» kann dann gesprochen werden, wenn eine Gruppe von abhängig Beschäftigten aufgrund gemeinsamen Entschlusses die **Erfüllung arbeitsvertraglicher Pflichten verweigert**. Der dadurch ausgeübte Druck hat den Sinn, ein bestimmtes Ziel (z. B. eine Entgelterhöhung) zu erreichen.[2] **Selbständige** (z. B. niedergelassene Ärzte) können im Rechtssinne nicht streiken, vielmehr geht es um eine demonstrative Nichterbringung von Diensten, auf die andere mehr oder weniger stark angewiesen sind.[3] 471

Wichtiger als der selten kontrovers werdende Begriff des Streiks ist die Frage, wann abhängig Beschäftigte zu einem solchen Verhalten berechtigt sind. Das **BAG** hat das Streikrecht zunächst nicht aus einzelnen Verfassungs- oder Gesetzesvorschriften, sondern **aus allgemeinen Grundsätzen** abgeleitet. So heißt es in der ersten grundlegenden Entscheidung vom 28. 1. 1955[4]: 471 a

«Arbeitskämpfe (Streik und Aussperrung) ... sind in bestimmten Grenzen erlaubt, sie sind in der freiheitlichen sozialen Grundordnung der Deutschen Bundesrepublik zugelassen. Unterbrechungen der betrieblichen Arbeitstätigkeit durch einen solchen Arbeitskampf sind sozial adäquat, da die beteiligten Arbeitnehmer und Arbeitgeber mit solchen kampfweisen Störungen auf Veranlassung und unter Leitung der Sozialpartner von jeher rechnen müssen und die deutsche freiheitliche Rechtsordnung derartige Arbeitskämpfe als Ultima Ratio anerkennt.»

---

2 Einzelheiten bei Däubler, Arbeitskampfrecht, Rn 58 ff.

3 Nehmen an einer Aktion gleichermaßen Selbständige und Arbeitnehmer teil (am Fernfahrerstreik beteiligen sich auch Ein-Mann-Unternehmer), so ist lediglich bei den Arbeitnehmern nach einer Rechtfertigung durch das Streikrecht zu fragen.

4 BAG AP Nr. 1 zu Art. 9 GG Arbeitskampf, Bl. 4 R.

472 Ähnlich war an anderer Stelle von der Gewährleistung des Streiks durch die «freiheitliche und soziale Grundordnung» die Rede.[5] Der aus dem Jahre 1971 stammende zweite Grundsatzbeschluss wurde insoweit nicht präziser; er erwähnte lediglich Vorschriften, die von der Existenz des Arbeitskampfes ausgehen, *ohne ihn zu regeln,* und nannte als Beispiel Art. 9 Abs. 3 Satz 3 GG, Art. 6 Nr. 4 der Europäischen Sozialcharta, § 19 Abs. 5 SchwerbeschädigtenG, § 25 KSchG, § 49 Abs. 2 Satz 2 BetrVG 1952 und andere Bestimmungen.[6] Erst die **Aussperrungsentscheidungen vom 10. 6. 1980** gingen insofern einen Schritt weiter, da es dort heißt[7]:

> «Heute besteht Einigkeit darüber, dass das Streikrecht einen notwendigen Bestandteil der freiheitlichen Kampf- und Ausgleichsordnung darstellt, *die durch Art. 9 Abs. 3 GG im Kern gewährleistet ist.*»

Im **Urteil zur sog. Neuen Beweglichkeit** vom 12. 9. 1984[8] wird dies bestätigt und überdies erstmals auch zur Streikgarantie des Art. 6 Nr. 4 ESC positiv Stellung genommen[9]: Diese soll den Richter jedenfalls dann binden, wenn er an der Stelle des Gesetzgebers arbeitskampfrechtliche Normen weiterentwickelt.[10]

473 Das BAG sah in Art. 9 Abs. 3 GG nur eine Art Basisnorm; das heute bestehende Streik-(und Aussperrungs-)Recht sei durch das Tarifvertragsgesetz gewährleistet, also auf der Ebene des einfachen Bundesgesetzes angesiedelt.[11]

474 Das **BVerfG** hat in seiner **Entscheidung vom 26. 6. 1991**[12] den Grundsatz ausgesprochen, Art. 9 Abs. 3 GG schütze auch den Koalitionszweck «Abschluss von Tarifverträgen». Die Wahl der Mittel, die sie zur Erreichung dieses Zwecks für geeignet hielten, überlasse Art. 9 Abs. 3 grundsätzlich den Koalitionen selbst. Weiter heißt es: «Soweit die Verfolgung des Vereinigungszwecks von dem Einsatz bestimmter Mittel abhängt, werden daher auch diese vom Schutz des Grundrechts umfasst. Zu den geschützten Mitteln zählen auch Arbeitskampfmaßnahmen, die auf den Abschluss von Tarifverträgen gerichtet sind. Sie werden jedenfalls insoweit von der Koalitionsfreiheit erfasst, als sie allgemein erforderlich sind, um eine funktionierende Tarifautonomie sicher-

---

5 BAG AP Nr. 2 zu Art. 9 GG Arbeitskampf.

6 BAG AP Nr. 43 zu Art. 9 GG Arbeitskampf, Bl. 7 R.

7 BAG DB 1980, 1266 re. Sp.

8 BAG AP Nr. 81 zu Art. 9 GG Arbeitskampf = RdA 1985, 52 ff. = NZA 1984, 393 ff.; ähnlich BAG DB 1988, 1902 f.

9 Unter B II 2 c der Gründe (RdA 1985, 58).

10 Näher dazu unten 5.2.3. (Rn 490 ff.).

11 BAG DB 1980, 1269 li. Sp. Das begrenzte Aussperrungsrecht wird dort zu den «tragenden Grundsätzen des geltenden Tarifrechts» gezählt. Ebenso BAG DB 1988, 1904 und BAG NZA 1993, 40.

12 BVerfGE 84, 212 = AuR 1992, 29.

zustellen. Dafür spricht auch Art. 9 Abs. 3 Satz 3 GG.» Damit ist einerseits eine **verfassungsrechtliche Streikgarantie** bejaht, andererseits jedoch über deren genauen Umfang keine Aussage getroffen.[13]

Der angebliche Mangel an konkreten Rechtsnormen erleichtert entscheidend die Entwicklung eigener Regeln für Streik und Aussperrung: Wo die Verfassung nichts Konkretes bestimmt und der Gesetzgeber schweigt, darf, ja muss die **Rechtsprechung** in die Bresche springen. Die dadurch eröffneten Möglichkeiten hat das BAG in weitem Umfang genutzt und im Laufe einer fünfzigjährigen Entwicklung ein eigenes **System von arbeitskampfrechtlichen Regeln** geschaffen. Diese wirken in der Praxis wie ein «Arbeitskampfgesetz»[14]. 475

Um rechtmäßig zu sein, hat ein Streik nach Auffassung des BAG die folgenden Bedingungen zu erfüllen: 476

(1) Er muss um ein **tariflich regelbares Ziel** geführt werden.[15] Was nicht Gegenstand eines Tarifvertrags sein kann – nach hM z. B. Unternehmerentscheidungen über Investitionen und Preise[16] –, darf auch nicht erstreikt werden. Sämtliche Beschränkungen der Tarifautonomie übertragen sich so auf das Streikrecht.

(2 Die Arbeitsniederlegung darf **nicht gegen** die **tarifliche Friedenspflicht** verstoßen.[17] Während der Laufzeit des Tarifvertrags ist daher jeder Streik ausgeschlossen, sofern er sich auf das tariflich Geregelte bezieht.

(3) Der Streik muss nach Ansicht des BAG von der **Gewerkschaft getragen sein**[18] oder zumindest nachträglich von ihr übernommen werden.[19] Grund: Die Arbeitsniederlegung sei eine gefährliche Waffe und könne deshalb nur Instanzen anvertraut werden, die sich dieses Mittels in verantwortlicher Weise bedienen.[20] Auch muss die Gewerkschaft nach ihrer Satzung für den in Frage stehenden Betrieb zuständig,[21] ihr Streikbeschluss muss für die betroffenen Arbeitgeber erkennbar sein.[22]

(4) Der Streik darf nicht darauf gerichtet sein, den Staat oder ein sonstiges Subjekt hoheitlicher Gewalt zu einem hoheitlichen Tun zu zwingen. Der

13 Die Entscheidung zu § 116 AFG (DB 1995, 1464) wiederholt nur die in der Entscheidung von 1991 getroffenen Feststellungen.

14 Zur Bedeutung einer ständigen Rechtsprechung s. oben 1.2.1. (Rn 4 ff.).

15 BAG AP Nr. 1, 43, 44 zu Art. 9 GG Arbeitskampf. Ebenso BAG DB 1985, 1695 = AP Nr. 85 zu Art. 9 GG Arbeitskampf, BAG DB 1988, 2102 = AuR 1988, 346 und BAG NZA 1993, 40.

16 Dazu oben 4.7. (Rn 374 ff.).

17 BAG AP Nr. 2 zu § 1 TVG Friedenspflicht, bestätigt in BAG AP Nr. 81 zu Art. 9 GG Arbeitskampf. Dazu oben 4.3. (Rn 249 ff.).

18 BAG AP Nr. 32, 41, 43 zu Art. 9 GG Arbeitskampf, ständ. Rspr.

19 BAG AP Nr. 3 zu Art. 9 GG Arbeitskampf.

20 BAG AP Nr. 32 zu Art. 9 GG Arbeitskampf. Bl. 9 R.

21 BAG NZA 1984, 34.

22 BAG DB 1996, 578.

**sog. politische Streik** – etwa eine Arbeitsniederlegung mit dem Ziel einer gesetzlichen Ausdehnung der Mitbestimmung – ist nach BAG **verboten.**[23]

(5) Der Streik darf **nicht dem Verhältnismäßigkeitsgrundsatz widersprechen.**[24] Dies hat laut BAG «im Wesentlichen» folgende Konsequenzen[25]:

▶ Arbeitskämpfe dürfen nur insoweit eingeleitet und durchgeführt werden, als sie zur Erreichung rechtmäßiger Kampfziele und des nachfolgenden Arbeitsfriedens geeignet und sachlich erforderlich sind.

▶ Jede Arbeitskampfmaßnahme darf nur nach Ausschöpfung aller Verständigungsmöglichkeiten ergriffen werden; der Arbeitskampf muss das letzte Mittel, die sog. **Ultima Ratio**, sein. Dies wurde ursprünglich sehr streng gehandhabt. Mittlerweile betont das BAG,[26] dass jede Seite selbst entscheiden kann, wann weitere Verhandlungen ohne Streik sinnlos sind.

▶ Die Mittel des Arbeitskampfes dürfen ihrer Art nach nicht über das hinausgehen, was zur Durchsetzung des erstrebten Ziels jeweils erforderlich ist.

▶ Nach beendetem Arbeitskampf müssen beide Parteien dazu beitragen, dass so bald wie möglich und in größtmöglichem Umfang der Arbeitsfriede wiederhergestellt wird.

▶ Das **Gemeinwohl** darf durch den Streik nicht offensichtlich verletzt werden.

(6) Der Streik darf nicht gegen die **Regeln eines fairen Kampfes** verstoßen; insbesondere darf er nicht auf die Vernichtung des Gegners abzielen, sondern muss den «gestörten Arbeitsfrieden» wiederherstellen.[27]

(7) Während der Arbeitsniederlegung müssen die notwendigen **Erhaltungsarbeiten** gesichert sein, um so eine Vernichtung von Produktionsanlagen zu vermeiden.[28] **Notstandsarbeiten** sind geschuldet, wenn andernfalls Dritte in schwerster Weise betroffen wären.

(8) Der Streik darf **nicht** aus anderen Gründen **gegen die guten Sitten** verstoßen.[29]

(9) Der Streik darf **nicht** ein **spezielles Verbot** wie das (angeblich) für Beamte geltende **verletzen**[30] und keine betriebsverfassungsrechtlichen Fragen

---

23 BAG AP Nr. 1 zu Art. 9 GG Arbeitskampf, Bl. 4 R. Ebenso LAG München NJW 1980, 957.

24 BAG AP Nr. 43 zu Art. 9 GG Arbeitskampf, Bl. 9 R, bestätigt in BAG AP Nr. 81 zu Art. 9 GG Arbeitskampf.

25 Im Folgenden zitiert nach BAG, a.a.O. (Fn 24).

26 BAG DB 1988, 1952 ff.; BAG DB 1991, 2295 = NZA 1991, 816.

27 BAG AP Nr. 43 zu Art. 9 GG Arbeitskampf, Bl. 7, bestätigt in BAG DB 1993, 1725. Ebenso BGH NJW 1978, 816 für den sog. Fluglotsenstreik.

28 BAG, a.a.O. (Fn 27), Bl. 6, 7. Ebenso LAG Baden-Württemberg DB 1980, 933; dass. DB 1980, 2042; LAG Niedersachsen DB 1980, 2041 und BAG AuR 1983, 251.

29 BAG AP Nr. 1 zu Art. 9 GG Arbeitskampf, Bl. 4 R. Ebenso BGH NJW 1978, 817.

30 BAGE 4, 351 ff.; 12, 184, 194. Näher dazu Bd. 2 Rn 1776 ff.

wie die vorübergehende Änderung der betrieblichen Arbeitszeit zum Gegenstand haben.[31]

(10) Der Streik darf **kein Ziel** verfolgen, **das auch auf dem Rechtsweg** durchgesetzt werden könnte. Die Rücknahme einer rechtswidrigen Kündigung kann deshalb nicht durch Streik erzwungen werden.[32]

(11 Der gewerkschaftliche Streikbeschluss muss bestimmen, **wer im Einzelnen von welchem Zeitpunkt an zum Streik aufgerufen** ist.[33] Außerdem muss dies bekannt gemacht werden, damit sich die andere Seite darauf einstellen kann; anders als in manchen ausländischen Rechtsordnungen gibt es jedoch keine Vorankündigungspflicht.[34]

(12 Auch der **Solidaritätsstreik** ist **grundsätzlich rechtswidrig**, es sei denn, das bestreikte Unternehmen könne aufgrund der besonderen Umstände des Einzelfalls nicht mehr als außen stehender Dritter angesehen werden.[35]

Unbestritten legal ist nach diesen Grundsätzen nur ein gewerkschaftlicher 477
Streik um einen Tarifvertrag, der bessere Lohn- und Arbeitsbedingungen zum Gegenstand hat. Immerhin besteht eine **Vermutung** dafür, **dass** von der Gewerkschaft organisierte Arbeitsniederlegungen **rechtmäßig** sind.[36] Weiter sind gewerkschaftliche **Warnstreiks** während laufender Tarifverhandlungen legal[37] – und zwar auch dann, wenn sie im Rahmen der sog. Neuen Beweglichkeit systematisch eingesetzt und mit anderen Aktionsformen wie Aufklärungskampagnen, Demonstrationen usw. verbunden werden.[38]

---

31 BAG BB 1977, 544. Vgl. weiter BAG DB 1988, 2102.

32 BAG DB 1978, 1403.

33 BAG AP Nr. 140 und 146 zu Art. 9 GG Arbeitskampf.

34 Einzelheiten bei ErfK-Dieterich Art. 9 GG Rn 132 ff.

35 BAG DB 1985, 1695 = AP Nr. 85 zu Art. 9 GG Arbeitskampf; BAG DB 1988, 1270, bestätigt in BAG DB 1988, 2102 und in BAG DB 1991, 2295 = NZA 1991, 815. Anders LAG Hamm DB 1980, 2345.

36 BAG AP Nr. 47 zu Art. 9 GG Arbeitskampf; BAG NZA 1984, 35. Dies bedeutet aber nur, dass der Arbeitgeber die die Rechtswidrigkeit begründenden Umstände darlegen und beweisen muss (so BAG NZA 1984, 35).

37 BAG BB 1977, 595; BAG AP Nr. 81 zu Art. 9 GG Arbeitskampf; BAG DB 1988, 1952 (mit unterschiedlichen Begründungen).

38 So BAG AP Nr. 81 zu Art. 9 GG Arbeitskampf = RdA 1985, 52 = NZA 1984, 393; im Ergebnis bestätigt durch BAG DB 1988, 1952.

## 5.2. Das Grundrecht auf Streik – kein bloßes Anhängsel der Tarifautonomie

478 Schon der rechtliche Ausgangspunkt des BAG kann nicht überzeugen: Das geltende Recht enthält sehr wohl präzise Bestimmungen über den Streik, die das BAG bislang aber nicht ausreichend zur Kenntnis genommen hat.[39]

### 5.2.1. Streikrecht und Art. 9 Abs. 3 GG

#### 5.2.1.1. Der richtige Ansatz des BAG …

479 In den Aussperrungsentscheidungen vom 10. 6. 1980[40] hat das BAG die Position der herrschenden Lehre in der Literatur übernommen. Diese leitet aus der Rechtsprechung des Bundesverfassungsgerichts, wonach Art. 9 Abs. 3 GG die Tarifautonomie mitgarantiert[41], eine mittelbare Streikgarantie ab: Das Tarifsystem könne nur funktionieren, wenn auch die Arbeitnehmerseite über ein Druckmittel verfüge, das die Arbeitgeber verhandlungsbereit mache; dieses könne den Umständen nach nur in der Vorenthaltung der Arbeitskraft, d. h. im Streik, liegen.[42] Wer den Schritt von der individuellen Koalitionsfreiheit zur Garantie eines Tarifsystems mache, müsse daher notwendigerweise auch das Streikrecht bejahen.[43] **Andernfalls** seien **Tarifverhandlungen** – so seit 1980 auch das BAG – **nichts anderes als «kollektives Betteln»**[44]. In seiner Entscheidung vom 20. 6. 1991[45] hat das BVerfG diese Sicht als verfassungskonform bestätigt und dies auch in folgenden Entscheidungen erneut bekräftigt.[46]

#### 5.2.1.2. … und seine inkonsequente Umsetzung

480 Diese prinzipiell richtige Argumentation wird dadurch relativiert, dass die **Tarifautonomie** auf bestimmte Ziele wie die «sinnvolle Ordnung und Be-

---

39 Kritisch insoweit auch Kittner, FS Gnade, S. 415.

40 S. oben Fn 7.

41 S. oben 3.2.8. (Rn 152 ff.).

42 Nachweise bei Binkert, S. 91 Fn 54 und bei Friauf RdA 1986, 189 Fn 7.

43 Andeutungen in dieser Richtung finden sich auch in BAG AP Nr. 47 zu Art. 9 GG Arbeitskampf, Bl. 3 R.

44 So die Entscheidung 1 AZR 168/79 unter AI2a der Gründe (insoweit nicht abgedruckt in DB 1980, 1266 ff.), bestätigt durch BAG AP Nr. 81 zu Art. 9 GG Arbeitskampf unter B II 2 a der Gründe. Ebenso Gast, Tarifautonomie, S. 4. Richtig auch Runggaldier, S. 153 («totes Instrument»).

45 BVerfGE 84, 212 = AuR 1992, 29.

46 BVerfGE 88, 103 = AP Nr. 126 zu Art. 9 GG Arbeitskampf; BVerfGE 92, 365 = AP Nr. 4 zu § 116 AFG.

friedung des Arbeitslebens» festgelegt wird und so Beschränkungen erfolgen, die sich in nichts von der früheren Rechtsprechung des BAG unterscheiden, die sich auf das Pauschalargument der Sozialadäquanz stützte.[47] Das Richterrecht des BAG ist – wie Blanke überzeugend herausgearbeitet hat[48] – Ergebnis einer **funktionalistischen Betrachtungsweise**, die den Streik nur als Instrument im Rahmen von Tarifauseinandersetzungen akzeptiert, die ihrerseits an enge rechtliche Vorgaben gebunden werden. Diese Auffassung wird hier nicht geteilt:[49] **Kollektivverträge** umfassen nicht nur Tarifverträge, sondern **auch sonstige Abmachungen**[50], vom Gegenstand her können sie sich auf den **gesamten Bereich der Arbeits- und Wirtschaftsbedingungen** beziehen[51], wie weit die Koalitionen gebunden sind, richtet sich allein nach ihrer eigenen Entscheidung.[52] Wenn man schon das Streikrecht auf ein «Verhandlungssystem» beziehen will (was – wie noch zu zeigen ist – alles andere als zwingend ist), so kann es nur *diese Form* von Kollektivverträgen erfassen. Jedenfalls insoweit müsste auch die hM «nachziehen» und Art. 9 Abs. 3 Satz 1 GG anwenden. Art. 9 Abs. 3 Satz 3 GG besitzt demgegenüber nur «Bestätigungsfunktion».[53]

Zöllner hat gegen diese Konzeption eingewandt, sie führe zu einer enteig- 481
nungsgleichen Einschränkung des Eigentums, «in deren Gefolge ein dem Allgemeinwohl alles andere als zuträgliches ökonomisches Entscheidungspatt sich entwickeln kann»[54]. Auch dürfe der Kollektivvertrag nicht auf Gebiete übergreifen, die dem individuellen Arbeitsvertrag «schon nach der Natur der Sache als Gegenstand verschlossen wären, wie eben die typischen unternehmerischen Entscheidungen».

Mit dieser Begründung hat er (vermutlich ungewollt) seinen gesellschafts- 482
politischen Standort deutlich gemacht: Es geht ihm um die unbedingte, mit keinerlei Wenn und Aber versehene Abschirmung der unternehmerischen Freiheit gegen jede Einflussnahme durch Gewerkschaften und Arbeitnehmer. Im Widerspruch zum Offenheitsgrundsatz der Verfassung[55] wird stillschweigend die **Garantie einer unternehmergesteuerten Wirtschaft unterstellt**[56] und

47 So im Prinzip auch Bepler, FS Wissmann, S. 99 ff. Vgl. etwa Brox-Rüthers, 1. Aufl., S. 44 ff. (Streikgarantie), und S. 51–217 (Rechtswidrige Arbeitskämpfe). Die 2. Aufl. verzichtet auf eine vergleichbare Gliederung, enthält jedoch keine neuen inhaltlichen Akzente.

48 Blanke AuR 1989, 2 ff.

49 Däubler, ZfA 1973, 201 ff. Gegenüber der dort vorgelegten Konzeption ergibt sich insofern eine Erweiterung, als der «Kollektivvertrag» nicht nur Tarifverträge erfasst.

50 Oben 4.14. (Rn 455 ff.).

51 Oben 4.6., 4.7. (Rn 368 ff.); zustimmend Wohlgemuth, Staatseingriff und Arbeitskampf, S. 110.

52 Oben 4.3.3. (Rn 259 ff.).

53 Dass Art. 9 Abs. 3 Satz 3 GG keine eigenständige Streikgarantie enthält, betont auch BAG DB 1988, 1903.

54 Zöllner ZfA 1973, 236.

55 Näher dazu Däubler, Grundrecht, S. 157 ff. mwN.

56 Auf diesen Zusammenhang verweist auch Blanke AuR 1989, 9.

die sonst unbestrittene Vorrangstellung des Art. 1 GG in Zweifel gezogen: Entgegen Zöllner wird nicht die Selbstbestimmung durch das Eigentum, sondern das Eigentum durch die in Art. 1 GG garantierte Selbstbestimmung begrenzt.

483 Weiter bedeutet dies, dass das Kollektivvertragssystem nicht einfach durch den üblichen Inhalt von «Dienstverträgen» beschränkt sein kann, sondern dass es sich auf die Gesamtheit der Arbeits- und Wirtschaftsbedingungen bezieht.

### 5.2.1.3. Streik und Selbstbestimmungsprinzip

484 Vom Selbstbestimmungsprinzip her gesehen ist es inkonsequent, das Streikrecht ausschließlich auf die Erzwingung von Tarifverträgen zu beschränken: Zwar ist nicht zu bestreiten, dass der Abschluss von Tarifverträgen historisch und aktuell die wichtigste Betätigungsform der Gewerkschaften ist. Auf der anderen Seite hat jedoch das Bundesverfassungsgericht anerkannt, dass die «Wahrung und Förderung» der Arbeits- und Wirtschaftsbedingungen auch auf zahlreichen anderen Wegen erfolgen kann.[57] Weiter spricht gegen eine derartige Verengung die vom BAG akzeptierte Tatsache, dass nicht allein Gewerkschaften, sondern auch sonstige, insbes. sog. Ad-hoc-Koalitionen unter den Schutz des Art. 9 Abs. 3 GG fallen.[58] Soweit es eine **potenziell gleichberechtigte Einwirkung auf die Arbeits- und Wirtschaftsbedingungen** (und damit das Selbstbestimmungsrecht) **gebietet**, müssen **auch andere** Ziele als der Abschluss von Tarifverträgen **notfalls mit Hilfe von Arbeitsniederlegungen** erreichbar sein. Die «funktionalistische» Verengung auf das Tarifsystem lässt sich daher mit dem geltenden Recht nicht vereinbaren.[59]

### 5.2.1.4. Historische Entwicklung

485 Für die hier vertretene Auslegung sprechen eine Reihe weiterer Gesichtspunkte. Die historische Entwicklung des Streikrechts, insbes. die Freistellung aller **«Verabredungen» in § 152 GewO**[60], lässt deutlich erkennen, dass die Beschränkung auf den gewerkschaftlich geführten Streik um einen besseren Tarifvertrag eine Verengung und damit einen partiellen Rechtsabbau darstellen würde. Zwar sind heute Arbeitnehmer, die von ihrem Streikrecht Gebrauch machen, im Gegensatz zur Zeit bis 1933 nicht mehr an Kündigungsfristen gebunden, doch rechtfertigt diese Besserstellung keine derart rigorose Beschränkung: In der Praxis hatte diese Schranke keine so wesentliche Be-

---

57 Vgl. BVerfGE 19, 303, 314 ff.; 42, 133, 138 sowie aus der Literatur Kittner-Schiek, AK-GG, Art. 9 Abs. 3 Rn 124.

58 BAG AP Nr. 37 zu Art. 9 GG Arbeitskampf Bl. 2 R.

59 Die «Taubheit» des BAG gegenüber einem solchen normativen Ansatz (der wegen Art. 20 Abs. 3 GG eine Selbstverständlichkeit sein sollte) betont zu Recht Blanke AuR 1989, 2 f.

60 Dazu Ramm AuR 1971, 100 mwN.

deutung[61], dass ihr Wegfall auch nur ein annäherndes Äquivalent für den Verzicht auf die vorher gegebene Handlungsfreiheit darstellen könnte. Ein Rückschritt hinter das vor und in der Weimarer Zeit Erreichte ist aber nach der Rechtsprechung des Bundesverfassungsgerichts in diesem Lebensbereich grundsätzlich ausgeschlossen.[62]

### 5.2.1.5. Grundrechtseffektivität

Für eine Trennung von Streikrecht und Tarifautonomie spricht weiter der Gedanke, das **Grundrecht aus Art. 9 Abs. 3 GG wirklich effektiv** zu machen, also dafür zu sorgen, dass das normativ Gewollte auch in die soziale Realität umgesetzt wird.[63] Würde den Koalitionen nämlich das Recht zur Ausübung von Druck nur im Rahmen des Tarifsystems gewährt, könnten sie ihre Aufgabe nicht wirklich erfüllen: «Kollektives Betteln» führt auch in anderen Zusammenhängen nicht zum Erfolg. Außerdem hat das BVerfG[64] an keiner Stelle auch nur angedeutet, dass die von ihm für das Tarifsystem bejahte Handlungsgarantie nicht auch auf sonstige Betätigungsformen übertragbar wäre. Im Gegenteil: Ausdrücklich hat es davon gesprochen, «jedenfalls insoweit» sei die Arbeitsniederlegung von Art. 9 Abs. 3 GG erfasst,[65] was eine Erstreckung auf andere Felder bewusst offen lässt. 486

### 5.2.1.6. Schranken

Art. 9 Abs. 3 Satz 1 GG garantiert somit das Recht der abhängig Beschäftigten, Entscheidungsabläufe im Gesamtbereich der Arbeits- und Wirtschaftsbedingungen durch Arbeitsniederlegungen zu beeinflussen.[66] Welche Bedingungen im Einzelfall gegeben sein müssen, um sich über arbeitsvertragliche Pflichten hinwegsetzen zu können, ist aus der Zwecksetzung des Art. 9 Abs. 3 GG heraus zu bestimmen.[67] Dabei dürfen dem Streikrecht nur **im Interesse anderer verfassungsgeschützter Werte** Grenzen gezogen werden.[68] Der Gesetzgeber (bzw. der an seiner Stelle handelnde Richter) kann dabei den 487

61 Seiter, Streikrecht, S. 187.

62 BVerfGE 4, 96, 101 f.; 19, 303, 319.

63 Näher zu diesem Konzept Däubler, Streik, S. 73 ff. Vgl. BVerfGE 38, 369, 394, wonach das Arbeitskampfsystem eine «wirksame Kampfführung» ermöglichen muss, und BVerfGE 17, 319, 333 und 28, 295, 305, wonach eine «wirksame» Verfolgung des Koalitionszwecks möglich sein muss.

64 BVerfGE 84, 212 = AuR 1992, 29.

65 BVerfG DB 1995, 1464.

66 Insoweit wird an der in früheren Auflagen vertretenen Auffassung nicht mehr festgehalten.

67 Näher dazu im Folgenden. Zur verbandsfreien Arbeitsniederlegung s. etwa unten 5.3.2. (Rn 502), zum sog. politischen Streik unten 5.3.3. (Rn 509 ff.).

68 S. oben Rn 155 zur Handlungsform «Abschluss von Tarifverträgen».

verfassungsrechtlich geschützten Positionen der Arbeitgeberseite ein höheres oder ein geringeres Gewicht verleihen,[69] doch muss den Arbeitnehmern die Möglichkeit zu gleichberechtigter Einwirkung verbleiben.[70]

### 5.2.2. Streikrecht und Landesverfassungen

488 Die Verfassungen von Hessen[71], Bremen[72], Berlin[73], Rheinland-Pfalz[74], Saarland[75], Brandenburg[76] und Thüringen[77] enthalten im Gegensatz zum Grundgesetz ausdrückliche Streikgarantien, die unterschiedliche Formulierungen aufweisen[78], die jedoch nicht auf die Erkämpfung von Tarifverträgen abstellen und deshalb über das von der Rechtsprechung Anerkannte hinausgehen. Das **BAG** hat sich zunächst scheinbar elegant aus der Affäre gezogen: Die fraglichen Vorschriften enthielten nur ein Verbot an den Landesgesetzgeber, das Streikrecht einzuschränken oder abzuschaffen, könnten aber keine Arbeitsniederlegung im Verhältnis zum Arbeitgeber rechtfertigen.[79] Damit war ihnen im Ergebnis jede praktische Bedeutung genommen, da ein «Streikrecht» so gut wie gar nichts wert ist, wenn der Arbeitgeber weiterhin zur fristlosen Kündigung und zur Erhebung von Schadensersatzansprüchen wegen Arbeitsvertragsbruchs berechtigt bleibt.

489 Für eine solche **«Minimalisierung»** besteht weder vom Wortlaut noch von der Entstehungsgeschichte her irgendein Anhaltspunkt. Im Gegenteil: Das vom BAG angenommene grundgesetzliche Streikrecht besitzt durchaus unmittelbare Wirkung gegenüber dem Arbeitgeber, und dasselbe gilt von ausländischen Streikgarantien, die allesamt den Arbeitnehmer nicht nur vor dem Staat, sondern auch vor dem (hier sehr viel wichtigeren) Arbeitgeber schützen.[80] Warum für die landesrechtlichen Streikartikel anderes gelten soll, ist nicht ersichtlich.[81] Inzwischen dürfte wohl auch das BAG an dieser Auf-

---

69 BVerfG DB 1995, 1464.

70 Oben Rn 154, 484.

71 Art. 29 Abs. 4, GVBl 1946, 229 ff.

72 Art. 51 Abs. 3, GBl 1947, 251 ff.

73 Art. 18 Abs. 3, VOBl 1950, I, 433 ff.

74 Art. 66 Abs. 2, VOBl 1947, 209 ff.

75 Art. 56 Abs. 2, ABl 1947, 1077 ff.

76 Art. 51 Abs. 2 S. 3, GVBl 1992 I S. 298.

77 Art. 37 Abs. 2, GVBl 1993, 625.

78 Abgedruckt u. a. bei Pestalozza, Verfassungen der deutschen Bundesländer, dtv, 5. Aufl. 1995.

79 BAG AP Nr. 1 zu Art. 9 GG Arbeitskampf, Bl. 4. Zu den landesrechtlichen Bestimmungen über das Arbeitskampfrecht s. Kempen AuR 1979, 76 ff., 289 ff.

80 So für Art. 18 Abs. 3 der Berliner Verfassung auch ArbG Berlin AP Nr. 49 zu Art. 9 GG Arbeitskampf, Bl. 7.

81 Die Weitergeltung wird mit Rücksicht auf Art. 142 GG nicht bestritten. Näher Däubler, Streik,

fassung nicht mehr festhalten, da es dem **Aussperrungsverbot des Art. 29 Abs. 5 der Hessischen Verfassung** den Charakter einer «unmittelbar geltenden Verbotsnorm» zusprach und sich dabei auf das einzelne Arbeitsverhältnis bezog.[82] Allerdings hat es speziell dieser Norm jede Wirkung genommen, indem es sie nicht als «Grundrecht» qualifizierte und so seinen aus dem (Bundes-)Tarifvertragsrecht abgeleiteten Arbeitskampfgrundsätzen den Vorrang einräumen konnte.[83]

## 5.2.3. Streikrecht und internationale Verträge

Während die Landesverfassungen vom BAG immerhin noch als geltendes 490
Recht behandelt wurden, finden die in völkerrechtlichen Verträgen enthaltenen Streikgarantien **zum Teil überhaupt keine Erwähnung**. Art. 6 Nr. 4 der Europäischen Sozialcharta (ESC) tauchte zunächst nur an der oben[84] mitgeteilten Stelle auf und wurde dort zusammen mit einigen innerstaatlichen Vorschriften erwähnt, die das Streikrecht allesamt nicht positiv absichern, sondern (angeblich) nur «unberührt» lassen. Noch in den Aussperrungsentscheidungen vom 10. 6. 1980 blieb seine materielle Tragweite wie seine innerstaatliche Verbindlichkeit letztlich dahingestellt.[85] Die Europäische Menschenrechtskonvention und das ILO-Übereinkommen Nr. 87 sprächen das Arbeitskampfrecht gar nicht an.[86] War ein solches Vorgehen vertretbar?

### 5.2.3.1. Art. 6 Nr. 4 der Europäischen Sozialcharta

Die von der BRD im Jahre 1964 ratifizierte und im Jahre 1965 in Kraft ge- 491
tretene **Europäische Sozialcharta**[87] bestimmt in ihrem **Art. 6**:

S. 90–94; Ramm AuR 1967, 99–108. Zur Stellung der Streikgarantien im Hinblick auf das vom BAG aus dem TVG abgeleitete Arbeitskampfrecht s. Däubler (Hrsg.), Arbeitskampfrecht, Rn 99.

82 BAG DB 1988, 1904; andeutungsweise bereits BAG AP Nr. 64 zu Art. 9 GG Arbeitskampf Bl. 8 R. Auch Löwisch (Hrsg.), Arbeitskampf- und Schlichtungsrecht, Abschn. 170.1, Rn 94, hält die bisherige Begründung für angreifbar, sieht jedoch entgegen Wortlaut und Sinn auch in den landesverfassungsrechtlichen Garantien nur den tarifbezogenen Arbeitskampf als erfasst an.

83 BAG DB 1988, 1904: Art. 142 GG gilt nur für Grundrechte. Kritische Einschätzung der Rechtsprechung bei Wolter AiB 1989, 3.

84 Rn 472 Fn 6.

85 BAG DB 1980, 1267 re. Sp. Die Formulierung konnte allerdings als Indiz gewertet werden, dass das BAG zumindest eine Verbindlichkeit für den rechtsfortbildenden Richter bejahen würde.

86 BAG DB 1980, 1267 re. Sp.

87 BGBl 1964, II, 1251; 1965, II, 1122.

«Um die wirksame Ausübung des Rechts auf Kollektivverhandlungen zu gewährleisten, verpflichten sich die Vertragsparteien,
(u. a.) die Einrichtung und Benutzung geeigneter Vermittlungs- und freiwilliger Schlichtungsverfahren zur Beilegung von Arbeitsstreitigkeiten zu fördern,
und anerkennen
(Nr. 4) das Recht der Arbeitnehmer und der Arbeitgeber auf kollektive Maßnahmen einschließlich des Streikrechts im Falle von Interessenkonflikten, vorbehaltlich etwaiger Verpflichtungen aus Gesamtarbeitsverträgen.»

492 Schon die Formulierung macht deutlich, dass es beim Streikrecht um mehr geht als nur um eine Verpflichtung der Bundesrepublik gegenüber den übrigen Unterzeichnerstaaten der Charta: Anders als in Bezug auf die Schlichtung wird hier im Text selbst ein Arbeitnehmerrecht garantiert. Eine erste unbefangene Lektüre stützt die These daher nicht, Art. 6 Nr. 4 gehe nur vom Bestehen eines Streikrechts aus, treffe selbst aber keine entsprechende Regelung. Auch die Entstehung der Charta und ihr systematischer Aufbau führen zu dem Schluss, dass eine **selbständige Streikgarantie** vorliegt, die **innerstaatlich den Rang eines Gesetzes** besitzt; wegen der relativ komplizierten Einzelheiten muss jedoch auf die vorliegenden Spezialuntersuchungen verwiesen werden.[88]

493 Erst in der **Entscheidung zur sog. Neuen Beweglichkeit** entwickelte das BAG eine größere Aufgeschlossenheit. Soweit der Richter Lücken des geltenden Rechts ausfülle, müsse er sich an die vom Gesetzgeber eingegangenen völkerrechtlichen Verpflichtungen halten;[89] auch dürfe er das Streikrecht nur unter den Voraussetzungen des Art. 31 ESC einschränken. Da nach Auffassung des BAG keine gesetzlichen Vorschriften existieren, die den Streik regeln, ist der Richter in diesem Bereich immer «Lücken füllend» tätig, sodass sich kaum mehr Unterschiede zu einer Anwendung als gewöhnliches innerstaatliches Gesetz ergeben.[90]

494 Die **praktische Handhabung** des Art. 6 Nr. 4 durch das BAG erweckt allerdings einige **Bedenken**. Das Gericht hat den spezifischen Grundsätzen, die für die Interpretation völkerrechtlicher Verträge gelten,[91] bislang keinerlei

---

88 Däubler, Streik, S. 177 ff.; Ramm AuR 1971, 69 ff.; Söllner-Waltermann, Rn 138, sowie insbesondere Mitscherlich S. 36 ff.; gegen die unmittelbare Anwendbarkeit der Charta ArbG Berlin AP Nr. 49 zu Art. 9 GG Arbeitskampf, Bl. 6; Wengler, Die Unanwendbarkeit der Europäischen Sozialcharta im Staat, Bad Homburg, Berlin und Zürich 1969. Differenzierend Seiter, S. 130 ff., und Frowein, Zur völkerrechtlichen und verfassungsrechtlichen Gewährleistung der Aussperrung, Tübingen 1976, S. 18. Weitere Einzelheiten und Nachweise bei Däubler (Hrsg.), Arbeitskampfrecht, Rn 102–102 g.

89 BAG AP Nr. 81 zu Art. 9 GG Arbeitskampf unter B II 2 c der Gründe.

90 Zur «Leitlinienfunktion» internationaler Verträge bei der Anwendung des geltenden Rechts s. im vorliegenden Zusammenhang auch Gerhard Müller DB 1984, 2692 und Löwisch (Hrsg.), Arbeitskampf- und Schlichtungsrecht, Abschn. 170.1, Rn 108. Weitere Nachweise oben Rn 20 Fn 59, 60.

91 Dazu etwa die Nachweise bei Ipsen, Völkerrecht, 3. Aufl., München 1990, § 11 (S. 120 ff.) sowie die Wiener Vertragsrechtskonvention, BGBl 1985, II, 927, abgedruckt bei Däubler-Kittner-Lörcher, unter Nr. 030.

Aufmerksamkeit geschenkt. Richtig hat es zwar in seiner ersten Entscheidung zum Solidaritätsstreik auch auf die Rechtslage in den einzelnen Mitgliedsländern des Europarats abgestellt und so immerhin eingeräumt, dass diese für die Bestimmung des Begriffs «Streikrecht» nicht völlig irrelevant ist.[92] Auf der anderen Seite hat es daraus jedoch keinerlei Konsequenzen gezogen, da es in derselben Entscheidung behauptete, die ESC sehe Arbeitskämpfe nur im Dienste der Tarifautonomie vor. Dies ist schon deshalb unzutreffend, weil zahlreiche andere Mitgliedstaaten des Europarats die spontane Arbeitsniederlegung kennen[93] und weil sich auch der Sachverständigenausschuss, der die Einhaltung der Charta überwacht, verschiedentlich im Sinne einer Garantie der nichtgewerkschaftlichen Arbeitsniederlegung ausgesprochen hat.[94] Stattdessen ist das in erster Linie dem deutschen Rechtsdenken geläufige **Verhältnismäßigkeitsprinzip in die Charta hineinprojiziert** worden.[95] Nicht bedacht ist bei der Begrenzung auf den Tarifstreik insbesondere, dass Art. 6 Nr. 4 «die Arbeitnehmer» (und nicht: «die Gewerkschaften») mit einem Streikrecht ausstattet[96] und dass der im Text gebrauchte Begriff «Kollektivverhandlungen» nicht notwendig im Sinne von Tarifverhandlungen gesehen werden muss: Auch eine spontan streikende Belegschaft pflegt durch Sprecher mit der Geschäftsleitung zu verhandeln[97] und im Regelfall Abmachungen für eine Vielzahl von Personen zu treffen, sodass man in anderen Ländern keinerlei Bedenken hat, Art. 6 Nr. 4 auch in solchen Fällen eingreifen zu lassen.

Am 3. Februar 1998 richtete das **Ministerkomitee des Europarats** mit 494a
Zwei-Drittel-Mehrheit an die Bundesrepublik die **Empfehlung**, die bisherigen engen Schranken des Streikrechts aufzugeben: Auch **nicht von einer Gewerkschaft getragene** und **nicht um tarifliche Ziele** geführte Streiks sollten danach **rechtmäßig** sein.[98] Gut 4½ Jahre später nahm das BAG auf die Empfehlung Bezug, bestätigte seine Aussage zur Verbindlichkeit der ESC aus der Entscheidung zur Neuen Beweglichkeit[99] und betonte:[100]

> «Dabei mag die generalisierende Aussage, Arbeitskämpfe seien stets nur zur Durchsetzung tarifvertraglich regelbarer Ziele zulässig, im Hinblick auf Teil II Art. 6 Nr. 4 ESC einer erneuten Überprüfung bedürfen.»

---

92 BAG DB 1985, 1697 re. Sp.

93 S. die Nachweise bei Däubler (Hrsg.), Arbeitskampfrecht, Rn 126. Auch im spanischen Recht ist die verbandsfreie Arbeitsniederlegung anerkannt.

94 S. die Nachweise bei Löwisch (Hrsg.), Arbeitskampf- und Schlichtungsrecht, Abschn. 170.1, Rn 105.

95 BAG AP Nr. 81 zu Art. 9 GG Arbeitskampf = RdA 1985, 59 (unter B II 2c der Gründe).

96 Ebenso ArbG Gelsenkirchen AuR 1998, 427.

97 Übereinstimmend ArbG Gelsenkirchen AuR 1998, 427.

98 Text der Empfehlung in AuR 1998, 154ff.

99 Oben Rn 493.

100 BAG vom 10.12. 2002, NZA 2003, 734, 740.

Dieser so unscheinbar daherkommende Satz lässt eine grundlegende Revision der Rechtsprechung möglich erscheinen, zumal es im konkret zu entscheidenden Fall um andere Probleme, nämlich darum ging, ob auch für eine rechtswidrige Forderung gestreikt werden konnte.[101] Durch die Aussage des BAG ist jedenfalls das **Vertrauen in die unveränderte Fortsetzung der bisherigen Rechtsprechung erschüttert**.[102]

494 b Die ESC verlangt nicht, dass alle Formen von Arbeitskämpfen gleich behandelt werden. So ist etwa vorgeschlagen worden, eine «verbandsfreie» Arbeitsniederlegung überall dort zuzulassen, **wo es weder** handlungsfähige **Gewerkschaften noch** einen **Betriebsrat** gibt und wo die umstrittene Frage auch keine verbindliche rechtliche Regelung gefunden hat.[103] Möglich wäre auch, nur tariflich geregelte oder der Mitbestimmung unterliegende **Fragen auszunehmen**, da die Betroffenen insoweit ihren Interessen auf anderen Wegen in gewissem Umfang Geltung verschaffen können.[104] Eine solche differenzierende Regelung ließe sich auf Art. 31 ESC stützen.[105] Schließlich wird erwogen, Solidaritäts- und Demonstrationsstreiks zeitlich auf den Umfang zu beschränken, der nach der früheren Rechtsprechung bei Warnstreiks zu beachten war.[106]

#### 5.2.3.2. Art. 11 der Europäischen Menschenrechtskonvention

495 Nicht näher betrachtet hat das BAG die **Koalitionsgarantie des Art. 11 der Europäischen Menschenrechtskonvention (MRK)**, die unbestrittenermaßen innerstaatlich verbindlich ist, die also Rechte und Pflichten für den einzelnen Bürger begründet.[107] Der Wortlaut des Art. 11 Abs. 1 MRK ist zwar weniger eindeutig als der des Art. 6 Nr. 4 ESC, heißt es doch nur:

> «Alle Menschen haben das Recht, sich friedlich zu versammeln und sich frei mit anderen zusammenzuschließen, einschließlich des Rechts, zum Schutze ihrer Interessen Gewerkschaften zu bilden und diesen beizutreten»,

---

101 Dazu Kohte-Doll ZESAR 2003, 393 ff.

102 Zu diesem Aspekt Däubler AuR 1998, 148; Kochte-Doll ZESAR 2003, 393 A.

103 Bepler, FS Wissmann, S. 111 ff.

104 Däubler AuR 1998, 148.

105 Vgl. auch Kohte-Doll ZESAR 2003, 396.

106 Däubler AuR 1998, 148 (bis zu einem Tag).

107 BVerfGE 6, 389, 440; BVerwG DVBl 1968, 983; BGHSt 20, 143, 149.

doch wird aus dieser Formulierung von verschiedenen Autoren[108] wie auch vom Europäischen Gerichtshof für Menschenrechte[109] ein generelles Streikrecht abgeleitet. Dieses kann zwar durch die nationale Gesetzgebung beschränkt werden, doch ist ein ersatzloser Ausschluss selbst für eine Gruppe von Beschäftigten wie die Polizeibeamten nicht möglich. Wie immer die daraus zu ziehenden Konsequenzen aussehen mögen – die Tatsache, dass sich das BAG mit der Feststellung begnügte, der Garantiegehalt des Art. 11 MRK gehe nicht «über die Grundsätze hinaus, die in der Bundesrepublik Deutschland ohnehin durch Art. 9 Abs. 3 GG verfassungsrechtlich gewährleistet sind»[110], macht deutlich, dass das BAG dieser Rechtsnorm keine besondere Aufmerksamkeit geschenkt hat.[111]

### 5.2.3.3. Das ILO-Übereinkommen Nr. 87

Erheblich plausibler erscheint zunächst die Zurückhaltung in Bezug auf das 496
**ILO-Übereinkommen Nr. 87.**[112] Zum einen fehlt diesem eine ausdrückliche Streikgarantie: Art. 3 Abs. 1 gewährt den «Organisationen der Arbeitnehmer» lediglich das Recht, u. a. «ihre Geschäftsführung und Tätigkeit zu regeln und ihr Programm aufzustellen». Vom Wortlaut her bleibt das ILO-Übereinkommen Nr. 87 daher hinter der ESC zurück. Zum Zweiten gewährt es im Gegensatz zur MRK keine unmittelbaren subjektiven Rechte, da es nach seinem Art. 11 die Unterzeichnerstaaten lediglich «verpflichtet», alle erforderlichen und geeigneten Maßnahmen zu treffen, um die freie Ausübung des Vereinigungsrechts zu gewährleisten.[113] Es geht also um eine typische Staatenverpflichtung, nicht um einen «Durchgriff» auf das innerstaatliche Recht.

Was die in Art. 3 garantierten Rechte betrifft, so existiert – was häufig 497
übersehen wird – eine langjährige **«Rechtsprechung»**[114] **der Überwachungs-**

108 Däubler, Streik, S. 173; Floretta, Arbeitsrecht und europäische Menschenrechtskonvention, Salzburg und München 1967, S. 17; Frowein-Peukert Art. 11 Rn 13; Guradze, Die europäische Menschenrechtskonvention, Kommentar, Berlin und Frankfurt/M. 1968, Art. 11 Anm. 16 II; Partsch, in: Grundrechte Bd. I/1, Berlin 1966, S. 442 ff.; Wohlgemuth, Staatseingriff und Arbeitskampf, S. 98.

109 EuGRZ 1976, S. 68 und EuGRZ 1981, 559.

110 BAG AP Nr. 65 zu Art. 9 GG Arbeitskampf Bl. 6. Ähnlich wie das BAG Seiter, S. 135.

111 Vgl. auch Ramm JZ 1964, 583 und Däubler, FS 100 Jahre Arbeitsgerichtsverband, S. 626 ff.

112 BGBl 1956, II, 2072 ff., abgedruckt auch bei Däubler-Kittner-Lörcher unter Nr. 210.

113 BVerfGE 58, 233, 255 rechnet das Übereinkommen Nr. 87 allerdings ausdrücklich zum «einfachen innerstaatlichen Recht».

114 So die Formulierung bei von Potobsky, The Freedom of the Worker to Organise According to the Principles and Standards of the International Labour Organisation, in: Max-Planck-Institut für ausländisches öffentliches Recht und Völkerrecht (Hrsg.), Die Koalitionsfreiheit des Arbeitnehmers, S. 1145. Über die Kontrollmechanismen der ILO s. Adamy-Bobke-Lörcher, in: Däubler-Kittner-Lörcher, Einleitung zu Nr. 200; Beitzke, Vereinte Nationen, Heft 5/1981, S. 149 ff.; Däubler, Vereinte Nationen, Heft 3/1986, S. 99 ff. und aus neuerer Zeit Böhmert, S. 83 ff.

**organe**, insbes. des Ausschusses für Vereinigungsfreiheit und des ILO-Sachverständigenausschusses. Danach umfasst die durch Art. 3 geschützte Tätigkeit auch die Organisation von Streiks; ein nicht nur vorübergehend aus einer schweren Notstandssituation heraus gerechtfertigtes Verbot von Arbeitsniederlegungen ist rechtswidrig.[115] 1983 verdeutlichte der Sachverständigenausschuss diese Position, als er in seinem Bericht an die Arbeitskonferenz, d.h. das höchste ILO-Organ, schrieb:[116]

498 «Nach Auffassung des Ausschusses ist das Streikrecht ein wesentliches Mittel der Arbeitnehmer und ihrer Organisationen, um ihre wirtschaftlichen und sozialen Interessen zu fördern und zu verteidigen. Diese Rechte beziehen sich nicht nur darauf, bessere Arbeitsbedingungen zu erreichen oder kollektive, berufsbezogene Forderungen zu erheben; sie umfassen vielmehr gleichermaßen Fragen der Wirtschafts- und Sozialpolitik und Probleme auf der Unternehmensebene, die die Arbeitnehmer direkt betreffen.»[117]

Durch die Einbeziehung der Wirtschafts- und Sozialpolitik sind zugleich auch staatsbezogene Aktionen erfasst; ausdrücklich wird im selben Bericht betont, die Gewerkschaften müssten vom **Mittel des Proteststreiks** Gebrauch machen können, um notfalls die **Wirtschafts- und Sozialpolitik der Regierung** zu kritisieren. Lediglich der rein politische Streik falle aus dem Anwendungsbereich der Koalitionsfreiheit heraus.[118] Auch der Solidaritätsstreik dürfe nicht generell verboten werden.[119]

499 Die Genfer Instanzen besitzen allerdings kein Recht zur authentischen Interpretation der ILO-Übereinkommen; sie sollen kontrollieren, keine Sachentscheidungen treffen. Dies bedeutet jedoch nicht, dass ihre Auffassungen für die Bundesrepublik irrelevant wären: Zum Grundsatz einer **«völkerrechtsfreundlichen» Handhabung** der eigenen Rechtsordnung gehört es auch, **nur aus triftigen Gründen von derartigen Positionen abzurücken**. Wollte man anders entscheiden, wäre der mit den Übereinkommen wie mit sonstigen völkerrechtlichen Normen gewollte Vereinheitlichungseffekt weithin zunichte gemacht, da es dann jeweils ein «Übereinkommen nach französischem Verständnis», ein «Übereinkommen nach deutschem Verständnis» usw. gäbe.[120]

---

115 Conférence internationale du Travail, 69e Session 1983, Rapport III (Partie IV b), Etude d'ensemble de l'application des Conventions sur la liberté syndicale, Genève 1983, No. 205 (S. 64/65); Bobke-von Camen AiB 1988, 276ff.; von Potobsky, a.a.O., S. 1145.

116 A.a.O. No. 200 (S. 63).

117 Übersetzung des Verfassers.

118 A.a.O. No. 214 (S. 67/68).

119 A.a.O. No. 217 (S. 69).

120 Näher dazu Däubler RiA 1985, 121ff., worauf zur Vermeidung von Wiederholungen verwiesen wird. Ebenso ArbG Oldenburg BB 1988, 565 und Kohte-Doll ZESAR 2003, 395. Dieser Aspekt wird nicht beachtet bei Löwisch (Hrsg.), Arbeitskampf- und Schlichtungsrecht, Abschn. 170.1, Rn 109, 115 und ErfK-Dieterich Art. 9 GG Rn 105.

Dies bedeutet, dass der rechtsfortbildende oder Lücken füllende Richter einleuchtende Gründe haben muss, um sich vom Votum des Sachverständigenausschusses und anderer Kontrollinstanzen zu entfernen. Davon kann bei der bisherigen Rechtsprechung des BAG nicht die Rede sein.[121]

### 5.2.4. EG-rechtliche Grundsätze

Dem EG-Recht könnte an sich der Grundsatz zu entnehmen sein, das nationale Recht in gemeinschaftskonformer Weise fortzuentwickeln. Als Rechtsgrundlage käme Art. 10 EG-Vertrag in Betracht, der die Mitgliedstaaten generell verpflichtet, die Ziele der Gemeinschaft und ihre Realisierung zu fördern. Ein **Gebot zu «rechtsvereinheitlichender» Auslegung** könnte im Streikrecht eine ähnliche Wirkung wie der konsequente Rückgriff auf Art. 6 Nr. 4 ESC entfalten. Gleichwohl wird dem EG-Recht keine so weit reichende Pflicht entnommen, sodass dieser Gedanke hier nicht weiterverfolgt werden soll.[122] 500

Das **Gemeinschaftsrecht** kennt als solches durchaus ein **Streikrecht**, dessen genaue Konturen allerdings noch nicht feststehen. So hat etwa der EuGH den Grundsatz ausgesprochen, der Entgeltanspruch streikender Gemeinschaftsbediensteter sei suspendiert[123] – was (wohl) als stillschweigende Anerkennung ihres Streikrechts zu werten ist. Die Gemeinschaftscharta der sozialen Grundrechte der Arbeitnehmer sieht in Nr. 13 Kollektivmaßnahmen einschließlich Streiks vor; auch die Grundrechtscharta von Nizza bekennt sich in ihrem Art. 28 dazu, bei Interessenkonflikten kollektive Maßnahmen zu ergreifen.[124] Weiter muss nach Art. 136 Abs. 1 EG-Vertrag die ESC (und damit auch die in ihr enthaltene Streikgarantie) im Gemeinschaftsrecht Berücksichtigung finden. Eine nähere Ausgestaltung des Arbeitskampfrechts durch Verordnung oder Richtlinie ist jedoch durch Art. 137 Abs. 5 EG-Vertrag ausgeschlossen. 500a

Im Einzelfall kann es zu einer **Kollision zwischen** dem **Streikrecht und** den **«Grundfreiheiten»** des Gemeinschaftsrechts, insbesondere dem freien Warenverkehr und der Dienstleistungsfreiheit kommen. 500b

Beispiel: Französische Fernfahrer streikten im November 1997 so massiv, dass zahlreiche Straßen nicht mehr passierbar waren und so der «Handel zwischen den Mitgliedstaaten» vorübergehend lahm gelegt war.[125]

---

121 Zum Umgang des BAG mit den Empfehlungen eines ILO-Untersuchungsausschusses zur Praxis politischer Diskriminierung in der Bundesrepublik s. Däubler, FS 100 Jahre Arbeitsgerichtsverband, S. 632 ff.

122 Überlegungen in diese Richtung bei Däubler, Streik, S. 186 ff. und in: AuR 1976, 222.

123 EuGH Slg. 1974, 933; EuGH AuR 1976, 220 mit Anm. Däubler.

124 Zu beiden Deklarationen s. näher oben 1.2.5. (Rn 23 b).

125 Einzelheiten bei Szczekalla DVBl 1998, 223.

Gravierender als jeder Arbeitskampf waren allerdings Aktionen französischer Bauern gegen den Import landwirtschaftlicher Produkte aus Spanien in den Jahren 1993 und 1994: Lastwagen wurden angehalten, die Fahrer bedroht, die Ladungen vernichtet. Französischen Supermärkten wurden Nachteile in Aussicht gestellt, wenn sie aus Spanien importierte Ware verkaufen würden; in einzelnen Geschäften wurde diese vernichtet oder ungenießbar gemacht.[126] Der EuGH entnahm der Warenverkehrsfreiheit eine «Schutzpflicht», wonach der französische Staat gegen derartige gezielte Eingriffe in den freien Warenverkehr eingreifen musste.[127] Die Gemeinschaft erließ daraufhin **die «Verordnung über das Funktionieren des Binnenmarktes im Zusammenhang mit dem freien Warenverkehr** zwischen den Mitgliedstaaten»[128], die einerseits die Mitgliedstaaten in solchen Fällen zum Eingreifen verpflichtete, andererseits jedoch ausdrücklich betonte, **in keiner Weise** dürfe dadurch die Ausübung des in den Mitgliedstaaten anerkannten **Grundrechts auf Streik beeinträchtigt** werden. Dies wird man auch auf die gemeinschaftsrechtliche Streikgarantie übertragen können.[129] Nur wenn es an einer solchen Rechtfertigung fehlt, muss der Mitgliedstaat zum Schutze der Grundfreiheiten eingreifen.

500c In der Praxis werden außer Arbeitsniederlegungen von Gemeinschaftsbediensteten insbesondere Proteststreiks gegen Akte oder geplante Maßnahmen der Gemeinschaft eine Rolle spielen. Die Rechtsprechung des EuGH wird sich dabei vermutlich am Vorbild des Art. 6 Nr. 4 ESC und an Art. 3 des ILO-Übereinkommens Nr. 87 orientieren, was auf eine Legalisierung von Demonstrationsstreiks bei sozialpolitischen Vorhaben hinausläuft.[129a] Dem EuGH liegt derzeit der Viking-Fall vor, in dem finnische Seeleute durch Streik verhinderten, dass ihr Schiff an eine estnische Tochtergesellschaft ihres Arbeitgebers verkauft und die sehr viel schlechteren estnischen Bedingungen praktiziert wurden.[130]

---

126 S. die Schilderung der Vorfälle in EuGH EuZW 1998, 84.

127 EuGH EuZW 1998, 84.

128 VO 2679/98 vom 7.12.1998.

129 Ebenso Blanke AuR 2006, 5. Eine Aussage dazu ist dem Gemeinschaftsgesetzgeber wegen Art.137 Abs. 5 EG-Vertrag nicht möglich.

129a S. oben 1.2.5. (Rn 23b).

130 Dazu Blanke AuR 2006, 1 ff.

## 5.3. Grenzen des Streikrechts

### 5.3.1. Friedenspflicht

Auch nach hier vertretener Auffassung darf ein Streik nur unter Beachtung der Friedenspflicht geführt werden.[131] Diese im Grunde selbstverständliche Bindung an das eigene Versprechen wird auch durch die Landesverfassungen und die zitierten internationalen Verträge nicht in Frage gestellt: Art. 6 Nr. 4 ESC enthält einen ausdrücklichen Vorbehalt zugunsten etwaiger Verpflichtungen aus «Gesamtarbeitsverträgen» (die allerdings nicht automatisch eintreten dürfen, sondern dem Willen der Vertragsparteien entsprechen müssen[132]), Art. 11 MRK lässt eine Beschränkung des Streikrechts zu, und das ILO-Übereinkommen Nr. 87 schließt jedenfalls den auch in Italien und Frankreich existierenden **vorübergehenden «Streikverzicht»** nicht aus. Wie weit die Friedenspflicht im Einzelnen reicht, ist durch Auslegung zu ermitteln.[133] 501

Die Friedenspflicht ist auch dann von großer Bedeutung, wenn ein **verbandsangehöriger Arbeitgeber** mit dem Ziel bestreikt wird, einen **Firmentarif** abzuschließen. Nur soweit es keine verbandstarifliche Regelung eines bestimmten Sachkomplexes gibt, ist eine solche Arbeitsniederlegung zulässig.[134] Koalitionsrechtliche Bedenken bestehen nicht: Der einzelne Arbeitgeber verliert durch den Verbandsbeitritt keineswegs seine Tariffähigkeit nach § 2 Abs. 1 TVG. Selbst wenn die Verbandssatzung den Abschluss von Firmentarifen verbietet, hat dies keine «Außenwirkung» gegenüber der Arbeitnehmerseite.[135] 501a

### 5.3.2. Der Streik um rechtswidrige Tarifbestimmungen

Auch wenn man insbesondere unter Berufung auf Art. 6 Ziff. 4 ESC die zwingende «Ankoppelung» des Streiks an tarifliche Forderungen ablehnt, kann der Fall eintreten, dass die im konkreten Fall gewählte Tarifforderung rechtswidrig ist. Die Grenzen tariflicher Gestaltbarkeit übertragen sich so auf die Freiheit zum Arbeitskampf. In der Rechtsprechung haben eine Reihe von Bestimmungen eine Rolle gespielt: 501b

131 S. oben 4.3.3. (Rn 259 ff.), wo auch ihre partielle Abdingbarkeit behandelt ist.

132 Näher dazu oben 4.5.3. (Rn 262).

133 S. oben 4.5.4. (Rn 264 ff.).

134 BAG NZA 2003, 734, 738 ff.

135 BAG NZA 2003, 734, 737 f. Ebenso ErfK-Dieterich Art. 9 GG Rn 162 mwN, auch für die Gegenposition.

▶ Auch im obligatorischen Teil eines Tarifvertrags kann nicht vereinbart werden, dass bestimmte **Regelungen** nicht nur normativ gelten, sondern auch **in die Arbeitsverträge aufgenommen** werden.[136] Damit werde eine spätere Veränderung zu Lasten der Arbeitnehmer entscheidend erschwert. Dies vermag nicht unbedingt einzuleuchten, da durch Einzelvertrag eine solche Bestimmung sehr wohl getroffen werden könnte, dem Tarifvertrag aber keine geringeren Gestaltungsmöglichkeiten eröffnet sein sollten.

▶ Der Arbeitgeber kann nicht durch Tarifvertrag verpflichtet werden, seine **Mitgliedschaft im Arbeitgeberverband beizubehalten**.[137] Auch hier wäre eine einzelvertragliche Abmachung denkbar.

▶ Unzulässig ist auch ein **Streik um einen «Pseudotarifvertrag»**, der der arbeitsvertraglichen Entgeltvereinbarung den Vorrang einräumt.[138] Dies wird sich auf Tarifverträge übertragen lassen, die beispielsweise nicht nur sehr unbestimmte Eingruppierungsmerkmale enthalten, sondern auch auf der «Rechtsfolgenseite» Gehaltsbänder vorsehen, die sich wechselseitig in weitem Umfang überschneiden. Auch hier wird letztlich **erst durch den Arbeitsvertrag festgelegt**, **wie** die **Vergütung** des einzelnen **beschaffen** ist. Dasselbe gilt dann, wenn «Öffnungsklauseln» zugunsten einer betrieblichen oder einer arbeitsvertraglichen Regelung einen so weiten Anwendungsbereich haben, dass am Ende so gut wie niemand mehr unter den «Normaltarif» fällt.

501 c Was geschieht, wenn **neben rechtmäßigen auch eine rechtswidrige Forderung** erhoben wird? Das BAG begnügt sich mit der Feststellung, der Streik sei jedenfalls dann unzulässig, wenn eine der Hauptforderungen rechtswidrig sei.[139] Untergeordnete Nebenpunkte können nicht die ganze Aktion zunichte machen; die Ausübung des verfassungsrechtlich gewährleisteten Streikrechts wäre sonst mit einem völlig unangemessenen Risiko belastet. Die in den 50er und 60er Jahren vertretene **«Rühreitheorie»**[140] ist mittlerweile **überholt**.[141]

---

136 So BAG NZA 2003, 734, 740.

137 BAG NZA 2003, 734, 740.

138 BAG AP Nr. 2 zu Art. 9 GG Arbeitskampf.

139 BAG NZA 2003, 734, 741 unter Berufung auf BAG AP Nr. 2 zu Art. 9 GG Arbeitskampf; vgl. auch LAG Hamm NZA 2003, 679.

140 So in kritischer Absicht die Formulierung bei Reuß AuR 1966, 33: Ein faules Ei macht das ganze Rührei ungenießbar.

141 S. insbes. LAG Hamm DB 1980, 2345 ff., das bei der Abgrenzung von Demonstrations- und Solidaritätsstreik auf das «dominante» Ziel abstellt. Ähnlich im hier interessierenden Zusammenhang Bieback, in: Däubler (Hrsg.), Arbeitskampfrecht, Rn 336; Rüthers, in: Brox-Rüthers, Arbeitskampf, Rn 159. Zum Ganzen auch Däubler, Der Kampf um einen weltweiten Tarifvertrag, S. 58 f.

### 5.3.3. Das Verbot des sog. wilden Streiks?

Einer der zentralen Streitpunkte im Arbeitskampfrecht ist die Zulässigkeit des nicht von den zuständigen Gremien der Gewerkschaften genehmigten Streiks, der abschätzig als «wild» bezeichnet wird. Seine praktische Bedeutung war in manchen Jahren beträchtlich: So nahmen etwa an den durchweg «nichtgewerkschaftlichen» **Septemberstreiks** des Jahres **1969** 140000 Arbeitnehmer aus 69 Betrieben teil, während die «wilde» Streikbewegung **1973** sogar 275000 abhängig Beschäftigte aus 335 Betrieben erfasste.[142] Auch die Proteststreiks gegen die Kürzung der Entgeltfortzahlung im Jahre **1996**, an denen mehrere 100000 Arbeitnehmer teilnahmen, wurden zumindest am Anfang nicht (offiziell) von der Gewerkschaft getragen.[143] Daneben besitzen «wilde» Warnstreiks als Begleitmusik zu Tarifverhandlungen eine lange Tradition[144]; seit der Warnstreikrechtsprechung des BAG kommen sie jetzt allerdings nur noch vor Ablauf der Friedenspflicht vor.[145] Schließlich gehören auch die Betriebsbesetzungen hierher, da die Gewerkschaft in aller Regel wegen drohender Schadensersatzforderungen eine offizielle Unterstützung ablehnt.[146] Organisatorischer Träger derartiger Aktionen sind meist Betriebsräte und gewerkschaftliche Vertrauensleute[147], doch kommen auch spontane Aktionen vor. 502

#### 5.3.3.1. Die Rechtsprechung des BAG und ihre Funktion

**Das vom BAG angenommene Verbot** des «nichtgewerkschaftlichen» Streiks[148] ist eine im Grunde konsequente Fortsetzung seiner generellen «Linie»: Die Gewerkschaften sollen in der Lohnpolitik, aber auch darüber hinaus Ordnungsfaktoren sein, die die Stabilität des bestehenden Wirtschaftssystems u. a. dadurch sichern, dass sie selbst in Krisenzeiten für die Loyalität des größten Teils der abhängig Beschäftigten sorgen.[149] Diese «Integrationsfunktion» wäre evtl. gefährdet, könnten sich unzufriedene Belegschaften an den Gewerkschaften vorbei ihren Anteil am wirtschaftlichen Zuwachs sichern. Das Verbot des «wilden» Streiks soll also letztlich dem **Schutz der Tarifauto-** 503

142 Müller-Jentsch, in: Jacobi/Müller-Jentsch/Schmidt, 1974, S. 45/46. Weitere Zahlenangaben bei Harald Klein, S. 82 ff. Nicht erwähnt bei Kittner, Arbeitskampf, a.a.O.

143 Bispinck/WSI-Tarifarchiv WSI-Mitt. 1997, 69, 86.

144 Dazu Bobke-Grimberg S. 58 ff.; Däubler, Neue Beweglichkeit, S. 8 ff.

145 Zu dieser Rechtsprechung s. unten 5.3.8. (Rn 539 ff.).

146 Wendt S. 39 f. Übersicht über Betriebsbesetzungen daselbst S. 34–39.

147 Müller-Jentsch, S. 51.

148 BAG AP Nr. 32, 37, 41, 43, 58 zu Art. 9 GG Arbeitskampf, bestätigt durch BAG DB 1988, 2102. Ebenso Gamillscheg, Kollektives Arbeitsrecht I, S. 1088 f.; Wank, FS Kissel, S. 1230; Zöllner-Loritz, § 40 VIII.

149 Näher dazu oben 4.3.1. und 4.3.2. (Rn 249 ff.) sowie 4.4. (Rn 270 ff.). Wie hier auch Harald Klein, S. 79 ff.

**nomie** dienen.[150] Verkannt ist dabei, dass es in vielen Ländern eine durchaus friedliche Koexistenz zwischen funktionierender Tarifautonomie und nichtgewerkschaftlicher Arbeitsniederlegung gibt.[151] Dies hängt damit zusammen, dass auch legalisierte «wilde Streiks» nicht zu einer Alltagserscheinung werden, da der Einzelne mangels Streikunterstützung ein erhebliches wirtschaftliches Opfer bringt und die Erfolgsaussichten häufig nicht genau eingeschätzt werden können.

504 Dieser (ökonomische und politische) Hauptgrund für das Verbot des «wilden» Streiks wird vom BAG nicht ausdrücklich angesprochen; nach seiner Auffassung geht es vielmehr in erster Linie darum, allzu häufige und unkontrollierte Arbeitsniederlegungen zu vermeiden.[152] Unerwähnt bleibt weiter, dass das Verbot die **gewerkschaftliche Verankerung in den Betrieben** und damit letztlich auch die Tarifautonomie **schwächen** kann. Aufgrund der Rechtsprechung ergibt sich für die Gewerkschaften die missliche Situation, derartige «rechtswidrige» Aktionen nicht unterstützen zu können, sondern sich unter Umständen sogar ausdrücklich von ihnen distanzieren zu müssen, selbst wenn sie die Forderungen inhaltlich als legitim ansehen.[153] Bedenkt man, dass Arbeitnehmer die Arbeit in aller Regel nicht mutwillig, sondern deshalb niederlegen, weil sie angesichts bestimmter Missstände keinen anderen Ausweg sehen, so *muss* bei ihnen geradezu der Eindruck entstehen, sie seien von ihrer Organisation im entscheidenden Moment im Stich gelassen worden. Berücksichtigt man weiter, dass der Arbeitgeber jeden Streikteilnehmer fristlos kündigen und sich dabei gewerkschaftlich besonders aktive Personen aussuchen kann[154], so lässt sich kaum mehr bezweifeln, dass die BAG-Rechtsprechung zum «wilden» Streik **auch und gerade gegen die Gewerkschaften gerichtet ist**.[155]

### 5.3.3.2. Gegenargumente

505 Diese Situation ist keineswegs einer eindeutigen Rechtslage geschuldet; die besseren Gründe sprechen für die Zulässigkeit des «nichtgewerkschaftlichen»

---

150 So auch Gamillscheg, Kollektives Arbeitsrecht I, S. 1088.

151 Rechtsvergleichendes Material bei Gamillscheg, a.a.O., S. 1089 f. Gerade deshalb verfängt auch der Hinweis auf § 77 Abs. 3 BetrVG nicht: Würde diese Vorschrift nicht existieren, ließe sich risikolos eine betriebliche Konkurrenzordnung zur Tarifautonomie etablieren.

152 BAG AP Nr. 32 zu Art. 9 GG Arbeitskampf, Bl. 9 R.

153 Dies wird noch dadurch verstärkt, dass die Gewerkschaft bei Zahlung von Gemaßregeltenunterstützung an «wild» Streikende als «Gehilfin» für den gesamten Streikschaden aufkommen muss: BAG AP Nr. 33 zu Art. 9 GG Arbeitskampf.

154 Vgl. BAG AP Nr. 41 zu Art. 9 GG Arbeitskampf.

155 Berg u. a., AKR, Rn 96; Däubler, Das soziale Ideal, S. 33 ff.; Loderer, in: Streik und Aussperrung, S. 20 ff. Ebenso IG Druck, S. 38; Wohlgemuth AuR 1991, 110.

Streiks. Dabei kann man sich sowohl auf Art. 9 Abs. 3 GG wie auch auf Art. 6 Nr. 4 der Europäischen Sozialcharta stützen.[156]

(1) **Ad-hoc-Koalition**

Wie oben im Einzelnen ausgeführt[157], schützt Art. 9 Abs. 3 GG auch die «für den Augenblick», d. h. für ein konkretes Ziel getroffene Verabredung zur Wahrung und Förderung der Arbeits- und Wirtschaftsbedingungen, die sog. **Ad-hoc-Koalition**. Daraus allein lässt sich die Zulässigkeit des «wilden» Streiks allerdings nicht ableiten, da er nicht notwendigerweise mit der Begründung eines solchen Zusammenschlusses verbunden ist, sondern nur eine häufige Begleiterscheinung darstellt.[158] Ist die **Arbeitsniederlegung als eine Betätigungsform** auch bei dieser Form von Koalition **geschützt**? Da Art. 9 Abs. 3 den Streik jedenfalls als Mittel zur kollektivvertraglichen Einigung erfasst, muss er auch hier legal sein, soweit die Ad-hoc-Koalition ein kollektiv regelbares Ziel verfolgt. Dass sie dies kann, wurde bereits am Ende des vorigen Kapitels ausgeführt.[159] Würde man ihr mit der überkommenen Rechtsprechung des BAG dieses Recht absprechen, so wäre ihre Einbeziehung in den Schutzbereich des Art. 9 Abs. 3 GG im Ergebnis weithin gegenstandslos, da sie keine wirksame Möglichkeit hätte, die Interessen ihrer Mitglieder zur Geltung zu bringen: Die «Augenblickskoalition» wäre eine Vereinigung zweiter Klasse, der beizutreten sich für niemanden lohnen würde. Auch sie kann daher einen Streik organisieren[160], zumal sie von anderen in Art. 9 Abs. 3 garantierten Betätigungsformen wie der Beteiligung an der Betriebs- und Unternehmensverfassung ausgeschlossen ist, da das Gesetz die dort vorgesehenen Rechte ausdrücklich nur den «Gewerkschaften» gewährt. In einer Nebenbemerkung, die die Koalitionsfreiheit der Gewerkschaftsbeschäftigten betraf, scheint sich **auch das BAG dieser Auffassung angeschlossen** zu haben.[161] Dort ist in Bezug auf eine Koalition, die mangels Mächtigkeit keine Gewerkschaft war, der Inhalt des Art. 9 Abs. 3 GG wie folgt umschrieben: 506

«Mitgliederwerbung gehört zu den verfassungsrechtlich geschützten Betätigungen der Koalition. Sie schafft gleichsam das Fundament für die Erfüllung ihrer in Art. 9 Abs. 3 GG genannten Aufgaben und sichert ihren Fortbestand … Der Schutz des Art. 9 Abs. 3 GG umfasst auch die Verhandlungsfähigkeit und das Streikrecht. Tarifverhandlungen ohne jedes Druckmittel zugunsten derjenigen Koalition, die Veränderungen anstrebt, wären ‹kollektives Betteln›.»

156 Für Letzteres insbesondere ArbG Gelsenkirchen AuR 1998, 427.
157 3.2.3. (Rn 125).
158 Dies übersieht Ramm AuR 1971, 103.
159 Oben 4.14. (Rn 455 ff.).
160 Zustimmend Berg u. a., AKR, Rn 96; Harald Klein, S. 87 ff.; Zachert AuR 2001, 404.
161 BAG AuR 1998, 335, 337.

Dies bedeutet, dass eine «einfache» Koalition jedenfalls zu dem Zweck eine Arbeitsniederlegung organisieren darf, um die andere Seite an den Verhandlungstisch zu bringen und Tarifverhandlungen zu beginnen.[162]

### (2) Selbstbestimmungsprinzip

507 Mit der Einbeziehung der Ad-hoc-Koalition in den Schutzbereich des Art. 9 Abs. 3 sind nicht alle Fälle nichtgewerkschaftlicher Arbeitsniederlegungen erfasst. So ist es denkbar, dass bei einem Streik jede organisatorische Verselbständigung der Streikenden und damit jeder «Zusammenschluss» fehlt[163] oder dass – Beispiel Demonstrationsstreik – keine kollektivvertragliche Regelung erstrebt wird. In diesen Fällen kommt eine Rechtfertigung durch unmittelbaren Rückgriff auf das Selbstbestimmungsprinzip des Art. 1 GG in Frage[164]: **Versagt das Kollektivvertragssystem**, weil sich beispielsweise Oligarchisierungstendenzen im Gewerkschaftsapparat zeigen oder weil Mitgliederminderheiten ihre Interessen nicht ausreichend zur Geltung bringen können, so liegt in der Arbeitsniederlegung das letzte, aber auch wirksamste Mittel, um die Mitbestimmung der Arbeitnehmer über ihre Arbeitsbedingungen zu sichern.[165] Fraglich kann im Grunde nur sein, wer die Definitionsmacht über das Vorliegen solcher Voraussetzungen hat. Mit Rücksicht darauf, dass der nichtgewerkschaftliche Streik mit erheblichen **finanziellen Opfern** verbunden ist, besteht eine **«immanente Bremse»**, die Missbräuche höchst unwahrscheinlich macht. Insoweit kann man die Beschäftigten selbst entscheiden lassen. Damit vermeidet man zugleich alle Abgrenzungsfragen, denen sich die Gegenposition notwendigerweise stellen muss.[166]

### (3) Art. 6 Nr. 4 ESC

508 Die rechtliche Zulässigkeit der nichtgewerkschaftlichen Arbeitsniederlegung lässt sich daneben auch auf Art. 6 Nr. 4 ESC stützen. Wie Mitscherlich im Einzelnen dargelegt hat[167], schließen die dort geregelten «kollektiven Maßnah-

162 Dazu auch Zachert AuR 2001, 404.

163 Wo die Grenze zu ziehen ist, scheint bislang ungeklärt; jedenfalls muss eine eigene Willensbildung erfolgen. Wenn das BAG eine «feste Rechtsform» (BAG AP Nr. 37 zu Art. 9 GG Arbeitskampf, Bl. 2 R) verlangt, so dürfte dies zu weit führen – sie fehlt typischerweise, wenn es sich (wie auch das BAG voraussetzt) um das Erreichen eines einmaligen Zieles handelt.

164 So Däubler, ZfA 1973, 219.

165 Ähnlich Harald Klein, S. 85: «Die verbandsfreie Selbsthilfe füllt eine Lücke, die durch die Entwicklung der Gewerkschaften zu gesamtwirtschaftlich und politisch angebundenen Repräsentativorganen mit öffentlichen Funktionen entsteht.»

166 Dazu ArbG Berlin AP Nr. 49 zu Art. 9 GG Arbeitskampf, Bl. 8.

167 Mitscherlich, S. 120ff.; ebenso Harald Klein, S. 88; Ramm AuR 1971, 72ff.; a.A. Gitter ZfA 1971, 140; Seiter, Streikrecht, S. 192ff.

men» auch diese Form des Streiks ein. Die Entstehungsgeschichte der Charta, die Wahl des Begriffs «Streikrecht» anstelle bloßer «Streikfreiheit» sowie die in Teil I Nr. 6 der Charta enthaltene Erklärung, **«alle Arbeitnehmer»** (und nicht nur die Gewerkschaften) hätten ein Recht auf kollektive Verhandlungen, sprechen für ein solches Ergebnis. Auch sollte man der Streikgarantie der Charta keine Interpretation geben, die im Widerspruch zum Recht zahlreicher Unterzeichnerstaaten stehen würde – Frankreich[168], Italien[169], Spanien[170] und Portugal[171] erklären die verbandsfreie Arbeitsniederlegung für rechtmäßig. Schließlich hat auch das **Ministerkomitee des Europarats** der Bundesrepublik mit Zwei-Drittel-Mehrheit empfohlen, in Zukunft Art. 6 Nr. 4 einzuhalten und die Beschränkung auf den gewerkschaftlichen Streik aufzugeben.[172] Dem hat in der Rechtsprechung bislang allein das **ArbG Gelsenkirchen**[173] Rechnung getragen, das einen «wilden» Proteststreik gegen eine drohende Betriebsschließung für rechtmäßig erklärte.[174]

## 5.3.4. Verbot des sog. politischen Streiks?

Das vom **BAG** nur am Rande erwähnte Verbot des politischen Streiks wird 509
von zahlreichen Autoren mit Nachdruck vertreten[175]; nur eine **Mindermeinung** hat mit durchaus unterschiedlicher Begründung **für** die **Zulässigkeit** dieser Form der Arbeitsniederlegung plädiert.[176] In der Praxis vermag sich die hM freilich nicht immer durchzusetzen. So hat zwar der Bremische Disziplinarhof Anfang der 70er Jahre einen Referendarstreik um bessere Ausbildungsbedingungen u. a. auch deshalb für rechtswidrig erklärt, weil es sich

168 Lyon-Caen/Pélissier/Supiot No. 1113 (mit Einschränkungen im öffentlichen Dienst).

169 Mazzoni RdA 1970, 351; Pera, S. 198 ff.

170 Durán López, in: Däubler (Hrsg.), Arbeitsbeziehungen in Spanien, S. 194 ff.; Ojeda Avilés, Derecho Sindical, S. 462 ff.; vgl. auch Coen RdA 1987, 39, der sich auf (nicht kenntlich gemachte) Vorarbeiten von Luis Ledesma stützt.

171 Fedtke/von Böhm-Amolly, in: Henssler-Braun, Arbeitsrecht in Europa, Rn 140.

172 Dazu näher oben 5.2.3.1. (Rn 494 a und 494 b).

173 AuR 1998, 427.

174 Ebenso in der Literatur Berg u. a., AKR, Rn 96; Zachert AuR 2001, 404.

175 Nachweise zur älteren Literatur bei Hueck-Nipperdey, Bd. II/2, S. 886, Fn 10 d. Aus neuerer Zeit Hanau-Adomeit C II 5 b (Rn 289); Krichel NZA 1987, 297; Zöllner-Loritz § 39 II 5, § 40 II 1 b, XII; von Maydell JZ 1980, 431 ff.

176 Abendroth, Antagonistische Gesellschaft und politische Demokratie, Neuwied 1967, S. 203 ff.; Bauer JZ 1953, 650; Däubler ZfA 1973, 221 ff.; Düx DuR 1975, 46; Hessel GMH 1954, 428; Reinhard Hoffmann, HambJb. 1971, 266; Kittner, AK-GG, Art. 9 Abs. 3 Rn 66; Mückenberger KJ 1980, 268 ff.; von Nell-Breuning, Streik, in: Ders., Wirtschaft und Gesellschaft heute, Bd. II, Freiburg 1957, S. 53; R. Schmid GMH 1954, 1 ff.; Schumann, in: Däubler (Hrsg.), Arbeitskampfrecht, Rn 189 ff.; Wiethölter, Funkkolleg, S. 315 ff.; vgl. auch Rajewsky, S. 77 ff.

um eine unerlaubte Einwirkung auf politische Instanzen gehandelt habe[177], doch blieben die zahlreichen Proteststreiks ohne jede Sanktion, die anlässlich des versuchten Kanzlersturzes durch Rainer Barzel im Jahre 1972 stattfanden. Auch **Arbeitsniederlegungen wegen** der geplanten **Änderung des § 116 AFG** blieben – soweit sie nicht im Vorfeld durch einstweilige Verfügung verboten worden waren – im Regelfall ohne juristische Konsequenzen.[178] Ähnliches war schon in früheren Zeiten zu beobachten: Der (jedenfalls vom äußeren Ablauf her) erfolgreiche Generalstreik vom 12. 11. 1948 wurde von niemandem als rechtswidrig qualifiziert.[179] Der vier Jahre später stattfindende und im Ergebnis erfolglose **Zeitungsstreik**[180] führte dagegen zu zahlreichen juristischen Auseinandersetzungen mit fast durchweg negativem Ausgang für die Gewerkschaften.[181] Ob mit der «Rechtslage» Ernst gemacht wird, hängt daher offensichtlich auch vom Ergebnis der Aktion sowie den allgemeinen politischen Verhältnissen ab.

### 5.3.4.1. Rechtfertigung mit Art. 9 Abs. 3 GG?

510 Die rechtliche Zulässigkeit des politischen Streiks richtet sich nach hier vertretener Auffassung zunächst einmal danach, ob das erstrebte **Ziel im Bereich der Arbeits- und Wirtschaftsbedingungen** liegt

*Beispiel:* Arbeitsniederlegung für eine bessere Betriebsverfassung (Zeitungsstreik).

oder ob es sich um andere politische Fragen handelt.

*Beispiel:* Arbeitsniederlegungen beim Misstrauensvotum Barzels gegen Brandt.

Lediglich im ersten Fall kann Art. 9 Abs. 3 GG eingreifen.

510a Eine Arbeitsniederlegung könnte einmal dann gerechtfertigt sein, wenn der **Staat** durch hoheitliche Regeln **die Arbeits- und Wirtschaftsbedingungen** weitgehend **«okkupieren»** und damit die Tarifparteien auf sekundäre Randbereiche abdrängen würde.[182] Hier würde der hinter Art. 9 Abs. 3 GG stehende Selbstbestimmungsgedanke verlangen, dass jedenfalls im Wege der Arbeits-

---

177 Brem DiszH DuR 1973, 427 ff. mit Anm. Däubler.

178 Bezeichnend, dass das ArbG Arnsberg und das ArbG Bocholt (beide NZA 1986, 170) lediglich über einen gegen die Gewerkschaft gerichteten Antrag zu entscheiden hatten, den Streikaufruf zurückzunehmen. Ähnlich LAG Rheinland-Pfalz NZA 1986, 264. Zusammenstellung von Entscheidungen im Verfahren des einstweiligen Rechtsschutzes bei Krichel NZA 1987, 297 Fn 6.

179 S. G. Beier, a.a.O.

180 Vgl. Eberhard Schmidt, Neuordnung, S. 193 ff.

181 S. die insoweit sehr instruktive Darstellung bei Rajewsky, S. 36 ff. Weitere Beispiele bei Gamillscheg, Kollektives Arbeitsrecht I, S. 1101.

182 Dazu oben 3.3. (Rn 168 ff.).

niederlegung noch Einfluss genommen werden könnte.[183] Aktuell kann eine solche Situation nicht angenommen werden.

Wichtiger ist deshalb ein zweiter Gesichtspunkt. Staatliche Entscheidun- 510b
gen werden ersichtlich nicht in einer Zone völliger Freiheit getroffen, wo in einem rationalen Diskurs nur das Argument zählt. Vielmehr sehen sich **Parlament und Regierung** bestimmten **wirtschaftlichen Strukturen** gegenüber, denen sie bei ihren Entscheidungen **Rechnung tragen** müssen. Würden etwa die Unternehmen durch eine bestimmte Maßnahme in einer Weise belastet, die sie als unzumutbar betrachten, so könnten und würden sie mit «Investitionszurückhaltung» oder Verlagerung von Produktionskapazitäten in andere Länder drohen. Das geltende Recht kennt keine wirksamen Abwehrmittel gegen eine solche Strategie – insbesondere dann nicht, wenn Unternehmen oder Verbände lediglich auf bestimmte mehr oder weniger eindeutige Folgen verweisen, die bei einer bestimmten Gesetzgebung oder Regierungspolitik eintreten würden.[184] Ein vergleichbares Druckpotenzial steht der **Arbeitnehmerseite** nicht zur Verfügung; sie ist nach herkömmlicher deutscher Sicht **auf öffentliche Appelle beschränkt**. In bestimmten Konstellationen kann die Stimmabgabe bei Wahlen einzelne sozialpolitische Maßnahmen beeinflussen, doch ist dies keineswegs die Regel. Um bei konkreten Auseinandersetzungen ein **Gegengewicht** zu schaffen, muss nach Auffassung von Oswald v. Nell-Breuning[185] der **politische Streik legal** sein. Das Prinzip der Volkssouveränität und der Unabhängigkeit des Abgeordneten werde dadurch nicht verletzt, sondern eher gefördert: Die Entscheidungsfreiheit des Souveräns ist größer, wenn es ein Parallelogramm der Kräfte gibt, wenn **Druck nicht nur von einer Seite** ausgeübt wird. Dem haben einzelne ausländische Rechtsordnungen auch Rechnung getragen. Nach einem Urteil des **italienischen Verfassungsgerichtshofs**[186] ist jeder Streik um die Wahrung und den Ausbau des sozialen Besitzstands der Arbeitnehmer rechtmäßig, auch wenn ihm Forderungen zugrunde lagen, «die ihrerseits nur durch Regierungs- und Gesetzgebungsakte eingelöst werden können»[187]. Auch der **Sachverständigenausschuss der ILO** hat sich ausdrücklich dazu bekannt, Art. 3 ILO-Übereinkommen Nr. 87 umfasse den politischen Demonstrationsstreik.[188] Triftige Gründe, in

183 Ähnlich Kittner-Schiek, AK-GG, Art. 9 Abs. 3 Rn 143.

184 Bei einer direkten Verknüpfung mit einzelnen hoheitlichen Handlungen könnte man an Parlamentsnötigung oder vergleichbare Straftatbestände denken, doch ist darüber bislang in diesem Zusammenhang nicht nachgedacht worden.

185 A.a.O., S. 53. Ähnlich Reinhard Hoffmann HambJb 1971, 267 und Wiethölter, Funkkolleg, S. 315ff.

186 In deutscher Übersetzung abgedruckt in DuR 1975, 77ff.

187 DuR 1975, 81. Ebenso italien. VerfGH EuGRZ 1975, 114.

188 S. die oben 5.2.3.3. (Rn 498) mitgeteilte Feststellung.

Deutschland von dieser Auslegung abzuweichen, sind nicht ersichtlich.[189] In Frankreich, Italien, Spanien und Österreich fanden in den vergangenen Jahren sogar eintägige Generalstreiks statt, die sich z. B. auf die Rentenpolitik der Regierung bezogen und zu denen die Gewerkschaften aufgerufen hatten.

#### 5.3.4.2. Widerstandsrecht

511 Soweit Art. 9 Abs. 3 ausscheidet, lässt sich der politische Streik zunächst nur mit Hilfe des Widerstandsrechts nach Art. 20 Abs. 4 GG rechtfertigen. Soll wie beim **Kapp-Putsch** des Jahres 1920 die verfassungsmäßige Regierung mit militärischer Gewalt gestürzt werden[190], so ist ein dagegen gerichteter Generalstreik unbestritten legal.[191] Sehr viel schwieriger wäre der heimliche Verfassungsbruch zu erfassen, der sich z. B. in einer missbräuchlichen Uminterpretation der Verfassungsordnung zu einem Mittel bedingungsloser Erhaltung von Privilegien zeigen könnte.[192] Ob man sich gegen eine derartige Rechtsprechung auf das Widerstandsrecht berufen kann, entscheiden nach dem Wortlaut des Grundgesetzes wiederum jene Gerichte, um deren mögliche Verfassungsverstöße es geht.[193] Glücklicherweise ist die Problematik bislang eine hypothetische geblieben.

### 5.3.5. Verbot «unverhältnismäßiger» Streiks?

#### 5.3.5.1. Unklarheit der Maßstäbe

518 Kehren wir zum gewerkschaftlich organisierten Streik um Entgelt und Arbeitsbedingungen zurück. Auch er soll nach dem Willen des BAG nicht unbeschränkt zulässig sein, sondern steht – wie der Große Senat zu Beginn seiner Ausführungen betonte[194] – «unter dem Gebot der Verhältnismäßigkeit». Was dies konkret bedeutet, ist trotz der Konkretisierungsversuche des BAG offen. Muss zunächst befristet gestreikt oder kann sofort eine unbefristete Arbeits-

189 Wie hier Berg u. a., AKR, Rn 193 mwN. Zur Wirkung von Feststellungen des Sachverständigenausschusses s. oben 5.2.3.3. (Rn 499).

190 Vgl. Fritz Krause, Arbeitereinheit rettet die Republik. Dokumente und Materialien zur Niederschlagung des Kapp-Putsches im März 1920, Frankfurt/M. 1970.

191 Vgl. etwa Hanau-Adomeit Rn 289; von Maydell JZ 1980, 433.

192 Vgl. dazu Düx DuR 1975, 42 ff.

193 Zu der entsprechenden Diskussion innerhalb der Friedensbewegung s. Däubler, Sicherheit und Frieden 1983, 14 ff.; Thomas Meyer, Susanne Miller, Johano Strasser (Hrsg.), Widerstandsrecht in der Demokratie. Pro und contra, Köln 1984; Liedtke, Widerstand ist Bürgerpflicht, München 1984.

194 BAG AP Nr. 43 zu Art. 9 GG Arbeitskampf, bestätigt durch BAG DB 1980, 1272 und BAG AP Nr. 81 zu Art. 9 GG Arbeitskampf, wo auch die Vereinbarkeit dieses Grundsatzes mit der ESC bejaht wird.

niederlegung ausgerufen werden? Ist als Erstes ein Dienst nach Vorschrift zu praktizieren, bevor die schwerwiegendere Maßnahme der völligen Arbeitseinstellung ergriffen werden darf? Kann ein Streik auch deshalb «unverhältnismäßig» sein, weil ihm Forderungen zugrunde liegen, die das Arbeitsgericht für überhöht und «gemeinwohlwidrig» ansieht?[195] Hier hilft es wenig, sich auf den ehemaligen BAG-Präsidenten Müller zu berufen, wonach die Arbeitsgerichte einen Streik «wohl nur bei offensichtlicher Ausuferung» für rechtswidrig erklären können.[196] Auch die in den Aussperrungsentscheidungen von 1980 verwendete Formel, «von Extremfällen vielleicht abgesehen» dürfe keine Tarifzensur stattfinden,[197] führt nicht weiter – wann ist ein solcher Tatbestand gegeben und das Maß des «Erträglichen» überschritten?[198]

Das Fehlen sicherer Maßstäbe für eine Anwendung im Einzelfall macht 519
das Verhältnismäßigkeitsprinzip zu einer **Generalklausel**, mit deren Hilfe man nach Bedarf «unerwünschte» Streiks für rechtswidrig erklären könnte.[199] Insoweit ist es ohne größere Bedeutung, ob die Verhältnismäßigkeit in Bezug auf das Streikziel[200] oder in Bezug auf die Chance, «gleichgewichtig verhandeln zu können»[201], bestimmt wird. Aus den Aussperrungsentscheidungen von 1980 lässt sich lediglich entnehmen, dass die Zahl der Streikenden allein von der freien Entscheidung der Arbeitnehmerseite abhängt: Eine Arbeitsniederlegung von 50 % aller im umkämpften Tarifgebiet Beschäftigten wird genauso als zulässig behandelt wie ein Teilstreik von weniger als einem Viertel der Betroffenen.[202] Ein derart **unbestimmter Eingriffsvorbehalt verstößt gegen rechtsstaatliche Prinzipien**, weil Arbeitnehmer und Gewerkschaften nicht erkennen können, wo die Grenze rechtmäßigen Handelns verläuft.[203] Die häufige Hervorhebung dieser Tatsache schon in der älteren Literatur[204] und ein entsprechendes Eingeständnis durch das BAG[205] schaffen den Grundsatz als

195 Zur Illegalisierung «wirtschaftlich unvernünftiger Streikforderungen» in Frankreich s. Krieger RdA 1987, 36.

196 RdA 1971, 324.

197 BAG DB 1980, 1274 li. Sp.

198 Als Beispiel kann die Auseinandersetzung um Streiks bei Luftfahrtunternehmen dienen – extrem restriktiv Rüthers ZfA 1987, 1 ff.; gegen ihn mit Recht Löwisch ZfA 1988, 137 ff.

199 Meyer ZRP 1974, 255 ff.

200 So Löwisch ZfA 1971, 326 ff.

201 So nunmehr BAG AP Nr. 81 zu Art. 9 GG Arbeitskampf unter B II 2 c der Gründe.

202 BAG DB 1980, 1274 li. Sp.

203 Anders ErfK-Dieterich Art. 9 Rn 124, wobei jedoch die Konsequenzen des Verhältnismäßigkeitsprinzips eher bescheiden ausfallen: Missbrauchsvorbehalt in dem Sinne, dass der Streik nicht auf Existenzvernichtung des Gegners zielen darf (Rn 125) – hier mit dem BAG unter dem Prinzip der Fairness erfasst; Ultima-Ratio-Prinzip (Rn 126), das in der herrschenden Interpretation praktisch kaum zu einer Einschränkung von Handlungsmöglichkeiten führt.

204 Däubler, JuS 1972, 642; Löwisch ZfA 1971, 319; Meyer ZRP 1974, 254 ff.; Reuß AuR 1971, 355; Richardi RdA 1971, 342.

205 BAG DB 1980, 1272 re. Sp.

solchen jedoch nicht aus der Welt. In der Praxis wirkt er einseitig zu Lasten der Arbeitnehmerseite, da sie sich wegen der Uneindeutigkeit der Rechtslage besondere Zurückhaltung auferlegen muss. Jede «Grenzüberschreitung» könnte zu unübersehbaren Schadensersatzansprüchen der betroffenen Arbeitgeber führen.[206] Diese Präventivwirkung zugunsten einer Taktik des «Sicherheitsabstands» kann sich sehr nachhaltig auf die Ergebnisse von Tarifverhandlungen auswirken.[207] Für die Arbeitgeberseite ist das alles sehr viel weniger belastend, da sie nicht offensiv werden muss, um sich ihren Anteil an den Arbeitsergebnissen zu sichern.

520 Dass die **Streikgrenze der Unverhältnismäßigkeit** bisweilen wirklich angewandt wird und nicht nur ein moralischer Appell ist, hat vor über 30 Jahren das ArbG Stuttgart[208] und das LAG Baden-Württemberg[209] gezeigt. Danach war ein von der ÖTV eingeleiteter **internationaler Boykott von Billigflaggenschiffen** «unverhältnismäßig», obwohl das Ziel, der Abschluss von Tarifverträgen mit den betroffenen Reedern, unbestrittenermaßen rechtmäßig war.

Zum wirtschaftlichen Sachverhalt: Ein Reeder gründet eine Tochtergesellschaft in einem sog. Billigflaggenstaat wie Panama, Liberia oder Antigua und überträgt dieser anschließend das Eigentum an dem Schiff. Dieses ist damit dem «Zugriff» des deutschen Rechts weithin entzogen; in der neuen «Heimat» sind kaum Steuern und Sozialabgaben zu bezahlen. Auch kann man Seeleute aus Entwicklungsländern zu den dort üblichen Bedingungen beschäftigen. Dagegen wendet sich seit Jahrzehnten die Internationale Transportarbeiterföderation (ITF), die die Hafenarbeiter zum Boykott solcher Schiffe aufruft.

Das eingesetzte Druckmittel – die mit Hilfe der ITF durchgesetzte Nichtabfertigung in ausländischen Häfen – habe die Existenz der Reeder gefährdet; die Gewerkschaft hätte deshalb das «mildere Mittel» eines Streiks auf den Schiffen oder die massenweise Kündigung von Heuerverhältnissen wählen müssen. Dies ist eine äußerst fragwürdige These, wenn man bedenkt, dass unter den gegebenen Umständen Arbeitsniederlegungen auf Seeschiffen nur schwer oder gar nicht zu organisieren sind. Mit Recht hat deshalb das **BAG eine derartige Aktion für rechtmäßig erklärt.**[210] Auf der anderen

206 BAG AuR 1983, 252 betont einerseits, auf die Höhe des Schadens komme es grundsätzlich nicht an (unter III 1 der Gründe), andererseits ist davon die Rede, eine unverhältnismäßige Schädigung des Kampfgegners könne als Verstoß gegen den Verhältnismäßigkeitsgrundsatz den Arbeitskampf rechtswidrig machen (unter III 3 der Gründe). Wo verläuft hier die Grenze?

207 Richtig Schwegler GMH 1972, 307 ff.

208 DuR 1973, 416 ff.

209 DuR 1974, 326 ff.

210 BAG AP Nr. 6 zu § 1 TVG Form. Zur Gesamtproblematik näher Däubler, Weltweiter Tarifvertrag, S. 41 ff.

Seite wird bei der Fluglotsenentscheidung des BGH wiederum eine restriktive Tendenz deutlich, wenn die Rechtswidrigkeit des «Dienstes nach Vorschrift» unter anderem auch damit begründet wird, dass die «Begrenzung der nachteiligen Folgen für das ‹bestreikte› Unternehmen wenn nicht ganz verhindert, so doch über das gebotene Maß hinaus erschwert» wurde, und wenn überdies auf «das ungewöhnliche, weit über das mit Streiks sonst verbundene Maß von Nachteilen und Belastungen für Unbeteiligte» abgestellt wird.[211] Der Schritt hin zu Streiks mit «maßvollen» Nachteilen – und damit zu einer weiteren Einschränkung des Art. 9 Abs. 3 GG – ist von diesem Punkt aus nicht mehr weit.

### 5.3.5.2. Rechtfertigung durch Rechte Dritter?

Zöllner[212] und Reuter[213] haben versucht, das Verhältnismäßigkeitsprinzip mit 521 der Erwägung zu rechtfertigen, es diene dem Schutz kollidierender Rechtsgüter; da der Streik auch unbeteiligte Dritte und die Allgemeinheit treffe, müsse er sich wie jeder andere Eingriff in eine fremde Rechtssphäre eine solche Einschränkung gefallen lassen.[214] Anfechtbar ist daran schon der Ausgangspunkt: Weder greift jeder Streik in die Rechte Dritter ein

*Beispiel:* Ärzte praktizieren einen sog. Bleistiftstreik (die Behandlung der Patienten wird in normalem Umfang fortgeführt, doch werden keine Aufzeichnungen für die Klinikverwaltung gemacht, sodass diese keine Rechnungen ausstellen kann).

noch sind die unter Umständen betroffenen Interessen Dritter immer rechtlich geschützt.

*Beispiel:* Wegen eines Streiks der Omnibusfahrer kann Arbeitnehmer X seinen Arbeitsplatz nicht erreichen und erleidet einen Lohnausfall. Er kann sich nicht auf ein «Recht zur Arbeit» berufen.

Entscheidend ist jedoch, dass der Schutz von Rechten Dritter ein Grund- 522 rechtsproblem ist: Das von Art. 9 Abs. 3 GG gedeckte Verhalten wird nur dann rechtswidrig, wenn Grundrechte anderer Personen in unangemessener Weise in Mitleidenschaft gezogen sind.

---

211 BGH NJW 1978, 817 re. Sp.

212 ZfA 1973, 237.

213 JuS 1973, 284.

214 So vermutlich auch BAG DB 1980, 1272 re. Sp.

So wäre ein Ärztestreik rechtswidrig, wenn auch akute Fälle nicht versorgt und deshalb Gesundheitsschäden eintreten würden. Wird ein gebrochenes Bein nicht behandelt, so wäre das Grundrecht auf Gesundheit nach Art. 2 Abs. 2 GG verletzt.

Die Position von Zöllner und Reuter läuft demgegenüber darauf hinaus, einen Grundsatz, der herkömmlicherweise der *Beschränkung von* staatlichen *Eingriffen* in Grundrechte des Bürgers dient, in ein **Mittel zur Beschränkung von Grundrechten zu verwandeln.**[215] Hierfür fehlt nicht nur jede verfassungsrechtliche Grundlage. Eine solche Auffassung diskriminiert auch den Arbeitsmarkt im Verhältnis zu allen Gütermärkten, da das Recht zur Verweigerung der eigenen Leistung dort generell und nicht nur als letztes Mittel anerkannt ist.[216] In Wirklichkeit will der Streik jedoch gerade gleiche Verhandlungschancen herstellen, die auf anderen Märkten schon aufgrund der allgemeinen Vertragsfreiheit als vorhanden angesehen werden.

### 5.3.5.3. Insbesondere: Ultima-Ratio-Prinzip

523 Eine praktisch wichtige Erscheinungsform des Verhältnismäßigkeitsgrundsatzes ist das sog. Ultima-Ratio-Prinzip, wonach ein Streik erst nach Ausschöpfung aller Verhandlungsmöglichkeiten, d.h. als «letztes Mittel» zulässig ist. Dabei blieb zunächst unklar, wie lange verhandelt werden musste, bis diese Voraussetzung erfüllt war. **Erst 1988** schuf das BAG im Zusammenhang mit der Zulässigkeit von sog. Warnstreiks[217] ein ausreichendes Maß an **Rechtssicherheit.**[218] Danach genügt es, dass einmal erfolglos verhandelt wurde oder die Arbeitgeberseite jedes Gespräch ablehnte[219] und dass im Anschluss daran **eine Seite** (hier: die Gewerkschaft) zu dem Schluss kam, **«druckfreie» Verhandlungen** würden **nicht** mehr **weiterhelfen.**[220] Diese Einschätzung ist gerichtlich nicht überprüfbar, da es auch vom Verfahren her zu keiner Tarifzensur kommen soll.[221] Einer **förmlichen Erklärung**, die Tarifverhandlungen seien **gescheitert**, bedarf es **nicht.**[222]

215 So im Prinzip zutreffend Säcker GMH 1972, 296 ff.

216 Zu den unberechtigten Einwänden Reuters s. Meyer-Wahsner DuR 1973, 400. Wie hier IG Druck, S. 38. Kritisch zum Verhältnismäßigkeitsprinzip auch Berg u.a., AKR, Rn 73; Hirschberg S. 152; Mayer-Maly ZfA 1980, 515; Pieper AuR 1987, 132; Schumann, in: Däubler (Hrsg.), Arbeitskampfrecht, Rn 199 ff. mwN. Bejahend dagegen Groggert DB 1988, 2097 ff.; Kissel § 29; Wank, FS Kissel, S. 1232 ff.

217 Dazu unten 5.3.8. (Rn 539 ff.).

218 BAG DB 1988, 1952 = NZA 1988, 846 = BB 1988, 2461.

219 Dazu ErfK-Dieterich Art. 9 Rn 126.

220 BAG, a.a.O., LS 2.

221 BAG, a.a.O., LS 2 und DB 1988, 1953 re. Sp., bestätigt in BAG DB 1991, 2295 = NZA 1991, 816.

222 BAG, a.a.O., LS 2, bestätigt in BAG DB 1991, 2295 = NZA 1991, 816.

## 5.3.6. Verbot «unfairer» Streiks?

Als zusätzliche Schranke führt das BAG die «Regeln eines fairen Kampfes» an, die z. B. bei einem Streik verletzt seien, der auf die Vernichtung des Arbeitgebers abstelle.[223] Hanau–Adomeit beziehen die Gewaltanwendung gegen Arbeitswillige, die Zerstörung von Maschinen, die Besetzung der Fabrik und das Eindringen in die Privatsphäre des Unternehmers mit ein[224] und machen damit deutlich, dass sich relativ viele Erscheinungsformen eines mit Härte und Erbitterung geführten Arbeitskampfes unter den Begriff des «Unfairen» bringen lassen. 526

Während das Verhältnismäßigkeitsprinzip Beginn und Ausmaß eines Streiks betrifft, geht es beim Fairnessprinzip um die **Art und Weise der Durchführung**. Von Extremfällen abgesehen, ist auch hier unklar, wann eigentlich die moralische Wertung «unfair» Platz greifen kann. Die Wirkung auf die Gewerkschaften besteht wiederum in einer «Warnfunktion»: Um nicht mit Schadensersatzpflichten belegt zu werden, müssen sie eine möglichst zurückhaltende, unkämpferische Form der Auseinandersetzung wählen, die von vornherein jeden ernsthaften Verdacht unfairen Verhaltens vermeidet. Dass damit Wertungen der Gegenseite übernommen werden, wird meist nicht als problematisch empfunden. 527

Die Rechtmäßigkeit des Streiks als solcher wird nicht in Frage gestellt, wenn es zu **einzelnen «Streikexzessen»** kommt, die von den Organisatoren nicht in ihr Konzept einbezogen wurden. So mag es rechtswidrig, vielleicht sogar strafbar sein, wenn Streikposten aus eigener Initiative Arbeitswillige mit Gewalt am Betreten des Betriebs hindern;[225] der Streik als solcher wird dadurch nicht unrechtmäßig. Auch wenn ein solches Verhalten voraussehbar ist, ändert dies nichts.[226] Die Schwelle zur Rechtswidrigkeit wäre erst überschritten, wenn die «unfairen» Verhaltensformen bewusst in die Gesamtstrategie aufgenommen würden, wenn man beispielsweise in allen erfassten Betrieben die Geschäftsführung «festsetzen» und nicht mehr aus ihren Büros herauslassen würde. 527a

---

223 BAG AP Nr. 43 zu Art. 9 GG Arbeitskampf, Bl. 7, bestätigt durch BAG DB 1993, 1725. Ebenso für den Dienst nach Vorschrift der Fluglotsen BGH NJW 1978, 816. Diese Streikgrenze ist für die Arbeitnehmerseite leicht zu ertragen, da ein solcher «Vernichtungsstreik» die eigenen Arbeitsplätze zerstören würde und deshalb in der Praxis nicht vorkommt (Vgl. Berg u. a., AKR, Rn 80: «absurde Unterstellung»).

224 C III 5 f. (Rn 300).

225 Dazu unten 5.8.6. (Rn 652).

226 LAG Baden-Württemberg DB 1980, 932 re. Sp.

## 5.3.7. Sicherung von Notstands- und Erhaltungsarbeiten

### 5.3.7.1. Abgrenzungsprobleme

528 Angesichts der übrigen gravierenden Einschränkungen des Streikrechts spielte die Frage der sog. Notarbeiten im Arbeitskampf längere Zeit kaum eine Rolle.[227] Mit dem LAG Frankfurt sind darunter diejenigen Arbeiten zu verstehen, die eine übermäßige Schädigung Dritter (= Notstandsarbeiten) und eine Gefährdung der Arbeitsplätze durch Zerstörung oder Beschädigung von Produktionsanlagen (= Erhaltungsarbeiten) verhindern sollen.[228] Ihre Sicherung ist als **Voraussetzung eines rechtmäßigen Streiks** prinzipiell anzuerkennen, zumal eine rücksichtslose Schädigung Unbeteiligter und eine Vernichtung von Arbeitsplätzen auf die Streikenden und ihre Organisationen zurückschlagen würde.[229] Abzulehnen ist jedoch der Versuch, den Umfang dieser Arbeiten über das absolut notwendige Minimum hinaus auszudehnen. So ist es etwa schon aus Gründen der Rechtssicherheit nicht akzeptabel, auch solche Tätigkeiten einzubeziehen, deren Ausfall zu einer «unverhältnismäßigen» Schädigung des Arbeitgebers führen würde.[230] Erst recht gilt dies für die sog. **Abwicklungsarbeiten**[231] und für solche Aktivitäten, die lediglich die Voraussetzungen für die Beschäftigung Arbeitswilliger schaffen sollen.[232] Auch **«Notausgaben»** von Zeitungen sind keineswegs unerlässlich.[233] Derartige Forderungen laufen auf eine inhaltliche Aushöhlung des Streikrechts hinaus, lässt sich der «streikfreie» Bereich auf diese Weise doch fast beliebig ausdehnen.

*Beispiel:* In einem vom LAG Frankfurt entschiedenen Fall[234] wurden von 3000 Arbeitnehmern 264 mit Erhaltungsarbeiten und 906 mit Abwicklungsarbeiten beschäftigt.[235]

---

227 Vgl. LAG Frankfurt AP Nr. 40 zu Art. 9 GG Arbeitskampf, Bl. 2 R mwN aus der (damals) spärlichen Rechtsprechung.

228 Ähnlich BAG BB 1983, 766 = AuR 1983, 253 und § 8 der Arbeitskampf-Richtlinien des DGB (abgedruckt AuR 1974, 272).

229 Zur Rechtsgrundlage näher Buschmann AuR 1980, 233 und Schumann, in: Däubler (Hrsg.), Arbeitskampfrecht, Rn 224 mwN (Fn 375 ff.).

230 Ebenso BAG BB 1983, 766 = AuR 1983, 253; anders noch LAG Baden-Württemberg DB 1980, 933, unter Berufung auf Löwisch.

231 Ebenso Buschmann AuR 1980, 235; Löwisch-Mikosch ZfA 1978, 162; anders allein Schell BB 1969, 1180.

232 BAG AuR 1983, 251, 253 = BB 1983, 766. Ebenso BAG AuR 1982, 224.

233 Näher unten 5.3.8.5. (Rn 536 ff.).

234 LAG Frankfurt AP Nr. 40 zu Art. 9 GG Arbeitskampf.

235 Weitere Beispiele bei Hirschberg RdA 1986, 355.

Nicht zu den Notstands- und Erhaltungsarbeiten zählt die Tätigkeit des Lageristen in der Warenausgabe.[236]

### 5.3.7.2. Notdienstvereinbarung

Arbeitgeber und Gewerkschaften können den genauen Umfang der Notstands- und Erhaltungsarbeiten festsetzen[237]; einseitige Anordnungen des Arbeitgebers sind nach fast einhelliger Rechtsprechung als Eingriff in das Streikrecht unwirksam.[238] Die Einigung stellt einen «sonstigen Kollektivvertrag» dar[239], dessen Rechtswirkungen bisher noch kaum untersucht wurden.[240] Außer dem Umfang der Arbeiten können auch die mit ihrer Ausführung betroffenen Personen bestimmt werden[241]; unterbleibt dies, nimmt die Gewerkschaft die Auswahl vor, da es sich insoweit um eine interne Frage der Streikorganisation handelt.[242] Möglich ist auch eine Verpflichtung des Arbeitgebers, nur die in der Notdienstvereinbarung genannten Personen in den Betrieb zu lassen.[243] 529

Kommt keine Einigung zustande, trägt die Gewerkschaft das Risiko, dass der Streik z.B. wegen übermäßigen Eingriffs in Leben, Gesundheit oder Freiheit Dritter für rechtswidrig erklärt wird.[244] Fälle dieser Art sind bisher nicht 530

236 So LAG Baden-Württemberg DB 1980, 933. Anders entschied dasselbe Gericht bei Personen, die nach der einschlägigen Unfallverhütungsvorschrift für erste Hilfe eingeteilt waren – LAG Baden-Württemberg DB 1980, 2042.

237 BAG AuR 1995, 374; LAG Frankfurt AP Nr. 40 zu Art. 9 GG Arbeitskampf; LAG Niedersachsen DB 1980, 2041; LAG Baden-Württemberg DB 1980, 2042 re. Sp.; BAG DB 1995, 101; weitere Nachweise zu nicht veröffentlichten Entscheidungen bei Buschmann AuR 1980, 237; ebenso in der Literatur Buschmann AuR 1980, 234; Kehrmann-Rose AuR 1974, 324; Löwisch-Mikosch ZfA 1978, 153, 166.

238 So besonders die sorgfältig begründete Entscheidung des LAG Niedersachsen DB 1980, 2041. Dahingestellt in BAG BB 1983, 766 = AuR 1983, 252 (mit Übersicht über den damaligen Meinungsstand). Anders jedoch Bauer-Haußmann DB 1996, 883 für den Fall einer fehlenden Notdienstvereinbarung. Wie hier Berg u. a., AKR Rn 117 sowie bei ähnlicher normativer Ausgangslage das spanische VerfG (Relaciones Laborales 2006, 51 ff.).

239 Zu dieser Kategorie s.o. 4.14. (Rn 455 ff.). Zustimmend Gerhard Müller, Recht auf Streik im öffentlichen Dienst, hrsg. vom Hauptvorstand der Deutschen Postgewerkschaft, Frankfurt/M. 1982, S. 44 und Oetker S. 68. Ihnen fehlt daher die normative Wirkung: ErfK-Dieterich Art. 9 GG Rn 181.

240 Das LAG Niedersachsen (DB 1980, 2041) vermeidet zwar den Begriff «Tarifvertrag», doch besteht an der Verbindlichkeit für den Einzelnen kein Zweifel.

241 Löwisch-Mikosch ZfA 1978, 166.

242 Hirschberg RdA 1986, 359. Deshalb ist eine Einigung mit dem Betriebsrat ohne Bedeutung – LAG Niedersachsen DB 1980, 2041; Berg u. a., AKR, Rn 276.

243 BAG DB 1995, 101.

244 Entgegen Bauer-Haußmann DB 1996, 881 reicht dies als mögliche Sanktion; eines Zwangs zum Abschluss einer Notdienstvereinbarung bedarf es nicht. Eingehend zur Problematik der Notdienste Däubler AuR 1981, 257 ff. und Oetker S. 97 ff. Für eine Notkompetenz des Arbeitgebers ErfK-Die-

bekannt geworden.[245] Durch § 8 ihrer **Arbeitskampfrichtlinien**[246] haben sich die DGB-Gewerkschaften selbst verpflichtet, im Streikfalle das Nötige zu veranlassen. Dass bei Aussperrungen anderes gilt und insbesondere keine Erhaltungsarbeiten geleistet werden sollen, ist verständlich, hat doch der Arbeitgeber in diesem Fall die Ursache für die Arbeitsunterbrechung selbst gesetzt.[247]

## 5.3.8. Sonstige Streikgrenzen?

### 5.3.8.1. Verbot sittenwidriger Schädigung

531 Nur geringe Aufmerksamkeit hat das Verbot «sittenwidriger» Streiks erfahren, dessen Übertretung nach § 826 BGB zum Schadensersatz verpflichtet. Da der Bereich des Sittenwidrigen erst dort beginnt, wo ein Streik längst «unverhältnismäßig» geworden ist, d. h. nur bei schwersten Schäden des Arbeitgebers oder Dritter, ist dies nicht weiter verwunderlich. Anders verhielt es sich in der Weimarer Zeit, als die vom BAG entwickelten Streikschranken noch nicht existierten: Damals war § 826 die wichtigste Anti-Streik-Waffe, die z. B. erfolgreich gegen Demonstrationsstreiks zum (noch nicht anerkannten) 1. Mai eingesetzt wurde.[248] Das Beispiel zeigt, dass gegebenenfalls auch mit Hilfe der «guten Sitten» neue Streikgrenzen aus der Taufe gehoben werden könnten,[249] sofern sich für eine solche These genügend öffentliche Resonanz finden lässt. Bemerkenswert ist insoweit die **Fluglotsenentscheidung des BGH** von 1978, die – wohl mitbedingt durch die breite öffentliche Empörung – die praktizierten Druckmittel (go slow und sick out) für sittenwidrig erklärte.[250]

### 5.3.8.2. Streikverbot für Beamte und Auszubildende?

532 Ohne Streikrecht sollen angeblich Beamte sein, da eine Arbeitsniederlegung gegen die **Treuepflicht** nach Art. 33 Abs. 4 GG und gegen die **hergebrachten Grundsätze des Berufsbeamtentums** nach Art. 33 Abs. 5 GG verstoßen

---

terich Art. 9 Rn 182, dagegen Berg u. a., AKR, Rn 276 unter Hinweis auf mehrere unveröffentlichte arbeitsgerichtliche Entscheidungen.

245 S. als positives Beispiel die Notdienstvereinbarung zwischen der Flughafen Hamburg GmbH und der ÖTV aus dem Jahre 1974 (abgedruckt bei Hernekamp, S. 205 ff.).

246 AuR 1974, 272.

247 Vgl. Kehrmann-Rose AuR 1974, 325. Dazu auch Oetker S. 32 ff. Gegen ein Recht zur Verweigerung von Notdienstarbeiten bei Aussperrung Gamillscheg, Kollektives Arbeitsrecht I, S. 1173.

248 RAG Bensh. Samml. Bd. 8, S. 266 (1930).

249 Zu den Versuchen, den Inhalt der «guten Sitten» zu bestimmen, s. Teubner, Standards und Direktiven in Generalklauseln, Frankfurt/M. 1971, S. 13 ff. Zum aktuellen Stand s. Däubler, BGB kompakt, Kap. 14 Rn 27 ff.

250 BGH NJW 1978, 816. Zu diesen Kampfformen s. unten 5.11.1. (Rn 677 ff.) und 5.11.4. (Rn 684).

würde.[251] Dies ist seit langem kritisiert worden,[252] ohne dass sich die Rechtsprechung auch nur um einige Millimeter bewegt hätte. Dies ist umso erstaunlicher, als durch die Privatisierung insbesondere von Bahn und Post viele Beamte an private Unternehmen «ausgeliehen» wurden und sich so in ihrer Funktion nicht mehr von gewöhnlichen Arbeitnehmern unterscheiden. Das Streikrecht der **Auszubildenden** war lange Zeit umstritten[253], wurde 1985 allerdings vom BAG grundsätzlich bejaht.[254] Bezüglich der Einzelheiten kann auf spätere Ausführungen verwiesen werden.[255]

### 5.3.8.3. Streik ohne Urabstimmung?

Noch keine ausdrückliche Klärung durch die BAG-Rechtsprechung hat die 533
Frage erfahren, ob jeder Arbeitsniederlegung notwendigerweise eine Urabstimmung vorausgehen muss[256]; lediglich beim Warnstreik wurde diese als entbehrlich angesehen.[257] Das Problem wurde insbesondere in dem Augenblick kontrovers, als die IG Chemie während der Tarifrunde 1971 den «aktiven tariflosen Zustand» erklärte und ohne vorherige Mitgliederbefragung eine Reihe von Betrieben bestreikte.[258] Mit überzeugenden Argumenten wies das Arbeitsgericht Düsseldorf einen Arbeitgeberantrag zurück, die Gewerkschaft möge in Zukunft Streiks ohne vorherige Urabstimmung unterlassen[259]: Es sei grundsätzlich Sache der Gewerkschaft, über die Art und Weise ihrer inneren Willensbildung zu entscheiden, sofern nur das demokratische Prinzip gewahrt bleibe. Ein überraschender Einsatz des Mittels Streik sei nicht von vornherein unverhältnismäßig, und es bestehe auch keine gewohnheitsrechtliche Pflicht zur Abhaltung von Urabstimmungen. Dem wird man auch dann zustimmen können, wenn man aus gewerkschaftspolitischen Gründen Urabstimmungen

251 BVerfG AP Nr. 61 a zu Art. 9 GG Arbeitskampf; BGHZ 69, 128, 140; 70, 277, 279; BVerwG NJW 1980, 1809 und JZ 1981, 221. Weitere Nachweise zur Rechtsprechung bei Schlüter, in: Brox-Rüthers Rn 499 ff. und bei Blanke AuR 1989, 2 Fn 5 ff. Kritisch Berg u. a., AKR, Rn 254.

252 Blanke-Sterzel, Beamtenstreikrecht. Demokratische Verfassung und Beamtenstreik, Neuwied und Darmstadt 1980; Benz, Beamtenverhältnis und Arbeitsverhältnis, Stuttgart 1969, S. 133 ff.; Däubler, Der Streik im öffentlichen Dienst, 2. Aufl., Tübingen 1971; Reinhard Hoffmann AöR 91, 141 ff.; Ramm, Das Koalitions- und Streikrecht der Beamten, Köln 1970.

253 Überblick über den Meinungsstand in der Literatur bei Däubler (Hrsg.), Arbeitskampfrecht, Rn 138 Fn 471.

254 BAG AP Nr. 81 zu Art. 9 GG Arbeitskampf = RdA 1985, 52 unter B III 2 der Gründe. Ebenso BAG AP Nr. 131 zu Art. 9 GG Arbeitskampf.

255 Dazu Bd. 2 Rn 2076 f.

256 Ausdrücklich offen gelassen in BAG AP Nr. 51 zu Art. 9 GG Arbeitskampf, Bl. 3. Davon zu unterscheiden ist die andere Frage, ob eine tatsächlich durchgeführte Urabstimmung eine Kampfmaßnahme darstellt – dazu oben 4.3.2. (Rn 254).

257 BAG AP Nr. 51 zu Art. 9 GG Arbeitskampf Bl. 3.

258 Dazu näher Bergmann u. a., S. 243 ff.

259 Abgedruckt bei Hernekamp, S. 67 ff. Ebenso Zöllner-Loritz, § 40 VI 4 a cc.

generell begrüßt, sind doch Fälle denkbar, in denen ein wirksamer Druck auf den Arbeitgeber nur bei unerwarteter Arbeitsniederlegung ausgeübt werden kann.[260]

### 5.3.8.4. Streik und Rechtsweg

534 Weiter fragt sich, ob tatsächliche oder angebliche Rechtsverstöße des Arbeitgebers mit Arbeitsniederlegungen beantwortet werden dürfen.

*Beispiel:* Der Arbeitgeber kündigt drei Arbeitern fristlos, weil sie nach seiner Auffassung die Arbeitsatmosphäre «vergiften». Die übrigen Beschäftigten legen die Arbeit nieder, um die Wiedereinstellung der Betroffenen zu erzwingen.

**BAG**[261] und herrschende Meinung[262] erklären ein solches Verhalten für **rechtswidrig** und verweisen die Arbeitnehmer auf den Klageweg. Dies ist rechtspolitisch wenig befriedigend, da beide Formen der Konfliktlösung nicht gleichwertig sind: Gerichtliche Entscheidungen lassen u. U. sehr lange auf sich warten, viele Arbeitnehmer scheuen sich überhaupt, als Einzelne eine solche Auseinandersetzung zu beginnen und bis zum Ende durchzustehen.[263] Im Beispielsfall kommt hinzu, dass die Kündigungsschutzklage sowieso nur in den seltensten Fällen zu einer Weiterbeschäftigung im Betrieb führt.[264]

535 Auch rechtsdogmatisch kann diese Lösung nicht überzeugen. Die Frage ist entgegen der herrschenden Meinung nicht, ob man neben dem Rechtsweg und dem ggf. eingreifenden Zurückbehaltungsrecht die «Privatfehde» in Form des Streiks zulassen will.[265] Das Problem besteht in Wahrheit darin, ob man das an sich gegebene Streikrecht mit Rücksicht auf die Klagemöglichkeit entfallen lassen darf. Dafür besteht jedoch keinerlei Rechtsgrundlage – es wäre im Gegenteil unverständlich, **ein «Mehr» an Recht** auf den erstrebten Kampferfolg **mit einem «Weniger» an Kampfbefugnis zu «bestrafen»**.[266] Da es zulässig ist, durch Tarifvertrag den Arbeitgeber zur Rücknahme bestimmter Maßnahmen zu verpflichten, kann um ein solches Ziel auch ein Arbeitskampf geführt werden.

---

260 So auch Gamillscheg, Kollektives Arbeitsrecht I, S. 1011; G. Müller RdA 1971, 325; Rebel RdA 1979, 214; Seiter, Streikrecht, S. 509 ff.; weiter Kehrmann-Bobke ZRP 1985, 78. Etwas abweichend Vorderwülbecke BB 1987, 750 ff., der eine verbandsrechtliche Pflicht zur Urabstimmung annimmt, ihrer Verletzung jedoch keine «Außenwirkung» im Verhältnis zur Arbeitgeberseite beimisst, sodass sich an der Rechtmäßigkeit des Streiks nichts ändert.

261 BAG DB 1978, 1403.

262 S. die Nachweise bei Seiter, Streikrecht, S. 496 Fn 61 und Schumann, in: Däubler (Hrsg.), Arbeitskampfrecht, Rn 167 ff.

263 Genauer dazu in Bd. 2 Rn 2242 ff.

264 Dazu Bd. 2 Rn 1187 ff.

265 So aber Seiter, Streikrecht, S. 497.

266 Reuß AuR 1972, 202.

*Beispiel:* Durch Tarifvertrag kann unbestrittenermaßen die Wiedereinstellung zu Recht Entlassener vereinbart werden.[267] Warum soll dasselbe nicht auch dann möglich sein, wenn die Rechtmäßigkeit der Kündigung umstritten oder gar zu verneinen ist?

Anders zu entscheiden, würde zugleich einen Anreiz schaffen, die Forderungen zu erweitern, um so von einer «Neuregelung» sprechen zu können. Der Streik zur Beseitigung von «Vollzugsdefiziten» hat lediglich dann keine große Bedeutung, wenn die Voraussetzungen eines Zurückbehaltungsrechts vorliegen, da der Arbeitgeber in diesem Fall sogar das Entgelt fortbezahlen muss.[268]

### 5.3.8.5. Eingeschränktes Streikrecht im Medienbereich?

Entgegen einer älteren Rechtsauffassung[269] können auch Presseunternehmen 536
sowie Rundfunk und Fernsehen bestreikt werden.[270] Ein Verstoß gegen das in Art. 5 Abs. 1 Satz 2 GG geschützte Informationsrecht des Bürgers liegt nicht vor, da sich dieses nur auf die zum jeweiligen Zeitpunkt vorhandenen Informationsquellen bezieht: Sehr viel nachhaltigere Änderungen können sich aus anderen Gründen (z.B. Betriebseinstellung, Umstrukturierung) ergeben.[271] Bei Presse und Privatfunk kommt hinzu, dass die Verfassung mit der privatwirtschaftlichen Form notwendigerweise diejenigen Risiken in Kauf nimmt, die mit einem Agieren auf dem Markt verbunden sind: Dazu gehört die arbeitskampfbedingte Unterbrechung ebenso wie der sehr viel gravierendere Fall der Insolvenz.[272]

**Spezifische Streikgrenzen existieren nicht.** Werden – was unter den 537
gegebenen Verhältnissen denkbar unwahrscheinlich ist[273] – Presse, Rundfunk und Fernsehen gleichzeitig mit einem Totalstreik überzogen, ist eine Art «Notdienst» einzurichten, der die «Grundversorgung» der Bevölkerung mit Informationen sicherstellt.[274] Fällt nur die Presse oder fallen nur Rundfunk und Fernsehen aus, kann auf das jeweils andere Medium zurückgegriffen werden.[275]

---

267 Dazu Däubler, Tarifvertragsrecht, Rn 868ff.

268 Näher dazu unten 5.11.3. (Rn 683ff.).

269 Löffler NJW 1962, 1601.

270 Allgemeine Meinung. Keine Bedenken etwa bei BAG AP Nr. 64 und 66 zu Art. 9 GG Arbeitskampf, wo über die Zulässigkeit eines Streiks in der Druckindustrie entschieden wurde, der auch das Erscheinen von Tageszeitungen verhindert hatte. Vgl. weiter BGH AP Nr. 56 zu Art. 9 GG Arbeitskampf.

271 Anders wohl Heinze RdA 1987, 233.

272 Richtig insoweit Kisker RdA 1987, 194ff. Vgl. weiter Bieback, in: Däubler (Hrsg.), Arbeitskampfrecht, Rn 517ff. mwN.

273 Zutreffende Einschätzung bei Buchner RdA 1987, 213.

274 Zum Konzept einer «Grundversorgung» s. BVerfGE 73, 118, 157f.

275 Buchner RdA 1987, 212; wohl auch Rüthers, in: Brox-Rüthers Rn 96, 97.

«Notzeitungen» sind daher nicht erforderlich, solange die wesentlichen Informationen über den Rundfunk bezogen werden können.[276] Umgekehrt kann es aber notwendig sein, der schnelleren Erreichbarkeit der Bevölkerung wegen bestimmte Nachrichten (z. B. Katastrophenmeldungen) auch dann über den Rundfunk zu verbreiten, wenn dieser, nicht aber die Presse bestreikt wird.

538 Stärker als andere Arbeitgeber haben Presseunternehmen die Möglichkeit, durch Publikation entsprechender Artikel die öffentliche Meinung in ihrem Sinne zu beeinflussen, was sich positiv auf ihre Stellung im Arbeitskampf auswirkt. Aus Gründen der Parität muss die streikführende Gewerkschaft das Recht haben, ihre Position in vergleichbarem Umfang darzulegen.[277] Wird also nicht überhaupt auf Streikberichterstattung verzichtet, so muss in jedem Presseorgan ein zeitliches und quantitatives Gleichgewicht praktiziert werden; andernfalls sind die Beschäftigten berechtigt, ihre Mitwirkung am Druck von Anti-Streik-Artikeln der Arbeitgeberseite zu verweigern, sodass die **Zeitung mit «weißen Flecken»** erscheint.[278] Im Übrigen ist kein Eingriff in die redaktionelle «Linie» (und damit die Pressefreiheit) zulässig; ein Teilstreik der Art, dass bestimmte Artikel ihres Inhalts wegen nicht mehr erscheinen dürfen, lässt sich nicht auf Art. 9 Abs. 3 GG stützen.[279] Welche Unternehmen bestreikt werden, liegt allerdings im Ermessen der Gewerkschaft.

## 5.3.9. Warnstreiks und Neue Beweglichkeit

### 5.3.9.1. Die ursprüngliche Situation

539 Seit den 60er Jahren waren Warnstreiks zu regelmäßigen Begleiterscheinungen von Tarifverhandlungen geworden.[280] Während der Metall-Tarifrunde 1976 nahmen daran beispielsweise über 500 000 Beschäftigte teil[281]; in der Tarifrunde 1981 ist diese Zahl noch erheblich überschritten worden.[282] Die rechtliche Zulässigkeit derartiger Aktionen war lange Zeit fraglich, da sie

276 Bieback, a.a.O., Rn 531; Buchner RdA 1987, 214; Grunsky ZRP 1976, 132; Hernekamp BB 1976, 1326; Rüthers, in: Brox-Rüthers Rn 97.

277 Darin liegt ein geringerer Eingriff in die Pressefreiheit, als wenn man «Anti-Streik-Propaganda» wegen Verstoßes gegen das Paritätsprinzip verbieten würde – vgl. Bieback, a.a.O., Rn 537; Kisker RdA 1987, 200 f.

278 Buchner RdA 1987, 215 nimmt ein generelles Leistungsverweigerungsrecht an. Zu den «weißen Flecken» s. Bieback, a.a.O., Rn 533 mwN.

279 Buchner RdA 1987, 214.

280 Eingehende Darstellung bei Bobke-Grimberg S. 59 ff.

281 Udo Mayer BlfStR 1977, 242.

282 Die Angaben schwanken zwischen 930 000 (ursprüngliche Arbeitgeberzahl, zitiert bei Löwisch BB 1982, 1373) und «über 3 Mio.» (Kittner AuR 1981, 298). Näher dazu Däubler, Neue Beweglichkeit, S. 15 f.

typischerweise zu einem Zeitpunkt stattfanden, als die Verhandlungen noch nicht gescheitert waren. Die unklare Rechtslage führte dazu, dass die Gewerkschaften nur selten als Organisatoren in Erscheinung traten, da sie eventuell Schadensersatzpflichten riskiert hätten. Die Folge war, dass Warnstreiks in der Regel als «wilde» Streiks stattfanden, sodass sich erst recht Bedenken gegen ihre Zulässigkeit ergaben.[283]

### 5.3.9.2. Die erste Warnstreikentscheidung des BAG

Ende 1976 erklärte das BAG «kurze Warnstreiks» für legal, soweit sie von 540
einer Gewerkschaft getragen waren und keine Friedenspflicht mehr bestand.[284] Durch die der Arbeitgeberseite gegenüber dokumentierte Entschlossenheit könnten – so das BAG – die Tarifverhandlungen zu einem schnelleren Ende kommen; von daher sei die **Abweichung vom Ultima-Ratio-Prinzip** durch den allgemeinen Grundsatz der Verhältnismäßigkeit geradezu geboten. Diese Begründung hat zwar durchaus Kritik erfahren[285], doch waren sich Instanzgerichte [286] und Literatur[287] über die Zulässigkeit von Warnstreiks im Ergebnis einig.

### 5.3.9.3. «Neue Beweglichkeit» und zweite Warnstreikentscheidung des BAG

Eine neue Diskussionsrunde setzte Anfang der 80er Jahre ein, als zahlreiche 541
Gewerkschaften, insbesondere IG Metall, ÖTV, HBV und NGG[288] das Mittel des Warnstreiks zum zentralen Teil ihrer **Strategie der Neuen Beweglichkeit** machten: Danach wurden kurze Arbeitsniederlegungen innerhalb des Tarifgebiets «zeitlich und räumlich versetzt» durchgeführt[289] und mit anderen Aktionen wie Aufklärungskampagnen, Demonstrationen usw. verknüpft.[290] Der Vorzug dieses Vorgehens liegt darin, dass die Kampfentschlossenheit der Belegschaften der Arbeitgeberseite vor Augen geführt wurde, was eine ratio-

---

283 Vgl. zur rechtlichen Behandlung auch den Legalisierungsversuch Seiters, Streikrecht, S. 257 ff.

284 BAG AP Nr. 51 zu Art. 9 GG Arbeitskampf.

285 Vgl. etwa Rebel RdA 1979, 208 ff.; Rüthers, Anm. zu BAG AP Nr. 51 zu Art. 9 GG Arbeitskampf.

286 LAG Baden-Württemberg DB 1980, 932; dass. DB 1980, 2042; LAG Niedersachsen DB 1980, 2041.

287 Vergleiche etwa Konzen SAE 1977, 237; Udo Mayer BlfStR 1977, 242 ff.; Nickel AuR 1977, 314 ff.; Otto, Anm. zu BAG EzA Art. 9 GG Arbeitskampf, Nr. 19; Rebel RdA 1979, 212; Seiter, Festschrift 25 Jahre BAG, S. 585 ff.

288 S. Bobke-Grimberg S. 105 ff.

289 Am ersten Tag werden 3 Unternehmen in X, am zweiten Tag ein viertes Unternehmen in X und 5 Unternehmen in Y usw. kurzfristig bestreikt.

290 Dazu Lang WSI-Mitt. 1982, 550.

nalere Einschätzung des Handlungs- und Druckpotenzials der Gewerkschaft ermöglichte. Gleichzeitig kann diese besser als durch jede Urabstimmung erkennen, wie es um die Einsatzbereitschaft der eigenen Mitglieder und der Nichtorganisierten steht.[291] Der Produktionsausfall war angesichts der beschränkten Dauer von wenigen Stunden kaum messbar[292], das Entgelt wurde **bisweilen fortbezahlt**, weil der Verwaltungsaufwand für die Änderung der Lohn- und Gehaltsabrechnung vergleichsweise hoch gewesen wäre.[293] Streikunterstützung wurde allerdings auch bei Einbehaltung der Vergütung nicht gewährt.

542 Juristische Literatur und Instanzgerichte standen diesem neuen Phänomen z. T. zwiespältig gegenüber; so wurde der Standpunkt vertreten, der systematische Einsatz des Warnstreiks werde von der bisherigen Rechtsprechung nicht mehr gedeckt.[294] Weiter gehend wollten Heinze[295] und Picker[296] den Warnstreik vor Scheitern der Verhandlungen wieder generell ausschließen, da er dem der Vertragsordnung zugrunde liegenden **Modell des «druckfreien Verhandelns»** widerspreche. Dem ist entgegengehalten worden, dass es ein solches Modell weder im Zivilrecht noch im kollektiven Arbeitsrecht gebe; der Streik sei das einzige Mittel, um die Arbeitgeberseite überhaupt zu Verhandlungen zu veranlassen.[297] Auch würde die Gewerkschaft sehr schnell das Scheitern der Verhandlungen erklären, um so freie Hand für eine «Nadelstichtaktik» zu bekommen[298] – beides keine Lösungen, die das gute Funktionieren der Tarifautonomie fördern würden.[299] Mit Entscheidung vom 12. 9. 1984 hat das BAG[300] die Angriffe auf seine Rechtsprechung zurückgewiesen und den Warnstreik auch dann für legal erklärt, wenn er im Rahmen der neuen Beweglichkeit stattfand. Das Ultima-Ratio-Prinzip sei nicht verletzt – wobei

291 Näher zu den Funktionen der Warnstreiks Däubler, Neue Beweglichkeit, S. 39 ff. mwN.

292 Auch Glaubitz (DB 1982, 1516) benennt keine konkreten Schäden; die Klagen von Gesamtmetall und einzelnen Mitgliedsfirmen, die zur BAG-Entscheidung vom 12. 9. 1984 führten, waren lediglich auf Feststellung gerichtet, was bei belegbaren Schäden angesichts der Subsidiarität der Feststellungs- gegenüber der Leistungsklage unzulässig gewesen wäre.

293 Heinze NJW 1983, 2409; in der Metalltarifrunde 1981 wurde nach Glaubitz DB 1982, 1517 der Lohn jedoch einbehalten.

294 So etwa LAG Schleswig-Holstein und LAG Niedersachsen, beide DB 1984, 993. In der Literatur Löwisch BB 1982, 1374 ff.; Seiter JZ 1983, 777; Söllner, 8. Aufl., S. 97; Zöllner, 3. Aufl., S. 374 f.

295 NJW 1983, 364 ff.

296 Warnstreik, S. 190 ff.

297 Vgl. Bieback AuR 1993, 368; Bobke-Grimberg DB 1984, 1144; Däubler, Neue Beweglichkeit, S. 35 ff.; Birk, Warnstreik, S. 31 ff.

298 So die Einschätzung bei Herschel RdA 1983, 364. Nach Scheitern der Tarifverhandlungen ist der Warnstreik unbestritten zulässig: Mayer-Maly BB 1981, 1779 f.; Picker S. 238 u. a.

299 So auch Seiter und Herschel, a.a.O. Zur Vereinbarkeit des Warnstreiks mit dem Verhältnismäßigkeitsprinzip s. Birk, Warnstreik, S. 37 ff.; Däubler, Neue Beweglichkeit, S. 29 ff.

300 AP Nr. 81 zu Art. 9 GG Arbeitskampf = RdA 1978, 52 ff. = NZA 1984, 393 = DB 1984, 256.

deutliche Zweifel daran geäußert wurden, ob dieses überhaupt mit der Europäischen Sozialcharta vereinbar sei.[301]

Umstritten blieb eine Reihe von Einzelfragen wie die höchstzulässige Dauer von Warnstreiks und ihre Wiederholung im selben Betrieb.[302]

#### 5.3.9.4. Die dritte Warnstreikentscheidung des BAG: Abschaffung des Rechtsbegriffs «Warnstreik»

Mit **Urteil vom 21. 6. 1988**[303] hat das BAG seine Rechtsprechung geändert 543
und **neue Grundsätze** entwickelt, die die gewerkschaftlichen Spielräume eher erweiterten. Die Sonderrolle, die die Warnstreiks seit 1976 im Arbeitskampfrecht einnahmen, wurde ausdrücklich aufgegeben: Auch sie sollten nunmehr dem Ultima-Ratio-Prinzip unterliegen.[304] Dieses wurde allerdings sehr viel großzügiger als vorher gehandhabt: Wie oben im Einzelnen dargelegt[305], kann die Gewerkschaft nunmehr schon nach einem erfolglosen Verhandlungsversuch zu dem Ergebnis kommen, weiteres Verhandeln ohne Druck sei sinnlos. Anders als nach der früheren Rechtsprechung existiert keine Begrenzung auf einen halben oder einen ganzen Arbeitstag mehr; auch kann derselbe Betrieb mehrere Male (aber auch ununterbrochen) bestreikt werden.[306] Fraglich ist lediglich, von welchem Zeitpunkt an die Arbeitgeberseite von dem ihr eingeräumten Mittel der Aussperrung Gebrauch machen darf.[307] Schieds- und Schlichtungsvereinbarungen bleiben unberührt[308]; soweit sie die Friedenspflicht nicht verlängern, ist die Durchführung von Streiks auch während der Schlichtung möglich. Bestimmungen über das «förmliche» Erklären des Scheiterns der Verhandlungen sind nur für die Einleitung des Schlichtungsverfahrens von Bedeutung; arbeitskampfrechtlich haben sie keine Relevanz.

**«Wilde Warnstreiks»** können ebenso wie sonstige spontane Arbeits- 544
niederlegungen von der Gewerkschaft übernommen und damit rückwirkend legalisiert werden.[309] Allerdings darf die Tarifrunde als solche noch nicht beendet sein, da andernfalls eine «Übernahme» nicht mehr möglich wäre. So-

301 Unter B II 2 c der Gründe.

302 Eingehend dazu 7. Aufl. (1985) mit Nachweisen Fn 231–245.

303 BAG DB 1988, 1952 = NZA 1988, 846 = BB 1988, 2461.

304 BAG, a.a.O., LS 1. Zustimmend Groggert DB 1988, 2097 ff.; Hohenstatt-Schaude DB 1989, 1571; kritisch Wolter AiB 1989, 3.

305 5.3.5.3. (Rn 523).

306 So im Grundsatz auch Buchner BB 1989, 1336, der jedoch aus dem Verhältnismäßigkeitsprinzip neue Grenzen ableiten will.

307 Vgl. Bobke-von Camen WSI-Mitt. 1989, 267; Buchner BB 1989, 1337.

308 Bobke-von Camen WSI-Mitt. 1989, 267.

309 So zum Kampfstreik BAG AP Nr. 3 und 32 zu Art. 9 GG Arbeitskampf.

lange die Auseinandersetzungen noch andauern, ist anders zu entscheiden, auch wenn die Erklärung der Gewerkschaft in eine «streikfreie» Phase fällt; eine Beschränkung auf die Streikzeit wäre nur beim kaum mehr vorkommenden unbefristeten Erzwingungsstreik praktikabel.[310]

## 5.3.10. Die Beteiligung von Außenseitern

### 5.3.10.1. Arbeitnehmerseite

545 Nach ständiger Rechtsprechung des BAG haben auch nicht- oder anders organisierte Arbeitnehmer das Recht, sich an einem gewerkschaftlichen Streik zu beteiligen.[311] Da dies außerdem einer jahrzehntelangen Praxis entspricht, wird in der Literatur der Standpunkt vertreten, insoweit bestehe «wohl» **Gewohnheitsrecht**.[312] Über die rechtsdogmatische Begründung wird wenig gesagt; der Sache nach handelt es sich um nichts anderes als einen **Spezialfall der Ad-hoc-Koalition**.[313]

### 5.3.10.2. Arbeitgeberseite

546 Nach der Rechtsprechung des BVerfG können sich **unorganisierte Arbeitgeber** einem Verbandsarbeitskampf **anschließen** und dadurch ein **«Kampfbündnis»** schaffen.[314] Unter Berufung auf Art. 9 Abs. 3 GG können sie sich dann auch an einer Aussperrung beteiligen – eine These, die sich nur halten lässt, wenn man auch der Ad-hoc-Koalition den Schutz des Art. 9 Abs. 3 GG zuspricht und ihr überdies eine aktive Rolle im Arbeitskampf zuweist. Das BAG ist davon allerdings vorsichtig abgerückt und hat das (von ihm bejahte) Aussperrungsrecht «jedenfalls» als Ausdruck tarifrechtlicher Grundsätze und des Paritätsprinzips gesehen.[315]

547 Ohne Rücksicht darauf, ob sich ein nichtverbandsangehöriger Arbeitgeber im Arbeitskampf dem Verband annähert und dessen Politik nachvollzieht, bleibt er tauglicher **Adressat für** die Forderung nach **Abschluss eines Firmentarifs**.

---

310 Anders unter der früheren Rechtsprechung zum Warnstreik Konzen SAE 1977, 238; Rebel RdA 1979, 213; Seiter, Festschrift 25 Jahre BAG, S. 595.

311 Zuletzt BAG DB 1995, 100 und BAG NZA 2003, 866, 868.

312 Häuser, FS Kissel, S. 309.

313 Däubler, in: Däubler (Hrsg.), Arbeitskampfrecht, Rn 131: Die Außenseiter schließen sich für die beschränkte Zeit des Streiks einer gewerkschaftlichen Aktion an, sie bilden also zusammen mit der Gewerkschaft eine Koalition.

314 BVerfGE 84, 212 = AuR 1992, 29.

315 BAG NZA 1993, 40.

Probleme ergeben sich dann, wenn kein Firmentarif verlangt, dafür aber der Arbeitgeber in die Auseinandersetzung um den Verbandstarif einbezogen, also insbesondere bestreikt werden soll. Der BGH hatte ein solches Vorgehen für rechtmäßig erklärt[316], das BAG hatte in einer späteren Entscheidung[317] gegen eine derartige Pauschallösung Bedenken. Die Schwierigkeit liegt darin, dass der nichtverbandsangehörige Arbeitgeber die Chance haben muss, durch Abschluss eines Firmentarifs dem Streik zu entgehen. Gleichzeitig ist es jedoch aus praktischen Gründen problematisch, von der Gewerkschaft Verhandlungen mit allen nichtorganisierten Arbeitgebern zu verlangen.[318] Nach Auffassung des BAG muss die Gewerkschaft im Interesse der Rechtsklarheit ihre Tarifforderungen gesondert gegenüber jedem nicht verbandsangehörigen Arbeitgeber erheben, sofern sie seinen Betrieb in den Arbeitskampf einbeziehen will. Dies schafft keine unzumutbaren logistischen Probleme. Lehnt der Arbeitgeber die Forderung ab oder reagiert er überhaupt nicht, so ist dem Ultima-Ratio-Prinzip Genüge getan. Signalisiert er Verhandlungsbereitschaft, reicht ein einmaliges ergebnisloses Gespräch, wobei es der Gewerkschaft offen steht, hiermit innerbetriebliche Funktionsträger zu betrauen.[319] **Ohne Bedeutung** ist, dass der **Arbeitgeber erklärt, den Verbandstarif später übernehmen zu wollen**: Abgesehen davon, dass die Einklagbarkeit einer solchen Zusage problematisch erscheint, braucht sich die Gewerkschaft nicht darauf verweisen zu lassen, nur verbandsangehörige Unternehmen zu bestreiken. Andernfalls könnten Unternehmen mit hohem gewerkschaftlichem Organisationsgrad den Verband verlassen und sich durch eine solche «Übernahmeerklärung» gegen jeden Streik immun machen; die Auseinandersetzung würde sich dann auf die im Verband verbliebenen Unternehmen mit geringerem Organisationsgrad verlagern.[320] 547a

Was geschieht, wenn der **Arbeitgeber durch einen ungekündigten Firmentarif gebunden** ist, **der** pauschal **auf** den jeweiligen **Verbandstarif verweist**? Kann er dann in den Arbeitskampf um einen neuen Verbandstarif einbezogen werden? Das BAG bejaht die Frage mit Recht, da der Außenseiter-Arbeitgeber ja auch an den Früchten des Arbeitskampfes partizipiert.[321] Dabei soll es ausreichen, dass der Firmentarif nur auf einen Teil der streitigen Punkte verweist; wird etwa erstmals auch um eine tarifliche Verbesserung der Altersteilzeit gekämpft, so steht dies der Einbeziehung des Nichtorganisierten nicht entgegen.[322] Im Übrigen spielt es keine Rolle, dass diese möglicherweise 547b

316 BGH AP Nr. 56 zu Art. 9 GG Arbeitskampf = EzA Art. 9 GG Arbeitskampf Nr. 21.

317 BAG DB 1991, 2295 = NZA 1991, 815.

318 Dazu auch Seiter Anm. zu BGH EzA Art. 9 GG Arbeitskampf Nr. 21.

319 Ebenso im Ergebnis Berg u. a., AKR, Rn 248.

320 Anders im Ergebnis Häuser, FS Kissel, S. 325.

321 BAG NZA 2003, 866, 868, bestätigt durch BVerfG NZA 2004, 1338.

322 BAG NZA 2003, 866, 869.

den Verband völlig unbeeindruckt lässt und so den Tarifabschluss keineswegs beschleunigt: In Bezug auf die Frage, ob ein «geeignetes» Mittel im Rahmen von Tarifverhandlungen vorliegt, steht der Gewerkschaft ein weiter Einschätzungsspielraum zu.[323]

547c Ist **unklar, ob ein Unternehmen dem Arbeitgeberverband angehört,** so kann die Gewerkschaft nach Auffassung des BAG[324] insoweit Auskunft verlangen. Der Arbeitgeber muss sich an der gewährten Information festhalten lassen, auch wenn sie nicht den Tatsachen entspricht.[325] Geht die Gewerkschaft irrtümlich davon aus, es handele sich um ein Verbandsmitglied, so muss der fragliche Arbeitgeber von sich aus darauf aufmerksam machen, sobald seine Einbeziehung in den Streik droht. Bleibt er inaktiv, kann er sich später nicht darüber beklagen, dass ihm vorher keine Chance zu separaten Verhandlungen gewährt wurde.[326]

## 5.4. Die Schädlichkeit von Streiks – Berechtigte Sorge oder Scheinargument?

548 Die traditionelle Beschränkung des Streikrechts auf gewerkschaftlich organisierte Arbeitsniederlegungen um bessere Tarifverträge hat außer der juristischen auch eine ökonomisch-politische Rechtfertigung erfahren, die in weiten Teilen der Öffentlichkeit mit Zustimmung rechnen kann: **«Arbeitskämpfe sind im Allgemeinen unerwünscht»** – so meinte das BAG schon 1955[327] –, «da sie volkswirtschaftliche Schäden mit sich bringen und den im Interesse der Gesamtheit liegenden sozialen Frieden beeinträchtigen.» Im Jahre 1963 hat es dies weiter spezifiziert:[328]

«Dabei ist es wichtig, beim Ausbruch eines Streiks zu Kontrollzwecken Stellen einzuschalten, die wegen ihrer Stellung im Arbeitsleben, ihrer Bedeutung in wirtschaftlicher Hinsicht und ihrem Wissen auf dem Gebiet des Arbeitskampfrechts die Gewähr dafür bieten, dass nur in wirklich begründeten Fällen gestreikt wird und dass im Falle eines Streiks die im Allgemeininteresse erforderlichen Kampfregeln eingehalten werden. Als solche Stellen kommen auf der Arbeitnehmerseite bei ihrer gesellschaftlichen Stellung

323 BAG, a.a.O.

324 BAG DB 1991, 2295 = NZA 1991, 815.

325 S. Fn 324.

326 S. weiter die Monographie von Thüsing, Der Außenseiter im Arbeitskampf, a.a.O.

327 BAG AP Nr. 1 zu Art. 9 GG Arbeitskampf, Bl. 4 R.

328 BAG AP Nr. 32 zu Art. 9 GG Arbeitskampf, Bl. 9 R.

nur die Gewerkschaften in Frage. Wegen des auch beim Arbeitskampf und damit beim Streik zu beachtenden Ordnungsmomentes ist ein wilder Streik um betriebliche Fragen schlechterdings unzulässig.»

Weil Streiks wirtschaftliche Nachteile bringen, dürfen sie nur von einer verantwortlichen Instanz, nicht aber von (unverantwortlichen?) Belegschaften geführt werden.

Auf den ersten Blick überzeugt das Schädlichkeitsargument; wo alle Räder stillstehen, tritt ein Produktionsausfall und damit ein Verlust an wirtschaftlichen Werten ein. Und ebenso entspricht es verbreiteter Auffassung, dass ein vom Gesetzgeber oder den Gerichten ausgesprochenes Streikverbot das beste Mittel zur Verhinderung von Streiks ist. 549

## 5.4.1. Effizienz von Streikverboten?

Beginnen wir mit dem zweiten Punkt. Ob eine den Streik nach Kräften einschränkende Rechtsprechung tatsächlich streikverhütend und «befriedend» wirkt, erscheint zweifelhaft. So waren in den gemeinhin als «ruhig» geltenden Jahren 1964 bis 1968 83,3 % aller Streiks «illegale», nichtgewerkschaftliche Arbeitsniederlegungen; an ihnen nahmen 66 % aller überhaupt in einen Streik verwickelten Arbeitnehmer teil.[329] Ähnlich dürften die Dinge in den Jahren 1969 bis 1973 gelegen haben. So wurden etwa in der offiziellen, vorwiegend gewerkschaftliche Streiks erfassenden Statistik für 1972 23 000 und für 1973 185 000 Streikende ausgewiesen, während von anderer Seite betont wurde, 1972 hätten schätzungsweise 200 000 und 1973 275 000 Arbeitnehmer an nichtgewerkschaftlichen Arbeitsniederlegungen teilgenommen.[330] Auch das von der herrschenden Meinung angenommene Streikverbot für Beamte verhindert keineswegs generell Arbeitsniederlegungen, und selbst Betriebsbesetzungen fanden zeitweise statt, obwohl sie gemeinhin für illegal erklärt werden.[331] In anderen Staaten lassen sich vergleichbare Phänomene feststellen. So gehörte etwa **Franco-Spanien** trotz der Tatsache, dass dort lange Zeit jeder Streik rechtswidrig war[332], zu den «streik- 550

329 Kalbitz in: Jacobi/Müller-Jentsch/Schmidt, 1973, S. 114.

330 Angaben nach Bergmann u. a., S. 208, 425, und Müller-Jentsch, in: Jacobi/Müller-Jentsch/Schmidt, 1974, S. 46. Eine genaue Bestimmung der Relationen zwischen legalen und illegalen Streiks ist deshalb schwierig, weil die offizielle Statistik Arbeitskämpfe, an denen weniger als zehn Arbeitnehmer beteiligt waren oder die weniger als einen Tag dauern, nicht ausweist. Damit werden sicherlich alle gewerkschaftlichen Kampfstreiks, nicht aber alle nichtgewerkschaftlichen erfasst. Zur Entwicklung nach 1973 s. Udo Mayer BlfStR 1977, 241 f.

331 Dazu unten 5.14.3.2. (Rn 711 ff.).

332 Zur Entwicklung des Streikrechts s. die Beiträge von Durán López und González Ortega, in: Däubler

freudigen» Nationen.[333] In den **USA** konnten nicht einmal die Strafbarkeit von Streiks im öffentlichen Dienst und der drohende Verlust wohlerworbener Rechte Arbeitsniederlegungen der öffentlichen Bediensteten verhindern.[334] Auch wenn diese Erfahrungen längere Zeit zurückliegen – die Wirksamkeit von Streikverboten kann auch heute nicht generell bejaht werden. Auch wo sie – wie in einzelnen autoritären Arbeitsverfassungen – durchaus «greifen», bleiben die zugrunde liegenden Konflikte bestehen. Sie äußern sich häufig in passiver Resistenz und anderen Formen des verdeckten Widerstands, was die Produktivität stärker als ein sparsam wahrgenommenes Streikrecht beeinträchtigt.[335]

### 5.4.2. Entsteht überhaupt ein Schaden?

551 Viel wichtiger für die Bewertung ist freilich die Frage nach den wirtschaftlichen Konsequenzen. Zöllner verweist darauf, die Auswirkungen von Streiks könnten je nach den Umständen sehr unterschiedlich sein.[336] Zwei durchaus häufige Fallgestaltungen führen ersichtlich zu gar keinem oder einem sehr geringen Schaden.

552 ▶ Der Streik fällt in eine **Zeit des Auftragsmangels**. Dem Arbeitgeber wird er deshalb eher willkommen sein, weil er ihm die Produktion auf Halde oder die Einführung von Kurzarbeit erspart.[337]

553 ▶ Zum anderen wird es häufig möglich sein, die während der Streikzeit ausgefallene **Arbeit nachzuholen**.

*Beispiel:*[338] 1978 verlor die Süddeutsche Zeitung beim Arbeitskampf in der Druckindustrie ca. 460 Anzeigenseiten. Innerhalb von 4 Wochen nach Ende des Streiks waren bereits wieder ca. 400 Seiten zusätzlich veröffentlicht.

---

(Hrsg.), Arbeitsbeziehungen in Spanien, Schriftenreihe der Otto-Brenner-Stiftung, Frankfurt/M. 1982.

333 S. die Zahlen im Statistischen Jahrbuch 1980, S. 620, sowie im Statistischen Jahrbuch 1974, S. 45.

334 Vgl. Hall, Monthly Labour Review, Juli 1968, S. 53: 1966 gingen 500000 Arbeitstage, 1967 1,2 Mio. Arbeitstage durch Streik verloren. S. auch Berndt Keller, Arbeitsbeziehungen im öffentlichen Dienst, Frankfurt/M. 1983.

335 S. Rodriguez-Piñero, Ein demokratisches Modell der Arbeitsbeziehungen, in: Däubler (Hrsg.), Arbeitsbeziehungen in Spanien, Frankfurt/M. 1982, S. 26; zur entsprechenden Praxis im Nationalsozialismus s. Mason, Sozialpolitik, S. 315 ff. Vgl. auch Runggaldier, S. 153.

336 Zöllner, Aussperrung, S. 38.

337 Vgl. Klemm, Ökonomische Analyse von Streik und Aussperrung im Rahmen einer marktwirtschaftlichen Ordnung, Köln 1983, S. 108: «Flautenhilfe».

338 Nach Wolter AuR 1979, 200.

Dabei werden unter Umständen Sonderschichten eingelegt, sodass der Arbeitgeber Überstundenzuschläge bezahlen und deshalb einen gewissen Nachteil in Kauf nehmen muss. Eine Schadensminimierung wird insbesondere dann möglich sein, wenn der bestreikte Unternehmer mit seinen Geschäftspartnern **Streikklauseln** vereinbart hatte, die Rücktritt und Schadensersatz wegen arbeitskampfbedingter Verzögerung ausschließen.[339] Erst recht gilt dies, wenn aufgrund eines Streikhilfeabkommens oder eines informellen Konsenses der Wettbewerb während der Streikzeit «eingefroren» wird und deshalb kein Verlust von Kunden droht.[340] Das Fehlen betriebswirtschaftlicher Untersuchungen zum Ausmaß von Streikschäden[341] lässt vermuten, dass kaum je ein endgültiger Schaden zurückbleibt; warum sollte die Arbeitgeberseite die **Chance auslassen, das «Schädlichkeitsargument» durch exakte Zahlen zu untermauern**? In dieselbe Richtung weist die Feststellung, Daimler-Benz habe trotz der 1963 und 1971 stattgefundenen Streiks in der Metallindustrie Nordwürttemberg/Nordbadens keine längerfristigen Ertragseinbußen im Vergleich zu nicht bestreikten Automobilunternehmen erlitten.[342] Dass dies auch bei sehr langen Streiks wie 1984 gilt – 7 Wochen in der Metallindustrie, 12 Wochen in der Druckindustrie[343] –, erscheint auf den ersten Blick weniger plausibel, doch ist von definitiven Verlusten etwa im Automobilsektor auch damals nichts bekannt geworden.[344] Mit Recht geht mittlerweile auch das BAG davon aus, durch Nachholen der Arbeit würden «allgemein in der Wirtschaft» streikbedingte Schäden vermieden.[345]

339 Däubler AuR 1997, 13 ff.

340 Für Unzulässigkeit wegen Verstoßes gegen § 1 GWB Säcker ZHR 137 (1974), 455, und insbesondere Hendriks ZHR 141 (1977), 1–17 mwN, auch für die gegenteilige hM. Inzwischen scheint hier kein wesentliches Problem mehr gesehen zu werden; s. die bei Berg u. a., AKR, Rn 154 f. aufgeführten Unterstützungsmaßnahmen.

341 Vgl. Zöllner, Aussperrung, S. 38. Auch die Untersuchung von Malcolm R. Fisher (Kosten und Nutzen von Arbeitskämpfen, in: Internationale Stiftung Humanum [Hrsg.], Arbeitskonflikte und Arbeitskampf, Köln 1973, S. 31 ff.) bringt keine weiteren Aufschlüsse. Bei Bobke-Jordan u. a., Ökonomische Voraussetzungen und Folgen von Arbeitskämpfen, WSI-Arbeitsmaterialien Nr. 10, Düsseldorf 1985, sind lediglich die *Bedingungen* herausgearbeitet, unter denen ein definitiver Verlust von Marktmacht eintreten könnte. Neuere Untersuchungen sind nicht ersichtlich.

342 Kittner GMH 1973, 97.

343 Bobke WSI-Mitt. 1985, 57.

344 Nach einem Bericht des «Handelsblatts» (vom 7./8. 9. 1984, S. 11) waren bei Audi NSU durch den Arbeitskampf im Mai 1984 46 000 «Einheiten» nicht produziert worden. Bis Ende August war dieser Rückstand auf 30 000 abgebaut, doch ging die Geschäftsleitung davon aus, «bis zum Jahresende» könne der Rückstand nicht mehr voll aufgeholt werden, von definitiven Einbußen war nicht die Rede. Keine wesentlichen arbeitskampfbedingten Einbrüche konstatierte das Statistische Bundesamt im März 1985 – s. Handelsblatt vom 12. 3. 1985, S. 9. Wenig überzeugend Kirchner RdA 1986, 159.

345 BAG DB 1985, 1695 re. Sp. Ähnlich BAG DB 1988, 2103.

### 5.4.3. Die quantitative Dimension von Streiks

554 Vorurteile sind bisweilen höchst zählebig. Deshalb scheint es sinnvoll, sich vor Augen führen, welche **Größenordnung Streiks** im In- und Ausland haben. In der alten Bundesrepublik und ab 1993 in Gesamtdeutschland gingen Arbeitstage in folgendem Umfang verloren:[346]

| | | | | | |
|---|---|---|---|---|---|
| 1969 | 249 000 | 1981 | 58 398 | 1993 | 508 737 |
| 1970 | 93 000 | 1982 | 15 106 | 1994 | 229 436 |
| 1971 | 4 484 000 | 1983 | 40 842 | 1995 | 247 460 |
| 1972 | 66 000 | 1984 | 5 617 595 | 1996 | 98 135 |
| 1973 | 563 000 | 1985 | 34 505 | 1997 | 52 896 |
| 1974 | 1 051 000 | 1986 | 27 964 | 1998 | 16 102 |
| 1975 | 69 000 | 1987 | 33 325 | 1999 | 78 785 |
| 1976 | 534 000 | 1988 | 41 880 | 2000 | 10 776 |
| 1977 | 24 000 | 1989 | 100 409 | 2001 | 26 833 |
| 1978 | 4 281 284 | 1990 | 363 547 | 2002 | 310 149 |
| 1979 | 483 083 | 1991 | 153 589 | 2003 | 163 281 |
| 1980 | 128 386 | 1992 | 1 545 320 | | |

Die Daten erfassen auch die Folgen von Aussperrungen, was insbesondere in den Jahren 1971, 1976, 1978 und 1984 von ganz erheblicher Bedeutung war. So lag etwa die **Zahl der Ausgesperrten** bei den großen Konflikten des Jahres 1984 fast dreimal so hoch wie die der Streikenden.[347] Pauschal von «Streikfolgen» zu sprechen, geht daher an den Tatsachen vorbei. Auch die als Folge der Auseinandersetzung in anderen Betrieben eintretende Arbeitsunterbrechung («kalte Aussperrung») kann deshalb nicht einfach dem Streik und seinen Wirkungen zugeschlagen werden.[348]

555 Legt man diese Angaben zugrunde, so haben im «Rekordjahr» 1984 von gut 21 Mio. (sozialversicherungspflichtigen) Arbeitnehmern[349] rechnerisch etwas mehr als ein Viertel einen Tag lang nicht gearbeitet. Ein **einziger zu-**

346 Zahlen nach Statist. Jahrbuch 1980, S.109; 1983, S. 112; 1984, S. 112; 1988, S. 113; 1989, S. 108; 1990, S. 112; 1992, S. 130; 1994, S. 132; Statist. Jahrbuch für das Ausland 1998, S. 241; dass. 2001, S. 246; dass. 2003, S. 220; dass. 2005, S. 245.

347 In der Metallindustrie befanden sich 57 500 Arbeitnehmer im Streik, 155 000 wurden ausgesperrt – Angaben nach der Dokumentation in GMH 1984, 402.

348 Richtig Bobke WSI-Mitt. 1985, 60. Nach Angaben der Bundesanstalt für Arbeit waren in der 7. (und letzten) Streikwoche allein im Metallsektor 375 000 Arbeitnehmer von der «kalten Aussperrung» erfasst (zitiert nach Bobke, a.a.O., S. 61).

349 Statistisches Jahrbuch 1988, 108, bezogen auf den Stichtag 30. 6. 1987. Nicht erfasst sind neben den Beamten alle Arbeitnehmer, die als Teilzeitbeschäftigte mit weniger als DM 430 Monatseinkommen nicht der Sozialversicherungspflicht unterlagen.

**sätzlicher Feiertag** oder eine nationale Demonstration von einem Tag Dauer hätte ein Mehrfaches an Arbeitsausfall zur Folge gehabt![350] Oder anders ausgedrückt: Der «Glücksfall» für die Arbeitgeberseite, dass der 17. Juni im Jahr 1984 auf einen Sonntag fiel, wurde durch den Arbeitskampf zu 25 bis 30% kompensiert.[351]

Wer Freude am Rechnen hat, kann die Arbeitskampfdimension auch noch auf andere Weise veranschaulichen. Im Jahr 2003 belief sich die Zahl der sozialversicherungspflichtigen abhängig Beschäftigten auf 26954686;[352] gleichzeitig gingen 163281 Arbeitstage durch Streik usw. verloren. Dies bedeutet, dass – bezogen auf alle – ca. 1/165 eines Arbeitstages ausfiel. Veranschlagt man diesen mit 8 Stunden (= 28800 Sekunden), so belief sich die durchschnittliche Streikzeit auf 174,5 Sekunden oder knapp 3 Minuten. Im Jahre 2000 waren es nur noch rund 10 Sekunden gewesen ...

Auch **im Ausland** bewegen sich die **«Streikverluste» in einem vergleichbaren Rahmen**: Großbritannien hatte im Jahre 1982 11,96 Mio., Italien 16,45 Mio. und Frankreich 1,68 Mio. ausgefallener Arbeitstage zu verzeichnen.[353] 556
10 Jahre früher hatten diese Zahlen noch sehr viel höher gelegen[354], 2003 sind sie jedoch auf bescheidene 150600 (Großbritannien), 1,026 Mio. (Italien) und 1,923 Mio. (Spanien) abgesunken, wobei für Frankreich keine Daten verfügbar sind.[355] Auch für diese Länder ist evident, dass der streikbedingte Produktionsausfall im «schlimmsten» Falle einem zusätzlichen nationalen Feiertag entspricht. Gegen diesen Vergleich mag man einwenden, Feiertage seien voraussehbar, Arbeitsniederlegungen dagegen nicht[356], doch stellt dies – gesamtwirtschaftlich gesehen – kein Argument für eine höhere Schädlichkeit des Streiks dar: Gerade weil man mit den Feiertagen rechnet, wird der dadurch bedingte Arbeitsausfall von vornherein hingenommen, während bei überraschend auftretenden Streiks häufig versucht wird, die zunächst erlittenen Einbußen durch zusätzliche Anstrengungen wieder wettzumachen. Die bedrohliche «Schädlichkeit» von Streiks erweist sich so als reichlich irreal.

---

350 Ebenso Wolter AuR 1979, 193 Fn 4 und Wohlgemuth AuR 1991, 110.

351 Pfeiffer, Handelsblatt vom 24./25. 8. 1984, S. 5.

352 Statist. Jahrbuch 2004, S. 89.

353 Statistisches Jahrbuch 1984, 660. Seither besteht auch dort ein kontinuierlicher Rückgang. 1986 gingen in Großbritannien 1,92 Mio., in Italien 5,64 Mio. und in Frankreich 0,57 Mio. Arbeitstage verloren (Angaben nach Statistisches Jahrbuch 1988, 666). Eine große Ausnahme stellte Großbritannien im Jahre 1984 mit 27,135 Mio. verlorener Arbeitstage dar, was vermutlich auf den Bergarbeiterstreik zurückzuführen war.

354 Vgl. Statistisches Jahrbuch 1974, 45: In Großbritannien fielen 1972 23,9 Mio., in Italien 17,6 Mio. und in Frankreich 3,75 Mio. Arbeitstage aus. Bemerkenswert die bei Steinhaus S. 11 ff. mitgeteilten Statistiken, wonach im Deutschen Reich zwischen 1919 und 1932 erheblich mehr gestreikt wurde als in England, Frankreich und Italien, während die Nachkriegszeit ein umgekehrtes Bild bietet.

355 Statist. Jahrbuch für das Ausland 2005, S. 245.

356 Zöllner ZfA 1973, 230.

### 5.4.4. Streik als Störung der «guten Ordnung»?

558 Spätestens an diesem Punkt drängt sich die Frage auf, weshalb das BAG und große Teile der öffentlichen Meinung bislang so sehr auf eine moralische Verurteilung des Streiks Wert legen. Den entscheidenden Grund hat das BAG selbst angedeutet, als es davon sprach, der «soziale Friede» werde beeinträchtigt.[357] Jede kollektive Arbeitsniederlegung stellt eine Störung des «Normalzustands» dar, da **Menschen**, die gemeinhin am Arbeitsplatz nur fremde Anweisungen auszuführen und zu «funktionieren» haben, **plötzlich eigene, nicht vorgegebene Aktivitäten entfalten können**.[358] Ähnlich wird in einem neueren Beitrag formuliert: «Die Teilnahme am Streik kann bei Arbeitnehmern ein im Arbeitsalltag vielfach vermisstes Gefühl der Solidarität und damit im Zusammenhang stehend auch die Empfindung auslösen, anders als sonst, als individueller Teilnehmer am Arbeits- und Wirtschaftsleben, die eigenen Interessen durchsetzen, Macht ausüben zu können.»[359] Für die Arbeitnehmer wie für ihre Umwelt ist die Arbeitsniederlegung der sichtbare Beweis dafür, dass es «auch anders geht», dass **Alternativen möglich** sind.[360] Diese sozialpsychologische Wirkung wird von vielen als das eigentlich «Gefährliche» am Streik angesehen.

559 Zu einer **demokratischen Gesellschaft** gehört es jedoch, dass auch abhängig Beschäftigte über ihre Arbeits- und Lebensbedingungen **mitentscheiden** können; nur in autoritären Gesellschaften mag der Streik eine reale Bedrohung der bestehenden Herrschaftsverhältnisse sein. Auch sollten die Streikkritiker bedenken, dass es **kein anderes** «kostengünstigeres» **Verfahren** zur Bestimmung von Entgelt und Arbeitsbedingungen gibt.[361] Eine hoheitliche Festsetzung nach Art einer Zwangsschlichtung würde nicht nur gegen Art. 9 Abs. 3 GG verstoßen; vielmehr wäre der Konflikt «repolitisiert», weil sich Proteste unmittelbar gegen den Staat richten würden, während sich heute «Unzufriedene» mit ihren jeweiligen Verbänden auseinander setzen müssen.[362]

---

357 S. oben Fn 327.

358 Jeder Streik ist ein Stück Selbstorganisation; er «durchbricht die Routine des Alltags, der betrieblichen Unterordnung und des rezeptiven Konsums einer fremdbestimmten Kultur; die Arbeitnehmer werden aus der Anonymität herausgezogen, sie werden aktiv. Sie haben endlich einmal Gelegenheit und Zeit, inmitten ihrer alltäglichen Umwelt und Vergesellschaftung gemeinsam nachzudenken und ihre Lebensbedingungen, ihre Frustrationen, ihre Entfremdung zu diskutieren und diese in den eigenen Forderungen des Kollektivs zu artikulieren.» (Reinhard Hoffmann, in: Schneider [Hrsg.], S. 215).

359 Bepler, FS Wissmann, S. 98.

360 S. etwa die Streikschilderungen in: Werkkreis Literatur der Arbeitswelt, a.a.O.

361 Vgl. Zinn, in: Kittner (Hrsg.), Streik und Aussperrung, S. 179.

362 Eingehend dazu Weitbrecht, Effektivität und Legitimität der Tarifautonomie, S. 15 ff.; Ders., Wirkung und Verfahren der Tarifautonomie, S. 8 ff.

## 5.5. Folgen eines rechtmäßigen Streiks für die Arbeitnehmer

Die bisherige Streik-Diskussion leidet an dem Mangel, nicht nur den «Produktionsausfall» überzubewerten, sondern auch die von der Arbeitnehmerseite erbrachten Opfer zu unterschätzen. Welche konkreten Konsequenzen ergeben sich für streikende Arbeitnehmer? Wie wirkt sich die Arbeitsniederlegung auf nichtstreikende Beschäftigte aus? 561

### 5.5.1. Die Rechtsstellung der Streikteilnehmer

#### 5.5.1.1. Das Arbeitsverhältnis

Nach allgemeiner Auffassung werden die **Arbeitsverhältnisse der Streikteilnehmer suspendiert**; Rechte und Pflichten bleiben daher als solche bestehen, entfalten jedoch während des Streiks keine Wirkung.[363] Mit der Pflicht zur Arbeit entfällt auch der Anspruch auf Vergütung und sonstige finanzielle Leistungen des Arbeitgebers.[364] Damit verliert der Arbeitnehmer vorübergehend seine Existenzgrundlage. 562

Die **Suspendierungswirkung** tritt nicht bereits durch den Streikaufruf der Gewerkschaft ein, sondern erst dann, **wenn sich der Einzelne dem Streik anschließt**. Dies kann ausdrücklich geschehen (improvisiertes Plakat: «In diesem Raum wird gestreikt») oder konkludent, etwa in der Weise, dass der Betreffende nicht an seinem Arbeitsplatz erscheint, diesen verlässt oder zwar anwesend bleibt, jedoch keinerlei Arbeitsleistung erbringt. 562a

Besteht im Betrieb ein **Zeiterfassungssystem**, kommt ein «Ausstempeln» nicht in Betracht.[365] Bei Gleitzeit und anderen Formen flexibler Arbeitszeit tritt eine **Minderung der «Soll-Arbeitszeit»** ein, nach der sich die Vergütung bestimmt. Der Einzelne hat also nicht die Möglichkeit, die durch Streik ausfallende Arbeitszeit mit einem etwa bestehenden Zeitguthaben zu verrechnen oder Minusstunden zu begründen, die er später durch Arbeit ausgleicht. Die **Betriebsparteien** können aber in einer Gleitzeitvereinbarung vorsehen, dass 562b

363 Eine Ausnahme gilt für die sog. Fürsorgepflicht des Arbeitgebers, soweit sie sich – wie bei der Sorge um eingebrachte Sachen des Arbeitnehmers – auf nichtarbeitskampfbezogene Aspekte des Arbeitsverhältnisses bezieht. Vgl. BAG DB 1993, 2238.

364 Endet der Streik direkt vor einem Feiertag, ist das Entgelt für diesen zu bezahlen (BAG DB 1993, 1724; BAG DB 1997, 479), doch gilt dies nicht, wenn die Arbeitsniederlegung direkt nach dem Feiertag weitergeht (BAG DB 1995, 1819).

365 BAG NZA 2005, 1402 unter II 2 b bb der Gründe. Zu den Rechtsfolgen des Ausstempelns s. sogleich im Text.

streikbedingte **Ausfallzeiten ausschließlich zu Lasten des Arbeitszeitkontos** gehen.[366] Damit ist für den Arbeitgeber das «Nacharbeiten» der Streikzeit gesichert; dabei fallen auch keine sonst vielleicht in Betracht kommenden Überstunden an. Für die Arbeitnehmer ist eine solche Regelung im Grunde nur dann vorteilhaft, wenn regelmäßig Zeitguthaben verfallen, weil betriebliche Gründe einem «Abfeiern» entgegenstehen und eine Abgeltung nicht vorgesehen ist. Wünschenswert wäre ein Wahlrecht zwischen Entgeltminderung und Belastung des Arbeitszeitkontos.[367]

562c **Stempelt der Arbeitnehmer aus**, so befindet er sich in Freizeit. Die Verweigerung der Arbeitsleistung ist nicht mehr möglich. Daran ändert auch die Teilnahme an einer gewerkschaftlichen Kundgebung nichts; die Situation ist individuell keine andere, als wenn die Demonstration an einem arbeitsfreien Samstag stattfinden würde.[368] Das «Abfeiern» des Zeitguthabens kann **auch längere Zeiträume** umfassen. Die Gleichheit der Durchsetzungschancen der Tarifparteien wird dadurch nicht zu Lasten des Arbeitgebers verschoben, da der Arbeitnehmer ja ein Opfer erbringt und die Betriebsvereinbarung typischerweise Grenzen für das «Abfeiern» vorsieht.[369] Ist dies ausnahmsweise nicht der Fall, liegt dem eine unternehmerische Einschätzung des Arbeitgebers zugrunde, wonach der Betrieb auch längere Ausfälle verkraften kann.[370]

562d Fehlt bei der sog. **Vertrauensarbeitszeit** ein Zeiterfassungssystem,[371] so ist es Sache des Arbeitnehmers, wie er sein Verhalten definiert. Nimmt er an sichtbaren Streikaktionen teil und will er keine Entgeltminderung in Kauf nehmen, so sollte er allerdings deutlich machen, dass er sich als «in Freizeit befindlich» betrachtet.

562e Ist der Arbeitnehmer aus sonstigen Gründen trotz Entgeltzahlung nicht zur Arbeit verpflichtet, so ist zu differenzieren:[372]

▶ Befindet sich ein **Betriebsratsmitglied auf einer Schulungs- und Fortbildungsveranstaltung** nach § 37 Abs. 6 oder 7 BetrVG, so behält er grundsätzlich seinen Entgeltanspruch. Bricht er die Veranstaltungsteilnahme ab und schließt sich dem Streik an, fällt dieser dagegen weg.[373] Unklar ist, ob dasselbe auch dann gilt, wenn er die Aktion z. B. durch ein «Solidaritätstelegramm»

---

366 BAG NZA 1995, 183 = AiB 1995, 136 mit Anm. U. Mayer.

367 Die Zulässigkeit blieb dahingestellt in BAG NZA 1995, 183 = AiB 1995, 136. Für generelle «Verrechnungsfreiheit» des Arbeitnehmers Kissel § 46 Rn 14.

368 BAG NZA 2005, 1402 unter Aufhebung von LAG Schleswig-Holstein NZA-RR 2004, 412.

369 So auch im Fall BAG, a.a.O.

370 Beruhte die Betriebsvereinbarung auf einem Spruch der Einigungsstelle, wäre es dem Arbeitgeber zuzumuten, den Rechtsweg zu beschreiten, wenn er betriebliche Interessen gefährdet sieht.

371 Durch Ausübung seines Informationsrechts kann der Betriebsrat nach BAG DB 2003, 2445 allerdings erreichen, dass eine Zeiterfassung stattfindet.

372 Weitere Einzelfragen bei ErfK-Dieterich Art. 9 GG Rn 189 ff.; Colneric, in: Däubler (Hrsg.), Arbeitskampfrecht, Rn 565 ff.; Kissel § 46.

373 BAG AP Nr. 114 zu Art. 9 GG Arbeitskampf.

unterstützt, aber weiter an dem Seminar teilnimmt. Hier wird die tatsächlich ausgeübte Tätigkeit den Vorrang gegenüber der Erklärung haben. Die Situation ist nicht anders, als wenn ein Auslandsmitarbeiter zwar im betrieblichen Interesse weiter tätig ist, aber eine vergleichbare E-Mail schickt. Ein nach § 38 BetrVG **freigestelltes Betriebsratsmitglied**, das sich dem Streik anschließt und statt im Betriebsrat nunmehr in der Streikleitung aktiv ist, kann ebenfalls keinen Entgeltanspruch mehr geltend machen.

▶ Wer **arbeitsunfähig krank** ist, sich aber gleichwohl dem Streik anschließt (weil er an einer Kundgebung teilnimmt oder die Kollegen telefonisch zum Mitmachen auffordert), verliert für die Dauer des Streiks den Anspruch nach dem EFZG.[374] Bleibt er untätig, behält er seine Rechte. Wer zunächst streikt und dann krank wird, kann Entgeltfortzahlung nur verlangen, wenn er sich dem Arbeitgeber gegenüber vom Streik lossagt; die Arbeitsunfähigkeit muss ausschließlicher Grund für die Nichtarbeit sein.[375]

▶ Ist dem Arbeitnehmer **Urlaub bewilligt** worden, so kann er sich frei entscheiden, ob er den Urlaub antreten oder mitstreiken will. Im ersten Fall behält er seinen Entgeltanspruch, im zweiten nicht. Der nicht realisierte Urlaub muss später nachgewährt werden. Hatte er den Urlaub bereits angetreten, so kann er sich dem Streik nur anschließen, wenn ein einseitiger Abbruch des Urlaubs möglich ist; andernfalls bleibt er «beurlaubt», selbst wenn er an einer Streikkundgebung teilnimmt.[376] **Beantragt ein Streikender Urlaub**, so muss der Arbeitgeber nur dann über den Antrag entscheiden, wenn der Arbeitnehmer zuvor erklärt, nicht mehr am Streik teilnehmen zu wollen.[377] Diese Erklärung liegt nicht bereits in dem Antrag als solchem; sie muss auf andere Weise zum Ausdruck gebracht werden. Wird trotz einer solchen «Distanzierung» der Urlaub nicht bewilligt, so muss der Arbeitnehmer weiterarbeiten.[378] Ob er sich später wieder dem Streik anschließen kann, ist nicht erörtert; nur bei länger dauernden Arbeitsniederlegungen oder bei veränderten Umständen dürfte darin kein Verstoß gegen Treu und Glauben liegen.

Während eines Streiks besteht **kein Anspruch** auf **Arbeitslosengeld**; § 146 562f
Abs. 2 SGB III schließt ihn ausdrücklich aus, was mit dem Grundsatz der «Neutralität» des Staates in Arbeitskämpfen begründet wird. Dadurch sind die Arbeitnehmer auf «Selbsthilfe» angewiesen, die sich wie folgt realisiert:

Gewerkschaftlich organisierte Arbeitnehmer erhalten von ihrer Organisa- 563
tion eine **Streikunterstützung**. Der Höhe nach hängt diese vom bisherigen Einkommen ab, sodass beitragsehrliche Kollegen privilegiert sind; in der

374 BAG NZA 2005, 1402.

375 ErfK-Dieterich Art. 9 GG Rn 189 mwN.

376 Zu diesem Ergebnis neigt auch BAG NZA 2005, 1402 unter II 3 d der Gründe.

377 BAG NZA 1997, 507, 509 = DB 1997, 679; LAG Nürnberg NZA 1995, 854.

378 Darauf verweist LAG Nürnberg NZA 1995, 854.

Regel erreicht die Streikunterstützung mindestens zwei Drittel des Bruttoverdienstes[379] und **unterliegt** nach der neueren Rechtsprechung des Bundesfinanzhofs **nicht der Einkommen- oder Lohnsteuer**.[380]

564 Zweite Form der Selbsthilfe ist die **tarifliche Vereinbarung einer** vollen oder teilweisen **Entgeltfortzahlung für die Streikzeit**. Rechtlich bestehen gegen eine solche Abmachung keinerlei Bedenken.[381] Wie das Beispiel einer rückwirkenden Lohnerhöhung zeigt, erstreckt sich die tarifliche Regelungsbefugnis nicht allein auf die Zukunft, sondern auch auf die Vergangenheit. Die gewerkschaftliche Streikunterstützung wird dadurch nicht entwertet, da sie eine entscheidende Absicherung für alle die Fälle darstellt, in denen sich eine solche Lösung nicht durchsetzen lässt. In offiziellen Tarifrunden wird keine Forderung nach Entgeltfortzahlung erhoben, doch ist die Bezahlung der «Ausfallzeiten» bei Warnstreiks und bei spontanen Arbeitsniederlegungen weit verbreitet.[382]

565 Schwierig kann die Situation für einen **Außenseiter** werden, wenn wie in der Regel keine Bezahlung der Streikzeit vereinbart wird: Er ist ausschließlich auf eigene Rücklagen angewiesen. **Notfalls** müsste er **ALG II** in Anspruch nehmen, was in der Praxis aber kaum je in Betracht kommen wird.

### 5.5.1.2. Mitbestimmungsrechte des Betriebsrats und Teilnahme an Betriebsversammlungen

566 Umstritten ist, ob der Streik neben dem Arbeitsverhältnis auch die Beteiligungsrechte des Betriebsrats suspendiert. Das BAG vertrat zunächst die Auffassung, «jedenfalls» hinsichtlich personeller Maßnahmen wie Einstellungen, Versetzungen und Entlassungen sei der Betriebsrat während des Arbeitskampfes funktionsunfähig, und zwar ohne Rücksicht darauf, ob sich seine Mitglieder selbst am Streik beteiligen oder nicht.[383] Später hat das Gericht seine Rechtsprechung weiterentwickelt und alle personellen Maßnahmen einbezogen, die durch den Arbeitskampf bedingt sind und die auf diesen einwirken (z. B. die Kündigung rechtswidrig Streikender).[384] Bei der **Einstellung von Streikbrechern** entfällt das Zustimmungsverweigerungsrecht nach § 99 BetrVG, doch bleibt das dort vorgesehene Unterrichtungsrecht bestehen.[385]

379 Berg u. a., AKR, Rn 130. S. auch die Angaben in BAG DB 1980, 1270 re. Sp.

380 BFH NJW 1991, 1007; anders BFH DB 1974, 740, bestätigt durch BFH DB 1982, 1649 und 1652.

381 Vgl. Zöllner, Aussperrung, S. 40.

382 So für Warnstreiks Otto Anm. zu BAG EzA Art. 9 GG Arbeitskampf, Nr. 19 und oben 5.3.9.3. (Fn 293); für spontane Streiks Kessler/Müller-Jentsch KJ 1973, 361 ff.

383 BAG AP Nr. 44 zu Art. 9 GG Arbeitskampf, Bl. 8 R, bestätigt durch BAG NZA 2004, 223, 225.

384 BAG AP Nr. 57 und 58 zu Art. 9 GG Arbeitskampf; BAG DB 1981, 325 re. Sp.

385 LAG Frankfurt/M. DB 1991, 707; LAG Köln DB 1993, 838. Wird die Unterrichtungspflicht

Weiter kann der Betriebsrat entgegen § 87 Abs. 1 Nr. 3 BetrVG nicht mitbestimmen, wenn ein Teil der Belegschaft die Arbeit niederlegt und andere deshalb Überstunden machen[386] oder kurzarbeiten müssen.[387] Die in solchen Fällen gegebene Konfrontationssituation zwischen Belegschaft und Arbeitgeber könne leicht dazu führen, dass der Betriebsrat die Gegenmaßnahmen des Arbeitgebers behindere oder unmöglich mache. Die Informationsrechte des Betriebsrats bleiben jedoch ungeschmälert erhalten, da sie den Arbeitgeber nicht am sofortigern autonomen Handeln hindern.[388]

Sieht man mit dem BAG die Kampfmittel beider Seiten als «paritätisch» 567
an[389], so erscheint dies einigermaßen plausibel, könnte ein «Mitreden» des Betriebsrats doch die Konfrontationsfähigkeit der Arbeitgeberseite beeinträchtigen. Auf der anderen Seite wurde mit Recht darauf hingewiesen, die vom BAG entwickelten allgemeinen Grundsätze seien kein «Gesetz» im Sinne des Einleitungssatzes von § 87 Abs. 1 BetrVG und könnten deshalb die Mitbestimmungsrechte nicht ausschließen.[390] Derselbe Einwand gilt auch im Fall des rechtswidrigen Streiks. Dort scheidet überdies der Rückgriff auf das Paritätsprinzip aus, doch sieht das BAG den **Betriebsrat als «überfordert»** an, wenn er sich entweder von den Streikenden distanzieren oder aber ihre rechtswidrige Aktion durch Ausschöpfung seiner Rechte unterstützen müsse.[391] Das geltende Recht kennt jedoch nirgends einen Vorbehalt der «Überforderung» bei der Ausübung von Mitbestimmungsrechten.[392]

Für die Praxis wichtig ist, dass das BAG eine **«Konfrontationssituation»** 568
**nur bei Arbeitskämpfen im eigenen Betrieb** annimmt. Ist ein anderer Betrieb desselben Unternehmens oder Konzerns betroffen, ändert sich an den Mitbestimmungsrechten grundsätzlich nichts.[393] Dasselbe gilt, wenn der Arbeitgeber Gegenmaßnahmen für einen künftigen Streik plant. So blieb das Mitbestimmungsrecht nach § 98 BetrVG ungeschmälert bestehen, als die

verletzt, soll dies nur eine Sanktion nach § 23 Abs. 3 BetrVG auslösen, jedoch die Beschäftigung als solche nicht unzulässig machen: LAG Frankfurt/M., a.a.O.

386 BAG DB 1979, 1655 = AuR 1979, 350, mit kritischer Anm. Wolter.

387 BAG DB 1981, 327. Ebenso soll § 87 Abs. 1 Nr. 1 BetrVG ausscheiden, wenn die Werksausweise so verändert werden, dass sich ausgesperrte von nichtausgesperrten Arbeitnehmern unterscheiden lassen: BAG AP Nr. 13 zu § 87 BetrVG 1972 = DB 1987, 791, bestätigt durch BAG DB 1995, 103.

388 BAG NZA 2004, 223 = AiB 2003, 513. Kritisch Reichold NZA 2004, 247.

389 S. dazu unten 5.7. (Rn 600 ff.).

390 Wolter AuR 1979, 333. Keine Sachentscheidung in BVerfG DB 1997, 1982.

391 BAG AuR 1979, 352 = NJW 1980, 140 = DB 1979, 1655.

392 Eingehende Kritik der BAG-Rechtsprechung bei Colneric, in: Däubler (Hrsg.), Arbeitskampfrecht, Rn 664 ff. mwN.

393 BAG DB 1981, 328. Dies gilt auch für das Beteiligungsrecht des Betriebsrats nach §§ 95 Abs. 3, 99 BetrVG bei Entsendung eines Arbeitnehmers in ein bestreiktes Tochterunternehmen: BAG DB 1991, 1627 = AiB 1991, 340. S. weiter ArbG Nürnberg AiB 1993, 732; zur Einschränkung durch die Grundsätze des Arbeitskampfrisikos s. sogleich im Text.

Deutsche Lufthansa Arbeitnehmer auf einen Lehrgang schicken wollte, um sie darauf vorzubereiten, eventuell streikende Flugbegleiter zu ersetzen.[394] In Zweifelsfällen wird überdies der Arbeitgeber beweisen müssen, dass es sich um eine arbeitskampfbedingte Maßnahme handelt, da die Suspendierung der Mitbestimmungsrechte einen Ausnahmetatbestand darstellt.[395]

569 Auch **während des Arbeitskampfes** ist eine **Betriebsversammlung zulässig**, und zwar eine ordentliche wie eine außerordentliche. Wer daran teilnimmt, hat Anspruch auf seine normale Vergütung, auch wenn er sich am Arbeitskampf beteiligt oder durch Aussperrung in diesen hineingezogen wurde.[396] Dies folgt daraus, dass das Betriebsverfassungsrecht als solches und die aus ihm folgenden Befugnisse grundsätzlich nicht suspendiert sind.

### 5.5.1.3. Sozialversicherung

570 Die Auswirkungen des Streiks auf das sozialversicherungsrechtliche Beschäftigungsverhältnis waren lange Zeit umstritten, haben jedoch durch eine Entscheidung des Großen Senats des BSG bis auf weiteres eine Klärung erfahren.[397] Danach hat die Arbeitsniederlegung auch insoweit nur suspendierende Wirkung. Die Rechtsbeziehungen zum Träger der **Rentenversicherung** und zur Gesetzlichen Krankenversicherung bleiben daher bestehen, doch sind keine Beiträge zu entrichten. Nach der 1988 eingefügten Vorschrift des § 192 Abs. 1 Nr. 1 SGB V wird während eines rechtmäßigen Arbeitskampfes **voller Krankenversicherungsschutz** gewährt: Obwohl keine Beiträge bezahlt werden, kann man die gesetzlichen Leistungen einschließlich des Krankengelds in Anspruch nehmen.[398] Bei der Rentenversicherung ist eine Unterbrechung von weniger als einem Monat für die Berechnung der späteren Rente unerheblich.[399] Die Gesetzliche **Unfallversicherung** beschränkt sich auf «betriebliche Tätigkeiten», was zwar Notstands- und Erhaltungsarbeiten, nicht aber z. B. die Tätigkeit als Streikposten umfasst. Soweit der Einzelne im Auftrag der Gewerkschaft tätig wird, springt nach § 2 Abs. 2 Satz 1 SGB VII deren Unfallversicherung ein.[400]

---

394 BAG AP Nr. 98 zu Art. 9 GG Arbeitskampf = DB 1988, 1325.

395 Vgl. auch Reuter AuR 1973, 5 ff. Zum Ganzen eingehend Herbst AiB 1987, 4 ff.

396 BAG AP Nr. 4 zu § 44 BetrVG 1972 = DB 1987, 2154. Zustimmend Berg u. a. AKR, Rn 134; ErfK-Dieterich Art. 9 GG Rn 152.

397 BSG AP Nr. 48 zu Art. 9 GG Arbeitskampf. Zur Arbeitslosenversicherung s. oben 5.5.1.1. (Rn 562 f.).

398 Berg u. a., AKR, Rn 132; Kissel § 46 Rn 59; MünchArbR-Otto § 292 Rn 2.

399 Einzelheiten bei Kissel § 46 Rn 57; MünchArbR–Otto § 292 Rn 10 ff.

400 Kissel § 46 Rn 58; Schaub-Koch § 194 Rn 27.

## 5.5.2. Die Rechtsstellung der übrigen Arbeitnehmer – Das sog. Arbeitskampfrisiko und der Streit um § 116 AFG a. F.

### 5.5.2.1. Die Entwicklung bis 1980

Unter bestimmten Voraussetzungen büßen auch nicht am Streik beteiligte Arbeitnehmer vorübergehend ihren Entgeltanspruch ein, wenn sie mit Rücksicht auf arbeitskampfbedingte Störungen des Produktionsablaufs nicht weiterbeschäftigt werden können. Nach der vom RAG entwickelten und vom BAG zunächst übernommenen **Betriebsrisikolehre** muss zwar der Arbeitgeber grundsätzlich das Entgelt fortbezahlen, wenn wegen Auftragsmangels, technischer Störungen oder aus anderen Gründen nicht weitergearbeitet werden kann, doch galt dies bis Ende 1980 nicht, wenn die Störung wie beim Streik aus der **«Sphäre» der Arbeitnehmer** kam.[401] Dies bringt die Arbeitgeber in die angenehme Position, zwischen einer offiziellen Aussperrung und einer Verweigerung des Entgelts wählen zu können, wobei sich die zweite Alternative in der Öffentlichkeit als sehr viel «kämpferischer» darstellt.[402] Vorausgesetzt ist zwar, dass die Arbeitnehmer nicht mehr weiterbeschäftigt werden *können*, doch fehlen den Gewerkschaften sowie erst recht dem einzelnen Belegschaftsmitglied in der Regel die nötigen Informationen, um den Wahrheitsgehalt einer entsprechenden Behauptung überprüfen zu können.[403] Dass hier möglicherweise in beträchtlichem Umfang mit vorgeschobenen Argumenten operiert wird, zeigt eine von Ramm mitgeteilte Statistik aus der Weimarer Zeit, wonach bei Streiks im Durchschnitt 6,1 % aller von der Aktion betroffenen Arbeitnehmer «gezwungen feierten», während sich bei Aussperrungen dieser Anteil nur auf 0,58 % belief.[404] 571

Die **«verkappte Sympathieaussperrung»**[405] hat erhebliche praktische Bedeutung erlangt: So blieben anlässlich des Metallarbeiterstreiks 1971 in Nordwürttemberg/Nordbaden im übrigen Bundesgebiet ca. 100 000 Arbeitnehmer vorübergehend ohne Geld.[406] Zahlreiche Beschäftigte mussten 1974 Lohneinbußen hinnehmen oder sich versäumte Arbeitszeit auf den Urlaub an- 572

401 BAG AP Nr. 4 und 5 zu § 615 BGB Betriebsrisiko. Zur veränderten Situation aufgrund der Entscheidungen vom 22. 12. 1980 (DB 1981, 321 ff.) s. sogleich im Text.

402 Zutreffend Ramm, in: Naucke-Trappe, S. 159. Ähnlich Zöllner, Aussperrung, S. 57. Vgl. auch Reuter RdA 1975, 288.

403 Ramm, S. 160.

404 Ramm, S. 158.

405 Udo Mayer DuR 1975, 22.

406 Muhr RdA 1973, 9.

rechnen lassen, als sie wegen des Streiks im öffentlichen Dienst nicht rechtzeitig zu ihren Arbeitsplätzen gelangen konnten.[407] Im Metallarbeitskampf 1978 waren 80000 bis 100000 Arbeitnehmer aus Drittbetrieben betroffen[408], 1984 allein in der Metallbranche 375000 Beschäftigte.[409] Bemerkenswert ist auch die Feststellung[410], dass in vielen Fällen Kurzarbeit angekündigt war, die plötzlich «überflüssig» wurde, als die Zahlung von Kurzarbeitergeld klargestellt und damit eine Belastung der Gewerkschaftskassen nicht mehr zu erwarten war.

### 5.5.2.2. Die BAG-Rechtsprechung zum sog. Arbeitskampfrisiko

573 Der massenhafte Rückgriff auf die Sphärentheorie und ihre «Missbrauchsanfälligkeit» riefen heftige gewerkschaftliche Proteste hervor; die Folge war eine ausgedehnte wissenschaftliche Diskussion.[411] Das BAG schränkte seine Rechtsprechung zunächst etwas ein, indem es nur noch bei solchen Unternehmen eine Berufung auf die Sphärentheorie zuließ, die sich in vergleichbarer Situation wie unmittelbar streikbetroffene Betriebe befanden.[412] Durch zwei **Grundsatzentscheidungen vom 22.12.1980**[413] entwickelte es dann neue Maßstäbe, die für die Praxis bis heute maßgebend sind. Danach gilt Folgendes:

574 ▶ Das **Betriebs- wie das Wirtschaftsrisiko** liegen weiterhin **beim Arbeitgeber**. Kann wegen des Ausbleibens von Vorprodukten oder von Energie nicht weitergearbeitet werden (Betriebsrisiko)

*Beispiel:* Wegen Stromausfalls kann die Straßenbahn nicht fahren und der Schaffner nicht beschäftigt werden.[414]

oder wird die Arbeit wirtschaftlich sinnlos (Wirtschaftsrisiko),

*Beispiel:* Wegen des Streiks in einem Automobilwerk werden die von einem Zulieferer hergestellten Spritzgussteile nicht mehr abgenommen.[415]

---

407 Hanau ZRP 1974, 113.

408 Weigand-Wohlgemuth, S. 51.

409 Bobke WSI-Mitt. 1985, 61, der sich auf Angaben der Bundesanstalt für Arbeit stützt.

410 Kittner, Verbot der Aussperrung, S. 36.

411 S. etwa Ehmann, a.a.O.; Kalb, a.a.O.; Udo Mayer AuR 1980, 65 ff.; Picker JZ 1979, 2285 ff.

412 BAG AP Nr. 30 zu § 615 BGB Betriebsrisiko. Zu dieser Entscheidung s. Däubler, Vorwärts vom 6.1.1977, S. 19.

413 BAG DB 1981, 321 ff., 327 ff.

414 Vgl. die Grundsatzentscheidung RGZ 106, 272 («Kieler Straßenbahn»).

415 So der Fall BAG DB 1991, 321.

so hat der Arbeitgeber nach § 615 BGB den Lohn gleichwohl fortzubezahlen. Die Tatsache, dass die Störung unter Umständen aus der «Sphäre» der Arbeitnehmer kommt, ist entgegen der früheren Rechtsprechung unerheblich: Den Solidaritätsgedanken hier heranzuziehen, laufe auf eine reine Fiktion hinaus.[416]

▶ Die Leistungspflicht des Arbeitgebers entfällt ausnahmsweise, wenn ein 575
**Fall des «Arbeitskampfrisikos»** vorliegt. Dessen Tragweite bestimmt sich nach dem Paritätsprinzip[417]: Soweit die «Fernwirkungen» eines Streiks oder einer (zulässigen) Aussperrung die Verhandlungsstärke der kämpfenden Parteien beeinflussen, kann der betroffene Arbeitgeber Beschäftigung und Entgeltzahlung verweigern.[418] Wann dies der Fall ist, wird nicht abschließend geklärt; die Rückwirkung auf den Arbeitskampf müsse jedoch bei typisierender Betrachtung «feststellbar» sein.[419] Als Anwendungsfälle werden wirtschaftliche Abhängigkeiten wie etwa im Konzern sowie «koalitionspolitische Verbindungen» (etwa durch Mitgliedschaft im selben Arbeitgeberverband) genannt.

*Beispiel:* Wegen eines Metallerstreiks in Baden-Württemberg kann im Bremer Mercedes-Werk nicht mehr weitergearbeitet werden. Müsste Mercedes die Löhne in vollem Umfang weiterbezahlen, ohne irgendeine Gegenleistung zu bekommen, würde dies die Position von DaimlerChrysler in den Tarifauseinandersetzungen erheblich schwächen. Vermutlich würde sich die Unternehmensleitung um eine möglichst schnelle Beendigung des Arbeitskampfes bemühen, um aus der für sie inakzeptablen Situation herauszukommen.

Diese Voraussetzungen können ersichtlich auch bei Betrieben **außerhalb des umkämpften Tarifgebiets** vorliegen. Das Arbeitskampfrisiko greift ausnahmsweise dann nicht ein, wenn die «eigentliche Ursache» des Arbeitsmangels in einer unternehmerischen Fehldisposition lag.[420]

▶ Der vom BAG praktizierte **Rückgriff auf den Paritätsgrundsatz** schließt 576
mit Sicherheit solche Fälle aus dem «Arbeitskampfrisiko» aus, bei denen eine Beeinflussung der kämpfenden Arbeitgeberseite aller Erfahrung nach ausscheidet. So kann das Entgelt nicht verweigert werden, wenn wegen eines im Ausland stattfindenden Streiks im Inland vorübergehend nicht mehr produziert werden kann.[421]

416 BAG DB 1981, 322 re. Sp.

417 Dazu näher unten Rn 600 und Rn 611.

418 BAG DB 1981, 323, bestätigt durch BAG DB 1997, 578.

419 BAG DB 1981, 324 li. Sp.

420 BAG DB 1981, 324 re. Sp. An diesen Grundsätzen hat sich durch die Anfügung des § 615 Satz 3 BGB im Rahmen der Schuldrechtsmodernisierung nichts geändert – ErfK-Dieterich Art. 9 GG Rn 135.

421 Ebenso Hanau-Adomeit H II 4b (Rn 821); Unterhinninghofen AuR 1996, 22 mwN (Fn 8).

Wegen ausbleibender Stoffe aus Polen können Näherinnen in einem deutschen Betrieb nicht mehr beschäftigt werden.

Die «Paritätsrelevanz» fehlt weiter dann, wenn **in einem Außenseiterunternehmen** um einen Firmentarif **gestreikt** wird

*Beispiel:* Wegen einer Arbeitsniederlegung im VW-Werk in Wolfsburg werden die von einem anderen Unternehmen produzierten Zündkerzen nicht mehr abgenommen.

oder wenn das keinem Arbeitgeberverband angehörende Unternehmen wegen eines anderwärts stattfindenden Streiks nicht mehr weiterarbeiten kann.[422] In diesen Fällen bleibt es beim «Normalfall», d. h. der Belastung des Arbeitgebers mit dem Betriebs- und Wirtschaftsrisiko.[423] Dass damit möglicherweise ein beträchtlicher Anreiz für einen Beitritt zum Arbeitgeberverband geschaffen wird, verstößt nach den Maßstäben des Bundesverfassungsgerichts nicht gegen die negative Koalitionsfreiheit des einzelnen Arbeitgebers.[424]

577 ▶ Im Übrigen bestehen zahlreiche **Zweifelsfragen**. Die Mitgliedschaft im selben Arbeitgeberverband dürfte grundsätzlich paritätsrelevant sein, sodass sich insbesondere alle im umkämpften Tarifgebiet ansässigen Arbeitgeber auf das Arbeitskampfrisiko berufen können. Die **Mitgliedschaft** der jeweiligen Verbände **in der Bundesvereinigung der deutschen Arbeitgeberverbände** reicht jedoch nicht aus: Die Auswirkungen auf die kämpfenden Arbeitgeber wären zu gering oder überhaupt nicht feststellbar. Im Ergebnis wäre überdies die Sphärentheorie weithin wiederhergestellt[425], verfügt doch die Arbeitgeberseite (immer noch) über einen sehr hohen Organisationsgrad. Einleuchtender ist es, auf die Existenz eines Unterstützungsfonds bzw. einer Gefahrengemeinschaft abzustellen.[426] Unternehmerische Fehldispositionen als «Ausnahme von der Ausnahme» dürften selten nachweisbar sein, können jedoch dann vorliegen, wenn etwa auf jegliche Vorräte trotz zumutbarer Lagerhaltung verzichtet wurde. Die Tatsache, dass die **Rückwirkung** auf den Arbeitskampf **«feststellbar»** sein muss, lässt Bagatellfälle ausscheiden. Ist etwa nur die Erledigung eines Auftrags aufgrund des Streiks vorübergehend unmöglich, bleiben aber 10 vergleichbare andere Aufträge unberührt, so ist kein Fall des Arbeitskampfrisikos gegeben.

---

422 Ebenso Colneric, in: Däubler (Hrsg.), Arbeitskampfrecht, Rn 705 mwN. Teilweise anders Seiter DB 1981, 582.

423 Oben Rn 574.

424 BVerfGE 20, 312, 321 ff.

425 Vgl. BAG DB 1981, 324 li. Sp.: «Nicht jede irgendwie geartete Folge eines Arbeitskampfes ist in die Paritätsbetrachtung einzubeziehen.» Wie hier Hanau-Adomeit H II 4 b (Rn 821).

426 So Seiter DB 1981, 581.

*Beispiel:* Wegen eines Streiks auf einer Werft kann eine Rohrleitungsfirma dort nicht weiterarbeiten, doch bleiben selbstredend alle von anderen Firmen erteilten Aufträge bestehen.[427]

**Paritätsrelevanz** setzt weiter voraus, dass die Zahl der betroffenen Arbeitsplätze, verglichen mit der Zahl der Beschäftigten im Tarifgebiet, einigerma- 578
ßen ins Gewicht fällt.

*Beispiel:* Streiken in einem 500000 Beschäftigte erfassenden Tarifgebiet 100000 Arbeitnehmer, so ist der auf einen Betrieb mit 1000 Beschäftigten beschränkte Arbeitsausfall nicht geeignet, die Verhandlungsposition der Arbeitgeberseite insgesamt zu beeinflussen. Anders verhält es sich, wenn 10000 Arbeitnehmer nicht mehr weiterbeschäftigt werden können. Im Übrigen ist es Sache des Arbeitgeberverbands, die nötigen Informationen zu sammeln, um die Überschreitung der «Relevanzgrenze» zu belegen – solange keine entsprechenden Informationen verfügbar sind, fehlt es auch an einer Einflussnahme auf seine Willensbildung.

Da es sich beim Arbeitskampfrisiko um einen Ausnahmetatbestand handelt, muss der Arbeitgeber sein Vorliegen beweisen.[428]

Ist der Arbeitgeber nach diesen Grundsätzen zur Entgeltfortzahlung ver- 579
pflichtet, obwohl er seine Belegschaft nicht mehr (voll) beschäftigen kann, so bleibt ihm immer noch der **Ausweg der Kurzarbeit**.[429] Sobald diese bewilligt ist, muss er grundsätzlich nur noch die tatsächlich erbrachten Arbeitsstunden bezahlen.

### 5.5.2.3. Die Einschaltung des Betriebsrats

Der zweite Schwerpunkt der eben skizzierten BAG-Entscheidungen lag auf 580
der Frage, ob dem Betriebsrat bei der Einführung arbeitskampfbedingter Kurzarbeit ein Mitbestimmungsrecht zusteht. Im Ergebnis entschied sich das BAG auch hier für eine Kompromisslinie: Ob und in welchem Umfang die Beschäftigung und die Entgeltzahlung verweigert werden dürften, bestimme sich ausschließlich nach den Grundsätzen des Betriebs- und des Arbeitskampfrisikos, die den Betriebspartnern vorgegeben seien; was die konkrete Umsetzung im Betrieb, d.h. die **Modalitäten**, angehe, könne der Betriebsrat nach § 87 Abs. 1 Nr. 2 und 3 BetrVG **mitbestimmen**.[430]

---

427 So der Fall BAG AP Nr. 30 zu § 615 BGB Betriebsrisiko. Ähnlich Hanau-Adomeit H II 4b (Rn 821).

428 BAG DB 1980, 1271: «Die Unmöglichkeit oder Unzumutbarkeit der Weiterbeschäftigung ist (vom Arbeitgeber) darzulegen und zu beweisen.» Vgl. auch Wohlgemuth Mb-Gespr. 1981, 69. Kritisch zur BAG-Rechtsprechung und für Anwendung des § 615 BGB Gagel BB 1984, 2010; Stevens-Bartol AiB 1984, 119.

429 Zu ihr s. Bd. 2 Rn 906ff.

430 BAG DB 1981, 321, 325 re. Sp.

581 Soweit die oben beschriebenen Grundsätze einen Regelungsspielraum lassen, wird der Betriebsrat eingeschaltet. Zu denken ist dabei an den Fall, dass die Vorräte noch für eine gewisse Zeit ausreichen und nun die Alternative besteht, entweder mit voller Kapazität weiterzuarbeiten, bis sie aufgebraucht sind, oder aber schon jetzt die Auslastung zu verringern (sog. **Arbeitsstreckung**). Weiter ist möglich, dass eine Abteilung durch den arbeitskampfbedingten Ausfall von Vorprodukten betroffen ist, während eine andere mit ähnlicher Struktur nicht ohne Überstunden auskommt: Hier stellt sich das Problem, ob es bei der Kurzarbeit der Betroffenen bleibt oder ob sie wenigstens teilweise in der «überlasteten» Abteilung weiterbeschäftigt und dort die Überstunden abgebaut werden. Daneben gibt es selbstredend Fälle, in denen jeder Regelungsspielraum fehlt – es fällt beispielsweise die Stromversorgung des gesamten Unternehmens plötzlich aus.

582 Die **Beschränkung der Mitbestimmung auf die Modalitäten** ist im Übrigen **alles andere als überzeugend**; dem Vernehmen nach wollte das BAG selbst nicht mehr an dieser Position festhalten.[431] Eine gesetzliche Grundlage für die Abweichung von § 87 Abs. 1 BetrVG ist nicht ersichtlich. Das Paritätsprinzip ist nicht betroffen; kann effektiv nicht weitergearbeitet werden, ändert daran auch die Mitbestimmung des Betriebsrats nichts, sodass es gar nicht zur Entgeltzahlung ohne Arbeitsleistung und damit zu einer paritätsstörenden Belastung der Arbeitgeberseite kommen kann.[432] Aufgabe des Betriebsrats ist es allein, Missbräuche in Form von «kalten Aussperrungen» zu verhindern, also dafür zu sorgen, dass die Arbeit wirklich nur dort eingestellt wird, wo dies unausweichlich ist. Von Interesse ist in diesem Zusammenhang, dass die Betriebsräte im Tarifkonflikt der Metallindustrie 1984 in 75 % aller Fälle sogar auf der Grundlage ihres eingeschränkten Mitbestimmungsrechts die beabsichtigten Produktionseinstellungen verhindern oder quantitativ einschränken konnten.[433]

583 Was geschieht, wenn sich der Arbeitgeber auf das Arbeitskampfrisiko beruft, der Betriebsrat jedoch den Standpunkt vertritt, dieses greife aus Rechtsgründen oder deshalb nicht ein, weil sich die nötigen Vorprodukte unschwer auf dem Markt beschaffen lassen? Nach Auffassung des BAG kann der Betriebsrat in einem solchen Fall nicht etwa eine «Verweigerungsstrategie» durch Anrufung der Einigungsstelle praktizieren; er ist vielmehr auf eine gerichtliche Klärung verwiesen.[434] Diese kann auch im Wege einer **einstweiligen Verfügung** erfolgen.[435] Dabei kann sich der Betriebsrat darauf be-

431 Vgl. Kissel NZA 1989, 81, 82 f.

432 Zur fehlerhaften Berufung auf das Paritätsprinzip s. weiter DKK-Klebe § 87 Rn 94.

433 Kittner-Unterhinninghofen AuR 1986, 1, 6.

434 BAG DB 1981, 325.

435 So ausdrücklich BAG DB 1981, 325 re. Sp. Zur Frage des Schutzes der Mitbestimmungsrechte durch einstweilige Verfügung s. unten 6.7.4.3. (Rn 916 ff.).

rufen, dass sein Mitbestimmungsrecht nach § 87 Abs. 1 Nr. 2 und 3 BetrVG verletzt sei; die Dringlichkeit folgt daraus, dass ein definitiver Rechtsverlust droht, wäre doch eine nachträgliche Mitentscheidung über die Kurzarbeit nicht mehr möglich.[436]

Probleme können auch bei der Mitbestimmung über die Modalitäten 584
auftauchen. Lässt der Arbeitgeber ohne Einschaltung des Betriebsrats die Dinge treiben, bis jeder Regelungsspielraum weggefallen ist, z. B. die Vorräte erschöpft sind, so würde das Mitbestimmungsrecht gegenstandslos. Der Betriebsrat kann sich dagegen mit Hilfe seines **Initiativrechts wehren** und beispielsweise eine Arbeitsstreckung vorschlagen, die er notfalls über die Einigungsstelle erzwingen kann.[437] Auf der anderen Seite ist eine Obstruktionspolitik durch den Betriebsrat denkbar, der alle verfahrensmäßigen Möglichkeiten ausschöpft und so den Arbeitgeber zwingt, auch eine wirtschaftlich sinnlos gewordene Produktion vorübergehend fortzuführen. In solchen Fällen ist ein beschleunigtes Einigungsstellenverfahren durchzuführen, wobei Streitigkeiten über die Zahl der Beisitzer und die Person des Vorsitzenden notfalls im Wege der einstweiligen Verfügung zu bereinigen sind.[438] Für eine einseitige Anordnungsbefugnis des Arbeitgebers besteht keine Rechtsgrundlage.[439]

### 5.5.2.4. Der Streit um das Kurzarbeiter- bzw. Arbeitslosengeld nach § 116 AFG a. F.

Anfang der 70er Jahre, aber auch in den Arbeitskämpfen 1984 konzentrierten 585
sich die Auseinandersetzungen sehr stark auf die Frage, ob die mittelbar von Arbeitskämpfen betroffenen Arbeitnehmer wenigstens einen Anspruch auf Kurzarbeitergeld haben.

#### 5.5.2.4.1. Klare und kontroverse Bereiche

Ausdrücklich vom Bezug des Kurzarbeitergelds ausgenommen waren schon 586
immer diejenigen Arbeitnehmer, die, ohne selbst zu streiken, in einem bestreikten Betrieb beschäftigt sind.

Legt nur eine Abteilung die Arbeit nieder, gerät dadurch aber die gesamte Produktion ins Stocken, steht auch den Arbeitswilligen in anderen Teilen des Betriebes kein Arbeitslosen- oder Kurzarbeitergeld zu.

---

436 Dies übersieht Seiter DB 1981, 585, in seiner Kritik am BAG. Wie hier insoweit LAG München NJW 1980, 958 li. Sp.

437 Vgl. Seiter DB 1981, 584. Zum Initiativrecht s. unten Rn 901.

438 Zum Einigungsstellenverfahren s. unten 6.8.3. (Rn 945 ff.).

439 Anders Seiter DB 1981, 586.

Ebenso einig war (und ist) man sich darüber, dass Betroffene **außerhalb des fachlichen Geltungsbereichs** des Tarifvertrags Leistungen erhalten[440]: Kann wegen eines Metallerstreiks in einem Chemiebetrieb nicht weitergearbeitet werden, sind Kurzarbeiter- oder Arbeitslosengeld fällig.[441] Meist wird allerdings der Arbeitgeber nach der Lehre vom Arbeitskampfrisiko zur Entgeltfortzahlung verpflichtet sein; ihm bleibt nur der Rückgriff auf die «normale», mit dem Betriebsrat vereinbarte Kurzarbeit.[442]

587 Umstritten waren und sind demgegenüber die Ansprüche der in anderen Betrieben derselben Branche Beschäftigten. In seiner **seit 1969 geltenden Fassung** bestimmte **§ 116 Abs. 3 Satz 1 Nr. 2 AFG**, durch die Gewährung von Arbeitslosengeld dürfe der Arbeitskampf nicht «beeinflusst» werden. In der Praxis wurden deshalb den im umstrittenen Tarifgebiet tätigen Arbeitnehmern die Leistungen verweigert. Beim baden-württembergischen Metallarbeiterstreik **1971** ging jedoch der Präsident der Bundesanstalt für Arbeit (BA) darüber hinaus: Auch die außerhalb des Tarifgebiets beschäftigten Arbeitnehmer der Metallindustrie kämen faktisch in den Genuss des Tarifabschlusses und dürften deshalb kein Arbeitslosengeld erhalten.[443] Der drittelparitätisch aus Vertretern der Arbeitgeber, der Arbeitnehmer und der öffentlichen Hand zusammengesetzte Verwaltungsrat der BA zog daraufhin die «Notbremse» und ordnete die Auszahlung von Arbeitslosen- und Kurzarbeitergeld an alle betroffenen Arbeitnehmer außerhalb des umkämpften Tarifgebiets an, da § 116 Abs. 4 Satz 1 AFG «für eine bestimmte Gruppe von Arbeitnehmern ausnahmsweise» ein Abgehen von der Regel des § 116 Abs. 3 AFG erlaubte.[444] Die nachfolgenden – auch gerichtlichen – Auseinandersetzungen änderten daran nichts mehr; ein Versuch, den § 116 AFG neu zu fassen, scheiterte im politischen Raum.[445]

#### 5.5.2.4.2. Die sog. Neutralitätsanordnung

588 Die Kontroversen wurden zunächst dadurch bereinigt, dass am 22. 3. 1973 die sog. Neutralitätsanordnung erlassen wurde.[446] Sie **konkretisierte den § 116 Abs. 3 Nr. 2 AFG** für den umstrittenen Bereich. Danach sollte das Arbeitslosengeld entfallen,

---

440 So ausdrücklich § 116 Abs. 1 S. 2 AFG n. F. (nunmehr: § 146 Abs. 1 S. 2 SGB III).

441 Beide unterscheiden sich der Höhe nach nicht. § 174 SGB III verweist im Rahmen der Kurzarbeit auf § 146 SGB III, der den Wegfall des Arbeitslosengelds regelt. Beide Begriffe können synonym verwendet werden; im Regelfall liegt der vorübergehende Charakter der Arbeitsunterbrechung auf der Hand, sodass der Weg über § 174 SGB III zu gehen ist.

442 Seiter, Staatliche Neutralität im Arbeitskampf, Stuttgart 1985, S. 8.

443 Mitgeteilt bei Säcker, Gruppenparität, S. 14.

444 Vgl. Säcker, Gruppenparität, S. 14. Nach BSG BB 1976, 272, war § 116 Abs. 4 allerdings eng auszulegen.

445 Eingehend dazu Säcker, S. 15 ff.

446 Abgedruckt RdA 1973, 168.

«wenn der Arbeitnehmer seine Beschäftigung in einem Betrieb verloren hat, weil in einem anderen Betrieb ein Arbeitskampf geführt wird, sofern

1. dieser Arbeitskampf auf die Änderung von Arbeitsbedingungen eines Tarifvertrags gerichtet ist und der Betrieb, in dem der Arbeitslose zuletzt beschäftigt war, zwar *nicht* dem *räumlichen,* aber dem *fachlichen* Geltungsbereich des in Frage kommenden Tarifvertrags zuzuordnen ist und
2. die Gewerkschaften für den Tarifvertragsbereich des arbeitslosen nicht beteiligten Arbeitnehmers nach Art und Umfang gleiche Forderungen wie für die am Arbeitskampf beteiligten Arbeitnehmer erhoben haben und mit dem Arbeitskampf nach Art und Umfang gleiche Arbeitsbedingungen durchgesetzt werden sollen.»

Viele Jahre lang erhoben die Gewerkschaften unterschiedliche Forderungen 589 in den einzelnen Tarifgebieten, sodass mit Rücksicht auf den Wortlaut der Neutralitätsanordnung Arbeitslosen- bzw. Kurzarbeitergeld bezahlt wurde.[447] Im Metallarbeitskampf 1984 wurde diese Praxis erstmals in Frage gestellt. Durch **«Schnellbrief» vom 11. 5. 1984** teilte der Präsident der Bundesanstalt für Arbeit den Arbeitsämtern mit, nach seiner Auffassung ruhe der Anspruch auf Kurzarbeiter- bzw. Arbeitslosengeld, weil die IG Metall nach Art und Umfang gleiche Forderungen erhoben habe.[448] **Im Wege der einstweiligen Anordnung** setzten die Sozialgerichte in Bremen und Hessen diesen sog. Franke-Erlass außer Vollzug und ordneten die **Zahlung von Kurzarbeiter- bzw. Arbeitslosengeld** an.[449] In der Tat hatte die IG Metall zwar überall die Einführung der 35-Stunden-Woche mit vollem Lohnausgleich verlangt, daneben aber zahlreiche unterschiedliche Forderungen z. B. nach Freizeitausgleich bei Überstunden, mehr Mitbestimmung und Lohnerhöhungen erhoben.[450] In der Literatur wurde daraufhin § 4 der Neutralitätsanordnung selbst in Zweifel gezogen, da er die staatliche Neutralitätspflicht verletze und deshalb nichtig sei: Die Gewerkschaft könne durch geschickte Formulierung von Forderungen das Ruhen der Ansprüche jederzeit vermeiden.[451] Dies wäre nur dann überzeugend gewesen, wenn die Zahlungen an mittelbar Betroffene die Gewichte zugunsten der Gewerkschaft verschoben hätten; davon konnte (und kann) in der Realität aber nicht die Rede sein.[452]

---

447 In diesem Sinn auch BSG BB 1976, 272. Eine Verfassungsbeschwerde der Arbeitgeberseite gegen die Neutralitätsanordnung wurde als unzulässig verworfen: BVerfG DB 1978, 577.

448 Der Schnellbrief ist im Wortlaut wiedergegeben bei Hessisches LSG NZA 1984, 100 und bei Stevens-Bartol AiB 1984, 119.

449 LSG Bremen NZA 1984, 132; Hessisches LSG NZA 1984, 100; in gleichem Sinne hatten die Vorinstanzen entschieden.

450 S. den Überblick bei Stevens-Bartol AiB 1984, 120.

451 Raiser NZA 1984, 367 ff.

452 Dagegen auch Gagel BB 1984, 2011 auf der Basis des § 116 Abs. 3 Satz 1 Nr. 2 AFG a. F.

### 5.5.2.4.3. Die Neufassung des § 116 AFG

590 Der Interpretationsstreit wurde zunächst nicht entschieden. Gegen den erbitterten Widerstand der Gewerkschaften[453] und der parlamentarischen Opposition fasste der Gesetzgeber im Jahre 1986 den § 116 AFG neu und verschlechterte dabei die Voraussetzungen für den Bezug von Arbeitslosengeld erheblich.[454] Nach dem neuen Abs. 3 Satz 1 Nr. 2 entfällt die Leistung des Arbeitsamts, wenn der Betrieb, in dem der Betroffene beschäftigt war,

> «nicht dem räumlichen, aber dem fachlichen Geltungsbereich des umkämpften Tarifvertrages zuzuordnen ist und im räumlichen Geltungsbereich des Tarifvertrags, dem der Betrieb zuzuordnen ist,
>
> a) eine Forderung erhoben worden ist, die einer Hauptforderung des Arbeitskampfes nach Art und Umfang gleich ist, ohne mit ihr übereinstimmen zu müssen, und
>
> b) das Arbeitskampfergebnis aller Voraussicht nach in dem räumlichen Geltungsbereich des nicht umkämpften Tarifvertrages im Wesentlichen übernommen wird.»

Eine **Forderung** gilt auch dann als **erhoben**, wenn sie «aufgrund des Verhaltens der Tarifvertragspartei im Zusammenhang mit dem angestrebten Abschluss des Tarifvertrags als beschlossen anzusehen ist» (§ 116 Abs. 3 Satz 2 AFG).

590a Ob Ansprüche bestehen, muss schnell geklärt werden. Nach § 206 a des (damaligen) AFG befindet über die Auslegung des § 116 Abs. 3 AFG ein sog. **Neutralitätsausschuss**, der aus dem Präsidenten der BA und je drei Vertretern der Arbeitgeber- und der Arbeitnehmerseite besteht. Seine Entscheidungen können von den «Fachspitzenverbänden» vor dem BSG angefochten werden, das in erster und letzter Instanz entscheidet und das auch eine einstweilige Verfügung erlassen kann.

590b Die Regelung wurde **unverändert** als **§ 146** in das **SGB III** übernommen; aus der «Bundesanstalt» ist mittlerweile eine «Bundesagentur» geworden.

591 Gegen die Neufassung sprachen zahlreiche verfassungsrechtliche Bedenken,[455] denen das **BVerfG** in seiner Entscheidung vom 4. 7. 1995 jedoch nicht Rechnung trug.[456] Zwar sei der Einsatz des Mittels Streik eingeschränkt worden, doch habe nicht zuletzt die Tarifauseinandersetzung in der bayerischen Metallindustrie 1994/95 gezeigt, dass die Tarifautonomie weiter funktionsfähig sei.[457] Dies würde sich allerdings ändern, wenn ein Streik nur noch

---

453 S. die Dokumentation in GMH Heft 4/1986. Zur (verneinten) Legalität der durchgeführten Demonstrationsstreiks s. LAG Rheinland-Pfalz NZA 1986, 264.

454 Gesetz zur Sicherung der Neutralität der Bundesanstalt für Arbeit bei Arbeitskämpfen vom 25. Mai 1986, BGBl I, 740.

455 S. 14. Aufl. Rn 591 mwN.

456 BVerfG DB 1995, 1464.

457 BVerfG DB 1995, 1465 f., auch zum Folgenden. Kritisch zu dieser Entscheidung Heilmann-Menke AuR 1996, 11 ff.

solche Unternehmen erfassen könne, die mit anderen branchenangehörigen Unternehmen eng verflochten sind. Träte ein solcher Fall ein, müssten Gesetzgeber und Rechtsprechung das zur Erhaltung der Tarifautonomie Notwendige in die Wege leiten. Schon heute dürfe die Vorschrift über das Erheben von Forderungen nicht so gehandhabt werden, dass vor Abschluss der satzungsgemäßen Willensbildung eine bestimmte Forderung als erhoben gelte; dies würde gegen das Selbstbestimmungsrecht der Koalition verstoßen.

Für die Gewerkschaft bleibt unter diesen Umständen die Möglichkeit, in 592
den Tarifverhandlungen **Entgeltzahlung für die ausgefallene Arbeitszeit** zu verlangen; die Lehre vom Betriebs- und Arbeitskampfrisiko ist nach der Rechtsprechung dispositiv.[458] Vor längerer Zeit scheint es solche Abmachungen vereinzelt in der Praxis gegeben zu haben.[459]

**Betriebsräte** sind in der Regel darauf beschränkt, ihre **Informations-** 593
**rechte** nach § 174 Abs. 2 S. 3 SGB III voll auszuschöpfen und im Rahmen des Möglichen zu verhindern, dass Produktionsstörungen nur vorgeschoben werden.[460]

## 5.6. Schutz des Streikrechts durch Klage und einstweilige Verfügung?

### 5.6.1. Gefährdungen des Streikrechts

Trotz aller Einschränkungen des Streikrechts und trotz aller Nachteile, die der 594
Arbeitnehmer beim Streik auf sich nehmen muss, gibt es eine Art «Restgröße» an Handlungsfreiheit, die vor Eingriffen durch den Staat und den Arbeitgeber geschützt ist. Ein gesetzliches Streikverbot wäre verfassungswidrig, ein Arbeitgeber, der seine Arbeitnehmer eine Streikverzichtsklausel unterschreiben

---

458 BAG AP Nr. 5 zu § 615 BGB Betriebsrisiko. Zustimmend Hueck-Nipperdey, Bd. I, S. 349; Nikisch, Bd. 1, S. 602. Auch in den Entscheidungen vom 22.12.1980 wird verschiedentlich das Vorliegen abweichender tariflicher Regelungen geprüft (BAG DB 1981, 326 ff.); die Tatsache, dass sich das BAG zur Begründung seiner Auffassung auf das Paritätsprinzip stützt, steht – wie in BAG DB 1980, 1266 LS 5 klargestellt – einer tariflichen Regelung nicht entgegen.

459 Hanau ZRP 1974, 113. Zu entsprechenden Überlegungen in der Literatur s. neben Hanau Udo Mayer DuR 1975, 24; Reuß AuR 1975, 13. Ähnlich wie hier Gagel BB 1984, 2006.

460 Zu praktischen Problemen s. insbesondere Lehmann AiB 1987, 51 und Unterhinninghofen AiB 1987, 27.

ließe, würde gegen Art. 9 Abs. 3 Satz 2 GG verstoßen und somit rechtswidrig handeln. Wo aber sind im Einzelfall die Grenzen zu ziehen? Können sich Arbeitnehmer und Gewerkschaft irgendwie zur Wehr setzen, wenn der Arbeitgeber ankündigt, im Falle eines Streiks verlege er die Produktion nach Polen oder nach China? Darf er der Belegschaft ein zusätzliches Weihnachtsgeld von einem Monatsgehalt für den Fall versprechen, dass sie aus der gewerkschaftlichen Streikfront ausbricht? Welche Folgen hat es, wenn der Arbeitgeber täuscht, etwa der Wahrheit zuwider behauptet, in anderen Abteilungen werde schon wieder gearbeitet?[461] Kann er bei einem drohenden Streik die fünf angesehensten Belegschaftsmitglieder einzeln zu sich ins Direktionszimmer bitten, um sie durch Hinweise auf das Schicksal des Unternehmens, das ihnen doch allen gleichermaßen am Herzen liege, vom Streik abzuhalten (was die Belegschaft insgesamt entmutigen würde)? Darf er Streikbrecher anheuern? Darf er gar eine «Urabstimmung» mit von ihm formulierten Fragen veranstalten, um so die Abneigung der Belegschaft gegen jede Art von Arbeitskampf dokumentieren zu können?[462]

### 5.6.2. Unterschiedliche Sichtweisen des Streikrechts

595 Fragen dieser Art zu stellen ist in der juristischen Literatur eher unüblich. Das hängt weniger mit ungenügender Aufarbeitung des tatsächlichen Geschehens als mit der Überlegung zusammen, der Arbeitgeber habe eine Art «natürliches Recht» auf Präventivmaßnahmen, die letztendlich der Aufrechterhaltung der «Ordnung» dienen würden. Sicherlich, Beleidigungen und Freiheitsberaubungen wären ihm nicht gestattet, aber alles, was «darunter» bleibt, scheint rechtlich unbedenklich zu sein. Nicht unwichtig mag auch die Tatsache sein, dass man das Streikrecht nicht wie das Eigentum oder die freie Wahl des Arbeitsplatzes als voll gültiges subjektives Recht behandelt. Selbst Seiters umfangreiche Habilitationsschrift zum Arbeitskampf[463] berührt die nahe liegende

461 S. den Fall bei Lichtenberger, in: Werkkreis, S. 48, der sich auf die Verweigerung von Überstunden bezog.

462 S. die Entscheidung ArbG Hamburg (14 Ga 8/78), bestätigt durch LAG Hamburg (6 Sa 33/78), die dies für rechtswidrig erklärte. Ebenso Wolter, in: Däubler (Hrsg.), Arbeitskampfrecht, Rn 274 und wegen des für die Arbeitnehmer entstehenden Loyalitätskonflikts Löwisch RdA 1997, 222. Differenzierend Gamillscheg, Kollektives Arbeitsrecht I, S. 1020.

463 StreikR, Tübingen 1975. Auch die Arbeit Ottes, Das subjektiv-private Arbeitskampfrecht als Grundlage einer Neuorientierung im Recht des Streiks und der Aussperrung, Hamburg 1970, führt nicht weiter. Die Studie von Kazakos, Die Suspendierung von Hauptpflichten. Unter besonderer Berücksichtigung des Arbeitskampfrechts, Frankfurt/M. und Bern 1980, konzentriert sich gleichfalls auf die zivilrechtliche Wirkung des Streiks.

Frage, die man insbesondere bei vielen Grundrechten stellt, nicht: **Welche tatsächlichen Voraussetzungen müssen vorliegen**, damit das Recht auch in der Realität ausgeübt werden kann? Erinnern wir uns an die oben behandelte negative Koalitionsfreiheit[464]: Sie soll nach Auffassung des BAG verletzt sein, wenn durch ein zusätzliches Urlaubsgeld in Höhe des halben Gewerkschaftsbeitrags ein Anreiz zum Beitritt geschaffen wird. Wie steht es mit dem Schutz des Streikrechts gegenüber dem Versprechen einer zusätzlichen Weihnachtszuwendung? Ist es wenigstens dann geschützt, wenn den Arbeitnehmern mit Existenzverlust gedroht wird wie im Fall der Produktionsverlagerung ins Ausland?

### 5.6.3. Unbeeinflusste Kommunikation als verfassungsgebotene Voraussetzung des Streikrechts

Eine Lösung könnte in folgender Richtung liegen: Das im Grundgesetz ga- 596
rantierte Streikrecht ist genau wie die Koalitionsfreiheit als solche ein Kommunikationsrecht.[465] Zu seiner Ausübung ist die Beteiligung einer größeren Anzahl von Menschen erforderlich, die sich untereinander über die jedem zuzuweisende Rolle und die Ziele des Vorgehens verständigen müssen. Anders als etwa das Eigentum, für dessen Schutz es genügt, Dritte von jeder Einwirkung auf die Sache auszuschließen, ist ein solches Recht erst dann in vollem Umfang gewahrt, wenn die Verständigung zwischen den Beteiligten ohne Störung von außen vonstatten gehen kann. Aus diesem Grund hat etwa Art. 9 Abs. 3 Satz 2 GG dem Arbeitgeber jede Maßnahme untersagt, die den Zusammenschluss zu Gewerkschaften behindert. Dasselbe gilt unbe-

464 Oben 3.2.6. (Rn 134 ff.).

465 Insofern ist Seiter (Streikrecht, S. 46 ff., 227 ff.) durchaus zuzustimmen, der das Individuum als Träger des Streikrechts ansieht und sich dabei in Übereinstimmung mit der in den romanischen Ländern herrschenden Auffassung befindet. Ob die von ihm bejahten «kollektiven Bindungen» bei der Rechtsausübung zu akzeptieren sind, ist eine andere Frage. Richtig am Gedanken der kollektiven Bindung ist, dass das Streikrecht anders als das liberale Eigentumsrecht kein «Ausgrenzungsrecht» eines Individuums ist, sondern auf die reale Situation des Einzelnen bezogene Handlungsmöglichkeiten sichert – in der betrieblichen Wirklichkeit ist der Einzelne aber in vielfältige Zusammenhänge eingebunden, weshalb eben nur «zusammen mit andern» gestreikt werden kann. An sich passt deshalb die dem liberalen Marktmodell entnommene Kategorie des subjektiv-privaten Rechts auf den Streik ebenso wenig wie die traditionelle Vertragskategorie auf den Tarifvertrag (dazu Däubler, Tarifvertragsrecht, Rn 2 ff.); es ist eine Aufgabe der Rechtsdogmatik, die den Rahmen eines Leitfadens übersteigt, hier neue Begriffe zu entwickeln. Interessant insoweit der Ansatz Kisseljows (S. 180), der das Streikrecht als soziales Grundrecht versteht, dessen Ausübung durch staatliche Maßnahmen ermöglicht werden muss (zu diesem Buch s. Däubler DuR 1980, 104 ff.). Zum Ganzen auch Däubler (Hrsg.), Arbeitskampfrecht, Rn 128–132.

strittenermaßen auch dann, wenn sich der Einzelne an den Aktivitäten seiner Koalition beteiligt. Daraus folgt, dass auch die Organisation als solche gegen Eingriffe und Störmanöver des Arbeitgebers geschützt sein muss – eine Feststellung, die bereits im Zusammenhang mit der Behandlung des «Koalitionsbestands» getroffen wurde. Dasselbe muss auch für den Streik als eine durch Art. 9 Abs. 3 GG geschützte Handlungsform gelten; sie darf nicht durch beliebige Einwirkung des Arbeitgebers auf die Willensbildung beeinträchtigt werden.

597 **Ungestörte, autonome Streikorganisation** schließt das vom Arbeitgeber zu respektierende Recht in sich, auf dem Betriebsgelände Flugblätter zu verteilen, sich dort gegebenenfalls zu versammeln oder auch die betrieblichen Telefonanschlüsse zu benutzen. Art. 9 Abs. 3 Satz 2 GG wäre verletzt, wollte der Arbeitgeber der Streikleitung Hausverbot erteilen oder durch unwahre Behauptungen die Streikorganisation erschweren. Genauso, wie es unzulässig ist, einzelnen Arbeitnehmern Vorteile in Aussicht zu stellen, wenn sie der Gewerkschaft fernbleiben oder sich nicht am Streik beteiligen[466], darf man auch nicht auf demselben Wege einzelne Gruppen aus der Streikfront herausbrechen. Weiter würde der Arbeitgeber rechtswidrig handeln, wenn er einseitig einen besonders umfangreichen Notdienst organisieren würde und so das Streikrecht teilweise leer laufen ließe[467]; hier beruft sich auch die Rechtsprechung ausdrücklich auf das «subjektive Recht» zum Streik.[468] Schließlich ist es der öffentlichen Hand entgegen der Auffassung von BAG[469] und BVerwG[470] untersagt, Beamte auf die Arbeitsplätze streikender Arbeitnehmer abzuordnen[471]: Nach Auffassung des BVerfG fehlt hierfür bereits die gesetzliche Grundlage.[472] Schließlich wurde eine **vom Arbeitgeber initiierte «Urabstimmung»** mit Recht durch einstweilige Verfügung verboten.[473]

---

466 BAG DB 1988, 183: Keine Kürzung der Jahressonderleistungen nur bei Streikenden. BAG DB 1987, 2470: Prämie für Nichtteilnahme am Streik verstößt gegen Maßregelungsverbot. Näher dazu unten 5.9.1. (Rn 656).

467 So auch LAG Frankfurt AP Nr. 40 zu Art. 9 GG Arbeitskampf, Bl. 4.

468 LAG Niedersachsen DB 1980, 2041.

469 BAG AP Nr. 86 zu Art. 9 GG Arbeitskampf.

470 BVerwG NZA 1984, 401.

471 Ebenso Bieback RiA 1982, 61; Menkens RdA 1982, 101; Gerhard Müller RdA 1982, 86 und DB 1985, 867; Plander JZ 1986, 570; Rüthers AuR 1987, 37; H.-P. Schneider RdA 1982, 104; Söllner AuR 1982, 233; Wohlgemuth–Sarge AuR 1987, 65; A. A. Badura-Stern, Die Rechtmäßigkeit des Beamteneinsatzes beim Streik der Tarifkräfte, München 1983; von Münch DöV 1982, 337; Löwisch (Hrsg.), Arbeitskampf- und Schlichtungsrecht, Abschn. 170.9 Rn 38.

472 BVerfG DB 1993, 837 = AiB 1993, 398. Dazu Lörcher AuR 1993, 279.

473 S. oben Fn 462.

### 5.6.4. Abgrenzung zu Gegenmaßnahmen des Arbeitgebers

Von dieser «Kommunikationsbehinderung» ist die Kritik an der Gewerkschaft, die offene Verhandlung mit der Vertretung der Streikenden und das Ergreifen von Gegenmaßnahmen zu unterscheiden: Was der Unternehmer bzw. beim Verbandstarif der Arbeitgeberverband im Einzelnen anbietet, ist seine Sache, welche Gegenmaßnahmen er ergreifen darf (Aussperrung, Drohung mit Produktionsverlagerung usw.), bedarf im Einzelnen der Untersuchung. Mit Rücksicht auf die kollektive Natur des Streikrechts ist lediglich das Hineinwirken in die interne Willensbildung der Streikenden untersagt: Wer sich im Streik zusammenfindet, ist grundsätzlich als einheitlich handelnde Größe zu betrachten.[474] 598

### 5.6.5. Rechtsdurchsetzung

Die Durchsetzung des subjektiven Rechts auf Streik erfolgt nach allgemeinen Grundsätzen: Drohenden Verletzungen kann mit der Unterlassungsklage, eingetretenen Verletzungen mit der Klage auf Beseitigung und Schadensersatz begegnet werden. Um sofort klare Verhältnisse zu schaffen, ist eine einstweilige Verfügung möglich.[475] 599

## 5.7. Die Aussperrung und andere Gegenmittel des Arbeitgebers

### 5.7.1. Die Position des BAG zur Aussperrung

#### 5.7.1.1. Der Paritätsgrundsatz

600

Auf Streiks darf der einzelne Unternehmer oder der Arbeitgeberverband mit einer Aussperrung antworten, die sich gleichermaßen gegen Streikende und Arbeitswillige, gegen Organisierte wie gegen Nichtorganisierte richten kann.

474 Ein ähnlicher Gedanke liegt dem § 78 Satz 2 BetrVG zugrunde, der ja nicht nur eine Schlechterstellung, sondern auch eine Begünstigung einzelner (oder aller) betrieblicher Funktionsträger verbietet.

475 LAG Frankfurt, a.a.O. Insoweit zustimmend Gamillscheg, Kollektives Arbeitsrecht I, § 21 II 7 c (2) – S. 1020.

Dies folgt nach Auffassung des Großen Senats des BAG aus der historischen Entwicklung[476] sowie insbesondere daraus, dass es «andernfalls nicht gewährleistet ist, dass es … durch Verhandlungen und notfalls durch Ausübung von Druck und Gegendruck zum Abschluss von Tarifverträgen … kommt»[477]. Weiter führt das Gericht aus:

«Könnte die eine Seite, nämlich die Arbeitnehmerschaft, vertreten durch die Gewerkschaft, allein das Kampfgeschehen bestimmen und wäre der Arbeitgeber auf ein Dulden und Durchstehen des Arbeitskampfes beschränkt, so bestünde die Gefahr, dass die Regelung der Arbeitsbedingungen nicht mehr auf einem System freier Verhandlungen beruht, das Voraussetzung für ein Funktionieren und innerer Grund des Tarifvertragssystems ist. Vorbehaltlich der konkreten, insbesondere auch der wechselnden wirtschaftlichen Situation, die vorgegeben ist, muss im Prinzip sichergestellt sein, dass nicht eine Tarifvertragspartei der anderen von vornherein ihren Willen aufzwingen kann, sondern dass möglichst gleiche Verhandlungschancen bestehen.»

Tragender Grund für die Zulässigkeit der Aussperrung ist somit die Parität, d.h. die **Gleichheit der jeder Seite eingeräumten Verhandlungs- und Durchsetzungsmöglichkeiten**.

### 5.7.1.2. Wirkungen der Aussperrung

601 Die rechtlichen Wirkungen der Aussperrung wurden durchaus unterschiedlich bestimmt: Der im Jahre 1955 ergangene erste Grundsatzbeschluss des BAG räumte dem Arbeitgeber das Recht zur «lösenden», das Arbeitsverhältnis beendenden Aussperrung ein, ohne dass die betroffenen Arbeitnehmer einen realisierbaren Anspruch auf Wiedereinstellung nach dem Ende des Arbeitskampfes gehabt hätten.[478] Die nächste Grundsatzentscheidung aus dem Jahre 1971 schuf ein sehr viel differenzierteres System von Rechtsfolgen, das im Ergebnis die Arbeitnehmer weniger belastete. **In der Regel** darf der Arbeitgeber **nur suspendierend** aussperren, das Arbeitsverhältnis als solches bleibt daher bestehen.[479] Bei längerer Dauer und besonderer Intensität des Arbeitskampfes sowie bei rechtswidrigen Aktionen kann er jedoch zur lösenden Aussperrung übergehen; dasselbe gilt, wenn er Arbeitsplätze einspart oder anderweitig besetzt.[480] Dabei gelten jedoch zwei vorher nicht vorhandene Einschränkungen:

602 ▶ Nach beendetem Arbeitskampf besteht ein **Anspruch auf Wiederein-**

476 So BAG AP Nr. 1 zu Art. 9 GG Arbeitskampf, Bl. 9.

477 BAG AP Nr. 43 zu Art. 9 GG Arbeitskampf, Bl. 7/8.

478 BAG AP Nr. 1 zu Art. 9 GG Arbeitskampf, Bl. 12 R, gab einen Wiedereinstellungsanspruch bei «offensichtlicher Willkür» des Arbeitgebers – ein nicht eben leicht zu beweisender Tatbestand.

479 BAG AP Nr. 43 zu Art. 9 GG Arbeitskampf.

480 BAG, a.a.O., Bl. 10.

**stellung** nach billigem Ermessen des Arbeitgebers. Um einen Arbeitnehmer endgültig aus dem Betrieb zu entfernen, bedarf es daher eines besonderen sachlichen Grundes, der nicht in der aktiven Teilnahme an einem legalen Streik, wohl aber darin liegen kann, dass sich der betreffende Arbeitnehmer bei einer rechtswidrigen (z.B. «wilden») Arbeitsniederlegung hervorgetan oder diese sogar «angezettelt» hat.[481] Kein Wiedereinstellungsanspruch besteht auch dann, wenn der Arbeitsplatz mit einem Streikbrecher besetzt oder inzwischen wegrationalisiert wurde. Fallen von mehreren gleichartigen Arbeitsplätzen auf diese Weise nur einige wenige weg, so hat der Arbeitgeber unter den betroffenen Arbeitnehmern eine Auswahl nach sozialen Gesichtspunkten vorzunehmen.[482]

▶ **Bestimmte Arbeitnehmergruppen** können nicht lösend, sondern **nur suspendierend** ausgesperrt werden. Dazu zählen Betriebsrats- und Personalratsmitglieder, Arbeitnehmervertreter im Aufsichtsrat[483], Schwerbehinderte und Frauen, die unter den Schutz des § 9 Abs. 1 MuSchG fallen.[484] Die darin liegende Einschränkung des Aussperrungsrechts wurde vom Bundesverfassungsgericht als verfassungskonform angesehen, ohne dass dieses sich damals zu den übrigen mit der Aussperrung verbundenen Rechtsfragen geäußert hätte.[485] 603

### 5.7.1.3. Die neue Dimension: Flächenaussperrungen und gewerkschaftliche Forderungen nach einem Verbot

Trotz ihres «arbeitgeberfreundlichen» Charakters warf diese Rechtsprechung keine wesentlichen Probleme auf, solange das Kampfmittel der Aussperrung nur bei spontanen Arbeitsniederlegungen und anderen aus dem normalen «Rahmen» herausfallenden Aktionen eingesetzt wurde: Wesentliche Teile der Gewerkschaftsbewegung hatten ein Eigeninteresse daran, «Störungen» des überkommenen Verhandlungssystems abzuwehren.[486] Dies änderte sich, als die Arbeitgeber begannen, gewerkschaftliche Lohnstreiks mit Flächenaussperrungen zu beantworten: Da die Ausgesperrten genau wie Streikende von der Gewerkschaft finanziell unterstützt werden, **hat es die Arbeitgeberseite in der Hand**, den Arbeitskampf auszudehnen und so **die Gewerkschaft in wirtschaftliche Schwierigkeiten zu bringen**. Während die Aussperrung von 200 000 Metallarbeitern im Jahre 1963 zunächst als Ausnahmefall erscheinen 604

481 BAG, a.a.O., Bl. 11 R.
482 BAG, a.a.O., Bl. 12.
483 Das wird praktisch nur für diejenigen, die aus dem Unternehmen oder Konzern kommen.
484 BAG, a.a.O., Bl. 9 R.
485 BVerfGE 38, 386.
486 Kalbitz, S. 85 ff.

konnte[487], war dies bei einer entsprechenden Arbeitgeberaktion im Jahre 1971 nicht mehr der Fall.[488] Die Gewerkschaften verlangten daher nachhaltig ein gesetzliches Verbot der Aussperrung.[489]

605 Der **wissenschaftliche Kongress über «Streik und Aussperrung» im September 1973**[490] untermauerte diese Forderung mit zahlreichen Argumenten und durchbrach zwei Tabus der bisherigen juristischen Diskussion: Die meisten Referate bezogen die gesamtgesellschaftliche Dimension der behandelten Probleme mit ein und bestimmten diese teilweise auf der Basis materialistischer Gesellschaftsanalyse. Zum Zweiten wurde die institutionelle Trennung von wissenschaftlicher und gewerkschaftlicher Öffentlichkeit durchbrochen und so eine Voraussetzung dafür geschaffen, den Kampf um Rechtspositionen auch als gewerkschaftliches Problem zu begreifen.[491]

606 Sieht man einmal von der Erteilung eines Gutachtenauftrags durch das Bundesarbeitsministerium ab[492], so ergaben sich zunächst keine weiteren **praktischen Konsequenzen** aus der Forderung nach dem Aussperrungsverbot. Dies änderte sich erst, als die wirtschaftliche Stagnation und die verstärkte Einführung neuer Techniken den Verteilungsspielraum weiter reduzierten. Im Jahre 1976 wurde der Streik von ca. 16000 Druckern mit einer Aussperrung von 90000 Beschäftigten beantwortet.[493] Für die IG Druck bedeutete dies Arbeitskampfunterstützungen in Höhe von 33 Mio. Mark, von denen sie nur 4 Mio. aus Beitragsüberschüssen bestreiten konnte; der Rest musste über Bankkredite beschafft werden.[494] Der Arbeitskampf 1978 schuf weitere Kosten in Höhe von 15 Mio. DM.[495] Die **IG Metall** musste für den Arbeitskampf in Nordwürttemberg/Nordbaden, wo im Frühjahr 1978 ca. 80000 Arbeitnehmer streikten und 120000 ausgesperrt wurden, **130 Mio.** DM aufwenden, was 32,5 % der gesamten Jahreseinnahmen ausmachte[496] und dem Überschuss von 3 Jahren entsprach.[497] Der Stahlarbeiterstreik 1978/79 dürfte vergleichbare Belastungen mit sich gebracht haben. Dies bedeutete, dass die Gewerkschaft «erpressbar» geworden war. Die Spielregeln zu ändern und in Zukunft grund-

---

487 Kalbitz, S. 125; zu diesem Konflikt eingehend Hoß, Die Krise des «Institutionalisierten Klassenkampfes». Metallarbeiterstreik in Baden-Württemberg, Frankfurt/M. und Köln 1974; Noë, Gebändigter Klassenkampf. Tarifautonomie in der Bundesrepublik Deutschland, Berlin 1970.

488 Kalbitz, S. 125 ff.; Michael Schneider, S. 133 f.

489 Michael Schneider, S. 119 ff.; Zachert u. a., S. 211 ff.

490 Kittner (Hrsg.), Streik und Aussperrung. Protokoll der wissenschaftlichen Veranstaltung der IG Metall vom 13. bis 15. 9. 1973 in München, Frankfurt/M. und Köln 1974.

491 Der Stellenwert der Tagung ist nur teilweise erfasst bei Erd KJ 1973, 435 ff.

492 Das Resultat: Thomas Raiser, Die Aussperrung nach dem Grundgesetz, Berlin 1975 (Vorwort).

493 Angaben nach Weigand-Wohlgemuth, S. 63.

494 Vgl. Bertelsmann S. 274.

495 S. die Angaben in BAG DB 1980, 1270.

496 Michael Schneider, S. 140.

497 Kittner, Verbot der Aussperrung, S. 11.

sätzlich keine Streikunterstützung mehr zu bezahlen, wurde nicht ernsthaft erwogen.

### 5.7.1.4. Massenklagen und die BAG-Rechtsprechung zur Aussperrungsarithmetik

Die Antwort der Gewerkschaften bestand in einer verstärkten Kampagne 607
gegen die Aussperrung, dessen Schwerpunkt in der **Erhebung sog. Massenklagen** lag. Eine Reihe von Pilotverfahren führte zu den **Aussperrungsentscheidungen des 1. Senats des BAG vom 10. 6. 1980**[498], die eine Einschränkung, wenn auch kein Verbot der Aussperrung brachten. Im Einzelnen argumentierte das Gericht wie folgt:

▶ Die Arbeitnehmer und ihre Gewerkschaften hätten ein eigenes Interesse daran, den Kampfrahmen möglichst zu beschränken. Der Lohn sei die Lebensgrundlage des Arbeitnehmers, sein Verlust nur kurze Zeit durchzuhalten, die dafür erforderliche Opferbereitschaft sehr schwer erreichbar. Die Streikunterstützung könne dies nicht ausgleichen; auch versage sie bei Nichtorganisierten.[499]

▶ Der Grundsatz gleicher Durchsetzungschancen (Parität) verlange, dass die Arbeitgeber bei Teilstreiks eine Abwehraussperrung verhängen könnten. Dies beruhe allerdings nicht darauf, dass durch Streiks in Schlüsselbetrieben eine ganze Branche lahm gelegt werden könne, da in diesen Fällen das Betriebsrisiko ausnahmsweise nicht beim Arbeitgeber liege und deshalb keine Lohnfortzahlung erfolgen müsse. Maßgebend sei vielmehr, dass der **Teilstreik** einen **wirksamen Angriff auf die Solidarität der Arbeitgeber** darstellen könne. Dazu hieß es:

> «Während die Interessen der Mitglieder einer Gewerkschaft weitgehend übereinstimmen und zu einem hohen Maße an Solidarität führen, sind die Mitglieder eines Arbeitgeberverbandes normalerweise potenzielle oder tatsächliche Konkurrenten. Zwar verbindet sie das Interesse an günstigen Tarifabschlüssen, und diese Gemeinsamkeit lässt sie im Arbeitskampf zusammenrücken, aber die marktbedingten Interessengegensätze werden dadurch nicht aufgehoben. Daraus ergibt sich ein Interessenkonflikt, wenn die Lasten eines Arbeitskampfes, der um einen Verbandstarifvertrag geführt wird, nur einzelne Mitglieder des Verbandes trifft. Diese sehen sich in die Lage versetzt, im gemeinsamen Arbeitgeberinteresse stellvertretend standhalten zu müssen, während ihre streikverschonten Verbandskollegen die Gunst der Stunde nutzen und Marktanteile hinzugewinnen können. Man wird davon ausgehen müssen, dass dieser Konflikt zwar nicht zwangsläufig, aber doch typischerweise bei eng begrenzten Teilstreiks auftritt.»

498 BAG DB 1980, 1266ff.
499 BAG DB 1980, 1270.

Die ungleiche Lastenverteilung könne nun dazu führen, dass die bestreikten Unternehmen Firmentarife abschließen und damit gewissermaßen zu einem «Separatfrieden» gelangen.

Die Konkurrenzverzerrungen seien umso größer, je enger der Rahmen eines Teilstreiks abgesteckt werde. In Konkretisierung des Verhältnismäßigkeitsprinzips wurden **quantitative Grenzen** genannt: Werden weniger als ein Viertel der Arbeitnehmer des Tarifgebiets zur Arbeitsniederlegung aufgefordert, müsse die Arbeitgeberseite den Kampfrahmen erweitern können, um so die Belastungen für ihre Solidarität abzuwehren. Dabei erscheine die Aussperrung von 25 % der im Tarifgebiet beschäftigten Arbeitnehmer nicht unangemessen. Eine Störung der Kampfparität sei jedoch möglicherweise nicht mehr zu befürchten, wenn etwa die Hälfte der Arbeitnehmer eines Tarifgebiets bereits zum Streik aufgerufen oder von einem Aussperrungsbeschluss betroffen sei, doch blieb diese Frage letztlich dahingestellt.[500]

Zur Verdeutlichung:

| Streikende im Tarifgebiet | Ausgesperrte im Tarifgebiet |
|---|---|
| bis ¼ | bis ¼ |
| über ¼ (z. B ⅜) | weniger als ¼ (z. B. ⅛), d. h. Aufstockung auf ½ |
| ½ und mehr | Aussperrung wohl entbehrlich |

Für diese Zahlenwerte hat sich der Ausdruck **«Aussperrungsarithmetik»** eingebürgert.

Wird wie im Falle des Arbeitskampfes 1978 in der **Druckindustrie** ein Streik von weniger als 10 % der Beschäftigten mit einer **bundesweiten Aussperrung** beantwortet, so ist dies ein **Verstoß gegen das Verhältnismäßigkeitsprinzip**. Anders verhielt es sich in der Metallindustrie, wo bei einem Tarifgebiet mit 500 000 Beschäftigten zunächst 80 000 gestreikt hatten und dann 120 000 ausgesperrt wurden.[501]

▶ Das Paritätsprinzip gehört zu den **«tragenden Grundsätzen des geltenden Tarifrechts».** Da es die Abwehraussperrung als Reaktion auf einen Teilstreik zwingend voraussetze, ist das Aussperrungsverbot des Art. 29 Abs. 5 der hessischen Landesverfassung unwirksam geworden – Bundesrecht bricht Landesrecht (Art. 31 GG).[502]

▶ Die sog. **Selektivaussperrung**, die sich ausschließlich gegen gewerkschaftlich organisierte Arbeitnehmer richtet, ist eine durch Art. 9 Abs. 3 Satz 2 GG

---

500 BAG DB 1980, 1274 li. Sp.

501 BAG DB 1980, 1274.

502 BAG DB 1980, 1268 f. Dazu schon oben 5.2.2. (Rn 488 f.).

verbotene Benachteiligung wegen Gewerkschaftszugehörigkeit; außerdem ist sie eine Maßnahme, die gegen den Bestand der Gewerkschaften gerichtet ist.[503]

▶ Die Zulässigkeit der **Angriffs-, der Sympathie-** und der **lösenden Aussperrung** blieb dahingestellt.[504] In der Logik der Entscheidungen liegt es allerdings, diese Kampfmittel sämtlich für illegal zu erklären, da sie im Paritätsverständnis des BAG keinen Platz haben.[505] Nicht behandelt wurde auch der rechtswidrige Streik.[506]

▶ Aus der beherrschenden Rolle, die das Solidaritätsargument für das BAG spielt, lässt sich ableiten, dass die **verbandsfreie** («wilde») **Aussperrung rechtswidrig** ist, sofern sie im Rahmen einer Auseinandersetzung um einen Verbandstarif erfolgt.[507] Allerdings hat das BVerfG einem unorganisierten Arbeitgeber das Recht eingeräumt, sich unter Berufung auf Art. 9 Abs. 3 GG einer vom Verband beschlossenen Aussperrung anzuschließen.[508] Dabei wird er sich freilich innerhalb der zugelassenen Quoten bewegen müssen. Ob eine sog. **Warnaussperrung** zulässig ist, war auf der Grundlage der bis 1988 geltenden Rechtsprechung zum Warnstreik umstritten;[509] inzwischen ist die Frage gegenstandslos geworden, da es keine selbständigen «Warnkampfmittel» mehr gibt.[510]

▶ Die Aussperrung muss **eindeutig erklärt** sein; die Arbeitnehmer müssen klar erkennen, ob der Arbeitgeber aussperren oder lediglich Maßnahmen zur Aufrechterhaltung der Produktion treffen oder den Betrieb vorübergehend stilllegen will.[511] Maßgebend ist der Aussperrungsbeschluss, nicht die Zahl der tatsächlich ausgesperrten Arbeitnehmer.[512]

Das **BVerfG** hat in der Rechtsprechung des BAG keinen Verfassungs- 608
verstoß gesehen, gleichzeitig aber deutlich gemacht, dass auch eine andere Konkretisierung des Art. 9 Abs. 3 GG möglich gewesen wäre.[513] In der Entscheidung zu § 116 AFG hat das Gericht betont, eine Aussperrung könne

---

503 BAG DB 1980, 1355. Kritisch dazu Seiter JZ 1980, 749.

504 BAG DB 1980, 1270.

505 Ebenso für die Aggressivaussperrung und die lösende Aussperrung Konzen-Scholz DB 1980, 1596; für die Aggressivaussperrung auch ErfK-Dieterich Art. 9 GG Rn 243 mit eingehenden Nachweisen über den Streitstand.

506 Dazu unten 5.8.1. (Rn 622ff.).

507 So BAG DB 1996, 578. Ebenso Berg u. a., AKR, Rn 176; Löwisch (Hrsg.), Arbeitskampf- und Schlichtungsrecht, Abschn. 170.2 Rn 82; Scholz-Konzen, S. 255; Seiter, Festschrift 25 Jahre BAG, S. 602.

508 BVerfGE 84, 212 = AuR 1992, 29.

509 Dahingestellt LAG Hamm DB 1981, 482. In der Literatur wurde sie überwiegend abgelehnt. S. die Nachweise bei Birk, Warnstreik, S. 49 Fn 242 und Däubler, Neue Beweglichkeit, S. 62 Fn 379.

510 Zur neuen Rechtsprechung s. oben 5.3.8. (Rn 539ff.).

511 BAG DB 1996, 143.

512 BAG DB 1980, 1268.

513 BVerfGE 84, 212 = AuR 1992, 29.

unverhältnismäßig und damit rechtswidrig sein, wenn sie **gezielt eingesetzt** werde, um **«Fernwirkungen» in anderen Tarifgebieten** auszulösen und so die Gewerkschaft in existenzielle Schwierigkeiten zu bringen.[514]

### 5.7.1.5. Spätere Aussagen des BAG

609 Seit 1980 tritt die Rechtsprechung im Wesentlichen auf der Stelle. Die Unverhältnismäßigkeit der Aussperrung in der Druckindustrie 1978 wurde im Jahre 1985 erneut bestätigt.[515] Die zahlenmäßigen Beschränkungen der Abwehraussperrungen beim Teilstreik sahen sich 1988 einer Relativierung ausgesetzt[516], doch deutete das Gericht in keiner Weise an, wie es sich eine andere Konkretisierung des Verhältnismäßigkeitsprinzips vorstellen könnte.

609 a Bedeutsam ist eine Entscheidung zum **Aussperrungsrecht des Arbeitgebers bei** der Auseinandersetzung um einen **Firmentarif**.[517] Unter Rückgriff auf das Paritätsprinzip und tarifrechtliche Grundsätze bejahte das BAG die Aussperrungsbefugnis des Arbeitgebers, doch muss das Verhältnismäßigkeitsprinzip gewahrt bleiben. Dieses wurde in der Weise konkretisiert, dass der Zeitraum der Aussperrung auf den Zeitraum des Streiks bezogen wurde: Sie könne zwar «um einiges» länger dauern, doch sei ein Verhältnis von 1 zu 26 (2 Tage Aussperrung als Reaktion auf einen halbstündigen Streik) nicht mehr hinzunehmen.[518]

610 Im Übrigen entschied die Rechtsprechung eine Reihe von **Einzelfragen** in eher arbeitgeberfreundlichem Sinne. Die (suspendierende) Aussperrung kann kranke und schwerbehinderte Arbeitnehmer mit umfassen[519], desgleichen Arbeitnehmerinnen unter Mutterschutz.[520] Ausgesperrte Betriebsratsmitglieder haben auch dann keinen Anspruch auf Entgelt, wenn sie ihre normalen Aufgaben erfüllen.[521] Schließlich steht es dem Arbeitgeber frei, nur einen Teil der Belegschaft auszusperren.[522] Nach Auffassung des LAG Hamm[523] ist es auch möglich, nur die Teilnehmer an einem Warnstreik auszusperren, sofern dies vor Beginn des Arbeitskampfes angekündigt war.[524]

---

514 BVerfGE 92, 365, 402.

515 BAG AP Nr. 84 zu Art. 9 GG Arbeitskampf.

516 BAG DB 1988, 2104.

517 BAG NZA 1993, 39.

518 BAG NZA 1993, 39, 41.

519 BAG AuR 1989, 219 = DB 1988, 2104. Dazu kritisch Pieper AuR 1989, 221.

520 BAG AP Nr. 4 zu § 14 MuSchG 1968.

521 BAG DB 1989, 682.

522 BAG AP Nr. 13 zu § 87 BetrVG 1972.

523 NZA-RR 2002, 367

524 Kritisch zu dieser Entscheidung mit Recht Berg u. a., AKR, Rn 173. Die Aussperrung ist insoweit eine verkappte Selektivaussperrung, als auch die Außenseiter, die sich dem Streik anschließen, von ihrem Grundrecht aus Art. 9 Abs. 3 GG Gebrauch machen.

## 5.7.2. Kritik der Aussperrungsurteile vom Juni 1980

Die BAG-Entscheidungen von 1980 stellten wie die vorherige Rechtsprechung entscheidend auf den Grundsatz gleicher Durchsetzungschancen ab, der als notwendige Voraussetzung der Tarifautonomie angesehen wurde. Die insbesondere von gewerkschaftlichen Autoren begründete These, Art. 9 Abs. 3 GG enthalte ein reines Arbeitnehmergrundrecht und kenne daher keinen Paritätsgrundsatz[525], fand beim BAG keine Beachtung. Abgelehnt hat es auch die sog. **Gesamtparität**, d.h. den Versuch, bei der Bestimmung der Durchsetzungschancen beider Seiten auf alle Faktoren abzustellen, die sich bei einer sozioökonomischen Gesamtbetrachtung ergeben: Damit sei das Gericht überfordert; außerdem sei eine kollektive Kampf- und Ausgleichsordnung ihrer Natur nach nicht dazu geeignet, etwaige gesamtpolitische Ungleichheiten zu kompensieren und marktwirtschaftliche Gesetze aufzuheben. So könne weder eine eventuelle Preissetzungsmacht der Unternehmer noch die Freiheit der Investitionsentscheidung (Produktionsverlagerung!) mit Mitteln des Arbeitskampfrechts beeinflusst werden.[526] Es gehe vielmehr nur um eine **tarifbezogene Parität**, d.h. um das Kräfteverhältnis bei Tarifverhandlungen. Dabei wird nachhaltig betont, dass der Streik die natürliche Unterlegenheit der Arbeitnehmer kompensiere und mit großen Opfern verbunden sei, weshalb die Aussperrung grundsätzlich nur bei Teilstreiks in dem oben beschriebenen Rahmen zulässig sei. 611

Die **Unterscheidung** von «Gesamtparität» und «tarifbezogener Parität» 612 **überzeugt nicht**. Wenn man wie das BAG nach der tatsächlichen Verhandlungssituation fragt, so kann man die Preissetzungsmacht und die Freiheit der Investitionsentscheidung nicht ausklammern.[527] Wie steht es – um ein heute durchaus aktuelles Beispiel zu wählen – mit der «tarifbezogenen Parität», wenn zehn in einem Arbeitgeberverband zusammengeschlossene Textilunternehmen erklären, jede weitere Lohnerhöhung hätte eine Verlagerung von 30 % der Kapazität nach Indien oder China zur Folge?[528] Dass sich im Einzelfall Einschätzungs- und Bewertungsprobleme ergeben können, ist zuzugestehen, gilt aber in gleicher Weise für die vom BAG gewählte Konzeption. Dies wäre deutlicher geworden, hätte es sich nicht nur auf die konkret zu entscheidenden Konflikte, sondern auch auf andere Fallkonstellationen

525 Zachert u. a., S. 118 ff., 187 ff. mwN. Kritisch zum Paritätsprinzip auch Berg u. a., AKR, Rn 169; M. Hensche RdA 1996, 293 ff.

526 BAG DB 1980, 1269 re. Sp.

527 Zachert u. a., S. 137 ff.

528 S. bereits Froebel-Heinrichs-Kreye, Neue Internationale Arbeitsteilung, Reinbek 1977, S. 67 ff. Ein Beispiel für die Drohung mit einer Produktionsverlagerung findet sich bei Zachert, Betriebliche Mitbestimmung, S. 18.

konzentriert, um so generelle Regeln für die Bestimmung der «Verhandlungsstärke» zu schaffen.[529]

613 Vom Standpunkt des BAG aus spricht für die Zulässigkeit der Abwehraussperrung beim Teilstreik ausschließlich das oben referierte **Solidaritätsargument**. Das BAG stützt sich insoweit auf Rüthers[530], hätte aber auch einen Aufsatz von Erd heranziehen können, der aus dem geringen Zusammenhalt der Arbeitgeberseite sogar den Schluss zog, beim Druckerstreik 1976 sei ein (wohl tariflich zu vereinbarendes) Aussperrungsverbot möglich gewesen.[531] Dagegen lassen sich eine ganze Reihe von Einwänden formulieren[532]:

▶ Die BAG-These setzt unausgesprochen ein **Modell vollständigen Wettbewerbs** voraus, wo jedes Unternehmen ausschließlich die vordergründigen eigenen Interessen verfolgt. Dort ist es bei einer (auch vom BAG praktizierten) «typisierenden Betrachtung» nahe liegend, dass die nicht bestreikten Arbeitgeber in die Marktanteile der bestreikten einbrechen. Der **Normalfall der Märkte sieht heute anders aus**; nicht nur die gleichzeitige Mitgliedschaft im Arbeitgeberverband (die das BAG allein berücksichtigt), sondern auch zahlreiche Formen von Kooperationsabkommen, konzernmäßigen Verflechtungen oder informellen Absprachen verhindern «unsolidarisches» Verhalten.[533]

▶ **Solidaritätsprobleme** kann es **auch auf Arbeitnehmerseite** geben. Durch das bestehende Wirtschaftssystem sind die Arbeitnehmer gezwungen, um Arbeitsplätze und Aufstiegschancen zu konkurrieren. Zwar gibt es einen «strukturellen Zwang», sich zu Gewerkschaften zusammenzuschließen, um so die eigene Existenz zu sichern[534], doch wirkt sich dieser eben nicht immer auf das Verhalten der Beteiligten aus. So wäre etwa zu berücksichtigen gewesen, dass der Organisationsgrad auf Arbeitnehmerseite (damals) knapp über 40 % lag[535], während der Organisationsgrad auf Arbeitgeberseite mit 80 bis 90 % veranschlagt wurde.[536] Wenn man den Gewerkschaften zumutet, Solidaritätsprobleme im Wege der Bewusstseinsbildung zu überwinden, so besteht kein Anlass, die Arbeitgeber insoweit anders zu behandeln.

▶ Die **These des BAG ist empirisch nicht belegt**. Zwar weist das Gericht

529 Kritisch insoweit mit Recht Konzen-Scholz DB 1980, 1597. Die Bezugnahme des BAG auf Bertelsmann und Krejci ist überdies inkorrekt: Während der Erstere an der angegebenen Stelle (S. 324 f.) zur «Dimension» der Parität gar nichts sagt, bezieht Krejci (S. 49) ausdrücklich alle Faktoren ein, die die Verhandlungsposition beeinflussen.

530 Rüthers, Rechtsprobleme, S. 88 ff.

531 Erd DuR 1977, 42, 54.

532 Eingehender Däubler-Wolter AuR 1982, 144 ff.

533 Vgl. auch Lieb DB 1980, 2192.

534 Erd DuR 1977, 48.

535 Angaben in: Statist. Jahrbuch 1980, 549.

536 Franke, AR-Blattei, Berufsverbände IV, DI (Industrie, Banken und Versicherungen).

selbst auf dieses Defizit hin, doch hätte es unschwer eine Reihe wichtiger Informationen gewinnen können. So ist etwa in Ländern, die wie Frankreich und Italien keine Aussperrung in unserem Sinne, sondern nur ein sehr eng bestimmtes Arbeitskampfrisiko kennen[537], kein Auseinanderbrechen der Arbeitgeberverbände festzustellen. Auch gab es in Deutschland Zeiten (etwa nach 1918), wo vorübergehend die Aussperrung geächtet war[538], die beschriebene Desolidarisierung aber gleichwohl nicht eintrat. Weiter wäre an den öffentlichen Dienst zu denken, wo niemand eine Aussperrung in Erwägung zieht, gleichwohl aber nicht durch Streiks einzelne Kommunen oder Bundesländer aus der Tariffront der Arbeitgeber herausgebrochen werden.

▶ Schließlich ist **nicht einzusehen, weshalb die Aussperrung «solidarisierende» Wirkung haben soll**. Wenn die Interessenlage wirklich so beschaffen ist, wie es das BAG annimmt, dann werden die vom Streik verschonten Unternehmen einem Aussperrungsbeschluss schwerlich Folge leisten. Die Erfahrungen in der Druckindustrie legen dies nahe.[539]

Die Beschränkung der Aussperrung auf ein Viertel der im Tarifgebiet Be- 614
schäftigten ist im Grundsatz zu begrüßen, zumal auf diese Weise ein Stück mehr Rechtssicherheit geschaffen wird. Allerdings ist zu beachten, dass ein **finanzielles Ausbluten** der Gewerkschaften **keineswegs** definitiv **verhindert** wird. Auch in Zukunft könnten in einem großen Tarifbereich über 100 000 Beschäftigte ausgesperrt werden. Möglich wäre zwar, durch Aufteilung des Tarifgebiets das Risiko zu verringern, doch behält der Arbeitgeber das Recht, vor einer einvernehmlichen Neufestsetzung seine auf das alte Tarifgebiet bezogene Quote auszuschöpfen.[540]

## 5.7.3. Perspektiven des Kampfes gegen die Aussperrung

Ein gesetzliches Verbot der Aussperrung wäre nach der Rechtsprechung des 615
BVerfG [541] wohl nicht möglich. Ein tarifliches Verbot ist demgegenüber zwar zulässig,[542] aber in der Realität nicht durchsetzbar. Seit 1985 hat es allerdings keine größeren Aussperrungen mehr gegeben,[543] was mit der geringen Streikaktivität sowie damit zusammenhängt, dass über die Lehre vom **Arbeitskampfrisiko** automatisch eine Ausdehnung auf Drittbetriebe erfolgt, die für

537 Vgl. Birk ZfA 1979, 248 ff. (Frankreich), und 254 ff. (Italien).
538 Michael Schneider, S. 88.
539 Erd DuR 1977, 42 ff.
540 Vgl. BAG DB 1980, 1275 re. Sp.
541 BVerfGE 84, 212 ff. = AuR 1992, 29.
542 S. unten 5.9.2. (Rn 662).
543 Kissel § 51 Rn 6.

die Betroffenen **dieselbe Wirkung wie eine suspendierende Aussperrung** hat.

## 5.7.4. Weitere Kampfmittel des Arbeitgebers

### 5.7.4.1. Durchstehen des Streiks

617 Statt eine Aussperrung zu verhängen, kann der Arbeitgeber auch Verhandlungen ablehnen und darauf vertrauen, dass ein längerer Streik die Arbeitnehmer sehr viel stärker belastet als ihn selbst. Man spricht insoweit von der Taktik des «Durchstehens» des Streiks. Entsprechend wird beispielsweise im öffentlichen Dienst verfahren, wo es – soweit ersichtlich – bislang noch nie eine Aussperrung gab. Dabei spielt ggf. auch die recht beschränkte «Popularität» des Streiks eine wichtige Rolle. In der gewerblichen Wirtschaft sind insbesondere Streikhilfeabkommen und Unterstützungsfonds auf Arbeitgeberseite von Bedeutung.[544]

### 5.7.4.2. Vorübergehende Schließung des Betriebs

618 Nach der jüngeren Rechtsprechung des BAG hat der bestreikte Arbeitgeber weiter das Recht, den Betrieb insgesamt zu schließen und so auch die Arbeitsverhältnisse der Arbeitswilligen zu suspendieren.[545] Er vermeidet damit Auseinandersetzungen um die Frage, ob bestimmte Arbeitswillige ihren Entgeltanspruch behalten haben, weil sie hätten weiter beschäftigt werden können.[546] Das BAG akzeptiert diese «Überwinterungstaktik» allerdings nur im Rahmen des gewerkschaftlichen Streikaufrufs; durch dieses «neuartige Arbeitskampfmittel» sollen die Gewichte zwischen Gewerkschaft und Arbeitgeber nicht verändert werden.[547] Dies gilt auch in zeitlicher Hinsicht; soll die Schließung länger dauern als der Streik, läge der Sache nach eine Aussperrung vor, die beim Streik um einen neuen Verbandstarif nur auf der Grundlage eines Verbandsbeschlusses möglich wäre.[548] Weiter wird zu Recht verlangt, dass die

---

544 Näher Berg u. a., AKR, Rn 154 f.

545 BAG DB 1995, 100 in Abweichung von BAG DB 1994, 632. Diese Rechtsprechung wurde bestätigt durch BAG DB 1995, 1817 und BAG DB 1997, 578.

546 In der Tat besitzen Arbeitswillige einen Entgeltanspruch, es sei denn, ihre Beschäftigung sei für den Arbeitgeber infolge des Streiks unmöglich oder unzumutbar: BAG DB 1996, 223.

547 Ausdrücklich betont von BAG DB 1995, 1817; BAG DB 1997, 578.

548 ErfK-Dieterich Art. 9 Rn 212.

Stilllegung eindeutig erklärt wird, da für die Arbeitnehmer sonst unklar bliebe, ob sie ihre Arbeitsleistung anbieten müssen.[549]

### 5.7.4.3. Fortführung des Betriebs mit Arbeitswilligen und Streikbrechern

Der Arbeitgeber kann sich stattdessen für eine Fortführung des Betriebs ent- 619
scheiden und Arbeitswillige zur Arbeitsleistung ermutigen. Dabei hat sich das BAG nicht definitiv festgelegt, ob er zu diesem Zweck Zusatzleistungen (**«Streikbruchprämien»**) versprechen darf, doch neigt es ersichtlich zu einer positiven Antwort.[550] Wird später dann allerdings eine Maßregelungsklausel vereinbart, müssen auch die Streikenden in den Genuss der fraglichen Leistung kommen,[551] sodass ein solches Vorgehen für den Arbeitgeber nicht ohne Risiko ist.

Die Rechtsprechung gewährt dem Arbeitgeber weiter die Möglichkeit, für 620
die Dauer des Arbeitskampfes **Streikbrecher einzustellen**.[552] Dies erweckt Bedenken, da bei bestimmten, schnell zu erlernenden Tätigkeiten Arbeitswillige von heute auf morgen zu rekrutieren sind und so das Streikrecht unschwer unterlaufen werden kann: Dem Arbeitgeber steht von der Grundkonzeption der Rechtsprechung her aus Gründen des Paritätsprinzips lediglich das Recht zum Gegendruck, nicht aber die Möglichkeit zu, dem Streik die Grundlage zu entziehen. Die Tatsache, dass die Arbeitsagentur grundsätzlich keine Streikbrecher vermitteln darf (§ 36 Abs. 3 SGB III) und dass auch Leiharbeitnehmer in solchen Fällen «nein» sagen dürfen (§ 11 Abs. 5 AÜG), ist angesichts verbreiteter Arbeitslosigkeit keine ausreichende Sicherung.

Werden **einzelne Teile** des Arbeitsprozesses auf andere Betriebe oder Un- 620a
ternehmen **ausgelagert**, so stellt sich für die dort Beschäftigten die Frage, ob sie diese **«Streikarbeit» verweigern** dürfen. Im Grundsatz ist dies in Rechtsprechung[553] und Literatur[554] anerkannt; für den Einzelnen ist es unzumut-

549 ErfK-Dieterich Art. 9 GG Rn 212 mwN.

550 BAG DB 1994, 148. Gegen die Zulässigkeit eines solchen Arbeitskampfmittels Staudinger-Richardi (1999), Vorbem. zu §§ 611 ff. Rn 956; Wolter, in: Däubler (Hrsg.), Arbeitskampfrecht, Rn 280wv; dafür jedoch Belling NZA 1990, 217 ff.; ErfK-Dieterich Art. 9 GG Rn 209; von Hoyningen-Huene DB 1989, 1466; Konzen SAE 1989, 23.

551 Näher unten 5.9.1. (Rn 654 ff.).

552 BAG DB 1995,101; dabei ist das Zustimmungsverweigerungsrecht des Betriebsrats nach § 99 BetrVG suspendiert: LAG Frankfurt/M. DB 1991, 707; LAG Köln DB 1993, 838. Rechtsvergleichendes Material zu der Behandlung der Problematik in Deutschland und den USA bei Balders, Die Neubesetzung der Stellen streikender Arbeitnehmer in den Vereinigten Staaten von Amerika und der Bundesrepublik Deutschland, Baden-Baden 1999. Zur amerikanischen Praxis s. die Studie von Getman-Marshall, 102 Yale Law Journal 1803 (1993).

553 BAG AP Nr. 3 zu § 615 BGB Betriebsrisiko; LAG Kiel DB 1957, 166.

554 So bereits Hueck-Nipperdey, Bd. I, S. 203 ff.; Nikisch, Bd. I, S. 287; Rüthers ZfA 1972, 421 ff.

bar, den Streikenden in den Rücken zu fallen. Dies gilt sogar dann, wenn die Arbeitsniederlegung rechtswidrig war.[555] «Streikarbeit» liegt im Übrigen immer dann vor, wenn bisher von einem bestreikten Betrieb erfüllte Aufgaben übernommen werden; dass sie sich im Rahmen der «an sich» geschuldeten Arbeitsleistung bewegen, ist selbstverständlich und macht die Verweigerung als solche erst zum Rechtsproblem.

Wird ein Druckauftrag kurzfristig von einem anderen Betrieb übernommen, so können die dort beschäftigten Drucker die darauf bezogene Arbeit verweigern. Erst recht müssen sich leitende Angestellte nicht gegen ihren Willen als Drucker einsetzen lassen. Auch die verwaltungsmäßige Abwicklung des Auftrags gehört im Übrigen zur Streikarbeit.

Einzelheiten sind an anderer Stelle behandelt worden.[556]

### 5.7.4.4. Verweigerung des Entgelts bei Kurzstreiks

620b Insbesondere in Druckbetrieben wurde die Taktik des sog. **Wellenstreiks** entwickelt: Überraschend legen Beschäftigte abwechselnd in unterschiedlichen Abteilungen die Arbeit für eine halbe oder für 1 bis 2 Stunden nieder, um so eine streng zeitgebundene Produktion (Andrucken von Zeitungen) zu stören. Längere Streiks scheiden deshalb aus, weil der Arbeitgeber in der Lage wäre, mit relativ wenigen Arbeitswilligen und Streikbrechern die wichtigsten Teile der Produktion aufrechtzuerhalten.[557] Nach Ende der jeweiligen Arbeitsniederlegung ist häufig für den Rest der Schicht keine sinnvolle Beschäftigung mehr möglich. Nach der Rechtsprechung des BAG[558] liegt dabei das **«Arbeitskampfrisiko» bei den Arbeitnehmern**, die ihren Entgeltanspruch für die Dauer der ganzen Schicht einbüßen.[559]

### 5.7.4.5. Drohung mit Produktionsverlagerung

620c Im Rahmen seiner unternehmerischen Freiheit kann der Arbeitgeber kleinere oder größere Teile seiner Aktivitäten ins Ausland verlagern. Dabei sind die Lohnkosten ein Faktor, doch spielen die Verfügbarkeit qualifizierter Arbeitskräfte, eine ausgebaute Infrastruktur, gute Verkehrsanbindungen sowie eine rechtsstaatlich und effizient arbeitende staatliche Verwaltung eine mindestens genauso bedeutsame Rolle. Nach geltendem Recht ist das **«Recht zur Abwanderung» nur ausnahmsweise beschränkt**. So muss etwa die Buchführung

555 BAG AP Nr. 3 zu § 615 BGB Betriebsrisiko.

556 Colneric, in: Däubler (Hrsg.), Arbeitskampfrecht, Rn 590 ff. sowie Däubler, Der Kampf um einen weltweiten Tarifvertrag, S. 36 ff.

557 Berg u. a., AKR, Rn 300.

558 AP Nr. 147, 152, 154 und 155 zu Art. 9 GG Arbeitskampf.

559 Kritisch Berg u. a., AKR, Rn 300; zustimmend dagegen ErfK-Dieterich Art. 9 GG Rn 141.

eines in Deutschland Geschäfte tätigenden Unternehmens nach § 146 AO von hier aus gesteuert werden und zugänglich sein,[560] und auch die Staatsaufsicht über Banken und Versicherungen lässt keine beliebige Verlagerung ins Ausland zu. Eine allgemeine Missbrauchskontrolle, die sich beispielsweise auf die Sozialbindung des Eigentums nach Art. 14 Abs. 2 GG stützen ließe, ist bisher nicht entwickelt worden.[561]

Die Möglichkeit zur Produktionsverlagerung kann bei Tarifverhandlungen 620d allen Beteiligten bewusst sein, aber auch in concreto angedroht werden. In beiden Fällen entsteht ein Einschüchterungseffekt, der jede Form von Gegenwehr und Druckausübung faktisch unmöglich macht. Da jeder **Streik** die Abwanderungsüberlegungen nur beschleunigen wird, **findet** er eben **nicht statt**. In der Gegenwart liegt hierin die **weitreichendste Abweichung vom Paritätsprinzip** – die effektiv vorgenommene Verlagerung läuft auf eine lösende Aussperrung ohne Wiedereinstellungschance hinaus. Erst wenn die Reduzierung oder die Preisgabe des deutschen Standorts feststeht, ist ein Arbeitskampf um einen Tarifvertrag möglich, der die Entscheidung als gegeben hinnimmt, aber Modalitäten wie Abfindungen, Weiterbildungskosten usw. regelt.[562] Unter diesen Umständen könnte eine annähernde Gleichheit der Durchsetzungschancen nur dadurch hergestellt werden, dass Solidaritätsstreiks in nicht verlagerungsbedrohten Unternehmen legalisiert werden. Entsprechende Überlegungen in der Literatur[563] sind bisher in der Praxis nicht aufgegriffen worden.

## 5.8. Welche Konsequenzen hat die Rechtswidrigkeit eines Streiks oder einzelner streikbezogener Handlungen?

Anders, als man vermuten sollte, war zumindest in einzelnen Zeiträumen der 621 rechtmäßige Streik die Ausnahme und die illegale Arbeitsniederlegung die Regel.[564] Damit wird die Frage nach den Rechtsfolgen für die Arbeitnehmer und die gegebenenfalls beteiligten Gewerkschaften besonders bedeutsam.

560 Einzelheiten bei Däubler AiB 2003, 14 ff.

561 Näher Däubler NJW 2005, 31 unter Hinweis auf die französische Entscheidung im Fall Fruehauf.

562 Praktische Beispiele: LAG Schleswig-Holstein AuR 2004, 152; LAG Niedersachsen AuR 2004, 471; Hess LAG AuR 2006, 120; dazu Hensche AuR 2004, 443 ff.

563 Preis, Anm. zu BAG 12.1.1988, EzA Art. 9 GG Arbeitskampf Nr. 73 S. 21; im Grundsatz auch Konzen, FS Molitor, S. 202 und Löwisch-Rieble, in: Löwisch (Hrsg.), Arbeitskampf- und Schlichtungsrecht, Abschn. 170.1, Rn 65, unter Hinweis auf das Paritätsprinzip.

564 S. oben Rn 550.

## 5.8.1. Übernahme der Rechtsfolgen legaler Streiks als «Minimalsanktion»?

622 Zunächst liegt der Gedanke nahe, der Arbeitgeber müsse zumindest diejenigen Sanktionen verhängen können, die ihm gegenüber einem rechtmäßigen Streik eingeräumt sind. Dafür könnte das von niemandem bestrittene Recht sprechen, den **Streikenden kein Entgelt mehr** zu bezahlen.

623 Bei näherem Zusehen ergeben sich jedoch Differenzen: So beruht diese Befugnis im ersten Fall auf der rechtmäßigen Suspendierung des Arbeitsverhältnisses, während sie im zweiten ihre Rechtsgrundlage in § 323 BGB und damit im Recht der Leistungsstörungen hat. Erst recht gerät man bei all jenen Rechtsfolgen in Schwierigkeiten, die mit dem Paritätsprinzip begründet werden[565]: Wo gar keine Tarifverhandlungen stattfinden oder wo diese von der Rechtsordnung missbilligt werden, **lässt sich schwerlich mit der Herstellung gleicher Durchsetzungschancen argumentieren.** Konsequenterweise hat das BAG darauf verzichtet, die **Suspendierung von Betriebsratsbefugnissen** in diesen Fällen mit der Chancengleichheit beider Seiten zu begründen, sondern hat sich mit einem Hinweis auf die (angebliche) Überforderung des Betriebsrats begnügt.[566] Erst recht kann es daher für Arbeitnehmer in Drittbetrieben kein «Arbeitskampfrisiko» geben; insoweit bleibt es bei dem allgemeinen Grundsatz, dass der Arbeitgeber das Betriebs- und Wirtschaftsrisiko trägt.[567]

624 Auch eine **Aussperrung** lässt sich auf dieser Grundlage nicht mehr rechtfertigen. Mit Recht hat Seiter darauf hingewiesen, sie verstoße außerdem gegen den (vom BAG ansonsten immer bejahten) Vorrang des Rechtswegs.[568] Wer sich mit Klage, einstweiliger Verfügung, Kündigung usw. gegen eine rechtswidrige Aktion wehren kann, bedarf entgegen der Auffassung des BAG[569] nicht des zusätzlichen Mittels der Aussperrung.[570] Es stellt sich somit die Frage, welche allgemeinen Sanktionen die Rechtsordnung zur Verfügung stellt.

---

565 Ähnlich Konzen, Anm. zu BAG AP Nr. 57–59 zu Art. 9 GG Arbeitskampf; Kissel § 47 Rn 111.

566 BAG NJW 1980, 140.

567 Die Frage wurde in BAG DB 1981, 321 allerdings nicht behandelt und entschieden. Wie hier Kissel § 33 Rn 163 mwN (auch für die Gegenmeinung).

568 Seiter, Streikrecht, S. 372 ff.

569 BAG NZA 1984, 34 = BB 1984, 983 = DB 1984, 1147 lässt dem Arbeitgeber weiter die Wahl zwischen Aussperrung und Kündigung.

570 Wie hier ErfK-Dieterich Art. 9 GG Rn 239. Ablehnend zur Aussperrung als Antwort auf einen rechtswidrigen Streik auch Scholz-Konzen, S. 227 ff.

## 5.8.2. Schadensersatzpflicht der Gewerkschaft

### 5.8.2.1. Der Grundsatz

Organisiert die Gewerkschaft einen rechtswidrigen Streik, so haftet sie den betroffenen Arbeitgebern auf Schadensersatz. Rechtsgrundlage hierfür ist das sog. **Recht am eingerichteten und ausgeübten Gewerbebetrieb**, dessen schuldhafte Verletzung zum Ersatz des vollen Schadens verpflichtet.[571] Wurde die Friedenspflicht nicht beachtet, so macht auch dies die Gewerkschaft haftbar. War der Streik bei seinem Beginn rechtswidrig, so soll der gesamte Streikschaden selbst dann zu ersetzen sein, wenn die Arbeitsniederlegung zu einem späteren Zeitpunkt allen rechtlichen Voraussetzungen genügt hätte. 625

*Beispiel:* Nach Auffassung des BAG stellt die Urabstimmung eine Kampfmaßnahme dar. Wird sie – wie beim schleswig-holsteinischen Metallarbeiterstreik 1956/57[572] – zu einem Zeitpunkt vorgenommen, in dem die Friedenspflicht noch nicht erloschen ist, so muss die Gewerkschaft den gesamten Streikschaden bezahlen, und zwar auch für die Zeit nach Ablauf der Friedenspflicht. Das BAG hat deshalb die IG Metall für verpflichtet angesehen, für sämtliche 114 Streiktage Ersatz zu leisten.[573]

Gerade diese letzte Feststellung macht die **Haftung bei längeren Streiks** zu einem wirksamen Druckmittel. Zwar müssen sich die Arbeitgeber um Schadensminderung, d.h. um möglichst schnelles Nachholen der ausgefallenen Arbeitszeit bemühen,[574] doch wird es den Gewerkschaften schwer fallen, im Einzelfall den Nachweis einer schuldhaften Verzögerung zu führen.

### 5.8.2.2. Einzelfragen

Die Haftung beschränkt sich nicht auf Fälle, in denen die Gewerkschaft als Organisator des Streiks auftritt, sondern erfasst schon die bloße **«Beihilfe» in Form von Gemaßregeltenunterstützung**. 626

*So das Beispiel des Streiks in einer Nürnberger Schuhfabrik:* Von Dezember 1961 bis Februar 1962 hatten 454 Arbeitnehmer (fast die gesamte Belegschaft) «wild» gestreikt, ohne dass ihre Aktion von der Gewerkschaft gebilligt oder gar zu irgendeinem Zeitpunkt fortgeführt wurde. Nachdem der Arbeitgeber jedoch am 15.12.1961 insgesamt 388 Ar-

571 BAG AP Nr. 2 zu Art. 9 GG Arbeitskampf, ständ. Rspr. Aus der Lit. s. die Nachweise bei Kissel §47 Rn 35 Fn 77. Zur Kritik dieser Auffassung s. Däubler, Streik, S. 248ff.; Ramm AuR 1964, 321 und AuR 1966, 161; L. Raiser JZ 1961, 469; Seiter, Streikrecht, S. 455ff.; Wiethölter KJ 1970, 129ff. Zur aktuellen zivilrechtlichen Diskussion um den Gewerbebetrieb s. Däubler, BGB kompakt, Kap. 26 Rn 44.

572 Zu ihm Bergmann u.a., S. 224ff.

573 BAG AP Nr. 2 zu § 1 TVG Friedenspflicht.

574 BAG AP Nr. 85 zu Art. 9 GG Arbeitskampf.

beitnehmer fristlos gekündigt und ihnen gleichzeitig die Wiederaufnahme der Arbeit zu den alten Bedingungen angeboten hatte, bezahlte die Gewerkschaft Gemaßregeltenunterstützung an die Betroffenen. Sie haftete deshalb als «Mittäter» für den gesamten Streikschaden.[575]

627 Im Zusammenhang mit den Fluglotsenaktionen entwickelte der BGH diese Grundsätze weiter.[576] Artikel 9 Abs. 3 GG gewährleistete den Koalitionen zwar das Recht, selbst über die Art und Weise der Interessenvertretung zu entscheiden, sodass sie sich auch mit rechtswidrig handelnden Gruppen solidarisieren könnten. Gehe es jedoch um **Aktionen der eigenen Mitglieder**, so müsste der Verband gegebenenfalls in aller Öffentlichkeit klarstellen, dass er als solcher anderer Ansicht ist; sonst sei er haftbar.[577]

627a Auf der anderen Seite praktizierte das BAG aber auch Zurückhaltung. So lehnte es 1978 einen Schadensersatzanspruch wegen eines Streiks um die Differenzierungsklausel ab: Bei **neuartigen tariflichen Forderungen**, deren Zulässigkeit in der Wissenschaft mit guten Gründen unterschiedlich beurteilt werde, komme «in maßvollem Rahmen» ein Streik in Betracht, wenn anders eine Klärung nicht herbeigeführt werden könne.[578] Erst recht scheidet ein Schadensersatzanspruch aus, wenn sich die Gewerkschaft im Einklang mit der bisherigen höchstrichterlichen **Rechtsprechung** befand, diese aber **nachträglich geändert** wurde.[579] Schließlich wird ein Streik **nicht** dadurch **rechtswidrig**, dass Arbeitnehmer, **Streikposten** oder Streikleiter **einzelne rechtswidrige Handlungen** begehen.[580]

### 5.8.2.3. Abschreckungsfunktion des Schadensersatzes

628 Trotz dieser «Auflockerungen» bzw. Klarstellungen sind die Haftungsregeln das wohl wichtigste Mittel, um die Einhaltung der von der Rechtsprechung entwickelten Streikgrenzen durch die Gewerkschaften zu erzwingen. Die Arbeitgeber haben frühzeitig sowohl beim schleswig-holsteinischen Metallarbeiterstreik als auch im Fall der Nürnberger Schuhfabrik klargestellt, dass sie **von ihren Möglichkeiten** bei Bedarf auch wirklich **Gebrauch machen**;

---

575 BAG AP Nr. 33 zu Art. 9 GG Arbeitskampf.

576 BGH NJW 1978, 816.

577 Eine Verfassungsbeschwerde gegen dieses Urteil wurde zurückgewiesen: BVerfG NJW 1980, 169.

578 BAG AP Nr. 62 zu Art. 9 GG Arbeitskampf mit Anm. Seiter. Ebenso BAG NZA 2003, 734, 741

579 BAG DB 1991, 2295 = NZA 1991, 815.

580 BAG DB 1988, 1952, 1955: Dies gelte jedenfalls dann, «wenn die unzulässigen Eingriffe in den Gewerbebetrieb nicht Inhalt der von der Gewerkschaft beschlossenen und von den zuständigen Organen durchgeführten Arbeitskampfmaßnahmen sind.»

immerhin stand im ersten Fall ein Schaden von rund 100 Mio. DM in Frage.[581] Dies ließ die Gewerkschaften nicht unbeeindruckt, sondern verstärkte die Tendenz, möglichst einen «Sicherheitsabstand» vom Bereich des «Rechtswidrigen» einzuhalten.

### 5.8.2.4. Gegenmaßnahmen?

Vertragliche Haftungsbeschränkungen konnten nur in wenigen Fällen durchgesetzt werden. So sieht etwa das zwischen Gesamtmetall und IG Metall vereinbarte Schlichtungsabkommen eine **Begrenzung der Ersatzpflicht auf 1 Million DM** vor.[582] Weitergehende Möglichkeiten wie ein völliger Haftungsausschluss oder die Einsetzung eines 50 : 50 zusammengesetzten Schiedsgerichts wurden bisher kaum erwogen.[583] 629

Selbst eine nur leicht fahrlässige Überschreitung der Zulässigkeitsgrenzen kann unter diesen Umständen zu einer Existenzgefährdung der Gewerkschaft führen, die den Verlust ihres Streikfonds oder gar ihrer Bildungsstätten fürchten muss. Auf der anderen Seite wäre es gefährlich, allein die Haftung als solche zu betrachten: **Lange Zeit** haben sich die Arbeitgeber fast immer damit begnügt, auf **Feststellung**, nicht aber auf Verurteilung zur Zahlung einer bestimmten Summe zu klagen[584]; das Auftauchen des Gerichtsvollziehers im Vorstandsgebäude drohte deshalb nie unmittelbar. Etwa **seit 1984** wurde diese **Zurückhaltung** allerdings verschiedentlich **aufgegeben**: Die IG Druck und Papier[585] wurde ebenso wie eine Gruppe Streikender[586] auf Zahlung von konkret beziffertem Schadensersatz in Anspruch genommen. 630

### 5.8.2.5. Geltendmachung von Schadensersatzansprüchen?

Dass nicht immer sofort mit dem «großen Hammer» zugeschlagen wurde (und wird), dürfte einmal in der Schwierigkeit liegen, einen konkreten Schaden 631

581 So die Angaben bei Bergmann u.a., S. 414, und Mückenberger-Weltecke KJ 1975, 15. Hanau-Adomeit C III 5c (Rn 291) sprechen von 40 Mio. Über einen Fall einer Schadensersatzklage wegen Bestreikung eines Pressebetriebs durch die ÖTV berichtet Löffler DB 1975, 241. Wegen der Betriebsbesetzung in Erwitte wurde die IG Chemie vom LAG Hamm (DB 1981, 1571) zu 12291,48 DM Schadensersatz verurteilt.

582 § 16, abgedruckt RdA 1964, 210, und RdA 1973, 387 (Neufassung). Das jetzt geltende Abkommen (abgedruckt RdA 1980, 165 ff.) enthält diese Regelung in § 17 Abs. 3.

583 Dazu Däubler, Das soziale Ideal, S. 130 f.

584 Eine Ausnahme bilden einige Urteile zum Zeitungsstreik (dazu Rajewsky, S. 47 ff.) sowie LAG Düsseldorf BB 1976, 86. Selbst die Klage der Bundesrepublik gegen den Fluglotsenverband war nur auf Feststellung gerichtet (BGH NJW 1978, 816), obwohl die Bundesrepublik bereits zu Schadensersatz gegenüber einem Reiseunternehmen verurteilt worden war (BGH NJW 1977, 1875).

585 BAG DB 1988, 2647.

586 BAG DB 1988, 2103.

ohne Aufdeckung aller Betriebsinterna zu belegen. Allerdings hat die Rechtsprechung die Schwelle insoweit herabgesetzt, als außer Überstundenvergütungen und Zusatzzahlungen für «Streikbrecher»[587] ein **Mindestschaden** geltend gemacht werden kann, der in den anteiligen Gemeinkosten[588] und beispielsweise in den **Aufwendungen für nutzlos verbrauchte Vorprodukte**[589] bestehen kann. Weitere Ausführungen zu einem «entgangenen Gewinn» sind dann überflüssig, da man davon ausgeht, zumindest die aufgewandten Kosten hätte das Produkt eingebracht. Wichtiger erscheint allerdings der zweite Grund: Die Einleitung von Zwangsmaßnahmen könnte das «soziale Klima» auf lange Zeit hinaus vergiften und damit die notwendige Kooperationsbereitschaft der Arbeitnehmerseite entscheidend schwächen. Ein – freilich nicht schematisch auf die Bundesrepublik übertragbares – Beispiel bieten englische Erfahrungen, wo die Zwangsvollstreckung gegen Teile des Gewerkschaftsvermögens Proteste in weiten Teilen der Bevölkerung zur Folge hatte und einen nicht zu unterschätzenden Beitrag dazu lieferte, dass die gegen die Gewerkschaften gerichtete Gesetzgebung einschließlich des Verbots des «wilden» Streiks alsbald wieder aufgehoben wurde.[590] Ob die Haftung Wirklichkeit wird, dürfte deshalb in erster Linie davon abhängen, welchen **Rückhalt** die in Frage stehende Aktion bei der Bevölkerung hatte. Dieser dürfte bei besonders intensiven Kampfformen wie Blockaden vergleichsweise am geringsten sein, weshalb sich Auseinandersetzungen in der jüngeren Vergangenheit fast ausschließlich darauf bezogen.[591]

### 5.8.2.6. Kritik

632 Die Rechtsprechung verdient Kritik unter verschiedenen Aspekten. Zum einen fehlt dem Rückgriff auf das Recht am Gewerbebetrieb jede innere Legitimation.[592] Zum anderen passt das auf den autonomen Marktbürger zugeschnittene Deliktsrecht nicht auf den kollektiven Tatbestand «Arbeitskampf».[593] Schließlich wird zu wenig beachtet, dass die **Durchführung eines Streiks Grundrechtsausübung** ist und deshalb nicht mit schwer überschaubaren

---

587 BAG DB 1988, 2103.

588 BAG AP Nr. 85 zu Art. 9 GG Arbeitskampf. Im konkreten Fall war Schadensersatz in Höhe von DM 14350,– gegen die IG Druck und Papier eingeklagt worden; nach Zurückverweisung an das LAG Rheinland-Pfalz wurde dort ein Vergleich geschlossen, wonach die Gewerkschaft DM 10000,– bezahlte (mitgeteilt bei Plander AuR 1986, 195 Fn 32). Zur Schadensberechnung im Einzelnen Wendeling-Schröder NZA 1993, 449 ff.

589 BAG DB 1988, 2647: Papierkosten bei Zeitungsbetrieb.

590 S. Colneric, S. 168 ff.; Mückenberger, Arbeitsrecht und Klassenkampf, S. 90 ff., 113 ff.

591 BAG DB 1988, 2647 und BAG DB 1988, 1955. Näher zu Blockaden unten 5.14.3.1. (Rn 710).

592 Nachweise oben Fn 571.

593 Näher Däubler NZA 1988, 862.

Haftungsrisiken belastet werden darf – «schwer überschaubar» deshalb, weil die vom BAG gezogenen Grenzen des Streikrechts alles andere als klar und eindeutig sind.[594]

## 5.8.3. Sanktionen gegen einzelne Arbeitnehmer

### 5.8.3.1. Haftung auf Schadensersatz?

Ein Arbeitnehmer, der rechtswidrig streikt, verletzt seine Pflichten aus dem 633 Arbeitsvertrag; außerdem greift er in den **«eingerichteten und ausgeübten Gewerbebetrieb»** seines Arbeitgebers ein. Beides verpflichtet ihn zu Schadensersatz, sofern ihn ein Verschulden trifft. Seine Haftung ist eine «gesamtschuldnerische», d. h., er kann in Höhe des gesamten Schadens in Anspruch genommen werden, ist jedoch berechtigt, bei den übrigen Streikteilnehmern anteilig Rückgriff zu nehmen.[595]

*Beispiel:* Fünfhundert Arbeitnehmer streiken 3 Wochen und verursachen beim Arbeitgeber einen Einnahmeausfall in Höhe von 500 000 €. Der Arbeitgeber kann nach seiner freien Wahl die ganze Summe von einem einzigen Streikteilnehmer, je ein Fünftel, d. h. 100 000 €, von fünf Streikteilnehmern oder 1000 € von jedem Einzelnen verlangen.[596] Wird ein Arbeitnehmer über seinen eigentlichen Anteil von 1000 € hinaus belastet, so kann er bei den übrigen Rückgriff nehmen; soll etwa der Betriebsratsvorsitzende die ganzen 500 000 € bezahlen, so hat er gegen jeden der 499 übrigen Kollegen einen Ersatzanspruch in Höhe von 1000 €.

Diese unsoziale, überdies unpraktikable und für Streiks völlig ungeeignete 634 Rechtslage hat glücklicherweise noch sehr viel stärker akademischen Charakter als die Haftung der Gewerkschaft: So ist **kaum ein Fall bekannt**, in dem ein **Arbeitnehmer rechtskräftig zur Leistung von Schadensersatz verurteilt** worden wäre. Sehr weit ging auch in diesem Fall jener Nürnberger Schuhfabrikant, der im Jahre 1962 die Gewerkschaft in Anspruch nehmen wollte: Er verklagte daneben 63 Streikteilnehmer auf Feststellung ihrer gesamtschuldnerischen Ersatzpflicht und erhielt in allen drei Instanzen «Recht».[597] Dabei half es den Arbeitnehmern nicht, dass sie sich darauf beriefen, sie hätten einen «wilden» Streik für zulässig gehalten, denn das BAG führte aus:

594 Zur Rechtsunsicherheit im Arbeitskampfrecht s. etwa BAG AP Nr. 86 zu Art. 9 GG Arbeitskampf unter A II 1 der Gründe sowie Blanke AuR 1989, 5.

595 BAG AP Nr. 32 zu Art. 9 GG Arbeitskampf, ständ. Rspr.

596 Die Aufteilung kann in beliebig anderer Weise erfolgen, z. B. 10 Arbeitnehmer zahlen je 50 000 € usw.

597 S. Fn 575.

«Wer ihn [d. h. den Streik – W. D.] beginnt, hat eine besondere Verpflichtung, sich von der Rechtmäßigkeit des von ihm geplanten Schrittes zu überzeugen; dabei muss wegen der Schwere des mit dem Streik verbundenen Eingriffs auch angenommen werden, dass sich die Erkenntnis dieser Pflicht geradezu aufdrängt …»

Die Arbeitnehmer seien der Aufklärungs- und Erkundigungspflicht nicht nachgekommen, «da sie trotz der Abmahnung durch die örtlichen Gewerkschaftssekretäre an der Arbeitsniederlegung festgehalten haben. Sie waren also überhaupt nicht gewillt, sich nach der Rechtmäßigkeit ihres Handelns zu erkundigen und auf den Rat Außenstehender zu hören.»

Dies gelte auch für den griechischen Staatsangehörigen T. «Der Auffassung der Revision, dieser griechische Beklagte hätte deshalb nicht schuldhaft gehandelt, weil er infolge fehlender Sprachkenntnisse gar nicht begriffen hätte, worum es sich handelte, kann nicht gefolgt werden … Das angefochtene Urteil (der Vorinstanz – W. D.) stellt unter Zugrundelegung eines Erfahrungssatzes, dass die in Deutschland beschäftigten Gastarbeiter die mit ihrem Arbeitsverhältnis in Zusammenhang stehenden Fragen richtig erkennen, fest, T. habe gewusst, worum es gegangen sei. Gegen das Bestehen des vom LAG angenommenen Erfahrungssatzes können keine Bedenken geltend gemacht werden.»

**Selbst wer die deutsche Sprache nicht beherrscht**, muss daher wissen, dass es bei uns keinen «wilden» Streik gibt. Mit Recht meinte Mayer-Maly, es könne niemandem als Verschulden angelastet werden, dass er eine immerhin auch von A. Hueck vertretene Ansicht für richtig halte.[598] Im Grunde hatte es weniger mit Verschulden als mit Repression zu tun, wenn man von einem griechischen Arbeitnehmer ein bestimmtes Verhalten auf einem Gebiet verlangte, wo sich nicht einmal die deutschen Spezialisten einig waren.[599] Horror-Urteile dieser Art sollten freilich nicht überschätzt werden: Ein Arbeitgeber, der tatsächlich Auto oder Eigenheim eines Arbeitnehmers pfänden ließe, sähe sich mit Sicherheit neuen Arbeitsniederlegungen ausgesetzt und hätte außerdem die gesamte Gewerkschaftsbewegung und einen großen Teil der Öffentlichkeit gegen sich.[600] Nicht immer verhindert dies freilich gerichtliche Inanspruchnahme: So verklagte ein Düsseldorfer Zeitungsunternehmen ca. 80

598 Mayer-Maly, Anm. zu BAG AP Nr. 32 zu Art. 9 GG Arbeitskampf.

599 S. auch Däubler, Streik, S. 246 f. Abgewogener als das BAG jedoch LAG Hamm DuR 1976, 395.

600 Richtig Loderer: Streik und Aussperrung, S. 19: «Nicht nur, dass es kaum Fälle gibt, in denen Streikende zum Schadensersatz herangezogen werden, so sind im Gegenteil nach Beendigung derartiger Aktionen oft sogar die ausgefallenen Arbeitsstunden bezahlt worden. Eine andere Haltung des Unternehmers würde nämlich mit einiger Sicherheit den Konflikt wieder aufleben lassen.» Vgl. jedoch LAG Hamm DB 1981, 1571, wo neben der Gewerkschaft auch der Betriebsratsvorsitzende zu 12 291,48 DM Schadensersatz verurteilt wurde.

«wild» streikende Belegschaftsmitglieder auf Zahlung von **DM 158923,56 Schadensersatz** und hatte nach Ansicht des BAG gute Chancen, den größten Teil seiner Forderungen durchsetzen zu können.[601]

634 a Wird der **Streik von einer Gewerkschaft organisiert**, so wird nach der Rechtsprechung **vermutet**, dass er **rechtmäßig** ist.[602] Dies wirkt sich auch bei der Frage nach dem Verschulden des Arbeitnehmers aus.[603] Dieser kann sich auf die gewerkschaftliche Beurteilung verlassen, was mittelbar daraus deutlich wird, dass im arbeitsgerichtlichen Verfahren erster und zweiter Instanz Gewerkschaftsvertreter den Rechtsanwälten weithin gleichgestellt sind, also insoweit wie ein «Organ der Rechtspflege» behandelt werden.[604]

### 5.8.3.2. Fristlose Kündigung? («Kampfkündigung»)

#### (1) Der Ausgangspunkt: Die ursprüngliche Rechtsprechung des BAG

Ungefährlicher und bequemer erscheint für den Arbeitgeber häufig die frist- 635
lose Kündigung. In der Rechtsprechung ist ihre Zulässigkeit unbestritten, da die Teilnahme an einer rechtswidrigen Arbeitsniederlegung einen wichtigen Grund im Sinne des § 626 BGB darstelle.[605] Der Arbeitgeber ist grundsätzlich frei, sich denjenigen oder diejenigen Arbeitnehmer auszusuchen, denen er kündigen will. Was dies bedeutet, zeigt der folgende vom BAG entschiedene Fall[606]:

Aufgrund einer fristlosen Kündigung des Betriebsratsvorsitzenden durch den Arbeitgeber war es in einem Textilbetrieb zu Arbeitsniederlegungen gekommen; die Belegschaftsmitglieder gingen zwar an ihre Arbeitsplätze, arbeiteten dort aber nicht. Über den weiteren Ablauf berichtet das BAG-Urteil:

«Sodann begab sich der Betriebsleiter in den Nähsaal und forderte die dort anwesenden Betriebsangehörigen wieder auf, die Arbeit aufzunehmen. Als dies nicht geschah, ging er auf die Klägerin (eine Arbeiterin) zu und sagte zu ihr: ‹Seien Sie vernünftig und nehmen Sie die Arbeit auf!› Als die Klägerin nicht reagierte, wiederholte der Betriebsleiter seine an sie gerichtete Aufforderung. Die Klägerin antwortete: ‹Wenn alle, ja!› Der Betriebsleiter entgegnete: ‹Ich spreche Sie an und erkläre nochmals: Nehmen Sie die Arbeit auf!› Die Klägerin gab zur Antwort: ‹Unter diesen Umständen nicht!›, und blieb untätig. Ihr wurde daraufhin fristlos … gekündigt.»

---

601 BAG DB 1988, 2102. Nach der Zurückverweisung ans LAG wurde ein Vergleich geschlossen.
602 BAG AP Nr. 47 zu Art. 9 GG Arbeitskampf.
603 BAG AP Nr. 78 zu § 626 BGB; ErfK-Dieterich Art. 9 GG Rn 226.
604 § 11 ArbGG.
605 BAG AP Nr. 37, 42 zu Art. 9 GG Arbeitskampf.
606 BAG AP Nr. 41 zu Art. 9 GG Arbeitskampf.

Die Kündigung wurde in allen drei Instanzen einschließlich des BAG bestätigt, da der **Gleichbehandlungsgrundsatz** für die Entlassung **nicht** gelte.[607] Der Arbeitgeber hätte daher das Recht, an einzelnen, willkürlich herausgegriffenen Arbeitnehmern ein Exempel zu statuieren.

(2) **Kritik**

636 Kittner hat dagegen eine ganze Reihe von Argumenten vorgebracht[608]:

▶ Es ist nicht einzusehen, warum die Streikteilnahme bei einem Arbeitnehmer einen wichtigen Grund darstellen soll, der die Fortsetzung des Arbeitsverhältnisses für den Arbeitgeber unzumutbar macht, während genau **das gleiche Verhalten bei anderen Arbeitnehmern der Weiterarbeit nicht entgegensteht**.

▶ Der Gleichbehandlungsgrundsatz ist auch auf Kündigungen anzuwenden, da er überall dort eingreift, wo der Arbeitgeber (auf andere Weise nicht kontrollierte) Macht ausübt.

▶ Kündigungen werden in der Regel erst nach beendeter Arbeitsniederlegung und auch dann nur ausgesprochen, wenn nicht mit einem erneuten Aufflackern des Konflikts zu rechnen ist. «Knapp und vielleicht überspitzt gesagt: Strafexpeditionen werden nur gegenüber einem als wehrlos empfundenen Gegner unternommen.» **Da die Kündigung nur der Abschreckung dienen soll,** würdigt sie den Einzelnen zum bloßen Objekt der Willkür eines anderen herab; dies **verstößt gegen Art. 1 Abs. 1 GG**.

▶ Der Abschreckungsgedanke ist als Rechtfertigung für die Entlassung auch insofern ungeeignet, als er sein Ziel – die Verhinderung künftiger Arbeitsniederlegungen – nicht erreicht. Reine **Vergeltungsmaßnahmen** sollten überdies im Arbeitsrecht keinen Platz haben, werden doch selbst im Strafrecht derartige Vorstellungen immer weiter zurückgedrängt.

(3) **Die neue Position: Rücksicht auf die Umstände des Einzelfalls**

637 Das BAG hat dem bislang allerdings nicht Rechnung getragen, sondern weiter den Grundsatz betont, der **Arbeitgeber** habe **die Wahl zwischen Aussperrung und fristloser Kündigung**.[609] Eine wichtige Akzentverschiebung ist jedoch insoweit eingetreten, als **bei der** in § 626 Abs. 1 BGB vorgeschriebenen **Interessenabwägung**[610] die Tatsache einzubeziehen ist, ob der Arbeitgeber

607 BAG AP Nr. 41 zu Art. 9 GG Arbeitskampf, Bl. 3 R.
608 Kittner BB 1974, 1488 ff.
609 BAG AP Nr. 58 zu Art. 9 GG Arbeitskampf, Bl. 7 R, bestätigt in BAG NZA 1984, 35.
610 Dazu näher in Bd. 2 Rn 1126.

auch anderen in derselben Lage befindlichen Arbeitnehmern gekündigt hat.[611] Weiter hat das BAG die aufgrund einer Betriebsbesetzung ausgesprochenen fristlosen Kündigungen für unwirksam erklärt, weil sich die Arbeitnehmer in einem verständlichen **Rechtsirrtum** befunden hätten, da ein rechtswidriges Verhalten des Arbeitgebers (Verstöße gegen das BetrVG) vorausgegangen war. Außerdem hätte der Einzelne aus Solidaritätsgründen nur schwer aus der einheitlichen Streikfront ausscheren können.[612] Auf derselben Linie liegt die sog. Allfloor-Entscheidung[613]: Wenn sich Arbeitnehmer dem Rechtsstandpunkt ihrer Gewerkschaft anschließen und an einer befristeten Arbeitsniederlegung von 3 Tagen Dauer teilnehmen, ist ihre Weiterbeschäftigung für den Arbeitgeber nicht «unzumutbar» im Sinne des § 626 Abs. 1 BGB; auch eine ordentliche Kündigung sei sozial nicht gerechtfertigt. Es kommt also entscheidend auf die Umstände des Einzelfalls an. Schließlich können **Betriebsratsmitglieder** und andere nach § 103 BetrVG, § 15 KSchG geschützte Personen[614] nur mit Zustimmung des Arbeitsgerichts gekündigt werden.[615]

### (4) Kündigung als Verstoß gegen den kollektivrechtlichen Charakter des Streiks

Weiter zu gehen und die fristlose Kündigung insgesamt für unzulässig zu erklären, lässt sich damit begründen, dass der Streik auch nach Auffassung des BAG ein «kollektives Geschehen» ist, das gerade seiner kollektiven Natur wegen von der Beachtung arbeitsvertraglicher Pflichten befreit und eigenen Regeln unterliegt; der rechtmäßige Streik kann daher nach hM nicht mit einer Kündigung, sondern unter bestimmten Voraussetzungen nur mit einer Aussperrung beantwortet werden.[616] Dieser spezifische Charakter der Arbeitsniederlegung kann sich nun nicht dadurch ändern, dass (aus welchen Gründen auch immer) der Streik gegen die Rechtsordnung verstößt: auch in diesem Fall stehen dem Arbeitgeber als Antwort **nur kollektive Kampfmittel** zur Verfügung.[617] Wie an anderer Stelle ausgeführt[618], darf er sich hier, wo es um eine rechtswidrige Aktion geht, **ausnahmsweise** des Mittels der **Aussper-** 638

611 BAG BB 1979, 1347.

612 BAG AP Nr. 58 zu Art. 9 GG Arbeitskampf, Bl. 6.

613 BAG NZA 1984, 34 = DB 1984, 1147 = BB 1984, 983.

614 Dazu unten 6.6.5. (Rn 885 ff.).

615 BAG AP Nr. 57 zu Art. 9 GG Arbeitskampf. Soll von allen rechtswidrig Streikenden allein ein Betriebsratsmitglied entlassen werden, spricht eine Vermutung für eine unzulässige Benachteiligung nach § 78 Satz 2 BetrVG: LAG Hamm AiB 1996, 736.

616 BAG AP Nr. 1 und 43 zu Art. 9 GG Arbeitskampf; BAG DB 1980, 1266.

617 Näher dazu Däubler, Das soziale Ideal, S. 38 ff.

618 JuS 1972, 647.

**rung** bedienen.[619] Grundsätzlich kann sie in diesem Fall nur suspendierende Wirkung haben, doch kommt aus dem Rechtsgedanken des § 626 BGB heraus auch eine lösende Aussperrung in Betracht, wenn den Streikenden die Unrechtmäßigkeit ihres Tuns bewusst ist.[620] Dabei darf jedoch die Aussperrung nicht so erfolgen, dass sie sich als Kündigung durch die Hintertüre erweist: Die vom BAG zugelassene **Sukzessiv-Aussperrung**[621] muss von Anfang an den größten Teil der Belegschaft erfassen.[622] Entgegen dem ersten Anschein wird durch den Rückgriff auf die kollektive Ebene das Risiko der Arbeitnehmer nicht erhöht, sondern verringert, da der Arbeitgeber zwar einzelne Individuen, nicht aber die ganze Belegschaft ersetzen kann; je größer die von einer Aussperrung betroffene Gruppe, umso eher ist der Arbeitgeber zur Wiedereinstellung gezwungen.[623]

### (5) Praxis der Kündigungen

639 Die hier skizzierte Alternativkonzeption mag einige Gründe für sich ins Feld führen können; dass sie im Streitfalle von den Arbeitsgerichten übernommen würde, ist alles andere als sicher. Dennoch verliert die BAG-Rechtsprechung ein wenig von ihrem Schrecken, wenn man bedenkt, dass die Arbeitgeberseite **von** ihren **Befugnissen nur dann Gebrauch** macht, wenn sie es sich – etwas platt ausgedrückt – leisten kann. So verlor etwa während der Septemberstreiks 1969 kein einziger Arbeitnehmer seinen Arbeitsplatz, obwohl an der Rechtswidrigkeit der durchgeführten Aktionen für die herrschende Meinung kein Zweifel bestehen konnte.[624] Sehr viel uneinheitlicher waren die Konsequenzen der spontanen Arbeitsniederlegungen 1973[625], was mit dem we-

---

619 Dies gilt natürlich nur, wenn man wie hier den Vorrang des Rechtswegs nicht anerkennt (dazu oben 5.3.7.4., Rn 534); andernfalls käme nur eine Kündigung sowie Schadensersatz in Betracht (dazu oben 5.8.1., Rn 624). Ähnlich im Ergebnis Kittner, BB 1974, 1492, dessen Lösung einer kollektiven Kündigung den Nachteil hat, dass sich nur schwer eine Wiedereinstellungsverpflichtung nach beendetem Arbeitskampf begründen lässt. Gegen ein Aussperrungsrecht Wolter, in: Däubler (Hrsg.), Arbeitskampfrecht, Rn 1181. Anders Randerath, Die Kampfkündigung des Arbeitgebers im kollektiven Arbeitskampfsystem, Bonn 1983; Schäuble, Wilder Streik und Abwehraussperrung, Frankfurt/M., Bern und New York 1983.

620 Reuter JuS 1973, 290, empfindet dies als «überraschende Wertung», übersieht dabei jedoch § 626 BGB. Zu Reuters Kritik im Allgemeinen s. Meyer-Wahsner, DuR 1973, 398 ff., mit Erwiderung Reuter und Schlusswort Meyer-Wahsner DuR 1974, 415 ff.

621 BAG AP Nr. 10 zu Art. 9 GG Arbeitskampf.

622 Näher Däubler, Das soziale Ideal, S. 35.

623 Der sachgrundlose Ausschluss Einzelner scheitert an dem auch in diesem Fall anwendbaren Gleichbehandlungsgebot.

624 IMSF (Hrsg.), Die Septemberstreiks 1969, Frankfurt/M. 1969, S. 258.

625 Beispiele: Hoesch-Streik, wo die Kündigungen von 9 Vertrauensleuten zurückgenommen wurden (dazu Eberhard Schmidt, in: Jacobi/Müller-Jentsch/Schmidt, 1973, S. 35); Streik bei Mannesmann, wo von 121 Kündigungen 99 zurückgenommen, 3 vom Arbeitsgericht aufgehoben und 19 vom Ar-

niger starken Rückhalt der Streikbewegung in den Belegschaften und in der Gewerkschaftsorganisation zusammenhing.[626] Auch als Warnstreiks in ihrer Zulässigkeit noch umstritten waren, konnten Kündigungen fast immer vermieden oder wieder rückgängig gemacht werden.[627]

## 5.8.4. Einstweilige Verfügungen gegen Streiks?

### 5.8.4.1. Der rechtliche Rahmen

Wirksamer als die nachträgliche «Repression» von rechtswidrigen Streiks 640
ist für die Arbeitgeberseite die vorbeugende Untersagung von Arbeitsniederlegungen im Wege von einstweiligen Verfügungen: Das «lästige» Solidaritätsphänomen entsteht gar nicht, wenn die Aktion verboten wird, bevor sie überhaupt begonnen hat.[628] Das im Gesetz vorgesehene Verfahren ist einfach: Der Arbeitgeber muss grundsätzlich keinen Beweis führen, sondern kann sich auf eine «Glaubhaftmachung» der seinem Antrag zugrunde liegenden Tatsachen, insbesondere auf eine eidesstattliche Versicherung beschränken. Dabei genügt es, wenn er gem. § 940 ZPO geltend macht, dass eine Regelung (z. B. ein Verbot der Arbeitsniederlegung) «zur Abwendung wesentlicher Nachteile oder zur Verhinderung drohender Gewalt oder aus anderen Gründen notwendig erscheint»: Da in Eilfällen anstelle der aus drei Richtern bestehenden Kammer am Arbeitsgericht der Vorsitzende möglicherweise allein entscheiden und auf eine Anhörung der Gegenseite verzichten kann,[629] ergeht die Entscheidung oft schon nach einem Tag, manchmal sogar schon nach wenigen Stunden. Ihre **Wirkungen sind gravierend**: Wird ein bestimmtes Verhalten, z. B. die Organisierung einer Arbeitsniederlegung oder die Blockade der Zufahrtswege zu einem bestreikten Betrieb, verboten, so kann für jeden Fall der Zuwiderhandlung eine Haftstrafe bis zu 2 Jahren oder eine Geldstrafe in unbeschränkter Höhe verhängt werden.[630] Der Umfang des Risikos lässt daher unbedingten Gehorsam angebracht erscheinen.[631]

---

beitsgericht bestätigt wurden (vgl. Streikbericht in: Jacobi/Müller-Jentsch/Schmidt, 1974, S. 70 f.); erfolgloser Versuch, den Betriebsratsvorsitzenden der Bremer Klöcknerhütte zu kündigen (dazu ArbG Bremen KJ 1974, 196, m. Anm. Florian-Knieper und LAG Bremen KJ 1975, 107 ff.).

626 Dazu Müller-Jentsch, in: Jacobi/Müller-Jentsch/Schmidt, 1974, S. 45 ff.

627 Dazu Erd, S. 201 ff., und oben 5.3.8. (Rn 539).

628 Ähnlich ErfK-Dieterich Art. 9 GG Rn 222.

629 Für regelmäßige mündliche Verhandlung Colneric, in: Däubler (Hrsg.), Arbeitskampfrecht, Rn 1329 mwN.

630 §§ 940, 935, 936, 928, 890 ZPO.

631 So auch mit leicht zynischem Unterton Thomanek BB 1971, 1204.

### 5.8.4.2. Praxis

641 In der Praxis wird vom Mittel der einstweiligen Verfügung relativ oft Gebrauch gemacht.[632] Bekannt wurde in der Vergangenheit der Fall der Ford-Werke/Köln, die den Abschluss eines Firmentarifs mit der IG Metall dadurch verhinderten, dass sie dem zuständigen Arbeitgeberverband beitraten, sich auf die Friedenspflicht aus dem noch laufenden Verbandstarif beriefen und dann den Streik durch einstweilige Verfügung verbieten ließen.[633] Besonders häufig griffen Arbeitgeber auf dieses Mittel zurück, wenn sie neuartige Forderungen wie etwa die Vereinbarung von Differenzierungsklauseln[634] abwehren wollten.[635] Bei zahlreichen Aktionen wie dem Chemie-Streik 1971[636], beim Metallerstreik im Unterwesergebiet 1974[637], den Arbeitskämpfen 1984[638], bei den Proteststreiks am 6. März 1986 gegen den § 116 AFG[639], bei den Warnstreiks in der Metallindustrie 1987[640] und bei der Auseinandersetzung um den Ladenschluss im Einzelhandel[641] wurde der Versuch unternommen, zumindest einzelne Arbeitsniederlegungen auf diesem Wege zu unterbinden. Viel öffentliche Aufmerksamkeit erfuhr das in letzter Minute ausgesprochene **Verbot des Streiks bei Rundfunk und Fernsehen Ende 1979**.[642] Auch in anderen Fällen hatten die Arbeitgeber oft Erfolg[643], etwa mit dem Antrag, für Arbeitswillige einen **3 Meter breiten Zugang** offen zu halten[644] – freilich nicht mit dem Versuch, die Solidaritätsstreiks anlässlich des Arbeitskampfes in der Stahlindustrie 1978/79[645] oder die Warnstreiks in der Metalltarifrunde 1987[646] verbieten zu lassen.

---

632 S. schon die Nachweise bei Heckelmann AuR 1970, 166, Fn 10; Reinhard Hoffmann AuR 1968, 33; Steinbrück AuR 1987, 161. Eingehende empirische Aufarbeitung der einstweiligen Verfügungen im Arbeitskampf 1984 bei Steinbrück, S. 28 ff.

633 ArbG Köln BB 1964, 88, sowie Delp-Schmidt-Wohlfahrt, in: Jacobi/Müller-Jentsch/Schmidt, 1974, S. 168.

634 Dazu oben 4.9.2. (Rn 399 ff.).

635 Reinhard Hoffmann AuR 1968, 33, 35 mwN.

636 Nachweise bei Thomanek BB 1971, 1203 Fn 1.

637 Moneta, Metall 6/74.

638 Dazu Bobke WSI-Mitt. 1985, 61 ff.; Hoyer AiB 1986, 243; Spiekermann-Bobke, Einstweilige Verfügungsverfahren im Arbeitskampf 1984 in der Metallindustrie, WSI-Arbeitsmaterial 1986, Nr. 11; Steinbrück, S. 28 ff.

639 Dazu Wolter AiB 1986, 81.

640 Vgl. LAG Schleswig-Holstein DB 1987, 1308 sowie die Gesamtdarstellung bei Blank (Beilage 2/1988 zu NZA, S. 9 f.) und Löwisch (Beilage 2/1988 zu NZA, S. 3 ff.).

641 Zu diesem Konflikt s. die Hauptsacheentscheidung BAG DB 1989, 2228.

642 LAG München NJW 1980, 957 ff.; dazu Mückenberger KJ 1980, 258 ff.

643 Piehler, S. 63. Ablehnende Entscheidungen sind überdies oft nicht veröffentlicht – vgl. Faupel DB 1971, 816.

644 Repräsentativ etwa LAG Köln NZA 1984, 402; ArbG Köln BB 1984, 1297.

645 LAG Düsseldorf DB 1979, 167. Weitere Nachweise bei Wohlgemuth AuR 1980, 34.

646 Nachweise oben Fn 640.

### 5.8.4.3. Die Gefährlichkeit der einstweiligen Verfügung

Die Zulassung der einstweiligen Verfügung gegen alle von der Rechtsprechung 642
für rechtswidrig erklärten Streiks ist von ganz gravierender Bedeutung, weil sie **entgegen ihrem eigentlichen Sinn** im Regelfall **eine endgültige Lösung** bringt: Da sich eine Arbeitsniederlegung nicht jederzeit organisieren, nicht gewissermaßen durch Knopfdruck aus- und einschalten lässt, bringt das Verbot so gut wie immer die definitive Entscheidung, den endgültigen Abbruch.[647] Je enger die dem Streikrecht gezogenen Grenzen sind, umso häufiger wird diese Radikallösung Platz greifen, umso geringer sind die tatsächlichen Handlungsmöglichkeiten der Arbeitnehmer und ihrer Organisationen – eine Konsequenz, die in den **USA** dazu führte, dass die Abschaffung der gegen den Streik gerichteten **«injunction»** (= einstweilige Verfügung) zu einer der wichtigsten Forderungen der Gewerkschaftsbewegung wurde.[648] Ist nach unserem Recht die einstweilige Verfügung gegen Streiks wirklich unvermeidlich, oder ist den in der Literatur vorhandenen Stimmen beizupflichten, die sie entweder ganz verbieten[649] oder nur unter besonderen Voraussetzungen zulassen wollen?[650]

### 5.8.4.4. Einschränkende Voraussetzungen

#### (1) Offensichtliche Rechtswidrigkeit

Auch und gerade wenn man die BAG-Rechtsprechung zugrunde legt, sind die 643
**Grenzen des Streikrechts alles andere als exakt bestimmbar** (Stichwort: Verhältnismäßigkeit, Fairnessgebot).[651] Im Einzelfall ist deshalb insbesondere wegen der Schnelligkeit des Verfahrens das Risiko relativ hoch, dass ein sich im Rahmen des Art. 9 Abs. 3 GG bewegender Streik unmöglich gemacht und verboten wird. Dies stellt der Sache nach eine **äußerst bedenkliche Grundrechtsbeschränkung** dar und steht im Widerspruch zu dem vom BAG ent-

---

647 Allgemeine Auffassung; eingehend Henniges S. 22f.; vgl. weiter ErfK-Dieterich Art. 9 GG Rn 222; Faupel DB 1971, 817; Heckelmann AuR 1970, 167; Reinhard Hoffmann AuR 1968, 34; Thomanek BB 1971, 1204; Zeuner RdA 1971, 5.

648 Vgl. Biedenkopf, Unternehmer und Gewerkschaften im Recht der USA, Heidelberg 1961, S. 161ff., 233ff. Zur neueren Rechtslage, wonach das Verbot einstweiliger Verfügungen z.T. sogar auf politische Streiks erstreckt wird, s. Reimann RdA 1985, 36.

649 So Reinhard Hoffmann AuR 1968, 33ff.

650 Birk AuR 1974, 292; Colneric, in: Däubler (Hrsg.), Arbeitskampfrecht, Rn 1302ff.; Dorndorf, in: Dorndorf-Weiss S. 55ff.; Faupel, DB 1971, 868ff.; Heckelmann, AuR 1970, 166ff.; Henniges, S. 84ff.; Hessel DB 1967, 2071; Hoyer AiB 1986, 243ff.; Piehler S. 257; Zeuner RdA 1971, 7. Für die Anwendung der allgemeinen Voraussetzungen dagegen LAG Hamm DB 1991, 1126.

651 So behauptete etwa die Arbeitgeberseite während des Metallerstreiks 1974 im Unterwesergebiet, dieser sei wegen Verstoßes gegen das Verhältnismäßigkeitsprinzip rechtswidrig. Dazu Däubler Metall Nr. 7/74, S. 11.

wickelten Grundsatz, dass eine generelle Vermutung für die Rechtmäßigkeit gewerkschaftlich organisierter Arbeitsniederlegungen spricht.[652] Gibt es daher Zweifel an der Rechtswidrigkeit, bewegt sich der Streik in der «Grauzone» des rechtlich Umstrittenen, so ist von seiner Legalität auszugehen und der Erlass einer einstweiligen Verfügung abzulehnen.[653] Lediglich dann, wenn er offensichtlich rechtswidrig ist, kommt eine einstweilige Verfügung in Betracht[654], da nur unter dieser Voraussetzung sichergestellt ist, dass keine irreparable Grundrechtsverletzung erfolgt. Sachlich übereinstimmend ist zum Teil davon die Rede, die Rechtswidrigkeit müsse «ohne rechtsfortbildende Überlegungen» feststellbar sein:[655] Reicht für die Beurteilung eine schlichte Subsumtion unter eine vorhandene richterrechtliche Norm, ist das Ergebnis «offensichtlich».

### (2) **Existenzgefährdung des Arbeitgebers**

644 Selbst wenn es sich um eine offensichtlich rechtswidrige Aktion handelt, kann eine einstweilige Verfügung nur unter den sachlichen Voraussetzungen ergehen, die auch in anderen Fällen der Vorwegnahme der Endentscheidung, etwa bei der Anordnung von Abschlagszahlungen an Unfallopfer oder Unterhaltsberechtigte, gefordert werden. Notwendig ist daher eine **ausgesprochene Notsituation des Antragstellers**, ein unabdingbares Bedürfnis, das die Zurückstellung der Interessen des anderen Teils rechtfertigt.[656] Überträgt man dies auf den Arbeitskampf, so ist eine auf den Abbruch des Streiks gerichtete einstweilige Verfügung nur bei Gefährdung der wirtschaftlichen Existenz des Arbeitgebers zulässig[657]; bloße finanzielle Nachteile, die üblicherweise mit jedem Streik verbunden sind, genügen nicht.[658]

---

652 BAG AP Nr. 47 zu Art. 9 GG Arbeitskampf.

653 So insbesondere Henniges, S. 85; Zeuner RdA 1971, 7; ähnlich auch Colneric, in: Däubler (Hrsg.), Arbeitskampfrecht Rn 1332; Hessel DB 1967, 2071; Dorndorf, in: Dorndorf-Weiss, S. 56; Scholz-Konzen, S. 230.

654 Ebenso LAG Frankfurt AuR 1970, 218; LAG Stuttgart AuR 1974, 316; LAG Düsseldorf DB 1979, 167 sowie die in Fn 653 genannten Autoren; a.A. LAG München NJW 1980, 957 (gegen die Vorinstanz) sowie in neuerer Zeit LAG Hamm AP Nr. 158 zu Art. 9 GG Arbeitskampf; Hess. LAG AP Nr. 168 und LAG Rheinland-Pfalz AP Nr. 169 zu Art. 9 GG Arbeitskampf mit Anm. Däubler.

655 LAG Köln NZA 1997, 327; ErfK-Dieterich Art. 9 GG Rn 223, der sich auch auf die eingangs der Fn 654 genannten Entscheidungen stützt.

656 Dazu Faupel DB 1971, 820, 868.

657 Überzeugend Faupel DB 1971, 868. Ebenso Dorndorf, in: Dorndorf-Weiss S. 55; Heckelmann AuR 1970, 117; Leipold RdA 1983, 167; Piehler, S. 257. Kritisch Henniges, S. 77 ff., der jedoch im Wege der Interessenabwägung zu ähnlichen Ergebnissen kommt. Vermittelnd ErfK-Dieterich Art. 9 GG Rn 224.

658 Ähnlich Zeuner RdA 1971, 7. Die Rechtsprechung hat diese zweite Voraussetzung – soweit ersichtlich – bisher nicht aufgegriffen. Für Einschränkung der einstweiligen Verfügung im Wege der Gesetzesänderung Herschel BB 1976, 1476, ohne freilich die de lege lata gegebenen Möglichkeiten anzusprechen.

### 5.8.4.5. Verfahrensfragen

Wird entgegen diesen Grundsätzen eine einstweilige Verfügung erlassen, so sollte die Gewerkschaft sämtliche Rechtsbehelfe ausschöpfen; da es in diesem Bereich keine BAG-Rechtsprechung gibt[659], sind die Landesarbeitsgerichte im Ergebnis relativ frei. Überraschenden Entscheidungen durch das Arbeitsgericht oder gar das Amtsgericht kann mit einer sog. **Schutzschrift** vorgebeugt werden, die die gegen den Erlass einer einstweiligen Verfügung sprechenden Gesichtspunkte zusammenfasst und die allen eventuell zuständigen Gerichten vor Beginn des Arbeitskampfes zugesandt wird.[660] Zu beachten ist auch, dass die einstweilige Verfügung immer nur Organisationen wie die Gewerkschaft oder einzelne Personen wie die Mitglieder der Streikleitung zu einem bestimmten Verhalten verpflichtet; die **Handlungen der übrigen Streikteilnehmer** werden dadurch **rechtlich nicht erfasst**. Zwar kann nach herrschender Auffassung auch gegen einzelne Arbeitnehmer eine einstweilige Verfügung erlassen werden (Beispiel: Es wird ohne Gewerkschaft und Streikleitung weitergestreikt), doch schließt § 888 Abs. 3 ZPO Zwangsmaßnahmen wie Haft- und Geldstrafen zum Zwecke der Wiederaufnahme der Arbeit aus.[661] 645

Bisweilen finden sich auch Formen eines **Gehorsams nach Art des Soldaten Schwejk**. So kündigte der Betriebsratsvorsitzende bei Opel/Rüsselsheim im Arbeitskampf 1984 an, man werde den gerichtlichen Anordnungen «korrekt, aber mit Kreativität» Folge leisten. Die für Arbeitswillige frei zu lassende Gasse war dann in der Tat 3 Meter breit, dafür aber 200 Meter lang.[662] 646

## 5.8.5. Polizeieinsatz bei Streiks?

Noch ein wenig bequemer als die mit Kosten verbundene einstweilige Verfügung ist ein Polizeieinsatz – nicht der Arbeitgeber, sondern die staatliche Ordnungsmacht tritt hier als Repressionsinstrument in Erscheinung, nicht er und sein Werkschutz, sondern die Polizeibeamten machen sich «die Hände schmutzig». In Streikprotokollen wird deshalb sehr oft von Versuchen der 647

659 In BAG AP Nr. 62 zu Art. 9 GG Arbeitskampf, Bl. 6, wird zwar die Zulässigkeit einstweiliger Verfügungen gegen Streiks bejaht, jedoch nichts über deren Voraussetzungen gesagt. Im Verfahren selbst ist das LAG letzte Instanz.

660 So verfuhr die IG Metall in der Tarifrunde 1981 unter Berufung auf Teplitzky NJW 1980, 1667. Die Schutzschrift ist abgedruckt in RdA 1983, 174. Bedenken gegen ihre Zulässigkeit bei Leipold RdA 1983, 164 ff. Anders Colneric, in: Däubler (Hrsg.), Arbeitskampfrecht, Rn 1335; Piehler, S. 48.

661 Zu Einzelheiten des gerichtlichen Verfahrens und der Zwangsvollstreckung s. die fundierten Ausführungen von Steinbrück AuR 1987, 161 ff.

662 Mitgeteilt bei Bobke WSI-Mitt. 1985, 62.

Unternehmen berichtet, die Polizei in den Konflikt hineinzuziehen[663]. Bisweilen wurden sogar Streikposten bewusst provoziert, um sie zu Gewalttätigkeiten zu verleiten, die dann das Eingreifen der Polizei rechtfertigen würden.[664] Anfang der 70er Jahre gaben einige Arbeitgeberverbände ein Rechtsgutachten an einen konservativen Professor des öffentlichen Rechts in Auftrag, der nicht nur das Recht, sondern in weitem Umfang auch die Pflicht der Polizei begründete, bei Übergriffen von Streikposten unmittelbar einzuschreiten.[665] Was haben Arbeitnehmer tatsächlich von der Polizei zu befürchten?

### 5.8.5.1. Wann darf die Polizei eingreifen?

648 Nach den Polizeigesetzen der Länder ist die Polizei zum Eingreifen befugt, um «von dem Einzelnen und dem Gemeinwesen Gefahren abzuwehren, durch die die öffentliche Sicherheit oder Ordnung bedroht wird, und Störungen der öffentlichen Sicherheit und Ordnung zu beseitigen, soweit es im öffentlichen Interesse geboten ist».[666] Der Zentralbegriff der **«öffentlichen Sicherheit und Ordnung»** wird im Sinne von «geltenden Rechts-, insbesondere Strafrechtsnormen» (Sicherheit) und von «Mindestanforderungen an ein geordnetes Zusammenleben» (Ordnung) interpretiert, doch ist man sich einig, dass die bloße Rechtswidrigkeit eines Streiks ein polizeiliches Einschreiten nicht rechtfertigt. Auch Ule teilt in seinem Gutachten die Auffassung, nur dann, wenn strafbare Handlungen begangen würden, könne die Polizei auf den Plan treten.[667] Ist diese Voraussetzung erfüllt, werden etwa Arbeitswillige mit Gewalt am Betreten des Betriebsgeländes gehindert oder von Streikposten verprügelt, so ist ein Polizeieinsatz dennoch nur unter zwei weiteren Bedingungen zulässig:

663 Vgl. als Beispiele den bayerischen Metallarbeiterstreik 1954 (dazu Kneifel-Sombray-Tonfeld, in: Werkkreis, S. 138 ff.), den Streik bei Rheinstahl Brackwede 1973 (dazu Gutbrod-Schöfer, in: Werkkreis, S. 156 ff. – ein übrigens äußerst lesenswerter Bericht) – oder den Streik im Unterwesergebiet 1974 (dazu Eissegg, in: Jacobi/Müller-Jentsch/Schmidt, 1974, S. 122 ff.). Über Auseinandersetzungen mit und ohne Polizeieinsatz im Druckerarbeitskampf 1984 berichtet aus Arbeitgebersicht Lorant, Gasse der Gewalt. Entgleisungen im Arbeitskampf, Köln 1984, S. 68 ff.

664 Beispiele finden sich in den in Fn 663 aufgeführten Streikdarstellungen (mit Ausnahme von Lorant).

665 Ule, Streik und Polizei, Köln und Berlin u. a. 1972; zu dieser Schrift s. Däubler, DuR 1973, 437 ff., und Gester AuR 1973, 337 ff. Vergleichbar die vom Bundesverband Deutscher Zeitungsverleger in Auftrag gegebene Arbeit von Ronellenfitsch (Beilage 6/1987 zu BB).

666 So § 1 I bwPolG.

667 Ule, S. 50.

### 5.8.5.2. Beachtung des Verhältnismäßigkeitsgrundsatzes

Zum einen muss der sog. Grundsatz der Verhältnismäßigkeit gewahrt sein. 649
Das bedeutet, dass der mit der Polizeiaktion verursachte Schaden (z. B. Körperverletzungen) nicht «außer Verhältnis» zu dem bewirkten Nutzen (ungestörte Weiterarbeit der Arbeitswilligen) stehen darf. Geht es *nur* darum, einige Streikbrecher an ihren Arbeitsplatz zu bringen und dafür Verletzte in Kauf zu nehmen, so wäre ein Vorgehen rechtswidrig. Anders ist lediglich in dem (theoretischen) Fall zu entscheiden, dass auch eine Notdienstmannschaft nicht auf das Werksgelände gelassen wird und deshalb Gefahren für Leib und Leben anderer Personen entstehen.[668] Mit Recht hat deshalb die Bremer Polizei jedes Eingreifen in den Metallarbeiterstreik 1974 unter Berufung auf den Verhältnismäßigkeitsgrundsatz abgelehnt.[669]

### 5.8.5.3. Schutz privater Rechte als Ausnahmetatbestand

Auch wenn an der Verhältnismäßigkeit kein Zweifel besteht, kann die Polizei 650
zum Schutz *privater* Rechte – so die zweite Voraussetzung – nur dann eingreifen, wenn **gerichtlicher Rechtsschutz nicht rechtzeitig zu erlangen** ist und wenn andernfalls die Verwirklichung des Rechts vereitelt oder wesentlich erschwert wird.[670] Stellt – um ein bekanntes Lehrbuchbeispiel zu zitieren – der Hauseigentümer dem Mieter das Wasser ab, so hat sich dieser in erster Linie um eine einstweilige Verfügung zu bemühen. Nur dann, wenn ihm dies nicht zuzumuten ist, weil sich das nächste Gericht in einer anderen Stadt befindet oder weil es zwischen Freitagabend und Montag früh «nicht funktioniert», kann die Polizei tätig werden und die Wasserversorgung notfalls mit Gewalt sicherstellen. Dieser sog. **Subsidiaritätsgrundsatz** gilt nun – wie Baur im Einzelnen dargelegt hat[671] – auch dann, wenn die Verletzung von Pflichten gegenüber Privaten zugleich strafbar ist; die Polizei kann deshalb z. B. keine unlautere «Verkaufskampagne» eines Händlers verbieten, nur weil sie *auch* gegen Strafvorschriften des UWG verstößt. Genauso liegt der Fall hier: Die Arbeitgeber-Arbeitnehmer-Beziehungen sind privatrechtlicher Natur. Daran ändert sich nichts, wenn einzelne Beteiligte bei Auseinandersetzungen zugleich einen Straftatbestand erfüllen.[672] Die Polizei kann somit auch hier nur

668 Nauditt (AuR 1987, 58) lehnt die polizeiliche Räumung eines besetzten Betriebs als unverhältnismäßig ab, wenn es nur um eine kurzfristige Maßnahme geht und dem Arbeitgeber auf diese Weise die Möglichkeit zur Fortführung des Betriebs eröffnet würde.

669 Eissegg, a.a.O., S. 123.

670 Sog. Subsidiaritätsprinzip, vgl. etwa § 2 II bwPolG. Im selben Sinne Kissel § 34 Rn 80.

671 JZ 1962, 76. Zustimmend Wolter, in: Däubler (Hrsg.), Arbeitskampfrecht, Rn 307. Ähnlich Wendt S. 182. Anders wohl Ronellenfitsch, Beilage 6/1987 zu BB, S. 6.

672 A. A. Ule, S. 74, der jedoch keinerlei Begründung dafür gibt, weshalb es sich beim Arbeits-

dann eingreifen, wenn eine gerichtliche Entscheidung nicht mehr rechtzeitig zu erlangen ist. Einer Schlägerei braucht sie daher nicht mit verschränkten Armen zuzusehen. Arbeitswilligen darf sie jedoch nur dann gewaltsamen Zutritt verschaffen, wenn eine einstweilige Verfügung nicht erreichbar war oder wenn sie zwar erlassen, die «Blockade» aber gleichwohl fortgesetzt wurde.[673]

### 5.8.5.4. Streikposten oder Arbeitswillige als Störer?

651 Im Übrigen ist davor zu warnen, das Eingreifen der Polizei immer nur im Hinblick auf angeblich rüde Methoden von Streikposten zu diskutieren[674]; **auch Streikbrecher** können in deutlichen **Gegensatz zur Rechtsordnung** geraten, wie der folgende Bericht aus Bremen zeigt[675]:

«Leitende und andere Angestellte kommen kurz vor 7.00 Uhr mit ihren PKW angefahren und stellen sie in einer langen Schlange auf der Straße ab, die an der Flughafeneinfahrt vorbei auf das Werksgelände von VFW führt. Schließlich geht eine kilometerlange Schlange vom Werkseingang, der von Streikposten bewacht wird, bis weit hinter die Flughafeneinfahrt und blockiert den Flughafenverkehr. Offensichtliches Ziel ist: Die Polizei soll eingreifen, um die Flughafeneinfahrt frei zu machen, indem sie den Autos den Zugang zum Werksgelände frei macht. Die Fahrer der Autos steigen aus und begeben sich vor das Werkstor, wo sie sich den Streikposten gegenüber aufstellen und diskutieren. Ab und an bewegen sie sich auf die Streikposten zu, um sich hindurchzudrängen. Dabei fordern sie anwesende Kameraleute und Fotografen auf, ‹das gesetzwidrige Vorgehen› der Streikposten zu filmen. Es kommt zu Beschimpfungen der Streikposten und zu kleinen Rangeleien, doch die Streikposten behalten Ruhe und schließen die Reihen einfach dichter. Als es bis 10.00 Uhr weder zu einer Schlägerei gekommen noch gelungen ist, die Polizei zum Eingreifen zu bewegen, steigen die Herren auf Kommando in ihre Wagen, fahren einzeln am Tor vor, zeigen ihre von der IG Metall abgestempelten Notdienstausweise und kommen so unbehelligt auf das Werksgelände.»

Das bewusste Blockieren des Verkehrs stellt einen vorsätzlichen Verstoß gegen die Straßenverkehrsordnung dar. Ob darüber hinaus auch der Straftatbestand der Nötigung gegenüber jenen Autofahrern erfüllt ist, die zum Flughafen wollten, hing früher davon ab, wie man zur sog. Läpple-Entscheidung des BGH[676] stand: Sie hielt es für ausreichend, dass sich Demonstranten auf Straßenbahnschienen setzten; man musste daher auch hier die Strafbarkeit

---

kampfrecht nicht um «pönalisierte Privatrechtsnormen» handelt. Wie hier jedoch Nauditt AuR 1987, 157.

673 Zur Konstruktion eines «Rechts auf Arbeit» für diesen einen Fall vgl. Däubler, Metall 7/74, S. 11. An der polizeirechtlichen Problematik ändert dies nichts.

674 Typisch hierfür etwa Ule, S. 33.

675 Zitiert nach Eissegg, a.a.O., S. 122.

676 BGHSt 23, 46.

bejahen. Freilich blieb zu beachten, dass es sich in dem vom BGH entschiedenen Fall um Personen jüngeren Alters handelte, die der aufkommenden Studentenbewegung verbunden waren, während es hier um leitende Angestellte ging, deren «Rechtstreue» keinem Zweifel unterlag.[677] Das BVerfG hat für Sitzdemonstrationen vor militärischen Einrichtungen zunächst einen differenzierten Standpunkt eingenommen[678], später jedoch die Anwendung des § 240 StGB wegen **verfassungswidriger Ausweitung des Gewaltbegriffs** generell abgelehnt.[679] Entsprechendes gilt auch hier. Was bleibt, sind Ordnungswidrigkeiten nach der StVO, die eine polizeiliche «Räumung» kaum rechtfertigen dürften.

## 5.8.6. Das Problem der sog. Streikexzesse

Einzelne «Exzesse» von Streikteilnehmern, speziell von Streikposten, wie 652
Körperverletzungen oder Sachbeschädigungen können zu einer strafgerichtlichen Verfolgung der Schuldigen führen. Rechtskräftige Verurteilungen sind jedoch selten.[680] Dennoch wäre es gefährlich, wollte man einen Hinweis des Arbeitgebers auf den Staatsanwalt unter allen Umständen als leere Drohung werten. Insbesondere bei erbitterten Auseinandersetzungen ist eine solche Eskalation nicht auszuschließen, doch wird es allenfalls dann zu Verurteilungen kommen, wenn der Arbeitskampf insgesamt mit einer Niederlage der Arbeitnehmer endete.[681]

Aktuellere Auseinandersetzungen konzentrieren sich auf die Frage, inwie- 653
weit **«verdichtetes Streikpostenstehen»** zur rechtswidrigen Betriebsblockade wird[682] und im Wege der einstweiligen Verfügung unterbunden[683] sowie mit Schadensersatzsanktionen belegt werden kann.[684] Dieselben Fragen werden

---

677 Weitere Fälle von strafbaren Handlungen gegen Streikposten bei Eissegg, a.a.O., und Bobke WSI-Mitt. 1985, 61 f.

678 BVerfG NJW 1987, 43.

679 BVerfG NJW 1995, 1141.

680 Umfassende Darstellung der Rechtslage bei Ostendorf, a.a.O. Zu einstweiligen Verfügungen gegen Streikposten s. Steinbrück, a.a.O.

681 Eingehend Däubler, Strafbarkeit von Arbeitskämpfen, in: Baumann-Dähn, Studien zum Wirtschaftsstrafrecht, Tübingen 1972, S. 91 ff. Nach dem Druckerstreik 1976 wurden gegen eine Reihe von Streikteilnehmern Strafbefehle erlassen, weil sie durch Sitzen auf Ausfahrten usw. die Auslieferung von Zeitungen verhindert hatten (dazu Däubler, Druck und Papier 1977, S. 12). Auf den Einspruch der Betroffenen kam es jedoch zu keiner endgültigen Verurteilung. Zur Strafbarkeit von Streiks als solchen s. Schumann, in: Däubler (Hrsg.), Arbeitskampfrecht, Rn 238 ff., zur Strafbarkeit einzelner Handlungen s. Wolter, ebenda, Rn 281 ff.

682 S. etwa LAG Köln NZA 1984, 402 («3-Meter-Verfügung»).

683 Dazu oben 5.8.4. (Rn 640 ff.).

684 Dazu BAG DB 1988, 1955 und BAG DB 1988, 2647.

bei der Betriebsbesetzung gestellt.[685] Im Hintergrund steht dabei immer auch eine **Bestrafung wegen Nötigung** nach § 240 StGB. Der Sache nach geht es darum, inwieweit solche «Begleiterscheinungen» von Streiks schon immer rechtmäßig waren oder jedenfalls mit Rücksicht auf veränderte Umstände wie Ersetzbarkeit von Arbeitskräften usw. in Zukunft gerechtfertigt sind. Dem soll im Rahmen der «Perspektiven» des Arbeitskampfrechts nachgegangen werden.[686]

## 5.9. Das Maßregelungsverbot und andere tarifliche Korrekturen des Arbeitskampfrechts

### 5.9.1. Das Maßregelungsverbot

654 Geht ein Streik nicht völlig verloren, so enthält die anschließende Einigung mit der Arbeitgeberseite in aller Regel das Verbot, die Streikteilnehmer zu benachteiligen und irgendwelche Sanktionen wie Abmahnung, Schadensersatz oder Kündigung gegen sie zu verhängen.

*Beispiel:* «Benachteiligungen streikender Arbeitnehmer dürfen nicht stattfinden.» oder: «Jede Maßregelung aus Anlass des Streiks unterbleibt.»[687]

Eine solche tarifliche Abmachung ist **unbestritten zulässig** und kann nach Auffassung des BAG auch zugunsten von Nicht-Organisierten vereinbart werden.[688] Bei der konkreten Formulierung ist jedoch große Vorsicht geboten, da das **BAG eine außerordentlich enge Auslegung** solcher Klauseln praktiziert. So war nach dem Fliesenlegerstreik 1967 im Tarifvertrag festgelegt worden[689]:

«Aus der Beteiligung am Arbeitskampf darf keine Benachteiligung folgen.»

und eine Protokollnotiz hatte klargestellt:

685 S. etwa Loritz DB 1987, 223 ff.

686 S. unten 5.14.3. (Rn 706 ff.).

687 Die entsprechenden Abmachungen nach dem Metall- und dem Druckarbeitskampf 1984 sind wiedergegeben bei Bobke WSI-Mitt. 1985, 63.

688 BAG AP Nr. 43 zu Art. 9 GG, Bl. 10.

689 Sachverhalt der Entscheidung BAG AP Nr. 45 zu Art. 9 GG Arbeitskampf.

«1. …
2. Arbeitnehmer, denen infolge ihrer Beteiligung am Streik gekündigt wurde oder die ausgesperrt wurden, sind nach Beendigung des Streiks wieder einzustellen.
3. Das Arbeitsverhältnis der am Streik beteiligten Arbeitnehmer gilt durch den Streik als nicht unterbrochen.»

Gleichwohl räumte das BAG den Arbeitgebern das Recht ein, einzelne Fliesenleger **wegen streikbedingter schlechter Auftragslage nicht mehr weiterzubeschäftigen**. Etwas anderes hätte nur dann gegolten, wenn gerade auch dieser Fall ausdrücklich in das Maßregelungsverbot einbezogen worden wäre[690] – eine Auffassung, die dem Sinn der Regelung nicht ausreichend Rechnung trägt, obwohl der Wortlaut durchaus weit formuliert ist. Auch gehören wirtschaftliche Nachteile im Verhältnis zu Kunden zu den Folgen eines Streiks, die sich nach dem Maßregelungsverbot nicht auf den Bestand des Arbeitsverhältnisses auswirken dürfen.[691] 655

Mehr Zustimmung verdienen eine Reihe neuerer Entscheidungen, wonach die Zahlung einer Prämie nur an Arbeitswillige die Streikenden benachteiligt, was mit dem Maßregelungsverbot auch dann unvereinbar sei, wenn die Zahlung während des Arbeitskampfes erfolgte. Den Streikteilnehmern muss daher die **«Streikbruchprämie»** gleichfalls gewährt werden.[692] Unzulässig ist auch die Kürzung einer Jahresprämie mit Rücksicht auf die Streikteilnahme.[693] 656

Maßregelungsverbote schützen auch die Arbeitnehmer, die sich an Aktionen beteiligt haben, die nach Auffassung des Arbeitgebers rechtswidrig sind[694]: In diesem Bereich gewinnen sie ihre eigentliche Bedeutung. Der **Verzicht auf Sanktionen überschreitet nicht die Tarifmacht**[695], das Recht der Vertragsverletzungen und der unerlaubten Handlungen ist a priori dispositiv.[696] Auch auf entstandene Ansprüche kann verzichtet werden.[697] Sinn der 657

---

690 BAG AP Nr. 45 zu Art. 9 GG Arbeitskampf.

691 Däubler-Hensche, TVG, § 1 Rn 1207.

692 BAG, AP Nr. 88 zu Art. 9 GG Arbeitskampf; BAG DB 1994, 148. Dazu zuletzt Däubler-Hensche, TVG, § 1 Rn 1201.

693 BAG AP Nr. 89 zu Art. 9 GG Arbeitskampf. Vgl. weiter BAG DB 1997, 2385. Von Interesse ist in diesem Zusammenhang das französische Recht, wo der Entzug oder die Kürzung von Anwesenheitsprämien («primes d'assiduité») zunächst unbeanstandet blieb, heute jedoch als unzulässige Benachteiligung wegen Ausübung des Streikrechts angesehen wird, wenn die Prämien nicht auch bei anderen Fällen von Abwesenheit entzogen werden – s. Lyon-Caen/Pélissier/Supiot, Rn 1146.

694 Dass dies dem Willen der Parteien und dem Wortlaut und Sinn der Klauseln entspricht, ist unbestritten, vgl. Zöllner, Maßregelungsklauseln, S. 12f.

695 Däubler-Hensche § 1 TVG Rn 1212ff.; Colneric, in: Däubler (Hrsg.), Arbeitskampfrecht, Rn 1373; Konzen ZfA 1980, 110; Wiedemann § 1 Rn 415; a.A. Hess DB 1976, 2469ff.; Zöllner, S. 35ff.

696 Canaris, Gedächtnisschrift für Rolf Dietz, 1973, S. 199, 233.

697 Zöllner, S. 35ff., sieht hierin einen Verstoß gegen Art. 14 GG (rückwirkender enteignungsgleicher Eingriff), übersieht dabei aber, dass es nicht um Privatansprüche des Arbeitgebers geht, sondern um solche, die mit dem Arbeitsverhältnis zusammenhängen, damit der Tarifautonomie unterliegen und

Maßregelungsverbote ist es gerade, Streit um die Rechtmäßigkeit einer Aktion zu vermeiden; das Arbeitsklima soll nicht durch gerichtliche Nachspiele belastet werden. Entsprechende «Friedensregelungen» liegen daher auch im Interesse des Arbeitgebers. Selbst auf das **Strafantragsrecht** kann tarifvertraglich jedenfalls mit Wirkung für die Tarifgebundenen verzichtet werden, soweit es sich bei den möglichen Straftaten um typische Grenzüberschreitungen während eines Arbeitskampfes handelt.[698] Der Arbeitgeber wird dadurch nicht in seiner persönlichen Rechtssphäre berührt.[699]

658 Trotz mancher Schwierigkeiten ist das Maßregelungs- und Benachteiligungsverbot das wichtigste Mittel, um die für die Arbeitnehmer nachteiligen Folgen von Streik und Aussperrung in Grenzen zu halten. Probleme ergeben sich bei **nichtgewerkschaftlichen Arbeitsniederlegungen**, da sie nur zu informellen Absprachen führen, deren rechtliche Verbindlichkeit zweifelhaft ist. Eine unproblematische Lösung ergibt sich dann, wenn man die Streikleitung als Vertretung der Streikenden ansieht, die mit dem Arbeitgeber neue «einheitliche Arbeitsbedingungen» vereinbart.[700] Andernfalls hilft nur der Gleichheitssatz sowie das Eigeninteresse des Arbeitgebers, nicht durch einseitige Maßnahmen erneut einen Konflikt zu provozieren.

659 Ist es im Einzelfall nicht möglich, ein Maßregelungsverbot durchzusetzen, darf der Arbeitgeber gleichwohl keinen **unzulässigen Eingriff in das Streikrecht** vornehmen. Dies ist nach hier vertretener Auffassung[701] für alle **«Streikbruchprämien»** der Fall. Das **BAG** wendet hier § 612 a BGB an[702], neigt jedoch dann zu einer abweichenden Lösung, wenn die Prämie während des Arbeitskampfes gewährt oder versprochen wird.[703] Dabei sei jedoch der **Verhältnismäßigkeitsgrundsatz** zu beachten, der bei einer Prämie von 50 DM pro Tag bei einem zweitägigen Streik nicht verletzt sei.[704] Unzulässige «Sonderleistungen» können nicht zurückgefordert werden; vielmehr muss der Arbeitgeber jedem Streikenden denselben Betrag bezahlen, da nur so eine Benachteiligung wegen Ausübung eines Rechts verhindert wird.[705]

---

wie andere vermögensrechtliche Rechtsverhältnisse auch rückwirkend zugunsten des Arbeitnehmers verändert werden können. Wie hier Däubler-Hensche § 1 TVG Rn 1212; Löwisch-Rieble § 1 Rn 919.

698 So im Ergebnis Wiedemann § 1 Rn 415.

699 So aber offenbar Hess DB 1976, 2472; Zöllner, S. 43 ff., der die Strafantragsbefugnis für ein staatsbürgerliches, nicht verzichtbares Recht hält. Wie hier Däubler-Hensche § 1 TVG Rn 1217. Eingehend zu tarifvertraglichen Rechtsfolgeregeln Colneric, in: Däubler (Hrsg.), Arbeitskampfrecht, Rn 1351 ff.

700 S. oben 4.14. (Rn 456).

701 Oben 5.7.4. (Rn 619).

702 BAG NZA 1993, 41.

703 BAG DB 1994, 149.

704 BAG DB 1994, 150.

705 BAG NZA 1993, 41.

## 5.9.2. Tarifautonome Arbeitskampfordnungen?

Statt eine nachträgliche Korrektur besonders gravierender Arbeitskampffolgen anzustreben, könnte man auch daran denken, die bei Streik und Aussperrung zu beachtenden Regeln als solche umzugestalten und im Interesse der Arbeitnehmer zu «entschärfen». Wäre es etwa möglich, durch Tarifvertrag die Aussperrung auf ein Zehntel der im Tarifgebiet Beschäftigten zu beschränken oder gar ganz auszuschließen? Könnte man etwa auch vom Verhältnismäßigkeitsprinzip abgehen, um einen schnelleren Rückgriff auf Kampfmaßnahmen zu ermöglichen? 660

Eine Reihe derartiger Abmachungen hat das BAG selbst ausdrücklich zugelassen. So war es bereits nach der **Entscheidung des Großen Senats von 1971** zulässig, den Kreis der Arbeitnehmer, die nur mit suspendierender Wirkung ausgesperrt werden können, in einer tariflichen Arbeitskampfordnung festzulegen.[706] Vereinbarte Arbeitskampfregeln sollten unter anderem Bestimmungen über Erhaltungsarbeiten, über die Weiterführung lebenswichtiger Betriebe und den Fortbestand betrieblicher Anwartschaften enthalten. «Wenn und solange derartige Regelungen und Vereinbarungen noch nicht bestehen» – so heißt es weiter –, «ist nach dem Grundsatz der Verhältnismäßigkeit zu prüfen, ob ein Arbeitskampf nach Anlass, Beginn, Art der Durchführung und weiterer Entwicklung rechtlich zulässig ist»[707] – eine Formulierung, die deutlich zu erkennen gibt, dass das **Verhältnismäßigkeitsprinzip** hinter den von den Tarifparteien selbst vereinbarten Regeln **zurücktritt**. Die Aussperrungsentscheidungen vom 10. 6. 1980 haben sogar ausdrücklich an die sozialen Gegenspieler appelliert, tarifautonome Arbeitskampfordnungen zu schaffen. Durch sie könnten **«das Paritätsprinzip und das Übermaßverbot konkretisiert»** werden; «so weit» hätten sie Vorrang gegenüber den von der Rechtsprechung entwickelten Grundsätzen.[708] Sehr viel mehr Klarheit ist damit nicht gewonnen.[709] Gleichwohl ist davon auszugehen, dass sie in beträchtlichem Umfang die Voraussetzungen festlegen können, unter denen ein Arbeitskampf rechtmäßig ist. 661

Neben einer Ausweitung und einer Einengung der Friedenspflicht[710] kommt etwa eine **Öffnungsklausel** in Betracht, durch die klargestellt wird, dass ein Streik um einen Firmentarifvertrag auch während der Laufzeit des Verbandstarifs möglich ist.[711] Die Tarifparteien können eine Urabstimmung 662

706 BAG AP Nr. 43 zu Art. 9 GG Arbeitskampf, Bl. 9 R.

707 BAG AP Nr. 43 zu Art. 9 GG Arbeitskampf, Bl. 7.

708 BAG DB 1980, 1266 LS 5.

709 Kritisch zu einer derartigen tariflichen Verfügung über Arbeitskampfregeln Richardi RdA 1986, 146.

710 Dazu oben 4.3.3. (Rn 259 ff).

711 Reuß AuR 1975, 1, 5 ff. und zur Praxis der Öffnungsklauseln zugunsten von Betriebsvereinbarungen oben 4.3.2.1. (Rn 220 ff.)

zwingend vorschreiben, doch sind sie dazu nicht verpflichtet. Kein tauglicher Gegenstand ist allerdings das interne Verfahren bei der Urabstimmung; als demokratisch strukturierte Verbände dürfen die Koalitionen ihr Selbstorganisationsrecht nicht preisgeben. Die Tarifparteien können den Arbeitskampf für bestimmte Bereiche z.B. für **lebenswichtige Betriebe ausschließen**. Auch einzelne Mittel wie der «Bummelstreik» können für unzulässig erklärt werden. Rechtlich möglich ist sogar ein völliges **Aussperrungsverbot.**[712]

Angesichts der unterschiedlichen Interessenlage der sozialen Gegenspieler ist allerdings in absehbarer Zukunft nicht mit einer Ausschöpfung dieser Möglichkeiten zu rechnen.[713]

## 5.10. Solidaritätsstreik, Demonstrationsstreik, Boykott

663 Neben dem beschriebenen System von Streik und Aussperrung[714] gibt es weitere Formen der Arbeitsniederlegung, die zwar von Gewerkschaften getragen, aber nicht auf ein kollektivvertraglich regelbares Ziel gerichtet sind. Weiter können andere aufgefordert werden, den Kampfgegner zu boykottieren, was – abgesehen von der Seeschifffahrt – typischerweise nur noch als Ergänzung der «Hauptkampfmittel» Streik und Aussperrung auftritt.

### 5.10.1. Der Solidaritätsstreik

#### 5.10.1.1. Die Entwicklung der Rechtsprechung

664 Arbeitsniederlegungen, die ausschließlich das Ziel haben, Forderungen und Aktionen anderer Arbeitnehmer zu unterstützen, wurden lange Zeit von der herrschenden Meinung in Übereinstimmung mit der Weimarer Rechtslage für zulässig gehalten.[715] Das BAG hat sich zum Solidaritätsstreik lange

---

712 Däubler-Hege, Koalitionsfreiheit, Rn 232. Dafür spricht auch das BAG-Argument, wonach die Aussperrung allein durch die gefährdete Arbeitgebersolidarität gerechtfertigt werde (BAG DB 1980, 1266): Wenn man diese nicht gefährdet sieht (was der Arbeitgeberverband am besten beurteilen kann), spricht nichts gegen den tariflichen, d.h. auf zwei bis drei Jahre beschränkten Verzicht.

713 Vgl. die unterschiedlichen Positionen von Kirchner (RdA 1986, 159) und Kittner (RdA 1986, 163). Zur aktuellen Situation s. Däubler-Hensche, TVG, § 1 Rn 1184ff.

714 Dazu auch Däubler, Das soziale Ideal, S. 126ff.

715 Hueck-Nipperdey, Bd. II/2, S. 1009 mwN (Fn 35), auch zur Weimarer Zeit. Überblick über

nicht geäußert[716] und seine Zulässigkeit auch in den Aussperrungsurteilen vom 10. 6. 1980 dahinstehen lassen[717], doch hatte es an anderer Stelle gravierende Indizien für eine positive Entscheidung gesetzt: So wurde 1955 in einer Nebenbemerkung die Sympathieaussperrung für rechtmäßig erklärt[718] und 1976 ein Boykottaufruf im Prinzip unbeanstandet gelassen, der ausländische Hafenarbeiter dazu motivieren sollte, die Schiffe bestimmter tarifunwilliger deutscher Reeder nicht mehr abzufertigen.[719] Auch das **BSG**[720] und der **BGH**[721] hatten den Unterstützungsstreik als zulässig behandelt. Als anlässlich des Stahlarbeiterstreiks 1978/79 zahlreiche Arbeitnehmer anderer Branchen für einige Stunden die Arbeit niederlegten und an Demonstrationen teilnahmen, wurde diese Rechtsauffassung noch einmal durch das LAG Düsseldorf[722] und – mit eingehender Begründung – durch das LAG Hamm bestätigt.[723] **Entgegen dieser langjährigen Praxis hat das BAG am 5. 3. 1985 Solidaritätsstreiks grundsätzlich für rechtswidrig erklärt.** Dabei hat es lediglich **einzelne Ausnahmen** etwa für den Fall zugelassen, dass das bestreikte Unternehmen aufgrund der besonderen Umstände des Einzelfalls nicht mehr als außen stehender Dritter angesehen werden konnte.[724] Von inhaltlichen Bedenken ganz abgesehen[725], erstaunt das Verfahren: Angesichts der abweichenden Positionen anderer oberster Bundesgerichte hätte der Gemeinsame Senat der Obersten Gerichtshöfe eingeschaltet werden müssen.[726] Stattdessen hat das BAG seine neue Auffassung 1988 noch einmal bestätigt.[727]

---

die Literatur weiter bei Seiter, Arbeitskampfparität, S. 46, Fn 155 und 156, sowie bei Zachert u. a., S. 196 ff. und Bieback, in: Däubler (Hrsg.), Arbeitskampfrecht, Rn 372 ff. Zum Ganzen s. Binkert, Gewerkschaftliche Boykottmaßnahmen.

716 BAG AP Nr. 34 zu Art. 9 GG Arbeitskampf, Bl. 4, ließ seine Zulässigkeit dahinstehen. Für Zulässigkeit dagegen RGZ 54, 255, 259; 132, 249, 253, und ArbG Wuppertal AP Nr. 20 zu Art. 9 GG Arbeitskampf.

717 BAG DB 1980, 1275 re. Sp.

718 BAG AP Nr. 1 zu Art. 9 GG Arbeitskampf, Bl. 9 R.

719 BAG AP Nr. 6 zu § 1 TVG Form = AuR 1977, 254. Die Einschätzung, dass damit ein «Quasi-Präjudiz» geschaffen wurde, wird geteilt von Birk AuR 1977, 239 und Seiter, Arbeitskampfparität, S. 47. Ebenso Buschmann BlfStR 1981, 99.

720 BSG AP Nr. 1 zu § 116 AFG, Bl. 8 R.

721 BGH AP Nr. 56 zu Art. 9 GG Arbeitskampf, Bl. 2 R.

722 LAG Düsseldorf DB 1979, 167.

723 LAG Hamm DB 1980, 2345.

724 DB 1985, 1695.

725 Dazu sogleich im Text.

726 Gesetz zur Wahrung der Einheitlichkeit der Rechtsprechung vom 19. 6. 1968 (BGBl I, 661).

727 BAG AP Nr. 90 zu Art. 9 GG Arbeitskampf = DB 1988, 1270 = AiB 1988, 181. Ebenso in einem Obiter dictum BAG DB 1991, 2295 = NZA 1991, 816 sowie LAG Hamm DB 1993, 1679.

### 5.10.1.2. Rechtfertigung des Solidaritätsstreiks

665 **Tragender Grund** für die Zulässigkeit dieser Arbeitskampfform ist das **Solidaritätsprinzip**, das den freiwilligen Einsatz gerade auch für die Interessen anderer zulässt und das bei der Auslegung des Art. 9 Abs. 3 GG, insbesondere bei der Bestimmung gewerkschaftlicher Handlungsmöglichkeiten, Beachtung finden muss.[728] Dort ist keineswegs von der Wahrung und Förderung der «eigenen» Arbeits- und Wirtschaftsbedingungen die Rede. Hinzu kommt, dass es sich um ein historisch gewachsenes Kampfmittel handelt, das nicht ersatzlos abgebaut werden kann.[729] Auch ist der Unterstützungsarbeitskampf nach verbreiteter Auffassung durch Art. 6 Nr. 4 ESC geschützt.[730] Die Tatsache, dass der bestreikte Arbeitgeber die im Hauptkampf erhobene Forderung nicht erfüllen kann, wäre rechtlich nur dann von Bedeutung, wenn es lediglich einen «tarifakzessorischen» Streik gäbe; dem ist aber aus den gerade genannten Gründen nicht so.[731]

666 Die **Zulässigkeit des Solidaritätsstreiks** lässt sich auch **mit der Paritätskonzeption vereinbaren**, die den Entscheidungen des BAG zur Aussperrung[732] und zum Arbeitskampfrisiko[733] zugrunde liegt. Mit Recht geht das BAG davon aus, dass der Streik von den Arbeitnehmern mit großen Opfern erkauft werden muss. Es entwickelte daher keine Regeln zu der Frage, wie viele Arbeitnehmer in einen gewerkschaftlich organisierten Streik einbezogen werden dürfen. Vielmehr ging es als selbstverständlich davon aus, dass z.B. die Hälfte der im Tarifgebiet Beschäftigten die Arbeit niederlegen darf – hier sei (wohl) sogar die Aussperrung überflüssig, da kein Übergewicht der Gewerkschaften drohe. Die schlichte Arbeitsunterbrechung bei gleichzeitigem Lohnwegfall stellt ersichtlich keine Störung der Parität dar. Diese wurde nur dann angenommen, wenn in Drittbetrieben nicht weitergearbeitet werden konnte, gleichzeitig aber das Entgelt fortbezahlt werden musste (und dies zu Rückwirkungen auf die Verhandlungsposition der kämpfenden Arbeitgeber führen würde – Fall des Arbeitskampfrisikos). Der Solidaritätsstreik löst aber

---

728 Pfarr-Kittner RdA 1974, 290; für Solidaritätsstreiks auch Birk, Unterstützungskampfmaßnahmen, S. 29ff.; Hueck-Nipperdey, Bd. II/2, S. 1009; Nikisch, II, S. 130; Seiter, S. 500ff.; Zachert u.a., S. 199ff.; ablehnend Brox-Rüthers, Rn 144ff. und nunmehr auch Hanau-Adomeit C III 5b (Rn 287). Überblick über den Diskussionsstand bei Kissel § 24 Rn 31 Fn 86

729 So insbesondere LAG Hamm DB 1980, 2346; Berg u.a., AKR, Rn 90; Bieback, in: Däubler (Hrsg.), Arbeitskampfrecht, Rn 374b; Wohlgemuth AuR 1980, 37.

730 Berg u.a., AKR, Rn 90; Bieback, in: Däubler (Hrsg.), Arbeitskampfrecht, Rn 374d; Birk, Unterstützungskampfmaßnahmen, S. 31; Däubler, in: Agnelli u.a., S. 131ff.; Mitscherlich, S. 139ff.; Plander AuR 1986, 198; Wohlgemuth AuR 1980, 38; im Prinzip auch Seiter, Arbeitskampfparität, S. 48 (dort auch – Fn 164 – Nachweise für die Gegenmeinung).

731 Emotionalisierend MünchArbR-Otto § 286 Rn 44 («wirtschaftliche Geiselnahme»).

732 BAG DB 1980, 1266.

733 BAG DB 1981, 321.

nur den Fall «keine Arbeit – kein Entgelt» aus. Die wirtschaftlichen Auswirkungen sind ersichtlich dieselben, wenn drei Unternehmen ihre Belegschaften ohne Entgeltfortzahlung nach Hause schicken, weil mangels Vorprodukten nicht weitergearbeitet werden kann, oder wenn ein Solidaritätsstreik im selben Umfang stattfindet.

### 5.10.1.3. Einzelfragen

Was die Zulässigkeit des Solidaritätsstreiks im Einzelnen betrifft, so gelten 667
folgende Grundsätze:

▶ Nach einhelliger Auffassung verstößt er **nicht gegen die Friedenspflicht**, da er die bestehenden Tarifverträge unberührt lässt.[734] Auch dann, wenn der «Hauptkampf» um eine Modellregelung geht (Einstieg in die 35-Stunden-Woche), gilt nichts anderes.[735]

▶ Für die Zulässigkeit des Solidaritätsstreiks reicht es aus, dass die Arbeitgeberseite irgendwie – und sei es nur ideell – beeinflusst werden kann.[736]

▶ Der **Solidaritätsstreik** ist **akzessorisch**, setzt also einen rechtmäßigen «Hauptarbeitskampf» voraus.[737] Kann dieser wegen eines Streikverbots oder besonders weit gehender Einschüchterung der Belegschaften nicht stattfinden, so kommt auch ein «isolierter» Sympathiestreik in Betracht.[738]

▶ Auch der Solidaritätsstreik wird von der Rechtsprechung der Instanzgerichte dem **Grundsatz der Verhältnismäßigkeit** unterworfen.[739] Dies bedeutet, dass er von dem eben genannten Ausnahmefall abgesehen nicht früher als der Hauptkampf beginnen und nicht später als dieser enden darf.[740] Weiter darf er von den ausgefallenen Arbeitstagen her nicht deutlich über dem Hauptkampf liegen.[741]

Legt man stattdessen die **BAG-Rechtsprechung** zugrunde, so geht es pri- 668
mär darum, die zugelassenen **Ausnahmen** näher zu bestimmen. Ein Solidaritätsstreik ist danach dann rechtmäßig, wenn der **Arbeitgeber dem Hauptkampf gegenüber keine «Neutralität» gewahrt**, beispielsweise Teile der ausgefallenen Produktion übernommen[742] oder sich ausdrücklich mit der Po-

734 So schon BAG BB 1983, 1410; Nachweise zur Literatur bei Birk, Unterstützungskampfmaßnahmen, S. 34, Fn 116, und Seiter, Arbeitskampfparität, S. 53, Fn 199.

735 LAG Hamm DB 1980, 2346.

736 LAG Hamm DB 1980, 2346; Birk, a.a.O., S. 82; weiter gehend Wohlgemuth AuR 1980, 41; enger Seiter, a.a.O., S. 52.

737 Wohlgemuth AuR 1980, 39.

738 Vgl. Binkert AuR 1979, 239. Ähnlich Preis, Anm. zu BAG EzA Art. 9 GG Arbeitskampf Nr. 73, S. 21.

739 LAG Hamm DB 1980, 2345.

740 Wohlgemuth AuR 1980, 40.

741 Birk, Unterstützungskampfmaßnahmen, S. 92.

742 BAG AP Nr. 85 zu Art. 9 GG Arbeitskampf = RdA 1985, 376 = AuR 1986, 220.

sition der Arbeitgeberseite im Hauptarbeitskampf solidarisiert hat.[743] Weiter darf ein Solidaritätsstreik dann stattfinden, wenn er sich gegen einen Arbeitgeber richtet, der mit dem Gegner im Hauptkampf wirtschaftlich identisch oder eng mit diesem verflochten ist.[744] Erfasst ist neben Unternehmen mit personenidentischer Leitung[745] damit insbes. der **Konzernverbund**, aber auch eine intensive Zuliefer- oder Abnehmerbeziehung.[746]

*Beispiel:* Die Firma DaimlerChrysler wird in Baden-Württemberg bestreikt. Unterstellt, die Bremer Niederlassung sei eine rechtlich selbständige Tochtergesellschaft: Solidaritätsstreik zulässig, obwohl diese einem anderen (oder keinem) Arbeitgeberverband angehört. Dasselbe gilt für einen Hersteller von Autositzen, der aufgrund langfristiger Vereinbarungen seine ganze Produktion an DaimlerChrysler liefert – er ist kein «außen stehender Dritter» mehr, sondern wird ggf. darauf dringen können, den Arbeitskampf mit einem Kompromiss zu beenden.

669 **Über das BAG hinaus** wird eine Ausnahme weiter dann befürwortet, wenn die «eigentlich» betroffenen Belegschaften leicht austauschbar sind und so faktisch nicht streiken können oder wenn die Arbeitgeberseite **mit** einer **Produktionsverlagerung droht** – der Solidaritätsstreik hat hier die Funktion, die gestörte **Parität wiederherzustellen**.[747] Jedenfalls für solche Konstellationen müsste sich das BAG zu einer Revision seiner Rechtsprechung durchringen. Eine gewisse Öffnung zeichnet sich möglicherweise durch die Rechtsprechung zu den Außenseiter-Unternehmen ab: Auch wenn es ausschließlich um einen Verbandstarif geht, liege es in der «Einschätzungsprärogative» der Streik führenden Gewerkschaft, wenn sie sich von der Einbeziehung eines nicht organisierten Arbeitgebers mehr Druck auf den sozialen Gegenspieler verspreche.[748] Da das nicht-verbandsangehörige Unternehmen die Forderungen als solche nicht erfüllen kann, liegt dieselbe Situation wie bei einem Solidaritätsstreik vor.

## 5.10.2. Der Demonstrationsstreik

670 Nicht unwichtig ist weiter der Demonstrationsstreik, der das Ziel verfolgt, die Meinung der Arbeitnehmer zu bestimmten politischen oder sozialen Ereignissen nachhaltig zu bekunden.

743 Ebenso Bieback, in: Däubler (Hrsg.), Arbeitskampfrecht, Rn 380; Plander ZTR 1989, 141.
744 S. Fn 742.
745 Berg u. a., AKR, Rn 91.
746 Bieback, a.a.O., Rn 379.
747 Preis, a.a.O. (oben Fn 738).
748 BAG NZA 2003, 866, 869.

*Beispiel:* Die zweiminütige Arbeitsniederlegung am 2. 10. 1975 aus Protest gegen die Hinrichtung von fünf spanischen Widerstandskämpfern.

Soll stattdessen eine andere Arbeitsniederlegung unterstützt oder gegen eine Aussperrung protestiert werden, so liegt ein Solidaritätsstreik vor.

Die Zulässigkeit solcher Arbeitsniederlegungen ist unproblematisch, wenn man wie hier im Prinzip auch den politischen Streik für legal hält.[749] Sie könnte jedoch entgegen BAG[750] auch auf der Grundlage der herrschenden Meinung bejaht werden, wenn es sich um eine zeitlich begrenzte Aktion handelt.[751] Soweit es um Arbeits- und Wirtschaftsbedingungen geht, ist die «Demonstration durch Streik» ein **historisch gewachsenes Kampfmittel**, das **durch Artikel 9 Abs. 3 GG mitgarantiert** ist.[752] Bei rein politischen Demonstrationsstreiks kommt nur ein Rückgriff auf **Art. 5 Abs. 1 GG** in Betracht. Zwar hat das Bundesverfassungsgericht den Einsatz wirtschaftlicher Machtmittel zur Durchsetzung bestimmter Meinungen abgelehnt[753], doch greift dieser Grundsatz hier nicht, da ja gerade wirtschaftlich (und deshalb auch im Meinungskampf) Unterlegene[754] aktiv werden, also faktische Gleichheit wiederhergestellt und nicht etwa beseitigt wird. Außerdem geht es nur um die Bekundung, nicht um die Durchsetzung einer Meinung. 671

Die **Abgrenzung** zwischen **«arbeitsrechtlichem»** und **politischem Demonstrationsstreik** kann im Einzelfall problematisch sein. So hatte die RFFU[755] im Dezember 1979 beschlossen: «Aus Protest gegen die Absicht, den NDR als Drei-Länder-Anstalt zu zerschlagen, und damit (!) aus Sorge um die Arbeitsplätze und Arbeitsmöglichkeiten bei allen Hörfunk- und Fernsehanstalten der BRD und in West-Berlin, soll ein bundesweiter Demonstrationsstreik ausgerufen werden.» LAG München: Politischer Streik.[756] 672

749 S. oben 5.3.3. (Rn 509 ff.).

750 BAG DB 1985, 1239.

751 Vgl. Reuß AuR 1966, 264 ff.; differenzierend Hueck-Nipperdey, Bd. II/2, S. 898, die zwar die Anwendung des Art. 9 III ablehnen, aber auch keinen Eingriff in den Gewerbebetrieb annehmen.

752 Wohlgemuth AuR 1980, 37, sowie die histor. Beispiele bei Seiter, Streikrecht, S. 502, Fn 88. Zu nennen wären weiter die Arbeitsniederlegungen anlässlich des 1. Mai in der Weimarer Zeit.

753 BVerfGE 25, 256.

754 BVerfGE 8, 51.

755 = Rundfunk-, Film- und Fernsehunion, die später in der IG Medien aufging.

756 NJW 1980, 957 ff. Für verfassungsrechtliche Zulässigkeit des Demonstrationsstreiks Rüthers, in: Brox-Rüthers Rn 112, der jedoch deshalb noch keine Rechtfertigung auf arbeitsvertraglicher Ebene annimmt. Doch was nützt eine aus Art. 5 Abs. 1 GG abgeleitete Befugnis, wenn man bei ihrer Ausübung den Arbeitsplatz oder zumindest Schadensersatzansprüche riskiert? Im Wege der Interessenabwägung gelangen zur Zulässigkeit des Demonstrationsstreiks Hanau-Adomeit C III 5 b (Rn 288). Umfassende Aufarbeitung der Problematik bei Bieback, in: Däubler (Hrsg.), Arbeitskampfrecht, Rn 402 ff.

673 **Rechtspolitisch** spricht für die Zulassung des Demonstrationsstreiks, dass kleinere Arbeitnehmergruppen nur auf diese Weise ihrer Position Beachtung verschaffen können. So würde etwa eine Protesterklärung des Pilotenverbands wegen unzureichenden Schutzes gegen Entführungen kaum zu praktischen Konsequenzen führen, während eine eintägige Arbeitsniederlegung sehr viel bewirken kann.[757] Was die mögliche Höchstdauer betrifft, so gilt dasselbe wie nach der früheren Rechtsprechung zum Warnstreik[758]: Auch hier muss die Meinungsbekundung nicht platonisch bleiben, sondern kann ein gewisses Maß an Nachhaltigkeit aufweisen, also einen halben oder einen vollen Tag dauern. Zu beachten ist schließlich, dass ein bloßer gewerkschaftlicher **Aufruf zu einer Demonstration während der Arbeitszeit** auch vom Standpunkt der herrschenden Rechtsprechung aus noch nicht unzulässig ist;[759] angesichts flexibler Arbeitszeiten kann ihm auch durch «Abfeiern» eines Zeitguthabens Rechnung getragen werden.

## 5.10.3. Der Boykott

674 Als **selbständiges Mittel** hat der Boykott vorwiegend **historische Bedeutung**.[760] Die an andere gerichtete und von diesen befolgte Aufforderung, mit dem Kampfgegner keine Arbeitsverträge abzuschließen[761], wäre ja auch nur dann ein taugliches Kampfmittel der Arbeitnehmer, wenn es um die Besetzung neuer Arbeitsplätze ginge.

*Beispiel:* Ein multinationaler Konzern will eine Niederlassung in der BRD eröffnen, weigert sich jedoch, mit der Gewerkschaft über einen Tarifvertrag zu verhandeln. Diese fordert alle Arbeitnehmer auf, den Konzern so lange zu boykottieren, bis er sein Verhalten ändert.

675 **Im Normalfall** des Arbeitskampfes hat dagegen der Boykott nur **unterstützende Funktion** – eine an jedermann oder an eine bestimmte Personengruppe gerichtete Aufforderung, sich nicht als Streikbrecher missbrauchen zu lassen, kommt in der Praxis durchaus vor. In beiden Fällen richtet sich die Zulässigkeit nach allgemeinen Grundsätzen, sodass jedenfalls für tariflich regelbare Ziele[762] oder zur Unterstützung eines legalen Streiks boykottiert werden darf.[763] Das

757 S. das Beispiel bei Hanau-Adomeit, C III (Rn 338).

758 Dazu 7. Auflage (1985) mit Fn 231–245 zu Kap. 5.

759 ArbG Osnabrück AiB 1996, 554; Berg u. a., AKR Rn 94.

760 Dazu den Überblick bei Weick, S. 16ff.

761 Ähnlich die Begriffsbildung bei Hueck-Nipperdey, Bd. II/2, S. 909.

762 Dazu zählt auch das Kampfziel, einen tarifunwilligen Arbeitgeber überhaupt erst mal an den Verhandlungstisch zu bringen: BAG AP Nr. 44 zu Art. 9 GG Arbeitskampf, LS 4.

763 So auch BAG AP Nr. 6 zu § 1 TVG Form = DB 1977, 405 (dahingestellt noch in BAG AP Nr. 34

BAG hat darüber hinaus auch eine an **Hafenarbeiter** gerichtete Aufforderung, bestimmte Schiffe des tarifunwilligen sozialen Gegenspielers nicht mehr abzufertigen, als Boykott qualifiziert; eine derartige Maßnahme sei als historisch überkommenes Kampfmittel durch Art. 9 Abs. 3 GG geschützt.[764]

## 5.11. Die Ausübung vertraglicher Rechte – ein unzulässiges Druckmittel?

Als kollektivrechtliche Erscheinungen gehen Streik, Aussperrung und Boy- 676
kott den Rechten und Pflichten aus dem Arbeitsvertrag vor. Ihre rechtliche Anerkennung wurde gerade deshalb zum Problem, weil der Arbeitsvertrag als solcher in aller Regel keine ausreichenden Möglichkeiten bietet, um im Verhandlungswege – und damit notfalls auch durch Ausübung von Druck – zu angemessenen Arbeitsbedingungen zu kommen. Dennoch kann im Einzelfall auch die gemeinsame Ausübung vertraglicher Rechte erhebliche Spielräume eröffnen. Seiner Entstehungsgeschichte und seinem Sinn nach will das Arbeitskampfrecht diese nicht beseitigen.[765]

### 5.11.1. Der Dienst nach Vorschrift

*Eine* Form der Berufung auf den Arbeitsvertrag ist die korrekte Befolgung al- 677
ler Dienstvorschriften. Spätestens seit dem **«Bummelstreik» der Fluglotsen** 1973/74 genießt diese «Kampfform» beträchtliche Publizität[766], doch gab es schon im Jahre 1962 vergleichbare Aktionen bei Bahn (**«Adler»**) und Post (**«Igel»**). Nach herrschender Auffassung bewegten sich die Beteiligten dabei eindeutig außerhalb der Legalität[767]; als «versteckte» Kampfform **soll** der **«go**

zu Art. 9 GG Arbeitskampf); Berg u. a., AKR, Rn 98; ErfK-Dieterich Art. 9 GG Rn 274; Gamillscheg, Kollektives Arbeitsrecht I, § 21 IV 1 (S. 1053); Hueck-Nipperdey, Bd. II/2, S. 911.

764 BAG DB 1977, 405 = AuR 1977, 256, mit zustimmender Anm. Birk. Dazu eingehend Däubler, Weltweiter Tarifvertrag, S. 40 ff. sowie ArbG Bremen AiB 2000, 227 mit Anm. Richter.

765 Ebenso Binkert S. 77 f.; Brox-Dudenbostel DB 1979, 1843; Däubler, Streik, S. 264; ErfK-Dieterich, Art. 9 GG Rn 277; Grunsky JuS 1967, 63; Kissel § 61 Rn 20, 39; Ramm AuR 1964, 357; Seiter, Streitrecht, S. 387 ff., 429 ff., Zeuner RdA 1971, 5; wohl auch Berg u. a., AKR, Rn 100.

766 S. dazu Urteil des OLG Celle vom 16. 11. 1973, abgedruckt bei Hernekamp, S. 178 ff., sowie BGH NJW 1977, 1875 und NJW 1978, 816; BVerwG NJW 1978, 178; BVerfG NJW 1980, 169.

767 S. die Rechtsprechung in Fn 766 sowie Hueck-Nipperdey, Bd. II/2, S. 982; Isensee JZ 1971, 73 ff.; Maunz-Dürig-Herzog-Scholz, Art. 9 Rn 114; von Münch, in: Besonderes Verwaltungsrecht, 5. Aufl., Berlin und New York 1979, S. 60; Schick ZBR 1963, 72; a. A. Däubler, Streik, S. 258 ff.,

**slow»**[768] sogar dann **rechtswidrig** sein, wenn ein «Vollstreik» zulässig wäre.[769] Richtigerweise sollte man jedoch von vornherein zwischen zwei Arten des «Dienstes nach Vorschrift» unterscheiden[770]:

678 ▶ Einmal kann man Bestimmungen bewusst missverstehen, indem man sich an ihren Wortlaut klammert und den für jedermann einsichtigen Sinn missachtet. Das wäre etwa der Fall, wenn die Entnahme von Stichproben «in ausreichender Zahl» vorgeschrieben ist, der zuständige Beamte aber in 50 % aller Fälle zur Überprüfung schreitet.[771] Hier liegt in Wahrheit gar kein Dienst «nach Vorschrift» vor, da man sich unter formalistischer Berufung auf den Wortlaut über den wirklichen Sinngehalt der Bestimmung hinwegsetzt. Es handelt sich daher um eine streikähnliche Aktion, die den gleichen Grundsätzen wie ein Vollstreik unterliegt.[772]

679 ▶ Ein Dienst nach Vorschrift kann aber auch darin bestehen, dass eine Reihe von **Bestimmungen** völlig korrekt, d. h. **ihrem Wortlaut und Sinn entsprechend**, befolgt wird. Hier liegt kein Missbrauch und keine Missdeutung vor. Die beteiligten Arbeitnehmer hören lediglich auf, sich im Interesse eines schnellen und reibungslosen Betriebsablaufs über eine Reihe von Normen hinwegzusetzen. Wie dies konkret aussieht, kann an Beispielen aus der «Aktion Adler» gezeigt werden:

680 Beim **Rangierdienst** ist es verboten, unter Fahrzeugen hindurchzukriechen, über Puffer oder Zugvorrichtungen zu klettern oder zwischen den Puffern nahe beieinander stehender Fahrzeuge aufrecht hindurchzugehen. Bei Güterzügen bleibt daher meist keine andere Möglichkeit, als die andere Seite des Zuges durch einen umständlichen Weg um Anfang oder Ende der Wagenkolonne herum zu erreichen.[773] Verfährt man nach dieser eindeutigen, keinen Interpretationsspielraum gewährenden Vorschrift, so verzögert sich das Rangieren erheblich, was nachhaltige Wirkungen im Personen- wie im Güterverkehr zeitigt. Da dies allen Beteiligten bewusst ist, wird die Bestimmung in der Praxis häufig nicht befolgt. Dies garantiert zwar die Flüssigkeit des Verkehrs; gleichzeitig übernehmen jedoch die Beamten und Arbeiter der Deutschen Bahn damit das Risiko, für

---

Ramm, Koalitionsrecht, S. 126; Reuß DVBl 1968, 60; Wolff, Verwaltungsrecht, Bd. II, 3. Aufl. 1970, § 114 II b 2 (anders Wolff-Bachof, II, 4. Aufl. 1976, § 114 III a 5). Weitere Nachweise bei Däubler, Streik, S. 258, Fn 1.

768 Langsam arbeiten.

769 So schon RGZ 111, 105, 112; ebenso OLG Celle, a.a.O. Bedenken bei Zöllner, FS Bötticher, Berlin 1969, S. 438.

770 Die folgenden Ausführungen entsprechen den in: Streik, S. 259/260, gemachten.

771 Vgl. Reuss DVBl 1968, 60.

772 Vgl. auch Zöllner, FS Bötticher, S. 434 ff. Wegen der «Verschleierungstaktik» als unlauter (und rechtswidrig) qualifiziert bei ErfK-Dieterich Art. 9 GG Rn 269. Doch welcher Arbeitgeber würde nicht sofort erkennen, dass es sich um eine teilweise Nichterbringung der Arbeitsleistung handelt?

773 Vgl. die Kurz-Broschüre der GdED: Denk auch an deine persönliche Sicherheit, Rangierdienst, Frankfurt/M. o. J. [1962], S. 5.

einen Unfall strafrechtlich zur Verantwortung gezogen zu werden.[774] Daneben besteht die Gefahr, dass der von einem Unfall Betroffene keine Unfallfürsorge erhält, da ihm bedingter Vorsatz zur Last gelegt werden kann (§ 149 Abs. 1 BBG). Zumindest riskiert er, dass ihm bei Schadensersatzansprüchen mitwirkendes Verschulden nach § 254 BGB entgegengehalten wird.

Analoge Situationen finden wir auch außerhalb des Rangierdienstes, wo zahlreiche Vorschriften existieren, deren gewissenhafte und korrekte Befolgung zu schweren Verkehrsstörungen führen würde. So haben etwa Fahrdienstleiter und Stellwerksdienst vorbeifahrende Züge zu beobachten und dabei ihre Aufmerksamkeit besonders auf Heißläufer, Achsenbrüche, Räder mit Flachstellen, feste Bremsen oder verschobene Ladungen zu konzentrieren. Die gewissenhafte Erfüllung dieser Aufgabe schließt es aus, gleichzeitig noch andere Arbeiten zu erledigen[775], auch wenn im Interesse eines reibungslosen Betriebsablaufs praktisch niemand nach diesem Grundsatz verfährt.

Die Beispiele zeigen, dass hier **nicht** von **«Schlechterfüllung» der Leistung** 681
oder gar von passiver Resistenz gesprochen werden kann. Korrektes Einhalten von Vorschriften wäre höchstens dann ein illegales Verhalten, wenn diese ungültig sind oder der Arbeitnehmer verpflichtet ist, sich in gewissem Umfang über sie hinwegzusetzen. Beides ist nicht der Fall: Selbst dann, wenn der Verfasser der Vorschrift der Überzeugung war, sie würde doch nicht eingehalten, entfaltet sie Rechtswirkungen, und selbst eine umfassend ausgebaute Treuepflicht kann den Arbeitnehmer nicht zwingen, sich über eindeutige Anordnungen seines Arbeitgebers hinwegzusetzen. Dies zeigt ein letztes Beispiel: Ein Verkehrsschild, das die zulässige Höchstgeschwindigkeit an einem Bahnübergang auf 20 km/h beschränkt, ist auch dann nicht ungültig, wenn die zuständige Verwaltungsbehörde zu Recht davon ausging, niemand werde langsamer als 40 km/h fahren. Allgemeiner Ablehnung verfiele auch die These, ein angestellter Kraftfahrer sei seinem Arbeitgeber gegenüber zu einer Überschreitung der Geschwindigkeitsbegrenzung verpflichtet. Fährt nun eine Reihe von Kraftfahrern an einem Bahnübergang entgegen dem Üblichen nur mit 20 km/h und wird dadurch der Verkehr behindert, so wird niemand daran denken, sie gemäß § 1 StVO zur Rechenschaft zu ziehen. Ihr **«Fahren nach Vorschrift»** wäre auch dann erlaubt, wenn sie damit gegen die ihrer Ansicht nach unsinnige Beschilderung protestieren oder für eine Herabsetzung des Benzinpreises demonstrieren würden![776]

774 Beispiel: Ein erstmals im Rangierdienst tätiger Arbeiter wird von seinem Vorgesetzten aufgefordert, sich genau wie die Übrigen, d. h. vorschriftswidrig, zu verhalten. Bei einem Unfall wäre der Vorgesetzte wegen fahrlässiger Körperverletzung bzw. Tötung verantwortlich.

775 Vgl. GdED, a.a.O., S. 12.

776 Ebenso ErfK-Dieterich Art. 9 GG Rn 270.

### 5.11.2. Die Beschränkung auf das vertraglich Geschuldete

682 Eine zulässige Berufung auf den Arbeitsvertrag liegt weiter dann vor, wenn der Arbeitnehmer nur noch die im Tarifvertrag vorgesehene Normalleistung erbringt. **Entgegen** der Auffassung des **BAG**[777] ist diese nicht nur eine Rechengröße für die Bestimmung des Akkordverdienstes, sondern gleichzeitig eine Umschreibung der Arbeitnehmerpflichten. Wer ein «Übersoll» leistet, tut dies freiwillig und erhält dafür einen höheren Lohn, wer sich mit «gutem Durchschnitt» begnügt, bleibt im Rahmen des rechtlich Zulässigen, muss jedoch einen geringeren Verdienst in Kauf nehmen. Dieser **«Verhaltensspielraum»** wird nicht dadurch beseitigt, dass ein Arbeitnehmer oder eine Gruppe längere Zeit hindurch überragende Leistungen erbracht haben – wollte man hier eine Bindung an das erreichte Niveau annehmen, so würde dies nicht nur jeden altersbedingten Leistungsabbau als Vertragsverletzung erscheinen lassen, sondern im Ergebnis sogar leistungsfeindlich wirken, da jedermann darauf achten müsste, ja nicht zu gut zu arbeiten, um in Zukunft vor überhöhten Anforderungen sicher zu sein. Wenn der Einzelne daher die Disposition über seine eigene Arbeitskraft insoweit behält, so liegt es allein bei ihm, **aus welchen Gründen und zu welchem Zweck** er seine Leistung vermindern oder erhöhen will. Ob er sich gesundheitlich schonen oder ob er gegen bestimmte Ereignisse protestieren will – das hat der Einzelne ausschließlich selbst zu entscheiden, zumal er auch die materiellen Konsequenzen zu tragen hat.[778]

682a Arbeitsvertragliche Rechte nimmt auch ein Arbeitnehmer wahr, der im Rahmen einer Regelung über flexible Arbeitszeit ein **Zeitguthaben «abfeiert»**. Dies kann er auch zu gleicher Zeit wie andere Beschäftigte tun. Allerdings wird es nicht selten Grenzen geben; so ist denkbar, dass das «Abfeiern» nur mit Zustimmung des Vorgesetzten möglich ist oder eine «Mindestbesetzung» nicht unterschritten werden darf.

682b Wird die Arbeitsleistung schlechter als geschuldet erbracht, so liegt eine teilweise Arbeitsverweigerung vor. Soweit ein Vollstreik rechtmäßig ist, bestehen auch insoweit keine rechtlichen Bedenken.[779]

*Der Praxis entnommenes Beispiel:* Der Opernchor singt nur mit halber Lautstärke.

---

777 DB 1969, 1154.

778 Näher dazu in Bd. 2 Rn 618ff. sowie bei Berg-Bobke S. 19ff. und Däubler (Hrsg.), Arbeitskampfrecht, Rn 1444ff.

779 ErfK-Dieterich, Art. 9 GG Rn 268; MünchArbR-Otto § 286 Rn 57 (sofern dem Arbeitgeber gegenüber deutlich gemacht).

### 5.11.3. Zurückhaltung der Arbeitsleistung

Weniger rechtlichen Schwierigkeiten begegnet das bereits im Zusammenhang mit der Nichtbeachtung von Tarifverträgen behandelte Zurückbehaltungsrecht.[780] Verletzt der Arbeitgeber seine Pflichten, gerät er etwa mit der Lohnzahlung in Verzug[781] oder sorgt er nicht für menschengerechte Arbeitsbedingungen[782] und die Einhaltung des Arbeitsschutzrechts[783], so kann der Arbeitnehmer seine Leistung nach §§ 273 Abs. 1, 320 Abs. 1 BGB verweigern, behält jedoch dabei seinen Entgeltanspruch. Dies gilt nach zutreffender Auffassung des BAG auch dann, wenn **mehrere Arbeitnehmer von ihren Rechten «in bewusstem und gewolltem Zusammenwirken» Gebrauch machen**.[784] Anders wird freilich entschieden, wenn an einer solchen Aktion auch Beschäftigte teilnehmen, denen kein Zurückbehaltungsrecht zusteht, da dann das Geschehen einheitlich als Streik zu werten sei[785] – eine alles andere als überzeugende These, kann doch ein Recht nicht dadurch verloren gehen, dass sich andere Personen ähnlich wie der Rechtsinhaber verhalten.[786] Nicht übermäßig lebensnah ist schließlich das vom BAG entwickelte Erfordernis, die Arbeitnehmer müssten den Arbeitgeber «in einer jeden Zweifel ausschließenden Weise» davon in Kenntnis setzen, dass sie nicht etwa streiken, sondern ein Zurückbehaltungsrecht ausüben wollten[787] – selbst bei betrieblichen Konflikten wird so der Jurist (zumindest der gewerkschaftliche Rechtssekretär) unentbehrlich gemacht. Eine weitere **Abschwächung** erfährt das Zurückbehaltungsrecht dadurch, dass es **bei Verletzung betriebsverfassungsrechtlicher Normen** durch den Arbeitgeber **nicht bestehen soll**[788] – dennoch bleibt ihm ein beträchtlicher Anwendungsbereich.[789] Für die Praxis ist dabei von Bedeutung, dass der Betriebsrat und die Gewerkschaft die «Rechtsausübung» 683

780 S. oben 4.10.5. (Rn 436 ff.).

781 S. die Fälle LAG Baden-Württemberg DB 1984, 785 und BAG DB 1996, 2337.

782 Zöllner, RdA 1973, 215.

783 BAG AP Nr. 58 zu Art. 9 GG Arbeitskampf, Bl. 4.

784 BAG AP Nr. 32 zu Art. 9 GG Arbeitskampf, Bl. 6. Ebenso Brox, in: Brox-Rüthers Rn 599 ff.; ErfK-Dieterich Art. 9 GG Rn 277; Moll RdA 1976, 100 ff.; Seiter, Streikrecht, S. 430 mwN; Zöllner-Loritz § 40 III 3. Zusammenfassend Inge Böttcher, Gemeinsame Ausübung eines Zurückbehaltungsrechts, Frankfurt/M. 1986.

785 BAG, a.a.O., Bl. 6 R/7.

786 Ablehnend auch Gamillscheg, Kollektives Arbeitsrecht I, S. 1095; Kissel, § 61 Rn 20; Seiter, Streikrecht, S. 438; Zeuner RdA 1971, 5.

787 BAG, a.a.O., Bl. 7 R. Ähnlich BAG AP Nr. 58 zu Art. 9 GG Arbeitskampf, Bl. 4 R. Anders mit Recht Löwisch (Hrsg.), Arbeitskampf- und Schlichtungsrecht, Abschn. 170.2 Rn 300; Seiter, Streikrecht, S. 433.

788 BAG AP Nr. 58 zu Art. 9 GG Arbeitskampf, Bl. 4 mwN.

789 Allerdings ist das Verhältnismäßigkeitsprinzip zu beachten – Seiter, Streikrecht, S. 435 f. Ähnlich LAG Baden-Württemberg DB 1984, 785 – keine Verursachung übermäßiger Schäden. Zu weiteren Schranken s. Däubler AiB 1989, 139 f.

organisieren können, ohne damit gegen die Friedenspflicht zu verstoßen.[790] Nimmt der Einzelne irrtümlich ein Zurückbehaltungsrecht für sich in Anspruch, so riskiert er nur dann eine Kündigung, wenn ihn ein erhebliches Verschulden trifft.[791]

### 5.11.4. «Sick-out-Aktionen» – Krankfeiern als Arbeitskampf?

684 Keine Ausübung, sondern ein Missbrauch arbeitsvertraglicher Rechte liegt vor, wenn sich Arbeitnehmer in großer Zahl krankmelden, obwohl keinerlei Anzeichen für eine Grippeepidemie oder andere Massenerkrankungen vorhanden sind. Der Sache nach liegt hier eine Arbeitsverweigerung vor, die wie ein Streik zu behandeln ist. Freilich ergeben sich für den Arbeitgeber, der den Lohn einbehalten will, dann große Beweisprobleme, wenn der einzelne Arbeitnehmer ein ärztliches Attest vorlegen kann, das ihm vorübergehende Arbeitsunfähigkeit bescheinigt. So führt das OLG Celle im Zusammenhang mit einer vergleichbaren Aktion der Fluglotsen aus[792]:

> «Dass es sich um ein Gefälligkeitsattest handelt, wird auch durch eine amtsärztliche Nachuntersuchung nur in seltenen Ausnahmefällen nachzuweisen sein. Ebenso selten wird man einem Lotsen nachweisen können, dass er sich nicht krank oder behandlungsbedürftig gefühlt habe, wenn er zwar kein Attest vorlegen, wohl aber nachweisen kann, dass er beim Arzt zur Behandlung war oder darauf gewartet hatte. Dass möglicherweise jeder einzelne Teilnehmer an einer ‹Sick-out-Aktion› sich individuell gegenüber dem Dienstherrn entschuldigen kann, ändert nichts daran, dass die kollektive Aktion als solche, d. h. das verabredete Krankmelden zur Störung des Luftverkehrs, rechtswidrig ist.»

Damit ist die Beweissituation zutreffend geschildert (und, nebenbei gesagt, der Nachweis erbracht, dass der Arbeitsprozess häufig ohne beiderseitige Loyalität nicht funktioniert), doch ist der Schluss auf die Rechtswidrigkeit nur dann gerechtfertigt, wenn man auch einen von derselben Personengruppe mit demselben Ziel durchgeführten Vollstreik als unzulässig ansehen müsste. **Zu warnen** ist im Übrigen davor, bei allen **massenhaften Krankmeldungen sofort an missbräuchliches «Blaumachen» zu denken**: Anfang der 70er Jahre hat das baden-württembergische Sozialministerium festgestellt, dass sich 63,9 % der untersuchten männlichen und 71,1 % der untersuchten weiblichen

---

790 Seiter, Streikrecht, S. 433.

791 Söllner ZfA 1973, 25 f. Eingehender Däubler (Hrsg.), Arbeitskampfrecht, Rn 1418 ff. Einen Fall unzulässiger Kündigung wegen Ausübung eines Zurückbehaltungsrechts behandelt BAG DB 1996, 2337.

792 OLG Celle, a.a.O. (oben Fn 730), S. 180. Das Urteil wurde bestätigt durch BGH NJW 1978, 816.

Arbeitnehmer einer ärztlichen Behandlung unterziehen mussten[793]; im Frühjahr 1979 gaben bei einer Umfrageaktion der IG Metall 54,2 % der Befragten an, «angeschlagen», «abgeschlafft» oder «krank» zu sein.[794]

## 5.11.5. Verweigerung von Überstunden

Die Pflicht zur Arbeit erstreckt sich nur auf den Zeitraum, der im Arbeits- 685
vertrag festgelegt wurde; die Leistung von Überstunden hängt daher grundsätzlich von der **freien Entscheidung des Arbeitnehmers** ab.[795] Ohne Bedeutung ist, aus welchen Gründen Überstunden abgelehnt werden; man kann damit auch eine Verbesserung der Arbeitsbedingungen erstreben. Insoweit gilt nichts anderes, als wenn eine Gruppe von Arbeitsuchenden sich entschließt, in einem bestimmten Betrieb wegen der dort herrschenden Verhältnisse keine Arbeit anzunehmen. In der Praxis steht allerdings nicht die «gebündelte» individuelle Verweigerung, sondern das **«Nein» des Betriebsrats** zu Überstunden nach § 87 Abs. 1 Nr. 3 BetrVG im Vordergrund.[796] In der Gegenwart werden Überstunden außerdem immer seltener, da die Normalarbeitszeit flexibilisiert wird, also z. B. an bestimmten Tagen auf zehn Stunden ausgedehnt werden kann. In solchen Fällen tritt das **«koordinierte» Abfeiern von Zeitguthaben** an die Stelle der Verweigerung von Überstunden.[797]

## 5.11.6. Die gemeinschaftliche Kündigung

Eine Arbeitsniederlegung kann auch in der Weise organisiert werden, dass 686
die beteiligten Arbeitnehmer ihre Arbeitsverhältnisse kündigen. Im Vergleich mit dem Streik müssen sie dabei wesentliche Nachteile in Kauf nehmen: Sie müssen nicht nur die Kündigungsfristen beachten, sondern setzen auch ihren Arbeitsplatz aufs Spiel. Diese Unterschiede schließen eine Gleichstellung von gemeinschaftlicher Kündigung und Streik aus. Hinzu kommt die Überlegung, dass das Arbeitskampfrecht die Rechtsposition des einzelnen Arbeitnehmers aus seinem Arbeitsvertrag nicht verkürzen, sondern die Handlungsmöglich-

---

793 Funke, in: Kasiske (Hrsg.), S. 35.

794 DG Heft 10/1979, S. 28 f. Dazu auch Berg-Bobke, S. 14 ff.

795 BAG AP Nr. 19 zu § 77 BetrVG 1972 Tarifvorbehalt. Ebenso ErfK-Preis § 611 BGB Rn 825; Schaub-Linck § 45 Rn 68. Eine (unbestrittene) Ausnahme wird für Notfälle gemacht. Zur Praxis, eine Pflicht zu Überstunden in Allgemeinen Arbeitsbedingungen vorzusehen, s. Bd. 2 Rn 125.

796 Einen gewerkschaftlichen Aufruf, keinen Überstunden mehr zuzustimmen, hält das LAG Baden-Württemberg (DB 1982, 1411) für rechtswidrig. Dies führt wohl dazu, dass entsprechende Aufforderungen in verdeckter Form (Telefon!) weitergegeben werden.

797 Zu den Grenzen s. oben 5.11.2. (Rn 682 a).

keiten insgesamt vergrößern will. Genau wie beim gemeinschaftlich ausgeübten Zurückbehaltungsrecht sind daher **die dem Streik gezogenen Grenzen entgegen** einer älteren Entscheidung des **BAG**[798] **unanwendbar**; die Arbeitnehmer handeln ebenso rechtmäßig wie die Mieter eines Hauses, die ihrem Vermieter gleichzeitig kündigen und dies vorher abgesprochen haben.[799] Da die Arbeitnehmer ihr Arbeitsverhältnis nicht definitiv beenden wollen, wird in Anlehnung an die Grundsätze des Großen Senats zu den Rechtsfolgen der lösenden Aussperrung ein Anspruch auf Wiedereinstellung nach billigem Ermessen des Arbeitgebers bejaht, wenn die Auseinandersetzung abgeschlossen ist.[800]

687 In der **Praxis** spielt die «Kollektivkündigung» eine relativ geringe Rolle[801], was sich unschwer mit der BAG-Rechtsprechung erklären lässt: Wenn eine solche Aktion wie ein Streik behandelt wird, so ist sie wegen des Verbots nichtgewerkschaftlicher Arbeitsniederlegungen oder wegen anderer Streikgrenzen in der Regel rechtswidrig; von allen rechtswidrigen Kampfmitteln hat sie jedoch die für die Arbeitnehmer nachteiligsten Konsequenzen, da allein bei ihr der Arbeitsplatz zumindest vorübergehend «verloren» ist.

688 Eine **Massenänderungskündigung durch den Arbeitgeber** stellt keine verkappte Aussperrung dar und ist deshalb im Rahmen des geltenden Kündigungsschutzrechts zulässig.[802]

## 5.11.7. Der gemeinschaftliche Widerspruch gegen einen Betriebsübergang

688 a Nach § 613 a Abs. 6 BGB können die vom Übergang eines Betriebs oder Betriebsteils betroffenen Arbeitnehmer dem Übergang ihrer Arbeitsverhältnisse widersprechen; ihr Arbeitsverhältnis wird dann mit dem bisherigen Arbeitge-

798 BAG AP Nr. 37 zu Art. 9 GG Arbeitskampf.

799 Näher dazu Däubler, Streik, S. 262 ff. mwN. Ebenso Brox, in: Brox–Rüthers Rn 550 ff.; Brox-Dudenbostel DB 1979, 1841 ff.; ErfK-Dieterich, Art. 9 GG Rn 277; Löwisch (Hrsg.), Arbeitskampf- und Schlichtungsrecht, Abschn. 170.2 Rn 303 ff.; Seiter, Streikrecht, S. 387 ff.

800 So Brox-Dudenbostel DB 1979, 1893; Seiter, Streikrecht, S. 425.

801 S. außer dem Fall der Estrichleger (BAG, a.a.O.) insbesondere den geplanten Streik um die Erhaltung der Montanmitbestimmung im Jahre 1951, der zur Vermeidung von Schadensersatzansprüchen in Form von aufeinander abgestimmten Kündigungen zum 31. 1. 1951 erfolgen sollte (dazu Eb. Schmidt, Neuordnung, S. 185).

802 Einschränkend Brox-Dudenbostel DB 1979, 1847 (nur § 102 Abs. 1 BetrVG, § 622 BGB und § 17 KSchG anwendbar, nicht aber § 1 KSchG). Für einen Wegfall des materiellen Kündigungsschutzes spricht auch nicht § 25 KSchG, da insoweit keine inhaltliche Regelung getroffen ist und der Arbeitskampfbegriff des § 25 Massenänderungskündigungen nicht erfasst. Zum Schutz gegen Änderungskündigungen s. Bd. 2 unter 8.5.4.

ber fortgesetzt. Dieses Recht kann – wie das **BAG** ausdrücklich betont hat[803] – auch gemeinschaftlich, d.h. aufgrund einer vorherigen Absprache ausgeübt werden.[804] Nicht anders als beim Zurückbehaltungs- und beim Kündigungsrecht geht eine **individuelle Befugnis nicht dadurch verloren**, dass **andere gleichfalls von ihr Gebrauch machen**. Auch wird nicht verlangt, dass sich die Einzelnen auf einen «sachlichen Grund» stützen können.[805] Das gemeinsame Handeln darf jedoch nach BAG nicht als Mittel eingesetzt werden, um den Betriebsübergang als solchen zu verhindern oder Vergünstigungen zu erhalten, auf die kein Rechtsanspruch besteht; dies zu tun, würde einen gegen § 242 BGB verstoßenden **Rechtsmissbrauch** darstellen.[806] Allerdings muss der Arbeitgeber im Streitfall darlegen und beweisen, dass die Beschäftigten eine entsprechende Motivation hatten; werden einheitlich formulierte Widerspruchsschreiben verwendet und von einer Person überreicht, belegt dies keineswegs solche «überschießenden» Absichten.[807]

## 5.12. Ausübung von «Marktfreiheiten» – Der Grundsatz der freien Wahl der Kampfmittel

Statt wie beim üblichen Arbeitskampf oder der Ausübung arbeitsvertraglicher 689
Befugnisse den Arbeitgeber dadurch unter Druck zu setzen, dass ihm die Arbeitsleistung ganz oder teilweise entzogen wird, kann man auch daran denken, ihn von seinem Absatzmarkt her zu behindern. Als Mittel kommen der Käuferstreik und die Gründung von Konkurrenzunternehmen in Betracht: Deren rechtliche Zulässigkeit scheitert jedenfalls **nicht** schon **an einem «Numerus clausus» der Kampfformen**, den es nach der Rechtsprechung nicht gibt.[808] Art. 9 Abs. 3 GG gewährt im Gegenteil den Koalitionen das Recht, die ihnen angemessen erscheinenden Kampfmittel selbst zu wählen und im Rahmen der Rechtsordnung neue zu entwickeln. Dabei wird insbesondere das Paritäts-

---

803 BAG NZA 2005, 43 ff.

804 Insoweit grundsätzlich zustimmend Rieble NZA 2005, 2.

805 So ausdrücklich BAG NZA 2005, 43, 46.

806 BAG NZA 2005, 43, 48. Rieble (NZA 2005, 3) sieht die Entfaltung von kollektivem Druck als maßgebende Grenze an und nimmt damit seine These, Individualrechte könnten auch gebündelt ausgeübt werden, wieder teilweise zurück.

807 BAG NZA 2005, 43, 48.

808 BAG BB 1977, 595, BAG DB 1994, 149; ErfK-Dieterich, Art. 9 GG Rn 266; aus der älteren Literatur s. Zöllner, FS Bötticher, S. 428 sowie Glietsch, a.a.O., jeweils mwN.

prinzip Maßstäbe setzen, nach denen sich zulässige Eingriffe in Interessen und Rechte Dritter bestimmen.

### 5.12.1. Käuferstreik als Arbeitskampf?

690 Das «vergessene Kampfmittel»[809] Käuferstreik hat in der Bundesrepublik bei Arbeitskämpfen bisher keine Rolle gespielt. Der lange zurückliegende (erfolgreiche) Boykott Offenbacher Arbeiter gegen den Verkauf der Bildzeitung und die Rote-Punkt-Aktion im öffentlichen Nahverkehr waren ausschließlich «Verbraucheraktionen», die die Beschäftigten der betroffenen Unternehmen nicht einbezogen.[810] Anderes wird aus den USA berichtet, wo ein Streik kalifornischer Landarbeiter durch einen die ganze **USA** erfassenden **«Traubenboykott»** entscheidende Unterstützung erhielt[811], und anderes gilt auch für die Zeit **vor 1914 in Deutschland.**[812]

691 Mangels ausreichender «Praxis» sind Überlegungen zur Rechtmäßigkeit dieser Kampfform relativ selten.[813] Eine Garantie durch Art. 9 Abs. 3 GG lässt sich nur dann annehmen, wenn der Käuferstreik ein historisch überkommenes Kampfmittel oder eine notwendige Voraussetzung zur Herstellung gleicher Verhandlungschancen ist. Letzteres wird man jedenfalls dann bejahen können, wenn man in der Rechtsprechung zur Aussperrung und zum Arbeitskampfrisiko eine paritätswidrige Privilegierung der Arbeitgeberseite sieht. Tut man dies nicht oder lehnt man aus anderen Gründen einen Rückgriff auf Art. 9 Abs. 3 GG ab, so richtet sich seine Zulässigkeit nach allgemeinen zivilrechtlichen Grundsätzen. Das bedeutet, dass die Gewerkschaft oder eine Arbeitnehmergruppe in Ausübung ihres **Grundrechts auf Meinungsfreiheit** und damit rechtmäßig handelt, wenn sie das Verhalten des Unternehmers kritisiert und deshalb ihre Mitglieder oder andere Personen zum Nicht-Abschluss von Verträgen auffordert.[814] Die Grenzen der Rechtmäßigkeit sind erst überschritten, wenn für den Fall der Nichtbefolgung wirtschaftliche Sanktionen wie der Entzug der Streikunterstützung angedroht werden.[815]

---

809 Matthöfer, DG 1970, 430.

810 Dazu Matthöfer, in: Schneider (Hrsg.), S. 190/191.

811 Matthöfer, S. 190; Beispiele aus Italien ebd., S. 191. Weiteres Material bei Gamillscheg, Kollektives Arbeitsrecht I, § 21 IV 3 (S. 1056).

812 Nachweise bei Weick, S. 16 f.

813 Lange zurückliegend LG Stuttgart NJW 1956, 1073; Reuss AcP 156 (1957), 89. Aus der aktuellen Diskussion, die das Phänomen zusammen mit dem arbeitsrechtlichen Boykott behandelt, s. ErfK-Dieterich Art. 9 GG Rn 274; Gamillscheg, Kollektives Arbeitsrecht I, § 21 IV (S. 1053 ff.).

814 Dafür auch Berg u. a., AKR, Rn 99; Kissel § 61 Rn 130. Zur zivilrechtlichen Zulässigkeit eines Käuferboykotts und ihren Grenzen s. die Nachweise bei Palandt-Sprau § 823 Rn 119, 131.

815 So die Grundsätze des Blinkfüer-Urteils BVerfGE 25, 256 ff. Zum Käuferstreik s. a. Däubler, in: Duden u. a., S. 64 f. und BGB kompakt, Kap. 26 Rn 98.

Dies war nicht der Fall, als ein Vertreter des Kirchlichen Dienstes in der Arbeitswelt dazu aufforderte, kein neues Konto bei der Citibank zu eröffnen, weil diese Tarifflucht begangen hatte.[816]

### 5.12.2. Gründung von Konkurrenzunternehmen als Arbeitskampf?

Während des **Fliesenlegerstreiks 1967** in Nordrhein-Westfalen gründeten 692
Teile der Streikenden eigene Unternehmen, die auch während des Streiks ihre Dienste anboten.[817] Dieses damals völlig neue Kampfmittel lässt sich allerdings nicht verallgemeinern: Um mit den Arbeitgebern konkurrieren zu können, müssten die Arbeitnehmer besonders günstige Bedingungen konjunktureller und arbeitstechnischer Art vorfinden; bei krisenbedingten Absatzschwierigkeiten und bei komplizierten, hohen Kapitaleinsatz voraussetzenden Produktionsvorgängen scheidet dieser Weg von vornherein aus.[818]

Die **Zulässigkeit** einer solchen Aktion bestimmt sich in erster Linie nach 693
**Art. 12 GG**, der jedem Deutschen das Recht zu freier gewerblicher Betätigung garantiert und der durch arbeitskampfrechtliche Vorschriften schon deshalb nicht eingeengt wird, weil diese nur von bestimmten Pflichten dispensieren, nicht aber nach allgemeinen Grundsätzen bestehende Rechte beschränken wollen.[819] Hinzu kommt, dass der Arbeitgeber nach traditioneller Auffassung jederzeit Streikbrecher einstellen und so die Wirkung der Arbeitsniederlegung reduzieren, im Extremfall sogar beseitigen kann. Nimmt man dies hin, so müssen auch die Arbeitnehmer die Möglichkeit haben, einer Arbeitgebermaßnahme durch Fortführung der Produktion die Durchschlagskraft zu nehmen.[820] Die **Verpflichtung, dem Arbeitgeber keinen Wettbewerb zu machen**[821], wird während des Arbeitskampfes in gleicher Weise suspendiert wie die Pflicht zur Arbeitsleistung.[822]

---

816 LG Düsseldorf AuR 2001, 194.

817 Vgl. die Schilderung bei Zöllner, FS Bötticher, S. 439; zum Fliesenlegerstreik s. weiter Bergmann u. a., S. 239 ff.

818 Vgl. Zöllner, FS Bötticher, S. 440. Generell skeptisch Kissel § 61 Rn 142, der jedoch den Fliesenlegerstreik nicht erwähnt.

819 Art. 12 wird bei Zöllner, a.a.O., übersehen.

820 Vgl. Seiter, Streikrecht, S. 270; a. A. Zöllner, FS Bötticher, S. 441.

821 BAG AP Nr. 7 zu § 611 BGB Treuepflicht; zur Kritik s. Bd. 2 Rn 671 ff.

822 Seiter, Streikrecht, S. 270.

## 5.13. Arbeitskämpfe mit Auslandsbezug

### 5.13.1. Entsandte Arbeitskräfte

694 Noch wenig geklärt ist die Frage, ob eine Tätigkeit im Ausland den Rückgriff auf deutsches Arbeitskampfrecht ausschließt,

*Beispiel:* Die für 2 Jahre nach Libyen entsandte Baukolonne streikt für eine Lohnerhöhung und für eine ausreichende Versorgung mit Bier und Wein.

und ob umgekehrt im Inland tätige Beschäftigte ausländischer Gesellschaften nur nach fremdem oder auch nach deutschem Recht streiken dürfen.[823] Plausibel erscheint folgende Lösung:

695 Soweit es um die Verbesserung der Arbeitsbedingungen, insbes. um den **Abschluss eines neuen Tarifvertrags** geht, ist das sog. **Arbeitsstatut** anwendbar. Sind etwa deutsche Arbeitnehmer vorübergehend oder auf Dauer ins Ausland entsandt, so unterstehen sie weiter den in der Bundesrepublik geltenden Arbeitsrechtsnormen. Dazu gehören auch die Tarifverträge;[824] geht es um ihren Neuabschluss, können die «Entsandten» mitstreiken. Würde man das Recht des Arbeitsorts für maßgebend halten, könnten sich schwer lösbare (und zudem überflüssige) Widersprüche ergeben.

Unterstellt, das libysche Recht sieht einen Streik nur dann als legal an, wenn zunächst 6 Monate verhandelt wurde, so müsste sich die Baukolonne in einer deutschen Tarifrunde passiv verhalten. Auch würde das zweite Streikziel (Bier und Wein) die ganze Aktion rechtswidrig machen, während vom Standpunkt des (ansonsten ja anwendbaren) deutschen Rechts grundsätzlich nichts gegen (mäßigen) Alkoholkonsum in der Freizeit einzuwenden ist.

696 **Beschäftigte ausländischer Firmen im Inland** könnten entsprechende Freiheiten für sich in Anspruch nehmen, z.B. ihrem Heimatrecht entsprechend auch ohne gewerkschaftliche Unterstützung für eine Verbesserung ihrer arbeitsvertraglichen Bedingungen streiken. Einen **Verstoß gegen den deutschen Ordre public** nach Art. 6 EGBGB stellt dies **nicht** dar, zumal die Zulässigkeit der verbandsfreien Arbeitsniederlegung auch bei uns umstritten ist.[825]

697 Geht es um eine Arbeitsniederlegung, die die staatlichen Instanzen am Arbeitsort unterstützen oder unter Druck setzen will, gilt das dortige Recht.

---

823 Überblick über die Literatur bei Hergenröder, S. 40–66.

824 Oben unter 4.15. (Rn 461). Soweit sich der Tarifvertrag keine extraterritoriale Geltung beimisst, gilt er nur bei vorübergehender Entsendung, doch wird in den Arbeitsverträgen der auf Dauer entsandten Arbeitskräfte in der Regel auf die geltenden Tarifverträge Bezug genommen.

825 S. die Nachweise oben 5.3.2. (Rn 502ff.).

**«Politische Streiks»** sind so sehr **auf die Ordnung des jeweiligen Staates** bezogen, dass sie nicht nach anderen Rechtsgrundsätzen beurteilt werden können.

*Beispiel:* Es findet ein Demonstrationsstreik von einem Tag statt, um die Niederschlagung eines Putsches zu feiern. Auch wenn der deutsche Betriebsleiter dies für «Blödsinn» erklärt, wäre die Arbeitsniederlegung zulässig – die Parallele zu dem unzweifelhaft zu achtenden Feiertagsrecht des Gastlandes liegt auf der Hand. Wird für oder gegen bestimmte Regierungsmaßnahmen gestreikt, müssen sich die entsandten Arbeitskräfte nicht abseits halten, da sie auch betroffen sein können; anders dann, wenn ein ausdrückliches Streikverbot besteht.

Die Auswirkungen auf den Arbeitsvertrag bestimmen sich nach deutschem Recht, sodass das Entgelt einbehalten, aber nicht etwa das Arbeitsverhältnis gekündigt werden darf.

## 5.13.2. Grenzüberschreitende Solidaritätsstreiks

Nach deutschem Recht können ausländische Belegschaften durch Arbeits- 698
niederlegungen unterstützt werden. Dass zwischen «Hauptkampf» und «Solidaritätsstreik» eine Staatsgrenze liegt, ist grundsätzlich ohne Bedeutung.[826] Die Zulässigkeit des Hauptkampfes richtet sich nach ausländischem Recht. Wird die dortige Rechtsordnung verletzt, ist auch der innerstaatliche **Unterstützungskampf** rechtswidrig. Eine Ausnahme gilt dann, wenn die dort bestehenden Regeln gegen den deutschen Ordre public verstoßen.

*Beispiel aus der Vergangenheit:* Rechtswidrige Aktionen nicht-weißer Gewerkschaften in Südafrika.[827]

Legt man die neuere Rechtsprechung des **BAG** zugrunde[828], so sind **Solidaritätsstreiks** jedenfalls **innerhalb ein und desselben multinationalen Konzerns zulässig.**[829]

*Beispiel:* Bei General Motors in Detroit wird gestreikt. Die Opel-Belegschaft könnte mit Unterstützung der IG Metall einen dreistündigen Solidaritätsstreik durchführen.

---

826 Bieback, in: Däubler (Hrsg.), Arbeitskampfrecht, Rn 398 ff.; Birk, Unterstützungskampfmaßnahmen, S. 74 f.; Däubler, in: Däubler-Wohlmuth (Hrsg.), S. 201 ff.

827 Darstellung der früheren Rechtslage bei Kittner/Körner-Dammann/Schunk, S. 63 ff., 84 ff.

828 Oben 5.10.1. (Rn 664 ff.).

829 Näher zu den arbeitsrechtlichen Problemen multinationaler Konzerne Bd. 2 Rn 1395 ff.

### 5.13.3. Streiks um europäische Tarifverträge?

699 Verlangen Gewerkschaften auf europäischer Ebene den Abschluss einer **«Sozialpartnervereinbarung»** nach Art. 139 Abs. 1 EG-Vertrag[830], so dürfen sie auch eine Arbeitsniederlegung organisieren; andernfalls könnte nicht von ernsthaften Verhandlungen die Rede sein. In Literatur und Rechtsprechung ist dies allerdings bislang kaum erörtert worden; eine Arbeitskampfpraxis existiert insoweit nicht. Inhaltlich führt der «Soziale Dialog» nur dann zu Kompromissen, wenn die Kommission andernfalls eine Rechtsetzungsinitiative in die Wege leiten würde, die insbesondere der Arbeitgeberseite sehr viel unangenehmer als das Einigungsergebnis wäre.

699a Wird über eine **Vereinbarung zur Errichtung eines Europäischen Betriebsrats** verhandelt, scheidet ein Streik aus; bei erfolglosen Verhandlungen tritt nach drei Jahren das gesetzliche Modell in Kraft.[831]

## 5.14. Perspektiven des Arbeitskampfrechts

### 5.14.1. Die verschobenen Gewichte und das «Modell Österreich» als Antwort

#### 5.14.1.1. Schwächung der Gewerkschaften

700 Die Mitte der 70er Jahre einsetzenden Veränderungen im Arbeitsprozess wie auf dem Arbeitsmarkt haben die Gewerkschaften in vielfältiger Weise geschwächt. Die Gesetzgebung hat – abgesehen von den Jahren 1998 bis 2002 – zusätzliche Probleme geschaffen. Weiter erschwert die individualistische Grundhaltung vieler Mitbürger gemeinsames Handeln. Die Fähigkeit, Druck auszuüben und so eine erfolgreiche Tarifpolitik zu betreiben, ist sehr viel geringer geworden. Stichwortartig seien die wichtigsten Faktoren skizziert.[832]

▶ Die seit über 30 Jahren bestehende **Massenarbeitslosigkeit** schwächt die Konfliktbereitschaft auch der Beschäftigten; viele sehen sich als ersetzbare

---

830 Früher: Art. 118 b EG-Vertrag. Näher dazu Däubler-Schiek, TVG, Einl. Rn 791 ff.

831 Einzelheiten bei Däubler, FS Schaub, S. 95 ff.

832 Zum Folgenden s. insbesondere Bieback-Zechlin (Hrsg.), Ende des Arbeitskampfes?; Plander, Beilage 13/1987 zu DB; Wolter, in: Däubler (Hrsg.), Arbeitskampfrecht, Rn 280 vd ff.

Größe. Bei Tätigkeiten ohne längere Anlernphase können Arbeitslose unschwer als Streikbrecher missbraucht werden.

▶ In einer wachsenden Zahl von Fällen kann die Arbeitgeberseite damit drohen, einen **Teil der Arbeitsprozesse** (oder das ganze Werk) nach Osteuropa, China oder Indien **zu verlagern**. Andere Länder mögen hinzukommen. Die Betroffenen sind froh, wenn der Kelch an ihnen vorübergeht; Arbeitsniederlegungen werden nicht als geeignetes Mittel angesehen, um die Verlagerung zu verhindern.

▶ **Neue Technologien** und Organisationsformen schaffen neue Probleme. Im Vordergrund steht die Verteidigung der Arbeitsplätze, nicht die Verbesserung des Status quo. Man bemüht sich um Weiterqualifizierung und Umschulung, um die Abwehr von Totalüberwachung usw. Alle diese Aufgaben müssen (bestenfalls) mit den alten Kräften bewältigt werden. In vielen Betrieben ändern sich das Qualifikationsprofil und die **Zusammensetzung der Belegschaft**; der Anteil der (gewerkschaftlich weniger organisierten) Angestellten steigt, der Anteil der in Streiks traditionell aktiven Arbeiter sinkt. Ähnlich wirkt sich die wachsende Zahl atypischer Beschäftigter aus (Teilzeitkräfte, Arbeitnehmer mit befristeten Arbeitsverträgen usw.).

▶ Die **informationstechnische Verbindung von Unternehmen** hat ambivalente Wirkungen. Auf der einen Seite kann eine relativ begrenzte Arbeitsniederlegung sehr weit reichende Folgen haben, ja eine ganze Branche lahm legen; auf der anderen Seite besteht in vielen Fällen die Möglichkeit, die Produktion mit wenigen Streikbrechern für einige Zeit fortzuführen (Beispiel: Druckindustrie) oder die ausfallenden Vorprodukte kurzfristig durch Rückgriff auf andere Betriebe und Firmen zu ersetzen (Beispiel: Automobilzulieferer).[833]

▶ Die **Novellierung des § 116 AFG** hat dafür gesorgt, dass sich die möglichen Fernwirkungen von Streiks nicht zugunsten der Gewerkschaften auswirken. Der Wegfall von Arbeitslosen- und Kurzarbeitergeld[834] führt – von der schwierigen Situation der Betroffenen einmal abgesehen – auch die Gewerkschaft in eine prekäre Lage, da sie ihre Mitglieder in den mittelbar betroffenen Betrieben «im Stich lassen» muss, kann sie ihnen doch faktisch keine Streikunterstützung bezahlen. Arbeitsniederlegungen werden so zu einem Abenteuer mit ungewissem Ausgang.

▶ Die **Rechtsprechung schließt** es bislang **aus, dass** die Gewerkschaften durch **neue Kampfformen** zusätzliche Handlungsmöglichkeiten gewinnen. Betriebsblockade[835] und Betriebsbesetzung[836] werden für illegal erklärt, die

---

833 Zu Letzteren Klebe-Roth (Hrsg.), Informationen ohne Grenzen, S. 7 ff.

834 Näher oben 5.5.2.4. (Rn 585 ff.).

835 BAG DB 1988, 1955; BAG DB 1988, 2647.

836 BAG AP Nr. 59 zu Art. 9 GG Arbeitskampf. Die Entscheidung betraf allerdings einen auch aus sonstigen Gründen rechtswidrigen Streik, worauf Ostendorf (S. 46) mit Recht hinweist.

Notwendigkeit einer Kompensation für verloren gegangene Verhandlungsmacht wird nicht einmal angesprochen. Stattdessen werden herkömmliche Kampfformen wie der Demonstrations- und der Solidaritätsstreik verboten bzw. auf Ausnahmefälle beschränkt.[837] Die Regeln über die Haftung wegen Eingriffs in den Gewerbebetrieb werden weit ausgelegt[838], sodass sich das Risiko der streikführenden Gewerkschaft weiter erhöht.

### 5.14.1.2. Arbeitskampfrisiken der Arbeitgeberseite

701 Angesichts dieser Umstände wird der **Streik noch mehr zur Ausnahmeerscheinung als vor 20 oder 25 Jahren**. Die unabsehbaren Folgen, die mit jedem größeren Arbeitskampf verbunden sind, legen einen mehr oder weniger bescheidenen Kompromiss im Vorfeld der eigentlichen Auseinandersetzung nahe. Auch für die **Arbeitgeberseite** wird dies in aller Regel interessengerecht sein.

Trotz ihrer Stärke kann ihr nicht daran gelegen sein, es zum großen Konflikt kommen zu lassen: Von den Produktionsausfällen ganz abgesehen, bleibt unklar, wann und in welchem Umfang von den «Aussperrungsquoten» Gebrauch gemacht werden kann[839] – ein **Missgriff hat die** höchst **unangenehme Folge**, dass der einzelne Unternehmer auch ohne Verschulden nach § 615 BGB zur **Entgeltfortzahlung** verpflichtet bleibt. Darauf zu vertrauen, dass der Streik alsbald viele andere Betriebe lahm legen wird und die Belegschaften wegen des § 146 SGB III (früher: § 116 AFG) ohne Lohnersatzleistung dastehen, ist zwar möglich, birgt aber beträchtliche **politische Risiken**.

702 Denkbar sind in einem solchen Fall Massendemonstrationen, aber auch eine dauerhafte Störung des Betriebsklimas. Letztere kann sich in Leistungszurückhaltung und verdeckten Kampfformen äußern: Dazu zählt etwa die bewusste Ausschöpfung aller Rechte nach dem Betriebsverfassungsgesetz, die ihrer Grundstruktur nach ein kooperatives Verhalten voraussetzen, von denen jedoch auch in anderem Geiste Gebrauch gemacht werden kann.[840]

*Beispiel:* Das in § 39 Abs. 3 BetrVG mitgarantierte Recht, sich während der Arbeitszeit ohne Minderung des Entgelts beim Betriebsrat beschweren zu können, setzt stillschweigend voraus, dass man davon nur Gebrauch macht, wenn die Grenze des Erträglichen wirklich überschritten ist. Nicht ausgeschlossen ist aber auch, stattdessen kleinere Ärgernisse als Anlass zu wählen und so des Öfteren einen Arbeitsausfall zu provozieren. Im Einzelfall wird es dem Arbeitgeber sehr schwer fallen, einen Missbrauch des Beschwerderechts nachzuweisen.

---

837 S. oben 5.10.1. (Rn 664 ff.) und 5.10.2. (Rn 670 ff.).

838 So ist es etwa alles andere als zwingend, die örtliche Streikleitung als satzungsmäßiges Organ nach § 31 BGB anzusehen – so aber BAG DB 1988, 1956.

839 Vgl. Wolter, in: Däubler (Hrsg.), Arbeitskampfrecht, Rn 969 ff.

840 Dazu Berg-Bobke, S. 11 ff.

Ein zweiter, noch wichtigerer Bereich betrifft jene **«Sonderleistungen», die die Arbeitnehmer** üblicherweise mit Rücksicht auf den ungestörten Arbeitsablauf **erbringen.**[841] So erscheinen viele am Arbeitsplatz, obwohl sie der Hausarzt problemlos krankschreiben würde, oder sie setzen sich über Unfallverhütungsvorschriften hinweg, weil z. B. die Benutzung von Handschuhen oder das Tragen einer Schutzbrille die Arbeit behindern würde. Derartiges Verhalten lässt sich ändern, ohne dass auch nur im Entferntesten der Bereich des Bummelstreiks erreicht wäre.[842] Das Zurückfallen auf korrekte Pflichterfüllung kann die Produktivität jedoch erheblich beeinträchtigen.[843]

### 5.14.1.3. Streik als verblassende Hintergrundgröße

Liegt es unter solchen Umständen nicht nahe, auf einen Kompromiss zuzusteuern, insbesondere dann, wenn ein wenig Verteilungsspielraum zur Verfügung steht? Die industriellen Beziehungen nähern sich so immer mehr dem österreichischen Vorbild an – der traditionelle Tarif-Arbeitskampf wird zur «Hintergrundgröße», auf die man im Prinzip und wenn's gar nicht anders geht, zurückgreifen könnte, doch (fast) jedermann ist sich einig, dass es so weit schon nicht kommen wird.[844] Die **«Verösterreicherung» des Arbeitskampfes** wird nur dadurch ein wenig abgeschwächt, dass während der Verhandlungen «Warnstreiks» zulässig sind[845] – die allgemeinen Rahmenbedingungen schließen es jedoch aus, diese «ausufern» und beispielsweise in einem Betrieb länger als einen Tag dauern zu lassen, obwohl dies rechtlich unzweifelhaft zulässig wäre. 703

841 Dazu Dombois, Leviathan 1980, 375, 388 ff.

842 Dazu oben 5.11.1. (Rn 677 ff.).

843 Vgl. auch die spanischen Erfahrungen in den Zeiten autoritärer Arbeitsbeziehungen – dazu Rodriguez-Piñero, in: Däubler (Hrsg.), Arbeitsbeziehungen in Spanien, 1982, S. 21 ff.

844 Die Seltenheit des Streiks hat in Österreich dazu geführt, dass gar kein eigenständiges Arbeitskampfrecht ausgebildet wurde (s. Tomandl, Streik und Aussperrung als Mittel des Arbeitskampfes, Wien 1965; Berger S. 137 ff.; Mayer-Maly BB 1988, 1678; Zahlen zu Arbeitskämpfen in Statist. Jahrbuch, Auslandsteil, 2005 S. 245). Dies bedeutet aber nicht, dass der Streik damit verboten oder gar strafbar wäre – im Wege von Massenkündigungen könnte er durchaus durchgeführt werden (vgl. Strasser-Reischauer, Der Arbeitskampf. Eine rechtsdogmatische und rechtspolitische Studie, Wien 1972). Was in einem solchen Fall geschehen würde, vermag niemand zu sagen – in dieser Unsicherheit liegt in beiden Ordnungen das entscheidende Moment zur «Streikvermeidung». Insofern bleibt es bei der These, dass der (nicht zwangsläufig praktizierte) Streik notwendiger Teil der marktwirtschaftlichen Ordnung ist (anders Mayer-Maly RdA 1988, 372). Der im Jahre 2003 durchgeführte Generalstreik gegen die Sozialpolitik der konservativen Regierung änderte an den Spielregeln zwischen den Sozialpartnern nichts.

845 Oben 5.3.8. (Rn 539 ff.).

## 5.14.2. Ein Arbeitskampfgesetz?

704 Nach den Auseinandersetzungen im Jahre 1984 ist verschiedentlich die Forderung erhoben worden, das Arbeitskampfrecht müsse in allen seinen wesentlichen Teilen gesetzlich geregelt werden.[846] Fünf Arbeitsrechtsprofessoren haben 1988 einen ausformulierten Gesetzentwurf vorgelegt,[847] der jedoch wenig Zustimmung fand.[848] Über die praktisch-politische Unmöglichkeit einer **«Kodifizierung»** dieser Materie ist man sich im Wesentlichen einig.[849] Der hier skizzierte Trend zum «Modell Österreich» würde durch gesetzgeberische Maßnahmen gestört, und dies sogar dann, wenn man gar keine wesentlichen Abweichungen von der Rechtsprechung festschreiben würde.[850]

705 Auch die **These, der Gesetzgeber sei von Verfassung wegen zum Eingreifen verpflichtet,**[851] überzeugt nicht. Das Bundesverfassungsgericht hat ausdrücklich von einem zulässigen Fall richterlicher Rechtsfortbildung gesprochen.[852] Die sog. Wesentlichkeitstheorie, wonach alle «wesentlichen Angelegenheiten des Gemeinschaftslebens» durch den Gesetzgeber geregelt werden müssen, sei im Verhältnis zwischen Legislative und Gerichten nicht anwendbar.[853] Auch sollte man bedenken, dass zahlreiche Fragen des Arbeitskampfrechts durch Gesetz geregelt sind oder eine gewohnheitsrechtliche Lösung gefunden haben, sodass die behauptete «Lücke» in Wirklichkeit gar nicht besteht.[854] Dies alles schließt es freilich nicht aus, dass der Gesetzgeber bei Einzelfragen aktiv wird und z. B. den § 146 SGB III verändert oder die Aussperrung einschränkt.

---

846 Vgl. etwa Friauf RdA 1986, 195; Gentz NZA 1985, 305; Kloepfer NJW 1985, 2504; Rüthers NZA 1986, 14.

847 Birk-Konzen-Löwisch-Raiser-Seiter, Gesetz zur Regelung kollektiver Arbeitskonflikte – Entwurf und Begründung, Tübingen 1988.

848 Unterstützung jedoch bei Hromadka NZA 1989, 379.

849 Benda RdA 1986, 143; Friauf RdA 1986, 195; Kloepfer NJW 1985, 2504. Auch Rüthers (NZA 1986, 14) verweist darauf, «mächtige Gruppen» würden ein «ordnungspolitisch notwendiges Arbeitskampfgesetz» verhindern. Hromadka (NZA 1989, 379) meint, zu einer auch nur ansatzweisen gesetzlichen Regelung «bedürfte es schon des Heldenmuts einer Margaret Thatcher; wahrscheinlich wäre zweite Voraussetzung die ‹englische Krankheit›.»

850 Zur spezifischen Funktion des Richterrechts im Arbeitskampf s. Däubler AuR 1982, 364 f.

851 So eingehend Kloepfer NJW 1985, 2497 ff.; ebenso Friauf RdA 1986, 192; in der Grundtendenz ähnlich Seiter RdA 1986, 170 f., der sich jedoch primär auf Art. 9 Abs. 3 GG, nicht auf die Wesentlichkeitstheorie stützt.

852 BVerfGE 84, 212 = DB 1991, 1678 = AuR 1992,29.

853 Für gewohnheitsrechtliche Anerkennung der judikativen Rechtsetzung im Arbeitskampf Lübbe-Wolff, Beilage 9/1988 zu DB, S. 4 mit Fn 21.

854 Däubler (Hrsg.), Arbeitskampfrecht, Rn 105x.

## 5.14.3. Einbeziehung von Öffentlichkeit und Kunden

In Frankreich wird in jüngster Zeit immer stärker betont, neben den Streik 705 a
trete bei betrieblichen Konflikten die Einbeziehung der Öffentlichkeit: Dabei wird dem Einsatz unternehmenskritischer Websites besondere Bedeutung zugemessen.[855] Ein **Unternehmen** ist daran interessiert, sein **soziales Ansehen**, gewissermaßen das Image seiner Marke, nicht dadurch zu gefährden, dass es öffentlich in die Position eines unsozialen Ausbeuters gerät.[856] Wird dies von Arbeitgeberseite nicht ausreichend bedacht, kann es zu Umsatzeinbußen, **im Extremfall** sogar zu **Verbraucherboykotts** kommen.[857] Sind entsprechende Aktionen zulässig?

*Beispiel:* Die Gewerkschaft NGG verteilt in den Speisewagen der ICEs Flugblätter an die Gäste, wo unter der Überschrift «Keine Zeit mehr für ein Lächeln» die Verschlechterung der Arbeitsbedingungen kritisiert wird.[858]

Die Gewerkschaft hat nach Art. 9 Abs. 3 GG das Recht, die Interessen ihrer 705 b
Mitglieder auch gegenüber dem Staat, den politischen Parteien und der Allgemeinheit wahrzunehmen.[859] So kann etwa die Gewerkschaft der Polizei die **Bevölkerung dazu auffordern**, einen **Aufruf zu unterschreiben**, der mehr Stellen für den Polizeidienst fordert – lediglich in den Dienstgebäuden kann Derartiges untersagt werden.[860] Die spezifisch koalitionsmäßige Betätigung, die Art. 9 Abs. 3 GG ermöglicht und absichert, kann sich auch in Appellen an die Öffentlichkeit und in Aufrufen zu Demonstrationen niederschlagen. Dies wird gemeinhin als selbstverständlich vorausgesetzt[861] und lag auch der BAG-Entscheidung zur sog. Neuen Beweglichkeit zugrunde.[862] Zur «Öffentlichkeit» zählen auch die **Kunden des Arbeitgeberunternehmens**; im eben genannten **Speisewagen-Beispiel** wurde daher das Verteilen der Flugblätter vom ArbG Hamburg[863] gebilligt. Die Interessen des Arbeitgebers sind sehr viel weniger berührt als bei einem «Käuferstreik», der grundsätzlich als recht-

855 Calinaud DS 2003, 607: «L'utilisation d'Internet comme moyen de pression dans un conflit collectif est devenue pratique courante pour les syndicats ou les salariés contestataires.»

856 Ray DS 2003, 591 spricht im vorliegenden Zusammenhang von «économie de la réputation».

857 Boissard, Droit Social 2003, 615 ff.

858 So der Fall ArbG Hamburg AiB 1992, 530 mit Anm. Grimberg.

859 Näher oben 3.2.8. (Rn 153).

860 So BAG NZA 2005, 592.

861 S. statt aller ErfK-Dieterich Art.9 GG Rn 273.

862 BAG AP Nr. 81 zu Art. 9 GG Arbeitskampf = RdA 1985, 52 = NZA 1984, 393.

863 AiB 1992, 530 mit Anm. Grimberg.

mäßig angesehen wird.[864] **Auch** der **Betriebsrat** hat im Übrigen das Recht, sich im Zusammenhang mit innerbetrieblichen Konflikten an die Öffentlichkeit zu wenden.[865]

## 5.14.4. Die Intensivierung des Arbeitskampfes

706 Der oben skizzierte Trend ist nicht mit einer zwangsläufigen Entwicklung zu verwechseln. Denkbar ist, dass es trotz der beschriebenen Interessenlage beider Seiten zu einem Arbeitskampf kommt, der über die homöopathischen Dosen des «Warnstreiks» hinausgeht. Wahrscheinlicher sind derzeit allerdings Streiks um Firmentarife, durch die z. B. die Modalitäten der Produktionsverlagerung geregelt werden («Sozialtarife»). Angesichts bisheriger Erfahrungen wird es dabei u. a. um die Frage gehen, ob «verdichtetes Streikpostenstehen» auch dann zulässig ist, wenn dadurch Arbeitswillige nicht an ihren Arbeitsplatz gelangen oder die Auslieferung von Erzeugnissen blockiert wird. Weiter ergibt sich das Problem, ob die Arbeitnehmer während eines Streiks, einer Aussperrung oder einer Periode der Nichtbeschäftigung wegen eines Arbeitskampfes in anderen Betrieben an ihren Arbeitsplätzen verbleiben können.

### 5.14.4.1. Verdichtetes Streikpostenstehen

707 Streikposten gehören zum traditionellen Erscheinungsbild von Arbeitsniederlegungen; niemand wünscht mehr eine Rückkehr zur Rechtslage vor dem Ersten Weltkrieg, als **Streikpostenstehen** als «grober Unfug» bestraft wurde.[866] Das BAG hat dem schon frühzeitig Rechnung getragen und auch **«Absperrmaßnahmen»** als Teil eines rechtmäßigen Streiks gebilligt, soweit sich die Beteiligten auf **«gütliches Zureden»** gegenüber Arbeitswilligen und Lieferanten beschränken, diese also notfalls passieren lassen.[867] Wie «gütliches» vom «ungütlichen» Zureden abzugrenzen ist, wird nicht recht klar, doch dürften geringfügige Grenzüberschreitungen wie ein grober Zuruf oder ein polemisches Plakat («Eingang für Kriecher») dem strafrechtlichen Geringfügigkeitsprinzip entsprechend[868] unbedenklich sein. **Streikposten** müssen **nicht dem Betrieb angehören**. Soweit sie von der Gewerkschaft beauftragt sind, können sie auch als «Fremde» nicht vom Betriebsgelände verwiesen

864 Oben 5.12.1. (Rn 690 ff.).

865 Dazu unten 6.7.5.4. (Rn 925 i).

866 Dazu oben 3.1.3. (Rn 87).

867 BAG AP Nr. 5 und 34 zu Art. 9 GG Arbeitskampf sowie BAG NZA 1988, 846. Aus der Lit. s. Hoyer AiB 1986, 244 sowie eingehend Steinbrück, S. 126 ff.

868 Dazu Ostendorf S. 18 mwN.

werden[869] – dies verstieße gegen das nunmehr auch vom BAG akzeptierte Zugangsrecht der Gewerkschaft.[870]

Bewegt sich somit das Streikpostenstehen innerhalb des Schutzbereichs von Art. 9 Abs. 3 GG, so müssen die Handlungsmöglichkeiten der Beteiligten final, d.h. im Hinblick auf die Zwecke des Streikrechts bestimmt werden. Nach der Rechtsprechung des Bundesverfassungsgerichts garantiert **Art. 9 Abs. 3 GG** einen **«wirkungsvollen Arbeitskampf»**[871]; bei typisierender Betrachtung muss daher die Arbeitnehmerseite eine echte Chance besitzen, zu einem Kompromiss zu gelangen. Reicht die bloße Arbeitsniederlegung traditionellen Zuschnitts nicht mehr aus, so sind weiter gehende Eingriffe in die gewerbliche Betätigungsfreiheit des Arbeitgebers zulässig; andernfalls wäre das Paritätsprinzip verletzt.[872] Denkbar ist, angesichts der veränderten Kräfteverhältnisse den Solidaritätsstreik in sehr viel weiterem Umfang als bisher zuzulassen, um so auch Bereiche einzubeziehen, wo (noch) effektiv Druck ausgeübt werden kann. Die Rechtsprechung des BAG ist diesen Weg jedoch nicht gegangen[873], sodass unter den gegebenen Umständen nur der Ausweg bleibt, die Handlungsmöglichkeiten im **Streik** selbst so zu bestimmen, dass dieser **«greift»**, also durch vorübergehende Lahmlegung der Produktion ***definitiv Druck*** auszuüben vermag.[874] 708

**Rechte Dritter** sind nicht stärker beeinträchtigt als bei anderen Maßnahmen, die zur Herstellung der Parität notwendig sind. So räumt das BAG dem Arbeitgeber das Recht ein, auch Unorganisierte auszusperren[875], und nimmt keinen Anstoß daran, dass wegen eines Arbeitskampfes in anderen Betrieben die Vergütung wegfällt (Arbeitskampfrisiko). Insofern stellt die Beeinträchtigung der Handlungsfreiheit Dritter nichts Neuartiges oder gar Unerhörtes dar.[876] 709

Auch eine **Betriebsblockade kann** unter diesen Umständen **rechtmäßig sein**[877] – ganz abgesehen davon, dass der Sachverständigenausschuss der **ILO** derartige Handlungen für legal hält, weil sie sich im Rahmen des Art. 3 des ILO-Übereinkommens Nr. 87 bewegen; Voraussetzung sei nur, dass sie fried- 710

869 So aber ArbG Mönchengladbach NZA-RR 2003, 146.

870 BAG 28. 2. 2006 1 AZR 460/04 und 1 AZR 461/04.

871 BVerfGE 17, 313, 334; 38, 386, 394.

872 Eingehend dazu Lübbe-Wolff, Beilage 9/1988 zu DB, S. 5f.; ähnlich Wolter, in: Däubler (Hrsg.), Arbeitskampfrecht, Rn 280q sowie Treber, a.a.O.

873 S. oben 5.10.1. (Rn 664ff.).

874 S. Fn 787.

875 BAG AP Nr. 6 zu Art. 9 GG Arbeitskampf.

876 Lübbe-Wolff, Beilage 9/1988 zu DB, S. 7; Ostendorf S. 41; Zechlin, S. 48.

877 Ebenso die in Fn 872 genannten Autoren sowie insbesondere die umfassende (und lesenswerte) Studie von Treber, a.a.O. Grundsätzlich ebenso ErfK-Dieterich Art. 9 Rn 273; Ansätze auch bei Raiser RdA 1987, 205. Anders Wank, FS Kissel, S. 1242, der die durch neue Techniken erweiterten Handlungsmöglichkeiten der Unternehmen durch ihre erhöhte Verletzbarkeit als kompensiert ansieht und deshalb eine Betriebsblockade ablehnt.

lichen Charakter behalten.[878] Unfriedlich wird Streikpostenstehen aber erst dann, wenn es mit schweren Beleidigungen oder der Anwendung physischer Gewalt verbunden ist.[879]

### 5.14.4.2. Betriebsbesetzung

#### (1) Die Praxis und ihre Ursachen

711 Sonderprobleme ergeben sich, wenn die Beschäftigten trotz Streik, Aussperrung oder arbeitskampfbedingter Arbeitseinstellung am Arbeitsplatz bleiben. Eine scheinbare Übernahme des «Kommandos» weckt Erinnerungen an revolutionäre Situationen, die eine massenhafte «Übernahme» von Betrieben durch die Belegschaften oder ihre Vertretungen kennen.[880] In der jüngeren Vergangenheit kam es zu dieser Form der Auseinandersetzung fast nur dann, wenn die Arbeitsplätze durch geplante Betriebsschließungen unmittelbar bedroht waren.[881] Dies gilt etwa für die in den 70er Jahren bekannt gewordenen Fälle der schottischen Werften[882], von Enka-Glanzstoff in Breda (Holland)[883] und von Lip in Besançon.[884]

712 Die erste vergleichbare Aktion in der Bundesrepublik fand am 10. 3. 1975 statt: ca. 150 Arbeiter und Angestellte des **Zementwerks Seibel und Söhne in Erwitte** (Westfalen) besetzten in einem «Akt der Notwehr»[885] ihre Fabrik, um auf diese Weise die Beschäftigung von Streikbrechern oder die totale Stilllegung des Betriebs zu verhindern. Ihre Forderung richtete sich ausschließlich auf die Erhaltung der Arbeitsplätze, da der Unternehmer ohne Angabe aus-

---

878 Mitgeteilt bei Wolter, in: Däubler (Hrsg.), Arbeitskampfrecht, Rn 280 va. Zur Bedeutung der ILO-Übereinkommen s. oben Rn 496ff. Sie wird verkannt bei Kissel § 61 Rn 82.

879 Dies ist unbestritten. Zu Einzelfragen s. Wolter, a.a.O., Rn 280 vy ff. Das bloße Da-Sitzen oder Da-Stehen ist nach der Rechtsprechung des BVerfG (NJW 1995, 1141) niemals Gewalt.

880 Zur November-Revolution in Deutschland s. von Oertzen, Betriebsräte, S. 51 ff.; zur Oktober-Revolution in Russland s. Deppe u. a., S. 259; zum Mai 1968 in Frankreich Albers-Goldschmidt-Oehlke, S. 46ff. und Wendt S. 24; zur Entwicklung in Portugal unmittelbar nach 1974 s. Münster, Portugal, Jahr 1 der Revolution, Berlin 1975.

881 Camerlynck/Lyon-Caen, 8e éd., S. 656ff., nennen als weitere Gründe Angst vor Aussperrungen und das Bestreben, bei kommenden Verhandlungen ein Faustpfand zu besitzen. Ein Fall dieser Art dürfte bei der Besetzung eines Duisburger Verwaltungsgebäudes der Fa. Mannesmann im Februar/März 1973 vorgelegen haben, die eine ganze Woche lang dauerte (dazu Eberhard Schmidt, in: Jacobi/Müller-Jentsch/Schmidt, 1973, S. 37). Zu den Ursachen von Betriebsbesetzungen s. im Einzelnen Wendt S. 42 ff. (auf rechtsvergleichender Grundlage).

882 Dazu Coates, in: Jacobi/Müller-Jentsch/Schmidt, 1973, S. 227 ff.

883 Dazu Teulings, in: Jacobi/Müller-Jentsch/Schmidt, 1973, S. 253 ff.

884 Dazu Morawe, Aktiver Streik in Frankreich, Reinbek 1974. Lesenswert Piton, Anders leben. Chronik eines Arbeitskampfs, Frankfurt/M. 1976.

885 So die Streikstimme Nr. 1, abgedruckt in: Vertrauenskörperleitung der Belegschaft von Seibel und Söhne, Fabrikbesetzung, Erwitte Juni 1975.

reichender Gründe erst 50, dann 100 Arbeitnehmern und schließlich fast dem gesamten Rest der Belegschaft gekündigt hatte.[886]

Durch die schwierige wirtschaftliche Situation bedingt, wurde die Betriebsbesetzung später zu einer **immer häufigeren Erscheinung**. Öffentliche Aufmerksamkeit erfuhr etwa die Besetzung von Beker-Chemie in Brake, eines Werkes, das gerade in Betrieb genommen worden war und nun aufgrund einer Entscheidung der amerikanischen Konzernspitze geschlossen werden sollte.[887] Konzerninterne Umstrukturierungen lagen auch den Auseinandersetzungen bei Enka-Kassel[888] und Videocolor in Ulm[889] zugrunde. In allen diesen Fällen musste ein für sich betrachtet rentabler Betrieb wegen Problemen im Konzern geschlossen werden. Gegen Massenentlassungen richteten sich 4 Betriebsbesetzungen in Frankfurt, die im Herbst 1981 und Februar 1982 stattfanden.[890] Der Metallbetrieb Heckel im Saarland wurde aus demselben Grund 3 Monate lang besetzt gehalten[891]; ebenso wie bei der Firma Mönninghoff in Hattingen wurde dabei weiterproduziert.[892] Als erste Großbetriebe wurden die Werften **HDW in Hamburg** und **AG Weser in Bremen** erfasst.[893] Als Begleiterscheinungen zu gewerkschaftlichen Streiks sind Betriebsbesetzungen selten; bekannt ist, dass während des Druckerstreiks 1978 die Druckerei der «Frankfurter Rundschau» besetzt und von den Streikenden eine eigene Streikausgabe hergestellt wurde.[894] Im Metallarbeitskampf 1984 blieb die «kalt ausgesperrte» Belegschaft des Filterwerks Knecht in Lorch bei Schwäbisch Gmünd 3 Tage und Nächte im Betrieb.[895] Kissel[896] nennt als weitere Beispiele das Kali-Bergwerk Bischofferode (1993), die Werkstoffunion Lippendorf bei Leipzig (1996, wo der Abtransport von Material, Maschinen und Akten verhindert werden sollte), die Reichstagsbaustelle (1997), die Elbewerft Boizen- 713

886 Eingehende Darstellung des Ablaufs bei Vertrauenskörperleitung, a.a.O., bei Duhm, Gewerkschaften und Klassenkampf '75, S. 18ff., und Heilmann-Wahsner DuR 1976, 384ff. S. weiter Vitt DuR 1977, 62ff., sowie BAG AP Nr. 57–60 zu Art. 9 GG Arbeitskampf.

887 Dazu Thomas Borchert: Belegschaft sucht Käufer. Ein Konkurs und was man dagegen tun kann, Berlin 1980.

888 Dazu das Interview mit dem ehemaligen Betriebsratsvorsitzenden Helmut Haase, in: Mitb 1983, 94. Neben der Werksbesetzung fand auch ein dreizehntägiger Hungerstreik statt. S. weiter Haase Mitb 1984, 78.

889 IG Metall, Verwaltungsstelle Ulm, Dokumentation, 1982.

890 Es ging um die Firmen Adler, VDM, Rockwell-Golde und DEMAG. Dazu Hautsch-Semmler, Betriebsbesetzung, Frankfurt/M. 1983.

891 Berichte in TAZ vom 10.1.1983 und vom 4.2.1983.

892 Dazu Kohl Mitb 1984, 187.

893 Dazu Wendt S. 37; der Konflikt um die AG Weser ist dokumentiert bei Ziegenfuß u.a. (Hrsg.), Wer kämpft, kann verlieren, wer nicht kämpft, hat schon verloren, Hamburg 1984.

894 Jacobi/Müller-Jentsch/Eberhard Schmidt, Arbeiterinteressen gegen Sozialpartnerschaft, Berlin 1979, S. 34f.

895 Bobke WSI-Mitt. 1985, 60.

896 § 61 Rn 92.

burg (1997) und das Alcatel-Werk Berlin (1999). Das BAG hatte in jüngster Zeit über die Kündigung eines Betriebsratsvorsitzenden zu entscheiden, der zu einer Betriebsbesetzung aufgerufen hatte.[897]

### (2) **Haltung der Gewerkschaften**

714 Die **Gewerkschaften haben Betriebsbesetzungen nie offen unterstützt**, da sie befürchteten, mit Schadensersatzansprüchen überzogen zu werden.[898] Auf unterer Ebene mag es da und dort mehr oder weniger enge Formen von Kooperation gegeben haben.[899] Der Beirat der IG Metall hat diese Kampfform als legitim bezeichnet, ohne dass dies das Verhalten der Organisation beeinflusst hätte.[900] Englische, französische und italienische Gewerkschaften nahmen z.T. eine durchaus positive Haltung zu dieser Aktionsform ein.[901] Lässt sich auch die Betriebsbesetzung als eine Form der Effektivierung des Streikrechts rechtfertigen?

### (3) **Erlaubter Aufenthalt im Betrieb**

715 Die rechtliche Seite des Phänomens «Betriebsbesetzung» wurde erst im Zusammenhang mit den jahrelangen gerichtlichen Auseinandersetzungen im Fall Erwitte eingehender untersucht[902], was angesichts der Neuartigkeit des Phänomens nicht weiter überrascht. Für die juristische Bewertung kann zunächst eine begriffliche Klärung von Nutzen sein.

Keine «Betriebsbesetzung» im eigentlichen Sinne liegt vor, wenn die **Belegschaft während eines Streiks im Betrieb** bleibt, die Geschäftsleitung dem aber gar nicht widerspricht, den Streikenden also **kein Hausverbot** erteilt: Hier liegt ein «Streik am Arbeitsplatz» vor, dessen Zulässigkeit sich nach allgemeinen Grundsätzen bestimmt. Von «Betriebsbesetzung» kann erst dann die Rede sein, wenn Teile der Belegschaft *gegen* den Willen der Arbeitgeberseite im Betrieb bleiben. Dabei ist jedoch zu beachten, dass einer beachtlichen Auffassung zufolge dieser Wille nur im Falle der Aussperrung rechtlich relevant ist; mit Hilfe des Direktionsrechts allein könne den Ar-

---

897 BAG NZA 2003, 229. Da der Betroffene inzwischen ausgeschieden war, erwies sich der Antrag auf Zustimmungsersetzung als unzulässig.

898 Wendt, S. 39. Auch Kissel (§ 61 Rn 82) konstatiert eine zurückhaltende Tendenz.

899 Wendt, S. 39.

900 Der Beschluss findet sich in DG-Dokumentation 4 und 5/1985. Gegenteilige Berichterstattung aufgrund einer missverständlichen Presseerklärung in: Handelsblatt vom 14. 3. 1985, S. 1. Zur Interpretation des Beschlusses s. Steinkühler, Handelsblatt vom 22./23. 3. 1985, S. 1.

901 S. die Darstellung bei Wendt, S. 22 (Großbritannien), S. 27 (Frankreich; Ausnahme: FO), S. 33 (Italien).

902 Als erste Heilmann-Wahsner DuR 1976, 374 ff.

beitnehmern das Recht auf Zugang zu ihrem Arbeitsplatz nicht entzogen werden.[903]

Unabhängig davon haben **Betriebsratsmitglieder das Recht**, auch während des Arbeitskampfes **ihre Befugnisse im Betrieb auszuüben**[904]; lediglich ihre Entgeltansprüche sind nach der Rechtsprechung des BAG suspendiert.[905] Der Arbeitgeber darf daher nicht den Zugangscode zum Betrieb sperren.[906] Nun existiert der Betriebsrat seinerseits nicht als isolierte Größe, sondern ist auf Kommunikation mit der Belegschaft angewiesen: Einzelne Beschäftigte können daher – ggf. auch gemeinsam – seine Sprechstunde aufsuchen.[907] Der Betriebsrat kann eine Betriebsbegehung machen[908] und bei Bedarf mit weiterarbeitenden Kollegen sprechen, und er kann schließlich eine **Betriebsversammlung einberufen**, auf der zwar der Streik bewertet[909], nicht aber weiterorganisiert werden darf.[910] Wie das BAG klargestellt hat, ist für die Zeit der Betriebsversammlung das Entgelt fortzubezahlen.[911] 716

### (4) Die Betriebsbesetzung im Rechtssinne – Argumente für ihre Legalisierung

Erst jenseits dieser Aufenthaltsrechte beginnt der Bereich der Betriebsbesetzung. Für ihre Rechtmäßigkeit könnten folgende Gründe sprechen: 717

▶ Das **Verbleiben in den Arbeitsräumen** stellt entgegen früher verbreiteter Auffassung[912] **keinen Hausfriedensbruch** dar, da der Arbeitgeber nicht allein über das Hausrecht verfügt, sondern dieses auch den Arbeitnehmern zusteht.[913] Dafür spricht, dass das Unternehmen nicht nur eine Angelegenheit des «Faktors Kapital», sondern eine gemeinschaftliche von Kapital und Arbeit darstellt. Daraus kann man auch und gerade für die Situation am Arbeitsplatz Konsequenzen ableiten und dem Arbeitnehmer diejenigen Rechte einräumen, die auch einem Mieter zustehen. Die Mitbestimmungs-

903 Ostendorf S. 54; anders eine in RdA 1990, 43 mitgeteilte Stellungnahme der Bundesregierung.

904 Ebenso DKK-Berg § 74 Rn 20b; GK-Kreutz, § 74 Rn 60; Wiese NZA 1984, 378; Zöllner-Loritz § 39 VII 1.

905 BAG DB 1989, 682.

906 LAG Frankfurt/M. LAGE Art. 9 GG Arbeitskampf Nr. 37.

907 Dazu unten Rn 811 und ArbG Hamburg AiB 1982, 158.

908 Kümpel AiB 1982, 5.

909 Weiss AuR 1982, 269 ff.

910 Z. B. durch Einteilung von Streikposten.

911 BAG AP Nr. 4 zu § 44 BetrVG 1972 = DB 1987, 2154; BAG AP Nr. 6 zu § 44 BetrVG 1972.

912 LAG Düsseldorf DB 1994, 887; Brox-Rüthers, 1. Aufl., S. 207; Hueck-Nipperdey, Bd. II/2, S. 1058; Siebrecht, S. 159.

913 Näher dazu und zum Folgenden Däubler, in: Baumann-Dähn, S. 115. Zustimmend Ostendorf, S. 53: «Eigenständiges Arbeitsplatzrecht».

rechte sind nur *eine* Konkretisierung dieses Prinzips, daneben gibt es andere, die sich auf die sonstige Rechtsstellung des Arbeitnehmers auswirken.[914]

▶ Der Streik am Arbeitsplatz ist das einzige Mittel der Arbeitnehmer, um einer Verlagerung oder Stilllegung der Produktion durch den Arbeitgeber zu begegnen; er ist daher **durch das (richtig verstandene) Paritätsprinzip gefordert**. Insofern gelten dieselben Grundsätze wie bei der Betriebsblockade.[915]

▶ Verhält sich der Arbeitgeber rechtswidrig, spricht er etwa Kündigungen ohne ordnungsgemäße Anhörung des Betriebsrats aus oder verhandelt er nicht über Interessenausgleich und Sozialplan[916], so kann die Belegschaft ihre Arbeitsplätze im Wege der **Notwehr nach § 227 BGB** verteidigen. Der Arbeitsplatz ist als solcher ein «notwehrfähiges Gut», und zwar selbst dann, wenn man ein Recht am Arbeitsplatz nur insoweit annimmt, als das Kündigungsschutzgesetz eingreift.[917]

### (5) Die Rechtsprechung des BAG

718 Das **BAG** hat diesen Gesichtspunkten allerdings nicht Rechnung getragen und die **Betriebsbesetzung** in Erwitte **für rechtswidrig erklärt**.[918] Zur Frage des Hausrechts hat es nicht Stellung genommen, doch dürfte kein Zweifel bestehen, dass es insoweit der traditionellen Auffassung folgt. Das Paritätsprinzip hat es an anderer Stelle als «tarifbezogen» definiert und deshalb Investitionsentscheidungen von vornherein als nicht «paritätsrelevant» eingestuft.[919] Der Notwehrgedanke wurde mit dem Hinweis verworfen, es bestehe kein Recht am Arbeitsplatz im Sinne eines notwehrfähigen Gutes; spreche der Arbeitgeber rechtswidrige Kündigungen aus, so könne dies im Wege des

---

914 Dies übersieht Seiter, Streikrecht, S. 523, der sich mit der pauschalen Feststellung begnügt, auch eine veränderte Unternehmensstruktur mache die Arbeitnehmer nicht zu Mitunternehmern oder Miteigentümern. Ähnlich wie hier Bieback, in: Däubler (Hrsg.), Arbeitskampfrecht, Rn 423 ff.; Wendt S. 129, 134.

915 Oben 5.14.3. (Rn 710). In diese Richtung auch ErfK-Dieterich Art. 9 GG Rn 273. Für Erweiterung der Kampfmittel auch Derleder BB 1987, 819.

916 So im Fall Erwitte.

917 Zustimmend Heilmann-Wahsner DuR 1976, 409 und Bieback, in: Däubler (Hrsg.), Arbeitskampfrecht Rn 427. Vgl. weiter Seiter, Streikrecht, S. 523, 457 mwN. Anders Kissel § 61 Rn 64, der allerdings zu Unrecht unterstellt, die Notwehrüberlegung gelte schon für jede Nichterfüllung von Tarifforderungen.

918 So insbesondere BAG AP Nr. 58 zu Art. 9 GG Arbeitskampf. Seiter (SAE 1980, 158) hält die Distanzierung des BAG von der Betriebsbesetzung für nicht deutlich genug. Scharf ablehnend gegen die Betriebsbesetzung auch Hellenthal NZA 1987, 52; Loritz DB 1987, 223.

919 BAG DB 1980, 1269 re. Sp.

gerichtlichen Verfahrens und dort notfalls mit Hilfe einer einstweiligen Verfügung korrigiert werden.[920]

Gerade dieser letzte Gesichtspunkt vermag wenig einzuleuchten, zumal das gerichtliche Verfahren nur in absoluten Ausnahmefällen zu einer Weiterbeschäftigung im Betrieb führt.[921] Dass die **Innehabung eines Arbeitsplatzes** weniger **geschützt** wird als die Stellung eines Mieters, vermag nicht zu überzeugen. Allerdings findet es eine Parallele in dem mangelnden Deliktsschutz der Arbeitskraft[922] sowie einer ähnlichen Behandlung des Persönlichkeitsguts «Qualifikation».[923] Offensichtlich fällt es der Rechtsprechung sehr viel leichter, Positionen eines Unternehmers etwa durch Patentrechte oder das Recht am Gewerbebetrieb juristisch abzusichern, während entsprechende Positionen des Arbeitnehmers keinerlei Anerkennung erfahren und so dem freien Spiel der Kräfte überlassen bleiben.[924] Jedenfalls dann, wenn ohne die Besetzung ein rechtmäßiger Streik zusammenbrechen würde, müsste das BAG auch auf der Grundlage seines eigenen Paritätsverständnisses die Zulässigkeit bejahen.[925] 719

### (6) **Fortführung der Produktion**

Sonderprobleme ergeben sich, wenn wie im Falle Lip die Produktion vorübergehend durch die Belegschaft auf eigene Rechnung fortgeführt wird.[926] Stellt dies Diebstahl oder Unterschlagung dar, oder handelt es sich im Gegenteil um einen rechtlich gebotenen Versuch, die jeden Unternehmer kraft der Sozialpflichtigkeit des Eigentums treffende Pflicht zur Fortführung der Produktion an seiner Stelle zu erfüllen?[927] Zunächst kommt es darauf an, ob die Arbeitnehmer durch Verarbeitung der Rohstoffe in eigener Regie nach **§ 950 BGB selbst Eigentümer** werden. Nach dieser Bestimmung erwirbt der «Verarbeiter» das Eigentum an der hergestellten Sache, «sofern nicht der Wert der Verarbeitung oder der Umbildung erheblich geringer ist als der Wert des Stoffes». Solange der Unternehmer seine Funktion selbst ausübt oder durch Beauftragte ausüben lässt, ist *er* und nicht der einzelne Beschäftigte Verarbeiter 720

920 BAG AP Nr. 58 zu Art. 9 GG Arbeitskampf.

921 Dazu unten 6.11.3.2.2 (Rn 1081 ff.) und Bd. 2 unter 8.8.7.

922 Dazu Bd. 2 Rn 593.

923 Allenfalls durch tarifliche Abmachungen wird ein gewisser Dequalifizierungsschutz erreicht – dazu oben Rn 335.

924 Zu dieser Disparität näher Däubler u. a., Eigentum und Recht, S. 193 ff.

925 Ähnlich Ostendorf, S. 54 ff.; Wendt, S. 134; der Tendenz nach auch ErfK-Dieterich Art. 9 GG Rn 273; letztlich unentschieden Zechlin S. 77. Das bloße passive Verweilen am Arbeitsplatz stellt nach Derleder (BB 1987, 818 ff.) keine Betriebsstörung dar, sodass der Arbeitgeber keine Selbsthilferechte geltend machen kann.

926 Eingehend dazu Blanke/Erd/Erd-Küchler KJ 1973, 406 ff.

927 So Reinhard Hoffmann, in: Streik und Aussperrung, S. 79.

im Sinne des § 950 BGB.[928] Legt er darauf jedoch im Einzelfall keinen Wert mehr, weil er beispielsweise das Unternehmen nicht mehr fortführen will, so kann ihm auch das Arbeitsergebnis der Beschäftigten nicht mehr zugerechnet werden. Unter solchen (außergewöhnlichen) Umständen lässt sich die These vertreten, dass diese auf eigene Rechnung arbeiten und unter den Voraussetzungen des § 950 BGB selbst Eigentum erwerben. Dies schützt freilich nicht vor einer Bestrafung wegen Unterschlagung, wenn fremde Sachen auf diese Weise den Eigentümer wechseln, es sei denn, es fehle an einem ausreichenden Schuldvorwurf.[929]

*Beispiel:* Der Unternehmer erklärt: «Ihr könnt machen, was ihr wollt. Ich habe mein Geld auf den Bahamas, und das reicht mir. Ihr könnt euren Sauladen selbst zugrunde richten.» Damit hat er zwar sein Eigentum nicht aufgegeben (vgl. § 928 BGB), doch wird man einem Beschäftigten kaum *vorsätzliche* Verletzung fremden Eigentums vorwerfen können, wenn er bei gleichzeitiger «Eigenregie» der Belegschaft weiterarbeitet.

Von diesem Fall abgesehen, ist man vor strafrechtlichen Sanktionen nur dann sicher, wenn die Belegschaft die Rohstoffe selbst kauft oder wenn sie wie in den Fällen Heckel und Mönninghoff[930] weiter für den Arbeitgeber produziert.

### 5.14.4.3. Herbeiführung technischer Störungen

720a Ebenso, wie es passieren kann, dass der Arbeitgeber den Zugangscode für den Betrieb sperrt und damit auch diejenigen am Betreten des Hauses hindert, die wie Betriebsratsmitglieder durchaus ein Zutrittsrecht haben,[931] genauso ist es denkbar, dass einzelne Arbeitnehmer durch Einsatz technischer Mittel das Unternehmen teilweise oder ganz funktionsunfähig machen. Insbesondere die **Informationstechnik** ist insoweit **«störanfällig»**. In der Rechtsprechung gibt es einige wenige Beispiele. So installierte etwa ein Informatiker, dessen Arbeitsvertrag gekündigt war, einen Virus im System, den nur er selbst unschädlich machen konnte: Die ihn ersetzende Fremdfirma, die mit den Wartungsarbeiten betraut wurde, stand dem Phänomen völlig hilflos gegenüber.[932] In einem andern Fall hatte der Beschäftigte in seiner Wut über einen vorgeschlagenen Aufhebungsvertrag damit gedroht, die Datenbestände des Arbeitgebers praktisch unbrauchbar zu machen, doch sah das Gericht keine reale Umsetzungsgefahr und hielt deshalb die ausgesprochene außerordent-

---

928 Palandt-Bassenge § 950 Rn 9. Näher dazu Bd. 2 Rn 118.

929 Vgl. Wendt, S. 168.

930 S. oben Fn 892.

931 Für rechtswidrig erklärt durch LAG Frankfurt/M. LAGE Art. 9 GG Arbeitskampf Nr. 37.

932 LAG Saarland Beilage 7/1994 zu BB, S. 14.

liche Kündigung für überzogen.[933] Anders wurde entschieden, als der Arbeitnehmer eigenmächtig die Hauptpasswörter der Firmencomputer änderte und dem Arbeitgeber so für einige Zeit den Zugang zu wichtigen Geschäftsdaten unmöglich machte.[934] In allen drei Fällen handelte es sich um Einzelaktionen, die sich als **Sabotage** qualifizieren lassen und die mit dem Verlust des Arbeitsplatzes endeten.

In der industriesoziologischen Forschung sind jedoch auch zahlreiche 720b
kollektive Aktionen – insbesondere aus den USA – dokumentiert, die darin bestanden, die Produktion zu verlangsamen oder ihre Qualität herabzusetzen.[935] Normalerweise sind sie Ausdruck schlecht funktionierender Arbeitsbeziehungen, bei denen Konflikte nicht «auf den Tisch kommen» und in rationaler Weise bewältigt werden. Betrieblicher Leistungsdruck und Angst um den Arbeitsplatz führen allerdings meist dazu, dass die Beschäftigten auf «Leistungszurückhaltung» verzichten, um nicht ihren Arbeitsplatz zusätzlich zu gefährden.[936] Dies ändert sich erst, wenn im Grunde **nichts mehr zu verlieren** ist.

*Beispiel aus der Praxis:* 50 IT-Arbeitsplätze sollen nach Taiwan verlegt werden. Der Arbeitgeber lässt 10 Taiwanesen einfliegen, denen die deutschen Beschäftigten alle Einzelheiten des Umgangs mit den Systemen erklären sollen. Wenn sich ihr pädagogischer Elan in Grenzen hält, wird man Verständnis haben müssen. Auch ist faktisch nicht auszuschließen, dass die Taiwanesen auf eine (technisch) falsche Fährte gelockt werden, sodass garantiert nach einiger Zeit nichts mehr funktioniert. Dies lässt sich allenfalls durch eine Zusatzabfindung für die deutschen Beschäftigten vermeiden.

Weiter wird von dem Versuch berichtet, durch **massenhafte E-Mails** die Kommunikation des Unternehmens mit seiner «Umwelt» für einige Zeit unmöglich zu machen. Die rechtliche Bewertung wird eine Parallele zur Zusendung von Spams ziehen und im Falle der Rechtswidrigkeit danach fragen, ob sich aus Gründen arbeitskampfrechtlicher Parität möglicherweise eine Rechtfertigung ergeben könnte.

---

933 ArbG Frankfurt/M. RDV 2002, 197 (ordentliche Kündigung bejaht).

934 HessLAG RDV 2003, 148.

935 Rainer-W. Hoffmann, Arbeitskampf im Arbeitsalltag, S. 56ff. («Produktsabotage»), S. 105ff. («organisatorische Sabotage»). Zum Dienst nach Vorschrift und zum Bummelstreik s. oben 5.11.1. (Rn 677ff.).

936 Zutreffend konstatiert bei Rainer-W. Hoffmann, a.a.O., S. 134.

# 6. Das Recht der betrieblichen Interessenvertretung[1]

## 6.1. Zur historischen Entwicklung

### 6.1.1. Die Frankfurter Nationalversammlung

721 Der Gedanke einer selbständigen betrieblichen Interessenvertretung der Arbeiter reicht bis in den Vor-März zurück. Mit Rücksicht auf das Fehlen einer organisierten Arbeiterbewegung waren alle Überlegungen zunächst Sache einzelner sozialpolitisch engagierter Individuen.[2] Die bürgerliche Revolution der Jahre 1848/49 war zwar von einer raschen Ausbreitung der **«Arbeiterverbrüderungen»** begleitet[3], doch galten ihre Forderungen primär dem Aufbau einer überbetrieblichen Organisation.[4] Den ersten politischen Niederschlag fand die Idee der «Betriebsvertretungen» in der Frankfurter Nationalversammlung, deren «volkswirtschaftlicher Ausschuss» sich mit einer künftigen **Reichsgewerbeordnung** befasste. Aus seiner Mitte wurde ein **Minderheitsentwurf** vorgelegt, der in § 42 bestimmte[5]:

«Jede Fabrik wählt einen Fabrikausschuss. Derselbe besteht:
(a) aus einem Mitglied jeder selbständigen Gruppe der Fabrikarbeiter und
(b) aus einem Werkmeister jeder Gruppe, beide durch Arbeiter gewählt
(c) aus dem Inhaber der Fabrik oder dem von ihm benannten Stellvertreter.»

Neben der «Überwachung der Fabrikkinder» und der «Einrichtung und Verwaltung der Krankenunterstützungskasse» sollte er insbesondere die Aufgabe haben, die Fabrikordnung «zu entwerfen und aufrechtzuerhalten». Seine gesamte Tätigkeit hatte das Ziel, durch Vermittlung bei Streitigkeiten und durch Aufrechterhaltung der Ordnung das Interesse der Arbeiter an der

1 Wegen aller Einzelheiten sei auf Däubler-Kittner-Klebe (Hrsg.), BetrVG, Kommentar für die Praxis, 10. Aufl., Frankfurt/M. 2006, verwiesen.

2 Dazu näher Teuteberg, S. 1–59.

3 Dazu informativ Streisand, S. 180 ff.

4 Vgl. Teuteberg, S. 84 ff.

5 Zitiert nach Teuteberg, S. 109.

Fabrikanstalt zu fördern und so einen Beitrag zur Entfaltung des Gewerbes zu leisten.[6] Die **«sozialpartnerschaftliche» Tendenz** war **unverkennbar**, freilich alles andere als überraschend, war doch die Frankfurter Nationalversammlung ein «Honoratiorenparlament» gewesen, dem zwar höhere Beamte und Fabrikanten, nicht jedoch Arbeiter angehört hatten.[7] Selbst eine solche Konzeption war freilich zum Scheitern verurteilt – die Nationalversammlung wurde aufgelöst, bevor sie überhaupt über ein neues Gewerbe- und Arbeitsrecht diskutieren konnte.[8]

## 6.1.2. Die Gewerberechtsnovelle

Nach der endgültigen Niederlage der Revolution dauerte es rund vierzig 722
Jahre, bis das Problem einer speziellen betrieblichen Interessenvertretung wieder auf der Tagesordnung stand. Im Laufe des großen Bergarbeiterstreiks von 1889 wurde die Forderung nach «obligatorischen Arbeiterausschüssen» erhoben, die die Beschwerden der Belegschaft vorbringen und bei einzelnen Angelegenheiten mitbestimmen sollten. Der erst seit kurzer Zeit regierende Kaiser Wilhelm II. stimmte diesem Vorschlag grundsätzlich zu und äußerte in der Kronratssitzung vom **24.1.1890** den Wunsch, **Fabrikordnungen** sollten in Zukunft **nicht mehr einseitig** von den Unternehmern erlassen, sondern mit den Vertretern der Arbeiterschaft vereinbart werden. «Um den sozialdemokratischen Einfluss fern zu halten», sollten die Arbeiterausschüsse nicht von den außerbetrieblichen Arbeiterfach- oder Gewerkvereinen, sondern innerhalb jedes Betriebs gewählt werden.[9] In seinen sog. **Februar-Erlassen** forderte der Kaiser dann wörtlich: «Für die Pflege des Friedens zwischen Arbeitgebern und Arbeitnehmern sind gesetzliche Bestimmungen über die Formen in Aussicht zu nehmen, in denen die Arbeiter durch Vertreter, welche ihr Vertrauen besitzen, an der Regelung gemeinsamer Angelegenheiten beteiligt und zur Wahrnehmung ihrer Interessen bei Verhandlungen mit den Arbeitgebern und den Organen Meiner Majestät befähigt werden.» Trotz dieser von den Streikenden vermutlich nicht beabsichtigten «Kanalisierung» in wirtschaftsfriedliche Bahnen scheiterte dieser Vorschlag am Widerstand der Großindustrie und einiger Landesregierungen; nach relativ langen Verhandlungen im Bundesrat und Reichstag beließ es der Gesetzgeber bei freiwillig zu bildenden Arbeitervertretungen und der gesetzlichen Pflicht des Unternehmers, nach Anhörung

---

6 Teuteberg, S. 111.

7 Streisand, S. 188.

8 Zum Ganzen s. Vossler, Die Revolution von 1848 in Deutschland, 3. Aufl., Frankfurt/M. 1972. Die bemerkenswerte Modernität der Ideen betont Reichold, S. 47 ff.

9 Teuteberg, S. 342 ff.

der Belegschaft eine Arbeitsordnung mit bestimmtem Mindestinhalt zu erlassen.[10] Die **Einrichtung von Arbeiterausschüssen** sollte lediglich dadurch **erleichtert** werden, dass allein sie vor dem Erlass der Arbeitsordnung angehört werden mussten und der Arbeitgeber sich so die sonst unausweichliche Diskussion mit der ganzen Belegschaft sparen konnte.[11]

723 Während die katholische Zentrumspartei sich aktiv für die kaiserlichen Vorstellungen obligatorischer Ausschüsse eingesetzt hatte, lehnte die Sozialdemokratie alle Konzeptionen dieser Art kategorisch ab. August **Bebel** erklärte im Reichstag, das **System von Arbeiterausschüssen sei ein Scheinsystem**; sie bedeuteten «nichts weiter als was ähnliche Verfassungseinrichtungen auf politischem Gebiet bedeuten: Sie sind das scheinkonstitutionelle Feigenblatt, mit dem der Fabrikfeudalismus verdeckt werden soll»[12] – eine in dieser Deutlichkeit beispielhafte Absage an jede Politik der Klassenversöhnung und Partnerschaft. Dass die Ausschüsse in der Folgezeit kaum praktische Bedeutung erlangten, war freilich weniger der Ablehnung durch Sozialdemokraten und (freie) Gewerkschaften als dem Widerstand zahlreicher Unternehmer zu verdanken, die selbst die bescheidene gesetzliche Regelung als unzumutbaren Eingriff in ihr Herrschaftsrecht über das Unternehmen betrachteten. Zweieinhalb Jahrzehnte lang war ihre Position immer noch so stark, dass sie sogar «sozialpartnerschaftliche», auf friedlichen Ausgleich ausgerichtete Konzessionen nicht nötig zu haben glaubten.

## 6.1.3. Die Sondersituation im Bergbau

724 Die einzige Ausnahme musste 1905 aufgrund eines neuen Bergarbeiterstreiks für den preußischen Bergbau gemacht werden: Unter dem Druck der mehrwöchigen Arbeitsniederlegung und mit Rücksicht auf die angespannte außenpolitische Lage, die eine sichere Rohstoffversorgung besonders dringlich machte, beschloss das Preußische Abgeordnetenhaus die **obligatorische Einrichtung von Arbeiterausschüssen auf allen Bergwerken mit mehr als 100 Arbeitnehmern**.[13] Ihre Rechte gingen jedoch kaum über die «Befugnisse» der 1890 eingeführten freiwilligen Ausschüsse hinaus; auch konnten sie bei zweimaliger Überschreitung ihrer gesetzlichen Kompetenzen von der

10 §§ 134b–e GewO, eingefügt durch das «Gesetz betreffend Abänderung der GewO (Arbeiterschutzgesetz)» vom 1. 6. 1891 (RGBl I, S. 261).

11 § 134d S. 2 GewO. Die Arbeiterausschüsse erlangten gleichwohl kaum Bedeutung: Reichold, S. 139.

12 Teuteberg, S. 381. Vgl. auch Blanke u. a., Bd. 1, S. 86ff.

13 Gesetz betreffend Abänderung einzelner Bestimmungen des Allgemeinen Berggesetzes für die preußischen Staaten 1865/1892, Preußische Gesetzessammlung 1905, S. 307, in den entscheidenden Passagen auch abgedruckt bei Zachert, Betriebliche Mitbestimmung, S. 22f.

Verwaltungsbehörde aufgelöst werden. Da sie überdies darauf hinzuwirken hatten, «dass das gute Einvernehmen innerhalb der Belegschaft und zwischen der Belegschaft und dem Arbeitgeber erhalten bleibt und wieder hergestellt wird», wurden sie konsequenterweise von der (im Preußischen Abgeordnetenhaus nicht vertretenen) Sozialdemokratie und den ihr nahe stehenden Gewerkschaften mehrheitlich abgelehnt; ein Aufruf zum Boykott der ersten Wahlen wurde trotz gegenteiliger Aufforderungen des Zentrums in weiten Teilen des Ruhrgebiets befolgt.[14]

## 6.1.4. Die Krise der Monarchie

Die schon an anderer Stelle geschilderte Entwicklung der SPD hin zu einer 725
dem Anspruch nach sozialistischen, der Praxis nach sozialreformerischen Partei[15] ermöglichte nicht nur die **Burgfriedenspolitik** während des Ersten Weltkriegs und die gerne als «Verrat» titulierte Bewilligung der Kriegskredite, sondern musste auf Dauer auch die Haltung gegenüber dem Konzept sozialpartnerschaftlich-kooperativer Betriebsvertretungen verändern. So gab es keine ins Gewicht fallenden gewerkschaftlichen Proteste, als 1916 die obligatorische Einrichtung von Arbeiter- und Angestelltenausschüssen in Betrieben mit mehr als 50 Arbeitnehmern als «Ausgleich» für eine generelle Dienstverpflichtung aller Arbeitnehmer in Rüstungsbetrieben und kriegswichtigen Versorgungsunternehmen angeordnet wurde: Das sog. **Vaterländische Hilfsdienstgesetz vom 2.12.1916**[16] unternahm den Versuch, die Arbeiterbewegung durch die Einräumung einzelner Rechte wie auch durch staatliche Zwangsmaßnahmen enger an das bestehende Herrschaftssystem zu binden. Die erstmals auch für Angestellte vorgesehenen Ausschüsse hatten die Aufgabe, Wünsche und Beschwerden der Beschäftigten dem Unternehmer vorzutragen. Wurde über Fragen des Lohnes und anderer Arbeitsbedingungen keine Einigkeit erzielt, so **konnte** die **Belegschaftsvertretung den Schlichtungsausschuss anrufen**, der aus einem Beauftragten des Kriegsamtes als Vorsitzendem und je drei Beisitzern der Arbeitgeber- und der Arbeitnehmerseite bestand. Seine Entscheidung besaß zwar nur die Qualität eines Vorschlags, doch hatten die Arbeitnehmer das Recht zum Arbeitsplatzwechsel, wenn sich der Arbeitgeber über einen Spruch des Schlichtungsausschusses hinwegsetzte.[17] Das im Gesetz eingeräumte Anhörungsrecht konnte daher in wenn auch seltenen Einzelfällen zu einem echten Zustimmungsrecht werden, doch war jeder konsequenten In-

14 Teuteberg, S. 450.
15 Dazu insbesondere Deppe u.a., S. 12ff.; Schneider-Kuda, Arbeiterräte, S. 11ff.
16 RGBl I, 1335, teilweise wiedergegeben auch bei Zachert, Betriebliche Mitbestimmung, S. 23f.
17 Teuteberg, S. 512.

teressenwahrung dadurch vorgebeugt, dass die gesamte Tätigkeit der Arbeiter- und Angestelltenausschüsse aufgrund ausdrücklicher Vorschrift den Zweck verfolgen musste, «das gute Einvernehmen innerhalb der Arbeiterschaft des Betriebes und zwischen der Arbeiterschaft und dem Arbeitgeber zu fördern». Die darin liegende zwangsweise Einbindung in ein Wirtschafts- und Staatssystem, von dem man sich verbal immer nachdrücklich distanziert hatte, wurde zwar gesehen, aber im Hinblick auf die eigene Schwäche hingenommen. So erklärte Alexander Schlicke, der als führender Gewerkschaftsrepräsentant im Kaiserlichen Kriegsamt tätig war, vor der 13. Generalversammlung des Deutschen Metallarbeiter-Verbandes (DMV): «Selbstverständlich ist dieses Gesetz ein Zwangsgesetz, aber es sind doch **in dieses Zwangsgesetz Tropfen sozialen Öls hineingekommen**, die den Zwang abzuschwächen die Tendenz haben … nein, vom Boden der Praxis ausgehend, mussten die Gewerkschaftsführer sich sagen: Wenn die Möglichkeit besteht, ein größeres Übel zu verhindern, so nehmen wir das kleinere Übel in Kauf.»[18]

### 6.1.5. Die Rätebewegung

726 Die Wahl zwischen dem großen und dem noch größeren Übel stellte sich freilich nur für eine Politik, die eine «Einfrierung» der Klassengegensätze im Interesse einer reibungslos funktionierenden Kriegswirtschaft bedingungslos befürwortete. Für große Teile der lohnabhängigen Bevölkerung stand jedoch bald die materielle Not der Kriegsjahre im Vordergrund und verdrängte den ursprünglich vorhandenen nationalen Opfermut. Während des im April 1917 durchgeführten Lebensmittelstreiks und noch ausgeprägter während des Massenstreiks in der Rüstungsindustrie im Januar/Februar 1918 bildeten sich auf **betrieblicher und örtlicher Ebene Arbeiterräte**, die die Forderungen der Streikenden nach Frieden, besserer Lebensmittelversorgung, Freilassung der politischen Gefangenen und Koalitionsfreiheit vertraten.[19] Wichtigste Initiatoren dieser Bewegung waren die **Berliner Revolutionären Obleute**, eine Gruppe von Vertrauensleuten, die in Opposition zur offiziellen Politik des DMV standen und die sich spätestens seit 1917 über ihr politisches Ziel, die Errichtung einer sozialistischen Republik, einig waren.[20]

727 Die mit dem **Aufstand der Kieler Matrosen vom 3. 11. 1918** einsetzende Beseitigung der Monarchie führte in zahllosen Städten zur Entstehung von Arbeiter- und Soldatenräten, die vorübergehend die politische Gewalt ausübten. Ihre wirtschafts- und gesellschaftspolitischen Vorstellungen wurden

---

18 Zitiert nach Schneider-Kuda, S. 18.

19 Schneider-Kuda, S. 18 ff.

20 Schneider-Kuda, S. 21.

auch dort nur in Umrissen deutlich, wo USPD und andere Linkskräfte einen beherrschenden Einfluss besaßen.[21] In den **Zentren der Rätebewegung** – Berlin, Mitteldeutschland, Ruhrgebiet – war man sich über die Notwendigkeit der Vergesellschaftung von Produktionsmitteln einig, doch sollte dieser Schritt nicht durch Übernahme der Betriebe seitens der Arbeiterräte, sondern durch Entscheidung politischer Instanzen erfolgen.[22] Den Räten war ein **allgemeines Mitbestimmungs- und Kontrollrecht** zugedacht; Lohn- und Gehaltsfragen sollten nur mit ihrer Zustimmung gelöst, Entlassungen nicht gegen ihren Willen vorgenommen werden. Jeder Eingriff in die Betriebsleitung musste unterbleiben (und unterblieb in der Praxis so gut wie immer[23]); am weitesten gingen einige in Halle formulierte Entwürfe, die den regionalen Arbeiterräten das Recht einräumen wollten, bei Meinungsverschiedenheiten zwischen (betrieblichem) Arbeiterrat und Betriebsleitung endgültig zu entscheiden.[24] Eine einheitliche Konzeption wurde nie erarbeitet; auch fehlten ausreichende Überlegungen zur Frage der Einsetzung der Betriebsleitung und zum Verhältnis von Rätebewegung und Gewerkschaften. Deutlich traten jedoch **zwei Momente** hervor:

Die Arbeiterräte waren von ihrer Entstehung wie von ihrer Zielsetzung her 728
in keiner Weise mit den Arbeiter- und Angestellten-Ausschüssen der bisherigen Gesetzgebung zu vergleichen, mit denen sie außer ihrer «betrieblichen» Natur kaum etwas gemein hatten. Zum Zweiten erstrebte die Rätebewegung eine möglichst weitgehende **Einheit von Herrschenden und Beherrschten**. Das Problem eines ungenügenden Informationsstands bei der «Basis» wurde gesehen, konnte jedoch im Hinblick auf die größer werdenden politischen Widerstände nicht mehr in Angriff genommen werden.[25]

## 6.1.6. Die Weimarer Reichsverfassung

Der Rat der Volksbeauftragten hatte sich als provisorische Reichsregierung 729
darauf beschränkt, die alten Arbeiter- und Angestellten-Ausschüsse durch Verordnung auf alle Betriebe auszudehnen, und hatte auf die Betriebsrätebewegung zunächst überhaupt nicht reagiert.[26] Aufgrund von Massenstreiks

---

21 Deppe u. a., S. 26 ff.

22 von Oertzen, Betriebsräte, S. 109 ff.

23 So ist aus Berlin nur ein Fall bekannt, in dem der Arbeiterrat die Funktion der Betriebsleitung ausübte (von Oertzen, S. 69 ff).

24 von Oertzen, S. 150.

25 von Oertzen, S. 100. Zur Entwicklung der Rätebewegung s. auch Brock, in: Crusius u. a. (Hrsg.), Bd. 1, S. 9 ff. Die Grundprobleme sind angesprochen bei Ojeda Avilés, in: Däubler (Hrsg.), Arbeitsbeziehungen in Spanien, S. 63 ff.

26 Deppe u. a., S. 30.

wurde jedoch im März 1919 die Verankerung des wirtschaftlichen Rätesystems in der Verfassung zugesagt.[27]

730 Die **Weimarer Reichsverfassung** von 1919[28] bekannte sich dann auch in ihrem **Art. 165** dazu, Arbeiter und Angestellte seien berufen, «gleichberechtigt in Gemeinschaft mit den Unternehmern an der Regelung der Lohn- und Arbeitsbedingungen sowie an der gesamten wirtschaftlichen Entwicklung der produktiven Kräfte mitzuwirken». Dem «Rätesystem» waren insbesondere die beiden folgenden Absätze gewidmet:

> «Die Arbeiter und Angestellten erhalten zur Wahrnehmung ihrer sozialen und wirtschaftlichen Interessen gesetzliche Vertretungen in Betriebsarbeiterräten sowie in nach Wirtschaftsgebieten gegliederten Bezirksarbeiterräten und in einem Reichsarbeiterrat.
>
> Die Bezirksarbeiterräte und der Reichsarbeiterrat treten zur Erfüllung der gesamten wirtschaftlichen Aufgaben und zur Mitwirkung bei der Ausführung der Sozialisierungsgesetze mit den Vertretungen der Unternehmer und sonst beteiligter Volkskreise zu Bezirkswirtschaftsräten und zu einem Reichswirtschaftsrat zusammen. Die Bezirkswirtschaftsräte und der Reichswirtschaftsrat sind so zu gestalten, dass alle wichtigen Berufsgruppen entsprechend ihrer wirtschaftlichen und sozialen Bedeutung darin vertreten sind.»

Die folgenden Bestimmungen gewährten dem **Reichswirtschaftsrat** das Recht zur Gesetzesinitiative und ermächtigten den Gesetzgeber, den Arbeiter- und Wirtschaftsräten Kontroll- und Verwaltungsbefugnisse zu übertragen.

731 Bereits im Wortlaut der Vorschrift spiegelte sich die bevorstehende Niederlage der Rätebewegung wider; den Arbeiterräten wurden keinerlei Rechte garantiert, sondern alles wurde dem künftigen Gesetzgeber überlassen.[29] Selbst insoweit enthielt **Art. 165** Einschränkungen, da er sich **eher an einem Modell der Parität von Arbeit und Kapital** als an einer Produzentendemokratie orientierte. Immerhin wäre es zulässig gewesen, durch Beteiligung «sonstiger Volkskreise» an den Wirtschaftsräten die Unternehmer in eine Minderheitenposition zu bringen – eine freilich rein theoretische Möglichkeit, reichte doch die Kraft der Arbeiterbewegung nicht mehr aus, um auch nur im betrieblichen Bereich die in Art. 165 verheißene gleichberechtigte Mitwirkung der Arbeiter und Angestellten zu realisieren. Dies zeigte sich in voller Deutlichkeit bei der Verabschiedung des Betriebsrätegesetzes vom 4. 2. 1920[30], das noch erheblich weiter hinter den Forderungen der Rätebewegung zurückblieb.

---

27 Schneider-Kuda, S. 28.

28 RGBl I, 1383.

29 Den hier zitierten Teilen des Art. 165 WRV wurde von Rechtsprechung und Literatur durchweg nur programmatischer, dem Einzelnen keine Rechte einräumender Charakter zugesprochen. S. die Nachweise bei Flatow/Kahn-Freund, S. 22.

30 RGBl, S. 147. Zu der (im Detail noch nicht aufgearbeiteten) Entstehung des BRG 1920 s. von Oertzen, S. 153 ff.

### 6.1.7. Das Betriebsrätegesetz (BRG)

Inhaltlich räumte das BRG dem Betriebsrat zahlreiche, in der Praxis weithin 732
wertlose Beratungsrechte,

*Beispiel:* Nach § 74 BRG musste sich der Arbeitgeber mit dem Betriebsrat «ins Benehmen setzen», wenn infolge von «Erweiterung, Einschränkung oder Stilllegung des Betriebs oder infolge von Einführung neuer Techniken oder neuer Betriebs- oder Arbeitsmethoden die Einstellung oder die Entlassung einer größeren Zahl von Arbeitnehmern erforderlich» wird,

jedoch auch eine **Reihe von Mitbestimmungsrechten** ein, die durch Abschluss von Betriebsvereinbarungen, bei fehlender Einigung zum Teil durch Anrufung eines paritätisch besetzten Schlichtungsausschusses ausgeübt werden konnten. Sie erstreckten sich insbesondere auf

- die Arbeitsordnung und sonstige Dienstvorschriften,
- die Festsetzung der Akkord- und Stücklohnsätze sowie die Einführung neuer Entlohnungsmethoden,
- die Verlängerung und Verkürzung der regelmäßigen Arbeitszeit,
- die Verwaltung von betrieblichen Sozialeinrichtungen,
- die Regelung des Urlaubs und
- den Erlass von Einstellungsrichtlinien.

Bei **Kündigungen** konnte der einzelne Arbeitnehmer lediglich dann seine betriebliche Interessenvertretung einschalten, wenn besondere Umstände wie eine unbillige, nicht durch sein Verhalten oder die Verhältnisse des Betriebs bedingte Härte vorlagen; führten die Verhandlungen mit dem Arbeitgeber zu keinem Erfolg, so konnte das Arbeitsgericht angerufen werden.[31]

Diese nicht sehr weitgehenden, den Rahmen des Hilfsdienstgesetzes jedoch 733
erheblich überschreitenden Befugnisse sind freilich innerhalb der Gesamtkonzeption des Gesetzes zu sehen. Diese ist bereits in § 1 BRG angedeutet, wo es heißt, zur «Wahrnehmung der gemeinsamen wirtschaftlichen Interessen der Arbeitnehmer … dem Arbeitgeber gegenüber und zur Unterstützung des Arbeitgebers in der Erfüllung der Betriebszwecke» seien in allen Betrieben mit mehr als zwanzig Arbeitnehmern Betriebsräte zu bilden. Der damit angesprochene **Doppelcharakter des Betriebsrats**, Interessenvertretungsorgan und Unterstützungsorgan des Arbeitgebers gleichzeitig zu sein, wird in § 66 dahin gehend spezifiziert, der Betriebsrat habe die Betriebsleitung durch Rat zu unterstützen, um dadurch mit ihr «für einen möglichst hohen Stand und für möglichste Wirtschaftlichkeit der Betriebsleistungen zu sorgen»; außerdem treffe ihn die Aufgabe, «den Betrieb vor Erschütterungen zu bewahren», worunter insbesondere das Verbot der Organisierung oder Förderung von Arbeits-

31 §§ 84 bis 86 BRG.

kämpfen verstanden wurde.[32] Im Ergebnis ist damit die Rückkehr zur Gesetzgebung der vorrevolutionären Zeit vollzogen, wobei lediglich die erweiterten Beteiligungsrechte des Kooperationspartners «Betriebsrat» an die dazwischen liegende Zeit erinnerten.[33]

### 6.1.8. Die NS-Betriebsverfassung

734 Die gesetzliche Ausgestaltung der Betriebsverfassung sowie verschiedene ökonomische und soziale Faktoren führten zu einer sehr schnellen **Einordnung der Betriebsräte in die Gewerkschaftsbewegung**.[34] Trotz aller manifesten Mängel war ihre Verankerung in den Betrieben so stark, dass die ersten Betriebsratswahlen nach der nationalsozialistischen Machtergreifung zu einer **Niederlage der neuen Machthaber** führten, die über ein Durchschnittsergebnis von 25 % nicht hinauskamen.[35] Nach der Zerschlagung der Gewerkschaften und dem Verbot aller Arbeiterparteien wurden die Betriebsräte als Letzte «gleichgeschaltet»; durch § 65 Nr. 1 des **«Gesetzes zur Ordnung der nationalen Arbeit» (AOG)** vom 20. 1. 1934[36] wurde das Betriebsrätegesetz aufgehoben.

735 Die nationalsozialistische Betriebsverfassung knüpfte insoweit an Weimar an, als sie die **«Betriebsgemeinschaft»** in den Vordergrund stellte und jeden prinzipiellen Interessengegensatz zwischen Kapital und Arbeit leugnete.[37] Über das bisher Geltende hinaus definierte sie jedoch die gesamte betriebliche Tätigkeit als Dienst an Volk und Staat und machte den Unternehmer zum grundsätzlich unumschränkten Betriebsführer. Deutlich formulierte § 2 AOG:

«(1) Der Führer des Betriebes entscheidet der Gefolgschaft gegenüber in allen betrieblichen Angelegenheiten, soweit sie durch dieses Gesetz geregelt werden.

(2) Er hat für das Wohl der Gefolgschaft zu sorgen. Diese hat ihm die in der Betriebsgemeinschaft begründete Treue zu halten.»

---

32 Flatow/Kahn-Freund § 66 Ziff. 3 Anm. 3 mwN.

33 Vgl. auch Schneider-Kuda, S. 30.

34 Näher dazu Eberhard Schmidt, in: Jacobi/Müller-Jentsch/Schmidt, 1973, S. 179 ff. sowie Reinhard Hoffmann, in: Crusius u. a. (Hrsg.), Bd. 2, S. VI ff.

35 Abendroth, Der Widerstand der Arbeiterbewegung, in: Deutscher Widerstand 1933 bis 1945, hrsg. von Edgar Weick, Heidelberg 1967, S. 81 ff. Die Wahlen fanden im März und April 1933 statt. Vgl. auch die etwas abweichenden Zahlenangaben bei Bobke-Unterhinninghofen Mitb 1984, 77.

36 RGBl I, S. 45. Zu seiner ideologischen Konzeption s. Däubler, in: Rottleuthner (Hrsg.), Recht, Rechtsphilosophie und Nationalsozialismus, Wiesbaden 1983 (Beiheft Nr. 18 zum Archiv für Rechts- und Sozialphilosophie), S. 120 ff.; Spohn GMH 1984, 546 ff.

37 Zur Kontinuität in diesem Punkt s. insbesondere Hientzsch, Arbeitsrechtslehren im Dritten Reich und ihre historische Vorbereitung, Marburg 1970, S. 55 ff.

An die Stelle des Betriebsrats trat ein sog. **Vertrauensrat**, der aus dem Betriebsführer als dem Vorsitzenden und aus höchstens zehn Vertrauensmännern bestand. Diese sollten durch die Belegschaft gewählt werden, doch wurden vom Gesetzgeber ausreichende Vorkehrungen getroffen, um trotz geheimer Abstimmung jedem «Unfall» vorzubeugen. So war nach § 8 AOG u. a. nur **wählbar**, wer der Deutschen Arbeitsfront angehörte, sich durch «vorbildliche menschliche Eigenschaften auszeichnete» und «die Gewähr dafür bot, dass er jederzeit rückhaltlos für den nationalen Staat eintritt». Schon der Verdacht politischer Unzuverlässigkeit und mangelnder «Staats- und Verfassungstreue» konnte so zum Verlust des passiven Wahlrechts führen. Doch nicht genug: Die Liste der Vertrauensmänner wurde nach § 9 Abs. 1 AOG vom Betriebsführer im Einvernehmen mit dem Obmann der NS-Betriebszellenorganisation aufgestellt. Wurde sie von der Belegschaft abgelehnt, so ging das Recht zur Bestimmung der Vertrauensmänner auf den vom Reichsarbeitsminister ernannten Treuhänder der Arbeit über. Dies hatte keineswegs nur theoretische Bedeutung, da noch im Jahre 1935 13 % der Betriebe die «Führer-Liste» nicht akzeptierten.[38] In der Folgezeit wurde deshalb auf Wahlen ganz verzichtet und die Amtsdauer der eingesetzten Vertrauensmänner auf unbestimmte Zeit verlängert.[39]

Der Vertrauensrat hatte nach dem Gesetz **lediglich beratende Funktion**; 736
nach § 28 Abs. 2 AOG war er vor der Verhängung von Betriebsbußen gegen Gefolgschaftsmitglieder anzuhören. Legte der Betriebsführer die Allgemeinen Arbeitsbedingungen, insbesondere die Betriebsordnung fest, so konnte die Mehrheit des Vertrauensrats den **Treuhänder der Arbeit** anrufen, wenn die Entscheidung «mit den wirtschaftlichen oder sozialen Verhältnissen des Betriebes nicht vereinbar» erschien. Damit dies nicht etwa in Interessenvertretung ausarten konnte, sah § 36 Nr. 3 AOG Disziplinarmaßnahmen für den Fall vor, dass «Angehörige der Betriebsgemeinschaft wiederholt leichtfertig unbegründete Beschwerden oder Anträge an den Treuhänder der Arbeit» richteten.[40]

### 6.1.9. Die Neugründung betrieblicher Interessenvertretungen und das KRG Nr. 22

Unmittelbar nach dem militärischen Zusammenbruch des faschistischen 737
Herrschaftssystems bildeten sich in zahlreichen Betrieben **«Ausschüsse»**.[41] Sie arbeiteten zunächst **im «rechtsfreien» Raum**, gab es doch noch kein

38 Abendroth, a.a.O., S. 87 ff.
39 Gesetz vom 8. 4. 1938, RGBl I, S. 358.
40 Rüthers AuR 1970, 101. S. weiter Spohn GMH 1984, 545 ff.
41 S. oben 3.1.5. (Rn 97).

demokratischen Verhältnissen angepasstes Recht. Die Bemühungen um landesgesetzliche Regelungen wurden durch das Kontrollratsgesetz **(KRG) Nr. 22**[42] unterbrochen, das eine für alle vier Besatzungszonen einheitliche Rahmenordnung brachte.[43] Art. 1 «gestattete» die Errichtung und Tätigkeit von Betriebsräten und ermächtigte sie zur «Wahrnehmung der beruflichen, wirtschaftlichen und sozialen Interessen der Arbeiter und Angestellten in den einzelnen Betrieben». Von einer Unterstützung des Unternehmers bei der Erfüllung der Betriebszwecke war nicht die Rede. Funktionäre der DAF und ehemalige Mitglieder der NSDAP waren nicht wählbar; auch war die Wahlperiode auf höchstens ein Jahr beschränkt. **Ähnlich wie bei** den englischen **shop stewards**[44] wurde auf eine Aufzählung einzelner Mitbestimmungsrechte verzichtet. Art. 5 begnügte sich in Abs. 1 mit der Bezeichnung bestimmter Sachgebiete, über die der Betriebsrat mit dem Unternehmer verhandeln könne, und erteilte in seinem Abs. 2 den Betriebsräten eine Generalvollmacht: (sie) «bestimmen im Rahmen dieses Gesetzes ihre Aufgaben und das dabei zu befolgende Verfahren selbst».

738 Der ungewohnte Spielraum wurde nur zum Teil ausgenutzt. So ließ die Gewerkschaftsführung in der britischen Zone eine **Muster-Betriebsvereinbarung** ausarbeiten, die als Verhandlungsgrundlage bei den Auseinandersetzungen mit den Arbeitgebern dienen sollte und die neben einer paritätischen Besetzung des Aufsichtsrats ein volles Mitbestimmungsrecht bei Einstellungen und Entlassungen vorsah.[45] Streiks und andere Kampfmaßnahmen zur Durchsetzung dieser Vorstellungen wurden grundsätzlich nicht begrüßt. Dennoch kam es vom 1. April bis 31. Dezember 1947 allein im Ruhrgebiet zu **31 Arbeitsniederlegungen**.[46] Bei Bode-Panzer in Hannover wurde 23 Tage[47], bei der ebenfalls dort ansässigen Firma Schmidding 5 Monate lang für bessere Betriebsratsbefugnisse gestreikt – beide Male mit Erfolg.[48]

---

42 Vom 10. 4. 1946, abgedr. u. a. bei Hemken, Sammlung der vom Alliierten Kontrollrat und der Amerikanischen Militärregierung erlassenen Proklamationen, Gesetze, Verordnungen, Befehle, Direktiven, Stuttgart 1946ff.

43 Zur weiteren Entwicklung in der SBZ s. die Bremer Dissertation von Joachim Heilmann, Das Arbeitsrecht der sowjetischen Besatzungszone (1945–1949). Ein Beitrag zur Vorgeschichte der DDR, 1974. Vgl. auch Ders., Zur Rolle des Rechts in der Übergangsgesellschaft, Beispiel: Arbeitsrecht, in: Rottleuthner (Hrsg.), Probleme der marxistischen Rechtstheorie, Frankfurt/M. 1975, S. 359ff.

44 Dazu Degen, Shop Stewards, Frankfurt/M. und Köln 1976.

45 Hierzu und zum Folgenden Eb. Schmidt, S. 90ff.

46 Dazu Kleßmann-Friedemann, Streiks und Hungermärsche im Ruhrgebiet 1946–1948, Frankfurt/M. 1977, S. 35ff. mit der Streikstatistik auf S. 39. Im folgenden Jahr nahm die Zahl dieser Arbeitsniederlegungen erheblich ab.

47 Die erkämpfte Betriebsvereinbarung, die u. a. ein volles Mitbestimmungsrecht «bei der Aufgabe bisheriger und der Aufnahme neuer Produktionszweige» enthielt, ist auszugsweise abgedruckt bei Zachert, Betriebliche Mitbestimmung, S. 26f.

48 Das KRG Nr. 22 galt bis 1981 für die beim NDR Beschäftigten – dazu BAG BB 1981, 119.

## 6.1.10. Die Betriebsrätegesetze der Länder

Der Schwerpunkt gewerkschaftlicher Bemühungen um eine neue Ordnung betrieblicher Interessenvertretung lag auf der Beeinflussung der Länderparlamente. Den weitestgehenden Erfolg brachte das **hessBRG** vom 26. 5. 1948, das nicht nur Mitbestimmungsrechte in sozialen und personellen, sondern auch in wirtschaftlichen Angelegenheiten vorsah. So bestimmte etwa § 52, das Mitbestimmungsrecht des Betriebsrats erstrecke sich auf «die Änderung des Betriebszwecks und Veränderungen in den Betriebsanlagen, die geeignet sind, die Beschäftigungsverhältnisse der Arbeitnehmer des Betriebs wesentlich umzustellen». Genannt wurden weiter alle «Entscheidungen, die geeignet sind, durch Umstellung in dem Einkauf, der Erzeugung oder dem Absatz die Grundlage des Betriebs wesentlich zu verändern», die «Einführung grundlegend neuer Arbeitsmethoden» sowie «wesentliche Änderungen des Betriebsumfanges bei Betriebseinschränkungen, Verschmelzungen und Betriebsstilllegungen». Kam in diesen Fällen keine Einigung mit dem Arbeitgeber zustande, so hatte gemäß § 57 hessBRG ein Schiedsausschuss zu entscheiden, der aus je einem von den sozialen Gegenspielern entsandten Beisitzer und einem vom Arbeitsminister ernannten neutralen Vorsitzenden bestand.[49] **Die halbe Macht schien den Betriebsräten** so jedenfalls **sicher** – doch § 52 scheiterte zusammen mit einigen anderen Vorschriften am **Veto der amerikanischen Besatzungsmacht**, die derart weitgehende Eingriffe in die Machtstellung der Unternehmer mit dem Vorwand ablehnte, man dürfe der Entscheidung einer künftigen deutschen Zentralgewalt über Fragen der Wirtschaftsverfassung nicht vorgreifen. Dennoch blieb das hessBRG auch als Torso bemerkenswert, zumal es in der Pflicht zur Zusammenarbeit mit dem Arbeitgeber etwas hinter dem BRG 1920 zurückblieb und sich auf die allgemeine Vorschrift beschränkte, «zur Wahrnehmung der gemeinsamen wirtschaftlichen Interessen der Arbeitnehmer und zur Unterstützung der Arbeitgeber in der Erfüllung der Betriebszwecke» seien Betriebsräte zu wählen – eine Tendenz, die sich auch in anderen Ländergesetzen wiederfindet.[50] 739

## 6.1.11. Der Kampf um das BetrVG

Aufgrund einer interfraktionellen Absprache **verzichtete man im Parlamentarischen Rat** darauf, **Fragen der Wirtschaftsverfassung im Grundgesetz konkret zu regeln**[51]; auch das Recht der betrieblichen Interessenvertretung 740

49 GVBl Nr. 23, S. 17 ff.

50 Vgl. das Badische Betriebsrätegesetz vom 24. 9. 1948 (GVBl, S. 209), §§ 1, 24 I.

51 S. die Nachweise bei Däubler, Grundrecht, S. 156 Fn 152, S. 162 ff.

blieb somit der Entscheidung des künftigen Gesetzgebers vorbehalten. Schon im November 1949 forderte die bürgerliche Bundestagsmehrheit die Bundesregierung auf, den Entwurf eines «Betriebsverfassungsgesetzes» vorzulegen, bestand doch die «Gefahr», dass die bislang nur durch ein alliiertes Veto blockierten landesrechtlichen Vorschriften über das wirtschaftliche Mitbestimmungsrecht in Kraft treten würden.[52] Nachdem die sog. **Hattenheimer Gespräche** zwischen Arbeitgebern und Gewerkschaften bei den wesentlichen Fragen der Mitbestimmung ohne Ergebnis geblieben waren[53], veröffentlichte der **DGB** seine **Vorschläge zur Neuordnung der deutschen Wirtschaft**[54] und forderte u. a., in allen Unternehmen mit mehr als dreihundert Arbeitnehmern die Hälfte der Aufsichtsratssitze der Arbeitnehmerseite einzuräumen, widmete jedoch der innerbetrieblichen Mitbestimmung keinerlei Aufmerksamkeit. Der Ende August 1950 vorgelegte **Regierungsentwurf** eines Betriebsverfassungsgesetzes[55] ging weit hinter die Betriebsrätegesetze der Länder und das KRG Nr. 22 zurück, indem er einen extrem sozialpartnerschaftlichen Kurs steuerte und weniger Mitbestimmungsrechte als selbst das BRG 1920 gewährte.

741 Nachdem die Gewerkschaften im Jahre 1951 die Montanmitbestimmung mit Hilfe einer Streikdrohung gesichert hatten[56], stellte sich ihnen die Frage, ob die Ausdehnung der paritätischen Mitbestimmung auf alle Großunternehmen mit Kampfmaßnahmen erzwungen und die Entmachtung der Betriebsräte verhindert werden könnte. Die Meinungen hierzu waren geteilt, sodass nur zögernd Demonstrationen und Warnstreiks organisiert wurden. Der vom 27. bis 29. Mai 1952 durchgeführte sog. **Zeitungsstreik** legte zwar die gesamte Tagespresse lahm, fand jedoch in der Öffentlichkeit ein ausgesprochen negatives Echo. Geschickt nutzte Adenauer die Situation der Gewerkschaften aus und bot erneut Verhandlungen an, was zu einem vorläufigen Abbruch aller Aktionen führte. Als deutlich wurde, dass keine Einigung mit der Regierung mehr möglich war, fehlte die Zeit, um neue Arbeitsniederlegungen zu organisieren. Mit den Stimmen der aus CDU/CSU, FDP und DP bestehenden Regierungskoalition und gegen das Votum von SPD und KPD wurde am 19. 7. 1952 das (erste) **Betriebsverfassungsgesetz** vom Bundestag verabschiedet, das am 11. 11. 1952 in Kraft trat[57] und rund 20 Jahre lang die betriebliche Realität zumindest mitbestimmte.

---

52 Eb. Schmidt, Neuordnung, S. 193.

53 Eb. Schmidt, S. 194 ff.

54 Abgedr. in RdA 1950, 183 ff. und 227 ff.

55 Abgedruckt in RdA 1950, 343 ff.

56 Eb. Schmidt, S. 182 ff.

57 BGBl I S. 681.

## 6.1.12. Das BetrVG 1952

Abgesehen von der an dieser Stelle noch nicht interessierenden Regelung der Mitbestimmung im Aufsichtsrat fanden verschiedene, im Hinblick auf die bisherige Entwicklung bemerkenswerte Vorschriften die Kritik der Gewerkschaften: 742

▶ Das **Gesetz** beschränkte sich auf die gewerbliche Wirtschaft und **klammerte** im Gegensatz zum KRG Nr. 22 sowie den Betriebsrätegesetzen der Länder **den öffentlichen Dienst aus**. Es ging damit vom Grundsatz der Gleichbehandlung aller Arbeitnehmer ab und schuf so die Gefahr eines desolidarisierenden Gruppenrechts.

▶ Das **Gesetz trennte Betriebsräte und Gewerkschaften**; Letztere konnten nicht einmal einen eigenen Wahlvorschlag einreichen, ihr Zutrittsrecht zum Betrieb blieb zweifelhaft.

▶ Das Gesetz stellte die gesamte Betriebsratstätigkeit unter das **Gebot der vertrauensvollen Zusammenarbeit** mit dem Arbeitgeber. Nach § 49 Abs. 1 hatten beide dem «Wohl des Betriebs und seiner Arbeitnehmer zu dienen und das Gemeinwohl zu berücksichtigen». Über das BRG 1920 hinaus war dem Betriebsrat nicht nur jede Förderung von Arbeitskämpfen untersagt; er musste vielmehr alles unterlassen, «was geeignet» war, «die Arbeit und den Frieden des Betriebs zu gefährden», und sich jeder politischen Betätigung enthalten.

▶ Die **Mitbestimmungsrechte** gingen zwar über den ursprünglichen Regierungsentwurf hinaus, doch beschränkten sie sich praktisch auf die in § 56 aufgeführten sozialen Angelegenheiten. Die Beteiligung bei Einstellungen war wenig effektiv, bei Kündigungen bestand nur ein Anhörungsrecht, und bei Betriebsänderungen war bestenfalls eine Milderung der sozialen Auswirkungen durch Gewährung einer Abfindung an die Entlassenen erreichbar.

## 6.1.13. Aussöhnung mit der Sozialpartnerschaft und Reform 1972

Trotz dieser gravierenden Mängel haben sich die deutschen Gewerkschaften im Laufe der Jahre mit dem Gesetz «arrangiert». Dazu mag die Verstärkung der sozialpartnerschaftlichen Ausrichtung während der Wiederaufbauperiode ebenso beigetragen haben wie die Gefahr staatlicher Repression gegen «systeminkonformes» Verhalten. Für die Letztere kann stellvertretend eine Entscheidung des BGH stehen, der mehrere Arbeitnehmer wegen Aufforderung zum Ungehorsam nach § 110 StGB (a.F.) verurteilte, weil sie einen Boykott der Aufsichtsratswahlen propagiert und im Übrigen gefordert hatten, nur solche Kollegen in den Betriebsrat zu wählen, die das neue Gesetz 743 prinzipiell ablehnten.[58] Wie weit die **Aussöhnung der Gewerkschaften mit dem BetrVG 1952** gediehen war, zeigten die 1967 und 1970 veröffentlichten Reformvorschläge des DGB[59]: Nirgends ist mehr von einer einheitlichen, auch den öffentlichen Dienst umfassenden betrieblichen Interessenvertretung die Rede, an keiner Stelle wird der Grundsatz der vertrauensvollen Zusammenarbeit mit dem Arbeitgeber, die Bindung an das Betriebswohl oder das Arbeitskampfverbot für die Institution Betriebsrat in Frage gestellt.[60] Die sozialpartnerschaftliche Orientierung der Betriebsräte sollte nur insoweit gemildert werden, als die Abschaffung der generellen Bindung an den Betriebsfrieden, die Aufhebung des Verbots parteipolitischer Betätigung und die freie gewerkschaftliche Betätigung der Betriebsratsmitglieder verlangt wurden.[61] Festgehalten wurde dagegen die Forderung nach engerer rechtlicher Verknüpfung von Betriebsräten und Gewerkschaften[62] sowie nach erheblicher Ausdehnung der Mitbestimmungsrechte.[63]

744 Ein **beträchtlicher Teil dieser Reformvorstellungen** konnte **durch das BetrVG 1972 verwirklicht** werden, das im Folgenden dargestellt wird. Gleichwohl sind wir noch weit davon entfernt, Mitbestimmung als «kulturelle Selbstverständlichkeit»[64] zu sehen. Dies wurde bereits an den Änderungen deutlich, die am **1.1.1989** in Kraft traten[65]: Der sog. **Minderheitenschutz** sowie die Schaffung von **Sprecherausschüssen** für leitende Angestellte sind – vorsichtig ausgedrückt – jedenfalls kein Mittel, das die wirksame Beteiligung der Betriebsräte fördern würde.[66] Die Novellierungsvorschläge des DGB[67] sowie der Oppositionsparteien[68] gingen deshalb auch weit über den Status quo hinaus.

---

58 BGHSt 7, 67. Zustimmend Brox-Rüthers, 1. Aufl., S. 200.

59 Abgedruckt in RdA 1967, 462 ff., und in RdA 1970, 242. Seite Mitte der 70er Jahre werden weiter gehende Forderungen erhoben. S. den Überblick bei Siebert-Becker S. 29 ff.

60 Vgl. § 49 in der DGB-Fassung (RdA 1967, 464/5, und RdA 1970, 243). S. auch den Beschluss des 11. Ordentlichen DGB-Bundeskongresses im Jahre 1978, abgedruckt bei Zachert, Betriebliche Mitbestimmung, S. 155 f.

61 §§ 49, 51 in der DGB-Fassung (RdA 1967, 464/5, und RdA 1970, 243, 244).

62 § 1 Abs. 2 beider DGB-Entwürfe: «Der Betriebsrat führt seine Aufgaben in enger Zusammenarbeit mit den im Betrieb vertretenen Gewerkschaften und mit ihrer Unterstützung durch.»

63 Vgl. etwa §§ 56, 66 2. DGB-Entwurf (Mitbestimmungsrecht u. a. bei Fragen der Arbeitsorganisation, bei der Einführung neuer Arbeitsmethoden und bei Kündigungen).

64 Wilpert-Rayley, S. 18.

65 Gesetz zur Änderung des BetrVG, über Sprecherausschüsse der leitenden Angestellten und zur Sicherung der Montan-Mitbestimmung, BGBl 1988, I, 2312 ff. Zum Inhalt im Einzelnen s. Wlotzke DB 1989, 111 ff., 173 ff.

66 Kritisch Bobke-von Camen WSI-Mitt. 1989, 16 ff.; Klaus AiB 1988, 327 ff. Zu dem (im Wesentlichen mit der Endfassung übereinstimmenden) Entwurf s. auch Hanau AuR 1988, 261 ff.; Steindorff AuR 1988, 266 ff.

67 Gesetzesvorschlag des DGB zur Änderung des Betriebsverfassungsrechts o. O., o. J. (Düsseldorf 1985).

68 Dazu Wolfgang Schneider AiB 1989, 180 ff.

## 6.1.14. Erstreckung des BetrVG auf die neuen Bundesländer

Nach dem politischen Umbruch in der DDR wurden auch dort – zunächst ohne rechtliche Grundlage – in vielen Betrieben «Räte», «Ausschüsse», «Komitees» oder schlicht «Betriebsräte» gewählt, die neben die Betriebsgewerkschaftsleitung des DDR-Rechts traten oder sie ersetzten. Durch den (Ersten) **Staatsvertrag** wurde das BetrVG mit Wirkung vom 1. 7. 1990 in die DDR übernommen. Der **Einigungsvertrag** übertrug das gesamte bundesdeutsche Arbeitsrecht (mit marginalen Ausnahmen) in das Gebiet der ehemaligen DDR.[69] **Interessenvertretungen**, die **vor dem 31. 10. 1990** «nach demokratischen Grundsätzen von der Belegschaft in geheimer Abstimmung» **gewählt** worden waren, konnten bis zur Neuwahl eines Betriebsrats, längstens **bis** zum **30. 6. 1991 im Amt** bleiben.[70] 745

## 6.1.15. Veränderungen im Jahre 2001

Die **Gewerkschaften** forderten in den 90er Jahren mit wachsendem Nachdruck einen Ausbau der betrieblichen Mitbestimmung. Im Februar 1998 legte der DGB **Novellierungsvorschläge** vor, deren Realisierung sowohl die Arbeitsgrundlagen der Betriebsräte gestärkt wie auch die Mitbestimmungsmöglichkeiten erweitert hätte. Der Betriebsbegriff sollte mehr an der Intensität der Zusammenarbeit zwischen den Beschäftigten, nicht wie bisher an der Leitungsstruktur der Arbeitgeberseite ausgerichtet werden.[71] Auch «Scheinselbständige» seien in die Betriebsverfassung einzubeziehen.[72] Die Mitbestimmung sollte auf zahlreiche Felder einschließlich aller Folgen von Betriebsänderungen erstreckt werden. 745 a

**Nach dem Regierungswechsel** im Herbst 1998 legte sich die neue Mehrheit in ihrer **Koalitionsvereinbarung** auf eine «Stärkung der Mitbestimmung» und eine Anpassung der Betriebsverfassung an die veränderten Umstände fest. Nach knapp zweijährigen Vorarbeiten legte das Bundesarbeitsministerium einen Referentenentwurf vor,[73] der in leicht verwässerter Form Grundlage des **Regierungsentwurfs** wurde.[74] Dieser wurde trotz zahlreicher Kritikpunkte[75] im Wesentlichen unverändert vom Gesetzgeber 745 b

69 Zusammenfassend Däubler KJ 1992, 259 ff.

70 Einzelheiten bei Däubler, Ratgeber Arbeitsrecht, 3. Aufl., S. 100 ff.

71 Vgl. Bolt-Gosch AiB 1999, 380; dazu auch Löwisch DB 1999, 113.

72 Zur Problematik s. Rost NZA 1999, 113.

73 Zu ihm Däubler AuR 2001, 1 ff.

74 BT-Drucksache 14/5741.

75 Vgl. Hanau RdA 2001, 65; Konzen RdA 2001, 76; Richardi-Annuß DB 2001, 41.

verabschiedet; die Neufassung des Gesetzes trat am 28. 7. 2001 in Kraft.[76] Die zahlreichen Änderungen betrafen insbesondere die **organisatorische Struktur der Betriebsverfassung**, während die Mitbestimmungsrechte eine eher symbolische Erweiterung erfuhren.[77] Scheinselbständige wurden allerdings nicht einbezogen; über das bisherige Recht hinaus erhielten lediglich Leiharbeitnehmer unter bestimmten Voraussetzungen ein aktives Wahlrecht. Auch kam es nicht zu einer Neufassung des Betriebsbegriffs; allerdings wurden die Möglichkeiten erweitert, die «betriebsratsfähige Einheit» durch Tarifvertrag zu bestimmen. Die Wahl von Betriebsräten in Betrieben, wo diese bisher nicht existierten, sollte erleichtert werden. Auch wurde die Zahl der Betriebsratsmitglieder etwas erhöht, die Freistellung erleichtert. Viele Kontroversen hat die neue Vorschrift des § 15 Abs. 2 BetrVG hervorgerufen, wonach das «Geschlecht in der Minderheit» (meist die Frauen) mindestens entsprechend seinem Anteil an der Belegschaft auch im Betriebsrat vertreten sein muss. Die Aufteilung in die Gruppen der Arbeiter und der Angestellten wurde demgegenüber abgeschafft.

### 6.1.16. Vorzüge und Nachteile von Betriebsräten

746 Dass es Betriebsräte *neben* Gewerkschaften gibt, ist alles andere als selbstverständlich. In England, Schweden oder den USA wäre etwas Entsprechendes schwer vorstellbar.

747 Neben der langen, bald hundertjährigen Tradition spricht eine Reihe von Sachgesichtspunkten für einen solchen **«Dualismus»**.

▶ Ein Vorzug der Betriebsräte liegt in der **Möglichkeit zu unmittelbarer demokratischer Kontrolle**: Sie ist im relativ überschaubaren Bereich eines Betriebes eher praktizierbar als durch eine Massenorganisation von vielen 100 000 Mitgliedern.

▶ Der Betriebsrat ist weiter aus der gewerkschaftlichen Hierarchie herausgenommen. Bei der Erfüllung seiner Aufgaben ist er lediglich seinem gesetzlichen Auftrag verpflichtet, kann jedoch nicht zu einem bestimmten Verhalten verpflichtet oder gar angewiesen werden. Diese **relative Unabhängigkeit gewährt** unter unseren Bedingungen einen gewissen **Minderheitenschutz**. Innergewerkschaftliche Gruppierungen, die für ihre Politik keine Mehrheit finden, können in Betriebsräten weiter existieren und behalten so die Chance, eines Tages Mehrheit zu werden. Die Tatsache, dass «Abweichler» auf diese Weise nicht «auf null gebracht» werden können, verbessert die Formen der

76 BGBl I S. 1852.
77 Zusammenfassende Darstellung bei DKK-Däubler Einl. Rn 36d.

Auseinandersetzung und veranlasst die Mehrheit, sich grundsätzlich tolerant zu verhalten.

▶ Der wesentlichste Vorzug von Betriebsräten scheint allerdings in ihrer **Innovationsfunktion** zu liegen. Aufgrund ihrer Mitbestimmungsrechte sind sie gezwungen, sich mit konkreten Problemen auseinander zu setzen und zu ihnen eine bestimmte Haltung einzunehmen. Das Argument, der Vorstand oder der Gewerkschaftstag habe noch nicht entschieden, würde von niemandem ernst genommen. Werden etwa Informationstechnologien eingeführt oder wollen viele Beschäftigte Gleitzeit, so muss der Betriebsrat reagieren und eigene Lösungsvorschläge entwerfen. Da er dies häufig nicht für sich allein kann, trägt er entsprechende Anforderungen in den hauptamtlichen Apparat der Gewerkschaften hinein, der sich deshalb gleichfalls den veränderten Realitäten stellen muss. Vieles spricht dafür, dass «Zukunftsdiskussionen», wie sie die IG Metall Anfang der 70er Jahre[78] und Ende der 80er Jahre[79] führte, ohne diesen Mechanismus nicht möglich gewesen wären.

Auf der anderen Seite sollte man **auch** vor **Risiken** und Nachteilen die 748
Augen nicht verschließen. In der Selbständigkeit einer betrieblichen Interessenvertretung liegt immer auch die **Gefahr der Kirchturmspolitik**, der Abkoppelung von der gemeinsamen Interessenvertretung aller abhängig Beschäftigten. Dem lässt sich nicht nur durch politische Überzeugungsarbeit, sondern insbesondere durch gewerkschaftliche Vertrauensleute im Betrieb gegensteuern. Betriebsräte müssen bei aller rechtlichen Autonomie faktisch in die gewerkschaftliche Interessenvertretung eingebunden sein. Wichtig ist hierfür auch die nirgends ausdrücklich festgeschriebene **«Dienstleistungsfunktion» der Gewerkschaften**, die sich von der Beratung durch Experten bis hin zur Schulung und Fortbildung von Betriebsratsmitgliedern erstreckt. Schließlich ist nicht zu übersehen, dass wirkliche Fortschritte bei Entgelt und Arbeitszeit nur über die Gewerkschaft und das ihr zustehende Streikrecht möglich sind.

Trotz dieser Einschränkungen ist die **Existenz selbständiger Betriebsräte** 749
**vorbehaltlos zu begrüßen**. Für ausländische Betrachter stellen sie häufig ein attraktives, zum Teil sogar ein nachahmenswertes Element der deutschen Arbeitsbeziehungen dar.[80]

78 IG Metall (Hrsg.), Aufgabe Zukunft, Oberhausener Tagung, 12 Bände, Frankfurt/M. und Köln 1972.

79 IG Metall (Hrsg.), Wofür wir streiten. Solidarität und Freiheit. Internationaler Zukunftskongress, Köln 1989.

80 Zum «Export» deutschen Arbeitsrechts s. oben 2.6.3. (Rn 73 d ff.).

## 6.2. Wo gilt das BetrVG?

### 6.2.1. Die Einheit «Betrieb»

750 Nach § 1 Abs. 1 Satz 1 BetrVG werden in «Betrieben mit in der Regel mindestens fünf ständigen wahlberechtigten Arbeitnehmern, von denen drei wählbar sind» Betriebsräte gewählt. Entscheidend kommt es daher auf das Vorliegen eines «Betriebs» und die Beschäftigung einer Mindestzahl von Arbeitnehmern an.

#### 6.2.1.1. Betrieb, nicht Unternehmen

750 a Die «Grundeinheit» der Betriebsverfassung ist der Betrieb. Die dort tätige Belegschaft ist der «Souverän», der den Betriebsrat wählt. Trotz der elementaren Bedeutung des Betriebsbegriffs hat der Gesetzgeber auf eine Definition verzichtet und so der Rechtsprechung freie Hand gelassen. Nach Auffassung des BAG stellt der Betrieb eine «organisatorische Einheit» dar, «innerhalb derer ein Arbeitgeber allein oder mit seinen Arbeitnehmern mit Hilfe von technischen und immateriellen Mitteln bestimmte **arbeitstechnische Zwecke** fortgesetzt verfolgt, die sich nicht in der Befriedigung von Eigenbedarf erschöpfen».[81] Von dieser Aufgabenstellung her unterscheidet sich der Betrieb vom **Unternehmen**, das durch «entferntere» **wirtschaftliche oder ideelle Zwecke** charakterisiert wird.[82] Bisweilen als «wirtschaftliche Leistungseinheit»[83] oder als «eigentlich handelndes Wirtschaftssubjekt»[84] definiert, ist es die Stelle, an der in einer marktwirtschaftlichen Ordnung die Planung des wirtschaftlichen Geschehens erfolgt.

751 Die Unterscheidung von Betrieb und Unternehmen hat äußerlich sichtbare Konsequenzen, wenn ein **Unternehmen** eine **dezentralisierte Struktur** besitzt.

Hat etwa eine Warenhaus-GmbH Niederlassungen in zehn Städten, so besitzt dieses eine «Unternehmen» zehn «Betriebe», die jeweils einen eigenen Betriebsrat wählen. Diese entsenden dann jeweils zwei Delegierte in einen «Gesamtbetriebsrat», der auf Unternehmensebene existiert.[85]

---

81 BAGE 1, 175, 178 = AP Nr. 1 zu § 88 BetrVG 1952; BAGE 2, 91 = AP Nr. 1 zu § 81 BetrVG 1952. Eingehend zur aktuellen Diskussion um den Betriebsbegriff DKK-Trümner § 1 Rn 31 ff. mwN.

82 Richardi § 1 Rn 51 ff. mwN.

83 Rittner, in: Marburger Gespräch über Eigentum – Gesellschaftsrecht – Mitbestimmung, Marburg 1967, S. 54.

84 Ludwig Raiser, 39. DJT, B 59.

85 Einzelheiten dazu unten 6.13.1. (Rn 1141 ff.).

Dies bedeutet im Übrigen nicht, dass der **Betriebsrat** nicht auch **Einfluss auf unternehmerische Entscheidungen** nehmen könnte; vielmehr soll die Anknüpfung an den Betrieb eine gewisse «Basisnähe» der Interessenvertretung sicherstellen.

*Beispiel:* Aufgrund seines Mitbestimmungsrechts erreicht der Betriebsrat, dass das Warenhaus in X schon um 18 Uhr (und nicht erst um 20 Uhr) geschlossen wird.[86] An anderen Orten kann man sich für 19 Uhr oder für 20 Uhr entscheiden.

### 6.2.1.2. Der Betriebsbegriff und seine Unsicherheiten

Der Gesetzgeber hat weder 1952 noch 1972 oder 2001 definiert, was er unter 752
einem «Betrieb» versteht.[87] Das **BAG** hat sich seit mehr als zehn Jahren auf eine **Formel** festgelegt, die wie folgt lautet:

«Ein Betrieb im Sinne des Betriebsverfassungsgesetzes ist die organisatorische Einheit, innerhalb derer ein Arbeitgeber allein oder mit seinen Arbeitnehmern mit Hilfe technischer und immaterieller Mittel bestimmte arbeitstechnische Zwecke fortgesetzt verfolgt.»[88]

In einigen Entscheidungen wird dem noch hinzugefügt, die arbeitstechnischen Zwecke dürften sich nicht in der Befriedigung von Eigenbedarf erschöpfen,[89] womit **Tätigkeiten im Haushalt** gemeint sind, die nicht unter das BetrVG fallen sollen.[90]

Die Elemente dieser Definition geben **Anlass zu verbreiteter Kritik**, da 752a
ihre Unterscheidungskraft eher gering ist.

▶ Die «organisatorische Einheit» muss ersichtlich **einen Träger** haben. Dies ist ein (im Gesetz gleichfalls nicht definiertes) Unternehmen, doch können es – wie die Figur des gemeinsamen Betriebs nach § 1 Abs. 1 Satz 2 und nach § 1 Abs. 2 BetrVG deutlich macht – auch mehrere sein.[91]

▶ Wie ein **Arbeitgeber «allein»** und nicht nur durch Einsatz von Arbeitnehmern tätig werden soll, ist nicht ersichtlich. Arbeitgeber ist definitionsgemäß nur jemand, der mindestens einen Arbeitnehmer beschäftigt. Eine so formulierte Begriffsbestimmung ist daher für das Arbeitsrecht und erst recht

---

86 BAG AP Nr. 8 zu § 87 BetrVG 1972 Arbeitszeit und BVerfG AP Nr. 15 zu § 87 BetrVG 1972 Arbeitszeit.

87 Die einzigen Definitionen finden sich in der Nachkriegszeit im bayerischen und hessischen BRG – beide wiedergegeben bei DKK-Trümner § 1 Rn 31.

88 So zuletzt BAG NZA 2005, 1248, 1249; ebenso BAG NZA 1995, 906 und BAG NZA 2000, 1350.

89 S. etwa BAG AP Nr. 4 zu § 23 KSchG 1969; BAG AP Nr. 3 zu § 1 BetrVG 1972; BAG AP Nr. 9 zu § 111 BetrVG 1972.

90 Die Ausklammerung beruht auf dem verbreiteten Konsens, wonach sich die Betriebsverfassung auf «Unternehmen» und die in ihnen bestehenden Einheiten bezieht. Richtig Richardi § 1 Rn 50. Für Ausklammerung der Haushalte auch DKK-Trümner § 1 Rn 36; GK-Kraft-Franzen § 1 Rn 28.

91 Fitting § 1 Rn 68; GK-Kraft-Franzen § 1 Rn 37.

für das Betriebsverfassungsrecht völlig ungeeignet, das eine Mehrzahl von Beschäftigten voraussetzt.[92]

▶ **Technische und immaterielle Mittel** werden zwar typischerweise eingesetzt, doch hat Joost am Extrembeispiel der Pantomimengruppe deutlich gemacht, dass es sich hier um ein (wohl sehr wichtiges) Indiz, nicht aber um ein Begriffserfordernis handeln kann.[93]

▶ Das **Verfolgen arbeitstechnischer Zwecke** ist ein sinnvolles Kriterium für die Abgrenzung zum Unternehmen, hilft jedoch bei der Frage nicht weiter, ob eine «Einheit» ein selbständiger Betrieb oder nur ein Betriebsteil ist.[94] Da ein Betrieb **mehrere arbeitstechnische Zwecke** verfolgen kann, lässt sich auch aus der Tatsache nichts ableiten, dass ein «Teil» einer Organisation Verwaltungsleistungen erbringt, während ein anderer bestimmte Produkte herstellt.[95] Allerdings neigte die Rechtsprechung jedenfalls in der Vergangenheit dazu, die «parallele» Verfolgung desselben arbeitstechnischen Zwecks als gewichtiges Indiz für das Vorliegen eines einheitlichen Betriebes zu behandeln.[96] Für die Rechtsanwendung ergibt sich eine zusätzliche Schwierigkeit daraus, dass der arbeitstechnische Zweck auf unterschiedlicher **Abstraktionsebene** angesiedelt sein kann. Wird in einem Spielkasino sowohl Roulette («System Monte Carlo») als auch Automatenspiel («System Las Vegas») angeboten, so muss man sich fragen, ob der arbeitstechnische Zweck denn nun im Glücksspiel liegt oder ob es um zwei verschiedene arbeitstechnische Zwecke geht.[97]

▶ Die arbeitstechnischen Zwecke müssen **«fortgesetzt» verfolgt** werden. Dies meint nicht «auf Dauer»; vielmehr genügt es, wenn die Tätigkeit wie bei einem Kampagnebetrieb oder einer Arbeitsgemeinschaft auf dem Bau (Arge) von vorneherein zeitlich befristet ist.[98]

▶ Es bleibt die Frage nach der **«einheitlichen Organisation»**. Sie wird vom BAG in der Weise definiert, dass «die materiellen und immateriellen Betriebsmittel für den oder die verfolgten arbeitstechnischen Zwecke zusammengefasst, geordnet und gezielt eingesetzt werden und der Einsatz der menschlichen Arbeitskraft von einem einheitlichen Leitungsapparat gesteuert wird.»[99]

752b Der **«einheitliche Leitungsapparat»** ist also die Instanz, die die Organisa-

---

92 Ablehnend deshalb auch DKK-Trümner § 1 Rn 52; Joost, Betrieb und Unternehmen, S. 236; Wagner AuR 1990, 245, 250.

93 Joost, Betrieb und Unternehmen, S. 233; DKK-Trümner § 1 Rn 53.

94 Richardi § 1 Rn 25.

95 Hauptverwaltung und auf dem gleichen Gelände befindliche Produktionsstätte können daher einen einheitlichen Betrieb bilden – BAG AP Nr. 5 zu § 4 BetrVG 1972.

96 BAG AP Nr. 6 zu § 3 BetrVG (1952): Zeitungsverlag mit Sitz in Düsseldorf hatte 10 über das ganze Bundesgebiet verstreute Geschäftsstellen; das BAG nahm einen einheitlichen Betrieb an.

97 Für letzteres BAG NZA 1986, 804; dazu und mit weiteren Beispielen DKK-Trümner § 1 Rn 63.

98 Fitting § 1 Rn 77; GK-Kraft-Franzen § 1 Rn 42; Richardi § 1 Rn 41.

99 BAG AP Nr. 9 zu § 1 BetrVG 1972; BAG AP Nr. 9 zu § 23 KSchG 1969.

tion zusammenhält. In der Praxis der Rechtsanwendung steht sie als Kriterium völlig im Vordergrund. Die neuere Rechtsprechung läuft darauf hinaus, dass sein Vorliegen über Existenz oder Nichtexistenz eines Betriebs entscheidet. Inhaltlich wird vorausgesetzt, dass die fragliche Stelle für die wesentlichen **sozialen und personellen Angelegenheiten** zuständig ist, in Bezug auf die der Betriebsrat ein Mitbestimmungsrecht hat.[100] Die wirtschaftlichen Angelegenheiten müssen nicht einbezogen sein;[101] auch ist es unschädlich, wenn der «Leitungsapparat» im Rahmen vorgegebener Richtlinien verfährt.[102]

Die Rechtsprechung des BAG verdient in der Tat Kritik. Obwohl der Be- 752c
triebsbegriff für die Anwendung des BetrVG von zentraler Bedeutung ist, wird er mit einer aufwendig formulierten, aber inhaltsarmen Formel umschrieben, aus der das entscheidende Abgrenzungskriterium – der einheitliche Leitungsapparat – gar nicht deutlich wird[103]. Dies schafft Rechtsunsicherheit statt Orientierung.

Der **Begriff des einheitlichen Leitungsapparats** ist **seinerseits wenig** 752d
**konturenscharf**. Wie groß muss der Kompetenzbereich in sozialen und personellen Angelegenheiten sein? Welche Bedeutung hat es, wenn die zuständigen Personen nicht nur nach Richtlinien verfahren, sondern vor jeder Entscheidung intern das Ja-Wort einer höheren Hierarchieebene einholen müssen?

Das Abstellen auf den einheitlichen Leitungsapparat **knüpft an der** 752e
**Struktur der Arbeitgeberseite an**. Dies ist schon im Hinblick auf § 4 Abs. 1 BetrVG nicht überzeugend, da dieser die Errichtung von Betriebsräten unter bestimmten Voraussetzungen auch in Betriebsteilen vorsieht, die als solche definitionsgemäß keine selbständige Leitung haben. Zu diesem systematischen kommt ein wertungsmäßiges Bedenken hinzu: Die Rechtsprechung legt es letztlich in die Hand des Arbeitgebers, durch Veränderung seiner Entscheidungsstrukturen der Arbeitnehmerseite gewissermaßen den Boden unter den Füßen wegzuziehen; dies verstößt gegen die vom Gesetz gewollte und als Prinzip völlig unbestrittene **Unabhängigkeit des Betriebsrats** von der Gegenseite. In der Entsprechung «Arbeitgeberzuständigkeit» – «Existenz eines Betriebsrats» mag zwar eine Erleichterung für das Funktionieren der Mitbestimmung liegen, doch wird dieser Ansatz keineswegs konsequent durchgehalten: Da keine umfassende Zuständigkeit verlangt wird, gerät der Betriebsrat auch nach der Rechtsprechung in die Situation, im Einzelfall doch mit anderen Instanzen im Unternehmen reden und verhandeln zu müssen. Das

---

100 BAG AP Nr. 6 zu § 1 BetrVG 1972; BAG AP Nr. 9 zu § 23 KSchG 1969.

101 BAG AP Nr. 6 zu § 1 BetrVG 1972.

102 GK-Kraft-Franzen § 1 Rn 43.

103 DKK-Trümner § 1 Rn 57 a sieht im Abstellen auf den Leitungsapparat ein Abgehen von der alten Lehrbuchdefinition.

**Ziel eines einheitlichen Ansprechpartners** wird **nicht erreicht**, wenn beispielsweise alle wirtschaftlichen Fragen bei der Geschäftsführung oder dem Vorstand konzentriert sind.

752f Der Betriebsbegriff muss unter Beachtung von **Sinn und Zweck des BetrVG** bestimmt werden. Dies wird auch von Autoren anerkannt, die dem BAG im Grundsatz zustimmen.[104] Inhaltlich geht es dabei um eine ortsnahe und effektive Interessenvertretung.[105] Sie wird nur dann verwirklicht, wenn der Betriebsrat seine Aufgaben ohne vermeidbare Schwierigkeiten erfüllen kann. Nach dem gesetzlichen Modell ist er nicht nur Verhandlungspartner des Arbeitgebers, sondern auch Repräsentant der Belegschaft: Er muss z. B. eine Betriebsversammlung organisieren und bei konkreten Anliegen einzelner Arbeitnehmer erreichbar sein. Diesen Teil seiner Funktionen klammert das Abstellen auf den einheitlichen Leitungsapparat völlig aus. Beim Wort genommen, müsste die Lehre des BAG dazu führen, dass in allen Unternehmen, die nach dem MitbG 1976 über einen Arbeitsdirektor verfügen, nur ein einziger Betrieb existieren würde und nur ein einziger Betriebsrat gewählt werden könnte, sind doch dort alle Kompetenzen in sozialen und personellen Fragen in einer Hand konzentriert.[106] § 4 Abs. 1 BetrVG könnte keineswegs immer einen Ausweg bieten.[107]

752g Eine **Alternativkonzeption** müsste von der **Belegschaftsstruktur** ausgehen. Auch diese kann zwar durch den Arbeitgeber verändert werden, doch wird er dies im Regelfall nur aus betriebswirtschaftlichen Gründen tun. Insoweit ist die Situation eine andere als bei der Ansiedlung des Leitungsapparats, der ohne Auswirkungen auf die wirtschaftliche Leistungsfähigkeit des Unternehmens an eine andere Stelle verlegt werden kann, um so einen wenig geschätzten Betriebsrat als «Gegenpart» loszuwerden. Die Unabhängigkeit des Betriebsrats wäre daher nicht mehr gefährdet.

752h Die Frage, wer zur «Organisation Betrieb» gehört, würde sich letztlich nach der **Intensität und Häufigkeit der Kooperation** entscheiden. Dabei wäre die **Arbeit im selben Gebäude** oder auf demselben Gelände ein wichtiges **Indiz**,[108] jedoch keine begriffsnotwendige Voraussetzung.[109] Wie § 4 Abs. 1 Nr. 1 BetrVG deutlich macht, ist ein einheitlicher Betrieb auch ohne räumliche Nähe denkbar.[110] Auch könnten sich bei nicht-stationären «Einheiten» wie dem Außendienst erhebliche Probleme ergeben.[111] Stellt man stattdessen

---

104 GK-Kraft-Franzen § 1 Rn 26.

105 BAG AP Nr. 28 zu § 99 BetrVG 1972; DKK-Trümner § 1 Rn 44 mwN.

106 DKK-Trümner § 1 Rn 46a.

107 Zu seinen Voraussetzungen im Einzelnen sogleich unter 6.2.1.3. (Rn 753 ff.).

108 So auch Fitting § 1 Rn 74.

109 Dafür aber Joost, Betrieb und Unternehmen, S. 112 ff.

110 GK-Kraft-Franzen § 1 Rn 29.

111 Vgl. Richardi § 1 Rn 36.

wie hier auf Arbeitszusammenhänge ab, sind die Außendienstmitarbeiter dem Betrieb zuzuordnen, mit dem sie die häufigsten Kontakte haben.[112] Ein weiteres Indiz stellt die **bisherige Praxis** dar; was in der Vergangenheit als betriebsverfassungsrechtliche Einheit behandelt wurde, sollte dieses auch in Zukunft sein.[113] Wollen die Beteiligten etwas ändern, steht ihnen der Weg des § 3 BetrVG offen.[114] Schließlich sollte man dem **Wahlvorstand** einen **weiten Beurteilungsspielraum** gewähren, wenn es um die Abgrenzung des «Wahlkreises» geht; die gerichtliche Kontrolle wäre auf Missbrauchsfälle zu beschränken. Damit hätte man mehr Rechtssicherheit als heute erreicht, wo der Versuch einer Subsumtion unter den Betriebsbegriff so gut wie nie eindeutige Ergebnisse erbringt und eine solide Basis erst dann erreicht ist, wenn die Wahl stattgefunden und sie innerhalb von zwei Wochen niemand angefochten hat.

### 6.2.1.3. Betriebsteile mit eigenem Betriebsrat

Um eine arbeitnehmernahe Beteiligung zu sichern, können nach § 4 Abs. 1 753
BetrVG auch in **«unterbetrieblichen» Einheiten** Betriebsräte gewählt werden.[115] Dabei müssen bestimmte Bedingungen erfüllt sein.

(1) Es muss sich um einen «Betriebsteil» handeln, was ein **Mindestmaß an** organisatorischer **Verselbständigung** voraussetzt.[116] Dazu gehört insbesondere eine Person, die z. B. als Büroleiterin Vorgesetztenfunktion erfüllt.[117]

(2) Dieser **Betriebsteil** muss die Voraussetzungen des § 1 Abs. 1 Satz 1 BetrVG erfüllen,[118] also **«betriebsratsfähig»** sein. Erreicht er diese Größenordnung nicht, wird er automatisch nach § 4 Abs. 2 BetrVG dem Hauptbetrieb zugeordnet.[119]

(3) Weiter muss **alternativ entweder** § 4 Abs. 1 Satz **Nr. 1** (räumlich weite Entfernung) **oder** § 4 Abs. 1 Satz 1 **Nr. 2** (durch Aufgabenbereich und Organisation selbständig) erfüllt sein. Ist dies der Fall, wird der Betriebsteil wie ein eigenständiger Betrieb behandelt. Die Beschäftigten können einen Betriebsrat wählen, haben aber seit 2001 auch die Möglichkeit, sich durch Mehrheitsentscheid den Wahlen zum «Hauptbetrieb» anzuschließen. Im Einzelnen gilt Folgendes:

---

112 Zur Möglichkeit, einen eigenständigen «Außendienstbetrieb» anzunehmen, s. Bösche-Grimberg, FS Gnade, S. 380 ff.

113 DKK-Trümner § 1 Rn 72.

114 Zu diesem s. unten 6.2.1.5. (Rn 753o ff.).

115 Richardi § 4 Rn 14.

116 GK-Kraft-Franzen § 4 Rn 4.

117 So im Fall BAG NZA 2002, 1300, 1301; ebenso DKK-Trümner § 4 Rn 30; Richardi § 4 Rn 12.

118 Oben 6.2.1. (Rn 750).

119 Unten 6.2.2. (Rn 754 a).

753a Eine **räumlich weite Entfernung** ist etwa ab 50 km anzunehmen. Bei kürzerer Distanz kommt es auf die Verkehrsverbindungen an.[120] So können 28 km «weit» sein, wenn mehrmaliges Umsteigen erforderlich ist und kein Werksverkehr zur Verfügung steht.[121] Auch eine Mindestfahrzeit von einer Stunde ist in der Regel nicht zumutbar.[122] Maßstäbe sind dem Zweck der Vorschrift zu entnehmen, die den persönlichen Kontakt zwischen Betriebsratsmitgliedern und Beschäftigten sicherstellen will.[123] In Zweifelsfällen hilft ein Blick in die umfangreiche Kasuistik.[124]

753b Im Einzelfall kann zweifelhaft sein, **welche Einheit** als **«Hauptbetrieb»** zu qualifizieren ist, der Ausgangspunkt für die Bestimmung der weiten Entfernung ist. Stellt man wie das BAG beim Betriebsbegriff entscheidend auf den «einheitlichen Leitungsapparat» ab,[125] so kommt es auf die Einheit an, in der dieser angesiedelt ist. Legt man stattdessen eine an der Kooperationsstruktur der Arbeitnehmerseite orientierte Konzeption zugrunde,[126] so wird man auf die Einheit mit der größten Arbeitnehmerzahl abstellen.

753c Denkbar ist weiter der Fall, dass es neben dem Hauptbetrieb **zwei weit entfernte Betriebsteile gibt, die ihrerseits aber räumlich eng verbunden sind**.

*Beispiel:* Der Hauptbetrieb befindet sich in Frankfurt/M., je ein Betriebsteil in zwei unterschiedlichen Stadtteilen von Hamburg.[127]

Hier könnte es nahe liegen, die beiden Betriebsteile zu einer Einheit zusammenzufassen. Das BAG ist hier höchst zurückhaltend und lässt dies nur dann zu, wenn die beiden Einheiten eine gemeinsame Leitung haben oder auf andere Weise eng verbunden sind.[128]

753d Fehlt es an der weiten Entfernung, ist danach zu fragen, ob der Betriebsteil **durch Aufgabenbereich und Organisation eigenständig** ist. Eine Antwort zu finden ist schwierig: Auf der einen Seite reicht die Existenz einer Person mit Weisungsbefugnis nicht aus (sie ist schon erforderlich, damit man überhaupt von einem Betriebsteil sprechen kann); auf der anderen Seite kann aber auch kein «einheitlicher Leitungsapparat» gemeint sein, weil nach der Rechtsprechung des BAG dann ein selbständiger Betrieb (und kein bloßer Betriebsteil) vorläge. Das BAG hat selbst die Unmöglichkeit einer sicheren

---

120 Richardi § 4 Rn 20.

121 BAG BB 1960, 1326. Dies gilt heute nur noch, wenn einige Mitarbeiter ohne Pkw sind.

122 LAG München LAGE § 4 BetrVG 1972 Nr. 3.

123 GK-Kraft-Franzen § 4 Rn 12; ähnlich für § 94 Abs. 6 Satz 2 SGB IX BAG NZA 2004, 745.

124 Am eingehendsten DKK-Trümner § 4 Rn 36 und Rn 37.

125 Oben 6.2.1.2. (Rn 752b).

126 Oben 6.2.1.2. (Rn 752g ff.).

127 So der Fall BAG NZA 1992, 74.

128 BAG NZA 2002, 1300, 1301; vgl. auch Fitting § 4 Rn 11.

Abgrenzung beklagt,[129] doch hat der Gesetzgeber des Jahres 2001 daraus keinerlei Konsequenzen gezogen. Es dürfte ausreichen, dass die Leitung des «Betriebsteils» für einige soziale und personelle Angelegenheiten zuständig ist und damit Ansprechpartner eines potenziellen Betriebsrats sein kann, ohne jedoch eine umfassende Kompetenz zu besitzen. Auch läge die Eigenständigkeit besonders nahe, wenn ein anderer arbeitstechnischer Zweck als im Hauptbetrieb verfolgt wird.

Das Call-Center der Firma X befindet sich in derselben Stadt. Dessen Leitung ist lediglich für die Schichtpläne zuständig, alle anderen Fragen werden in der Personalabteilung der Firma entschieden. Eigenständigkeit im Sinne der Nr. 2 zu bejahen.

Sind die Voraussetzungen des § 4 Abs. 1 BetrVG erfüllt, kann in dem Betriebs- 753e
teil ein **eigener Betriebsrat gewählt** werden. Solange dieser nicht existiert, können die Beschäftigten mit einfacher Stimmenmehrheit **formlos beschließen**, an der **Betriebsratswahl im Hauptbetrieb** teilzunehmen. Dieselbe Möglichkeit besteht auch dann, wenn die Wahlperiode des Betriebsrats ausgelaufen ist und niemand eine Initiative für eine Neuwahl ergreift. Wird weder ein Betriebsrat gewählt noch für die Teilnahme optiert, handelt es sich um eine vertretungslose Einheit. Obwohl es sich um einen «Betriebsteil» handelt, wird er von den im Hauptbetrieb geschlossenen Betriebsvereinbarungen nicht erfasst.[130]

Die **Abstimmung** kann von drei in dem Betriebteil tätigen Arbeitnehmern 753f
oder von einer dort vertretenen Gewerkschaft initiiert werden.[131] Auch der Betriebsrat des Hauptbetriebs kann einen entsprechenden Beschluss fassen. «Mehrheit» bedeutet in diesem Fall, dass sich mehr als 50 % der in dem Betriebsteil beschäftigten Arbeitnehmer für eine Teilnahme an der Wahl aussprechen.[132] Auf die Wahlberechtigung kommt es nicht an.[133] Aus der ausdrücklichen Betonung der «Formlosigkeit» wird geschlossen, dass die Abstimmung auch offen, z. B. durch **Eintragung auf einer Liste** erfolgen kann.[134] Da es sich der Sache nach um ein Äquivalent für eine Betriebsratsgründung handelt, ist dies **nicht unbedenklich**; m. E. müsste jeder Beschäftigte das Recht haben, geheime Abstimmung zu verlangen, wie dies auf Versammlungen aller Art üblich ist.[135]

Nehmen die Arbeitnehmer des Betriebsteils **ohne vorherige Abstimmung** 753g
an den Wahlen zum Betriebsrat des Hauptbetriebs teil, so ist dies ein Verfah-

129 BAG AP Nr. 28 zu § 99 BetrVG 1972.

130 BAG NZA 2002, 1300.

131 Dies ergibt sich aus der Verweisung auf § 3 Abs. 3 Satz 2 BetrVG.

132 GK-Kraft-Franzen § 4 Rn 20; Konzen RdA 2001, 76, 81; Richardi § 4 Rn 38.

133 DKK-Trümner § 4 Rn 58; ErfK-Eisemann § 4 Rn 5; GK-Kraft-Franzen § 4 Rn 20; Richardi § 4 Rn 38.

134 DKK-Trümner § 4 Rn 59; GK-Kraft-Franzen § 4 Rn 21.

135 Für die Notwendigkeit einer Versammlung Richardi § 4 Rn 39.

rensfehler, der im Regelfall das Ergebnis beeinflussen kann. Wird die **Wahl** angefochten, ist sie **für ungültig zu erklären**. Unterbleibt die Anfechtung, spricht der Betriebsrat während der ganzen Wahlperiode auch für die Arbeitnehmer des fraglichen Betriebsteils. Dasselbe gilt dann, wenn ein **Hallen- oder Bereichsbetriebsrat** gewählt wird,[136] ohne dass die Voraussetzungen des § 4 Abs. 1 Nr. 1 oder 2 vorliegen.

### 6.2.1.4. Gemeinsamer Betrieb

753h Nach **§ 1 Abs. 1 Satz 2 BetrVG** können Betriebsräte auch in «gemeinsamen Betrieben mehrerer Unternehmen» gewählt werden. Damit hat der Gesetzgeber die **Existenz von «Gemeinschaftsbetrieben» anerkannt,** die in der Praxis entwickelt wurden und die Rechtsprechung seit vielen Jahrzehnten beschäftigen.[137] Allerdings hat er auf eine Definition verzichtet,[138] sodass die in der Rechtsprechung herausgearbeiteten Grundsätze samt der mit ihnen verbundenen Kontroversen weiter bestehen.

753i Nach der Rechtsprechung des BAG müssen zu den allgemeinen Voraussetzungen eines Betriebs noch **zwei spezifische Merkmale hinzukommen**:[139]

▶ Der Einsatz der Betriebsmittel und insbesondere der Beschäftigten muss **«arbeitgeberübergreifend»** erfolgen und dies muss zum normalen Betriebsablauf gehören.[140] Daran fehlt es, wenn die Entscheidungsbefugnis über die Arbeitsprozesse ausschließlich bei einem Unternehmen liegt, dem das andere Arbeitskräfte zur Verfügung stellt.[141] Auch genügt es nicht, wenn sich die Zusammenarbeit nur auf die unternehmerische Ebene wie die Durchführung von Werbekampagnen bezieht.

*Beispiel:*[142] Verschiedene Cinemaxx-Kinos sprechen das Angebot der gezeigten Filme ab. Dies schlägt nicht auf die betriebliche Ebene durch.

▶ Der die Arbeitsprozesse steuernde Leitungsapparat muss auf einer **Führungsvereinbarung** zwischen den beteiligten Unternehmen beruhen. Deren Existenz ergibt sich aus den Umständen; nach der Rechtsprechung kann sie auch stillschweigend oder konkludent zustande kommen.[143] Praktisch müssen

---

136 Zu der entsprechenden Praxis in Großbetrieben s. Rancke, S. 279 ff.

137 Nachweise bei Däubler, FS Zeuner, S. 19; Umnuß, S. 175 Fn 111 und 112; Herrmann, Der gemeinsame Betrieb mehrerer Unternehmen, 1993. Die Ausdrücke «Gemeinschaftsbetrieb» und «gemeinsamer Betrieb» bedeuten dasselbe.

138 Zutreffend konstatiert in BAG NZA 2004, 618.

139 Missverständlich Fitting, § 1 Rn 80, der keine Unterschiede erkennen kann.

140 BAG NZA 2005, 1248, 1249.

141 So der Fall BAG NZA 2005, 1248.

142 BAG NZA 2005, 1248.

143 BAG NZA 1996, 1110, 1111 = AP Nr. 8 zu § 1 BetrVG 1972 Gemeinsamer Betrieb mit Anm.

sich die beteiligten Unternehmen an ihrem tatsächlichen Verhalten festhalten lassen; der Behauptung, es liege gar keine Abrede vor oder diese sei gekündigt, reicht als Widerlegung nicht aus.[144] Der Sache nach wendet man dabei Grundsätze an, die für andere «organisationsrechtliche» Verträge (etwa im Gesellschaftsrecht) maßgebend sind.[145]

Kann sich auch eine **Universität** als juristische Person des öffentlichen Rechts zusammen mit einem als **GmbH** organisierten privaten Forschungsinstitut Träger eines gemeinsamen Betriebs sein? Die Rechtsprechung bejaht dies; soweit die Kooperation auf der Grundlage eines privatrechtlichen Vertrags erfolgt, ist auch das BetrVG anwendbar.[146]

Die **Existenz eines Gemeinschaftsbetriebs** wird nach § 1 Abs. 2 BetrVG in 753j
zwei spezifischen Konstellationen **vermutet**:

▶ Die Betriebsmittel sowie die Arbeitnehmer werden zur Verfolgung arbeitstechnischer Zwecke von den Unternehmen «gemeinsam eingesetzt» **(Nr. 1)**. Versteht man dies als «bewusstes Einsetzen», so ist die Vorschrift als Vermutungsnorm ohne Anwendungsbereich, da dann schon nach allgemeinen Grundsätzen die Voraussetzungen eines gemeinsamen Betriebs erfüllt sind. Die Rechtsprechung spricht deshalb von einer bloßen «Nutzung»; soweit dieser Tatbestand vorliegt, wird das Vorliegen eines auf einer Führungsvereinbarung beruhenden Leitungsapparats vermutet.[147] Dies ist eine Korrektur des Gesetzeswortlauts, die sich auf die amtliche Begründung stützen lässt.[148]

▶ Werden nach einer Unternehmensspaltung[149] ein oder mehrere Betriebsteile einem aus der Spaltung hervorgehenden Unternehmen zugeordnet, «ohne dass sich dabei die Organisation des betroffenen Betriebs wesentlich ändert», wird gleichfalls die Entstehung eines gemeinsamen Betriebes vermutet (**Nr. 2**). Auch hier dürfte sich die Vermutungswirkung auf die Existenz eines Leitungsapparats beschränken.[150]

Die beiden **Vermutungstatbestände** haben **keinen abschließenden** 753k
**Charakter**. Das Vorliegen eines gemeinsamen Betriebs kann sich auch aus anderen Umständen ergeben.[151] Wichtige **Indizien** sind beispielsweise die **Identität der Geschäftsführer** oder anderer zur Entscheidung befugter Personen, die Existenz einer einzigen Stelle, die für die Führung von **Personal-**

---

Däubler; bestätigt durch BAG NZA 2004, 618 und BAG NZA 2005, 1249.

144 DKK-Trümner § 1 Rn 95; Fitting § 1 Rn 87, jeweils mwN.

145 Näher dazu Däubler, Anm. zu BAG AP Nr. 8 zu § 1 BetrVG 1972 Gemeinsamer Betrieb.

146 BAG NZA 1996, 1110 = AP Nr. 8 zu § 1 BetrVG Gemeinsamer Betrieb.

147 BAG NZA 2005, 1248, 1250.

148 BT-Drucksache 14/5741 S. 33 sagt, dass den Beteiligten der Nachweis einer Führungsvereinbarung erspart werden soll. Zu den Mängeln des Gesetzentwurfs s. Däubler AuR 2001, 1 ff.

149 Dazu s. Bd. 2 Kap. 10.

150 Vgl. DKK-Trümner § 1 Rn 112; Fitting Rn 93; Hohenstatt, in Willemsen u. a., Abschnitt D Rn 34.

151 BAG NZA 2004, 618.

**akten** zuständig ist, sowie ein die Beschäftigten der beteiligten Unternehmen erfassendes **Organigramm**, während die Erbringung von Dienstleistungen durch ein Unternehmen für das andere, etwa die Übernahme der Lohnbuchhaltung, ohne größere Bedeutung ist.[152] Weitere Indizien sind insbesondere die **gemeinsame räumliche Unterbringung** und die Existenz gemeinsam genutzter Sozialeinrichtungen.[153]

753l Folgt man im Gegensatz zum BAG einem **arbeitnehmerorientierten Betriebsbegriff**,[154] so beziehen sich die Vermutungstatbestände notwendigerweise auf die Existenz des Betriebes, nicht allein auf die eines Leitungsapparats. Insoweit wird ein Widerspruch zum Gesetzeswortlaut vermieden. Die Gemeinsamkeit ergibt sich wie auch in anderen Fällen aus der engen Kooperation der Beschäftigten sowie aus dem überkommenen Bestand einer arbeitstechnischen Einheit. Auch hier muss man dem Wahlvorstand ein weites Ermessen einräumen.

753m Der gemeinsame Betrieb wird grundsätzlich wie der einem einzigen Unternehmen zugehörige Betrieb behandelt. Wo es auf die **Zahl der Beschäftigten** ankommt, ist die des gemeinsamen Betriebs maßgebend. So finden etwa die Beteiligungsrechte bei Einstellungen nach § 99 BetrVG und bei Betriebsänderungen nach §§ 111 ff. BetrVG auch dann Anwendung, wenn lediglich der gemeinsame Betrieb, nicht aber die beteiligten Trägerunternehmen regelmäßig mehr als 20 Arbeitnehmer beschäftigen.[155] Haben die Trägerunternehmen noch weitere Betriebe, so kann der Betriebsrat des Gemeinschaftsbetriebs **in jeden Gesamtbetriebsrat** zwei Beauftragte entsenden.[156]

753n Der **gemeinsame Betrieb** wird dadurch **aufgelöst**, dass der unternehmensübergreifende Einsatz der Betriebsmittel und der Arbeitskräfte beendet wird. Entgegen einer früheren BAG-Entscheidung[157] wird diese Folge nicht schon durch die Insolvenzeröffnung über das Vermögen eines Trägerunternehmens als solche herbeigeführt; vielmehr muss ein Realakt wie die Stilllegung hinzukommen.[158] Wird der Betrieb von einem der Trägerunternehmen fortgeführt, so bleibt der Betriebsrat im Amt.[159]

---

152 BAG NZA 2004, 618 f.

153 Weitere Indizien bei DKK-Trümner § 1 Rn 74 c.

154 S. oben 6.2.1.2. (Rn 752 g).

155 BAG NZA 2005, 405 = AP Nr. 40 zu § 99 BetrVG 1972 Versetzung. Kritisch wegen der angewandten Methode Däubler Anm. zu AP Nr. 40 zu § 99 BetrVG 1972 Versetzung und Reichold NZA 2005, 622.

156 Dies ergibt sich mittelbar aus § 47 Abs. 9 BetrVG, der zugleich zu abweichenden Regelungen (z. B. einer Beschränkung des Stimmrechts auf bestimmte Angelegenheiten) ermächtigt.

157 NZA 1988, 32, 34.

158 Darauf allein stellt BAG BB 2003, 209 ab. Ebenso LAG Bremen NZA-RR 2003, 189.

159 BAG NZA 2004, 436.

### 6.2.1.5. Festlegung der betriebsratsfähigen Einheit durch Tarifvertrag

Seit 2001 anerkennt § 3 Abs. 1 BetrVG das Recht der Tarifparteien, die Einheiten, in denen Betriebsräte gewählt werden, abweichend vom Gesetz festzulegen. Damit soll die Möglichkeit eröffnet werden, «auf die vielfältigen modernen Unternehmensstrukturen angemessen zu reagieren»[160], also die betriebliche Interessenvertretung besser an die Entscheidungsstrukturen auf Arbeitnehmerseite anzupassen. Dies ist im Übrigen mittelbar eine Bestätigung dafür, dass der gesetzliche Betriebsbegriff nicht allein an die «Arbeitgeberstruktur» angekoppelt werden darf,[161] da sonst für die weit reichende Regelung des § 3 kein ausreichender Anlass bestanden hätte. § 3 Abs. 1 unterscheidet in seinen Ziffern 1–3 drei verschiedene Fälle; Nr. 4 betrifft die Schaffung von Betriebsräte-Arbeitsgemeinschaften, Nr. 5 die Zwischenebene zwischen Belegschaft und Betriebsrat. 753o

Nach § 3 Abs. 1 **Nr. 1 Buchstabe a** kann durch Tarifvertrag die Bildung eines **unternehmenseinheitlichen Betriebsrats** vorgesehen werden. Selbstverständliche Voraussetzung ist, dass in dem Unternehmen mindestens zwei Betriebe existieren; dazu zählen auch Betriebsteile, die nach § 4 Abs. 1 wie selbständige Betriebe behandelt werden.[162] Ihre tarifliche Zusammenfassung ist auch dann möglich, wenn beispielsweise keine Mehrheit für einen «Anschluss» des Betriebsteils an die Wahlen im Hauptbetrieb nach § 4 Abs. 1 Satz 2 zustande kam.[163] Das Gesetz verlangt, dass die tarifliche Regelung die Bildung von Betriebsräten erleichtert, was etwa dann anzunehmen ist, wenn andernfalls in einer Reihe von Kleineinheiten gar keine Betriebsräte gewählt würden[164] oder wenn die Abgrenzung der betriebsratsfähigen Einheiten erhebliche Schwierigkeiten macht.[165] Besteht in keinem Betrieb des Unternehmens ein Betriebsrat, so können die Arbeitnehmer nach § 3 Abs. 3 Satz 1 BetrVG mit Stimmenmehrheit die Bildung eines unternehmenseinheitlichen «Betriebsrats» beschließen; eines Tarifvertrags bedarf es insoweit nicht. Die tarifliche Schaffung eines «Unternehmensbetriebsrats» kann alternativ auch damit gerechtfertigt werden, dass er der «sachgerechten Wahrnehmung der Arbeitnehmerinteressen» dient, was insbesondere dann der Fall sein wird, wenn in kleineren Unternehmen ein beträchtlicher Teil der Kompetenzen bei der Geschäftsführung liegt.[166] 753p

160 So die amtliche Begründung in BT-Drucksache 14/5741, S. 33.

161 Oben 6.2.1.2. (Rn 752g).

162 Oben 6.2.1.3. (Rn 753). Ebenso DKK-Trümner § 3 Rn 22; Richardi § 3 Rn 17.

163 Für Vorrang des Tarifs auch DKK-Trümner § 3 Rn 22; Fitting § 3 Rn 26.

164 Fitting § 3 Rn 29.

165 DKK-Trümner § 3 Rn 29.

166 Fitting § 3 Rn 30.

753q Nach § 3 Abs. 1 **Nr. 1 Buchstabe b** können sich die Tarifparteien auch damit begnügen, lediglich **einzelne Betriebe zusammenzufassen**. Wichtigster Anwendungsfall ist die Schaffung von Regionalbetriebsräten in **Filialunternehmen**.

Die Drogeriekette X unterhält in Baden-Württemberg insgesamt 200 Läden, die jeweils zwischen 5 und 25 Arbeitnehmer beschäftigen. Man bildet vier Regionen, in denen jeweils von den Arbeitnehmern aus ca. 50 «Betriebsstätten» ein Betriebsrat gewählt wird.

Werden einzelne «Filialen» hinzugekauft, so kann man die dort vorhandenen Vertretungsstrukturen bestehen lassen;[167] die bisherige Praxis stellt einen ausreichenden Grund für diese Differenzierung dar.

753r Viele Unternehmen und Konzerne sind nach «Produkten» oder «Projekten» gegliedert; man spricht insoweit von «Sparten».

*Beispiel:* Ein Energiewirtschaftsunternehmen betreibt Wasserkraftwerke, Kohlekraftwerke und ein AKW.

§ 3 Abs. 1 **Nr. 2** ermöglicht in diesem Fall die Errichtung eines sog. **Spartenbetriebsrats**, sofern der «Spartenleiter» auch Entscheidungen in beteiligungspflichtigen Angelegenheiten trifft. Werden in einem Betrieb unterschiedliche arbeitstechnische Zwecke verfolgt, so kann die Einrichtung eines Spartenbetriebsrats zu einer Auflösung der bisher bestehenden Einheit führen.[168] Wichtiger ist allerdings, dass die «Sparte» häufig über die Unternehmensgrenzen hinweggeht, sodass eine spezifische Art von Gemeinschaftsbetrieb mehrerer Unternehmen entsteht. Voraussetzung ist in allen Fällen, dass im Unternehmen oder Konzern mindestens zwei Sparten existieren.[169] Produktion, Vertrieb und Kundendienst sind keine «Sparten», da diese im Gesetz auf bestimmte Produkte oder Projekte bezogen werden, doch kann in solchen Fällen Nr. 3 eingreifen.[170]

753t Die **Spartenleitung** muss über **wesentliche Entscheidungskompetenzen** auch in sozialen und personellen Angelegenheiten verfügen; andernfalls würde der Tarifvertrag nicht der «sachgerechten Wahrnehmung der Aufgaben des Betriebsrats» dienen, was gesetzliche Voraussetzung für seine Wirksamkeit ist. Arbeitnehmer, die keiner Sparte zugeordnet sind oder deren Spartenleitung keine Kompetenz in beteiligungspflichtigen Angelegenheiten hat, können weiter einen «Normalbetriebsrat» wählen.[171] Ob eine solche **«Doppelstruktur»** auch dann bestehen kann, wenn zwar alle Beschäftigten

---

167 DKK-Trümner § 3 Rn 30.

168 Fitting § 3 Rn 31.

169 ErfK-Eisemann § 3 Rn 5; Richardi § 3 Rn 27.

170 DKK-Trümner § 3 Rn 38; Fitting § 3 Rn 39.

171 DKK-Trümner § 3 Rn 40 a; Fitting § 3 Rn 52; GK-Kraft-Franzen § 3 Rn 16; Löwisch-Kaiser § 3 Rn 9; Richardi § 3 Rn 34.

einer Sparte zugeordnet sind, aber die Betriebs- und Unternehmensleitungen gleichwohl noch erhebliche Kompetenzen in mitbestimmungspflichtigen Angelegenheiten besitzen, ist umstritten; der Gedanke, den Vertretungen der Arbeitnehmer immer einen kompetenten Ansprechpartner zu sichern, spricht dafür, die Frage zu bejahen.[172] Allerdings muss der Tarifvertrag in einem solchen Fall eine genaue Kompetenzabgrenzung vornehmen, die ggf. auch flexibel in dem Sinne sein kann, dass sie die Veränderungen auf Arbeitgeberseite nachvollzieht.[173]

§ 3 Abs. 1 **Nr. 3** enthält eine **beschränkte Generalklausel**. Der Tarifver- 753u
trag kann «andere Arbeitnehmervertretungsstrukturen» vorsehen, soweit dies «insbesondere aufgrund der Betriebs-, Unternehmens- und Konzernorganisation oder aufgrund anderer Formen der Zusammenarbeit von Unternehmen einer wirksamen und zweckmäßigen Interessenvertretung der Arbeitnehmer dient.» Von den möglichen Anwendungsfällen können hier nur einige aufgeführt werden.

Zulässig ist es beispielsweise, einen **einzigen Betriebsrat für einen «Minikonzern»** zu schaffen.

*Beispiel:* Die Immobilien KG mit 5 Beschäftigten hat eine Tochter-GmbH, wo sich sechs Beschäftigte um den Vertrieb von Anteilen an Gewerbeimmobilien kümmern, und eine weitere Tochter-GmbH, wo sich 20 Arbeitnehmer mit der Verwaltung einer Reihe von Wohnanlagen befassen. Alle sind im selben Gebäude untergebracht. Hier einen einzigen Betriebsrat zu wählen ist offensichtlich sachgerecht. Soweit kein Tarifvertrag zustande kommt, könnte man auch § 3 Abs. 3 BetrVG entsprechend anwenden.

Dasselbe bei einem Konzern mit 1000 Beschäftigten zu tun, würde nicht der «wirksamen und zweckmäßigen Interessenvertretung» dienen und ist deshalb nicht zulässig.

Möglich ist nach Nr. 3 auch, eine Vertretung an der Spitze eines **Gleich-** 753u
**ordnungskonzerns** zu schaffen.[174] Besteht etwa eine politische Partei aus rechtlich und faktisch unabhängigen Landesverbänden, die im Verhältnis zum Bundesvorstand nicht oder nur in wenigen Fragen weisungsabhängig sind,[175] so kommt eine solche Abmachung in Betracht.[176] Weiter können **Geschäftsbereiche**, die wie z. B. der Außendienst keine Sparte im Rechtssinne sind, auf diesem Wege eine selbständige Interessenvertretung erhalten.[177]

Nr. 3 erfasst nicht nur die konzernvermittelte, sondern jede Form der 753v

172 DKK-Trümner § 3 Rn 62 mwN; Friese RdA 2003, 92, 97 ff.; anders Thüsing ZIP 2003, 702.

173 Ohne eine solche Regelung könnte das von Kort (AG 2003, 20) beschworene «Horrorszenario und Kompetenzgerangel» Wirklichkeit werden.

174 DKK-Trümner § 3 Rn 71; Engels/Trebingen/Löhr-Steinhaus DB 2001, 53; Richardi § 3 Rn 42.

175 S. den Fall BAG NZA 2001, 106.

176 Vgl. auch Preis, FS Däubler, S. 261 ff.

177 DKK-Trümner § 3 Rn 76; Richardi § 3 Rn 40.

Zusammenarbeit von Unternehmen. Möglich ist daher auch ein **Standortbetriebsrat**, der die räumlich verbundenen Betriebe verschiedener kooperierender Unternehmen erfasst und zu einer Einheit zusammenfügt.[178] Wichtig ist weiter die Möglichkeit, nach einer Unternehmensspaltung bestehende Betriebsräte auch dann aufrechtzuerhalten, wenn die Voraussetzungen eines Gemeinschaftsbetriebs entgegen der Vermutung des § 1 Abs. 2 Nr. 2 BetrVG nicht erfüllt sind.[179] Schließlich können Kleinunternehmen, die z. B. dieselbe Infrastruktur eines Technologiezentrums oder einer Ladenstraße nutzen (und dabei notwendigerweise kooperieren), zu einer betriebsverfassungsrechtlichen Einheit zusammengefasst werden.[180]

*Beispiel:* Im Leipziger Hauptbahnhof befinden sich zahlreiche Cafés und Restaurants, Textilgeschäfte, Drogerien, eine Apotheke usw. Sie sind mit einer Reihe gleichartiger Probleme konfrontiert: Öffnungszeiten, Lüftung, Wahrung der Sicherheit und Abwehr von Diebstählen, wo man sich verständigt. Dies würde die tarifliche Schaffung eines Betriebsrats rechtfertigen.

753 w Ob **Tarifverträge** nach § 3 Abs. 1 Nr. 1–3 **erstreikbar** sind, ist umstritten.[181] Die These, die Gestaltungsmöglichkeiten nach § 3 Abs. 1 seien den Tarifparteien nicht zur autonomen Wahrnehmung der Mitgliederinteressen, sondern zur effektiven Gestaltung der Betriebsverfassung überlassen,[182] kann kein Streikverbot begründen: Grundlage für die Tarifverträge ist die auch betriebsverfassungsrechtliche Fragen umfassende Tarifautonomie[183], die nur dann funktionieren kann, wenn es im Nichteinigungsfalle Druckmittel gibt. Außerdem erweckt es verfassungsrechtliche Bedenken, aus einer autonomen Koalition einen Sachwalter des öffentlichen Interesses zu machen. In der Praxis ist die Frage allerdings von geringer Bedeutung, da Tarifverträge nach § 3 in der Regel keine «streikfähigen» Ziele sind.

753 x Die durch Tarifvertrag geschaffene **Einheit gilt** nach § 3 Abs. 5 Satz 1 **als Betrieb** im Sinne des BetrVG. Dessen Größe ist daher maßgebend für die Zahl der Betriebsratsmitglieder, die Freistellungen usw. War der Tarifvertrag unwirksam, so macht dies die Wahl anfechtbar.[184] Der in einer tariflich geschaffenen Einheit gewählte Betriebsrat hat nach § 3 Abs. 5 Satz 2 dieselben Rechte wie ein unmittelbar nach dem Gesetz gewählter.

---

178 Dahingestellt in BAG AiB 2005, 619 = EzA § 3 BetrVG 2001 Nr. 1.

179 DKK-Trümner § 3 Rn 81.

180 DKK-Trümner § 3 Rn 83.

181 Dafür Däubler AuR 2001, 285,288; DKK-Trümner § 3 Rn 6; Konzen RdA 2001, 76, 86; Wißmann AiB 2000, 322; grundsätzlich auch Giesen, S. 563; a. A. ErfK-Eisemann § 3 Rn 2; Fitting § 3 Rn 20; Richardi § 3 Rn 59.

182 So Fitting § 3 Rn 20.

183 Dazu T. Wißmann, a.a.O.

184 Zur Anfechtbarkeit und Nichtigkeit von Betriebsratswahlen s. unten 6.4.1.6. (Rn 801 d ff.).

Ist das Unternehmen an keinerlei Tarif gebunden, so kann von den Möglichkeiten nach § 3 Abs. 1 Nr. 1 und 2 auch durch **Betriebsvereinbarung** Gebrauch gemacht werden. Praktische Bedeutung kann dies gewinnen, wenn in einem Filialunternehmen ein bestehender Gesamtbetriebsrat sich eine andere «Basis» zurechtschneidet oder dasselbe ein Konzernbetriebsrat tut. Dies sind wenig sinnvolle Gestaltungen, die überdies den Verdacht erwecken, dass es nicht um eine Effektivierung der Interessenvertretung, sondern um die Herstellung komfortablerer Mehrheitsverhältnisse geht. 753 y

Kollektivverträge nach § 3 dürfen nicht dazu verwendet werden, **Angehörige einer anderen Gewerkschaft oder gewerkschaftskritische Gruppen in eine Minderheitenposition zu bringen.** 753 z

*Beispiel:* In einer Region gibt es fünf Betriebsräte. In zweien besteht eine Mehrheit zugunsten der Gewerkschaft X, was daher rührt, dass die beiden Betriebe früher zu einem Unternehmen gehörten, für das die Gewerkschaft X zuständig war. Würde die nunmehr zuständige Gewerkschaft Y durch Tarifvertrag einen einzigen Regionalbetriebsrat vorsehen, wären die «X-ler» aller Voraussicht nach in der Minderheit. Wenn nicht wirklich ganz überzeugende Gründe im Sinne effektiver Interessenvertretung für den Regionalbetriebsrat sprechen, wäre der Tarifvertrag nach Art. 9 Abs. 3 Satz 2 GG unwirksam.

### 6.2.2. Die Ausklammerung der Kleinstbetriebe

§ 1 BetrVG sieht die Wahl von Betriebsräten nur für solche Betriebe vor, die wenigstens fünf wahlberechtigte Arbeitnehmer (von denen drei wählbar sein müssen) ständig beschäftigen. Soweit diese Größenordnung nicht erreicht wird, muss man unterscheiden: 754

- Hat das **Unternehmen noch einen weiteren Betrieb**, der die Fünf-Personen-Grenze erreicht oder überschreitet, so wird die «Kleinsteinheit» nach § 4 Abs. 2 BetrVG diesem Betrieb zugeordnet. Die Arbeitnehmer wählen dort mit. 754 a

*Beispiel:* Firma X vertreibt Elektrogeräte; in ihrem Laden sind insgesamt zehn Arbeitnehmer tätig. Daneben unterhält sie eine «Kundendiensteinheit», die am andern Ende der Stadt angesiedelt ist und die drei Techniker und eine Bürokraft beschäftigt. Sie wird wie ein Teil des Ladengeschäfts behandelt.

Häufig sind die Dinge jedoch komplizierter. Was geschieht, wenn das Unternehmen mehrere andere Betriebe hat, die von § 1 Abs. 1 BetrVG erfasst werden? Das Gesetz spricht zwar von der Zuordnung zum «Hauptbetrieb», doch erscheint dieser Begriff schwer handhabbar; versteht man ihn im Sinne von Hauptverwaltung, so kann der Fall eintreten, dass zwischen der Kleinsteinheit und ihr mehrere hundert Kilometer liegen. Sinnvoll ist es daher, auf den

**räumlich nächsten Betrieb** abzustellen; lässt sich ein solcher nicht eindeutig bestimmen, findet eine Zuordnung zu der Einheit statt, die vom verfolgten **arbeitstechnischen Zweck** her die **größte Ähnlichkeit** aufweist.[185] Erreicht von mehreren Betrieben **keiner die Fünf-Personen-Grenze**, so findet gleichwohl eine Zusammenrechnung zu einem einheitlichen Betrieb statt: Für eine Ausklammerung aus der Betriebsverfassung fehlt ein sachlicher Grund, wenn das Unternehmen fünf oder mehr Arbeitnehmer beschäftigt: Die Arbeitsorganisation des Unternehmens kann nicht darüber entscheiden, ob das BetrVG Anwendung findet oder nicht.[186]

754b Erreicht ein Gemeinschaftsbetrieb nicht die in § 1 Abs. 1 vorausgesetzte Größe, so wird man die einzelnen dort tätigen Arbeitnehmer dem nächstgelegenen Betrieb ihres Vertragsarbeitgebers zuordnen müssen.

Zwei Unternehmen betreiben gemeinsam einen Fuhrpark, in den sie jeweils zwei Fahrer entsenden. Auch wenn eine Person für alle personellen und sozialen Angelegenheiten der vier Arbeitnehmer zuständig ist, keine betriebsratsfähige Einheit. In entsprechender Anwendung des § 4 Abs. 2 Zuordnung zum jeweiligen Vertragsarbeitgeber.

754c Handelt es sich bei der Kleinsteinheit um den **einzigen Betrieb**, so bleibt das **Gesetz unanwendbar**. Damit sind recht unterschiedliche Lebenssachverhalte von seinem Geltungsbereich ausgenommen. Kleinstbetriebe können Extrembeispiele patriarchalischer Herrschaftsformen sein, wo jede Interessenwahrung durch Arbeitnehmer, jedes «Nein» als (persönlicher) Treuebruch empfunden und mit schweren Sanktionen belegt wird. Auf der anderen Seite können die Verhältnisse aber auch durch Kooperation geprägt sein, weil sich positive zwischenmenschliche Beziehungen entwickeln oder weil der Arbeitgeber die Arbeitskräfte dringend benötigt und nur schwer Ersatz finden kann. Zumindest in der ersten Alternative ist der totale Ausschluss jeder Mitbestimmung grob unbillig. Bei näherem Zusehen lässt er sich auch nicht mit dem Hinweis auf übergroßen Aufwand rechtfertigen. Der Gesetzgeber wäre nicht gehindert, die Interessenvertretung auf überbetrieblicher Grundlage zu organisieren und beispielsweise die Wahl eines **«Gemeinschaftsbetriebsrats» für eine Ladenstraße, für ein Technologiezentrum** oder für alle Kleinstbetriebe einer bestimmten Gemeinde vorzuse-

185 DKK-Trümner § 4 Rn 66; Richardi § 4 Rn 47; umgekehrte Reihenfolge (arbeitstechnische Ähnlichkeit – räumliche Entfernung) bei GK-Kraft-Franzen § 4 Rn 7. Nicht weiterführend Fitting, § 1 Rn 105, der darauf abstellen will, wo sich der für den Kleinstbetrieb maßgebende Leitungsapparat befindet: Gibt es einen solchen, wird die Kleinsteinheit zum Betriebsteil. Möglich ist im Übrigen auch, dass die Kleinsteinheit arbeitstechnisch mit unterschiedlichen Betrieben verknüpft ist, sodass ihre Mitglieder unterschiedlichen Betrieben zugerechnet werden.

186 Ganz überwiegende Auffassung. S. Boemke JuS 2002, 521, 522; DKK-Trümner § 4 Rn 66; GK-Kraft-Franzen § 4 Rn 8; Reichold NZA 2001, 857, 858; Richardi § 4 Rn 48.

hen.[187] Wenigstens kann durch Tarifvertrag eine entsprechende Struktur geschaffen werden.[188]

### 6.2.3. Sonstige Ausnahmen

Das BetrVG gilt nach seinem § 130 **nicht für den öffentlichen Dienst**. Dieser 755
definiert sich rein formal, d. h., er liegt immer dann vor, wenn der Staat, eine Gemeinde oder eine andere juristische Person des öffentlichen Rechts Arbeitgeber ist.[189] Eine Stadtwerke-GmbH gehört folgerichtig dann nicht dazu, wenn sich ihre Geschäftsanteile zu 100 % bei der öffentlichen Hand befinden. Es muss deshalb ein Betriebsrat gewählt werden. Dass es Sonderregelungen durch das Personalvertretungsrecht des Bundes und der Länder gibt, ist heute anders als vor 50 Jahren allgemein akzeptiert.

§ 118 Abs. 2 BetrVG nimmt weiter die **Religionsgemeinschaften** und ihre 756
karitativen und erzieherischen Einrichtungen aus. Zwar schaffen **kirchliche Vorschriften über Mitarbeitervertretungen** in vielen Fällen einen gewissen Ausgleich[190], doch tragen sie der gesteigerten Abhängigkeit der dort Beschäftigten zu wenig Rechnung: Gerade wer den von seinem Arbeitgeber verfolgten ideellen Zweck innerlich bejaht, wird in der Regel Schwierigkeiten haben, die gerichtliche Durchsetzung von Rechten vor sich und anderen zu rechtfertigen. Weil ein katholischer Mesner, der seinen Jahresurlaub einklagt, schwer vorstellbar ist, wäre daher eher an einen verstärkten arbeitsrechtlichen Schutz zu denken.[191]

Keine Anwendung findet das BetrVG schließlich auch auf jene **Arbeit-** 757
**nehmer**, die **bei den ausländischen Stationierungsstreitkräften** beschäftigt sind. Vom Grundsatz her unterliegen sie dem BPersVG 1974, doch können die dort vorgesehenen Mitbestimmungsrechte wegen eines Vorbehalts in Art. 56 Abs. 9 des Zusatzabkommens zum NATO-Truppenstatut und im dazugehörigen Unterzeichnungsprotokoll mit Rücksicht auf «besonders schutzwürdige militärische Interessen» beschränkt werden.[192] Die Regelung ist mit Rücksicht auf außenpolitische Zwänge als verfassungskonform bestätigt worden.[193]

---

187 Zu den «délégués de site», die in Frankreich in solchen Fällen gewählt werden können, s. Lyon-Caen/Pélissier/Supiot No. 596; Gamillscheg, FS Molitor, S. 147.

188 S. oben 4.8.2. (Rn 369 a) und 6.2.1.5. (Rn 753 v).

189 Die Abgrenzung bestimmt sich allein nach der Rechtsform des Arbeitgebers: BAG BB 1976, 270.

190 Nachweise bei Hammer, Kirchliches Arbeitsrecht, S. 437 ff.; Richardi, Arbeitsrecht in der Kirche, §§ 16–19.

191 Zur Rechtsstellung der Kirchenbediensteten s. weiter Bd. 2 Rn 1835 ff.

192 Näher dazu DKK-Trümner § 1 Rn 17 ff. Die Vorschriften sind abgedruckt bei Kittner-Däubler-Zwanziger, Kündigungsschutzrecht, Art. 56 NATO-Zusatzabkommen.

193 BVerfG NZA 1997, 263.

758 Addiert man die **«ausgesparten» Personengruppen**, so ergibt sich eine Gesamtzahl von schätzungsweise 7 bis 8 Mio., was ca. einem Viertel aller Arbeitnehmer entspricht.[194] Schon vom Gesetzestext her fällt daher nur eine knappe Drei-Viertel-Mehrheit der abhängig Beschäftigten unter das BetrVG, wobei lediglich den Arbeitnehmern des öffentlichen Dienstes ein akzeptabler Ersatz zur Verfügung steht.

## 6.2.4. «Betriebsratspflichtige» Betriebe ohne Betriebsrat

### 6.2.4.1. «Betriebsratsfreie» Zonen und die Einschränkungsversuche des Gesetzgebers

759 Auch soweit die Anwendung des BetrVG keinerlei rechtlichen Zweifeln unterliegt, kommt es keineswegs immer zur Wahl eines Betriebsrats. Das Problem hat seine Geschichte: Nach unwidersprochener Aussage des Bundesarbeitsministeriums bestand 1968 nur in 6% aller dem BetrVG unterliegenden Betriebe auch tatsächlich ein Betriebsrat.[195] Die «Restgröße» von 94% umfasste zwar praktisch nur kleinere und mittlere Betriebe, doch beschäftigten sie nach derselben Schätzung immerhin ein Drittel der vom Gesetz erfassten Arbeitnehmer.[196] Zusammen mit den eben geschilderten Ausnahmen führte dies dazu, dass nur rund die Hälfte aller unselbständig Beschäftigten in den Genuss der gesetzlichen Regelung kam.

760 Bei den Vorarbeiten zum BetrVG 1972 **verzichtete man** darauf, die **Einrichtung von Betriebsräten mit staatlichen Zwangsmitteln** oder mit Strafdrohungen **zu erzwingen**. Die Gründe hierfür dürften nicht nur im Widerstand der Arbeitgeberseite, sondern auch darin gelegen haben, dass die Gewerkschaften eine massenweise Entstehung von «gelben» (d.h. vom Arbeitgeber abhängigen) Betriebsräten befürchteten. Ihre eigenen Reformvorschläge enthielten jedenfalls keine entsprechenden Sanktionsvorschriften.[197] Auch im Jahre 2001 wurden keine in diese Richtung gehenden Vorschläge gemacht.

761 Um den gesetzlichen Bestimmungen dennoch mehr Beachtung zu verschaffen, entschloss man sich zu **vier Maßnahmen**:

▶ Der den Betriebsräten eingeräumte und 1972 weiter verstärkte **Kündi-**

---

194 Im April 1996 gab es in der (alten) Bundesrepublik 25,59 Mio. abhängig Erwerbstätige einschließlich der Beamten (Statistisches Jahrbuch 1997, 111).

195 Zitiert bei Becker-Leimert BlfStR 1972, 38, Fn 3.

196 Wie Fn 195.

197 RdA 1967, 462 ff.; RdA 1970, 242 ff. Für «empfindliche Geldbußen» dagegen Vilmar, Mitbestimmung, S. 88.

**gungsschutz** wurde auf **Wahlbewerber** ausgedehnt, sodass sie selbst im Falle einer Niederlage zumindest 6 Monate lang vor allen Repressalien sicher sein können (§ 15 Abs. 3 KSchG i. V. m § 103 BetrVG).[198] Dasselbe gilt seit 2001 für diejenigen, die eine Betriebsratswahl initiieren, insbesondere zu einer Versammlung einladen, auf der ein Wahlvorstand gewählt werden soll.

▶ Die **Initiativrechte der Gewerkschaften** zugunsten einer Wahl von Betriebsräten wurden **verstärkt**. So gewährt § 17 Abs. 2 BetrVG jeder im Betrieb vertretenen Gewerkschaft das Recht, eine Betriebsversammlung einzuberufen, auf der ein Wahlvorstand für die Betriebsratswahl gewählt wird. Kommt die Versammlung nicht zustande oder bestimmt sie keinen Wahlvorstand, so kann die Gewerkschaft die Einsetzung eines Wahlvorstands durch das Arbeitsgericht erzwingen. Dabei können abweichend vom Rechtszustand vor 1972 in Betrieben ab 20 Beschäftigten auch nicht betriebsangehörige Arbeitnehmer (z. B. hauptamtliche Mitarbeiter der Gewerkschaft) zu Mitgliedern bestellt werden (§ 16 Abs. 2 S. 3 BetrVG). Schließlich kann die Gewerkschaft einen eigenen Wahlvorschlag einreichen, für den sie im Betrieb keine Unterschriften sammeln muss.

▶ Die Reform 2001 hat für Betriebe bis 50 Beschäftigte das sog. **vereinfachte Wahlverfahren vorgesehen,** das innerhalb eines Zeitraums von zwei Wochen zur Konstituierung eines Betriebsrats führen kann.

▶ Gehört der betriebsratslose Betrieb zu einem Unternehmen, das mit Rücksicht auf die Interessenvertretungen in anderen Betrieben über einen **Gesamtbetriebsrat** verfügt, so kann dieser einen **Wahlvorstand einsetzen.**[199]

Fast unnötig zu erwähnen, dass sich der Arbeitgeber nach früherem wie nach heutigem Recht strafbar macht, wenn er die Betriebsratswahl **vorsätzlich behindert.**[200]

Trotz dieser augenscheinlichen Verbesserung der Rechtslage bei den Re- 762
formen 1972 und 2001 hat sich in der Praxis nichts Grundlegendes geändert. **Relevante Effekte hatte allein das BetrVG 1972**: Die Zahl der Betriebsräte stieg von 24 902 im Jahre 1968 über 29 298 im Jahre 1972[201] und 34 059 im Jahre 1975[202] auf 35 294 im Jahre 1978[203] und damit um 41,7 %. Bezogen auf die Gesamtzahl der betriebsratsfähigen Betriebe entsprach dies einer Steigerung von 3–4 %.[204] Ob dies allerdings allein (oder auch nur primär)

198 Bei Betrieben, in denen kein Betriebsrat besteht, wird § 103 BetrVG in der Weise angewandt, dass statt des Betriebsrats das Arbeitsgericht der Kündigung zustimmen muss: LAG Frankfurt BB 1973, 1355, LAG Baden-Württemberg BB 1975, 1253 und BAG DB 1976, 1335.

199 Dieselbe Möglichkeit besteht unter bestimmten Voraussetzungen für den Konzernbetriebsrat.

200 § 119 Abs. 1 Nr. 1 BetrVG.

201 S. die Ergebnisse der Betriebsratswahlen, abgedruckt in AuR 1973, 114.

202 Angabe nach «Die Quelle» 1976, 122.

203 Angabe nach «Die Quelle» 1979, 347.

204 Statistisch nicht erfasst ist die Größe der neu hinzugekommenen Betriebe.

auf das Gesetz zurückzuführen oder anderen Faktoren wie einer gesteigerten Politisierung von Belegschaften und beginnenden wirtschaftlichen Problemen geschuldet war, lässt sich nicht sicher beurteilen. Die Untersuchung des Hamburger Max-Planck-Instituts zum Kündigungsschutz ermittelte im Jahre 1979, dass **65,6 %** der unter das Gesetz fallenden Arbeitnehmer (außerhalb des öffentlichen Dienstes) in einem Betrieb mit Betriebsrat arbeiteten.[205] In den 80er Jahren blieb diese Zahl in etwa konstant.[206]

762a Im **Laufe der 90er Jahre** ging die **Zahl** der Betriebsräte und der von ihnen vertretenen Arbeitnehmer **zurück**. Die gemeinsame Mitbestimmungskommission von Böckler- und Bertelsmann-Stiftung errechnete, dass 1995 nur noch 39,5 % aller Arbeitnehmer durch einen Betriebsrat vertreten seien.[207] Auswertungen des sog. IAB-Betriebspanels ergaben für das Jahr **1998 einen Anteil von 48 %**; da größere Einheiten häufiger einen Betriebsrat haben als kleine, existierte ein solcher nur in ca. 10 % der unter das Gesetz fallenden Betriebe.[208] Bemerkenswert waren auch die Unterschiede zwischen West und Ost: Während in den alten Bundesländern 50 % aller Arbeitnehmer durch einen Betriebsrat repräsentiert wurden, verfügten in den neuen Bundesländern nur 38 % der Beschäftigten über eine betriebliche Interessenvertretung. Bei den **Wahlen 2002** änderte sich daran trotz der an sich verbesserten rechtlichen Rahmenbedingungen praktisch nichts; der erwartete **«Gründungsboom» blieb aus**.[209] Die Gesamtbilanz wird dadurch etwas positiver, dass im öffentlichen Dienst 74 % aller Dienststellen über Personalräte verfügen, die insgesamt 93 % der öffentlichen Bediensteten repräsentieren.[210]

### 6.2.4.2. Ursachen für das Vollzugsdefizit

763 Die Ursachen für dieses «Vollzugsdefizit» sind empirisch nicht aufgeklärt. Die **Befürchtung, Opfer von Sanktionen zu werden**, dürfte immer noch eine erhebliche Rolle spielen, da beispielsweise Wahlbewerber erst dann gegen Kündigungen geschützt sind, wenn die Liste beim Wahlvorstand eingereicht ist und diejenigen, die eine «Stützunterschrift» leisten, keinerlei wahlspezifischen Schutz genießen. Erfolglose Wahlbewerber können nach sechs Monaten unter den allgemeinen Voraussetzungen gekündigt werden, wo ihr «unbot-

---

205 Unter Einbeziehung des öffentlichen Dienstes erhöht sich diese Zahl auf 70 %: Becker-Ruhland BArbBl 1980, 11.

206 Im Jahre 1981 wurden 36307, drei Jahre später 35343 und im Jahre 1987 34807 Betriebsräte gewählt (Angaben nach AuR 1985, 92 und AuR 1988, 212).

207 Bertelsmann-Stiftung/Böckler-Stiftung, S. 50.

208 Ellguth WSI-Mitt. 2003, 194, auch zum Folgenden.

209 Ellguth WSI-Mitt. 2003, 196; vgl. auch Rudolph-Wassermann, Die Personalführung, Heft 11/2002, S. 56 ff.

210 Ellguth WSI-Mitt. 2003, 195.

mäßiges» Verhalten noch gut in Erinnerung sein wird. Allerdings ist davor zu warnen, nur auf den Faktor «Angst» zu schauen: Nicht weniger wichtig ist in vielen Betrieben das **Desinteresse der Beschäftigten**, das insbesondere daher rührt, dass die eigentlichen Probleme wie Arbeitsplatzunsicherheit und zu geringe Bezahlung auch mit Hilfe eines Betriebsrats nicht bewältigt werden könnten. Weiter mag es insbesondere in der «New Economy» Fälle geben, in denen die meisten Beschäftigten aufgrund ihrer Spezialqualifikation eine gute Verhandlungsposition besitzen und sich deshalb auf **«Selbstvertretung»** verlassen.[211] Schließlich ist auch der Fall denkbar, dass das Management den Anliegen der Beschäftigten ungewöhnlich aufgeschlossen gegenübersteht und Konflikte auf faire Weise löst.

### 6.2.4.3. Rechtliche Konsequenzen

Grundsätzlich muss der **Arbeitgeber keinerlei Nachteile befürchten**, wenn 764
es in seinem Betrieb keinen Betriebsrat gibt: Er wird so behandelt, als würde das Gesetz für ihn nicht gelten.[212] Kündigungen sind nicht etwa wegen Nichtanhörung des Betriebsrats nach § 102 Abs. 1 Satz 3 BetrVG unwirksam, und bei Betriebsänderungen ist auch kein Nachteilsausgleich nach § 113 BetrVG geschuldet, weil nicht über einen Interessenausgleich verhandelt wurde.[213] Überlegungen, daran etwas zu ändern, sind nicht aufgegriffen worden.[214] Bemerkenswert ist allerdings eine Entscheidung des **LAG Hamm**[215] zu einer **Öffnungsklausel**, wonach «im Einvernehmen mit dem Betriebsrat» von einzelnen Tarifvorschriften abgewichen werden konnte: Da es in dem konkreten Betrieb keinen Betriebsrat gab, musste es bei der tariflichen Regelung bleiben; ein allgemeiner Rechtsgrundsatz, wonach der Arbeitgeber bei Fehlen eines Betriebsrats immer alleine handeln könne, existiere nicht. Auch hat es Überlegungen gegeben, staatliche Förderung und **Aufträge nur solchen Unternehmen** zu gewähren, die in ihren Betrieben **über Betriebsräte verfügen**.[216]

Ein beträchtlicher Teil der Betriebe ohne Betriebsrat ist **tarifgebunden** 765
oder orientiert sich faktisch an Tarifverträgen.[217] Dies lässt sich damit erklä-

211 Dazu Abel-Bleses WSI-Mitt. 2005, 259, 262.

212 Lediglich die Individualrechte nach den §§ 81 ff. BetrVG werden angewandt – s. Wlotzke/Preis-Preis § 1 Rn 50.

213 Vgl. BAG AP Nr. 5 zu § 50 BetrVG 1972; Fitting § 1 Rn 286.

214 Vgl. Däubler AcP 175 (1975), 181 ff. Ähnlich Gamillscheg, Arbeitsrecht II, S. 475.

215 NZA-RR 2003, 93.

216 Näher Bieback RdA 1983, 265. Interessant in diesem Zusammenhang die Vorschrift des Art. 36 des italienischen Arbeitnehmerstatuts (in deutscher Übersetzung abgedruckt ZfA 1978, 397, 417), die staatliche Subventionen solchen Unternehmen vorbehält, die Tariflöhne bezahlen.

217 Eingehend Artus WSI-Mitt. 2005, 392 ff.

ren, dass ohne die Anerkennung einer solchen «Bezugsgröße» die Motivation der Beschäftigten leiden und die Konfliktbereitschaft steigen könnte.[218] Auch wenn dies nicht der Fall ist, sind jährliche Entgelterhöhungen die Regel, sofern die Arbeitgeberseite ein Interesse an reibungslosen Arbeitsbeziehungen hat und diese durch «Dumpingbedingungen» gefährdet wären. Soweit die «Marktposition» der Beschäftigten schlecht ist (etwa bei Reinigungskräften oder bei sonstigen einfachen Dienstleistungen), sind die Einzelnen den Arbeitgeberentscheidungen weitestgehend ausgeliefert; sich auf gesetzliche Arbeitsrechtsnormen zu berufen, würde mit hinreichender Sicherheit den Arbeitsplatz kosten.

766 Insbesondere in der IT-Branche gibt es **zahlreiche «atypische» betriebliche Interessenvertretungen**, die sich bisweilen sogar den historisch belasteten Namen des «Vertrauensrats» zulegen.[219] Ihre (in der Regel privatautonome) Errichtung verstößt gegen Grundprinzipien des BetrVG, dessen organisatorische Vorschriften zwingenden Charakter besitzen. In aller Regel wird dadurch auch die Wahl eines Betriebsrats behindert, was im Falle vorsätzlichen Tuns den Straftatbestand des § 119 Abs. 1 Nr. 1 BetrVG erfüllen kann. Soweit ein solches Gremium **«Kollektivvereinbarungen»** mit dem Arbeitgeber wie z. B. einen Sozialplan abschließt, haben diese keine normative Wirkung, doch dürfte der Arbeitgeber meist wegen widersprüchlichen Verhaltens gegen Treu und Glauben verstoßen, wenn er sich auf die Ungültigkeit derartiger Abmachungen mit einem «nicht existenten Gremium» berufen würde.[220] In der Regel dürfte auch eine Umdeutung in eine Gesamtzusage möglich sein.

### 6.2.5. Betriebsrat ohne Betrieb? – Das Restmandat

767 Wird ein vorhandener Betrieb stillgelegt, weil der Arbeitgeber beispielsweise die Produktion in ein anderes Land verlegt hat, so bleibt der Betriebsrat **so lange** im Amt, **wie noch Aufgaben** nach dem BetrVG **zu erfüllen** sind.[221] Dies war schon unter dem BetrVG 1972 anerkannt und folgt seit 2001 aus § 21 b BetrVG. Sind etwa die Verhandlungen über einen Sozialplan noch nicht abgeschlossen oder wird um dessen Gültigkeit ein arbeitsgerichtliches Beschlussverfahren geführt, so stehen dem Betriebsrat weiterhin alle rechtlichen

218 Artus WSI-Mitt. 2005, 394.

219 Einzelheiten bei Däubler, FS Wißmann, S. 276 ff., auch zum Folgenden. Zum Vertrauensrat s. oben 6.1.8. (Rn 735). Zur IT-Branche s. weiter Abel-Bleses WSI-Mitt. 2005, 259, 262.

220 Näher Däubler, FS Wißmann, S. 283 ff.

221 BAG AP Nr. 11 zu § 102 BetrVG 1972; BAG AP Nr. 6 zu § 59 KO; BAG AP Nr. 9 und 15 zu § 112 BetrVG 1972.

Möglichkeiten zur Verfügung, die er auch vor der Betriebsschließung hatte. Seine Funktion kann er auch dann weiter ausüben, wenn seine **Mitglieder zwischenzeitlich aus dem Betrieb ausgeschieden** sind. Die Kosten einschließlich der Entgeltzahlung für die aufgewandte Zeit sind vom Arbeitgeber bzw. dem Insolvenzverwalter zu tragen. Grundlage ist das aus § 37 Abs. 3 Satz 3 BetrVG folgende Prinzip, dass kein Betriebsratsmitglied für die Erfüllung seiner Aufgaben aus betrieblichen Gründen Freizeit aufopfern muss; ein Freistellungsanspruch gegen einen etwaigen neuen Arbeitgeber lässt sich allerdings nur schwer begründen.[222]

**Geht** der **Betrieb** als ganzer **auf einen anderen Inhaber über**, ändert 768
sich betriebsverfassungsrechtlich nichts; der Betriebsrat bleibt im Amt.[223] Wird ein **Teil abgespalten**, hat der Betriebsrat nach § 21 a BetrVG ein sog. **Übergangsmandat**: Er bleibt weiter für die fragliche Einheit zuständig, es sei denn, diese wäre nach § 1 BetrVG nicht mehr betriebsratsfähig oder würde in einen anderen Betrieb eingegliedert, der über eine betriebliche Interessenvertretung verfügt. Allerdings gilt diese Regel nur für eine Übergangszeit, d. h. bis zur Wahl eines Betriebsrats in dem abgespalteten Teil, längstens für sechs Monate.[224] Einzelheiten sind an anderer Stelle zu erörtern.[225] Zu beachten ist, dass es **anders als beim Restmandat** nicht um die «Abwicklung» bereits entstandener Rechte, sondern um die Ausübung von Befugnissen im Hinblick auf neu auftauchende Fragen geht.

---

222 GK-Kreutz § 21 b Rn 22; für Anspruch auf unbezahlte Freistellung gegen den neuen Arbeitgeber DKK-Buschmann § 21 b Rn 23 a; im Grundsatz auch Richardi-Thüsing § 21 b Rn 14.

223 Dies gilt auch für den Übergang einer nach § 3 BetrVG geschaffenen Einheit: Däubler DB 2005, 666.

224 Durch Tarifvertrag oder Betriebsvereinbarung kann das Übergangsmandat nach § 21 a Abs. 1 Satz 4 BetrVG um weitere sechs Monate verlängert werden.

225 S. Bd. 2, Kap. 10.

## 6.3. Der allgemeine Handlungsrahmen: Vertrauen, Frieden, Diskretion

### 6.3.1. Vertrauensvolle Zusammenarbeit

769 Nach § 2 Abs. 1 BetrVG arbeiten Arbeitgeber und Betriebsrat unter Beachtung der geltenden Tarifverträge «vertrauensvoll und im Zusammenwirken mit den im Betrieb vertretenen Gewerkschaften und Arbeitgebervereinigungen zum Wohl der Arbeitnehmer und des Betriebs zusammen». Wie die amtliche Begründung zum gleich lautenden Regierungsentwurf des BetrVG 1972[226] und der Bericht des Bundestagsausschusses für Arbeit und Soziales[227] betonten, wurde das Gebot der vertrauensvollen Zusammenarbeit bewusst an die Spitze des Gesetzes gestellt, um seine grundlegende Bedeutung zu unterstreichen.

#### 6.3.1.1. Inhalt der Norm

770 Damit sind zwei grundsätzliche Entscheidungen ausgesprochen:

▶ Der Betriebsrat ist verpflichtet, bei seiner gesamten Tätigkeit in einer bestimmten Art und Weise, d.h. **kooperativ, nicht konfliktorientiert vorzugehen**;

▶ Der Betriebsrat ist inhaltlich darauf festgelegt, **nicht nur das Wohl der Arbeitnehmer**, sondern **auch das des Betriebs** zu verfolgen.[228]

771 Nach Auffassung des Bundesarbeitsgerichts verpflichtet der Grundsatz der vertrauensvollen Zusammenarbeit den Betriebsrat wie den Arbeitgeber zu gegenseitiger «Offenheit und Ehrlichkeit»[229]. Dem entspricht § 74 Abs. 1 Satz 2 BetrVG, wonach beide über strittige Fragen **«mit dem ernsten Willen zur Einigung»** verhandeln müssen. Keine Seite darf gegen die andere arbeiten, um sie in ihrer Funktion innerhalb der Betriebsverfassung zu stören.[230] Trotz der im Wortlaut zum Ausdruck kommenden Bezugnahme auf eine bestimmte innere Haltung, die Indiz für einen bloßen Appellcharakter ist, werden aus § 2 Abs. 1 BetrVG unmittelbare Konsequenzen abgeleitet.

771a Nach einigen älteren LAG-Entscheidungen soll es dem Betriebsrat untersagt sein, gegen den Arbeitgeber gerichtete Flugblätter zu verteilen[231], doch

226 BT-Drucksache VI/1786, S. 35.

227 Zu BT-Drucksache VI/2729, S. 18.

228 Ähnlich Fitting § 2 Rn 56.

229 BAG AP Nr. 3 zu § 23 BetrVG (1952). Dieses «gesinnungsethische» Moment ist der Rechtsordnung im Übrigen fremd (einzige Ausnahme: politische Treuepflicht des Beamten).

230 Richardi § 2 Rn 13.

231 LAG Düsseldorf RdA 1951, 356; LAG Düsseldorf BB 1953, 202; LAG Bremen DB 1962, 442.

könnte dies heute nur noch dann auf Zustimmung rechnen, wenn der Text Beleidigungen oder schwere polemische Entgleisungen enthalten würde. Bei einem Angriff des Arbeitgebers auf den Betriebsrat hat das LAG Niedersachsen[232] die Grenze des legalen Verhaltens in dem Fall als überschritten angesehen, als in einem Aushang «nicht nur sachlich falsche, sondern **böswillig abwertende Behauptungen**» aufgestellt wurden. Das BAG sah es als Verstoß gegen die vertrauensvolle Zusammenarbeit an, wenn der Arbeitgeber nicht zu Verhandlungen über seine Position bereit war und für den Fall, dass der Betriebsrat nicht einverstanden sein sollte, eine noch ungünstigere Lösung in Aussicht stellte, die er ohne Zustimmung des Betriebsrats hätte realisieren können.[233] Gegen § 2 Abs. 1 BetrVG verstoßen überdies alle Maßnahmen, die **zugleich eine Behinderung** der Betriebsratstätigkeit darstellen[234] – was beispielsweise dann gegeben ist, wenn der Arbeitgeber freiwillige Sozialleistungen entziehen will, wenn der Betriebsrat seine Haltung in einer mitbestimmungspflichtigen Angelegenheit nicht ändere.[235]

### 6.3.1.2. Orientierungsgrößen für das Betriebsratshandeln

Die dem Betriebsrat durch § 2 Abs. 1 vorgeschriebene Zielsetzung umfasst an- 772
ders als § 49 BetrVG 1952 die **Berücksichtigung des «Gemeinwohls» nicht mehr**. Eine wesentliche sachliche Änderung stellt dies nicht dar, da auch nach früherem Recht aus dieser Formulierung keine konkreten Rechtsfolgen abgeleitet wurden.[236] Soweit das Arbeitgeberunternehmen in besonderem Ausmaß auf das Allgemeininteresse ausgerichtet ist, muss dem selbstredend auch der Betriebsrat Rechnung tragen.[237]

Bedeutsam könnte jedoch die Tatsache sein, dass ähnlich wie im BRG 772a
1920, aber in Abweichung vom BetrVG 1952 das **Wohl der Arbeitnehmer** vor dem **des Betriebs** genannt ist. Einem möglich erscheinenden Rückschluss auf einen Vorrang steht jedoch der Bericht des Bundestagsausschusses für Arbeit und Sozialordnung[238] entgegen, der ausdrücklich betont, die Umstellung habe keine sachliche Änderung des bisherigen Rechtszustands bewirken wol-

---

Das LAG Düsseldorf (DB 1977, 453) wollte sogar den Aushang des Schriftwechsels mit dem Arbeitgeber untersagen.

232 DB 2004, 1735.

233 BAG DB 1998, 2119; es ging um die teilweise Anrechnung einer Tariflohnerhöhung auf eine übertarifliche Zulage; der Arbeitgeber drohte mit voller Anrechnung, die nicht der Mitbestimmung unterlag. Näher oben 4.6.5.2. (Rn 298).

234 Dazu DKK-Buschmann § 78 Rn 12 ff.

235 ArbG Regensburg AiB 2001, 51 mit Anm. Helm. Weitere Beispiele bei DKK-Berg § 2 Rn 6.

236 Zur Entstehungsgeschichte s. Richardi § 2 Rn 15.

237 Fitting § 2 Rn 57.

238 Zu BT-Drucksache VI/2729, S. 18.

len. Allgemein abgelehnt wird heute jedoch eine Fixierung auf die Interessen der betriebsangehörigen Arbeitnehmer. Während § 49 Abs. 1 BetrVG 1952 vom «Wohl des Betriebs und *seiner* Arbeitnehmer» sprach, nennt § 2 Abs. 1 BetrVG 1972 ohne jede nähere Spezifizierung das «Wohl der Arbeitnehmer und des Betriebs»[239].

773 Während das «Wohl der Arbeitnehmer» durch diese selbst und den Betriebsrat bestimmt wird[240], macht die **Definition des «Betriebswohls»** einige Schwierigkeiten. Kommentare und Lehrbücher enthalten allenfalls Andeutungen. Der Sache nach geht es darum, die wirtschaftliche Vertretbarkeit von Maßnahmen zu berücksichtigen[241] und keine Regelungen zu treffen, die die Arbeitsabläufe beeinträchtigen würden. Jede Seite muss auch die Interessen der anderen zur Kenntnis nehmen – im Grunde eine Selbstverständlichkeit, die zu den Elementaranforderungen an rationales Verhandeln gehört.[242] Einigkeit besteht in der Literatur darüber, dass der zwischen dem Arbeitgeber und den Arbeitnehmern bestehende Interessengegensatz durch § 2 Abs. 1 nicht in Frage gestellt werden soll.[243] Auch das BAG teilt diese Auffassung.[244]

## 6.3.2. Die Pflicht zur Wahrung des Betriebsfriedens

774 Der Grundsatz der vertrauensvollen Zusammenarbeit hat in § 74 Abs. 2 BetrVG eine Konkretisierung erfahren, die den Betriebsrat auf «Wirtschaftsfriedlichkeit» festlegt.

### 6.3.2.1. Das Arbeitskampfverbot

775 § 74 Abs. 2 Satz 1 BetrVG verbietet alle «Maßnahmen des Arbeitskampfes» zwischen Arbeitgeber und Betriebsrat, wozu **nicht nur Streik und Aussperrung**, sondern auch andere Kampfmaßnahmen sowie die dazugehörigen Vor-

---

239 DKK-Berg § 2 Rn 7; Fitting § 2 Rn 57; Richardi § 2 Rn 15; im Prinzip auch GK-Kraft-Franzen § 2 Rn 45, die eine «betriebsegoistische» Politik ablehnen, sich zugleich aber (Rn 42) gegen Berg wenden, wonach die Interessen aller Arbeitnehmer zu berücksichtigen sind. Ich sehe keinen Fixpunkt, der zwischen diesen beiden Orientierungsgrößen liegt.

240 Zum Verhältnis zwischen beiden s. unten 6.4. (Rn 793 ff.).

241 DKK-Berg § 2 Rn 7 mwN.

242 Däubler, Verhandeln und Gestalten, Rn 122.

243 DKK-Berg § 2 Rn 6; ErfK-Eisemann § 2 Rn 1; Fitting § 2 Rn 21; GK-Kraft-Franzen § 2 Rn 42; Richardi § 2 Rn 6.

244 BAG AP Nr. 20 zu § 40 BetrVG 1972 = NJW 1984, 2309: Das BetrVG setzt den Interessengegensatz voraus. Der Betriebsrat ist zu vertrauensvoller Zusammenarbeit, nicht aber dazu verpflichtet, die Interessen der Belegschaft zurückzustellen.

bereitungshandlungen gehören.[245] **Nicht** erfasst ist die **kollektive Ausübung von Individualrechten**,[246] da sie nicht unter den Begriff «Arbeitskampf» fällt. In der Literatur werden zum Teil auch sie einbezogen,[247] sodass der Betriebsrat die Ausübung von Zurückbehaltungsrechten z. B. wegen Verletzung arbeitsschutzrechtlicher Normen nicht organisieren könnte – zumindest dann nicht, wenn er eine Verknüpfung mit einem Mitbestimmungsrecht nach § 87 Abs. 1 Nr. 7 herstellen würde. Damit wäre ein spezifisch betriebsverfassungsrechtlicher Arbeitskampfbegriff geschaffen, wofür das Gesetz keine Handhabe bietet. Auch würde man lediglich die Verhandlungsposition des Betriebsrats schwächen, während die Rechte der einzelnen Arbeitnehmer durch § 74 Abs. 2 BetrVG unstreitig nicht tangiert sind.

Entgegen einzelnen Überlegungen in der Literatur[248] ist der **Betriebsrat nicht verpflichtet**, sich **aktiv für die Vermeidung** von Arbeitsniederlegungen **einzusetzen**. § 74 Abs. 2 verlangt nur, bestimmte Aktivitäten zu unterlassen, enthält jedoch seinem eindeutigen Wortlaut nach keine Pflicht zu positivem Tun.[249] Dem hat sich auch das BAG angeschlossen.[250] Der Betriebsrat verletzt also seine Pflichten auch dann nicht, wenn er sich angesichts einer bevorstehenden spontanen Arbeitsniederlegung passiv verhält. Andererseits steht es ihm in einer solchen Situation frei, sich mit einer Erklärung an die Belegschaft zu wenden, die wie folgt lauten könnte: 776

«Liebe Kollegen, wir haben gehört, dass ihr morgen Vormittag um 9 Uhr die Arbeit niederlegen wollt. Wir fordern euch auf, diesen Schritt noch einmal gründlich zu überlegen und eure Aktion bis nachmittags 15 Uhr zu verschieben. In der Zwischenzeit wollen wir versuchen, durch Verhandlungen mit der Betriebsleitung zu einem alle Teile befriedigenden Ergebnis zu kommen. Euer Betriebsrat.»

Der Betriebsrat geht dabei auch dann kein Risiko ein, wenn der Arbeitgeber nachträglich behauptet, in Wahrheit habe gar keine Absicht der Arbeitsniederlegung bestanden.

Kommt es **effektiv** zu einer **spontanen Arbeitsniederlegung**, kann der Betriebsrat in **Verhandlungen mit dem Arbeitgeber** eintreten, um zur Lösung des Konflikts beizutragen.[251] Dabei dürfen «berechtigte Sachinteressen» 776a

245 Richardi § 74 Rn 18.
246 Oben 5.11. (Rn 676 ff.).
247 ErfK-Kania § 74 Rn 9; GK-Kreutz § 74 Rn 47.
248 Germelmann, Betriebsfrieden, S. 112 u. a.
249 Fitting § 74 Rn 14; GK-Kreutz § 74 Rn 85 mit eingehenden Nachweisen.
250 Vgl. BAG DB 1981, 481; BAG 5. 12. 1978 – 6 AZR 485/76 – unveröffentlicht; etwas einschränkend zuvor LAG Hamm DB 1976, 343: keine generelle Pflicht des Betriebsrats zur Beschwichtigung betrieblicher Unruhen.
251 BAG 5. 12. 1978 – 6 AZR 485/76; DKK-Berg § 74 Rn 16; ErfK-Kania § 74 Rn 11; Fitting § 74 Rn 14; GK-Kreutz § 74 Rn 86; Richardi § 74 Rn 25.

aufgegriffen werden, doch ist eine Solidarisierung mit den Streikenden nicht erlaubt[252] – ein schwieriger Drahtseilakt, der ein hohes Maß an diplomatischem Geschick erfordert.[253]

777 Zu beachten ist, dass das Arbeitskampfverbot des § 74 Abs. 2 S. 1 BetrVG **nur die Institution Betriebsrat** trifft. **Das einzelne Betriebsratsmitglied** ist nach § 74 Abs. 3 nicht gehindert, sich als Person gewerkschaftlich zu betätigen. Zulässig ist daher die Teilnahme an einem gewerkschaftlichen Streik, und zwar auch in führender Rolle, z. B. in der **Streikleitung**.[254] Eine Einschränkung besteht nach herrschender Auffassung nur insoweit, als Verlautbarungen und Aufrufe nicht unter Hervorhebung der Mitgliedschaft im Betriebsrat unterzeichnet werden dürfen.[255] In der Regel ist dies ohne große Bedeutung, da die Eigenschaft als Betriebsratsmitglied im Betrieb sowieso bekannt ist. Eines besonderen Hinweises, dass man «als Mensch, Arbeitnehmer und Gewerkschafter» handle, bedarf es nicht.[256]

777 a Auch diese Einschränkung entfällt, wenn es um **Streiks in anderen Betrieben** geht. So ist nach der Rechtsprechung des BAG [257] die **Absendung eines Solidaritätstelegramms** zulässig, wobei auch das Betriebsratsamt genannt werden darf. Rechtswidrig wird eine solche Aktion erst, wenn auf diese Weise der Streik in einem Zulieferbetrieb unterstützt wird und dadurch dem eigenen Betrieb Schaden entsteht. Dasselbe wird man annehmen müssen, wenn es um eine Arbeitsniederlegung in einem andern Betrieb desselben Unternehmens geht. Auch **Geldsammlungen** zugunsten streikender Kollegen in anderen Betrieben erwecken keine grundsätzlichen Bedenken.[258]

### 6.3.2.2. Das Verbot parteipolitischer Betätigung

778 § 74 Abs. 2 Satz 3 BetrVG übernahm entgegen den Vorstellungen der Gewerkschaften das in § 51 Satz 2 BetrVG 1952 enthaltene Verbot parteipolitischer Betätigung, schwächte es jedoch insoweit ab, als die Behandlung tarifpolitischer, sozialpolitischer und wirtschaftlicher Fragen, die den Betrieb oder seine Arbeitnehmer unmittelbar betreffen, erlaubt wurde.

---

252 GK-Kreutz § 74 Rn 86; Richardi § 74 Rn 25.

253 Anders deshalb Fitting § 74 Rn 14: Der Betriebsrat darf die Interessen der streikenden Arbeitnehmer vertreten.

254 BAG AP Nr. 1 zu § 74 BetrVG 1972; DKK-Berg § 74 Rn 13 ff.; Fitting § 74 Rn 15 ff.; GK-Kreutz § 74 Rn 65; Hess u. a.-Worzalla § 74 Rn 14.

255 GK-Kreutz § 74 Rn 66 mwN.

256 DKK-Berg § 74 Rn 18; Fitting § 74 Rn 16; GK-Kreutz § 74 Rn 66.

257 BAG, Urteil vom 20. 3. 1979, 1 AZR 450/76 (soweit ersichtlich, nicht veröffentlicht).

258 Germelmann, Betriebsfrieden, S. 107; Pflug AuR 1954, 296; GK-Kreutz § 74 Rn 68 (mit der Einschränkung, dass dies nicht im selben Tarifbereich gelten könne – solange beim Kampf um einen Verbandstarif Streikunterstützungen bezahlt werden, stellt sich die Frage in der Praxis nicht).

Zweifel bestehen insbesondere bei der Frage, ob nur die auf eine Partei bezogene oder jede politische Aktivität im Betrieb verboten sein soll. Das BAG hat sich schon unter dem alten Recht zur zweiten Auffassung bekannt[259] und auch zum heute geltenden Recht einen **weiten Begriff von «Parteipolitik»** zugrunde gelegt; schon das Eintreten für eine bestimmte «politische Richtung» solle genügen.[260] Beispiel ist etwa eine **Stellungnahme zur Raketenstationierung.**[261] Die praktisch wichtige Durchbrechung dieses «Politikverbots» bei allen tarifpolitischen, sozialpolitischen und wirtschaftlichen Fragen (§ 74 Abs. 2 Satz 3 BetrVG) wird durch das Erfordernis der «konkreten Betriebsbezogenheit» in ihrer Bedeutung gemindert. 779

Das Bundesverfassungsgericht hat im Jahre 1976 den Betriebsratsmitgliedern allgemein politische Erklärungen erlaubt, soweit durch sie der Betriebsfrieden nicht gestört wird.[262] Möglich ist daher insbes. die Solidarisierung mit dem Anliegen einer Bürgerinitiative[263], aber auch eine Stellungnahme zu politischen Sachfragen. Wollte man sie mit dem Argument ausklammern, auch Parteien hätten sich des Problems schon angenommen[264], so gäbe es praktisch keine «allgemein politischen Fragen» mehr. Das BAG hat daraus allerdings noch keine Konsequenzen gezogen.[265] Dies ist umso bedauerlicher, als im BetrVG selbst zwischen den Begriffen «parteipolitisch» und «politisch» (in § 118 Abs. 1 Nr. 1) unterschieden wird.[266] 781

Unbestritten zulässig ist das **gelegentliche Gespräch zwischen Arbeitskollegen**[267], und zwar auch über parteipolitische Fragen. § 74 Abs. 2 betrifft nur die Organe der Betriebsverfassung, nicht den einzelnen Beschäftigten. Selbst diesen Bereich zu reglementieren würde in den Wesensgehalt der Meinungsfreiheit eingreifen und wäre auch im Hinblick auf den Persönlichkeitsschutz völlig inakzeptabel. 782

Dem Verbot parteipolitischer Betätigung könnte man an sich entgegenhalten, die **Betätigungsfreiheit legaler Parteien** sei nicht weniger geschützt als die von Gewerkschaften.[268] Bislang hat sich jedoch für diese These in der arbeitsrechtlichen Literatur keine Unterstützung gefunden – was angesichts 783

259 BAG AP Nr. 1 zu § 44 BetrVG (1952).
260 BAG AP Nr. 1 und 5 zu § 74 BetrVG 1972; BAG NZA 1987, 154.
261 BAG AP Nr. 5 zu § 74 BetrVG 1972 = AiB 1987, 174 = DB 1987, 1898; ablehnend Derleder AuR 1988, 17; Wendeling-Schröder AiB 1987, 173.
262 BVerfG NJW 1976, 1632 = BB 1976, 1026. Zustimmend Fitting § 74 Rn 38.
263 Ebenso DKK-Berg § 74 Rn 31; Fitting § 74 Rn 48; anders GK-Kreutz § 74 Rn 110.
264 So der Sache nach Richardi § 74 Rn 62 mwN; anders Weiss-Weyand § 74 Rn 16.
265 Symptomatisch insoweit BAG AP Nr. 5 zu § 74 BetrVG 1972 = AiB 1987, 174 = DB 1987, 1898; berechtigte Kritik bei Derleder AuR 1988, 17. Abweichend auch LAG Hamburg AiB 1987, 175.
266 Zutreffend Fitting § 74 Rn 50.
267 Vgl. BAG AP Nr. 28 zu § 66 BetrVG (1952); LAG Frankfurt DB 1967, 430.
268 So die Vorauflage.

der durch Art. 21 Abs. 1 GG geschaffenen starken Stellung der Parteien im Grunde erstaunt.

#### 6.3.2.3. Die Unterlassung sonstiger Störungen des Betriebsfriedens

784 § 74 Abs. 2 begnügt sich nicht mit dem ausdrücklichen Verbot von Arbeitskämpfen und parteipolitischer Betätigung. In Satz 2 enthält er außerdem die Pflicht, «Betätigungen zu unterlassen, durch die der Arbeitsablauf oder der Frieden des Betriebs beeinträchtigt werden». Diese Formulierung stellt – so erstaunlich dies für manchen Betrachter erscheinen mag – eine relative Liberalisierung gegenüber der vor 1972 bestehenden Rechtslage dar, nach der Arbeitgeber und Betriebsrat alles zu unterlassen hatten, «was **geeignet** (war), die Arbeit und den Frieden des Betriebs **zu gefährden**» (§ 49 Abs. 2 S. 1 BetrVG 1952). Nicht schon «Eignung zur Gefährdung», sondern erst die «Beeinträchtigung» markiert die Grenze hin zum Verbotenen. Eine abstrakte Gefährdung, die den konkreten Betriebsablauf nicht stört, ist daher rechtlich ohne Bedeutung.[269] Allerdings wird dies wieder relativiert, wenn es heißt, jede Handlung müsse unterbleiben, die nach Kenntnis der Beteiligten «mit hoher Wahrscheinlichkeit» zu einer Beeinträchtigung des Betriebsfriedens führe.[270]

785 Die eigentliche Schwierigkeit der Vorschrift liegt in der **Bestimmung des Begriffs «Betriebsfrieden»**. Germelmann hat ihn zu Recht als «offenen» Begriff bezeichnet, in dessen Auslegung die unterschiedlichsten Wertvorstellungen einfließen können.[271] Dies zeigen Beispiele aus der Rechtsprechung **während des Dritten Reiches**. So wurde damals eine Störung des Betriebsfriedens bejaht, wenn ein Arbeitnehmer nicht den «deutschen Gruß» benutzte und sich weigerte, auf der Betriebsfeier den rechten Arm zu heben und die Nationalhymne mitzusingen.[272] Dasselbe galt, wenn sich ein «Gefolgschaftsmitglied» NSV-Sammlungen und gemeinschaftlichem Eintopfessen entzog oder wenn ein Arbeitnehmer mit einem Fahrrad zur Arbeit kam, auf dessen Klingel sich das rote «S» als Zeichen des sozialdemokratischen Arbeiter-Radfahrbundes «Solidarität» befand. Schließlich reichte es für eine Kündigung aus, dass jemand «Interesselosigkeit» in Lebensfragen der Nation bewies, indem er an einem Wahlsonntag einen **Ausflug mit dem Paddelboot** machte, ohne vorher zur Wahl gegangen zu sein: Da er wegen eines Unfalls zu spät zurückgekehrt war, musste er sich vom LAG Essen entgegenhalten lassen, er

---

269 Fitting § 74 Rn 29.

270 ErfK-Kania § 74 Rn 18; Fitting § 74 Rn 29; GK-Kreutz § 74 Rn 133.

271 Germelmann, S. 154 ff.

272 Nachweise hierzu und zum Folgenden bei Germelmann, S. 38 ff.

hätte dies vorher in Betracht ziehen und deshalb schon am Vormittag seine Stimme abgeben müssen.

Extremfälle dieser Art gibt es in der Gegenwart nicht, doch hat das **BAG** 786 den **Betriebsfrieden** bisweilen außerordentlich **weit verstanden**. So wurde die fristlose Kündigung eines Arbeitnehmers bestätigt, der im Jahr 1953 **als 10-DM-Scheine getarnte Flugblätter** der (damals noch nicht verbotenen) KPD im Betrieb verteilt hatte.[273] Das Grundrecht der Meinungsfreiheit – so das BAG – finde seine Grenze in den Grundregeln über das Arbeitsverhältnis. Dazu gehöre die Verpflichtung, sich so zu verhalten, dass der Betriebsfrieden nicht ernstlich und schwer gefährdet werde und dass die Zusammenarbeit für die übrigen Arbeitnehmer, aber auch für den Arbeitgeber zumutbar bleibe. Dieser Pflicht habe der Gekündigte zuwidergehandelt. Für die Gefährdung des Betriebsfriedens komme es nicht nur auf die Einstellung der Arbeitnehmer an (die nicht protestiert hatten), sondern auch auf die des Arbeitgebers, «der genauso zum Betrieb gehöre wie der Arbeitnehmer». Dieser habe sich die parteipolitische Betätigung des Entlassenen aber ausdrücklich verbeten. Schon die Verärgerung des «Betriebspartners» Arbeitgeber reicht offensichtlich aus, die gedeihliche Zusammenarbeit als gefährdet anzusehen. Ähnlich weit ging das BAG in einer Entscheidung aus dem Jahr 1964,[274] wo über die Kündigung eines Arbeitnehmers zu befinden war, der einen Vorgesetzten auf einer Betriebsversammlung heftig kritisiert hatte: Der **Gebrauch der Worte «Gemeinheit» und «Schikane»** für ein Verhalten, das man in der Umgangssprache üblicherweise so bezeichnet, sowie die Drohung verschiedener Abteilungsleiter mit Kündigung hielt das BAG für ausreichend, um eine die Entlassung rechtfertigende Störung des Betriebsfriedens anzunehmen. Zum eigentlichen Anwendungsbereich von § 49 Abs. 2 BetrVG 1952 bzw. § 74 Abs. 2 S. 2 BetrVG 1972 liegen keine eingehenderen Äußerungen vor, doch wird die Grundeinstellung in einer Entscheidung deutlich, wo es heißt:[275]

> «Recht verstanden führt das Mitbestimmungsrecht des Betriebsrats niemals zu einer Lahmlegung des Betriebs, sondern es fördert Ruhe und Ordnung im Betrieb und damit die Arbeitsfreude und Arbeitswilligkeit der Betriebsgemeinschaft.»

Demgegenüber ist die Konzeption Germelmanns vorzuziehen, wonach § 74 787 Abs. 2 S. 2 den Betriebsrat lediglich verpflichtet, Konflikte ausschließlich in den dafür vorgesehenen rechtsförmigen Verfahren auszutragen und keine Auseinandersetzungen zu führen, die ihre Grundlage nicht unmittelbar im Betriebsgeschehen haben.[276] Dass auch dies dem Betriebsrat Fesseln anlegt,

273 BAGE 1, 185 = AP Nr. 2 zu § 13 KSchG.
274 AP Nr. 4 zu § 1 KSchG verhaltensbedingte Kündigung.
275 BAGE 3, 107. Kritisch dazu mit Recht Ramm JZ 1964, 550.
276 Zustimmend auch Richardi. § 74 Rn 46 ff.

wird etwa an einer Entscheidung des LAG Düsseldorf deutlich, die die Veröffentlichung der mit dem Arbeitgeber geführten Korrespondenz durch den Betriebsrat als einseitige Beeinflussung der Belegschaft und damit als Störung des Betriebsfriedens ansah.[277] Die Auseinandersetzung verlagert sich allerdings zusehends auf Meinungsäußerungen von Arbeitnehmern, die nicht Mitglied des Betriebsrats sind und für die deshalb § 74 Abs. 2 Satz 2 BetrVG nicht gilt.[278] Das **Tragen einer «Anti-Strauß-Plakette»** *kann* nach Auffassung des BAG, muss aber nicht als Störung des Betriebsfriedens qualifiziert werden; entscheidend sollen die Umstände des Einzelfalls sein. So führte das Tragen einer 12 bis 15 cm großen Plakette zur Kündigung eines (nicht dem Betriebsrat angehörenden) Arbeitnehmers[279], während ein 3 bis 5 cm großes «Stopp-Schild» mit Strauß-Karikatur im Ergebnis unbeanstandet blieb.[280] Auf die Größe allein soll es allerdings auch nicht ankommen – klare Konturen besitzt die Rechtsprechung nicht.[281] Soweit diese Maßstäbe auf Betriebsratsmitglieder übertragen werden, steht ihnen allerdings ihr weit reichender Kündigungsschutz zur Seite.[282] Außerdem gibt es in der neueren Rechtsprechung Anzeichen dafür, nicht schon einzelne unzulässige Betätigungen als Entlassungsgrund zu werten.[283]

## 6.3.3. Die Verschwiegenheitspflicht

### 6.3.3.1. Wahrung von Betriebs- und Geschäftsgeheimnissen

788 **§ 79 Abs. 1 BetrVG** verpflichtet die Mitglieder des Betriebsrats, Betriebs- und Geschäftsgeheimnisse nicht zu offenbaren und nicht zu verwerten. Voraussetzung ist, dass ihnen diese Geheimnisse wegen ihrer Zugehörigkeit zum Betriebsrat bekannt wurden und dass sie vom Arbeitgeber ausdrücklich als geheimhaltungsbedürftig bezeichnet wurden. Eine gleichwohl erfolgende Preisgabe stellt eine schwere Pflichtverletzung dar, die zum Ausschluss aus

---

277 LAG Düsseldorf BB 1977, 294.

278 S. Kreutz, GK-BetrVG, § 74 Rn 117 mwN.

279 BAG AP Nr. 73 zu § 626 BGB = AuR 1984, 122 mit Anm. Kohte.

280 BAG vom 21. 12. 1983, 7 AZR 131/82, zitiert nach Zachert AuR 1984, 289. Dort auch eine eingehende und zutreffende Würdigung der BAG-Rechtsprechung.

281 Weitere Beispiele bei Klebe u. a., Basiskommentar, § 74 Rn 4.

282 Dazu unten 6.6.5. (Rn 885 ff.).

283 Richtig LAG Düsseldorf DB 1985, 135: «Würde man den Arbeitnehmer voll mit dem Risiko eines evtl. Irrtums über die Rechtmäßigkeit seines Handelns belasten, so würde dies wiederum dazu führen, dass der Arbeitnehmer auch bei leichten Zweifeln über die Rechtmäßigkeit seiner Meinungsäußerung diese aus Angst um seinen Arbeitsplatz eher unterlassen würde».

dem Betriebsrat führen kann; außerdem greift bei vorsätzlichem Handeln die Strafvorschrift des § 120 Abs. 1 BetrVG ein.

Die in § 79 Abs. 1 betrVG genannten **Voraussetzungen** bedürfen der Erläuterung. 789

▶ Es muss sich um Tatsachen handeln, die **mit den betrieblichen Arbeitsabläufen** oder **der geschäftlichen Betätigung** des Arbeitgebers **in Zusammenhang** stehen. Angaben zur Privatsphäre des Arbeitgebers oder eines Beschäftigten fallen nicht unter § 79, doch dürfte ihre Weitergabe aus anderen Gründen illegal sein.[284]

▶ Die auf den Betrieb oder das Unternehmen bezogenen Tatsachen dürfen **nur wenigen Personen bekannt** sein. Was die gesamte Belegschaft weiß oder was in der Zeitung stand, ist nicht mehr «geheim».[285] Auch die Weitergabe an Personen, die ihrerseits nicht zur Geheimhaltung verpflichtet sind, hebt den Geheimnischarakter auf.

▶ Der Arbeitgeber muss **am Nicht-Bekannt-Werden** ein **berechtigtes Interesse** haben.[286] Dieses liegt insbesondere dann vor, wenn ein Konkurrent aus den fraglichen Informationen Vorteile ziehen könnte. 789a

*Beispiele:* nicht angemeldete Erfindung, die ein Wettbewerber schnell zur Marktreife bringen könnte. Oder: E-Mail-Verzeichnisse von Kunden, die ein Konkurrent mit Vergnügen für seine eigene Werbung verwenden würde.

Am «berechtigten» Interesse fehlt es, wenn es sich um **illegales Verhalten** wie die ungenehmigte Produktion von Kriegswaffen oder eine Steuerhinterziehung handelt.[287] Dasselbe gilt dann, wenn das **Arbeitnehmerinteresse** an der Kenntnis der Tatsachen **gewichtiger** ist als das Arbeitgeberinteresse an Geheimhaltung.[288] Dies kann etwa dann der Fall sein, wenn für die nächsten Monate eine Betriebsstilllegung geplant ist, die der Arbeitgeber erst im allerletzten Moment in der Wirtschaftspresse erwähnt sehen möchte: Hier hat das Interesse der Beschäftigten, sich auf die neue Situation einzustellen und nach einer anderen Beschäftigungsmöglichkeit Ausschau zu halten, den Vorrang.

§ 79 Abs. 1 setzt weiter voraus, dass der Arbeitgeber die fraglichen Tatsachen **ausdrücklich als geheimhaltungsbedürftig bezeichnet** hat. Man spricht insoweit von einem «formellen Geheimnis». Die Erklärung muss klar und eindeutig sein; den Betriebsratsmitgliedern ist es nicht zuzumuten, sich 789b

---

284 Zur Wahrung des Individualgeheimnisses s. unten 6.3.3.2. (Rn 792 f.).

285 DKK-Buschmann § 79 Rn 7.

286 BAG AP Nr. 2 zu § 79 BetrVG 1972 = AiB 1988, 68 = DB 1987, 2526. Aus der Lit. s. Richardi-Thüsing § 79 Rn 4 mwN.

287 DKK-Buschmann § 79 Rn 6 b; ErfK-Kania § 79 Rn 6; Fitting § 79 Rn 3; GK-Oetker § 79 Rn 10; Preis-Reinfeld AuR 1989, 263.

288 DKK-Buschmann § 79 Rn 6 a; Kittner ZHR 136 (1972) 208 ff.; Zachert, Betriebliche Mitbestimmung, S. 132; eher ablehnend GK-Oetker § 79 Rn 10.

lediglich auf Indizien zu verlassen, die für das Vorliegen eines Betriebs- oder Geschäftsgeheimnisses sprechen.[289] Wird zunächst das Geheimnis mitgeteilt und erst nachträglich die Erklärung abgegeben, so greift § 79 BetrVG erst von diesem Zeitpunkt an ein.[290]

789c ▶ Die fraglichen Tatsachen müssen dem Einzelnen **in seiner Eigenschaft als Betriebsratsmitglied** bekannt geworden sein.[291] Soweit er sie in seiner Eigenschaft als Arbeitnehmer oder privat erfahren hat, greift § 79 BetrVG erst dann ein, wenn sie ihm auch in offizieller Eigenschaft und mit dem Hinweis auf die Geheimhaltungsbedürftigkeit mitgeteilt wurden.[292] Dies schließt nicht aus, dass er aufgrund seines Arbeitsvertrags oder nach § 17 UWG zur Geheimhaltung verpflichtet war.[293]

789d Neben den Betriebsratsmitgliedern sind auch die **Ersatzmitglieder** sowie weitere betriebsverfassungsrechtliche Funktionsträger erfasst.[294] § 80 Abs. 4 BetrVG stellt innerbetriebliche **Auskunftspersonen** (§ 80 Abs. 2 Satz 3 BetrVG) und mit Zustimmung des Arbeitgebers herangezogene **Sachverständige** (§ 80 Abs. 3 BetrVG) gleich.

790 Anders als § 55 BetrVG 1952 bezieht § 79 BetrVG **«vertrauliche Angaben» nicht** mit ein. Dadurch wird verhindert, dass der Arbeitgeber durch zahlreiche «Vertraulichkeitsbitten» den Meinungsaustausch zwischen Betriebsrat und Belegschaft erheblich stören könnte.[295] Diese Entscheidung des Gesetzgebers darf nicht dadurch aus den Angeln gehoben werden, dass man aus der vertrauensvollen Zusammenarbeit nach § 2 Abs. 1 BetrVG Verschwiegenheitspflichten ableitet: Diese sind allein dem § 79 zu entnehmen, der als speziellere Vorschrift vorgeht.[296]

790a Die **Verschwiegenheitspflicht** gilt nach § 79 Abs. 1 Satz 3 BetrVG **nicht gegenüber anderen Betriebsratsmitgliedern**. Nur dann kann das Gremium auf der Grundlage eines einheitlichen Informationsstandes Entscheidungen

289 DKK-Buschmann § 79 Rn 11; ErfK-Kania § 79 Rn 7; Hess u. a.-Nicolai § 79 Rn 6; Richardi-Thüsing § 79 Rn 7.

290 Fitting § 79 Rn 7.

291 DKK-Buschmann § 79 Rn 12; ErfK-Kania § 79 Rn 9; Fitting § 79 Rn 7.

292 Fitting § 79 Rn 5; Richardi-Thüsing § 79 Rn 8.

293 DKK-Buschmann § 79 Rn 12.

294 Das Gesetz nennt die Mitglieder und Ersatzmitglieder des Gesamt- und des Konzernbetriebsrats, die Mitglieder der JAV, der Gesamt- und der Konzern-JAV, die Mitglieder des Wirtschaftsausschusses, die Mitglieder der nach § 3 Abs. 1 BetrVG errichteten Gremien, die Mitglieder der Einigungsstelle, einer tariflichen Schlichtungsstelle und einer betrieblichen Beschwerdestelle sowie die Vertreter von Gewerkschaften und Arbeitgeberverbänden, soweit sie Funktionen nach dem BetrVG ausüben, also z. B. den Betriebsrat bzw. den Arbeitgeber beraten.

295 DKK-Buschmann § 79 Rn 13; Simitis-Kreuder NZA 1992, 1012.

296 Eine Amtspflichtverletzung nehmen Richardi-Thüsing § 79 Rn 9 an, wenn der Betriebsrat vertrauliche Angaben in Schädigungsabsicht weitergibt. Der Unrechtsgehalt ergibt sich in diesem Fall aber aus der Schädigungsabsicht, nicht aus der Verletzung einer Vertraulichkeitspflicht.

treffen. In der Regel wird das einzelne Mitglied verpflichtet sein, seine Erkenntnisse an die anderen weiterzugeben, doch muss es dabei auf die Geheimhaltungsbedürftigkeit hinweisen.[297] § 79 Abs. 1 Satz 4 stellt bestimmte weitere Funktionsträger einschließlich der Arbeitnehmervertreter im Aufsichtsrat gleich, doch sind die in Abs. 2 zusätzlich genannten Instanzen nicht erfasst. Dies schließt nicht aus, dass beispielsweise ein in der Betriebsratssitzung anwesender Gewerkschaftsvertreter die dort erörterten Geheimnisse erfährt, doch darf er diese auch nicht innerhalb seiner Organisation weitergeben.[298]

Die Verschwiegenheitspflicht wird auch im öffentlichen Interesse durch- 791
brochen. So verpflichtet § 89 Abs. 1 Satz 2 BetrVG den Betriebsrat zur Zusammenarbeit mit den **Arbeitsschutzbehörden**. In diesem Rahmen kann er auch Betriebs- und Geschäftsgeheimnisse mitteilen, soweit dies für die Aufgabenerfüllung der Behörde erforderlich ist.[299] Muss ein Betriebsratsmitglied in einem gerichtlichen Verfahren als Zeuge aussagen, so steht ihm **kein** auf seine Funktion bezogenes **Zeugnisverweigerungsrecht** zu.[300] Auch zu Aussagen, die den Arbeitgeber belasten, ist er verpflichtet.[301] Betriebs- und Geschäftsgeheimnisse müssen gleichfalls dem Gericht mitgeteilt werden, doch sollte dieses nach § 52 Satz 2 ArbGG und § 171 b GVG die Öffentlichkeit ausschließen und nach § 174 GVG alle anwesenden Personen zum Stillschweigen verpflichten.

### 6.3.3.2. Wahrung von «Individualgeheimnissen»

Nach § 82 Abs. 2 Satz 1 BetrVG kann sich der einzelne Arbeitnehmer die Be- 792
rechnung und Zusammensetzung seines Entgelts erläutern lassen und mit den zuständigen Stellen im Betrieb **Gespräche über seine berufliche Entwicklung** führen. Nach § 82 Abs. 2 Satz 2 kann er dabei ein **Betriebsratsmitglied** seines Vertrauens zuziehen. Dieses hat nach § 82 Abs. 2 Satz 3 über den Inhalt der Verhandlungen **Stillschweigen** zu bewahren – und zwar auch gegenüber Betriebsratskollegen und anderen Funktionsträgern.[302] Auf die «Sensibilität» der Daten und ihren Bekanntheitsgrad kommt es dabei nicht an. § 83 Abs. 1 Satz 3 BetrVG trifft eine entsprechende Regelung für den Fall, dass sich ein Arbeitnehmer bei der **Einsichtnahme in seine Personalakte** von einem Betriebsratsmitglied begleiten und unterstützen lässt. In beiden Fällen kann der

---

297 DKK-Buschmann § 79 Rn 19; Richardi-Thüsing § 79 Rn 13.

298 BAG AuR 2001, 157; zum Ganzen vgl. DKK-Buschmann § 79 Rn 20 ff.; anders Richardi-Thüsing § 79 Rn 12.

299 BAG DB 2003, 2496, 2497 mwN aus der Lit.

300 BVerfG NJW 1979, 1286 erklärte dies für verfassungskonform.

301 BVerfG AuR 2002, 187.

302 DKK-Buschmann § 79 Rn 28; Fitting § 79 Rn 33; GK-Oetker § 79 Rn 50.

Betroffene das Betriebsratsmitglied aber von der Schweigepflicht entbinden. Personenbezogene Daten, die der Betriebsrat im Rahmen seiner Beteiligung bei **Einstellungen und Versetzungen** sowie bei **Kündigungen** erfährt, sind nach § 99 Abs. 1 Satz 3 BetrVG bzw. nach § 102 Abs. 1 Satz 5 BetrVG gleichfalls geheim zu halten; insoweit findet aber § 79 Abs. 1 Satz 2 bis 4 entsprechende Anwendung, sodass die Weitergabe innerhalb der Gremien nicht behindert ist. Die vorsätzliche Verletzung dieser Pflichten ist nach § 120 Abs. 2 BetrVG mit Strafe bedroht.

792 a **Andere personenbezogene Daten** der Beschäftigten darf der Betriebsrat gleichfalls nur übermitteln oder nutzen, soweit dies für seine Funktionen erforderlich ist. Er ist insoweit an das BDSG gebunden.[303] Verboten ist es deshalb z. B., die Schwangerschaft einer Kollegin im Betrieb zu verbreiten[304] oder Gehaltshöhe und Eingruppierung eines Arbeitnehmers am schwarzen Brett bekannt zu geben.[305] Auch Protokolle von Betriebsratssitzungen dürfen nur an die Betriebsöffentlichkeit gegeben werden, wenn derartige Angaben anonymisiert oder entfernt sind.

## 6.4. Betriebsrat und Belegschaft

793 Der eben geschilderte Handlungsrahmen legt den Betriebsrat darauf fest, die Interessen der Arbeitnehmer im Wesentlichen durch Argumente und durch Ausschöpfung der im Gesetz vorgesehenen Verfahren zu vertreten. Gerade deshalb ist es besonders bedeutsam, dass er seine Aufgaben in enger Anbindung an die Vorstellungen der Belegschaft erfüllt. Nur dann wird die Gefahr vermieden, dass er sich nach Art einer Personalunterabteilung für sozialen Frieden im Wesentlichen darauf beschränkt, die von «oben» kommenden Maßnahmen gegenzuzeichnen.

---

303 Einzelheiten bei Däubler, dbr Heft 4/2005 S. 15 ff. Insoweit ist die von Richardi-Thüsing § 79 Rn 32 befürwortete analoge Anwendung der §§ 82 Abs. 2 Satz 3 usw. nicht erforderlich.

304 Fitting § 79 Rn 34.

305 DKK-Buschmann § 79 Rn 28; vgl. auch LAG Berlin RDV 1987, 252.

## 6.4.1. Die Wahl des Betriebsrats

### 6.4.1.1. Grundsätzliches

Nach § 13 Abs. 1 BetrVG finden die regelmäßigen Betriebsratswahlen **alle vier Jahre** in der Zeit vom 1. März bis 31. Mai statt.[306] In der Nicht-Wiederwahl liegt das stärkste Korrektiv, das es gegenüber einer wenig überzeugenden Amtsführung gibt. Nur bei grober Pflichtverletzung, insbes. bei schweren Rechtsverstößen, kann auch während der vier Jahre gegen ein Betriebsratsmitglied vorgegangen werden. 794

**Wahlberechtigt** sind alle zum Zeitpunkt der Wahl im Betrieb beschäftigten Arbeitnehmer, die das 18. Lebensjahr vollendet haben (§ 7 Satz 1 BetrVG). Die Rechtsprechung verlangt, dass sie grundsätzlich nicht nur in die betriebliche Organisation eingegliedert, sondern auch auf der Grundlage eines Arbeitsvertrags mit dem Betriebsinhaber beschäftigt sind.[307] Dies hat zur Folge, dass beispielsweise von Drittfirmen entsandte Personen auch dann nicht wahlberechtigt sind, wenn sie jahrelang im Betrieb arbeiten und voll in die Arbeitsabläufe integriert sind. Das überzeugt wenig, da sich der Betriebsrat vorwiegend mit Problemen der Arbeitsabläufe und nicht mit Fragen des Arbeitsvertrags zu befassen hat.[308] Der Gesetzgeber hat im Jahre 2001 lediglich insoweit eine Auflockerung gebracht, als **überlassene Arbeitskräfte, insbesondere Leiharbeitnehmer,** mitwählen können, wenn sie **länger als drei Monate** im Betrieb eingesetzt werden. Dies ist dann der Fall, wenn sie im Wahlzeitpunkt im Betrieb beschäftigt sind und ihr Einsatz entweder diesen Zeitraum schon überschritten hat oder jedenfalls für eine solche Dauer vorgesehen ist.[309] Erfasst ist auch die konzerninterne Leihe sowie die sog. echte Leiharbeit, die darin besteht, dass ein bei einem anderen Arbeitgeber auf Dauer Beschäftigter vorübergehend im Betrieb tätig ist.[310] 794a

Wahlberechtigt sind auch Personen, die wegen Ableistung des Wehrdienstes, wegen **Elternzeit** oder die deshalb im Wahlzeitpunkt nicht im Betrieb sind, weil sie einen längeren Urlaub («Sabbatical») genommen haben.[311] Nicht erfasst sind nach der Rechtsprechung jedoch **Altersteilzeiter** im Block- 794b

---

306 Bis 1989 betrug die Wahlperiode drei Jahre.

307 BAG AP Nr. 1 zu § 9 BetrVG 1972; BAG AP Nr. 1 zu § 7 BetrVG ständ. Rspr., zuletzt BAG NZA 2005, 1006. Geringfügig Beschäftigte sind in gleicher Weise wie Vollzeitkräfte wahlberechtigt.

308 Kritisch deshalb auch DKK-Schneider § 7 Rn 7 ff.

309 Brors NZA 2002, 123, 125; Däubler AiB 2001, 684, 686; Fitting § 7 Rn 60.

310 GK-Kreutz § 7 Rn 67.

311 Dazu und mit weiteren Anwendungsfällen DKK-Schneider § 7 Rn 12; Fitting § 7 Rn 29 ff.; GK-Kreutz § 7 Rn 22 ff.

modell, die sich bereits in der Freistellungsphase befinden.[312] Dies überzeugt wenig, da sie im Einzelfall mit ihrer Zustimmung zu Arbeitsleistungen herangezogen werden können[313] und da sie auch wirtschaftlich weiter z. B. von Sozialleistungen erfasst sind, über deren Verteilung der Betriebsrat ein Mitbestimmungsrecht hat.[314] Wer **gekündigt** ist, behält sein aktives Wahlrecht, solange die Kündigungsfrist noch nicht abgelaufen ist oder während des gerichtlichen Verfahrens eine Weiterbeschäftigung erfolgt.[315]

794c **Arbeitnehmerähnliche Personen** sind nicht wahlberechtigt;[316] daran hat der Gesetzgeber auch im Jahre 2001 nichts geändert. Eine Ausnahme gilt nur für **Heimarbeiter**, die «in der Hauptsache» für den Betrieb arbeiten, da sie § 5 Abs. 1 Satz 2 BetrVG den Arbeitnehmern im Sinne des BetrVG gleichstellt. **ABM Kräfte** sind demgegenüber normale Arbeitnehmer[317], während die sog. **1-Euro-Kräfte** nach § 16 Abs. 3 SGB II in keinem Arbeitsverhältnis zum Einsatzbetrieb stehen.

794d **Wählbar** sind nach § 8 BetrVG alle wahlberechtigten Arbeitnehmer, die im Wahlzeitpunkt dem Betrieb, Unternehmen oder Konzern mindestens sechs Monate angehören. § 14 Abs. 2 Satz 1 AÜG nimmt die Leiharbeitnehmer jedoch aus. Andere überlassene Arbeitnehmer können demgegenüber gewählt werden.[318] Auch **gekündigte Arbeitnehmer** sind wählbar, und zwar selbst dann, wenn sie im Betrieb nicht weiterbeschäftigt werden. Werden sie gewählt, sind sie für die Dauer des Verfahrens an der Ausübung ihres Amtes verhindert.[319]

794e Die **Wahl** muss nach § 14 Abs. 1 BetrVG **geheim und «unmittelbar»**, d. h. ohne Zwischenschaltung irgendwelcher Wahlmänner erfolgen. Sie ist auch **«allgemein»** in dem Sinne, dass alle Wahlberechtigten in gleicher Weise ihre Stimme abgeben können; die Bildung von «Wahlkreisen» ist unzulässig.[320] Die Wahl ist weiter **«gleich»** in dem Sinne, dass jede Stimme grundsätzlich denselben Einfluss auf das Wahlergebnis hat, soweit das Gesetz hier keine Ausnahmen vorsieht.[321] Schließlich muss sie **«frei»** in dem Sinne sein, dass keine unzulässigen Wahlbeeinflussungen – etwa durch Stellungnahmen des Arbeitgebers zugunsten einer Liste oder durch Androhung von Nachteilen – erfolgen. Unwahre oder lügnerische Aussagen im «Wahlkampf» machen die

---

312 BAG AP Nr. 1 zu § 9 BetrVG 2002 = AuR 2004, 109; zustimmende Äußerungen in der Literatur bei Fitting § 7 Rn 32.

313 § 5 Abs. 4 ATG, soweit die Geringfügigkeitsgrenze nicht überschritten ist.

314 Anders deshalb DKK-Schneider § 7 Rn 11 a; Däubler AuR 2004, 82.

315 BAG NZA 2005, 707.

316 Plander, FS Däubler, S. 272 ff.

317 BAG NZA 2005, 480.

318 Fitting § 8 Rn 26, aber bestr. Ablehnend für die konzerninterne Leihe BAG NZA 2005, 1006, und BAG NZA 2004, 1340.

319 BAG NZA 2005, 707.

320 Fitting § 14 Rn 17.

321 Dies betrifft insbes. den Fall des § 15 Abs. 2 BetrVG. Dazu unten 6.4.1.5. (Rn 801 ff.).

Wahl nicht unfrei; vielmehr müssen sich die Betroffenen notfalls gerichtlich zur Wehr setzen.[322]

Seit 2001 findet in Betrieben mit bis zu 50 Arbeitnehmern das sog. **vereinfachte Wahlverfahren** statt. Gegenüber dem «normalen» Wahlverfahren sind die einzuhaltenden Fristen kürzer; der Sache nach geht es um Beschleunigung, keineswegs um Vereinfachung. 794f

### 6.4.1.2. Zahl der Betriebsratsmitglieder

Die Zahl der Betriebsratsmitglieder richtet sich nach dem **Schlüssel des § 9 BetrVG**. Der Betriebsrat besteht in Betrieben mit in der Regel 795

| | |
|---|---|
| 5 bis 20 wahlberechtigten Arbeitnehmern aus einer Person, | |
| 21 bis 50 wahlberechtigten Arbeitnehmern aus | 3 Mitgliedern, |
| 51 wahlberechtigten bis 100 Arbeitnehmern aus | 5 Mitgliedern, |
| 101 bis 200 Arbeitnehmern aus | 7 Mitgliedern, |
| 201 bis 400 Arbeitnehmern aus | 9 Mitgliedern |
| usw. | |

Wichtig ist, dass auf die Zahl der **«in der Regel»** (nicht gerade am Wahltag) beschäftigten Arbeitnehmer abgestellt wird und dass bei größeren Einheiten die Wahlberechtigung keine Rolle mehr spielt: Auch wer nicht wählen kann, weil er beispielsweise noch nicht 18 Jahre alt ist, wird vom Betriebsrat betreut und verursacht daher einen gewissen Arbeitsaufwand. Die Zahl der Betriebsratsmitglieder erhöht sich **keineswegs proportional** zur Zahl der Beschäftigten. Während etwa bei einem Betrieb von 60 Arbeitnehmern auf 12 Beschäftigte ein Betriebsratsmitglied kommt, ist das Verhältnis bei einem Betrieb von 360 Arbeitnehmern 40 zu 1. Eine Belegschaft von 2500 Arbeitnehmern wählt einen aus neunzehn Personen bestehenden Betriebsrat, was einem Verhältnis von 131 zu 1 entspricht. Schließlich hat das BAG festgestellt, dass die **überlassenen Arbeitnehmer** im Sinne des § 7 Satz 2 BetrVG bei der Belegschaftsstärke **nicht mitzählen** – und zwar auch dann nicht, wenn es sich um keine gewerbsmäßige oder eine konzerninterne Verleihung handelte.[323]

### 6.4.1.3. Die Bestellung des Wahlvorstands

Die Durchführung der Wahl liegt ausschließlich in der Hand des Wahlvorstands. Soweit er bestellt ist, kann man fast immer mit der effektiven Durchführung der Wahl rechnen. Im Einzelnen muss man dabei unterschieden: 796

**Besteht** im Betrieb **bereits ein Betriebsrat**, so setzt dieser den Wahlvor- 796a

322 Fitting § 20 Rn 11 mwN.
323 BAG NZA 2004, 1340.

stand spätestens 10 Wochen vor Ablauf seiner vierjährigen Amtszeit ein. Dieser besteht aus drei Wahlberechtigten, von denen einer vom Betriebsrat zum Vorsitzenden bestimmt wird.[324] Besteht acht Wochen vor Ablauf der Amtszeit noch kein Wahlvorstand, so bestellt ihn nach § 16 Abs. 2 Satz 1 das Arbeitsgericht auf Antrag von mindestens drei Wahlberechtigten oder einer im Betrieb vertretenen Gewerkschaft. In Betrieben mit mehr als 20 Arbeitnehmern kann das Arbeitsgericht auch Externe zu Mitgliedern des Wahlvorstands machen. Gehört der Betrieb zu einem Unternehmen, in dem ein Gesamtbetriebsrat besteht, so kann auch dieser einen Wahlvorstand einsetzen. Dasselbe gilt ggf. für einen Konzernbetriebsrat.

796b Im sog. **vereinfachten Wahlverfahren** (Betriebe bis 50 Beschäftigte) bestehen nach § 17a Nr. 1 kürzere Fristen. Der Betriebsrat muss spätestens vier Wochen vor dem Auslaufen seiner Amtszeit einen Wahlvorstand eingesetzt haben, der Antrag ans Arbeitsgericht und die Einsetzung durch den Gesamtbetriebsrat sind drei Wochen vor Auslaufen möglich.

796c Besteht im Betrieb noch kein Betriebrat, so kann jederzeit, also auch außerhalb des normalen Wahlzeitraums vom 1. März bis 31. Mai, eine Wahl eingeleitet werden. Den Wahlvorstand bestellt nach § 17 Abs. 1 der Gesamtbetriebsrat oder, falls es einen solchen nicht gibt, der Konzernbetriebsrat. Bestehen diese Gremien nicht oder bleiben sie untätig, so wird der Wahlvorstand in einer **Betriebsversammlung** von der Mehrheit der anwesenden Arbeitnehmer gewählt. Zu dieser Betriebsversammlung können nach § 17 Abs. 3 BetrVG drei wahlberechtigte Arbeitnehmer des Betriebs oder eine im Betrieb vertretene Gewerkschaft einladen.

Was geschieht, wenn der Arbeitgeber den Betriebsrat für völlig überflüssig hält, wegen der auf ihn zukommenden Kosten «sauer» ist und die drei Initiatoren kündigen will? § 15 Abs. 3a KSchG schließt für die Dauer des Verfahrens die ordentliche Kündigung aus. Kommt die Wahl zustande, haben die Initiatoren in der Regel wenigstens den Kündigungsschutz eines Wahlbewerbers nach § 15 Abs. 3 KSchG, der ein halbes Jahr dauert. Unterbleibt die Wahl trotz ihrer Bemühungen, schließt § 15 Abs. 3a KSchG die ordentliche Kündigung für drei Monate aus.

Für die Betriebsversammlung gibt es kein «Mindestquorum». Ist die Beteiligung gering, wird es allerdings unschwer passieren können, dass sich **keine Kandidaten für den Wahlvorstand** (oder keine Mehrheit für sie) finden. Damit ist diese Phase des Verfahrens beendet. Drei wahlberechtigte Arbeitnehmer oder eine im Betrieb vertretene Gewerkschaft können nunmehr beim **Arbeitsgericht einen Antrag auf Einsetzung des Wahlvorstands** stellen. Bei Betrieben mit mehr als 20 Arbeitnehmern können dabei wiederum Externe eingesetzt werden.

324 Bei besonders komplizierten Wahlen kann die Mitgliederzahl erhöht werden, doch muss sie immer ungerade sein, um eine Patt-Situation zu vermeiden: § 16 Abs. 1 Satz 2 und 3.

Der Arbeitgeber meint im gerichtlichen Verfahren, in Wirklichkeit sei die antragstellende Gewerkschaft im Betrieb gar nicht vertreten, da sie über kein einziges Mitglied verfüge. Sie möge doch dieses freundlicherweise mit **Vor- und Zunamen benennen**. Um die fragliche Person zu schützen, muss sie im gerichtlichen Verfahren nicht namhaft gemacht werden. Nach Auffassung des BAG,[325] die vom BVerfG bestätigt wurde,[326] genügt eine sog. Tatsachenbescheinigung eines Notars: Dieser bestätigt, dass sich eine bestimmte Person durch Personalausweis, Lohnabrechnungen und Mitgliedsbuch der Gewerkschaft ausgewiesen habe. Das genügt.[327] 796d

Im sog. **vereinfachten Wahlverfahren** wird nach § 17a Nr. 3 BetrVG der Wahlvorstand auf einer Wahlversammlung gewählt, zu der ebenfalls drei wahlberechtigte Arbeitnehmer oder eine im Betrieb vertretene Gewerkschaft einladen können. Kommt die Versammlung nicht zustande (weil niemand erscheint) oder wird kein Wahlvorstand gewählt, so kann genau wie im normalen Verfahren das Arbeitsgericht eingeschaltet werden (§ 17a Nr. 4). Der eigentliche Unterschied besteht in etwas anderem: Wird ein Wahlvorstand gewählt, so findet die **Wahl bereits eine Woche später** in einer zweiten Versammlung statt (§ 14a Abs. 1 Satz 3 BetrVG). 797

Die Wahl wird in allen Verfahrensarten dadurch erleichtert, dass es die Tätigkeit im **Wahlvorstand** nicht ausschließt, **gleichzeitig** für den neuen Betriebsrat zu **kandidieren**.[328] Auch bisherige Betriebsratsmitglieder können dies tun. Um Unregelmäßigkeiten zu vermeiden, hat jede im Betrieb vertretene Gewerkschaft, d.h. auch eine Minderheitenorganisation, ein Teilnahmerecht an allen Sitzungen des Wahlvorstands. 797a

### 6.4.1.4. Durchführung der Wahl

Die Einzelheiten des Wahlverfahrens sind in der **Wahlordnung** geregelt,[329] die in allen gängigen Kommentaren abgedruckt und erläutert ist.[330] Deshalb hier nur in Stichworten: 798

Der Wahlvorstand muss zunächst die **Wählerliste** aufstellen, in der alle 799

325 NJW 1993, 612 = AP Nr. 4 zu § 2 BetrVG 1972; ebenso BAG AP Nr. 41 zu § 253 ZPO.

326 BVerfG NZA 1994, 891.

327 Ebenso die überwiegend herrschende Auffassung in der Lit. S. die Nachweise bei GK-Kraft-Franzen § 2 Rn 39.

328 BAG BB 1977, 243.

329 Erste Verordnung zur Durchführung des Betriebsverfassungsgesetzes (Wahlordnung – WO) vom 11. Dezember 2001 (BGBl I S. 3494), zuletzt geändert durch Verordnung vom 23. Juni 2004 (BGBl I S. 1393).

330 Eine nützliche praktische Anleitung einschließlich der notwendigen Formulare und Check-Listen bietet Wedde, Betriebsratswahl kompakt (mit CD-ROM), ifb Media Verlag 2005. Monographische Durchdringung bei Boemke, Die Betriebsratswahl, Leipzig 2005.

nach seiner Auffassung wahlberechtigten Personen aufgeführt sind. Sie wird zusammen mit dem sog. **Wahlausschreiben** spätestens sechs Wochen vor dem vorgesehenen Wahltermin im Betrieb bekannt gemacht.[331] Damit ist die Wahl «eingeleitet». Innerhalb von zwei Wochen kann einmal gegen die Wählerliste Widerspruch eingelegt werden, weil man den eigenen Namen dort nicht findet oder weil Personen drauf sind, da gar nicht wirklich im Betrieb als Arbeitnehmer beschäftigt sind. Wichtiger ist, dass innerhalb derselben Frist **Vorschlagslisten** eingereicht werden können. Soweit dies durch betriebsangehörige Arbeitnehmer erfolgt, muss die Liste nach § 14 Abs. 4 BetrVG mindestens von einem Zwanzigstel der wahlberechtigten Arbeitnehmer unterzeichnet sein. In Großbetrieben reichen auf alle Fälle 50 Unterschriften, in Kleinbetrieben benötigt man mindestens drei (auch wenn das Zwanzigstel darunter liegt), in kleinen Einheiten bis zu 20 Wahlberechtigten wenigstens zwei. Reicht eine im Betrieb vertretene Gewerkschaft einen Vorschlag ein, benötigt sie keine solchen «Stützunterschriften»; vielmehr genügt die Unterzeichnung durch zwei Gewerkschaftsbeauftragte.

799a Wurde nur eine Liste eingereicht, findet **Mehrheitswahl** statt: Gewählt sind diejenigen, die die meisten Stimmen erhalten haben. Ob sie vorne oder hinten auf der Liste standen, spielt keine Rolle. Gibt es zwei oder mehr Listen, findet **Verhältniswahl** statt; der Anteil einer Liste an den Sitzen richtet sich nach dem Stimmenanteil. Als konkrete Personen sind diejenigen gewählt, die an der Spitze der Liste stehen; eine Kumulation von Stimmen auf bestimmte Bewerber oder ein «Panaschieren», d. h. eine Übernahme von Kandidaten einer anderen Liste, wie bei manchen Kommunalwahlen in Süddeutschland, ist nicht möglich.

799b Die **Stimmabgabe** muss **geheim**, also so erfolgen, dass andere nicht Kenntnis nehmen können. Die **Auszählung** der Stimmen und die Bekanntgabe des Wahlergebnisses erfolgen **betriebsöffentlich** (§ 13 WO).

800 Beim **vereinfachten Wahlverfahren** muss man unterscheiden: Ist der Wahlvorstand vom bisherigen Betriebsrat, vom Gesamt- oder vom Konzernbetriebsrat oder vom Arbeitsgericht eingesetzt worden, so findet eine einzige Wahlversammlung statt, auf der der Betriebsrat gewählt wird (sog. **einstufiges Verfahren**). Wahlvorschläge können bis zu einer Woche vor dem festgesetzten Wahltermin eingereicht werden (§ 14a Abs. 3 BetrVG).Wird der Wahlvorstand dagegen in einer Wahlversammlung bestimmt, so muss er im Laufe dieser Versammlung die Wählerliste aufstellen und das Wahlausschreiben anfertigen. Anschließend können Kandidaturen eingereicht werden. Am Ende der Versammlung ist «Meldeschluss», da ja die Versammlung zur Wahl des Betriebsrats schon eine Woche später stattfindet (sog. **zweistufiges Verfahren**). In allen Fällen gibt es nur Einzelkandidaturen, keine Vorschlagslisten.

---

331 Der Inhalt des Wahlausschreibens ergibt sich aus den 13 Ziffern des § 3 Abs. 2 WO.

Die Kandidaten werden in alphabetischer Reihenfolge aufgeführt; gewählt ist, wer die meisten Stimmen bekommt.

Die zu bewältigenden organisatorischen Probleme sind beim zweistufigen Verfahren beträchtlich. Wie will so ein armer Wahlvorstand innerhalb einer halben Stunde eine Wählerliste und ein Wahlausschreiben zusammenbekommen? Das klappt nur bei sehr guter Vorbereitung und einem beträchtlichen Maß an bürokratischer Begabung. Bei der «Wahlversammlung» ergibt sich die Schwierigkeit, dass man eigentlich nichts mehr zu besprechen, sondern nur Schlange zu stehen hat, bis man mit der Stimmabgabe dran ist. Bei der Bremer Ratskeller GmbH hat man deshalb zu Recht den Begriff «Versammlung» nicht wörtlich genommen, sondern einfach drei Stunden angesetzt, in deren Verlauf jeder wählen gehen konnte, wenn dies den Umständen nach gerade sinnvoll war.

In **Betrieben zwischen 51 und 100** wahlberechtigten Arbeitnehmern können 800a
Wahlvorstand und Arbeitgeber vereinbaren, das vereinfachte Wahlverfahren zu praktizieren; dies gilt jedoch nur für die jeweilige konkrete Wahl, nicht generell für die Zukunft.

### 6.4.1.5. Die Mindestrepräsentanz des Geschlechts in der Minderheit

Nach § 15 Abs. 2 BetrVG muss das Geschlecht, das in der Belegschaft in der 801
Minderheit ist, «mindestens entsprechend seinem zahlenmäßigen Verhältnis im Betriebsrat vertreten sein», wenn dieser aus mindestens drei Personen besteht. Die Regelung schafft einen «Minderheitenschutz»[332], der in der Regel (aber keineswegs immer) zugunsten von Frauen wirkt.[333] Was «entsprechende» Vertretung bedeutet, ist streitig. § 5 WO hat sich für das sog. d'Hondt'sche Höchstzahlverfahren entschieden, was zur Folge hat, dass die bei prozentualer Berechnung nahe liegende Aufrundung von «Bruchteilssitzen» nicht erfolgt. Dies sei an einem Beispiel aus der Rechtsprechung des BAG[334] verdeutlicht.

Im Betrieb sind 26 Männer und 7 Frauen beschäftigt. Es sind daher drei Be- 801a
triebsratsmitglieder zu wählen. Im Höchstzahlverfahren wird jede der beiden Zahlen durch 1, 2, 3 usw. dividiert; die höchsten Zahlen (hier: die höchsten drei) werden berücksichtigt. Dies gibt bei den Männern **26, 13 und 8,6**, bei den Frauen **7, 3,5** usw. Den Frauen steht also kein Sitz zu. Prozentual haben die Frauen einen Anteil von 21,21 % an der Gesamtbelegschaft von 33 Personen; dies würde 0,63 Betriebsratssitzen entsprechen.[335]

---

332 GK-Kreutz § 15 Rn 15.

333 Vgl. Klenner-Lindecke WSI-Mitt. 2003, 178: Bei den 1197 untersuchten Betrieben waren in 879 Fällen die Frauen und in 318 Fällen die Männer in der Minderheit.

334 NZA 2004, 1340.

335 S. auch Franke NZA 2005, 395.

801 b Gleichwohl wird die in der Wahlordnung vorgenommene Konkretisierung auch vom BAG für rechtmäßig gehalten, da es keine zwingende Formel gebe, wie man die anteilige Berücksichtigung berechne.[336] Auch die als Folge eintretende unterschiedliche Gewichtung der Stimmen ist vom Gesetzgeber gewollt und daher hinzunehmen.

*Beispiel:* Es findet Mehrheitswahl statt, den Frauen steht 1 Sitz (von insgesamt 5) zu. Die kandidierenden acht Männer erhalten alle zwischen 30 und 50 Stimmen, während die als einzige kandidierende Frau nur 5 Stimmen erhält. Sie ist trotzdem gewählt, obwohl dann Personen nicht zum Zuge kommen, die ersichtlich mehr Stimmen hatten.

801 c Sind nicht genügend Kandidaten des Geschlechts in der Minderheit vorhanden, so werden die entsprechenden Sitze durch das Geschlecht in der Mehrheit ausgefüllt. Spezielle Probleme können sich bei einer Listenwahl ergeben.

*Beispiel:* Liste 1 gewinnt 8 von 9 Betriebsratsmandaten, Liste 2 gewinnt eines. Die Frauen haben Anspruch auf mindestens zwei Sitze. Auf der Liste 1 befinden sich zwei Frauen, die auch gewählt wurden, weil Liste 2 von einem Mann angeführt wurde. Nach einiger Zeit scheiden beide Frauen aus persönlichen Gründen aus dem Betrieb aus. Da die Liste 2 auf Platz 4 und 5 jeweils eine Frau hat, kommen diese nunmehr in den Betriebsrat. Aus einer Mehrheit von 8 zu 1 ist plötzlich eine Mehrheit von nur noch 6 zu 3 geworden.

Ein solcher **«Listensprung»** ist unvermeidlich, wenn man die gesetzliche Konzeption durchhalten will. Das BAG hat auch dies gebilligt,[337] während das LAG Köln[338] einen Verstoß gegen den Grundsatz der Wahlrechtsgleichheit annahm und die Angelegenheit dem BVerfG vorlegte. Eine Aufhebung des § 15 Abs. 2 BetrVG gilt als unwahrscheinlich. In der Praxis hat sich durch die Neuregelung der Frauenanteil an den Betriebsratsmitgliedern erheblich vergrößert.[339]

### 6.4.1.6. Fehlerhafte Wahl

801 d Ist gegen «wesentliche Vorschriften über das Wahlrecht, die Wählbarkeit oder das Wahlverfahren» verstoßen worden, so kann die Wahl nach § 19 BetrVG innerhalb von zwei Wochen beim Arbeitsgericht **angefochten** werden. Berechtigt dazu sind mindestens drei Wahlberechtigte, eine im Betrieb vertretene Gewerkschaft sowie der Arbeitgeber. Voraussetzung ist, dass sich der Verstoß auf das Wahlergebnis ausgewirkt haben kann.

---

336 BAG NZA 2004, 1340, 1343; BAG NZA 2005, 1252; aus der Literatur s. Fitting § 15 Rn 11; GK-Kreutz § 15 Rn 23; Marschollek, S. 123f.

337 NZA 2005, 1252. In diesem Sinne bereits Brors NZA 2004, 472.

338 NZA-RR 2004, 247.

339 Klenner-Lindecke WSI-Mitt. 2003, 178: Bei den Wahlen 2002 lag er in 43,5 % der untersuchten Betriebe höher und nur in 9,6 % der Betriebe niedriger als 1998.

Daran fehlt es, wenn z. B. drei nicht wahlberechtigte Arbeitnehmer auf der Wählerliste standen, das Ergebnis der Listenwahl aber kein anderes gewesen wäre, wenn man von den Stimmen der einen oder der anderen Liste drei abgezogen hätte.

Ein wichtiger Anfechtungsgrund ist die **Verkennung des Betriebsbegriffs**; hier wird die mögliche Ursächlichkeit nicht zweifelhaft sein. Dasselbe wird auch dann angenommen, wenn der Betriebsrat einen Wahlvorstand einsetzte, dessen Mitglieder nicht zu den wahlberechtigten Arbeitnehmern gehörten.[340] Ein Anfechtungsgrund wird zu Recht auch dann angenommen, wenn ausländische Arbeitnehmer, die der deutschen Sprache nicht mächtig sind, entgegen § 2 Abs. 5 WO nicht in geeigneter Weise über das Wahlverfahren unterrichtet wurden.[341]

Die Anfechtung ist **für den Arbeitgeber** relativ **unangenehm**, da er 801e sowohl die Kosten des gerichtlichen Verfahrens als auch nach § 20 Abs. 3 BetrVG die der Neuwahl trägt. Während des Anfechtungsverfahrens bleibt der Betriebsrat im Amt und kann wie ein fehlerfrei gewählter seine Rechte ausüben. Würde dem Antrag rechtskräftig stattgegeben, wäre der Betrieb bis zur Neuwahl ohne Betriebsrat. Um dies zu vermeiden, **treten Betriebsräte**, die in der zweiten Instanz eine solche Entscheidung auf sich zukommen sehen, häufig **zurück** und setzen einen Wahlvorstand ein; die (dieses Mal sehr sorgfältig durchgeführte) Neuwahl wird im Zweifel zeitlich vor der Entscheidung des LAG liegen.

Bei besonders groben und offensichtlichen Verstößen ist die Wahl **nichtig**. 801f Dies ist etwa der Fall, wenn der Betriebsrat durch Handaufheben in einer Versammlung gewählt wird oder wenn man auf Wählerliste und Wahlausschreiben verzichtet und jeden, der sich gerade im Betrieb aufhält, mitwählen lässt. Viele kleinere Mängel führen nach der neuesten Rechtsprechung nicht mehr zur Nichtigkeit.[342] Der nichtig gewählte Betriebsrat übt kein Amt aus; es gibt ihn nicht. Wurde er allerdings längere Zeit vom Arbeitgeber **als Verhandlungspartner anerkannt**, so würde dieser gegen Treu und Glauben verstoßen, wenn er sich nunmehr auf die Nichtexistenz des Gremiums und die Unwirksamkeit der getroffenen Vereinbarungen berufen würde.[343]

---

340 LAG Hessen NZA-RR 2004, 27.

341 BAG DB 2005, 675.

342 BAG AuR 2004, 309 mit zustimmender Anm. Rudolph.

343 Däubler, FS Wißmann, S. 284 mwN.

## 6.4.2. Freies Mandat und gerichtliche Kontrolle

### 6.4.2.1. Inhaltliche Bindung statt Möglichkeit der Abwahl

802 Der in der Regel auf vier Jahre gewählte Betriebsrat ist nicht weisungsgebunden, sondern ein unabhängig handelnder «Repräsentant». Selbst Beschlüsse auf einer Betriebsversammlung oder eine von allen unterschriebene Erklärung sind für ihn rechtlich nicht bindend, obwohl sie natürlich große moralische und betriebspolitische Bedeutung haben. Eine Abwahl ist nicht möglich. Derartige plebiszitäre Elemente sind der Betriebsverfassung wie der Personalvertretung fremd.[344]

803 Gewissermaßen als Ausgleich ist der Betriebsrat verpflichtet, **von** den ihm eingeräumten **Befugnissen** im vorgegebenen Rahmen der §§ 2 Abs. 1, 74 Abs. 1 und 2 BetrVG **Gebrauch** zu **machen**. So kann er weder durch Abmachung mit dem Arbeitgeber noch durch einseitige Erklärung auf seine Befugnisse verzichten; darin läge eine schwere Pflichtverletzung.[345] Auch durch frei ausgehandelte Betriebsvereinbarung dürfen dem Arbeitgeber nicht beliebig viele einseitige Entscheidungsbefugnisse eingeräumt werden.[346]

804 Eine **inhaltliche Vorprogrammierung** des Betriebsratshandelns findet sich in § 75 BetrVG. Nach dessen Abs. 1 haben Arbeitgeber wie Betriebsrat darüber zu wachen, dass alle im Betrieb tätigen Personen nach **Recht und Billigkeit** behandelt werden. Insbesondere ist jede unterschiedliche Behandlung wegen «Abstammung, Religion, Nationalität, Herkunft, politischer oder gewerkschaftlicher Betätigung oder Einstellung oder wegen des Geschlechts oder der sexuellen Identität» untersagt. Auch ist darauf zu achten, dass Arbeitnehmer nicht wegen Überschreitung bestimmter Altersstufen benachteiligt werden, was allerdings der Revision bedarf, da das EG-rechtliche **Diskriminierungsverbot** wegen Alters auch jüngere Arbeitnehmer schützt. Auch wird das Diskriminierungsverbot wegen Behinderung hinzukommen müssen. Darüber hinaus ist der Betriebsrat genau wie der Arbeitgeber nach **§ 75 Abs. 2 BetrVG** verpflichtet, «die freie Entfaltung der Persönlichkeit der im Betrieb beschäftigten Arbeitnehmer zu schützen und zu fördern» – eine

344 Vgl. BVerfGE 51, 77 = NJW 1979, 1875, wonach die Abwahlmöglichkeit nach dem BremPersVG gegen bundesgesetzliche Vorgaben verstieß. Kritisch dazu Mückenberger, in: Däubler-Küsel (Hrsg.), Verfassungsgericht und Politik, S. 64 ff. In jüngerer Zeit hat das BAG (AiB 2005, 619 = EzA § 3 BetrVG 2001 Nr. 1) einen Tarifvertrag über die Bildung eines «Standortbetriebsrats» für unzulässig erklärt, weil es es den Belegschaften überlassen hatte, im Wege der Abstimmung darüber zu entscheiden, ob sie Einzelbetriebsräte oder einen gemeinsamen Standortbetriebsrat wählen wollten.

345 Zusammenfassend und mit eingehenden Nachweisen Joussen RdA 2005, 31 ff.

346 DKK-Däubler, Einl. Rn 86 c.

Vorschrift, der größere Bedeutung im Rahmen des Individualarbeitsverhältnisses zukommt.[347]

### 6.4.2.2. Amtsenthebung durch die Arbeitsgerichte

Hält sich der Betriebsrat nicht an die ihm vom Gesetz zugedachte Rolle, so setzt er sich Sanktionen aus. Sie zu verhängen ist Sache des Arbeitsgerichts. Dieses kann nach **§ 23 Abs. 1** BetrVG wegen grober Pflichtverletzung ein einzelnes Betriebsratsmitglieds **seines Amtes entheben** oder den Betriebsrat insgesamt auflösen. Antragsbefugt sind ein Viertel der wahlberechtigten Arbeitnehmer, der Arbeitgeber oder eine im Betrieb vertretene Gewerkschaft. Wann eine grobe Pflichtverletzung angenommen wird, lässt sich schwer prognostizieren. In der Praxis kommt es so gut wie nie vor, dass ein Betriebsratsmitglied oder der ganze Betriebsrat wegen übermäßiger Arbeitgeberorientierung in Schwierigkeiten gerät; die Verletzung der betrieblichen Friedenspflicht oder das Verbots parteipolitischer Betätigung spielt demgegenüber eine prominente Rolle.[348] 805

Die gerichtliche Amtsenthebung hat keinen Einfluss auf das passive Wahlrecht. Dies gilt auch dann, wenn wegen des Ausschlusses eines seiner Mitglieder der ganze Betriebsrat zurücktritt und deshalb umgehend Neuwahlen stattfinden.[349] Die Entscheidung des Arbeitsgerichts wird dadurch nicht konterkariert, da der Ausschluss als solcher ja wirksam bleibt und von den Beschäftigten bewertet werden kann. Wird der Betriebsrat insgesamt aufgelöst, so setzt das Gericht nach § 23 Abs. 2 BetrVG zugleich einen Wahlvorstand ein, doch entsteht gleichwohl ein betriebsratsloses Zwischenstadium. Dem kann dadurch entgegengewirkt werden, dass der Betriebsrat bei sich abzeichnender Negativ-Entscheidung zurücktritt und umgehend Neuwahlen veranlasst.[350] 805 a

### 6.4.2.3. Klage auf Vornahme bestimmter Handlungen des Betriebsrats?

Verschiedentlich wurde erwogen, eine weitere Form gerichtlicher Kontrolle zu schaffen. So könnte man theoretisch daran denken, den bei einer Betriebsänderung im Sinne des § 111 BetrVG untätig bleibenden Betriebsrat zu zwingen, über einen Sozialplan zu verhandeln, oder einem gekündigten Arbeitnehmer das Recht einzuräumen, den Betriebsrat zur Einlegung eines Widerspruchs 806

347 Dazu Bd. 2 Rn 601 ff. und 638 ff.

348 S. den Überblick bei Fitting § 23 Rn 19, 37; GK-Oetker § 23 Rn 46 ff., 101.

349 BVerwG AP Nr. 7 zu § 10 PersVG; DKK-Trittin § 23 Rn 15; ErfK-Eisemann § 23 Rn 16; Fitting § 23 Rn 30; GK-Oetker § 23 Rn 93; ablehnend für diesen Fall Richardi-Thüsing § 8 Rn 45.

350 Zum Parallelfall der Anfechtung der Betriebsratswahl oben 6.4.1.6. (Rn 801 e).

nach § 102 Abs. 3 BetrVG zu verpflichten. Trotz scheinbarer Plausibilität wird ein solcher Vorschlag bislang abgelehnt[351] und dies zu Recht: Ein **«imperatives Mandat» nach Maßgabe der Gerichte** würde die Beziehungen zwischen Belegschaft und Betriebsrat weiter von demokratischer Kontrolle entfernen und käme außerdem in der Praxis regelmäßig zu spät. Auch ist es sinnvoller, Betriebsvereinbarungen einer Billigkeitskontrolle zu unterwerfen[352] oder eine Mindestdotierung eines Sozialplans einzufordern,[353] deren Unterschreitung zur Unwirksamkeit des Sozialplans und zu einem Nachteilsausgleich nach § 113 BetrVG führen würde.

## 6.4.3. Die Kommunikation zwischen Belegschaft und Betriebsrat

807 Jeder Betriebsrat, der den gesetzlichen Rahmen im Interesse der Arbeitnehmer nutzen will, bedarf des Rückhalts in der Belegschaft. Dies gilt erst recht dann, wenn er in manchen Fragen eine «harte Verhandlungstaktik» verfolgt oder nach seiner Auffassung verfolgen muss. Elementare Voraussetzung hierfür ist, dass die Beschäftigten ihre Probleme zum Ausdruck bringen, mit Arbeitskollegen diskutieren und an den Betriebsrat herantragen können. Weiter muss auch die Belegschaft über die Aktivitäten des Betriebsrats informiert sein, da sie ihre Kontrollmöglichkeiten nur ausüben kann, wenn der Betriebsrat einen etwaigen Informationsvorsprung nicht als Herrschaftsinstrument benutzt, sondern seine Erfahrungen und Erkenntnisse an die Belegschaft weitergibt.[354]

### 6.4.3.1. Die Willensbildung in der Belegschaft

#### (1) Das persönliche Gespräch

808 Die Kommunikation zwischen den einzelnen Arbeitnehmern stellt eine Art **Restbereich rechtlich nicht geregelter zwischenmenschlicher Beziehungen** dar.[355] Seine Grenzen werden in erster Linie durch die Arbeitspflicht und

351 Hanau RdA 1973, 299; Löwisch AuR 1972, 362. Vgl. weiter von Hoyningen-Huene ZRP 1978, 184 ff.

352 Dazu unten 6.8.1.2. (Rn 935 f.).

353 BAG NZA 2005, 302.

354 Zum praktischen Funktionieren der Kommunikation Belegschaft–Betriebsrat in drei Großbetrieben s. Autorenkollektiv, Mitbestimmung als Kampfaufgabe, Köln 1971, S. 200 ff. Diese sehr positiven Erfahrungen ließen sich schon damals nicht verallgemeinern. Heute wäre zu fragen, weshalb sich in den fraglichen Betrieben die Dinge zum Schlechteren entwickelt haben. Aus neuerer Zeit s. etwa Kotthoff, Betriebsräte und Bürgerstatus.

355 Kotthoff (Betriebsräte und Bürgerstatus, S. 30) spricht insoweit von betrieblicher Lebenswelt.

andere Verpflichtungen aus dem Arbeitsverhältnis bestimmt. Diskussionen am Arbeitsplatz dürfen daher nicht dazu führen, dass die Arbeit vernachlässigt wird.[356] Ob auch ein Arbeitsplatz zugewiesen werden darf, der praktisch jeden **Kontakt mit Kollegen unmöglich** macht oder aufs äußerste erschwert, hängt u. a. davon ab, wie ernst man das Bekenntnis zu humanen Arbeitsbedingungen und zum Persönlichkeitsschutz des Einzelnen nimmt.[357] Für ausschließlich über das Internet abgewickelte Arbeitsverhältnisse wird daher verlangt, dass neben der dienstlichen in bestimmtem Umfang auch eine private Kommunikation möglich sein muss, die gewissermaßen das kurze Gespräch auf dem Gang oder in der Kantine ersetzt.[358]

Der Einzelne kann grundsätzlich darauf vertrauen, dass eine in privatem Kreis 809
abgegebene vertrauliche Erklärung dem Arbeitgeber oder Dritten nicht mitgeteilt wird. Das BAG hat folgerichtig die **Kündigung eines Denunzianten ausdrücklich bestätigt**.[359] In der Gegenwart ist dieses Prinzip dadurch gefährdet, dass von amerikanischen Konzernspitzen initiierte «Verhaltensrichtlinien» oder **«Ethikkodizes»** typischerweise eine Klausel enthalten, wonach ein nicht richtlinienkonformes Verhalten von Arbeitskollegen über eine «Hotline» zur Anzeige gebracht werden muss.[360] Da die Anforderungen sehr weit ins Privatleben hineinreichen, ist mit Recht ein Verstoß gegen den Persönlichkeitsschutz geltend gemacht worden.[361]

Soll der Bereich persönlicher Gespräche verlassen werden, so bieten sich den Belegschaftsangehörigen folgende rechtlich geregelte Möglichkeiten:

### (2) Der Gang zum Betriebsrat

Die Arbeitnehmer können sich einzeln oder auch gemeinsam mit anderen an 810
den Betriebsrat wenden. Dieser hat in aller Regel für derartige Zwecke eine **Sprechstunde** eingerichtet (§ 39 Abs. 1 BetrVG). Die dadurch versäumte **Arbeitszeit** darf nach § 39 Abs. 3 BetrVG nicht zur Minderung des Entgelts führen.[362] Auch außerhalb der Sprechstunde können sich Arbeitneh-

356 Richtig Joachim, in: Freiheit, S. 259.

357 Dazu Bd. 2 Rn 594 ff.

358 Däubler, Internet und Arbeitsrecht, Rn 411.

359 BAG AP Nr. 5 zu § 611 BGB Treuepflicht.

360 S. als Beispiel den Ethik-Kodex bei Wal Mart – dazu ArbG Wuppertal NZA-RR 2005, 476; LAG Düsseldorf DB 2006, 162 = dbr 4/2006, S. 40 mit Anm. Däubler. Zu vergleichbaren Auseinandersetzungen in Frankreich s. Junker BB 2005, 602 ff.

361 Däubler, dbr Heft 9/2005 S. 25 ff.; Wisskirchen-Jordan-Bissels DB 2005, 2190.

362 Zur massenhaften Inanspruchnahme der Sprechstunden bei drohenden Arbeitsniederlegungen Johannson, S. 42. Dazu das Beispiel oben 5.14.1. (Rn 702). Vgl. auch ArbG Hamburg AiB 1982, 158: 8 Arbeitnehmer suchten wegen Problemen an ihrem Arbeitsplatz eineinhalb Stunden lang den Betriebsrat auf; während dieser Zeit stand die von ihnen bediente Anlage still. ArbG Hamburg: Zu-

mer an das Betriebsratsbüro wenden oder ein Betriebsratsmitglied ansprechen.[363]

### (3) **Anruf oder E-Mail an den Betriebsrat**

811 Einfacher als der im Gesetz geregelte Besuch der Sprechstunde wird heute in vielen Fällen ein Anruf beim Betriebsrat sein. Insbesondere in einem Filialbetrieb ist der Arbeitgeber verpflichtet, die Telefonanlage so zu schalten, dass sich einzelne Arbeitnehmer jederzeit problemlos an ein Betriebsratsmitglied wenden können.[364] Dasselbe gilt für die Absendung einer E-Mail im Rahmen des Intranets.[365]

### (4) **Beschwerderecht**

812 Der einzelne Arbeitnehmer hat weiter **das Recht**, sich beim Arbeitgeber oder – was hier mehr interessiert – **beim Betriebsrat zu beschweren**, wenn er sich vom Arbeitgeber oder von Arbeitnehmern des Betriebs benachteiligt oder ungerecht behandelt (oder in sonstiger Weise beeinträchtigt) fühlt (§§ 84, 85 BetrVG). Sehen sich **mehrere Arbeitnehmer** als betroffen, können sie sich gemeinsam an den Betriebsrat wenden.[366] Lediglich eine sog. Popularbeschwerde, d. h. eine Beschwerde durch nicht unmittelbar Betroffene, ist im Gesetz nicht vorgesehen.[367] Hält der Betriebsrat das Anliegen für berechtigt, so muss er mit dem Arbeitgeber über eine Beseitigung des «Missstands» verhandeln. Lässt sich keine Einigung erreichen, so entscheidet gemäß § 85 Abs. 2 BetrVG die **Einigungsstelle** verbindlich darüber, ob die Beschwerde berechtigt war. Kommt sie zu einem positiven Ergebnis, so ist der Arbeitgeber zur Abhilfe verpflichtet, doch ist es ihm überlassen, welche Mittel er hierfür wählt.[368]

812a **Ausgenommen** sind nach § 85 Abs. 2 Satz 3 BetrVG **Rechtsansprüche**, die gerichtlich durchzusetzen sind.[369] Hält der Arbeitnehmer beispielsweise eine Abmahnung für unberechtigt, so kann er dies nicht zum Gegenstand

---

lässig, Lohnfortzahlung nach § 39 Abs. 3 BetrVG. Deutlich restriktiver GK-Weber § 39 Rn 29; dem ArbG Hamburg zustimmend DKK-Wedde § 39 Rn 25.

363 LAG Berlin EzA § 39 BetrVG 1972 Nr. 1; DKK-Wedde § 39 Rn 5.

364 BAG NZA 2003, 803 = AiB 2005, 309; BAG NZA 2003, 991 LS = AiB 2003, 746; DKK-Wedde § 40 Rn 108.

365 Zum grundsätzlichen Zugang des Betriebsrats zum Intranet s. BAG NZA 2004, 278.

366 DKK-Buschmann § 84 Rn 8; Fitting § 84 Rn 4; GK-Wiese § 84 Rn 11; Nebendahl-Lunk NZA 1990, 676, 677 f.

367 Fitting § 84 Rn 4; GK-Wiese § 84 Rn 11. Sie ist zwar möglich, löst aber nicht das Verfahren nach §§ 84, 85 BetrVG aus: DKK-Buschmann § 84 Rn 7 mwN.

368 LAG Düsseldorf NZA 1994, 767; DKK-Buschmann § 85 Rn 18; GK-Wiese § 85 Rn 25.

369 Dazu eingehend Buschmann, FS Däubler, S. 320 ff.

eines Verfahrens nach §§ 84, 85 machen.[370] Allerdings ist dies sehr wohl im Hinblick auf Begleitumstände und Rahmenbedingungen denkbar, die erst zu einem Konflikt geführt haben.[371] Außerdem gibt es Fälle, in denen es dem Arbeitgeber schwer fallen wird, sich auf diesen Gesichtspunkt zu berufen.

*Beispiel:* Der Betriebsrat verhandelt mit dem Arbeitgeber über die Arbeitsgeschwindigkeit (z.B. am Fließband), da sich ein Arbeitnehmer beschwert hat. Es ist eher unwahrscheinlich, dass die Arbeitgebervertreter in der Einigungsstelle die Auffassung vertreten werden, der Arbeitnehmer habe nach § 75 Abs. 2 BetrVG oder aus der im Lichte des Gesundheitsschutzes interpretierten Fürsorgepflicht heraus einen gerichtlich durchsetzbaren Anspruch auf ein langsameres Arbeiten. Nur dann wäre aber die Einigungsstelle an einer verbindlichen Entscheidung gehindert, da die bloße Möglichkeit eines Anspruchs nicht genügt, würde doch sonst eine beträchtliche Lücke im System des Rechts- und Interessenschutzes klaffen.

#### (5) Vorschlagsrecht nach § 86a BetrVG

Der 2001 eingefügte § 86a gibt dem Arbeitnehmer das Recht, **mit Vorschlägen an den Betriebsrat heranzutreten**. Dies ist an sich eine Selbstverständlichkeit; immerhin verpflichtet Satz 2 der Vorschrift den Betriebsrat, den Vorschlag innerhalb von zwei Monaten auf die Tagesordnung zu setzen, wenn er von mindestens 5 % der Belegschaftsmitglieder unterstützt wird. Die dafür notwendigen **Unterschriften** können während der Arbeitszeit gesammelt werden.[372] Große praktische Bedeutung scheint die Vorschrift nicht zu haben, zumal Rechtsprechung nicht ersichtlich ist. Der Betriebsrat wird im Zweifel sowieso entsprechende Anregungen aufgreifen, sodass es der Unterschriften nicht bedarf. 812b

### 6.4.3.2. Ermittlungen durch den Betriebsrat

#### (1) Befragungen, Betriebsbegehungen, Messungen

Der Betriebsrat kann auch seinerseits aktiv werden, um von den im Betrieb vorhandenen Problemen Kenntnis zu erhalten: Nach der Rechtsprechung[373] ist er befugt, schriftliche oder mündliche **Befragungen der Belegschaft** vorzunehmen. Voraussetzung ist lediglich, dass er sich dabei im Rahmen 813

370 GK-Wiese § 85 Rn 15 mwN.

371 DKK-Buschmann § 85 Rn 11.

372 Annuß NZA 2001, 367; Däubler AuR 2001, 289; DKK-Buschmann § 86a Rn 8; Fitting § 86a Rn 5; Hanau RdA 2001, 271; grundsätzlich auch ErfK-Kania § 86a Rn 1 und Richardi-Thüsing § 86a Rn 3, soweit es auf andere zumutbare Weise nicht möglich ist. Ähnlich GK-Wiese § 86a Rn 9,10.

373 BAG DB 1977, 914.

seiner Zuständigkeit bewegt und dass der Betriebsfrieden nicht gestört wird.[374]

814 Weiter steht dem Betriebsrat und seinen Mitgliedern das Recht zu, einzelne Arbeitnehmer an ihrem Arbeitsplatz aufzusuchen[375] oder eine **Betriebsbegehung** durchzuführen.[376] Auch kann er seinen Informationsstand im Bereich des Arbeitsschutzes richtiger Auffassung nach dadurch verbessern, dass er selbst **Messungen** vornimmt; die dafür erforderlichen Geräte sind ihm nach allerdings bestrittener Auffassung vom Arbeitgeber nach § 40 BetrVG zur Verfügung zu stellen.[377] Dies rechtfertigt sich mit der Erwägung, dass die in § 80 Abs. 1 Nr. 1 BetrVG dem Betriebsrat übertragene Überwachungsaufgabe nur dann effektiv wahrgenommen werden kann, wenn gleichzeitig auch alle relevanten Informationen beschafft werden können: Die Anfrage an den Arbeitgeber ist gerade in solchen Fällen nicht immer das geeignete Mittel.

(2) **Heranziehung einer Auskunftsperson**

814a Nach dem 2001 eingefügten § 80 Abs. 2 Satz 3 BetrVG kann der Betriebsrat vom Arbeitgeber verlangen, ihm **«sachkundige Arbeitnehmer als Auskunftspersonen»** zur Verfügung zu stellen. Dies muss zur «ordnungsgemäßen Erfüllung der Aufgaben des Betriebsrats erforderlich» sein. Dabei reicht es aus, wenn die fragliche Aufgabe des Betriebsrats mit einer gewissen Wahrscheinlichkeit besteht, eine technische Änderung also z. B. Auswirkungen auf den Personalbedarf haben kann.[378] Ist dies gegeben, so besitzt der Betriebsrat ähnlich wie im Rahmen des § 37 Abs. 2 BetrVG einen Beurteilungsspielraum, ob er die Erforderlichkeit bejahen will oder nicht.[379]

814b Die Auskunftsperson soll ihre **besonderen Kenntnisse und Fähigkeiten an den Betriebsrat weitergeben**.[380] Wie diese zustande gekommen sind, ist unerheblich; es kann sich auch um innerbetrieblich erworbenes Erfahrungswissen handeln. Die Auswahl der Person ist Sache des Betriebsrats;[381] der Arbeitgeber kann eine entsprechende Bitte nur wegen betrieblicher Notwendigkeiten ablehnen, weil beispielsweise zunächst noch Eilaufträge abzuwickeln

---

374 Eingehend dazu (und mit Beispielen) Satzer AiB 1997, 251 ff.

375 BAG DB 1983, 2419 = BB 1984, 598 LS.; BAG AP Nr. 1 zu § 2 LPVG NW.

376 BAG AP Nr. 1 zu § 70 BetrVG 1972; DKK-Buschmann § 80 Rn 14; Fitting § 80 Rn 80; Kümpel AiB 1982, 5. Vgl. auch ArbG Berlin AiB 1988, 187.

377 Näher dazu unten 6.6.3 (Rn 871 ff.).

378 So LAG Hamm AiB 2002, 115, wo unklar war, ob der Einsatz eines «Hochleistungsbelichters» in einer Druckerei zusätzlichen Personalbedarf verursachen oder zu einem Personalabbau führen würde.

379 DKK-Buschmann § 80 Rn 116 a; Fitting § 80 Rn 82.

380 DKK-Buschmann § 80 Rn 118.

381 DKK-Buschmann § 80 Rn 122; GK-Kraft-Weber § 80 Rn 114; Hanau RdA 2001, 21.

sind.[382] Die Sachkunde wird allein vom Betriebsrat beurteilt, es sei denn, sie würde offensichtlich fehlen.[383] Die Auskunftsperson kann aus einem anderen Betrieb des Unternehmens stammen;[384] auch leitende Angestellte können in Betracht kommen.[385]

Der Betriebsrat kann auch mehrere Auskunftspersonen heranziehen, die 814c
einen Gegenstand aus unterschiedlicher Perspektive beleuchten. Die amtliche Begründung nennt als Gegenstände für einen solchen **«Arbeitskreis»** die Qualifizierung, die Beschäftigungssicherung und den Gesundheitsschutz.[386] Praktische Bedeutung könnte diese Möglichkeit insbesondere bei schwierigen, aber weniger umstrittenen Themen wie der betrieblichen Altersversorgung gewinnen.[387] Ist eine Angelegenheit innerbetrieblich kontrovers, kann die Auskunftsperson leicht in einen Loyalitätskonflikt geraten, was ihre Bedeutung für den Betriebsrat drastisch mindert.

Die Auskunftsperson wird im betrieblichen Interesse tätig. Wird durch die- 814d
sen «Sondereinsatz» die normale Arbeitszeit überschritten, muss der Arbeitgeber ggf. eine **Überstundenvergütung** bezahlen.[388] Soweit der Arbeitgeber dem Betriebsrat **Betriebs- und Geschäftsgeheimnisse** mitteilen müsste, ist dazu auch die Auskunftsperson verpflichtet.[389]

### 6.4.3.3. Betriebs- und Abteilungsversammlungen

#### (1) Recht und Praxis

Nach § 43 Abs. 1 S. 1 BetrVG hat der Betriebsrat **einmal in jedem Kalender-** 815
**vierteljahr** eine Betriebsversammlung einzuberufen und auf ihr einen Tätigkeitsbericht zu erstatten. Dies stimmt sachlich mit § 42 Abs. 1 S. 1 BetrVG 1952 überein. Allerdings ließ die praktische Umsetzung Wünsche offen. Bei einer Anfang der 60er Jahre in 491 Industriebetrieben durchgeführten empirischen Untersuchung stellte sich heraus, dass zwei Drittel der erfassten Betriebe hinter dem gesetzlichen «Soll» von vier Betriebsversammlungen jährlich zurückblieben.[390] Eine etwas später erstellte Studie aus dem Dienstleistungs-

---

382 DKK-Buschmann § 80 Rn 122; GK-Kraft-Weber § 80 Rn 106.

383 Fitting § 80 Rn 83.

384 DKK-Buschmann § 80 Rn 120; ErfK-Kania § 80 Rn 30a; Klebe u. a. § 80 Rn 22; Richardi-Thüsing § 80 Rn 86; anders Fitting § 80 Rn 85; GK-Kraft-Weber § 80 Rn 111.

385 Strittig. Das LAG Hamm (AiB 2002, 114) hatte keine Bedenken, den Leiter einer Druckerei als Auskunftsperson heranzuziehen.

386 BT-Drucksache 14/5741 S. 46.

387 Däubler AuR 2001, 286.

388 DKK-Buschmann § 80 Rn 125; Fitting § 80 Rn 85; Löwisch BB 2001, 1790; Oetker NZA 2003, 1238.

389 DKK-Buschmann § 80 Rn 126; GK-Kraft-Weber § 80 Rn 118; Oetker NZA 2003, 1233, 1237.

390 Blume, S. 57.

sektor ergab, dass in 7 % aller Betriebe überhaupt keine Betriebsversammlung stattgefunden hatte.[391] Auch wo es einen Betriebsrat gibt, kann ersichtlich nicht mit einer vollen Realisierung der Betriebsverfassung gerechnet werden.

816 Bei der Reform des Jahres 1972 wurden eine Reihe von Ergänzungen eingefügt, die eine Wende zum Besseren bringen sollten:

▶ Zwei der jährlichen vier Betriebsversammlungen können als **Abteilungsversammlungen** stattfinden. Diese sollen ein Forum für die speziellen Probleme einzelner Arbeitsbereiche schaffen und so das Interesse der Arbeitnehmer steigern.

▶ Der **Arbeitgeber** oder sein Vertreter **hat** mindestens einmal in jedem Kalenderjahr in einer Betriebsversammlung über das Personal- und Sozialwesen und über die wirtschaftliche Lage und Entwicklung des Betriebs **zu berichten;** allerdings muss er nichts mitteilen, was Betriebs- oder Geschäftsgeheimnisse gefährden könnte.

▶ Der Betriebsrat kann **in jedem Kalenderhalbjahr** eine **zusätzliche Betriebs- bzw. Abteilungsversammlung** durchführen, «wenn dies aus besonderen Gründen zweckmäßig erscheint». Damit ist die Möglichkeit gegeben, Betriebsversammlungen dann einzuberufen, wenn die Probleme am dringlichsten sind.

▶ Innerhalb von zwei Wochen muss der Betriebsrat **auf Antrag einer** im Betrieb vertretenen **Gewerkschaft** eine Betriebsversammlung einberufen, wenn im vorhergehenden Kalenderhalbjahr keine Betriebsversammlung und keine Abteilungsversammlungen stattfanden.

Aufrechterhalten blieb das schon früher bestehende Recht des Arbeitgebers sowie eines Viertels der wahlberechtigten Arbeitnehmer, den Betriebsrat zur Einberufung einer außerordentlichen Betriebsversammlung zu zwingen.

817 Die Auswirkungen dieser Verbesserungen halten sich vermutlich in bescheidenem Rahmen.[392] Auf den ersten Blick ist dies verwunderlich, da die **Teilnahme** an einer Betriebsversammlung **nicht** zu einer **Entgeltminderung** führen darf, d. h. praktisch wie Arbeitszeit behandelt wird. Davon gibt es nur eine Ausnahme: Die von einem Viertel der Belegschaft erzwungenen Betriebsversammlungen finden außerhalb der Arbeitszeit statt und werden nicht vergütet. Darin kann man eine gewisse Privilegierung der Willensbildung von «oben» sehen. Inwieweit psychologische Momente wie die Schwierigkeit, einer Betriebsversammlung vorzusitzen oder vor einem großen Auditorium zu reden, für die Nichterfüllung der gesetzlichen Verpflichtungen mitentscheidend sind, entzieht sich näherer Betrachtung. Auch hört man bisweilen die Vermutung, der Betriebsrat habe ein oder zwei Betriebsversammlungen pro

391 Kliemt, S. 190.

392 Vgl. die Studien von Kotthoff, a.a.O. Eher optimistisch die Zahlen von Niedenhoff, mitgeteilt bei Richardi-Annuß vor § 42 Rn 14.

Jahr gegen finanzielle Zugeständnisse des Arbeitgebers auf anderen Gebieten «eingetauscht».

### (2) Zulässige Themen

«Die Betriebsversammlung ist ein legitimes Forum für freie Meinungsäußerung der Arbeitnehmer über betriebliche Angelegenheiten. Dabei darf ein Arbeitnehmer Kritik nicht nur an Missständen im Betrieb, sondern auch an den Personen üben, die für diese Missstände verantwortlich sind. Diese Kritik darf sich auch auf den Arbeitgeber und die von ihm mit der Leitung des Betriebs oder von Teilen des Betriebes beauftragten Personen erstrecken.» Aus diesen Ausführungen des BAG[393] scheint freiheitlicher Geist zu sprechen, doch **hat** die **Liberalität** nach Gesetz und Rechtsprechung **ihre (sehr engen) Grenzen**. 818

Gemäß §45 BetrVG unterliegt die Betriebs- und Abteilungsversammlung denselben Bindungen wie der Betriebsrat: Auch ihr ist es untersagt, den Betriebsfrieden zu stören, Arbeitskämpfe vorzubereiten oder parteipolitische Themen zu erörtern. Zu ihrem Kompetenzbereich werden vom Gesetz ausschließlich Angelegenheiten gerechnet, die den Betrieb oder seine **Arbeitnehmer unmittelbar betreffen**.[394] Doch damit nicht genug: Die sich in diesem Rahmen haltende Kritik muss – so das BAG in der zitierten Entscheidung – «so vorgebracht werden, dass Verletzungen und **Störungen des Betriebsfriedens vermieden** werden»; wer die Worte «Gemeinheit» und «Schikane» gebraucht, riskiert daher gegebenenfalls eine Kündigung.[395] Vermutlich wegen der Gefahr einer spontanen Ad-hoc-Solidarisierung sind daher die Beschränkungen faktisch noch schärfer als bei der Betriebsratstätigkeit. 819

Was geschieht, wenn die **Betriebsversammlung ihren Charakter verliert**, weil beispielsweise ausschließlich über Parteipolitik geredet wird? Wenn die Geschäftsleitung – anders als z.B. beim Auftritt bekannter Politiker – nicht einverstanden ist, kann die Zahlung der **Vergütung** für die fragliche Zeit **verweigert** werden. Allerdings müssen die Abweichungen vom gesetzlichen Modell beträchtlich sein: Wird nur eine Viertelstunde über ein rein gewerkschaftspolitisches Thema diskutiert[396], oder erstrecken sich nur 820

393 BAG AP Nr. 4 zu § 1 KSchG verhaltensbedingte Kündigung.

394 Zur Zulässigkeit einer Diskussion über Vertrauensleutearbeit s. LAG Düsseldorf DB 1987, 2659. Das «Sparpaket» der Bundesregierung ist nach ArbG Minden (AiB 1996, 555 mit Anm. Wolmerath) gleichfalls tauglicher Gegenstand einer Betriebsversammlung. Zu den auch hier maßgebenden Bindungen für den Betriebsrat s. oben Rn 780ff.

395 Vergleiche andererseits Schuster AiB 1986, 135, der von einem die Meinungsfreiheit konsequent beachtenden Urteil des ArbG Hannover berichtet.

396 So LAG Düsseldorf DB 1981, 1729.

einzelne Diskussionsbeiträge auf ein «sachfremdes» Thema, ist die Grenze noch nicht überschritten.[397] Hinzu kommt, dass der **Arbeitgeber** die Entgeltfortzahlung dann nicht verweigern darf, wenn er der Erörterung des fraglichen Themas **zu keinem Zeitpunkt widersprochen** hatte. Dies gilt insbesondere dann, wenn darauf schon in der Tagesordnung hingewiesen wurde, die er mit der Einladung erhielt.[398] Schließlich könnte sich bei Einbehalt des Entgelts eine Eskalation innerbetrieblicher Konflikte ergeben. In schweren Fällen kann gegen den Betriebsratsvorsitzenden ein Verfahren nach § 23 Abs. 1 BetrVG angestrengt werden, weil er als Versammlungsleiter nicht gegen ein «Ausufern» eingeschritten ist. Auch dafür gibt es kaum praktisches Anschauungsmaterial. Ein persönliches Risiko geht unter diesen Umständen nur ein Redner ein, der die Grenzen der Meinungsfreiheit überschreitet und keinen Sonderkündigungsschutz genießt.

### (3) Dauer der Betriebsversammlung

821 Nach § 44 Abs. 1 Satz 1 BetrVG findet die Betriebsversammlung grundsätzlich während der Arbeitszeit statt. Das Gesetz gibt keine zeitliche Grenze vor; sie kann so lange fortgesetzt werden, **bis die Tagesordnung erschöpft ist**.[399] Das ArbG Hamburg hat deshalb sogar eine **Gesamtdauer von vier Tagen** unbeanstandet gelassen, da es um drohende Massenentlassungen ging.[400] Geht die Betriebsversammlung über das normale Arbeitsende hinaus, so muss der Arbeitgeber lediglich das entsprechende Entgelt, nicht aber eine Überstundenvergütung bezahlen.[401]

### (4) Einzelheiten der Durchführung

822 ▶ Können Betriebsversammlungen «wegen der Eigenart des Betriebes» nicht als Vollversammlungen aller Arbeitnehmer stattfinden, so sind sog. **Teilversammlungen** durchzuführen (§ 42 Abs. 1 BetrVG). Dies gilt etwa bei besonders großen Einheiten,

---

397 DKK-Berg § 45 Rn 19; Fitting § 45 Rn 29 (deutliches Überwiegen der unzulässigen Themen); Richardi-Annuß § 45 Rn 33.

398 LAG Baden-Württemberg DB 1987, 1441.

399 Ebenso ArbG Stuttgart und LAG Baden-Württemberg AiB 1986, 67 mit zustimmender Anm. Herbst; DKK-Berg § 44 Rn 3; Fitting § 44 Rn 14; Richardi-Annuß § 44 Rn 21.

400 ArbG Hamburg AiB 1989, 209; eine Betriebsversammlung von mehr als einem Tag Dauer bejahten ArbG Stuttgart und LAG Baden-Württemberg AiB 1986, 67 mit zustimmender Anm. Herbst. Ebenso Fitting § 44 Rn 10; GK-Weber § 44 Rn 16.

401 BAG AP Nr. 1 zu § 44 BetrVG 1972. Eine Ausnahme gilt nur, wenn der Arbeitnehmer ohne die Betriebsversammlung Überstunden geleistet hätte: Fitting § 44 Rn 33.

*Beispiel:* 30000 Arbeitnehmer eines großchemischen Werkes könnten sich allenfalls in einem Fußballstadion versammeln (und auch das nur bei gutem Wetter!), doch wäre eine sinnvolle Diskussion nicht möglich.

aber auch bei Mehrschichtbetrieben, in denen die Produktion nicht unterbrochen werden darf.[402] Bloße wirtschaftliche Nachteile reichen dafür allerdings nicht aus, sodass etwa im **Einzelhandel** Betriebsversammlungen *aller* Arbeitnehmer **während der Öffnungszeiten** stattfinden müssen.[403] Auch Streik, Aussperrung und arbeitskampfbedingte Betriebseinstellung hindern die Durchführung einer Betriebsversammlung nicht; wie in anderen Fällen, in denen die Betriebsversammlung außerhalb der (individuellen) Arbeitszeit stattfindet, sind dabei auch die Wegezeiten zu vergüten.[404]

▶ An der Betriebsversammlung können nicht nur Gewerkschaftsbeauftragte mit vollem Rederecht teilnehmen; der Betriebsrat kann auch einen **Referenten einladen**, der vor der Betriebsversammlung über ein unter § 45 BetrVG fallendes Thema spricht.[405] Die Zustimmung des Arbeitgebers benötigt er hierfür nur dann, wenn es sich um einen Sachverständigen im Sinne des § 80 Abs. 3 BetrVG, also um eine Person handelt, die fehlende Sachkenntnisse vermitteln soll.[406] Auch **Politiker** können grundsätzlich **als Referenten** gewonnen werden, doch ist das Verbot parteipolitischer Betätigung verletzt, wenn dies nur in Wahlkampfzeiten geschieht.[407]

▶ Der Ablauf der Betriebsversammlung kann auf **Tonband** aufgenommen werden, sofern die Versammlungsleitung dies beschließt und es den Teilnehmern bekannt gemacht wird.[408] Auch dann kann jeder Sprecher verlangen, dass bei seinem Beitrag das Tonband abgeschaltet wird.[409] Notizen über den Verlauf der Versammlung sind zulässig, nicht dagegen ein **stenographisches Wortprotokoll**, da es die Unbefangenheit der Äußerungen in ähnlicher Weise wie eine Tonbandaufnahme beeinträchtigen würde.[410] Erst recht gilt dies für

---

402 LAG Baden-Württ. AiB 2003, 627 mit Anm. Stather; DKK-Berg § 42 Rn 19; Fitting § 42 Rn 54; Hess u. a.-Worzalla. § 42 Rn 45.

403 BAG DB 1976, 1291 = AP Nr. 3 zu § 44 BetrVG 1972; LAG Berlin DB 1963, 1327, und LAG Berlin AiB 1/81, 15. Dazu restriktiv Strümper NZA 1984, 315 ff.

404 BAG AP Nr. 4 und 6 zu § 44 BetrVG 1972. Dass Betriebsversammlungen grundsätzlich innerhalb der betriebsüblichen Arbeitszeit stattfinden müssen, betont BAG DB 1988, 810.

405 BAG AP Nr. 1 zu § 42 BetrVG 1972.

406 Für Anwendung des § 80 Abs. 3 ausdrücklich BAG DB 1989, 1774.

407 BAG AP Nr. 1 zu § 42 BetrVG 1972.

408 LAG München DB 1978, 894; ErfK-Eisemann § 42 Rn 8; Fitting § 42 Rn 45; GK-Weber § 42 Rn 53.

409 DKK-Berg § 42 Rn 14; Fitting § 42 Rn 45.

410 Ähnlich DKK-Berg, § 42 Rn 14; Carl-Herrfahrdt BlfStR 1978, 241; Fitting § 42 Rn 47; LAG Hamm NZA 1986, 842 = AiB 1987, 46 mit zust. Anm. Degen; anders LAG Baden-Württemberg DB 1979, 316.

Aufzeichnungen, die sich der Arbeitgeber macht oder die er durch einen ihm verbundenen Arbeitnehmer anfertigen lässt:[411] Es würde die Meinungsbildung erheblich beeinflussen, müsste jeder Redner damit rechnen, dass seine Beiträge unter Umständen noch nach vielen Jahren in einer Sonderakte nachzulesen sind.

▶ Der Betriebsratsvorsitzende leitet die Betriebsversammlung und übt insoweit das Hausrecht aus. Dies gilt auch dann, wenn auf der Betriebsversammlung «unzulässige» Themen behandelt werden.[412]

(5) **Beschlüsse?**

823 Trotz aller rechtlichen Beschränkungen ist die Betriebs- und Abteilungsversammlung ein wichtiges Mittel für die Kommunikation zwischen Betriebsrat und Belegschaft. Zwar können die Arbeitnehmer nach § 45 Abs. 2 BetrVG **keine den Betriebsrat bindenden Beschlüsse** fassen, jedoch sind sie berechtigt, ihm «Anträge zu unterbreiten und zu seinen Beschlüssen Stellung zu nehmen». Damit ist eine deutliche Willensbekundung der Belegschaft oder einzelner Teile sichergestellt, deren moralische Wirkung nicht unterschätzt werden sollte.[413]

### 6.4.3.4. Der Betriebsrat informiert

824 Der Betriebsrat hat das Recht, die Belegschaft über seine gesamte Tätigkeit zu informieren, soweit dadurch nicht Betriebs- und Geschäftsgeheimnisse im Sinne des § 79 BetrVG verletzt werden oder in die Persönlichkeitssphäre anderer Personen eingegriffen wird. Findet eine Betriebs- oder Abteilungsversammlung statt, so ist er verpflichtet, einen **Tätigkeitsbericht** zu erstatten.

825 Der Betriebsrat hat generell die Wahl, auf welche Weise er die Belegschaft informieren will. Handelt es sich um Angelegenheiten, die alle oder viele Arbeitnehmer betreffen, so ist die schriftliche Information vorzuziehen. Aus diesem Grund hat er einen Anspruch auf ein **«schwarzes Brett»**, das an einer allgemein zugänglichen Stelle angebracht werden muss.[414] Zumindest in größeren Betrieben darf er nach zutreffender Auffassung des BAG auch ein

---

411 LAG Hamm AiB 1987, 46; DKK-Berg § 42 Rn 14; ErfK-Eisemann § 42 Rn 8.

412 So mit eingehender Begründung Dudenbostel, Hausrecht, Leitungsmacht und Teilnahmebefugnis in der Betriebsversammlung, Berlin 1978, S. 99.

413 Zu praktischen Fragen der Betriebsversammlung s. Bösche-Grimberg AiB 1990, 272; dies. AiB 1991, 170; Cox-Köhlbach AiB 2004, 216 ff.; Däubler AiB 1982, 51; Kiausch AiB 1989, 185 ff.; Rechtsprechungsübersicht in AiB 1989, 204 ff.

414 BAG DB 1979, 751; DKK-Wedde § 40 Rn 94; ErfK-Eisemann § 40 Rn 17; Fitting § 40 Rn 115; Hess u. a.-Glock § 40 Rn 95; GK-Weber § 40 Rn 141. Je nach Betriebsgröße und räumlicher Trennung kommen auch mehrere Anschlagtafeln in Betracht.

**Informationsblatt** herausgeben, dessen Kosten der Arbeitgeber tragen muss.[415] Inhaltlich kann es sich auf alle Tätigkeitsfelder des Betriebsrats erstrecken; auch dürfen einzelne Belegschaftsmitglieder zu Wort kommen. **Kritik ist selbst in polemischer Form** zulässig, darf jedoch nicht ehrverletzend sein oder den Betriebsfrieden stören.[416] Aus konkretem Anlass (z.B. drohender Abbau von Zulagen) können auch Rundschreiben versandt werden.[417]

Soweit Betriebsratsmitglieder (oder andere Arbeitnehmer) derartige Mit- 825a
teilungsblätter herausgeben, stehen sie unter dem Schutz der **Pressefreiheit** nach Art. 5 Abs. 1 GG.[418] Insoweit gilt nichts anderes als für die vom Arbeitgeber herausgegebenen Werkszeitungen.[419] Dies bedeutet, dass im Streitfall Informanten nicht namhaft gemacht werden müssen.

Der Betriebsrat kann sich auch des im Betrieb verfügbaren **Intranets** be- 825b
dienen, um sich an die einzelnen Beschäftigten zu wenden.[420] Das BAG gibt ihm für den Regelfall auch das Recht, dieses im Rahmen seiner Aufgabenerfüllung mitzubenutzen.[421] Welches Informationsangebot der Betriebsrat im Einzelnen machen will, ist seiner Entscheidung überlassen; es muss lediglich einen Bezug zum Betrieb haben und darf zwingende Vorschriften, insbes. Strafgesetze, nicht verletzen.[422]

### 6.4.3.5. Schaffung eines Unterbaus für den Betriebsrat

Nach § 3 Abs. 1 Nr. 5 BetrVG können durch Tarifvertrag «zusätzliche betriebs- 826
verfassungsrechtliche Vertretungen der Arbeitnehmer» geschaffen werden, die die Zusammenarbeit zwischen Betriebsrat und Arbeitnehmern erleichtern. Praktische Bedeutung hat dies insbesondere dort, wo durch Tarifvertrag große Vertretungseinheiten geschaffen wurden. So kann ein in einem Filialunternehmen errichteter Regionalbetriebsrat[423] durch **«Zweigstellensprecher»** ergänzt werden.[424] Auch **Arbeitsgruppensprecher** können die Kommunikation zwischen Betriebsrat und «Basis» erleichtern und Elemente einer «Mitbestimmung am Arbeitsplatz» in das bestehende System einfügen.[425]

---

415 BAG DB 1979, 751; ebenso Reinhard Hoffmann AuR 1974, 266; GK-Weber § 40 Rn 146.

416 LAG Baden-Württemberg DB 1978, 779.

417 BAG AP Nr. 15 zu § 40 BetrVG 1972. Dies gilt ohne Rücksicht auf die Betriebsgröße.

418 ErfK-Dieterich Art. 5 GG Rn 52.

419 Nach BVerfGE 95, 28 = AP Nr. 3 zu Art. 5 Abs. 1 GG Pressefreiheit unterliegen sie der Pressefreiheit.

420 Einzelheiten bei Däubler CF Heft 9/2004 S. 25 ff.; Ders., Internet und Arbeitsrecht, Rn 480 f.

421 BAG NZA 2004, 278.

422 Einzelheiten mit konkreten Vorschlägen bei Däubler CF Heft 9/2004 S. 27 f.

423 Dazu oben 6.2.1.5. (Rn 753q).

424 Bachner NZA 1996, 400, 402, 405; Trümner, FS Däubler, S. 295, 299.

425 Die Diskussion um die Mitbestimmung am Arbeitsplatz in der ersten Hälfte der 70er Jahre trug zur Polarisierung innerhalb der Gewerkschaften bei, was Erkenntnisfortschritten im Wege stand.

826a §3 Abs. 1 Nr. 5 lässt nur bestimmte Vertretungsstrukturen zu. Die fraglichen **«Zwischeninstanzen»** müssen alle in ihrem jeweiligen Bereich tätigen Arbeitnehmer repräsentieren und überdies **demokratisch gewählt** sein.[426] Wer nur von Gewerkschaftsmitgliedern gewählt oder vom Betriebsrat oder gar vom Arbeitgeber ernannt ist, fällt nicht unter §3 Abs. 1 Nr. 5. Ausgeschlossen ist auch, dass Repräsentanten der einzelnen Bereiche direkt mit dem Arbeitgeber verhandeln; ausschließlicher Adressat des Handelns ist nach dem gesetzlichen Modell der Betriebsrat.[427]

826b Die **Rechtsstellung der «Sprecher»** wird im Einzelnen durch Tarifvertrag bestimmt. Dies gilt etwa für Arbeitsbefreiungen entsprechend §37 Abs. 2 BetrVG und für den Kündigungsschutz.[428] Soweit der Betrieb an keinen Tarifvertrag gebunden ist, kommt nach §3 Abs. 2 BetrVG auch eine Regelung durch Betriebsvereinbarung in Betracht.

### 6.4.3.6. Delegation von Betriebsratsbefugnissen auf Arbeitsgruppen

827 Der im Jahr 2001 neu geschaffene **§28a** BetrVG schafft die Möglichkeit, dass der Betriebsrat in Betrieben mit mehr als 100 Beschäftigten bestimmte Aufgaben auf «Arbeitsgruppen» delegiert. Voraussetzung ist die Existenz einer mit dem Arbeitgeber geschlossenen **Rahmenvereinbarung** sowie ein entsprechender Beschluss im Einzelfall. Die Arbeitsgruppe bzw. die von ihr gewählten Sprecher könnten dann anstelle des Betriebsrats mit dem Arbeitgeber verhandeln. Die dadurch aufgeworfenen Rechtsfragen sind zahlreich.[429]

827a **In der Praxis** spielt §28a BetrVG bisher **keine Rolle**.[430] Die schon im Gesetzgebungsverfahren von Arbeitgeberverbänden, Gewerkschaften und Vertretern der Wissenschaft vorgetragenen Bedenken haben sich im Wesentlichen als zutreffend erwiesen.[431] Mangels einer persönlichen Absicherung wären die Mitglieder der Arbeitsgruppe und ihre Sprecher im Konfliktfall nicht «konfrontationsfähig». Zwar werden im Rahmen von **Gruppenarbeit** durchaus bestimmte Fragen wie die Urlaubsplanung, die wechselseitige Vertretung und die Arbeitsgestaltung auf die Gruppe delegiert, doch könnte diese

---

426 Einzelheiten bei DKK-Trümner §3 Rn 102.

427 Zu den Arbeitsgruppensprechern, die eine derartige Funktion erfüllen, s. sogleich unter 6.4.3.6. (Rn 827).

428 Zu Letzterem s. insbes. DKK-Trümner §3 Rn 100.

429 S. etwa DKK-Wedde und GK-Raab Erl. zu §28a. Promotionswürdig etwa das Thema, wie sich die von der Arbeitsgruppe abgeschlossenen «Gruppenvereinbarungen» zu bestehenden Betriebsvereinbarungen verhalten.

430 S. Linde AiB 2004, 334ff. auf der Grundlage einer empirischen Untersuchung. Ähnlich das Ergebnis bei Wassermann-Rudolph, S. 198.

431 Überblick bei Linde AiB 2004, 335ff.

den Arbeitgeber jederzeit an den Betriebsrat verweisen, wenn er das intern ausgehandelte Ergebnis nicht akzeptieren würde.

## 6.5. Betriebsräte und Gewerkschaften

### 6.5.1. Die grundsätzliche Trennung

Nach der gesetzlichen Konzeption ist der Betriebsrat kein Teil der Gewerk- 828
schaft, sondern eine von dieser unabhängige betriebliche Interessenvertretung. Kraft Gesetzes vertritt er alle Belegschaftsangehörigen, denen mit dem Eintritt in den Betrieb das Wahlrecht automatisch zuwächst. Die Gewerkschaft ist demgegenüber ein frei gebildeter Verband, der sich primär an den Interessen seiner Mitglieder orientieren muss.

#### 6.5.1.1. Kooperation in der Praxis

Die juristische Trennung wird in der Praxis weithin überspielt. Bei den Be- 829
triebsratswahlen erringen gewerkschaftliche Listen eine **knappe Dreiviertel-Mehrheit der Sitze**. So erhielten die DGB-Gewerkschaften im Jahre 1987 76,6%, während 2,8% auf die DAG und 0,6% auf andere Organisationen entfielen.[432] Die Wahlen 1990 brachten ein fast identisches Resultat.[433] 1998 war – der allgemeinen Entwicklung folgend – der Anteil auf 72,6% der Sitze zurückgegangen,[434] wobei hinzukommt, dass darin auch die früher für die DAG abgegebenen Stimmen mit enthalten sind. Hintergrund für die immer noch sehr starke Stellung ist auch, dass viele Betriebsräte ohne die Beratung durch die Gewerkschaft und andere von ihr erbrachte Dienstleistungen auf völlig verlorenem Posten stehen würden.[435] Besonders dringend ist der Rückhalt bei Betriebsräten in Mittel- und Kleinbetrieben. Auch in neueren Untersuchungen wird dies bestätigt.[436]

Die enge Zusammenarbeit zwischen Gewerkschaften und Betriebsräten 830
darf nicht darüber hinwegtäuschen, dass sie sich **zum Teil am gesetzlichen**

432 AuR 1988, 212. Zu den ähnlichen Ergebnissen 1984 und 1972 s. AuR 1985, 92 und AuR 1973, 114.

433 Zahlenangaben bei Wolfgang Schneider, in: Kittner, Gewerkschaftsjahrbuch 1991, 426 ff.

434 Behrens WSI-Mitt. 2005, 330; neuere Angaben sind nicht verfügbar. Wassermann-Rudolph (S. 122) berichten von einem Anteil von 78% in Metallbetrieben.

435 Vgl. Blume, S. 148 ff. Ähnlich Wolfgang Schneider, Die Quelle 1979, 348.

436 Kotthoff, Betriebsräte und Bürgerstatus, S. 42 ff. mwN. Weiter Behrens WSI-Mitt. 2005, 330 ff.

**Modell des BetrVG vorbei** durchsetzen muss.[437] Das hat zur Folge, dass die Kooperation immer mit einem Unsicherheitsfaktor belastet ist; aufgrund der rechtlichen Autonomie der Betriebsräte können sich Sonderentwicklungen ergeben, die nur ausnahmsweise positive Auswirkungen besitzen.

#### 6.5.1.2. Mögliche Sonderentwicklungen

831 Denkbar und in der Praxis nicht selten ist die Erscheinung, dass sich der **Betriebsrat «arbeitgeberwärts»** orientiert und den Versuch unternimmt, durch Entwicklung besonders guter Beziehungen zur Geschäftsleitung Sondervorteile für die Belegschaft herauszuholen.[438] Wird ein solches Verhalten mit einer deutlichen Distanzierung von der Gewerkschaft verbunden, so übernimmt der Betriebsrat der Sache nach die Funktion einer sog. gelben Gewerkschaft, da er mehr oder weniger vom Wohlwollen des Arbeitgebers abhängig ist. Mit dem BetrVG gerät eine solche Politik allerdings nicht in Konflikt, da es keine Kooperationspflicht der Betriebsräte mit den Gewerkschaften vorsieht.

832 In Großbetrieben findet sich andererseits die Erscheinung, dass der **Betriebsrat** zwar an seiner gewerkschaftlichen Orientierung keinerlei Zweifel aufkommen lässt, dass er aber die zuständige **Verwaltungsstelle praktisch völlig unter seine Kontrolle bringt**. Dies kann einen «Störfaktor» bei der innergewerkschaftlichen Willensbildung darstellen, entsteht hier doch auf unterer Ebene ein Vetorecht, das sich mit demokratischen Grundsätzen schwer vereinbaren lässt: Legt sich der Betriebsrat quer, so kann er seiner rechtlichen Unabhängigkeit wegen nicht zu einem dem Mehrheitswillen der Gesamtgewerkschaft entsprechenden Verhalten angewiesen werden. Seiner starken Position wegen kommt auch ein Ausschluss von vorneherein nicht in Betracht.

833 Schließlich kann sich eine Sonderentwicklung der Art ergeben, dass durch die «nichtgewerkschaftliche» Betriebsratswahl auch politische Kräfte eine Vertretung erhalten, die von den maßgebenden Gremien der Gewerkschaftsbewegung als **«Gewerkschaftsfeinde»** angesehen werden oder die man zwar in der Organisation duldet, denen man jedoch jeden Aufstieg in hauptamtliche Positionen oder Aufsichtsräte verwehrt.[439]

---

437 Eingehender dazu, insbesondere zum gesetzlichen Modell einer nicht erzwingbaren Kooperation, Däubler, Gewerkschaftsrechte, § 2 V (Rn 70 ff.).

438 Nach der Untersuchung von Kotthoff aus den Jahren 1974/75 (Betriebsräte und betriebliche Herrschaft) existierte der Typ «Betriebsrat als Organ der Geschäftsleitung» in 16 von 63 untersuchten Betrieben (= 25 %) – Kotthoff, a.a.O., S. 113. Anfang der 90er Jahre war der Anteil einer derartigen Vertretungspraxis in den untersuchten Betrieben auf die Hälfte gesunken – s. Kotthoff, Betriebsräte und Bürgerstatus, S. 39 ff.

439 Zur Problematik des Gewerkschaftsausschlusses s. oben 3.2.9. (Rn 156 ff.).

### 6.5.1.3. Noch einmal: Vorteile einer selbständigen Betriebsverfassung

Auf der anderen Seite bietet die Betriebsverfassung über die bereits an anderer Stelle genannten Vorzüge[440] hinaus eine Reihe von Möglichkeiten, die in einem rein gewerkschaftlichen System wie z. B. in Großbritannien kaum erreichbar sind. In kleinen und mittleren Betrieben kann die Berufung auf das Gesetz und insbesondere auf den dort vorgesehenen Kündigungsschutz für Wahlbewerber und Betriebsratsmitglieder die erstmalige Einrichtung einer Arbeitnehmervertretung entscheidend erleichtern, während eine kleine Gewerkschaftsgruppe ohne eigene institutionalisierte Rechte in der Regel auf verlorenem Posten stehen würde. Dieser **«Vorsprung» der rechtlichen gegenüber der aus eigener Kraft erkämpften Position** wird allerdings dadurch erkauft, dass die Rechtsnormen oft über ihren eigenen Anspruch hinaus als ausschließliche Grundlage der Interessenvertretung gesehen werden. Sozialer Wandel ist dann nur noch als Veränderung gesetzlicher Vorschriften und somit über den Staat vorstellbar. 834

## 6.5.2. Freie gewerkschaftliche Betätigung auch für Betriebsratsmitglieder

Mit Rücksicht darauf, dass häufig aktive Gewerkschaftsmitglieder in den Betriebsrat gewählt werden, entsteht die **Gefahr eines Rollenkonflikts** zwischen «vertrauensvoller Zusammenarbeit» auf der einen und bis zum Streik gehender Interessenvertretung auf der anderen Seite. Der Gesetzgeber hat dies erkannt und deshalb 1972 den § 74 Abs. 3 BetrVG geschaffen, der ausdrücklich bestimmt: 835

«Arbeitnehmer, die im Rahmen dieses Gesetzes Aufgaben übernehmen, werden hierdurch in der Betätigung für ihre Gewerkschaft auch im Betrieb nicht beschränkt.»

Genau wie andere Arbeitnehmer dürfen Betriebsratsmitglieder daher z. B. für ihre Organisation werben und auch an der Vorbereitung von Arbeitskampfmaßnahmen teilnehmen.[441] Die **Grenze des Zulässigen** wird nur **durch § 75 Abs. 1 BetrVG bestimmt**, der eine Besserstellung oder Diskriminierung wegen Zugehörigkeit oder Nicht-Zugehörigkeit zu einer Gewerkschaft verbietet. Bei der Mitgliederwerbung darf daher über den Organisationsgrad im Betrieb, über bisherige gewerkschaftliche Aktivitäten und auch über die

---

440 Oben 6.1.15. (Rn 746 ff.).

441 Ebenso LAG Düsseldorf AuR 1995, 107 für einen Streikaufruf durch den Betriebsratsvorsitzenden.

Haltung der künftigen unmittelbaren Arbeitskollegen informiert werden, doch wäre es eine Pflichtverletzung, ein «geringeres Engagement des Betriebsrats für Nichtorganisierte» in Aussicht zu stellen. Dabei muss auch vermieden werden, dass durch tendenziöse Auswahl der Fakten ein deutlicher Druck in Richtung Gewerkschaftsbeitritt ausgeübt wird.

*Beispiel aus der Praxis:* Im Betrieb X sind 500 Arbeitnehmer (ohne leitende Angestellte) ständig beschäftigt, von denen 490 gewerkschaftlich organisiert sind. Im Jahre 2004 hatten zufällig zwei der zehn Nichtorganisierten (= 20 %) einen Arbeitsunfall, während die Unfallquote sonst bei 5 % liegt. Eine Aussage: «Bei uns haben die Nichtorganisierten viermal so viel Unfälle wie die Organisierten» ist zwar formal korrekt, erweckt aber den Eindruck, wer nicht in die Gewerkschaft gehe, setze sich erhöhten Risiken aus. Unzulässiger Druck zum Beitritt.

836 Nicht mit § 75 Abs. 1 BetrVG zu stützen ist die These, wonach eine Abstufung derart vorzunehmen sei, dass **Freigestellte** oder solche Betriebsratsmitglieder, die «den einzelnen Arbeitnehmern bei der Ausübung von Beteiligungsrechten gegenübertreten»[442], weniger Spielraum als andere hätten. Wenn selbst die klare Formulierung des § 74 Abs. 3 nicht genügt, um die gewerkschaftliche Betätigung *aller* Betriebsratsmitglieder zu sichern, wie müsste dann eigentlich eine Vorschrift lauten, die dieses Ziel erreicht? Mit Recht ist deshalb auch die These aufgegeben worden, bei gewerkschaftlicher Tätigkeit müsse der Einzelne den «Anschein eines Handelns für den Betriebsrat zerstören»[443] – ganz abgesehen davon, dass es kaum einen deutlicheren Hinweis auf das Betriebsratsamt geben kann als die Aussage, man handle im konkreten Fall nur als Mensch und Gewerkschafter.[444] Die Vorschrift des § 74 Abs. 3 BetrVG ändert im Übrigen nichts daran, dass der **Betriebsrat als ganzer** nach § 75 Abs. 1 BetrVG gewerkschaftliche Neutralität wahren muss und nicht etwa zum Beitritt auffordern darf.[445]

---

442 Richardi § 74 Rn 80; dagegen LAG Düsseldorf LAGE § 74 BetrVG 1972 Nr. 2; Däubler, Gewerkschaftsrechte, Rn 470; DKK-Berg § 74 Rn 51; GK-Kreutz § 74 Rn 148; Hess u. a. – Worzalla § 74 Rn 41; Joachim, in: Freiheit, S. 258.

443 GK-Kreutz § 74 Rn 148.

444 Vgl. DKK-Berg § 74 Rn 18; Joachim, in: Freiheit, S. 258.

445 Eingehender Caspar, S. 102 ff.; Däubler, Gewerkschaftsrechte, § 15 II (Rn 457 ff.).

## 6.5.3. Initiativ-, Beratungs- und Kontrollrechte der Gewerkschaften

**Jede im Betrieb vertretene Gewerkschaft**[446] besitzt nach dem BetrVG eine Reihe von Befugnissen, die ihr ein Minimum an innerbetrieblicher Einflussnahme sichern.[447] So hat sie das Recht, die Initiative zur Wahl eines Betriebsrats zu ergreifen, wenn in dem betroffenen Betrieb noch kein Betriebsrat besteht,[448] und eine ähnliche «Aktivierungsfunktion» ist ihr in Bezug auf Betriebs- und Abteilungsversammlungen eingeräumt.[449] 838

Die unmittelbare Anwesenheit der Gewerkschaften im Betrieb wird dadurch erleichtert, dass § 46 Abs. 1 ein generelles **Teilnahmerecht an Betriebs- und Abteilungsversammlungen** gewährt. Schwächer ist dagegen die Beteiligung an **Betriebsratssitzungen** ausgestaltet. Nach § 31 BetrVG steht dieses Recht nur einer **im Betriebsrat vertretenen** Gewerkschaft zu und ist außerdem davon abhängig, dass wenigstens ein Viertel der Betriebsratsmitglieder die Hinzuziehung verlangt. 839

Von wesentlicher Bedeutung sind eine Reihe von **Kontrollrechten**. So hat die Gewerkschaft nach § 19 Abs. 2 BetrVG das Recht zur Anfechtung der Betriebsratswahl, eine Bestimmung, die von der Rechtsprechung auf die Wahl des Betriebsratsvorsitzenden und seines Stellvertreters analog angewendet wird.[450] Weiter kann die Gewerkschaft nach § 23 Abs. 1 ein arbeitsgerichtliches Beschlussverfahren einleiten, damit ein Betriebsratsmitglied wegen schwerer Pflichtverletzung seines Amtes enthoben oder im Extremfall der gesamte Betriebsrat aufgelöst wird. Außerdem kann sie nach § 23 Abs. 3 gegen Arbeitgeber vorgehen, und schließlich erlaubt ihr § 119 Abs. 2 die **Stellung eines Strafantrags**, wenn der Arbeitgeber die Wahl oder die Tätigkeit des Betriebsrats vorsätzlich behindert hat.[451] Inwieweit ein Recht besteht, wegen tarifwidriger oder auch aus anderen Gründen rechtswidriger Betriebsvereinbarungen eine arbeitsgerichtliche Klärung herbeizuführen, ist an späterer Stelle zu erörtern.[452] 840

In § 2 Abs. 3 BetrVG vom Gesetz ausgenommen sind alle Formen **autonomer**, vom Betriebsrat abgekoppelter **Interessenvertretung** im Betrieb wie 841

---

446 Dafür reicht schon ein Mitglied – so ausdrücklich BAG NZA 2005, 426. Zu den Beweisproblemen s. oben 6.4.1.3. (Rn796d).

447 Auf die Tarifzuständigkeit für den Betrieb kommt es dabei nicht an: BAG NZA 2005, 426.

448 Oben 6.4.1.3. (Rn 796 c ff.). Die Gewerkschaft kann jedoch nicht auf Feststellung klagen, dass ein Betriebsrat zu bilden sei: BAG BB 1976, 823.

449 Vgl. oben 6.4.3.3. (Rn 816).

450 BAG AP Nr. 1 zu § 19 BetrVG 1972.

451 Eingehender zu den Initiativ-, Beratungs- und Kontrollrechten Däubler, Gewerkschaftsrechte, § 4 (Rn 91 ff.), § 5 (Rn 127 ff.) und § 7 (Rn 189 ff.).

452 S. unten 6.8.1.2.2. (Rn 930 ff.).

die Verteilung von Flugblättern, die Wahl und Tätigkeit von Vertrauensleuten oder die Sendung von E-Mails an die Beschäftigten. Auf diesen Bereich soll in einem gesonderten Abschnitt eingegangen werden.[453]

### 6.5.4. Das Zugangsrecht der Gewerkschaftsbeauftragten

842 § 2 Abs. 2 BetrVG verpflichtet den Arbeitgeber, den Beauftragten der im Betrieb vertretenen Gewerkschaften «zur Wahrnehmung der in diesem Gesetz genannten Aufgaben und Befugnisse» Zugang zum Betrieb zu gewähren. Nicht erfasst ist damit das Recht, zur Wahrung allgemeiner koalitionspolitischer Aufgaben den Betrieb aufzusuchen und beispielsweise neue Mitglieder zu werben.[454]

843 Das Zutrittsrecht bezieht sich auf den «Betrieb» und beschränkt sich daher nicht auf das Betriebsratsbüro; der einzelne **Arbeitnehmer** kann vielmehr **an seinem Arbeitsplatz** aufgesucht werden.[455] § 2 Abs. 2 greift außerdem nicht nur dann ein, wenn es um die unmittelbare Ausübung der im Gesetz genannten Einzelbefugnisse geht[456], sondern auch bei der Wahrnehmung von **Aufgaben, die mit dem BetrVG in einem inneren Zusammenhang stehen** und an deren Lösung die Gewerkschaft ein berechtigtes Interesse hat. Nicht erfasst wird dadurch die Erörterung rein tarifpolitischer Fragen, sodass insoweit nur das koalitionsrechtliche Zutrittsrecht in Frage kommt[457], doch zählt dazu etwa die Beratung des Betriebsrats bei der Ausübung seiner Rechte.[458]

844 Nimmt die Gewerkschaft ihre Befugnisse nach § 2 Abs. 2 BetrVG wahr, so hat sie den Arbeitgeber oder seinen Vertreter **vorher zu unterrichten**. Dies kann durch den betreffenden Gewerkschaftsbeauftragten selbst, aber auch in seinem Namen durch ein Betriebsratsmitglied erfolgen.[459] Einer Zustimmung des Arbeitgebers bedarf es nicht; dieser kann lediglich prüfen, ob die im Gesetz vorgesehenen **Schranken des Zugangsrechts** überschritten sind: Danach darf er den Zutritt zum Betrieb oder zu einzelnen Betriebsteilen nur

453 Unten 6.16.1. (Rn 1186 ff.).

454 Dazu Däubler, Gewerkschaftsrechte, § 14 Rn 407 f. und unten 6.16.2. (Rn 1199).

455 Weit überwiegende Meinung. S. die Nachweise bei GK-Kraft-Franzen § 2 Rn 63 und bei Däubler, Gewerkschaftsrechte § 8 V (Rn 226 ff.). Differenzierend Klosterkemper, S. 50 ff.

456 Beispiele: Einberufung einer Betriebsversammlung zur Bestimmung eines Wahlvorstands in Betrieben ohne Betriebsrat; Überprüfung der Einhaltung von Arbeitsschutzvorschriften, um ggf. nach § 23 iVm § 80 Abs. 1 Nr. 1 BetrVG gegen den Arbeitgeber oder den Betriebsrat vorgehen zu können.

457 BAG AP Nr. 2 zu § 2 BetrVG 1972; abweichend Klosterkemper, S. 50.

458 Rechtsgrundlage ist insoweit § 2 Abs. 1 BetrVG. Näher dazu Däubler, Gewerkschaftsrechte, § 8 III 2 (Rn 219 ff.).

459 Zustimmend Klosterkemper, S. 59 Fn 275.

verweigern, soweit «unumgängliche Notwendigkeiten des Betriebsablaufs, zwingende Sicherheitsvorschriften oder der Schutz von Betriebsgeheimnissen» der Anwesenheit des Gewerkschaftsvertreters entgegenstehen.[460] Von dieser Prüfungsbefugnis des Arbeitgebers her bestimmt sich auch der Umfang der Informationspflicht; so reicht es völlig aus, wenn der Anlass des Besuchs mit «Vorbereitung einer Betriebsratssitzung» oder mit «Vorbereitung der Betriebsratswahl» umschrieben wird. Dem Unternehmer steht kein Kontrollrecht gegenüber dem Betriebsrat und erst recht nicht gegenüber der Gewerkschaft zu. Aus diesem Grunde braucht sich der Gewerkschaftsvertreter auch **keine «Betreuung»** durch einen Beauftragten des Arbeitgebers gefallen zu lassen.[461]

Verweigert der Arbeitgeber im Einzelfall dennoch den Zutritt zum Betrieb, 845
so kann gegen ihn eine **einstweilige Verfügung** erwirkt werden.[462] Ist der Gewerkschaftsbeauftragte auf andere Weise in den Betrieb gekommen, so handelt er nicht rechtswidrig und kann deshalb nicht wegen Hausfriedensbruchs belangt werden.[463]

### 6.5.5. Die Einbindung der Gewerkschaften in das System des Betriebsverfassungsrechts

Nach der Rechtsprechung sind die Gewerkschaften im Rahmen des BetrVG 846
eine Art «Zubringer» für den Betriebsrat, ihnen wird eine **«betriebsverfassungsrechtliche Hilfsfunktion»** zugesprochen. Dies legt es nahe, sie den gleichen Handlungsgrundätzen wie den Betriebsrat zu unterstellen. Dies würde jedoch auf einen Widerspruch zu der in Art. 9 Abs. 3 GG vorgesehenen Rolle des sozialen Gegenspielers hinauslaufen, weshalb man auch nicht wirklich so weit geht. Immerhin wird das Zugangsrecht nach § 2 Abs. 2 BetrVG über die gesetzlichen Schranken hinaus unter einen allgemeinen Missbrauchsvorbehalt gestellt[464] und der Besuch von Seminaren nach § 37 Abs. 6 BetrVG mit der Kostenschranke des Verhältnismäßigkeitsprinzips versehen.[465]

---

460 Einzelheiten bei Däubler, Gewerkschaftsrechte, § 8 VI (Rn 213 ff.); Fitting § 2 Rn 76; Klosterkemper, S. 62 ff.

461 Richtig LAG Hamm DB 1972, 142. Ebenso GK-Kraft-Franzen § 2 Rn 64 a.E.

462 LAG Hamm AP Nr. 1 zu § 2 BetrVG 1972; LAG Düsseldorf DB 1989, 1036; Fitting § 2 Rn 94; GK-Kraft-Franzen § 2 Rn 79. Zu den Ausnahmefällen des Rechtsmissbrauchs s. Däubler, Gewerkschaftsrechte, § 8 VII (Rn 239 ff.).

463 Weitere Einzelheiten zum Zutrittsrecht bei Gester-Sarge AiB 1988, 228.

464 Fitting § 46 Rn 9 mwN.

465 BAG AP Nr. 48 zu § 40 BetrVG 1972; näher dazu Däubler, Schulung und Fortbildung, Rn 463 ff.

### 6.5.6. Der Vorrang des Tarifvertrags

847 In einem Punkt findet keine Unterordnung der Gewerkschaft unter die Handlungsmaximen der Betriebsverfassung statt: Die tarifliche Rechtsetzung geht den Abmachungen zwischen Betriebsrat und Arbeitgeber grundsätzlich vor. So bestimmt **§77 Abs. 3 BetrVG**, dass Arbeitsentgelte und sonstige Arbeitsbedingungen, die durch Tarifvertrag geregelt sind oder üblicherweise geregelt werden, nicht Gegenstand einer Betriebsvereinbarung sein können.[466] Auf dem gleichen Grundgedanken beruht der **Einleitungssatz des §87 Abs. 1 BetrVG**, wonach ein Mitbestimmungsrecht nicht besteht, soweit die dort aufgeführten sozialen Angelegenheiten bereits eine inhaltliche Regelung durch Tarifvertrag erfahren haben. Dieser Vorrang besteht allerdings nur, soweit der Arbeitgeber tarifgebunden ist; fehlt es daran, so bleiben die Mitbestimmungsrechte nach §87 Abs. 1 BetrVG in vollem Umfang erhalten.[467] Ob daneben auch die Möglichkeit existiert, die Struktur der betrieblichen Interessenvertretung oder die Rechte des Betriebsrats durch Tarifvertrag zu verändern, ist bereits erörtert worden.[468]

848 In welchem Umfang der Tarifvorrang ausgeschöpft wird, liegt im rechtlich nicht nachprüfbaren Ermessen der Tarifparteien. In gewissem Umfang können diese ihre Befugnisse auf die Betriebsparteien delegieren.[469] Davon wird in wachsendem Umfang Gebrauch gemacht.[470]

## 6.6. Die Voraussetzungen effizienter Betriebsratsarbeit

849 Will der Betriebsrat innerhalb des vorgegebenen Rahmens eine wirksame Interessenvertretung betreiben, so benötigt er einen umfassenden Informationsstand (1), die für seine Tätigkeit notwendige Zeit (2), die erforderlichen finanziellen Mittel (3), einen effektiven Schutz vor Behinderungen und Benachteiligungen durch den Arbeitgeber (4), einen umfassenden Kündigungsschutz (5) und eine Beschränkung des Haftungsrisikos (6). Gesetzgebung und Rechtsprechung haben dem in weitem Umfang Rechnung getragen.

---

466 Zur gleichwohl praktizierten betrieblichen Lohnpolitik s. oben 4.4.4. (Rn 290f.).

467 BAG AP Nr. 21 zu §77 BetrVG 1972 = DB 1987, 1435.

468 Oben 4.8.2. (Rn 369ff.). Zur tariflichen Schaffung von betriebsratsfähigen Einheiten s. oben 6.2.1.5. (Rn 753off.).

469 Dazu Weyand AuR 1989, 193. Zur aktuellen Diskussion s. Däubler-Zwanziger, TVG, §4 Rn 1004ff.

470 S. oben 4.3.2.1. (Rn 220ff.).

## 6.6.1. Die Sicherung eines umfassenden Informationsstandes

### 6.6.1.1. Der Auskunftsanspruch nach § 80 Abs. 2 BetrVG

(1) **Der Grundsatz**

Der Arbeitgeber ist nach § 80 Abs. 2 verpflichtet, den Betriebsrat **«zur Durchführung seiner gesetzlichen Aufgaben rechtzeitig und umfassend»** zu unterrichten. Deshalb sind ihm auf Verlangen «jederzeit» die zu diesem Zweck erforderlichen **Unterlagen zur Verfügung zu stellen**. Diese «Generalklausel» greift überall dort ein, wo keine spezielle Auskunftspflicht des Arbeitgebers wie z. B. bei Betriebsänderungen nach § 111 Satz 1 BetrVG besteht.[471] 850

Der Auskunftsanspruch bezieht sich auf **alle Aufgaben** des Betriebsrats einschließlich seiner Mitbestimmungsrechte, nicht nur auf die in § 80 Abs. 1 BetrVG aufgezählten Kontrollbefugnisse und Kompetenzen.[472] Häufig wird der Betriebsrat allerdings gar nicht beurteilen können, ob wirklich die Voraussetzungen bestimmter Rechte erfüllt sind. Dies wird z. B. am **Ikea-Fall** deutlich.[473] 850a

Die Firma Ikea hatte ihre Beschäftigten gebeten, einen Fragebogen auszufüllen, der sich darauf bezog, wie der Einzelne u. a. seine Arbeitsaufgaben, seinen Vorgesetzten und das Betriebsklima sah. Die Auswertung der Antworten hatte der Betriebsrat nur teilweise erhalten; insbesondere wollte ihm die Geschäftsleitung keine abteilungsbezogenen Daten geben.

Das BAG entschied, es genüge, wenn die **Möglichkeit** z. B. **eines Mitbestimmungsrechts** nach § 87 Abs. 1 Nr. 1 über die Ordnung des Betriebes bestehe; dies sei mit Rücksicht auf die Frage nach dem Betriebsklima durchaus gegeben. Es genüge eine «gewisse Wahrscheinlichkeit für das Bestehen von Aufgaben».[474] Besitzt der Betriebsrat bereits einen bestimmten Kenntnisstand, muss er konkrete Anhaltspunkte benennen, weshalb er weitere Informationen benötigt.

*Beispiel:*[475] Im Betrieb wird seit vielen Jahren bei Neueinstellungen derselbe Formulararbeitsvertrag zugrunde gelegt. Da der Betriebsrat nach § 80 Abs. 1 Nr. 1 BetrVG kontrollieren darf, ob die wichtigsten Arbeitsbedingungen dem sog. Nachweisgesetz ent-

471 DKK-Buschmann § 80 Rn 64.
472 BAG NZA 2004, 936.
473 BAG NZA 1999, 1345 = AuR 2000, 267.
474 BAG NZA 1999, 1345 = AuR 2000, 267; ebenso BAG NZA 2000, 837 = AuR 2000, 268.
475 Nach BAG NZA 2000, 837 = AuR 2000, 268.

sprechend schriftlich dokumentiert sind,[476] kann er verlangen, dass ihm ein Exemplar des «Musters» ausgehändigt wird. Hat er dieses erhalten, so kann er Einsichtnahme in die auf seiner Grundlage abgeschlossenen Einzelarbeitsverträge nur dann verlangen, wenn er Anhaltspunkte dafür vorbringen kann, dass z. B. wesentliche Teile gestrichen oder nicht ausgefüllt wurden.

Insoweit spricht man von einem **«gestuften» Verfahren**.

850b Der Arbeitgeber ist **nicht berechtigt**, eine Information deshalb **zu verweigern, weil** es sich um ein **Betriebs- und Geschäftsgeheimnis** handle.[477] Anders als § 43 Abs. 2 Satz 3 BetrVG (Bericht des Arbeitgebers in der Betriebsversammlung), § 53 Abs. 2 Nr. 2 BetrVG (Bericht in der Betriebsräteversammlung) und § 106 Abs. 2 BetrVG (Bericht an den Wirtschaftsausschuss) enthält § 80 Abs. 2 keinen entsprechenden Vorbehalt. Der Arbeitgeber kann sich dadurch schützen, dass er ausdrücklich auf die Geheimhaltungsbedürftigkeit hinweist und so die Betriebsratsmitglieder zur Verschwiegenheit nach § 79 Abs. 1 BetrVG verpflichtet.[478]

850c Soweit es für die Information des Betriebsrats erforderlich ist, muss der Arbeitgeber «Unterlagen» zur Verfügung stellen. Im obigen Ikea-Fall sind dies die in schriftlicher Form vorliegenden Befragungsergebnisse. Sie sind dem Betriebsrat im Original, in einer Durchschrift oder einer Fotokopie zu überlassen; nur **«Einsicht zu gewähren»** würde **nicht genügen**.[479] Im Einzelfall kann auch die Überlassung von Verträgen mit Drittfirmen, von Tonträgern oder von Bildmaterial erforderlich sein.

Wie ist mit dem englischsprachigen Bericht einer Unternehmensberatungsfirma zu verfahren? Da in Deutschland immer noch deutsch gesprochen wird, kann der Betriebsrat eine korrekte Übersetzung verlangen.[480]

850d Grundsätzlich muss der **Arbeitgeber** nur solche Informationen übermitteln und solche Unterlagen herausgeben, **über die er selbst verfügt** oder die er sich unschwer beschaffen kann. Er ist normalerweise nicht verpflichtet, sich seinerseits erst sachkundig zu machen. Der Betriebsrat soll deshalb nicht verlangen können, dass z. B. Messgeräte aufgestellt werden, um die Lärmbelästigung am Arbeitsplatz festzustellen.[481] Dies mag nach dem Gesetzeswortlaut in

---

476 Dazu Bd. 2, Kap. 2.

477 BAG NZA 1989, 932; BAG NZA 1999, 722 = AuR 1999, 242; DKK-Buschmann § 80 Rn 67; Fitting § 80 Rn 60; Richardi-Thüsing § 80 Rn 58; a. A. Oetker NZA 2003, 1237.

478 Zu § 79 näher oben 6.3.3.1. (Rn 788 ff.). Wie hier auch GK-Kraft-Weber § 80 Rn 75.

479 BAG DB 1996, 430, 431; DKK-Buschmann § 80 Rn 95.; ErfK-Kania § 80 Rn 24; Fitting § 80 Rn 69.

480 ArbG Frankfurt/M. AiB 1998, 524; zustimmend Fitting § 80 Rn 69; GK-Kraft-Weber § 80 Rn 69.

481 BAG AP Nr. 25 zu § 80 BetrVG 1972 = DB 1987, 1101.

der Tat schwer zu begründen sein, doch bleibt der Ausweg, dass der Betriebsrat entsprechende Maßnahmen im Rahmen des § 40 BetrVG verlangt und selbst die nötigen Ermittlungen anstellt.[482] Nach der neueren Rechtsprechung des BAG[483] ist allerdings dieser Umweg möglicherweise überflüssig geworden: Der Arbeitgeber muss den Betrieb so organisieren, dass der Betriebsrat jederzeit kontrollieren kann, ob das geltende Recht eingehalten wird.

Im konkreten Fall war es darum gegangen, dass der Arbeitgeber im Rahmen der sog. **Vertrauensarbeitszeit** die Anwesenheit der Beschäftigten im Betrieb nicht erfasste, sodass der Betriebsrat nicht überprüfen konnte, ob die 48-Stunden-Woche des ArbZG eingehalten und entsprechend § 16 Abs. 2 ArbZG die jeweilige Überschreitung des 8-Stunden-Tags dokumentiert wurde.

Ist eine Information in einem anderen Konzernunternehmen vorhanden, kann 850e
sich der Arbeitgeber gleichfalls nicht auf eigene Unkenntnis berufen. Vielmehr ist insoweit ein **«Durchgriff»** möglich.[484]

### (2) Wichtige Gegenstände

Ausdrückliche Erwähnung im Gesetz finden zwei Bereiche: 851

- Nach § 80 Abs. 2 Satz 1 2. Halbsatz 2 BetrVG erstreckt sich die Unterrichtung auch auf die **Beschäftigung von Personen, die nicht in einem Arbeitsverhältnis zum Arbeitgeber** stehen. Dies können freie Mitarbeiter, Leiharbeitnehmer, aber auch Beschäftigte fremder Firmen sein, die sich für einige Zeit im Betrieb aufhalten. Der Betriebsrat wird so in die Lage versetzt, im Einzelnen zu prüfen, ob er intervenieren kann, weil es sich in Wahrheit um Arbeitnehmer oder jedenfalls um Personen handelt, die unter § 99 BetrVG fallen oder deren Beschäftigung er im Rahmen seines Beratungsrechts über die Personalplanung nach § 92 BetrVG problematisieren kann.[485] Hat der Betriebsrat eine Übersicht über alle im Betrieb Beschäftigten erhalten, kann er konkretere Nachfragen stellen, sofern ein Bezug zu seinen Aufgaben möglich ist.[486] Werden Mitarbeiter von Fremdfirmen beschäftigt, kann er auch Einsicht in die Verträge verlangen, die Grundlage ihrer Tätigkeit sind.[487]
- Nach § 80 Abs. 2 Satz 2 Halbsatz 2 kann der Betriebsrat weiter Einblick 851a

482 Dazu oben 6.4.3.2. (Rn 814) und unten 6.6.3. (Rn 871 ff.).

483 NZA 2003, 1348 = AuR 2004, 70; zustimmend DKK-Buschmann § 80 Rn 74a; Fitting § 80 Rn 59; GK-Kraft-Weber § 80 Rn 70; anders Richardi-Thüsing § 80 Rn 56.

484 Däubler, Betriebsverfassung in globalisierter Wirtschaft, S. 70f.; DKK-Buschmann § 80 Rn 84; im Grundsatz auch GK-Kraft-Weber § 80 Rn 55.

485 Vgl. auch DKK-Buschmann § 80 Rn 71, wonach insoweit die Notwendigkeit der Unterrichtung fingiert wird.

486 Ebenso bereits vor Schaffung der Vorschrift BAG NZA 1999, 722.

487 BAG AP Nr. 33 zu § 80 BetrVG 1972.

in die **Bruttolohn- und -gehaltslisten** verlangen. Allerdings steht dieses Recht nicht dem Gesamtgremium, sondern dem Betriebsausschuss nach § 27 BetrVG oder einem nach § 28 BetrVG gebildeten Ausschuss zu, um so die Vertraulichkeit der Informationen besser zu wahren. Auch die Nettovergütungen einzubeziehen, würde einen Einblick in die persönlichen Lebensverhältnisse der Arbeitnehmer geben, den der Betriebsrat zur korrekten Erfüllung seiner Funktionen so nicht benötigt. In Betrieben bis zu 100 Beschäftigten sind die fraglichen Ausschüsse nicht vorhanden; um dem Betriebsrat dennoch seine Kontrollaufgabe zu ermöglichen, ergänzt hier die Rechtsprechung den Wortlaut und gibt das Einsichtsrecht **dem Betriebsratsvorsitzenden**, seinem Stellvertreter oder einem anderen Betriebsratsmitglied, das diese Aufgabe für den Vorsitzenden wahrnimmt.[488] Auch individuell festgelegte Vergütungsbestandteile und die Bezahlung der AT-Angestellten (nicht aber der Leitenden) werden so der Arbeitnehmervertretung bekannt.[489] Das konkrete Entgelt einzelner Arbeitnehmer unterliegt jedoch der Verschwiegenheitspflicht.[490]

852 Das «Einblicksrecht» soll nach der Rechtsprechung des BAG nur zur **Anfertigung von Notizen**, nicht zur Überlassung von Fotokopien berechtigen[491]. Auch das Abschreiben der Listen soll unzulässig sein.[492] Dies überzeugt nicht, da auf diese Weise die Informationen nicht wirklich verfügbar sind Bei der Einsichtnahme darf der Betriebsrat wenigstens nicht durch den Arbeitgeber oder von ihm beauftragte Personen kontrolliert werden.[493]

853 Eine **Einsichtnahme in die Personalakte** einzelner Arbeitnehmer kann nach § 80 Abs. 2 Satz 1 **nicht** verlangt werden, wohl aber eine konkrete Information, die der Betriebsrat für seine Tätigkeit benötigt.[494] Zwischen dem Arbeitgeber und einzelnen Arbeitnehmern getroffene Zielvereinbarungen müssen dem Betriebsrat ebenso mitgeteilt werden wie die Methoden, die bei der Beurteilung der Zielerreichung eingesetzt werden.[495] Soweit der Betriebsrat Aufgaben wahrnimmt oder wahrnehmen will, bei denen die wirtschaftliche Lage des Unternehmens eine Rolle spielt, kann er die Vorlage und Erläuterung des **Jahresabschlusses** und ggfs. auch des Wirtschaftsprüferberichts verlangen.[496]

---

488 BAG AP Nr. 27 und 53 zu § 80 BetrVG 1972; DKK-Buschmann § 80 Rn 103; Fitting § 80 Rn 71; GK-Kraft-Weber § 80 Rn 96; Richardi-Thüsing § 80 Rn 73; kritisch Hess u. a.-Nicolai § 80 Rn 66.

489 DKK-Buschmann § 80 Rn 106, 108.

490 DKK-Buschmann § 80 Rn 114; GK-Kraft-Weber § 80 Rn 104. Dazu auch oben 6.3.3.2. (Rn 792 f.).

491 BAG BB 1976, 1223.

492 BAG BB 1982, 615.

493 BAG DB 1996, 430.

494 BAG AP Nr. 5 zu § 92 BetrVG 1972; DKK-Buschmann § 80 Rn 92.

495 BAG NZA 2004, 936; dazu auch Däubler NZA 2005, 793 ff.

496 BAG NZA 1991, 645.

Der Arbeitsgeber will die übertariflichen Zulagen abbauen und das verbliebene Volumen ausschließlich den «Leistungsträgern» vorbehalten, da andernfalls die Wettbewerbsfähigkeit des Unternehmens gefährdet sei. Wegen des Mitbestimmungsrechts über die neuen Verteilungskriterien nach § 87 Abs. 1 Nr. 10 BetrVG kann der Betriebsrat umfassende Aufklärung über die wirtschaftliche Lage des Unternehmens verlangen.

Soweit sich die Steuerbilanz von der Handelsbilanz unterscheidet, ist auch sie dem Betriebsrat vorzulegen.[497] Im Übrigen muss dasselbe Maß an «Ehrlichkeit» wie gegenüber einer Bank praktiziert werden.

Werden bestimmte **Maßnahmen nur erwogen**, ohne dass schon eine 854
definitive Entscheidung getroffen worden wäre, so ist nach allerdings bestrittener Auffassung der Betriebsrat gleichfalls zu informieren. Gerade in diesem Stadium hat er am ehesten eine Chance, die Willensbildung der Arbeitgeberseite durch Argumente zu beeinflussen. Auch kann eine frühzeitige Einschaltung die Entstehung von Konflikten bis hin zu einem zeitraubenden Einigungsstellenverfahren verhindern. Die Behauptung, es handle sich um einen **«Schubladenentwurf»**, berechtigt den Arbeitgeber jedenfalls nicht, die nähere Information des Betriebsrats zu verweigern.[498]

### (3) Durchsetzung

Der Betriebsrat kann seinen Informationsanspruch mit Hilfe eines arbeits- 855
gerichtlichen **Beschlussverfahrens** durchsetzen. In diesem Rahmen kann auch eine **einstweilige Verfügung** ergehen.[499] Die Rechtsprechung hatte sich mit einer Betriebsvereinbarung zu befassen, wonach der Arbeitgeber bei jeder Verletzung seiner Pflichten eine bestimmte Vertragsstrafe bezahlen musste.[500] Im Übrigen bleiben die Informationsrechte auch im Arbeitskampf erhalten.[501]

## 6.6.1.2. Eigene Ermittlungen des Betriebsrats

Dem Betriebsrat ist es unbenommen, sich die Informationen selbst zu ver- 856
schaffen, die für die Erfüllung seiner Aufgaben erforderlich sind.[502] Er

497 So schon § 53 I des hessBRG.

498 S. DKK-Buschmann § 80 Rn 80; Fitting § 80 Rn 55.

499 LAG Hamburg Mitb.-Gespr. 1979, 153. Insoweit bejahte auch das BAG anders als bei Mitbestimmungsrechten stets einen (auf Leistung gerichteten) Anspruch: BAG BB 1983, 1984.

500 Die Vertragsstrafe darf aber nicht in einer Zahlung an den Betriebsrat oder einen Fonds bestehen, über den er verfügt: BAG NZA 2005, 123. Eine Zahlung an eine gemeinnützige Einrichtung wäre aber wohl zulässig: G. Peter CF 6/2005 S. 26 f.; das BAG ließ die Frage dahinstehen. Zur Problematik s. bereits Trittin AiB 1989, 203.

501 Oben 5.5.1.2. (Rn 566).

502 Der Arbeitgeber darf eine geschuldete Information aber nicht mit dem Argument verweigern, der Betriebsrat könne sie sich anderwärts verschaffen: BAG NZA 2004, 936.

darf im Rahmen der Rechtsordnung jede ihm zugängliche Informationsquelle nutzen, beispielsweise nach § 9 Abs. 1 HGB **Einblick ins Handelsregister** nehmen.[503] In seiner Sprechstunde oder bei Betriebsbegehungen kann er Gespräche mit betrieblichen Experten führen und vom Arbeitgeber verlangen, dass ihm eine Auskunftsperson zur Verfügung gestellt wird.[504] Nach der Rechtsprechung des BAG hat er grundsätzlich Anspruch auf einen **Internet-Zugang**, um auch auf diesem Wege Informationen gewinnen zu können.[505] Von Nutzen kann auch der **Erfahrungsaustausch** mit Betriebsratsmitgliedern aus anderen Unternehmen sein, der im Rahmen von Seminaren nach § 37 Abs. 6 BetrVG[506], aber auch in Arbeitsgemeinschaften nach § 3 Abs. 1 Nr. 4 BetrVG stattfinden kann.[507] Auch die Lektüre von Tageszeitungen sowie der **Wirtschaftspresse** kann von erheblichem Nutzen sein, obwohl das einzelne Betriebsratsmitglied insoweit völlig auf Eigeninitiative verwiesen ist.[508] **Umweltinformationen** kann man sich als Staatsbürger verschaffen.[509]

### 6.6.1.3. Die Zuziehung von Sachverständigen

857 Erhält der Betriebsrat eine Auskunft, ist er deshalb allein noch nicht in der Lage, seine Rechte in vollem Umfang wahrzunehmen. Wird ihm etwa die Bilanz zur Verfügung gestellt, so bringt ihm dies wenig Erkenntnisfortschrift, wenn er kein sachkundiges Mitglied hat, das Bilanzen «lesen» kann. Erst recht gilt dies für Berechnungen zu den Kosten der betrieblichen Altersversorgung. § 80 Abs. 3 BetrVG gewährt deshalb die Möglichkeit, sich der Hilfe von Sachverständigen zu bedienen. Dies kann außer im Bereich Bilanzanalyse und Versicherungsmathematik insbesondere bei Problemen der **Informationstechnik** und der **Unternehmensplanung** (Ist das Sanierungskonzept das einzig sinnvolle?) sowie bei Streit um den Umfang von Betriebsratsbefugnissen Bedeutung gewinnen.[510] Insbesondere in diesem Fall kann ein Rechtsanwalt hinzugezogen werden.[511]

---

503 Zum Einblick ins Grundbuch s. näher DKK-Buschmann § 80 Rn 100.

504 Einzelheiten oben 6.4.3.2. (Rn 813 ff.).

505 BAG NZA 2004, 280, wo ausdrücklich auch auf die Benutzung von Suchmaschinen verwiesen wird.

506 Dazu unten 6.6.1.4. (Rn 859).

507 Dazu unten 6.7.5.2. (Rn 925 d f.).

508 Ein Abonnement des «Handelsblatts» ist nicht «erforderlich» im Sinne des § 40 Abs. 2 BetrVG und deshalb vom Arbeitgeber nicht zu bezahlen – s. unten 6.6.3.1. (Rn 871 a).

509 Dazu BVerwG AuR 1997, 295 mit Anm. Heilmann-Bieler. S. weiter § 4 Umweltinformationsgesetz.

510 DKK-Buschmann § 80 Rn 131; Fitting § 80 Rn 88.

511 BAG AP Nr. 11 zu § 80 BetrVG 1972. Zur Hinzuziehung eines Anwalts im Rahmen des § 40 s. unten 6.6.3.3. (Rn 875).

Im Rahmen des Erforderlichen hat der Betriebsrat ein **Recht auf Unterstützung** durch einen Sachverständigen, doch kann er dieses nur nach näherer Vereinbarung mit dem Arbeitgeber ausüben.[512] Diese muss sich auf die Person des Sachverständigen, seinen Tätigkeitsbereich und die vom Arbeitgeber zu tragenden Kosten erstrecken. Kommt keine Einigung zustande, entscheidet auf Antrag des Betriebsrats das Arbeitsgericht im Wege des Beschlussverfahrens. Bei der Frage, ob die fremde Hilfe erforderlich ist, steht dem Betriebsrat ein Beurteilungsspielraum zu.[513] Im Grundsatz ist ihm die Heranziehung eines «Sachverständigen seines Vertrauens» zu gestatten, wenn er sich die erforderlichen Informationen nicht auf einfachere Weise verschaffen kann.[514] Nach der neueren Rechtsprechung des BAG sind **zunächst alle innerbetrieblichen Informationsquellen** auszuschöpfen[515] – eine vom Gesetz nicht gewollte Schwächung des Betriebsrats, der oft gar nicht in der Lage sein wird, die Lückenhaftigkeit seines Informationsstandes zu erkennen und sachgerechte Nachfragen zu stellen.[516] In dringenden Fällen kann die Beiziehung eines Sachverständigen durch einstweilige Verfügung erzwungen werden.[517] Ein entsprechender Antrag kann insbesondere dann aussichtsreich sein, wenn der Arbeitgeber selbst auf externen Sachverstand wie z. B. den eines Unternehmensberaters zurückgreift. 858

### 6.6.1.4. Schulung und Fortbildung von Betriebsratsmitgliedern

**§ 37 Abs. 6** BetrVG gibt dem Betriebsrat das Recht, seine Mitglieder auf «Schulungs- und Bildungsveranstaltungen» zu entsenden, «soweit diese Kenntnisse vermitteln, die für die Arbeit des Betriebsrats **erforderlich** sind.» Daneben räumt **§ 37 Abs. 7** jedem Betriebsratsmitglied die Befugnis ein, während einer Wahlperiode von vier Jahren insgesamt drei Wochen an Veranstaltungen teilzunehmen, die von der obersten Arbeitsbehörde als **«geeignet»** anerkannt sind. In der Praxis steht § 37 Abs. 6 bei weitem im Vordergrund, was damit zusammenhängt, dass der Arbeitgeber nur bei dieser Variante neben der 859

512 Richardi-Thüsing § 80 Rn 87 ff.

513 DKK-Buschmann § 80 Rn 130; Richardi-Thüsing § 80 Rn 87.

514 BAG BB 1975, 371.

515 BAG AP Nr. 30 zu § 80 BetrVG 1972 = DB 1988, 50 = ArB 1988, 87 = AuR 1988, 209. Einzelheiten bei Däubler, Gläserne Belegschaften? Rn 645.

516 Kritisch zu der BAG-Rechtsprechung auch Degen AiB 1988, 87; DKK-Buschmann § 80 Rn 132; Trittin AuR 1988, 290; Däubler, Gläserne Belegschaften? Rn 646; Kort CR 1988, 490; Linnenkohl-Kilz BB 1988, 191; Matthießen CR 1988, 481; Pflüger NZA 1988, 47; Schierbaum AiB 1996, 217 ff.; Wagner AuR 1993, 70 ff.; Weckbach NZA 1988, 307. Selten hat eine BAG-Rechtsprechung so einhellige Ablehnung erfahren. Referierend Fitting § 80 Rn 89.

517 LAG Köln LAGE § 80 BetrVG 1972 Nr. 5; LAG Hamm AiB 2002, 114; Fitting § 80 Rn 93; DKK-Buschmann § 80 Rn 145 (mwN); Richardi-Thüsing § 80 Rn 94.

Entgeltfortzahlung auch die Reisekosten und die Kursgebühren übernehmen muss.[518]

860 Die durch §37 Abs. 6 und 7 eröffneten Möglichkeiten sind neben dem Informationsanspruch des §80 Abs. 2 das wohl wichtigste Mittel, um dem Betriebsrat sachgerechte Verhandlungen zu ermöglichen. Wie an anderer Stelle im Einzelnen dargelegt[519], enthält das BetrVG ein **Gebot zur Herstellung intellektueller Waffengleichheit** zwischen Betriebsrat und Geschäftsleitung; dies gilt gerade auch auf solchen Gebieten, wo der Betriebsrat nicht mitbestimmen kann, sondern allein auf gute Argumente angewiesen ist. Das **BAG** hat diese Formel zwar nicht übernommen,[520] doch bezieht es das nach §37 Abs. 6 Erforderliche ausdrücklich auf die «sachgerechte Wahrnehmung der Betriebsratsaufgaben»,[521] und auch bei Abs. 7 kommt es darauf an, dass die «spezifische Wahrnehmung der betriebsverfassungsrechtlichen Aufgaben gefördert» wird.[522] Von daher besteht durchaus die Möglichkeit, Wissens- und Erfahrungsdefizite abzubauen und den Betriebsrat zu einem Gesprächspartner «auf gleicher Augenhöhe» zu machen.

861 Im Rahmen des §37 Abs. 6 wird nach langjähriger Rechtsprechung unterschieden:

▶ Regelmäßig erfasst sind Seminare über sog. **Grundwissen**, das praktisch jedes Betriebsratsmitglied benötigt. Dazu gehören Kenntnisse im Betriebsverfassungs- und im allgemeinen Arbeitsrecht, aber auch über Arbeitsschutz und Unfallverhütung sowie über die Organisation der Betriebsratsarbeit.[523] Das LAG Düsseldorf[524] hat dazu auch Aufgaben gerechnet, mit denen nach allgemeiner Lebenserfahrung zu rechnen ist; zumindest ein Betriebsratsmitglied könne deshalb auch einen Kurs über Suchtkrankheiten besuchen, da diese in mittleren und größeren Betrieben typischerweise latent vorhanden seien.

▶ Soweit es um **Spezialkenntnisse** in einzelnen Themenfeldern geht, bedarf es eines konkreten betriebsbezogenen Anlasses.[525] Will ein Betriebsratsmitglied z.B. auf ein Seminar über «Mobbing» fahren, muss es darlegen, dass Beschwerden oder sonstige Informationen beim Betriebsrat eingegangen sind, die den Verdacht entsprechender Konflikte nahe legen.[526] Auch genügt es, wenn der Betriebsrat auf einem bestimmten Sektor selbst eine Initiative er-

518 Dazu Däubler, Schulung und Fortbildung, Rn 458ff.; Däubler AiB 2004, 621ff.
519 Däubler, Schulung und Fortbildung, Rn 85ff.
520 BAG AP Nr. 23 zu §37 BetrVG 1972.
521 BAG AP Nr. 5 und 58 zu §37 BetrVG 1972.
522 BAG NZA 1994, 517, 519.
523 Darstellung bei Däubler AiB 2004, 526 mit Nachweisen.
524 LAGE §45 zu §37 BetrVG 1972.
525 Zusammenfassend BAG AP Nr. 110 zu §37 BetrVG 1972 Bl. 2.
526 BAG AP Nr. 118 zu §37 BetrVG 1972.

greifen, beispielsweise eine Spezialfrage des Arbeitsschutzes nach § 87 Abs. 1 Nr. 7 BetrVG aufgreifen möchte.

Besonders umstritten waren lange Zeit Seminare über **Gesprächs- und** 862 **Verhandlungsführung**, die häufig unter dem etwas unglücklichen Begriff der «Rhetorik» abgehandelt wurden Nach der neueren Rechtsprechung des BAG[527] können sie insbesondere von solchen Betriebsratsmitgliedern besucht werden, die wie der Vorsitzende oder sein Stellvertreter häufig mit der Gegenseite verhandeln oder die die Verhandlungen auf einem besonders schwierigen Gebiet übernehmen sollen. Mangelnde Vorkenntnisse (die Voraussetzung für die Seminarteilnahme sind) lassen sich in der Regel aus der bisherigen beruflichen Tätigkeit z. B. als Schriftsetzerin[528] oder als Dreher[529] ableiten. Einer konkreten Auseinandersetzung mit den bereits vorhandenen Fähigkeiten bedarf es daher nicht. Weiter gehend hat das ArbG Bremen[530] entsprechende Kenntnisse zum Grundwissen gezählt und so den Grundsatz der intellektuellen Waffengleichheit konsequent in die Praxis umgesetzt.

Die **Schulungsteilnahme** ist nach einheitlicher Auffassung eine **Amts-** 863 **pflicht** des einzelnen Betriebsratsmitglieds.[531] Dieses kann auch nicht auf Selbststudium oder Erkundigung bei Betriebsratskollegen verwiesen werden. Ein Seminar über Arbeitsrecht kann deshalb nicht mit dem Argument abgelehnt werden, der Betriebsrat könne sich die zu behandelnden Gesetzestexte und Entscheidungen unschwer über das Internet beschaffen.[532]

Bei **Abs. 7** handelt es sich demgegenüber um ein **Individualrecht**. Die 864 Inhalte der besuchten Veranstaltungen müssen sich irgendwie positiv auf das Verständnis und die Ausübung von Betriebratsaufgaben auswirken. Dies kann auch bei historischen Themen[533] und bei relativ allgemeinen Fragestellungen wie «Auswirkung der Globalisierung auf die Wirtschaft» der Fall sein.[534]

**Alle Einzelheiten** zur Auslegung und praktischen Handhabung von § 37 865 Abs. 6 und 7 sind an anderer Stelle zusammenfassend abgehandelt.[535] Hierauf kann verwiesen werden.

---

527 AP Nr. 109 zu § 37 BetrVG 1972; zustimmend ErfK-Eisemann § 37 Rn 17; Fitting § 37 Rn 153; GK-Weber § 37 Rn 169; Wichert DB 1997, 2326.

528 LAG Sachsen NZA-RR 2003, 420.

529 ArbG Dortmund AiB 2000, 628.

530 AiB 2000, 288.

531 DKK-Wedde § 37 Rn 92; Fitting § 37 Rn 137; GK-Weber § 37 Rn 145; HaKo-BetrVG-Blanke § 37 Rn 10.

532 BAG DB 2004, 644.

533 Vgl. LAG Rheinland-Pfalz BetrR 1991, 215.

534 Einzelheiten bei Däubler, Schulung und Fortbildung, Rn 280 ff. mwN.

535 Däubler, Schulung und Fortbildung, a.a.O.; zu den zulässigen Inhalten s. auch Däubler AiB 2004, 525 ff.

## 6.6.2. Die Arbeitsbefreiung von Betriebsratsmitgliedern

866 «Mitglieder des Betriebsrats sind von ihrer beruflichen Tätigkeit ohne Minderung des Arbeitsentgelts zu befreien, wenn und soweit es nach Umfang und Art des Betriebs zur ordnungsgemäßen Durchführung ihrer Aufgaben erforderlich ist.» Mit diesen Worten gibt § 37 Abs. 2 BetrVG dem Einzelnen das Recht, während der Betriebsratssitzungen, aber auch bei der Erfüllung anderer Aufgaben vorübergehend nicht zu arbeiten. Nach herrschender Lehre kommt es darauf an, ob das betreffende Betriebsratsmitglied bei gewissenhafter Überlegung und bei ruhiger, vernünftiger Würdigung aller Umstände **die Arbeitsversäumnisse für notwendig halten durfte**, um den gestellten Aufgaben gerecht zu werden.[536]

866 a Wichtig ist, dass es im Einzelfall keiner «Freistellung» durch den Arbeitgeber bedarf; ein Betriebsratsmitglied, das seine Funktionen ausüben will, muss sich **lediglich** bei seinem Vorgesetzten **abmelden**.[537] Dabei reicht es entgegen der früheren Rechtsprechung aus, wenn diesem **Ort und voraussichtliche Dauer** der beabsichtigten Betriebsratstätigkeit mitgeteilt wird.[538] Soll ein Arbeitnehmer an seinem Arbeitsplatz aufgesucht werden, so ist dessen Name nicht anzugeben;[539] auch die Örtlichkeit ist so zu umschreiben, dass keine Rückschlüsse möglich sind.[540] Bestehen erhebliche Zweifel daran, ob überhaupt Betriebsratsarbeit geleistet wurde (oder ob diese erforderlich war), so muss das Betriebsratsmitglied im Streit um die Entgeltfortzahlung die Art der Tätigkeit stichwortartig darlegen.[541] Ein Hinweis auf die zu erfüllende Aufgabe kann überhaupt unterbleiben, wenn eine entsprechende betriebliche Übung besteht.[542] Grundsätzlich kann daher allein der Betriebsrat und nicht der Arbeitgeber bestimmen, welche Aufgaben zu welcher Zeit erfüllt werden. Wenden sich Arbeitnehmer mit einem bestimmten Anliegen an ein Mitglied des Betriebsrats, so kann dieses grundsätzlich seine Arbeit unterbrechen; das **Gespräch** muss **nicht in die Sprechstunde verlegt** werden.[543]

---

536 BAG AP Nr. 40 zu § 37 BetrVG 1972; DKK-Wedde § 37 Rn 43 ff. mwN.

537 BAG AP Nr. 4 zu § 37 BetrVG (1952); BAG AP Nr. 2 zu § 40 BetrVG 1972; DKK-Wedde § 37 Rn 44; GK-Weber § 37 Rn 46; Löwisch-Kaiser § 37 Rn 15; Richardi-Thüsing § 37 Rn 27; a.A. Hess u.a.-Glock § 37 Rn 37.

538 BAG DB 1995, 1514 in Abweichung von BAG DB 1990, 2228, wonach die beabsichtigte Betriebsratstätigkeit «in groben Zügen» anzugeben war.

539 BAG AP Nr. 95 zu § 37 BetrVG 1972; zustimmend Löwisch-Kaier § 37 Rn 16.

540 DKK-Wedde § 37 Rn 44; Ohm-Rudolph AiB 1998, 241.

541 Dies kann in der Praxis Probleme schaffen. Dazu eingehend und überzeugend Leege DB 1995, 1510.

542 LAG Baden-Württ. DB 1976, 1821.

543 BAG DB 1982, 758.

Durch die Betriebsratstätigkeit darf **keine Entgeltminderung** eintreten. 866b
Das einzelne Mitglied muss so gestellt werden, wie wenn es weitergearbeitet hätte.[544] Ihm stehen also auch die entsprechenden Zuschläge zu, doch ist zu berücksichtigen, dass Steuerfreiheit nur für effektiv geleistete Nachtarbeit besteht. Tagt der Betriebsrat **über das betriebliche Arbeitsende hinaus** und hätte das fragliche Mitglied keine Überstunden gemacht,[545] so hat es keinen Anspruch auf zusätzliches Entgelt; die Betriebsratstätigkeit ist als solche nach § 37 Abs. 1 ein «Ehrenamt» und darf deshalb nicht zu einer Erhöhung der Vergütung führen. Beruht die Betriebsratstätigkeit außerhalb der individuellen Arbeitszeit jedoch auf betrieblichen Ursachen, so haben die betroffenen Betriebsratsmitglieder nach § 37 Abs. 3 einen **Anspruch auf Freizeitausgleich**: Sie können beispielsweise in der folgenden Woche die drei Stunden «abfeiern», die sie wegen einer abendlichen Besprechung mit dem Betriebsleiter zusätzlich im Betrieb verbracht haben. Irrt sich der Einzelne über den Umfang der aufzuwendenden Zeit, so berührt dies den Entgeltfortzahlungsanspruch nicht, es sei denn, er hätte sich nicht um eine gewissenhafte Prüfung bemüht.[546]

Arbeitet ein Betriebsratsmitglied in **Wechselschicht** und fällt eine Be- 867
triebsratssitzung in seine Freizeit, so ist die unmittelbar vorangehende Nachtschicht so weit zu kürzen, dass der Betroffene «einigermaßen ausgeschlafen» seine Funktion ausüben kann.[547] Bei ganztägigen Sitzungen fallen sowohl die vorausgehende wie die folgende Nachtschicht aus.[548] Die ausgefallene Arbeitszeit ist nach § 616 BGB zu bezahlen, für die Betriebsratstätigkeit selbst besteht Anspruch auf Freizeitausgleich.[549]

In Konkretisierung der allgemeinen Vorschrift des § 37 Abs. 2 sieht § 38 868
Abs. 1 BetrVG die **völlige Freistellung** einer mit der Größe des Betriebs wachsenden Zahl von Betriebsratsmitgliedern vor.

§ 38 Abs. 1 BetrVG enthält insoweit eine Tabelle. In Betrieben mit in der Regel 200 bis 500 Arbeitnehmern ist ein Betriebsratsmitglied, in Betrieben mit 501 bis 900 Arbeitnehmern sind zwei Betriebsratsmitglieder freizustellen usw.

Bei der Zahl der Beschäftigten sind nach einer allerdings angreifbaren Rechtsprechung des BAG auch diejenigen Leiharbeitnehmer nicht mitzurechnen,

---

544 Sog. Lohnausfallprinzip. So BAG AP Nr. 3 zu § 37 BetrVG 1972, ständ. Rspr.

545 Für ihre Einbeziehung BAG NZA 1998, 558.

546 BAG AiB 1995, 293 mit Anm. Däubler.

547 ArbG Koblenz AiB 1989, 79.

548 BAG AP Nr. 72 zu § 37 BetrVG 1972; LAG Baden-Württemberg AiB 1989, 79; ArbG Hamburg AiB 1989, 254, jeweils mit Anm. Grimberg.

549 BAG AP Nr. 72 zu § 37 BetrVG 1972; LAG Baden-Württemberg AiB 1989, 79; DKK-Wedde § 37 Rn 63.

die nach § 7 Satz 2 BetrVG Wahlrecht haben.[550] Die Wahl des Freizustellenden erfolgt geheim; ist mehr als eine Position zu vergeben, findet **Verhältniswahl** statt, damit auch im Betriebsrat vertretene Minderheiten in den Genuss von Freistellungen gelangen können.

869 **§ 38** enthält nur eine **«Mindeststaffel»**, die gegebenenfalls nach oben hin überschritten werden kann.[551] Voraussetzung ist allerdings, dass eine entsprechende Einigung mit dem Arbeitgeber erfolgt oder dass das Arbeitsgericht rechtskräftig feststellt, eine zusätzliche Freistellung sei notwendig.[552] Es wird daher empfohlen, bei hohem Arbeitsanfall regelmäßig auf die allgemeine Vorschrift des § 37 Abs. 2 zurückzugreifen, was möglicherweise für den Arbeitgeber weniger angenehm ist als die völlige Freistellung einer ganz bestimmten Person.

870 Die Regelung des § 38 BetrVG hat freilich – und darauf wird zu wenig verwiesen – auch inhaltlich nicht nur Vorteile für den Betriebsrat und die Belegschaft. Für das freigestellte Betriebsratsmitglied besteht die **Gefahr einer beruflichen Dequalifizierung**, die auch durch die Schutzvorschriften der §§ 37 Abs. 4 und 5 und 38 Abs. 3 und 4 nicht beseitigt werden kann. Die Aussicht, nach 4 oder 8 Jahren wieder an den alten Arbeitsplatz zurückkehren zu müssen und den Kollegen gegenüber fachlich unterlegen zu sein, kann zu einem besonders nachhaltigen Bemühen um Wiederwahl führen. Erbitterte Auseinandersetzungen können die Folge sein. Weiter besteht die Gefahr, dass in Großbetrieben die Verbindung mit den Problemen des Arbeitsplatzes gelockert wird. Um derartigen Erscheinungen von vornherein vorzubeugen, sind **Teil-Freistellungen** in Erwägung zu ziehen, die nach § 38 Abs. 1 Satz 3 jederzeit zulässig sind, soweit das Gesamtkontingent des § 38 nicht überschritten wird.[553]

---

550 BAG AP Nr. 28 zu § 38 BetrVG 1972. Übersicht über den Diskussionsstand in der Lit. bei GK-Weber § 37 Rn 11.

551 Dies ist etwa der Fall, wenn mehrere Zweigstellen und/oder zahlreiche Außendienstmitarbeiter betreut werden müssen – LAG Düsseldorf AiB 1989, 80. Vgl. weiter LAG Köln AiB 1989, 106 mit Anm. Grimberg.

552 BAG NZA 1990, 621, bestätigt durch BAG NZA 1997, 58.

553 BAG NZA 1997, 58 zum vor 2001 geltenden Recht.

## 6.6.3. Die materiellen Voraussetzungen der Betriebsratstätigkeit

### 6.6.3.1. Büroeinrichtung, Fachliteratur, Informationstechnik

Der Betriebsrat kann seine Aufgaben nur erfüllen, wenn er über die nötige materielle Ausstattung verfügt. § 40 Abs. 2 BetrVG verpflichtet daher den Arbeitgeber, ihm u. a. **«Räume und sachliche Mittel»** für Sitzungen, Sprechstunden und die laufende Geschäftsführung zur Verfügung zu stellen. In den ihm überlassenen Räumen besitzt der Betriebsrat das Hausrecht. 871

Was geschieht, wenn in einem McDonald's-Restaurant 80 Teilzeitkräfte beschäftigt sind, deshalb ein fünfköpfiger Betriebsrat gewählt wurde, außer der Küche und dem Raum für die Gäste aber lediglich ein Abstell- und Umkleideraum von 2 qm und Toiletten vorhanden sind? Wenn der Betriebsrat mangels Platz nicht im Betrieb tagen kann, muss er dies an anderer Stelle, z. B. im Nebenzimmer eines anderen Restaurants tun können. Dort kann man evtl. auch Sprechstunden abhalten. Der Gästeraum ist ungeeignet, weil sich manche Gäste wundern würden und sich die Sitzungen auch nicht unter den Augen des Filialleiters abspielen sollten.[554]

Weiter kann der Betriebsrat als «sachliche Mittel» z. B. das übliche Büromobiliar, einen verschließbaren **Schrank**, ein Diktiergerät, ein Rednerpult mit Verstärkeranlage für die Betriebsversammlungen sowie eine Kopiermöglichkeit verlangen. Voraussetzung ist allerdings immer, dass er die Geräte unter den konkreten Umständen des Betriebs für erforderlich halten darf; in einem 30-Personen-Betrieb bedarf es der Verstärkeranlage ersichtlich nicht.

Weiter hat der Arbeitgeber die für die Betriebsratstätigkeit **einschlägigen Gesetzestexte** zur Verfügung zu stellen. Auf eine entsprechende Sammlung hat jedes Betriebsratsmitglied Anspruch;[555] dabei muss es sich nicht auf die billigste Alternative verweisen lassen.[556] Weiter kommt eine **«Einführung» in das Arbeitsrecht** oder in die Betriebsratstätigkeit in Betracht.[557] Um die neueste Entwicklung verfolgen zu können, kann der Betriebsrat auch eine Fachzeitschrift wie **«Der Betriebsrat»** oder **«Arbeitsrecht im Betrieb»** 871 a

---

554 Im Ergebnis ähnlich Fitting § 40 Rn 84; GK-Weber § 40 Rn 121.

555 BAG AP Nr. 52 zu § 40 BetrVG 1972; LAG Bremen LAGE § 40 BetrVG 1972 Nr. 50, DKK-Wedde § 40 Rn 113; ErfK-Eisemann § 40 Rn 17; GK-Weber § 40 Rn 132; a. A. Hess u. a.-Glock § 40 Rn 90; einschränkend auch Richardi-Thüsing § 40 Rn 69.

556 BAG AP Nr. 52 zu § 40 BetrVG 1972.

557 Zustimmend DKK-Wedde § 40 Rn 113.

beziehen[558] und entgegen BAG[559] eine Tageszeitung wie das «Handelsblatt» oder die «Frankfurter Rundschau» abonnieren. Einig ist man sich darüber, dass ihm der Arbeitgeber mindestens einen Kommentar zum BetrVG in der neuesten Auflage zur Verfügung stellen muss.[560] Sowohl bei Zeitschriften wie bei Kommentaren besitzt der Betriebsrat ein Auswahlrecht.[561] Im Rahmen des Verhältnismäßigkeitsprinzips kann er auch die Anschaffung von Spezialliteratur verlangen.[562] Ausdrücklich ist seit 2001 in § 40 Abs. 2 auch die **«Infor-**
871 b **mations- und Kommunikationstechnik»** erwähnt. Soweit es der Betriebsrat für erforderlich halten darf, steht ihm daher ein Anspruch auf einen PC zu.[563] In 99 von 100 Fällen ist dieser daher zu bejahen, zumal in der Regel auch der Arbeitgeber daran interessiert sein wird, dass der Betriebsrat seine Aufgaben rationeller und damit in kürzerer Zeit erledigen kann. Dass man den PC nicht einfach zur Standardausrüstung wie einen Schreibtisch zählt, hängt damit zusammen, dass es wohl noch immer Kleinbetriebe gibt, die sich der neuen Technik verschließen. Im Regelfall kann auch ein **Anschluss ans Intranet**[564] sowie **ans Internet** verlangt werden.[565] Im Falle einer solchen Vernetzung kann allerdings der Systemadministrator die betriebsratsinternen Vorgänge einsehen; da das BAG dies nicht einmal dem betrieblichen Datenschutzbeauftragten erlaubt, da er des Bestellungsverfahrens wegen ein Gewährsmann des Arbeitgebers sei,[566] kann dies auch hier nicht hingenommen werden. Dem Betriebsrat muss daher ein weiterer PC als **Stand-alone-Gerät** zur Verfügung gestellt werden, wo er vertrauliche Daten abspeichern kann.[567] Unproblematischer ist der Anspruch des Betriebsrats auf einen **Telefonanschluss**; er muss zumindest von einer eigenen Nebenstelle aus ohne Zwischenschaltung einer Vermittlungsperson («Zentrale») ungestört und unüberwacht Gespräche führen können. In großen Betriebsräten oder in Gremien, die viele Filialen zu

---

558 Für «Arbeitsrecht im Betrieb» (Bund-Verlag) bejahend BAG AP Nr. 20 zu § 40 BetrVG 1972; für «Der Betriebsrat» (Verlag «Der Betriebsrat») kann nichts anderes gelten. Dem BAG zustimmend DKK-Wedde § 40 Rn 116; Fitting § 40 Rn 123; GK-Weber § 40 Rn 135. Die in einem der Arbeitgeberseite erstatteten Gutachten von Schwerdtner (DB 1981, 988) entwickelte Gegenposition hat sich nicht durchsetzen können.

559 BAG AP Nr. 32 zu § 40 BetrVG 1972; anders jedoch ArbG Darmstadt AiB 1987, 95 mit Anm. Trittin = DB 1987, 746.

560 BAG AiB 1995, 468 mit Anm. Rudolph. Dabei kann man alle 1 bis 2 Jahre eine Neuauflage verlangen. Vgl. GK-Weber § 40 Rn 134.

561 Der Betriebsrat kann daher ein Abonnement von AiB oder von dbr verlangen, auch wenn ihm der Arbeitgeber die NZA zur Verfügung stellt: LAG Niedersachsen AiB 1989, 254.

562 ArbG Darmstadt AiB 1996, 482 für die Monographie von Dietrich Growe (s. Literaturverzeichnis).

563 BAG AP Nr. 57 und 64 zu § 40 BetrVG 1972.

564 BAG NZA 2004, 278. S. auch oben 6.4.3.4. (Rn 825 b).

565 BAG NZA 2004, 280.

566 BAG DB 1998, 627.

567 Weitere Einzelheiten bei Däubler CF Heft 9/2004 S. 25 ff.; DKK-Wedde § 40 Rn 97 ff.

betreuen haben, sind mehrere Anschlüsse erforderlich.[568] Betriebsratsmitglieder, die als solche oder in ihrer angestammten Tätigkeit viel unterwegs sind, können verlangen, mit einem **Handy** ausgestattet zu werden.[569] In größeren Betrieben besteht ein Anspruch auf ein eigenes **Telefaxgerät**,[570] in kleineren besteht ein Anspruch auf Mitbenutzung.[571]

Der **Betriebsrat** kann nur dann **Verträge** mit Wirkung für den Arbeitgeber 871 c **abschließen**, wenn ihn dieser dazu ermächtigt hat;[572] grundsätzlich hat er nur einen Anspruch auf «Verschaffung» gegen den Arbeitgeber.[573] In dringenden Fällen kann er allerdings zur **«Selbsthilfe»** schreiten und z.B. das benötigte Buch oder das Anschlagbrett selbst kaufen.[574] Wer das Geld verauslagt hat, besitzt einen **Ersatzanspruch aus Geschäftsführung ohne Auftrag**.[575] Bei größeren Anschaffungen ist eine Durchsetzung im Wege der einstweiligen Verfügung zu empfehlen.[576]

### 6.6.3.2. Büropersonal

§40 Abs. 2 BetrVG verpflichtet den Arbeitgeber weiter, den Betriebsrat mit 872 dem erforderlichen **Büropersonal** auszustatten. Ob er eine Vollzeitschreibkraft für erforderlich halten durfte, hängt von dem konkreten Arbeitsanfall ab, den er im Streitfall zu belegen hat.[577] Der Arbeitgeber kann sich aber nicht auf den Standpunkt stellen, angesichts der Ausstattung mit PCs könne der Betriebsrat seine Schreibarbeiten selbst erledigen.[578] In Großunternehmen stehen den Betriebsräten nicht selten auch wissenschaftliche Mitarbeiter zur Verfügung,[579] doch sind keine gerichtlich entschiedenen Streitfälle über diesen Fragenkomplex ersichtlich.

Die fraglichen Personen werden **vom Arbeitgeber eingestellt**[580], wobei 872 a dem Betriebsrat jedoch ein «Mitspracherecht» einzuräumen ist. Ist das Ver-

568 Näher DKK-Wedde §40 Rn 108; Fitting §40 Rn 128. Das LAG Köln (AuR 2004, 277) hat 4 Amtsleitungen für einen 5-köpfigen Betriebsrat als erforderlich angesehen, der für 21 Filialen im Umkreis von 70 km zuständig war.

569 DKK-Wedde §40 Rn 109; Fitting §40 Rn 128; differenzierend GK-Weber §40 Rn 158.

570 LAG Niedersachsen NZA-RR 2003, 250 = AiB 2003, 555 mit Anm. Peter.

571 DKK-Wedde §40 Rn 100.

572 Für diese Möglichkeit auch GK-Weber §40 Rn 112.

573 BAG AP Nr. 20 zu §40 BetrVG 1972; DKK-Wedde §40 Rn 88; ErfK-Eisemann §40 Rn 15; Fitting §40 Rn 105; GK-Weber §40 Rn 112; Richardi-Thüsing §40 Rn 61.

574 DKK-Wedde §40 Rn 88; Fitting §40 Rn 105; GK-Weber §40 Rn 112; Richardi-Thüsing §40 Rn 62.

575 DKK-Wedde §40 Rn 88; Richardi-Thüsing §40 Rn 62.

576 Ihre Zulässigkeit ist unbestritten. S. statt aller Fitting §40 Rn 105.

577 BAG NZA 2005, 1010, 1012.

578 BAG NZA 2005, 1010.

579 DKK-Wedde §40 Rn 118.

580 DKK-Wedde §40 Rn 121; Fitting §40 Rn 107.

trauensverhältnis zum Betriebsrat aus nachvollziehbaren Gründen gestört, muss der Arbeitgeber eine andere Person zur Verfügung stellen.[581] Dennoch wäre es konsequenter, dem **Betriebsrat** insoweit eine Art gesetzlicher Vertretungsmacht gegenüber dem Arbeitgeber einzuräumen und die Entscheidung in seine Hand zu legen. Immerhin steht ihm ein **Weisungsrecht** zu; insoweit tritt das Direktionsrecht des Arbeitgebers zurück.[582]

#### 6.6.3.3. Reisekosten, Aufwendungen für gerichtliche Verfahren, Messgeräte

873 **Finanzielle Aufwendungen**, die der Betriebsrat «unter Anlegung eines verständigen Maßstabs **für erforderlich halten konnte**»[583], sind ihm vom Arbeitgeber nach § 40 Abs. 1 BetrVG zu ersetzen. Der Arbeitgeber hat **Reisekosten** zu ersetzen, die einem Betriebsratsmitglied dadurch entstehen, dass eine Sitzung außerhalb seiner individuellen Arbeitszeit stattfindet.[584] Dasselbe gilt dann, wenn eine Betriebsrätin in Elternzeit zwar nicht arbeitet, aber ihre Funktion ausübt.[585] Aufwendungen für die Benutzung des eigenen Pkw sind ebenfalls erstattungsfähig, soweit das Betriebsratsmitglied außerhalb seiner Arbeitsstätte tätig werden muss (z. B. um Termine bei Gerichten und Behörden wahrzunehmen) und er diese Art der Fortbewegung im Einzelfall für die günstigste halten konnte.[586]

874 Zahlreiche Probleme entstehen, wenn es um die Kostenerstattung für die **Teilnahme an Seminaren nach § 37 Abs. 6 BetrVG** geht. Einzelheiten sind an anderer Stelle eingehend behandelt.[587]

875 Der Arbeitgeber hat weiter die **Kosten gerichtlicher Verfahren** zu tragen, die durch die Beteiligung des Betriebsrats oder eines seiner Mitglieder entstehen.[588] Dies gilt insbesondere für die Zuziehung eines Rechtsanwalts. Dessen Gebühren hat der Arbeitgeber auch dann zu erstatten, wenn dem Betriebsrat auch eine unentgeltlich gewährte Vertretung durch die Gewerkschaft möglich gewesen wäre.[589] Auch spielt es im Ergebnis keine Rolle, zu wessen Gunsten das Verfahren endet. Für die **Zuziehung des Rechtsanwalts** bedarf der Be-

---

581 BAG NZA 1997, 471.

582 So Fitting § 40 Rn 108 und selbst Hess u. a.-Glock § 40 Rn 103.

583 So bereits BAG AP Nr. 7 und 9 zu § 39 BetrVG (1952).

584 BAG DB 1989, 1829.

585 LAG München NZA-RR 2005, 29. Da die Betriebsratstätigkeit ein Ehrenamt ist und auch ohne Sitzungsteilnahme kein Entgeltanspruch bestanden hätte, wird dieser auch hier nicht angenommen.

586 So BAG DB 1987, 1439. Zum Fahrtkostenersatz im Filialbetrieb ArbG Wiesbaden AiB 2005, 306.

587 Däubler AiB 2004, 621 ff.; Däubler, Schulung und Fortbildung, Rn 458 ff.

588 Vgl. BAG AP Nr. 14 und 19 zu § 40 BetrVG 1972.

589 BAG AP Nr. 14 zu § 40 BetrVG 1972 = AuR 1979, 156 mit zust. Anm. Däubler.

triebsrat **keiner Zustimmung des Arbeitgebers**; insoweit ist die Situation eine andere als bei der Einschaltung als Sachverständiger.[590]

Darf der Betriebsrat aus eigener Initiative einen Anwalt beiziehen, um ggf. aufgrund der erteilten Rechtsauskünfte von einem gerichtlichen Verfahren abzusehen? Das LAG Schleswig-Holsein bejaht die Frage.[591]

Die Pflicht des Arbeitgebers zur Kostenerstattung entfällt nur dann, wenn die Rechtsverfolgung von vornherein offensichtlich aussichtslos war.[592] In diesem Fall durfte sie der Betriebsrat nicht für erforderlich halten. Bemerkenswert ist, dass sich der Betriebsrat in diesem Bereich seine «Hilfsmittel» selbst beschaffen kann, während er im Rahmen des § 40 Abs. 2 auf eine entsprechende Leistung des Arbeitgebers angewiesen ist. In der Tat wäre es hier besonders misslich, müsste erst ein Verfahren über die Einschaltung eines Rechtsanwalts geführt werden; dies mag man zudem als Bestätigung der These ansehen, dass in dringenden Fällen auch im Rahmen des Abs. 2 eine «Selbstverschaffung» möglich ist.[593]

Kann der Betriebsrat vom Arbeitgeber verlangen, dass ihm **Messgeräte** 876
zur Verfügung gestellt werden, um z. B. die Lärmbelästigung an bestimmten Arbeitsplätzen zu überprüfen? Das BAG meint: nein.[594] Die Messungen des Arbeitgebers und der Berufsgenossenschaft würden genügen, sodass die Erforderlichkeit fehle; auch gehe es nicht um Fragen der laufenden Geschäftsführung, wie dies § 40 Abs. 2 BetrVG voraussetze. Dies ist unbefriedigend, da der Betriebsrat so seiner Schutzaufgabe nach §§ 75 Abs. 2, 80 Abs. 1 Nr. 1 BetrVG nicht voll nachkommen kann. Auch ist er in vielen Fällen gezwungen, die Arbeitsschutzbehörden einzuschalten, statt sich selbst ein vollständiges Bild zu machen und dann den Konflikt innerbetrieblich zu regeln. Eine entsprechende Anwendung des § 40 BetrVG wäre daher allein sachgerecht.[595]

### 6.6.3.4. Die «gläsernen Taschen» des Betriebsrats

Die Kostentragung durch den Arbeitgeber hat den großen Nachteil, dass sie 877
eine **mittelbare Kontrolle über die Tätigkeit des Betriebsrats** möglich macht. Bestreitet der Arbeitgeber die «Erforderlichkeit» der Aufwendungen und verweigert er deshalb jede Zahlung, so muss der Betriebsrat den Nach-

590 Dazu oben 6.6.1.3. (Rn 857).

591 LAGE § 40 BetrVG 1972 Nr. 63 a = AiB 2000, 162.

592 Richardi-Thüsing § 40 Rn 22 mwN. Dies gilt auch bei Streitigkeiten zwischen einem Betriebsratsmitglied und dem Betriebsrat als Organ – s. Fitting § 40 Rn 60 ff.

593 Oben 6.6.3.1. (Rn 871 c).

594 BAG DB 1987, 1440.

595 Zustimmend mit Rücksicht auf die nunmehr gegebene Zuständigkeit des Betriebsrats im Umweltschutz DKK-Wedde § 40 Rn 88.

weis führen, dass er die getätigten Aufwendungen für erforderlich halten durfte.[596] Er muss sich im Einzelnen rechtfertigen; nach der gesetzlichen Regelung besitzt allein er in vollem Umfang «gläserne Taschen». Damit dies auch wirklich funktioniert, **verbietet § 41 BetrVG die Leistung von Beiträgen** der Arbeitnehmer **für Zwecke des Betriebsrats** – eine Regelung, die ursprünglich den Sinn hatte, eine eigenständige überbetriebliche Räteorganisation unmöglich zu machen[597], die heute jedoch die Funktion erfüllt, den Arbeitgeber zum ausschließlichen Finanzier des Betriebsrats werden zu lassen. Konsequenterweise wird dann von der herrschenden Lehre § 41 BetrVG auch auf die Entgegennahme von Zuwendungen Dritter (etwa von Gewerkschaften oder politischen Parteien) ausgedehnt.[598]

### 6.6.3.5. Betriebsratsfonds als Alternative

878 Erstrebt man demgegenüber mehr Autonomie für den Betriebsrat, so empfiehlt es sich, von vornherein eine Globalzuweisung in Form eines «Betriebsratsfonds» in Aussicht zu nehmen, der zur Finanzierung der anfallenden Aufgaben verwendet werden muss.[599] Über den Umfang der von Zeit zu Zeit notwendigen Abrechnung lässt sich durch Betriebsvereinbarung oder erforderlichenfalls durch Tarifvertrag eine Regelung treffen, die eine totale Transparenz der Betriebsratstätigkeit für den Arbeitgeber vermeidet. Von Interesse wäre in diesem Zusammenhang auch die **französische Lösung**, die dem mit dem Betriebsrat in etwa vergleichbaren Comité d'entreprise einen bestimmten Prozentsatz der betrieblichen Lohnsumme zuweist, mit dem er die unter seiner Verwaltung stehenden Sozialeinrichtungen sowie seine sonstigen Aufgaben finanzieren muss.[600] Fehlt es an einer vergleichbaren Regelung, so kann der Betriebsrat jedenfalls einen angemessenen **Vorschuss** für die Bestreitung absehbarer Aufwendungen (wie z. B. einer Seminarteilnahme) verlangen.[601]

---

596 BAG DB 1987, 102.

597 von Oertzen, Betriebsräte, S. 156.

598 Brecht § 41 Rn 3; Fitting § 41 Rn 5; GK-Weber § 41 Rn 8; Hess u. a.-Glock § 41 Rn 3; Richardi-Thüsing § 412 Rn 6; Weiss-Weyand § 41 Rn 2.

599 DKK-Wedde § 40 Rn 12; Fitting § 40 Rn 91; GK-Weber § 40 Rn 24; Hess u. a.-Glock § 40 Rn 73 a; Nikisch, III, S. 105. In manchen Betrieben ist es auch üblich, dem Betriebsratsvorsitzenden eine Kreditkarte zu überlassen – für Zulässigkeit DKK-Wedde § 40 Rn 12; Fitting § 40 Rn 91.

600 Näher dazu Lyon-Caen/Pélissier/Supiot N° 692.

601 DKK-Wedde § 40 Rn 13; ErfK-Eisemann § 40 Rn 14; Fitting § 40 Rn 91; Hess u. a.-Glock § 40 Rn 73.

### 6.6.4. Schutz gegen Benachteiligungen und gegen Behinderung der Betriebsratstätigkeit

§ 78 Satz 2 BetrVG verbietet jede Benachteiligung oder Begünstigung von Betriebsratsmitgliedern. Dies gilt sowohl für finanzielle Leistungen des Arbeitgebers (dem daher sowohl «Bestechungsversuche» wie auch Lohnkürzungen verboten sind) als auch für eine Veränderung der Arbeitssituation.[602] 879

Dieser billigenswerte Grundsatz hat an verschiedenen Stellen des Gesetzes eine Spezifizierung erfahren. So verlangt etwa § 37 Abs. 2, dass durch die Betriebsratstätigkeit **keine Entgeltminderung** eintritt.[603] Auch Freizeitopfer, die durch betriebliche Ursachen bedingt sind, müssen ausgeglichen werden.[604] Dasselbe gilt, wenn **Teilzeitkräfte** außerhalb ihrer individuellen Arbeitszeit im Rahmen ihres Betriebsratsamtes tätig sind oder ein Seminar nach § 37 Abs. 6 BetrVG besuchen.[605] In beiden Fällen dürfen sie sich aber nicht besser als ein Vollzeitbeschäftigter stehen.[606] 880

*Beispiel:*[607] Das Seminar dauert am Freitag von 8 Uhr bis 16 Uhr; im Betrieb wurde aber von allen nur bis 14 Uhr gearbeitet. Freizeitausgleich nur in Höhe von 6 Stunden, wenn die Teilzeitkraft am Freitag nicht gearbeitet hätte.

Ist die Betriebsratsarbeit **in der Normalarbeitszeit nicht zu schaffen**, erbringt das fragliche Betriebsratsmitglied faktisch ein Opfer an Freizeit. Entsprechende Phänomene gibt es insbesondere bei Freigestellten. 881

Das Benachteiligungsverbot bezieht weiter auch die **berufliche Entwicklung** mit ein; nach § 37 Abs. 4 darf das Arbeitsentgelt von Betriebsratsmitgliedern ein Jahr nach Beendigung der Amtszeit nicht geringer bemessen werden als das Arbeitsentgelt vergleichbarer Arbeitnehmer mit betriebsüblicher beruflicher Entwicklung. Auch darf ihnen während dieser Zeit nur eine Arbeit zugewiesen werden, die der Tätigkeit «vergleichbarer Arbeitnehmer mit betriebsüblicher beruflicher Entwicklung» gleichwertig ist. Für freigestellte Betriebsratsmitglieder trifft § 38 Abs. 4 die Sonderregelung, wonach sie von inner- und außerbetrieblichen Maßnahmen der beruflichen Bildung nicht ausgeschlossen werden dürfen und der Arbeitgeber ihnen überdies innerhalb eines Jahres nach Beendigung der Freistellung Gelegenheit geben muss, 882

---

602 Zu «Luxusveranstaltungen» für Betriebsräte s. Däubler dbr Heft 10/2005 S. 17.

603 Oben 6.6.2. (Rn 866 b).

604 Oben 6.6.2. (Rn 866 b).

605 Fitting § 40 Rn 92, 189 ff. Zum Seminar gehören auch die Fahrzeiten und die Pausen: BAG NZA 2005, 936.

606 So § 37 Abs. 6 Satz 2 2. Halbsatz BetrVG für Schulungsteilnahme.

607 Nach BAG NZA 2005, 936.

eine unterbliebene betriebsübliche berufliche Entwicklung nachzuholen. Das Gesetz stellt hier wie das Antidiskriminierungsrecht auf **«hypothetische Vergleichspersonen»** ab, was notwendigerweise mit gewissen Unsicherheiten verbunden ist.

883 In der betrieblichen Praxis kommt es verschiedentlich vor, dass der **Arbeitgeber zwischen Betriebsratsmitgliedern differenziert** und einzelnen, ihm missliebigen Personen z. B. den Zutritt zu bestimmten Betriebsabteilungen verweigert oder die Erforderlichkeit ihrer Tätigkeiten detailliert bestreitet, was sie zumindest zu einer Darlegung in Stichworten zwingt.[608] Auch hier muss das Benachteiligungsverbot des § 78 S. 2 eingreifen,[609] erfolgt doch die besondere Behandlung wegen der Tätigkeit als betrieblicher Interessenvertreter. Auch vom Sinn der Institution Betriebsrat her, der als Kollegium und damit als Einheit bestimmte Mitwirkungs- und Mitbestimmungsrechte hat, lässt sich ein solcher Eingriff in die innere Struktur des (unabhängigen) Verhandlungspartners nicht rechtfertigen.[610]

884 Nach § 78 S. 1 darf weiter der Betriebsrat **nicht** in der Ausübung seiner Tätigkeit **gestört oder behindert** werden.

Material dazu ist reichlich vorhanden.[611] So darf der Arbeitgeber **nicht** die Betriebsratspost öffnen[612] oder **Telefongespräche überwachen** – und zwar auch nicht durch Aufzeichnung der angerufenen Nummern im Orts- und Nahbereich.[613] **Entfernt** der **Arbeitgeber** eigenmächtig Informationen und **Beiträge aus dem Intranet**, die der Betriebsrat dort eingestellt hat, so stellt dies nach BAG[614] gleichfalls eine Behinderung dar. Dasselbe gilt von einer **Sperrung des Passworts**, über das der Betriebsrat Zugang zu seinen Dateien erhält.[615]

884a Die «Kosten des Betriebsrats» dürfen nur im Rahmen einer allgemeinen Aufstellung aller im Betrieb anfallenden Aufwendungen erwähnt werden; ihre isolierte Mitteilung ist unzulässig.[616] Erst recht darf die **Kürzung von Sozialleistungen** nicht mit dem Argument begründet werden, **angesichts des «teuren Betriebsrats»** sei der alte Umfang nicht mehr zu halten.[617] Auch

---

608 Oben 6.6.2. (Rn 866a).

609 DKK-Buschmann § 78 Rn 14 nimmt eine Behinderung der Betriebsratstätigkeit an. Das eine schließt das andere nicht aus.

610 Analoge Eingriffe in den Koalitionsbestand werden als Verstoß gegen Art. 9 Abs. 3 GG angesehen: S. oben 3.2.7. (Rn 145).

611 Zusammenstellung bei DKK-Buschmann § 78 Rn 14; Fitting § 78 Rn 9.

612 ArbG Stuttgart AiB 1988, 109; ArbG Elmshorn AiB 1991, 269; ArbG Wesel AiB 1993, 43.

613 Fitting § 78 Rn 9. Bei Ferngesprächen wird eine Erfassung der (äußeren) Telefondaten, nicht der Gesprächsinhalte für zulässig gehalten. Kritisch dazu Däubler, Gläserne Belegschaften? Rn 810.

614 NZA 2004, 278, 280.

615 ArbG Düsseldorf AiB 1999, 648.

616 BAG AP Nr. 25 und 27 zu § 23 BetrVG 1972.

617 ArbG Rosenheim AiB 1989, 83.

die Drohung, den **Betrieb nach Polen zu verlagern**, wenn der Arbeitgeber den Anwalt des Betriebsrats bezahlen müsse, ist ersichtlich rechtswidrig.[618] Bemerkenswert ist auch die Ankündigung des Arbeitgebers, das Doppelte der Betriebsratskosten der Belegschaft freiwillig zuzuwenden, wenn sie freiwillig auf dieses Gremium verzichte.[619]

Massiver, aber möglicherweise in der Wirkung sehr viel harmloser ist es, 884b
wenn am Wochenende das Betriebsratszimmer ausgeräumt und die Möbel in die Ecke eines Großraumbüros verbracht werden; dort könne dann jeder sehen, was der Betriebsrat gerade tue und mit wem er rede.[620] Subtiler war dagegen der Versuch einer Fluggesellschaft, bei einem geplanten Personalabbau großzügige Abfindungen für freiwillig Ausscheidende anzubieten und die Sozialplanverhandlungen mit bescheidenen Angeboten in die Länge zu ziehen und so dem Betriebsrat bestenfalls die Chance zu lassen, eine vergleichbare Regelung zu erreichen. Schließlich stellt es eine Behinderung dar, wenn der Arbeitgeber in zeitlicher Nähe zu der vom Betriebsrat einberufenen Betriebsversammlung eine **«Mitarbeiterversammlung»** mit ähnlicher Tagesordnung einberuft[621] oder offen dazu auffordert, nicht zur Betriebsversammlung zu gehen.[622] Ein solches unzulässiges «Hineinwirken» in die interne Willensbildung der Arbeitnehmerseite liegt auch dann vor, wenn vor den Verhandlungen mit dem Betriebsrat über ein «betriebliches Bündnis für Arbeit» jeder Belegschaftsangehörige angeschrieben und in suggestiver Form **aufgefordert** wird, **sich** durch Rücksendung eines beigefügten Zettels **für die Vorstellungen des Arbeitgebers auszusprechen**. Eine Parallele dazu stellt die vom Arbeitgeber initiierte Urabstimmung dar, die mit Recht für unzulässig erklärt wird.[623]

Die Behinderung ist ein objektiver Tatbestand; sie setzt kein Verschul- 884c
den voraus. In der Praxis kann sie durch **einstweilige Verfügung** verboten werden. Wird sie vorsätzlich begangen, ist zugleich der **Straftatbestand** des § 119 Abs. 1 Nr. 2 BetrVG erfüllt.[624]

---

618 ArbG Leipzig NZA-RR 2003, 142.

619 So der Fall ArbG Wesel AiB 1997, 52; dazu auch Fitting § 78 Rn 10.

620 Ähnlich der Fall ArbG Freiburg AiB 1997, 413.

621 BAG DB 1989, 2543. Dazu DKK-Berg § 42 Rn 32.

622 ArbG Darmstadt AiB 2004, 754.

623 Dazu oben 5.6.1. (Rn 594) und 5.6.3. (Rn 597).

624 OLG Stuttgart AiB 1989, 23 m. Anm. Herbst. Zur strafrechtlichen Seite s. weiter unten 6.7.4.1. (Rn 908 ff.).

## 6.6.5. Kündigungsschutz

885 Die wichtigste Ausprägung des Benachteiligungsverbots ist der weitgehende Kündigungsschutz der Betriebsratsmitglieder nach § 103 BetrVG in Verbindung mit § 15 KSchG.[625] Erst die Arbeitsplatzsicherheit gibt ihnen die notwendige Unabhängigkeit gegenüber dem Arbeitgeber, die Voraussetzung dafür ist, auch in Konfliktsituationen zur eigenen Position zu stehen.

### 6.6.5.1. Der grundsätzliche Ausschluss der ordentlichen Kündigung

886 Die ordentliche Kündigung von Betriebsratsmitgliedern ist im Grundsatz ausgeschlossen. Eine **Ausnahme** besteht nur bei **Stilllegung des ganzen Betriebs oder einer Betriebsabteilung**, im zweiten Fall jedoch nur dann, wenn eine Weiterbeschäftigung in einer anderen Abteilung unmöglich ist (§ 15 Abs. 4 und 5 KSchG).[626] Als «Betrieb» ist dabei die Einheit zu verstehen, in der der Betriebsrat gewählt wurde; auch tariflich geschaffene Einheiten fallen nach § 3 Abs. 5 BetrVG darunter.

886a Eine **«Stilllegung»** liegt nur dann vor, wenn der Betriebszweck auf Dauer (und nicht nur vorübergehend) aufgegeben wird.[627] Erfolgt sie **in Etappen**, so dürfen die Betriebsratsmitglieder erst mit der letzten Arbeitnehmergruppe gekündigt werden, es sei denn, es bestehe schon vorher für sie keinerlei Beschäftigungsmöglichkeit mehr.[628] Insofern gelten dieselben Grundsätze wie bei der Stilllegung einer **Abteilung.** Dort hat der Arbeitsplatzschutz des Betriebsratsmitglieds sogar insoweit Vorrang, als notfalls ein gleichwertiger Arbeitsplatz in einer anderen Abteilung **«freigekündigt»** werden muss.[629]

*Beispiel:* In einem Fernstudieninstitut wird die Abteilung Physik geschlossen. Der dort tätige Physiker, Betriebsratsmitglied, kann seiner Qualifikation nach keine Lehrbriefe in Chemie anfertigen. Kündigung zulässig. Anders verhält es sich, wenn die jeweiligen Lehrmaterialien arbeitsteilig unter Einschaltung eines Didaktikers erstellt werden, der betreffende Physiker aber über didaktische Erfahrungen und gewisse Grundkenntnisse in Chemie verfügt.

---

625 Zu Einzelfragen s. die Kommentierungen von KDZ-Kittner, APS-Linck und KR-Etzel.

626 Der Betriebsbegriff bestimmt sich nach allgemeinen Grundsätzen; auch hier kann ein Betrieb zu zwei oder mehreren Unternehmen gehören: BAG AP Nr. 30 zu § 15 KSchG 1969 = AiB 1988, 92.

627 Näher unten 6.12.1. (Rn 1102 ff.).

628 BAG AP Nr. 17 zu § 13 KSchG.

629 Dazu BAG AP Nr. 97 zu § 615 BGB; KR-Etzel § 15 KSchG Rn 126 mwN; Matthes DB 1980, 1165.

### 6.6.5.2. Die außerordentliche Kündigung und ihre Beschränkung

Vom Sonderfall der Stilllegung abgesehen, kommt gegenüber Betriebsratsmitgliedern nur eine außerordentliche Kündigung in Betracht. Sie ist an zwei Voraussetzungen geknüpft:[630] 887

▶ Zum einen müssen **sämtliche Bedingungen des § 626 BGB** vorliegen.[631] Das bedeutet insbesondere, dass eine schwere Verletzung arbeitsvertraglicher Pflichten gegeben sein muss. Die bloße Missachtung von Amtspflichten als Betriebsrat darf nur ein Ausschlussverfahren nach § 23 Abs. 1 BetrVG zur Folge haben.[632]

*Beispiel:* Ein Betriebsratsmitglied äußert wiederholt, für Unorganisierte könne man sich höchstens mit halber Kraft einsetzen. Verstoß gegen § 75 Abs. 1 BetrVG, nicht jedoch gegen arbeitsvertragliche Pflichten. Anders verhält es sich, wenn der Arbeitgeber als «fiese Type» und «letzter Schmarotzer» bezeichnet wird.

Ausgeschlossen ist, von einem Betriebsratsmitglied eine besonders sorgfältige Pflichterfüllung zu verlangen; ihm **Vorbildfunktion** zuzumessen, würde **gegen das Benachteiligungsverbot** des § 78 Satz 2 BetrVG **verstoßen**.[633]

▶ Zum Zweiten ist die **Kündigung** nach § 103 Abs. 1 BetrVG **von der Zustimmung des Betriebsrats abhängig**. Auf einen entsprechenden Antrag des Arbeitgebers hin muss sich dieser in entsprechender Anwendung von § 102 Abs. 2 Satz 3 BetrVG binnen dreier Tage erklären; bleibt er untätig, gilt die Zustimmung als verweigert.[634] Bei dem Beschluss darf das betroffene Betriebsratsmitglied nicht mitwirken; an seine Stelle tritt ein **Ersatzmitglied**.[635] Auch beim **«Ein-Mann-Betriebsrat»** (= Betriebsobmann) wird dies akzeptiert, obwohl der Nachrücker wegen seines Eigeninteresses am Freiwerden der Stelle nicht unbefangen ist.[636]

Wird die Zustimmung verweigert, kann sie nach § 103 Abs. 2 BetrVG vom Arbeitsgericht ersetzt werden.

---

630 Zu den Sonderproblemen bei der Kündigung eines schwerbehinderten Betriebsratsmitglieds s. BAG AP Nr. 24 zu § 103 BetrVG 1972.

631 Eingehend dazu Bd. 2 Rn 1125 ff.

632 BAG AP Nr. 1 zu § 103 BetrVG 1972.

633 Das BAG verlangt im Gegenteil, an die Rechtfertigung der Kündigung müsse ein besonders strenger Maßstab angelegt werden: BAG AP Nr. 16 zu § 13 KSchG.

634 KR-Etzel § 15 KSchG Rn 78. Nach der Untersuchung des Hamburger Max-Planck-Instituts zum Kündigungsschutz wurde in 35 von 56, d. h. in 63 % der Fälle, die Zustimmung verweigert (Falke u. a. unter II. 10.).

635 BAG BB 1982, 738; BAG BB 1985, 335 (dort auch zum Vertrauensschutz des Arbeitgebers gegenüber nichtigen Beschlüssen).

636 APS-Linck § 103 BetrVG Rn 11 mwN. Anders deshalb die Vorauflage.

### 6.6.5.3. Verfahrensfragen

888 Solange der Betriebsrat seine **Zustimmung nicht erteilt** hat bzw. diese nicht rechtskräftig vom Arbeitsgericht ersetzt wurde, ist eine dennoch ausgesprochene Kündigung unheilbar nichtig.[637] Das betroffene Betriebsratsmitglied kann **Weiterbeschäftigung**[638] bzw. als Freigestellter volle Ausübung aller mit seinem Amt verbundenen Rechte verlangen. Wird dem nicht Rechnung getragen oder gar Hausverbot erteilt, so kann eine einstweilige Verfügung auf Weiterbeschäftigung und Ausübung der Betriebsratstätigkeit erlassen werden.[639]

889 **Erteilt** der **Betriebsrat** seine **Zustimmung**, so kann der Arbeitgeber **innerhalb der Zweiwochenfrist** des § 626 Abs. 2 BGB **kündigen**; die Einschaltung des Betriebsrats führt nicht zu einer Fristverlängerung.[640] Das betroffene Betriebsratsmitglied befindet sich nunmehr formal in derselben Lage wie jeder andere Arbeitnehmer und kann binnen drei Wochen vor dem Arbeitsgericht Kündigungsschutzklage erheben.[641] Dabei kann er alle gegen die Kündigung sprechenden Argumente vorbringen.

889a Ist die **Zustimmung** in einem arbeitsgerichtlichen Verfahren **ersetzt** worden, muss der Arbeitgeber «unverzüglich» nach Eintritt der Rechtskraft kündigen.[642] Da bereits eine inhaltliche Prüfung der Kündigungsgründe erfolgt ist, kann der Gekündigte im Kündigungsschutzverfahren nur noch formale Mängel rügen, jedoch nicht mehr vorbringen, dass die Voraussetzungen des § 626 Abs. 1 BGB nicht vorgelegen hätten.[643]

### 6.6.5.4. Andere geschützte Personen

890 Der hier beschriebene Kündigungsschutz kommt auch Ersatzmitgliedern des Betriebsrats zugute, wenn und solange sie die Funktion eines verhinderten Betriebsratsmitglieds ausüben.[644] § 103 Abs. 1 stellt überdies **Mitglieder der Jugend- und Auszubildendenvertretung** und des Wahlvorstands sowie eine Reihe anderer Funktionsträger den Betriebsratsmitgliedern gleich. Nach Be-
890a endigung des Amtes tritt nach näherer Maßgabe des § 15 Abs. 1 und 3 KSchG

637 BAG AP Nr. 1, 2, 5 und 6 zu § 103 BetrVG 1972; KR-Etzel § 103 BetrVG Rn 109.

638 BAG DB 1977, 2099.

639 Bieback AuR 1977, 328 ff.

640 BAG AP Nr. 1, 2 und 10 zu § 103 BetrVG 1972; DKK-Kittner § 103 Rn 30.

641 BAG AP Nr. 11 zu § 13 KSchG.

642 BAG AP Nr. 36 zu § 103 BetrVG 1972; ebenso KR-Etzel § 103 BetrVG Rn 136; a.A. Fitting § 103 Rn 46: Neue Zwei-Wochen-Frist.

643 BAG AP Nr. 48 zu § 103 BetrVG 1972; Fitting § 103 Rn 47 mwN.

644 BAG AP Nr. 3 zu § 15 KSchG 1969. Wer, obwohl er nicht wählbar war, dennoch gewählt wurde, besitzt gleichfalls Kündigungsschutz, und zwar bis zur rechtskräftigen Feststellung seiner fehlenden Wählbarkeit: BAG DB 1984, 302.

ein **nachwirkender Kündigungsschutz** ein: Danach ist – vom Fall der Stilllegung abgesehen – jede ordentliche Kündigung ausgeschlossen, eine außerordentliche Kündigung jedoch unter den allgemeinen Voraussetzungen (also ohne Zustimmung des Betriebsrats) möglich. Wichtig ist, dass nach der Rechtsprechung des BAG auch **kurzfristig nachgerückte Ersatzmitglieder**[645] und solche Betriebsratsmitglieder, die freiwillig auf ihr Amt verzichtet haben[646], in den nachwirkenden Kündigungsschutz einbezogen werden. Der Nachwirkungszeitraum beträgt ein Jahr, bei Wahlbewerbern und Wahlvorstandsmitgliedern jedoch nur sechs Monate.

### 6.6.5.5. Änderungskündigungen?

§ 15 KSchG schützt auch gegenüber Änderungskündigungen. Fraglich kann 891
dies allein dann sein, wenn es um eine **Massenänderungskündigung** geht, die alle Arbeitnehmer des Betriebs oder jedenfalls die mit den einzelnen Betriebsratsmitgliedern vergleichbaren Beschäftigten trifft. Hier wird z. T. eine teleologische Reduktion des § 103 und des § 15 KSchG befürwortet,[647] doch hat sich das BAG dem nicht angeschlossen.[648] Allerdings ist es denkbar, dass im Einzelfall eine außerordentliche Änderungskündigung Platz greift, weil der Fortbestand der bisherigen Arbeitbedingungen für den Arbeitgeber völlig unzumutbar ist.[649]

### 6.6.5.6. Versetzungsschutz

Wird das Betriebsratsmitglied in einen anderen Betrieb versetzt, so verliert es 891 a
die Wählbarkeit und damit auch sein Betriebsratsamt. Um die Unabhängigkeit des Betriebsrats vom Arbeitgeber zu sichern, ist § 103 BetrVG im Jahre 2001 um einen Abs. 3 ergänzt worden, der auch in einem solchen Fall die Zustimmung des Betriebsrats verlangt. Dies gilt allerdings nicht, wenn der fragliche **Arbeitnehmer** mit der Versetzung **einverstanden** ist. Auch kann die Zustimmung nicht nur aus «wichtigem Grund», sondern schon dann ersetzt werden, wenn diese unter Berücksichtigung der betriebsverfassungsrechtlichen Stellung des Arbeitnehmers «aus dringenden betrieblichen Gründen notwendig» ist.

---

645 BAG AP Nr. 7 zu § 15 KSchG 1969; BAG DB 1987, 1641 = AP Nr. 26 zu § 15 KSchG 1969; LAG Niedersachsen AiB 1987, 286.

646 BAG AP Nr. 6 zu § 15 KSchG 1969. Ebenso für ein vor der Wahl zurückgetretenes Wahlvorstandsmitglied BAG AP Nr. 23 zu § 15 KSchG 1969.

647 GK-Raab § 103 Rn 25 mwN.

648 BAG NZA 2005, 156; ebenso DKK-Kittner § 103 Rn 5; ErfK-Kania § 103 Rn 6; KR-Etzel § 103 BetrVG Rn 59.

649 BAG AP Nr. 36 zu § 15 KSchG 1969; BAG NZA 2005, 156.

### 6.6.6. Ausschluss von Schadensersatzansprüchen

892 Eine effektive Interessenvertretung im Sinne des Gesetzes setzt voraus, dass der Betriebsrat und seine Mitglieder **nicht befürchten** müssen, wegen Pflichtverletzung gegenüber dem Arbeitgeber, den Beschäftigten oder Dritten **auf Schadensersatz in Anspruch genommen** zu werden. Die Mitbestimmung bei Überstunden wäre wenig wert, wenn der Betriebsrat bei einem «Nein» dem Arbeitgeber die Vertragsstrafe ersetzen müsste, die dieser wegen Terminüberschreitung an einen Auftraggeber zu bezahlen hätte.[650] Schon eine relativ fern liegende Gefahr, tatsächlich zu Schadensersatz verurteilt zu werden, würde zu übergroßer Vorsicht und «Ja-Sager-Mentalität» führen und damit die Mitbestimmung weithin gegenstandslos machen.[651] Auch würden sich nach einiger Zeit kaum mehr Kandidaten für einen solchen «Schleudersitz» finden.[652]

892a Theoretisch sind viele Möglichkeiten denkbar, dem Betriebsrat **Haftungsrisiken aufzuerlegen**:[653]

▶ Die Beziehung zum einzelnen Beschäftigten wie die zum Arbeitgeber lässt sich als **«gesetzliches Schuldverhältnis»** sehen, aus dem sich bestimmte Schutzpflichten ergeben.[654] Werden sie verletzt, haften die Betriebsratsmitglieder als «Mittäter» auf Schadensersatz.

▶ Auch für den Betriebsrat gilt das **Recht der unerlaubten Handlung**. Nimmt er wirtschaftliche Nachteile für den Arbeitnehmer in Kauf, kann er wegen Eingriffs in den eingerichteten und ausgeübten Gewerbebetrieb haften.[655] Weiter liegt es nahe, die Pflicht zur Wahrung des Betriebsfriedens oder zur vertrauensvollen Zusammenarbeit als «Schutzgesetze» nach § 823 Abs. 2 BGB zu qualifizieren, deren schuldhafte Verletzung gleichfalls zum Schadensersatz verpflichtet.[656]

▶ Schließt der Betriebsrat **Verträge mit Dritten** wie z. B. mit einem Rechtsanwalt oder einem Seminarveranstalter, so haften seine Mitglieder persönlich. Ob sie einen Erstattungs- oder Freistellungsanspruch gegen den Arbeitgeber haben, richtet sich danach, ob sie die fragliche Maßnahme für erforderlich halten konnten.

---

650 Beispiel bei Triebel, S. 26.

651 Richtig Säcker RdA 1965, 377, und in: Hueck-Nipperdey, Bd. II/2, S. 1109; ihm folgend Weiss RdA 1974, 278. Ähnlich Brill AuR 1980, 360, und Derleder AuR 1980, 362.

652 Darauf verweist zu Recht Gamillscheg AuR 1992, 178.

653 Grundlegend Belling, Die Haftung des Betriebsrats; kritisch zu den Konsequenzen Gamillscheg AuR 1992, 176 ff. Zum aktuellen Diskussionsstand GK-Kraft-Franzen § 1 Rn 77 ff. Beeindruckende Beispiele bei Triebel, S. 24–28.

654 Belling, S. 41 ff., 304 ff.; Triebel, S. 54 ff.

655 Zu den entsprechenden Überlegungen beim rechtswidrigen Streik s. oben 5.8.3.1. (Rn 633).

656 Vgl. dazu Derleder AuR 1980, 365.

Eine schlichte Unterstellung unter zivilrechtliche Haftungsnormen würde der **Spezifik des Betriebsverfassungsrechts nicht gerecht**.[657] Der Betriebsrat ist nach dem gesetzlichen Modell bei der Ausübung seiner Befugnisse innerhalb der vom BetrVG vorgesehenen Handlungsmaximen autonom. Weshalb er eine bestimmte Regelung verlangt oder ablehnt, ist rechtlich nicht überprüfbar, eine Lösung dem Verhandlungsprozess überlassen. Insoweit ist seine Stellung mit der eines Repräsentanten im staatlichen Bereich vergleichbar.[658] Verstöße gegen die Regeln des BetrVG unterliegen deshalb nach der Rechtsprechung einem **eigenen Sanktionensystem**. So anerkennt das BAG neben § 23 BetrVG[659] zwar einen Unterlassungs- und einen Erfüllungsanspruch,[660] jedoch kein dem Vertragsrecht entnommenes Zurückbehaltungsrecht.[661] Schadensersatzansprüche haben bislang nur dann eine Rolle gespielt, wenn es um den Abschluss von Verträgen ging, die ersichtlich außerhalb der Kompetenz des Betriebsrats lagen.[662] Dagegen wird niemand etwas einzuwenden haben – genauso wenig wie gegen eine Haftung aus § 826 BGB wegen vorsätzlicher sittenwidriger Schädigung[663]. In beiden Fällen ist kein Widerspruch zu Grundstrukturen des BetrVG ersichtlich. **In der bisherigen Praxis** hat die Haftung von Betriebsratsmitgliedern auf Schadensersatz **keine Rolle gespielt**. Verurteilungen sind seit 45 Jahren nicht bekannt geworden.[664] 892b

---

657 Zu seiner Eigenständigkeit s. Däubler, FS 50 Jahre BAG, S. 13 ff. Im Ergebnis wie hier DKK-Wedde Einl. Rn 130 ff.; anders Fitting § 1 Rn 217 ff.; GK-Kraft-Franzen § 1 Rn 75 ff.; Richardi-Thüsing vor § 26 Rn 8 ff.

658 Dazu Bergwitz S. 421 ff. und unten 6.7.1.1. (Rn 893).

659 Dazu im Verhältnis Belegschaft – Betriebsrat oben 6.4.2.2. (Rn 805 ff.).

660 BAG AP Nr. 27 zu § 23 BetrVG 1972.

661 BAG DB 1978, 1403 (unter ausdrücklicher Betonung der Exklusivität betriebsverfassungsrechtlicher Sanktionen).

662 BAG NZA 1987, 100: eigenwirtschaftlicher Betrieb einer Kantine durch Betriebsratsmitglieder (der aber in concreto dann doch nicht vorlag).

663 Für die Ausübung von Beteiligungsrechten ebenso Brill AuR 1980, 358. Ähnlich Derleder, Säcker und Weiss (oben Fn 651).

664 Zur länger zurückliegenden Vergangenheit s. die Angaben bei Brill AuR 1980, 355, Fn 30, und bei Derleder AuR 1980, 360, Fn 1. Die aktuelle Kommentarliteratur (oben Rn 657) nennt keine Entscheidungen.

## 6.7. Die Rechte des Betriebsrats – Grundsätzliches

### 6.7.1. Der Betriebsrat als juristisches Phänomen

#### 6.7.1.1. Treuhänder, Amtswalter, Repräsentant

893 Verlangt der Betriebsrat vom Arbeitgeber eine Auskunft oder übt er beispielsweise sein Mitbestimmungsrecht bei der Einführung technischer Kontrolleinrichtungen aus, so kann man die Frage stellen, ob er hier eigentlich eigene Befugnisse wahrnimmt oder ob er nur nach Art eines Treuhänders Rechte der Belegschaft geltend macht. Die juristische Literatur hat sich fast einhellig für die zweite Alternative entschieden. Dabei hat sie ein bemerkenswertes Maß an Kreativität entwickelt, um das Verhältnis zwischen Belegschaft und Betriebsrat durch Rückgriff auf weitere bekannte **Rechtsfiguren** wie **«gesetzlicher Vertreter»,** «Amtswalter» und **«Repräsentant»** zu erklären.[665] Trotz der großen Zahl der angestellten Überlegungen und ihrem unbestrittenen wissenschaftlichen Rang ist es bisher nicht gelungen, auch nur einen einzigen Fall herauszuarbeiten, dessen Lösung *mit Sicherheit* von der Entscheidung für eine bestimmte Rechtskonstruktion abhängen würde.[666] Im Ergebnis ist der Streit um die Natur der Betriebsratsbefugnisse daher hier nicht weiter zu verfolgen.

#### 6.7.1.2. Der Betriebsrat als partiell rechtsfähige Einheit

893a Nach neuerer Rechtsprechung des BAG ist der Betriebsrat insoweit rechtsfähig, als ihm Befugnisse nach dem BetrVG zustehen. Dies gilt auch, soweit diese wie die Ansprüche aus § 40 BetrVG vermögensrechtlichen Charakter haben.[667] Dasselbe wird man für Rechte annehmen können, die durch betriebsverfassungsrechtliche Tarifnormen geschaffen wurden. Darüber hinaus ist der Betriebsrat jedoch «inexistent»; er kann insoweit **keine Verträge abschließen oder Eigentum erwerben**[668]. Wird etwa ohne Beachtung der Voraussetzungen des § 80 Abs. 3 BetrVG ein Beratungsvertrag mit einem

---

665 Umfassende Darstellung und Aufarbeitung bei Bergwitz, S. 360 ff.

666 Dies gilt auch für die Fragen des Betriebsratseigentums und der Behandlung betriebsratslos werdender Betriebe (dazu Däubler AcP 175 [1975], 182 ff.). Wie hier im Ergebnis Zöllner-Loritz, § 45 II.

667 BAG NZA 1998, 900, 901; BAG NZA 2003, 53, 54; BAG NZA 2005, 123, 124; die Frage war noch dahingestellt geblieben in BAG NZA 1987, 101.

668 BAG NZA 1987, 101. Dazu auch Marschollek, S. 116.

Sachverständigen geschlossen,[669] so steht diesem kein Entgeltanspruch gegen den Betriebsrat zu; in der Regel werden aber die handelnden Betriebsratsmitglieder entsprechend § 54 Satz 2 BGB haften.[670] **Verspricht** der **Arbeitgeber,** für jede Verletzung eines Mitbestimmungsrechts eine **Vertragsstrafe** an den Betriebsrat oder einen von diesem genutzten Fonds zu bezahlen, so ist eine solche Abmachung nichtig, weil es auf der einen Seite an einem handlungsfähigen «Jemand» fehlt.[671] Handelt der Betriebsrat dagegen innerhalb des gesetzlichen Rahmens, so kann er sich (nicht aber unmittelbar den Arbeitgeber) verpflichten; ihm steht dann nach § 40 Abs. 1 BetrVG ein **Freistellungsanspruch** gegen diesen zu. In der Praxis wird dieser Anspruch typischerweise an den Rechtsanwalt, Sachverständigen usw. als Gläubiger des Betriebsrats abgetreten; er verwandelt sich dadurch in einen direkten Zahlungsanspruch gegen den Arbeitgeber.[672] Im Rahmen seiner Zuständigkeit geführte Akten fallen nach § 950 BGB in das Eigentum des Betriebsrats.

Eine partielle Rechtsfähigkeit ist in unserer Rechtsordnung eine **Aus-** 893b
**nahmeerscheinung**. Der Sache nach läuft sie auf die sog. **Ultra-vires-Lehre** des angloamerikanischen Rechts hinaus, wonach die Selbständigkeit von Vereinigungen nur im Rahmen des gewählten Zwecks anerkannt wird.[673] Die Zurückhaltung von Rechtsprechung und Lehre mag ein wenig damit zusammenhängen, dass die Zuerkennung der vollen Rechtsfähigkeit mit der Möglichkeit verbunden werden müsste, dem Betriebsrat eigenen Erwerb (z. B. durch das Betreiben einer Sozialeinrichtung wie einer Kantine) zu ermöglichen oder ihn mit einem großzügig bemessenen Fonds auszustatten. Dies würde möglicherweise als **erster Schritt auf dem Weg zu einer dualistischen Unternehmensstruktur** gesehen, deren eine Hälfte (z. B. die GmbH) den Faktor Kapital, deren andere Hälfte (der Betriebsrat) den Faktor Arbeit repräsentieren und steuern würde. Gleichwohl erscheint es wenig einleuchtend, jede Gesellschaft des bürgerlichen Rechts als voll rechtsfähig zu behandeln, sobald sie nach außen hin in Erscheinung tritt,[674] während man dem Betriebsrat Vergleichbares verweigert und so seine Handlungsmöglichkeiten im Prinzip auf das vom Gesetz Vorgesehene beschränkt.[675]

---

669 Dazu oben 6.6.1.3. (Rn 857 f.).

670 Ähnlich, aber ohne Rückgriff auf § 54 Satz 2 BGB BAG NZA 1987, 101.

671 So BAG NZA 2005, 123.

672 BAG NZA 1998, 901. Die Abtretung ist auch dann noch möglich, wenn das Mandat des Betriebsrats ausgelaufen ist – BAG NZA 2003, 53.

673 Näher dazu Däubler, BGB kompakt, Kap. 4 Rn 58 mwN.

674 BGH JZ 2001, 605 ff., seither ständ. Rspr.

675 Vergleichbares geschieht mit den Gewerkschaften, die Tarifverträge nicht generell, sondern nur im Rahmen ihrer satzungsmäßigen Zuständigkeit abschließen können. Dazu oben 4.2.2. (Rn 198 ff.). Kritisch zu diesem Rechtszustand Däubler, Tarifvertragsrecht, Rn 89, 89 a.

### 6.7.2. Die allgemeinen Aufgaben des Betriebsrats – Kontrolle, Initiative, Fürsorge

§ 80 Abs. 1 BetrVG enthält einen auf den ersten Blick recht imponierenden Katalog von Aufgaben des Betriebsrats.

#### 6.7.2.1. Der Betriebsrat als Hüter des zwingenden Rechts

894 Nach Nr. 1 hat der Betriebsrat darüber zu wachen, «dass die zugunsten der Arbeitnehmer geltenden Gesetze, Verordnungen, Unfallverhütungsvorschriften, Tarifverträge und Betriebsvereinbarungen durchgeführt werden». Dazu zählt auch das auf diese Vorschriften bezogene Richterrecht.[676] Auch in Bezug auf AT-Angestellte greift die Vorschrift, sodass beispielsweise kontrolliert werden kann, ob trotz «Vertrauensarbeitszeit» die Vorschriften des ArbZG eingehalten wurden.[677] «Arbeitnehmerschützend» sind im Übrigen nicht nur arbeitsrechtliche Vorschriften, sondern z. B. auch die des BDSG[678] und die §§ 305 – 310 BGB.[679]

895 Stellt der Betriebsrat einen Verstoß fest, so kann er darauf hinwirken, dass dieser abgestellt wird. Zu diesem Zweck kann er **an den Arbeitgeber appellieren**.[680] Da er kein diesem übergeordnetes Kontrollorgan ist[681] und da er nach § 77 Abs. 1 Satz 2 BetrVG nicht durch einseitige Handlungen in die Leitung des Betriebs eingreifen darf, kann er auch bei offensichtlichen Verstößen nicht selbst für Abhilfe sorgen.[682]

896 Fraglich ist unter diesen Umständen allein, ob der Betriebsrat mit Hilfe der Gerichte einen rechtmäßigen Zustand herbeiführen kann. In einer Entscheidung aus dem Jahre 1982 hatte das BAG dem Betriebsrat das Recht eingeräumt, **in einem Beschlussverfahren klären zu lassen, ob eine bestimmte Arbeitgebermaßnahme gegen Gesetze, Tarifverträge usw. verstößt**.[683]

---

676 Fitting § 80 Rn 6.

677 BAG NZA 2003, 1348 = AuR 2004, 70.

678 BAG AP Nr. 29 zu § 80 BetrVG 1972; Einzelheiten bei Däubler, Gläserne Belegschaften? Rn 630 ff.

679 DKK-Buschmann § 80 Rn 19; Einzelheiten bei Däubler, Die Kontrolle von Arbeitsverträgen durch den Betriebsrat, Düsseldorf 2005.

680 BAG NZA 2003, 166 = AP Nr. 39 zu § 87 BetrVG 1972 Ordnung des Betriebs.

681 BAG AP Nr. 1 zu § 80 BetrVG 1972; Richardi-Thüsing § 80 Rn 16 mwN.

682 So schon Hueck-Nipperdey, Bd. II/2, S. 1351. Aus der heutigen Diskussion s. DKK-Buschmann § 80 Rn 16; Fitting § 77 Rn 8; GK-Kraft-Weber § 80 Rn 27.

683 BAG AP Nr. 4 zu § 15 BAT = BB 1983, 1280 mit kritischer Anm. von Friesen.

Im konkreten Fall ging es um die korrekte Anwendung eines Tarifvertrags. Der Arbeitgeber hatte in einem Rundschreiben den Standpunkt vertreten, die Arbeitszeit beginne mit dem Erreichen des Arbeitsplatzes. Der Betriebsrat beantragte beim Arbeitsgericht die Feststellung, dass nach dem Tarifvertrag das Betreten des Betriebsgeländes maßgebend sei.

Damit wurde die Überwachungsfunktion gestärkt und die Chance auf eine Korrektur von Rechtsverstößen erhöht.[684] Noch wirksamer wäre es, wenn der Betriebsrat auch die Unterlassung gesetz- und tarifwidriger Maßnahmen verlangen könnte. Dies hat das BAG jedoch verneint[685] und auch die alte «Feststellungsrechtsprechung» inzwischen wieder aufgegeben.[686] Eine Ausnahme besteht lediglich bei Betriebsvereinbarungen; das Recht, ihre korrekte Durchführung zu verlangen, folgt allerdings nicht aus § 80 Abs. 1 Nr. 1, sondern aus der jeder vertraglichen Einigung immanenten Pflicht zur Einhaltung von Versprechen.[687] Auch haben einzelne Instanzgerichte bestimmte unsoziale Maßnahmen des Arbeitgebers als Verstoß gegen § 75 Abs. 2 BetrVG gewertet und dem Betriebsrat einen auf *diese* Vorschrift gestützten Unterlassungsanspruch eingeräumt.[688]

*Beispiel:* Kranke Arbeitnehmer werden vom Arbeitgeber angeschrieben, auf ihre überdurchschnittlichen Fehlzeiten hingewiesen sowie mit den anderen Mitarbeitern verglichen, «die, im Gegensatz zu Ihnen, ihre arbeitsvertraglichen Verpflichtungen erfüllen»[689].

Auch steht dem Betriebsrat bei Verletzung seiner Mitbestimmungsrechte ein Unterlassungsanspruch zu.[690] Gleichwohl ist nicht zu verstehen, weshalb der Schutzauftrag des Betriebsrats zugunsten der einzelnen Arbeitnehmer[691] bei Gesetzen und Tarifverträgen eine derartige Durchbrechung erfährt; ein gerichtliches Vorgehen durch diese stellt keine wirksame Alternative dar.[692] Unter den gegebenen Umständen bleibt dem Betriebsrat nur ein nachhaltiges Insistieren sowie ggf. die Einschaltung von Behörden und der Öffentlichkeit.[693]

---

684 Zustimmend mit Recht Fitting, 18. Aufl., § 80 Rn 11; Michaelis BetrR 1982, 369.

685 BAG AP Nr. 96 zu § 87 BetrVG 1972 Arbeitszeit.

686 BAG AP Nr. 26 und 28 zu § 80 BetrVG 1972.

687 «Durchführungspflicht». S. zuletzt BAG AuR 2005, 72 = DB 2005, 2917.

688 LAG Bremen AiB 1986, 191 mit Anm. Grimberg; LAG Köln AiB 1989, 163.

689 LAG Köln AiB 1989, 163. Wie hier Fitting § 75 Rn 99 mwN. Anders jedoch auch in diesem Punkt BAG NZA 2003, 166, 169 = AP Nr. 39 zu § 87 BetrVG 1972 Ordnung des Betriebs.

690 Dazu unten 6.7.4.3. (Rn 916 ff.).

691 Dazu GK-Wiese Einl. Rn 76 mwN.

692 Kritisch auch DKK-Buschmann § 80 Rn 17 ff.

693 Dazu unten 6.7.5.3. (Rn 925 f ff.).

#### 6.7.2.2. Anträge und Anregungen

897 Nach § 80 Abs. 1 Nr. 2 hat der Betriebsrat das Recht, Maßnahmen, die dem Betrieb und der Belegschaft dienen, beim Arbeitgeber zu beantragen. Er ist insoweit nicht auf bestimmte Gegenstände beschränkt, soweit ein Zusammenhang mit dem Betrieb gewahrt bleibt. § 80 Abs. 1 Nr. 3 weist ihm die Aufgabe zu, «Anregungen von Arbeitnehmern entgegenzunehmen und, falls sie berechtigt erscheinen, durch Verhandlungen mit dem Arbeitgeber auf eine Erledigung hinzuwirken». Ob Initiativen dieser Art Erfolg haben, hängt nach dem gesetzlichen Modell vom guten Willen des Arbeitgebers ab. Immerhin kann es von Bedeutung sein, dass über bestimmte Angelegenheiten überhaupt einmal gesprochen wird.

#### 6.7.2.3. Eintreten für Gleichstellung und Schutz benachteiligter Arbeitnehmergruppen

898 § 80 Abs. 1 Nr. 2a macht es zur Aufgabe des Betriebsrats, die tatsächliche Gleichstellung von Frauen und Männern zu fördern. Zu diesem Zweck sind ihm aber keine spezifischen Befugnisse eingeräumt. § 80 Abs. 1 Nr. 2b soll weiter die Vereinbarkeit von Familie und Erwerbstätigkeit fördern, was im Rahmen der Mitbestimmung über Beginn und Ende der Arbeitszeit nach § 87 Abs. 1 Nr. 2 von Bedeutung sein kann. Nach § 80 Abs. 1 Nr. 4, 6 und 7 hat sich der Betriebsrat um besonders schutzbedürftige Gruppen (Schwerbehinderte, Ältere, ausländische Arbeitnehmer) zu kümmern und ihre Eingliederung in den Betrieb zu fördern.[694] Auch hier kommen Gespräche und Anregungen, nicht jedoch irgendwelche bindenden (Mit-)Entscheidungen in Frage.

#### 6.7.2.4. Verfolgung übergeordneter Ziele

898a Durch die Reform 2001 hat der Betriebsrat nach § 80 Abs. 1 Nr. 8 BetrVG das ausdrückliche Mandat erhalten, die Beschäftigung im Betrieb zu fördern und zu sichern. Dies greift § 92a BetrVG im Einzelnen wieder auf.[695] Außerdem soll der Betriebsrat nach § 80 Abs. 1 Nr. 9 Maßnahmen des Arbeitsschutzes und des betrieblichen Umweltschutzes unterstützen; im Bereich des Arbeitsschutzes steht ihm dabei sein Mitbestimmungsrecht nach § 87 Abs. 1 Nr. 7 zur Seite, während im Bereich des betrieblichen Umweltschutzes nach § 88 Nr. 1a nur freiwillige Betriebsvereinbarungen möglich sind. Insoweit ist auf be-

694 Zu den für diese Beschäftigtengruppen geltenden Sonderregeln s. Bd. 2 Rn 1466ff. (Schwerbehinderte), Rn 1675ff. (Ausländer) und Rn 1509ff. (ältere Arbeitnehmer).
695 Dazu unten 6.11.2. (Rn 1023ff.).

stimmten Sektoren die Gemeinwohlbindung des Betriebsrats nach § 49 Abs. 2 BetrVG 1952 wieder aufgenommen worden.

## 6.7.3. Die Beteiligungsrechte des Betriebsrats

Eigentliches Kernstück der Betriebsverfassung ist die Einschaltung des Be- 899
triebsrats in Entscheidungsprozesse, ist seine – im weitesten Sinne verstandene – **Mitbestimmung.**[696] Anders als das KRG Nr. 22[697] kennt das geltende Recht keine allgemeine Vorschrift, die die Beteiligungsrechte des Betriebsrats umschreiben würde. Statt für eine solche Generalklausel hat sich das BetrVG **für eine detaillierte Aufzählung der Sachgebiete** entschieden, in denen der Betriebsrat einen schwächeren oder stärkeren Einfluss hat. Dies schafft auf den ersten Blick eine relativ große Rechtssicherheit. Dem steht aus Arbeitnehmersicht der Nachteil gegenüber, dass **alle nicht ausdrücklich genannten Materien «mitbestimmungsfrei»** sind und deshalb dem Alleinentscheidungsrecht des Arbeitgebers unterliegen.

### 6.7.3.1. Schwache und starke Rechte

Von der Intensität her lassen sich vier Arten von Beteiligungsrechten unterscheiden:

(1) **Anhörungsrechte**

Der Betriebsrat wird zu einer bestimmten Maßnahme wie z. B. einer geplan- 900
ten Kündigung angehört in dem Sinne, dass er über das fragliche Problem umfassend informiert wird und dazu schriftlich oder mündlich Stellung nehmen kann.[698] Wie viel Aufmerksamkeit der Arbeitgeber dieser Stellungnahme widmet, ist letztlich ihm überlassen. In der Sache selbst ist sein Entscheidungsrecht sowieso nicht beschränkt. Unterbleibt die Anhörung als solche, so macht dies im praktisch wichtigsten Fall der Kündigung die Maßnahme als solche unwirksam (§ 102 Abs. 1 Satz 3 BetrVG).

696 Zum Begriff s. Däubler, Grundrecht, S. 7 mwN.

697 S. oben 6.1.9. (Rn 737 f.).

698 Durch das Recht zur Stellungnahme unterscheidet sich die Anhörung von der bloßen Unterrichtung – Beispiel etwa § 105 BetrVG (Einstellung eines leitenden Angestellten).

### (2) Mitwirkungsrechte

900 a Vor bestimmten Maßnahmen wird der Betriebsrat in der Weise eingeschaltet, dass er nicht nur vollständig informiert werden soll, sondern dass über seine evtl. abweichenden Vorstellungen ein umfassender Meinungsaustausch erfolgt. Dieser kann sich auf Gespräche mit oder ohne Beteiligung Dritter beschränken (Beispiel: § 92 a BetrVG), aber auch den obligatorischen Versuch einschließen, über ein Einigungsstellenverfahren zu einem Kompromiss zu kommen (Beispiel: Verhandlungen über einen Interessenausgleich).[699] Das Entscheidungsrecht des Arbeitgebers bleibt jedoch auch hier unangetastet. Wird das Verfahren vom Arbeitgeber nicht eingehalten, kommen unterschiedliche Sanktionen in Betracht. Sie können in einer finanziellen Belastung (Nachteilsausgleich nach § 113 BetrVG), aber auch darin bestehen, dass der Betriebsrat beim Arbeitsgericht eine einstweilige Verfügung beantragen kann, wonach dem Arbeitgeber die Vornahme der Maßnahme so lange untersagt wird, bis das Verfahren ordnungsgemäß eingeleitet und zu Ende geführt ist.[700]

### (3) Mitbestimmungsrechte

901 Betriebsrat und Arbeitgeber entscheiden hier gemeinsam. Jede Seite (also auch der Betriebsrat) kann die Initiative ergreifen und eine bestimmte Regelung vorschlagen. Kommt es zu keiner Einigung, so wird anders als bei gescheiterten Tarifverhandlungen kein Arbeitskampf geführt; stattdessen erfolgt eine Art Zwangsschlichtung durch die Einigungsstelle. Der Arbeitgeber kann dieses Verfahren nicht dadurch unterlaufen, dass er die von ihm gewünschte Maßnahme einseitig anordnet: **Ohne Zustimmung des Betriebsrats** ist sie **unwirksam**, der einzelne Arbeitnehmer kann entsprechende Weisungen ignorieren.[701] Man kann insoweit von «geteilter Handlungskompetenz» sprechen. Im Gegensatz zur Rechtsprechung nach dem BetrVG 1952[702] ändert auch eine **besondere Eilbedürftigkeit** nichts an der Unwirksamkeit.[703] Nur in **Notfällen** – etwa bei Gefahren für Leib oder Leben – kann der Arbeitgeber alleine handeln.[704]

---

699 Dazu unten 6.12.3. (Rn 1116 ff.).

700 Zum Fall der Betriebsänderung und der noch laufenden Verhandlungen über einen Interessenausgleich s. unten 6.12.3.2. (Rn 1118).

701 Ständ. Rspr., s. etwa BAG NZA 2004, 852, 856 und BAG NZA 1987, 168; ebenso die weit überwiegende Literatur: Nachweise bei DKK-Klebe § 87 Rn 4; GK-Wiese § 87 Rn 99.

702 BAG AP Nr. 1 zu § 56 BetrVG (1952) Arbeitszeit.

703 BAG DB 1974, 1389; BAG AP Nr. 6, 42 und 79 zu § 87 BetrVG 1972 Arbeitszeit; DKK-Klebe § 87 Rn 21; Farthmann RdA 1974, 68; GK-Wiese § 87 Rn 157; Richardi § 87 Rn 55; wohl auch Hess u. a.-Worzalla § 87 Rn 29.

704 Näher DKK-Klebe § 87 Rn 23 mwN.

(4) **Selbstverwaltungsrechte**

In einem sehr engen Rahmen kann der Betriebsrat alleine entscheiden. 902
Dazu zählt einmal die Organisation seiner eigenen Arbeit. So sind etwa die Anberaumung von Sitzungen und der Erlass der Geschäftsordnung Angelegenheiten, bei denen der Arbeitgeber nicht mitzusprechen hat. Dasselbe gilt für die Arbeitsbefreiung nach § 37 Abs. 2 BetrVG, bei der sich das einzelne Betriebsratsmitglied lediglich «abmelden» muss.[705] Zum Zweiten kann der Selbstverwaltungsbereich durch freiwillige Betriebsvereinbarung ausgedehnt und beispielsweise auf einzelne Sozialeinrichtungen wie die Kantine[706] oder die Bücherei erstreckt werden.[707] An der Trägerschaft des Arbeitgebers ändert sich dadurch nichts.

### 6.7.3.2. Beteiligung als Legitimationsprozedur oder als Interessenvertretung?

Die praktischen Auswirkungen aller dieser Rechte hängen von der Art und 903
Weise ihrer Ausübung ab. Macht der Betriebsrat die Kooperation mit der Betriebsleitung zur absolut verbindlichen Richtschnur seines Handelns, so verschafft er der Arbeitgeberseite im Grunde nur eine **zusätzliche Legitimationsbasis**: Die Kündigung, der auch der Betriebsrat zugestimmt hat, und die Verlängerung der Arbeitszeit, die auch vom Betriebsrat als notwendig akzeptiert wurde, werden von der Belegschaft sehr viel eher hingenommen als eine einseitige Maßnahme des Arbeitgebers. Allerdings wird dieser Mechanismus nicht beliebig lange funktionieren; denkbar ist, dass sich die Belegschaften nach einiger Zeit «unvertreten» fühlen und bei Konflikten nach anderen Formen der Gegenwehr Ausschau halten. Die im Gesetz vorgesehenen Beteiligungsrechte bieten deshalb auch die Möglichkeit, allein die Interessen der Arbeitnehmer zum Ausdruck zu bringen und mit dem Arbeitgeber über einen **fairen Kompromiss** zu verhandeln. Häufig werden sich nur Modifikationen der Arbeitgeberpolitik erreichen lassen, doch ist dies meist dem wirtschaftlichen Umfeld geschuldet. Die Belegschaft wird die Politik des Betriebsrats längerfristig nur dann akzeptieren, wenn das **«Mittragen» von Entscheidungen seinen Preis** hat.[708] Nicht selten werden auch mitbestimmungspflichtige und nicht mitbestimmungspflichtige Gegenstände gleichzeitig erörtert, was

---

705 Oben 6.6.2 (Rn 866 a).

706 So die Fälle LAG Stuttgart AP Nr. 1 zu § 823 BGB Boykott und BAG AP Nr. 7 zu § 87 BetrVG 1972 Sozialeinrichtung.

707 DKK-Klebe § 87 Rn 222; Fitting § 87 Rn 375; GK-Wiese § 87 Rn 744; Hueck-Nipperdey, Bd. II/2, S. 1373; Neumann-Duesberg, S. 483; Wiese, GK-BetrVG, § 87 Rn 639.

708 Zu einer weiter differenzierenden Typologie des Betriebsratshandelns Kotthoff, Betriebsräte und Bürgerstatus, S. 63 ff.

die Möglichkeit eröffnet, in beiden Bereichen zu einem Ergebnis zu kommen, das von allen Beteiligten getragen oder zumindest als hinnehmbar angesehen wird. Nur diese Form von Mitbestimmung trägt langfristig zur Produktivität bei.[709]

### 6.7.3.3. Beteiligung als Grundrechtsausübung

905 Für die Auslegung und rechtliche Handhabung der Beteiligungsrechte ist es von nicht unerheblicher Bedeutung, ob sie ausschließlich vom Gesetzgeber geschaffene Größen oder ob sie zugleich Konkretisierungsformen von Grundrechten sind: Der mögliche Konflikt mit den Grundrechten des Arbeitgebers kann eher zugunsten der Arbeitnehmerseite ausgehen, wenn der Sache nach **«Grundrecht gegen Grundrecht»** steht.

906 Art. 9 Abs. 3 GG führt im vorliegenden Zusammenhang allerdings nicht weiter: Er betrifft nur Koalitionen, d.h. freiwillige Zusammenschlüsse und ihre Handlungsformen, nicht die kraft Gesetzes bestehende Interessenvertretung durch den Betriebsrat.[710] Nur die gewerkschaftliche Beteiligung an der Betriebsverfassung[711], nicht aber diese selbst ist durch Art. 9 Abs. 3 GG gedeckt.[712] Auf Arbeitnehmerseite greift jedoch die **Berufsfreiheit des Art. 12 GG** ein, die unbestrittenermaßen auch die unselbständige Tätigkeit schützt.[713] Arbeit im Betrieb ist deshalb «arbeitsteilige Grundrechtsausübung».[714] Die Vorschriften des Betriebsverfassungsrechts haben den Sinn, das Zusammenwirken aller Beteiligten zu organisieren und ihre Handlungsspielräume gegeneinander abzugrenzen.[715] Die **Ausübung betriebsverfassungsrechtlicher Befugnisse** ist daher **grundrechtlich fundiert**,[716] was auch in §75 BetrVG zum Ausdruck kommt.[717] Dies bedeutet, dass das geltende Recht so gehandhabt werden muss, dass der der Arbeitnehmerseite zugewiesene Freiraum auch wirklich genutzt werden kann und nicht z. B. an Verfahrenshürden scheitert.[718] Insofern ist es ein Stück Grundrechtsrealisierung, wenn die unterbliebene Anhörung des Betriebsrats zur Unwirksamkeit einer Kündigung führt.

---

709 Zum Beitrag der Mitbestimmung zur Produktivität s. oben 2.4.3. (Rn 69c).

710 BVerfGE 53, 77, 89.

711 Dazu oben 3.2.8. (Rn 153) und 6.5. (Rn 828ff.).

712 Ähnlich Jahnke S. 34ff. für die Unternehmensmitbestimmung, der diese selbst dann jedoch Art. 2 Abs. 1 GG unterstellt.

713 BVerfGE 7, 377, 398; 50, 290, 349; 108, 150, 165.

714 Hoffmann-Riem, FS Ipsen, 1977, S. 385ff.

715 Bryde NJW 1984, 2183; Hans Peter Schneider DVBl 1984, 1056 (These 18).

716 Ähnlich Richardi, Einl. Rn 44.

717 Vgl. GK-Wiese, Einl. Rn 62.

718 Zu den arbeitsrechtlichen Konsequenzen der Grundrechtsverwirklichung durch Verfahren und Organisation s. Kempen AuR 1986, 129ff. Vgl. zum Grundsätzlichen Hesse, Grundzüge, Rn 358–360.

## 6.7.4. Verletzung der Beteiligungsrechte durch den Arbeitgeber

Was geschieht, wenn der Arbeitgeber die Betriebsratsbefugnisse nicht zur Kenntnis nimmt und selbstherrlich Entscheidungen trifft, wie wenn es kein BetrVG gäbe? Soweit Mitbestimmungsrechte in Frage stehen, fehlt seinen Maßnahmen – wie eben ausgeführt[719] – die rechtliche Verbindlichkeit. Dies allein reicht freilich kaum aus, um die volle Beachtung des Gesetzes sicherzustellen, da Arbeitnehmer mit Rücksicht auf die betrieblichen Machtverhältnisse häufig darauf verzichten, ihre Rechte im Klagewege geltend zu machen.[720] Wird – um ein Beispiel zu nennen – gegen einen Arbeitnehmer wegen Übertretung des Rauchverbots eine Buße in Höhe von € 30,– verhängt, ohne dass der Betriebsrat zugestimmt hätte, so ist dies zwar unwirksam und es entsteht keine Zahlungspflicht.[721] Gleichzeitig nützt diese Feststellung wenig, wenn der Betroffene bezahlt oder sich einen entsprechenden Lohnabzug gefallen lässt, weil er um seinen Arbeitsplatz fürchtet. Nicht anders verhält es sich in dem praktisch häufigen Fall, dass Überstunden «am Betriebsrat vorbei» geleistet werden. Sollen die Beteiligungsrechte des Betriebsrats nicht in vielen Fällen auf dem Papier stehen, sind weiter gehende Sanktionen erforderlich. 907

### 6.7.4.1. Strafbarkeit des Arbeitgebers?

Eine durchaus wirksame Waffe in der Hand des Betriebsrats könnte die Vorschrift des § 119 Abs. 1 Nr. 2 BetrVG sein, die jede Behinderung oder Störung seiner Tätigkeit mit Freiheitsstrafe bis zu einem Jahr oder mit Geldstrafe bedroht. Dabei müsste der Betriebsrat nicht einmal selbst als Antragsteller in Erscheinung treten, da § 119 Abs. 2 BetrVG **jeder im Betrieb vertretenen Gewerkschaft** die Befugnis gibt, einen **Strafantrag** gegen den Arbeitgeber zu stellen. Auch bei der Verfolgung von Ordnungswidrigkeiten nach § 121 BetrVG (Beispiel: unberechtigte Verweigerung von Informationen) müsste der Betriebsrat nicht unbedingt als solcher aktiv werden. 908

Dennoch wird von diesen Möglichkeiten sehr selten Gebrauch gemacht; 909
erst recht sind Verurteilungen Ausnahmeerscheinungen.[722] Ein Grund hierfür

719 Oben 6.7.3.1. (Rn 901).

720 S. oben 4.10.4.1. (Rn 431). Ein mögliches «Vollzugsdefizit» wird insoweit auch vom BAG zugestanden (BAG BB 1983, 1726 li. Sp.), obwohl es gerade in dieser Entscheidung durch die Verneinung des allgemeinen Unterlassungsanspruchs einen wichtigen Beitrag zur Ineffizienz der Mitbestimmungsrechte geleistet hat. Näher dazu unten 6.7.4.4. (Rn 919ff.).

721 BAG AP Nr. 1 zu § 56 BetrVG (1952) Betriebsbuße. Zur mangelhaften Respektierung der entsprechenden BAG-Rechtsprechung in der Praxis s. schon Metzger-Pregizer ZRP 1974, 168ff.

722 Vgl. jedoch Schöffengericht Düsseldorf, DGB-Nachrichtendienst 328/57 vom 26.11.1957 – zit. nach Fitting-Auffarth-Kaiser, 11. Aufl., § 119 Rn 6; ArbG Detmold BB 1979, 783; AmtsG/Schöffenge-

dürfte in der BAG-Rechtsprechung liegen, das die vorsätzliche Nichtbeachtung von Betriebsratsbefugnissen nicht genügen lässt, sondern ein **«bewusstes Beiseiteschieben»** des Betriebsrats verlangt.[723] Durch diese zusätzliche, weder aus dem Wortlaut noch aus dem Sinn der gesetzlichen Vorschrift ableitbare Voraussetzung werden die sowieso fast immer gegebenen Beweisschwierigkeiten zusätzlich vergrößert; eine Verurteilung kann praktisch nur erfolgen, wenn der Arbeitgeber oder einer seiner leitenden Angestellten sehr unvorsichtige Äußerungen macht oder den Betriebsrat in einer großen Zahl von Fällen eindeutiger Mitwirkung oder Mitbestimmung übergeht.[724] Eine Lösung könnte in der Richtung liegen, dass man bei einmaligen Verstößen direkten Vorsatz verlangt, während bedingter Vorsatz nur dann genügt, wenn Rechte wiederholt missachtet werden.[725]

910 Dass auch **einmaliges Tun** den Straftatbestand erfüllen kann, zeigen zahlreiche Beispiele aus der Praxis. So hat das AmtsG Göttingen[726] den Tatbestand des § 119 Abs. 1 Nr. 2 als erfüllt angesehen, weil der Arbeitgeber nach einer Auseinandersetzung um das Aufhängen von Plakaten im Betriebsratszimmer dem gesamten Betriebsrat Hausverbot erteilt hatte. Dasselbe hat das BayObLG[727] angenommen, als ein Arbeitgeber mit der Streichung von Zulagen drohte, wenn der Betriebsrat nicht zurücktrete, und das OLG Stuttgart[728] wandte gleichfalls § 119 Abs. 1 Nr. 2 an, weil der Arbeitgeber den Arbeitnehmern empfohlen hatte, die Betriebsversammlung nicht zu besuchen. Weiter sind Verurteilungen durch das AmtsG Kempten zu erwähnen, die u. a. deshalb erfolgten, weil der Arbeitgeber die Weihnachtsfeier absagte und eine Sonderzahlung «zurückstellte», weil der Betriebsrat einen Antrag beim Arbeitsgericht gestellt hatte.

911 Der zweite Grund für die vermutlich sehr hohe Dunkelziffer besteht in einer nur schwer zu überwindenden **psychologischen Schwelle** auf Arbeitnehmerseite. Staatsanwaltschaft und Strafrichter erscheinen vielen als unangemessen schar-

---

richt Konstanz AiB 1982, 34; OLG Düsseldorf BB 1982, 1113 = DB 1982, 1515 und aus neuerer Zeit LG Siegen AiB 1992, 41; AmtsG Göttingen, AiB 1992, 41; AmtsG Bremen AiB 1992, 42; AmtsG Passau AiB 1992, 42 sowie die bestandskräftigen Bußgeldbescheide des Regierungspräsidiums Tübingen (AiB 1992, 461) und der hamburgischen Arbeitsbehörde (AiB 1993, 42). Eine umfassende Aufarbeitung von Ordnungswidrigkeitenverfahren nach § 121 BetrVG findet sich bei Growe, a.a.O. S. weiter Wahsner-Borgaes, Der folgenlose Rechtsbruch, a.a.O., und Schneider-Rose BetrR 1976, 408; HK Mitb 1984, 67.

723 BAG AP Nr. 34 zu § 1 KSchG; zustimmend Richardi-Annuß § 119 Rn 21 mwN. Kritisch Dannecker, FS Gitter, S. 167, 182; GK-Oetker § 119 Rn 20.

724 Bei Ordnungswidrigkeiten nach § 121 BetrVG ergeben sich gleichfalls Schwierigkeiten; in der Praxis hat sich allerdings herausgestellt, dass schon die Einleitung eines Verfahrens bei geschlossener Haltung des Betriebsrats und bei Unterstützung durch die Belegschaft die Arbeitgeberseite häufig zum Einlenken veranlasst – s. die empirische Darstellung bei Growe, a.a.O.

725 Ähnlich wohl GK-Oetker § 119 Rn 20.

726 AiB 1992, 41.

727 AP Nr. 1 zu § 119 BetrVG 1972.

728 NStZ 1989, 31.

fes Mittel, dessen Einsatz gegen die stillschweigend praktizierten Umgangsformen im Betrieb verstoßen würde. Verbreiteter Einschätzung nach sollen strafbare Handlungen von Arbeitnehmern meist «betriebsintern» erledigt und nicht vor die staatlichen Gerichte gebracht werden[729] – diese Praxis würde man gefährden, wenn man plötzlich den Arbeitgeber vor den Kadi zerren würde.

Die Auswertung von ca. 30 Fällen nach § 121 BetrVG durch Dietrich Gro- 912
we[730] ergab ein interessantes Ergebnis: Diejenigen Betriebsräte stärkten ihre eigene Position, die einerseits von den Möglichkeiten des Gesetzes Gebrauch gemacht hatten, die andererseits aber rechtzeitig zu einem fairen Kompromiss bereit gewesen waren. Wer stattdessen auf Bußgeld und Strafbefehl beharrte, riskierte einen **permanenten «Krieg»,** bei dem die Arbeitnehmerseite häufig die schlechteren Karten besaß.

### 6.7.4.2. Einleitung von Zwangsmaßnahmen nach § 23 Abs. 3 BetrVG?

Verstößt der Arbeitgeber «grob» gegen seine Pflichten aus dem BetrVG, führt 913
er z. B. eine Betriebsvereinbarung nicht durch[731], so können der Betriebsrat oder eine im Betrieb vertretene Gewerkschaft nach § 23 Abs. 3 «beim Arbeitsgericht beantragen, dem Arbeitgeber aufzugeben, eine Handlung zu unterlassen, die Vornahme einer Handlung zu dulden oder eine Handlung vorzunehmen», kurz: sein **rechtswidriges Verhalten einzustellen**.[732] Erfasst ist damit allerdings nur **künftiges Tun**; bereits vorliegende Verstöße lassen sich nicht mehr beseitigen.[733] **«Grob»** ist der Verstoß dann, wenn er schwerwiegende Folgen hat, wenn er sich häufig wiederholt oder wenn er auf einer bewussten und gewollten Nichtbeachtung des BetrVG beruht.[734] In den ersten beiden Varianten ist ein Verschulden nicht erforderlich.[735]

Das **Verfahren** ist der gesetzlichen Regelung nach **nicht unkompliziert**. 914
Dringt der Betriebsrat mit seinem Antrag durch, so muss für den Fall weiterer Verstöße ein Ordnungs- oder Zwangsgeld[736] angedroht werden. Nur wenn diese «Ankündigung» ohne Erfolg bleibt, kann die Sanktion effektiv

729 Vgl. Metzger-Pregizer ZRP 1974, 168 ff.

730 a.a.O., S. 245 ff.

731 Beispiel bei Richardi-Thüsing § 23 Rn 89 sowie bei Fitting § 23 Rn 66.

732 Ebenso Richardi-Thüsing § 23 Rn 92.

733 ErfK-Eisemann § 23 Rn 25; Fitting § 23 Rn 75; Richardi-Thüsing § 23 Rn 98.

734 Nachweise zum Diskussionsstand bei GK-Oetker § 23 Rn 168.

735 BAG AP Nr. 5 zu § 23 BetrVG 1972; BAG AP Nr. 41 und 44 zu § 87 BetrVG 1972 Arbeitszeit.

736 Ein Ordnungsgeld wird dann verhängt, wenn der Arbeitgeber verpflichtet wurde, eine Handlung zu unterlassen oder die Vornahme einer Handlung zu dulden (Beispiel: Der Arbeitgeber darf Aushänge des Betriebsrats nicht mehr abreißen), während ein Zwangsgeld dann Platz greift, wenn der Arbeitgeber selbst eine bestimmte Handlung vornehmen muss (Beispiel: Dem Betriebsrat muss ein PC zur Verfügung gestellt werden).

verhängt werden, darf jedoch höchstens 10000 € betragen. Die Rechtsprechung hat diesen **«Hindernislauf»** dadurch etwas erträglicher gemacht, dass die Androhung mit dem Beschluss über das Vorliegen eines groben Verstoßes verbunden werden kann; aus dem dreistufigen wird so ein zweistufiges Verfahren.[737] Werden alle Rechtsmittel ausgeschöpft, kann es allerdings auch dann drei Jahre dauern, ehe eine rechtskräftige Entscheidung vorliegt und der Arbeitgeber definitiv bezahlen muss[738]; häufig wird in solchen Fällen erst der nach der nächsten Wahl amtierende Betriebsrat in den Genuss einer positiven Entscheidung kommen. Einen wirksamen Schutz der Betriebsratsbefugnisse kann § 23 Abs. 3 BetrVG deshalb nicht bieten[739] – ganz abgesehen davon, dass eine «Strafe» in Höhe von (z. B.) 2500 € für ein Großunternehmen in aller Regel wirtschaftlich nicht ins Gewicht fällt.

915 **In der Praxis** ist der Rückgriff auf § 23 Abs. 3 **eher die Ausnahme**. Aus einer Anfang der 80er Jahre durchgeführten repräsentativen Befragung ergab sich, dass in einem Zeitraum von drei Jahren nur in 17 % der untersuchten 160 IG-Metall-Verwaltungsstellen überhaupt ein Verfahren nach § 23 Abs. 3 durchgeführt wurde.[740] In drei Viertel aller rechtshängig gewordenen Fälle war ein Vergleich des Inhalts geschlossen worden, dass sich die Arbeitgeberseite zu einem gesetzestreuen Verhalten verpflichtete.[741] Die Hauptbedeutung des § 23 Abs. 3 lag lange Zeit darin, dass er den Erlass einer – nunmehr zu besprechenden – einstweiligen Verfügung zur Verteidigung der Betriebsratsbefugnisse erleichterte.

### 6.7.4.3. Erlass einer einstweiligen Verfügung

916 Bestreitet der Arbeitgeber das Bestehen einzelner Rechte des Betriebsrats oder ignoriert er sie, so kann eine Klärung im arbeitsgerichtlichen **Beschlussverfahren** herbeigeführt werden. Je nach konkreter Konstellation kann dabei nur das Bestehen eines Rechts festgestellt, der Arbeitgeber zu einer Leistung wie der Gewährung einer bestimmten Auskunft[742] oder zu einer Unterlassung verpflichtet werden.[743]

737 LAG Bremen AP Nr. 6 zu § 23 BetrVG 1972; LAG Berlin AiB 1986, 235; Fitting § 23 Rn 79.

738 Angaben zur Dauer der Prozesse oben 4.10.4.1. (Rn 431) und in Bd. 2 Rn 1189.

739 Dasselbe gilt für das Verfahren nach § 101 BetrVG, das nach der Rechtsprechung den Rückgriff auf § 23 Abs. 3 nicht ausschließt (BAG AP Nr. 7 zu § 23 BetrVG 1972 = DB 1987, 2051).

740 Mitgeteilt bei HK Mitb 1984, 68.

741 S. Fn 740. Vergleiche sind allerdings auch im Beschlussverfahren vollstreckbare Titel und können daher Grundlage für Zwangsmaßnahmen sein: LAG Bremen AiB 1989, 161.

742 BAG AP Nr. 19 zu § 80 BetrVG 1972 mit Anm. von Hoyningen-Huene.

743 Näher zum arbeitsgerichtlichen Beschlussverfahren in Bd. 2 Rn 2229 ff.

*Beispiel:* Der Arbeitgeber hat das schwarze Brett des Betriebsrats entfernt und zugleich erklärt, diese «Klassenkampfmafia» dürfe in seinem Betrieb nicht auch noch Propaganda machen. Das Arbeitsgericht muss ihn auf Antrag des Betriebsrats verurteilen, das Brett wieder anzubringen und es bei Meidung eines bestimmten Ordnungsgeldes auch in Zukunft an seinem Platz hängen zu lassen.

Anders als im Rahmen des § 23 Abs. 3 BetrVG kann ein derartiger Antrag nur vom Betriebsrat, nicht von der Gewerkschaft gestellt werden.

Der wesentlichste Vorzug des Beschlussverfahrens besteht darin, dass 917
es nach der ausdrücklichen Vorschrift des **§ 85 Abs. 2 ArbGG den Erlass einer einstweiligen Verfügung zulässt**. Diese ergeht innerhalb weniger Tage, spätestens nach einigen Wochen und kann sofort «vollstreckt», d. h. mit Zwangsmitteln durchgesetzt werden. Anders als im Verfahren nach § 23 Abs. 3 BetrVG kann der Betriebsrat also sehr schnell zu seinem Recht kommen.[744]

Wann kann eine solche einstweilige Verfügung erlassen werden? Nach 918
§§ 935, 940 ZPO müssen zwei Voraussetzungen vorliegen.[745] Zum einen muss der Betriebsrat einen sog. **Verfügungsanspruch** haben, d. h. inhaltlich im Recht sein und vom Arbeitgeber z. B. die Unterlassung bestimmter Maßnahmen verlangen können.

*Beispiel:*[746] Der Arbeitgeber setzt Detektive ein, um die Einhaltung des betrieblichen Alkoholverbots zu überwachen. Durch Betriebsvereinbarung war der Einsatz dieses Mittels verboten worden. Der Betriebsrat kann verlangen, dass in Zukunft die Betriebsvereinbarung beachtet und deshalb auf Detektive verzichtet wird.[747]

Zum Zweiten muss ein sog. **Verfügungsgrund** vorliegen, d. h., die Sache muss dringlich sein. Dies ist insbes. dann der Fall, wenn ein definitiver Rechtsverlust droht.

*Beispiel:* Die Überstunden werden abgeleistet, es ist nichts mehr da, was mitbestimmt werden könnte.

Auch dann, wenn der Rechtsverlust «nur» für die Dauer des Beschlussverfahrens (bis zu drei Jahre!) eintreten würde, ist in der Regel die Dringlichkeit gegeben; von «Mitbestimmung» kann nur die Rede sein, wenn einseitige Maßnahmen des Arbeitgebers zeitnah korrigiert werden können.[748] Erst recht gilt dies, wenn dem Betriebsrat – wie im obigen Beispiel des abmontierten schwarzen Bretts – die für seine Amtsführung notwendigen Mittel vorenthalten werden.

---

744 Vgl. LAG Hamm DB 1973, 1024; ebenso Dütz RdA 1972, 260; Grunsky, ArbGG, 7. Aufl., München 1995, § 85 Rn 14 ff.

745 Näher zum Verfahren der einstweiligen Verfügung DKK-Klebe Einl. Rn 187 ff. mwN.

746 Nach BAG AP Nr. 24 zu § 77 BetrVG 1972 = DB 1987, 2420.

747 BAG AP Nr. 24 zu § 77 BetrVG 1972 = DB 1987, 2420.

748 DKK-Klebe Einl. Rn 193.

### 6.7.4.4. Das Sonderproblem des Unterlassungsanspruchs

919 Woraus ergibt sich ein Verfügungsanspruch, wenn sich der Arbeitgeber über Beteiligungsrechte, insbes. über Mitbestimmungsrechte, hinwegsetzt und z. B. einseitig Überstunden anordnet? Lange Zeit behandelte man Beteiligungsrechte wie Ansprüche, ehe der **Erste Senat** des BAG eine grundsätzlich andere Auffassung vertrat[749]: Ein Mitbestimmungsrecht enthalte mangels ausreichender Anhaltspunkte im Gesetzeswortlaut keinen Anspruch auf Unterlassung einseitiger Maßnahmen des Arbeitgebers. Da kein «Verfügungsanspruch» bestehe, könne daher auch keine einstweilige Verfügung ergehen. Außerdem habe das Verfahren nach § 23 Abs. 3 BetrVG abschließenden Charakter.

920 Etwa zwei Jahre später erließ der **Sechste Senat** des BAG eine Entscheidung, die deutlich andere Akzente setzte: Aus § 23 Abs. 3 BetrVG ergebe sich grundsätzlich ein Unterlassungsanspruch, der durch einstweilige Verfügung gesichert werden könne.[750] Eine Wiederholungsgefahr wurde nicht verlangt, auch reiche ein objektiv vorliegender Verstoß, der nicht schuldhaft sein müsse.[751] Die Pflichtverletzung des Arbeitgebers müsse allerdings eine «grobe» sein.

921 Die Instanzgerichte sind im Wesentlichen dieser zweiten Position gefolgt und distanzierten sich z. T. ausdrücklich von der Auffassung des Ersten Senats.[752] Durch **Beschluss vom 3. 5. 1994**[753] hat der **Erste Senat** seine Rechtsprechung revidiert und **bejaht** jedenfalls für die Fälle des § 87 Abs. 1 BetrVG **einen Unterlassungsanspruch**. Das Verhältnis zwischen Betriebsrat und Arbeitgeber sei einem Dauerschuldverhältnis ähnlich; inhaltlich werde es durch das Gebot partnerschaftlicher Zusammenarbeit nach § 2 Abs. 1 BetrVG strukturiert. Daraus ergebe sich ein selbständig einklagbarer (Neben-)Anspruch gegen den Arbeitgeber, einseitige Maßnahmen zu unterlassen. Das Verfahren der Einigungsstelle könne die Schaffung vollendeter Tatsachen nicht rückgängig machen und sei insoweit nicht ausreichend; auch besitze § 23 Abs. 3 BetrVG nicht den Charakter einer abschließenden Sonderregelung. Der in der Literatur geführte Grundsatzstreit[754] ist damit fürs Erste erledigt. Der Be-

---

749 BAG AP Nr. 2 zu § 23 BetrVG 1972 = AuR 1983, 283.

750 BAG AP Nr. 5 zu § 23 BetrVG 1972 = AiB 1986, 45 mit Anm. Kümpel.

751 S. Fn 550.

752 S. den Überblick bei Kümpel AuR 1985, 79 Fn 10–39. Aus späterer Zeit s. etwa LAG Frankfurt DB 1989, 536; LAG Baden-Württemberg AiB 1988, 281; LAG Berlin AiB 1987, 215.

753 BAG DB 1994, 2450, bestätigt durch BAG DB 1997, 378.

754 Paradigmatisch die Beiträge von Derleder AuR 1983, 289; Dütz, Unterlassungs- und Beseitigungsansprüche des Betriebsrats gegen den Arbeitgeber im Anwendungsbereich von § 87 BetrVG, Rechtsgutachten, erstattet für die Hans-Böckler-Stiftung, Düsseldorf 1983; Trittin BB 1984, 1169 einerseits, Heinze Beilage 9/1983 zu DB; Konzen, Betriebsverfassungsrechtliche Leistungspflichten des Arbeitgebers, Rechtsgutachten, erstattet für die BDA, 1984, andererseits.

triebsrat kann im Beschlussverfahren durchsetzen, dass der Arbeitgeber mitbestimmungswidrige Maßnahmen zurücknimmt und diese in Zukunft unterlässt. Sofern ein Verfügungsgrund gegeben ist, kann dies auch im Wege der einstweiligen Verfügung erfolgen.

Offen bleibt das Problem, ob die vom **BAG** entwickelten **Grundsätze** 922
**auch außerhalb des § 87 BetrVG gelten.**[755] Dies wird insbesondere im Rahmen der Beteiligung des Betriebsrats bei Einstellungen und Eingruppierungen nach § 99 BetrVG[756] sowie im Zusammenhang mit den Verhandlungen über den Interessenausgleich nach §§ 111, 112 BetrVG erörtert.[757] Das BAG stellt entscheidend darauf ab, ob das Betriebsverfassungsrecht im Bereich anderer Mitbestimmungsrechte «besondere Verfahren zur Verfügung stellt, die so weit reichend und wirksam sind, dass sie als abschließende Regelung angesehen werden müssen.»[758] Abgesehen von den §§ 100, 101 BetrVG, die für bestimmte Konstellationen diesen Anforderungen gerecht werden, sind bei allen anderen Mitbestimmungsrechten keine derartigen Verfahren ersichtlich, sodass einer Übertragung nichts im Wege steht.

In diesem Zusammenhang kann auf einige weitere Argumente verwiesen 922a
werden, denen das BAG bislang keine Aufmerksamkeit geschenkt hat:[759]

- Beteiligungs- und insbesondere Mitbestimmungsrechte des Betriebsrats stellen eine gesetzliche Konkretisierung des Grundrechts der Arbeitnehmer aus Art. 12 Abs. 1 GG dar.[760] Dabei geht es um die **«Organisation» arbeitsteiliger Grundrechtsausübung**,[761] die ihren Sinn verlieren würde, könnte der eine Grundrechtsträger Entscheidungen unter Missachtung der Grundrechte des anderen treffen. Genau dies wäre aber der Fall, wenn eine gerichtliche Korrektur nur bei groben Verstößen und nur nach vielen Jahren möglich wäre.
- **Mitbestimmungsrechte unterscheiden sich** in einem entscheidenden Punkt **von den meisten anderen subjektiven Rechten**: Ihre Verletzung verursacht in der Regel keinen materiellen Schaden. **Schadensersatz** als der wichtigste Mechanismus, andere von einer Verletzung fremder Rechte abzuhalten,

---

755 Dazu Derleder AuR 1995, 15 ff.

756 Der Tendenz nach bejahend, wenn Maßnahmen ohne jede Einschaltung des Betriebsrats erfolgen, BAG NZA 1995, 488; s. auch Fitting § 101 Rn 12.

757 Übersicht über den Diskussionsstand bei DKK-Däubler §§ 112, 112 a Rn 23.

758 BAG NZA 1995, 488.

759 Zu den Begründungsdefiziten s. insbesondere Derleder AuR 1995, 13 ff.

760 S. oben 6.7.3.3. (Rn 905 f.).

761 Zu verkürzt Konzen-Rupp DB 1984, 2698, die nicht bedenken, dass gesetzliche Regelungen grundrechtlich geboten sein können, dass ihre Verletzung damit zugleich eine Grundrechtsbeeinträchtigung darstellt. Vgl. etwa BVerfGE 53, 30, wonach die Nichtbeachtung von Vorschriften der atomrechtlichen Verfahrensverordnung zugleich das Grundrecht auf Leben und Gesundheit nach Art. 2 Abs. 2 GG verletzen kann. Wie hier im Ansatz Coen DB 1984, 2459.

**kommt daher nicht zum Tragen**.[762] Gerade wegen dieser Andersartigkeit besteht aller Anlass, wirksame Mittel gegen drohende Eingriffe zu entwickeln. Wenn schon bei Vermögensrechten wie Eigentum, Recht am Gewerbebetrieb usw. unter Rückgriff auf § 1004 BGB vorbeugender Rechtsschutz gewährt wird, muss dies erst recht bei Beteiligungsrechten der Fall sein.[763]

▶ § 23 Abs. 3 BetrVG hat auch außerhalb des § 87 BetrVG nicht die Funktion einer abschließenden Spezialregelung. Er gewährt lediglich insofern zusätzliche Sicherungen, als er die gerichtliche Geltendmachung fremder Rechte möglich macht.[764] Der «prozessstandschaftliche» Charakter der Vorschrift erklärt auch, weshalb die möglichen Sanktionen sehr viel niedriger als nach allgemeinem Zwangsvollstreckungsrecht bemessen werden.[765]

▶ Dem Arbeitgeber zu verbieten, das Mitbestimmungsrecht durch einseitige Handlungen zu übergehen, **stellt keinen unzulässigen Eingriff in seine Befugnis zur Betriebsleitung dar**. § 77 Abs. 1 Satz 2 BetrVG untersagt lediglich einseitige Maßnahmen des Betriebsrats und damit eine Rechtsdurchsetzung im Wege der Selbsthilfe. Auch eine gerichtliche Sicherung und Realisierung von Rechten auszuschließen, würde einen Teil des gesellschaftlichen Lebens von rechtsstaatlichen Sicherungen ausnehmen.[766]

922b Nach der Rechtsprechung des BAG gewährt **auch § 23 Abs. 3** BetrVG dem Betriebsrat einen **Unterlassungsanspruch**.[767] Dieser steht neben dem aus einzelnen Mitbestimmungsrechten abgeleiteten. Auch er kann nach überwiegender Auffassung im Wege der einstweiligen Verfügung gesichert werden.[768]

### 6.7.4.5. Zurückbehaltungsrecht der Belegschaft?

923 Die Schwierigkeiten der gerichtlichen Verfahren legen die Frage nahe, ob den Beschäftigten nicht ebenso wie bei der Verletzung tariflicher Rechte[769] ein Zurückbehaltungsrecht zusteht. Danach könnten sie ihre Arbeitsleistung

---

762 Däubler AuR 1982, 10f.

763 Ebenso Salje DB 1988, 909. Bedenken bei Derleder AuR 1995, 14, der den negatorischen Rechtsschutz wohl auf Herrschaftsrechte beschränken möchte. Doch dafür besteht kein Anlass (Salje, a.a.O.); auch kann man sich fragen, ob die «geteilte Handlungskompetenz», auf die ein Mitbestimmungsrecht hinausläuft, für den Betriebsrat nicht als Herrschaftsrecht zu qualifizieren ist.

764 Dazu eingehend Derleder AuR 1983, 293ff.

765 Kümpel AuR 1985, 83. Darauf ist das BAG nicht eingegangen.

766 Richtig Herschel AuR 1984, 281; vgl. auch Hanau ZfA 1984, 501.

767 BAG NZA 1987, 786; BAG NZA 1991, 150. Kritisch GK-Oetker § 23 Rn 127 mN über den Diskussionsstand.

768 Für die Möglichkeit zum Erlass einer einstweiligen Verfügung LAG Düsseldorf NZA 1991, 29; LAG Hessen NZA-RR 1999, 584; wohl auch LAG Niedersachsen NZA-RR 1996, 217; a.A. LAG Hamm EzA § 23 BetrVG 1972 Nr. 5; LAG Rheinland-Pfalz DB 1986, 1629; befürwortend in der Lit. insbes. ErfK-Eisemann § 23 Rn 40; Fitting § 23 Rn 76; GK-Oetker § 23 Rn 190.

769 Oben 4.12.5. (Rn 436ff.).

so lange verweigern, bis der Arbeitgeber zu einem gesetzestreuen Verhalten zurückgekehrt ist. Wird etwa im Betrieb **unter Verstoß gegen das Mitbestimmungsrecht** nach § 87 Abs. 1 Nr. 6 BetrVG eine **Videokamera installiert**, um das Verhalten der Arbeitnehmer besser überwachen zu können, so besitzen diese nach verbreiteter Auffassung allein wegen der Verletzung der Betriebsratsbefugnisse ein Recht zur vorübergehenden Einstellung der Arbeit.[770]

Bedenken könnten nur insofern entstehen, als die betriebsverfassungs- 924
rechtlichen Mitwirkungs- und Mitbestimmungsrechte nicht dem einzelnen Arbeitnehmer, sondern dem Betriebsrat zustehen. Daraus ließe sich evtl. folgern, dass das **Einzelarbeitsverhältnis unberührt** bleibe; weil der Arbeitgeber gegenüber dem einzelnen Arbeitnehmer keine Pflichtverletzung begangen habe, könne dieser auch nicht Gleiches mit Gleichem vergelten und seine Arbeitsleistung nach § 273 BGB verweigern.

Dem lässt sich jedoch entgegenhalten, eine so verstandene «Kollektivie- 925
rung» der Mitbestimmungsrechte verfehle das **Ziel der gesamten Betriebsverfassung**, nämlich die Herstellung einer betrieblichen Selbstbestimmungsordnung zugunsten des Arbeitnehmers.[771] Wenn es auch und gerade um den Einzelnen geht, so ist der Arbeitgeber zumindest aufgrund seiner Fürsorgepflicht[772] auch dem Arbeitnehmerindividuum gegenüber zur Beachtung des BetrVG verpflichtet. Eine Parallele stellt insoweit das Arbeitsschutzrecht dar, das trotz seines öffentlich-rechtlichen Charakters (aber wegen seiner Schutzrichtung zugunsten des einzelnen Arbeitnehmers) nach allgemeiner Auffassung zum Inhalt der arbeitsvertraglichen Beziehungen zwischen Arbeitgeber und Arbeitnehmer wird.[773] Vermag daher ein Verstoß gegen Unfallverhütungsvorschriften oder das ArbZG ein Zurückbehaltungsrecht zu begründen, so kann **entgegen der Auffassung des BAG**[774] bei einer Verletzung des BetrVG nichts anderes gelten. Voraussetzung ist lediglich, dass die Pflichtverletzung des Arbeitgebers im Augenblick der Arbeitsverweigerung noch andauert oder dass ein neuer Verstoß droht; einmalige, in der Vergangenheit liegende Unkorrektheiten reichen nicht aus.[775]

---

770 DKK-Klebe § 87 Rn 135; Däubler, Gläserne Belegschaften? Rn 822; Fitting § 87 Rn 256; Galperin-Löwisch § 87 Rn 150; GK-Wiese § 87 Rn 580; differenzierend Richardi § 87 Rn 533.

771 GK-Wiese Einl. Rn 76 ff.; Richardi Einl. Rn 1 ff.

772 Dasselbe ergibt sich, wenn man das Arbeitsverhältnis von dem Gebot her strukturiert, die freie Entfaltung des Arbeitnehmers zu fördern (§ 75 Abs. 2 BetrVG). Zur Diskussion um die Natur des Arbeitsverhältnisses s. Bd. 2 Rn 638 ff.

773 Hueck-Nipperdey, Bd. I, S. 143 mwN.

774 BAG DB 1978, 1403.

775 Vgl. auch Derleder AuR 1985, 78.

## 6.7.5. Außenbeziehungen des Betriebsrats

### 6.7.5.1. Der Grundsatz

925a Ob und aus welchem Anlass sich ein Betriebsrat an außerhalb des Unternehmens oder Konzerns stehende Instanzen wenden kann, ist **nirgends zusammenhängend geregelt**. Eine Reihe von **«Außenkontakten»** ist **selbstverständlich** und wurde auch bereits angesprochen: Der Betriebsrat kann unter bestimmten Voraussetzungen einen Sachverständigen[776] oder einen Rechtsanwalt einschalten[777] und Gespräche mit einem potenziellen Einigungsstellenvorsitzenden führen.[778] Bei der Fahrt zu einer Sitzung des Gesamtbetriebsrats entstehen einzelnen Mitgliedern Reisekosten, die der Arbeitgeber nach §40 Abs. 1 BetrVG zu erstatten hat.[779] Der Abschluss von Verträgen mit Seminarveranstaltern gehört zum Tagesgeschäft, und in dringenden Fällen kann sich der Betriebsrat den notwendigen Geschäftsbedarf selbst beschaffen.[780]

925b Die **Zusammenarbeit mit Behörden** ist im BetrVG, aber auch in verschiedenen anderen Gesetzen angesprochen. §89 Abs. 1 Satz 2 BetrVG verpflichtet den Betriebsrat, die für den **Arbeitsschutz** zuständigen Behörden, die Träger der gesetzlichen Unfallversicherung und sonstige in Betracht kommende Stellen «durch Anregung, Beratung und Auskunft» zu unterstützen. Ähnliches sieht §96 Abs. 1 BetrVG in Bezug auf die **Berufsbildung** vor. Nach § 17 Abs. 3 Satz 7 KSchG kann der Betriebsrat bei geplanten Massenentlassungen gegenüber der **Arbeitsagentur** weitere Stellungnahmen abgeben. Nach §87 Abs. 2 SGB IX holt das **Integrationsamt** vor seiner Entscheidung über die Zulässigkeit einer Kündigung eine Stellungnahme des Betriebsrats ein. §99 Abs. 1 SGB IX sieht eine enge Zusammenarbeit zwischen Integrationsamt und Betriebsrat vor, um die Teilhabe schwerbehinderter Menschen am Arbeitsleben zu fördern. Weitere Beispiele lassen sich unschwer finden.[781] Keine gesetzliche Regelung hat jedoch die Frage erfahren, inwieweit Erklärungen an die Öffentlichkeit zulässig sind.[782]

925c Lange Zeit war umstritten, ob der Betriebsrat nur in den ausdrücklich geregelten Fällen zu Außenkontakten berechtigt ist oder ob er im Rahmen seiner Aufgaben auch ohne spezifische Ermächtigung mit Dritten in Verbindung

776 Oben 6.6.1.3. (Rn 857f.).
777 Oben 6.6.3.3. (Rn 875).
778 DKK-Wedde Einl. Rn 119.
779 Oben 6.6.3.3. (Rn 873).
780 Oben 6.6.3.1. (Rn 871c).
781 Überblick bei Plander AuR 1993, 162ff. und Wiese, FS 50 Jahre BAG, S. 1126.
782 Plander AuR 1993, 164.

treten darf.[783] **Rechtsprechung** war und ist relativ selten, doch haben sich die vorliegenden Entscheidungen einheitlich dafür ausgesprochen, dass der Betriebsrat **nicht in jedem Einzelfall** einer **speziellen Ermächtigung** bedarf. **Solidaritätstelegramme** an streikende Belegschaften wurden daher grundsätzlich akzeptiert.[784] Weiter hat es das BAG als Teil der Betriebsratstätigkeit angesehen, wenn der Betriebsratsvorsitzende an einem **«Arbeitsmarktgespräch»** teilnahm, das von der örtlichen Agentur für Arbeit veranstaltet wurde.[785] Ein **Treffen mit Journalisten** ist auch im Betriebsratsbüro möglich, wenn ein Bezug zu einer konkreten Aufgabe gegeben ist.[786] Auch eine öffentliche Erklärung über die näheren **Umstände eines Arbeitsunfalls** blieb unbeanstandet.[787] Wird in der Presse unrichtig über den Betriebsrat und seine Rolle auf einer Betriebsversammlung berichtet, so kann er einen Rechtsanwalt beauftragen, um eine **Gegendarstellung** zu erwirken; ausdrücklich betonte das LAG Hamburg, die Tätigkeit des Betriebsrats erstrecke sich auch auf das Verhältnis zu Dritten.[788] Schließlich hat er das Recht, sich mit Hilfe des **Internets** die für seine Tätigkeit notwendigen Informationen zu verschaffen,[789] kann darauf jedoch nicht verwiesen werden.[790] Auch die Literatur stimmt dem mehrheitlich zu.[791] Mit Recht hat Plander darauf verwiesen, das Gesetz habe zwar die Aufgaben des Betriebsrats abschließend umschrieben, nicht aber die Mittel, die er bei ihrer Bewältigung einsetzen könne.[792] Dies wird nicht zuletzt am Katalog des § 80 Abs. 1 BetrVG deutlich, der eine ganze Reihe von Kompetenzen zuweist, doch finden sich im Gesetz nirgends Hinweise auf das Instrumentarium, das der Betriebsrat einsetzen kann. Eine Reihe von Einzelfragen bedarf der Hervorhebung.

### 6.7.5.2. Zusammenarbeit mit anderen Interessenvertretungen

Der Erfahrungsaustausch mit Interessenvertretungen aus anderen Unterneh- 925 d
men und Konzernen vollzog sich in der Praxis bislang in der Weise, dass die

783 Zur in mancher Hinsicht Ähnlichkeiten aufweisenden historischen Problematik des «Verbindungsverbots» s. oben 3.1.3. (Rn 88).

784 Oben 6.3.2.1. (Rn 777 a).

785 BAG AP Nr. 42 zu § 37 BetrVG 1972.

786 BAG NZA 1992, 315. Daran fehlte es im konkreten Fall, weil das Gesprächsprogramm relativ unspezifisch war. Kritisch Simitis-Kreuder NZA 1992, 1009.

787 ArbG Berlin BB 1980, 886.

788 LAG Hamburg LAGE § 40 BetrVG 1972 Nr. 17 = AiB 1984, 174 mit Anm. Geffken.

789 BAG NZA 2004, 280.

790 BAG NZA 2004, 936.

791 Buschmann AiB 1987, 53; DKK-Wedde Einl. Rn 119 ff.; Simitis-Kreuder NZA 1992, 1009 ff.; Plander AuR 1993, 161 ff.; a. A. von Hoyningen-Huene RdA 1992, 355 ff.

792 Plander AuR 1993, 166.

zuständige Gewerkschaft Arbeitskreise einrichtete, die in der Freizeit tagten und beispielsweise die Betriebsräte aller Automobilzulieferer einer bestimmten Region zusammenfassten. Verbreiteter und leichter zu organisieren sind **Seminare nach § 37 Abs. 6 BetrVG**, die sich allerdings nicht auf bloßen Erfahrungsaustausch beschränken dürfen, sondern Sachthemen von gemeinsamem Interesse behandeln müssen.[793]

925e Seit 2001 ermächtigt **§ 3 Abs. 1 Nr. 4** BetrVG die Tarifparteien, unternehmens- und konzernübergreifende **Arbeitsgemeinschaften** als zusätzliche betriebsverfassungsrechtliche Gremien einzurichten. Sie sind kein Mitbestimmungsorgan. In der Regel werden Betriebsratsmitglieder aus den erfassten Betrieben an den einzelnen Treffen teilnehmen. Die Kosten trägt die Arbeitgeberseite.[794] Alle weiteren Einzelheiten sind im Tarifvertrag zu regeln.[795] Dort ist auch Vorsorge dagegen zu treffen, dass auf diesem Wege eine beitragsfreie Ersatzgewerkschaft entsteht.[796]

### 6.7.5.3. Kontakte zu Behörden

925f Kontaktaufnahmen zu Behörden sind jederzeit möglich, soweit sich der Betriebsrat im Rahmen seiner Kompetenzen bewegt. Dies gilt beispielsweise im Bereich des betrieblichen **Umweltschutzes.**[797] Soweit Probleme mit Arbeitnehmerdaten entstehen, kann die Aufsichtsbehörde für den **Datenschutz** eingeschaltet werden.[798] Die §§ 89 Abs. 1 Satz 2 und 96 Abs. 1 BetrVG enthalten insoweit eine Besonderheit, als der Betriebsrat im Arbeitsschutz bzw. bei der Berufsbildung zur Kooperation nicht nur berechtigt, sondern verpflichtet ist.

925g Kontakte zur **Polizei und** zur **Staatsanwaltschaft** sind im Gesetz vorgesehen, wenn der Betriebsrat einen Strafantrag nach § 119 bzw. einen Antrag nach § 121 BetrVG stellen will. Bringt er ein sonstiges strafbares Verhalten des Arbeitgebers oder von Führungskräften zur Anzeige, so verstößt er jedenfalls nicht gegen die Geheimhaltungspflicht nach § 79 Abs. 1, da sich diese nicht auf Rechtsverstöße bezieht.[799] Nach der Rechtsprechung des BVerfG[800] stellt es grundsätzlich keine Pflichtverletzung dar, wenn ein Arbeitnehmer gegen den Arbeitgeber oder gegen Vorgesetzte eine Strafanzeige erstattet; vielmehr übt er dabei ein staatsbürgerliches Recht aus. Dies gilt allerdings dann nicht, wenn be-

---

793 Näher Däubler, Schulung und Fortbildung, Rn 196a.

794 ErfK-Eisemann § 3 Rn 7; Trümner, FS Däubler, S. 295, 306.

795 Dies gilt auch für den Kündigungsschutz, der dann von Bedeutung ist, wenn auch Nicht-Betriebsratsmitglieder in den Gremien tätig sind. Dazu DKK-Trümner § 3 Rn 88; ErfK-Eisemann § 3 Rn 7.

796 DKK-Trümner § 3 Rn 92; zur Problematik s. Däubler Industrielle Beziehungen, 2001, 364 ff.

797 Wiese, FS 50 Jahre BAG, S. 1133.

798 Brill AuR 1981, 207; Däubler, Gläserne Belegschaften? Rn 657; DKK-Buschmann § 80 Rn 10.

799 Oben 6.3.3.1. (Rn 789a).

800 NZA 2001, 888 = NJW 2001, 3474.

wusst oder **leichtfertig falsche Angaben** gemacht werden[801] oder wenn die Anzeige den Umständen nach eine **unverhältnismäßige Reaktion** darstellt.[802]

Im Falle des Betriebsrats kommt hinzu, dass das Prinzip der vertrauens- 925h
vollen Zusammenarbeit und die Verhandlungspflicht nach § 74 Abs. 1 Satz 2 BetrVG auch im vorliegenden Zusammenhang gelten: Soweit es zumutbar ist, muss daher **immer erst** auf **innerbetriebliche Abhilfe** gedrängt werden.[803] Dies wird bei Fehlverhalten von Führungskräften eher als bei Straftaten des Arbeitgebers selbst bzw. von Geschäftsführern in Betracht kommen. Im Übrigen wird der Betriebsrat abwägen, welche mittel- und langfristigen Wirkungen sich für die Belegschaft ergeben werden.

### 6.7.5.4. Öffentlichkeitsarbeit

Mir Rücksicht auf seine partielle Rechtsfähigkeit[804] kann sich der Betriebsrat 925i
im Rahmen seiner Aufgabenerfüllung auch auf Grundrechte, insbes. die Meinungsfreiheit nach Art. 5 Abs. 1 GG, berufen.[805] Dies bedeutet, dass er auch Erklärungen zu innerbetrieblichen Fragen abgeben kann, wenn er dies den Umständen nach für erforderlich halten darf.[806]

*Beispiel:* Die Unternehmensleitung gibt bekannt, dass die deutsche Niederlassung wegen zu geringer Rentabilität geschlossen wird. Der Betriebsrat kann eine Presseerklärung abgeben, wonach das nicht stimme; die Rendite habe bei 10 % gelegen. Auch kann der Betriebsratsvorsitzende in dieser Eigenschaft ein entsprechendes Statement vor den Fernsehkameras abgeben.

Auch hier gilt der Grundsatz, dass man zunächst eine innerbetriebliche Lösung versuchen soll. Schlagen die Bemühungen des Betriebsrats fehl oder waren sie von vorneherein aussichtslos, so kann er **auch als Erster den Gang in die Öffentlichkeit** antreten. In der Literatur ist zu Recht von der Herstellung eines «Informationsgleichgewichts» die Rede;[807] ihr entspricht es nicht, wenn der Betriebsrat immer erst das «zweite Wort» hat und damit auf bloßes Reagieren festgelegt ist. Bei Falschmeldungen über sein Verhalten steht dem Betriebsrat ein **Gegendarstellungsanspruch** zu, der im Wege der einstweiligen Verfügung durchgesetzt werden kann.[808]

---

801 BVerfG a.a.O.

802 So BAG NZA 2004, 427.

803 S. Wiese, FS 50 Jahre BAG, S. 1132.

804 S. oben 6.7.1.2. (Rn 893a).

805 ErfK-Dieterich Art. 5 GG Rn 40; Müller-Boruttau NZA 1996, 1071; Richardi, Einl. Rn 116ff.; Wiese, FS 50 Jahre BAG, S. 1127.

806 Nachweise oben in Rn 925c.

807 ErfK-Dieterich Art. 5 GG Rn 40; Simitis-Kreuder NZA 1992, 1013.

808 S. LAG Hamburg LAGE § 40 BetrVG 1972 Nr. 17 = AiB 1984, 174.

925j Soweit einzelne Betriebsratsmitglieder öffentliche Erklärungen abgeben, können sie durchaus ihre **Funktion angeben**; die Gefahr, dass das Gesagte dem Arbeitgeber zugerechnet wird, besteht nicht. Das LAG München hat es sogar für zulässig angesehen, dass eine aus Arbeitnehmern der Firma X gebildete Friedensinitiative die Bezeichnung «Friedensinitiative Firma X» führte.[809]

## 6.7.6. Die Geschäftsführung des Betriebsrats

925k Nach der Wahl tritt der Betriebsrat zu seiner konstituierenden Sitzung zusammen und wählt einen **Vorsitzenden sowie** einen **Stellvertreter**. Solange dies nicht erfolgt ist, ist das Gesamtgremium nicht funktionsfähig.[810]

925l Nach § 26 Abs. 2 Satz 1 BetrVG **vertritt** der Vorsitzende **den Betriebsrat**; nur er kann für diesen Erklärungen abgeben und entgegennehmen. Im Falle seiner Verhinderung übt diese Funktion sein Stellvertreter aus.

Der Arbeitgeber möchte den B einstellen und bittet den Betriebsrat nach § 99 Abs. 1 BetrVG um Zustimmung. Der Betriebsrat kann innerhalb einer Woche seine Zustimmung verweigern. Der Arbeitgeber informiert das Betriebsratsmitglied K am 7.3. von der geplanten Maßnahme. Am 10. 3. macht K seinem Vorsitzenden Mitteilung. Erst von diesem Zeitpunkt an läuft die Wochenfrist.

Der **Vorsitzende lädt** zu den Betriebsratssitzungen **ein** und bestimmt die Tagesordnung (§ 29 Abs. 2 Satz 1). Ist ein Mitglied verhindert, wird ein **Ersatzmitglied** geladen.

Wer ist Ersatzmitglied? Das ist diejenige Person, die gewählt worden wäre, hätte das Betriebsratsgremium ein zusätzliches Mitglied gehabt. Fand Mehrheitswahl statt, ist es diejenige Person, die die meisten Stimmen hinter dem als Letztem Gewählten erreicht hat.

925m Nach § 33 Abs. 2 BetrVG ist der Betriebsrat nur **beschlussfähig**, wenn mindestens die Hälfte seiner Mitglieder an der Beschlussfassung teilnimmt. Der einzelne Beschluss bedarf der **Stimmenmehrheit der anwesenden Mitglieder**.

Der Betriebsrat besteht aus 11 Mitgliedern. Drei haben erst ganz kurz vor der Sitzung abgesagt; Ersatzmitglieder waren nicht mehr aufzutreiben. Mit 8 Mitgliedern ist die Beschlussfähigkeit aber gegeben. Bei einem Antrag stimmen 4 Mitglieder dafür, 2 dagegen, 2 enthalten sich. Der Antrag ist abgelehnt, da er nicht die Mehrheit der Stimmen der Anwesenden erreicht hat. Enthaltungen wirken also wie Nein-Stimmen. Aus Frustration verlassen daraufhin drei Mitglieder die Sitzung. Die 5 verbliebenen können keine Be-

809 LAG München DB 1985, 1539 = AuR 1985, 291 LS.
810 BAG AP Nr. 36 zu § 102 BetrVG 1972.

schlüsse mehr fassen. Dass das alles nicht korrekt war (die Verhinderten hätten rechtzeitig absagen müssen, man darf nicht einfach die Sitzung verlassen), spielt für die Frage des Zustandekommens von Beschlüssen keine Rolle.

Über die Betriebsratssitzung wird ein **Protokoll** angefertigt, das nach §34 Abs. 1 mindestens den Wortlaut der Beschlüsse und die Stimmenmehrheit wiedergibt, mit der sie gefasst wurden.

Hat der Betriebsrat 9 oder mehr Mitglieder, wird nach näherer Maßgabe des §27 ein sog. **Betriebsausschuss** gewählt. Er führt die laufenden Geschäfte, die in kleineren Gremien vom Vorsitzenden erledigt werden. In Betrieben mit mehr als 100 Arbeitnehmern (wo 7 Betriebsratsmitglieder gewählt werden) können nach §28 **sonstige Ausschüsse** gebildet werden. Dieses Recht steht selbstredend auch den «betriebsausschusspflichtigen» Gremien zu. Sämtlichen Ausschüssen nach §§27, 28 können bestimmte Aufgaben zur selbständigen Erledigung übertragen werden. 925n

## 6.8. Insbesondere: Die Ausübung von Mitbestimmungsrechten

Während die Mitwirkung relativ wenige Rechtsprobleme aufwirft, bedarf die Behandlung der Mitbestimmungsrechte eingehender Betrachtung. In welcher Form und mit welcher rechtlichen Wirkung einigen sich Betriebsrat und Arbeitgeber? §77 Abs. 1 BetrVG spricht unspezifisch von «Vereinbarungen», doch wird in den folgenden Absätzen nur die Betriebsvereinbarung angesprochen (unten 1). Als zweite «Einigungsform» gibt es die sog. Betriebsabsprache, auch «Regelungsabrede» genannt, die ihren festen Platz im betrieblichen Alltag hat (unten 2). Was geschieht, wenn sich kein Konsens erreichen lässt? Dass hier die Einigungsstelle entscheiden muss, liegt auf der Hand, doch wie ist ihr Verfahren ausgestaltet (unten 3)? Anhangsweise ist noch auf die sog. freiwillige Betriebsvereinbarung einzugehen, die auf Gebieten möglich ist, auf denen kein Mitbestimmungsrecht besteht (unten 4). 926

### 6.8.1. Die Betriebsvereinbarung

Die wichtigste und wohl auch häufigste Form der Verständigung zwischen Arbeitgeber und Betriebsrat ist der Abschluss einer Betriebsvereinbarung. Von den Rechtswirkungen her betrachtet, handelt es sich dabei um eine Art 927

**«Tarifvertrag im Kleinformat»**, auf den viele, wenn auch nicht alle tarifrechtlichen Grundsätze Anwendung finden.

### 6.8.1.1. Parallelen zum Tarifrecht

Im Einzelnen gilt:

928 ▶ Die Betriebsvereinbarung bedarf nach § 77 Abs. 2 Satz 1 BetrVG der **Schriftform**, d. h., sie muss die Unterschrift beider Seiten tragen.[811]

▶ Sie kann gleichermaßen **Abschluss-, Inhalts- und Beendigungsnormen** wie auch Regelungen über betriebliche und betriebsverfassungsrechtliche Fragen enthalten.[812]

▶ Die Betriebsvereinbarung gilt nach § 77 Abs. 4 Satz 1 BetrVG **unmittelbar und zwingend** für und gegen die Betriebsangehörigen. Wird etwa die Erstattung einer Kontoführungsgebühr vereinbart, so kann der einzelne Arbeitnehmer auch ohne entsprechende Abmachung in seinem Arbeitsvertrag eine entsprechende Zahlung verlangen.

▶ Die Betriebsvereinbarung ist **an geeigneter Stelle** im Betrieb **auszulegen** (§ 77 Abs. 2 Satz 3 BetrVG); ihr Text muss für alle Betriebsangehörigen zugänglich sein. Kommt der Arbeitgeber dieser Pflicht nicht nach, macht er sich nach allerdings umstrittener Auffassung schadensersatzpflichtig.[813]

▶ Die durch Betriebsvereinbarung begründeten Ansprüche genießen nach § 77 Abs. 4 Satz 2–4 BetrVG einen besonderen **Schutz gegen Verzicht**, Verwirkung, Ausschlussfristen und abgekürzte Verjährungsfristen.[814]

▶ Das durch Betriebsvereinbarung festgelegte Niveau kann im Arbeitsvertrag zugunsten der Arbeitnehmer verbessert werden; es gilt das **Günstigkeitsprinzip**.[815]

▶ Betriebsvereinbarungen sind **wie Tarifverträge auszulegen**.[816] Warum man allerdings auch bei ihnen den subjektiven Vorstellungen der am Abschluss Beteiligten nur dann Bedeutung zumessen will, wenn sie im Wortlaut oder in der Systematik ihren Niederschlag gefunden haben[817], ist nicht einzusehen – die Überschaubarkeit der Verhältnisse würde eine subjektive Auslegung besonders nahe legen.[818] In der neuesten Rechtsprechung ist insofern eine **Auflockerung** festzustellen, als Vorstellungen des Arbeitgebers, die ihn

811 Fitting § 77 Rn 21.

812 Mögliche Regelungsgegenstände bei DKK-Berg § 77 Rn 37 ff.; GK-Kreutz § 77 Rn 202 ff.

813 DKK-Berg § 77 Rn 33; Fitting § 77 Rn 26, mwN, auch für die Gegenmeinung.

814 Zur entsprechenden Regelung im Tarifvertragsrecht s. oben 4.12.2. (Rn 424 ff.).

815 BAG GS AP Nr. 17 zu § 77 BetrVG 1972 = AuR 1987, 378 = DB 1987, 383.

816 BAG AP Nr. 3 zu § 52 BetrVG 1952; AP Nr. 4 zu § 57 BetrVG 1952.

817 BAG AP Nr. 117 zu § 1 TVG Auslegung.

818 Wie hier Bartholomä BB 2005, 100; DKK-Berg § 77 Rn 26. Zum Parallelproblem bei der Tarifauslegung s. oben 4.12.4.2. (Rn 435).

belasten und die die Arbeitnehmer begünstigen, auch dann zu berücksichtigen sind, wenn sie im Text «nur unzureichend» zum Ausdruck kamen.[819] Einig ist man sich darüber, dass Betriebsvereinbarungen im Zweifel so zu interpretieren sind, dass sie nicht mit höherrangigem Recht, insbesondere mit Gesetzen, in Widerspruch geraten.[820]

▶ Abgelaufene Betriebsvereinbarungen behalten grundsätzlich ihre unmittelbare, nicht jedoch ihre zwingende Wirkung; ihnen kommt nach § 77 Abs. 6 BetrVG ebenso wie dem Tarifvertrag **Nachwirkung** zu.[821]

▶ Betriebsvereinbarungen erstrecken sich grundsätzlich **nicht** auf **ausgeschiedene Arbeitnehmer**.[822] Davon gibt es aber gewichtige **Ausnahmen**. Ein **Sozialplan** erfasst auch solche Arbeitnehmer, die aufgrund der Betriebsänderung bereits ausgeschieden sind; andernfalls könnte die Zahl der erfassten Arbeitnehmer durch Verzögerung der Verhandlungen immer mehr reduziert werden.[823] Die Rechtsverhältnisse von **Ruheständlern** können nach einer verbreiteten Auffassung in der Literatur[824] genauso wie durch Tarifvertrag[825] auch durch Betriebsvereinbarung verändert werden.[826] Ähnliche Grundsätze dürften für die Nutzung von Werkswohnungen gelten.

▶ Beim Abschluss von Betriebsvereinbarungen müssen Betriebsrat und Arbeitgeber **höherrangiges Recht**, insbesondere die Grundrechte der Arbeitnehmer sowie zwingendes Gesetzesrecht **beachten**. Unzulässig ist deshalb eine Abmachung, die dem Arbeitnehmer Verhaltensregeln auferlegt, die tief in seine Privatsphäre eingreifen.

*Beispiel:* Der Arbeitnehmer wird verpflichtet, Verstöße gegen einen sog. Ethik-Kodex zur Anzeige zu bringen, von denen er im Betrieb, aber auch in der Freizeit Kenntnis erhalten hat.[827]

Unwirksam wäre auch eine Betriebsvereinbarung, die die Arbeitszeit über das vom ArbZG zugelassene Maß hinaus verlängert.

---

819 BAG NZA 2002, 1224, 1226.
820 BAG AP Nr. 1 zu § 4 Erstes Vermögensbildungsgesetz.
821 Anders bei nicht erzwingbaren Betriebsvereinbarungen.
822 BAG AP Nr. 5 zu § 1 TVG Rückwirkung.
823 BAG AP Nr. 116 und 121 zu § 112 BetrVG 1972.
824 DKK-Berg § 77 Rn 36; Fitting § 77 Rn 39; GK-Kreutz § 77 Rn 104.
825 Dazu die Nachweise bei Däubler-Reim, TVG, § 1 Rn 288.
826 Die Frage blieb dahingestellt in BAG AP Nr. 4 zu § 1 BetrAVG Überversorgung; BAG AP Nr. 9 zu § 79 LPVG Baden-Württemberg; früher hatte das BAG dies in ständ. Rspr. abgelehnt: BAG AP Nr. 1 zu § 57 BetrVG (1952); BAG AP Nr. 65 zu § 77 BetrVG 1972.
827 S. den Fall Wal Mart – ArbG Wuppertal NZA-RR 2005, 476 ff. und LAG Düsseldorf DB 2006, 162 sowie aus der Literatur insbes. Junker BB 2005, 602 (französische Erfahrungen) und Wisskirchen u. a. DB 2005, 2190. Zur Grundrechtsbindung der Betriebsparteien DKK-Berg § 77 Rn 9; Richardi § 77 Rn 100 ff.

▶ Eine Betriebsvereinbarung kann durch eine andere – auch durch eine schlechtere – ersetzt werden.[828] Man spricht insoweit vom **«Ablösungsprinzip»**. Im Verhältnis zu vorher bestehenden **arbeitsvertraglichen Einheitsregelungen** gilt jedoch nach der Entscheidung des Großen Senats vom 16. September 1986[829] das **Günstigkeitsprinzip**, sodass die Betriebsvereinbarung in diesem Zusammenhang nicht als Mittel des Sozialabbaus verwandt werden kann.[830] Möglich soll es dagegen sein, die vom Arbeitgeber für bestimmte Zwecke zur Verfügung gestellten Mittel anders zu verteilen; die «umstrukturierende» Betriebsvereinbarung sei zulässig, sofern der Gesamtaufwand des Arbeitgebers derselbe bleibt und Einzelne nicht unbillig benachteiligt werden.[831]

▶ Die **Rechtsnatur der Betriebsvereinbarung** ist noch ein wenig kontroverser als die des Tarifvertrags.[832] Die praktischen Konsequenzen sind allerdings gering. Selbst wenn man mit der «Satzungstheorie» (gegen die herrschende «Vertragstheorie») die Existenz eines obligatorischen Teils leugnet, ergeben sich Durchführungspflichten aus den §§ 77 Abs. 1 Satz 1 und 2 Abs. 1 BetrVG. Eine rein schuldrechtliche Abmachung wäre als Betriebsabsprache zu qualifizieren und deshalb rechtlich nicht weniger verbindlich.[833]

#### 6.8.1.2. Abweichungen vom Tarifrecht

##### (1) Wirkung auch für Außenseiter

929 Da der Betriebsrat die gesamte Belegschaft vertritt, wirken die Betriebsvereinbarungen für und gegen *alle* Betriebsangehörigen. Sie auf Gewerkschaftsmitglieder zu beschränken, wäre ein Verstoß gegen das Gleichbehandlungsgebot des § 75 Abs. 1 BetrVG. Bezugnahmeklauseln spielen insoweit keine Rolle.

##### (2) Tarifvorbehalt nach § 77 Abs. 3 BetrVG

930 Das Verhältnis von Betriebsvereinbarung zu Tarifverträgen hat eine relativ komplizierte Regelung erfahren. In der Sache soll verhindert werden, dass die

828 BAG AP Nr. 9 zu § 1 BetrVG Ablösung = DB 1987, 1639 (aber Billigkeitskontrolle!).

829 BAG GS AP Nr. 17 zu § 77 BetrVG 1972 = AuR 1987, 738 = DB 1987, 383.

830 Näher dazu Däubler AuR 1987, 349 ff.

831 In der Literatur wird diese Einschränkung des Günstigkeitsprinzips weithin abgelehnt – s. die Nachweise bei Richardi § 77 Rn 154.

832 Dazu Kreutz, Grenzen der Betriebsautonomie (S. 51 ff.: Akt der Privatautonomie?; S. 76 ff.: Akt der Rechtsetzung?; S. 99 ff.: Privatheteronomes Rechtsgeschäft).

833 Vgl. dazu Fitting § 77 Rn 50. Zur Betriebsabsprache unten 6.8.2. (Rn 940 ff.).

Tarifautonomie durch betriebliche Konkurrenzordnungen unterlaufen wird. Im Einzelnen haben sich folgende Grundsätze herausgebildet:

Nach § 77 Abs. 3 Satz 1 BetrVG können «Arbeitsentgelte und sonstige Arbeitsbedingungen, die durch Tarifvertrag geregelt sind oder üblicherweise geregelt werden», nicht Gegenstand einer Betriebsvereinbarung sein. Gegenstände, die eine tarifliche Regelung erfahren haben, sollen **dem Tarifvertrag vorbehalten** bleiben; eine gegen dieses Prinzip verstoßende Betriebsvereinbarung ist unwirksam. Es geht um den Schutz der «aktualisierten» Tarifautonomie.[834] Bemerkenswert ist, dass schon die Üblichkeit einer tariflichen Regelung genügt, ohne dass diese im Betrieb oder gar für alle Arbeitsverhältnisse gelten müsste. Es genügt, dass der Betrieb unter den Geltungsbereich eines Tarifvertrags fällt, auch wenn dieser z. B. wegen fehlender Verbandsmitgliedschaft des Arbeitgebers nicht eingreift. 931

Was geschieht, wenn der Tarifvertrag nicht an einen bestimmten Tätigkeitsbereich anknüpft («alle metallverarbeitenden Betriebe in Baden-Württemberg»), sondern allein auf die Mitgliedschaft im Arbeitgeberverband abstellt? Der Sache nach wird hier nur auf die sowieso bestehende Rechtslage hingewiesen; die Tarifparteien regeln insoweit alles, was in ihre fachlich-gegenständliche Zuständigkeit fällt.[835]

Soweit § 77 Abs. 3 BetrVG eingreift, ist jede Betriebsvereinbarung ausgeschlossen. Dies gilt auch dann, wenn diese für die Arbeitnehmer günstiger wäre.

### (3) Tarifvorrang im Bereich von Mitbestimmungsrechten

Die sehr weit gehende Regelung des § 77 Abs. 3 BetrVG wird nicht angewandt, soweit ein Mitbestimmungsrecht nach § 87 Abs. 1 BetrVG eingreift. Nach dem Einleitungssatz dieser Vorschrift stehen die Mitbestimmungsrechte unter dem Vorbehalt «soweit tarifliche Rechte nicht bestehen». Sind Tarifverträge nur «üblich», ohne im konkreten Betrieb einzugreifen, bleiben die Mitbestimmungsrechte daher bestehen. Dies wird auf die Betriebsvereinbarungen erstreckt, die in Ausübung dieser Mitbestimmungsrechte abgeschlossen werden.[836] § 87 Abs. 1 ist insoweit eine Spezialvorschrift. Außerdem würde bei einer Anwendung des § 77 Abs. 3 eine Schutzlücke entstehen: Die Beschäftigten hätten weder den tarifvertraglichen noch den betriebsverfassungs- 932

---

834 BAG NZA 2003, 1096, 1099; weitere Nachweise bei DKK-Berg § 77 Rn 62.

835 DKK-Berg § 77 Rn 69; Kittner-Zwanziger-Kittner § 18 Rn 33; Löwisch-Kaiser § 77 Rn 63; MünchArbR-Matthes § 327 Rn 68; a.A. LAG Köln ZTR 1999, 431; Fitting § 77 Rn 76; GK-Kreutz § 77 Rn 98; Kania BB 2001, 1091.

836 BAG DB 1987, 1435; BAG GS DB 1992, 1579, 1582; bestätigt zuletzt durch BAG NZA 2003, 1097, 1100; BAG NZA 2004, 670, 675.

rechtlichen Schutz.[837] Dies rechtfertigt es auch, nachwirkende oder lediglich arbeitsvertraglich in Bezug genommene Tarifverträge nicht den rechtlich verbindlichen gleichzustellen.

932a Greift im Betrieb ein Tarifvertrag ein, so hat er den **«Vorrang»**. Umstritten ist, ob er jede Betriebsvereinbarung ausschließt oder ob günstigere Abmachungen zulässig bleiben. Seinem Sinn nach will der Tarifvertrag nur ein Mindestniveau garantieren, die Tarifunterworfenen aber nicht daran hindern, durch Vertrag oder auf andere Weise **günstigere Bedingungen** zu erreichen. Allerdings kann dieses Ziel nur durch freiwillige Einigung erreicht werden, da der bestehende Tarif das Mitbestimmungsrecht und damit die Erzwingbarkeit ausschließt.[838]

932b Das Mitbestimmungsrecht ist nur ausgeschlossen, soweit der Tarifvertrag eine Regelung treffen will. Gibt es etwa tarifliche Festgehälter, ist es den Betriebsparteien unbenommen, eine Abmachung über eine übertarifliche Ertragsbeteiligung zu treffen. Auch muss der fragliche Sachbereich **inhaltlich geregelt** sein; würde man lediglich den Arbeitgeber zu einseitigen Regelungen ermächtigen, würde das Mitbestimmungsrecht bestehen bleiben.[839]

932c Die Diskussion konzentriert sich völlig auf die Mitbestimmung nach § 87 Abs. 1 BetrVG, doch kann bei **anderen Mitbestimmungsrechten** nichts Abweichendes gelten: Auch dort können nur tatsächlich bestehende Tarifverträge den legitimen Schutzinteressen der Arbeitnehmer Rechnung tragen.

### (4) Ausdrückliche Zulassung ergänzender Betriebsvereinbarungen

932d Die Tarifparteien haben die Möglichkeit, ergänzende Betriebsvereinbarungen zuzulassen: Insoweit machen sie von ihrer Tarifautonomie eben keinen Gebrauch. Dies hat bestimmte tarifrechtliche und betriebsverfassungsrechtliche Grenzen.[840] Besonders bedeutsam sind solche «Öffnungsklauseln» im Bereich freiwilliger Betriebsvereinbarungen, wo § 77 Abs. 3 BetrVG in vollem Umfang zur Geltung kommt.

### (5) Die Ausnahme des § 112 Abs. 1 Satz 4 BetrVG

932e Soweit es um den Abschluss eines Sozialplans geht, findet § 77 Abs. 3 BetrVG nach § 112 Abs. 1 Satz 4 keine Anwendung. Dies bedeutet, dass tarifliche Regelungen über Abfindungen, Ausgleichszahlungen, Umschulungsmaßnah-

---

837 S. DKK-Klebe § 87 Rn 30 mwN.

838 Dazu und mit eingehenden Nachweisen GK-Wiese § 87 Rn 65.

839 BAG AP Nr. 18 zu § 87 BetrVG 1972 Tarifvorrang. Dies liefe auf eine unzulässige (oben 4.8.2. – Rn 369 c) Abbedingung des Mitbestimmungsrechts hinaus.

840 Dazu oben 4.3.2.1.(Rn 220 ff.).

men usw. entsprechenden Regelungen im Sozialplan nicht entgegenstehen. Insoweit gilt allerdings die Unabdingbarkeit des Tarifvertrags: Der Sozialplan kann bessere Regelungen vorsehen, nicht aber vom Tarifvertrag zu Lasten der Arbeitnehmer abweichen.[841]

### (6) Das Problem der tarifwidrigen Betriebsvereinbarung

Was geschieht, wenn die Betriebsparteien eine Betriebsvereinbarung schließen, die gegen § 77 Abs. 3 BetrVG oder einen im Betrieb verbindlichen Tarifvertrag verstößt? Wegen Verletzung zwingender Normen ist sie unwirksam. Allerdings ist es denkbar (und in der Praxis häufig), dass diese Feststellung folgenlos bleibt, weil weder Arbeitgeber und Betriebsrat noch einzelne Arbeitnehmer ein gerichtliches Verfahren einleiten. 933

*Beispiel:* Die Betriebsvereinbarung verzichtet auf bestimmte tarifliche Zulagen, um so einen Beitrag zur Reduzierung der Arbeitskosten und damit zur Sicherung des Standorts zu leisten.

Arbeitgeber und Betriebsrat werden sich nicht mit dem eben Unterschriebenen in Widerspruch setzen wollen, und ein einzelner Arbeitnehmer müsste schon Märtyrerqualitäten besitzen, wollte er trotz einer «Koalition» von Arbeitgeber und Betriebsrat das Arbeitsgericht anrufen und dort seine tariflichen Zulagen einklagen.[842] Kann in einem solchen Fall die Gewerkschaft die Einhaltung des Tarifvertrags erzwingen – vorausgesetzt, der Standort würde auch bei weitergewährten Zulagen nicht in Gefahr geraten? Beim Firmentarif könnte sie vom Arbeitgeber verlangen, dass er die tarifliche Regelung umsetzt, doch kann sie beim Verbandstarif bislang nur den Arbeitgeberverband in Anspruch nehmen, der auf sein Mitglied einwirken möge.[843] Dies hat in der Regel wenig Aussicht auf Erfolg, zumal der Verband angesichts verbreiteten Mitgliederschwunds sowieso die Samthandschuhe anziehen wird. Die Rechtsprechung des BAG hat – unterstützt durch vorsichtig geäußerte verfassungsrechtliche Bedenken gegenüber diesem Zustand[844] – zwei rechtliche Möglichkeiten entwickelt, wie man des Problems notdürftig Herr werden kann.

Der eine Weg führt über **§ 23 Abs. 3 BetrVG**. Wie oben ausgeführt, gibt dieser einen Unterlassungsanspruch, wenn der Arbeitgeber grob gegen seine betriebsverfassungsrechtlichen Pflichten verstoßen hat.[845] Da berechtigt aus 934

---

841 DKK-Däubler §§ 112, 112 a Rn54; GK-Oetker §§ 112, 112 a Rn 122 ff.

842 Von einem besonders starken Anpassungsdruck spricht zu Recht DKK-Berg § 77 Rn 85. Dort auch ein Hinweis auf die Tatsache, dass 80 % aller arbeitsgerichtlichen Klagen erst nach Beendigung des Arbeitsverhältnisses erhoben werden (Grotmann-Höfling AuR 1997, 268, 270).

843 S. oben 4.5.5. (Rn 267 ff.).

844 BVerfG NZA 1994, 34 = EzA § 77 BetrVG 1972 Nr. 41[a].

845 Oben 6.7.4.4. (Rn 922 b).

dieser Vorschrift nicht nur der Betriebsrat, sondern auch jede im Betrieb vertretene Gewerkschaft ist, steht insoweit auch ihr ein Unterlassungsanspruch zu. [846] Das eigentliche Problem besteht im «groben Verstoß gegen die Pflichten aus dem BetrVG». Er liegt nach der Rechtsprechung nur vor, wenn sich die Betriebsparteien außerhalb ihrer Kompetenzen bewegen, wenn sie also § 77 Abs. 3 BetrVG nicht beachten. Schließen sie jedoch auf einem von § 87 Abs. 1 erfassten Gebiet eine tarifwidrige Betriebsvereinbarung, so soll dies nur den Tarifvertrag, nicht aber die betriebsverfassungsrechtliche Ordnung betreffen.[847] Diese Differenzierung vermag nicht einzuleuchten, da die Beachtung von Tarifverträgen – wie nicht zuletzt § 2 Abs. 1 BetrVG deutlich macht («unter Beachtung der geltenden Tarifverträge») – zu den generellen betriebsverfassungsrechtlichen Pflichten gehört.[848]

934a Der zweite Weg führt über die **Koalitionsfreiheit des Art. 9 Abs. 3 GG**. Diese schützt jede Form spezifisch koalitionsmäßiger Betätigung und damit auch den Abschluss von Tarifverträgen.[849] Zum Schutzbereich des Art. 9 Abs. 3 GG gehört weiter das Recht, gegen die Etablierung einer betrieblichen «Konkurrenzordnung» vorzugehen, sich also gegen ein Unterlaufen des Tarifvertrags wehren zu können. Insoweit besteht ein koalitionsrechtlicher Unterlassungsanspruch nach §§ 823, 1004 BGB in Verbindung mit Art. 9 Abs. 3 GG.[850] Die «Konkurrenzordnung» kann aus einer Betriebsvereinbarung, aber auch aus einheitlichen Arbeitsbedingungen bestehen. Voraussetzung ist lediglich, dass der Arbeitgeber kraft Verbandsmitgliedschaft, als Partner eines Firmentarifs oder aufgrund einer Allgemeinverbindlicherklärung tarifgebunden ist.[851] Die neuere Rechtsprechung[852] verlangt allerdings von den Gewerkschaften, ihre Mitglieder im Einzelnen namhaft zu machen, was gerade bei innerbetrieblichen Kontroversen häufig nicht zumutbar sein wird[853] und was sich auch nicht mit dem verfassungsrechtlichen Ansatz vereinbaren lässt, wonach es um einen Anspruch der Organisation als solcher geht.[854]

---

846 BAG NZA 1992, 317 = DB 1991, 1834.
847 Wie vorige Fn.
848 DKK-Berg § 77 Rn 92.
849 Oben 3.2.8. (Rn 152 ff.).
850 BAG DB 1999, 1555.
851 Dem BAG zustimmend Berg AiB 1999, 304; Berg-Platow DB 1999, 2362; Däubler AiB 1999, 481; Däubler-Reim, TVG, § 1 Rn 1091 ff.; DKK-Berg § 77 Rn 95; ErfK-Kania § 77 Rn 156; Fitting § 77 Rn 236; GK-Kreutz § 77 Rn 426; HWK-Gaul § 77 Rn 94; Kocher AuR 1999, 382; Kittner-Zwanziger-Kittner § 18 Rn 97 ff.; K. Schmidt RdA 2004, 152; Wohlfahrt NZA 1999, 962; ablehnend dagegen Bauer NZA 1999, 957; Buchner NZA 1999, 897; Löwisch BB 1999, 2080; Richardi § 77 Rn 315; Thüsing DB 1999, 1552.
852 BAG NZA 2003, 1221.
853 Kritisch Kocher NZA 2005, 140.
854 Überzeugend Dieterich AuR 2005, 121 ff.

### (7) **Billigkeitskontrolle**

Betriebsvereinbarungen unterliegen anders als Tarifverträge einer Billigkeitskontrolle durch die Arbeitsgerichte.[855] Damit wird der Tatsache Rechnung getragen, dass sie von der Ausgangssituation der Beteiligten her eine (noch) sehr viel geringere Richtigkeitsgewähr haben. Der Betriebsrat kann nicht mit Streik, sondern nur mit dem Verfahren vor der Einigungsstelle drohen. Außerdem besteht er ausschließlich aus Beschäftigten des Betriebs, die trotz allen Kündigungs- und Benachteiligungsschutzes nicht gegen jede «Repressalie» durch den Arbeitgeber gefeit sind.[856] Das BAG hat deshalb mit Recht eine Betriebsvereinbarung beanstandet, deren Inhalt allein darin bestand, die Haftung des Arbeitgebers für eingestellte Fahrzeuge der Arbeitnehmer auszuschließen.[857] Dasselbe wurde für eine finanzielle Beteiligung der Arbeitnehmer an Sicherheitsschuhen[858] sowie für eine Verschlechterung jener Regeln angenommen, die das BAG für die Rückzahlung von Gratifikationen und ähnlichen Leistungen entwickelt hat.[859] Auf der anderen Seite soll ein Lohnabtretungsverbot ebenso zulässig sein[860] wie die Festsetzung einer Altersgrenze, sofern eine angemessene Altersversorgung sichergestellt ist.[861] 935

Diese Rechtsprechung hat verschiedentlich **Kritik** erfahren[862], allerdings **kaum zu Recht**: Will man nicht ein Stück praktizierten Arbeitnehmerschutzes abbauen, so muss man Betriebsvereinbarungen einer derartigen **Angemessenheitskontrolle** unterziehen. Der Ausdruck «Billigkeit» ist als Bezeichnung wenig glücklich, da es nicht um Einzelfallgerechtigkeit geht.[863] Auf der anderen Seite müssen Arbeitgeber und Betriebsrat nach § 75 Abs. 1 BetrVG alle im Betrieb Beschäftigten nach «Recht und Billigkeit» behandeln, was der Rechtsprechung eine zusätzliche normative Grundlage gibt. Wenig weiterführend ist die These, Tarifverträge und Betriebsvereinbarungen seien durch § 310 Abs. 4 Satz 1 BGB gleichermaßen aus der AGB-Kontrolle ausgenommen und deshalb in Zukunft nur noch einer allgemeinen Rechtskontrolle 936

---

855 BAG AP Nr. 142 zu § 242 BGB Ruhegehalt; BAG AP Nr. 5 zu § 57 BetrVG (1952); BAG AP Nr. 3 zu § 77 BetrVG 1972 Tarifvorbehalt; BAG AP Nr. 45 zu § 112 BetrVG 1972; BAG AP Nr. 22 zu § 1 BetrAVG Ablösung, ständ. Rspr.

856 Gedacht sei etwa an Auseinandersetzungen um die potenzielle berufliche Entwicklung, die das Betriebsratsmitglied ohne sein Amt gemacht hätte – dazu oben 6.6.2. (Rn 870). Hugo Sinzheimer bezeichnete den Betriebsrat plastisch als ein «Parlament abhängiger Existenzen».

857 BAG AP Nr. 26 zu § 611 BGB Fürsorgepflicht.

858 BAG AP Nr. 17 zu § 618 BGB. Mittlerweile ist Derartiges durch § 3 Abs. 3 ArbSchG ausgeschlossen.

859 BAG AP Nr. 63 zu § 611 BGB Gratifikation.

860 BAG AP Nr. 1, 4 und 8 zu § 399 BGB.

861 BAG AP Nr. 5 zu § 57 BetrVG 1952. Zur Problematik der Altersgrenze s. Bd. 2 Rn 1240.

862 von Hoyningen-Huene, Billigkeit, S. 161 ff.; Kreutz ZfA 1975, 65 ff.

863 Zutreffend Richardi § 77 Rn 118.

unterworfen.[864] Die Herausnahme sagt nicht das Geringste darüber, welche anderen Kontrollmechanismen Platz greifen können. Außerdem war es nicht Sinn der Ausdehnung des AGB-Rechts auf Arbeitsverträge, den vorhandenen Arbeitnehmerschutz auf anderen Gebieten zu reduzieren.[865]

### 6.8.1.3. Durchsetzung wirksamer Betriebsvereinbarungen

937 Die Durchführung von Betriebsvereinbarungen liegt nach § 77 Abs. 1 Satz 1 BetrVG in der Hand des Arbeitgebers; der Betriebsrat darf – wie § 77 Abs. 1 Satz 2 ausdrücklich betont – nicht durch einseitige Handlungen in die Leitung des Betriebs eingreifen. Bei Meinungsverschiedenheiten entscheiden die Arbeitsgerichte im **Beschlussverfahren**.[866] Der Betriebsrat kann vom Arbeitgeber verlangen, dass er die **notwendigen Schritte für die Realisierung** des Vereinbarten unternimmt[867] und dass er keine Maßnahmen ergreift, die diesem Ziel zuwiderlaufen.[868] Möglich ist auch, eine dem Betriebsrat bedenklich erscheinende Regelung gerichtlich überprüfen zu lassen, selbst wenn sie jahrelanger betrieblicher Praxis entspricht.

*Beispiel:* Der neu gewählte Betriebsrat meint, eine Arbeitsordnung, die jede Unterschriftensammlung und jede Flugblattverteilung im Betrieb verbiete, sei rechtswidrig[869], und will dies in einem Beschlussverfahren festgestellt wissen. Unbestritten zulässig.

938 Räumt die Betriebsvereinbarung **dem einzelnen Arbeitnehmer** Ansprüche ein, so kann er diese einklagen. Verweigert der Arbeitgeber die Erfüllung, so kommt auch ein Zurückbehaltungsrecht nach § 273 BGB in Betracht.[870] Auch ist es ihm unbenommen, sich in einem Rechtsstreit mit dem Arbeitgeber auf die Unwirksamkeit einer Betriebsvereinbarung zu berufen, sofern ihm diese angeblich Pflichten auferlegt.

*Beispiel:* Die Betriebsvereinbarung verpflichtet die Arbeitnehmer, 10 % ihres Entgelts an einen «Vermögensbildungsfonds» der Arbeitgeberfirma abzuführen. Als X auf Zahlung verklagt wird, macht er die Unwirksamkeit der Regelung geltend, die ihn unangemessen in der Verwendung seines Verdienstes beschränkt.

---

864 So ErfK-Preis §§ 305–310 BGB Rn 12; Kittner-Zwanziger-Kittner § 17 Rn 25 a.

865 DKK-Berg § 77 Rn 84; Däubler NZA 2001. 1329, 1334; Däubler-Dorndorf, AGB-Kontrolle, § 310 BGB Rn 33; Singer RdA 2003, 194, 197; Thüsing BB 2002, 2666, 2669; a.A. Lieb, FS Ulmer, S. 1231, 1242; Stoffels, AGB-Recht, Rn 178. Ausschließlich auf § 75 Abs. 1 BetrVG stützt sich Annuß BB 2002, 459.

866 Fitting § 77 Rn 227.

867 BAG AP Nr. 21 zu § 77 BetrVG 1972.

868 BAG AP Nr. 24 zu § 77 BetrVG 1972 = AiB 1988, 90.

869 Zur Rechtslage s. Bd. 2 Rn 688 ff.

870 Zu fehlerhaften Betriebsvereinbarungen vgl. von Hoyningen-Huene Beilage 1/1984 zu DB.

#### 6.8.1.4. Kündigung von Betriebsvereinbarungen

Betriebsvereinbarungen können nach § 77 Abs. 5 BetrVG mit einer Frist von drei Monaten gekündigt werden, sofern nichts anderes vereinbart ist. Häufig sieht man längere Fristen und eine Mindestlaufzeit vor («erstmals kündbar mit einer Frist von 6 Monaten zum 31. 12. 2007»). Ist die Kündigung ausgeschlossen, kommt lediglich eine Anpassung an veränderte Umstände bei Wegfall der Geschäftsgrundlage in Betracht. 939

### 6.8.2. Die sog. Betriebsabsprache und sonstige Abmachungen

#### 6.8.2.1. Betriebsabsprache

Neben der Betriebsvereinbarung existiert als weitere verbindliche Form der Einigung zwischen Betriebsrat und Arbeitgeber die sog. Betriebsabsprache, die auch als «Regelungsabrede» oder als «betriebliche Einigung» bezeichnet wird. Sie entfaltet **keine normative Wirkung** und kann auch mündlich abgeschlossen werden.[871] 940

Die Betriebsabsprache ist ein häufig genutztes Mittel, wenn es um die **Verständigung über Einzelfragen** geht. Die Einigung über die Zuziehung eines Sachverständigen nach § 80 Abs. 3 BetrVG, über den Zeitpunkt einer Seminarteilnahme nach § 37 Abs. 6 BetrVG oder über den Urlaubzeitpunkt eines einzelnen Arbeitnehmers erfolgt vernünftigerweise in dieser Form.[872] Möglich ist eine Betriebsabsprache aber auch im **Bereich von Mitbestimmungsrechten**, was nicht ganz ungefährlich ist: Angesichts der Formlosigkeit der Einigung ist nicht auszuschließen, dass später eine Zustimmung des Betriebsrats konstruiert wird, die in Wirklichkeit gar nicht vorlag.[873] Ein gewisser Schutz gegen einen solchen Verlust des Mitbestimmungsrechts folgt aus der Tatsache, dass der Betriebsratsvorsitzende nicht alleine handeln kann, sondern für sein «Ja-Wort» einen Betriebsratsbeschluss benötigt.[874] Allerdings nützt dies wenig, wenn die Akten nicht mehr verfügbar sind oder der Arbeitgeber glaubhaft behaupten kann, der Vorsitzende habe ihm das Vorliegen eines Beschlusses versichert. Unter diesen Umständen ist eine schriftliche Fixierung der Einigung 940 a

---

871 BAG NZA 1991, 607; Fitting § 77 Rn 216 f.; Richardi § 77 Rn 227 f. Aus früherer Zeit Adomeit, Die Regelungsabrede, 2. Aufl. 1961.

872 Fitting § 77 Rn 223.

873 Zustimmend DKK-Berg § 77 Rn 81. S. die Beispielsfälle in der älteren Rechtsprechung: BAG AP Nr. 1 zu § 56 BetrVG (1952) Arbeitszeit; BAG AP Nr. 4 zu § 56 BetrVG (1952) Akkord.

874 LAG Frankfurt/M. DB 1984, 882; DKK-Berg § 77 Rn 82; Fitting § 77 Rn 218; GK-Kreutz § 77 Rn 11; Richardi § 77 Rn 82.

zu empfehlen. Außerdem haben beide Seiten das Recht, die **Überführung** der bloßen Einigung **in eine Betriebsvereinbarung** zu verlangen.[875]

941 Die in der Abmachung übernommenen Verpflichtungen können im Wege des Beschlussverfahrens durchgesetzt werden.[876] Ist vorgesehen, dass der Arbeitgeber den Beschäftigten bestimmte Leistungen anbietet, so kann er gezwungen werden, entsprechende Vertragsangebote zu machen.[877] Auch ein Vertrag zugunsten Dritter nach § 328 BGB ist zulässig; Argumente, dass diese Gestaltungsform im vorliegenden Zusammenhang nicht verfügbar sein sollte, sind nicht ersichtlich.

941 a Betriebsabsprachen, die sich nicht nur auf einen einmaligen Vorgang beziehen, können entsprechend § 77 Abs. 5 mit dreimonatiger Frist **gekündigt** werden.[878] Soweit sie Gegenstände der Mitbestimmung betreffen, **wirken** sie entsprechend § 77 Abs. 6 **nach**.[879]

942 Ob der **Tarifvorbehalt** des § 77 Abs. 3 BetrVG gegenüber Betriebsabsprachen wirkt, ob diese also auch auf tariflich geregelten oder üblicherweise geregelten Gebieten zulässig sind, **wird** sehr **unterschiedlich beurteilt**.[880] Die Rechtsprechung lehnt die Anwendung des § 77 Abs. 3 ab.[881] Ohne Bedeutung ist, dass der Wortlaut des § 77 Abs. 3 die Betriebsabsprache nicht nennt, da sie nirgends im Gesetz ausdrückliche Erwähnung gefunden hat. Auch werden andere Regeln über die Betriebsvereinbarung ohne Bedenken entsprechend angewandt.[882] Dies auch mit § 77 Abs. 3 zu tun, rechtfertigt sich damit, dass die Absprache ein funktionales Äquivalent zu einer Betriebsvereinbarung ist und wegen der Einschaltung des Betriebsrats ein vergleichbares Gefährdungspotenzial für die Tarifautonomie entfaltet. Insoweit ist sehr viel stärker mit der Entstehung einer «Konkurrenzordnung» zu rechnen als bei bloßen arbeitsvertraglichen Abmachungen zwischen dem Arbeitgeber und einzelnen Arbeitnehmern.

---

875 BAG DB 1990, 281, 282; Fitting § 77 Rn 217.

876 BAG NZA 1992, 1098; DKK-Berg § 77 Rn 80.

877 Fitting § 77 Rn 227.

878 BAG NZA 1992, 952 = AiB 1992, 583 mit Anm. Neuhaus; BAG NZA 1992, 1098; DKK-Berg § 77 Rn 82; Fitting § 77 Rn 225; GK-Kreutz § 77 Rn 21.

879 Fitting § 77 Rn 226.

880 Für Erstreckung der Sperrwirkung DKK-Berg § 77 Rn 78; Däubler, Tarifvertragsrecht, Rn 249; Galperin-Löwisch § 77 Rn 91; Gamillscheg, Kollektives Arbeitsrecht I, S. 328; Hanau BB 1977, 350; Krauss DB 1995, 1562, 1564; MünchArbR-Matthes § 327 Rn 73; Richardi § 77 Rn 277; Zachert RdA 1996, 140, 145; a.A. ErfK-Kania § 77 Rn 71; Fitting § 77 Rn 102; GK-Kreutz § 77 Rn 135; Wendeling-Schröder, in: Kempen-Zachert Grundl. Rn 341.

881 BAG DB 1999, 1555, 1557; BAG NZA 2003, 1097.

882 Oben Rn 941 a.

### 6.8.2.2. Sonstige Abmachungen

Neben diesen beiden «eingebürgerten» Handlungsformen existieren in den Betrieben zahlreiche informelle Abmachungen, Zusagen usw., deren rechtliche Bedeutung zweifelhaft ist.[883] Dies hängt damit zusammen, dass die Beteiligten bisweilen keine rechtlichen Bindungen wollen 943

*Beispiel:* Der Personalleiter sagt in einem Vier-Augen-Gespräch dem Betriebsratsvorsitzenden zu, wenn dieser «nachhaltig» gegen eine Kündigung protestiere, wolle man nach anderen Auswegen suchen, was auch in 99 % der Fälle zum Erfolg führe.

oder eine **Absprache** treffen, **die** aus betriebspolitischen wie aus juristischen Gründen **nicht bekannt werden soll**.

*Beispiel:* Im selben Gespräch wird vereinbart, dass jährlich nur zwei Betriebsversammlungen stattfinden und dass diese nicht länger als zwei bis drei Stunden dauern. Dafür verspricht der Personalleiter, die jährliche Weihnachtsfeier beginne am 23. 12. um 11 Uhr; es werde nicht erwartet, dass jemand an diesem Tag noch an seinen Arbeitsplatz zurückkehre, zumal am 24. 12. sowieso nicht gearbeitet werde. Außerdem würden die Kantinenpreise bis auf weiteres nicht erhöht.

Gerichtliche Auseinandersetzungen scheiden in solchen Fällen von vornherein aus.

Daneben existieren Abreden, die durchaus als verbindliche gemeint sind: 944
Der Jugend- und Auszubildendenvertretung wird eine Freistellung zugestanden, auf die sie keinen Anspruch hat, die Beschäftigten einer bestimmten Abteilung können vormittags später kommen, müssen dafür aber mal «länger dableiben». Denkbar ist auch der Fall, dass der Arbeitgeber auf der Betriebsversammlung eine Zusage macht,

*Beispiel:* Zum Schutz gegen Straßenlärm erhalten die Büros schalldichte Fenster.

um so einer aufkommenden Unzufriedenheit Rechnung zu tragen. In diesen Fällen wird meist eine **stillschweigende Übernahme in die Arbeitsverträge** erfolgen, arbeiten doch die betroffenen Arbeitnehmer in Kenntnis der Erklärung weiter.[884]

883 Dazu Birk ZfA 1986, 73 ff. Zum entsprechenden Phänomen im Tarifrecht s. oben 4.16. (Rn 455 ff.).

884 Anders insoweit Birk ZfA 1986, 96. Die Zusage wird auch dann Vertragsinhalt, wenn der Einzelne nicht auf der Betriebsversammlung war und daher erst später von ihrer Existenz erfährt.

## 6.8.3. Entscheidung durch die Einigungsstelle

945 Lassen sich Meinungsverschiedenheiten zwischen Betriebsrat und Arbeitgeber nicht im Verhandlungswege ausräumen, so entscheidet in (fast) allen der Mitbestimmung unterliegenden Angelegenheiten auf Antrag einer Seite die Einigungsstelle. Diese ist **auch in anderen** im Gesetz genannten **Streitigkeiten** z.B. über die zeitliche Lage eines Seminarbesuchs (§ 37 Abs. 6 Satz 5 BetrVG) oder die Erteilung von Auskünften an den Wirtschaftsausschuss (§ 109 Satz 1 BetrVG) zur Entscheidung berufen. Sie wird typischerweise für den einzelnen Konfliktfall gebildet, doch lässt § 76 Abs. 1 Satz 2 BetrVG auch die Schaffung einer ständigen Einigungsstelle zu.

### 6.8.3.1. Bildung der Einigungsstelle

946 Die Einigungsstelle besteht aus einer gleichen Anzahl von Beisitzern, die der Arbeitgeber, und von Beisitzern, die der Betriebsrat benennt, sowie aus einem unparteiischen **Vorsitzenden**. Diese Aufgabe übernehmen häufig **Richter am Arbeitsgericht**; bisweilen werden auch Professoren oder Personen mit politischer Erfahrung ausgesucht. Die Beisitzer müssen nicht dem Betrieb angehören; es kann sich beispielsweise empfehlen, einen Rechtsanwalt oder einen EDV-Fachmann zu benennen.

946a Sind sich Betriebsrat und Arbeitgeber über die Person des Vorsitzenden oder die Zahl der Beisitzer nicht einig, so entscheidet das **Arbeitsgericht**. Dort ist nach § 98 Abs. 1 Satz 1 ArbGG der Kammer-Vorsitzende allein (**ohne die beiden ehrenamtlichen Richter**) zuständig. Was die **Person des Vorsitzenden** der Einigungsstelle betrifft, so ist nach einer Entscheidung des LAG Bremen[885] dem Vorschlag derjenigen Seite zu folgen, die die Einigungsstelle angerufen hat; eine Ausnahme soll nur dann gelten, wenn gegen die betreffende Person gewichtige Bedenken sprechen, die bei einem Richter zur Ablehnung wegen Befangenheit führen würden. Besteht **Streit** darüber, **ob** überhaupt ein **Mitbestimmungsrecht** besteht, so wird der Antrag nur dann wegen Unzuständigkeit der Einigungsstelle abgelehnt, wenn **«offensichtlich» kein Mitbestimmungsrecht** vorhanden ist (§ 98 Abs. 1 Satz 2 ArbGG). Nach einer verbreiteten Formel ist dies dann anzunehmen, wenn ein solches «auf den ersten Blick unter keinem denkbaren rechtlichen Gesichtspunkt als möglich erscheint».[886] Dies ist eine recht hohe Schwelle. Sie ist noch nicht erreicht, wenn zwar eine negative BAG-Rechtsprechung vorliegt, ein Arbeitsgericht aber anders entschieden hat und in der Literatur

---

885 AiB 1988, 315 mit Anm. Trittin; vgl. weiter Heilmann AiB 1989, 68 und Schönfeld DB 1988, 1996.

886 GK-Kreutz § 76 Rn 66 mwN.

mit beachtlichen Argumenten auch eine abweichende Position vertreten wird.[887]

Liegt noch keine höchstrichterliche Entscheidung vor, so kann es für die Nicht-Offensichtlichkeit ausreichen, wenn ein Lehrstuhlinhaber für Arbeitsrecht in einem Aufsatz ein Mitbestimmungsrecht bejaht hat.[888]

Ist die Einigungsstelle einmal gebildet, wird meist die Rechtsfrage nicht mehr vertieft, sondern nach einem Kompromiss in der Sache gesucht.

Der mit dem Verfahren nach § 98 Abs. 1 ArbGG erreichte **Beschleunigungseffekt** würde zunichte gemacht, wenn ein vom Arbeitgeber angestrengtes Beschlussverfahren über das Bestehen des Mitbestimmungsrechts zeitlich den Vorrang hätte und das Einigungsstellenverfahren erst nach dessen rechtskräftigem Abschluss stattfinden könnte. Deshalb kommt **keine Aussetzung des Verfahrens nach § 98** in Betracht.[889] Die Einigungsstelle ist berechtigt, ihre Zuständigkeit selbst zu prüfen und ggf. ihre Tätigkeit wegen Fehlens eines Mitbestimmungsrechts zu beenden.[890] Tut sie dies nicht und entscheidet später das Arbeitsgericht gegen den Betriebsrat, so wird ihr Verfahren samt einer etwaigen Entscheidung nachträglich gegenstandslos – in der Praxis eine eher theoretische Möglichkeit. 947

### 6.8.3.2. Verfahren

Das Verfahren vor der Einigungsstelle selbst muss **rechtsstaatlichen Erfordernissen** genügen, insbesondere jeder Seite **rechtliches Gehör** sichern.[891] Dieses kann auch schriftlich gewährt werden, da das Gesetz keine mündliche «Verhandlung», sondern nur mündliche «Beratung» vorschreibt.[892] Soweit sich die Betriebsparteien nicht bereits durch die von ihnen benannten Beisitzer ausreichend vertreten fühlen, sollte eine **mündliche Verhandlung** unter Einschaltung aller Betroffenen stattfinden.[893] Beide Parteien können sich dabei durch eine Person ihrer Wahl vertreten lassen; der Betriebsrat kann einen Rechtsanwalt zuziehen, wenn er dies mit Rücksicht auf das An- 948

---

887 LAG Saarland NZA-RR 2003, 639.

888 ArbG Neumünster AiB 1994, 311.

889 BAG AP Nr. 11 zu § 76 BetrVG 1972; BAG AP Nr. 2 zu § 81 ArbGG 1979; DKK-Berg § 76 Rn 53; Fitting § 76 Rn 23; GK-Kreutz § 76 Rn 72; Michaelis BetrR 1980, 458.

890 BAG BB 1975, 1322.

891 Vgl. Pünnel-Isenhardt, 4.Aufl. 1997. Zur Praxis des Einigungsstellenverfahrens eingehend Däubler BR-Info 2/1995, S. 24 ff.

892 Bischoff, S. 86; Jäcker, S. 124; allg. Meinung.

893 Ob auch eine betriebsöffentliche Verhandlung möglich ist, wird kaum erörtert. Bejahend mit Recht DKK-Berg § 76 Rn 64. Die meisten Autoren begnügen sich damit, auf den nichtöffentlichen Charakter hinzuweisen (vgl. Fitting § 76 Rn 49; GK-Kreutz § 76 Rn 106; Richardi § 76 Rn 88).

stehen komplizierter Rechtsfragen für erforderlich halten durfte.[894] Anders als bei einem staatlichen Gericht ist kein Beteiligter zu einer Aussage verpflichtet.[895] **Hält der Arbeitgeber Informationen zurück**, so wird dies die Einigungsstelle im Rahmen ihrer freien Beweiswürdigung berücksichtigen.[896]

*Beispiel:* Der Arbeitgeber weigert sich, über die wirtschaftliche Situation seines Unternehmens zu berichten, und verweist ausschließlich auf die Handelsbilanz für das vorvorletzte Geschäftsjahr. Die Einigungsstelle, die über einen Sozialplan zu entscheiden hat, wird daher eine gute Ertragslage zugrunde legen und die Leistungen ausschließlich nach den Nachteilen bemessen, die den Arbeitnehmern entstanden sind.

### 6.8.3.3. Die Entscheidung durch Spruch

949 In der Regel kommt es – oft nach langen Nachtsitzungen – zum Abschluss einer Betriebsvereinbarung, womit das Verfahren beendet ist. Ist dies nicht der Fall, so muss eine Entscheidung («Spruch») getroffen werden. Gesetzlich vorgegebenes Kriterium ist das «billige Ermessen», wobei die Einigungsstelle die Belange des Betriebes *und* die der betroffenen Arbeitnehmer angemessen zu berücksichtigen hat. Eine gerichtliche Kontrolle besteht nur insoweit, als die **Grenzen dieses Ermessens überschritten** oder sonstige Rechtsvorschriften verletzt worden sind.[897]

*Beispiele:* Die Einigungsstelle beschließt mit Mehrheit die vom Arbeitgeber beantragte Kurzarbeit, ohne sich mit den sozialen Konsequenzen für die betroffenen Arbeitnehmer zu befassen. Ermessensmissbrauch.

Der sehr bescheidene Sozialplan stützt sich ausschließlich auf die schlechte wirtschaftliche Situation des Arbeitgeberunternehmens, ohne die sehr soliden Finanzen der Konzernmutter zu berücksichtigen. Rechtsverstoß zumindest dann, wenn keine spürbare Milderung der wirtschaftlichen Nachteile der Arbeitnehmer erfolgt.[898]

Das Arbeitsgericht kann allerdings nicht in der Sache selbst entscheiden, sondern ist darauf beschränkt, die **Unwirksamkeit des Spruchs festzustellen**.[899]

---

894 BAG DB 1996, 2187. Die Kosten des Rechtsanwalts trägt der Arbeitgeber nach § 40 Abs. 1 BetrVG: GK-Kreutz § 76 a Rn 17.

895 Fitting § 76 Rn 45; GK-Kreutz § 76 Rn 104; Richardi § 76 Rn 91.

896 DKK-Berg § 76 Rn 67; Pünnel-Isenhardt Rn 66, 93.

897 § 76 Abs. 5 S. 4, Abs. 7. Zur Überschreitung der 14-Tage-Frist bei der Rüge des Ermessensmissbrauchs s. BAG AP Nr. 16 zu § 76 BetrVG 1972.

898 BAG NZA 2005, 302. Zur Einbeziehung der wirtschaftlichen Lage des Gesamtkonzerns s. die Nachweise in Bd. 2, Rn 1388.

899 BAG AP Nr. 15 zu § 87 BetrVG 1972 Überwachung; DKK-Berg § 76 Rn 95; Fitting § 76 Rn 108; Richardi § 76 Rn 135.

Die Einigungsstelle muss dann ihr Verfahren wieder aufnehmen und zu Ende führen.

Bei der Entscheidung in der Einigungsstelle stimmt der Vorsitzende zunächst nicht mit. Entsteht dabei eine Patt-Situation, so muss er erneut Gelegenheit zur Diskussion geben. Anschließend findet eine **zweite Abstimmung** statt, an der er sich mit einem positiven oder negativen Votum beteiligen muss.[900] Der **erlassene Spruch sollte schriftlich begründet werden**, da andernfalls eine gerichtliche Überprüfung unnötig erschwert wäre.[901] Beide Seiten können darauf allerdings verzichten. 950

Der Spruch ist kein vollstreckbarer Titel.[902] Kommt ihm der Arbeitgeber nicht nach, so kann der Betriebsrat ein **Beschlussverfahren** einleiten und insbesondere bei eindeutiger Rechtslage auch eine einstweilige Verfügung erwirken.[903] 950a

### 6.8.3.4. Die Kosten

Die Tätigkeit in der Einigungsstelle ist kein Ehrenamt; betriebsfremde Mitglieder haben einen Honoraranspruch gegen den Arbeitgeber. Dies ist durch den 1989 eingefügten § 76 a BetrVG klargestellt worden. Die Höhe der Vergütung richtet sich «insbesondere» nach dem erforderlichen Zeitaufwand, dem Schwierigkeitsgrad der Angelegenheit sowie einem eventuellen Verdienstausfall; dabei ist für den Vorsitzenden ein höherer Betrag als für die Beisitzer vorzusehen.[904] Außerdem ist den «berechtigten Interessen» der Mitglieder der Einigungsstelle und des Arbeitgebers Rechnung zu tragen.[905] 951

Was dies konkret bedeutet, ist strittig. Entgegen der früheren Rechtsprechung[906] dürfte das Rechtsanwaltsvergütungsgesetz (RVG) als Berechnungsgrundlage ausscheiden, da es auf den in § 76 a BetrVG nicht erwähnten Gegenstandswert abstellt[907] und außerdem die Bürounkosten eines Rechtsanwalts mitberücksichtigt, die zumindest beim Vorsitzenden in der Regel 952

900 Keine Stimmenthaltung des Vorsitzenden möglich: DKK-Berg § 76 Rn 77; ErfK-Kania § 76 Rn 20; Fitting § 76 Rn 58; GK-Kreutz § 76 Rn 113; HWK-Kliemt § 76 Rn 78; MünchArbR-Joost § 320 Rn 52; Pünnel-Isenhardt Rn 115.

901 Nur für zweckmäßig, nicht für obligatorisch hält die Begründung BAG AP Nr. 9 zu § 112 BetrVG 1972, was BVerfG EzA § 76 BetrVG 1972 Nr. 38 gebilligt hat. Ebenso Fitting § 76 Rn 64; GK-Kreutz § 76 Rn 117.

902 LAG Köln NZA-RR 2000, 312; GK-Kreutz § 76 Rn 139; Pünnel-Isenhardt Rn 154.

903 GK-Kreutz § 76 Rn 140. S. weiter Wolfgang Schneider AiB 1983, 63 unter Wiedergabe einer Entscheidung des ArbG Frankfurt und Vormbaum-Heinemann AiB 1982, 28 ff.

904 § 76 a Abs. 3 Satz 2 iVm Abs. 4 Satz 3 bis 4 BetrVG.

905 § 76 a Abs. 3 Satz 2 iVm Abs. 4 Satz 5.

906 BAG AP Nr. 5 zu § 76 BetrVG 1972.

907 Ebenso GK-Kreutz § 76 a Rn 44.

nicht anfallen.[908] Stattdessen ist entweder eine Pauschalvergütung zwischen dem Vorsitzenden und dem Arbeitgeber zu vereinbaren («€ 6000,–, wenn das Verfahren nicht länger als 3 Sitzungstage dauert») oder **nach Stundensätzen abzurechnen**,[909] wodurch am ehesten ein angemessenes Verhältnis zwischen Leistung und Gegenleistung erreicht wird. In der Praxis finden sich Beträge **zwischen € 50,– und € 350,– pro Stunde** für den Vorsitzenden und 70 % dieses Satzes für den einzelnen (außerbetrieblichen) Beisitzer,[910] wobei es keine Rolle spielt, wenn Letztere ihr Honorar an die Gewerkschaft oder eine gemeinnützige Organisation abführen.[911] Daran hat sich auch durch § 76 a BetrVG nichts geändert. Der Vorschlag, das Gesetz über die Entschädigung von Zeugen und Sachverständigen entsprechend anzuwenden und Stundensätze zwischen (damals) DM 60 und DM 115[912] für den Vorsitzenden zugrunde zu legen[913], ist zu Recht auf Widerspruch gestoßen[914]: Es geht beim Einigungsstellenverfahren um eine Gestaltung der innerbetrieblichen Beziehungen, nicht um die Beantwortung einer (wenn auch komplizierten) Einzelfrage. Wenn man schon nach Parallelen sucht, wäre am ehesten an den **Unternehmensberater** zu denken, dessen Stundensätze regelmäßig weit über denen gerichtlicher Sachverständiger liegen.

953 Im Einzelfall wird die **konkrete Vergütung durch Vertrag** zwischen Vorsitzendem und Arbeitgeber festgelegt, wobei der Betriebsrat über alle getroffenen Abmachungen zu informieren ist.[915] Eine allzu großzügige Bemessung kann den Eindruck erwecken, die finanzielle Dotierung solle ein «Gefühl der Dankbarkeit» erzeugen und so die Entscheidung in der Sache selbst beeinflussen.[916] Fehlt es an einer Einigung, kann der Vorsitzende die Höhe des Honorars nach pflichtgemäßem Ermessen selbst festlegen.[917] Wird er diesem Maßstab nicht gerecht, entscheidet das Gericht; bei einer Streitigkeit von mittlerem Schwierigkeitsgrad hielt das **BAG** 1996 einen **Stunden-**

908 Wlotzke DB 1989, 118; ebenso wohl Bauer-Röder DB 1989, 225; Löwisch DB 1989, 224.

909 Dafür als eine Möglichkeit schon nach bisherigem Recht BAG AP Nr. 7 zu § 76 BetrVG 1972.

910 Die 7/10-Regel entspricht im Allgemeinen billigem Ermessen: BAG DB 1996, 2233. Dem Betriebsrat steht es im Übrigen frei, ausschließlich außerbetriebliche Beisitzer zu bestellen, da die Tätigkeit in der Einigungsstelle «Vertrauenssache» ist: BAG DB 1996, 2232. Zu den Einzelheiten der Vergütung von Einigungsstellenmitgliedern s. die Nachweise bei GK-Kreutz § 76 a Rn 47.

911 BAG DB 1989, 888.

912 Heute würde es um eine Spannbreite zwischen € 25 und € 104 gehen.

913 Löwisch DB 1989, 224.

914 Bauer-Röder DB 1989, 225 f.

915 BAG BB 1976, 1222; Bauer-Röder DB 1989, 226; Löwisch DB 1989, 224.

916 Näher dazu Däubler DB 1973, 233 ff. Ausgeschlossen ist auch, den Arbeitgeber-Beisitzern höhere Honorare als den vom Betriebsrat bestimmten Personen zuzusagen: Löwisch DB 1989, 224 mit Fn 13.

917 BAG DB 1997, 283.

**satz von 300,– DM** für angemessen.[918] Immerhin ist die unbestrittene Kostentragungspflicht des Arbeitgebers ein gewisses Druckmittel in der Hand des Betriebsrats[919]: Ein Arbeitgeber, der diese Aufwendungen scheut, wird eher geneigt sein, seine Hand zu einem fairen Kompromiss zu reichen. Soweit ersichtlich, wird dieser Trumpf von den Betriebsräten allerdings nur selten ausgespielt.[920]

#### 6.8.3.5. Tarifliche Schlichtungsstelle

Nach § 76 Abs. 8 BetrVG kann ein Tarifvertrag die Einigungsstelle durch eine 954
tarifliche Schlichtungsstelle ersetzen. Dies bietet sich insbes. dort an, wo Kompetenzen der Tarifparteien auf die betriebliche Ebene verlagert werden.[921]

### 6.8.4. Freiwillige Betriebsvereinbarungen

Im gegenseitigen Einvernehmen können Betriebsvereinbarungen auch über 955
Angelegenheiten abgeschlossen werden, die nicht der Mitbestimmung unterliegen; **§ 88 BetrVG** nennt als Beispiele u. a. die Errichtung von Sozialeinrichtungen und die Förderung der Vermögensbildung. Ihrem Gegenstand nach können solche Vereinbarungen allerdings weit über die sozialen Angelegenheiten hinausgehen. So sieht § 102 Abs. 6 BetrVG ausdrücklich vor, dass auf diesem Wege **Kündigungen von der Zustimmung des Betriebsrats abhängig** gemacht werden können. Auch der betriebliche Umweltschutz kann nach § 88 Nr. 1 a BetrVG einbezogen werden. Eine Grenze ergibt sich erst dort, wo kein Bezug zum Betrieb mehr vorhanden ist, wo also der Betriebsrat völlig außerhalb seines durch § 80 Abs. 1 BetrVG umschriebenen Tätigkeitsbereichs handeln würde. Wichtig sind Rahmenvereinbarungen, die Vorsorge für Notfälle treffen (**Rahmensozialplan**[922]) oder einen komplizierten Prozess regeln wollen (**EDV-Rahmenvereinbarung**[923]). Soweit nicht ausdrücklich nur unverbindliche Orientierungspunkte gewollt sind, kommt auf diese Weise ein zwingender Mindeststandard zustande, der im Einzelfall dann nur noch zugunsten der Arbeitnehmer verbessert werden kann. In allen diesen Fällen ist

918 BAG DB 1997, 283.

919 Nach § 76a Abs. 4 Satz 1 können allerdings durch Rechtsverordnung Höchstsätze festgelegt werden; § 76a Abs. 5 lässt Abweichungen durch Tarifvertrag und Betriebsvereinbarung zu.

920 Eingehend dazu Michaelis BetrR 1980, 454 ff. Nach einer Untersuchung des Instituts der deutschen Wirtschaft gaben 82 % der befragten 1500 Unternehmen an, noch nie eine Einigungsstelle bemüht zu haben – zit. bei Brill BB 1980, 1277.

921 Vgl. BAG AP Nr. 23 zu § 77 BetrVG 1972. S. weiter Rieble RdA 1993, 140.

922 Dazu unten 6.12.4. (Rn 1137).

923 Dazu Däubler, Gläserne Belegschaften? Rn 817 ff.

§ 77 Abs. 3 BetrVG zu beachten; schon die Üblichkeit tariflicher Regelungen schließt freiwillige Betriebsvereinbarungen aus.

## 6.9. Mitbestimmung in sozialen Angelegenheiten

956 Das **«Herzstück der Betriebsverfassung»**[924] ist die Mitbestimmung in sozialen Angelegenheiten, die § 87 BetrVG in insgesamt 13 Ziffern zusammenfasst. Sie bildet in der Praxis den Schwerpunkt der Betriebsratstätigkeit.[925]

### 6.9.1. Fragen der Ordnung des Betriebs und des Verhaltens der Arbeitnehmer im Betrieb (Nr. 1)

#### 6.9.1.1. Die Eingrenzung durch das BAG

957 Die **Formulierung** der Nr. 1 verweist auf ein **umfassendes Mitbestimmungsrecht**: «Fragen der Ordnung des Betriebs» und «Fragen des Verhaltens der Arbeitnehmer im Betrieb» betreffen im Grunde das gesamte Geschehen im Betrieb. In der Rechtsprechung wird dies jedoch nicht so gesehen. Diese unterscheidet das **«Arbeitsverhalten»** und **das «Ordnungsverhalten»; nur bei letzterem** bestehe ein **Mitbestimmungsrecht**.[926] Damit wird die Abgrenzung zwischen beiden zur alles entscheidenden Frage. Nach der neueren Rechtsprechung geht es beim Arbeitsverhalten darum, welche Arbeit gemacht und auf welche Art und Weise sie ausgeführt wird.[927] Beim Ordnungsverhalten steht demgegenüber das «betriebliche Zusammenleben und Zusammenwirken» im Vordergrund.[928] Außerdem gehören hierher Pflichten, die in einem eher mittelbaren Zusammenhang mit der Erbringung der Arbeitsleistung stehen.

924 So Gester-Isenhardt RdA 1974, 83.

925 Vgl. schon Blume, S. 112 ff.

926 S. etwa zuletzt BAG NZA 2003, 166; BAG NZA 2004, 556. Zwischen den beiden Fällen «Ordnung des Betriebs» und «Verhalten der Arbeitnehmer» wird dabei nicht unterschieden. S. GK-Wiese § 87 Rn 171 mwN.

927 BAG NZA 2002, 1299; ebenso BAG NZA 2000, 1176, 1177.

928 BAG NZA 2004.

Die **Zuordnung** von Maßnahmen zum einen oder zum anderen Bereich 958
macht eine Menge Schwierigkeiten und ist auch **von inneren Widersprüchen nicht ganz frei**. Muss der Kundenberater bei einer Bank ein Namensschild tragen, ist dies Teil seiner Arbeitsleistung und deshalb der Mitbestimmung entzogen;[929] wird dieselbe Pflicht dem Fahrpersonal einer Straßenbahn auferlegt, so greift die Mitbestimmung ein,[930] da die Kommunikation mit den Fahrgästen nur einen Randbereich der Arbeitsleistung betreffe. Kommt man nur dann in den Betrieb, wenn man einen bestimmten maschinenlesbaren **Ausweis** benutzt, der **«Schlüsselfunktion»** hat und keine personenbezogenen Daten enthält, so soll § 87 Abs. 1 Nr. 1 nicht eingreifen.[931] Muss man dagegen (statt einen Ausweis bei sich zu tragen) ein bestimmtes **Formular** benutzen, um dem Arbeitgeber einzelne Mitteilungen zu machen, ist dies mitbestimmungspflichtig[932], ebenso die Verpflichtung, an **«Krankenrückkehrgesprächen»** teilzunehmen.[933] Die Anordnung einer **Dienstreise** bezieht sich auf das «Arbeitsverhalten»; soll sie in Form einer gemeinsamen Busfahrt erfolgen, kommt aber durchaus ein Mitbestimmungsrecht in Betracht.[934]

Das BAG begründet die Ausklammerung des Arbeitsverhaltens mit dem 959
(nicht weiter hergeleiteten) **Zweck des Mitbestimmungsrechts**.[935] Außerdem hat es in einer früheren Entscheidung historisch argumentiert und darauf hingewiesen, das Mitbestimmungsrecht entspreche wörtlich dem § 56 Buchstabe f BetrVG 1952; unter dem alten Gesetz habe man aber bei «arbeitsnotwendigen Maßnahmen» ein Mitbestimmungsrecht verneint.[936] Beides überzeugt wenig. In der Sache will § 87 Abs. 1 Nr. 1 den **Schutz der Persönlichkeit** des Arbeitnehmers vor unangemessener Reglementierung sicherstellen;[937] diese droht aber nicht nur beim «Ordnungs-», sondern auch beim «Arbeitsverhalten». Das **Verhältnis zum BetrVG 1952** war durch den Gedanken einer Korrektur und Weiterentwicklung charakterisiert;[938] eine schlichte Fortschreibung der bisherigen Judikatur kann deshalb nicht angenommen werden. Hinzu kommt, dass der hier interessierende Mitbestimmungstatbestand seine systematische Stellung änderte und seiner großen Bedeutung wegen an die Spitze gestellt wurde[939] – auch dies eher ein Anhaltspunkt für einen Bedeutungswandel als

929 BAG NZA 2000, 1176, 1177.
930 BAG NZA 2002, 1300.
931 BAG AP Nr. 7 zu § 87 BetrVG 1972 Ordnung des Betriebes.
932 BAG NZA 2003, 166.
933 BAG BB 1995, 1188.
934 BAG DB 1997, 380.
935 BAG NZA 2002, 1299.
936 BAG AP Nr. 8 zu § 87 BetrVG 1972 Ordnung des Betriebes.
937 DKK-Klebe § 87 Rn 45 mwN.
938 Dazu Däubler, Schulung und Fortbildung, Rn 23 ff.
939 BT-Drucksache VI/1786 S. 48.

für eine Ewigkeitsgarantie der Rechtsprechung aus den 50er und 60er Jahren. Hinzu kommen die hier nur beispielhaft benannten **Abgrenzungsprobleme**, die für sich allein sicherlich kein ausreichendes Gegenargument darstellen würden,[940] die jedoch in der vom BAG entwickelten Unterscheidung angelegt sind und insoweit strukturellen Charakter besitzen.

959a Die Einbeziehung auch des «Arbeitsverhaltens» würde nicht nur dem Wortlaut und dem Zweck der Regelung entsprechen. Sie würde sich auch nicht dem Einwand aussetzen, den Betriebsrat zum «Mitunternehmer» zu machen, da arbeitsbezogene Einzelweisungen von vorneherein ausgeklammert bleiben.[941] Die **Grundsatzentscheidung des § 77 Abs. 1 Satz 2 BetrVG**, wonach die Betriebsleitung «administrativ» beim Arbeitgeber verbleiben muss, würde daher nicht angetastet. Um das Dienstreisebeispiel aufzugreifen: Die Wahrnehmung eines konkreten Außentermins wäre von § 87 Abs. 1 Nr. 1 nicht erfasst, während dies für eine «Dienstreiseordnung» durchaus der Fall wäre.[942]

### 6.9.1.2. Anwendungsfälle

960 Solange das BAG an seiner Rechtsprechung festhält, ist in der Praxis danach zu fragen, ob bestimmte Maßnahmen unmittelbar die Arbeitsleistung betreffen oder ob dies nicht der Fall ist. Bemerkenswert ist, dass das BAG im Zusammenhang mit dem Tragen von Dienstkleidung auch den Grundsatz ausgesprochen hat, die «Art und Weise der Arbeit» sei mitbestimmungspflichtig.[943] Bei neu auftauchenden Fragen wird man sich immer zunächst fragen, ob zu ähnlichen Konstellationen bereits Rechtsprechung vorhanden ist.[944]

960a Einige **traditionelle Tatbestände** gehören gewissermaßen zum «Kernbestand» der Nr. 1: Dies gilt etwa für die **«Torkontrolle»** beim Betreten und Verlassen des Betriebs[945], für die **«Parkplatzordnung»**, die die Bedingungen für das Abstellen der Privatfahrzeuge regelt,[946] für das Tragen einer bestimmten Arbeitskleidung[947] sowie bei einem betrieblichen Alkohol-[948] und

---

940 Insoweit zutreffend Richardi § 87 Rn 178.

941 DKK-Klebe § 87 Rn 47. Vgl. auch Pfarr Anm. zu BAG AP Nr. 2 zu § 87 BetrVG 1972 Ordnung des Betriebes.

942 Anders BAG AP Nr. 6 zu § 87 BetrVG 1972 Lohngestaltung.

943 BAG NZA 1993, 711, 712 = DB 1993, 990.

944 Überblick über die Kasuistik bei DKK-Klebe § 87Rn 50; GK-Wiese § 87 Rn 212ff.

945 Zuletzt BAG NZA 2004, 556, 557.

946 BAG AP Nr. 26 zu § 611 BGB Fürsorgepflicht.

947 BAG NZA 1993, 711 = DB 1993, 990.

948 BAG DB 1988, 611; BAG AiB 1991, 272.

**Rauchverbot**.[949] Auch das **Verbot**, im Betrieb **Radio zu hören**, hat das BAG beschäftigt,[950] und das Singen am Arbeitsplatz ist gleichfalls zum Rechtsproblem geworden.[951]

In der Gegenwart haben **Kontrollmaßnahmen** gegenüber Arbeitnehmern 960b
eine besondere Bedeutung erlangt; knappe Kalkulation der Personalkosten verlangt optimale Einsetzbarkeit aller Beschäftigten. Eine Regelung, wonach sich der Einzelne unter bestimmten Voraussetzungen einem **Alkohol- oder Drogentest** unterziehen muss, ist mitbestimmungspflichtig,[952] ebenso ein vom Arbeitgeber eingeführter Grundsatz, wonach Arbeitnehmer schon vor Ablauf der gesetzlichen «Normalfrist» eine ärztliche Arbeitsunfähigkeitsbescheinigung vorlegen müssen.[953] Der Einsatz von **Privatdetektiven**, die Fehlverhalten von Arbeitnehmern aufdecken sollen, ist entgegen der Rechtsprechung des BAG [954] mitbestimmungspflichtig, sofern damit auch das Ordnungsverhalten kontrolliert werden soll.[955] Werden **Testkunden** eingesetzt, die ohne jeden konkreten Personenbezug die «Dienstleistungsqualität» des Arbeitgeberunternehmens überprüfen sollen, so scheidet ein Mitbestimmungsrecht aus.[956] Anders dann, wenn das Verhalten individueller Personen (Kassiererinnen, Verkäufer, Arbeitskräfte am Schalter) kontrolliert werden soll. Soweit technische Mittel wie eine Videokamera angewandt werden, greift § 87 Abs. 1 Nr. 6 BetrVG als Spezialvorschrift ein.

**Aktuelle Fragen** betreffen z.B. Regeln, wie **Mobbing** gegenüber ein- 960c
zelnen Beschäftigten verhindert werden kann: Wird etwa ein «Mobbing-Beauftragter» eingerichtet, an den sich alle wenden können, die sich von ihrer Umgebung verfolgt und missachtet fühlen, so ist dies nur im Rahmen des § 87 Abs. 1 Nr. 1 möglich.[957] Der Mitbestimmung unterliegt es auch, wenn der Arbeitgeber das **Duzen** der Beschäftigten untereinander obligatorisch

949 BAG DB 1999, 958.

950 Mitbestimmung bejaht von BAG AP Nr. 10 zu § 87 BetrVG 1972 Ordnung des Betriebes.

951 S. bereits Nikisch, Bd. III, S. 415: Das Singverbot besteht schon als arbeitsvertragliche Nebenpflicht, da «kein wohlerzogener Mensch auf den Gedanken kommt, in Gesellschaft unaufgefordert zu singen. Ein solches Verhalten würde als ausgesprochen unschicklich angesehen, falls nicht die Stimmung schon so weit fortgeschritten ist, dass Nüchternheit nicht mehr verlangt wird, eine Entschuldigung, die bei der betrieblichen Arbeit nicht in Betracht kommt.» Wo man Radiomusik toleriert, sollte auch eigene «Musikproduktion» möglich sein; ästhetische Überlegungen regeln sich für das eine wie das andere im außerjuristischen Bereich. Auch bezüglich der Mitbestimmung sollte man keinen Unterschied machen. Anders GK-Wiese § 87 Rn 217.

952 BAG AiB 1991, 272. Zum «drug testing» in den USA s. Weiler, S. 1ff.

953 BAG DB 2000, 1128.

954 BAG AP Nr. 21 zu § 87 BetrVG 1972 Überwachung.

955 DKK-Klebe § 87 Rn 51; Fitting § 87 Rn 74.

956 BAG DB 2000, 2227 = AP Nr. 33 zu § 87 BetrVG 1972 Überwachung.

957 LAG Düsseldorf AiB 2005, 122ff.; eingehend Esser-Wolmerath AiB 1997, 23ff., AiB 1999, 74ff. und AiB 2000, 388ff.

machen will[958] oder wenn etwa das Englische zur **verbindlichen Arbeitssprache** erklärt wird: Hier geht es um eine nicht zwingend vorgegebene Art und Weise der Erledigung der Arbeit.[959] Ist die **Privatnutzung des Internets** ausdrücklich oder kraft betrieblicher Übung erlaubt, so unterliegt sie den Modalitäten der Mitbestimmung.[960] Auch bei der Einführung von Systemen des **Wissensmanagements**[961] sind in der Regel die Voraussetzungen der Nr. 1 erfüllt: Werden etwa Arbeitnehmer verpflichtet, ihre speziellen Kenntnisse und Fähigkeiten in das Intranet oder in eine Skill-Datenbank einzustellen, so ist dieses Verhalten nicht notwendig mit der eigentlichen Arbeit verbunden und deshalb mitbestimmungspflichtig.[962] Dasselbe gilt für die jedes Jahr vorgesehenen **Verhandlungen** mit einem Vorgesetzten **über** den Abschluss von **Zielvereinbarungen**; insofern besteht trotz des anderen Inhalts eine Parallele zu den Krankenrückkehrgesprächen.[963] Soweit ein sog. **Ethik-Kodex**[964] zusätzliche Arbeitnehmerpflichten vorsieht – die Rechtsprechung hatte etwa über den Fall zu entscheiden, dass jeder Kontakt zu Journalisten, die Annahme auch des kleinsten Geschenks und jedes gemeinsame private Ausgehen untersagt waren[965] –, ist § 87 Abs. 1 Nr. 1 gleichfalls anzuwenden.[966] Dasselbe gilt erst recht für die dort regelmäßig vorhandene Pflicht, Verstöße von Arbeitskollegen gegen die «Ethik-Richtlinien» bei einer innerbetrieblichen Stelle («hot-line») anzuzeigen, sich also zum Denunzianten zu machen.[967]

960d Das **Verhalten** des Arbeitnehmers **in der Freizeit** ist von § 87 Abs. 1 Nr. 1 nicht erfasst. Trifft der Arbeitgeber insoweit eine Regelung, ist diese mangels Rechtsgrundlage ohne Wirkung. Wird allerdings Freizeitverhalten mit Rücksicht auf das Arbeitsverhältnis reglementiert, greift die Mitbestimmung nach Nr. 1 wieder ein.[968]

---

958 LAG Hamm LAGE § 611 BGB Persönlichkeitsrecht Nr. 10 = NZA-RR 1998, 481; Hess u. a.-Worzalla § 87 Rn 113: Löwisch-Kaiser § 87 Rn 41.

959 ArbG Marburg AiB 1992,48; Buschkröger AiB 1999, 545, 548; Diller-Powietzka DB 2000, 718, 721; DKK-Klebe § 87 Rn 55; ErfK-Kania § 87 Rn 18; GK-Wiese § 87 Rn 227; differenzierend Löwisch-Kaiser § 87 Rn 49.

960 GK-Wiese § 87 Rn 190 mwN; vgl. auch Däubler, Internet und Arbeitsrecht, Rn 180 ff.

961 Dazu kritisch Däubler AiB 2005, 65 («Wem gehört das Wissen?»).

962 DKK-Klebe § 87 Rn 50 mwN.

963 Däubler NZA 2005, 793 ff. mwN.

964 Däubler dbr Heft 9/2005 S. 25 f.; Wisskirchen u. a. DB 2005, 2190 ff.

965 ArbG Wuppertal NZA-RR 2005, 476.

966 Ebenso ArbG Wuppertal a.a.O.; DKK-Klebe § 87 Rn. LAG Düsseldorf (DB 2006, 162) hält das Verbot privater Kontakte für generell rechtswidrig, sodass kein Spielraum für die Ausübung von Mitbestimmungsrechten besteht.

967 ArbG Wuppertal a.a.O.

968 Vgl. DKK-Klebe § 87 Rn 47; GK-Wiese § 87 Rn 170.

### 6.9.1.3. Handlungsformen des Arbeitgebers und Behandlung von Einzelfällen

Das Mitbestimmungsrecht hängt nicht davon ab, welcher rechtlichen Mittel sich der Arbeitgeber bedient. Er kann eine förmliche «Arbeitsordnung» oder «Betriebsordnung» erlassen, aber auch von Grundsätzen, Richtlinien oder allgemeinen Weisungen sprechen. Ohne Bedeutung ist, ob er sich wegen entsprechend weit formulierter Arbeitsverträge noch **im Rahmen seines Direktionsrechts** bewegt oder ob er parallele Änderungen der Arbeitsverträge anstrebt.[969] 961

Nach verbeiteter Auffassung verlangt § 87 Abs. 1 Nr. 1 einen **«kollektiven Tatbestand»**, da der Betriebsrat gewissermaßen «Mit-Gesetzgeber», aber nicht «Mit-Regierung» sein soll.[970] Dies lässt sich aus dem Wortlaut und Sinn des Mitbestimmungsrechts nicht herleiten.[971] Allerdings wird diese These dadurch entscheidend relativiert, dass es genügt, wenn von der beabsichtigten Regelung nur ein Teil des Betriebes wie eine Werkshalle oder der Vertrieb erfasst sind. Selbst wenn sie sich nur auf einen einzigen Arbeitsplatz bezieht, greift § 87 Abs. 1 Nr. 1 ein, sofern es nicht um **die individuellen Besonderheiten und Wünsche** des dort tätigen Arbeitnehmers geht.[972] Soweit nur diese in Rede stehen, geht es nicht mehr um die «betriebliche Ordnung» und das Verhalten «der» Arbeitnehmer im Betrieb.[973] 962

Wird eine mitbestimmte Regelung **im Einzelfall umgesetzt**, so ist der Betriebsrat nicht mehr beteiligt. Ist der Arbeitnehmer der Auffassung, der Arbeitgeber habe sich von der auch für ihn verbindlichen Regelung entfernt, wird er sich mit einer Beschwerde an den Betriebsrat wenden.[974] Dieser kann mit dem Arbeitgeber verhandeln und ggf. ein Einigungsstellenverfahren initiieren; auch kann er von seinem Initiativrecht Gebrauch machen und auf diese Weise zumindest mittelfristig eine Neuregelung erstreben.[975] 963

---

969 DKK-Klebe § 87 Rn 47; Fitting § 87 Rn 68. Ebenso schon BAG AP Nr. 22 zu § 56 BetrVG (1952); BAG AP Nr. 5 zu § 56 BetrVG (1952) Entlohnung.

970 Nachweise bei Richardi § 87 Rn 17.

971 Berechtigte Kritik bei Richardi § 87 Rn 21 ff.

972 Vgl. BAG AP Nr. 9 zu § 87 BetrVG 1972 Arbeitszeit.

973 Insoweit deckt sich die hier vertretene Position im Ergebnis mit der Richardis (§ 87 Rn 29), der die Grenze des Mitbestimmungsrechts in der individuellen Regelungszuständigkeit des Arbeitnehmers sieht.

974 Zu den Möglichkeiten des Beschwerdeverfahrens s. oben 6.4.3.1. (Rn 812–812 a).

975 Zum Initiativrecht s. oben 6.7.3.1. (Rn 901).

#### 6.9.1.4. Betriebsbußen

964 Ausgesprochen **«mitbestimmungsfreundlich»** ist die Rechtsprechung des **BAG**, wenn es um die Verhängung von innerbetrieblichen Sanktionen geht, die man traditionellerweise als «Betriebsbußen» bezeichnet: Für bestimmte Verstöße gegen innerbetriebliche Regeln werden je nach Schwere «Missbilligung», «Verweis» oder Geldbuße bis zu einem Tagesverdienst vorgesehen. Voraussetzung ist, dass mit Zustimmung des Betriebsrats eine **«Betriebsbußenordnung»** erlassen wurde, die die Verbotstatbestände genau beschreibt. Außerdem darf die Sanktion nur aufgrund eines rechtsstaatlichen Verfahrens und mit Zustimmung des Betriebsrats verhängt werden.[976] Die Unterscheidung zwischen Arbeitsverhalten und Ordnungsverhalten spielt hier keine Rolle. Das lässt sich plausibel damit erklären, dass die in ihrer grundsätzlichen Zulässigkeit umstrittenen Betriebsbußen auf diese Weise am ehesten Akzeptanz finden.[977] **In der Praxis** spielen sie nach verbreiteter Einschätzung **keine große Rolle**. Bei Pflichtverletzungen stehen dem Arbeitgeber die viel leichter zu handhabenden Mittel der Ermahnung und insbesondere der Abmahnung zur Verfügung, die keiner Einschaltung des Betriebsrats bedürfen.[978]

### 6.9.2. Beginn und Ende der täglichen Arbeitszeit einschließlich der Pausen sowie Verteilung der Arbeitszeit auf die einzelnen Wochentage (Nr. 2)

#### 6.9.2.1. Grundsätzliches

965 Arbeitnehmer wollen normalerweise wissen, wann sie arbeiten müssen und welche Zeiträume man für andere Aktivitäten oder für Entspannung verplanen kann. Diesem Interesse soll das Mitbestimmungsrecht nach § 87 Abs. 1 Nr. 2 Rechnung tragen.[979] Von diesem **Zweck** her **bestimmt** sich der für die Vorschrift zentrale **Begriff «Arbeitszeit»**.[980] Er umfasst anders als die Arbeitszeit nach dem ArbZG auch die Rufbereitschaft[981] sowie die Teilnahme an

976 BAG AP Nr. 1 zu § 56 BetrVG (1952) Betriebsbuße und BAG BB 1976, 415; BAG AP Nr. 12 zu § 87 BetrVG 1972 Betriebsbuße.

977 Zur Mitbestimmung als «Legitimationsprozedur» s. oben 6.7.3.2. (Rn 903). Näher zur sog. Betriebsjustiz, die auf eine lange Geschichte zurückblickt, in Bd. 2 Rn 703 ff.

978 BAG AP Nr. 12 zu § 87 BetrVG 1972 Nr. 12; weitere Nachweise bei Richardi § 87 Rn 228.

979 So zuletzt BAG NZA 2005, 538, 541; aus der früheren Rspr. s. insbes. BAG DB 1997, 380, 381.

980 BAG DB 1997, 380, 381; BAG NZA 2001, 977.

981 BAG DB 1997, 380, 381.

einer «Mitarbeiterversammlung», sofern der Arbeitgeber eine entsprechende Anordnung treffen könnte oder der Arbeitnehmer sich freiwillig dazu verpflichtet hat.[982] Soweit auf Dienstreisen effektiv gearbeitet wird, zählen auch sie voll mit; reine Fahrzeiten will das BAG jedoch nicht einbeziehen,[983] was wenig einleuchtet, da sie gleichfalls ein «Freizeitopfer» bewirken. Ordnet der Arbeitgeber an, dass (arbeitsnotwendiges) Waschen und Umziehen vor und nach der offiziellen Arbeitszeit erfolgen muss, so ist auch dies mitbestimmungspflichtig, ohne dass es darauf ankommt, ob man diese Aktivitäten zur Arbeit zählt.[984]

Die **Mitbestimmung** bezieht sich auf die Lage, nach herrschender Mei- 965a
nung jedoch **nicht** auf die **Dauer** der Arbeitszeit.[985] Angesichts der Tatsache, dass Tarifverträge normalerweise die Dauer der Arbeitszeit festlegen, hat dies (fast) nur dort Bedeutung, wo keine Tarife eingreifen. Dort muss man allerdings differenzieren: Soweit noch «Tarifüblichkeit» besteht, kann der Betriebsrat auf der Grundlage der hM auch über die Einigungsstelle nicht gezwungen werden, eine schlechtere als die (in der Regel nachwirkende) tarifliche Arbeitszeit zu akzeptieren.[986] Soweit dies nicht mehr der Fall ist (oder noch nie der Fall war), hat der Betriebsrat im Prinzip geringere Gestaltungsmöglichkeiten als nach der Mindermeinung. Freilich ist nicht zu übersehen, dass in vielen Fällen durch die Mitentscheidung über die Lage auch die Dauer beeinflusst werden kann. Weiter kann der Betriebsrat mit Hilfe seines Mitbestimmungsrechtes auch die **Betriebsnutzungszeit** beschränken, beispielsweise bewirken, dass Geschäfte im Handel nach 18 Uhr nicht mehr geöffnet sind, obwohl das Ladenschlussgesetz erheblich längere Arbeitszeiten zulassen würde.[937] Dies stellt einen vom Gesetzgeber durch § 87 Abs. 1 Nr. 2 erlaubten verfassungskonformen Eingriff in die unternehmerische Freiheit dar.[988]

Das Mitbestimmungsrecht bezieht sich auch auf die **Pausen**, also auf Zei- 965b
ten, in denen der Arbeitnehmer für keinerlei Arbeitsleistung zur Verfügung steht.[989] Soweit sie – wie in der Regel – **unbezahlt** sind, kann über die zeitliche Lage wie über die Dauer mitbestimmt werden; Letztere bestimmt ja «Beginn und Ende» der Arbeitszeit. Bei **bezahlten Pausen**, die in Tarifver-

---

982 BAG NZA 2001, 976.

983 BAG DB 1997, 380, 381.

984 ArbG Frankfurt/M. AiB 2005, 313.

985 BAG DB 1999, 1555, 1558; BAG NZA 2004, 507, 508; BAG NZA 2005, 538, 542 («mitbestimmungsfreies Synallagma»). Aus der Literatur s. die Nachweise bei DKK-Klebe § 87 Rn 72.

986 Außerdem steht § 77 Abs. 3 einer freiwilligen Betriebsvereinbarung entgegen – dazu oben 6.8.1.2. (Rn 930 ff.).

987 BAG AP Nr. 8 zu § 87 BetrVG 1972 Arbeitszeit = DB 1983, 453, bestätigt in BAG NZA 2005, 538, 541.

988 BVerfG AP Nr. 15 zu § 87 BetrVG 1972 Arbeitszeit = AuR 1986, 157 = NJW 1986, 1601.

989 Zum Begriff der Pause näher Bd. 2, Kap. 4.

trägen häufig für Schichtarbeit vorgesehen sind, kann lediglich die Lage mitbestimmt werden, da der Betriebsrat sonst das Verhältnis von Leistung und Gegenleistung verändern könnte.[990]

### 6.9.2.2. Anwendungsbereiche

966 Der Mitbestimmung unterliegt der Übergang von der 6- zur 5- und von der 5- zur 4-Tage-Woche.[991] Erfasst werden weiter die Einführung, der Abbau und die Modalitäten von **Schichtarbeit**.[992] Mit Recht wird dabei auch die Verlegung einer einzigen Schicht[993] sowie der Wechsel eines Arbeitnehmers von einer in eine andere Schicht einbezogen.[994] Letzteres gilt allerdings dann nicht, wenn ausschließlich einem individuellen Wunsch des Betroffenen Rechnung getragen wird.[995]

967 Was **flexible Arbeitszeitformen** betrifft, so erstreckt sich die Mitbestimmung auf die Einführung, Ausgestaltung und Abschaffung von **Gleitzeit**.[996] Legt der Tarifvertrag lediglich eine **durchschnittliche Wochenarbeitszeit** fest, die z. B. im Laufe von 3 oder 6 Monaten erreicht werden muss, so erstreckt sich das Mitbestimmungsrecht automatisch auch auf die Dauer während der einzelnen Woche.[997] Bei der sog. **Vertrauensarbeitszeit** erhält der einzelne Beschäftigte oder die Arbeitsgruppe lediglich eine Arbeitsaufgabe zugeteilt, die innerhalb eines bestimmten Zeitraums erledigt werden muss. Zu welchen Zeiten und wie lange der Einzelne arbeitet, ist allein ihm überlassen.[998] Ein solches Arbeitszeitmodell weist die Besonderheit auf, dass der Betriebsrat zugleich seine **Beteiligungsrechte** nach Nr. 2 (Beginn und Ende) sowie Nr. 3 (Überstunden) **einbüßt**, da insoweit keinerlei vom Arbeitgeber gesetzte Regeln oder Entscheidungen mehr vorliegen, an denen er beteiligt werden könnte. Insoweit läuft eine entsprechende Betriebsvereinbarung auf einen unzulässigen Verzicht auf Mitbestimmungsrechte hinaus.[999] Sieht man dies anders, so ist jedenfalls dafür zu sorgen, dass die tatsächlich geleisteten Arbeitszeiten erfasst werden; andernfalls würde das Recht des Betriebsrats

---

990 BAG NZA 2004, 620, 622.

991 S. BAG DB 1989, 1630 und 1631.

992 BAG AP Nr. 2 zu § 87 BetrVG 1972 Kurzarbeit sowie BAG AP Nr. 20 zu § 87 BetrVG 1972 Arbeitszeit = DB 1987, 692. Näher zur Schichtarbeit in Bd. 2 Rn 275 ff.

993 BAG AP Nr. 2 zu § 87 BetrVG 1972 Kurzarbeit.

994 BAG AP Nr. 35 zu § 87 BetrVG 1972 Arbeitszeit; DKK-Klebe § 87 Rn 84; GK-Wiese § 87 Rn 327; Richardi § 87 Rn 290.

995 Richardi § 87 Rn 290; zum Fehlen eines «kollektiven» Sachverhalts in diesem Fall s. oben 6.9.1.3. (Rn 962).

996 GK-Wiese § 87 Rn 334 ff. mwN. Dazu näher Bd. 2 Rn 275 ff.

997 DKK-Klebe § 87 Rn 74 a; GK-Wiese § 87 Rn 296; Richardi § 87 Rn 286.

998 Dazu Hamm AiB 2000, 152 ff.; Däubler-Hensche, TVG, § 1 Rn 571 ff.

999 Zum Verzichtsverbot s. näher DKK-Däubler Einl. Rn 86 b, 86 c.

leer laufen, die Einhaltung des ArbZG und ggf. von tariflichen Arbeitszeitregelungen zu kontrollieren.[1000] Lösungen sollten sinnvollerweise zusammen mit den Betroffenen erarbeitet werden.[1001]

In der **Praxis** scheint das Mitbestimmungsrecht nach § 87 Abs. 1 Nr. 2 in 968
weitem Umfang wahrgenommen zu werden.[1002] Die Rechtsprechung schützt es auch gegen Umgehungen.

*Beispiel:* Betriebsrat und Arbeitgeber einigen sich nicht über die Durchführung von Reinigungs- und Wartungsarbeiten an einer Maschine außerhalb der betrieblichen Arbeitszeit. Der Arbeitgeber vergibt daraufhin einen «Reinigungs- und Wartungsauftrag» an eine Fremdfirma, die mit den mit der Maschine vertrauten Arbeitnehmern zusätzliche Arbeitsverträge abschließt. LAG Frankfurt: unzulässig, Betriebsrat kann Unterlassung verlangen.[1003] Ähnlich der Fall, dass ein Verkauf am Sonntag ausschließlich mit Aushilfskräften bewerkstelligt werden soll; Beginn und Ende auch ihrer Arbeitszeit unterliegen der Mitbestimmung des Betriebsrats.[1004]

### 6.9.3. Vorübergehende Verkürzung oder Verlängerung der betriebsüblichen Arbeitszeit (Nr. 3)

In bewusster Distanzierung von der BAG-Rechtsprechung zum BetrVG 969
1952[1005] hat der Gesetzgeber auch die Anordnung von **Überstunden und** von **Kurzarbeit** mitbestimmungspflichtig gemacht.[1006] Die Bezugnahme auf die «betriebsübliche» Arbeitszeit macht deutlich, dass auch hier ein **«kollektiver Tatbestand»** vorhanden sein muss, doch wird dieser – wie auch in anderen Fällen – schon dann bejaht, wenn ein betrieblicher Anlass vorhanden ist.[1007] Wichtig ist diese Sicht nur bei Überstunden, während die Kurzarbeit immer einen bestimmten Umfang annehmen muss und nur aus betrieblichen Gründen zulässig ist.

---

1000 So zutreffend BAG DB 2003, 2445 ff.

1001 DKK-Klebe § 87 Rn 80 a mwN.

1002 Vgl. Wilpert-Rayley S. 50, wonach rund 50 % der befragten Betriebsräte bei der Festlegung der betrieblichen Arbeitszeit beteiligt waren.

1003 LAG Frankfurt DB 1989, 128.

1004 BAG DB 1997, 1980 (Ausnahme: leitende Angestellte).

1005 BAG AP Nr. 2 zu § 56 BetrVG (1952) Arbeitszeit.

1006 Die Mitbestimmung zu Kurzarbeit soll des Sachzusammenhangs wegen in Band 2 behandelt werden (Rn 906 ff.).

1007 BAG AP Nr. 18 zu § 87 BetrVG 1972 Arbeitszeit = DB 1986, 2391; dazu auch Peiseler AiB 1987, 61.

*Beispiel:* Durch Krankheit eines Mitarbeiters bleibt in einer Abteilung Arbeit liegen. Auch wenn nur Überstunden eines einzelnen Kollegen in Frage stehen: Mitbestimmung. Der kollektive Bezug wird nicht zuletzt auch daran deutlich, dass die Einstellung einer Ersatzkraft oder die Verteilung auf mehrere Personen in Betracht kommen könnte.

970 Die **«betriebsübliche»** Arbeitszeit kann für einzelne Gruppen von Beschäftigten und einzelne Arbeitsplätze verschieden sein.[1008] Allerdings wird sie nach der Rechtsprechung nicht dadurch beeinflusst, dass jahrelang Überstunden geleistet werden, die damit zur «Normalität» geworden sind; eine Rückkehr zur Normalarbeitszeit soll daher kein Mitbestimmungsrecht auslösen.[1009] Die **Abweichung** hat **vorübergehenden** Charakter; wenn die Normalarbeitszeit als Bezugsgröße bestehen bleibt, die zu irgendeinem Zeitpunkt wieder erreicht werden soll.[1010] Wird im Tarifvertrag gestattet, dass für einen bestimmten Prozentsatz der Belegschaft eine Verlängerung auf 40 Stunden vereinbart werden kann, dass die Betroffenen jedoch die Möglichkeit haben, unter Wahrung einer bestimmten Frist zur tariflichen Arbeitszeit zurückzukehren, so ist diese Voraussetzung (noch) erfüllt.[1011]

971 Im Wege der Mitbestimmung kann erreicht werden, dass die Überstunden eine **Obergrenze** nicht überschreiten dürfen.[1012] Andererseits kann der Arbeitgeber ermächtigt werden, unter bestimmten Voraussetzungen (nicht: nach seinem Belieben!) Überstunden anzuordnen.[1013] Allerdings ist zu berücksichtigen, dass bei **vielen Modellen flexibler Arbeitszeit** kaum mehr Überstunden anfallen; bei der Gleitzeit werden sie beispielsweise nur dann angenommen, wenn das höchstmögliche Zeitguthaben überschritten ist.[1014]

972 Das Mitbestimmungsrecht hängt im Übrigen **nicht** davon ab, ob die Beschäftigten **arbeitsvertraglich zu Überstunden verpflichtet** sind; auch wenn sie sich freiwillig gemeldet haben, kann der Betriebsrat «nein» sagen.[1015] Eine solche Haltung lässt sich mit arbeitsmarktpolitischen Erwägungen rechtfertigen (Neueinstellungen sind besser!), doch scheitert dies meist daran, dass der Arbeitgeber diese Alternative kategorisch ablehnt und die Beschäftigten die Überstundenvergütung aus ihrer Sicht dringend benötigen.[1016] Bisweilen wird

---

1008 BAG NZA 2003, 1155, 1157.

1009 BAG AP Nr. 1 zu § 87 BetrVG 1972 Arbeitszeit; zustimmend Richardi § 87 Rn 347; kritisch mit Recht DKK-Klebe § 87 Rn 90.

1010 BAG NZA 2003, 1155. 1157; DKK-Klebe § 87 Rn 88; GK-Wiese § 87 Rn 384.

1011 Ebenso DKK-Klebe § 87 Rn 88; Däubler, Tarifvertragsrecht, Rn 709; GK-Wiese § 87 Rn 304.

1012 So BAG NZA 2004, 507, 510 für eine höchstmögliche Zahl von Bereitschaftsdiensten; ebenso DKK-Klebe § 87 Rn 100.

1013 BAG DB 1988, 872. Bei einer Ermächtigung «nach Belieben» läge ein unzulässiger Verzicht auf das Mitbestimmungsrecht vor.

1014 HessLAG NZA-RR 1999, 88; DKK-Klebe § 87 Rn 98.

1015 BAG AP Nr. 18 zu § 87 BetrVG 1972 Arbeitszeit = DB 1986, 2391; dazu Peiseler AiB 1987, 61.

1016 Interessant die Entscheidung des ArbG Hamburg AiB 1994, 120, wonach der Betriebsrat seine

versucht, das **Mitbestimmungsrecht** nach Nr. 3 zu **umgehen**. Versucht z. B. der Arbeitgeber, eine Verleihfirma einzuschalten, um das vom Betriebsrat verweigerte Quantum an Arbeitsstunden zu bewältigen, so kann ihm dies nach einer Entscheidung des ArbG Mannheim[1017] durch einstweilige Verfügung verboten werden. Zu erwägen wäre, diesen Grundsatz auch dann anzuwenden, wenn der Arbeitgeber von vorneherein keine Überstunden, sondern nur den Einsatz von Leiharbeitnehmern ins Auge fasst.

### 6.9.4. Zeit, Ort und Art der Auszahlung der Arbeitsentgelte (Nr. 4)

Das «kleine» Mitbestimmungsrecht nach Nr. 4 umfasst den Übergang vom Wochen- zum Monatslohn[1018] sowie die Einführung der **bargeldlosen Entgeltzahlung**[1019] – beides heute eher von historischem Interesse. Aus der Zeit des Übergangs von der Lohntüte zum Girokonto stammt der Grundsatz, dass sich das Mitbestimmungsrecht auch auf die von der Bank verlangten **Kontoführungsgebühren** bezieht: Die vom Arbeitnehmer zu beanspruchende Vergütung soll durch die Art der Auszahlung in keiner Weise gemindert werden.[1020] Diese «Annexkompetenz» hat einige Leute geschmerzt, die deshalb das Bundesverfassungsgericht anriefen – dieses hat die arbeitsgerichtliche Rechtsprechung aber für verfassungskonform erklärt.[1021] Auch die Freistellung für einen Bankbesuch soll notfalls über die Einigungsstelle erzwingbar sein.[1022] Dies alles gilt freilich nicht, wenn der im Betrieb anwendbare Tarifvertrag die bargeldlose Entgeltzahlung ausdrücklich vorsieht[1023] oder wenn er gar wie § 35 BAT die Kontoführungsgebühr ausdrücklich dem Arbeitnehmer auferlegt. Für die Praxis bedeutsam ist, dass der Betriebsrat im Rahmen der Nr. 4 **Abschlagszahlungen** verlangen kann[1024], was bei provisionsanhängiger Vergütung oder bei Reisekosten hilfreich sein dürfte. 973

---

Zustimmung mit der Begründung verweigern kann, die Arbeitnehmer müssten höhere Zuschläge erhalten.

1017 AiB 1987, 141 mit Anm. Grimberg.

1018 Hueck-Nipperdey, Bd. II/2, S. 1364; Nikisch, Bd, III, S. 397.

1019 So schon zum (insoweit zweifelhaften) alten Recht BAG AP Nr. 2 zu § 56 BetrVG (1952) Entlohnung.

1020 Näher dazu BAG AP Nr. 1 zu § 87 BetrVG 1972 Auszahlung, und BAG AP Nr. 6 zu § 87 BetrVG 1972 Auszahlung = DB 1988, 813. Weitere Nachweise bei DKK-Klebe § 87 Rn 109.

1021 BVerfG AP Nr. 7 zu § 87 BetrVG 1972 = DB 1987, 2361.

1022 DKK-Klebe § 87 Rn 109; weitere Nachweise bei GK-Wiese § 87 Rn 434, der diese Auffassung selbst aber nicht teilt (Rn 435).

1023 BAG AP Nr. 2 zu § 87 BetrVG 1972 Auszahlung.

1024 DKK-Klebe § 87 Rn 106; Fitting § 87 Rn 181; GK-Wiese § 87 Rn 427; MünchArbR-Matthes § 336 Rn 6; a. A. Hess u. a.-Worzalla § 87 Rn 246 a; Richardi § 87 Rn 415.

### 6.9.5. Aufstellung allgemeiner Urlaubsgrundsätze und des Urlaubsplans sowie die Festsetzung der zeitlichen Lage des Urlaubs für einzelne Arbeitnehmer, wenn zwischen dem Arbeitgeber und den beteiligten Arbeitnehmern kein Einverständnis erzielt wird (Nr. 5)

974 Aus Gründen des Sachzusammenhangs Näheres dazu im Urlaubsrecht.[1025]

### 6.9.6. Einführung und Anwendung von technischen Einrichtungen, die dazu bestimmt sind, das Verhalten oder die Leistung der Arbeitnehmer zu überwachen (Nr. 6)[1026]

#### 6.9.6.1. Traditionelle Kontrolltechniken

975 Mit diesem 1972 neu eingeführten Mitbestimmungsrecht hat der Gesetzgeber genau wie im Bereich der Arbeitszeit die BAG-Rechtsprechung zum alten Recht korrigiert, die die Installierung eines **Produktographen** für mitbestimmungsfrei erklärt hatte.[1027]

Mit Hilfe eines solchen Geräts konnte der Arbeitgeber den an einer Maschine beschäftigten Arbeitnehmer zwingen, durch Druck auf eine von insgesamt fünf Tasten in jedem Moment den Grund für den Stillstand der Maschine anzugeben. Obwohl dies zu einem Wegfall jeder (inoffiziellen) Verschnaufpause und zu einem totalen Überwachungssystem führt, hatte das BAG auch keine verfassungsrechtlichen Bedenken, da derjenige, der sich in ein Arbeitsverhältnis begebe, sich insoweit eben auch einer Kontrolle durch den Arbeitgeber unterwerfe; das Ganze dürfe lediglich nicht in ein (nicht näher beschriebenes) «Antreibersystem» ausarten.

Erscheinungen dieser Art soll es seit 1972 nur noch mit Zustimmung des Betriebsrats oder der Einigungsstelle, d.h. nur in Ausnahmefällen geben. Zutreffend hat das BAG neben Produktographen auch **Multimoment-Film-**

---

1025 In Bd. 2 Rn 308 ff.

1026 Einzelheiten bei Däubler, Gläserne Belegschaften? § 14 (Rn 689 ff.), worauf zur Vermeidung von Wiederholungen verwiesen wird.

1027 BAG AP Nr. 1 zu § 56 BetrVG (1952) Ordnung des Betriebes.

**kameras**, die in regelmäßigen Abständen Aufnahmen von Arbeitsplätzen machen, unter § 87 Abs. 1 Nr. 6 eingeordnet[1028], und erst recht wird eine dauernde **Videokontrolle** erfasst.[1029]

### 6.9.6.2. Kontrolle durch EDV

Durch die zunehmende Einführung von Informationstechnologien sind neben diese «groben» Formen von Kontrolle zahlreiche andere Mechanismen getreten, die der Betriebsleitung zusätzliche Daten über Leistung und Verhalten von Arbeitnehmern verschaffen können: Aus- und Einschalten eines Geräts werden gespeichert, ebenso das verbrauchte Material, aber auch die von einem bestimmten Apparat aus geführten Telefongespräche – Vorgänge, aus denen je nach den konkreten Umständen des Falles Rückschlüsse auf das Verhalten einzelner Beschäftigter möglich sind. **EDV-gestützte Personalinformationssysteme** enthalten zahllose personenbezogene Daten, die beliebig miteinander verknüpft werden können. Besonderes Interesse haben die mit **Bildschirmarbeitsplätzen** verbundenen Kontrollmöglichkeiten gefunden.[1030] Der potenzielle Anwendungsbereich des § 87 Abs. 1 Nr. 6 hat sich dadurch enorm ausgeweitet – eine zunächst relativ unproblematisch erscheinende Vorschrift geriet so in den 80er Jahren in den Mittelpunkt arbeitsrechtlicher Auseinandersetzungen. 976

Ob § 87 Abs. 1 Nr. 6 auf diese Sachverhalte anwendbar ist, bestimmte (und bestimmt) sich nach dem **Grundgedanken** dieser Vorschrift. Sie hat den Zweck, die Persönlichkeit des einzelnen Arbeitnehmers durch die Einschaltung einer Kontrollinstanz präventiv zu schützen,[1031] um unzulässige Eingriffe zu verhindern und zulässige auf das unbedingt Notwendige zu beschränken.[1032] Bei der Auslegung der Vorschrift ist diejenige Lösung zu wählen, die diesem Zweck am nächsten kommt: in dubio pro Persönlichkeitsschutz.[1033] 977

Die Rechtsprechung des BAG hat sich im Wesentlichen an diese Grundsätze gehalten. Schon die objektive **Möglichkeit zur Kontrolle reicht** für die Anwendbarkeit des § 87 Abs. 1 Nr. 6 aus, eine (schwer beweisbare) Überwachungsabsicht muss nicht vorliegen.[1034]Ausgenommen sind nur solche 978

---

1028 BAG BB 1974, 1164; BAG BB 1975, 1480.

1029 S. dazu BAG NZA 2004, 1278, 1279; DKK-Klebe § 87 Rn 165; Fitting § 87 Rn 244; vgl. auch BVerwG PersR 1988, 271.

1030 Dazu BAG NJW 1984, 1476.

1031 BAG AP Nr. 3 und 4 zu § 87 BetrVG 1972 Überwachung.

1032 Vgl. DKK-Klebe § 87 Rn 135; GK-Wiese § 87 Rn 484 ff.; Richardi § 87 Rn 480 ff.; Galperin-Löwisch § 87 Rn 141.

1033 DKK-Klebe § 87 Rn 135; Fitting § 87 Rn 216; Simitis, Schutz von Arbeitnehmerdaten, S. 30; Wohlgemuth AuR 2004, 260.

1034 BAG AP Nr. 2 zu § 87 BetrVG 1972 Überwachung, ständ. Rspr.

technischen Geräte, die wie etwa Warnlampen, Drehzahlmesser oder in der Produktion eingesetzte Computer ausschließlich das Funktionieren von Maschinen überwachen (können).[1035]

979 Mitbestimmungspflichtig ist **nicht nur** die **Erhebung** von personenbezogenen Daten durch technische Einrichtungen,

*Beispiel:* Beim Betreten und Verlassen des Betriebsgeländes muss ein maschinenlesbarer Ausweis benutzt werden, der persönliche Daten enthält: die erfassten Zeiten werden auf Datenträger genommen und bleiben dort 2 Jahre lang gespeichert.

sondern auch die **Auswertung manuell erhobener Daten** mit Hilfe der EDV.[1036]

*Beispiel:* Die Arbeitnehmer füllen jeden Tag einen Berichtsbogen aus, der mit Hilfe eines Computers ausgewertet wird.

Maßgebend hierfür ist die Erwägung, dass die Gefahren für die Persönlichkeit des Arbeitnehmers nicht weniger groß sind als bei der maschinellen Erfassung: Die fast unbegrenzten Speicherkapazitäten, die jederzeitige Verknüpfbarkeit der Informationen mit anderen betriebsinternen Datensammlungen, die beliebige Abrufbarkeit aller Informationen, ihre Isolierung vom ursprünglichen sozialen Kontext – dies alles gilt genauso, wenn nicht schon bei der Erfassung, sondern erst bei der Verarbeitung das Medium EDV benutzt wird.[1037]

980 Verhalten und Leistung von Arbeitnehmern werden auch dann erfasst, wenn nur **mittels «Zusatzwissens»** wie einer Anwesenheitsliste **rückgeschlossen** werden kann, welche Person im konkreten Fall für die aufgezeichneten Vorgänge verantwortlich war.[1038]

*Beispiel:* Zu einem Telefonapparat haben 3 Personen Zugang. Lässt sich aufgrund von Krankmeldungen, Beurlaubungen usw. feststellen, dass in einem bestimmten Zeitraum nur eine Person im Büro sein konnte, so hat die Telefondatenerfassung (Dauer des Gesprächs, angerufene Nummer usw.) Kontrollcharakter und unterliegt daher der Mitbestimmung.[1039]

Ist dies nicht der Fall, weil eine größere Anzahl von Arbeitnehmern freien Zugang zu einem Gerät hat, scheidet auch § 87 Abs. 1 Nr. 6 aus.[1040]

---

1035 Fitting § 87 Rn 228 mwN.

1036 BAG NZA 1985, 28 ff.

1037 Im Einzelnen dazu BAG NZA 1985, 28, 30 (unter V 3 b der Gründe). Dafür mit eingehender Begründung auch DKK-Klebe § 87 Rn 144; Fitting § 87 Rn 238; Schwarz, S. 34 ff.; Wohlgemuth AuR 1984, 259.

1038 Däubler, Gläserne Belegschaften? Rn 753 ff. mwN.

1039 BAG DB 1986, 1287.

1040 Denck RdA 1982, 297; DKK-Klebe § 87 Rn 147; allg. Meinung.

*Beispiel:* In einer Forschungseinrichtung gibt es 5 Bildschirm-Terminals, mit deren Hilfe Informationen ans dem angeschlossenen Dokumentationszentrum abgerufen werden können. Alle Wissenschaftler haben das Recht, diese Terminals zu benutzen, ohne sich z. B. mit Hilfe eines Passworts als Person identifizieren zu müssen.

Eine Ausnahme gilt nur dann, wenn es sich um eine **Gruppe** handelt, de- 981
ren Mitglieder für Verhalten und Leistung gemeinschaftlich verantwortlich sind.[1041] Nach der Rechtsprechung des BAG muss sie **«klein und überschaubar»** sein, sodass der durch die technische Einrichtung geschaffene Überwachungsdruck unmittelbar auf das einzelne Mitglied durchschlägt.[1042] Dies ist insbesondere bei Bezahlung im Gruppenakkord der Fall, da mangelhafte Leistung und Fehlverhalten eines Einzelnen das Gesamtergebnis negativ beeinflussen und so den «Schuldigen» in eine äußerst unangenehme Position bringen. Auch in andern Fällen kann ein solcher Effekt eintreten – so, wenn über das «Gruppenergebnis» eine Zielvereinbarung abgeschlossen wurde und der «Ausreißer» die **Zielerreichung gefährdet**.

**Mitbestimmungspflichtig** ist nicht nur die Einführung einer technischen 982
Einrichtung; **auch** die einzelnen **Auswertungen** der vorhandenen Daten sind erfasst.[1043] Will der Arbeitgeber neue Programme einsetzen, die die Kontrollkapazität erweitern, oder wird ein betriebliches «Netz» vergrößert, so muss auch hier der Betriebsrat zustimmen.[1044] Dieser könnte im Grundsatz die apparative Ausstattung des Betriebs entscheidend mitbeeinflussen, doch reicht in der Regel seine Verhandlungsmacht hierfür nicht aus. In der Praxis beschränkt er sich auf **Überwachungsabwehr**; manchmal bietet der Arbeitgeber auch Gegenleistungen auf anderen Gebieten an.

*Beispiel:* Der Betriebsrat verweigert seine Zustimmung zur Einführung eines neuen SAP-Systems. Der Arbeitgeber verspricht sich von diesem eine deutliche Verbesserung der Betriebsabläufe, was allerdings voraussetzt, dass die damit Befassten das neue «Werkzeug» innerlich akzeptieren. Der Arbeitgeber bietet deshalb dem Betriebsrat an, entgegen den ursprünglichen Planungen drei Azubis zu übernehmen und die Kantinenpreise in den nächsten zwei Jahren nicht zu erhöhen. Der «Deal» wird vom Betriebsrat akzeptiert.

### 6.9.6.3. Neuere Entwicklungen

In der Praxis gibt es immer häufiger den Versuch, Arbeitnehmer mit Hilfe 983
bestimmter körperlicher Merkmale zu identifizieren. Dies kann ein **Fingerabdruck** sein, eine bestimmte Form und Farbe der **Iris** oder auch ein bestimmter Zuschnitt des Gesichts. Daneben wird bisweilen auf die **Stimme**

---

1041 BAG NZA 1995, 187.

1042 BAG NZA 1995, 187.

1043 BAG AP Nr. 13 zu § 87 BetrVG 1972 Überwachung = DB 1986, 1469 = NJW 1986, 2724.

1044 Däubler, Gläserne Belegschaften? Rn 772 mwN.

oder auf die Schrift abgehoben. In allen diesen Fällen lässt sich eine wirksame Identitätskontrolle durchführen, die insbes. beim Zugang zum Betrieb, aber auch zu Informationssystemen (Fingerabdruck statt Passwort beim PC) zum Einsatz gelangt. Zusammenfassend ist von **biometrischen Merkmalen** die Rede.

984 Der Betriebsrat hat in allen diesen Fällen ein Mitbestimmungsrecht nach § 87 Abs. 1 Nr. 6, da mit der Identifizierung zugleich die Möglichkeit verbunden ist, Verhalten und Leistung des Arbeitnehmers zu kontrollieren.[1045] Finden solche **Kontrollen in einem Kundenbetrieb** statt, in den auch Beschäftigte des eigenen Betriebes entsandt werden, so muss der Arbeitgeber gleichfalls die Zustimmung des Betriebsrats einholen oder mit seinem Kunden vereinbaren, dass die fragliche Technik seinen Beschäftigten gegenüber nicht angewandt wird.[1046] Biometrische Kontrollen bringen erhebliche **Risiken** mit sich. Nicht nur, dass in manchen Fällen die **«Gesichtskontrolle» ohne Wissen** des Betroffenen erfolgen kann – viel wichtiger ist die **Dauerhaftigkeit der** erhobenen **Daten**. Da sie den betreffenden Menschen ein Leben lang charakterisieren, kann auf sie noch nach 20 oder 30 Jahren zurückgegriffen werden. In vielen Fällen ergeben sich außerdem **sog. überschießende Informationen**; dem Gesichtsausdruck wie der Stimme kann der körperliche Zustand wie auch die psychische Verfassung zu entnehmen sein.[1047]

985 Die Erstellung von **«Bewegungsprofilen»** war bisher nur in den wenigen Unternehmen ein Problem, die – wie z. B. kerntechnische Anlagen – in mehrere «Sicherheitszonen» aufgeteilt waren und bei denen jeder «Grenzübertritt» erfasst wurde.[1048] Heute ist es unschwer möglich, mit Hilfe von **GPS** oder über **Handy-Ortung** den Aufenthaltsort eines Beschäftigten genau zu ermittteln. Insbesondere Außendienstmitarbeiter verlieren so einen beträchtlichen Teil ihrer Zeitsouveränität, die ihre Tätigkeit attraktiv machte. In Zukunft könnten sie mit der Frage konfrontiert werden, weshalb sie ihr Fahrzeug eine halbe Stunde am Straßenrand abgestellt und mit dem Kunden X so lange gesprochen haben, obwohl es doch in voraussehbarer Weise zu keinem Geschäftsabschluss kommen würde.

985 a Soweit diese Art von Technik eingesetzt werden soll, kann der Betriebsrat wegen der evidenten Überwachungsfunktion mitbestimmen. Allerdings stellt sich in erster Linie die Frage, ob es nicht ein spezifisches **«Aufenthaltsgeheimnis»** gibt, das diese Art der Aufzeichnung menschlichen Verhaltens

---

1045 BAG NZA 2004, 556, 558; ArbG Frankfurt/M. CF 6/2002 S. 29; DKK-Klebe § 87 Rn 165; Däubler, Gläserne Belegschaften? Rn 291.

1046 BAG NZA 2004, 556, 558.

1047 Für Unzulässigkeit der Kontrollen in diesem Fall DKK-Klebe § 87 Rn 163.

1048 Das dort praktizierte «Zwiebelschalenmodell» (innerer Sicherheitsbereich, äußerer Sicherheitsbereich, Normalbereich für die Verwaltung) stellt ersichtlich ein Modell mit Geschichte dar – es findet sich in ähnlicher Form im Sultanspalast in Istanbul und im Kaiserlichen Palast in Beijing.

verbietet.[1049] Selbst wenn man dies anders sehen und eine «Videokamera im Weltraum» akzeptieren würde, könnte sich der Betriebsrat immer darauf berufen, der Informationsbedarf des Arbeitgebers lasse sich auch dadurch befriedigen, dass der Arbeitnehmer per Handy jederzeit erreichbar sein müsse.

Die **RFID-Technik** kann gleichfalls zum Überwachungsmittel werden.[1050] 986
Dabei werden Waren mit sog. Funketiketten, d.h. Chips, versehen, die bestimmte Informationen enthalten. Kommen sie in die Nähe von Lesegeräten, wird dies automatisch dort festgehalten. Damit lassen sich logistische Probleme besser bewältigen (Wann hat der Karton mit 100 Paar Schuhen aus China das Depot verlassen? Wann hätte es im Lager X ankommen müssen?), doch sind auch Rückschlüsse auf das Verhalten der Verantwortlichen möglich. Insoweit greift auch hier § 87 Abs. 1 Nr. 6 ein.[1051]

## 6.9.7. Regelungen über die Verhütung von Arbeitsunfällen und Berufskrankheiten sowie über den Gesundheitsschutz im Rahmen der gesetzlichen Vorschriften oder der Unfallverhütungsvorschriften (Nr. 7)

Mit dieser Vorschrift ist dem Betriebsrat eine wichtige, wenn nicht sogar eine 987
zentrale Rolle im gesamten Arbeitsschutz eingeräumt: Soweit Gesetze, Verordnungen und Unfallverhütungsvorschriften nur eine allgemeine Regelung treffen, greift sein Mitbestimmungsrecht ein. Wegen des engen Sachzusammenhangs soll eine nähere Erläuterung im Rahmen des Arbeitsschutzrechts gegeben werden.[1052]

1049 Dazu näher Däubler CF Heft 7/8 2005, S. 42 ff.

1050 RFID steht dabei für **R**adio **F**requency **Id**entication. Näher dazu Fickert CF Heft 4/2004 S. 9; Wilke RDV 2002, 225.

1051 Näher Däubler dbr Heft 6/2005 S. 30 ff. sowie den Erfahrungsbericht aus der Metro Group von Matthiessen-Kreuder und Köster dbr Heft 6/2005 S. 32 ff.

1052 Bd. 2 unter Rn 372 ff., 414 ff.

### 6.9.8. Form, Ausgestaltung und Verwaltung von Sozialeinrichtungen, deren Wirkungsbereich auf den Betrieb, das Unternehmen oder den Konzern beschränkt ist (Nr. 8)

990 Nr. 8 gibt ein in der Regel als sehr wichtig empfundenes Mitbestimmungsrecht, das bisweilen einen großen Teil der Arbeitskapazität von Betriebsräten absorbiert. Ihrem Gegenstand nach bezieht sich die Vorschrift auf «Einrichtungen», d.h. **relativ verselbständigte Vermögensgegenstände mit eigener Organisation**.[1053] Beispiele sind Kantinen,[1054] Erholungseinrichtungen,[1055] Kindergärten,[1056] Weiterbildungsstätten[1057] sowie Unterstützungs- und Pensionskassen. Es kann sich um eine Untergliederung des Betriebes, aber auch um eine rechtlich selbständige GmbH oder einen e.V. handeln. Von «Sozial»einrichtungen kann dabei nur die Rede sein, wenn Arbeitnehmern Vorteile zufließen. Dass sie sich – wie beim Kantinenessen – **an den Kosten** selbst **beteiligen**, ist ohne Bedeutung, sofern die Leistung «unter Marktpreis» erbracht wird. Umstritten ist, ob die von der Betriebs- oder Unternehmensleitung herausgegebene **Werkszeitung** eine Sozialeinrichtung in diesem Sinne ist: Nach herrschender Auffassung dient sie betrieblichen Interessen und fällt deshalb nicht unter Nr. 8.[1058] Dies ist zwar nicht wirklich überzeugend,[1059] doch ist es einer sachlichen Diskussion förderlicher, wenn die Unternehmensleitung ihre Position ebenso unverfälscht zum Ausdruck bringen kann wie der Betriebsrat, der ein Mitteilungsblatt herausgibt.[1060] Der Wirkungsbereich der Sozialeinrichtung darf **nicht über den Konzern hinausgehen**; würde sie beispielsweise allen Arbeitnehmern einer Branche offen stehen, wäre Nr. 8 nicht mehr anwendbar. Dass im Einzelfall Gäste in die Kantine oder in die dem Betrieb gehörende Sporthalle mitgenommen werden, ist ohne Bedeutung.[1061]

991 Ob es eine Sozialeinrichtung im Sinne der Nr. 8 gibt, liegt in der freien

---

1053 An die Verselbständigung wurden vom BAG vorübergehend nur sehr geringe Anforderungen gestellt (BAG AP Nr. 2 und 3 zu § 87 BetrVG 1972 Sozialeinrichtung), sodass praktisch alle Sozialleistungen unter Nr. 8 fielen, doch ist es später wieder zu seiner ursprünglichen Auffassung zurückgekehrt (BAG BB 1981, 735).

1054 BAG NZA 2001, 462.

1055 BAG AP Nr. 13 zu § 87 BetrVG 1972 Werkmietwohnungen.

1056 BAG AP Nr. 10 zu § 76 BetrVG 1972.

1057 DKK-Klebe § 87 Rn 226; Richardi § 87 Rn 619.

1058 GK-Wiese § 87 Rn 694 mwN.

1059 Kritik bei DKK-Klebe § 87 Rn 226 a.E.

1060 Dazu oben 6.4.3.4. (Rn 825).

1061 DKK-Klebe § 87 Rn 210.

Entscheidung des Arbeitgebers. Ihre **Errichtung** unterliegt ebenso wenig der Mitbestimmung wie ihre **Schließung**.[1062] Dies macht der Wortlaut der Nr. 8, aber auch § 88 Nr. 2 BetrVG deutlich, der die «Errichtung» einer Sozialeinrichtung ausdrücklich zu den Gegenständen einer freiwilligen Betriebsvereinbarung zählt. Allerdings ist denkbar, dass die Schließung für die bereits Beschäftigten weithin ins Leere geht, weil sie die bisherigen Leistungen aufgrund ihres Arbeitsvertrags oder kraft betrieblicher Übung weiter beanspruchen können.

Der Arbeitgeber entscheidet auch frei über den Umfang der finanziellen Mittel (**«Dotierungsrahmen»**)[1063] sowie über die Abgrenzung des begünstigten Personenkreises.[1064] So kann etwa eine betriebliche Altersversorgung ausschließlich für Führungskräfte vorgesehen werden. Wer in gleichheitswidriger oder diskriminierender Weise von den Leistungen ausgeschlossen wird, kann Gleichbehandlung mit den Begünstigten verlangen; in diesem Fall erweitert sich ausnahmsweise der Dotierungsrahmen.[1065] 991 a

*Beispiel:* Der Betriebsrat kann verlangen, dass die Essenspreise in der Kantine gesenkt werden, doch muss er gleichzeitig eine «Gegenfinanzierung» durch Erhöhung der Getränkepreise oder Verbilligung des Einkaufs vorschlagen. Sind Teilzeitkräfte mit weniger als 15 Wochenstunden vom Kantinenessen ausgeschlossen, liegt ein Verstoß gegen § 4 Abs. 1 TzBfG vor. Sie können Gleichbehandlung verlangen, auch wenn sich dadurch der Gesamtaufwand des Arbeitgebers für die Kantine erhöht.

Auch eine **Kürzung der Mittel** steht dem Arbeitgeber frei, doch besteht ein Mitbestimmungsrecht des Betriebsrats bei der Neuverteilung der abgesenkten Summe: Insoweit steht die «Ausgestaltung» der Einrichtung in Rede.[1066]

Der Mitbestimmung unterliegt die **Rechtsform der Einrichtung** (Teil des Betriebs oder rechtliche Verselbständigung?),[1067] die **Ausgestaltung** (nach welchen Kriterien soll der vom Arbeitgeber festgelegte Personenkreis etwas erhalten?) und die **Verwaltung**, wozu die konkrete Leistungsgewährung, aber beispielsweise auch die Vermögensanlage bei einer «Kasse» gehört.[1068] Bei der praktischen Durchführung der Mitbestimmung muss man unterscheiden. 991 b

1062 BAG AP Nr. 9 zu § 87 BetrVG 1972 Sozialeinrichtung (Errichtung); BAG AP Nr. 1 zu § 87 BetrVG 1972 Werkmietwohnungen; BAG AP Nr. 9 zu § 87 BetrVG 1972 Sozialeinrichtung (Schließung).

1063 BAG DB 2003, 293, 294.

1064 GK-Wiese § 87 Rn 708.

1065 Vgl. U.-A. Birk AuR 1984, 28; DKK-Klebe § 87 Rn 214. Die Frage hat bisher im Wesentlichen bei der betrieblichen Altersversorgung eine Rolle gespielt. S. etwa BAG DB 1996, 2085.

1066 BAG AP Nr. 16 zu § 87 BetrVG 1972 Altersversorgung; BAG DB 1992, 1885, 1886.

1067 Auch die Änderung der Rechtsform unterliegt der Mitbestimmung: ArbG Köln AiB 1999, 346 mit Anm. Vormbaum-Heinemann.

1068 DKK-Klebe § 87 Rn 215.

Ist die Einrichtung rechtlich unselbständig, wird man sinnvollerweise einen paritätisch besetzten Ausschuss nach § 28 Abs. 2 BetrVG bilden, der die Entscheidungen trifft. Handelt es sich um eine GmbH, einen e.V. usw., so gibt es zwei Modelle:[1069] Bei der sog. **organschaftlichen Lösung** werden die Organe z. B. der GmbH paritätisch besetzt und entscheiden ohne Einschaltung des Betriebsrats im Einzelfall. Die sog. **zweistufige Lösung** besteht darin, dass der Betriebsrat mit dem Arbeitgeber verhandelt. Die dabei gefundene Einigung setzt dann der Arbeitgeber in der Einrichtung um, indem er seinen Einfluss geltend macht.

Was geschieht, wenn die Kantine ein selbständiger Betrieb ist und die dort Beschäftigten ihren eigenen Betriebsrat gewählt haben? Er meint, die Kantine solle um 18 Uhr schließen (§ 87 Abs. 1 Nr.2), der Betriebsrat des Stammbetriebs ist der Auffassung, angesichts der vielen Menschen mit Vertrauensarbeitszeit dürfe die Öffnungszeit erst um 20 Uhr enden. Wer setzt sich durch? Der Betriebsrat des Stammbetriebs muss mit dem Arbeitgeber verhandeln; das dort – notfalls mit Hilfe der Einigungsstelle – gefundene Ergebnis ist dann der «Trägerwille». Anschließend beginnen die Verhandlungen mit dem Betriebsrat der Kantine.[1070]

### 6.9.9. Zuweisung und Kündigung von Wohnräumen, die den Arbeitnehmern mit Rücksicht auf das Bestehen eines Arbeitsverhältnisses vermietet werden, sowie die allgemeine Festlegung der Nutzungsbedingungen (Nr. 9)

992 Nr. 9 trägt der Tatsache Rechnung, dass ein Arbeitnehmer, der auch seine Wohnung vom Arbeitgeber mietet, einerseits oft privilegiert, andererseits jedoch doppelt vom Arbeitgeber abhängig ist.[1071] Die Einschaltung des Betriebsrats soll also für eine gerechte Verteilung des Zugangs, aber auch dafür sorgen, dass keine unangemessene Benachteiligung eintritt. Der **Begriff «Wohnung»** wird weit ausgelegt und erfasst auch ein Zweibettzimmer in einem Wohnheim[1072] sowie einen Wohnwagen oder einen Wohncontainer.[1073] **Werkdienst-**

1069 Beide sind geschildert in BAG AP Nr. 5 zu § 87 BetrVG 1972 Altersversorgung.
1070 Zum Diskussionsstand s. Fitting § 87 Rn 368; GK-Wiese § 87 Rn 757 ff.
1071 Zustimmend DKK-Klebe § 87 Rn 228.
1072 BAG AP Nr. 3 zu § 87 BetrVG 1972 Werkmietwohnungen.
1073 DKK-Klebe § 87 Rn 229.

**wohnungen**, die der Arbeitnehmer im betrieblichen Interesse beziehen muss, sind dagegen nicht erfasst.[1074]

Die Vermietung der von Nr. 9 erfassten Wohnräume wird in der Regel für den Arbeitnehmer vorteilhaft sein; insoweit liegen zugleich die Voraussetzungen der Nr. 8 vor. Allerdings muss dies nicht so sein, da auch solche Wohnungen erfasst werden, die zum Marktpreis vermietet werden.[1075] **Nr. 8** wird deshalb **nicht verdrängt**, wenn es sich um eine Sozialeinrichtung handelt und ein von Nr. 9 erfasster Sachverhalt vorliegt.[1076] 992a

Grundsatzentscheidungen wie die Bereitstellung von Werkmietwohnungen und der Dotierungsrahmen sind auch im Rahmen der Nr. 9 mitbestimmungsfrei. Der Betriebsrat kann über die **«Zuweisung»** vorhandener Wohnungen mitbestimmen,[1077] und zwar auch dann, wenn eine einzelne einem leitenden Angestellten zur Verfügung gestellt werden soll.[1078] Ein ohne seine Zustimmung abgeschlossener Mietvertrag ist unwirksam.[1079] Die weiter der Mitbestimmung unterliegenden **Nutzungsbedingungen** reichen von der Hausordnung bis zur Monatsmiete, doch darf sich der Gesamtaufwand des Arbeitgebers nicht erhöhen; praktisch geht es also nur um eine Differenzierung z.B. nach sozialen Gesichtspunkten. Auch die **Kündigung** bedarf der Zustimmung des Betriebsrats, und zwar auch dann, wenn der Arbeitnehmer bereits aus dem Betrieb ausgeschieden ist.[1080] Außerdem muss die Kündigung mietrechtlich zulässig sein.[1081] **Fehlt** die **Zustimmung**, ist die Kündigung schon deshalb **unwirksam**.[1082] 992b

---

1074 S. GK-Wiese § 87 Rn 767. Hat der Arbeitnehmer die Wohnung möbliert oder bewohnt er sie mit einem Familienangehörigen, gilt nach § 576 b BGB das Mieterschutzrecht. Zu diesem s. Däubler, BGB kompakt, Kap. 20 Rn 74 a ff.

1075 DKK-Klebe § 87 Rn 228; Fitting § 87 Rn 379.

1076 GK-Wiese § 87 Rn 763 mwN.

1077 Es genügt, dass der Arbeitgeber ein Belegungsrecht hat, er muss nicht der Eigentümer sein; BAG AP Nr. 4 zu § 87 BetrVG 1972 Werkmietwohnungen; DKK-Klebe § 87 Rn 230.

1078 BAG NZA 1993, 766, 767 = AP Nr. 8 zu § 87 BetrVG 1972 Werkmietwohnungen mit Anm. Däubler-Schiek.

1079 Dies ist eine Konsequenz der Theorie der Wirksamkeitsbedingung – dazu oben 6.7.3.1. (Rn 901). Wie hier Fitting § 87 Rn 393, aber sehr strittig.

1080 BAG NZA 1993, 272, 274; DKK-Klebe § 87 Rn 236; ErfK-Kania § 87 Rn 90; Fitting § 87 Rn 397; GK-Wiese § 87 Rn 784; MünchArbR-Matthes § 340 Rn 26; a. A. Hess u. a.-Worzalla § 87 Rn 443; Löwisch-Kaiser § 87 Rn 150.

1081 Zum Mieterschutz s. Däubler, BGB kompakt, Kap. 20 Rn 74 a ff.

1082 DKK-Klebe § 87 Rn 237; Richardi § 87 Rn 725.

## 6.9.10. Fragen der betrieblichen Lohngestaltung, insbesondere die Aufstellung von Entlohnungsgrundsätzen und die Einführung und Anwendung von neuen Entlohnungsmethoden sowie deren Änderung (Nr. 10)

993 Soweit die im konkreten Betrieb anwendbaren Tarifverträge Spielraum lassen und nicht etwa das Verfahren der «Lohnfindung» abschließend geregelt haben, sollen Arbeitgeber und Betriebsrat gemeinsam über «Fragen der betrieblichen Lohngestaltung» entscheiden können. Als Beispiele («insbesondere») werden einmal die Aufstellung und Änderung von **«Entlohnungsgrundsätzen»** genannt, worunter man die fundamentalen Unterscheidungen zwischen Zeitlohn, Leistungslohn (Akkord und Prämie) und ertragsabhängiger Vergütung sowie deren «Mischungsverhältnis» versteht.[1083] Dabei können im Betrieb durchaus mehrere Grundsätze praktiziert werden, wenn hierfür ein sachlicher Grund besteht.

*Beispiel:* An der Maschine wird im Akkord gearbeitet, die Verwaltungskräfte sind im Zeitlohn beschäftigt, die Außendienstmitarbeiter haben ein Fixum plus Provision. Nicht selten ist auch, dass zwei Betriebe zusammengelegt werden und die Beschäftigten weiter nach ihren bisherigen Vergütungssystemen bezahlt werden.

Unter **«Methoden»** versteht man die Verfahren zur Durchführung der Grundsätze, etwa die Anwendung eines bestimmten arbeitswissenschaftlichen Systems wie Refa oder MTM bei der Bewertung einer konkreten Tätigkeit.[1084]

*Aktuelleres Beispiel:* Alle Angestellten ab einer bestimmten Stellung in der Hierarchie schließen jedes Jahr eine Zielvereinbarung mit dem Personalleiter ab; wird das Ziel (z. B. Senkung der Zahl der nicht ganz abwegigen Kundenbeschwerden um 10 %) erreicht, erhält der Einzelne einen Bonus in Höhe eines halben Monatsgehalts. Über die Zielerreichung entscheidet der unmittelbare Vorgesetzte. Der Betriebsrat könnte unter dem Stichwort «Entlohnungsmethode» verlangen, dass über die Zielerreichung eine kleine Kommission oder ein «Neutraler» aus der Personalabteilung entscheidet.

993a Die Festsetzung des Entgelts gegenüber dem **einzelnen Arbeitnehmer** fällt nach allgemeiner Auffassung nicht unter Nr. 10, da die «individuelle Lohngestaltung», die mit Rücksicht auf besondere Umstände des einzelnen Arbeit-

---

1083 BAG AP Nr. 1 zu § 87 BetrVG 1972 Provision; BAG AP Nr. 37 zu § 87 BetrVG 1972 Lohngestaltung.

1084 DKK-Klebe § 87 Rn 250; GK-Wiese § 87 Rn 921.

nehmers gewählt wird, keinen «betrieblichen» Charakter besitzt. [1085] Sobald ein **innerer Zusammenhang zu der Entlohnung anderer Arbeitnehmer** besteht, greift aber Nr. 10 ein. Insoweit deckt sich die Bestimmung des «kollektiven Tatbestands» mit der Praxis bei Nr. 1[1086] und Nr. 3[1087].

*Beispiel:* 5 Arbeitnehmer erhalten wegen ihres besonderen Arbeitseinsatzes eine einmalige Leistungsprämie in Höhe von € 500. Mitbestimmung nach Nr. 10 zu bejahen; beim Abstellen auf die Leistung wird sinngemäß immer auch auf das Arbeitsverhalten anderer Arbeitnehmer Bezug genommen.[1088]

Diese Handhabung lässt sich auch damit rechtfertigen, dass Sinn des Mitbestimmungsrechts nach Nr. 10 die Herstellung und Sicherung der «Lohngerechtigkeit» ist;[1089] eine unangemessene Differenzierung droht aber auch dann, wenn nur ganz wenige, im Extremfall: eine einzige Person, gegenüber anderen hervorgehoben wird.[1090]

Der **Begriff «Lohn»** ist in einem weiten Sinne als Gesamtheit der vom 993b
Arbeitgeber für die Erbringung der Arbeit gewährten Geld- und Sachleistungen zu verstehen. Einbezogen sind deshalb auch Zusatzleistungen wie die Gewährung verbilligter Flugscheine,[1091] von Mietzuschüssen[1092] oder von Belegschaftsaktien,[1093] die normalerweise nicht tariflich geregelt sind. Auch **freiwillige Leistungen** sowie unter Widerruf gewährte sind erfasst. Lediglich ein reiner **Aufwendungsersatz** ist ausgeschlossen, doch greift Nr. 10 wieder ein, wenn Pauschalen z. B. für Dienstreisen die im Steuerrecht vorgesehenen übersteigen.[1094]

Nach ständiger Rechtsprechung des BAG[1095] und nach weit überwiegender 994
Auffassung in der Literatur[1096] erstreckt sich die Mitbestimmung **nicht** auf die **Höhe des Arbeitsentgelts**. Dies hat zur Folge, dass der Betriebsrat auch dort, wo keine Tarifverträge eingreifen, von Rechts wegen keine eigenständige Lohnpolitik betreiben kann. Selbst in einem «tariffernen» IT-Betrieb kann

---

1085 So im Ergebnis auch die Begründung zum RegE, BT-Drucks. VI/1789, S. 49. Ebenso BAG GS DB 1992, 1579, 1585.

1086 Oben 6.9.1.3. (Rn 962).

1087 Oben 6.9.3. (Rn 969).

1088 So BAG NZA 2000, 1066, 1068 li. Spalte.

1089 BAG AP Nr. 73 und 81 zu § 87 BetrVG 1972 Lohngestaltung; GK-Wiese § 87 Rn 895 mwN («Verteilungsgerechtigkeit»).

1090 In gleichem Sinne BAG GS DB 1992, 1579, 1585.

1091 BAG AP Nr. 18 zu § 87 BetrVG 1972 Lohngestaltung.

1092 BAG AP Nr. 19 zu § 87 BetrVG 1972 Lohngestaltung = DB 1986, 2340.

1093 BAG AP Nr. 6 zu § 88 BetrVG 1972.

1094 DKK-Klebe § 87 Rn 244.

1095 BAG AP Nr. 1 zu § 87 BetrVG 1972 Provision; BAG AP Nr. 117 zu § 87 BetrVG 1972 Lohngestaltung.

1096 Nachweise bei GK-Wiese § 87 Rn 808.

er daher nicht eine jährliche Gehaltserhöhung über die Einigungsstelle erzwingen. **Rechtsdogmatisch überzeugt die herrschende Meinung wenig:** Die «Fragen der betrieblichen Lohngestaltung» sind – wie das Wörtchen «insbesondere» deutlich macht – nicht mit Entlohnungsgrundsätzen und Entlohnungsmethoden identisch. Es ist nicht ersichtlich, was außer der Vergütungshöhe noch übrig bleiben sollte.[1097] Nr. 10 ist als Generalklausel formuliert und sollte nach dem Willen des Gesetzgebers ein umfassendes Mitbestimmungsrecht gewähren.[1098] Eine gegenständliche Einengung wie bei Nr. 8 und 9 ist nicht vorhanden. Die Tatsache, dass Nr. 11 ausdrücklich auch die Entgelthöhe einbezieht, lässt keinen Gegenschluss zu; vielmehr handelt es sich um eine Spezialvorschrift, die den spezifischen Gefahren der leistungsbezogenen Vergütung (Überforderung des Arbeitnehmers) Rechnung tragen will. In der Praxis wird man sich gleichwohl an der BAG-Rechtsprechung orientieren. Sie schließt im Übrigen nicht aus, dass durch eine Änderung der Entlohnungsmethoden mittelbar auch eine Erhöhung der Vergütung bewirkt wird.

Im obigen Beispiel (Rn 993 a. E.) kann die Einschaltung der unabhängigen Kommission durchaus dazu führen, dass eine größere Anzahl von Beschwerden als «abwegig» qualifiziert wird, sodass sich der Zielerreichungsgrad für die Beschäftigten erhöht.

994 a Bei **freiwilligen Zuwendungen** entscheidet der Arbeitgeber nicht nur über die Höhe, sondern auch über die Zwecksetzung und den begünstigten Personenkreis.[1099] Innerhalb dieses Rahmens kann der Betriebsrat jedoch mitbestimmen, etwa bei der Frage, welche Arbeiten als erschwerniszuschlagspflichtig einzustufen sind.[1100] Auch das Verhältnis zwischen Festgehalt, Provision und Prämie unterliegt der Mitbestimmung.[1101] Diese greift auch dann ein, wenn bei einer übertariflichen Zulage, die an einen großen Teil der Belegschaft gezahlt wird, die genauen Grenzen des erfassten Personenkreises unsicher sind.[1102] In allen diesen Fällen dient die Einschaltung des Betriebsrats der **«Verteilungsgerechtigkeit»**. Sollen **Tariflohnerhöhungen mit übertariflichen Leistungen verrechnet** werden, so besteht ein Mitbestimmungsrecht nur dann, wenn sich dadurch die Verteilungskriterien ändern.[1103]

995 Besonderes Interesse verdient die Beteiligung des Betriebsrats bei der **Gehaltsbestimmung von AT-Angestellten**. Das BAG hat schon Anfang 1980 klargestellt, das Mitbestimmungsrecht der Nr. 10 werde in diesem Fall we-

---

1097 DKK-Klebe § 87 Rn 254. Auch technische Veränderungen oder eine neuartige Vertragspraxis lassen sich immer unter die (weiten) Begriffe Lohnsysteme und Lohnmethoden fassen.

1098 BT-Drucksache VI/1786 S. 49.

1099 BAG BB 1982, 2106 = DB 1982, 1276. Ebenso BAG GS DB 1992, 1579 ff.

1100 So BAG DB 1982, 1274 = BB 1982, 1920.

1101 BAG DB 1989, 984.

1102 Vgl. BAG DB 1986, 914 unter Aufgabe von BAG DB 1984, 1351 = NZA 1984, 47.

1103 Einzelheiten oben 4.6.5.2. (Rn 298).

der durch den Tarifvorbehalt des § 87 Abs. 1 BetrVG noch durch § 77 Abs. 3 BetrVG eingeschränkt.[1104] Möglich sind daher die Schaffung einzelner Vergütungsgruppen und die Bestimmung der Relationen zwischen ihnen.[1105]

«Die Vergütung in Gruppe 2 liegt 15 % über der Vergütung in Gruppe 1.»

Ausgeschlossen ist es nach der Rechtsprechung jedoch, die Vergütung **an** die **Tarifgehälter** zu **koppeln**[1106], da dies auf ein Stück eigenständiger Lohnpolitik hinauslaufen würde. Die Rechtsprechung ist auf sämtliche Beschäftigten übertragbar, wenn in dem fraglichen Betrieb kein Tarifvertrag (mehr) anwendbar ist.

### 6.9.11. Festsetzung der Akkord- und Prämiensätze und vergleichbarer leistungsbezogener Entgelte, einschließlich der Geldfaktoren (Nr. 11)

Mit Nr. 11 wird ein besonders wichtiger Fall aus dem Gesamtbereich der Nr. 996
10 herausgehoben. Wird nach Leistung bezahlt, ergeben sich wichtige Beurteilungsfragen: Nach welchen Kriterien bestimmt sich, ob ein Arbeitsverhalten eine besonders positive oder eine weniger günstige Bewertung verdient? Welche Leistung rechtfertigt wie viel Zusatzverdienst? Beides lässt sich nicht mit mathematischer Sicherheit beurteilen, weshalb ein gewisses Maß an **Rationalität** durch die Einschaltung des Betriebsrats, also durch ein Verfahren erreicht werden soll. Dieser hat außerdem darauf zu achten, dass die Leistungsanreize **nicht** zu einer **Überforderung** des Arbeitnehmers führen.[1107] Die Mitbestimmung erstreckt sich deshalb auf alle Bezugsgrößen, die für die Bestimmung der Vergütung maßgebend sind; wie nicht zuletzt aus der Erwähnung der «Geldfaktoren» beim Akkord deutlich wird, ist im Rahmen der Nr. 11 auch die Höhe des Entgelts mitbestimmt.[1108]

Ein **leistungsbezogenes Entgelt** liegt nur dann vor, wenn der Arbeit- 996a
nehmer durch sein Verhalten bei der Arbeit die **Entgelthöhe beeinflussen**

1104 BAG AuR 1980, 384.

1105 BAG NZA 1991, 434, 436.

1106 BAG AP Nr. 68 zu § 87 BetrVG 1972 Lohngestaltung; weitergehend DKK-Klebe § 87 Rn 267; Fitting § 87 Rn 484.

1107 So der Sache nach auch BAG NZA 2001, 1155; zustimmend DKK-Klebe § 87 Rn 269; GK-Wiese § 87 Rn 962.

1108 BAG AP Nr. 3 zu § 87 BetrVG 1972 Prämie; BAG DB 1995, 2610, 2611; Nachweise aus der Lit. bei GK-Wiese § 87 Rn 992.

kann.[1109] Nach der Rechtsprechung soll es nicht genügen, wenn lediglich an eine **in der Vergangenheit**, z. B. in den ersten drei Monaten des Jahres, erbrachte Durchschnittsleistung angeknüpft wird.[1110] Zur Begründung mag man darauf verweisen, dass der Überforderungsschutz hier keine Rolle mehr spielt, doch bleiben die Bewertungsprobleme auch hier. Zumindest muss die Mitbestimmung in dem Zeitraum eingreifen, in dem die «Ausgangsgröße» für die künftige Vergütung bestimmt wird. Unproblematisch ist dagegen, dass sich die Mitbestimmung nicht auf solche «Prämien» und «Zulagen» erstreckt, die unabhängig von der erbrachten Leistung gewährt werden: **«Jahresabschlussprämien»**, «Treue-, Pünktlichkeits- und Anwesenheitsprämien» fallen nicht unter Nr. 11, sondern nur unter Nr. 10.[1111]

996b Die klassische Form des Leistungslohns ist der **Akkord**. Die Lohnhöhe bestimmt sich dabei ausschließlich nach der Menge der geleisteten Arbeit. Älteste und einfachste Form ist der sog. Stück- oder **Geldakkord**[1112], bei dem pro hergestellter «Einheit» eine bestimmte Geldsumme vergütet wird.[1113]

*Beispiel:* Bei Malerarbeiten werden für jeden Quadratmeter gestrichener Wand 1,5 € vergütet.

Die typische Form ist allerdings heute der sog. **Zeitakkord**. Bei ihm wird für jede «Einheit» eine bestimmte Zahl von Minuten festgelegt; jede Minute wird in einem bestimmten Geldwert ausgedrückt, auch «Geldfaktor» genannt. Was bedeutet dies konkret?

Zunächst wird für jede Tätigkeit eine bestimmte **«Vorgabezeit»** ermittelt.

*Beispiel:* Für das Zusammennähen einer Bluse aus vorgefertigten Stoffteilen werden fünf Minuten veranschlagt.

Dabei wird eine sog. **Normalleistung** zugrunde gelegt, d. h. diejenige Leistung, «die ein ausreichend geeigneter, eingearbeiteter und voll geübter Arbeitnehmer ohne Gesundheitsschädigung auf Dauer erbringen kann»[1114]. Der so ermittelte «Zeitfaktor» wird nun mit dem Geldfaktor multipliziert. Dieser beträgt in der Regel ein Sechzigstel des sog. Akkordrichtsatzes, d. h. derjenigen Geldsumme, die bei Normalleistung in einer Stunde verdient wird.

*Beispiel:* Unterstellt, der Akkordrichtsatz für Näherinnen belaufe sich auf 6 €, so beträgt der Geldfaktor 6 € geteilt durch 60 = 10 Cent. Beschränkt sich eine Arbeitnehmerin auf

---

1109 BAG NZA 2001, 1154, 1155.

1110 BAG NZA 2001, 1154, 1155 = BB 2001, 2320.

1111 DKK-Klebe § 87 Rn 282.

1112 Für Karl Marx, Das Kapital, Bd. I, MEW 23, 574 ff., war der «Stücklohn» noch die einzige Form des Leistungslohns.

1113 DKK-Klebe § 87 Rn 271.

1114 So BAG DB 2003, 212, 213.

die Normalleistung, so näht sie pro Stunde zwölf Blusen und erhält dafür 12 × 5 = 60 Minuten gutgeschrieben, die mit dem Geldfaktor 10 Cent multipliziert den Akkordrichtsatz von 6 € ergeben. Näht sie infolge erhöhten Arbeitseinsatzes pro Stunde fünfzehn Blusen, so werden ihr 75 Minuten gutgeschrieben, was einem Verdienst von 7,50 € entspricht.

Für die realen Verdienstmöglichkeiten des Arbeitnehmers ist die **Ermittlung der Vorgabezeit** von überragender Bedeutung; eine tarifliche Lohnerhöhung um 4 % wird beispielsweise wirkungslos, wenn gleichzeitig die Vorgabezeiten um 4 % gekürzt werden. Nicht zuletzt aus diesem Grund steht dem Betriebsrat auch insoweit ein Mitbestimmungsrecht zu – und zwar selbst dann, wenn im allseitigen Einvernehmen ein anerkanntes Verfahren der Arbeitsbewertung angewandt werden soll, da es auch hierbei immer Wertungsmöglichkeiten gibt.[1115] In der Gegenwart geht die **Zahl der Akkordlöhner immer weiter zurück**.[1116] 996c

Der Prämienlohn ist insofern dem Akkord überlegen, als er nicht notwendigerweise am quantitativen Output anknüpft, sondern z. B. auch für qualitativ besonders gute Arbeit («Güteprämie»), für sparsamen Materialverbrauch («Ersparnisprämie») und für hohe Auslastung der Maschinen («Nutzungsprämie») gewährt werden kann.[1117] Weiter ist die **Prämie** insofern **flexibler**, als sie nicht notwendigerweise proportional mit dem Arbeitserfolg wachsen muss. So kann es z. B. sinnvoll sein, für die Steigerung der Auslastung von 80 auf 90 % eine hohe, z. B. bis 30 % betragende Prämie vorzusehen, während eine weitere Steigerung auf 95 % wegen möglicher Überbeanspruchung der Geräte nicht mehr zusätzlich vergütet wird. 996d

Die **Mitbestimmung** des Betriebsrats nach Nr. 11 erstreckt sich auf die Bezugsgröße (Qualität, Menge usw.), das Verfahren ihrer Feststellung sowie die «Prämienlohnlinie», d. h. die Frage, ob die Prämie mit der Leistung proportional, progressiv oder degressiv steigt.[1118] Hat der Arbeitgeber eine **«Prämienlohnordnung» ohne Zustimmung des Betriebsrats** erlassen, so muss er sich für die Vergangenheit dem einzelnen Arbeitnehmer gegenüber daran festhalten lassen[1119]; die Theorie der Wirksamkeitsbedingung, die den Arbeitnehmer schützen will,[1120] findet wegen dieser spezifischen Zwecksetzung keine Anwendung. Im Mitbestimmungsverfahren kann der Betriebsrat versuchen, eine bessere Lösung auch für die Vergangenheit zu erreichen. 996e

1115 BAG DB 2003, 212.

1116 So schon die Feststellungen bei Lutz, Grenzen des Lohnanreizes, Frankfurt/M. und Köln 1975, S. 9ff.; Schmiede-Schudlich, Die Entwicklung der Leistungsentlohnung in Deutschland, 2. Aufl., Frankfurt/M. 1977, S. 385ff. Praktische Bedeutung hat er noch in Teilen der traditionellen industriellen Produktion.

1117 Zu den Erscheinungsformen im Einzelnen s. Schaub § 65.

1118 DKK-Klebe § 87 Rn 279.

1119 BAG AP Nr. 3 und 4 zu § 56 BetrVG (1952) Entlohnung.

1120 Dazu oben 6.7.3.1. (Rn 901).

996f Im Dienstleistungssektor und in Teilen der modernen Produktion spielen andere Formen des Leistungsanreizes eine steigende Rolle. Der Arbeitnehmer wird durch **«Vermittlungs- und Abschlussprovisionen»** an den getätigten Geschäften beteiligt, die Einhaltung von **Zielvereinbarungen** soll zur Erhöhung der Arbeitsproduktivität beitragen. Im Zusammenhang damit hat die Rechtsprechung den in Nr. 11 enthaltenen Begriff der «vergleichbaren leistungsbezogenen Entgelte» eng interpretiert und nicht etwa nur auf die Abhängigkeit von der Leistung abgestellt. Vielmehr muss hinzukommen, dass auch eine «Bezugsgröße» (wie z.B. die Normalleistung beim Akkord) existiert, was etwa bei der Provision verneint wurde.[1121] Dies überzeugt nicht, da bei Prämien etwas Derartiges häufig nicht in expliziter Form vorhanden ist; stillschweigend mögen Vorstellungen von «Normalverhalten» zugrunde liegen, doch stehen diese auch bei der Bemessung von Provisionen im Hintergrund.[1122] Anders verhält es sich bei Zielvereinbarungen, bei denen in aller Regel eine «Zielerreichung 100%» existiert, die als Maßstab für die Bewertung der Leistung und den gewährten Betrag dient.[1123]

## 6.9.12. Grundsätze über das betriebliche Vorschlagswesen (Nr. 12)

997 Das 1972 neu geschaffene Mitbestimmungsrecht betrifft einen **wirtschaftlich bedeutsamen Gegenstand**. Betriebliche Verbesserungsvorschläge sind ein wichtiges Mittel, um die deutsche Wirtschaft innovativer (und damit langfristig konkurrenzfähiger) zu machen.[1124] Eine Befragung von 365 Unternehmen mit ca. 2,2 Mio. Arbeitnehmern durch das Deutsche Institut für Betriebswirtschaft ergab, dass dort allein im Jahre 2004 über 1,22 Mio. Verbesserungsvorschläge gemacht wurden, die einen Einspareffekt von 1,2 Mrd. € hatten.[1125]

997a «Betriebliches Vorschlagswesen» meint **«Verbesserungsvorschläge»**, die sich auf die betriebliche Arbeit beziehen. Sie können technische, kaufmännische und organisatorische Fragen, aber auch einen wirksameren Unfall- und Gesundheitsschutz sowie die Humanisierung der Arbeitsbedingungen betreffen.[1126] Eine «Verbesserung» liegt vor, wenn potenziell kostengünstiger pro-

1121 BAG AP Nr. 2, 4 und 6 zu § 87 BetrVG 1972 Provision.

1122 Kritisch deshalb auch DKK-Klebe § 87 Rn 282; Fitting § 87 Rn 533.

1123 Näher Däubler NZA 2005, 793 ff.

1124 Vgl. Däubler BB 2004, 2521 ff.

1125 Mitgeteilt bei DKK-Klebe § 87 Rn 289. Bemerkenswert auch, dass 1978 die Zahl der Vorschläge bei 213000, also bei einem Sechstel des heutigen Niveaus lag.

1126 DKK-Klebe § 87 Rn 292; speziell für Einbeziehung der menschengerechten Gestaltung der Arbeit GK-Wiese § 87 Rn 1015.

duziert wird oder wenn vermeidbare physische und psychische Belastungen abgebaut werden.[1127] Der bloße Hinweis auf Probleme genügt nicht.[1128]

Das Mitbestimmungsrecht soll die freie **Persönlichkeitsentfaltung** der 997b
Beschäftigten fördern und für eine **gerechte Bewertung** ihrer Initiativen sorgen.[1129] Nach ganz herrschender Auffassung erfasst es nicht die **Arbeitnehmererfindungen**, da das ArbNErfG abschließenden Charakter habe.[1130] Dies ist schwer nachvollziehbar, da dieses in seinem § 22 ausdrücklich günstigere Vereinbarungen zulässt; warum diese nicht auch im Wege des Mitbestimmungsverfahrens zustande kommen dürfen, vermag ich nicht zu erkennen.[1131] **Technische Verbesserungsvorschläge**, die nicht zu einem Patent oder einem Gebrauchsmuster führen, die aber dem Arbeitsgeber eine ähnliche Vorzugsstellung wie ein gewerbliches Schutzrecht gewähren, geben dem Arbeitnehmer nach § 20 Abs. 1 ArbNErfG einen Anspruch auf angemessene Vergütung. Da das ArbNErfG keine weiteren Regelungen trifft, wird ihm jedenfalls insoweit keine exklusive Wirkung beigemessen; Nr. 12 bleibt anwendbar.[1132] Dasselbe gilt, wenn es um die Schaffung eines **urheberrechtsfähigen Werks** wie z. B. einer verbesserten Software geht, da die §§ 43, 69 b UrhG nur eine ganz fragmentarische Regelung enthalten.[1133]

Nicht von Nr. 12 erfasst sind Vorschläge, zu deren Erarbeitung der betref- 997c
fende Arbeitnehmer arbeitsvertraglich verpflichtet ist; wer von Berufs wegen Arbeitsabläufe rationalisieren oder die Arbeitsbedingungen verbessern soll, bedarf keines spezifischen Anreizes und keines spezifischen Schutzes. Es geht also ausschließlich um **«freie» Vorschläge**, die der Einzelne als zusätzliche Leistung erbringt.[1134] Ob sie der Arbeitgeber aufgreifen will, ist seiner Entscheidung überlassen;[1135] der Arbeitsvertrag verpflichtet lediglich dazu, in eine sachliche Prüfung einzutreten und eine nachvollziehbare Entscheidung zu treffen. Wird der Vorschlag angenommen und umgesetzt, so steht dem Ar-

---

1127 Fitting § 87 Rn 536 verweist mit Recht darauf, dass es nicht nur darum geht, Kosten einzusparen.

1128 Fitting § 87 Rn 540; GK-Wiese § 87 Rn 1012.

1129 BAG AP Nr. 1 und 2 zu § 87 BetrVG 1972 Vorschlagswesen; ErfK-Kania § 87 Rn 128; Fitting § 87 Rn 536; GK-Wiese § 87 Rn 1017.

1130 Fitting § 87 Rn 542; GK-Wiese § 87 Rn 1011; Richardi § 87 Rn 927 mwN.

1131 Für freiwillige Betriebsvereinbarungen nach § 88 BetrVG DKK-Klebe § 87 Rn 291.

1132 DKK-Klebe § 87 Rn 292; Fitting § 87 Rn 544; GK-Wiese § 87 Rn 1016; Richardi § 87 Rn 929 – alle mit der selbstverständlichen Einschränkung, dass die Vergütungshöhe nicht der Mitbestimmung unterliegt.

1133 Überblick bei Däubler, Internet und Arbeitsrecht, Rn 616 ff. Zustimmend DKK-Klebe § 87 Rn 292.

1134 BAG NZA 2004, 994, 997; ArbG Heilbronn DB 1987, 541; DKK-Klebe § 87 Rn 293; Fitting § 87 Rn 541; GK-Wiese § 87 Rn 1013; Pfelzer NZA 1990, 514, 516; Richardi § 87 Rn 930.

1135 BAG 28. 4. 1981 – 1 ABR 21/78 – juris; ebenso GK-Wiese § 87 Rn 1023; Richardi § 87 Rn 937.

beitnehmer regelmäßig ein Anspruch auf angemessene Vergütung zu,[1136] da er ja eine Sonderleistung erbracht hat.

997d Innerhalb dieses Rahmens bezieht sich das Mitbestimmungsrecht beispielsweise auf die Frage, wer Vorschläge machen darf und an wen diese zu richten sind. Möglich ist die Schaffung eines **«Innovationsbeauftragten»**, der möglichst außerhalb der betrieblichen Hierarchie stehen sollte.[1137] Nach der Rechtsprechung des BAG soll sich die Mitbestimmung nicht auf die Auswahl der Person beziehen,[1138] doch ist dies nicht aus dem Gesetz ableitbar.[1139] Eine freiwillige Abmachung dieser Art ist aber immer möglich.[1140] Der Betriebsrat hat die Möglichkeit, die Gesamteinigung über eine Betriebsvereinbarung nach Nr. 12 von dieser Frage abhängig zu machen. Zulässig ist weiter die Einsetzung einer **paritätischen Kommission**, die die eingereichten Vorschläge beurteilt. Ihr kann die Stellung eines Schiedsgutachters eingeräumt werden, sodass nur noch eine beschränkte gerichtliche Überprüfung ihrer Entscheidung möglich ist.[1141] Vom Mitbestimmungsrecht gedeckt ist weiter die Einrichtung von **Qualitätszirkeln**, soweit diese nicht nur dem Erfahrungsaustausch (oder der Geselligkeit) dienen, sondern auch Verbesserungsvorschläge erarbeiten sollen.[1142] Die Einführung von KVP (= kontinuierlicher Verbesserungsprozess) ist gleichfalls im Rahmen der Nr. 12 möglich.[1143] Die Mitbestimmung umfasst wie in den anderen Fällen des § 87 Abs. 1 BetrVG auch das **Initiativrecht des Betriebsrats**;[1144] notfalls könnte über die Einigungsstelle erzwungen werden, wie in Zukunft mit Verbesserungsvorschlägen umzugehen ist. Dass dadurch auch Kosten entstehen, ist ohne Bedeutung.[1145] In der Praxis wird ein gut beratener Arbeitgeber allerdings dem Vorschlagswesen und seiner Regelung aufgeschlossen gegenüberstehen; Blockadehaltungen der einen oder anderen Seite verweisen auf unausgetragene Konflikte in anderen Bereichen.

997e Ob der Arbeitgeber **finanzielle Aufwendungen** machen und für Verbesserungsvorschläge Prämien gewähren will, soll seiner Entscheidung vorbehalten

1136 BAG AP Nr. 1 zu § 20 ArbNErfG, bestätigt in BAG vom 28. 4. 1981, 1 AZR 21/78.

1137 Däubler BB 2004, 2521 ff.

1138 BAG AP Nr. 2 zu § 87 BetrVG 1972 Vorschlagswesen; ebenso u. a. Fitting § 87 Rn 557; Richardi § 87 Rn 933.

1139 Richtig DKK-Klebe § 87 Rn 297.

1140 Ebenso LAG Düsseldorf RDV 1989, 34 für das Parallelproblem der Bestellung des betrieblichen Datenschutzbeauftragten.

1141 Einzelheiten in BAG NZA 2004, 994 ff.

1142 DKK-Klebe § 87 Rn 293; Fitting § 87 Rn 548; a. A. GK-Wiese § 87 Rn 1014.

1143 DKK-Klebe § 87 Rn 293; Pfisterer AiB 1995, 329 ff. (mit einer Musterbetriebsvereinbarung).

1144 BAG AP Nr. 1 und 4 zu § 87 BetrVG 1972 Vorschlagswesen; GK-Wiese § 87 Rn 1022 mwN.

1145 Vgl. auch BAG 28. 4. 1981, 1 ABR 21/78 juris.

sein.[1146] Der «Dotierungsrahmen» ist wie bei Nr. 8[1147] und bei Nr. 10[1148] für die Mitbestimmung tabu. Die Forderung eines Betriebsrats, für nicht akzeptierte Vorschläge eine **«Anerkennungsprämie»** vorzusehen, lässt sich daher nicht durchsetzen. Stellt der Arbeitgeber gleichwohl einen **«Topf»** zur Verfügung, so bezieht sich die Mitbestimmmung auf die Verteilungsgrundsätze. Denkbar wäre etwa, ein Punktesystem vorzuschreiben, das auf die Bedeutung des Vorschlags für das Unternehmen abstellt und das von dem Beauftragten bzw. der Kommission angewandt wird. Möglich ist weiter, einen bestimmten Prozentsatz der bewirkten Einsparung als Prämie vorzusehen.[1149] Unproblematisch sind dagegen **moralische Anerkennungen**, die in einer Dankesurkunde ihren Ausdruck finden können.

Wenig erörtert scheint die Frage, ob der Betriebsrat nicht **nach Nr. 10 mitbestimmen** kann. Da dem einzelnen Arbeitnehmer wegen seiner Sonderleistung in der Regel ein Anspruch auf angemessene Vergütung zusteht, der von Gesetzes wegen nicht näher definiert ist, könnte man sich «Entlohnungsgrundsätze» vorstellen, die den faktisch bestehenden Bemessungsspielraum ausnutzen und bestimmte Kriterien vorsehen. Die Situation ist keine prinzipiell andere, als wenn der Arbeitgeber jedem Beschäftigten eine «angemessene» Weihnachtsgratifikation versprechen würde: Hier hätte niemand Zweifel, dass dieser Rahmen im Wege der Mitbestimmung ausgefüllt werden kann. 997 f

## 6.9.13. Grundsätze über die Durchführung von Gruppenarbeit (Nr. 13)

Das im Jahre 2001 eingefügte Mitbestimmungsrecht hat – soweit ersichtlich – bisher nur wenig praktische Bedeutung erlangt; Rechtsprechung ist nicht vorhanden. Der zweite Halbsatz von Nr. 13 **definiert** die erfasste **Gruppenarbeit**. Danach muss eine Gruppe von Arbeitnehmern 997 g

- ▶ eine Gesamtaufgabe zu erfüllen haben; die bloße Koordination von Einzelaufgaben genügt nicht.
- ▶ Dies muss «im Wesentlichen eigenverantwortlich» geschehen, d. h., die Gruppe muss die einzelnen Arbeitsschritte selbst organisieren können. Dies ist bei einer Akkordkolonne oder bei einer Gruppe nicht der Fall, die lediglich abspricht, wer zu welcher Zeit arbeitet.[1150]

---

1146 BAG AP Nr. 2 zu § 87 BetrVG 1972 Vorschlagswesen.
1147 Oben 6.9.8. (Rn 991 a).
1148 Oben 6.9.10. (Rn 994).
1149 Dafür auch DKK-Klebe § 87 Rn 298; Fitting § 87 Rn 554; anders Richardi § 87 Rn 939.
1150 DKK-Klebe § 87 Rn 304.

▶ Die Gesamtaufgabe muss «im Rahmen des betrieblichen Arbeitsablaufs» erfüllt werden, was Projektgruppen ausschließen soll, die zur normalen Arbeitsorganisation hinzutreten oder die nur für einen überschaubaren Zeitraum existieren.[1151]

997h Soweit diese Voraussetzungen erfüllt sind (man spricht insoweit von **«teilautonomen Gruppen»**), unterliegt nicht etwa die Einführung der Mitbestimmung. Vielmehr beschränkt sich diese nach dem klaren Wortlaut der Vorschrift auf «Grundsätze der Durchführung», wozu z.B. Regeln über die Aufgabenverteilung und den Wechsel der Funktionen (job rotation), die Einrichtung eines Gruppensprechers und Informationspflichten innerhalb der Gruppe und gegenüber dem Arbeitgeber gehören.[1152] Der Gruppe könnten nach § 28 a BetrVG bestimmte Rechte des Betriebsrats übertragen werden, doch ist bisher davon kein Gebrauch gemacht worden.[1153]

## 6.9.14. Gesetzes- und Tarifvorbehalt

998 Die hier skizzierten Mitbestimmungsrechte gelten nach dem Eingangssatz des § 87 nur, «soweit eine gesetzliche oder tarifliche Regelung nicht besteht». Ist daher eine bestimmte Materie einer ins Einzelne gehenden Regelung unterworfen worden, besitzt der Betriebsrat nur noch wenig oder keinen Spielraum mehr.

*Beispiel:* § 57 a StVZO verpflichtet unter bestimmten Voraussetzungen zur Installierung eines Fahrtenschreibers. Insoweit versagt das Mitbestimmungsrecht nach § 87 Abs. 1 Nr. 6. Anders dann, wenn der Arbeitgeber darüber hinausgeht und auch ohne gesetzliche Verpflichtung ein solches Gerät anbringt.[1154]

Dasselbe gilt bei detaillierten tariflichen Regelungen.[1155] Dabei ist immer zu fragen, ob der Tarifvertrag eine abschließende Regelung treffen oder bestimmte Ergänzungen zulassen will. In der Regel wird das Letztere der Fall sein.

999 Zweifelhaft ist, inwieweit aufgrund Gesetzes ergehende **hoheitliche Einzelmaßnahmen** das Mitbestimmungsrecht ausschließen. Bei polizeilichen Untersuchungen im Betrieb hat die Rechtsprechung darauf abgestellt, ob der Arbeitgeber selbst eine Entscheidung getroffen hat oder nicht; nur im ersten Fall hat sie § 87 Abs. 1 Nr. 1 BetrVG eingreifen lassen.[1156] Dies ist angesichts der Ausrichtung der Mitbestimmung auf das Verhältnis Betriebsrat – Arbeit-

1151 GK-Wiese § 87 Rn 1046.
1152 Weitere mögliche Inhalte bei GK-Wiese § 87 Rn 1065; DKK-Klebe § 87 Rn 310.
1153 Oben 6.4.3.6. (Rn 827 a).
1154 BAG AP Nr. 3 zu § 87 BetrVG 1972 Überwachung.
1155 Zum Tarifvorrang s. oben 6.5.6. (Rn 847).
1156 BAG DB 1982, 2578 = BB 1982, 1920 LS.

geber schwer zu vermeiden. Verlangt die zuständige Behörde eine **Sicherheitsüberprüfung** einzelner Beschäftigter,[1157] so fällt entgegen BAG[1158] das Mitbestimmungsrecht nach § 87 Abs. 1 Nr. 1 und 6 nicht einfach weg. Vielmehr wird hier vom Arbeitgeber etwas Unmögliches verlangt, da er in dem fraglichen Bereich nicht ohne Betriebsrat handeln kann.[1159] Eine Lösung könnte darin liegen, dass die Behörde wie bei Miteigentümern ihre **Anordnung auch an den Betriebsrat** adressiert, der sie ggf. im Wege eines verwaltungsgerichtlichen Verfahrens überprüfen lassen kann.[1160] Andere lehnen eine Beschränkung des Mitbestimmungsrechts ab, sehen aber die im Streitfall entscheidende Einigungsstelle als verpflichtet an, die Bindung des Arbeitgebers als «betrieblichen Belang» zu berücksichtigen.[1161] Dies läuft auf eine faktische Unterwerfung hinaus. Auch auf der Grundlage der Rechtsprechung wird man den **Arbeitgeber** mit Rücksicht auf § 2 Abs. 1 BetrVG als **verpflichtet** ansehen müssen, den **Betriebsrat** in die Erarbeitung etwaiger Vorschläge an die Behörde gleichberechtigt **einzuschalten**[1162] und gegen einen rechtlich zweifelhaften Verwaltungsakt gerichtlich vorzugehen.

Knüpft der Staat die Gewährung von **Subventionen** oder die Erteilung von 1000
Aufträgen an bestimmte **arbeitnehmerbezogene Bedingungen**,[1163] so bleibt das Mitbestimmungsrecht bestehen, da der Arbeitgeber rechtlich ja auf das fragliche Projekt verzichten kann. Dasselbe gilt, wenn ein Vertragspartner des Arbeitgebers in bestimmter Richtung Druck ausübt. Auch hier besteht allerdings die Schwierigkeit, dass die Einigungsstelle an diesen Rahmenbedingungen schwerlich vorbeigehen kann.[1164]

*Der Praxis entnommenes Beispiel:* Eine große Forschungseinrichtung wird zu 90% aus Bundesmitteln finanziert. Dem Zuwendungsbescheid ist die Auflage beigefügt, Vergütungen höchstens nach einem bestimmten Tarif zu gewähren. Die Auszahlung der zugesagten Summen erfolgt erst, wenn die Monatsfrist für die verwaltungsgerichtliche Klage abgelaufen ist. Wird der (ja bestandskräftigen) Auflage zuwidergehandelt, kann die Zuwendung widerrufen werden. Wer wird dieses Risiko eingehen?

---

1157 Zur Zulässigkeit im Einzelnen s. Däubler, Gläserne Belegschaften? Rn 901 ff.

1158 DB 1992, 143, bestätigt durch BVerfG NZA 1995, 129.

1159 S. oben 6.7.3.1. (Rn 901).

1160 Näher Däubler AiB 1989, 16.

1161 Beck-Trümner AuR 1989, 77, 83 ff.; vgl. auch Dörner-Wildschütz AiB 1995, 257, 265 ff.

1162 Däubler AiB 1989, 16.

1163 Beispiel: keine höhere Bezahlung als nach BAT. S. BAG AP Nr. 6 zu § 87 BetrVG 1972 Auszahlung = DB 1988, 813.

1164 Zu den Entscheidungskriterien der Einigungsstelle s. oben 6.8.3.3. (Rn 949) und DKK-Berg § 76 Rn 86 ff.

## 6.10. Mitbestimmung des Betriebsrats über die menschengerechte Gestaltung der Arbeit?

1002 So imponierend der Katalog des § 87 manchem erscheinen mag – nicht erfasst ist ein beträchtlicher Teil der Arbeitsorganisation.[1165] Soweit keine arbeitsschutzrechtlichen Vorschriften eingreifen und soweit keine nachweisbare Gesundheitsgefährdung vorliegt, hat der Betriebsrat nach § 87 keine Möglichkeiten. Geht es z. B. «nur» darum, ob die körperliche oder seelische Beanspruchung eines Arbeitnehmers zu hoch oder zu niedrig ist, so versagt das Mitbestimmungsrecht. Dasselbe gilt für den Versuch, die Arbeit stärker am Wohlbefinden des einzelnen Arbeitnehmers, z. B. an ausreichenden Möglichkeiten zu sozialem Kontakt, auszurichten. Will der Betriebsrat in diesem Bereich tätig werden, kann er sich allein auf die §§ 90, 91 BetrVG stützen, die von begrenzter Reichweite sind.

### 6.10.1. Die Unterrichtung nach § 90 BetrVG

1003 Der seit 1. 1. 1989 in leicht veränderter Fassung geltende § 90 BetrVG verpflichtet den Arbeitgeber, den Betriebsrat über die **Planung bestimmter Vorhaben wie z. B. von Umbauten** rechtzeitig zu unterrichten und dabei die erforderlichen Unterlagen vorzulegen. Dies muss so frühzeitig geschehen, dass Vorschläge und Bedenken des Betriebsrats noch berücksichtigt werden können. Die Betriebsparteien sollen dabei auch die gesicherten arbeitswissenschaftlichen Erkenntnisse über die menschengerechte Gestaltung der Arbeit berücksichtigen. Der Kreis der erfassten Vorgänge wird sehr weit gezogen, sind doch nach dem Gesetzeswortlaut nicht nur bauliche Veränderungen, sondern auch (geplante) technische Anlagen, Arbeitsverfahren, Arbeitsabläufe und Arbeitsplätze «erörterungspflichtig». Dies garantiert indes **keine wirksame Wahrung von Arbeitnehmerinteressen**: Zum einen liegt es mehr oder weniger im Ermessen des Arbeitgebers, wann er eine solche Maßnahme als «geplant» ansieht, fehlen doch dem Betriebsrat meist ausreichende Informationen über interne Vorgänge in der Geschäftsleitung.[1166] Zum andern bleibt der Arbeitgeber in seiner Entscheidung auch dann völlig frei, wenn der Be-

1165 Anders deshalb schon der DGB-Entwurf für ein neues BetrVG, § 56 lit. h, RdA 1970, 242 ff. und der 1985 veröffentlichte Gesetzesvorschlag des DGB zur Änderung des Betriebsverfassungsrechts (hrsg. vom DGB-Bundesvorstand, § 94 Abs. 1 Ziffer 1).

1166 Dies wird nicht thematisiert bei Hofe (S. 68 f.), wenn er durchaus zu Recht betont, die Einschaltung des Betriebsrats müsse bei technischer Rationalisierung vor Auftragsvergabe und bei organisatorischer Rationalisierung vor dem Beginn einer Ablauf- oder Arbeitsplatzuntersuchung erfolgen. Auch die Neufassung hat an diesem Problem nichts geändert.

triebsrat erhebliche Bedenken gegen das beabsichtigte Vorhaben angemeldet hat.[1167] Ob dieser die geplante Maßnahme im Wege der **einstweiligen Verfügung** stoppen kann, bis das Beratungsverfahren abgeschlossen ist, wird unterschiedlich beurteilt.[1168] Die besseren Gründe sprechen für eine positive Antwort, da das Verfahren jeden Sinn verlieren würde, könnte sich der Arbeitgeber ohne großes Risiko darüber hinwegsetzen.[1169] Auch verlangt die EG-Richtlinie 2002/14/EG vom 11. 3. 2002[1170] ein wirksames und notfalls durch Sanktionen erzwungenes Konsultationsverfahren in vielen Fragen, die auch von § 90 erfasst sind.[1171]

## 6.10.2. Das «kleine» Mitbestimmungsrecht nach § 91 BetrVG

Einen gewissen Ausgleich soll das sog. **korrigierende Mitbestimmungsrecht**[1172] des Betriebsrats nach § 91 BetrVG schaffen. Es besteht neben dem Beratungsrecht nach § 90,[1173] ist jedoch an das Vorliegen zahlreicher Voraussetzungen geknüpft. Die Vorschrift greift nur dann ein, wenn «die Arbeitnehmer durch Änderungen der Arbeitsplätze, des Arbeitsablaufs oder der Arbeitsumgebung, die den gesicherten arbeitswissenschaftlichen Erkenntnissen über die menschengerechte Gestaltung der Arbeit offensichtlich widersprechen, in besonderer Weise belastet» werden. 1004

Von **«Änderungen»** kann dem Wortsinn nach nur gesprochen werden, wenn sich irgendetwas verändert. Verstößt der bestehende Zustand gegen gesicherte arbeitswissenschaftliche Erkenntnisse, so greift § 91 BetrVG nach weit überwiegender Auffassung nicht ein.[1174] Der systematische Zusammenhang mit § 90 BetrVG sowie die Entstehungsgeschichte unterstützen diese Wortlautinterpretation. 1005

1167 Daran ändern auch die bei Hofe (S. 28 ff.) genannten Betriebsvereinbarungen aus dem Montanbereich und der chemischen Industrie nichts, da sie lediglich die Informationsmöglichkeiten der Betriebsräte verbessern. Zur Durchsetzung der Rechte aus § 90 s. Degott BB 1982, 1955; Köstler BB 1982, 861; Schmidt BB 1982, 48.

1168 Nachweise bei DKK-Klebe § 90 Rn 37.

1169 Zu den Voraussetzungen eines Unterlassungsanspruchs aus dem jeweiligen Beteiligungsrecht und aus § 23 Abs. 3 BetrVG s. oben 6.7.4.4. (Rn 919 bis 922 b). Zur praktischen Handhabung des § 121 BetrVG, der auch im Falle des § 90 eingreift, s. oben 6.7.4.1. (Rn 912).

1170 Abgedruckt bei DKK, Anhang 3.

1171 DKK-Klebe § 90 Rn 37. Im Streitfall sollte durch Einschaltung des EuGH eine Klärung versucht werden.

1172 So die übliche Bezeichnung; vgl Richardi-Annuß § 91 Rn 1.

1173 DKK-Klebe § 91 Rn 2.

1174 So zuletzt BAG NZA 2004, 620, 621, wo im Übrigen festgestellt wurde, dass die Zusammenfassung aller tariflichen Erholungszeiten und Kurzpausen am Arbeitsende nicht ausreicht.

### 6.10.2.1. Die «gesicherten arbeitswissenschaftlichen Erkenntnisse über die menschengerechte Gestaltung der Arbeit»

1007 «Arbeitswissenschaftliche Erkenntnisse» sind als Ergebnisse einer Wissenschaftsdisziplin Expertenwissen, das sich die Betriebsratsmitglieder erst einmal aneignen müssen. Mit einigen Anstrengungen mag sich diese Aufgabe lösen lassen, doch taucht sofort das weitere Problem auf, **wann eine «gesicherte» Erkenntnis vorliegt**: Kann man wie in der Rechtswissenschaft auf die «herrschende Meinung» abstellen[1175], oder müssen sich alle Wissenschaftler einig sein?[1176] Das Letztere anzunehmen würde bedeuten, dass schon ein einziger Gutachter mit allzu auftraggeberfreundlicher Optik die «Erkenntnis» als solche zunichte machen kann. Auch die erste Alternative ist unbefriedigend, gibt es doch keine exakten Kriterien, von wann ab eine Auffassung als «herrschend» anzusehen ist.

*Beispiel:* Der Institutsassistent X vertritt in einem Aufsatz den Standpunkt, bei der Produktion eines neuen Kunststoffs entstünden gesundheitsschädigende Dämpfe. Ein Assistentenkollege zitiert ihn zustimmend in einer Fußnote – ansonsten schweigt die Chemikerzunft. Möglicherweise sind andere Wissenschaftler voll mit anderen Themen ausgelastet; vielleicht ist ihnen aber auch die Sache zu brisant, weil ein Verbot des Kunststoffs einigen Firmen beträchtlichen Schaden bringen würde, mit denen sie ansonsten reibungslos zusammenarbeiten. Ist die Meinung des Assistenten unter diesen Umständen als «herrschend» zu bezeichnen?

«Gesichert» soll nach anderer Auffassung die Erkenntnis wiederum erst dann sein, wenn sie **in technische Regelwerke** wie VdE-Richtlinien und DIN-Normen, in Gesetze und Verordnungen oder Tarifverträge **aufgenommen** wurde[1177] – eine wenig überzeugende These, sind doch *solche* Erkenntnisse schon aufgrund der sie aufnehmenden Vorschrift zu beachten.[1178]

1008 Stellt man stattdessen auf den Normzweck des §91 ab, der ein Stück Humanisierung des Arbeitslebens verwirklichen will, so kann es allein darauf ankommen, dass die Erkenntnis nach **wissenschaftlich einwandfreien Methoden** erarbeitet wurde[1179] – ein Kriterium, das in empirisch arbeitenden

1175 Vgl. DKK-Klebe §91 Rn 10.

1176 Natzel RdA 1974, 283 («Allgemeingeltung»); wohl auch Fitting §90 Rn 43 («als gültig anerkannt»); Richardi-Annuß §90 Rn 34 (in der Fachwelt «Anerkennung» gefunden).

1177 So Galperin-Löwisch §91 Rn 7

1178 Richtig GK-Wiese §90 Rn 40. Zum Begriff der «gesicherten arbeitswissenschaftlichen Erkenntnisse» s. auch Karl-Detlef Fuchs, Die gesicherten arbeitswissenschaftlichen Erkenntnisse als Rechtsbegriff, Frankfurt/M. und New York 1983, und H.-G. Ridder AuR 1984, 353ff. mwN.

1179 So etwa Hofe, S. 88.

Wissenschaften eher zu eindeutigen Ergebnissen führt als beispielsweise in der Jurisprudenz.

Nimmt man den günstigsten Fall einer vollständigen Übereinstimmung unter allen Beteiligten, so ist weiter zu fragen, ob sich die Erkenntnis eigentlich auf die **«menschengerechte» Gestaltung** der Arbeit bezieht. Nach welchen Maßstäben bestimmt sich dies? Kommt es darauf an, ob das körperliche und seelische Wohlbefinden des Arbeitnehmers gefördert wird, oder geht es auch hier nur um den Gesundheitsschutz? Auch die Formel von der **«Anpassung der Arbeit an den Menschen»**[1180] ermöglicht nicht immer eine sichere Zuordnung. 1009

*Beispiel:* Es bestehen zwar einigermaßen feste Vorstellungen über Lärmobergrenzen[1181], nicht aber über die Frage, wie viele Springer bei 50 Fließbandarbeitsplätzen angemessen sind.[1182] Auch viele Alltagsprobleme können Zweifel aufwerfen: Ist es ein Beitrag zur Humanisierung, wenn man das Klingeln des Telefons abstellen kann, oder wird gerade mehr Stress geschaffen, weil die Kommunikation mit anderen schwieriger wird?

Gehen wir davon aus, «menschengerecht» sei mehr als nur «der Gesundheit förderlich», zumal § 91 sonst keinerlei selbständige Funktion gegenüber § 87 Abs. 1 Nr. 7 hätte, so hat der Betriebsrat mit der Feststellung eines Widerspruchs zwischen geplanter Maßnahme und arbeitswissenschaftlicher Norm noch nichts Entscheidendes gewonnen. Der **Widerspruch muss «offensichtlich» sein**, was man dem Wortsinn nach nicht anders auffassen kann, als dass versteckte, schwer erkennbare Missstände weiterhin hinzunehmen sind. Auch ist durchaus umstritten, ob sich die «Offensichtlichkeit» nach dem **Vorwissen eines Experten** oder dem eines Durchschnittsbürgers bestimmt[1183], wird doch der Erstere manchen Fehler auf den ersten Blick erkennen, während der Letztere unter Umständen überhaupt keinen Anstoß nimmt.[1184]

Doch selbst wenn die «Offensichtlichkeit» von niemandem bestritten wird – der Betriebsrat ist erst dann am Ziel, wenn die Arbeitnehmer **«in besonderem Maße» belastet** werden. Damit ist wohl die besondere Schwere und Tragweite der Belastung gemeint, die sich allerdings in der Regel bereits aus dem offensichtlichen Verstoß gegen gesicherte arbeitswissenschaftliche Erkenntnisse ergibt.[1185] 1010

Dieses **«Hindernisrennen»** ist schließlich auch deshalb so schwer zu bestehen, weil es – soweit ersichtlich – kaum Rechtsprechung zu den Tatbestands- 1011

1180 Fitting § 90 Rn 38 a mwN.

1181 Vgl. Abschnitt 3.7 des Anhangs zu § 3 Abs. 1 ArbStättVO 2004.

1182 Richtig Hofe, S. 152, 158.

1183 S. etwa Natzel RdA 1974, 284 («jedermann ohne Hilfe eines Fachmanns»).

1184 Überwiegend wird heute auf den «sachkundigen Betriebspraktiker» (so LAG Baden-Württ. DB 1981, 1781, 1782) oder auf jede sachkundige Person (so Richardi-Annuß § 91 Rn 9) abgestellt.

1185 DKK-Klebe § 91 Rn 16 will weitergehend sogar eine automatische Verknüpfung annehmen.

merkmalen des § 91 gibt[1186], sodass den skizzierten Meinungsunterschieden in der juristischen Literatur erhöhte Bedeutung zukommt: Der Betriebsrat, der auf § 91 gestützt etwas verlangen will, wird sich häufig rechtlichen Bedenken konfrontiert sehen, die nicht, wie in vielen anderen Fällen, mit einem Hinweis auf BAG-Urteile ausgeräumt werden können.

### 6.10.2.2. Die möglichen Folgen eines Verstoßes: Abwendung, Milderung, Ausgleich

1012 Tritt dennoch der unwahrscheinliche Fall ein, dass alle Voraussetzungen des § 91 BetrVG unbestrittenermaßen vorliegen[1187], so hat der Betriebsrat gleichwohl nicht die üblichen, im Rahmen des § 87 praktizierten Möglichkeiten. Er kann vom Arbeitgeber lediglich «angemessene Maßnahmen zur Abwendung, Milderung oder zum Ausgleich der Belastung» verlangen. Dies bedeutet nach der «Bildschirmentscheidung» des BAG vom 6. 12. 1983,[1188] dass der Betriebsrat nicht verlangen kann, die Arbeitsabläufe von vorneherein so auszugestalten, dass jeder Verstoß gegen gesicherte arbeitswissenschaftliche Erkenntnisse ausgeschlossen sei; nur wenn an einzelnen Arbeitplätzen die Voraussetzungen des § 91 vorliegen, kann er intervenieren. In Alltagssprache ausgedrückt: Man muss warten, bis das Kind in den Brunnen gefallen ist. Aus dem **reaktiven Charakter** des Mitbestimmungsrechts nach § 91 schloss das BAG weiter, der Betriebsrat könne keine «Festschreibung» in Form einer Betriebsvereinbarung verlangen, wenn der Arbeitgeber bislang arbeitswissenschaftliche Erkenntnisse beachte.

1013 Nach der amtlichen Begründung zum Regierungsentwurf ist bei der Auswahl zwischen den im Gesetz vorgesehenen Maßnahmen auf die **technische Möglichkeit** und die **wirtschaftliche Vertretbarkeit** abzustellen. Ist eine Arbeitsgestaltung, die Nachteile für die Arbeitnehmer vermeidet und die deshalb als «menschengerecht» eingestuft werden kann, mit übermäßig hohen wirtschaftlichen Aufwendungen verbunden, hat sie zu unterbleiben. In dieser Konsequenz wird die Grenze der §§ 90, 91 BetrVG besonders deutlich; die «Anpassung der Arbeit an den Menschen» ist nur im Rahmen wirtschaftlicher Sachzwänge möglich.[1189]

---

1186 Genannt wird etwa eine Entscheidung des ArbG Hamm vom 13. 12. 1972 (MbGespr. 1973, 100). Die Einsetzung eines Einigungsstellenvorsitzenden wurde wegen offensichtlicher Unzuständigkeit der Einigungsstelle abgelehnt von LAG Düsseldorf DB 1981, 1676 (Bau eines Verwaltungsgebäudes), dagegen bejaht von LAG München DB 1988, 186 (Verteilung der Arbeitsplätze in einem Großraumbüro). Vgl. auch LAG Baden-Württ. DB 1981, 1781 und das Obiter Dictum in BAG NZA 2004, 620, 621. Zur Bildschirmentscheidung des BAG vom 6. 12. 1983 s. sogleich im Text.

1187 Skeptisch auch von Hoyningen-Huene S. 301 ff.

1188 NJW 1984, 1476 = BB 1984, 850 = DB 1984, 775.

1189 Vgl. GK-Wiese § 90 Rn 44.

Welche Maßnahmen der Betriebsrat im konkreten Fall verlangt, richtet 1014
sich nach den gesamten Umständen.[1190] **Auszuscheiden** hat dabei jedoch eine bloße **finanzielle Ausgleichszahlung** durch den Arbeitgeber («Erschwernis-, Schmutzzulage»); ein Tauschhandel menschenunwürdige Arbeitsbedingungen gegen Geld ist nicht nur in höchstem Maße fragwürdig[1191], sondern auch rechtlich unzulässig, da die finanziellen Konsequenzen einer veränderten Arbeitssituation in den §§ 111 ff. BetrVG abschließend geregelt sind.[1192] Bei der Erarbeitung von Abhilfemaßnahmen kann sich der Betriebsrat durch einen Sachverständigen beraten lassen (§ 80 Abs. 3 BetrVG).[1193] Im Betrieb anwendbare **Tarifverträge** schließen Betriebsvereinbarungen nach § 91 aus, während bloße Tarifüblichkeit nicht im Wege steht.[1194] Insoweit gelten dieselben Grundsätze wie im Rahmen des § 87 BetrVG. [1195] § 91 schließt im Übrigen andere Mitbestimmungsrechte, insbes. das aus § 87 Abs. 1 Nr. 7 folgende, nicht aus.

## 6.11. Mitwirkung und Mitbestimmung in personellen Angelegenheiten

Die Einschaltung des Betriebsrats in die Personalplanung sowie seine Be- 1018
teiligung an personellen Einzelmaßnahmen haben seit Beginn der Massenarbeitslosigkeit im Jahre 1974 entscheidend an Bedeutung gewonnen.[1196] Allerdings sind die **Handlungsmöglichkeiten beschränkt**: Schlechter Geschäftsgang bis hin zur Insolvenz lässt sich auch durch geschickte Ausnutzung aller gesetzlichen Möglichkeiten nicht aus der Welt schaffen. Dasselbe gilt für die Verlagerung von Aufträgen und ganzen Betrieben an ausländische Standorte. Rechtlich hat der Betriebsrat auch keine Möglichkeit, neue Tech-

1190 Vgl. die instruktive Aufzählung bei Fitting § 91 Rn 19–21.

1191 Zutreffend Vitt, in: H. O. Vetter (Hrsg.), Humanisierung der Arbeit als gesellschaftspolitische und gewerkschaftliche Aufgabe, Frankfurt/M. und Köln 1974, S. 151; Klebe-Roth AiB 1984, 70 ff.

1192 Ebenso im Ergebnis DKK-Klebe § 91 Rn 23; GK-Wiese § 91 Rn 33; Hess u. a.-Glock § 91 Rn 12; Natzel DB 1972, Beilage 24, S. 11; Richardi-Annuß § 91 Rn 15, 23; als letztes Mittel wollen Fitting § 91 Rn 21 a. E. und GK-Wiese § 91 Rn 33 eine finanzielle Kompensation zulassen.

1193 BAG NJW 1984, 1476 = DB 1984, 775 = BB 1984, 850.

1194 DKK-Klebe § 91 Rn 23; GK-Wiese § 91 Rn 26; anders Fitting § 91 Rn 22.

1195 Dazu oben 6.8.1.2. (Rn 932).

1196 Zur intensiven Beteiligung der Betriebsräte an der Personalanpassung s. Kotthoff, Betriebsräte und Bürgerstatus, S. 48 ff.

niken, die zum Wegfall von Arbeitsplätzen führen, so lange zu blockieren, bis die betroffenen Arbeitnehmer gleichwertige andere Arbeitsplätze gefunden haben. Das Gesetz will lediglich für **mehr Transparenz** sorgen und räumt der betrieblichen Interessenvertretung die Chance ein, die **Modalitäten der betrieblichen Beschäftigungspolitik** zu beeinflussen, insbesondere die sozialen Folgen für die Beschäftigten zu mildern.[1197]

1019 **Drei Problemkomplexe** sind auch unter juristischen Gesichtspunkten von aktuellem Interesse. Wie soll – erstens – Personal abgebaut werden? Reichen Einstellungsstopp und Altersteilzeit, oder sind Entlassungen unvermeidbar? Soll sich der Betriebsrat in diesem Fall an der Auswahl der zu kündigenden Arbeitnehmer beteiligen? Zum Zweiten geht es um die Arbeitsbedingungen der im Betrieb verbleibenden Arbeitnehmer. Kann eine Abgruppierung verhindert werden? Droht eine Intensivierung der Arbeit? Schließlich ist es – drittens – für den Betriebsrat wichtig, einer «Austrocknung» der Stammbelegschaft durch vermehrte Beschäftigung nichtständiger Arbeitskräfte entgegenzuwirken. Was kann er tun, wenn der Arbeitgeber nur noch befristet einstellt und Leiharbeitnehmer beschäftigt und so die Dauerarbeitsplätze immer weiter zurückgehen?

## 6.11.1 Die Einschaltung des Betriebsrats in die Personalplanung

1020 Anders als nach früherem Recht ist die Planung des Bedarfs, der Beschaffung und des Abbaus von Personal keine ausschließliche Unternehmerangelegenheit mehr: § 92 Abs. 1 BetrVG sieht eine rechtzeitige und umfassende **Unterrichtung** des Betriebsrats **und** eine gemeinsame **Beratung** darüber vor, von welcher Art und welchem Umfang die erforderlichen Maßnahmen sind und wie Härten vermieden werden können. Ziel dieser Regelung ist es, möglichst frühzeitig auch die Arbeitnehmerinteressen einzubringen und so einer Verabsolutierung des Gewinnmaximierungsprinzips und den daraus folgenden betrieblichen Konflikten vorzubeugen.

1021 Das Unterrichtungs- und Beratungsrecht nach § 92 Abs. 1 lässt dem **Arbeitgeber volle Freiheit**, die ihm sachgerecht erscheinenden Entscheidungen zu treffen. Er muss die Stellungnahme des Betriebsrats zur Kenntnis nehmen, mehr nicht. Auch liegt es an ihm, ob er überhaupt eine Personalplanung durchführt. Zwar findet § 92 Abs. 1 auch dann Anwendung, wenn nur eine fragmentarische oder eine aus der jeweiligen Situation heraus entwickelte Personalplanung stattfindet[1198], doch läuft § 92 Abs. 1 leer, wenn **überhaupt keine**

1197 Eingehend und überzeugend bereits Michaelis BetrR 1979, 1 ff.

1198 Löwisch-Kaiser § 92 Rn 5; Richardi-Thüsing § 92 Rn 18.

**Planung** vorhanden ist. In diesem Fall kann der Betriebsrat nach § 92 Abs. 2 lediglich vorschlagen, diese in Zukunft zu praktizieren; bleibt der Arbeitgeber bei seiner bisherigen Position, ergeben sich keine rechtlichen Konsequenzen. Eine arbeitsvertragliche Nebenpflicht, ein **Minimum an sachgerechter Unternehmensführung** einzuhalten, ist bisher nicht entwickelt worden.[1199]

Findet eine Personalplanung statt, so hat der Arbeitgeber nach § 92 Abs. 1022
1 Satz 1 den Betriebsrat «rechtzeitig und umfassend» zu **unterrichten**; dies muss ggf. **«anhand von Unterlagen»** erfolgen. Dazu gehört der Stellenplan[1200] sowie jedes Dokument, aus dem sich insbesondere der gegenwärtige und künftige Personalbedarf ergeben. Besteht eine hohe Fluktuation, so kann der Betriebsrat eine monatliche Aktualisierung verlangen.[1201] Auch die Einrichtung und der Ausbau eines **Personalinformationssystems** zählen dazu, da dieses Grundlage von konkreten Vorschlägen ist und deshalb für die Entwicklung etwaiger Alternativen auch dem Betriebsrat zur Verfügung stehen sollte.[1202] Nach der Rechtsprechung stellt es noch keine «Planung» dar, wenn der Arbeitgeber lediglich die **Möglichkeiten** einer Personalreduzierung **erkundet**.[1203] Erst wenn bestimmte Maßnahmen **ernsthaft ins Auge gefasst** werden, greift § 92 BetrVG ein.[1204]

Die **Beratungspflicht** erstreckt sich nach § 92 Abs. 1 Satz 2 auf «Art und 1022a
Umfang der erforderlichen Maßnahmen und die Vermeidung von Härten». Führt die Planung zu keinerlei Maßnahmen («Das Bewährte bleibt erhalten»), ergibt sich kein Grund für Beratungen. Ist dies – wie in der Regel – anders, so erstreckt sich der Meinungsaustausch nicht nur auf die konkrete Ebene der einzelnen Abbaumaßnahmen, sondern auch auf das zugrunde liegende Planungskonzept. Beides lässt sich inhaltlich nicht voneinander trennen.[1205] Auch die Richtlinie 2002/14/EG[1206] schließt eine künstliche Aufspaltung beider Bereiche aus.[1207]

---

1199 Zum Fall eines total untätigen Arbeitgebers, dessen Firma dann in wirtschaftliche Schwierigkeiten kam, s. Däubler AuA, 1998, 87.

1200 BAG AP Nr. 3 zu § 92 BetrVG 1972.

1201 LAG Bremen AiB 1993, 185.

1202 DKK-Schneider § 92 Rn 35; Fitting § 92 Rn 25; Klebe-Schumann AuR 1983, 40, 41; enger GK-Kraft-Raab § 92 Rn 29; Richardi-Thüsing § 92 Rn 16.

1203 BAG NZA 1984, 329.

1204 Diese Voraussetzung ist u. a. dann gegeben, wenn ein Projekt geplant ist, die Zustimmung des einzigen potenziellen Zuwendungsgebers aber noch nicht vorliegt: BAG DB 1991, 654.

1205 Missverständlich GK-Kraft-Raab § 92 Rn 31; richtig Fitting § 92 Rn 35.

1206 Abgedruckt in DKK Anhang 3.

1207 Bonin AuR 2004, 321, 325.

### 6.11.2. Vorschläge des Betriebsrats zur Sicherung und Förderung der Beschäftigung

1023 Der im Jahre 2001 eingefügte § 92 a gibt dem Betriebsrat ein **Vorschlags- und Beratungsrecht**. Angesichts verbreiteter Sorge um die Arbeitsplätze hat die Bestimmung im Bewusstsein vieler Arbeitnehmer eine gewichtige Bedeutung erlangt, obwohl sie kaum über § 92 hinausgeht und daher bei effektiv drohendem Personalabbau nicht mehr als einen Strohhalm darstellt.

1023 a Die Vorschläge müssen sich auf **«Beschäftigungssicherung»**, d. h. auf die Erhaltung der im Betrieb vorhandenen Arbeitsplätze oder auf **«Beschäftigungsförderung»**, d. h. die Beschäftigung einer höheren Zahl von Arbeitnehmern[1208] beziehen. Weitere Voraussetzungen existieren nicht.[1209] Ob die Vorstellungen des Betriebsrats zur Zielerreichung geeignet sind, müssen die Beratungen ergeben. § 92 a Abs. 1 Satz 2 nennt eine **Reihe von Beispielen** wie die Förderung der Teilzeitarbeit, die Qualifizierung der Beschäftigten und die Entwicklung von Alternativen zur Vergabe von Aufträgen an andere Unternehmen, die aber **keinen abschließenden Charakter** haben.[1210] Das Vorschlagsrecht kann **jederzeit ausgeübt** werden («es ist nie zu spät»). Bei der Erarbeitung einer Konzeption sollte sich der Betriebsrat der Hilfe eines **Sachverständigen** bedienen können, da es sich um höchst komplexe Fragestellungen handelt.[1211]

1023 b Nach § 92 a Abs. 2 Satz 1 hat der Arbeitgeber die **Vorschläge** mit dem Betriebsrat **«zu beraten»**. Dies bedeutet, dass er sie nicht nur zur Kenntnis nehmen, sondern sich mit ihnen auch im Einzelnen inhaltlich auseinander setzen muss.[1212] An der Beratung nehmen **alle Betriebsratsmitglieder** teil, soweit die Angelegenheit nicht auf einen Ausschuss übertragen wurde.[1213] Auf Arbeitgeberseite muss eine sachkundige Person mit Entscheidungskompetenz verhandeln; andernfalls läge ein Verstoß gegen die vertrauensvolle Zusammenarbeit nach § 2 Abs. 1 BetrVG vor. Jede der beiden Seiten kann verlangen, dass ein **Vertreter der Bundesagentur** für Arbeit zugezogen wird.

1023 c Kommt eine **Einigung** zustande, entscheiden die Betriebsparteien, welche Form diese haben soll (Absichtserklärung? Betriebsvereinbarung?). Möglich sind auch **Absprachen über die unternehmerische Sphäre**, was nicht zu-

---

1208 Hanau RdA 2001, 90; Heither, AR-Blattei, SD 530.14.3 Rn 71.

1209 U. Fischer DB 2002, 322.

1210 GK-Kraft-Raab § 92 a Rn 8.

1211 DKK-Däubler § 92 a Rn 10; s. den Fall ArbG Essen AiB 2004, 436 mit zust. Anm. Welkoborsky.

1212 Niemeyer AiB 2002, 616.

1213 GK-Kraft-Raab § 92 a Rn 15. Zur Möglichkeit der Bildung von Ausschüssen s. oben 6.7.6. (Rn 925n).

letzt daran deutlich wird, dass die in § 92 a Abs. 1 Satz 2 genannten Beispiele auch das «Produktions- und Investitionsprogramm» nennen.[1214]

Will der Arbeitgeber den **Vorschlag ablehnen**, so kann er dies erst tun, 1023 d
wenn alle Argumente ausgetauscht sind.[1215] In Betrieben mit mehr als 100 Arbeitnehmern muss er nach Abs. 2 Satz 2 die Ablehnung **schriftlich begründen**; in kleineren Betrieben genügt eine mündliche Darlegung der maßgebenden Erwägungen. Wäre der Vorschlag des Betriebsrats realisierbar gewesen, so können gekündigte Arbeitnehmer im **Kündigungsschutzprozess** darauf verweisen, dass es weniger belastende Mittel als die Auflösung ihres Arbeitsverhältnisses gegeben hätte.[1216]

Beabsichtigt der **Arbeitgeber Maßnahmen**, die die noch nicht ab- 1023 e
schließend diskutierten Vorschläge des Betriebsrats gegenstandslos machen würden, so kann dieser **Unterlassung** verlangen. Andernfalls hätte der Beratungsanspruch keine Rechtsqualität, da er jederzeit durch einseitige Handlungen des Arbeitgebers hinfällig gemacht werden könnte.[1217] Der Unterlassungsanspruch kann Grundlage für eine **einstweilige Verfügung** sein, mit der dem Arbeitgeber die Vornahme der Maßnahme verboten wird. Insoweit gelten dieselben Grundsätze wie bei den Verhandlungen über einen Interessenausgleich.[1218] Der Arbeitgeber ist allerdings insofern in einer besseren Lage, als er sich nur mit den vorgebrachten Argumenten vollständig auseinander setzen, nicht jedoch die Einigungsstelle anrufen muss.[1219]

## 6.11.3. Mitbestimmung bei konkreten Planungsmaßnahmen

### 6.11.3.1. Die innerbetriebliche Ausschreibung

Nach **§ 93 BetrVG** kann der Betriebsrat verlangen, dass freie Arbeitsplätze vor 1024
ihrer Besetzung innerbetrieblich ausgeschrieben werden.[1220] Damit werden betriebsinterne Karrieren erleichtert (Motto: Aufstieg vor Einstieg), die u. U. das Arbeitsklima verbessern und die deshalb auch im Interesse des Arbeitgebers

1214 GK-Kraft-Raab § 92 a Rn 28.

1215 DKK-Däubler § 92 a Rn 18; Niemeyer AiB 2002, 617; grundsätzlich auch Fitting § 92 a Rn 10; Richardi-Thüsing § 92 a Rn 8 a.

1216 DKK-Däubler § 92 a Rn 23; vgl. auch GK-Kraft-Raab § 92 a Rn 40.

1217 Zustimmend Niemeyer AiB 2002, 616; a. A. GK-Kraft-Raab § 92 a Rn 42.

1218 Dazu unten 6.12.3.2. (Rn 1118).

1219 Ähnlich Richardi-Thüsing § 92 a Rn 15.

1220 Es reicht, dass eine Einstellung im Sinne des § 99 BetrVG geplant ist, auch wenn die betreffende Person als freier Mitarbeiter beschäftigt werden soll: BAG DB 1994, 332 = AiB 1994, 250 (LS).

liegen können. Innerbetriebliche «Ausschreibung»[1221] bedeutet zunächst nur Chancengleichheit unter den bereits Beschäftigten, schließt es jedoch nicht aus, dass **im Ergebnis doch ein Externer** zum Zuge kommt.[1222] Ein Zeitungsinserat ist dem Arbeitgeber nicht verboten, doch darf er dabei keine niedrigeren Anforderungen als innerbetrieblich formulieren.[1223] Möglich ist allerdings, in **Personalrichtlinien** nach § 95 oder in einer freiwilligen Betriebsvereinbarung einen **Vorrang innerbetrieblicher Bewerber** festzuschreiben.[1224]

1024 a Nimmt der Arbeitgeber die verlangte **Ausschreibung nicht** vor, so kann der Betriebsrat der Einstellung des ausgesuchten Bewerbers nach § 99 Abs. 2 Nr. 5 BetrVG die **Zustimmung verweigern**. Eine gerichtliche Ersetzung kommt in einem solchen Fall nicht in Betracht.[1225] Bei Versetzungen gelten diese Grundsätze sinngemäß. Wurde eine Richtlinie nicht beachtet, die den Vorrang innerbetrieblicher Bewerber vorschreibt, ergibt sich das Zustimmungsverweigerungsrecht aus § 99 Abs. 2 Nr. 2 BetrVG.

Was geschieht, wenn der Arbeitgeber in der Ausschreibung formuliert: «Der Bewerber/die Bewerberin darf nicht älter als 42 Jahre sein»? Damit werden ersichtlich potenzielle Bewerber **wegen** ihres **Alters diskriminiert**. Eine solche rechtswidrige Ausschreibung ist wie eine unterbliebene zu behandeln, sodass der Betriebsrat auch hier seine Zustimmung verweigern kann.[1226]

### 6.11.3.2. Die Verwendung von Personalfragebögen

1025 Bewerber wie Arbeitnehmer stehen in dem **Risiko**, als Person in jeder Hinsicht **«durchleuchtet» zu werden**. Das Arbeitsvertragsrecht verlangt zwar, dass der Arbeitgeber nur solche Daten erheben darf, an deren Kenntnis er ein berechtigtes Interesse hat,[1227] doch kann es dem Einzelnen schwer fallen, sich darauf im Einzelfall zu berufen. Aus diesem Grund gibt § 94 Abs. 1 ähnlich wie § 87 Abs. 1 Nr. 6 einen kollektivrechtlichen «Vorfeldschutz»: Personalfragebogen dürfen nur mit Zustimmung des Betriebsrats verwendet werden. Neben dem Schutz der Persönlichkeit des Einzelnen verfolgt § 94 Abs. 1 zugleich das Ziel, die Personalpolitik im Unternehmen zu objektivieren und zu versachlichen.[1228]

---

1221 Zu ihren Inhalten s. DKK-Buschmann § 93 Rn 14.

1222 BAG AP Nr. 1 zu § 100 BetrVG 1972; BAG AP Nr. 1 zu § 93 BetrVG 1972.

1223 BAG AP Nr. 2 zu § 93 BetrVG 1972 = DB 1988, 1492; ebenso DKK-Buschmann § 93 Rn 12.

1224 DKK-Buschmann § 93 Rn 21; Fitting § 93 Rn 13; GK-Kraft-Raab § 93 Rn 28; Richardi-Thüsing § 93 Rn 25.

1225 DKK-Buschmann § 93 Rn 12; Richardi-Thüsing § 93 Rn 28 (mit berechtigtem Hinweis auf den Fall, dass die Ausschreibung nachgeholt wurde, sich aber daraufhin niemand beworben hat).

1226 DKK-Buschmann § 93 Rn 17 a; Fitting § 93 Rn 8. Eingehend dazu Bd. 2.

1227 Einzelheiten in Bd. 2, Kap. 2.

1228 So schon die amtliche Begründung BT-Drucksache VI/1786 S. 50. S. weiter DKK-Klebe § 94 Rn 1; Fitting § 94 Rn 2.

Nach traditioneller Auffassung sind **«Personalfragebögen»** schematische Zusammenstellungen von Fragen über die persönlichen Verhältnisse, Kenntnisse und Fähigkeiten eines Bewerbers oder eines Mitarbeiters.[1229] Ohne Bedeutung ist, ob eine solche Unterlage maschinenlesbar ist oder nicht.[1230] Von seinem Zweck her muss das Mitbestimmungsrecht auch auf solche Fragebögen erstreckt werden, die nicht vom Bewerber ausgefüllt werden, sondern die die Personalabteilung als Unterlage für das Einstellungsgespräch benutzt (**«Checkliste»**).[1231] Mit Recht trägt die Literatur der neueren technischen Entwicklung insoweit Rechnung, als der Fragebogen nicht «schriftlich» vorliegen muss. Dasselbe Maß an Standardisierung und massenhafter Erhebung selbst sensibler Daten liegt auch dann vor, wenn das Abfrageschema auf dem Bildschirm erscheint («Maske»).[1232] Auch eine Mitarbeiterbefragung **per E-Mail** ist erfasst.[1233] Auf die Zahl der Fragen kommt es nicht an. Gleichgültig ist weiter, ob die Datenerhebung durch den Arbeitgeber oder eine Drittfirma durchgeführt wird.[1234] 1026

Dem Fragebogen gleichgestellt sind nach § 94 Abs. 2 1. Halbsatz **persönliche Angaben in Formulararbeitsverträgen**. Auch sie stellen ein standardisiertes Erhebungsmittel dar. Durch ihre Einbeziehung soll eine «Umgehungsstrategie» verhindert werden. 1027

Das Mitbestimmungsrecht des Betriebsrats umfasst **kein Initiativrecht**. Der Betriebsrat kann also nicht verlangen, dass Personalfragebögen eingeführt werden. Hat sich der Arbeitgeber aber einmal dazu entschlossen, so erstreckt sich die Mitbestimmung auf die Frage, ob tatsächlich in dieser Weise vorgegangen wird und **welche Fragen im Einzelnen** gestellt werden.[1235] Auch ihre Änderung ist mitbestimmungspflichtig. Im Konfliktfall entscheidet die Einigungsstelle. Soweit Fragen arbeitsvertragsrechtlich unzulässig sind, macht die Zustimmung des Betriebsrats sie nicht rechtmäßig.[1236] § 94 Abs. 1 erstreckt sich auch auf die **weitere Verwendung** der erhobenen Daten.[1237] 1028

1229 Hess u. a.-Glock § 94 Rn 2 unter Bezugnahme auf BAG DB 1994, 480.

1230 Richardi-Thüsing § 94 Rn 6.

1231 DKK-Klebe § 94 Rn 3; Fitting § 94 Rn 8; GK-Kraft-Raab § 94 Rn 16; MünchArbR-Matthes § 347 Rn 4; Richardi-Thüsing § 94 Rn 7.

1232 S. statt aller Richardi-Thüsing § 94 Rn 7.

1233 LAG Hessen DB 2001, 2254; zustimmend DKK-Klebe § 94 Rn 4; Fitting § 94 Rn 36; HaKo-Kreuder § 94 Rn 5.

1234 ArbG Bonn RDV 2004, 133; DKK-Klebe § 94 Rn 3.

1235 DKK-Klebe § 94 Rn 6; Fitting § 94 Rn 9; Galperin-Löwisch § 94 Rn 9.

1236 Richardi-Thüsing § 94 Rn 46; zu den Grenzen des arbeitgeberseitigen Fragerechts s. Bd. 2 Kap. 2.

1237 So die herrschende Meinung; s. Brill BlfStR 1978, 165; DKK-Klebe § 94 Rn 7; Fitting § 94 Rn 9; Jedzig DB 1996, 1339; Klebe-Schumann AuR 1983, 42; Schierbaum AiB 1995, 589; Schmidt-Stracke AiB 1999, 193; Schwarz, S. 196 f; Simitis, in: Ders. (Hrsg.), BDSG, § 28 Rn 43; a. A. Boewer RDV 1988, 17; Ehmann RDV 1988, 237; GK-Kraft-Raab § 94 Rn 21; Richardi-Thüsing § 94 Rn 37.

Dies lässt sich weniger mit dem Wortlaut als mit dem Grundgedanken der Vorschrift rechtfertigen, wonach Eingriffe in die Persönlichkeitssphäre, die § 94 Abs. 1 durch präventive Einschaltung des Betriebsrats verhindern will, nicht nur durch die Datenerhebung, sondern auch durch die Datenverarbeitung drohen. Insofern gilt hier nichts anderes als im Rahmen des § 87 Abs. 1 Nr. 6 BetrVG.[1238] Auch ist zu berücksichtigen, dass die Verwendung des jeweils abgefragten Datums im Grunde Teil des Fragebogens ist. Findet sich dort keine Einschränkung bezüglich des Verwendungszwecks, so versteht sich von selbst, dass der Arbeitgeber die erhobenen Daten nur für Zwecke des Bewerbungsverfahrens bzw. des Arbeitsverhältnisses verwenden darf. Ob diese «Eingrenzung» ausdrücklich hervorgehoben oder ein engerer Zweck bestimmt wird, ist aber ein Problem der Ausgestaltung des Fragebogens, die unbestrittenermaßen der Mitbestimmung unterliegt.

1029 Daten, die unter Verletzung des Mitbestimmungsrechts erhoben wurden, dürfen **nicht verwertet** werden.[1239] Sind sie dateimäßig gespeichert, sind sie nach § 35 Abs. 2 Satz 2 Nr. 1 BDSG **zu löschen**;[1240] andernfalls ergibt sich ein entsprechender Anspruch aus dem allgemeinen Persönlichkeitsrecht.[1241] Wird dem Bewerber oder Arbeitnehmer ein vom Betriebsrat nicht gebilligter Fragebogen vorgelegt, so kann er die Beantwortung der Fragen ablehnen. Dies ist allenfalls bei bereits Beschäftigten von praktischer Bedeutung. Bewerber würden nur durch ein «Recht zur Lüge» geschützt, das ihnen das BAG[1242] hier aber verweigert. Damit wird der ansonsten generell praktizierte Grundsatz durchbrochen, dass eine unter Verletzung eines Mitbestimmungsrechts vorgenommene Maßnahme keinerlei Rechtswirkungen entfaltet.[1243]

1029 a **Medizinische Checklisten** sind jedenfalls dann mitbestimmungspflichtig, wenn der Bewerber oder der Arbeitnehmer den Arzt von der Schweigepflicht entbindet; in einem solchen Fall macht es ersichtlich keinen Unterschied, ob die Daten direkt vom Arbeitgeber oder in seinem Auftrag vom Arzt erhoben werden.[1244] Auch die an den Einzelnen gestellte Frage, ob er bereit ist, den Arzt **von der Schweigepflicht** zu **entbinden**, betrifft die Person und fällt daher unter § 94 Abs. 1; auf die Anzahl der angesprochenen Punkte kommt es nach allgemeiner Auffassung nicht an.[1245] Aber selbst dann, wenn der Arbeit-

---

1238 Dazu oben 6.9.6.2. (Rn 982).

1239 DKK-Klebe § 94 Rn 25; Richardi-Thüsing § 94 Rn 50; vgl. auch BAG AP Nr. 2 zu § 23 BDSG (1977) mit Anm. Däubler.

1240 Richardi-Thüsing § 94 Rn 50.

1241 Vgl. für Bewerberdaten in manuell geführten Akten BAG NZA 1984, 321.

1242 DB 2000, 1418 = AP Nr. 16 zu § 79 BPersVG.

1243 Kritisch mit Recht DKK-Klebe § 94 Rn 25. Vgl. auch HaKo-Kreuder § 94 Rn 18.

1244 So auch Boewer RDV 1988, 13, 15; Fitting § 94 Rn 25; GK-Kraft-Raab § 94 Rn 18.

1245 DKK-Klebe § 94 Rn 11; von Seggern AiB 1988, 56, 61; zur individualrechtlichen Unzulässigkeit s. Däubler, Gläserne Belegschaften? Rn 227.

geber nur das Ergebnis der Untersuchung («geeignet», «bedingt geeignet», «ungeeignet») erfährt, kann er Rückschlüsse auf den Gesundheitszustand und ggf. auch einzelne Leiden ziehen, sodass § 94 auch hier eingreifen muss.[1246]

### 6.11.3.3. Die Aufstellung allgemeiner Beurteilungsgrundsätze

§ 94 Abs. 2 Halbsatz 2 erstreckt die Mitbestimmung auf die «Aufstellung all- 1030
gemeiner Beurteilungsgrundsätze». Darunter sind Richtlinien zu verstehen, nach denen Leistung und Verhalten der Arbeitnehmer beurteilt werden.[1247] Die Zustimmung des Betriebsrats ist dabei für die inhaltlichen Kriterien wie für das Verfahren erforderlich.

*Beispiel:* Der Arbeitgeber wünscht eine jährliche Beurteilung der Beschäftigten durch ihren jeweiligen Abteilungsleiter. Diese soll sich neben der Leistung auch auf die «soziale Kompetenz» des Einzelnen erstrecken. Der Betriebsrat kann im Rahmen des Mitbestimmungsverfahrens verlangen, dass auf das Kriterium «soziale Kompetenz» verzichtet wird oder dass diese durch eine Kommission festgestellt wird, in der mindestens ein Arbeitskollege derselben Hierarchiestufe sowie ein Vertreter des Betriebsrats Mitglied ist.

Funktions- und Stellenbeschreibungen unterliegen demgegenüber nach der Rechtsprechung nicht der Mitbestimmung.[1248] Fehlen sie oder zeichnen sie sich durch sehr allgemeine Umschreibungen des «Leistungsprofils» aus, ist eine Beurteilung, ob der Einzelne den an ihn gestellten Anforderungen gerecht wird, nur eingeschränkt möglich.

Soweit **psychologische Tests** oder Untersuchungen auf das Vorliegen von 1030a
Drogen- und Alkoholabhängigkeit überhaupt zulässig sind, stellen sie zugleich «Beurteilungsgrundsätze» nach § 94 Abs. 2 dar.[1249] Dasselbe gilt für die Maßstäbe, die in einem Assessment-Center angewandt werden,[1250] sowie für Vorgaben, die der Arbeitgeber dem die Einstellungsuntersuchung durchführenden Arzt macht.[1251] Auch die Regeln, nach denen die Zielerreichung auf der Grundlage von Zielvereinbarungen bestimmt wird, fallen unter § 94 Abs. 2 Halbsatz 2. Nicht einbezogen ist jedoch die **Beurteilung im Einzelfall** – dabei handelt es sich ersichtlich nicht um die «Aufstellung», sondern um die «Anwendung» von Beurteilungsgrundsätzen.

---

1246 DKK-Klebe § 94 Rn 11; Heilmann-Thelen BB 1977, 1559; Roos, S. 86 ff.; Schierbaum AiB 1995, 586, 589; anders GK-Kraft-Raab § 94 Rn 18 und die wohl hM.

1247 DKK-Klebe § 94 Rn 28.

1248 BAG AP Nr. 21 zu § 87 BetrVG 1972 Lohngestaltung.

1249 DKK-Klebe § 94 Rn 34; ebenso für psychologische Testverfahren Hess u. a.-Glock § 94 Rn 20; Richardi-Thüsing § 94 Rn 55.

1250 DKK-Klebe § 94 Rn 34; Richardi-Thüsing § 94 Rn 65; Schaub-Koch § 238 Rn 27 mwN.

1251 DKK-Klebe § 94 Rn 36; a. A. Hess u. a.-Glock § 94 Rn 26.

### 6.11.3.4. Die Mitbestimmung bei Auswahlrichtlinien

1031 Ein relativ bedeutsames Mitbestimmungsrecht gewährt § 95, der sich auf «Richtlinien über die personelle Auswahl bei Einstellungen, Versetzungen, Umgruppierungen und Kündigungen» bezieht. Dabei wird differenziert: In Betrieben mit bis zu 500 Arbeitnehmern hat der Betriebsrat genau wie im Rahmen des § 94 ein bloßes Zustimmungsverweigerungsrecht, während er in Betrieben jenseits dieser Grenze nach Maßgabe des Abs. 2 ein volles Mitbestimmungsrecht einschließlich Initiativrecht hat. Bis 2001 stellte der Gesetzgeber auf 1000 Beschäftigte ab. Der Zweck von § 95 Abs. 1 und 2 liegt darin, die Personalführung im Betrieb **durchschaubarer und objektiver** zu machen.[1252] Das vermeidet Streitigkeiten und schafft Kontinuität.

#### (1) Was bedeutet «Richtlinie»?

1032 Auswahlrichtlinien sind Grundsätze, die bei den genannten personellen Einzelmaßnahmen zu beachten sind.[1253] Sie müssen keinen abschließenden Charakter haben; selbst eine **fragmentarische Regelung** ist ebenso erfasst wie ein reiner Negativkatalog.[1254]

*Beispiel:* Die Richtlinie beschränkt sich auf die Vorgabe, dass Meisterpositionen nicht mit Betriebsfremden besetzt werden. Auch dürfen keine HIV-infizierten Personen eingestellt werden. Ob Letzteres zulässig ist, ist eine andere Frage.

Die Richtlinie darf nicht das gesamte Arbeitgeberverhalten determinieren; vielmehr muss diesem noch ein gewisser Entscheidungsspielraum verbleiben.[1255] Dies schließt jedoch nicht aus, dass sich im Einzelfall die zu treffende **Entscheidung unmittelbar aus der Richtlinie** ergibt.[1256]

1033 Die Richtlinie muss **nicht in schriftlicher Form** vorliegen; die Betriebsparteien können sich auch mündlich verständigen, was insbesondere bei einer geringen Zahl von Grundsätzen in Betracht kommt.[1257] Auch Computerprogramme, die auf der Grundlage eines Personalinformationssystems eine Vorauswahl treffen, fallen unter § 95.[1258] Schließlich genügt auch ein

---

1252 BT-Drucksache VI/1786 S. 50; DKK-Klebe § 95 Rn 1.

1253 BAG AP Nr. 42 zu § 95 BetrVG 1972.

1254 DKK-Klebe § 95 Rn 4; Fitting § 95 Rn 12; MünchArbR-Matthes § 349 Rn 12.

1255 BAG NZA 1993, 607, 610; BAG AP Nr. 42 zu § 95 BetrVG 1972.

1256 BAG NZA 1993, 607, 610. Dies ist in BAG AP Nr. 42 zu § 95 BetrVG 1972 nicht erwähnt, doch bestand dort kein Anlass, auf diesen Ausnahmetatbestand einzugehen.

1257 ArbG München RDV 1988, 204, 207; DKK-Klebe § 95 Rn 12; ErfK-Kania § 95 Rn 5; Fitting § 95 Rn 5; GK-Kraft-Raab § 95 Rn 6. In einem solchen Fall liegt eine Betriebsabsprache vor, die allerdings eines Betriebsratsbeschlusses bedarf.

1258 GK-Kraft-Raab § 95 Rn 6.

**«gleichförmiges»**, einheitlichen Prinzipien folgendes **Verhalten** der Personalleitung.[1259]

*Beispiel:* Seit 10 Jahren wurden im Betrieb in allen 40 zu entscheidenden Fällen Meisterpositionen nur mit externen Bewerbern besetzt, obwohl der Betriebsrat eine innerbetriebliche Ausschreibung nach § 93 BetrVG durchgesetzt hatte. Dies ist eine «Richtlinie» auch dann, wenn die Praxis nirgends schriftlich festgehalten ist und sich die Geschäftsleitung auf «Zufall» beruft.

Würde man anders entscheiden, so hätte es der Arbeitgeber in Betrieben bis 500 Beschäftigte jederzeit in der Hand, auf eine schriftliche Fixierung zu verzichten und so das Mitbestimmungsrecht nach § 95 Abs. 1 BetrVG leer laufen zu lassen. Allerdings wird man eine größere Anzahl von Personalentscheidungen und ein gleichförmiges Verhalten während eines Zeitraums von 1 bis 2 Jahren voraussetzen müssen.[1260] Nicht unter den Richtlinienbegriff sollen nach der Rechtsprechung «Anforderungsprofile» und Stellenbeschreibungen fallen,[1261] was wenig überzeugt, da sie bereits die (oft entscheidenden) Weichen für eine künftige Auswahlentscheidung stellen.[1262]

### (2) Inhalt der Richtlinien bei Einstellung, Versetzung und Umgruppierung

§ 95 Abs. 1 spricht ganz allgemein von der «personellen Auswahl», während 1034
der ein volles Mitbestimmungsrecht gewährende Abs. 2 nur die zu beachtenden «fachlichen und persönlichen Voraussetzungen und sozialen Gesichtspunkte» nennt. Daraus folgt, dass Vereinbarungen über die **Zusammensetzung der Belegschaft** z. B. nach Alter, Ausbildung und Geschlecht nur im Rahmen des Abs. 1 möglich sind.[1263]

Zu den **fachlichen Voraussetzungen** zählen etwa die gewünschte Qualifi- 1035
kation, ein bestimmtes Examen und die praktische Erfahrung. Zum **persönlichen Bereich** gehört etwa die Dauer der Betriebszugehörigkeit; ein wichtiger **sozialer Gesichtspunkt** ist die Zugehörigkeit zu einer besonders benachteiligten Arbeitnehmergruppe.

*Regelungsbeispiele:* Bei gleicher Eignung haben Betriebsangehörige grundsätzlich den Vorrang vor fremden Bewerbern. Bei mehreren gleich qualifizierten innerbetrieblichen Bewerbern entscheidet die Dauer der Betriebszugehörigkeit.[1264]

1259 ArbG München AiB 1988, 267 mit Anm. Degen; Fitting § 95 Rn 9.
1260 Zur Durchsetzung des Mitbestimmungsrechts s. sogleich im Text.
1261 BAG AP Nr. 2 und 3 zu § 95 BetrVG 1972.
1262 Berechtigte Kritik bei DKK-Klebe § 95 Rn 5 ff.
1263 Eingehend DKK-Klebe § 95 Rn 17 mwN.
1264 Zum Senioritätsprinzip als Mittel der Personalplanung s. Däubler, Tarifvertragsrecht, Rn 193.

Bei gleicher Eignung ist einem schwerbehinderten Bewerber der Vorrang zu geben.
Bestehen nach Auffassung des Landesamts für Verfassungsschutz Sicherheitsbedenken gegen einen Bewerber, scheidet er automatisch aus.[1265]

Selbstredend ist es auch möglich, einem dieser Gesichtspunkte den Vorrang vor den anderen einzuräumen, sofern dadurch keine unerlaubte Diskriminierung entsteht.

*Beispiel:* Es sind bevorzugt Frauen einzustellen, es sei denn, ein sich um denselben Arbeitsplatz bewerbender Mann sei offensichtlich besser qualifiziert.[1266]

1036 Da § 95 BetrVG auf die **«Auswahl»** zwischen mehreren Arbeitnehmern abstellt, greift er bei einem **Einstellungsstopp** nicht ein.[1267] Seinem Sinn nach muss er jedoch dann Anwendung finden, wenn einzelne Arbeitsplätze **nicht mehr** mit **Arbeitnehmern**, die **in** einem **Dauerarbeitsverhältnis** stehen, besetzt werden sollen, sondern wenn der Arbeitgeber nur noch Teilzeitkräfte, Leiharbeitnehmer oder befristet Eingestellte berücksichtigen will. Von allen potenziell in Betracht kommenden Bewerbern wird so von vorneherein eine gewichtige Gruppe ausgenommen.

1037 Während es bei der Einstellung und Versetzung meist um den Zugang zu begehrten Positionen geht, steht bei der **Umgruppierung** in der Regel eine Verschlechterung zur Debatte. Richtlinien können insoweit für einzelne Beschäftigtengruppen einen gewissen Bestandsschutz gewähren, etwa ältere Arbeitnehmer von jeder Rückgruppierung ausnehmen oder die Herabstufung z. B. auf eine oder zwei Lohngruppen beschränken.

1038 Richtlinien können auch festlegen, in welchem Verfahren das Vorliegen bestimmter Voraussetzungen festgestellt werden soll.[1268] Soll beispielsweise die Berufserfahrung durch ein Einstellungsgespräch oder mit Hilfe eines Personalberaters geklärt werden? Erstrebenswert wäre es, die **Erkenntnisquellen abschließend festzulegen**, aus denen der Arbeitgeber schöpfen darf.[1269] Würde man etwa lediglich den vorher vereinbarten Personalfragebogen sowie Examensergebnisse und Zeugnisse früherer Arbeitgeber als verwertbare Unterlagen zulassen, so wäre eine Benachteiligung aus unsachlichen Gründen weitgehend ausgeschlossen.

---

1265 ArbG München AiB 1988, 267. Zustimmend DKK-Klebe § 95 Rn 9.

1266 Zur Quotenregelung in ähnlichem Sinne DKK-Klebe § 95 Rn 27.

1267 Inwieweit der Betriebsrat über § 99 einen Einstellungsstopp erzwingen kann, ist dort zu erörtern.

1268 ArbG München RDV 1988, 204, 206; DKK-Klebe § 95 Rn 18; Fitting § 95 Rn 21; Richardi-Thüsing § 95 Rn 13; Weller RdA 1986, 222, 227; auf Abs. 1 beschränkend GK-Kraft-Raab § 95 Rn 14; Hess u. a.-Glock § 95 Rn 43.

1269 Zulässig: Fitting § 95 Rn 21; Dirx-Klebe AiB 1984, 9; Galperin-Löwisch § 95 Rn 11.

### (3) **Kündigungsrichtlinien**

Durch § 1 Abs. 4 KSchG haben Kündigungsrichtlinien erhöhte Bedeutung erlangt. Bei betriebsbedingten Kündigungen können sie das relative Gewicht der bei der sozialen Auswahl zu berücksichtigenden Gesichtspunkte näher bestimmen.[1270] Dies kann insbesondere im Wege eines Punktesystems erfolgen. Im Kündigungsschutzprozess kann dann der Gekündigte nur noch rügen, dass die Richtlinie falsch angewandt wurde oder dass sie «grob fehlerhaft» war, also jede innere Ausgewogenheit vermissen ließ, weil sie beispielsweise eines der Kriterien des § 1 Abs. 3 KSchG überhaupt nicht berücksichtigte.[1271] 1041

Die Richtlinien können sich auch auf solche Kündigungen beziehen, die sich aus der **Person und** dem **Verhalten der Arbeitnehmer** ergeben.[1272] Dafür spricht der Wortlaut, der nur auf «Kündigungen» abstellt, sowie die Erwägung, dass **auch insoweit** ein **«Auswahlermessen»** bestehen kann. So ist etwa eine Regelung möglich, wonach von allen Kranken, die «an sich» nach der Rechtsprechung des BAG für eine Kündigung in Betracht kämen[1273], nur diejenigen effektiv gekündigt werden dürfen, die ein bestimmtes Quantum an Fehlzeiten (z. B. 25 % in 3 Jahren) überschritten haben oder deren krankheitsbedingte Arbeitsunfähigkeit mehr als 6 Monate gedauert hat.[1274] Auch könnte man daran denken, eine verhaltensbedingte Kündigung wegen Leistungsmängeln generell von einer vorangegangenen **Abmahnung** abhängig zu machen.[1275] Dass auf diese Weise der gesetzliche Kündigungsschutz erweitert wird, spricht nicht gegen das Vorliegen einer «Auswahlentscheidung»: Jedes denkbare Kriterium hat die Eigenschaft, den Kreis der von einer personellen Maßnahme Betroffenen zu erweitern oder einzuengen. Allerdings kann das Niveau des KSchG nicht unterschritten werden. Wird etwa der Kreis der in die soziale Auswahl einzubeziehenden Arbeitnehmer über das Gesetz hinaus eingeengt, so verschlechtert sich damit die Position der «Verbliebenen». Eine solche Regelung lässt sich jedoch in der Weise verstehen, dass nur eine solche Kündigung zulässig sein soll, die sowohl die gesetzlichen wie auch die Voraussetzungen der Auswahlrichtlinie erfüllt. Letztere stellt damit eine Art **«zweites Netz»** dar.[1276] 1041 a

1270 S. Bd. 2 Rn 1048 ff.

1271 Weitere Einzelheiten bei DKK-Klebe § 95 Rn 21 ff.

1272 So insbesondere DKK-Klebe § 95 Rn 24; Fitting § 95 Rn 24; Gester-Zachert, JbArbR 12 (1975) S. 98; a. A. Richardi-Thüsing § 95 Rn 37; GK-Kraft-Raab § 95 Rn 34 mwN.

1273 BAG AP Nr. 1 zu § 1 KSchG Krankheit; zur Kritik s. Däubler, Das soziale Ideal, S. 100, und Bd. 2 Rn 1076 f.

1274 So Dietz-Richardi, 6. Aufl., § 95 Rn 37; anders nunmehr Richardi-Thüsing § 95 Rn 37 ff.

1275 Fitting § 95 Rn 24.

1276 Ebenso DKK-Klebe § 95 Rn 22.

### (4) Verletzung der Richtlinie durch den Arbeitgeber

1042 Hält sich der Arbeitgeber nicht an eine Richtlinie, so könnte der Betriebsrat an sich ein Beschlussverfahren einleiten, um den Arbeitgeber zur Beachtung des Vereinbarten zu veranlassen. Viel wirksamer ist jedoch sein in § 99 Abs. 2 Nr. 2 niedergelegtes Recht, der Einstellung, Versetzung oder Umgruppierung nach die **Zustimmung zu versagen**. Liegt der Verstoß wirklich vor, kann das Arbeitsgericht die fehlende Zustimmung des Betriebsrats auch nicht ersetzen. Bei einer **Kündigung** steht dem Betriebsrat nach § 102 Abs. 3 Nr. 2 BetrVG ein **Widerspruchsrecht** zu; erhebt der Betroffene Kündigungsschutzklage, ist er bis zu deren rechtskräftiger Erledigung weiterzubeschäftigen.

### (5) Die mitbestimmungswidrige Richtlinie

1043 Praktiziert der Arbeitgeber eine Richtlinie[1277], ohne die Zustimmung des Betriebsrats beantragt oder erhalten zu haben, so liegt darin ein Verstoß gegen das Mitbestimmungsrecht nach § 95 Abs. 1 bzw. 2. Die **Richtlinie** ist nach allgemeinen Grundsätzen **unwirksam**, doch räumt dies die Gefahr nicht aus, dass sie auch in Zukunft weiter angewandt wird. Der Betriebsrat kann nicht anders als in den Fällen des § 87 Abs. 1 BetrVG Beseitigung dieses betriebsverfassungswidrigen Zustands[1278] und **Unterlassung** künftiger Verwendung der Richtlinie verlangen.[1279] Da die Gefahr besteht, dass der Arbeitgeber durch personelle Maßnahmen weitere vollendete Tatsachen schafft, kommt eine **einstweilige Verfügung** in Betracht.[1280] Der Betriebsrat kann aber auch die **Einigungsstelle** anrufen, um eine Regelung für die Zukunft zu erreichen, soweit der Arbeitgeber nicht zu Verhandlungen über eine Veränderung seiner Praxis bereit ist.[1281] In den Fällen des Abs. 1 kann der Arbeitgeber durch einseitige Erklärung, in Zukunft keine Richtlinie mehr zu praktizieren, dem Verfahren die Grundlage entziehen, doch wird in vielen Fällen der Verdacht bestehen bleiben, dass eben doch nach einheitlichen Grundsätzen verfahren wird. Um künftige Auseinandersetzungen zu vermeiden, wäre eine Verständigung über Richtlinien daher vorzuziehen.

1044 Denkbar ist weiter der Fall, dass sich der **Arbeitgeber** im Einzelfall **nicht an seine eigene (unwirksame) Richtlinie hält**. Verweigert der Betriebsrat nach § 99 Abs. 2 Nr. 2 seine Zustimmung oder widerspricht er einer Kündigung unter Berufung auf die Richtlinie, so kann der Arbeitgeber dem nicht

1277 S. oben Rn 1033.
1278 Zum Beseitigungsanspruch s. BAG NZA 1999, 49, bestätigt in BAG NZA 2004, 746, 749.
1279 DKK-Klebe § 95 Rn 32; Fitting § 95 Rn 31.
1280 DKK-Klebe § 95 Rn 32; Fitting § 95 Rn 31.
1281 DKK-Klebe § 95 Rn 32.

entgegenhalten, dieser fehle die rechtliche Wirksamkeit: Das wäre … sprüchliches Verhalten, das gegen Treu und Glauben verstößt.[1282]

## 6.11.4. Beteiligung des Betriebsrats bei personellen Einzelmaßnahmen – Einstellungen, Eingruppierungen, Umgruppierungen und Versetzungen (§ 99 BetrVG)

Ähnlich wie nach § 61 BetrVG 1952 besitzt der Betriebsrat auch nach gel- 1045
tendem Recht kein volles Mitbestimmungsrecht bei Einstellungen und Versetzungen sowie bei Ein- und Umgruppierungen. Er ist vielmehr darauf beschränkt, einzelnen vom Arbeitgeber beabsichtigten Maßnahmen aus bestimmten Gründen widersprechen zu können, ist jedoch **nicht in der Lage, von sich aus** eine Maßnahme des Arbeitgebers **zu erzwingen**.

Anders als der Arbeitgeber kann der Betriebsrat daher nicht «alte Freunde» im Betrieb unterbringen, es sei denn, der Arbeitgeber komme freiwillig einer entsprechenden Anregung nach (§ 80 Abs. 1 Nr. 2, 3).

Der Arbeitgeber kann so aus seiner Sicht ungeeignete und potenziell illoyale Personen von vorneherein nicht einstellen bzw. auf ihrer bisherigen Position belassen. Seine «Personalhoheit» ist nur insofern beschränkt, als er im Einzelfall mit Rücksicht auf die Intervention des Betriebsrats auf bestimmte Maßnahmen verzichten muss. Innerhalb dieser Grundentscheidung bietet § 99 dem Betriebsrat eine Reihe nicht unwesentlicher Handlungsmöglichkeiten.

Die Beteiligung nach § 99 setzt voraus, dass das **Unternehmen** in der Re- 1045 a
gel **mehr als 20** wahlberechtigte Arbeitnehmer beschäftigt. Auf die Betriebsgröße kommt es nicht an. § 99 wird jedoch entsprechend angewandt, wenn ein **Gemeinschaftsbetrieb** mehr als 20 Personen beschäftigt, die Trägerunternehmen jedoch unter dieser Grenze bleiben.[1283]

---

1282 Ebenso DKK-Klebe § 95 Rn 32; DKK-Kittner § 99 Rn 181.

1283 BAG NZA 2005, 420 = AP Nr. 40 zu § 99 BetrVG 1972 mit Anm. Däubler; dazu auch Reichold NZA 2005, 622.

### 6.11.4.1. Die Gegenstände der Beteiligung

#### (1) Einstellung

1046 Unter Einstellung ist die **Zuweisung eines bestimmten Arbeitsbereichs** durch den Arbeitgeber zu verstehen.[1284] Der bloße Abschluss eines **Arbeitsvertrags** ist entgegen der früheren Rechtsprechung des BAG[1285] **nicht mitbestimmungspflichtig**. Dies folgt aus dem Gesetzeswortlaut sowie daraus, dass andernfalls ein ohne Zustimmung des Betriebsrats abgeschlossener Arbeitsvertrag unwirksam sein müsste. Dies würde aber bedeuten, dass der Arbeitgeber in seiner Verpflichtungsfähigkeit eingeschränkt wäre, dass er bestimmte vertragliche Bindungen überhaupt nicht mehr eingehen könnte, was schwerlich Sinn der gesetzlichen Regelung ist. Für ein Abgehen von der Theorie der Wirksamkeitsbedingung fehlt andererseits jeder Anlass. Mit Recht hat das **BAG** in seiner **neueren Rechtsprechung** auch die Beschäftigung solcher Personen als «Einstellung» qualifiziert, die auf der Grundlage einer anderen Rechtsbeziehung als eines Arbeitsverhältnisses in den Betrieb integriert wurden[1286] oder die ein Arbeitsverhältnis zu einem anderen Arbeitgeber hatten.[1287]

Im ersten Fall wurden **selbständige Taxiunternehmer** von einer Taxizentrale regelmäßig herangezogen, um vorübergehend ausfallende angestellte Fahrer zu ersetzen oder einen erhöhten Bedarf (z. B. bei Messen) abzudecken. Im zweiten Fall stellte der medizinische Leiter eines **Dialysezentrums** in eigenem Namen weitere Ärzte ein, die abhängige Arbeit für das Zentrum leisteten.

Es erschiene wenig konsequent, nur bei den «eigenen» Arbeitnehmern auf den Abschluss des Arbeitsvertrags, bei den übrigen aber auf die Eingliederung in die Arbeitsabläufe abzustellen. Das **Zustimmungsverweigerungsrecht** des Betriebsrats wird entgegen Fitting[1288] dadurch **nicht entwertet**. Zwar kann es geschehen, dass der Arbeitgeber ohne Einschaltung des Betriebsrats einen Arbeitsvertrag abschließt, doch führt dies dazu, dass bei einer sachlich begründeten Zustimmungsverweigerung eine tatsächliche Beschäftigung nicht möglich ist. Dies verpflichtet den Arbeitgeber gleichwohl zur Entgeltzahlung (§ 615 BGB), was einerseits den Interessen des Bewerbers entgegenkommt, andererseits jedoch für den Arbeitgeber eine schlimmere Sanktion als z. B. ein (hier nicht näher interessierendes) Bußgeld nach § 121 BetrVG darstellt. Sinn-

1284 Richardi-Thüsing § 99 Rn 29.
1285 S. etwa BAG AP Nr. 2 und 7 zu § 99 BetrVG 1972.
1286 BAG DB 1986, 2497.
1287 BAG DB 1990, 179.
1288 § 99 Rn 31.

vollerweise wird er daher durch rechtzeitige Einschaltung des Betriebsrats den Eintritt einer solchen Situation vermeiden. Da der Betriebsrat überdies im Rahmen des § 99 in erster Linie die Interessen der bereits vorhandenen Belegschaft vertritt, ist er nicht an einer Blockierung von Verträgen, sondern nur an der Verhinderung eines bestimmten Arbeitseinsatzes interessiert. Rechtsdogmatisch hat seine Zustimmung für das Arbeitsverhältnis eine ähnliche Bedeutung wie die Erlaubnis zur Arbeitsaufnahme bei ausländischen Arbeitnehmern.[1289]

Ohne Bedeutung ist unter diesen Umständen, ob der **Arbeitsvertrag** aus 1047
irgendwelchen anderen Gründen **unwirksam** ist, ob also ein fehlerhaftes Arbeitsverhältnis vorliegt.[1290]

Wird eine an sich auslaufende Beschäftigung (befristeter Arbeitsvertrag, Altersgrenze) verlängert, so findet § 99 gleichfalls Anwendung;[1291] ein weiteres Verbleiben im Betrieb hat in solchen Fällen dieselbe Wirkung wie eine Neueinstellung.

Der Verzicht auf eine arbeitsvertragliche Beziehung zum Inhaber des «Ein- 1048
satzbetriebes» liegt auch der Vorschrift des § 14 Abs. 3 AÜG zugrunde, wonach § 99 bei der **Einstellung von Leiharbeitnehmern** entsprechende Anwendung findet. Dasselbe wird auch bei nichtgewerblicher Arbeitnehmerüberlassung (z. B. inerhalb eines Konzerns) angenommen.[1292] In anderen Fällen ist nach der Rechtsprechung jedoch eine sehr hohe Schwelle zu überwinden, bevor man eine «Eingliederung» in den Betrieb und damit eine Einstellung annehmen kann. Von vorneherein ausgeschlossen ist eine solche Annahme dann, wenn eine Fremdfirma durch ihre Leute einzelne **abgrenzbare Aufgaben** erfüllt, ohne dass der Arbeitgeber auf die Auswahl der Personen und ihre konkrete Arbeit Einfluss nehmen könnte.[1293]

*Beispiele:* Die Gebäudereinigung wird von der Firma «Putz und Glänz», der Pförtnerdienst und die Bewachung des Gebäudes werden von der Firma Argus & Co übernommen.

Die Tatsache, dass es sich um «betriebsnotwendige» Funktionen handelt, ist ohne Bedeutung. Entscheidend soll sein, dass die «Personalhoheit» zumindest teilweise beim Arbeitgeber liegt, er also darüber entscheiden kann, wer wann für welche Tätigkeit eingesetzt wird.[1294] In der Beschränkung auf einen

---

1289 Dazu BAG NJW 1977, 1023 sowie Bd. 2 Rn 1668.

1290 So auch BAG AP Nr. 2 zu § 99 BetrVG 1972.

1291 Ebenso im ersten Fall BAG AP Nr. 32 zu § 118 BetrVG 1972 und BAG AP Nr. 82 zu § 99 BetrVG 1972; im zweiten Fall BAG AP Nr. 9 und 54 zu § 99 BetrVG 1972.

1292 BAG AuR 1976, 152.

1293 Fitting § 99 Rn 59.

1294 BAG NZA 2001, 1262, 1263: «Die Personen müssen so in die betriebliche Arbeitsorganisation eingegliedert sein, dass der Arbeitgeber das für ein Arbeitsverhältnis typische Weisungsrecht innehat

Teil der Arbeitgeberfunktionen liegt der Unterschied zur Leiharbeit – nur lässt sich auf der Grundlage der Rechtsprechung nicht sagen, wie groß oder wichtig dieser Teil sein muss.[1295]

*Beispiele:* Nach dem Kauf von 5 neuen PCs werden die Schreibkräfte 14 Tage lang durch 2 Beschäftigte der Lieferfirma mit den Geräten vertraut gemacht. Keine Mitbestimmung.

Im Betrieb wird eine Rechenanlage installiert. Die Lieferfirma stellt für 3 Jahre 2 Arbeitskräfte zur Verfügung, die mit der Wartung, insbes. mit der Beseitigung von Störungen, betraut sind. Ihre Arbeitszeit wird von der Empfängerfirma festgelegt; auch benutzen sie deren Kantine und werden von der Belegschaft als «dazugehörig» betrachtet. Mitbestimmung nach §99 m. E. zu bejahen, zumal der Übergang zum echten Leiharbeitsverhältnis fließend ist.[1296]

Dies ist umso bedauerlicher, als der Einsatz von Fremdfirmen aus Kostengründen immer wichtiger wird.[1297] §99 weit auszulegen, ließe sich auch damit rechtfertigen, dass die **veränderte zwischenbetriebliche Arbeitsteilung** nicht zu einem drastischen Mitbestimmungsverlust führen darf. Wenigstens hat es die jüngste Rechtsprechung für möglich erklärt, dass die bei einer Drittfirma beschäftigten **Testkäufer** auch in den Arbeitgeberbetrieb integriert sein können (sie werden dann zu einer Art Detektiv)[1298] und dass die ehrenamtliche Mitwirkung von **Rote-Kreuz-Mitgliedern auf Krankenwagen** von §99 Abs. 1 erfasst wird.[1299]

### (2) Eingruppierung und Umgruppierung

1049 Die Eingruppierung wird sich in der Regel auf die Lohn- oder Gehaltsgruppen eines Tarifvertrags beziehen. In tariflosen Betrieben und für AT-Angestellte bestehen häufig betriebliche Tätigkeitskataloge oder Eingruppierungssysteme, deren Einführung dem Mitbestimmungsrecht des Betriebsrats nach §87 Abs. 1 Nr. 10 unterliegt. Der Arbeitgeber **zur Eingruppierung verpflichtet**, da er sonst das Beteiligungsrecht nach §99 Abs. 1 unschwer gegenstandslos machen könnte.[1300]

1049a Änderungen der Arbeitsbedingungen, aber auch der Abschluss neuer Tarifverträge können **Umgruppierungen** notwendig machen. Dasselbe gilt dann,

---

und die Entscheidung über den Arbeitseinsatz auch nach Ort und Zeit trifft; er muss die Arbeitgeberfunktion wenigstens im Sinne einer aufgespaltenen Arbeitgeberstellung teilweise ausüben.»

1295 Kritisch zum Stand der Rechtsprechung auch Fitting §99 Rn 62.

1296 BAG DB 1991, 1334. Dazu DKK-Kittner-Bachner §99 Rn 59.

1297 S. schon Kreuder AuR 1993, 316ff.

1298 BAG NZA 2001, 1262.

1299 BAG NZA 2004, 1290.

1300 BAG NZA 2005, 367; aus der Lit. s. etwa DKK-Kittner-Bachner §101 Rn 5; Richardi-Thüsing §99 Rn 67.

wenn einzelne Arbeitnehmer zu hoch oder zu niedrig eingruppiert waren.[1301] Damit sind «wesentliche Arbeitsbedingungen» der Beteiligung des Betriebsrats unterworfen. Nicht mehr erfasst ist allerdings die Betrauung mit den Aufgaben eines leitenden Angestellten;[1302] wegen der Ausklammerung dieser Personengruppe aus der Betriebsverfassung soll der Arbeitgeber insoweit frei entscheiden können.

### (3) **Versetzung**

«Versetzung» ist zunächst ein Begriff des Arbeitsvertragsrechts. Darf der 1050
Arbeitgeber beispielsweise den Arbeitnehmer von Hamburg nach München versetzen, weil man dort wegen der guten Auftragslage «Verstärkung» benötigt? Der Arbeitsvertrag lässt an sich solche grundlegenden Änderungen ohne Zustimmung des Arbeitnehmers nicht zu, doch kann er dem Arbeitgeber durchaus das Recht einräumen, den Arbeitnehmer auf eine andere, auch eine schlechter bewertete und/oder schlechter vergütete Stelle zu versetzen.[1303] Für das Betriebsverfassungsrecht ist dies unerheblich. Es enthält in **§95 Abs. 3 BetrVG** eine **eigenständige Definition** der Versetzung, die für die Beteiligungsrechte des Betriebsrats nach §99 allein maßgebend ist.

Der Arbeitgeber muss vor einer Veränderung der Arbeitssituation des Arbeitnehmers daher immer eine zweistufige Prüfung vornehmen: Ist die beabsichtigte Veränderung noch durch den Arbeitsvertrag und das Direktionsrecht gedeckt oder ist eine Vertragsänderung erforderlich? Und zweitens: Liegt eine Versetzung nach §95 Abs. 3 BetrVG vor, die zur Einschaltung des Betriebsrats zwingt?

§95 Abs. 3 Satz 1 benennt in nicht besonders transparenter Weise **zwei Fälle**. 1050a
Es muss um die «Zuweisung eines anderen Arbeitsbereichs» gehen, die (1) entweder die Dauer von einem Monat überschreitet oder die (2) mit einer erheblichen Änderung der Umstände verbunden ist, unter denen die Arbeit zu leisten ist. Im zweiten Fall soll es gerichtlich keine Rolle spielen, dass es nur um einen kurzfristigen Einsatz geht.

*Beispiel:*[1304] Der Arbeitnehmer soll eine dreiwöchige Dienstreise nach Japan machen, wo er im Prinzip die gleichen Tätigkeiten wie zu Hause ausführt. Versetzung zu bejahen.

Grundlegende Voraussetzung ist somit immer die **«Zuweisung eines anderen Arbeitsbereichs»**.

Nach der Rechtsprechung charakterisiert sich der Arbeitsbereich durch 1050b

---

1301 Dazu eingehend Bösche-Grimberg AiB 1983, 129ff., 151ff.

1302 BAG AP Nr. 16 zu §5 BetrVG 1972.

1303 Einzelheiten in Bd. 2 Rn 176ff.

1304 BAG AP Nr. 33 zu §99 BetrVG 1972 Bl. 3R; LAG Köln DB 1985, 392.

den **Ort der Arbeitsleistung**, die **Art der Tätigkeit** und den **Platz in der betrieblichen Organisation**.[1305] Ob ein «anderer» Arbeitsbereich vorliegt, entscheidet sich nach dem **«Gesamtbild»** der Tätigkeit;[1306] kleine Änderungen, die sich in der üblichen Schwankungsbreite des Arbeitsanfalls bewegen, genügen nicht.

*Beispiel:* Der in der Abteilung «Vermögensmanagement» einer Bank beschäftigte Anlageberater muss einen als schwierig geltenden großen Kunden übernehmen, auf den er sich gründlich einstellen muss. Keine Versetzung.

Die Zuordnung zu **einem anderen Betrieb** stellt schon für sich allein eine «Versetzung» dar.[1307] Entgegen dem landläufigen Sprachgebrauch kann diese jedoch **auch** dann vorliegen, wenn der konkrete **Arbeitsort derselbe** bleibt, sich aber die Arbeitsaufgabe, die Stellung in der Hierarchie oder die Arbeitsumgebung ändern. Wird ein Arbeitnehmer zum **betrieblichen Datenschutzbeauftragten** bestellt und wird diese Tätigkeit voraussichtlich 20% seiner Arbeitskapazität in Anspruch nehmen, so liegt im Regelfall eine Versetzung vor.[1308] Dies gilt in gleicher Weise für andere betriebliche «Beauftragte» (z.B. für Umweltschutz).[1309] Eine Versetzung liegt auch dann vor, wenn jemand auf eine höher bewertete Stelle befördert oder mit geringerwertigen Arbeiten betraut wird. Der **Entzug von Kompetenzen** ist dann erfasst, wenn diese das «Gesamtbild» mitbestimmten.

*Beispiel:*[1310] Der Autoverkäufer war bisher zu 75% im Außendienst und zu 25% seiner Zeit als Ladenverkäufer eingesetzt. Wird ihm der Ladenverkauf entzogen, liegt darin im Regelfall eine Versetzung, zumal Abschlüsse im Außendienst seltener zustande kommen.

Krasserer Fall: Der Investmentbanker wird nur noch für repräsentative Aufgaben eingesetzt («Frühstücksdirektor»).

Das Gesamtbild der Tätigkeit kann sich auch aufgrund neuer Technik ändern, so, wenn ein größerer Lkw-Typ zu fahren ist[1311] oder wenn die Arbeit vom Anschluss ans Internet geprägt wird.[1312]

**In Zweifelsfällen** ist danach zu fragen, ob im Zusammenhang mit der

1305 BAG DB 1984, 2198.
1306 BAG DB 1988, 2158.
1307 BAG NZA 1991, 565.
1308 LAG München DB 1979, 1561; ebenso Däubler, Gläserne Belegschaften? Rn 598; Ehrich DB 1991, 1983; Fitting § 99 Rn 110.
1309 Einzelheiten bei DKK-Kittner-Bachner § 99 Rn 98.
1310 Nach BAG NZA 1997, 112.
1311 So der Fall BAG DB 1988, 2158 unter Aufgabe der früheren Auffassung in BAG DB 1984, 2198. Vgl. auch DKK-Kittner-Bachner § 99 Rn 93.
1312 Däubler, Internet und Arbeitsrecht, Rn 120f.

Veränderung eine neue Eingruppierung ansteht, ob Tätigkeitsmerkmale betroffen sind, die in der Ausschreibung der Stelle enthalten waren, ob eine Einarbeitungszeit notwendig ist und ob sich der Arbeitgeber zunächst erfolglos bei anderen bemühte, sie zur Übernahme der fraglichen Funktion zu bewegen.[1313]

Eine **«erhebliche Änderung der Arbeitsumstände»** (die zu einer Verset- 1051
zung führt, auch wenn die Maßnahme keinen vollen Monat dauert) liegt vor, wenn sich die Wegezeiten verlängern,[1314] wenn zahlreiche auswärtige Übernachtungen notwendig werden[1315] oder wenn die Arbeit stärkere physische oder psychische Belastungen mit sich bringt.[1316] Dies wird beispielsweise bei **Auslandsdienstreisen** die Regel, aber nicht immer der Fall sein.[1317]

§ 95 Abs. 3 Satz 2 macht für solche Arbeitnehmer eine Ausnahme, die 1052
wie z. B. **Monteure, Außendienstler und Bauarbeiter** «üblicherweise nicht ständig an einem bestimmten Arbeitsplatz beschäftigt» werden; hier entfällt das Zustimmungsverweigerungsrecht, wenn sich im Rahmen des Üblichen der Einsatzort ändert. Wird dieser Bereich überschritten, greift die Beteiligung des Betriebsrats wieder ein.

*Beispiel:* Eine Gruppe von Bauarbeitern, die zunächst in Essen, dann in München und dann in Kiel eingesetzt wurde, kann auch nach Saarbrücken geschickt werden, ohne dass der Betriebsrat ein Zustimmungsverweigerungsrecht hätte. Wird der bisherige Einsatzbereich überschritten und werden die Beschäftigten nach Madrid entsandt, so greift die Allgemeine Vorschrift des § 95 Abs. 3 Satz 1 wieder ein.[1318]

Genauso sind Auszubildende zu behandeln, die ihrem Ausbildungsplan entsprechend an unterschiedlichen Orten beschäftigt werden. Mitbestimmungsfrei ist weiter noch der kleine **Restbereich der Umsetzungen**, die nicht länger als 1 Monat dauern und die nicht mit einer wesentlichen Änderung der Arbeitsumgebung verbunden sind; Beispiele sind kurzfristige Abordnungen wie z. B. Krankheits- und Urlaubsvertretungen bei Kollegen mit ähnlichen Arbeitsaufgaben.

Bei Versetzungen **von einem (Filial-)Betrieb in einen andern** liegt aus 1053
der Sicht des aufnehmenden Betriebs eine Einstellung vor; der Betriebsrat des abgebenden Betriebs kann wegen Vorliegens einer Versetzung mitbestimmen.[1319] Letzteres soll nach der Rechtsprechung dann nicht gelten, wenn der

1313 S. die «Faustregeln» bei DKK-Kittner-Bachner § 99 Rn 94.

1314 BAG DB 1987, 747.

1315 Bereits eine Übernachtung lässt genügen LAG Brandenburg AiB 1996, 123 mit Anm. Kuster.

1316 BAG NZA 2000, 781, 782.

1317 Vgl. BAG NZA 2000, 781, 782: Eine Ausnahme besteht z. B. dann, wenn ein in Bonn ansässiger Arbeitnehmer eine zweitägige Dienstreise nach Brüssel macht und dort übernachtet.

1318 Vgl. auch ArbG Stuttgart NZA-RR 1997, 481; Richardi-Thüsing § 99 Rn 118.

1319 BAG AP Nr. 40 zu § 99 BetrVG 1972 = DB 1987, 747.

Wechsel auf Dauer erfolgen soll und wenn dies den Wünschen oder der freien Entscheidung des Arbeitnehmers entsprach.[1320]

### 6.11.4.2. Unterrichtung des Betriebsrats

1054 Beabsichtigt der Arbeitgeber eine der beschriebenen Maßnahmen, so hat er nach näherer Maßgabe des § 99 Abs. 1 Satz 1 den Betriebsrat **rechtzeitig und umfassend** zu unterrichten. Dabei hat er seinen eigenen Informationsstand an den Betriebsrat weiterzugeben;[1321] nur dann ist diesem eine sachlich fundierte Stellungnahme möglich. Umfasst sind beispielsweise die genauen Personalien sowie alle Angaben, aus denen sich die **fachliche und persönliche Eignung** ergeben kann.[1322] Auch die Unterlagen **abgelehnter Bewerber** sind vorzulegen.[1323] Weiter muss der Betriebsrat über die wesentlichen Arbeitsbedingungen wie Dauer der Arbeitszeit, Befristung usw. informiert sein; dabei sollte man sich an § 2 Abs. 1 NachwG orientieren. Der beabsichtigte Arbeitsvertrag ist dem Betriebsrat nicht zu überlassen[1324] – was wenig überzeugt, da sich die Rechtswidrigkeit der Beschäftigung auch aus diesem ergeben kann.[1325] Schließlich hat der Betriebsrat nach der Rechtsprechung kein Recht, bei den **Bewerbungsgesprächen** dabei zu sein.[1326]

1055 Von dem Zeitpunkt an, in dem der Betriebsrat vollständig informiert wurde, läuft eine **Wochenfrist**. Innerhalb dieses Zeitraums kann der Betriebsrat seine Zustimmung nach § 99 Abs. 3 Satz 1 verweigern. Unternimmt er nichts, gilt nach § 99 Abs. 4 Satz 2 seine Zustimmung als erteilt. Diese ganz entscheidende **Wochenfrist läuft nicht**, wenn der Betriebsrat nicht umfassend informiert wurde. Entdeckt der Betriebsrat während der Wochenfrist eine «Lücke», ist er mit Rücksicht auf den Grundsatz der vertrauensvollen Zusammenarbeit verpflichtet, vom Arbeitgeber eine **Ergänzung** zu **verlangen**.[1327] Tut er dies nicht, kann er sich nachträglich nicht mehr auf die Mangelhaftigkeit der Unterrichtung berufen. Kommt der Arbeitgeber dem Ersuchen nach, läuft von diesem Zeitpunkt an eine neue Wochenfrist.[1328]

---

1320 BAG NZA 1991, 195, 197.

1321 Fitting § 99 Rn 138.

1322 Fitting § 99 Rn 149.

1323 BAG DB 1973, 778; BAG AP Nr. 7 zu § 99 BetrVG 1972; BAG AP Nr. 18 zu § 118 BetrVG 1972; DKK-Kittner-Bachner § 99 Rn 129; Fitting § 99 Rn 143; Richardi-Thüsing § 99 Rn 143; a. A. LAG Köln DB 1988, 1859; GK-Kraft-Raab § 99 Rn 88 u. a.

1324 BAG AiB 1989, 221.

1325 Kritisch auch Plander AuR 1989, 221.

1326 BAG AP Nr. 7 zu § 99 BetrVG 1972.

1327 BAG DB 1989, 1523.

1328 BAG DB 1989, 1240; DKK-Kittner-Bachner § 99 Rn 117.

### 6.11.4.3. Gründe für die Verweigerung der Zustimmung

Ist der Betriebsrat mit der geplanten Maßnahme nicht einverstanden, so kann er aus einem der in § 99 Abs. 2 genannten sechs Gründe seine Zustimmung verweigern. Diese haben abschließenden Charakter und sind lediglich einer Erweiterung durch Tarifvertrag zugänglich.[1329] 1056

(1) **Die Maßnahme verstößt gegen ein Gesetz oder einen Tarifvertrag**

Der Verstoß muss in der Einstellung oder Versetzung selbst liegen, nicht nur in ihren Begleitumständen. Unproblematisch sind insoweit die Ein- und Umgruppierung, bei denen lediglich die korrekte Anwendung des einschlägigen Tarifvertrags bzw. der betrieblichen Vergütungsordnung in Rede steht. Bei der Einstellung wie bei der Versetzung geht es darum, ob eine Kollision mit einem **Gesetz** entsteht, **das eine bestimmte Form von Beschäftigung verhindern will**. Dies ist beispielsweise der Fall, wenn eine schwangere Frau für Akkord- oder für Nachtarbeit eingestellt wird. Ebenso verhält es sich, wenn eine Person als betrieblicher Datenschutzbeauftragter beschäftigt werden soll, der die nötige Eignung fehlt.[1330] 1056a

*Weiteres Beispiel:* Ein Tarifvertrag sieht vor, dass mit einem bestimmten Prozentsatz der Arbeitnehmer eine **längere Arbeitszeit** als im Tarifvertrag vorgesehen vereinbart werden kann. Bei **Überschreitung der Quote** kann der Betriebsrat die Zustimmung verweigern, doch gilt dies nicht, wenn der Tarifvertrag nur einen Durchschnittswert festschreibt und nicht absehbar ist, ob dieser nicht doch noch erreicht wird.[1331]

Bei der Frage, ob sich Gesetze und Tarifverträge nur auf die inhaltliche Ausgestaltung des Arbeitsvertrags oder auf die Beschäftigung schlechthin beziehen, verfolgt das **BAG** eine **restriktive Linie**: Wird in rechtswidriger Weise ohne sachlichen Grund befristet, berechtigt dies den Betriebsrat nicht zur Zustimmungsverweigerung.[1332] Auch die Unterschreitung des Tarifniveaus ist für den Betriebsrat ohne Bedeutung,[1333] und vieles spricht dafür, dass in gleicher Weise verfahren wird, wenn es um die Gleichbehandlung von Leiharbeitnehmern und Stammarbeitnehmern geht.[1334] Damit wird nicht nur der Zweck der jeweiligen Gesetze und Tarifverträge eng bestimmt, sondern auch auf das wichtigste Mittel verzichtet, den fraglichen Normen in der Realität 1057

---

1329 Oben 4.8.3. (Rn 371).

1330 BAG DB 1994, 1678.

1331 BAG AP Nr. 2 zu § 3 TVG Betriebsnormen.

1332 BAG AP Nr. 8 und 28 zu § 99 BetrVG 1972 = AuR 1986, 185 mit Anm. Kohte.

1333 BAG BB 2000, 2311.

1334 Vgl. DKK-Kittner-Bachner § 99 Rn 175; Fitting § 99 Rn 163 b; a. A. Däubler KJ 2003, 17, 19; Grimm-Brock DB 2003, 1113; Reim ZTR 2003, 111.

Beachtung zu verschaffen; der einzelne Arbeitnehmer dürfte schwerlich in der Lage sein, sich gegen die fraglichen Gesetzesverstöße erfolgreich zu wehren.[1335]

1057a Ergänzend sei darauf verwiesen, dass der Betriebsrat auch Verstöße gegen **Unfallverhütungsvorschriften**, Betriebsvereinbarungen, gerichtliche und behördliche Anordnungen geltend machen kann.

(2) **Die Maßnahme verstößt gegen eine Richtlinie nach § 95**

1058 Auf die an anderer Stelle gemachten Ausführungen kann verwiesen werden.[1336]

(3) **Nachteile für bereits Beschäftigte**

1059 Der Betriebsrat kann weiter geltend machen, dass die «durch Tatsachen begründete **Besorgnis** (besteht), **dass** infolge der personellen Maßnahme **im Betrieb beschäftigte Arbeitnehmer** gekündigt werden oder sonstige **Nachteile erleiden**, ohne dass dies aus betrieblichen oder persönlichen Gründen gerechtfertigt ist». Dies ist etwa dann der Fall, wenn ein Arbeitnehmer auf eine noch besetzte Stelle versetzt wird und der bisherige Stelleninhaber unter sozialen Gesichtspunkten den Vorrang hat.[1337] «Sonstige Nachteile» sind faktischer Natur und können etwa darin bestehen, dass wegen der Versetzung eines Mitarbeiters eine Leistungsverdichtung eintritt oder regelmäßige Überstunden zu erwarten sind.[1338] Umgekehrt stellt die Möglichkeit des Abbaus von Überstunden aufgrund von Neueinstellungen keinen rechtserheblichen Nachteil dar;[1339] die Gleichstellung mit der Kündigung macht deutlich, dass die Nachteile von einer gewissen Erheblichkeit sein müssen.[1340]

1060 Ist der Auftragseingang rückläufig und bestehen keine konkreten Anhaltspunkte für eine alsbaldige Umkehr des Trends, so gefährdet jede Neueinstellung die Arbeitsplätze der schon Beschäftigten, sodass der Betriebsrat seine Zustimmung verweigern kann. Um die Berechtigung eines solchen **«Einstellungsstopps»** überprüfen zu können, ist der Betriebsrat auch über die wirtschaftliche Lage des Unternehmens umfassend zu informieren. Ein von § 99
1061 Abs. 2 Nr. 3 erfasster «Nachteil» liegt weiter dann vor, wenn die Einstellung oder die Versetzung die **Aufstiegschancen** der schon Beschäftigten beein-

1335 Zutreffend DKK-Kittner-Bachner § 99 Rn 173 a.

1336 Oben 6.11.2.4. (insbes. Rn 1042).

1337 BAG AP Nr. 45 zu § 99 BetrVG 1972.

1338 DKK-Kittner-Bachner § 99 Rn 189.

1339 DKK-Kittner-Bachner § 99 Rn 189; Hess u. a.-Schlochauer § 99 Rn 124; Richardi-Thüsing § 99 Rn 218; MünchArbR-Matthes § 352 Rn 78.

1340 GK-Kraft-Raab § 99 Rn 143.

trächtigt.[1341] Nach der Rechtsprechung ist dies allerdings nur dann der Fall, wenn ein Rechtsanspruch oder eine gesicherte Anwartschaft auf Beförderung besteht.[1342] Andernfalls würde es schwierig, höhere Positionen mit Externen zu besetzen.[1343] Seit 2001 gilt eine Ergänzung der Nr. 3 **zugunsten befristet Beschäftigter**: Wird ihnen bei gleicher Eignung ein von außen kommender Bewerber vorgezogen, steht dem Betriebsrat ein Zustimmungsverweigerungsrecht zu. Seine praktische Bedeutung dürfte gering sein, da Fälle beweisbarer gleicher (oder besserer) Eignung in der Praxis selten sind.

Soll der Arbeitsplatz eines **gekündigten Arbeitnehmers** anderweitig be- 1062
setzt werden, so kann der Betriebsrat nach § 99 Abs. 2 Nr. 3 widersprechen, solange das Kündigungsschutzverfahren anhängig und nicht völlig aussichtslos ist.[1344]

### (4) Benachteiligung des betroffenen Arbeitnehmers

Vermieden werden soll nicht jede, sondern eine Benachteiligung, die nicht aus 1063
betrieblichen oder in der Person des Arbeitnehmers liegenden Gründen gerechtfertigt ist. Der Betriebsrat ist so insbesondere in der Lage, sachlich nicht gebotene Versetzungen zu verhindern, die als Disziplinierungsmittel eingesetzt werden. Leider kann er nicht dafür sorgen, dass neu eingestellte Arbeitnehmer auch dann die betriebsüblichen Arbeitsbedingungen erhalten, wenn sie zu einer «Problemgruppe» wie Ältere und Ausländer gehören; nach der Rechtsprechung stellt die Einstellung als solche niemals einen «Nachteil» dar.[1345]

### (5) Unterbliebene Ausschreibung

Auf die an früherer Stelle gemachten Ausführungen kann verwiesen wer- 1064
den.[1346]

### (6) «Arbeitnehmer wird den Betriebsfrieden stören»

Voraussetzung für die Zustimmungsverweigerung nach Nr. 6 ist die «durch 1065
Tatsachen begründete **Besorgnis**, dass der für die personelle Maßnahme in Aussicht genommene Bewerber oder Arbeitnehmer den Betriebsfrieden **durch gesetzwidriges Verhalten oder durch grobe Verletzung der in § 75**

1341 Die Frage ist sehr kontrovers; s. die Nachweise bei DKK-Kittner-Bachner § 99 Rn 186.
1342 BAG AP Nr. 45 und 46 zu § 99 BetrVG 1972.
1343 Kritisch jedoch DKK-Kittner-Bachner § 99 Rn 186.
1344 Dazu Volker Schmidt AuR 1986, 97 und DKK-Kittner-Bachner § 99 Rn 190.
1345 BAG NZA 2001, 893, 896.
1346 Oben 6.11.3.1. (Rn 1024 a).

**Abs. 1 enthaltenen Grundsätze, insbesondere durch rassistische oder fremdenfeindliche Betätigung,** stören werde». Mit Recht wird diese Bestimmung eng interpretiert und betont, die «Besorgnis» könne nur auf Tatsachen gestützt werden, die sich auf die Persönlichkeit beziehen, und nicht darauf, dass der Betreffende einer bestimmten Gruppe angehört.[1347] In der Praxis hat die Vorschrift so gut wie keine Bedeutung.[1348]

### 6.11.4.4. Verfahrensfragen

1066 Liegt einer dieser Gründe vor und will der Betriebsrat seine Zustimmung verweigern, so muss er dies innerhalb einer Woche **schriftlich** tun. Dabei genügt ein **Fax**[1349]; jedoch **keine E-Mail,** da bei dieser die für die Schriftform entscheidende Unterschrift fehlt.[1350] Der Betriebsrat muss seine Haltung begründen; dabei genügt eine Wiederholung des Gesetzeswortlauts nicht. Es reicht aber aus, wenn er Tatsachen anführt, die das Vorliegen **eines der Gründe möglich** erscheinen lassen; eine schlüssige Begründung wird nicht verlangt.[1351] Die Frage, wie detailliert der Betriebsrat argumentieren muss, bestimmt sich dabei u. a. auch danach, welche Begründung der Arbeitgeber gibt.

*Beispiel:* Der Arbeitgeber macht keine Angaben, weshalb er zwei neue Arbeitskräfte einstellen will. Der Betriebsrat kann sein auf Nr. 3 gestütztes Veto mit einem relativ pauschalen Hinweis auf die schlechte Wirtschaftslage und die geringe Binnennachfrage begründen, es sei denn, es handle sich um einen typischen Exportbetrieb.[1352]

1067 Der Betriebsrat muss im Übrigen *alle* ihm wichtig erscheinenden Gesichtspunkte vortragen; nach der Rechtsprechung des BAG ist ihm ein **«Nachschieben» weiterer Gründe** nach Ablauf der Wochenfrist **nicht** mehr **möglich**.[1353] Dies ist nicht nur wegen der Kompliziertheit der Materie, sondern auch deshalb fragwürdig, weil dem Arbeitgeber bei Kündigungen das Nachschieben von Gründen möglich ist.[1354] Gleichwohl: Die Erklärung des Betriebsrats ist nur dann unbeachtlich, wenn die Begründung offensichtlich mit keinem der

---

1347 Fitting § 99 Rn 209.

1348 Aus der Rechtsprechung ist nur eine ältere Entscheidung (LAG Bremen BB 1958, 40) ersichtlich.

1349 BAG AP Nr. 118 zu § 99 BetrVG 1972.

1350 DKK-Kittner-Bachner § 99 Rn 162.

1351 BAG AP Nr. 50 und 118 zu § 99 BetrVG 1972; Fitting § 99 Rn 214.

1352 Ebenso für die Begründung des Widerspruchs nach § 102 Abs. 3 ArbG München BB 1975, 836.

1353 BAG NZA 1984, 87. Ebenso BAG AuR 1985, 229 mit ablehnender Anm. Bösche-Grimberg und BAG AP Nr. 36 zu § 99 BetrVG 1972.

1354 Dazu Bd. 2 Rn 1167 ff. Wie hier im Ergebnis auch Fitting § 99 Rn 238 mwN.

gesetzlichen Gründe in Zusammenhang steht.[1355] In einem solchen Fall gilt die Zustimmung nach § 99 Abs. 3 Satz 2 als erteilt.

Liegt eine ordnungsgemäße Verweigerung vor, so macht dies die **Maßnahme des Arbeitgebers schwebend**, d. h. bis zur Entscheidung des Arbeitsgerichts **unwirksam**. Anders als nach früherem Recht muss nicht der Betriebsrat, sondern der Arbeitgeber das Arbeitsgericht anrufen und seinerseits darlegen, dass die vom Betriebsrat vorgetragenen Gründe nicht zutreffen.[1356] Verzichtet der Arbeitgeber auf die Anrufung des Arbeitsgerichts oder weist dieses seinen Antrag zurück[1357], so wird die Maßnahme endgültig unwirksam; hat der Antrag Erfolg, kann die Maßnahme durchgeführt werden. 1068

Da gerichtliche Entscheidungen bisweilen lange auf sich warten lassen, hat § 100 BetrVG für **Eilfälle** vorläufige personelle Maßnahmen zugelassen, dabei jedoch den Betriebsrat ebenfalls eingeschaltet.[1358] Übergeht der Arbeitgeber den Betriebsrat oder hält er eine Maßnahme entgegen den im § 100 BetrVG ausdrücklich genannten Beendigungsgründen aufrecht, so kann er nach § 101 BetrVG zu einer Korrektur verurteilt werden, notfalls wird ein **Zwangsgeld** verhängt.[1359] Auch kann der Betriebsrat den Arbeitgeber auf Unterlassung in Anspruch nehmen, da § 101 lediglich die konkrete Maßnahme, nicht aber das künftige Verhalten des Arbeitgebers betrifft.[1360] Das **Arbeitsverhältnis eines** am Veto des Betriebsrats gescheiterten **Bewerbers** endet durch (betriebsbedingte) **Kündigung**; hat ihn der Arbeitgeber vorher nicht ausreichend ins Bild gesetzt, kann er ggf. Schadensersatz verlangen. 1069

## 6.11.5. Die Beteiligung des Betriebsrats bei Kündigungen

Das BetrVG respektiert genau wie das KSchG das grundsätzliche Recht des Arbeitgebers, sich unter bestimmten (recht weit definierten) Bedingungen 1070

1355 BAG AP Nr. 27 zu § 99 BetrVG 1972 Eingruppierung; Fitting § 99 Rn 214.

1356 Fitting § 99 Rn 226.

1357 Dies geschieht auch dann, wenn der Betriebsrat nicht ausreichend informiert wurde: BAG DB 1986, 1077. Die Unterrichtung kann jedoch während des gerichtlichen Verfahrens nachgeholt werden: BAG DB 1989, 1240.

1358 Zu den äußerst komplizierten Einzelheiten s. insbesondere die Kommentare zu § 100. Praktisch wichtige Einzelfragen beim Streit um die Eingruppierung behandelt überzeugend Busemann NZA 1996, 681 ff. Zum «sachlichen Grund» für die Vornahme einer vorläufigen Maßnahme s. Feuerborn, S. 117 ff.

1359 Einzelheiten des Verfahrens bei DKK-Kittner-Bachner Anm. zu § 101. Daneben kommt ein Verfahren nach § 23 Abs. 3 in Betracht: BAG DB 1987, 2051; Trittin AiB 1989, 202.

1360 Dabei besteht ein allgemeiner Unterlassungsanspruch (oben 6.7.4.4. Rn 921 ff.) neben einem Unterlassungsanspruch aus § 23 Abs. 3 (oben Rn 922 b). Beide können durch einstweilige Verfügung gesichert werden.

von einzelnen oder allen Arbeitnehmern trennen zu können. Der Betriebsrat ist auf Argumente im Rahmen eines Anhörungsverfahrens sowie auf ein Widerspruchsrecht beschränkt, das nur bei der ordentlichen Kündigung eingreift und das an das Vorliegen bestimmter Gründe gebunden ist.

### 6.11.5.1. Die Anhörung nach § 102 Abs. 1 BetrVG

1071 *Vor* jeder Kündigung ist der Betriebsrat anzuhören. Dies gilt sowohl für eine ordentliche wie für eine außerordentliche Kündigung. Auch vor **Änderungskündigungen** ist der Betriebsrat einzuschalten;[1361] soll diese zu einer Versetzung oder einer Umgruppierung führen, so ist der Betriebsrat auch nach näherer Maßgabe des § 99 zu beteiligen.[1362] Auf die Anwendbarkeit des Kündigungsschutzgesetzes kommt es nicht an. Nicht erfasst sind allerdings andere Beendigungsformen des Arbeitsverhältnisses wie das **Auslaufen befristeter Verträge** oder der Abschluss eines Aufhebungsvertrags.

#### (1) Was muss mitgeteilt werden?

1072 Der Arbeitgeber muss den Betriebsrat über alle Umstände informieren, die für die Entscheidung über die Kündigung maßgebend sein können. Dazu gehören die **«Sozialdaten» des betroffenen Arbeitnehmers** wie Alter, Familienstand, Dauer der Betriebszugehörigkeit, da sie bei jeder Kündigung im Rahmen der Interessenabwägung von Bedeutung sein können.[1363] Weiter ist die **Art der beabsichtigten Kündigung** anzugeben; wird der Betriebsrat etwa nur zu einer ordentlichen Kündigung gehört, später aber eine außerordentliche ausgesprochen, so ist das Anhörungsverfahren fehlerhaft.[1364] Dasselbe gilt dann, wenn Zeitpunkt und Umstände der Kündigung nicht dem entsprechen, was dem Betriebsrat mitgeteilt wurde.

*Beispiel:* Der Arbeitgeber erklärte, der Arbeitnehmer X werde nach Abschluss von Interessenausgleich und Sozialplan betriebsbedingt gekündigt. In Wirklichkeit wird aber die Kündigung bereits vor Abschluss des (sich in die Länge ziehenden) Interessenausgleichs ausgesprochen. Keine wirksame Anhörung.[1365]

1073 Am bedeutsamsten ist die in § 102 Abs. 1 Satz 2 ausdrücklich vorgeschriebene **Angabe der Kündigungsgründe**. Da der Betriebsrat in der Lage sein

---

1361 Die Änderungskündigung definiert sich dadurch, dass dem Arbeitnehmer zugleich die Weiterarbeit unter veränderten Bedingungen angeboten wird. Näher Bd. 2, Kap. 8.

1362 Fitting § 102 Rn 9 mwN.

1363 Bösche, S. 43 f.; DKK-Kittner-Bachner § 102 Rn 62 mwN.

1364 BAG AP Nr. 10 zu § 102 BetrVG 1972. Auch Kündigungsfrist und Endtermin des Arbeitsverhältnisses müssen mitgeteilt werden: BAG NZA 1991, 210; BAG EzA § 102 BetrVG 1972 Nr. 64.

1365 BAG NZA 2004, 753.

muss, ihre Stichhaltigkeit zu überprüfen, genügen pauschale Formulierungen wie «Auftragsmangel», «Fehlzeiten» oder «Treuepflichtverletzung» nicht. Vielmehr muss der Arbeitgeber ausführen, warum z. B. gerade der Arbeitsplatz des betroffenen Arbeitnehmers durch die rückläufige Geschäftsentwicklung weggefallen ist, wie hoch die krankheitsbedingten Fehlzeiten waren, welche Störungen im Betrieb auftraten und ob mit weiteren Erkrankungen zu rechnen ist. Bei der auf Fehlverhalten abstellenden Kündigung sind die konkreten Vorfälle zu bezeichnen,[1366] bei der Verdachtskündigung auch die Namen der eventuellen Zeugen mitzuteilen.[1367] Weiter darf der Arbeitgeber die Fakten nicht tendenziös auswählen und etwa die gegen die Kündigung sprechenden Gesichtspunkte unter den Tisch fallen lassen.[1368] Schließlich hat er darzutun, dass keine anderweitige Beschäftigungsmöglichkeit besteht.[1369] Dies alles gilt grundsätzlich **auch** dann, **wenn** das **Kündigungsschutzgesetz nicht eingreift**, weil die betroffene Person noch keine 6 Monate im Betrieb beschäftigt war[1370] oder weil dieser die Grenze des § 23 Abs. 1 S. 2 KSchG nicht erreichte.[1371] Auch hier muss der Arbeitgeber die konkreten Umstände und die subjektiven Vorstellungen mitteilen, die für seinen Kündigungsentschluss maßgebend waren; die Maßstäbe, nach denen sich die Kündigung bestimmt, sind allerdings großzügigere.[1372]

Sonderprobleme ergaben sich im Hinblick auf die **soziale Auswahl** nach 1074
§ 1 Abs. 3 KSchG: Nach der ursprünglichen Rechtsprechung des BAG musste der Arbeitgeber von sich aus lediglich die angewandten Kriterien offen legen, alles andere nur dann, wenn der Betriebsrat es verlangte.[1373] Seit vielen Jahren wird jedoch vom Arbeitgeber verlangt, von Anfang an alle Karten auf den Tisch zu legen und von sich aus die Sozialdaten sämtlicher in den Auswahlprozess einbezogenen Arbeitnehmer mitzuteilen.[1374] Dies gilt auch für diejenigen, die wegen eines berechtigten betrieblichen Interesses aus dem Kreis der potenziell zu kündigenden Arbeitnehmer wieder **herausgenommen**

---

1366 BAG AP Nr. 17 und 19 zu § 102 BetrVG 1972; zum Nachschieben von Kündigungsgründen s. Bd. 2 Rn 1167 ff.

1367 ArbG Darmstadt AiB 1986, 118 mit Anm. Trittin.

1368 BAG DB 1995, 477.

1369 BAG DB 1978, 2368 (für betriebsbedingte Kündigung). Bei personen- und verhaltensbedingter Kündigung kann nichts anderes gelten, da die Kündigung immer letztes Mittel sein muss, das Fehlen anderweitiger Beschäftigungsmöglichkeiten also zu ihren notwendigen Voraussetzungen gehört.

1370 BAG AP Nr. 17 zu § 102 BetrVG 1972.

1371 Da das KSchG erst eingreift, wenn mehr als 10 Arbeitnehmer beschäftigt sind und da Teilzeitkräfte – grob gesprochen – nur anteilig zählen, sind u.U. auch Betriebe mit 15 Beschäftigten vom KSchG ausgenommen, in denen durchaus ein (einköpfiger) Betriebsrat bestehen kann.

1372 Zu diesem sog. Basiskündigungsschutz s. Bd. 2. Vgl. auch BAG DB 1989, 1575.

1373 BAG AP Nr. 16 zu § 102 BetrVG 1972.

1374 BAG NZA 1984, 169 = BB 1984. 1426: ebenso schon vorher LAG Frankfurt DB 1978, 644; Becker-Schaffner BlfStR 1977, 193; Bösche, S. 50 f.

werden – auch insoweit muss der Betriebsrat Stellung nehmen können.[1375] Wird mehrfach gekündigt, ist das Anhörungsverfahren bei jeder einzelnen Kündigung erneut durchzuführen.[1376]

Der ihn beratende Rechtsanwalt sagt dem Arbeitgeber, die ausgesprochene Kündigung sei möglicherweise nicht in Ordnung, da man dem Betriebsrat nicht mitgeteilt habe, wer als «Leistungsträger» aus der sozialen Auswahl ausgenommen worden sei. Der Arbeitgeber kündigt vorsichtshalber noch einmal; der Betriebsrat muss in vollem Umfang eingeschaltet werden.

1074a Was geschieht, wenn nachträglich weitere Gründe auftauchen, die dem Arbeitgeber bei Ausspruch der Kündigung nicht bekannt waren? Die Anhörung ist nicht deshalb fehlerhaft, weil er diese nicht an den Betriebsrat weitergab; Unmögliches wird von ihm nicht verlangt. Man spricht insoweit von der «subjektiven Determinierung» der Anhörungspflicht.[1377] Dies heißt aber zugleich, dass alle dem Arbeitgeber bekannten Gründe auch dem Betriebsrat mitgeteilt werden müssen; andernfalls können sie später nicht mehr verwertet werden. Will der Arbeitgeber die erst später erfahrenen Gründe «nachschieben», also nachträglich als Rechtfertigung heranziehen, muss er den Betriebsrat insoweit noch einmal anhören.[1378] Nachträglich entstehende Umstände (der gekündigte Arbeitnehmer beleidigt den Arbeitgeber in der Presse) können aber nur eine erneute Kündigung rechtfertigen.

### (2) Das Verfahren

1075 Die Information hat gegenüber dem Betriebsratsvorsitzenden zu erfolgen, der für das Gremium die «Empfangszuständigkeit» hat.[1379] Er darf aber entgegen einer gar nicht so seltenen Praxis[1380] nicht selbst entscheiden, sondern muss einen **Betriebsratsbeschluss** herbeiführen.[1381] Bei der ordentlichen Kündigung steht dafür eine Woche, bei der außerordentlichen stehen 3 Tage zur Verfügung. Bei **Massenkündigungen** kann die **Frist einvernehmlich verlängert** werden. Verweigert der Arbeitgeber insoweit seine Zustimmung, so stellt dies in der Regel einen Verstoß gegen den Grundsatz der vertrauensvollen Zusammenarbeit dar. Der Arbeitgeber würde gegen Treu und Glauben ver-

1375 Zur sozialen Auswahl und ihren Grenzen s. Bd. 2 Rn 1048 ff.
1376 BAG DB 1994, 381 = AiB 1994, 318.
1377 BAG NZA 2000, 764; Fitting § 102 Rn 41 mwN.
1378 BAG AP Nr. 39 zu § 102 BetrVG 1972; BAG AP Nr. 5 zu § 626 BGB Nachschieben von Kündigungsgründen; Fitting § 102 Rn 43.
1379 S. oben 6.7.6. (Rn 925l).
1380 Die Untersuchung des Hamburger Max-Planck-Instituts ergab, dass in 5 % aller erfassten Fälle der Vorsitzende allein entschied – s. Falke u. a. unter II.8.
1381 Näher dazu Fitting § 102 Rn 50; GK-Raab § 102 Rn 75.

stoßen, wenn er sich auf die Fristüberschreitung berufen würde: Aus eigenem rechtswidrigem Verhalten darf man keine Vorteile ziehen.[1382] Die **Anhörung** wäre in einem solchen Fall **mangelhaft.** Der Betriebsrat muss in der Lage sein, sich mit jeder konkreten Kündigung eingehend auseinander zu setzen. In größeren Betrieben kann das Anhörungsrecht nach § 102 Abs. 1 dem Betriebsausschuss oder einem anderen **Ausschuss** zur selbständigen Erledigung übertragen werden.[1383]

Was geschieht, wenn Betriebsferien sind und die Betriebsratsmitglieder in alle Welt verstreut sind, aber gleichwohl ein Vorfall bekannt wird, der z. B. eine fristlose Kündigung rechtfertigt? Nach § 626 Abs. 2 BGB hat der Arbeitgeber für den Ausspruch einer außerordentlichen Kündigung nur 14 Tage Zeit, doch ist eine Sondersitzung des Betriebsrats mangels Erreichbarkeit der meisten Mitglieder (oder wegen hoher Rückflugkosten) nicht möglich. Am sinnvollsten ist es, die Frist während der Betriebsferien nicht weiterlaufen zu lassen.[1384]

Bleibt der **Betriebsrat** während der gesetzlichen Fristen **untätig**, gilt dies als 1076
**Zustimmung**; Fehler bei der Beschlussfassung gehen zu seinen Lasten und stehen einer wirksamen Anhörung nicht entgegen.[1385] Anders verhält es sich jedoch, wenn der Arbeitgeber den Verfahrensmangel kannte und vor Ablauf der Fristen von sieben bzw. drei Tagen kündigte.[1386]

*Beispiel:* Der am 3. 4. von der beabsichtigten ordentlichen Kündigung informierte Betriebsratsvorsitzende verzichtet im Einvernehmen mit dem Arbeitgeber auf die Einberufung einer Betriebsratssitzung, «da dies nur einen Produktionsausfall zur Folge hätte». Keine wirksame Anhörung. Eine am 7.4. ausgesprochene Kündigung wäre unwirksam. Anders bei einer Kündigung am 11.4.; der Betriebsrat hatte ja seine Chance gehabt. Sieht der Vorsitzende aus eigenem Entschluss von einer Sitzung ab und teilt er dem Arbeitgeber am 6. 4. mit, der Betriebsrat habe gegen die Kündigung nichts einzuwenden, kann von diesem Zeitpunkt an gekündigt werden.

Ist der **Betriebsrat bereits vollständig informiert**, bedarf es keiner Darle- 1077
gung der Kündigungsgründe mehr; alles andere wäre Formalismus.[1387] Der Arbeitgeber handelt dabei allerdings auf eigenes Risiko; ist der Betriebsrat in Wahrheit nur teilweise ins Bild gesetzt, ist das Anhörungsverfahren fehlerhaft

1382 BAG AP Nr. 43 zu § 102 BetrVG 1972 = DB 1987, 1050.

1383 Zulässig: BAG BB 1975, 1435. Ebenso für Personalausschuss BAG NZA 1985, 86 = DB 1985, 340. Zu den Voraussetzungen für die Bildung von Ausschüssen s. oben 6.7.6. (Rn 925n).

1384 DKK-Kittner-Bachner § 102 Rn 35.

1385 BAG AP Nr. 3 zu § 102 BetrVG 1972.

1386 Fitting § 102 Rn 53 mwN.

1387 BAG AP Nr. 37 zu § 102 BetrVG 1972 = AiB 1986, 117.

und die Kündigung unwirksam.[1388] Im Zweifelsfalle muss der Arbeitgeber beweisen, dass das Anhörungsverfahren korrekt war.

(3) **Anhörung des Betroffenen**

1078 Nach § 102 Abs. 2 Satz 4 BetrVG «soll» der Betriebsrat den betroffenen Arbeitnehmer anhören, doch ist dies in der Praxis bisweilen nicht der Fall.[1389] Dies ist zu bedauern, da – von Extremfällen einmal abgesehen – eine Verständigung mit dem Betroffenen zu den Mindestanforderungen gehört, die an eine korrekte Interessenvertretung zu stellen sind.

(4) **Rechtsfolgen fehlerhafter Anhörung**

1079 Die unterbliebene oder nicht ordnungsgemäß vorgenommene Anhörung des Betriebsrats macht die Kündigung gemäß § 102 Abs. 1 Satz 3 unwirksam. Dies gilt auch dann, wenn die **Information nicht ausführlich genug** war, beispielsweise im Bereich der sozialen Auswahl Lücken aufwies.[1390] Eine nachträgliche Heilung des Mangels ist ausgeschlossen.[1391] Die Unwirksamkeit der Kündigung muss seit 1. 1. 2004 innerhalb der **Drei-Wochen-Frist** des § 4 KSchG geltend gemacht werden. Wird dies beachtet, kann der betroffene Arbeitnehmer bei völlig unterbliebener Anhörung **Weiterbeschäftigung** wegen offensichtlich unwirksamer Kündigung verlangen.[1392] Weiter ist in allen Fällen mangelhafter Anhörung eine gerichtliche Auflösung des Arbeitsverhältnisses auf Antrag des Arbeitgebers nach §§ 9, 10 KSchG ausgeschlossen.[1393] Bemerkenswert ist, dass nach der Untersuchung des Hamburger Max-Planck-Instituts Ende der 70er Jahre gleichwohl in ca. 6 bis 8 % aller Fälle ohne Anhörung des Betriebsrats gekündigt wurde.[1394]

1080 Man wird weder dem Gesetzgeber noch der Rechtsprechung den Vorwurf machen können, das Anhörungsrecht nicht ernst genommen zu haben – dennoch bleibt es ein bloßes Anhörungsrecht, das dem Betriebsrat die deutliche Kundgabe seiner Position gestattet, das dem **Arbeitgeber** jedoch die **volle Freiheit einer** (auch wenig sachgerechten) **Entscheidung** belässt.

1388 BAG a.a.O.; der Betriebsrat muss sich nur das Wissen eines nach § 26 Abs. 3 Satz 2 BetrVG zur Entgegennahme von Erklärungen befugten Mitglieds zurechnen lassen.

1389 Nach der Max-Planck-Untersuchung gaben die befragten Betriebsräte an, in etwa einem Drittel der Fälle keine Anhörung durchgeführt zu haben (Falke u. a. unter II.9.), während nur 45 % der befragten Arbeitnehmer von einer vorherigen Anhörung berichteten (unter III.7.3.).

1390 BAG NZA 1997, 813.

1391 BAG BB 1974, 836. Dies gilt auch dann, wenn in Bezug auf die soziale Auswahl nicht alle relevanten Daten mitgeteilt wurden.

1392 So schon BAG DB 1977, 2099.

1393 BAG AP Nr. 4 zu § 9 KSchG 1969.

1394 Falke u. a. unter II.6. (Betriebsrätebefragung), unter IV.8. (Gerichtsbefragung).

### 6.11.5.2. Das Widerspruchsrecht nach § 102 Abs. 3 BetrVG

Seit Inkrafttreten des BetrVG 1972 hat der Betriebsrat das Recht, ordentlichen Kündigungen förmlich zu widersprechen, wenn bestimmte, im Einzelnen durch § 102 Abs. 3 festgelegte Gründe vorliegen. Dieser **Widerspruch** macht die Kündigung zwar nicht unwirksam, gibt dem betroffenen Arbeitnehmer aber das Recht, so lange im Betrieb **weiterbeschäftigt** zu werden, **bis über seine Kündigungsschutzklage rechtskräftig entschieden ist**.[1395] Dies stellt zwar entgegen der amtlichen Überschrift des § 102 BetrVG keine «Mitbestimmung» dar, doch wäre eine reale Weiterbeschäftigung für den Arbeitnehmer von erheblichem Vorteil, da er sich keine andere Stelle suchen müsste und nach gewonnenem Prozess ohne Schwierigkeiten im bisherigen Umfeld weiterarbeiten könnte. Dem kommt insbesondere in Zeiten der Arbeitslosigkeit große Bedeutung zu.[1396] Die Widerspruchsgründe sind allerdings nach der Rechtsprechung des BAG so beschaffen, dass dieses Ziel nur selten erreicht wird. Ihre Erweiterung ist nur durch Tarifvertrag oder Betriebsvereinbarung möglich. 1081

#### (1) **Widerspruchsgründe**

Nach Abs. 3 Nr. 1 kann der Betriebsrat geltend machen, der Arbeitgeber habe **bei der Auswahl** des zu kündigenden Arbeitnehmers **soziale Gesichtspunkte nicht oder nicht ausreichend berücksichtigt**. Eine Bindung an die seit 1. 1. 2004 geltenden vier Kriterien des § 1 Abs. 3 KSchG besteht nicht, da § 102 Abs. 3 unverändert blieb. Nach der Rechtsprechung des BAG muss der Betriebsrat jedoch in plausibler Weise die sozial weniger schutzwürdigen **Arbeitnehmer namhaft machen**; hat der Arbeitgeber den Kreis der in die soziale Auswahl einzubeziehenden Personen nach Ansicht des Betriebsrats zu eng festgelegt, müssen die zu Unrecht ausgeklammerten zumindest bestimmbar sein.[1397] Dies bringt den Betriebsrat in die schwierige Position, ggf. für bestimmte Personen zum «Arbeitsplatzvernichter» zu werden. Kommt er mit seinem Vorbringen nicht durch, kann er sich außerdem auf dauerhafte Feindschaft bei den Benannten einstellen («Der wollte mir ans Leder»). Scheut er verständlicherweise eine solche Situation, so kann er sich nur dann auf Nr. 1 berufen, wenn der Arbeitgeber gar keine soziale Auswahl praktiziert oder 1083

1395 Zur Weiterbeschäftigung außerhalb des Verfahrens nach § 102 Abs. 5 BetrVG s. Bd. 2 Rn 1197 ff.

1396 Näher dazu Däubler, Kündigungsschutz für Arbeitnehmer, Verbraucherzentrale NRW, Düsseldorf 2006, Kap. 15 (S. 244 ff.).

1397 BAG NZA 2003, 1191. Kritisch dazu DKK-Kittner-Bachner § 102 Rn 188; Fitting § 102 Rn 81 jeweils mwN.

wenn er einzelne gewichtige Kriterien wie die Unterhaltspflicht überhaupt nicht berücksichtigt hat.

*Beispiel:* Der Arbeitgeber handelt nach dem Grundsatz «last hired first fired».

1084 Was geschieht, wenn der Arbeitgeber nach dem durchaus plausiblen Vorbringen des Betriebsrats im Zusammenhang mit der Entlassung von zehn Arbeitnehmern **zwei Personen** als «Leistungsträger» **ausgeklammert** hat, obwohl sie keineswegs irgendwelche besonderen Kenntnisse und Fähigkeiten besitzen? Kann dann gegen **alle zehn Kündigungen** Widerspruch erhoben werden? Das BAG meint: Nein, auch hier muss dargelegt werden, anstelle von welchem Gekündigten die beiden «Pseudo-Cracks» zu entlassen gewesen wären.[1398] Der Arbeitgeber soll ersichtlich nicht in die Situation kommen, mit dem ganzen Personalabbau wieder von vorne beginnen zu müssen.

1085 Der **Verstoß gegen eine Auswahlrichtlinie** nach § 95 (**Nr. 2**) wird in Zukunft häufiger in Betracht kommen. Zum einen ist zu berücksichtigen, dass «Richtlinien» nicht notwendig schriftlich fixiert sein müssen, sondern auch aus einer langjährigen Praxis bestehen können.[1399] Zum Zweiten hat der Gesetzgeber in § 1 Abs. 4 KSchG einen Anreiz geschaffen, im Wege von Betriebsvereinbarungen Auswahlrichtlinien zu schaffen, die – etwa mit Hilfe eines Punktesystems – die soziale Auswahl unkomplizierter machen können.[1400] Ein Verstoß kann nicht nur in der falschen Anwendung, sondern auch darin liegen, dass Daten verwandt werden, die für einen andern Zweck erhoben wurden.

*Beispiel:* Der X ist in eine «Nachwuchsförderungsdatei» aufgenommen worden, erwies sich jedoch bei Weiterbildungsmaßnahmen als wenig flexibel. Beim Auswahlkriterium «fachliche Eignung für den aktuellen Arbeitsplatz» dürfen diese Erfahrungen nicht herangezogen werden.

1086 Der Betriebsrat kann seinen Widerspruch weiter darauf stützen, der Arbeitnehmer könne **an einem anderen Arbeitsplatz** im selben Betrieb oder in einem anderen Betrieb des Unternehmens **weiterbeschäftigt** werden (**Nr. 3**). Dies kann auch bei verhaltens- und bei personenbedingten Kündigungen von Bedeutung sein.[1401] Soweit ein konzernbezogener Einsatz des Arbeitnehmers vorgesehen ist,[1402] darf sich der Betriebsrat auch auf Weiterbeschäftigungsmöglichkeiten in anderen Konzernunternehmen stützen.[1403] Die Auslegung dieser Vorgaben führt dazu, dass nur relativ seltene «Glücksfälle» erfasst werden.

---

1398 BAG NZA 2003, 1191.

1399 Dazu oben 6.11.2.4. (Rn 1033).

1400 Fitting § 102 Rn 82.

1401 BAG NZA 1994, 409, 412.

1402 Einzelheiten zum konzernbezogenen Kündigungsschutz in Bd. 2 Kap. 10.

1403 LAG Schleswig-Holstein BB 1996, 1612.

Der Betriebsrat muss «zumindest **in bestimmbarer Weise» den freien Arbeitsplatz angeben**,[1404] was ihm mangels ausreichender Informationen häufig nicht möglich ist. Sind z. B. bestimmte Aufgaben einem Subunternehmer übertragen worden und bleiben dabei immer wieder bestimmte Arbeiten unerledigt, so genügt dies nicht als Begründung dafür, der fragliche Arbeitnehmer habe hier ein ausreichendes Betätigungsfeld.[1405] Vertritt der Betriebsrat den Standpunkt, der Arbeitnehmer könne **an seinem bisherigen Arbeitsplatz weiterbeschäftigt** werden, so greift der Widerspruchsgrund des § 102 Abs. 3 Nr. 3 seinem eindeutigen Wortlaut nach («anderer Arbeitsplatz») nicht ein.[1406] Wird der Arbeitsplatz allerdings neu besetzt, so wird der Arbeitgeber immer den Standpunkt vertreten, dieser sei ein «anderer», da sonst eine unzulässige Austauschkündigung vorliegen würde.[1407] Darauf könnte sich auch der Betriebsrat mit dem Argument stützen, der Gekündigte könne sehr wohl die (irgendwie veränderte) Tätigkeit ausüben. Würde sich der Arbeitgeber nachträglich darauf berufen, in Wahrheit habe sich an der Beschäftigung gar nichts geändert, so wäre dies ein widersprüchliches Verhalten, das bei einer gerichtlichen Auseinandersetzung wegen Verstoßes gegen Treu und Glauben unbeachtet bleiben müsste. Faktisch würde es genügen, wenn der Betriebsrat darauf verweisen könnte, die Stelle sei **bereits wieder ausgeschrieben** worden. 1086 a

Der Betriebsrat kann weiter dann widersprechen, wenn der Gekündigte **nach zumutbaren Umschulungs- und Fortbildungsmaßnahmen** auf einem freien Arbeitsplatz weiterbeschäftigt werden könnte (Abs. 3 **Nr. 4**), der in diesem Fall auch sein eigener sein kann.[1408] 1087

*Beispiel:* Der Arbeitnehmer wird mit einem neuen IT-System konfrontiert, das er nicht beherrscht. Dem Arbeitgeber ist das Angebot von Weiterbildungsmaßnahmen zuzumuten, zumal der reibungslose Umgang mit der neuen Technik die Arbeitsabläufe erleichtert und die Arbeitsproduktivität erhöht. Eine Kündigung «wegen Leistungsmängeln» wäre daher rechtswidrig; aufgrund eines Widerspruchs des Betriebsrats müsste der Arbeitnehmer weiterbeschäftigt werden.

Was **für den Arbeitgeber «zumutbar»** ist, bestimmt sich nach seiner wirtschaftlichen Situation und nach Dauer und Kosten der Bildungsmaßnahme. Auch wird man keine Vollzeitausbildung von einem Jahr akzeptieren, wenn der fragliche Arbeitnehmer anschließend nur noch drei Jahre bis zur Rente

---

1404 BAG NZA 2000, 1055, 1056.

1405 BAG NZA 2000, 1055, 1056.

1406 BAG NZA 1986, 424, bestätigt in BAG NZA 2000, 1055, 1057.

1407 Wird durch eine betriebsbedingte Kündigung lediglich ein Arbeitnehmer durch einen anderen ersetzt (also der eine gegen den andern «ausgetauscht»), so besteht ersichtlich weiter Bedarf an der fraglichen Tätigkeit; die Kündigung ist unwirksam.

1408 DKK-Kittner-Bachner § 102 Rn 207; GK-Raab § 102 Rn 128; KR-Etzel § 102 BetrVG Rn 169 a; Richardi-Thüsing § 102 Rn 161.

hat. Der Arbeitnehmer bestimmt selbst, was er seinerseits für «zumutbar» hält; lehnt er eine bestimmte Maßnahme ab, so scheidet sie als Alternative zur Kündigung aus.[1409]

1088 Schließlich kann sich der Betriebsrat darauf berufen, der Arbeitnehmer könne **unter geänderten Vertragsbedingungen** weiterbeschäftigt werden und sei damit auch einverstanden (Abs. 3 **Nr. 5**). Der betroffene Arbeitnehmer kann sein Einverständnis unter dem Vorbehalt gerichtlicher Nachprüfung erteilen;[1410] er braucht nicht auf den durch § 2 KSchG vermittelten Schutz zu verzichten und kann geltend machen, die Verschlechterung seiner Arbeitsbedingungen sei sozial nicht gerechtfertigt. Wird die Änderungskündigung tatsächlich ausgesprochen, kann der Arbeitnehmer nicht verlangen, zu den bisherigen Arbeitsbedingungen weiterbeschäftigt zu werden; er kann lediglich **«Änderungsschutzklage»** erheben.[1411]

(2) **Verfahren**

1092 Der Widerspruch muss **innerhalb einer Woche** erklärt werden; die Frist rechnet von dem Zeitpunkt an, zu dem der Betriebsrat von der Kündigungsabsicht und den Gründen informiert wurde. Da § 102 Abs. 2 BetrVG für das Vorbringen bloßer «Bedenken» gegen die Kündigung **Schriftform** verlangt, wird diese auch beimWiderspruch als einer qualifizierten Form von «Bedenken» vorausgesetzt.[1412] Eine Erklärung per **Fax** genügt;[1413] eine E-Mail ist wegen der fehlenden Unterschrift nicht gleichwertig. Die **Begründung** darf sich nicht mit einer bloßen Wiederholung des Gesetzestextes begnügen; vielmehr muss das Vorliegen eines Widerspruchsgrundes nach Abs. 3 aufgrund konkreter Fakten zumindest möglich erscheinen. «Überzeugend» muss die Begründung nicht sein, was u. a. daraus folgt, dass sich der Arbeitgeber nach § 102 Abs. 5 Satz 2 Nr. 3 von der Weiterbeschäftigungspflicht befreien lassen kann, wenn der Widerspruch «offensichtlich unbegründet» war.[1414] Gerade diese Bestimmung und die kurze Frist von einer Woche legen es nahe, an das Vorliegen eines wirksamen Widerspruchs keine allzu hohen Anforderungen zu stellen.

---

1409 DKK-Kittner-Bachner § 102 Rn 214.

1410 DKK-Kittner-Bachner § 102 Rn 221; GK-Raab § 102 Rn 138; KR-Etzel § 102 BetrVG Rn 173, jeweils mwN.

1411 Dazu Bd. 2 Kap. 8.

1412 Fitting § 102 Rn 71; KR-Etzel § 102 BetrVG Rn 142; Richardi-Thüsing § 102 Rn 169.

1413 BAG AP Nr. 118 zu § 99 BetrVG 1972 für die Zustimmungsverweigerung bei § 99. Ebenso Fitting § 102 Rn 64.

1414 Fitting § 102 Rn 71.

### (3) Außerordentliche, hilfsweise ordentliche Kündigung

Was geschieht, wenn der Arbeitgeber einem Arbeitnehmer fristlos kündigt, 1093
obwohl kein wichtiger Grund vorliegt, und nur «hilfsweise», d. h. für den Fall der Unwirksamkeit der außerordentlichen, auch eine ordentliche Kündigung ausspricht? Da § 102 Abs. 3 nur bei der ordentlichen Kündigung eingreift, wäre dies ein bequemer Weg, um jede, auch die kürzeste Weiterbeschäftigung zu vermeiden. Eine solche Umgehung des § 102 Abs. 3 kann schwerlich hingenommen werden. Da eine offensichtlich unwirksame (außerordentliche) Kündigung der Weiterbeschäftigung des Arbeitnehmers nicht entgegensteht, reicht es für den Eintritt der Rechtsfolgen des § 102 Abs. 5 aus, wenn der Betriebsrat der hilfsweise erklärten ordentlichen Kündigung widerspricht.

Das Problem hat seine Geschichte. Kurz vor der Verabschiedung des BetrVG 1972 trafen sich 16 Professoren des Arbeitsrechts mit führenden Vertretern der Bundesvereinigung der deutschen Arbeitgeberverbände; um dem «hässlichen» Widerspruchsrecht zu entgehen, wurde ein entsprechendes Vorgehen empfohlen.[1415] Nachdem die Öffentlichkeit und die linke Fachpresse vom Sitzungsprotokoll Kenntnis erhalten hatten[1416], vertrat ein Anwesender die Auffassung, es habe sich nur um eine Kritik an schlechter Gesetzgebungstechnik gehandelt; selbstverständlich stelle ein solches Arbeitgeberverhalten eine unzulässige Gesetzesumgehung dar.[1417] Heute würde man vermutlich an derartigen Überlegungen kaum mehr Anstoß nehmen.

### (4) Die Weiterbeschäftigung und ihre Grenzen

Wichtigste Folge eines frist- und formgerecht erhobenen Widerspruchs ist 1094
die **Weiterbeschäftigung** des gekündigten Arbeitnehmers nach § 102 Abs. 5 BetrVG. Sie setzt allerdings zusätzlich voraus, dass der Betroffene **Kündigungsschutzklage** erhoben hat und dass er die Fortsetzung seiner bisherigen Tätigkeit «verlangt». Letzteres kann während des Laufs der Kündigungsfrist, aber auch noch am Tag nach deren Ende geschehen.[1418] Ob es auch noch vier Monate nach Erhebung der Kündigungsschutzklage möglich ist, erscheint zweifelhaft: Das BAG hat sich von seiner entsprechenden früheren Entscheidung[1419] ausdrücklich distanziert, ohne eine neue Orientierungsmarke zu setzen.[1420] Die herrschende Lehre lässt auch ein späteres **Verlangen** zu,[1421] im

1415 S. das Protokoll, abgedruckt in KJ 1972, 92. Ebenso schon vorher Adomeit DB 1971, 2363.
1416 Der Spiegel Nr. 50/1971, S. 95; G. R. (= Gunter Rose) Mb-Gespr. 1972, 2; KJ 1972, 90 ff.
1417 Löwisch KJ 1972, 193.
1418 BAG NZA 2000, 1055.
1419 BAG AP Nr. 1 zu § 102 BetrVG 1972 Weiterbeschäftigung.
1420 BAG NZA 1999, 1154.
1421 Fitting § 102 Rn 106; Gussone AuR 1994, 145, 150; GK-Raab § 102 Rn 176; Richardi-Thüsing § 102 Rn 210 u. a.

Ergebnis mit Recht, da der Arbeitnehmer ein Interesse haben kann, zunächst nach einem anderen Arbeitsplatz Ausschau zu halten. Die Interessen des Arbeitgebers sind dadurch gewahrt, dass er sich nach § 102 Abs. 5 Satz 2 Nr. 2 von der Weiterbeschäftigungspflicht befreien lassen kann und dabei auch berücksichtigt wird, welche Dispositionen er in der Zwischenzeit getroffen hat.[1422]

1095 Sind die Voraussetzungen des § 102 Abs. 5 Satz 1 (Widerspruch, Klage, Verlangen) erfüllt, so ist der betroffene **Arbeitnehmer effektiv weiterzubeschäftigen**. Kommt der Arbeitgeber dem nach, wird das Arbeitsverhältnis zu den bisherigen Bedingungen fortgesetzt.[1423] Weigert er sich, gerät er in Annahmeverzug; nach § 615 Satz 1 BGB muss er die vereinbarte Vergütung bezahlen. Auch kann der Arbeitnehmer seine tatsächliche Beschäftigung im Wege der einstweiligen Verfügung erzwingen.[1424] Der **Arbeitgeber** kann sich seinerseits unter den Voraussetzungen des § 102 Abs. 5 Satz 2 von der Weiterbeschäftigung **befreien lassen**, weil die Kündigungsschutzklage keine hinreichende Aussicht auf Erfolg bietet, weil die Weiterbeschäftigung zu einer unzumutbaren wirtschaftlichen Belastung führen würde oder weil der Widerspruch des Betriebsrats offensichtlich unbegründet war. In der Praxis hat die Weiterbeschäftigung nach § 102 Abs. 5 Seltenheitswert. Nach einer Hochrechnung des Hamburger Max-Planck-Instituts wurden Ende der 70er Jahre lediglich 4 von 10 000 gekündigten Arbeitnehmern (also 0,04 %) weiterbeschäftigt.[1425] Dass sich daran bis zur Gegenwart Wesentliches geändert haben könnte, ist nicht erkennbar.

### 6.11.5.3. Mitbestimmung bei Kündigungen

1096 Nach § 102 Abs. 6 BetrVG können Kündigungen durch Betriebsvereinbarungen der Mitbestimmung des Betriebsrats unterworfen werden. Dasselbe kann in einem Tarifvertrag vorgesehen werden.[1426] Zulässig ist auch, dem Betriebsrat ein Vetorecht einzuräumen und den Arbeitgeber ans Arbeitsgericht zu verweisen;[1427] dies läuft im Ergebnis auf eine Weiterbeschäftigung während des Kündigungsschutzverfahrens hinaus.

---

1422 GK-Raab § 102 Rn 176.

1423 BAG AP Nr. 7 zu § 102 BetrVG 1972 Weiterbeschäftigung. Die These, es liege ein besonderes gesetzliches Beschäftigungsverhältnis vor (s. etwa Fitting § 102 Rn 106), führt zu keinen abweichenden Resultaten.

1424 Fitting § 102 Rn 116.

1425 Falke u. a. unter IV.13.2. (Tabelle IV/160).

1426 S. oben 4.10.3. (Rn 371 ff.).

1427 BAG NZA 2001, 217.

## 6.11.6. Mitwirkung und Mitbestimmung bei der Berufsbildung

Die berufliche Qualifizierung dient der Persönlichkeitsentfaltung des Einzelnen, hat aber auch ganz wesentliche Bedeutung für seine **Stellung auf dem Arbeitsmarkt**: Je umfassender die Kenntnisse und Fähigkeiten, umso höher sind in absehbarer Zeit die Chancen, zu einem sicheren und angemessenen Arbeitsplatz zu kommen. Weiter hängt die Position der **deutschen Unternehmen auf dem Weltmarkt** immer stärker davon ab, inwieweit sie innovativ sind, also – etwas plakativ gesprochen – die Produkte von morgen entwickeln können. Dies setzt u. a. entsprechend qualifizierte Arbeitskräfte voraus. Insbesondere der Weiterbildung kommt unter den Bedingungen einer sich schnell verändernden Umwelt große Bedeutung zu. Können Betriebsräte hier Initiativen ergreifen und mitreden? 1096a

### 6.11.6.1. Beratungsrechte nach §§ 96, 97 Abs. 1 BetrVG

§ 96 Abs. 1 BetrVG verpflichtet Arbeitgeber und Betriebsrat zur «Förderung der Berufsbildung der Arbeitnehmer». Auf Verlangen des Betriebsrats hat der Arbeitgeber mit ihm über die damit zusammenhängenden Fragen zu beraten. Dasselbe gilt nach § 97 Abs. 1 in Bezug auf die «Errichtung und Ausstattung betrieblicher Einrichtungen zur Berufsbildung, die Einführung betrieblicher Berufsbildungsmaßnahmen und die Teilnahme an außerbetrieblichen Berufsbildungsmaßnahmen». Weitsichtige Arbeitgeber werden von diesen Möglichkeiten Gebrauch machen, täten dasselbe vermutlich aber auch ohne die gesetzliche Handreichung. Inhaltlich werden sie den Schwerpunkt auf Fähigkeiten legen, die **von unmittelbarem Nutzen für den Betrieb** sind, während es dem Betriebsrat eher darum gehen wird, für die Beschäftigten Weiterbildungsmaßnahmen zu erreichen, die auch bei andern Tätigkeiten von Nutzen sind, die also den **«Marktwert» des Einzelnen** erhöhen. Da die Grenze zwischen beiden Bereichen nicht exakt zu ziehen ist, sichern sich Arbeitgeber häufig dadurch ab, dass sie die Rückzahlung der Aus- und Weiterbildungskosten vereinbaren, sofern der Einzelne vor Anlauf von drei Jahren das Unternehmen aus eigenem Entschluss verlässt.[1428] Die §§ 96, 97 Abs. 1 geben dem Betriebsrat hier keine rechtlich abgesicherten Einflussmöglichkeiten. 1097

1428 Zur Zulässigkeit der Rückzahlungsklauseln s. Bd. 2 Kap. 7.

### 6.11.6.2. Mitbestimmungsrechte nach §97 Abs. 2 und nach §98 BetrVG

1098 Ein volles Mitbestimmungsrecht bringt demgegenüber der 2001 eingefügte **§97 Abs. 2**. Sein nicht ganz unkomplizierter Wortlaut verlangt zwei **Voraussetzungen**:

(1) Der Arbeitgeber muss Maßnahmen geplant oder durchgeführt haben, die zu einer Änderung in der Tätigkeit der betroffenen Arbeitnehmer führen. Man muss beispielsweise eine neue SAP-Version benutzen.

(2) Die Maßnahme führt dazu, dass die beruflichen Kenntnisse und Fähigkeiten der Betroffenen für die Erfüllung ihrer Aufgaben nicht mehr ausreichen. Das SAP-System kann man erst dann sinnvoll benutzen, wenn man eine entsprechende Einführung erhalten hat. Zwischen den Anforderungen und der vorhandenen Qualifikation besteht eine Divergenz.

1098a Liegen beide Voraussetzungen vor, so hat der Betriebsrat ein volles Mitbestimmungsrecht über die **«Einführung von Maßnahmen der betrieblichen Berufsbildung»**. Er kann also notfalls über die Einigungsstelle erzwingen, dass die nötigen SAP-Lehrgänge angeboten werden. Dies gilt auch dann, wenn nur ein einziger Arbeitsplatz betroffen ist.[1429] Tarifliche Regelungen zur Weiterbildung schließen das Mitbestimmungsrecht nur aus, soweit sie eine im Betrieb verbindliche Regelung enthalten; §77 Abs. 3 BetrVG findet keine Anwendung.[1430]

1098b Ein weiteres Mitbestimmungsrecht enthält **§98 Abs. 1**, der sich auf die «Durchführung von Maßnahmen der betrieblichen Berufsbildung» bezieht.[1431] Damit ist die berufliche Erstausbildung genauso wie die Weiterbildung und die Umschulung erfasst.

*Beispiel:* Bei einer Kundenbefragung wird deutlich, dass die Verkäufer in einem Supermarkt ein wenig «ruppig» auftreten. Der Arbeitgeber veranstaltet daraufhin für alle reihum eine «Freundlichkeitsschulung». Nach BAG[1432] keine «Berufsbildung», sondern mitbestimmungsfreie Unterrichtung über die Aufgaben nach §81 Abs. 1. In der Literatur ist dies zu Recht mit dem Argument kritisiert worden, es gehe nicht allein um die Beschreibung der Anforderungen, sondern um die Qualifizierung der Beschäftigten.[1433]

---

1429 Zum kollektiven Tatbestand im Rahmen des §87 Abs. 1 Nr. 1, 3 und 10 s. oben 6.9.1.3. (Rn 962), 6.9.3. (Rn 969) und 6.9.10. (Rn 993a).

1430 Däubler, in: Lorenz-Schneider (Hrsg.), S. 51; Franzen NZA 2001, 870; GK-Raab §97 Rn 14; weiter gehend Fitting §97 Rn 19a, wonach auch konkret eingreifende Tarifverträge das Mitbestimmungsrecht nicht ausschließen. Wie hier BAG NZA 2005, 371, 374 für den Fall des §98.

1431 §98 Abs. 6 stellt «sonstige Bildungsmaßnahmen im Betrieb» gleich.

1432 DB 1992, 1634.

1433 DKK-Buschmann §96 Rn 10; GK-Raab §96 Rn 14; Hamm AuR 1992, 326; Gilberg, S. 157.

«Betrieblich» ist die Berufsbildung auch dann, wenn sie zwar von einer fremden Firma durchgeführt wird, der Arbeitgeber jedoch wesentlichen Einfluss auf die organisatorische Ausgestaltung und die Inhalte besitzt.[1434] Erfasst sind insbes. solche Lehrgänge, die Kenntnisse für die tägliche Arbeit vermitteln oder verbessern[1435], sowie solche, die eine Zusatzqualifikation verschaffen wollen.[1436]

*Beispiel:* Der Arbeitgeber bietet allen AT-Angestellten eine vierzehntägige Fortbildungsveranstaltung «Führungstechniken» an. Mitbestimmungspflichtig.[1437]

Die Mitbestimmung erstreckt sich auch auf die **Durchführung von Abschlussprüfungen**, allerdings nur, soweit keine gesetzliche Regelung besteht.[1438] Dasselbe gilt für die **Ausbildungsdauer**.[1439] Ob überhaupt betriebliche Berufsbildung (und wenn ja: in welchem Umfang) stattfindet, entscheidet der Arbeitgeber allein, soweit nicht § 97 Abs. 2 eingreift.[1440]

Für die **zwei** wichtigsten **Entscheidungstypen** besteht eine **Sonderregelung**: 1099

(1) § 98 Abs. 2 räumt dem Betriebsrat das Recht ein, der **Bestellung einzelner Ausbilder** zu widersprechen oder ihre **Abberufung** zu verlangen, wenn sie die persönliche oder fachliche Eignung i. S. des BBiG nicht besitzen oder wenn sie ihre Aufgaben vernachlässigen. Dies könnte Anlass zu vielfältigen Auseinandersetzungen sein.

(2) § 98 Abs. 3 gibt dem Betriebsrat ein Vorschlagsrecht bei der **Auswahl der Arbeitnehmer**, die an einer vom Arbeitgeber unmittelbar oder mittelbar (z. B. durch Freistellung) geförderten Bildungsmaßnahme teilnehmen. Bei Meinungsverschiedenheiten entscheidet die Einigungsstelle. Von praktischer Bedeutung ist dies dann, wenn Betriebsrat und Arbeitgeber insgesamt mehr Personen vorgeschlagen haben, als Teilnehmerplätze zur Verfügung stehen, also eine Knappheitssituation existiert, oder wenn der Arbeitgeber einen «Betriebsratskandidaten» abgelehnt hat. Äußert der Betriebsrat lediglich Bedenken gegen einzelne vom Arbeitgeber vorgeschlagene Personen, hat er selbst aber **keine Vorschläge** gemacht, so greift das Mitbestimmungsrecht nach der Rechtsprechung nicht.[1441]

---

1434 BAG DB 1992, 741 = AiB 1992, 354.

1435 BAG AP Nr. 2 zu § 98 BetrVG 1972 = DB 1986, 1341. Bloße Beseitigung von Leistungsmängeln, die bei einer Kundenbefragung aufgedeckt wurden, soll jedoch nicht genügen: BAG DB 1992, 1634 = AiB 1992, 459.

1436 BAG AP Nr. 5 zu § 98 BetrVG 1972 = DB 1988, 1325.

1437 Zum Problem der «reinen Informationsveranstaltungen» s. Hammer AuR 1985, 210 ff.

1438 BAG AP Nr. 2 zu § 98 BetrVG 1972 = DB 1986, 1341.

1439 BAG NZA 2005, 371.

1440 Zur Vereinbarung in einem (freiwilligen) Interessenausgleich nach § 112 Abs. 1 s. Kraushaar AuR 1989, 173 ff.

1441 BAG AP Nr. 4 zu § 98 BetrVG 1972 = DB 1988, 760 = AiB 1988, 111. Zustimmend DKK-Buschmann § 98 Rn 23.

1099a Aus der Tatsache, dass sich beide Fallgruppen auf Einzelfälle beziehen, wird geschlossen, dass im Übrigen **nur generelle Regelungen** der Berufsbildung der Mitbestimmung unterliegen. Die dem einzelnen Auszubildenden erteilten Weisungen sind dem Einflussbereich des Betriebsrats deshalb entzogen.[1442]

### 6.11.6.3. Praxis

1100 Wie Gilberg unter Berufung auf verschiedene empirische Untersuchungen berichtet, sind in den Jahren zwischen 1970 und 1990 nur etwa **die Hälfte aller Betriebsräte** im Bereich der betrieblichen Berufsbildung **aktiv geworden**.[1443] Die «Aktiven» qualifizierten ihren **Einfluss** als **sehr gering**.[1444] Frühere Untersuchungen hatten noch sehr viel negativere Resultate erbracht. Nach der auf 10 Betriebe bezogenen Studie von Wilpert-Rayley[1445] hatten nur 21 % der Betriebsräte ihre Beteiligungsrechte im Bereich der Fortbildung ausgeübt. Maase-Sengenberger-Weltz[1446] hatten in den 70er Jahren herausgefunden, dass nur etwa 4 % der befragten Betriebsräte «berufliche Bildung» als einen ihrer Schwerpunkte bezeichneten. Die Ursachen sind im Einzelnen nicht geklärt. Aus Sicht eines Betriebsrats sind hier wenig sichtbare Erfolge zu erreichen, da die Einarbeitung in dieses Gebiet aufwendig ist und bis 2001 auch nur bei sekundären Fragen ein Mitbestimmungsrecht bestand. Der neue § 97 Abs. 2 könnte zwar wichtige Impulse vermitteln, doch besteht das Problem, dass das **Mitbestimmungsrecht an einem Qualifikationsdefizit anknüpft**, ein solches aber aus den unterschiedlichsten Gründen ungern namhaft gemacht wird. Immerhin ließen sich Ende der 90er Jahre insgesamt etwa **80 Betriebsvereinbarungen** ermitteln, die ausschließlich oder schwerpunktmäßig Fragen der Weiterbildung zum Gegenstand hatten.[1447] Möglicherweise wird das Thema doch eines Tages für die Betriebsverfassung Bedeutung gewinnen.[1448]

---

1442 BAG NZA 2005, 371, 374; GK-Raab § 98 Rn 10; Richardi-Thüsing § 98 Rn 14.

1443 Gilberg AiB 2000, 13.

1444 Gilberg AiB 2000, 13.

1445 S. 53.

1446 Weiterbildung, S. 65.

1447 Heidemann. Betriebliche Weiterbildung, S. 13.

1448 S. auch Vitt-Heimann, in: Faulstich (Hrsg.), Lernzeiten, S. 86 ff. Rechtspolitische Vorschläge bei Däubler BB 2000, 1190 ff.

## 6.12. Beteiligung in wirtschaftlichen Angelegenheiten: Interessenausgleich, Sozialplan, Nachteilsausgleich

Wird ein Betrieb ganz oder teilweise stillgelegt oder geht es um einen anderen Fall von **«Betriebsänderung»**, so hat der Betriebsrat neben einem Anspruch auf umfassende Information zwei Rechte (§§ 111–113): 1101

▶ **Zum einen** kann er über die unternehmerische Maßnahme als solche mit dem Arbeitgeber verhandeln.

Muss die Abteilung wirklich geschlossen werden? Wenn ja, zu welchem Zeitpunkt?

Beide Seiten haben sich insoweit um einen **«Interessenausgleich»** zu bemühen und ggf. die Einigungsstelle anzurufen. Diese kann jedoch nur Empfehlungen aussprechen – in der Sache selbst bleibt der Arbeitgeber frei. Steigt er überhaupt nicht in Verhandlungen ein oder bricht er sie vorzeitig ab, so muss er einen **«Nachteilsausgleich»** bezahlen.

▶ **Zum Zweiten** kann der Betriebsrat den Abschluss eines **«Sozialplans»** verlangen. Dieser soll die wirtschaftlichen Nachteile «ausgleichen oder mildern», die den Arbeitnehmern aufgrund der Betriebsänderung entstehen. Dabei geht es inbesondere (aber nicht nur) um Abfindungen. Der Sozialplan ist im Gegensatz zum Interessenausgleich **«erzwingbar»**; notfalls muss die Einigungsstelle mit Mehrheit entscheiden.

Das skizzierte Verhandlungssystem will nicht nur **die betroffenen Arbeitnehmer** in gewissem Umfang **finanziell absichern**. Vielmehr geht es auch darum, den Arbeitgeber zu einer **möglichst sozial verträglichen Betriebsänderung** zu veranlassen: Je mehr Personal er abbaut, umso höhere finanzielle Aufwendungen entstehen ihm durch den Sozialplan. Die Verhandlungen über den Interessenausgleich weisen in dieselbe Richtung. Es sollen alle denkbaren Alternativen ausgelotet werden, um soziale Einschnitte zu verhindern oder zu minimieren. Wirkt der Arbeitgeber hier nicht in fairer Weise mit, drohen ihm in Form des Nachteilsausgleichs zusätzliche wirtschaftliche Nachteile. Diese **«Steuerungsfunktion»** der §§ 111–113 BetrVG ist vom BAG ausdrücklich anerkannt worden.[1449] Die gesetzliche Regelung würde eine «gewisse Gewähr» dafür bieten, dass sich der Unternehmer nicht leichtfertig und ohne Rücksicht auf die sozialen Interessen der Belegschaft zu einer Betriebsänderung entschließe und dass er diese ggf. «in einer für die Belegschaft möglichst schonenden Form» durchführe.[1450] 1101 a

Im Folgenden wird zunächst der Begriff «Betriebsänderung» näher auf- 1101 b

1449 BAG AP Nr. 4 zu § 111 BetrVG 1972; BAG AP Nr. 15 zu § 112 BetrVG 1972.
1450 BAG AP Nr.4 zu § 111 BetrVG 1972; BAG AP Nr. 15 zu § 112 BetrVG 1972.

geschlüsselt; es folgen Ausführungen zu Interessenausgleich und Sozialplan. Ein weiterer Abschnitt ist Standortsicherungsverträgen gewidmet.

## 6.12.1. Die sog. Betriebsänderung

1102 Nach § 111 Satz 1 BetrVG hat der Arbeitgeber in Unternehmen mit in der Regel mehr als 20 wahlberechtigten Arbeitnehmern den Betriebsrat über «geplante Betriebsänderungen, die wesentliche Nachteile für die Belegschaft oder erhebliche Teile der Belegschaft zur Folge haben können, rechtzeitig und umfassend zu unterrichten und die geplanten Betriebsänderungen mit dem Betriebsrat zu beraten». § 111 Satz 3 BetrVG zählt als Anwendungsfälle dieser Betriebsänderungen auf:

Nr. 1: **Einschränkung und Stilllegung** des ganzen Betriebs oder von wesentlichen Betriebsteilen,

Nr. 2: **Verlegung** des ganzen Betriebs oder von wesentlichen Betriebsteilen,

Nr. 3: **Zusammenschluss** mit anderen Betrieben und **Spaltung** von Betrieben,

Nr. 4: Grundlegende **Änderungen der Betriebsorganisation**, des Betriebszwecks oder der Betriebsanlagen,

Nr. 5: Einführung **grundlegend neuer Arbeitsmethoden** und Fertigungsverfahren.

Die **Betriebsgröße** ist seit 2001 für den Anwendungsbereich der Vorschriften **nicht mehr ausschlaggebend**; entscheidend ist allein das Unternehmen.

### 6.12.1.1. Stilllegung eines Betriebs

1104 Die in Satz 3 Nr. 1 genannte Stilllegung setzt den **«ernstlichen und endgültigen» Entschluss** des Unternehmers voraus, die **«Betriebs- und Produktionsgemeinschaft»** zwischen Arbeitgeber und Arbeitnehmern **«für einen seiner Dauer nach unbestimmten, wirtschaftlich nicht unerheblichen Zeitraum»** aufzugeben.[1451] Maßgebende Bezugsgröße ist die Einheit, in der ein Betriebsrat gewählt wurde: Dies kann auch ein selbständiger Betriebsteil nach § 4 Abs. 1 BetrVG oder eine tariflich geschaffene Einheit nach § 3 BetrVG sein.[1452]

1104a Die Absichten des Unternehmers muss man häufig aus den Umständen rückschließen. Kündigt er allen im Betrieb Beschäftigten, stellt dies ein

---

1451 BAG AP Nr. 39 zu § 613 a BGB; BAG NZA 2001, 950; BAG NZA 2002, 212.

1452 So BAG NZA 1996, 164 für den selbständigen Betriebsteil; bei tariflichen Einheiten ergibt sich diese Konsequenz unmittelbar aus § 3 Abs. 5.

wichtiges Indiz für eine beabsichtigte Stilllegung dar, es sei denn, gleichzeitig würde die Wiedereinstellung für einen späteren Zeitpunkt zugesagt.[1453] Die Kündigungen allein reichen allerdings nicht; im Streitfalle muss der Arbeitgeber belegen, welche organisatorischen Maßnahmen er darüber hinaus geplant und in Angriff genommen hat.[1454] Solange noch nach einem **Käufer** für den Betrieb oder wesentliche Teile **gesucht** wird, fehlt es an der definitiven Stilllegungsabsicht.[1455]

Was geschieht, wenn die Stilllegung ohne jeden Zweifel beabsichtigt ist, deshalb sämtliche Beschäftigten gekündigt wurden und sich dann entgegen allen Erwartungen doch noch ein Käufer findet? Soweit die Kündigungsfrist noch nicht abgelaufen ist, haben die Arbeitnehmer einen Anspruch auf Wiedereinstellung gegen den Erwerber.[1456]

Tritt kein solcher Glücksfall ein und wird der Betrieb stillgelegt, so kann der 1104b Fall eintreten, dass ein anderer Unternehmer Grundstücke und Betriebsmittel erwirbt und «alsbald» die Produktion fortführt. Hier spricht nach BAG eine tatsächliche Vermutung gegen die «ernsthafte» Stilllegungsabsicht des bisherigen Arbeitgebers.[1457] Die Annahme einer **Scheinstilllegung** kann nur dadurch entkräftet werden, dass der Veräußerer den überzeugenden Beweis liefert, erst nach durchgeführter Stilllegung sei der Kontakt zum Erwerber hergestellt worden. Gelingt dies nicht, wird man den ausgeschiedenen Arbeitnehmern einen Anspruch auf Wiedereinstellung geben.

### 6.12.1.2. Betriebseinschränkung und reiner Personalabbau

Angesichts des häufig praktizierten schleichenden Abbaus von Arbeitsplät- 1105 zen kann es zweifelhaft sein, wann eine «Betriebseinschränkung» i. S. des § 111 S. 3 Nr. 1 BetrVG vorliegt. Relativ unproblematisch ist zunächst der Fall, dass durch Stilllegung oder Verkauf von Maschinen die **Produktionskapazität des Betriebes verringert** wird und die «überflüssig» gewordenen Arbeitnehmer entlassen werden.

*Beispiel:* Drei Fließbänder werden stillgelegt, zwei Lastwagen verkauft, 40 Beschäftigte entlassen.

Mit Recht hat das BAG jedoch auch dann eine Betriebseinschränkung ange- 1106 nommen, wenn ohne jede Änderung der Betriebsanlagen **eine größere Zahl**

---

1453 BAG AP Nr. 20 zu § 111 BetrVG 1972.

1454 BAG DB 1991, 2442; BAG DB 1994, 1731.

1455 BAG DB 1994, 1731.

1456 Schweibert, in: Willemsen u. a. Kap. C Rn 30.

1457 BAG AP Nr. 67 zu § 613 a BGB.

**von Arbeitnehmern entlassen** wird: Der soziale Schutzzweck der §§ 111 ff. decke auch diesen Fall.[1458] Maßstäbe dafür, wann eine relevante Zahl von Arbeitnehmern betroffen ist, werden der Massenentlassungsvorschrift des § 17 KSchG entnommen.[1459]

*Beispiel:* In einem Betrieb mit 400 Beschäftigten werden mit Rücksicht auf die schlechte Geschäftslage insgesamt 30 Arbeitnehmer aus den unterschiedlichsten Abteilungen entlassen; ihre Arbeit wird von den Verbleibenden miterledigt. Massenentlassung i. S. des § 17 Abs. 1 Nr. 2 KSchG, da mehr als 25 Beschäftigte ihren Arbeitsplatz verlieren.

1107 Im Hinblick auf Großunternehmen, wo die Grenzen des § 17 KSchG relativ schnell erreicht wären, wird zusätzlich verlangt, dass mindestens **5 % der Belegschaft** betroffen sind.[1460] Weiter darf es sich nicht um Schwankungen des Beschäftigungsstandes handeln, die bei dem betroffenen Unternehmen üblicherweise auftreten (Beispiel: Saisonarbeit in der Landwirtschaft). Wichtig ist, dass es nicht darauf ankommt, innerhalb welchen Zeitraums die Entlassungen vorgenommen werden; es reicht, dass sie **auf eine bestimmte unternehmerische Maßnahme zurückgehen**.[1461] Keine Rolle spielt, ob der Personalabbau durch Kündigungen oder (teilweise) dadurch erfolgte, dass die Arbeitnehmer auf Veranlassung des Arbeitgebers Aufhebungsverträge schlossen oder selbst kündigten. Umstritten ist, ob auch das Auslaufen-Lassen befristeter Arbeitsverträge mitberücksichtigt werden muss. Es spielt auch keine Rolle, ob im konkreten Fall Kündigungen ausgesprochen wurden oder ob der Personalabbau im Wege von Aufhebungsverträgen oder durch Auslaufenlassen befristeter Arbeitsverträge erfolgte.[1462]

### 6.12.1.3. Der wesentliche Betriebsteil

1108 Was geschieht, wenn nur ein **Betriebsteil**, wie z. B. der **Reinigungsdienst**, geschlossen und die Arbeit an Fremdfirmen vergeben wird? Ist dieser seiner objektiven Bedeutung nach **«wesentlich»** für den Gesamtbetrieb, greift § 111 Satz 3 Nr. 1 ein.

---

1458 BAG DB 1979, 1751, 1896 und 1897, bestätigt in BAG DB 1980, 550, ständ. Rspr.

1459 S. vorige Fußnote.

1460 BAG DB 1983, 2776. Ursprünglich gab es diese Grenze nur bei Unternehmen mit mehr als 1000 Beschäftigten: BAG DB 1980, 1402. Bezugsgröße für die Sätze des § 17 KSchG und die Fünf-Prozent-Grenze ist bei schrumpfenden Betrieben, die später stillgelegt werden, die Belegschaftsstärke aus einer Zeit, als der Arbeitgeber noch eine normale Betriebstätigkeit entwickelte (BAG DB 1987, 1591).

1461 BAG NZA 1991, 114.

1462 Einzelheiten bei DKK-Däubler § 111 Rn 54 ff.

*Beispiel:* In einer Tankstelle wird die dazugehörige kleine Autowaschanlage geschlossen. Wesentlicher Betriebsteil, da sie das Bild der Tankstelle bei den Kunden prägt.

Führt eine solche qualitative Betrachtung nicht weiter, kommt es auf die quantitative Dimension an, d.h., es müssen die Sätze des § 17 KSchG und die 5-Prozent-Grenze erreicht sein.[1463] Dies wird allerdings immer auf den Gesamtbetrieb bezogen.

### 6.12.1.4. Verlegung, Zusammenschluss und Spaltung von Betrieben

**«Verlegung»** ist eine Veränderung der örtlichen Lage. Um die Schwelle zur 1109 Betriebsänderung zu erreichen, genügen ganz geringfügige Änderungen wie der Umzug innerhalb desselben Gebäudes oder auf die andere Straßenseite nicht.[1464] Der Bereich des Geringfügigen ist allerdings verlassen, wenn der neue Standort innerhalb derselben Großstadt liegt und **4,3 km**[1465] bzw. **5,5 km**[1466] vom bisherigen Standort **entfernt** ist.

Unterstellt, es liegt eine Verlegung in eine 500 km entfernte Stadt vor und **60 %** der Beschäftigten **«gehen nicht mit»**, weil sie eine entsprechende Änderung ihres Vertrages nicht akzeptieren. Liegt hier überhaupt noch eine «Betriebsverlegung» vor? Die Frage wird bejaht, wenn die mitgehenden 40 % dem Betrieb das Gepräge geben, wenn sie die wichtigsten Know-how-Träger sind. Für die übrigen 60 % liegt eine Betriebsschließung vor, sodass für sie ein Sozialplan wegen Stilllegung geschlossen werden muss.

Liegt der Ortswechsel wie beim Wanderzirkus in der Natur des Betriebes, fehlt es an einer Betriebsänderung, da § 111 keine Routinevorgänge erfassen will.

Der **Zusammenschluss** mit anderen Betrieben wird meist innerhalb des- 1110 selben Unternehmens erfolgen. Ist mehr als ein Unternehmen beteiligt, entsteht häufig ein Gemeinschaftsbetrieb.[1467] Im Einzelfall ist immer zu fragen, ob nach dem Willen der Arbeitgeberseite ein Betrieb den andern aufnimmt oder ob es sich um die Schaffung eines neuen Betriebes handelt. Dies ist insbesondere für die Weitergeltung von Betriebsvereinbarungen von wesentlicher Bedeutung. § 111 Satz 3 Nr. 3 greift auch dann ein, wenn ein **wesentlicher Betriebsteil** mit einem anderen Betrieb oder dessen wesentlichem Teil zusammengeschlossen wird.[1468]

---

1463 BAG DB 1989, 883 (verneint für die Reinigungsabteilung eines Druckunternehmens). Zur Anwendung des § 613 a BGB in solchen Fällen s. Bd. 2 Rn 1405 ff.

1464 BAG AP Nr. 11 zu § 111 BetrVG 1972.

1465 BAG AP Nr. 11 zu § 111 BetrVG 1972.

1466 LAG Frankfurt/M. AiB 1987, 292.

1467 Dazu oben 6.2.1.4. (Rn 753 h ff.).

1468 Einzelheiten bei DKK-Däubler § 111 Rn 71 mwN.

1110a Werden aus einem Betrieb mehrere gemacht (was in der Regel die Schaffung eines zusätzlichen Leitungsapparats für die neuen Einheiten voraussetzt), so liegt nach § 111 Satz 3 Nr. 3 eine **Spaltung** und damit gleichfalls eine Betriebsänderung vor. Ein derartiger Vorgang kann Folge einer Unternehmensspaltung sein, doch ist dies keineswegs Voraussetzung; auch innerhalb eines als solchen unverändert bleibenden Unternehmens können Betriebe aufgeteilt werden.[1469] Ob auch «Bagatellausgründungen» genügen, ist umstritten, aber wohl zu bejahen: Auch wenn nur fünf Beschäftigte zu einer separaten Einheit verselbständigt werden, liegt eine Spaltung vor.[1470]

### 6.12.1.5. Grundlegende Veränderung der Arbeitsbedingungen

1111 Praktisch wichtige Probleme können sich weiter im Rahmen der **Nr. 4** («grundlegende Änderung der Betriebsorganisation, des Betriebszwecks oder der Betriebsanlagen») und der **Nr. 5** («Einführung grundlegend neuer Arbeitsmethoden und Fertigungsverfahren») ergeben. Fast nur noch historische Bedeutung hat allerdings eine Entscheidung des LAG Hamburg, wonach die Umstellung der Buchhaltung derart, dass die Buchungsdaten von den Beschäftigten direkt in den Computer eingegeben werden, als eine Betriebsänderung nach Nr. 4 qualifiziert wurde.[1471]

1111a Die in Nr. 4 erwähnte **«Betriebsorganisation»** betrifft die Art und Weise, wie Menschen und Betriebsanlagen so koordiniert werden, dass der gewünschte arbeitstechnische Erfolg eintritt.[1472] Eine Änderung liegt etwa dann vor, wenn Entscheidungsbefugnisse «nach unten» verlagert werden, wenn «Profitcenter» eingeführt oder wenn zur Organisation nach Sparten bzw. Geschäftsbereichen übergegangen wird.[1473] Der Übergang zur **Gruppenarbeit** ist ebenfalls erfasst.[1474] Die Fremdvergabe von Reinigungsarbeiten ändert jedenfalls in einem Hotelbetrieb die Arbeitsorganisation und fällt deshalb unter Nr. 4.[1475] Dasselbe gilt für die Umstellung auf ein In-House-Netz sowie für den partiellen Übergang zum **E-Commerce**.[1476]

1111b Der **Betriebszweck** ändert sich, wenn ein anderes Produkt oder eine Dienstleistung mit anderem Inhalt auf den Markt gebracht werden. Statt mi-

1469 BAG DB 1997, 1416.

1470 ErfK-Kania § 111 Rn 14; noch weiter gehend ArbG Karlsruhe NZA-RR 2004, 482.

1471 LAG Hamburg Mb-Gespr. 1981, 70 (Fall Texaco – mit eingehender Schilderung des Sachverhalts).

1472 Fitting § 111 Rn 52.

1473 ErfK-Kania § 111 Rn 15; Weinmann ZfA 1991, 78.

1474 LAG Nürnberg AiB 2004, 438 mit Anm. Detlef Ernst.

1475 ArbG München AiB 2000, 766 mit Anm. Hamm.

1476 Däubler, Internet und Arbeitsrecht, Rn 130ff.

litärischer werden z.B. zivile Produkte hergestellt. Dabei genügt es auch, wenn **zusätzliche Angebote** gemacht werden.

*Beispiel:* Eine Spielbank bietet nicht nur Glücksspiele wie Roulette an, die von einem Croupier geleitet und überwacht werden (sog. System Monte Carlo), sondern auch Glücksspielautomaten (sog. System Las Vegas). Voraussetzungen der Nr. 4 erfüllt.[1477]

Die in Nr. 4 weiter erwähnten **Betriebsanlagen** meinen alle technischen Hilfsmittel, die im Arbeitsprozess Verwendung finden. Gemeint sind damit nicht nur ortsfeste Anlagen, sondern beispielsweise auch Lkws[1478] oder Datensichtgeräte.[1479]

Bei **Nr. 5** steht im Vordergrund, **wie** die menschliche **Arbeitskraft** zur 1111c Erledigung bestimmter Aufgaben **eingesetzt** wird.[1480] In aller Regel wird zugleich eine der Varianten der Nr. 4 erfüllt sein, da identische Arbeitsinhalte bei veränderten Arbeitsmitteln ebenso selten sein werden wie grundlegend neue Arbeitsmethoden unter unveränderten äußeren Bedingungen. Veränderte Arbeitsmethoden liegen beispielsweise vor beim **Übergang zum Ein-Personen-Betrieb in Omnibussen und Straßenbahnen** oder zur Selbstbedienung in Einzelhandelsgeschäften. Aktueller ist die gleichfalls unter Nr. 5 fallende innerbetriebliche oder betriebsübergreifende **Vernetzung**. Neue Arbeitsmethoden können sich auch dadurch ergeben, dass ein Vorprodukt nicht mehr in Eigenfertigung hergestellt wird.[1481]

Die Umgestaltung muss nicht den gesamten Betrieb erfassen. Es reicht, 1112 dass Anlagen betroffen sind, «die in der Gesamtschau von erheblicher Bedeutung für den gesamten Betriebsablauf sind». Ist dies zweifelhaft, muss darauf abgestellt werden, ob die Zahl der betroffenen Arbeitnehmer die Sätze des § 17 KSchG und **5 % der Gesamtbelegschaft** erreicht.[1482]

Ob eine **«grundlegende»** Änderung vorliegt, bestimmt sich nach dem 1112a **Grad der technischen bzw. arbeitsorganisatorischen Änderung**. Führt diese qualitative Betrachtung nicht zu einem eindeutigen Ergebnis, weil beispielsweise kein «Sprung» in der technischen Entwicklung vorliegt, so ist danach zu fragen, ob für eine relevante Anzahl von Arbeitnehmern Nachteile entstehen können. Dabei sind wiederum die Sätze des § 17 KSchG und die 5 %-Grenze zugrunde zu legen.

---

1477 BAG AP Nr. 15 zu § 111 BetrVG 1972.

1478 LAG Frankfurt/M. AuR 1983, 188.

1479 BAG AP Nr. 10 zu § 111 BetrVG 1972.

1480 Fitting § 111 Rn 97; Klinkhammer AuR 1983, 329; Richardi-Annuß § 111 Rn 119.

1481 BAG NZA 1991, 115.

1482 Insoweit gilt dasselbe wie beim Personalabbau.

Im Außendienst eines Versicherungsunternehmens fällt eine Hierarchiestufe weg, sodass die Außendienstmitarbeiter keinen dezentralen Ansprechpartner mehr haben. Grundlegende Änderung.[1483]

### 6.12.1.6. Abschließender Katalog?

1113 Umstritten ist, ob der Katalog des § 111 S. 3 BetrVG abschließenden Charakter hat oder ob er nur die wichtigsten Beispiele aufzählt. **Für die zweite Lösung sprechen Wortlaut und Systematik** der Vorschrift. Wenn S. 3 mit den Worten beginnt «Als Betriebsänderungen im Sinne des Satzes 1 gelten», so ist damit eine «Gleichstellung» angeordnet, nicht etwa eine Eingrenzung des in Satz 1 geregelten Tatbestandes. Außerdem wäre die in Satz 1 gegebene Definition überflüssig, da sich der Kreis der (sozialplanpflichtigen) Betriebsänderungen bereits aus Satz 3 ergeben würde. Neben der gleichfalls in diese Richtung weisenden BAG-Rechtsprechung zum BetrVG 1952[1484] spricht auch der soziale Schutzzweck der Norm gegen eine Beschränkung auf die Fälle von Satz 3: Würde eine unternehmerische Maßnahme wesentliche Nachteile für die Belegschaft mit sich bringen, so wäre nicht einzusehen, warum auf einen Sozialplan nur deshalb verzichtet werden müsste, weil keine der Ziffern von § 111 Satz 3 vorliegt.[1485] Schließlich hat das BAG richtig darauf verwiesen, dass in den Fällen von Satz 3 das Vorliegen eines «Nachteils» nicht mehr gesondert geprüft werden muss[1486] – eine Aussage, die nur dann einen Sinn gibt, wenn man **auch nicht unter Satz 3 fallende Betriebsänderungen** anerkennt (bei denen dann der Nachteil zu belegen ist). Die **herrschende Meinung** in der Literatur anerkennt deshalb, dass auch außerhalb des Katalogs von Satz 3 eine Betriebsänderung vorliegen kann.[1487] Zu denken ist etwa an den Fall, dass ein nicht wesentlicher Betriebsteil stillgelegt wird, sich Nachteile aber für eine größere Zahl von Beschäftigten ergeben. Auch ist die Konstellation nicht selten, dass trotz gleich bleibendem «Output» des Betriebes und ohne grundlegende Änderung der Arbeitsmethoden die Zahl der Beschäftigten verringert wird, was bei den verbleibenden zu einer spürbaren Intensivierung der Arbeit führt.[1488]

---

1483 BAG NZA 2005, 237 = dbr 6/05 S. 39.

1484 BAG AP Nr. 6 und 9 zu § 72 BetrVG (1952).

1485 So LAG Baden-Württemberg DB 1979, 114. Dazu neigt wohl auch BAG DB 1989, 884.

1486 BAG AP Nr. 10 und 11 zu § 111 BetrVG 1972: Ausgleichsbedürftige Nachteile sind erst bei der Aufstellung des Sozialplans zu prüfen.

1487 Nachweise bei DKK-Däubler § 111 Rn 33.

1488 Weitere Beispiele bei DKK-Däubler § 111 Rn 96 ff.

## 6.12.2. Unterrichtung des Betriebsrats über die geplanten Maßnahmen und Einschaltung eines Beraters

Betriebsänderungen können ihrer einschneidenden Wirkungen wegen im Betrieb zu erheblichen Verunsicherungen führen. Um für alle Beteiligten klare Verhältnisse zu schaffen und eine vernünftige Zukunftsplanung zu erleichtern, verpflichtet § 111 Satz 1 den Unternehmer dazu, den **Betriebsrat «rechtzeitig und umfassend» zu unterrichten** und die **geplante Betriebsänderung mit ihm zu beraten**. 1114

Dass eine unternehmerische **Planung** besteht, kann **offen zutage** liegen. Dem Betriebsrat wird beispielsweise ein Konzept zur Stilllegung oder zur Änderung der Betriebsanlagen vorgelegt. Dabei kann sich die Umsetzung des Geplanten in mehreren Etappen vollziehen; beim Personalabbau wie bei der Einführung neuer Techniken wird dies sogar die Regel sein. Die durch eine solche «Gesamtplanung» verbundenen Einzelmaßnahmen sind als einheitliche Betriebsänderung zu bewerten.[1489] Liegt die **Planung nicht offen zutage**, so kann und muss sie aus den Umständen rückgeschlossen werden. Werden etwa innerhalb eines Jahres zwei oder mehr «Entlassungswellen» durchgeführt, so spricht eine Vermutung dafür, dass hinter ihnen eine einheitliche unternehmerische Entscheidung steht.[1490] Wird eine bestimmte neue Technik zunächst in Abteilung A, vier Monate später in Abteilung B und ein halbes Jahr später in Abteilung C eingeführt, so spricht gleichfalls eine Vermutung für eine unternehmerische Gesamtplanung.[1491] Die unternehmerische Planung muss sich nicht in völliger wirtschaftlicher Freiheit vollziehen; auch durch eine wirtschaftliche Notlage erzwungene Entscheidungen sind «geplant».[1492] 1114a

**Wie konkret** die **Planung** sein muss, lässt sich dem Gesetzeswortlaut nicht entnehmen. Bloße Vorüberlegungen reichen nicht aus. Das Gesetz geht ersichtlich nicht von «Konzepten», «Vorüberlegungen» oder «Planungsprozessen» aus, sondern setzt ein bestimmtes **Planungsziel**, nämlich eine Betriebsänderung, voraus. Diese muss gewissermaßen bereits in der Vorstellung des Unternehmers existieren, auch wenn sie nur modellartig skizziert werden kann.[1493] Der «im Prinzip» vorhandene **Entschluss** darf allerdings **kein endgültiger** sein, sondern muss in den Verhandlungen mit dem Betriebsrat 1114b

1489 BAG AP Nr. 3, 4 und 10 zu § 111 BetrVG 1972.

1490 ErfK-Kania § 111 Rn 8; Fitting § 111 Rn 30; Schweibert, in: Willemsen u. a. Kap. C Rn 25; ähnlich MünchArbR-Matthes § 360 Rn 32.

1491 BAG AP Nr. 10 zu § 111 BetrVG 1972; Däubler DB 1985, 2299; Schweibert, in: Willemsen u. a. Kap. C Rn 26.

1492 BAG AP Nr. 2 zu § 113 BetrVG 1972.

1493 Vgl. GK-Oetker § 111 Rn 149.

grundsätzlich zur Disposition stehen; andernfalls hätte die Beratung und die Verhandlung über einen Interessenausgleich keinen Sinn.

**Problem aus der Praxis:** Die Unternehmensleitung hatte das Auslaufen eines wichtigen Produkts im deutschen Werk W und zugleich die Herstellung des Nachfolgeprodukts in einer portugiesischen Niederlassung beschlossen. Konkrete Vorstellungen, ob das deutsche Werk ein neues Tätigkeitsfeld bekommen oder ob einfach Personal abgebaut würde, waren nicht ersichtlich. Das LAG Baden-Württemberg[1494] verneinte eine «geplante» Betriebsänderung, verwies jedoch mit Recht auf § 92 a. Auf seiner Grundlage kann der Betriebsrat ganz ähnliche Verhandlungen führen, wie wenn es um einen Interessenausgleich gehen würde. Sind in Wirklichkeit Planungen vorhanden, die dem Betriebsrat jedoch erst kurz vor ihrer Realisierung mitgeteilt werden, so muss sich wegen zeitlichen Restriktionen der Meinungsaustausch und die Suche nach Alternativen in engem Rahmen bewegen. Die bewusste (und beweisbare) Herbeiführung enger zeitlicher Beschränkungen stellt eine Behinderung der Betriebsratstätigkeit dar.

1114c Die **Unterrichtung** des Betriebsrats muss **«rechtzeitig»**, d. h. vor der praktischen Umsetzung der Planung erfolgen. Dies ist nicht mehr der Fall, wenn bereits der Aufsichtsrat oder die Gesellschafterversammlung um Zustimmung zu dem vorgelegten Konzept gebeten wurde.[1495] Außerdem ist der Betriebsrat **«umfassend»** zu informieren. Notwendig ist die Darlegung der wirtschaftlichen und sozialen Gründe, die nach Auffassung des Unternehmers für die Betriebsänderung sprechen. Hat der Arbeitgeber eine Unternehmensberatungsfirma eingeschaltet, so ist deren Gutachten vorzulegen. Auch die Bilanzen der letzten 3 bis 5 Jahre, die Wirtschaftsprüferberichte sowie Marktanalysen sind zugänglich zu machen, sofern sie im konkreten Zusammenhang von Bedeutung sein können.[1496] Damit sich der Betriebsrat ein vollständiges Bild machen kann, sind ihm auch Unterlagen zur Verfügung zu stellen, die er auswerten kann.[1497] Auch Betriebs- und Geschäftsgeheimnisse sind ihm mitzuteilen.[1498]

1115 Der 2001 eingefügte § 111 Satz 2 sieht vor, dass der Betriebsrat zu seiner Unterstützung einen **Berater heranziehen** kann, sofern das Arbeitgeber-Unternehmen mehr als 300 Arbeitnehmer beschäftigt. Der Betriebsrat soll so in die Lage versetzt werden, seine Beteiligungsrechte wirksam auszuüben und relativ kurzfristig auf die Planungen des Arbeitgebers zu reagieren. Dem Betriebsrat kommt – und das ist das Besondere an der Regelung – ein **einseitiges Bestellungsrecht** zu; anders als beim Sachverständigen nach § 80 Abs. 3 benötigt er keine Zustimmung des Arbeitgebers. Die **Kosten** des Beraters trägt gleichwohl der Arbeitgeber.

---

1494 NZA-RR 2005, 195.

1495 ErfK-Kania § 111 Rn 20; GK-Oetker § 111 Rn 150.

1496 DKK-Däubler § 111 Rn 133 mwN.

1497 GK-Oetker § 111 Rn 146; Heither, FS Däubler, S. 339; Richardi-Annuß § 111 Rn 151.

1498 Zur Verschwiegenheitspflicht nach § 79 s. oben 6.3.3. (Rn 788 ff.).

Der **Betriebsrat** entscheidet selbst, **wen er aussuchen will**. Die fragliche Person muss keinem anerkannten Beraterberuf wie Rechtsanwalt, Wirtschaftsprüfer usw. angehören, doch liegt es im ureigensten Interesse des Betriebsrats, auf **hohe Sachkunde** Wert zu legen. Möglich ist auch die Einschaltung eines Beratungsbüros, das je nach Verhandlungsgegenstand Personen mit unterschiedlichem fachlichen Schwerpunkt schickt. Soweit es um neue Techniken geht, ist der Informatiker gefragt, bei wirtschaftlichen Fragen kommt der Betriebswirt.[1499] Was den zeitlichen Umfang der Heranziehung betrifft, so kommt es darauf an, was der Betriebsrat für erforderlich halten durfte.[1500] Nicht anders als beim Sachverständigen ist Vertragspartner des Beraters der Betriebsrat, doch kann er nach § 40 vom Arbeitgeber verlangen, von dessen Vergütungsansprüchen freigestellt zu werden. Dieses Recht lässt sich an den Berater abtreten, der dann seine Ansprüche direkt gegen den Arbeitgeber geltend machen kann. 1115a

## 6.12.3. Der sog. Interessenausgleich

### 6.12.3.1. Zustandekommen und Wirkung

Die in § 111 Satz 1 vorgeschriebene «Beratung» zwischen Arbeitgeber und Betriebsrat kann zu einer **Einigung** über die geplante Betriebsänderung führen: Der Betriebsrat erklärt beispielsweise sein Einverständnis mit der Stilllegung, weil von ihr weniger Arbeitnehmer als befürchtet betroffen werden, oder er stimmt der Einführung völlig neuer Maschinen zu, weil durch konkret bezeichnete Maßnahmen des Arbeitgebers eine Erhöhung der Arbeitsintensität vermieden wird. Dieser sog. Interessenausgleich, der die **unternehmerische Entscheidung als solche** betrifft, muss nach § 112 Abs. 1 Satz 1 **schriftlich** niedergelegt sein; mündliche Abmachungen genügen nicht. 1116

Was geschieht, wenn sich der Arbeitgeber nicht an die getroffenen Abmachungen hält, beispielsweise doch mehr Kündigungen als vereinbart ausspricht? Der Interessenausgleich ist grundsätzlich eine «Kollektivvereinbarung eigener Art». Seine Rechtswirkungen sind umstritten. Auf der einen Seite wird mit Rücksicht auf eine Nebenbemerkung des BAG[1501] behauptet, er schaffe keine einklagbaren Rechte; seine einzige Rechtswirkung liege in § 113 Abs. 1, wonach der Arbeitgeber eine **Abfindung** bezahlen müsse, **wenn er ohne zwingenden Grund** von der getroffenen Abmachung **abweiche** und Arbeitnehmer deshalb entlassen werden. Auf der anderen Seite wird darauf 1116a

1499 Oetker NZA 2002, 468.
1500 DKK-Däubler § 111 Rn 135.
1501 BAG DB 1992, 380 = NZA 1992, 41.

verwiesen, **auch** der **Interessenausgleich** sei ein **Vertrag**, vertragliche Pflichten müssten aber grundsätzlich **erzwingbar** sein. Aus § 113 folge nichts Abweichendes, da er nur Individualrechte auf Abfindung gewähre, das Verhältnis der Betriebsparteien zueinander aber unberührt lasse. Diese zweite Auffassung hat in den vergangenen Jahren immer mehr Zustimmung erfahren.[1502] Außerdem besteht die Möglichkeit, dass sich die Beteiligten bewusst für eine bindende Betriebsabsprache oder für eine Betriebsvereinbarung entscheiden, deren rechtliche Bindungswirkung dann niemand mehr in Frage stellt.[1503] Auch kann man bewusst nur eine auf die Wirkungen des § 113 beschränkte «Naturalobligation» begründen.[1504] Eine spezifische Wirkung entfaltet eine als Teil des Interessenausgleichs vereinbarte Namensliste nach § 1 Abs. 5 KSchG; auf sie ist im Zusammenhang mit dem Kündigungsschutzrecht einzugehen.[1505]

### 6.12.3.2. Verhandlungen ohne Ergebnis

1117 Kommt bei den Verhandlungen zwischen Betriebsrat und Arbeitgeber kein Interessenausgleich zustande, so können sowohl der Betriebsrat wie auch der Unternehmer den **Vorstand der Bundesagentur für Arbeit** um **Vermittlung** ersuchen. Geschieht dies nicht oder bleibt der Vermittlungsversuch ergebnislos, so kann jede Seite die **Einigungsstelle** anrufen (§ 112 Abs. 2 Betr VG); dort muss weiterverhandelt und eine Einigung versucht werden (§ 112 Abs. 3 BetrVG). Wird nach Erörterung aller Gesichtspunkte deutlich, dass eine Übereinstimmung definitiv nicht erreichbar ist, so kann der Vorsitzende das Verfahren der Einigungsstelle **einstellen**. Möglich ist auch, mit Mehrheit **«Vorschläge» oder «Empfehlungen»** zu beschließen.[1506] Sie können von jeder Seite abgelehnt werden. Ein weiter gehender Spruch wäre rechtlich unverbindlich.[1507]

1118 Trotz der sehr einseitigen Verteilung der Gewichte besteht kein Anlass, die Verhandlungen über den Interessenausgleich gering zu schätzen.[1508] **Schöpft der Arbeitgeber nicht alle Möglichkeiten** einschließlich des Einigungsstellenverfahrens **aus**, so **muss er – wie im Folgenden ausgeführt – einen**

---

1502 Überblick über den Diskussionsstand bei DKK-Däubler § 112, 112 a Rn 15. Ebenso auch LAG München AuR 1998, 89.

1503 Ebenso Matthes, FS Wlotzke, S. 396 sowie in: MünchArbR § 361 Rn 31; C. Meyer BB 2001, 884; Siemes ZfA 1998, 189.

1504 Schweibert, in: Willemsen u. a. Kap. C Rn 198 ff.

1505 Bd. 2 Kap. 8.

1506 DKK-Däubler § 112, 112 a Rn 8; Etzel Rn 1009; Fitting § 112, 112 a Rn 48; Teichmüller, Betriebsänderung, S. 72.

1507 BAG DB 1992, 230; LAG München NZA 1990, 200.

1508 Richtig Buschmann BB 1983, 510 ff.

**Nachteilsausgleich**, d.h. Abfindungen nach § 113 BetrVG **bezahlen**.[1509] Bedeutsamer ist allerdings das dem Betriebsrat von der Rechtsprechung zahlreicher Landesarbeitsgerichte eingeräumte Recht, dem Arbeitgeber **im Wege der einstweiligen Verfügung betriebsbedingte Kündigungen untersagen zu lassen**, bis das Verfahren über den Interessenausgleich beendet ist.[1510] Der Verhandlungsanspruch des Betriebsrats wird so vor dem Schicksal bewahrt, zu einer reinen Formalität zu werden, der angesichts vollendeter Tatsachen keine praktische Bedeutung mehr zukommt.[1511] Will die Arbeitgeberseite möglichst schnell mit der Umsetzung ihrer Pläne beginnen, wird häufig in der Praxis Einvernehmen über das Scheitern des Interessenausgleichs erreicht, sofern das Sozialplanvolumen in bestimmter Höhe festgeschrieben wird.

### 6.12.3.3. Der Nachteilsausgleich

Führt der Arbeitgeber eine Betriebsänderung durch, ohne mit dem Betriebs- 1118 a
rat über den Abschluss eines Interessenausgleichs beraten zu haben, so soll ihn das teuer zu stehen kommen: § 113 Abs. 3 sieht für solche Fälle eine obligatorische **Abfindung entsprechend § 10 KSchG** für alle Arbeitnehmer vor, die aufgrund der Maßnahme ihren Arbeitsplatz verlieren. Auf die Form des Arbeitsplatzverlustes kommt es nicht an; erfasst ist auch ein Arbeitnehmer, der aus Anlass der geplanten Betriebsänderung einen Aufhebungsvertrag schließt oder selbst kündigt.[1512] Dieser Anspruch, der bis zu 12 Monatsbezügen, bei älteren Arbeitnehmern bis zu 18 Monatsbezügen gehen kann, steht dem einzelnen Arbeitnehmer zu; seine Existenz kann den Betriebsrat nicht hindern, **nachträglich noch** den Abschluss eines **Sozialplans** zu verlangen.[1513] Dabei werden allerdings die Leistungen nach § 113 BetrVG angerechnet, sofern nichts Gegenteiliges vereinbart wird.[1514] Bemerkenswert ist, dass § 113 trotz seines «Sanktionscharakters»[1515] auch dann eingreift, wenn den **Arbeitgeber** gar **kein Verschulden** traf[1516], wenn er zu spät in Verhandlungen mit dem Betriebsrat eintrat[1517], wenn er darauf **verzichtete**, die **Einigungsstelle anzurufen**[1518], oder wenn lediglich ein Interessenausgleich

1509 BAG AiB 1985, 2 = DB 1985, 1293.

1510 Einzelheiten und umfangreiche Nachweise bei DKK-Däubler §§ 112, 112 a Rn 23.

1511 Zur parallelen Problematik bei Mitbestimmungsrechten s. oben 6.7.4.4. (Rn 919 ff.).

1512 BAG DB 1989, 331; LAG Bremen AiB 1988, 23 mit Anm. Grimberg; anders noch LAG Hamm DB 1987, 1592.

1513 BAG DB 1977, 309.

1514 BAG GS DB 1979, 267 re. Sp.

1515 BAG DB 1979, 1751.

1516 BAG DB 1979, 744.

1517 So schon BAG AP Nr. 6 und 7 zu § 72 BetrVG 1952.

1518 BAG AiB 1985, 2 = DB 1985, 1293.

zu versuchen, mit Rücksicht auf § 112a BetrVG jedoch kein Sozialplan abzuschließen war.[1519]

## 6.12.4. Der Sozialplan

### 6.12.4.1. Die Erzwingbarkeit und ihre Ausnahmen nach § 112a BetrVG

1119 Von diesem die unternehmerische Maßnahme als solche betreffenden Interessenausgleich ist der Sozialplan zu unterscheiden oder – wie § 112 Abs. 1 Satz 2 BetrVG sagt – die «Einigung über den Ausgleich oder die Milderung der wirtschaftlichen Nachteile, die den Arbeitnehmern infolge der geplanten Betriebsänderung entstehen». Er betrifft allein die sozialen und personellen Konsequenzen, die sich aus der als solcher nicht mehr in Frage gestellten Unternehmerentscheidung ergeben.[1520] Über den Sozialplan wird grundsätzlich im gleichen Verfahren wie über den Interessenausgleich verhandelt, doch besteht ein ganz entscheidender Unterschied: Stimmen Arbeitgeber und Betriebsrat auch vor der **Einigungsstelle** nicht überein, so **bestimmt** diese **von sich aus den Inhalt des Sozialplans**. Insoweit, aber auch nur insoweit besteht daher ein volles Mitbestimmungsrecht des Betriebsrats.

1119a Das sog. **Beschäftigungsförderungsgesetz 1985**[1521] hat den Grundsatz durchbrochen, dass jede Betriebsänderung automatisch zu einem erzwingbaren Sozialplan führt. Bei einem **reinen Personalabbau** ist nach dem damals eingefügten (und bis heute geltenden) § 112a Abs. 1 nur dann ein Sozialplan abzuschließen, wenn eine sehr viel **höhere** als die in § 17 KSchG genannte **Zahl von Arbeitnehmern** ausscheiden muss.[1522] Zu beachten ist allerdings, dass dies nicht gilt, wenn auch andere Veränderungen wie z. B. der Abbau bestimmter Anlagen oder das «Einmotten» von Geräten geplant sind. Ein erzwingbarer Sozialplan entfällt daher nur dann, wenn im Bereich zwischen den Sätzen des § 17 KSchG und denen des § 112a Abs. 1 BetrVG ein reiner Personalabbau ohne gleichzeitige Veränderung der sächlichen Produktionsmittel erfolgt. Überdies stellt das Gesetz klar, dass nicht nur gekündigte, sondern auch solche Arbeitnehmer mitgezählt werden, die auf Veranlassung des Arbeitgebers einen Aufhebungsvertrag geschlossen haben.[1523]

---

1519 ArbG Lingen AiB 1987, 271.

1520 Dabei ist gleichgültig, ob ein Interessenausgleich zustande kam oder nicht.

1521 BGBl I, 710.

1522 Die Zahl der Entlassenen muss sich je nach Betriebsgröße zwischen 10 und 20 % der Gesamtbelegschaft bewegen und bestimmte absolute Mindestzahlen erreichen. Die Pflicht, sich um den Abschluss eines Interessenausgleichs zu bemühen, wird nicht berührt: BAG DB 1989, 331.

1523 § 112a Abs. 1 a. E. BetrVG. Für Einbeziehung von Eigenkündigungen der Arbeitnehmer mit

Gravierender dürfte unter diesen Umständen die Tatsache sein, dass nach § 112 a Abs. 2 generell kein Sozialplan erzwungen werden kann, wenn die Betriebsänderung **im Laufe der ersten 4 Jahre nach Gründung eines Unternehmens** vorgenommen wird. Dadurch sollen die Risiken von Neugründungen vermindert und so ein Anreiz zur Schaffung von Arbeitsplätzen gewährt werden. Gründet ein bestehendes Unternehmen einen neuen Betrieb, so greift § 112 a Abs. 2 nicht ein.[1524] Dasselbe muss auch dann gelten, wenn ein Konzernunternehmen eine neue Tochtergesellschaft ins Leben ruft, da wirtschaftlich insoweit kein Unterschied besteht.[1525] 1119b

**«Neugründungen» im Rahmen von Umstrukturierungen** sind ausdrücklich von dem «Sozialplanprivileg» ausgenommen, da z. B. durch eine Unternehmensaufspaltung oder eine Fusion durch Neugründung keine neuen Arbeitsplätze geschaffen werden. Das BAG hat einen solchen Fall auch dann bejaht, wenn der Mehrheitsgesellschafter einer GmbH ein neues Unternehmen gründet und ihm einen Teil des Geschäftsbetriebs überträgt.[1526] Außerdem müssten dem Sinn der Vorschrift entsprechend eigentlich solche Unternehmen ausgeschlossen sein, deren Tätigkeit zugleich zu einem Wegfall vorher vorhandener Arbeitsplätze führt. 1119c

*Beispiel:* Ein neu gegründetes Gebäudereinigungsunternehmen beschäftigt 20 Mitarbeiter; seine Aufträge erhält es im Wesentlichen von der öffentlichen Hand, die deshalb 23 Teilzeitkräfte entlässt. Hier werden der Sache nach ordentlich dotierte durch bescheiden bezahlte Arbeitsplätze ersetzt, sodass § 112 a Abs. 2 nicht anwendbar sein dürfte, doch ist eine solche Überlegung in der Rechtsprechung bisher nicht angestellt worden.

Das BAG legt § 112 a Abs. 2 eher großzügig aus und wendet die Vorschrift auch dann an, wenn ein neu gegründetes Unternehmen einen **länger als 4 Jahre bestehenden Betrieb** nach § 613 a BGB übernimmt.[1527] Damit wird der dem § 613 a zugrunde liegende Gedanke des ungeschmälerten Bestandsschutzes verletzt, da die Betroffenen ohne ihr Zutun ihre «Sozialplananwartschaft» verlieren.[1528] 1120

### 6.12.4.2. Bemessung der Sozialplanleistungen

Vom Inhalt des Sozialplans hängt es weitgehend ab, ob die Betriebsänderung für die Arbeitnehmer schwere, nicht wieder gutzumachende Einbußen an 1121

Recht LAG Niedersachsen AiB 1983, 160 sowie im Rahmen des § 113 BetrVG BAG DB 1989, 331.

1524 Etzel Rn 1068; Fitting §§ 112, 112 a Rn 89 u. a.

1525 DKK-Däubler §§ 112, 112 a Rn 37.

1526 BAG DB 1995, 1182.

1527 BAG AP Nr. 3 zu § 112 a BetrVG 1972, bestätigt durch BAG DB 1997, 1416.

1528 Kritisch und mit weiteren Argumenten Fitting, 21. Aufl., §§ 112, 112 a Rn 95; Weiss-Weyand § 112 a Rn 5; DKK-Däubler, §§ 112, 112 a Rn 35.

Lebensqualität mit sich bringt oder ob – so das andere Extrem – die Krisensituation unbeschadet überstanden wird. Ausgangspunkt für die Bemessung der Leistungen sind die Nachteile, die den betroffenen Arbeitnehmern durch die Betriebsänderung entstehen. Ziel des Sozialplans ist die volle Kompensation («Ausgleich»), sofern nicht die wirtschaftliche Situation des Unternehmens lediglich eine «Milderung» zulässt.[1529]

### (1) Verlust des Arbeitsplatzes

1122 Kommt es zu Kündigungen oder zu anderen Formen des vom Arbeitgeber veranlassten Ausscheidens, so ist eine **Abfindung** festzusetzen. Eine angemessene Höhe lässt sich abstrakt nur schwer bestimmen, da die Betroffenheit sehr unterschiedlich ist: Der gesuchte Spezialist wird den «Tapetenwechsel» vielleicht sogar begrüßen, der ältere oder leistungsgeminderte Kollege hat möglicherweise nie mehr eine reale Chance auf einen Arbeitsplatz. Die Praxis hilft sich mit **Pauschalierungen**, die auf das Lebensalter und die Dauer der Betriebszugehörigkeit abstellen.[1530] Meist nimmt man dabei die Monatsvergütung als Bezugsgröße, die durch einen einkommensunabhängigen **«Sockelbetrag»** ergänzt wird. Verbreitet sind weiter Regelungen über eine **vorzeitige Inanspruchnahme der Altersrente**, was durch die jüngsten Gesetzesänderungen allerdings erheblich erschwert wurde. Die etwaigen Rentenabschläge kann der Arbeitgeber durch Zuzahlungen an die Rentenversicherung ausgleichen. Neben diesen Pauschalbeträgen kommt ein **Ausgleich all jener Nachteile** in Frage, die sich in Mark und Pfennig ausdrücken lassen; immaterielle Nachteile werden nicht ersetzt. Wichtig ist in diesem Zusammenhang der **Zweck des Sozialplans**, der nach der Rechtsprechung der «Überleitung und Vorsorge» für die Zeit nach der Betriebsänderung dient.[1531] Möglich ist deshalb z. B. die Finanzierung von Umschulungs- und Weiterbildungsmaßnahmen.

1123 Nach «oben» hin wird der Sozialplan nicht etwa durch die Höchstgrenzen der Abfindung nach §§ 9, 10 KSchG[1532], sondern allein durch die **«wirtschaftliche Vertretbarkeit für das Unternehmen»** begrenzt. Wie dieser Maßstab konkretisiert wird, ist grundsätzlich Sache von Betriebsrat und Arbeitgeber; auf keinen Fall darf die Belastung durch den Sozialplan so weit gehen, dass dadurch die verbliebenen Arbeitsplätze gefährdet werden.[1533] Die Belastung durch den Sozialplan kann **für die Ertragskraft** des Unternehmens aber

1529 Vgl. BAG DB 2005, 397, das allerdings (wohl) gleichermaßen «Ausgleich» wie «Milderung» akzeptiert. Wie hier Ohl, S. 142; Däubler-Bösche, Zum Inhalt von Sozialplänen, Bremen 1975, S. 14.

1530 Näher DKK-Däubler §§ 112, 112 a Rn 94 ff.

1531 BAG DB 1979, 262.

1532 Wie hier BAG AP Nr. 41 zu § 112 BetrVG 1972 = DB 1988, 558, bestätigt durch BAG NZA 2004, 108.

1533 Zur «Vertretbarkeit» für das Unternehmen s. DKK-Däubler §§ 112, 112 a Rn 83 ff.

durchaus **«einschneidend»** sein.[1534] Dies lässt sich auch damit rechtfertigen, dass bescheidene oder gar nur symbolische Beträge die **Steuerungsfunktion** gegenüber dem Unternehmer[1535] nicht erfüllen könnten. Hilfreich ist in vielen Fällen auch die vom BAG vorgenommene Gegenüberstellung zwischen Einsparungen und Sozialplankosten: Die Jahresersparnis ist dabei keineswegs eine Höchstgrenze, wenn die Veränderungen auf langfristige Wirkungen angelegt sind.[1536] Weiter ist zu beachten, dass es nach der Rechtsprechung eine Art **Mindestdotierung** des Sozialplans geben muss; die Entlastung der Arbeitnehmer muss «spürbar» sein, andernfalls könnte man nicht von der im Gesetz als Minimum vorgesehenen «Milderung» sprechen.[1537]

Kommt ein Sozialplan erst durch Spruch der **Einigungsstelle** zustande, so 1124
besteht nach § 112 Abs. 5 BetrVG ein etwas eingeschränkter Regelungsspielraum. Die vorgesehenen Leistungen sollen «in der Regel den Gegebenheiten des Einzelfalls Rechnung tragen» und haben die Aussichten der betroffenen Arbeitnehmer auf dem Arbeitsmarkt zu berücksichtigen. Das Sozialplanvolumen darf nicht so bestimmt werden, dass der Fortbestand des Unternehmens oder die verbleibenden Arbeitsplätze gefährdet sind. Schließlich sollen **jene Arbeitnehmer von Leistungen ausgeschlossen** werden, **die einen zumutbaren Arbeitsplatz** im Betrieb, Unternehmen oder Konzern ablehnen.[1538]

Ist es zumutbar, an einem anderen Ort eine ¾-Stelle anzunehmen? Der Ortswechsel schafft als solcher keine Unzumutbarkeit, doch ist denkbar, dass die familiäre Situation einen Umzug ausschließt. Die reduzierte Arbeitszeit führt zu einer reduzierten Vergütung; dies ist nur ausnahmsweise hinzunehmen.[1539]

Weiter sind die Förderungsmöglichkeiten nach dem SGB III wie z. B. Transferkurzarbeitergeld zu berücksichtigen.[1540]

### (2) Kosten des Arbeitsplatzwechsels

Ein weiterer Gegenstand des Sozialplans ist der Ausgleich der Unkosten, die 1125
einem Arbeitnehmer dadurch entstehen, dass er einen neuen Arbeitsplatz suchen muss oder einen findet, der ungünstigere Rahmenbedingungen bietet.

Möglich ist einmal, über § 629 BGB und etwaige tarifliche Regelungen 1125a
hinaus einen **Anspruch auf bezahlte Freistellung** für Vorstellungsgespräche

1534 BAG AP Nr. 29 zu § 111 BetrVG 1972.
1535 Dazu oben Rn 1101 a.
1536 BAG NZA 2004, 108, 112.
1537 BAG DB 2005, 397.
1538 Zum Ermessensspielraum der Einigungsstelle s. BAG AP Nr. 41 zu § 112 BetrVG 1972 = DB 1988, 558 und BAG DB 1989, 49.
1539 BAG DB 1997, 781. Einzelheiten zur Zumutbarkeit bei DKK-Däubler §§ 112, 112 a Rn 72 ff.
1540 Dazu unten 6.12.5.2. (Rn 1137 ff.).

vorzusehen. In vielen Fällen wird der Arbeitgeber auch die Bewerbungskosten übernehmen. Wichtiger wären Maßnahmen des sog. **Outplacement**, das die vom Arbeitsplatzverlust bedrohten Beschäftigten systematisch auf die Bewerbung um neue Stellen vorbereitet.[1541] Aus «Bittstellern» will man «Leistungsanbieter» machen,[1542] was allerdings immer eine gewisse Nachfrage auf dem Arbeitsmarkt voraussetzt. Auch kann vereinbart werden, dass Wettbewerbsverbote ab sofort nicht mehr gelten. Der Sozialplan kann weiter **Umzugskosten** und **Mietbeihilfen** vorsehen.[1543] Auch ist an eine **Ausgleichszahlung** zu denken, wenn die Vergütung am neuen Arbeitsplatz erheblich geringer ist. Möglich und üblich sind auch Fahrgelderstattung und Trennungsentschädigung für eine Übergangszeit.[1544]

1125b Hat der Arbeitnehmer in direktem Anschluss an sein bisheriges Arbeitsverhältnis einen neuen Arbeitsplatz erhalten und die eben beschriebenen Leistungen nicht in Anspruch genommen, kann gleichwohl der Fall eintreten, dass er den **neuen Arbeitsplatz** innerhalb eines überschaubaren Zeitraums **wieder verliert**. Hatte der Sozialplan die Abfindung nur denjenigen zugesprochen, die nicht sofort eine Anschlusstätigkeit gefunden hatten, so würde der Betroffene schlechter dastehen, als wenn er sich nicht um eine neue Arbeitsstelle bemüht hätte. Für solche Fälle muss der Sozialplan Vorsorge treffen und die **Abfindung** zumindest anteilig auch dann gewähren, wenn der «Arbeitsversuch» nach 3, 6 oder 12 Monaten scheitert.

### (3) Ausgleich für schlechtere Arbeitsbedingungen

1126 Wird der Arbeitnehmer innerhalb des Betriebs oder Unternehmens versetzt oder verschlechtern sich seine Arbeitsbedingungen am bisherigen Arbeitsplatz, so ist gleichfalls für einen Ausgleich der wirtschaftlichen Nachteile zu sorgen. **Rückgruppierungen** und wegfallende Zulagen sollten deshalb **zu «Ausgleichsleistungen» führen**. Weiter kann der Sozialplan **Weiterbildungsmaßnahmen** vorsehen, die die Betroffenen in die Lage versetzen, den Anforderungen an ihren neuen Arbeitsplätzen zu entsprechen. Bei **intensiverer und belastenderer Arbeit** ist gleichfalls ein finanzieller Ausgleich vorzusehen, da sich das Verhältnis von Leistung und Gegenleistung in diesen Fällen zu Lasten des Arbeitnehmers verändert.[1545] Entsprechendes gilt bei der Einführung **elektronischer Fernarbeit**.[1546]

---

1541 Einzelheiten bei Kibler RdA 1996, 366; Lemke AiB 1996, 692.

1542 Lemke AiB 1996, 692.

1543 BAG AP Nr. 18 zu § 112 BetrVG 1972.

1544 BAG AP Nr. 18 zu § 112 BetrVG 1972.

1545 Däubler DB 1985, 2300.

1546 Wedde AiB 1992, 125 ff.

(4) **Sonderfonds für Härtefälle**

In der Praxis wird häufig ein (i. d. R. kleinerer) Teil des Sozialplanvolumens für einen sog. Härtefonds vorgesehen. Er soll in der Zukunft Leistungen an **solche** Arbeitnehmer erbringen, **die** durch den Arbeitsplatzverlust **besonders stark betroffen** sind. Dabei werden insbesondere längere Arbeitslosigkeit, aber auch chronische Krankheiten des Arbeitnehmers und seiner Angehörigen, Belastungen durch Kinder in der Ausbildung sowie die Eigenschaft als schwerbehinderter Mensch berücksichtigt. Im Sozialplan können die Härtefälle im Einzelnen festgelegt werden. Der Fonds ist eine «Sozialeinrichtung» nach § 87 Abs. 1 Nr. 8 BetrVG;[1547] ihre Verwaltung kann auch dem Betriebsrat alleine übertragen werden. In der Regel sind «Härteleistungen» zeitlich befristet. Bleibt am Ende noch Geld übrig, steht dieses dem Arbeitgeber zu.[1548] 1127

(5) **Wiedereinstellungsklausel**

Der Sozialplan kann vorsehen, dass die ausgeschiedenen Arbeitnehmer bei Neueinstellungen innerhalb des Unternehmens oder Konzerns **bevorzugt berücksichtigt** werden. Dabei ist einmal Sorge dafür zu tragen, dass sie **von freien Stellen informiert** werden, dass sie z. B. die Firmenzeitung weiter erhalten, in der alle freien Stellen ausgeschrieben werden.[1549] Zum Zweiten muss klar geregelt sein, was unter «bevorzugter Berücksichtigung» zu verstehen ist. Dies kann bedeuten, dass ein Vorrang nur bei gleicher Qualifikation besteht, es ist aber auch denkbar, den Vorrang bereits dann eingreifen zu lassen, wenn der Ausgeschiedene die **Anforderungen der Stelle erfüllt**. Die Wiedereinstellung erfolgt regelmäßig unter Wahrung des Besitzstands, d. h. unter Anrechnung der bisherigen Betriebszugehörigkeit. Eine erhaltene Abfindung ist nicht zurückzugewähren. 1128

### 6.12.4.3. Gleichheitsprobleme

Die Betriebsparteien sind auch bei der Festlegung des Sozialplaninhalts **an** den Gleichbehandlungsgrundsatz des **§ 75 Abs. 1 BetrVG gebunden**.[1550] Unzulässig wäre es deshalb, für Frauen eine geringere Abfindung als für Männer vorzusehen oder Teilzeitkräfte entgegen § 4 Abs. 1 TzBfG auszuneh- 1129

1547 Dazu oben 6.9.8. (Rn 990 ff.).
1548 LAG Bremen LAGE § 112 BetrVG 1972 Nr. 17.
1549 S. den Fall BAG DB 1991, 970.
1550 BAG AP Nr. 25 zu § 112 BetrVG 1972; BAG DB 1994, 102.

men.[1551] Auch eine **Differenzierung** zwischen Inländern und Ausländern und **zwischen Arbeitern und Angestellten** scheidet grundsätzlich aus.[1552]

1129a Obwohl nach § 75 Abs. 1 Satz 2 BetrVG **niemand «wegen Überschreitung bestimmter Altersstufen» benachteiligt** werden darf, soll es zulässig sein, ältere Arbeitnehmer schlechter als jüngere zu behandeln, indem ihnen nur eine Überbrückungsleistung bis zum Rentenalter gewährt wird.[1553] Hat der Sozialplan ein relativ bescheidenes Volumen, so können diejenigen, die nach Bezug des Arbeitslosengelds eine Altersrente beanspruchen können, nach BAG[1554] von jeder Leistung ausgenommen werden. Erst recht gilt dies für diejenigen, die bereits die Voraussetzungen für einen Rentenbezug erfüllen.[1555] Angesichts der im Wege richtlinienkonformer Auslegung zu beachtenden **EG-Rahmenrichtlinie**, die jede Diskriminierung wegen Alters verbietet,[1556] ist dies nicht mehr zu rechtfertigen, da Art. 6 der Richtlinie **nur** eine **Begünstigung Älterer** zulässt; eine Zurücksetzung kommt allenfalls bei gezielter Förderung Jüngerer in Betracht, die hier jedoch nicht in Rede steht. Unabhängig davon gilt: Würde im Verhältnis zwischen älteren und jüngeren Arbeitnehmern nur das Willkürverbot eingreifen, wäre die bisherige Praxis verständlich. In Wahrheit will § 75 Abs. 1 Satz 2 eine **Schlechterstellung** wegen «Überschreitung bestimmter Altersstufen» allenfalls **aus schwerwiegenden Gründen** in Kauf nehmen. Eine Revision erscheint daher angezeigt.

1129b Gleichheitsprobleme können sich auch dann stellen, wenn **mehrere Betriebsänderungen** vorgenommen wurden. An sich führt jede zu separaten Verhandlungen, die unterschiedliche Ergebnisse haben können. Besteht zwischen den verschiedenen Betriebsänderungen jedoch ein enger wirtschaftlicher Zusammenhang, so müssen die Betroffenen gleich behandelt werden. Wird zunächst mit Rücksicht auf eine beabsichtigte Sanierung ein sehr bescheidener Sozialplan abgeschlossen, schlägt diese jedoch fehl und wird für die noch Beschäftigten ein günstigerer Sozialplan abgeschlossen, so muss das Gesamtvolumen gleichmäßig auf alle Betroffenen verteilt werden.[1557]

1129c Im Sozialplan darf auch nicht danach differenziert werden, ob die Arbeitnehmer gekündigt wurden oder ob sie auf Veranlassung des Arbeitgebers einen Aufhebungsvertrag geschlossen oder selbst gekündigt haben;[1558] die **Auflösungsform** sagt nichts über die Schutzbedürftigkeit aus. Anders verhält

1551 BAG NZA 2002, 451 – aber anteilige Berücksichtigung möglich.
1552 Zustimmend ErfK-Kania § 112 Rn 26.
1553 BAG Nr. 21 und 45 zu § 112 BetrVG 1972.
1554 DB 1997, 281.
1555 LAG Köln AiB 2000, 110 mit Anm. Thannheiser.
1556 ABlEG 2. 12. 2000, L 303/16.
1557 BAG AP Nr. 14 zu § 112 BetrVG 1972.
1558 BAG ZIP 2003, 1414; BAG DB 1995, 231.

es sich dann, wenn einzelne Arbeitnehmer mit Rücksicht auf die wirtschaftliche Lage des Arbeitgebers aus freien Stücken gekündigt haben. Möglich ist eine **Stichtagsregelung**, wonach der Sozialplan nur solche Kündigungen und andere Auflösungstatbestände erfasst, die innerhalb eines bestimmten Zeitraums liegen. Gleichheitswidrig wäre es jedoch, wollte man dadurch Personen ausschließen, denen aufgrund der Betriebsänderung vor oder nach dem fraglichen Zeitraum gekündigt wurde; lediglich bei Aufhebungsverträgen und Eigenkündigungen sollen entsprechende Regelungen zulässig sein.[1559]

### 6.12.4.4. Einzelfragen

Anders als der Interessenausgleich gewährt der Sozialplan dem einzelnen Arbeitnehmer **einklagbare Ansprüche** gegen den Arbeitgeber, da er nach § 112 Abs. 1 Satz 3 die Wirkung einer Betriebsvereinbarung hat. Eine nachträgliche «Abweichung» ist daher anders als beim Interessenausgleich auch aus zwingenden Gründen nicht möglich. 1130

Der Sozialplan muss **Individualrechte unberührt** lassen. Abfindungsansprüche dürfen nicht davon abhängig gemacht werden, dass keine Kündigungsschutzklage erhoben wird.[1560] Das BAG hat es allerdings zugelassen, dass in einer neben dem Sozialplan bestehenden Betriebsvereinbarung für diejenigen Sonderleistungen vorgesehen sind, die keine Kündigungsschutzklage erheben (**«Turboprämie»**).[1561] Zwischen der Verweigerung einer Abfindung und der Verweigerung eines Zusatzbetrags besteht jedoch kein so wesentlicher Unterschied, dass eine solche Differenzierung gerechtfertigt wäre. Zustimmung verdient demgegenüber die These, dass der Weg zum Arbeitsgericht **nicht** durch eine **Schiedsklausel** abgeschnitten werden darf.[1562] 1130a

Ein einmal zustande gekommener Sozialplan kann nicht mehr gekündigt werden; eine Ausnahme wird nur für zeitlich unbefristete Dauerleistungen gemacht.[1563] Möglich ist jedoch eine **nachträgliche Änderung wegen Wegfalls der Geschäftsgrundlage**. So kann der Betriebsrat ggf. eine Aufstockung verlangen, wenn das verfügbare Finanzvolumen viel zu gering veranschlagt wurde.[1564] Besondere Probleme ergeben sich beim Sozialplan im Konkurs.[1565] 1130b

**Ansprüche** aus dem Sozialplan sind **vererblich**, sobald sie entstanden sind. Auf die Fälligkeit kommt es nicht an. Entstehen sie mit der Kündigung 1131

---

1559 Vgl. BAG NZA 1995, 492; B. Gaul DB 1998, 1514.

1560 BAG AP Nr. 33 zu § 112 BetrVG 1972, bestätigt durch BAG NZA 2005, 997.

1561 BAG NZA 2005, 997.

1562 BAG DB 1988, 503.

1563 BAG DB 1995, 480; s. weiter Däubler NZA 1985, 545.

1564 Vgl. BAG AP Nr. 6 zu § 112 BetrVG 1972. Eingehende und weiterführende Ausführungen bei Bender, S. 435 ff.

1565 Näher Bd. 2 Rn 930 ff.

und werden sie bei Ausscheiden fällig, so gehen sie auf den Erben über, wenn der Arbeitnehmer während des Laufs der Kündigungsfrist verstirbt.[1566]

1132 **Abfindungen** sind seit 1. 1. 2006 wie normales Arbeitseinkommen **zu versteuern**. Eine Besonderheit besteht nur insoweit, als nach § 34 Abs. 1 EStG das sog. Fünftelungsprinzip gilt: Der Steuersatz ist so zu bestimmen, als wäre die Abfindung auf fünf Jahre verteilt worden. Dies verhindert ein «Hineinwachsen» in eine hohe Progressionszone. Sozialabgaben sind grundsätzlich nicht zu erbringen.

1133 Die Ansprüche aus dem Sozialplan unterliegen der gesetzlichen **Verjährung** nach den §§ 195, 199 BGB.[1567] Der Sozialplan kann **Ausschlussfristen** vorsehen, was in der Praxis relativ selten vorkommt. Erfassen tarifliche Ausschlussfristen «alle Ansprüche aus dem Arbeitsverhältnis», so werden die Sozialplanrechte miterfasst, da auch sie ihre Grundlage letztlich im Arbeitsverhältnis haben.[1568]

## 6.12.5. Neue Inhalte: Beschäftigungsplan – Transfersozialplan – Standortgarantie – Sozialtarifvertrag

### 6.12.5.1. Der erste Schritt: Beschäftigungspläne

1134 Seit dem Abschluss eines «Beschäftigungsplans» bei der Firma **Grundig** im Jahre 1985[1569] hat sich mehr und mehr die Erkenntnis durchgesetzt, dass in Zeiten der Massenarbeitslosigkeit Abfindungen und Ausgleichsleistungen nicht genügen:[1570] Wichtiger wird die Chance, nach einiger Zeit wieder einen angemessenen Arbeitsplatz zu erhalten. Hier setzen die Beschäftigungspläne an, von denen es allein im Metallsektor bis Anfang 1989 knapp 30 gab.[1571] Sie sehen **Qualifizierungsmaßnahmen** für die Betroffenen vor, verpflichten das Unternehmen zur **Entwicklung neuer Produkte** und zur Erschließung neuer Märkte («Diversifikation») und regeln den Einsatz neuer Techniken; daneben stehen als Auffangnetz die traditionellen Regelungen des Sozialplans.[1572] Auf

1566 Vgl. BAG NZA 2004, 1352; LAG Frankfurt/M. AiB 1984, 176.

1567 Einzelheiten bei Fuchs AiB 2003, 563.

1568 BAG AP Nr. 3 und 11 zu § 113 BetrVG 1972; BAG DB 1997, 234.

1569 Dazu Appelt-Lobodda-Neumann, in: Apitzsch-Klebe-Schumann (Hrsg.), BetrVG ’90, S. 102 ff.

1570 Klebe-Roth DB 1989, 1518.

1571 Klebe-Roth DB 1989, 1518; von 20 bis 30 spricht Bosch WSI-Mitt. 1989, 199.

1572 Eingehender Überblick über den Inhalt abgeschlossener Beschäftigungspläne bei Bosch WSI-Mitt. 1989, 200–201.

der Grundlage der §§ 111 ff. BetrVG lassen sich derartige Regelungen nur sehr partiell über die Einigungsstelle erzwingen; wichtiger war der öffentliche Druck auf die Beteiligten, alles in ihrer Macht Stehende für die Erhaltung der Arbeitsplätze zu tun.

In Einzelfällen gelang es, den Personalabbau zu bremsen und das Unter- 1135
nehmen unter veränderten Umständen wieder konkurrenzfähig zu machen.[1573] Die **Qualifizierungsmaßnahmen** fanden meist auch effektiv statt.[1574] **Erfolglos** blieben dagegen die **Bemühungen um neue Produktlinien** – wobei letztlich offen blieb, ob dies aufgrund der Märkte unausweichlich war oder ob die Unternehmensleitungen zu wenig kooperierten.[1575]

Die Tradition des Beschäftigungsplans wurde in modifizierter Form durch 1136
die sog. **ABS-Gesellschaften** in den neuen Bundesländern fortgeführt. Sie beruhten in der Regel auf der «Rahmenvereinbarung zur Bildung von Gesellschaften zur Arbeitsförderung, Beschäftigung und Strukturentwicklung (ABS)» vom 17. 7. 1991, an der DGB und Einzelgewerkschaften, Arbeitgeber, Treuhandanstalt und die Regierungen der neuen Bundesländer beteiligt waren.[1576] Gedacht war insbesondere an die systematische Durchführung von Qualifizierungsmaßnahmen sowie an Arbeiten zur Verbesserung der Infrastruktur. Die Finanzierung erfolgte weitestgehend aus öffentlichen Mitteln. Instrumente waren neben AB-Maßnahmen das sog. Strukturkurzarbeitergeld sowie Strukturanpassungsmaßnahmen nach § 249 h AFG (später: §§ 272 ff. SGB III). Ob nach Auslaufen der Maßnahmen die Beschäftigungschancen auf dem regulären Arbeitsmarkt wirklich gestiegen waren, wird unterschiedlich eingeschätzt.[1577]

### 6.12.5.2. Transfersozialpläne

Nach den **bis Ende 2003** geltenden **§§ 254 ff. SGB III** konnte die Arbeits- 1137
verwaltung **«Eingliederungsmaßnahmen» finanziell fördern**, die in einem Sozialplan vorgesehen waren.[1578] Erfasst waren alle «zweckgerichteten Maßnahmen»,[1579] wobei die Umschulung, die berufliche Weiterbildung und die

---

1573 So etwa bei Grundig, wo zunächst ein Personalabbau in Höhe von 2300 Arbeitnehmern vorgesehen war, der sich dann auf 1200 ermäßigte; zur praktischen Umsetzung diente die Ausnutzung der Fluktuation, Aufhebungsverträge gegen Abfindungen und Frühverrentung, während Kündigungen vermieden wurden – Appelt-Lobodda-Neumann, a.a.O., S. 107. Dass später doch die Katastrophe kam, ließ sich nicht voraussehen.

1574 Näher Bosch WSI-Mitt. 1989, 202.

1575 Bosch WSI-Mitt. 1989, 206: in Wahrheit nur Qualifizierungspläne.

1576 Dazu Unterhinninghofen AiB 1991, 301.

1577 Skeptisch Wolff NZA 1999, 624.

1578 Überblick bei Gagel, FS Dieterich, S. 175 ff.

1579 Kopp NZS 1997, 457.

Vorbereitung einer Existenzgründung im Vordergrund standen.[1580] Da die Betriebsparteien die lokalen Arbeitsmärkte oft sehr gut beurteilen können und ihnen auch innovatives Vorgehen ermöglicht werden sollte, gab es keinen Numerus clausus förderungsfähiger Maßnahmen.[1581] Da es der Sache nach um die Schaffung besserer Voraussetzungen für eine neue Beschäftigung ging, der Einzelne also auf einen neuen Arbeitsplatz «transferiert» werden sollte, bürgerte sich immer mehr der Ausdruck **«Transfersozialplan»** ein.[1582]

1137 a Der seit 1. 1. 2004 an die Stelle der §§ 254 ff. SGB III getretene **§ 216 a SGB III** hat die automatische Verbindung mit dem Sozialplan gelöst und verlangt lediglich das Vorliegen einer **Betriebsänderung**. Die Förderung erstreckt sich auf bestimmte «Transfermaßnahmen», die von ihren Voraussetzungen her im Einzelnen beschrieben werden. Sie können weiterhin in einem Sozialplan vorgesehen werden, weshalb § 216 a Abs. 4 SGB III auch eine **Beratung** der Betriebsparteien durch die Agenturen für Arbeit «insbesondere im Rahmen von Sozialplanverhandlungen» vorsieht. Gegenüber der früheren Regelung ist das Fördervolumen deutlich zurückgefahren worden. Einzelheiten können hier nicht dargestellt werden.[1583]

1137 b Eine weitere Förderungsmöglichkeit, die im Rahmen eines Transfersozialplans von wesentlicher Bedeutung ist, stellt das **Transferkurzarbeitergeld** dar, das seit 1. 1. 2004 seine Rechtsgrundlage in § 216 b SGB III hat. Seine Gewährung setzt voraus, dass die fraglichen Personen von Arbeitslosigkeit bedroht sind, weil die Beschäftigungsmöglichkeiten nicht nur vorübergehend entfallen sind. Für Zwecke der Qualifizierung müssen sie einer **«betriebsorganisatorisch eigenständigen Einheit»** (= beE) zugeordnet werden, deren Träger der bisherige Arbeitgeber sein kann. Sehr viel häufiger ist die Einschaltung einer rechtlich selbständigen Transfergesellschaft (auch: **Beschäftigungs- und Qualifizierungsgesellschaft** genannt). Während eines Zeitraums von höchstens einem Jahr erhalten die Betroffenen die Möglichkeit, Weiterbildungsmaßnahmen in Anspruch zu nehmen, müssen sich allerdings zu Beginn einem sog. **Profiling** unterwerfen, das ihr «Qualifikationsprofil» und damit ihre Eingliederungsaussichten zu bestimmen versucht. Der Übergang zur Transfergesellschaft wird mit Hilfe eines sog. dreiseitigen Vertrags bewerkstelligt[1584]. Der Übergang in die «BQG» ist nicht «zumutbar» im Sinne

---

1580 Zu Letzterer C. Meyer NZA 1998, 405, 517.

1581 Rolfs NZA 1998, 20; Schweibert, in: Willemsen u. a. Kap. C Rn 248.

1582 S. Wolff NZA 1999, 622, der das entsprechende Modell der chemischen Industrie vorstellte.

1583 Dazu DKK-Däubler §§ 112, 112 a Rn 161 ff.; U. Fischer Sonderbeilage 1/2004 zu NZA S. 30 ff.; Mengel-Ullrich BB 2005, 1110.

1584 Näher dazu Bertzbach, FS Hanau, S. 174. Ein Muster findet sich bei DKK-FB §§ 111–113 Rn 68 ff.

des Sozialplanrechts, da sich die Arbeitsbedingungen grundlegend ändern und das Entgelt häufig nur geringfügig über dem Arbeitslosengeld liegt.[1585]

Die **Praxis** der Transfergesellschaften wird **unterschiedlich eingeschätzt.**[1586] Selbst wenn die Vermittlungschancen nicht verbessert werden, ergeben sich doch insoweit Vorteile, als die sozialen Beziehungen zu vielen Arbeitskollegen zunächst erhalten bleiben und außerdem die Bezugsdauer für das Arbeitslosengeld erst zu einem späteren Zeitpunkt zu laufen beginnt. Ob dies allerdings Einbußen bei der Abfindung ausgleichen kann, erscheint in vielen Fällen fraglich. 1138

### 6.12.5.3. Standortgarantien

Selten kommt in der Praxis der Fall vor, dass verbindliche Abmachungen über unternehmerische Entscheidungen getroffen werden. Zu denken ist insbes. an eine **Garantie**, für einen bestimmten Zeitraum **eine bestimmte Anzahl von Arbeitsplätzen** aufrechtzuerhalten, was eine «Gegenleistung» für die Zustimmung des Betriebsrats zu einer Teilschließung[1587] oder zu einer Reduzierung der Vergütung sein kann.[1588] Auch ist denkbar, dass sich die Garantie auf die Herstellung eines bestimmten Produkts wie z.B. eines bestimmten Fahrzeugtyps an einem bestimmten Standort bezieht.[1589] Solche Vereinbarungen sind voll gültige Verträge, die einklagbare Ansprüche gewähren können. Dass derartige Abmachungen nicht außerhalb der funktionellen Zuständigkeit des Betriebsrats liegen, wird nicht zuletzt an § 92a BetrVG deutlich.[1590] Aus den für den Interessenausgleich geltenden Grundsätzen[1591] lassen sich keine Einwände herleiten, da auch dort verbindliche Abmachungen möglich sind.[1592] 1139

### 6.12.5.4. Sozialtarife

Ob es zulässig ist, die Erhaltung einer bestimmten Anzahl an Arbeitsplätzen durch Tarifvertrag zu regeln und dafür notfalls in den Streik zu treten, ist nicht abschließend geklärt. In zwei neueren Arbeiten wird die Frage mit überzeu- 1140

1585 Kaiser NZA 1992, 198.

1586 Growe AiB 1998, 261; Filzek AiB 1998, 662; Wendeling-Schröder/Welkoborsky NZA 2002, 1377.

1587 So der Fall Enka-Kassel, dargestellt bei Haase Mitb. 1983, 94.

1588 Vgl. Vollmer DB 1982, 1670.

1589 Zu entsprechenden Abmachungen im Bereich von GM s. AuR 2001, 183 und DKK-FB EBRG Rn 43ff.

1590 Zu den dort möglichen verbindlichen Abmachungen über unternehmerische Entscheidungen s. oben 6.11.2. (Rn 1023b).

1591 Oben 6. 12.3. (Rn 1116ff.).

1592 Überholt deshalb Ehmann, FS Kissel, S. 175ff.

genden Gründen bejaht.[1593] Die Tarifpraxis hat sich bisher damit begnügt, die Rahmenbedingungen von Betriebsschließungen zu beeinflussen und im Wege des Firmentarifs und des Streiks Abmachungen zu erreichen, die in Bezug auf Kündigungsfristen, Abfindungen und Weiterbildungsfinanzierung erheblich über die üblichen Sozialplaninhalte hinausgehen.[1594]

## 6.13. Arbeitnehmervertretung auf Unternehmensebene: Gesamtbetriebsrat, Betriebsräteversammlung, Wirtschaftsausschuss

### 6.13.1. Gesamtbetriebsrat

1141 Die Beteiligung des Betriebsrats bezieht sich in vielen Fällen auf Entscheidungsprozesse, die nicht im Betrieb als der arbeitstechnischen Einheit, sondern im Unternehmen fallen. Dies führt zu Unzuträglichkeiten, wenn im selben Unternehmen mehrere Betriebe mit eigenen Betriebsräten bestehen[1595]: Wer soll in die unternehmensweite Personalplanung eingeschaltet werden, wer über die Verwaltung einer Unterstützungskasse mitbestimmen, die **alle zum Unternehmen gehörenden Arbeitnehmer** erfasst? Um Koordinierungsprobleme zwischen den einzelnen betrieblichen Interessenvertretungen zu vermeiden, hat § 47 BetrVG die Bildung eines Gesamtbetriebsrats angeordnet.

#### 6.13.1.1. Zusammensetzung

1142 Der Gesamtbetriebsrat (übliche Abkürzung: GBR) besteht aus «Delegierten» der Einzelbetriebsräte. Nach § 47 Abs. 2 entsenden **kleine** Betriebsräte mit bis zu drei Mitgliedern **eine Person**, alle **anderen zwei Personen**. Das **«Stimmgewicht»** bestimmt sich nach den vertretenen Arbeitnehmern; deren Zahl bestimmt sich gemäß § 47 Abs. 7 Satz 1 nach der Eintragung in der Wählerliste.

---

1593 Hensche AuR 2004, 443 ff.; Kühling-Bertelsmann NZA 2005, 1017 ff.; a.A. Hohenstatt-Schramm DB 2004, 2214.

1594 S. oben 4.9.2. (Rn 385) und die Fälle LAG Schleswig-Holstein AuR 2004, 152 und LAG Niedersachsen AuR 2004, 471 sowie HessLAG AuR 2006, 120. Auch bei Infineon wurde 2005 um einen solchen «Sozialtarif» gestreikt.

1595 Zur Unterscheidung Betrieb – Unternehmen s. oben 6.2.1.1. (Rn 750 a ff.).

*Beispiel:* In der Wählerliste des Betriebs X waren 42 Personen eingetragen. Das aus diesem Betrieb kommende GBR-Mitglied hat 42 Stimmen. Sind mittlerweile regelmäßig 30 oder 50 Arbeitnehmer dort tätig, ist dies ohne Bedeutung. Dies ist sinnvoll, da man sich sonst dauernd über die Stimmenzahl streiten könnte.

Entsendet der Betrieb zwei Mitglieder, so stehen ihnen die **Stimmen je zur Hälfte** zu.

Bei den letzten Betriebsratswahlen befanden sich im Betrieb Y 425 Arbeitnehmer auf der Wählerliste. Jeder der beiden Vertreter im GBR hat 212½ Stimmen.

Dies führt im Ergebnis dazu, dass große Betriebe die kleinen majorisieren können. Ob die Vertreter der großen Einheiten davon Gebrauch machen, ist eine betriebspolitische Frage; der diplomatische Ausweg, mit 150 Stimmen für die eine und mit 52½ Stimmen für die andere Lösung zu stimmen, ist nach allgemeiner Auffassung nicht möglich.[1596] Gibt es im Betriebsrat zwei «Fraktionen», so würde u.U. bei Verhältniswahl auch die Minderheitsliste einen GBR-Vertreter stellen. Nach der Rechtsprechung des BAG[1597] entscheidet der Betriebsrat jedoch durch einfachen Beschluss über jeden der beiden «Sitze», sodass **allein** die **Mehrheitsliste** im GBR **vertreten** ist.

Was geschieht, wenn ein Großunternehmen zahllose Betriebe hat und die 1142a
Entsendung von zwei Mitgliedern pro Betriebsrat zu einem **Riesen-Gremium** führen würde?

Die Deutsche Bahn AG hatte im ersten Stadium der Privatisierung 730 Betriebe; dies hätte einen Gesamtbetriebsrat von 1300 bis 1400 Mitgliedern ergeben. Man müsste eine Halle anmieten; ein wirklicher Meinungsaustausch wäre nicht mehr möglich.

Durch Tarifvertrag oder durch Betriebsvereinbarung kann nach § 47 Abs. 4 eine vom Gesetz abweichende, hier also eine niedrigere Mitgliederzahl bestimmt werden. Dabei wird man häufig die in einer Region befindlichen Betriebsräte zu einer Einheit zusammenfassen, die ein oder zwei Mitglieder entsendet (sog. Entsendungskreis).

Was geschieht, wenn keine Einigung möglich ist, weil sich die 1400 GBR-Mitglieder gerne mal am Sitz des Unternehmens treffen? Hat der GBR mehr als 40 Mitglieder, so entscheidet nach § 47 Abs. 5 notfalls die Einigungsstelle über die Herstellung einer arbeitsfähigen Größe.

---

1596 ErfK-Eisemann § 47 Rn 16; Fitting § 47 Rn 74; Hess u.a.-Glock § 47 Rn 62; GK-Kreutz § 47 Rn 59; Richardi-Annuß § 47 Rn 74.

1597 NZA 2005, 170; ebenso LAG Hessen NZA-RR 2005, 79.

### 6.13.1.2. Zuständigkeit des GBR

1143 Der Gesetzgeber hat die Zuständigkeiten von Betriebsrat und Gesamtbetriebsrat in § 50 Abs. 1 abzugrenzen versucht, jedoch **keine sehr klare Lösung** getroffen. Eine Kompetenz des GBR besteht dann, wenn

▶ es um Angelegenheiten geht, die das Gesamtunternehmen oder mehrere Betriebe betreffen *und*

wenn

▶ sie nicht durch die einzelnen Betriebsräte innerhalb ihrer Betriebe geregelt werden können.

1144 Während sich die erste Bedingung meist leicht handhaben lässt (es genügt schon, dass **zwei Betriebe betroffen** sind), hat die zweite einiges Kopfzerbrechen bereitet. Bei wörtlicher Auslegung hätte der Gesamtbetriebsrat gar keinen Aufgabenbereich, ist doch ein gleich gerichtetes Vorgehen aller Einzelbetriebsräte immer möglich.[1598] Da dies nicht gewollt sein kann, stehen Rechtsprechung und herrschende Lehre auf dem Standpunkt, für eine betriebsübergreifende Regelung müsse ein **«zwingendes Erfordernis»** sprechen; bloße Zweckmäßigkeit genüge nicht.[1599]

1144a Über das Vorliegen eines «zwingenden Erfordernisses» kann man nicht selten unterschiedlicher Auffassung sein. Würden unterschiedliche betriebliche Regelungen zu erheblichen Unzuträglichkeiten oder dazu führen, dass das **Funktionieren des Unternehmens erheblich beeinträchtigt** wäre, ist der GBR zuständig.

*Beispiel:* Im Unternehmen wird eine Just-in-time-Produktion praktiziert: Betrieb A liefert minutengenau bestimmte Produkte an Betrieb B; würden sie später kommen, wäre die Arbeit bei B unterbrochen. Für das Thema «Beginn und Ende der täglichen Arbeitszeit» ist der GBR zuständig.

Die Zuständigkeit des GBR reicht jedoch nur so weit, wie ein «zwingendes Erfordernis» besteht. Wird eine unternehmenseinheitliche Telefonanlage eingeführt, so steht das Mitbestimmungsrecht nach § 87 Abs. 1 Nr. 6 dem GBR zu; eine «Zerstückelung» würde zu großen Problemen führen. Geht es allerdings um die Frage, ob das Merkmal «Weiterleitungsfunktion» aktiviert wird, kann man sich unschwer betriebsspezifische Lösungen vorstellen.

In einem Bürobetrieb gibt es viele Besprechungen; hier kann es nützlich sein, dass jeder seine Erreichbarkeit in dem jeweiligen Raum sicherstellen kann. Allerdings wird man Vorsorge dagegen treffen, dass nicht auf diesem Wege eine Art Bewegungsprofil erstellt wird. In anderen Betrieben bleibt man typischerweise an seinem Arbeitsplatz; hier gibt es

---

1598 So zutreffend Richardi-Annuß § 50 Rn 8.

1599 BAG NZA 1999, 947; BAG NZA 2002, 688; BAG NZA 2002, 988; BAG NZA 2005, 234, 235; aus der Lit. s. den Überblick bei GK-Kreutz § 50 Rn 32.

keine arbeitsorganisatorischen Gründe, das mit dieser Funktion immer verbundene Überwachungsrisiko in Kauf zu nehmen.

Geht es um eine **freiwillige Sozialleistung des Arbeitgebers** und ist dieser nur bereit, diese unternehmenseinheitlich einzuführen, so ist eine mitbestimmte Regelung z. B. über die Verteilungskriterien auf einzelbetrieblicher Ebene unmöglich. Die Zuständigkeit des GBR wird daher bejaht.[1600] Anders dann, wenn in einer mitbestimmungspflichtigen Angelegenheit ein Tarifvertrag ergänzende Betriebsvereinbarungen vorsieht, der Arbeitgeber aber nur mit dem GBR verhandeln will: Die Mitbestimmung nach § 87 kann nicht allein aufgrund eines Wunsches des Arbeitgebers zentralisiert werden.[1601] 1144b

**Verhandelt** der Arbeitgeber **mit dem «falschen» Gremium**, so ist eine ggf. erreichte Einigung rechtlich ohne Bedeutung. Besonders ärgerlich kann es sein, wenn bei Verhandlungen über einen Interessenausgleich der unrichtige Adressat gewählt wurde, da dann ein Nachteilsausgleich nach § 113 BetrVG zu bezahlen ist.[1602] Die Rechtsprechung gewährt hier den vernünftigen Ausweg, dass der Arbeitgeber die Einzelbetriebsräte und den GBR auffordern kann, sich über die Kompetenz zu einigen. Tun sie dies nicht, so reicht es, wenn er sich an die von ihm für richtig gehaltene Ebene wendet, es sei denn, diese wäre offenkundig unzuständig.[1603] In vielen Fällen werden schon von Seiten der Betriebsräte Unsicherheiten dadurch beseitigt, dass der **GBR nach § 50 Abs. 2** BetrVG ausdrücklich zur Wahrnehmung bestimmter Aufgaben **ermächtigt** wird – dies ist ein «zweites Netz», das auf alle Fälle halten wird. Allerdings funktioniert dies nur im Konsens, da schon das Ausscheren eines betroffenen Betriebsrats diesen Ausweg nicht mehr gangbar macht. 1144c

### 6.12.1.3. Gesamtbetriebsvereinbarungen

Soweit der Gesamtbetriebsrat nach § 50 Abs. 1 zuständig ist, kann er mit dem Arbeitgeber «Gesamtbetriebsvereinbarungen» abschließen. Diese wirken in gleicher Weise wie eine Betriebsvereinbarung für und gegen alle unternehmensangehörigen Arbeitnehmer.[1604] Soweit von § 50 Abs. 2 Gebrauch gemacht wird, werden lediglich Rechte der ermächtigenden Betriebsräte ausgeübt, dass es sich um einfache Betriebsvereinbarungen handelt. Der Unterschied ist dann bedeutsam, wenn es um die Wirkung in unternehmensangehörigen **Betrieben ohne Betriebsrat** geht: Dort **gelten** seit 2001 die nach 1145

1600 BAG AP Nr. 50 zu § 76 BetrVG 1972; BAG AP Nr. 98 zu § 87 BetrVG Lohngestaltung.
1601 BAG NZA 2005, 234.
1602 Zu diesem s. oben 6.11.3.3. (Rn 1118 a).
1603 BAG AP Nr. 16 zu § 50 BetrVG 1972.
1604 Zu dieser s. oben 6.8.1. (Rn 927 ff.).

§ 50 Abs. 1 geschlossenen **Gesamtbetriebsvereinbarungen**, mangels denkbarer Ermächtigung nicht aber die nach § 50 Abs. 2 zustande gekommenen Betriebsvereinbarungen.

Was geschieht, wenn der Arbeitgeber aufgrund einer Gesamtbetriebsvereinbarung aus dem Jahre 1980 nach 20 Jahren Betriebszugehörigkeit ein «Jubiläumsgeld» in Höhe von einem Monatsgehalt bezahlte, dies in dem einzigen Betrieb ohne Betriebsrat aber nicht praktiziert wurde? Hier findet eine automatische Erstreckung statt,[1605] der Gesamtaufwand des Arbeitgebers wird also ggf. etwas höher.

1145 a Umstritten ist, ob Einzelbetriebsräte bei unternehmenseinheitlich zu regelnden Fragen jedenfalls dann aktiv werden dürfen, wenn der **GBR untätig** bleibt, von seiner Kompetenz also keinen Gebrauch macht. Die mittlerweile herrschende Auffassung verneint die Frage[1606], m. E. zu Unrecht. Ist beispielsweise eine Angelegenheit für zwei kleinere Betriebe einheitlich zu regeln, nimmt sich aber die GBR-Mehrheit des Problems nicht an, so würde eine Mitbestimmungslücke entstehen, die sich vom Sinn des Gesetzes her nicht rechtfertigen lässt. Zumindest in solchen Fällen müsste man eine «Auffangzuständigkeit» der Einzelbetriebsräte bejahen. Macht der GBR dann von seiner Zuständigkeit doch noch Gebrauch, geht die geschlossene Gesamtbetriebsvereinbarung selbstredend vor; dies gilt selbst dann, wenn sie für die betroffenen Arbeitnehmer ungünstiger ist.

1146 Ein spezifisches Konkurrenzproblem entsteht dann, wenn der Einzelbetriebsrat in Ausübung seiner Kompetenzen eine Betriebsvereinbarung geschlossen hatte, später aber ein **weiterer Betrieb hinzukam** und ein GBR gebildet wurde, der nunmehr für die fragliche Materie (z. B. die Telefonanlage) zuständig ist. Hier **bleibt** die **Einzelbetriebsvereinbarung** so lange **bestehen**, bis sie durch eine Regelung auf Unternehmensebene abgelöst ist. Dem Kompetenzverlust des Einzelbetriebsrats zunächst keine Bedeutung beizumessen, rechtfertigt sich auch hier mit dem Gedanken, dass andernfalls ein mitbestimmungsfreier Zustand entstehen würde, da der GBR nicht von heute auf morgen im Gesamtbereich seiner Zuständigkeit Neuregelungen zustande bringen kann. Wird ein von einer Gesamtbetriebsvereinbarung erfasster Betrieb veräußert, gilt die Gesamtbetriebsvereinbarung wie eine Einzelbetriebsvereinbarung weiter.[1607]

1147 Hat der Gesamtbetriebsrat außerhalb seiner Kompetenzen gehandelt, so ist eine von ihm abgeschlossene Gesamtbetriebsvereinbarung unwirksam.[1608]

---

1605 Däubler DB 2001, 1670; GK-Kreutz § 50 Rn 52.

1606 Nachweise bei GK-Kreutz § 50 Rn 18.

1607 BAG NZA 2003, 670 = AP Nr. 7 zu § 77 BetrVG 1972 Betriebsvereinbarung.

1608 GK-Kreutz § 50 Rn 72. Die Einzelbetriebsräte können jedoch nachträglich eine Ermächtigung nach § 50 Abs. 2 BetrVG erteilen.

Die **Unwirksamkeit** kann auch auf Antrag eines Einzelbetriebsrats **im arbeitsgerichtlichen Beschlussverfahren** festgestellt werden.

## 6.13.2. Betriebsräteversammlung

Ein entfernt an die Betriebsversammlung erinnerndes «Basisorgan» stellt die 1148
Betriebsräteversammlung dar, die in § 53 erstmals 1972 gesetzlich anerkannt wurde. Auf ihr hat der Gesamtbetriebsrat einen Tätigkeitsbericht und der Unternehmer einen Bericht über das Personal- und Sozialwesen und über die wirtschaftliche Lage und Entwicklung des Unternehmens zu erstatten (§ 53 Abs. 2 BetrVG). Große Bedeutung kommt dieser Einrichtung nicht zu, da die Versammlung nur einmal im Jahr stattfinden muss (aber häufiger stattfinden darf) und da sie nicht etwa alle Betriebsratsmitglieder, sondern nur die Vorsitzenden, ihre Stellvertreter sowie eventuell vorhandene Betriebsausschussmitglieder umfasst. Als **Mittel zum Erfahrungsaustausch** sollte sie gleichwohl genutzt werden.[1609] Fehlt ausnahmsweise ein Gesamtbetriebsrat (weil er beispielsweise pflichtwidrig nicht eingerichtet wurde), so fällt ein Treffen von Betriebsratsmitgliedern nicht unter § 53. Findet es gleichwohl statt, so richtet sich seine Zulässigkeit nach § 37 Abs. 2 BetrVG. Da sich das Thema «Erfahrungsaustausch» grundsätzlich im Rahmen des für die Betriebsratsarbeit Erforderlichen bewegt, muss der Arbeitgeber nach § 40 BetrVG auch in einem solchen Fall die Kosten übernehmen.

## 6.13.3. Wirtschaftsausschuss

### 6.13.3.1. Vorgeschichte

Der Wirtschaftsausschuss ist das dritte Arbeitnehmerorgan auf Unternehmens- 1149
ebene. Nach dem BetrVG 1952 bestand er zur Hälfte aus Arbeitgeber- und zur Hälfte aus Betriebsratsvertretern, doch hatte er nur geringe Bedeutung; oft wurde auf seine Errichtung überhaupt verzichtet.[1610] 1972 wurde deshalb die nicht in den Rahmen der Betriebsverfassung passende **halbparitätische Zusammensetzung aufgegeben**. Seither ist dieses Gremium ein reines Arbeitnehmerorgan, das vom Betriebsrat gewählt wird.[1611] § 107 Abs. 3 gibt diesem

1609 Die Kosten fallen dem Arbeitgeber zur Last: Fitting § 53 Rn 41. Zu den rechtlichen Einzelfragen s. insbesondere DKK-Trittin § 53 Rn 16 ff.

1610 S. die Angaben bei Blume, S. 164 ff. und bei Kliemt, S. 199 ff.

1611 Zu Recht ist von einem «Hilfsorgan des Betriebsrats» die Rede – BAG AP Nr. 10 zu § 106 BetrVG 1972; Fitting § 106 Rn 4 mwN.

sogar das Recht, den Wirtschaftsausschuss durch einen Betriebsratsausschuss zu ersetzen.

### 6.13.3.2. Errichtung des Wirtschaftsausschusses

1150 Nach § 106 Abs. 1 muss der Wirtschaftsausschuss in allen **Unternehmen mit** in der Regel **mehr als 100** ständig beschäftigten **Arbeitnehmern** gebildet werden. Nach § 107 Abs. 1 BetrVG muss er aus **mindestens 3** und **höchstens 7** Mitgliedern bestehen. Darunter muss sich ein Betriebsratsmitglied befinden. Die übrigen müssen im Unternehmen beschäftigt sein. Dabei kann es sich auch – wie das Gesetz ausdrücklich hervorhebt – um leitende Angestellte handeln. Auch freie Mitarbeiter und andere arbeitnehmerähnliche Personen kommen in Betracht.[1612] Die Mitglieder «sollen» die nötige fachliche und persönliche Eignung mitbringen.

1150a Existiert im Unternehmen **nur ein Betrieb**, so wählt der dort bestehende Betriebsrat die Mitglieder des Wirtschaftsausschusses. Daran ändert sich nichts, wenn es zwar einen weiteren Betrieb gibt, dieser jedoch keinen Betriebsrat besitzt.[1613] Existieren **mindestens zwei Betriebsräte**, ist die Wahl der Wirtschaftsausschussmitglieder Sache des **GBR**. Wurde ein solcher (pflichtwidrig) nicht gebildet, lässt sich auch kein Wirtschaftsausschuss errichten.[1614]

1150b Liegen alle Voraussetzungen für die Errichtung eines Wirtschaftsausschusses vor, so stellt es eine **grobe Pflichtverletzung** i. S. des § 23 Abs. 1 BetrVG dar, wenn das zuständige Gremium insoweit inaktiv bleibt. Zumindest muss es sich um Kandidaten bemühen.[1615]

### 6.13.3.3. Informationsrechte und ihre Grenzen

1151 Der Funktion nach ist der Wirtschaftsausschuss ein Beratungsorgan. Seine Mitglieder erörtern die wirtschaftliche Entwicklung des Unternehmens mit dem Arbeitgeber und setzen den Betriebsrat darüber in Kenntnis. Vom **Gegenstand** her wird – wie die 11 Ziffern des § 106 Abs. 3 BetrVG zeigen – fast **alles** erfasst, **was für die Arbeitnehmer** unmittelbar (z. B. Rationalisierungsprogramm) oder mittelbar (z. B. finanzielle Lage des Unternehmens) **von** wirtschaftlicher **Bedeutung ist**. Die im Gesetz genannten Fälle haben zudem keinen abschließenden Charakter[1616]. Auch **Betriebs- und Geschäftsgeheim-**

---

1612 DKK-Däubler § 107 Rn 7; GK-Oetker § 107 Rn 5; Löwisch-Kaiser § 107 Rn 5; a. A. ErfK-Kania § 107 Rn 3.

1613 DKK-Däubler § 107 Rn 17; MünchArbR-Joost § 319 Rn 14; Richardi-Annuß § 107 Rn 12.

1614 Fitting § 107 Rn 20; GK-Oetker § 107 Rn 22; Richardi-Annuß § 107 Rn 11.

1615 DKK-Däubler § 106 Rn 14; GK-Oetker § 106 Rn 5; Richardi-Annuß § 106 Rn 17.

1616 Weit überwiegende Meinung. S. DKK-Däubler § 106 Rn 62; Fitting § 106 Rn 33; GK-Oetker § 106 Rn 41, jeweils mwN.

**nisse** sind einbezogen; lediglich dann, wenn diese durch die Weitergabe an den Wirtschaftsausschuss gefährdet wären, kann der Arbeitgeber ihre Preisgabe verweigern. Die Gefährdung muss durch konkrete Tatsachen belegt sein.

Betriebsratsmitglied B, das zugleich dem Wirtschaftsausschuss angehört, hat den Ruf einer «Plaudertasche». Dies reicht für eine Informationsverweigerung nicht aus. Hat er aber schon einmal Betriebsgeheimnisse der Presse «gesteckt», wäre die Situation eine andere. Dasselbe würde man wohl auch bei einem dringenden Verdacht annehmen.

§ 79 Abs. 2 BetrVG verpflichtet die Wirtschaftsausschussmitglieder in gleicher Weise zur Geheimhaltung wie den Betriebsrat.[1617]

Eine Ausnahme wurde vom BAG für Verträge **über die Veräußerung von Geschäftsanteilen**, Aktienpaketen usw. gemacht, soweit darin keine Festlegungen über die Geschäftspolitik enthalten waren.[1618] Es handle sich um keine Angelegenheit des Unternehmens. Dies war schon deshalb nicht einsichtig, weil sich aus einem Gesellschafterwechsel erhebliche Konsequenzen für die Beschäftigten ergeben können. Inzwischen ist diese Rechtsprechung durch die Neufassung von § 106 Abs. 3 Nr. 8 überholt, der ausdrücklich Fusion und Spaltung, und d. h. gesellschaftsrechtliche Veränderungen des Arbeitgeberunternehmens einbezieht. Das Gesetz kennt überdies keinen Vorbehalt zugunsten der «Privatsphäre» von Investoren, sondern lediglich einen besonderen Schutz von Betriebs- und Geschäftsgeheimnissen. 1151 a

Durch die §§ 238 ff. HGB und die Veränderung der Bilanzierungsregeln hat der **Jahresabschluss** erhöhte Bedeutung erlangt. Er ist dem Wirtschaftsausschuss vorzulegen und zu erläutern. Nachfragen (auch solche bohrender Art) sind erlaubt, ja Aufgabe der Wirtschaftsausschussmitglieder. Auch der **Wirtschaftsprüferbericht** ist dem Wirtschaftsausschuss auszuhändigen;[1619] dort findet sich häufig gutes Tatsachenmaterial für eine Analyse von «Schwachstellen». Rückfragen sind auch hier unabdingbar. 1151 b

### 6.13.3.4. Auswertung der Informationen

Der Wirtschaftsausschuss kann bei den Gesprächen mit dem Arbeitgeber und bei der Auswertung der erhaltenen Informationen **sachkundige Arbeitnehmer des Betriebs** heranziehen. Dies ergibt sich zumindest aus einer entsprechenden Anwendung des **§ 80 Abs. 2 Satz 3**, wo dem Betriebsrat ein entsprechendes 1152

1617 Oben 6.3.3. (Rn 788 ff.).

1618 BAG NZA 1991, 649 = AiB 1991, 437 mit Anm. Grimberg; ähnlich LAG Düsseldorf DB 1989, 1088 = AiB 1989, 258 mit Anm. Grimberg.

1619 BAG DB 1989, 262.

Recht eingeräumt ist.[1620] An sich bedarf es dieses Umwegs aber nicht: Während § 108 Abs. 2 Satz 2 dem Arbeitgeber ausdrücklich ein entsprechendes Recht verleiht, enthält § 120 Abs. 1 Nr. 4 BetrVG eine Strafdrohung für Geheimnisbruch durch Arbeitnehmer, die vom Wirtschaftsausschuss hinzugezogen wurden, erwähnt die «Arbeitgeberexperten» aber nicht. Angesichts eines derart widersprüchlichen Gesetzeswortlauts ist allein auf den **Sinn der Einrichtung «Wirtschaftsausschuss»** abzustellen: Wenn es darum geht, eine umfassende Beratung des 11-Punkte-Katalogs in § 106 Abs. 3 sicherzustellen, muss dem Wirtschaftsausschuss das Recht eingeräumt werden, sich die im Unternehmen vorhandene Sachkunde zunutze zu machen. Die als Soll-Erfordernis verlangte eigene Sachkunde steht dem nicht entgegen; sie kann auch beim Arbeitgeber vorausgesetzt werden, dem gleichwohl eine Beratung gestattet wird.[1621] Die **Heranziehung externer Sachverständiger** bestimmt sich nach dem entsprechend anwendbaren § 80 Abs. 3 BetrVG, ist also nur mit Zustimmung des Arbeitgebers möglich. Der entsprechende Vertrag ist nach allerdings bestrittener Auffassung vom Wirtschaftsausschuss abzuschließen.[1622]

1152a In die Beratungen des Wirtschaftsausschusses ist auch die **Schwerbehindertenvertretung** einzubeziehen, die ein Teilnahmerecht an Sitzungen des Wirtschaftsausschusses hat.[1623] Weiter kann der Betriebsrat oder der Wirtschaftsausschuss beschließen, dass auch ein **Gewerkschaftsvertreter hinzugezogen** wird, sofern die Gewerkschaft wenigstens in einem Betriebsrat vertreten ist.[1624] Dabei ist auch eine «Generaleinladung» möglich.[1625]

### 6.13.3.5. Anrufung der Einigungsstelle

1153 Verweigert der Arbeitgeber Informationen, weil er z. B. ein Betriebs- oder Geschäftsgeheimnis gefährdet sieht, so kann der Betriebsrat nach § 109 die **Einigungsstelle** anrufen. Mit Recht geht der Gesetzgeber davon aus, dass sich der Streit um sensible innerbetriebliche Daten besser durch ein innerbetriebliches Organ klären lässt. Der Sache nach geht es nicht wie im Rahmen der Mitbestimmung um eine inhaltliche Gestaltung, sondern um Rechtsanwendung,

---

1620 Dazu oben 6.4.3.2. (Rn 814 a ff.). Ebenso GK-Oetker § 108 Rn 24.

1621 S. weiter DKK-Däubler § 108 Rn 22; anders MünchArbR-Joost § 319 Rn 83; Richardi-Annuß § 108 Rn 18.

1622 DKK-Däubler § 108 Rn 24 mwN.

1623 BAG DB 1987, 2467 = AiB 1988, 48.

1624 Grundlegend BAG AP Nr. 2 zu § 108 BetrVG 1972 = DB 1981, 1240 = AuR 1983, 60 = AiB 1981, 143. Einzelheiten bei Däubler, Gewerkschaftsrechte, § 5 I 11 (Rn 145 ff.) und bei Richardi AuR 1983, 38.

1625 Wie hier für die Einladung durch den Betriebsrat BAG (7. Senat) DB 1990, 1288. Einschränkend die ältere Entscheidung BAG DB 1987, 2468 = AP Nr. 6 zu § 108 BetrVG 1972 mit kritischer Anm. Däubler.

sodass bei einer gerichtlichen Überprüfung eines Einigungsstellenspruchs eine weitgehende Kontrolle stattfindet[1626] – ein weiterer Grund, sich auf innerbetrieblicher Ebene zu verständigen.

## 6.14. Jugend- und Auszubildendenvertretung (JAV)

### 6.14.1. Warum Sondervertretung?

In seiner ursprünglichen Fassung sah das BetrVG 1972 ausschließlich eine 1154
«Jugendvertretung» vor. Zur Wahrung der «besonderen Belange der jugendlichen Arbeitnehmer» sollten – wie § 60 BetrVG a. F. sagte – «in Betrieben, in denen in der Regel mindestens fünf Arbeitnehmer beschäftigt sind, die das 18. Lebensjahr noch nicht vollendet haben (jugendliche Arbeitnehmer)», **Jugendvertretungen** gewählt werden. Auf den ersten Blick werden viele geneigt sein, eine solche Sondervertretung mit Skepsis zu betrachten, die sich durch die 1988 in Kraft getretene Neufassung noch verstärken könnte:[1627] Das seither «Jugend- und Auszubildendenvertretung» **(JAV)** genannte Gremium wird von allen Jugendlichen bis zum 18. Lebensjahr sowie von denjenigen **Auszubildenden** gewählt, die **das 25. Lebensjahr noch nicht vollendet** haben.[1628] Wird es nicht bald auch eine eigenständige Interessenvertretung für Ältere, Frauen, befristet Beschäftigte oder Ausländer geben?

Dennoch lässt sich die Existenz einer selbständigen JAV rechtfertigen: 1155

- Jugendliche Arbeitnehmer und Azubis sind an einzelnen Vorgängen im Betrieb, etwa an der Ausbildungsplanung oder an den Verhältnissen in der Lehrwerkstatt, besonders interessiert, weil sie stärker als andere betroffen sind. Insofern haben sie **spezifische Interessen**.
- **Jugendliche** Arbeitnehmer sind häufiger bereit, eingefahrene Strukturen in Frage zu stellen und **neue Vorstellungen** zu entwickeln. Dieses «innovatorische» Moment käme weniger zur Geltung, wenn nur die allgemeinen Strukturen der Betriebsverfassung zur Verfügung stünden.
- Jugendlicher oder Auszubildender ist man nur vorübergehend, sodass sich

---

1626 BAG DB 2001, 598.

1627 Gesetz vom 12. 7. 1988 zur Bildung von Jugend- und Auszubildendenvertretungen in den Betrieben, BGBl I, 1034.

1628 Überblick bei Brill AuR 1988, 324; Engels-Natter DB 1988, 229 ff., Dies., BB 1988, 1453 ff.

**kein dauerhaftes Gruppenbewusstsein** bildet, das nur noch die eigenen Interessen sieht.

1156 Der Gesetzgeber war unter diesen Umständen gut beraten, durch die 1988 beschlossene Änderung die Jugendvertretungen vor einer Auszehrung zu bewahren. Seit 1972 war die **Zahl der Auszubildenden unter 18 Jahren drastisch zurückgegangen**, da die knappen Lehrstellen immer häufiger an ältere Auszubildende mit Vorqualifikationen bis hin zum Abitur vergeben wurden.[1629]

Während 1972 noch 146221 jugendliche Arbeitnehmer insgesamt 9611 Jugendvertreter wählen konnten, waren 1986 noch 43982 Personen wahlberechtigt, wodurch die Zahl der Jugendvertreter auf 4313, also auf weniger als die Hälfte sank.[1630]

## 6.14.2. JAV und Betriebsrat

1157 Bedenken wegen einer drohenden Aufspaltung der Belegschaft könnten allenfalls dann entstehen, wenn die JAV mit eigenen Mitbestimmungsrechten ausgestattet wäre und so zum selbständigen Verhandlungspartner des Arbeitgebers würde. Nach geltendem Recht ist Derartiges von vorneherein ausgeschlossen.

### 6.14.2.1. Wahl der JAV

1158 Die **Wahl** zur JAV **wird durch den Betriebsrat eingeleitet** (§ 80 Abs. 1 Nr. 5), der den Wahlvorstand nach § 63 Abs. 2 bestellt.[1631] Voraussetzung ist, dass im Betrieb mindestens fünf jugendliche Arbeitnehmer oder Azubis bis 25 beschäftigt sind. Gibt es nicht mehr als 50 zur JAV Wahlberechtigte, findet das vereinfachte Wahlverfahren statt.[1632] Nach § 64 Abs. 1 beträgt die **Wahlperiode zwei Jahre**. Wird kein Wahlvorstand eingesetzt oder bleibt dieser untätig, so können auch jugendliche Arbeitnehmer einen entsprechenden **Antrag beim Arbeitsgericht** stellen (§ 63 Abs. 3).[1633]

1158a ▶ Gibt es im Betrieb **keinen Betriebsrat**, so soll nach weit überwiegender Auffassung die **Wahl einer JAV unzulässig** sein.[1634] Große praktische Bedeutung kommt dem Problem nicht zu, da Azubis über 18 Jahre stattdessen die Wahl eines Betriebsrats initiieren können. Inhaltlich spricht überdies mehr für die Mindermeinung, da die Einsetzung eines Wahlvorstands nicht nur bei

1629 Dazu Engels-Natter DB 1988, 229; Trümner BetrR 1987, 78 ff.

1630 Angaben nach Hüper, RdJB 1987, 331.

1631 Vgl. auch Brill BB 1975, 1642.

1632 Zu diesem s. oben 6.4.1.3. (Rn 797) und 6.4.1.4. (Rn 800).

1633 Zum Antrag auf Einsetzung eines Wahlvorstands s. oben 6.4.1.3. (Rn 796 a ff.).

1634 GK-Oetker § 60 Rn 38 mwN.

Untätigkeit, sondern in analoger Anwendung der §§ 63 Abs. 3, 18 Abs. 1 auch bei Nichtexistenz eines Betriebsrats möglich sein sollte.[1635] Die Ausübung der gesetzlichen Befugnisse wäre zwar schwierig, weil der Betriebsrat als normaler Adressat fehlt, doch könnte im Rahmen des § 70 der Arbeitgeber durchaus mit Forderungen konfrontiert werden.

Problematisch wird die Situation in **reinen Ausbildungsbetrieben**, wie 1158b
z. B. in überbetrieblichen Ausbildungsstätten. Sie fallen nach der Rechtsprechung nicht unter das BetrVG[1636], sodass schon deshalb die Wahl einer JAV ausscheidet. Eine tarifliche Interessenvertretung ist möglich.[1637] Von der im BBiG enthaltenen Ermächtigung, spezifische Interessenvertretungen zu schaffen, ist bislang kein Gebrauch gemacht worden.

### 6.14.2.2. Der Betriebsrat als Adressat

Wie § 70 Abs. 1 BetrVG deutlich macht, ist der Betriebsrat alleiniger Adressat 1159
aller Bemühungen der JAV, die Arbeitsbedingungen der von ihm vertretenen Beschäftigten zu verbessern. Selbst bloße «Anregungen» sind an den Betriebsrat zu richten.[1638] Dieser hat die JAV seinerseits rechtzeitig und umfassend zu unterrichten.[1639]

### 6.14.2.3. Rechte der JAV im Einzelnen

Die Ausrichtung auf den Betriebsrat wird in folgenden Regelungen deutlich: 1160

- Die JAV kann einen Vertreter zu allen **Betriebsratssitzungen** entsenden (§ 67 Abs. 1 Satz 1).
- Die **gesamte JAV** hat ein Teilnahmerecht, wenn der Betriebsrat Angelegenheiten behandelt, die besonders Jugendliche oder in Ausbildung befindliche Arbeitnehmer betreffen (§ 67 Abs. 1 Satz 2). Dasselbe gilt, wenn solche Angelegenheiten zwischen Betriebsrat und Arbeitgeber besprochen werden (§ 68). Erfasst werden dabei insbesondere (aber nicht nur!) Fragen der Berufsausbildung oder die Verwaltung von Sozialeinrichtungen, die speziell den Bedürfnissen der Jugendlichen oder der Azubis dienen.[1640] Auch wenn es um die Kündigung eines Auszubildenden oder eines jugendlichen Arbeitnehmers geht, hat die JAV ein Teilnahmerecht.[1641]

---

1635 DKK-Trittin § 60 Rn 26 f.

1636 BAG AP Nr. 8 zu § 5 BetrVG 1972 Ausbildung; BAG NZA 2005, 371.

1637 BAG NZA 2005, 371.

1638 Zur Stellung der JAV als «Hilfsorgan» s. GK-Oetker vor § 60 Rn 26 ff.

1639 Fitting § 67 Rn 30. Zwischen Betriebsrat und Jugendvertretung gilt der Grundsatz der vertrauensvollen Zusammenarbeit.

1640 Näher dazu DKK-Trittin § 67 Rn 10 ff.

1641 DKK-Trittin § 67 Rn 15; Richardi-Annuß § 67 Rn 13; a. A. GK-Oetker § 67 Rn 27.

▶ Die Mitglieder der JAV haben **im Betriebsrat volles Stimmrecht**, soweit die zu fassenden Beschlüsse «überwiegend» jugendliche oder in Ausbildung befindliche Arbeitnehmer betreffen (§ 67 Abs. 2). Dies wird nur dann angenommen, wenn zahlenmäßig mehr von der JAV vertretene als andere Arbeitnehmer betroffen sind[1642] oder wenn es sich um eine Einzelmaßnahme gegenüber einem Jugendlichen oder einem Azubi handelt.[1643]

▶ Die Mehrheit der Mitglieder der JAV kann **einen Betriebsratsbeschluss** für die Dauer einer Woche **aussetzen lassen**, wenn sie ihn als «erhebliche Beeinträchtigung wichtiger Interessen der von ihr vertretenen Beschäftigten» ansieht (§ 66 Abs. 1). Nach Ablauf dieser Zeit muss der Betriebsrat erneut einen Beschluss fassen; beharrt er auf seiner früheren Haltung oder ändert er sie nur unerheblich, so kommt eine erneute Aussetzung nicht mehr in Betracht (§ 66 Abs. 2).

### 6.14.3. Die «Selbstorganisationsrechte» der JAV

1161 Die JAV kann in gewissem Umfang ihre Arbeit selbst organisieren. Gemäß § 65 Abs. 2 ist sie berechtigt, nach Verständigung mit dem Betriebsrat **Sitzungen abzuhalten** und sich eine Geschäftsordnung zu geben. Auch darf sie die von ihr vertretenen Beschäftigten über ihre Aktivitäten informieren und bei entsprechendem Anlass auch eine Fragebogenaktion durchführen.[1644] Insoweit besteht auch ein Freistellungsanspruch nach § 37 Abs. 2 BetrVG.[1645] Dieser Kernbereich unbeeinflusster Kommunikation innerhalb der JAV und im Verhältnis zu ihren Wählern ist von erheblicher Bedeutung für die Entwicklung eigener Initiativen. Allerdings wird diese «Anregungsfunktion» durch weitere Regelungen wieder beschnitten.

1162 ▶ An den **Sitzungen der JAV** können der Betriebsratsvorsitzende oder ein von ihm beauftragtes Betriebsratsmitglied teilnehmen.

▶ **Betriebsbegehungen** sind nur mit Zustimmung des Betriebsrats möglich.[1646]

▶ In Betrieben mit weniger als 50 jugendlichen oder in Ausbildung befindlichen Arbeitnehmern hat die JAV **nicht das Recht, eigene Sprechstunden** abzuhalten (§ 69); sie kann lediglich ein Mitglied in die Sprechstunde des Betriebsrats entsenden. Wird diese zahlenmäßige Grenze überschritten, kann

1642 Fitting § 67 Rn 12; Richardi-Annuß § 67 Rn 12; differenzierend GK-Oetker § 67 Rn 27.

1643 DKK-Trittin § 67 Rn 21 iVm Rn 15.

1644 BAG DB 1977, 914 = AP Nr. 10 zu § 80 BetrVG 1972: Soweit sich die Fragen im Rahmen der gesetzlichen Aufgaben der Jugendvertretung bewegen und der Betriebsfriede nicht gestört wird.

1645 Richardi-Annuß § 65 Rn 20. Zu den «Selbstorganisationsrechten» zustimmend DKK-Trittin § 60 Rn 31.

1646 BAG DB 1982, 1277.

zwar eine eigene Sprechstunde stattfinden, doch besitzt dann der Betriebsratsvorsitzende oder ein beauftragtes Betriebsratsmitglied ein Teilnahmerecht (§ 69 Satz 4).

▶ Mitglieder der JAV haben zwar grundsätzlich dieselben **Rechte auf Schulung und Fortbildung** wie Betriebsratsmitglieder, doch soll nicht die JAV, sondern der Betriebsrat darüber entscheiden, wer an einer Veranstaltung teilnimmt und welche Seminare besucht werden.[1647]

▶ Wird die **Wahl der JAV angefochten**, so ist im arbeitsgerichtlichen Beschlussverfahren der Betriebsrat und nicht die JAV Beteiligter.[1648]

▶ Der **Kündigungsschutz** entspricht zwar dem der Betriebsratsmitglieder, doch entscheidet der Betriebsrat, ob im Einzelfall die Zustimmung nach § 103 BetrVG erteilt wird. Wer sich mit der Betriebsratsmehrheit «anlegt», wird sich daher möglicherweise Sorgen um seine Arbeitsplatzsicherheit machen.

▶ Nach § 71 Satz 1 BetrVG kann die JAV im Einvernehmen mit dem Be- 1163
triebsrat eine **Jugend- und Auszubildendenversammlung** einberufen. Diese muss im Regelfall unmittelbar vor oder nach der Betriebsversammlung stattfinden.[1649]

## 6.14.4. JAV und Übernahme in ein Arbeitsverhältnis

### 6.14.4.1. Die Vorgeschichte des § 78 a BetrVG

Mitglieder der JAV befinden sich in der Regel in einem Ausbildungsverhält- 1166
nis, das nach erfolgreichem Bestehen der Abschlussprüfung automatisch endet. Da der verstärkte Arbeitsplatzschutz nach den §§ 15 KSchG, 103 BetrVG hier nicht eingreift (dem Azubi muss ja nicht gekündigt werden), bestand die **Gefahr**, dass engagierte JAV-Mitglieder unter einem Vorwand **nicht in ein Arbeitsverhältnis übernommen** werden. Als im Laufe des Jahres 1973 verschiedene Nicht-Übernahmen dieser Art öffentlich diskutiert wurden,[1650] wurde Anfang 1974 ein § 78 a ins BetrVG eingefügt.[1651] Er sieht eine grundsätzliche Weiterbeschäftigung als Arbeitnehmer vor und schließt diese nur

1647 BAG AP Nr. 1 und 3 zu § 65 BetrVG 1972; BAG AP Nr. 41 und 42 zu § 40 BetrVG 1972; ebenso in der Literatur ErfK-Eisemann § 65 Rn 13; Fitting § 65 Rn 17; GK-Oetker § 65 Rn 45. Weitere Nachweise bei Däubler, Schulung und Fortbildung, Rn 381, 382.

1648 BAG AP Nr. 71 zu § 63 BetrVG 1972.

1649 Dazu BAG DB 1978, 2276.

1650 Vgl. Möller, DG 1973, 140 ff.

1651 BGBl I S. 85.

aus, wenn sie unter Berücksichtigung aller Umstände dem Arbeitgeber nicht zuzumuten ist.

### 6.14.4.2. Die Regelung des § 78 a BetrVG im Einzelnen

1167 ▶ Nach § 78 a Abs. 1 muss der Arbeitgeber dem Mitglied der JAV **drei Monate vor Beendigung des Ausbildungsverhältnisses** eine Mitteilung machen, wenn er ihn nicht in ein unbefristetes Arbeitsverhältnis übernehmen will.[1652]

▶ Ohne Rücksicht darauf, ob der Arbeitgeber dieser Pflicht nachkommt, **kann das JAV-Mitglied** innerhalb desselben Zeitraums vom Arbeitgeber **schriftlich die Weiterbeschäftigung verlangen**.[1653] Macht er davon Gebrauch, so kommt kraft Gesetzes ein unbefristetes Arbeitsverhältnis zustande. Der Jugend- und Auszubildendenvertreter muss sich nicht auf Teilzeitarbeit verweisen lassen[1654] und unterliegt dem Kündigungsschutz nach den §§ 103 BetrVG, 15 KSchG.

▶ Der **Arbeitgeber** kann sich dagegen mit einem **Antrag auf gerichtliche Entscheidung** zur Wehr setzen, der spätestens zwei Wochen nach Beendigung des Ausbildungsverhältnisses beim Arbeitsgericht eingegangen sein muss. Dieses entscheidet im Beschlussverfahren,[1655] da Abs. 4 Satz 2 die Beteiligung des Betriebsrats und der JAV vorschreibt, dies jedoch nur in einem Beschlussverfahren möglich ist.

Was geschieht, wenn das JAV-Mitglied schon vier oder fünf Monate vor Auslaufen seines Ausbildungsverhältnisses die Weiterbeschäftigung verlangt? Die Drei-Monats-Frist kommt daher, dass nach BBiG keine frühere Bindung des Azubi möglich sein sollte. Diese Frist ist inzwischen auf sechs Monate ausgedehnt worden, sodass kein Anlass besteht, die drei Monate in § 78 a als Ausschlussfrist zu behandeln. Folgt man dem nicht, muss der Arbeitgeber zumindest einen Hinweis geben, das Verlangen sei verfrüht, sodass es das JAV-Mitglied innerhalb der Drei-Monats-Frist wiederholen kann.[1656]

▶ Das Arbeitsgericht löst das Arbeitsverhältnis nur dann auf (oder stellt seine Nicht-Entstehung fest[1657]), «wenn Tatsachen vorliegen, aufgrund deren dem Arbeitgeber unter Berücksichtigung aller Umstände die **Weiterbeschäftigung nicht zugemutet** werden kann» (§ 78 a Abs. 4 Satz 1 BetrVG). Damit

---

1652 Der MTV für Auszubildende in der Metallindustrie Nordwürttemberg/Nordbadens dehnt diese Regelung auf *alle* Auszubildenden aus – abgedruckt GMH 1979, 448 ff.

1653 Die Frist rechnet vom Zeitpunkt der Bekanntgabe des Bestehens der Prüfung an zurück: BAG AP Nr. 15 zu § 78 a BetrVG 1972.

1654 BAG DB 1988, 2414; BAG AiB 1989, 81.

1655 BAG AP Nr. 13 zu § 78 BetrVG 1972 unter Aufgabe der früheren gegenteiligen Rechtsprechung.

1656 Einzelheiten bei Fitting § 78 a Rn 19.

1657 Sofern die Entscheidung vor Beendigung des Ausbildungsverhältnisses ergeht.

ist eine ähnliche Formulierung wie in § 626 Abs. 1 BGB gewählt, ohne dass die Voraussetzungen identisch wären.[1658]

Soweit ein bestimmtes **persönliches Verhalten** des Jugendvertreters in Rede steht, sollten dieselben Maßstäbe wie bei § 626 Abs. 1 BGB gelten, da es nicht zwei verschiedene Grenzen zwischen «hinnehmbar» und «nicht mehr hinnehmbar» geben kann.[1659] Soweit es dagegen um **betriebliche Gründe** geht, die der Weiterbeschäftigung entgegenstehen, ist die Situation eine andere: Zwar muss der Arbeitgeber im gesamten Unternehmen (nicht nur im Betrieb) nach einer Beschäftigungsmöglichkeit suchen,[1660] doch wird es ihm nicht zugemutet, einen Arbeitsplatz durch Kündigung eines anderen Arbeitnehmers frei zu machen.[1661] Ob Abweichendes gilt, wenn der andere Arbeitnehmer noch nicht dem KSchG unterliegt, ist umstritten, aber wohl zu verneinen.[1662] Dass kein freier Arbeitsplatz vorhanden ist, muss der Arbeitgeber beweisen[1663]; missbräuchliche unternehmerische Dispositionen sind wie im Rahmen des Kündigungsschutzes unbeachtlich.[1664] Erklärt sich das JAV-Mitglied bereit, auf einem nicht seiner Ausbildung entsprechenden Arbeitsplatz weiterzuarbeiten, so muss der Arbeitgeber dem im Regelfall Rechnung tragen.[1665] 1167a

Was geschieht, wenn nur eine Teilzeittätigkeit oder ein befristetes Arbeitsverhältnis möglich sind? Nach der Rechtsprechung kann eine entsprechende Weiterbeschäftigung nur freiwillig vereinbart werden, in der Lehre wird die Möglichkeit eröffnet, dass das JAV-Mitglied hilfsweise auch diese Form der Beschäftigung verlangen kann.[1666] Letzteres ist vorzuziehen, da es mehr Absicherung bringt und dem Zweck des § 78a so besser Rechnung trägt.

Bis eine rechtskräftige Entscheidung vorliegt, bleibt der Arbeitnehmer im Betrieb. Das BAG schwächte dies in der Weise ab, eine **tatsächliche Weiterbeschäftigung** müsse nur dann erfolgen, wenn sie auch gegenüber einem gekündigten Arbeitnehmer geschehe. Der Antrag des Arbeitgebers muss offensichtlich unbegründet oder jedenfalls mit überwiegender Wahrscheinlich- 1168

1658 BAG AP Nr. 5 zu § 78a BetrVG 1972, BAG DB 1997, 1520. Auch keine Anwendung der 2-Wochen-Frist des § 626 Abs. 2 BGB: BAG DB 1984, 1101 = BB 1984, 1364.

1659 LAG Niedersachsen DB 1975, 1224. Vgl. weiter BAG AP Nr. 5 und 12 zu § 78a BetrVG 1972.

1660 Fitting § 78a Rn 54.

1661 BAG AP Nr. 20 und 25 zu § 78a BetrVG 1972. Keine Unzumutbarkeit besteht allerdings, wenn ein freier Arbeitsplatz kurz vor Auslaufen des Ausbildungsverhältnisses neu besetzt wurde: BAG DB 1997, 2440.

1662 Fitting § 78a Rn 55; anders LAG Berlin DB 1980, 1176.

1663 DKK-Kittner § 78a Rn 36.

1664 BAG DB 1997, 1521 li. Sp.; vgl. weiter Bd. 2 Rn 1023 ff.

1665 BAG DB 1997, 1520.

1666 Fitting § 78a Rn 57.

keit zurückzuweisen sein.[1667] Dies widerspricht schon dem Wortlaut des Abs. 4 Satz 1 Nr. 2, wonach der Arbeitgeber den Antrag stellt, «das bereits nach Abs. 2 oder 3 begründete Arbeitsverhältnis aufzulösen». Auch der Schutzzweck würde eine andere Handhabung verlangen, macht doch eine jahrelange Nichtbeschäftigung den gewährten Anspruch weithin gegenstandslos.[1668]

1169 ▶ Der Schutz des § 78 a BetrVG steht auch **Ersatzmitgliedern** zu, sofern sie – und sei es auch nur vorübergehend – als Vertreter für verhinderte Mitglieder in der JAV tätig geworden waren.[1669] Nach § 78 a Abs. 3 bleibt der Schutz ein Jahr nach Beendigung des Amtes bzw. Abschluss der Vertretungstätigkeit erhalten. Auch **Volontäre**, die nicht primär Arbeit leisten, sondern bei denen die Weiterqualifizierung im Vordergrund steht, werden grundsätzlich von § 78 a erfasst.[1670] Erwähnenswert ist schließlich, dass auch solche (volljährige) Auszubildende unter § 78 a fallen, die **Mitglied des Betriebsrats** sind.

### 6.14.5. Gesamt-JAV

1170 Bestehen in einem Unternehmen mehrere JAVs, so ist nach § 72 Abs. 1 BetrVG eine Gesamt-JAV zu bilden. Jede Einzel-JAV entsendet in diese ein Mitglied. Insoweit wird die Differenzierung zwischen Betriebsrat und GBR übernommen.

## 6.15. Betriebsverfassung zweiter Klasse in Tendenzbetrieben?

1171 Das hier beschriebene System der Betriebsverfassung kommt in all den Unternehmen, die «unmittelbar und überwiegend» bestimmten geistig-ideellen Zielsetzungen dienen, nicht voll zur Geltung. Nach seinem § 118 Abs. 1 soll das BetrVG keine Anwendung finden, «soweit die Eigenart des Unternehmens oder des Betriebs dem entgegensteht». Ganz vom BetrVG ausgenommen sind nach § 118 Abs. 2 die Kirchen und ihre Einrichtungen.[1671]

---

1667 BAG AP Nr. 4 zu § 9 BPersVG = DB 1987, 2104.

1668 Zur Durchsetzung der Weiterbeschäftigung im Wege der einstweiligen Verfügung GK-Oetker § 78 a Rn 75 mwN.

1669 BAG AP Nr. 7 zu § 15 KSchG 1969. Ebenso BAG AP Nr. 2 und 3 zu § 9 BPersVG.

1670 BAG NZA 2005, 779.

1671 Dazu Bd. 2 Rn 1835 ff.

## 6.15.1. Die Tragweite des § 118 Abs. 1 BetrVG

### 6.15.1.1. Der Tatbestand: Tendenzbetrieb

(1) **Die spezifischen Zielsetzungen**

§ 118 Abs. 1 Satz 1 Nr. 1 umfasst seinem Wortlaut nach Unternehmen und Betriebe mit folgender Zielsetzung: 1172

▶ **politisch;** das betrifft nicht nur Parteien, sondern alle privat verfassten Einrichtungen, die die Willensbildung des demokratisch verfassten Staates beeinflussen wollen.[1672] Die bloße Ausrichtung auf die gesellschaftliche Ordnung wie bei einer Selbsthilfeorganisation reicht nicht.[1673] Auch die ausschließliche Erledigung öffentlicher Aufträge führt nicht zu einer «politischen» Zielsetzung.[1674] Umstritten ist, ob Wirtschaftsverbände wie der Bundesverband der deutschen Industrie oder Organisationen von Behinderten erfasst sind.[1675]

▶ **koalitionspolitisch;** damit sind neben den Gewerkschaften auch die Arbeitgeberverbände gemeint, nicht jedoch gewerkschaftseigene Unternehmen wie der Bund-Verlag oder der ACE. Auch gemeinsame Einrichtungen der Tarifparteien[1676] werden nicht erfasst,[1677] doch können sie eine der anderen Zwecksetzungen erfüllen.

▶ **konfessionell;** z.B. Bildungs- oder Missionsvereine[1678], aber auch ein kirchliches Eheanbahnungsinstitut.[1679] Freidenkerverbände sind gleichfalls einbezogen.[1680]

▶ **karitativ;** darunter fällt etwa das Deutsche Rote Kreuz, nicht jedoch nach allerdings bestrittener Auffassung eine Werkstatt für Behinderte, die sozialpolitische Zwecke verfolgt.[1681]

▶ **erzieherisch;** dies betrifft insbesondere Privatschulen[1682] und Fernlehrinstitute, während öffentliche Schulen von vornherein nicht unter die Betriebsverfassung, sondern unter die Personalvertretung fallen.

▶ **wissenschaftlich;** gemeint ist damit die hochschulfreie staatliche Forschung einschließlich der Max-Planck-Institute, doch gilt dies nicht, wenn

1672 BAG AP Nr. 63 zu § 118 BetrVG 1972.

1673 Vgl. BAG AP Nr. 66 zu § 118 BetrVG 1972.

1674 BAG AP Nr. 63 zu § 118 BetrVG 1972; s. weiter GK-Weber § 118 Rn 76.

1675 Bejahend Fitting § 118 Rn 15, GK-Weber § 118 Rn 77; Richardi-Thüsing § 118 Rn 50; anders DKK-Wedde § 118 Rn 23 und Frey, Der Tendenzschutz im BetrVG 1972, Heidelberg 1974, S. 27.

1676 Dazu oben 4.12. (Rn 388 ff.).

1677 GK-Weber § 118 Rn 82.

1678 Fitting § 118 Rn 17.

1679 GK-Weber § 118 Rn 87.

1680 DKK-Wedde § 118 Rn 26.

1681 LAG Berlin AuR 1979, 346; a.A. BAG AP Nr. 16 zu § 118 BetrVG 1972.

1682 BAG AP Nr. 33 zu § 118 BetrVG 1972. Weitere Beispiele bei DKK-Wedde § 118 Rn 32.

die Kooperation mit Wirtschaftsunternehmen so eng ist, dass deren gewinnorientierte Interessen auch auf die Mehrzahl der Forschungsvorhaben durchschlagen.[1683] Nicht erfasst ist nach allgemeiner Auffassung die industrieeigene Forschung etwa von Chemieunternehmen.[1684]

▶ **künstlerisch;** dies betrifft etwa Theater[1685] einschließlich Kabaretts, Musikverlage, Orchestervereinigungen, nicht aber Kinos oder Zirkusunternehmen.[1686]

(2) **Insbesondere: Massenmedien**

1173 Diesem stattlichen Katalog fügt § 118 Abs. 1 Satz 1 Nr. 2 diejenigen Unternehmen und Betriebe hinzu, die **«Zwecken der Berichterstattung oder Meinungsäußerung»** im Sinne des Art. 5 Abs. 1 Satz 2 GG dienen. Damit sind in erster Linie **Presseunternehmen** erfasst. Bei Buch- und Zeitschriftenverlagen ist die Anwendung des § 118 Abs. 1 Satz 1 Nr. 2 umstritten,[1687] bei **privaten Rundfunk- und Fernsehsendern** kommt es darauf an, ob sie praktisch nur Musik und Unterhaltung bieten oder ob in erheblichem Umfang auch redaktionelle Beiträge gesendet werden.[1688] Ohne Bedeutung ist, ob sie politisch gebunden sind,[1689] sodass auch eine Heimatzeitung ohne politische Tendenz erfasst ist.[1690] Bei Verlagen kann das Programm eine breite Streuung aufweisen.[1691]

*Beispiel:* Der Verlag X bringt Bücher konservativer und liberaler Autoren heraus, vertreibt jedoch seit Ende der 60er Jahre auch eine «Rote Reihe», in der ausschließlich antikapitalistisch orientierte Autoren schreiben.

Eindeutig nicht erfasst sind dagegen reine **Anzeigenblätter**,[1692] rechtlich selbständige Zeitungszustellunternehmen[1693] sowie sog. **Lohndruckereien**, die als selbständige Betriebe Aufträge von Tendenzunternehmen durchführen.[1694]

1683 Dazu eingehend Wendeling-Schröder AuR 1984, 328 ff. Ähnlich DKK-Wedde § 118 Rn 34.

1684 BAG AP Nr. 43 zu § 118 BetrVG 1972; DKK-Wedde § 118 Rn 34; Fitting § 118 Rn 21; Richardi-Thüsing § 118 Rn 67.

1685 BAG AP Nr. 32 zu § 118 BetrVG 1972.

1686 Zu Letzteren sind die Meinungen sehr geteilt. Für Tendenzschutz GK-Weber § 118 Rn 116; Richardi-Thüsing § 118 Rn 73; dagegen DKK-Wedde § 118 Rn 37; Fitting § 118 Rn 22.

1687 Nachweise bei DKK-Wedde § 118 Rn 44.

1688 BAG NZA 1992, 705; BAG NZA 1994, 329; ErfK-Kania § 118 Rn 15; DKK-Wedde § 118 Rn 43.

1689 BAG AP Nr. 3 zu § 99 BetrVG 1972; BAG AP Nr. 7 zu § 118 BetrVG 1972.

1690 DKK-Wedde § 118 Rn 40.

1691 BAG AP Nr. 5 zu § 118 BetrVG 1972; kritisch Ihlefeld RdA 1977, 223.

1692 DKK-Wedde § 118 Rn 46.

1693 GK-Weber § 118 Rn 59.

1694 BAG AP Nr. 4, 11, 13 zu § 81 BetrVG (1952) und BAG BB 1976, 136.

*Beispiel:* Das Druckhaus X druckt Plakate für die SPD, eine Broschüre für den DGB, Gebetbücher für die Kirchen und Asterix-Hefte für einen Zeitschriftenverlag. Kein Tendenzbetrieb.

Gehört die Druckerei zu einem Tendenzunternehmen, so kommt es darauf an, 1174
ob sie eine bloße Betriebsabteilung oder ein selbständiger Betriebsteil ist: Im ersten Fall ist immer Tendenzschutz gegeben[1695], sofern nicht ausnahmsweise die Erledigung von Fremdaufträgen für das Gesamtunternehmen im Vordergrund steht.

*Beispiel:* Das Druckhaus gibt auch eine Zeitung heraus, mit deren Herstellung jedoch nur 20 % der Gesamtbelegschaft beschäftigt sind.[1696]

Liegt ein selbständiger Betriebsteil vor, so ist danach zu fragen, ob – bezogen auf die Druckerei – die Fremdaufträge überwiegen oder nicht.[1697] Die früher vertretene «Gepräge»-Theorie ist vom BAG zugunsten einer quantitativen Abgrenzung aufgegeben worden, was im Interesse größerer Rechtssicherheit zu begrüßen ist.[1698] Ohne Bedeutung ist, dass ein rechtlich selbständiges Druckunternehmen zu einem Tendenzkonzern gehört.[1699]

### (3) **Bedeutung des Erwerbsstrebens**

Außerordentlich kontrovers ist die Frage, welche Bedeutung ein neben der 1175
geistig-ideellen Zielsetzung stehendes Erwerbsstreben hat, das insbesondere in Presseverlagen, unter Umständen aber auch in wissenschaftlichen und künstlerischen Einrichtungen vorhanden ist.[1700] Das **BAG** hat eine eindeutige, jeden Zweifel ausschließende Stellungnahme vermieden und sich auf Formulierungen beschränkt, die im Einzelfall keine sichere Einordnung etwa von Unternehmen wie Springer und Bertelsmann ermöglichen. So heißt es etwa in einer 1970 ergangenen Grundsatzentscheidung:[1701]

«Dass hinsichtlich des Tendenzcharakters eines Unternehmens der Umstand keine entscheidende Rolle spielt, ob gleichzeitig mit der Verfolgung geistig-ideeller Vorstellungen ein Gewinnstreben verbunden ist, hat der Senat schon früher zum Ausdruck gebracht.

---

1695 BAG AP Nr. 1 zu § 81 BetrVG (1952); DKK-Wedde § 118 Rn 45.

1696 Näher zu den sog. Mischbetrieben Fitting § 118 Rn 6.

1697 BAG AP Nr. 3 zu § 118 BetrVG 1972.

1698 Für die Geprägetheorie noch BAG AP Nr. 10, 11 und 13 zu § 81 BetrVG (1952). Bemerkenswert ist, dass das BAG auch bei der Bestimmung der Erforderlichkeit i. S. des § 37 Abs. 6 BetrVG die ursprünglich vertretene Geprägetheorie aufgegeben hat (BAG EzA § 37 BetrVG 1972 Nr. 49 im Gegensatz zu BAG EzA § 37 BetrVG 1972 Nr. 23).

1699 BAG BB 1982, 990.

1700 Dazu insbesondere GK-Fabricius, 6. Aufl., § 118 Rn 59 ff. und Ders., Anm. zu BAG AP Nr. 13 zu § 81 BetrVG (1952).

1701 BAG AP Nr. 13 zu § 81 BetrVG (1952).

Die Verwirklichung ganz besonderer Werte wird durch ein gleichzeitiges Gewinnstreben nicht berührt. Etwas anderes kann nur dann gelten, wenn das Unternehmen nicht aus einer geistig-ideellen Zielrichtung heraus betrieben wird, sondern lediglich zum Zwecke des Geldverdienens. Dabei gibt die Tatsache einer breiten, unter keinem Gesichtspunkt miteinander zu vereinbarenden Fächerung der Produktion einen eindeutigen Hinweis auf die ausschließliche Absicht des Geldverdienens.»

Der sich aufdrängende Schluss, letztlich komme es darauf an, ob der Inhaber des Unternehmens mehr Geschäftsmann («Absicht des Geldverdienens») oder mehr Bekenner einer bestimmten Überzeugung («geistig-ideelle Zielrichtung») sei, wird freilich nicht gezogen; die Motivation der Unternehmerpersönlichkeit spiele grundsätzlich keine Rolle, es komme **allein** auf **die Art des Unternehmens** an.[1702] Spielt etwa bei der Leitung einer Krankenhaus-AG auch das Gewinnstreben eine gewisse Rolle, so fehlt es an der karitativen Ausrichtung und § 118 Abs. 1 findet keine Anwendung.[1703] Arbeiten nach dem Kostendeckungsprinzip ist aber unschädlich.[1704] Die bestehende **Rechtsunsicherheit** geht vorwiegend **zu Lasten des Betriebsrats**, der sich seine Mitbestimmungsrechte erst über ein gerichtliches Verfahren «zurückholen» muss, wenn der Arbeitgeber auf der Grundlage eines von ihm angenommenen Tendenzschutzes vollendete Tatsachen schafft.[1705]

### 6.15.1.2. Rechtsfolgen: Einschränkung von Mitbestimmungsrechten

1176 Liegt im Einzelfall ein Tendenzbetrieb vor, so müssen die Mitbestimmungsrechte zurückstehen, soweit ihre Ausübung die Arbeitgeberseite in ihrer Tendenzverwirklichung ernstlich beeinträchtigen würde.[1706] Dabei wird in Literatur und Rechtsprechung darauf abgestellt, **ob ein Tendenzträger** (z. B. in Presseunternehmen ein Redakteur) **betroffen** ist und **ob** die gegen ihn ergriffene **Maßnahme tendenzbedingt** war (z. B. Kündigung eines Redakteurs wegen Abweichung von der Generallinie der Zeitung): Nur wenn beide Voraussetzungen erfüllt sind, soll das Mitbestimmungsrecht keine Anwendung finden.[1707]

---

1702 Bl. 6 und BAG AP Nr. 11 zu § 101 BetrVG 1972; Fitting § 118 Rn 8.

1703 So etwa BayObLG AP Nr. 1 zu § 4 MitbG.

1704 GK-Weber § 118 Rn 93; Richardi-Thüsing § 118 Rn 45.

1705 Dass dies von einer «Interessentenjurisprudenz» kräftig unterstützt wird, hat Fabricius (oben Fn 1700) im Einzelnen dargelegt.

1706 BAG AP Nr. 50 zu § 118 BetrVG 1972; BAG AP Nr. 4 zu § 94 BetrVG 1972.

1707 BAG AP Nr. 10 und 11 zu § 101 BetrVG 1972. Ebenso die allg. Meinung in der Lit. S. statt aller DKK-Wedde § 118 Rn 47; Fitting § 118 Rn 30; Richardi-Thüsing § 118 Rn 121.

Die **Tendenzverwirklichung** muss für die Tätigkeit **prägend** sein[1708] und dem fraglichen Arbeitnehmer auch **Spielräume** bei der Realisierung der Tendenz lassen. Daran fehlte es bei den Rettungssanitätern des DRK, da ihre Tätigkeit in vollem Umfang «vorprogrammiert» war.[1709]

An die Stelle der Mitbestimmung tritt ein Beratungsrecht.[1710] Soweit schon nach dem Gesetz nur ein solches besteht, bleibt der Tendenzschutz ohne praktische Auswirkung.[1711]

In **sozialen Angelegenheiten** ergeben sich damit kaum Einschränkungen. 1177
Zu denken ist aber an Arbeitszeitregelungen für Redakteure[1712] oder für Lehrer in (privaten) Ganztagesschulen.[1713] Auch das Einblicksrecht in Lohn- und Gehaltslisten bleibt unberührt.[1714]

Sehr viel weiter gehende Veränderungen erfahren die Betriebsratsbefugnisse in **personellen Angelegenheiten**, wo insbesondere das Zustimmungsverweigerungsrecht nach § 99 Abs. 2 bei Einstellungen und Versetzungen sowie das Widerspruchsrecht bei Kündigungen nach § 102 Abs. 3 entfallen sollen. Bei der **Einstellung eines Redakteurs** muss der Betriebsrat jedoch **unterrichtet** werden. Unterbleibt dies, kann er die Aufhebung der Maßnahme verlangen.[1715] Hat der Betriebsrat im Rahmen des § 99 seine Zustimmung verweigert, wie wenn er ein volles Beteiligungsrecht hätte, so muss der Arbeitgeber kein gerichtliches Verfahren einleiten, sondern kann nach eigenem Entschluss handeln.[1716] Bei der **Eingruppierung** ergeben sich demgegenüber keine Abweichungen von den allgemeinen Grundsätzen.[1717] Auch das Recht, eine **innerbetriebliche Ausschreibung** zu verlangen (§ 93), bleibt ungeschmälert erhalten.[1718]

Sehr lange war strittig, ob der **verstärkte Kündigungsschutz nach § 103** 1178
**BetrVG** auch gegenüber Betriebsratsmitgliedern gilt, die zugleich Tendenzträger sind und denen aus tendenzbedingten Gründen gekündigt werden soll. Das BAG hat in jüngerer Zeit die Frage verneint[1719] und damit die Unabhän-

---

1708 BAG AP Nr. 38 zu § 118 BetrVG 1972.

1709 BAG AP Nr. 43 zu § 99 BetrVG 1972 Einstellung: keine Tendenzträger..

1710 So BAG AP Nr. 10 und 11 zu § 101 BetrVG 1972 für den Fall der Einstellung eines Redakteurs.

1711 So auch BAG BB 1976, 270 und 416 zum Anhörungsrecht nach § 102 Abs. 1, bestätigt durch BVerfG AuR 1980, 285 mit zust. Anm. Ihlefeld.

1712 BAG AP Nr. 39 zu § 87 BetrVG 1972 Ordnung des Betriebes; Weller, FS Gnade, S. 235 ff.

1713 BAG AP Nr. 33 zu § 118 BetrVG 1972.

1714 BAG AP Nr. 1 und 12 zu § 118 BetrVG 1972.

1715 BAG AP Nr. 10 zu § 101 BetrVG 1972 = DB 1987, 2656 = AiB 1988, 89.

1716 BAG AP Nr. 11 zu § 101 BetrVG 1972 = DB 1987, 2653 = AiB 1988, 88.

1717 BAG AP Nr. 31 zu § 99 BetrVG 1972.

1718 BAG AP Nr. 11 zu § 118 BetrVG 1972.

1719 BAG AP Nr. 49 zu § 103 BetrVG 1972 = NZA 2004, 501 = DB 2004, 1156.

gigkeit des Betriebsrats gegenüber dem Arbeitgeber mittelbar geschwächt.[1720] Wenigstens bleibt die Anhörung nach § 102 Abs. 1 BetrVG und die Absicherung durch **§ 15 KSchG erhalten**, da das Kündigungsschutzrecht keinen «Tendenzvorbehalt» kennt, sodass grundsätzlich nur eine außerordentliche Kündigung möglich ist.[1721]

1179 Nach § 118 Abs. 1 Satz 2 wird in Tendenzunternehmen **kein Wirtschaftsausschuss** gebildet; bei Betriebsänderungen ist **nicht** über einen **Interessenausgleich**, sondern **nur** über einen **Sozialplan** zu verhandeln. Mit Recht ist dies mit dem Argument kritisiert worden, dass der Ausschluss bloßer Informations- und Mitwirkungsrechte, die die Tendenzverwirklichung nicht beeinträchtigen können, einen **übermäßigen**, sozialstaatswidrigen **Eingriff in Arbeitnehmerrechte** darstellt[1722] und deshalb nicht mit dem Grundgesetz vereinbar ist. Auch hat Thüsing mit Recht einen Verstoß gegen die **EG-Richtlinie 2002/14/EG** gerügt, die bestimmte Informations- und Konsultationsrechte für alle Unternehmen zwingend vorschreibt.[1723] Ein weiteres Problem besteht darin, dass der durch § 118 Abs. 1 Satz 2 nicht ausgeschlossene § 113 praktisch funktionslos zu sein scheint, da er sich ausschließlich auf den Interessenausgleich bezieht. Möglich ist, ihn jedenfalls dann eingreifen zu lassen, wenn der Arbeitgeber freiwillig einen Interessenausgleich schließt und später von diesem ohne zwingenden Grund abweicht.[1724] Dies werden allerdings singuläre Fälle sein. Die Rechtsprechung hat deshalb **§ 113** auch dann angewandt, wenn der Arbeitgeber dem Betriebsrat **nicht** die **Informationen** vermittelte, die er **für** den Abschluss eines **Sozialplans** benötigte.[1725]

## 6.15.2. Vom Sinn des Tendenzschutzes

1180 Der hier skizzierte Tendenzschutz ist eine **deutsche Besonderheit**. Weder das französische noch das italienische oder das englische Recht kennen eine vergleichbare Beschränkung der betrieblichen Interessenvertretung.[1726] Das häufig am deutschen Vorbild orientierte österreichische Recht schließt lediglich die

1720 Kritisch DKK-Wedde § 118 Rn 100; zustimmend dagegen Dzida-Hohenstatt NZA 2004, 1084.

1721 Ebenso LAG München, zitiert bei DKK-Wedde § 118 Rn 100; MünchArbR-Matthes § 365 Rn 30 f.; DKK-Wedde § 118 Rn 100; offen gelassen durch BAG AP Nr. 12 zu § 15 KSchG 1969.

1722 Ihlefeld RdA 1977, 224. S. DKK-Wedde § 118 Rn 3 mwN.

1723 Richardi-Thüsing § 118 Rn 169 a.

1724 GK-Weber § 118 Rn 151 mwN.

1725 BAG AP Nr. 65 und 76 zu § 118 BetrVG 1972.

1726 S. etwa Lyon-Caen/Pélissier/Supiot, No 589 ff., zum Anwendungsbereich der Vorschriften über das comité d'entreprise und die délégués du personnel sowie Art. 35 des italienischen Arbeiternehmerstatuts (dazu die Kommentierung von Ghezzi-Mancini-Montuschi-Romagnoli, Statuto dei diritti dei lavoratori, Bologna 1972).

Beratungsrechte in wirtschaftlichen Angelegenheiten aus und wendet unsere Lösung allein auf Kirchen und Religionsgesellschaften an, die § 118 Abs. 2 BetrVG völlig vom Anwendungsbereich des Gesetzes ausnimmt.[1727] Bedeutet dies, dass dort die Freiheit der politischen, koalitionspolitischen, karitativen, wissenschaftlichen usw. Betätigung und insbesondere die Pressefreiheit einen geringeren Schutz genießen als bei uns? Der Arbeitnehmerseite stehen in der Regel zwar keine Mitbestimmungsrechte zu, doch kann sie jedenfalls in den romanischen Ländern durch ein sehr weites Streikrecht eher mehr Einfluss auf die Unternehmenspolitik nehmen. Auch sollte man sich gelegentlich daran erinnern, dass während der **Weimarer Zeit** nach § 67 BRG lediglich Beratungsrechte in wirtschaftlichen Angelegenheiten ausgeschlossen waren – und dies nur für den engen Bereich der Unternehmen mit nicht erwerbswirtschaftlicher Zielsetzung.[1728]

Die Literatur rechtfertigt den Tendenzschutz allein mit den **Grundrechten** 1181
**des Inhabers**, deren Realisierung keinen «Deformierungen» unterworfen werden dürften.[1729] Dies verabsolutiert die Grundrechtsrealisierung bestimmter Personen, denen eine Schutzzone zugestanden wird, die es für andere – auch für einen seine Grundrechte aus Art. 12 Abs. 1 und 14 Abs. 1 GG ausübenden normalen Unternehmer – nicht gibt. Auch im Hinblick auf das keineswegs «grundrechtsfeindliche» Ausland überzeugt dies wenig. Hinzu kommt, dass die Verknüpfung mit den Grundrechten des jeweiligen Inhabers gelockert wurde; es soll nicht auf seine persönlichen Überzeugungen, sondern auf den Charakter des Unternehmens ankommen.[1730] Die Annahme von **Grundrechten ohne individuellen Träger** ist nicht weniger unplausibel[1731] als der Ausschluss der Beratungsrechte in wirtschaftlichen Angelegenheiten. Die Brüchigkeit der Begründung legt den Verdacht nahe, dass hinter dem Tendenzschutz Überlegungen stehen, die sich einer öffentlichen Erörterung weithin entziehen. Eine Erklärung könnte etwa wie folgt aussehen:

Den wichtigsten Anhaltspunkt für die **tatsächliche Funktion des Ten-** 1182
**denzschutzes** bieten die gesellschaftlichen Bereiche selbst, auf die er sich erstreckt: Bei allen handelt es sich um Einrichtungen, die mit der Bewusst-

1727 § 132 Arbeitsverfassungsgesetz.

1728 Eingehend dazu Fabricius, 6. Aufl., GK-BetrVG, § 118 Rn 4 ff.

1729 Aus der heutigen Lit. s. statt aller GK-Weber § 118 Rn 18; Richardi-Thüsing § 118 Rn 17. Zur früheren Diskussion vgl. Birk JZ 1973, 753 ff.; Mayer-Maly DB 1971, 2259; Neumann-Duesberg DB 1970, 1832; Zöllner-Loritz § 44 IV 5 b, deren Hinweis, hinter der Forderung nach Aufhebung des Tendenzschutzes stünden «ganz reale politische Interessen», sich die Gegenfrage gefallen lassen muss, welchen realpolitischen Interessen der Tendenzschutz dient und welche Legitimität ihnen zukommt.

1730 BAG AP Nr. 11 zu § 101 BetrVG 1972.

1731 Die Vorstellung sei gestattet, Friede Springer würde die Ausrichtung der Bild-Zeitung als «skandalös» empfinden, sich aber aus wirtschaftlichen Gründen gehindert sehen, am Status quo etwas zu ändern. Dennoch könnte die Bild-Zeitung Tendenzschutz beanspruchen.

seinsbildung des Menschen, mit der Entstehung und dem Abbau bestimmter Einstellungen zu tun haben. Dies wird besonders deutlich bei der Presse, gilt aber auch für Parteien, Koalitionen, Schulen, wissenschaftliche und künstlerische, ja selbst für karitative Institutionen, die in der Regel von einer bestimmten Haltung der Beteiligten getragen sind, die Vorbild für andere sein kann oder soll. Für die Erhaltung des gesellschaftlichen Status quo ist diese **«Bewusstseinsindustrie»** von ganz entscheidender Bedeutung. Eine obligatorische Einschaltung abhängig Beschäftigter und ihrer Interessenvertretungen könnte unerwünschte Änderungen, zumindest eine Problematisierung bewirken.

1183 Persönliche Abhängigkeit ist – ein wenig zynisch gesprochen – der beste **Garant für Loyalität**. Soll die Tendenz auch in Zukunft unverfälscht verfolgt werden, müssen jedenfalls diejenigen Arbeitnehmer, die die ideelle Zielsetzung des Unternehmens realisieren und konkretisieren müssen, in vollem Umfang «bei der Stange bleiben». Dies wird dadurch gesichert, dass ihnen der kollektive Schutz durch die Betriebsverfassung nicht etwa generell (das wäre ein Übermaß), sondern dann entzogen wird, wenn sich ein Konflikt im Zusammenhang mit der Tendenzrealisierung ergibt.

1184 Nicht ausgeschlossen sind nach dem Gesagten **freiwillige Redaktionsstatute** oder Satzungen wissenschaftlicher Institute, die gerade den Tendenzträgern Einfluss auf wesentliche Entscheidungen sichern. Einzelne Unternehmen, die einen partizipativen Stil befürworten, sollen daran nicht gehindert werden.[1732] Eine Grenze für solche privatautonom begründeten Vertretungsstrukturen besteht nur in den (verbleibenden) Befugnissen des Betriebsrats: Der «Redakteurs»- oder «Institutsrat» darf nicht zu einer Konkurrenzeinrichtung werden, was in der Praxis in aller Regel auch nicht zu befürchten ist.[1733]

## 6.16. Gewerkschaftliche Interessenvertretung im Betrieb

1185 Zwischen Betriebsräten und Gewerkschaften besteht im Regelfall eine mehr oder weniger enge Kooperation.[1734] Dies schließt nicht aus, dass die **Gewerkschaft** im Betrieb auch eine **eigene «Infrastruktur»** aufbaut, um so den Be-

1732 BAG NZA 2002, 397; zustimmend ErfK-Dieterich Art. 5 GG Rn 81; Däubler-Hensche, TVG, § 1 Rn 846; Richardi-Thüsing § 118 Rn 242.

1733 Einzelheiten bei Däubler, FS Wißmann, S. 281 ff.

1734 Dazu oben 6.5.1.1. (Rn 829 ff.).

triebsrat zu unterstützen oder eigene Handlungskompetenz zu gewinnen. In der Praxis geht es dabei typischerweise um die Institution der gewerkschaftlichen Vertrauensleute (dazu unter 1). Außerdem ist das Recht der Gewerkschaft von Bedeutung, ihre **Mitglieder im Betrieb** zu **betreuen** und neue Mitglieder zu werben[1735] – auch dies wirft eine Reihe von Fragen auf (dazu unter 2). Das BetrVG hat die (autonome) gewerkschaftliche Interessenvertretung in § 2 Abs. 3 bewusst aus seinem Regelungsbereich ausgenommen; insoweit ist auf andere Vorschriften zurückzugreifen.

## 6.16.1. Die gewerkschaftlichen Vertrauensleute

Bereits **Mitte der 50er Jahre** wurde begonnen, in Form gewerkschaftlicher 1186
Vertrauensleute eine spezifisch gewerkschaftliche Interessenvertretung aufzubauen, die nicht an die Prinzipien der «vertrauensvollen Zusammenarbeit» und der betrieblichen Friedenspflicht gebunden sind.[1736] Sie sollen Bindeglied zwischen Organisation und Mitgliedern[1737], ggf. auch zwischen Belegschaft und Betriebsrat sein. Sie werden **von den Gewerkschaftsmitgliedern** in ihrem jeweiligen «Wirkungsbereich» **gewählt**, der ca. 20 Beschäftigte hat, und sollen dort die Politik der Gewerkschaft vertreten. Bestehen Differenzen zwischen der Meinung der «Basis» und den Vorstandsentscheidungen – was in einem demokratisch strukturierten Verband kein Zeichen von Schwäche, sondern ein selbstverständlicher Teil der Willensbildung ist –, so wird die **Doppelstellung** der Vertrauensleute deutlich; ob sie verlängerter Arm des hauptamtlichen Apparats oder Sprachrohr des gewerkschaftlich organisierten Teils der Belegschaft sind, bestimmt sich nicht nur nach der Stichhaltigkeit der jeweiligen Argumente, sondern sehr stark auch nach innergewerkschaftlichen Machtverhältnissen.

Die **Rechtsstellung** der gewerkschaftlichen Vertrauensleute hat **keine** 1187
**gesetzliche Regelung** erfahren. Das BAG hat anerkennt, dass ihre **Existenz durch Art. 9 Abs. 3 GG geschützt** ist[1738], doch haben sich daraus keine praktischen Konsequenzen ergeben. Ende der 70er Jahre hat das BAG sogar entschieden, dass Art. 9 Abs. 3 GG keine ausreichende Rechtsgrundlage dafür

1735 Dazu oben 3.2.7. (Rn 147).

1736 Dazu Eb. Schmidt, in: Jacobi/Müller-Jentsch/Schmidt, 1974, S. 130 ff. Die Vorgeschichte der Vertrauensleute reicht bis ins ausgehende 19. Jahrhundert zurück. Eingehend dazu Koopmann, Gewerkschaftliche Vertrauensleute, 2 Bände, München 1979.

1737 So IV der IG-Metall-Richtlinien für die Vertrauensleutearbeit. Weitere Richtlinien sind abgedruckt bei Zachert, Betriebliche Mitbestimmung, S. 57.

1738 BAG AuR 1979, 256 = DB 1979, 1043; ebenso bereits in der älteren Lit. Bulla BB 1975, 893: G. Müller RdA 1976, 47; Wlotzke RdA 1976, 82, Fn 22; Zachert BB 1976, 514 ff.

sei, dass sie **im Betrieb gewählt** würden;[1739] allenfalls komme eine andere Rechtsgrundlage wie ein Tarifvertrag in Betracht. Inzwischen ist dies zwar durch die Rechtsprechung des BVerfG überholt, das Einschränkungen der gewerkschaftlichen Betätigungsfreiheit nur zugunsten überwiegender Arbeitgeberinteressen zulässt,[1740] doch fehlen eigenständige Handlungsmöglichkeiten. Nicht einmal eine ***unbezahlte*** **Freistellung zum Besuch gewerkschaftlicher Fortbildungsseminare** dürfte von den Arbeitsgerichten anerkannt werden.[1741] So bleiben lediglich die allgemeinen Grundsätze: Eine Benachteiligung wegen gewerkschaftlicher Betätigung würde gegen Art. 9 Abs. 3 Satz 2 GG verstoßen, doch ergeben sich hier meist große Beweisprobleme.[1742] Vertrauensleute können außerdem wie andere Arbeitnehmer die **Sprechstunde des Betriebsrats** aufsuchen, was nach § 39 Abs. 3 BetrVG nicht zu einer Entgeltminderung führen darf.

1188 **In den 70er Jahren** waren Vertrauensleute ein **wichtiger Faktor**; in vielen Betrieben besaßen sie Respekt und Anerkennung auch auf der Arbeitgeberseite.

Nach einer Erhebung der IG Metall hatten rund 50 % der Vertrauensleute keinen Lohnausfall aufgrund ihrer Teilnahme an Vertrauensleutesitzungen.[1743] In 65 % aller erfassten Betriebe wurde auch bei Sitzungen der Vertrauenskörperleitung das Entgelt fortbezahlt,[1744] und das ohne jede tarifliche Absicherung.

In der Zwischenzeit ist ihre Bedeutung erheblich zurückgegangen, was auch in einer empirischen Untersuchung zum Ausdruck kommt.[1745] Wegen ihrer großen Zahl[1746] und einem geringen Aktivitätsniveau ist bisweilen etwas abwertend von «Geisterarmeen» die Rede.

1189 Die **Rechtsstellung** gewerkschaftlicher Vertrauensleute könnte **durch Tarifvertrag verbessert** werden. So ließe sich ein bestimmtes Freistellungskontingent von z. B. 5 Stunden pro Monat sowie ein erweiterter Kündigungsschutz

---

1739 BAG AuR 1979, 254 = DB 1979, 1043; kritisch dazu Pfarr AuR 1979, 242; Rose BetrR 1979, 143; Zachert, Betriebliche Mitbestimmung, S. 64; zustimmend dagegen Caspar, S. 112.

1740 BVerfG DB 1996, 1627. Näher dazu oben 3.2.8. (Rn 154). Zu den konkreten Konsequenzen s. Däubler, Gewerkschaftsrechte, § 17 V (Rn 539 ff.). Für Wahl der Vertrauensleute im Betrieb auch Wlotzke/Preis-Preis § 2 Rn 41 (soweit der Betriebsablauf nicht gestört wird).

1741 Für einen solchen Anspruch Rose BetrR 1979, 149; für absoluten Vorrang arbeitsvertraglicher Pflichten ArbG Kiel BB 1978, 152.

1742 Zu deren Bewältigung s. die Ausführungen oben 3.2.5. (Rn 129 ff.). Vgl. weiter Zachert AiB 1989, 156.

1743 IG Metall, Abt. Vertrauensleute, Ergebnis einer Befragung zur Vertrauensleutearbeit, Frankfurt/M. 1975, S. 10.

1744 IG Metall (a.a.O.), S. 14.

1745 Kotthoff, Betriebsräte und Bürgerstatus, S. 42 ff.

1746 So ist etwa von 140 000 Vertrauensleuten allein im Metallsektor die Rede – s. Zachert, in: Kempen-Zachert (Hrsg.) § 1 Rn 551.

festschreiben.[1747] Ein vor über 30 Jahren vorgelegter Tarifvertragsentwurf der IG Metall ist nie Realität geworden.[1748] Auch das ILO-Übereinkommen Nr. 135, das in seinem Art. 5 insbesondere die «Untergrabung» der gewerkschaftlichen Präsenz durch andere Vertretungen im Betrieb verbietet, hat in diesem Zusammenhang keine Beachtung gefunden.[1749] Mitgliederrückgang der Gewerkschaften und verringerte Handlungsmöglichkeiten machen Veränderungen dieses Zustands auch für die nächste Zukunft unwahrscheinlich.

## 6.16.2. Allgemeine gewerkschaftliche Betätigungsrechte im Betrieb

Während der Tarifrunde 1964 verteilte die IG Chemie in einem Betrieb Flug- 1195
blätter, die die gewerkschaftlichen Forderungen und die wirtschaftliche Lage des betreffenden Unternehmens gegenüberstellten; außerdem wurde für einen Gewerkschaftsbeitritt geworben. Unter Berufung auf sein Hausrecht verbot der Arbeitgeber jede Verteilung dieses Flugblatts in seinem Betrieb. Die IG Chemie erwirkte daraufhin eine einstweilige Verfügung, die es ihr gestattete, Informations- und Werbematerial durch betriebsangehörige Arbeitnehmer außerhalb der Arbeitszeit verteilen zu lassen. Der sich anschließende Rechtsstreit führte zu dem **Grundsatzurteil des BAG** vom 4. 2. 1967[1750], das bis heute maßgebende Prinzipien entwickelte:

Die **Gewerkschaft** hat nach Art. 9 Abs. 3 GG das **Recht, im Betrieb Wer-** 1196
**be- und Informationsmaterial** mit «spezifisch koalitionsgemäßem Inhalt» **zu verteilen**, sofern dies außerhalb der Arbeitszeit oder während der Pausen geschieht. Eine Beschränkung auf außerbetriebliche Aktivitäten wurde mit dem Argument zurückgewiesen, in den Räumen des Betriebs spiele sich das Arbeitsleben ab. Dort tauchten die Fragen auf, die sich aus der Zusammenarbeit zwischen Arbeitgeber und Arbeitnehmer ergeben würden; es gelte das Prinzip der Sachnähe.[1751] Der Grundsatz kennt allerdings eine **Reihe von Ausnahmen und Einschränkungen**.

Das innerbetriebliche Betätigungsrecht der Gewerkschaft findet nach BAG 1197
seine **Grenze**

▶ im **Koalitionspluralismus** und damit insbesondere im Verbot grob unwah-

---

1747 Näher dazu oben 4.11.4. (Rn 411 ff.).

1748 Kurze inhaltliche Schilderung bei Kempen/Zachert-Zachert § 1 Rn 551.

1749 Einzelheiten zu diesem Übereinkommen bei Däubler, Gewerkschaftsrechte im Betrieb, Rn 515 ff.

1750 BAG AP Nr. 10 zu Art. 9 GG, dort auch der mitgeteilte Sachverhalt. Das Recht der Gewerkschaften auf Werbung und Information im Betrieb wurde ausdrücklich bestätigt durch BVerfG DB 1996, 1627 = AiB 1995, 315.

1751 BAG, a.a.O., Bl. 4.

rer und hetzerischer oder auf Vernichtung angelegter Propaganda gegenüber Konkurrenzorganisationen;[1752]

▶ im **Gebot zur Wahrung des Betriebsfriedens**, da jede durch gewerkschaftliche Betätigung verursachte Störung des reibungslosen Arbeitsablaufs den verfassungsrechtlichen Eigentumsschutz des Unternehmens unverhältnismäßig zugunsten der gewerkschaftlichen Befugnisse aus Art. 9 Abs. 3 GG einschränken würde;

▶ in der **Ausrichtung** der gewerkschaftlichen Aktivität **auf die Regelung der Arbeits- und Wirtschaftsbedingungen**; das verteilte Werbe- und Informationsmaterial darf weder einen parteipolitischen noch einen allgemein politischen Inhalt haben, es sei denn, es handle sich um politische Fragen, die mit der Wahrung der Arbeits- und Wirtschaftsbedingungen i. S. des Art. 9 Abs. 3 GG in unmittelbarem Zusammenhang stehen;

▶ in der **Wahrung der negativen Koalitionsfreiheit**; «Arbeitskameraden» dürfen nur im Wege des «gütlichen Zuredens» zum Gewerkschaftsbeitritt veranlasst werden, unsachliche Angriffe wären als Verstoß gegen die Menschenwürde rechtswidrig;

▶ im **Verbot unsachlicher Angriffe gegen den Arbeitgeber, die Arbeitgeberschaft als solche** oder einen Verband, dem der Arbeitgeber angehört oder doch erkennbar nahe steht. Auch dieses Verbot wird aus der Menschenwürde abgeleitet; das Maß des Zulässigen sei vom «Standpunkt eines vernünftig denkenden Menschen aus» zu beurteilen. Eine neuere Entscheidung bezieht das «Unsachliche» auf Angriffe, die mit den Arbeits- und Wirtschaftsbedingungen in keinerlei Zusammenhang stehen;[1753]

▶ im **Gebot der betriebsverfassungsrechtlichen Neutralität**, eine Beschränkung, die 1972 durch § 74 Abs. 3 BetrVG hinfällig wurde.

Diese Grenzen haben nach Auffassung des BAG keinen abschließenden Charakter; sie besitzen lediglich exemplarische Bedeutung als Ausprägung allgemeiner Schranken, die das BAG in allgemeinen Strafgesetzen, im Sittengesetz und in sonstigen verfassungsrechtlichen Vorschriften sah.[1754] Bei Aktionen, die sich an die Öffentlichkeit wenden, dürfen daher öffentliche Gebäude nicht genutzt werden, da dies den Anschein einer Verquickung mit der Erfüllung öffentlicher Aufgaben erweckt.

1752 Bestätigt durch BAG NZA 2005, 1182, 1184, wonach das UWG auf das Verhältnis konkurrierender Gewerkschaften keine Anwendung findet und Sonderkonditionen für Neumitglieder (1 Jahr lang nur 1 € Mitgliedsbeitrag) erlaubt sind, es sei denn, nur den bisherigen Mitgliedern einer anderen Koalition würde ein solches Angebot gemacht.

1753 BAG NZA 2005, 1182, 1184.

1754 BAG AP Nr. 10 zu Art. 9 GG Bl. 4 R.

Die Gewerkschaft der Polizei legt in den Dienstgebäuden Unterschriftslisten zur Unterstützung eines Aufrufs aus, die mehr Planstellen für die Polizei verlangt. Dies überschreitet nach BAG die spezifische Nutzung des Gebäudes und kann beim Bürger den Eindruck erwecken, bei Nicht-Unterschrift werde sich das polizeiliche Verhalten zu seinem Nachteil ändern.[1755]

Werbung und Information waren lange Zeit ausschließlich Sache der im 1198
Betrieb beschäftigten Arbeitnehmer. Nach der Rechtsprechung des BVerfG hatte die Gewerkschaft als solche außerhalb des § 2 Abs. 2 BetrVG[1756] kein **Zugangsrecht** zum Betrieb; Art. 9 Abs. 3 GG würde etwas Derartiges nicht garantieren – wobei nicht ganz klar war, ob dies für alle Betriebe oder nur für die klagende kirchliche Einrichtung galt.[1757] Das BAG vermochte auch keine andere Rechtsgrundlage ausfindig zu machen (obwohl sich das ILO-Übereinkommen Nr. 135 angeboten hätte).[1758] Im Jahre 1979 schränkte die Rechtsprechung die gewerkschaftliche Betätigung weiter ein: Art. 9 Abs. 3 GG decke nicht die Verteilung von Gewerkschaftszeitungen an Mitglieder, da es hierfür auch andere Wege gebe; ob die Verteilung an Dritte zum «Unerlässlichen» gehöre, das allein verfassungsgarantiert sei, blieb dahingestellt.[1759] Weiter wurde es dem einzelnen Arbeitnehmer zwar gestattet, einen **gewerkschaftlichen Aufkleber** zu tragen, doch sei es nicht erlaubt, ihn an dem vom Arbeitgeber zur Verfügung gestellten **Schutzhelm** anzubringen – und das nicht einmal dann, wenn er ohne Eingriff in die Sachsubstanz wieder entfernt werden konnte.[1760] Die Unantastbarkeit des Arbeitgebereigentums wird so außerordentlich wörtlich genommen.

Durch seine Entscheidung vom 14. 11. 1995 hat das **BVerfG** einen **Kurs-** 1199
**wechsel** vollzogen.[1761] Die genannten Schranken gelten nur noch dann, wenn sie sich auf ein **überwiegendes grundrechtlich geschütztes Interesse des Arbeitgebers** stützen lassen. Dies wird man im Regelfall weder für den Zugang von Gewerkschaftsbeauftragten noch für die Verteilung von Werbematerial[1762] oder das Tragen eines Aufklebers annehmen können.[1763] Selbst eine

1755 BAG NZA 2005, 592.

1756 Dazu oben 6.5.4. (Rn 842 ff.).

1757 BVerfGE 57, 220 ff. Anders noch BAG DB 1978, 892; wie dieses ArbG Lörrach DB 1979, 219; Caspar, S. 107; Müller-Guercke, S. 185 ff.; Pfarr AuR 1978, 295; Säcker AuR 1979, 39: Schaub RdA 1979, 141; Zachert, Betriebliche Mitbestimmung, S. 62; kritisch Klosterkemper, S. 147; Mayer-Maly, Beilage 4/1979 zum BB, S. 2 f.; Richardi DB 1978, 1736.

1758 BAG DB 1982, 1016.

1759 BAG DB 1979, 1185.

1760 BAG DB 1979, 1089 = AuR 1979, 381, mit krit. Anm. Zachert.

1761 BVerfG DB 1996, 1627.

1762 Dafür auch Wlotzke/Preis-Preis § 2 Rn 36.

1763 Einzelheiten bei Däubler, Gewerkschaftsrechte, Rn 407 ff. (Zugangsrecht), Rn 384 ff. (Werbematerial), Rn 615 ff. (Aufkleber). Für ein koalitionsrechtliches Zugangsrecht nunmehr auch BAG 28. 2. 2006 1 AZR 460/04.

maßvolle Inanspruchnahme von Arbeitszeit ist nicht von vorneherein ausgeschlossen.[1764]

1200 Darf die Gewerkschaft eine **E-Mail an die dienstliche Anschrift** schicken? Das LAG Schleswig-Holstein[1765] meint zu Recht: ja. Die Beeinträchtigung des Arbeitgebereigentums oder der Arbeitsabläufe ist geringer als beim Verteilen von Flugblättern oder beim gleichfalls zulässigen Anbringen von Plakaten. Der Schutzbereich des Art. 9 Abs. 3 GG erfasst im Übrigen auch die **Reaktion des Arbeitnehmers** sowie den Versuch, von sich aus übers Internet an Informationen über die Gewerkschaften heranzukommen.[1766] Gewerkschaftlich organisierte Arbeitnehmer können im Intranet ein «Informationsangebot» samt Link zur Gewerkschaftshomepage machen, doch hat die Organisation als solche keinen Zugang zum Intranet, da die dort verfügbaren Informationen nicht notwendig auch für Außenstehende bestimmt sind.[1767]

## 6.17. Betriebsverfassung und Internationalisierung der Wirtschaft

1201 Die immer stärkere Integration der deutschen Wirtschaft in den Weltmarkt zeigt sich auch in der Arbeit der Betriebsräte. Sieht man von der Beschäftigung ausländischer Arbeitnehmer einmal ab, so sind es insbes. 3 **Konstellationen**, bei denen zusätzliche Probleme auftreten.

▶ Zum einen ist denkbar, dass in der inländischen **Tochtergesellschaft** oder **Zweigstelle** eines ausländischen Arbeitgebers gearbeitet wird. Ändert sich dadurch etwas an der Wahl von Betriebsräten oder der Bildung von Gesamtbetriebsrat und Wirtschaftsausschuss? Dazu ist in jüngster Zeit aufgrund der Rechtsprechung des EuGH der Fall gekommen, dass ein ausländischem Gesellschaftsrecht unterstehendes Unternehmen seinen Sitz auch im Inland haben kann.

▶ Zum Zweiten stellt sich der umgekehrte Fall, dass **deutsche Unternehmen** Niederlassungen im Ausland errichten. Könnten diese in die Betriebsverfassung einbezogen werden und beispielsweise zwei Mitglieder in den Gesamtbetriebsrat entsenden? Wenn nicht, zählen sie wenigstens bei der Bestimmung der «Grenzwerte» z. B. für die Errichtung eines Wirtschaftsausschusses mit? Wie werden ins Ausland entsandte Mitarbeiter behandelt?

---

1764 DKK-Berg § 2 Rn 47; Däubler DB 1998, 2014 ff. mwN. Ebenso Wlotzke/Preis-Preis § 2 Rn 35.

1765 AuR 2001, 71. Im konkreten Fall handelte es sich um ein Gewerkschaftsmitglied, das die E-Mails von seinem privaten PC aus verschickte.

1766 Einzelheiten bei Däubler DB 2004, 2104; Klebe-Wedde AuR 2000, 401; a.A. Beckschulze-Henkel DB 2001, 1501.

1767 Däubler DB 2004, 2105.

▶ Zum Dritten taucht immer häufiger das Problem auf, dass die Unternehmensleitungen europa- oder weltweit planen und agieren. Ist es möglich, im Gegenzug auch die **Interessenvertretung** der Arbeitnehmer zu **«internationalisieren»** und den **«kurzen Draht»** zu den Repräsentanten der Belegschaft in USA, Brasilien oder China zu suchen? Oder geographisch näher liegend: Lässt sich ein **Europäischer Betriebsrat** bilden? Ist im Einzelfall auch ein «Weltkonzernbetriebsrat» möglich?

## 6.17.1. Betriebsverfassung bei deutschen Niederlassungen ausländischer Unternehmen

Besitzt ein multinationaler Konzern eine **Tochtergesellschaft** in der Bundesrepublik, so ist diese normalerweise als GmbH oder AG, d.h. als Unternehmen des deutschen Rechts organisiert. Im Betriebsverfassungsrecht wie im Arbeitsrecht allgemein ist es aber ohne Bedeutung, wer «hinter» einer GmbH oder AG steht. 1202

Bei IBM Deutschland ist ebenso ein Betriebsrat zu wählen wie bei der Ford AG in Köln.

Dasselbe gilt nach allgemeiner Auffassung auch dann, wenn das ausländische Unternehmen in der Bundesrepublik nur eine **rechtlich unselbständige Zweigstelle** unterhält. Das BetrVG findet auf alle in seinem Geltungsbereich, d.h. in Deutschland gelegenen Betriebe, Anwendung. Dies gilt sogar dann, wenn die dort Tätigen als Personen einem ausländischen Arbeitsrecht unterliegen.[1768] 1203

*Beispiel:* In der deutschen Zweigstelle einer britischen Fluggesellschaft arbeiten neben Deutschen auch einige Engländer, die Arbeitsverträge nach englischem Recht besitzen. Es muss ein Betriebsrat gewählt werden, wobei das Wahlrecht *allen* Beschäftigten zusteht.

Dies bedeutet weiter, dass der Betriebsrat seine Befugnisse in Bezug auf alle Beschäftigten ausüben kann. Auch vor der Kündigung eines nach ausländischem Recht Beschäftigten muss er daher nach § 102 Abs. 1 BetrVG angehört werden.[1769]

Bestehen im Inland mehrere Betriebe, so sind trotz des ausländischen Unternehmenssitzes ein **Gesamtbetriebsrat** und – sofern insgesamt mehr als 100 Arbeitnehmer beschäftigt werden – ein **Wirtschaftsausschuss** zu 1204

1768 BAG AP Nr. 13 zu Internationales Privatrecht Arbeitsrecht.
1769 BAG AP Nr. 13 zu Internationales Privatrecht Arbeitsrecht.

bilden.[1770] Dasselbe gilt, wenn z.B. eine englische «Limited»[1771] mit Sitz im Inland mehrere Betriebe unterhält.

1204a Bei Tochtergesellschaften wie bei Zweigstellen kann gleichermaßen das Problem auftreten, dass sich die **ausländische Konzernspitze** in einer mitbestimmungspflichtigen Angelegenheit **direkt an die Beschäftigten** wendet, ohne dass die «Deutschlanddirektion» eingeschaltet worden wäre.

*Beispiel:* Es wird eine Fragebogenaktion durchgeführt, die auch personenbezogene Angaben enthält und deshalb unter § 94 BetrVG fällt.

Mit Recht hat das LAG Hessen[1772] § 94 BetrVG in einem solchen Fall angewandt und die deutsche Leitung verpflichtet, die Fortsetzung der Befragung so lange unmöglich zu machen, bis der Betriebsrat zugestimmt hat oder seine Zustimmung durch die Einigungsstelle ersetzt wurde. Erst recht spielt es keine Rolle, wenn die **ausländische Spitze** ihre deutsche Tochter lediglich anweist, bestimmte **Verhaltensregeln im Betrieb** zu praktizieren.

Auch die Tatsache, dass amerikanische Börsenregeln einen bestimmten Verhaltenskodex verlangen, ändert am Bestehen von Mitbestimmungsrechten nichts.[1773]

Wünscht der Arbeitgeber **Überstunden**, weil **in** einer **ausländischen Niederlassung gestreikt** wird, so kann der Betriebsrat seine Zustimmung verweigern. Die Einigungsstelle würde nicht ermessensmissbräuchlich handeln, wenn sie eine solche Streikarbeit definitiv unmöglich machen würde.[1774] Wird im Rahmen des Mitbestimmungsrechts nach § 87 Abs. 1 Nr. 6 um die **Übermittlung von Arbeitnehmerdaten ins Ausland** gestritten, so darf die Einigungsstelle nur einen Spruch erlassen, der den in §§ 4b und 4c BDSG vorgeschriebenen Schutz sicherstellt;[1775] auch müssen Kontrollrechte des Betriebsrats gewahrt bleiben.[1776] Die Informationsrechte müssen an die veränderten Umstände angepasst werden.[1777]

---

1770 BAG AP Nr. 1 und 2 zu § 106 BetrVG 1972; Fitting § 1 Rn 19; Hess u.a.-Hess vor § 1 Rn 2 jeweils mwN.

1771 Dazu Heinz, a.a.O.

1772 AuR 2002, 33; dazu U. Fischer AuR 2002, 7.

1773 Dazu LAG Düsseldorf DB 2006, 162.

1774 Zum Recht des Einzelnen, Streikarbeit zu verweigern, s. Colneric, in: Däubler (Hrsg.), Arbeitskampfrecht, Rn 590 ff.

1775 Dazu Däubler, Gläserne Belegschaften? Rn 408 ff.

1776 Vgl. ArbG Berlin DB 1984, 410.

1777 Näher DKK-Däubler Einl. Rn 205.

## 6.17.2. Betriebsverfasung und Beschäftigte in ausländischen Niederlassungen deutscher Unternehmen

Haben **inländische Unternehmen Tochtergesellschaften im Ausland**, so sind diese normalerweise Unternehmen des ausländischen Rechts. Nach allgemeiner Auffassung bestimmt sich auch die betriebliche Interessenvertretung nach den dort geltenden Bestimmungen. 1205

*Beispiel:* Die Beschäftigten von **VW do Brasil** können eine Interessenvertretung nach brasilianischem Recht bilden. In einem **«Groupement d'Intérêts Économiques»** französischen Rechts mit Sitz in Toulouse können nur Interessenvertretungen nach französischem Recht (comité d'entreprise, délégués du personnel) gewählt werden, auch wenn an ihm neben einer französischen eine deutsche, eine britische und eine spanische Gesellschaft beteiligt sind.[1778]

Nicht anders stellt sich die Rechtslage dar, wenn die **ausländische Niederlassung nur eine rechtlich unselbständige Zweigstelle** ist. Die betriebliche Interessenvertretung wird – soweit ersichtlich – von allen Staaten als so wichtiger Teil ihrer Gesellschaftsordnung angesehen, dass die auf dem heimischen Territorium gelegenen Betriebe fast immer dem eigenen Recht unterworfen werden. 1206

*Beispiel:* In der Zweigstelle der Deutschen Bank in Paris kann nur eine Interessenvertretung nach französischem Recht gewählt werden.

Allerdings ist es **gefährlich**, von einem **«Territorialitätsprinzip»** zu reden und dieses so zu handhaben, dass das anwendbare Recht gewissermaßen an der Grenze abgeschnitten wird, sodass in einem anderen Land liegende Betriebsteile einer anderen Rechtsordnung unterworfen werden. Der Sache nach geht es nur darum, den Betrieb nach einer Rechtsordnung zu behandeln, die zu seiner typischerweise vorliegenden «Umgebung» passt; **Betriebsteile, die nach § 4 zum Inlandsbetrieb gehören,** sind daher in die Betriebsverfassung einbezogen.[1779]

Wie ist ein **Gemeinschaftsbetrieb** nach § 1 Abs. 1 Satz 2 BetrVG zu behandeln, der ein inländisches und ein ausländisches Trägerunternehmen hat und der zum Teil im Ausland, zum Teil im Inland liegt?[1780] Solange die Rechtsprechung entscheidend auf den ein-

---

1778 Fall Airbus. Zum Streit, ob die nach Toulouse entsandten Nicht-Franzosen die betriebliche Interessenvertretung mitwählen dürfen, s. Le Friant-Zachert AiB 1989, 50 ff. und Le Friant/Lyon-Caen AiB 1989, 406.

1779 Näher dazu Däubler, Betriebsverfassung in globalisierter Wirtschaft, S. 44 ff. zu § 4 a.F.

1780 Zum Gemeinschaftsbetrieb s. oben 6.2.1.4. (Rn 753h ff.).

heitlichen Leitungsapparat abstellt, kommt es darauf an, wo dieser seinen Sitz hat. Tagt er abwechselnd im einen und im andern Land, wird man darauf abstellen, wo die Mehrzahl der Beschäftigten tätig ist.

1206a Von daher bestünde an sich auch kein entscheidendes Hindernis, eine ausländische Interessenvertretung **Delegierte in den deutschen Gesamt- oder Konzernbetriebsrat** entsenden zu lassen, doch haben sich Rechtsprechung und herrschende Lehre bisher nicht dazu durchringen können.[1781]

1207 Soweit ein Auslandsbetrieb vorliegt, kann unter diesen Umständen nur fraglich sein, ob ein von der deutschen Zentrale vorübergehend oder auf Dauer dorthin **entsandter Arbeitnehmer** für seine Person weiterhin den Schutz der deutschen Betriebsverfassung genießt. Das BAG macht folgende Unterscheidung:

1208 ▶ Werden Mitarbeiter **nur vorübergehend** ins Ausland entsandt, behalten sie ihre Rechte nach dem BetrVG, insbes. das aktive und das passive Wahlrecht. Man spricht insoweit von einer sog. **Ausstrahlung** des deutschen Betriebs, ohne dass aus dieser Begrifflichkeit konkrete Rechtsfolgen abgeleitet würden.[1782] Die Betroffenen werden weiter vom Betriebsrat vertreten, der z. B. bei Versetzungen und Kündigungen seine Rechte aus §§ 99, 102 BetrVG geltend machen kann. Allerdings darf nach Auffassung des BAG im Ausland keine **Teil-** oder Abteilungs**versammlung** stattfinden, obwohl dies evident sinnvoll wäre.[1783]

*Beispiel:* Eine aus 35 Personen bestehende deutsche Baukolonne wird nach Saudi-Arabien geschickt, wo sie ein Jahr bleiben soll. Während dieser Zeit steht nach der Rechtsprechung das Teilnahmerecht an Betriebsversammlungen auf dem Papier, da dem Arbeitgeber wohl kaum zuzumuten ist, bei jeder in der Bundesrepublik stattfindenden Betriebsversammlung 35 Hin- und Rückflugtickets zu spendieren.

Die Rechtsprechung führt ohne Not zu einer Art «Rumpf-Betriebsverfassung», wofür das Gesetz keinen Anhaltspunkt bietet. Als «Auffangposition» kommt in Betracht, dass von Zeit zu Zeit ein Betriebsratsmitglied Sprechstunde an dem ausländischen Arbeitsort abhält, soweit Gesprächsbedarf besteht.

1209 ▶ Wird ein Mitarbeiter **auf Dauer ins Ausland entsandt**, so ist es denkbar, dass er gleichwohl die Stellung eines «Außenpostens» des deutschen Betriebs

---

1781 Fitting § 47 Rn 22 mwN.

1782 BAG AP Nr. 16 zu Internationales Privatrecht Arbeitsrecht. Nach Art. 30 Abs. 2 EGBGB bleibt auch das deutsche Arbeitsvertragsrecht anwendbar – dazu Däubler RIW 1987, 251 mwN.

1783 BAG AP Nr. 3 zu § 42 BetrVG 1972; a. A. Beitzke, Anm. zu BAG AP Nr. 3 zu § 42 BetrVG 1972; Birk RdA 1984, 138; Bobke-von Camen AiB 1989, 233; Boemke NZA 1992, 116; Däubler, Betriebsverfassung in globalisierter Wirtschaft, S. 51 f.; Fitting § 1 Rn 30; Richardi-Annuß vor § 42 Rn 9, § 42 Rn 7; B. Gaul BB 1990, 702; Steinmayer DB 1980, 1542; wie BAG dagegen Hess u. a.-Worzalla § 42 Rn 3.

hat. In einem solchen Fall bleibt er weiter in die deutsche Betriebsverfassung integriert.

Fall der **tunesischen Reiseleiterin**: Die zu betreuenden Reisegruppen werden aus Deutschland geschickt, Sprechstunden in den Hotels, angebotene Ausflüge usw. werden von Deutschland aus festgelegt. Das BAG wandte zu Recht § 102 Abs. 1 BetrVG an, als sie gekündigt wurde.[1784]

Hat der auf Dauer entsandte Arbeitnehmer **keine solche «Anbindung»** an 1210
einen Inlandsbetrieb mehr, sondern ist er in eine ausländische Niederlassung integriert, verlässt er den Anwendungsbereich der deutschen Betriebsverfassung und verliert damit auch sein aktives und passives Wahlrecht.[1785] Eine kollektive Interessenvertretung kann – anders als im Tarifrecht[1786] – nur nach fremdem Recht stattfinden. Dass in der Regel weiter deutsches Arbeitsvertragsrecht Anwendung findet, ist ohne Bedeutung.[1787]

Für die Anwendung des deutschen Betriebsverfassungsrechts kann es 1210a
keine Rolle spielen, ob die fragliche Person zunächst im Inland gearbeitet hat und dann «entsandt» wurde, oder ob sie von vorneherein **nur für den Auslandseinsatz eingestellt** wurde. Das BetrVG stellt auf die Zugehörigkeit zur Organisation «Betrieb», nicht darauf ab, wie diese entstanden ist.[1788]

## 6.17.3. Zusammenarbeit mit ausländischen Interessenvertretungen

Betriebliche Interessenvertretungen sind praktisch überall rein national orga- 1211
nisiert. So, wie wir keine Vertreter ausländischer Niederlassungen in unseren Gesamtbetriebsrat aufnehmen, genauso wenig tun dies die Franzosen oder die Niederländer. Dadurch gewinnt die Frage an Bedeutung, ob Betriebsräte nicht wenigstens **Kontakt** mit einem «consiglio di fabbrica» in Italien, einem «comité de empresa» in Spanien oder einem «shop stewards' committee» in England **aufnehmen** dürfen, soweit sie zum selben Konzern gehören.

Der **Austausch von Erfahrungen**, die Unterstützung anderer Interessen- 1212
vertretungen und die Verständigung über gemeinsames Vorgehen gehören im nationalen Rahmen zu den traditionellen Aufgaben von Betriebsräten. Dies

1784 BAG DB 1990, 992.

1785 So ausdrücklich BAG AP Nr. 16 zu Internationales Privatrecht Arbeitsrecht.

1786 Dazu oben 4.15. (Rn 459ff.).

1787 Für Anwendung des deutschen Arbeitsvertragsrechts bei dauernder Entsendung s. Däubler RIW 1987, 252; Gamillscheg ZfA 1983, 340; Kronke DB 1984, 405; Palandt-Heldrich Art. 30 EGBGB Rn 8.

1788 Anders wohl BAG NZA 1988, 135. Zu einem solchen Auslandsarbeitsverhältnis s. näher Däubler, Betriebsverfassung in globalisierter Wirtschaft, S. 41.

zeigt sich in der Institution der Betriebsräteversammlung nach § 53 BetrVG[1789] sowie darin, dass der Arbeitgeber auch die Kosten für Vorbesprechungen übernehmen muss.[1790] Unter den heutigen Umständen reicht es für eine sachgerechte Interessenvertretung nicht mehr aus, nur bis zur deutschen Grenze zu schauen. Mit Recht ist deshalb anerkannt, dass sich Informationsrechte auch auf die Beziehungen zu ausländischen Konzernteilen erstrecken[1791] – nur wenn der Betriebrat auch diese Dimension einbezieht, kennt er die tatsächliche Lage und die tatsächlichen Handlungsmöglichkeiten des Unternehmens. Tut man diesen Schritt, so muss man dem Betriebsrat auch die Möglichkeit eröffnen, sich durch unmittelbare Kontakte sachkundig zu machen. Er bewegt sich deshalb innerhalb seiner Kompetenzen, wenn er sich mit Interessenvertretungen aus ausländischen Niederlassungen trifft, mit ihnen telefoniert oder gleich lautende Forderungen abspricht. **Nach § 40 BetrVG hat ihm der Arbeitgeber die** dafür **notwendigen Mittel (einschließlich Dolmetscher) zur Verfügung zu stellen**[1792] – eine Lösung, die mittlerweile im Grundsatz in der Rechtsprechung akzeptiert ist[1793] und die sich auch im niederländischen[1794] und im französischen Recht[1795] findet. Auf diese Weise kann sich langsam ein Netz von Beziehungen aufbauen, die von Vertrauen getragen sind. Dies ist elementare Voraussetzung für jede grenzüberschreitende Interessenvertretung.

## 6.17.4. Die Errichtung eines Europäischen Betriebsrats

1215 Kann dem europaweit planenden Unternehmen oder Konzern eine europäische Interessenvertretung gegenübergestellt werden? Lässt sich so verhindern, dass die eine Belegschaft gegen die andere ausgespielt wird?

Bekannt war der Fall Gillette Mitte der 80er Jahre: Die Unternehmensleitung wollte in der deutschen Niederlassung Sonntagsarbeit einführen. Der wenig begeisterten Beleg-

1789 Dazu oben 6.13.2. (Rn 1148).

1790 DKK-Wedde § 40 Rn 40 (unter Berufung auf LAG Hamburg 23.10.1997 – 1 TaBV 1/97); Ehrich-Hoß NZA 1996, 1075, 1078.

1791 DKK-Däubler Einl. Rn 205; U. Fischer AuR 2002, 8 ff.; wohl auch Fitting § 106 Rn 54 und insbesondere Klebe, FS Gnade, S. 669. Nachweise zur älteren Lit. bei Walz, S. 77 ff.

1792 Bobke-von Camen AiB 1989, 231 f.; DKK-Wedde § 40 Rn 20; Klebe, FS Gnade, S. 661; im Grundsatz auch Fitting § 40 Rn 19; für Erstattung der Kosten erforderlicher Auslandsreisen auch ErfK-Eisemann § 40 Rn 8; GK-Weber § 40 Rn 35.

1793 Für Erstattung von Flugkosten, die beim Treffen mit einem ausländischen Interessenvertreter entstanden sind, ArbG München AiB 1991, 429. Auch Reisekosten nach Brüssel sind zu ersetzen, wenn dort über Fusionspläne des Arbeitgeberunternehmens verhandelt wird (LAG Niedersachsen DB 1993, 1043).

1794 Jacobs AiB 1989, 31 f.

1795 Le Friant AiB 1989, 34 f.

schaft wurde erklärt, in der spanischen Niederlassung würde das keine Probleme bereiten, wenn die Deutschen sich quer stellen würden, würde in Zukunft der spanische Standort ausgebaut. Eine Betriebsrätin, die mit einem Spanier verheiratet war, suchte in den Ferien das comité de empresa in der spanischen Niederlassung auf. Dort war die Belegschaft mit dem Argument unter Druck gesetzt worden, wenn sie die Sonntagsarbeit nicht akzeptiere, werde man in Zukunft den deutschen Standort bevorzugen, wo schon alles in trockenen Tüchern sei ...

Für solche Fälle ist der Europäische Betriebsrat gedacht. Er soll alle in der EU (seit 1. 5. 2004: einschließlich der zehn Beitrittsländer) sowie in Norwegen, Island und Liechtenstein Beschäftigten repräsentieren, die im selben Konzern tätig sind. Seine Bildung wie seine Rechtsstellung sind in der EBR-Richtlinie vom 22. 9. 1994 geregelt,[1796] die durch das EBR-Gesetz vom 28. Oktober 1996[1797] **(EBRG)** umgesetzt wurde. Danach gilt Folgendes:

Ein EBR kann dann errichtet werden, wenn 1216

- eine Unternehmensgruppe («Konzern») im Geltungsbreich der Richtlinie mindestens **1000 Arbeitnehmer** beschäftigt und
- **in zwei** verschiedenen **Staaten jeweils mindestens 150 Arbeitnehmer** tätig sind («Mindestmaß an Europäisierung»).

Gleichgestellt sind Unternehmen derselben Größenordnung, die über rechtlich unselbständige Zweigniederlassungen verfügen – ein in der Praxis seltener Tatbestand.

Ob diese Voraussetzungen gegeben sind, kann streitig sein. Dem Betriebs- 1217
rat kommt insoweit nach § 5 EBRG ein umfassendes Auskunftsrecht zu.[1798] Er kann sich zu diesem Zweck auch an seine lokale Betriebsleitung wenden, die die Anfrage dann an die zuständige Stelle weiterleiten muss.

### 6.17.4.1. Die «zentrale Unternehmensleitung» und das «besondere Verhandlungsgremium»

Anders als bei der Wahl eines Betriebsrats läuft der Weg nicht über die Einset- 1218
zung eines Wahlvorstands. Vielmehr wird zunächst ein sog. besonderes Verhandlungsgremium gebildet, das mit der Konzernspitze («zentrale Leitung» genannt) die Errichtung des EBR aushandeln soll. Zum Konzern werden über die Definition des § 17 AktG hinaus auch solche Unternehmen gerechnet, auf die die Spitze «unmittelbar» oder mittelbar einen beherrschenden Einfluss ausüben kann (§ 6 Abs. 1 EBRG); schon die Möglichkeit zur Leitung genügt, eine effektive Ausübung muss nicht dargetan werden. Befindet sich die **«zen-**

1796 ABl vom 30. 9. 1994, Nr. L 254/64, wiedergegeben auch bei Däubler-Kittner-Lörcher, unter Nr. 436 (Supplement 1995).

1797 BGBl I, 1548, berichtigt S. 2022.

1798 BAG NZA 2004, 863, 868. Eingehend dazu DKK-Däubler, Erläuterungen zu § 5 EBRG.

**trale Leitung» außerhalb des Anwendungsbereichs der Richtlinie**, also z.B. in den USA oder Japan, so wird nach Art. 4 Abs. 2 der Richtlinie bzw. § 2 Abs. 2 EBRG der ggf. benannte Vertreter für Europa als zentrale Unternehmensleitung behandelt. Gibt es eine solche Person oder Stelle nicht, so ist Ansprechpartner die Leitung des im Anwendungsbereich der Richtlinie befindlichen Unternehmens, das die höchste Anzahl von Beschäftigten besitzt.

1219 Das besondere Verhandlungsgremium kann auf Initiative der zentralen Leitung oder (wichtiger!) auf schriftlichen Antrag von mindestens 100 Arbeitnehmern aus zwei Mitgliedstaaten errichtet werden. Die Initiative kann auch von Interessenvertretungen aus zwei Ländern ausgehen, die zusammen mindestens 100 Arbeitnehmer repräsentieren.

Der Konzern K beschäftigt in Frankreich 1200, in Deutschland 200 und in Schweden 70 Arbeitnehmer. Die Größenordnung für die Bildung eines EBR ist erreicht: Mehr als 1000 Beschäftigte in der Gemeinschaft; in zwei Ländern (Frankreich und Deutschland) werden jeweils mehr als 150 Arbeitnehmer beschäftigt. Eine Initiative zur Bildung eines besonderen Verhandlungsgremiums benötigt 100 Unterschriften aus mindestens zwei Niederlassungen. Im Extremfall können es 99 deutsche und ein schwedischer Arbeitnehmer sein. Möglich ist auch, dass das Comité d'Entreprise eines kleineren französischen Unternehmens und ein deutscher Betriebsrat gemeinsam einen entsprechenden Brief schreiben.

Diese «Schwelle» scheint nicht besonders hoch zu sein, doch werden die **Möglichkeiten der Richtlinie** bei weitem nicht ausgeschöpft: Noch vor dem Beitritt der 10 neuen Mitgliedstaaten erfüllten ca. 1860 Konzerne die Voraussetzungen für die Bildung eines EBR,[1799] doch gab es am 19. 4. 2004 nur 682 entsprechende Abmachungen.[1800]

1220 Im besonderen Verhandlungsgremium muss jedes Land vertreten sein, in dem der Konzern bzw. das Unternehmen eine Niederlassung hat. Zahlenmäßig besonders große Belegschaften müssen nach näherer Maßgabe des § 10 Abs. 2 EBRG mehr als einen Sitz bekommen. Dies gilt aber nur, wenn sich die zentrale Leitung in Deutschland befindet; ist sie im Ausland angesiedelt, entscheidet das dortige Ausführungsgesetz über die Zahlenverhältnisse im besonderen Verhandlungsgremium. Die Art und Weise, wie die einzelnen Mitglieder bestimmt werden, richtet sich nach dem jeweiligen nationalen Recht.

§ 11 EBRG, wonach der Konzern- bzw. der Gesamtbetriebsrat die Mitglieder bestimmt, findet auch dann Anwendung, wenn es um die Vertretung der deutschen Konzernteile in einem englischen oder einem französischen Unternehmen geht.

---

1799 Altmeyer AiB 2003, 308.

1800 Nähere Angaben unter www.etuc.org/etui.

### 6.17.4.2. Die Verhandlungen

Nach Art. 6 Abs. 1 der Richtlinie bzw. § 8 Abs. 3 EBRG müssen die zentrale Unternehmensleitung und das besondere Verhandlungsgremium «im Geiste der Zusammenarbeit» verhandeln, um das Ziel der Richtlinie – «Stärkung des Rechts auf Unterrichtung und Anhörung der Arbeitnehmer» (Art. 1 Abs. 1 = § 1 Abs. 1 EBRG) – zu erreichen. In der Praxis gibt es auf dieser Grundlage verschiedene Möglichkeiten. 1221

▶ Man einigt sich über die **Errichtung eines EBR**. Art. 6 Abs. 2 der Richtlinie bzw. § 18 EBRG nennt die wichtigsten Punkte, die dabei zu regeln sind. Dazu gehört nicht nur die Zusammensetzung, sondern beispielsweise auch die Bereitstellung der finanziellen Mittel für die Tätigkeit des EBR einschließlich Reise- und Dolmetscherkosten. Bestimmte inhaltliche Vorgaben werden insoweit nicht gemacht.[1801] Von zentraler Bedeutung sind die Unterrichtungspflichten der zentralen Leitung und die Häufigkeit der Sitzungen. 1222

▶ Statt einen EBR zu errichten, kann man auch ein **Informations- und Konsultationsverfahren** festlegen: Danach werden die bestehenden Interessenvertretungen in den verschiedenen Ländern von bestimmten Vorhaben der Konzernleitung unterrichtet. 1223

Kommt **trotz dreijähriger Verhandlungen** keine Einigung zustande, greift das sog. **subsidiäre Modell** ein. Es ist im Anhang zur Richtlinie niedergelegt und findet sich für Konzerne mit deutscher Spitze in den §§ 21 ff. EBRG. **Weigert sich die zentrale Leitung** von vorneherein, **überhaupt in Verhandlungen** einzutreten, greift dieses Modell bereits sechs Monate nach der ersten Aufforderung durch das besondere Verhandlungsgremium Platz. Dasselbe dürfte gelten, wenn beide Seiten übereinstimmend die Verhandlungen für gescheitert erklären. In der Praxis spielen diese Fälle so gut wie keine Rolle, da ein ausgehandeltes «Statut» in aller Regel weniger Friktionen als ein kraft Gesetzes eintretendes schafft. 1224

Denkbar ist schließlich, dass weder eine Vereinbarung zustande kommt noch das subsidiäre Modell eingreift: Nach Art. 5 Abs. 5 der Richtlinie bzw. § 15 Abs. 1 EBRG kann das besondere Verhandlungsgremium mit mindestens zwei Dritteln seiner Stimmen beschließen, **überhaupt keine Verhandlungen zu eröffnen** oder die bereits eröffneten Verhandlungen zu beenden. Auch wer resignieren will (oder realistischer: sich den Europäischen Betriebsrat für eine Standortgarantie abkaufen lässt), soll so zu seinem Recht kommen. Eine neue Initiative ist in einem solchen Fall erst nach Ablauf von 2 Jahren möglich, es sei denn, in dem Beschluss sei Abweichendes festgelegt worden. 1225

---

1801 B. Gaul NJW 1995, 231; Hromadka DB 1995, 1126.

### 6.17.4.3. Rechte des EBR

1226 Der EBR ist ein **Informations- und Konsultationsorgan**. Er muss von der zentralen Leitung über Fragen unterrichtet werden, die mehr als eine Niederlassung betreffen; welche Bereiche im Einzelnen einbezogen sind, bestimmt sich nach der Errichtungsvereinbarung. Diese orientiert sich häufig an Tatbeständen, wie man sie im deutschen § 111 BetrVG findet, doch kann man den Kreis sehr viel weiter ziehen. Der EBR muss so rechtzeitig eingeschaltet werden, dass seinen Argumenten noch Rechnung getragen werden kann. Wird dem nicht entsprochen oder nimmt gar die Konzern- oder Unternehmensleitung die geplante Maßnahme **ohne Einschaltung des EBR** vor, so kann dieser eine **einstweilige Verfügung** beantragen, die der zentralen Leitung die Durchführung der Maßnahme untersagt, bis die Beratungen mit dem EBR abgeschlossen sind.[1802]

Bekannt ist der Fall der Firma Renault, die das belgische Werk in Vilvoorde ohne Einschaltung des EBR schließen wollte und daran von den französischen Gerichten vorübergehend gehindert wurde.[1803]

1227 Die zentrale Leitung kann nach § 39 Abs. 1 EBRG Informationen mit dem Argument verweigern, durch ihre Erteilung würden **Betriebs- und Geschäftsgeheimnisse** gefährdet. Im Streitfall haben die Arbeitsgerichte zu entscheiden; das Einigungsstellenverfahren nach § 109 ist nicht übernommen worden.[1804] Art. 8 Abs. 3 der Richtlinie lässt weiter Rücksichten auf den **Tendenzschutz** zu, der allerdings sehr viel enger als nach deutschem Recht auf Unternehmen beschränkt wird, «die in Bezug auf Berichterstattung und Meinungsäußerung unmittelbar und überwiegend eine bestimmte weltanschauliche Tendenz verfolgen». § 34 EBRG hat sich demgegenüber an § 118 Abs. 1 BetrVG orientiert, was zu erheblichen Bedenken Anlass gibt.[1805]

1228 Die **Praxis** bestehender Gremien ist **sehr unterschiedlich**. Sie reicht von der bloßen Existenz des E-Mail-Verteilers über inhaltslose Repräsentationsveranstaltungen bis hin zur Existenz eines Organs der Interessenvertretung mit eigener Identität.[1806] In den zuletzt genannten Fällen ist es möglich, zum effektiven Verhandlungspartner der Arbeitgeberseite zu werden. Der **EBR der General-Motors-Gruppe** hat insoweit **Vorreiterfunktion** erlangt:

---

1802 Einzelheiten bei DKK-Däubler Vorbem. EBRG Rn 20.

1803 Tribunal de Grande Instance de Nanterre (wiedergegeben bei Kolvenbach-Kolvenbach NZA 1997, 697); Cour d'appel de Versailles, AuR 1997, 299 mit Anm. Rudolph. S. weiter den Fall Marks & Spencer (Tribunal de Grande Instance de Paris, AuR 2002, 32).

1804 Kritisch Lörcher AuR 1996, 298.

1805 Blanke AiB 1996, 204; Däubler AuA 1995, 153.

1806 Klebe-Roth AiB 2000, 750.

koordinierte Abwehr eines Kostensenkungsprogramms im Jahre 1997,[1807] europäische Flugblattaktion und Abschluss eines alle europäischen Niederlassungen umfassenden Rahmenvertrages anlässlich der Allianz GM – Fiat im Jahre 2000,[1808] europaweiter Aktionstag am 25. 1. 2001, bei dem wegen der Umstrukturierungspläne der Konzernspitze, insbes. wegen der geplanten Schließung eines englischen Werks, ca. 40 000 Arbeitnehmer vorübergehend die Arbeit niederlegten[1809]. Ergebnis war damals ein weit reichender «Beschäftigungssicherungs- und Standortvertrag».[1810] Auch die Krise des Jahres 2004 wurde nach europaweiten Arbeitsniederlegungen schließlich mit einem Kompromiss beendet, wonach ein sozial verträglicher Stellenabbau stattfinden sollte.[1811] Auch bei der Ausgliederung von **Visteon** aus dem **Ford-Konzern** kam es zu einer vertraglichen Abmachung mit dem EBR, die den betroffenen Beschäftigten einen Bestandsschutz verschaffte, der weit über § 613 a BGB hinausging.[1812] Wie solche Abmachungen rechtlich zu qualifizieren sind, ist bislang nicht zum Problem geworden.

### 6.17.4.4. Vorrang der vor 1996 bestehenden Vereinbarungen

Über 70 % der heute bestehenden EBRs ist **vor dem 22. September 1996**, also 1229
dem Tag errichtet worden, zu dem die Richtlinie spätestens umgesetzt sein musste. Die Beteiligten waren dabei noch nicht an die Vorgaben der Richtlinie gebunden; die damals geschlossenen Vereinbarungen haben nach § 41 EBRG Vorrang vor den übrigen Bestimmungen des EBRG. In einer Reihe von Fällen sind die Informations- und Konsultationsrechte schwächer ausgeprägt, als dies dem subsidiären Modell und der heutigen Praxis entspricht.[1813] Im Verhältnis zu den **2004 beigetretenen Ländern** gibt es keine vergleichbare Regelung; die bestehenden Vereinbarungen waren allerdings an die veränderte Situation anzupassen.[1814]

1807 Eller-Braatz/Klebe WSI-Mitt. 1998, 442 ff.

1808 Klebe-Roth AiB 2000, 753.

1809 Schilderung bei Röper EuroAS 2001, 87 ff.

1810 Wiedergegeben in AuR 2001, 183; s. auch Herber/Schäfer-Klug Mitb Heft 9/2002 S. 51 ff.

1811 Bartmann, Mitb 3/2005, S. 34.

1812 Klebe-Roth AiB 2000, 752; weitere Beispiele bei Altmeyer AiB 2003, 311 und Schiek RdA 2001, 221; Formulierungsvorschläge bei DKK-FB-Däubler EBRG Rn 42 ff.

1813 Einzelheiten und zu den Möglichkeiten, wie man zum System des EBRG übergehen kann, bei DKK-Däubler, Erläuterungen zu § 41 EBRG.

1814 Einzelheiten bei DKK-Däubler Vorbem. EBRG Rn 27 ff.; Franzen BB 2004, 940.

### 6.17.4.5. Persönliche Rechtsstellung der EBR-Mitglieder

1230 Nach Art. 10 der Richtlinie müssen die Mitglieder des besonderen Verhandlungsgremiums und des EBR sowie die Arbeitnehmervertreter, die bei den Unterrichtungs- und Anhörungsverfahren nach Art. 6 Abs. 3 der Richtlinie mitwirken, **den gleichen Schutz wie nach ihren innerstaatlichen Rechtsvorschriften** genießen. Ein deutsches Mitglied eines EBR hat daher Kündigungsschutz nach §§ 103 BetrVG, 15 KSchG, was § 40 Abs. 1 EBRG ausdrücklich hervorhebt. Auch kann die Tätigkeit im Rahmen des EBRG während der Arbeitszeit ausgeübt werden. Auf § 37 Abs. 6 und 7 BetrVG wird allerdings nicht verwiesen. **Weiterbildungsmöglichkeiten** (insbes. der Erwerb von Sprachkompetenz) sollten daher in der Errichtungsvereinbarung festgelegt werden. Soweit Betriebsratsmitglieder gleichzeitig dem EBR angehören, können sie in ihrer «Ausgangsfunktion» entsprechende Weiterbildungsangebote in Anspruch nehmen.[1815]

### 6.17.5. Weltkonzernausschüsse?

1231 Nach Art. 1 Abs. 4 der Richtlinie bzw. **§ 18 Abs. 1 Nr. 1 EBRG** können auch solche konzernangehörigen Betriebe und Unternehmen einbezogen werden, die sich außerhalb des Anwendungsbereichs der Richtlinie befinden. Bei europäischer Konzernspitze sind daher auch «Weltkonzernausschüsse» möglich, die z. B. auch Vertreter aus Lateinamerika, USA und Japan umfassen. Allerdings muss man nicht diesen Weg gehen; möglich ist auch die Einrichtung eines «Weltkonzernausschusses» auf der Grundlage eines **einfachen zivilrechtlichen Vertrages**. Die Praxis steckt noch sehr in den Anfängen; die kulturellen und politischen Unterschiede sind sehr viel größer als im europäischen Raum, was sich etwa an der (in der Regel nicht erfolgenden) Einbeziehung von Belegschaftsvertretern aus der VR China zeigt.

## 6.18. Sonstige Formen betrieblicher Interessenvertretung

1232 Betrachtet man allein das BetrVG, wird niemand daran zweifeln, dass der **Betriebsrat** das **zentrale Organ der Interessenvertretung** ist. Dass er sich bei

1815 Däubler, Schulung und Fortbildung, Rn 365.

seiner Arbeit spezialisieren und einzelne Ausschüsse mit unterschiedlichen inhaltlichen Schwerpunkten bilden kann, ist unbestrittene Praxis. Die JAV hat keine eigenen Rechte gegenüber dem Arbeitgeber; im Grunde bringt sie nur die spezifischen Belange der von ihr vertretenen Beschäftigten in die Betriebsratsarbeit ein. Das Verhältnis zur Gewerkschaft ist gleichfalls so beschaffen, dass die Position des Betriebsrats nicht relativiert, sondern allenfalls gestärkt wird.[1816] In Wirklichkeit ist die **Situation komplizierter**. Zum einen gibt es in einer Reihe von Unternehmen eine spezifische Vertretung leitender Angestellter; zum andern haben sich zahlreiche «Betriebsbeauftragte» herausgebildet, die sich in einer gewissen Unabhängigkeit vom Arbeitgeber um bestimmte betriebliche Problembereiche kümmern.

## 6.18.1. Sprecherausschüsse leitender Angestellter

§ 5 Abs. 3 BetrVG nimmt die leitenden Angestellten grundsätzlich von der Be- 1233
triebsverfassung aus. Wie dieser Personenkreis abzugrenzen ist, hat dort eine wenig übersichtliche Regelung gefunden. Insbes. in den ersten Jahren nach In-Kraft-Treten des BetrVG wurde die **Abgrenzung** häufig zum Problem, das von den Arbeitsgerichten entschieden werden musste.[1817] Etwa seit 1976 hat sich die Situation jedoch beruhigt, was vermutlich damit zusammenhängt, dass sich keine Seite von langen prozessualen Auseinandersetzungen einen wirklichen Vorteil versprechen konnte. Im Wesentlichen war man sich deshalb fast immer einig, wo die Grenze zwischen leitenden und nicht leitenden Angestellten verlaufen sollte.[1818] Dabei schwankt der **Anteil der Leitenden an der Gesamtbelegschaft** zwischen 0,4 und 5,1 Prozent.[1819]

Nach langen Vorarbeiten und Auseinandersetzungen[1820] trat am 1. 1. 1989 1234
das sog. Sprecherausschussgesetz in Kraft.[1821] Dabei wurde zugleich **§ 18 a** ins BetrVG eingefügt, der ein relativ einfaches **Vermittlungsverfahren** für die Fälle vorsieht, in denen Meinungsverschiedenheiten über die Zuordnung zu den normalen Arbeitnehmern oder den Leitenden bestehen.

Vom organisatorischen Aufbau her ist die «Sprecherausschussverfassung» 1235
weitgehend eine Kopie der Betriebsverfassung:

---

1816 Dazu oben 6.5. (Rn 828 ff.) und 6.16. (Rn 1186 ff.).

1817 Zusammenfassung des Diskussionsstands in Bd. 2 (4. Aufl.) unter 13.2.1.

1818 So Martens Mitb 1988, 350 auf der Grundlage einer von ihm durchgeführten empirischen Untersuchung.

1819 Martens Mitb 1988, 350.

1820 S. Vorauflage Rn 1239 ff.

1821 BGBl 1988 I, 2312.

▶ Nach § 1 Abs. 1 des Sprecherausschussgesetzes (**SprAuG**) werden in Betrieben mit in der Regel mindestens zehn leitenden Angestellten Sprecherausschüsse gewählt.

▶ Bestehen in einem Unternehmen mit mehreren Betrieben mehrere Sprecherausschüsse, so ist nach § 16 Abs. 1 SprAuG ein sog. **Gesamtsprecherausschuss** zu errichten.

▶ Leitende Angestellte eines Betriebs, der weniger als zehn Leitende beschäftigt, gelten nach § 1 Abs. 2 SprAuG als leitende Angestellte des räumlich nächstgelegenen Betriebes desselben Unternehmens.

▶ An die Stelle dieses zweistufigen kann auch ein einstufiger Aufbau treten: § 20 SprAuG lässt unter bestimmten Voraussetzungen die Bildung eines **Unternehmenssprecherausschusses** zu; in diesem Fall sind in den Einzelbetrieben keine Sprecherausschüsse vorhanden.

▶ In Konzernen im Sinne des § 18 Abs. 1 AktG können **Konzernsprecherausschüsse** gebildet werden.

▶ Die Wahl von Sprecherausschüssen darf nach § 34 Abs. 1 Nr. 1 SprAuG genauso wenig behindert werden wie die Betriebsratswahl. Dennoch gibt es keinen Zwang, von den gesetzlichen Möglichkeiten Gebrauch zu machen: Nach § 7 Abs. 2 SprAuG **muss die Mehrheit** der leitenden Angestellten des Betriebs **für eine Errichtung votieren**.[1822]

1236 Der Sprecherausschuss ist nicht als Konkurrenzorgan zum Betriebsrat konzipiert. Beide Vertretungsorgane stehen vielmehr unabhängig nebeneinander und werden von unterschiedlichen Teilen der Belegschaft gewählt. § 2 Abs. 2 SprAuG sieht darüber hinaus eine Zusammenarbeit zwischen beiden Gremien in der Weise vor, dass das eine Mitglieder des anderen zu seinen Sitzungen einladen kann. Einmal im Kalenderjahr **«soll» eine gemeinsame Sitzung** des Sprecherausschusses und des Betriebsrats stattfinden, doch handelt es sich dabei um keine erzwingbare Verpflichtung.[1823] Nach § 2 Abs. 1 Satz 2 SprAuG hat der Arbeitgeber vor dem Abschluss einer Betriebsvereinbarung oder einer sonstigen Vereinbarung mit dem Betriebsrat den Sprecherausschuss **rechtzeitig anzuhören**, soweit rechtliche Interessen der leitenden Angestellten (z. B. bei der Festlegung der Arbeitszeit) berührt sind. Mit Recht wird betont, dass umgekehrt auch eine Anhörung des Betriebsrats vor Abmachungen mit dem Sprecherausschuss geboten ist, die unmittelbare oder mittelbare Auswirkungen auch auf die nicht leitenden Beschäftigten haben können.[1824]

1237 Genau wie der Betriebsrat kann auch der Sprecherausschuss seine Aufgaben während der Arbeitszeit erfüllen. Eine pauschale **Freistellung** wie in

---

1822 Engels-Natter Beilage 8/1989 zu BB, S. 28; Löwisch, SprAuG § 1 Rn 42, § 37 Rn 1; Wlotzke DB 1989, 173.

1823 Löwisch, SprAuG, § 2 Rn 14.

1824 Löwisch, SprAuG, § 2 Rn 9.

§ 38 BetrVG ist jedoch ebenso wenig vorgesehen wie ein Freizeitausgleich entsprechend § 37 Abs. 3 BetrVG. Ein Seminarbesuch nach dem Vorbild von § 37 Abs. 6 BetrVG kommt allenfalls in Ausnahmesituationen in Betracht.[1825] Auch dem Sprecherausschuss sind vom Arbeitgeber Räume, PC und Hilfskräfte zur Verfügung zu stellen. Notwendige Reisekosten sind zu erstatten.[1826] Jede **Störung oder Behinderung** der Sprecherausschusstätigkeit ist untersagt, niemand darf wegen dieser benachteiligt oder begünstigt werden, doch fehlt der verstärkte Kündigungsschutz entsprechend §§ 103 BetrVG, 15 KSchG.[1827] Damit ist keine wirkliche Unabhängigkeit vom Arbeitgeber vorhanden, was die Einrichtung als solche für viele relativ «uninteressant» macht.

Nach § 25 Abs. 1 Satz 1 SprAuG vertritt der Sprecherausschuss die Be- 1238
lange der leitenden Angestellten des Betriebs. Nicht anders als der Betriebsrat hat er dabei nach § 2 Abs. 1 SprAuG den Grundsatz der **vertrauensvollen Zusammenarbeit** zu beachten. Weiter darf der Arbeitsablauf oder der Betriebsfrieden nicht gestört werden; im selben Umfang wie durch § 74 Abs. 2 BetrVG ist parteipolitische Betätigung untersagt. Nach § 25 Abs. 2 SprAuG besitzt der Sprecherausschuss einen **Informationsanspruch**, der sich nach allerdings umstrittener Auffassung auch auf Gehaltslisten bezieht.[1828] Die Geheimhaltungspflicht gemäß § 29 ist dem § 79 BetrVG nachgebildet.

Im Unterschied zum Betriebsrat besitzt der Sprecherausschuss **keinerlei** 1239
**Mitbestimmungsrechte**. Nach den §§ 30–32 SprAuG stehen ihm lediglich Beratungs- und Mitwirkungsrechte zu. Vor einer Kündigung muss er angehört werden, andernfalls ist diese unwirksam. Bei Betriebsänderungen, die wesentliche Nachteile für leitende Angestellte zur Folge haben können, ist über Maßnahmen zum Ausgleich oder zur Milderung dieser Nachteile zu beraten; eine Einbeziehung in den Sozialplan (oder ein eigener Sozialplan) kann nicht erzwungen werden. Kommt es gleichwohl zu einer Einigung, ist § 28 SprAuG zu beachten. Nach seinem Abs. 1 können beide «Betriebspartner» **Richtlinien** über den Inhalt, den Abschluss oder die Beendigung von Arbeitsverhältnissen der leitenden Angestellten vereinbaren. Nach Abs. 2 haben sie allerdings nur dann normative Wirkung, wenn dies ausdrücklich angeordnet ist. Neben die Betriebsvereinbarung ist so **ein Kollektivvertrag sui generis** getreten.[1829]

**Gewerkschaftsrechte** existieren nicht. Dies verstößt gegen Art. 9 Abs. 3 1240
GG, der eine Mindestbeteiligung an gesetzlichen Interessenvertretungen verlangt.[1830] Allerdings hat sich in bald 20 Jahren niemand ernsthaft darüber auf-

1825 Däubler, Schulung und Fortbildung, Rn 401; a.A. (noch restriktiver) Löwisch, SprAuG, § 14 Rn 17.

1826 Löwisch, SprAuG, § 14 Rn 18.

1827 Löwisch, SprAuG, § 2 Rn 21.

1828 Löwisch, SprAuG, § 25 Rn 20.

1829 Einzelheiten bei Kramer DB 1996, 1082 ff.

1830 BVerfGE 19, 303, 313, ständ. Rspr.

geregt oder gar eine gerichtliche Klärung versucht, sodass dieser Gedanke auch hier nicht weiterverfolgt werden soll.

## 6.18.2. Betriebsbeauftragte

1241 In einer sich über mehr als vierzig Jahre erstreckenden Entwicklung sind eine Reihe von **«Betriebsbeauftragten»** eingerichtet worden, die sich um spezifische Probleme im Betrieb kümmern.[1831] Die älteste Tradition besitzt der **Sicherheitsbeauftragte** nach § 22 SGB VII (früher: § 719 RVO)[1832], doch bestehen daneben seit 1974 **Betriebsärzte** und Fachkräfte für Arbeitssicherheit.[1833] Das SGB IX regelt die Rechtsstellung der **Schwerbehindertenvertretung**[1834], das BDSG brachte den **betrieblichen Datenschutzbeauftragten**.[1835] Das Umweltschutzrecht kennt eine Reihe vergleichbarer Institutionen; zu erwähnen ist der **Betriebsbeauftragte für Immissionsschutz**[1836], der Betriebsbeauftragte für Gewässerschutz[1837], der Betriebsbeauftragte für Abfall[1838] sowie der **Strahlenschutzbeauftragte**.[1839] Alle diese Sachwalter sind bei der inhaltlichen Seite ihrer Arbeit weisungsfrei; häufig sind sie auch aus der betrieblichen Hierarchie herausgenommen und direkt dem Vorstand unterstellt.[1840] Von den Betriebsärzten und den Fachkräften für Arbeitssicherheit einmal abgesehen, fehlt allerdings in der Regel die durch einen umfassenden Kündigungsschutz vermittelte persönliche Unabhängigkeit.

1242 **Aus der Sicht des Betriebsrats** besteht im Einzelfall die **Gefahr**, dass **wichtige** betriebliche **Handlungsfelder durch andere Instanzen absorbiert** werden, die an sich (auch) in den Kompetenzbereich des Betriebsrats gehören.

---

1831 Umfassende Aufarbeitung bei Rudolf Weber, Der Betriebsbeauftragte, Berlin 1988; s. weiter Ehrich, Handbuch des Betriebsbeauftragten. Eine Gesamtdarstellung für die Praxis, Stuttgart 1995; Fischer, Der Betriebsbeauftragte im Umweltschutz. Stellung eines Funktionsträgers aus arbeitsrechtlicher Sicht, Baden-Baden 1996.

1832 Dazu Bd. 2 Rn 398 ff.

1833 Dazu Bd. 2 Rn 401 ff.

1834 Dazu Bd. 2 Rn 1486 ff.

1835 Dazu Bd. 2 Rn 527 f.

1836 §§ 53–58 Bundesimmissionsschutzgesetz.

1837 §§ 21 a ff. Wasserhaushaltsgesetz.

1838 Zu den Betriebsbeauftragten für den Umweltschutz s. zusammenfassend Schierbaum-Nahrmann AiB 1997, 36 ff.

1839 §§ 29 ff. Strahlenschutzverordnung.

1840 Zu ihrer Rechtsstellung im Einzelnen Rudolf Weber, a.a.O., S. 165 ff.; Däubler, in: Kittner-Däubler-Zwanziger, KSchR, Vorbem. BImSchG.

*Beispiel:* Betrieblicher Datenschutzbeauftragter ist ein Ingenieur, der aufgrund seiner Fachkompetenz weit über den Betrieb hinaus Ansehen genießt. Er kümmert sich engagiert darum, dass Arbeitnehmerdaten nur von den zuständigen Mitarbeitern der Personalabteilung verarbeitet werden, dass die Datensicherung funktioniert und alle Beschränkungen der Zugriffsrechte exakt eingehalten werden. Auch ist es selbstverständlich, dass jeder Arbeitnehmer unentgeltlich einen Ausdruck all der Daten erhalten kann, die über ihn gespeichert sind. Kein Beschäftigter sieht deshalb irgendeinen Anlass, sich in Fragen der Datenverarbeitung an den Betriebsrat zu wenden.

Diese Tendenz kann sich verstärken, wenn weitere Sachwalter eingerichtet 1243
und beispielsweise auch außerhalb des öffentlichen Dienstes **Frauenbeauftragte** oder **Ausländerbeauftragte**[1841] geschaffen werden. Eine «Blockadepolitik» würde wenig Akzeptanz finden, zumal die Betriebsbeauftragten einen nützlichen Zweck erfüllen: Sie sind ein effizienteres Mittel als eine von außen kommende Staatsaufsicht, um bestimmte Ziele des Umweltschutzes oder der Gesundheitspolitik zu realisieren. Das Modell Befehl und Gehorsam wird durch die **Installierung eines Verfahrens** ergänzt, mit dessen Hilfe die tatsächlichen Probleme viel besser benannt und bewältigt werden können, weil Zugang zu allen Betriebsinterna besteht. Eine Aushöhlung von Betriebsratskompetenzen ließe sich am besten dadurch vermeiden, dass man die Bestellung wie die Abberufung der Beauftragten von der Zustimmung des Betriebsrats abhängig macht. Damit wäre sichergestellt, dass auch die Arbeitnehmerinteressen in die Amtsführung der fraglichen Person eingehen.

1841 Er existiert schon heute im bayerischen Personalvertretungsrecht.

# 7. Die Mitbestimmung im Unternehmen

## 7.1. Die Entwicklung der Mitbestimmungsforderung

1275 Das Verlangen nach «Mitbestimmung», nach gleichberechtigtem Einfluss auf die Arbeitsbedingungen ist so alt wie die Arbeiterbewegung selbst.[1] Es fand seinen Ausdruck in Arbeitsniederlegungen, durch die gegen bestimmte Missstände protestiert wurde, später in Kollektivverträgen und in der Einschaltung der betrieblichen Interessenvertretung in bestimmte arbeitsbezogene Vorgänge. Zu diesem ansatzweise schon im 19. Jahrhundert ausgebildeten Instrumentarium trat in der Weimarer Zeit, vor allem aber nach dem Zweiten Weltkrieg, **die Entsendung von Arbeitnehmervertretern in die Unternehmensorgane** hinzu – eine Form der Mitbestimmung, die in den 70er Jahren die Diskussion beherrschte und die vorübergehend im öffentlichen Bewusstsein zur «Mitbestimmung» schlechthin wurde. Als Idee hat sie «viele Väter»[2], die von der katholischen Soziallehre bis zu radikaldemokratischen und sozialistischen Positionen reichen.[3] Die einen wollen mit ihr eine **Versöhnung von Arbeit und Kapital** in die Wege leiten; die Sozialenzyklika Papst Johannes' XXIII. «Mater et Magistra» mag hier als wichtiges Beispiel stehen.[4] Die anderen sehen in ihr ein zusätzliches Mittel der Interessenvertretung, das **ein Stück mehr Demokratie** bringt,[5] ohne dass deshalb die vorhandenen grundsätzlichen Interessengegensätze überbrückt werden könnten.

1276 Den ersten gesetzlichen Niederschlag fand die Mitbestimmungsforderung in der sehr allgemeinen Formulierung des Art. 165 WRV, wonach Arbeiter und Angestellte dazu berufen seien, gleichberechtigt «an der gesamten wirtschaftlichen Entwicklung der produktiven Kräfte» mitzuwirken. Diese

1 Anthes-Blume u. a., S. 47, nennen sogar Beispiele aus vorindustrieller Zeit.

2 So Hensche Mb-Gespr. 1973, 165.

3 Übersicht bei Kunze-Christmann, Wirtschaftliche Mitbestimmung im Meinungsstreit, 2 Bände, Köln 1964.

4 S. die bei Kunze-Christmann, Bd. 2, S. 93 ff., abgedruckten Auszüge.

5 So etwa DGB (Hrsg.), Mitbestimmung jetzt, Referentenmaterial o. J. [1973], S. 17 ff.

Grundentscheidung, die im Übrigen weiter ging als das nur die «soziale Mitbestimmung» einbeziehende Abkommen über die Zentralarbeitsgemeinschaft[6], fand im **BRG 1920** nur noch insofern einen Niederschlag, als die Arbeitnehmer im Aufsichtsrat vertreten sein mussten. Nach § 70 BRG, der durch ein **Ausführungsgesetz vom 15. 2. 1922** ergänzt wurde, besaßen die Betriebsräte das Recht, ein Mitglied (bei mehr als dreiköpfigem Aufsichtsrat: zwei) in den Aufsichtsrat zu entsenden, das volles Stimmrecht hatte und das – wie § 70 Satz 1 ausdrücklich sagte – «die Interessen oder Forderungen der Arbeitnehmer sowie deren Ansichten und Wünsche hinsichtlich der Organisation des Betriebs zu vertreten» hatte. Dahinter stand die Erwägung,

«dass nichts so sehr die Arbeitsfreudigkeit, das Verantwortungsgefühl und das Interesse an der Hebung der Betriebsleistungen und des Ertrages zu steigern geeignet ist, als die verantwortliche Mitwirkung an der obersten Leitung des Unternehmens»[7].

Diese sozialpartnerschaftliche Absicht ließ sich durchaus mit der im Gesetz vorgesehenen ausschließlichen Ausrichtung an Arbeitnehmerinteressen vereinbaren, waren doch die Arbeitnehmervertreter aufgrund ihrer Minderheitenposition im Konfliktfall sowieso nicht in der Lage, dem Unternehmen eine andere Ausrichtung zu geben.

In der späteren Weimarer Diskussion spielte die Unternehmensmitbestimmung keine wesentliche Rolle mehr; **die vom ADGB entwickelte Konzeption der Wirtschaftsdemokratie**[8] bezog sich ausschließlich auf eine verstärkte Einschaltung der Gewerkschaften in den überbetrieblichen Bereich und die staatliche Wirtschaftspolitik, nicht jedoch auf eine Demokratisierung der Unternehmensleitungen. Damit war von vorneherein eine Entscheidungsebene ausgeklammert, die trotz aller staatlicher «Eingriffe» noch immer zentrale Bedeutung für die Arbeitnehmerexistenz besaß (und besitzt). Ein anderes Defizit dieser Konzeption lag darin, nicht nach den Voraussetzungen sozialer Veränderungen zu fragen. 1277

---

6 Wendt, Mitbestimmung und Sozialpartnerschaft in der Weimarer Republik, Beilage zu «Das Parlament», B 26/69, S. 36.

7 So die amtliche Begründung des Regierungsentwurfs, mitgeteilt bei Flatow/Kahn-Freund § 70 Anm. 1.

8 Naphtali, Wirtschaftsdemokratie, Frankfurt/M. 1966 (Neudruck).

## 7.2. Unternehmensmitbestimmung nach 1945 und in der Bundesrepublik – ein Überblick

### 7.2.1. Die Einführung der Aufsichtsratsparität durch die britische Besatzungsmacht

1278 Die unmittelbar nach Kriegsende gebildeten betrieblichen Interessenvertretungen[9] sowie die neu gegründeten **Gewerkschaften**[10] verfolgten zunächst das **Ziel, Grundstoff- und Schlüsselindustrien zu verstaatlichen** und die Reaktivierung der kapitalistischen Produktionsweise zu verhindern. Besonders nachhaltig wurde an Rhein und Ruhr für eine Vergesellschaftung des Bergbaus und auch der Stahlindustrie gekämpft, wobei die Initiative in der Regel bei den Betriebsräten, nicht bei den gewerkschaftlichen Führungsorganen lag.[11] Dort herrschte vielmehr die Auffassung vor, die in der Weimarer Zeit erstrebte Wirtschaftsdemokratie mit einem «Unterbau» in Betrieb und Unternehmen zu versehen und im Wege parlamentarischer Gesetzgebung zu einer gleichberechtigten Beteiligung der Arbeitnehmerseite in den Unternehmensorganen zu gelangen.[12] Die Unternehmen selbst waren größtenteils von den Alliierten beschlagnahmt worden; nach dem Potsdamer Abkommen waren sie zu «entflechten», d. h. in kleinere Wirtschaftseinheiten aufzuteilen.[13]

1279 In dieser Situation machte die Arbeitgeberseite den Gewerkschaften das Angebot, die Aufsichtsräte zur Hälfte mit Arbeitnehmern zu besetzen und einen gewerkschaftlich orientierten Arbeitsdirektor in den Vorstand aufzunehmen.[14] Die Beweggründe für dieses Umdenken gerade in der traditionell gewerkschaftsfeindlichen Schwerindustrie wurden bisweilen sehr offen ausgesprochen. So erklärte der Leiter der Treuhandstelle, Heinrich Dinkelbach[15]:

«Ich habe diese Form der Beteiligung der Arbeiter gewählt, erstens, damit man ihnen sagen kann, dass es ihre Werke sind … und sie dieselben verteidigen müssen, und zweitens,

9 Dazu oben 6.1.9.–12. (Rn 737 ff.).

10 Dazu oben 3.1.5. (Rn 97 ff.).

11 Näher dazu U. Schmidt/Fichter, Der erzwungene Kapitalismus, Berlin 1971, S. 23 ff.

12 Deppe u. a., S. 75.

13 Eberhard Schmidt, Neuordnung, S. 53 ff.

14 Huster-Kraiker u. a., S. 206 ff.

15 Zitiert bei Deppe u. a., S. 85; dort auch weitere Nachweise. S. weiter das von Reusch unterzeichnete «Angebotsschreiben» der Gutehoffnungshütte vom 18. 1. 1947, abgedruckt bei Nagel, S. 27. Von Interesse auch das Interview mit dem ehemaligen Leiter der (britischen) Stahlkontrollbehörde Harris-Burland, in: Gloria Müller Mitb 1983, 526 ff.

weil dadurch die Möglichkeit besteht, die Arbeiter gegen die Sozialisierung in Bewegung zu bringen.»

Das Angebot wurde akzeptiert. **Bis Frühjahr 1948 wurden 24 neue, entflochtene Gesellschaften** geschaffen, deren Aufsichtsräte mit fünf Arbeitnehmer- und fünf Arbeitgebervertretern sowie mit einem Vertreter der Treuhandverwaltung besetzt waren. Die tatsächliche Zusammensetzung berücksichtigte auch weitere Interessen: Nur drei der Unternehmervertreter stammten wirklich aus dem Bereich der Anteilseigner, einer musste aus dem Bereich der öffentlichen Hand kommen, und ein weiterer wurde von der Unternehmensleitung entsandt.[16] Die Arbeitnehmerseite war in zwei innerbetriebliche und zwei von der Gewerkschaft entsandte Vertreter aufgeteilt, zu denen ein der Arbeitnehmerseite nahe stehender Repräsentant der öffentlichen Hand kam. In Wahrheit lag daher **eher ein «Drei-Bänke-System»** vor, das es einer Koalition aus Arbeitnehmervertretern und Vertretern der öffentlichen Hand prinzipiell ermöglicht hätte, das Unternehmen gegen den Willen der Anteilseigner zu führen.

In anderen Teilen der Wirtschaft geschah nichts Vergleichbares. Die zwi- 1280
schen 1946 und 1950 verabschiedeten **Landesverfassungen** enthielten ausdrückliche Bekenntnisse zur Mitbestimmung auf allen Ebenen, deren Wortlaut zum Teil erheblich über Art. 165 WRV hinausging.[17] Dem Gesamtzusammenhang der Texte nach war dies nicht als Aufruf zur Partnerschaft von Arbeit und Kapital gedacht, da dieselben Verfassungen weitgehende Sozialisierungsbestimmungen enthielten.[18] Versuche, einiges davon in die Tat umzusetzen, scheiterten spätestens am Widerstand der Alliierten.

### 7.2.2. Das Montanmitbestimmungsgesetz als erkämpfter Kompromiss

Nachdem das Grundgesetz seiner wirtschaftspolitischen Offenheit wegen[19] 1281
zur paritätischen Mitbestimmung im Unternehmen weder positiv noch negativ Stellung bezogen hatte, unternahm die Regierung **Adenauer** den Versuch, die entflochtenen Gesellschaften wieder dem deutschen Recht, d. h. konkret: dem Aktiengesetz von 1937 und dem GmbH-Gesetz von 1892, zu unterstellen, die selbstredend **keine Arbeitnehmervertretung im Auf-**

16 Deppe u. a., S. 87.

17 S. die Übersicht bei Otto, Festschrift Böckler, S. 412 ff., und Wahsner, in: Mayer-Reich, S. 96 ff.

18 Übersicht bei Däubler, in: Däubler/Sieling-Wendeling/Welkoborsky, Eigentum und Recht, Darmstadt 1976, S. 143 ff.

19 Dazu oben 3.2.1. (Rn 103 ff.).

**sichtsrat** vorsahen.[20] Die Gewerkschaften mobilisierten daraufhin die Belegschaften an Rhein und Ruhr; in einer **Urabstimmung** entschieden sich 95,87 % der organisierten Metaller und 92,8 % der organisierten Bergleute **dafür**, gegebenenfalls für die Mitbestimmung **in den Streik zu treten**.[21] Eine derart eindeutige Willensbekundung verfehlte ihre Wirkung nicht; in der CDU gewannen die Anhänger des Mitbestimmungsgedankens die Oberhand, Adenauer bekannte sich demonstrativ zum Ahlener Programm. In Verhandlungen zwischen Gewerkschaften, Arbeitgeberverbänden und Regierung wurden die wichtigsten Fragen einer gesetzlichen Regelung der «Montanmitbestimmung» geklärt, ehe dann am 10. 4. 1951 das noch heute geltende «Gesetz über die Mitbestimmung der Arbeitnehmer in den Aufsichtsräten und Vorständen der Unternehmen des Bergbaus und der Eisen und Stahl erzeugenden Industrie» (kürzer: Montanmitbestimmungsgesetz – **MMitbG**) verabschiedet wurde.[22]

1282 Das für den **Bergbau** sowie die **Eisen- und Stahlerzeugung** (nicht: -verarbeitung) geltende Gesetz hat die Beteiligung der Arbeitnehmer an den Unternehmensorganen in die Strukturen des Rechts der Kapitalgesellschaften eingepasst. Vorbild war die im Aktienrecht vorgefundene Aufteilung in 3 **Gesellschaftsorgane**: die über Grundsatzfragen wie Satzungsänderungen und Kapitalerhöhungen entscheidende **Hauptversammlung**, der den Vorstand wählende und kontrollierende **Aufsichtsrat** sowie schließlich der **Vorstand** selbst als die maßgebende Unternehmensleitung.[23] Während die Hauptversammlung von der Mitbestimmung nicht berührt wird, erfährt der Aufsichtsrat eine weitgehende Umgestaltung: Er muss aus einer gleichen Anzahl von Vertretern der Arbeitnehmer- wie der Arbeitgeberseite (in der Regel fünf) sowie einem neutralen elften Mann bestehen, auf den sich beide Seiten einigen müssen. Das so zusammengesetzte Gremium wählt den Vorstand. Diesem muss notwendigerweise ein **Arbeitsdirektor** angehören, der nicht gegen die Stimmen der Mehrheit der Arbeitnehmervertreter bestellt werden kann (§ 13 Abs. 1 MMitbG).[24] Dieses für die AG entwickelte Modell wird durch § 3 Abs. 1 MMitbG **auf die GmbH übertragen**; sie muss daher gleichfalls einen Aufsichtsrat bilden, dessen Rechte und Pflichten sich nach dem AktG bestimmen (§ 3 Abs. 2 MMitbG). **Nicht erfasst** ist dagegen ein Unternehmen des Bergbaus oder der Eisen- und Stahlindustrie, das in der Form einer **Stiftung**, einer offenen Handelsgesellschaft, einer **Kommanditgesellschaft** oder als einzel-

---

20 Eberhard Schmidt, Neuordnung, S. 183 ff.

21 Eberhard Schmidt, S. 184 ff., auch zum Folgenden.

22 BGBl I, 347.

23 Zur Einführung: Zachert, WSI-Mitt. 1974, Sonderdruck (= Heft 9–12), S. 3 ff.

24 Zum Arbeitsdirektor und seinen zwingend zu beachtenden Kompetenzen s. Däubler NZG 2005, 619 ff. Spieker, FS Gnade, S. 275 ff.

kaufmännisches Unternehmen betrieben wird; auch muss es – von den durch die Alliierten geschaffenen «Einheitsgesellschaften» abgesehen – in der Regel mehr als 1000 Arbeitnehmer beschäftigen.

Das Montanmitbestimmungsgesetz hat dafür Sorge getragen, dass die 1283 Interessen der unternehmensangehörigen Arbeitnehmer im Aufsichtsrat zur Geltung kommen können, dass aber durch Einschaltung der Gewerkschaften eine ausschließliche Fixierung auf die Interessen des «eigenen» Unternehmens nach Möglichkeit verhindert wird. Nur **zwei der fünf Arbeitnehmervertreter** werden **von den Betriebsräten** nach Beratung mit den im Betrieb vertretenen Gewerkschaften und ihren Spitzenorganisationen **vorgeschlagen** (§ 6 Abs. 1 MMitbG). Jede **Spitzenorganisation** (DGB, CGB) kann dagegen mit der Begründung **Einspruch** einlegen, der Vorgeschlagene biete nicht die Gewähr dafür, «zum Wohle des Unternehmens und der gesamten Volkswirtschaft verantwortlich im Aufsichtsrat mitzuarbeiten». Wird dieser Einspruch zurückgewiesen, so liegt die letzte Entscheidung beim Bundesminister für Arbeit und Soziales (§ 6 Abs. 2 MMitbG).

Wichtiger als dieses nie praktisch werdende Vetorecht ist die den **Spitzenorganisationen** in § 6 Abs. 3 MMitbG eingeräumte Befugnis, nach vorheriger 1284 Beratung mit den im Betrieb vertretenen Gewerkschaften den Betriebsräten **zwei weitere Mitglieder** vorzuschlagen. Zu diesen beiden «Außerbetrieblichen» kommt ein ebenfalls von den Spitzenorganisationen vorzuschlagendes **weiteres Mitglied** hinzu, das seiner «Neutralität» wegen weder ein Repräsentant der Gewerkschaft noch ein als Arbeitnehmer oder in anderer Weise am Unternehmen Interessierter sein darf (§§ 4 Abs. 2, 6 Abs. 4 MMitbG). Sämtliche Vorschläge waren bis zu der **Neuregelung im Mai 1981**[25] für die Hauptversammlung, die dem Aktienrecht entsprechend den gesamten Aufsichtsrat wählt, bindend (§ 6 Abs. 5 MMitbG). Seither tritt die Bindungswirkung erst dann ein, wenn der Vorgeschlagene **von der Versammlung aller unternehmensangehörigen Betriebsräte gewählt** ist.[26] Mit diesen «Vorschlägen» ist die Entscheidung gefallen, da die Hauptversammlung (bzw. die Gesellschafterversammlung bei der GmbH) nach § 6 Abs. 6 MMitbG an sie gebunden ist.

**Wie** wird das neutrale Mitglied, **der sog. elfte Mann bestimmt**? Gesetz- 1285 licher Normalfall ist ein **gemeinsamer Vorschlag** der Arbeitgeber- wie der Arbeitnehmervertreter. Diesem müssen nach § 8 Abs. 1 MMitbG mindestens drei Vertreter beider «Bänke» zustimmen. Kommt ein solcher Vorschlag nicht zustande oder wird die vorgeschlagene Person nicht gewählt, so wird nach § 8 Abs. 2 MMitbG ein **«Vermittlungsausschuss»** gebildet, der aus je zwei Mitgliedern beider Seiten besteht. Er hat einen Monat Zeit, um eine «Liste»

25 Gesetz vom 21. 5. 1981, BGBl I 441.

26 § 6 Abs. 5 MMitbG n. F. Überblick über die Novellierung bei Engels BB 1981, 1349 ff.

mit drei Personen zu finden, die er dem Wahlorgan (Hauptversammlung bzw. Gesellschafterversammlung) vorschlägt. Dieses hat dann ein Auswahlrecht. Kommt kein Vorschlag zustande, weil Abstimmungen immer 2 zu 2 ausgehen oder kein vernünftiger Mensch bereit ist, sich bei vielen Streithähnen ins Getümmel zu stürzen, entscheidet das Wahlorgan nach § 8 Abs. 3 Satz 7 MMitbG allein.

Was passiert, wenn zwar ein Vorschlag zustande kommt, die Hauptversammlung aber alle genannten Personen als «nicht seriös» oder «überhaupt nicht geschäftserfahren» zurückweist? In einem solchen Fall entscheidet nach § 8 Abs. 3 Satz 4 MMitbG das zuständige Oberlandesgericht.

In der **Praxis** werden diese komplizierten Verfahren nie durchgespielt. Man einigt sich spätestens in dem «Vermittlungsausschuss» über die fragliche Person, wobei das Letztentscheidungsrecht des Wahlorgans die Arbeitnehmerseite veranlassen kann, auch eine Person mit gewisser «Neigung» zur Arbeitgeberseite hin zu akzeptieren; schließlich könnte diese ja auch (umgangssprachlich gesagt) einen «scharfen Hund» durchboxen.

1286 Der Aufsichtsrat wählt sämtliche Vorstandsmitglieder (bzw. bei der GmbH die Geschäftsführer). Unter ihnen muss sich **als gleichberechtigtes Mitglied ein «Arbeitsdirektor»** befinden, der für soziale und personelle Angelegenheiten zuständig ist.[27] Er kann nach § 13 Abs. 1 Satz 2 MMitbG nicht gegen die Stimmen der Mehrheit der Arbeitnehmervertreter gewählt werden. In der Praxis gibt es eine stillschweigende Abrede der Art, dass die Arbeitnehmerseite insoweit «freie Hand» hat, während dasselbe den Vertretern der Anteilseigner für alle übrigen Vorstands- bzw. Geschäftsführungspositionen eingeräumt wird. Nur bei einem völlig aus dem Rahmen fallenden Vorschlag würde vermutlich anderes gelten.

### 7.2.3. Drittelbeteiligung im Aufsichtsrat

1287 Die gewerkschaftliche Kraft reichte nicht mehr aus, um im Jahre 1952 die paritätische Besetzung des Aufsichtsrats in allen Großunternehmen durchzusetzen. Das nach dem missglückten Zeitungsstreik[28] gegen die Stimmen von SPD und KPD verabschiedete BetrVG räumte den Arbeitnehmervertretern nur ein Drittel der Aufsichtsratssitze in **Kapitalgesellschaften mit mehr als**

27 Einzelheiten zu seinem Kompetenzbereich bei Däubler NZG 2005, 619 ff.; Hanau ZGR 1983, 246 ff. Köstler u. a. Rn 642 ff.; Raiser. MitbG, § 33 Rn 16; Wendeling-Schröder, Divisionalisierung, S. 31 ff. mwN. Monographisch Spie-Piesker, Der Geschäftsbereich des Arbeitsdirektors, Heidelberg 1983. Vgl. auch LG Frankfurt/M. Mitb 1984, 352; BGH Mitb 1984, 85.

28 S. oben 6.1.12. (Rn 742).

**500 Arbeitnehmern** ein.[29] Erfasst sind AG, KGaA, GmbH und eingetragene Genossenschaften, Versicherungsvereine auf Gegenseitigkeit allerdings nur, wenn sie einen Aufsichtsrat besitzen.[30] Auch sind Tendenzunternehmen und Religionsgemeinschaften samt ihren Einrichtungen ausgenommen.

Bei AGs war zu beachten, dass die 500-Personen-Grenze zunächst nur galt, wenn es sich um eine Familien-AG handelte. Andere waren schon kraft Rechtsform erfasst – eine Regelung, die noch heute für alle vor dem 10. August 1994 ins Handelsregister eingetragenen AGs gilt.

Im Vergleich zum MMitbG ergaben sich daneben noch weitere Modifikationen:

▶ Die Verbindung zwischen gewerkschaftlicher Interessenvertretung und Ar- 1288
beitnehmervertretung im Aufsichtsrat wurde auf der rechtlichen Ebene fast völlig abgeschnitten. Besteht der gesamte Aufsichtsrat aus drei oder sechs Mitgliedern, so sind für die ein oder zwei Arbeitnehmersitze nur Betriebsangehörige wählbar; erst wenn er neun oder mehr Mitglieder hat, **kann als dritte Person auch ein «Externer»** gewählt werden (§ 77 Abs. 2 BetrVG 1952). Da sich die Zahl der Aufsichtsratsmitglieder allein nach der Satzung bestimmt, entscheiden letztlich die Anteilseigner darüber, ob überhaupt ein Gewerkschaftsvertreter in den Aufsichtsrat kommt.

Ein **Arbeitsdirektor** muss **nicht bestellt** werden. Selbst wenn es ihn gibt, 1289
hat die Arbeitnehmerseite keinen besonderen Einfluss darauf, wer im konkreten Fall gewählt wird.

▶ Die Arbeitnehmervertreter werden **unmittelbar durch die Belegschaft** 1290
**gewählt**. Eine Koordination mit den Betriebsräten ist nicht vorgesehen, sodass sich theoretisch im Aufsichtsrat Personen befinden können, die eine völlig andere Vorstellung von Interessenvertretung als die Betriebsräte haben und die deshalb nicht oder nur wenig mit der betrieblichen Interessenvertretung kooperieren.[31]

Die in den §§ 76–77 BetrVG 1952 enthaltene Regelung wurde bei der 1291
Reform des Betriebsverfassungsrechts im Jahre 1972 ausgeklammert und galt deshalb weiter. Ohne sachliche Änderung wurde sie 2004 in das **«Drittelbeteiligungsgesetz»** (abgekürzt: **DrittelbG**) überführt.[32]

---

29 §§ 76, 77 BetrVG 1952.

30 Bei den anderen Mitbestimmungsmodellen werden sie von vornherein nicht erfasst. Kritisch dazu Wißmann, FS Däubler, S. 393.

31 Berechtigte Kritik bei Hensche GMH 1975, 593.

32 Gesetz über die Drittelbeteiligung der Arbeitnehmer im Aufsichtsrat vom 18. Mai 2004, BGBl I, 974.

### 7.2.4. Das Mitbestimmungsgesetz 1976

1292 Die unbefriedigende Rechtslage nach dem BetrVG 1952 hat in den Gewerkschaften stets Widerspruch gefunden. Das Düsseldorfer Grundsatzprogramm des DGB von 1963 sprach in seiner Präambel davon, die Gewerkschaften würden um die Ausweitung der Mitbestimmung der Arbeitnehmer kämpfen. «Damit wollen sie» – so hieß es weiter – «eine Umgestaltung von Wirtschaft und Gesellschaft einleiten, die darauf abzielt, alle Bürger an der wirtschaftlichen, kulturellen und politischen Willensbildung gleichberechtigt teilhaben zu lassen.» Das Aktionsprogramm von 1965 forderte die paritätische Besetzung der Aufsichtsorgane und die Einrichtung von Arbeitsdirektoren in allen Großunternehmen. **1968** legte der **DGB** einen **Gesetzentwurf** vor, wonach das Montanmodell auf alle Großunternehmen ausgedehnt werden sollte, die zwei der folgenden drei Merkmale erfüllen: 2000 Beschäftigte, 75 Mio. DM Bilanzsumme, 150 Mio. DM Jahresumsatz.[33] Die Begründung war weder interessenharmonistisch noch klassenkämpferisch: Die Mitbestimmung leite sich «aus einem humanitären Leitbild von einer freiheitlichen und gerechten Ordnung» ab.[34]

1293 Die seit 1969 regierende **sozialliberale Koalition** setzte sich für eine Erweiterung der Unternehmensmitbestimmung ein. Die **Arbeitgeberseite** leistete nachhaltigen **Widerstand**, wobei sie sich insbesondere auf verfassungs- und völkerrechtliche Argumente stützte.[35]

Bemerkenswert ein der amerikanischen Handelskammer in Frankfurt erstattetes Gutachten, wonach die Einführung der paritätischen Mitbestimmung gegen das **deutsch-amerikanische Freundschafts- und Schifffahrtsabkommen** von 1954 verstoßen würde.[36] Dort befindet sich eine «Meistbegünstigungsklausel», wonach US-Unternehmen in Deutschland nicht schlechter als Unternehmen aus anderen Staaten behandelt werden dürfen. Viele Investitionsschutzabkommen der Bundesrepublik mit Entwicklungsländern enthielten nun Klauseln, die eine Einflussnahme auf die Geschäftsführungen deutscher Niederlassungen ausschlossen und die aus Gründen der internationalen Höflichkeit z. B. auf die sambischen Unternehmen in Deutschland erstreckt wurden. Auf dieses Privileg sollten sich nun die US-Unternehmen berufen dürfen …

In der politischen Diskussion spielte die Herstellung einer «Parität» im Aufsichtsrat die zentrale Rolle, doch konnte dieses Ziel nicht erreicht werden.

1294 Das **«Gesetz über die Mitbestimmung der Arbeitnehmer»** vom 4. Mai

33 Abgedr. u. a. RdA 1968, 185 ff.

34 So DGB (Hrsg.), Mitbestimmung – Eine Forderung unserer Zeit, 3. Aufl., Düsseldorf 1969, S. 10.

35 Grundlegend etwa R. Scholz, Mitbestimmung, S. 92 ff.; Zöllner-Seiter ZfA 1970, 97 ff.

36 Wengler, Die Mitbestimmung und das Völkerrecht, Baden-Baden 1975; zur Kritik s. U. Mayer GMH 1974, 771 ff.

1976[37] (abgekürzt: **MitbG**) enthält im Wesentlichen die folgenden Regelungen:

▶ Die Mitbestimmung im Aufsichtsrat wird auf Unternehmen **mit in der Regel mehr als 2000 Arbeitnehmern** erstreckt. Voraussetzung ist, dass sie in Form einer **AG**, einer **KGaA**, einer **GmbH** oder einer **Genossenschaft** betrieben werden. Nicht erfasst sind demnach alle Unternehmen mit 2000 und weniger Beschäftigten sowie Stiftungen, Versicherungsvereine auf Gegenseitigkeit, Personengesellschaften und einzelkaufmännische Unternehmen[38]. § 1 Abs. 4 MitbG **klammert** alle **Tendenzunternehmen** sowie Religionsgemeinschaften einschließlich ihrer karitativen und erzieherischen Einrichtungen **aus**.

Der Aufsichtsrat besteht formal aus einer gleichen Anzahl von Arbeitgeber- 1295
ber- und Arbeitnehmervertretern. § 7 MitbG legt die **Größe des Aufsichtsrats** fest: Bei Unternehmen mit nicht mehr als 10 000 Beschäftigten besteht dieser aus 12 (6 zu 6), bei Unternehmen mit nicht mehr als 20 000 Arbeitnehmern aus 16 (8 zu 8) und bei Unternehmen mit mehr als 20 000 Arbeitnehmern aus 20 (10 zu 10) Mitgliedern.

Unter den Arbeitnehmervertretern muss sich **zwingend ein Vertreter der leitenden Angestellten** befinden. Diese Gruppe wird in gleicher Weise wie in der Betriebsverfassung abgegrenzt.[39] Wahlvorschläge bedürfen nach § 15 Abs. 2 Nr. 2 MitbG eines Beschlusses der wahlberechtigten leitenden Angestellten. Dies hat zur Folge, dass etwaige Minderheiten faktisch nicht kandidieren können.

Die Einbeziehung der Leitenden war von der FDP durchgesetzt worden. Bemerkenswert war dabei das sog. Maihofer-Modell, das auf dem Freiburger Parteitag nur knapp unterlag: Es betrachtete die Leitenden als neutralen «Faktor Disposition» und wollte sie neben eine gleiche Anzahl von Arbeitnehmer- und Anteilseignervertretern stellen.

Besteht die «Arbeitnehmerbank» aus 6 oder 8 Personen, können **2**, besteht sie aus 10 Personen, können nach § 7 Abs. 2 MitbG **3 von der Gewerkschaft vorgeschlagene Personen** gewählt werden. Das Vorschlagsrecht steht jeder in einem Betrieb vertretenen Gewerkschaft zu; in der Regel werden hauptamtliche Mitarbeiter oder den Gewerkschaften nahe stehende Wissenschaftler benannt. Bisweilen werden auch im Unternehmen selbst beschäftigte Personen vorgeschlagen, was allerdings nicht dem Sinn der Regelung entspricht, die auch die nicht allein auf das Unternehmen bezogenen Arbeitnehmerinteressen zur Geltung bringen will.

---

37 BGBl I 1153.

38 Kritisch dazu sowie zum ausschließlichen Abstellen auf die Arbeitnehmerzahl Wißmann, FS Däubler, S. 392 ff.

39 Dazu oben 6.18.1. (Rn 1233 ff.).

▶ Die Vertreter der Arbeitnehmer werden von den Belegschaften aller unternehmensangehörigen Betriebe gewählt.[40] Hat das Unternehmen mehr als 8000 Beschäftigte, werden zunächst **Delegierte** gewählt, die dann nach Art von Wahlmännern die Aufsichtsratsmitglieder bestimmen. Dies ist jedoch nicht zwingend: Die Arbeitnehmer können beschließen, dass auch in einem größeren Unternehmen eine Urwahl stattfindet oder dass umgekehrt in einem kleineren ein Delegiertensystem praktiziert wird.

1296 ▶ Im Aufsichtsrat kann es zu einem **Abstimmungspatt** kommen, wenn der Vertreter der leitenden Angestellten mit den übrigen Arbeitnehmervertretern stimmt. Dies führt allerdings nicht dazu, dass der Aufsichtsrat lahm gelegt wäre oder dass sich – etwa in einem Losentscheid – auch die Arbeitnehmerposition durchsetzen könnte. Vielmehr findet in solchen Fällen eine zweite Abstimmung statt, bei der der Aufsichtsratsvorsitzende zwei Stimmen hat (sog. **Stichentscheid**). Der **Vorsitzende gehört** aber praktisch immer **der Anteilseignerseite an**: Findet ein Kandidat im ersten Anlauf keine Zweidrittelmehrheit, so wählen nach § 27 Abs. 2 MitbG die Anteilseigner den Vorsitzenden, die Arbeitnehmervertreter seinen Stellvertreter.

In der Regel wird man nicht diese Prozedur durchlaufen, sondern durch informelle Gespräche klären, welcher Vertreter der Anteilseigner den Vorsitz übernimmt. So gut wie immer wird Wert darauf gelegt, Kampfabstimmungen zu vermeiden, da dies ein schlechtes Omen für die künftige Arbeit wäre.

▶ Steht die **Wahl von Vorstandsmitgliedern oder Geschäftsführern** an, so gilt im Grundsatz dasselbe. Kommt es dabei zu einem Patt, ist allerdings nach § 31 Abs. 3 MitbG ein **«Vermittlungsausschuss»** einzuschalten, der aus dem Aufsichtsratsvorsitzenden und seinem Stellvertreter sowie einem Anteilseigner- und einem Arbeitnehmervertreter besteht. Kommt er zu keinen neuen Vorschlägen oder finden diese keine Zustimmung, kann die Wahl mit Hilfe des Zweitstimmrechts des Vorsitzenden erfolgen.

Aufsichtsratsvorsitzende sind bisweilen auch in Angelegenheiten anderer Unternehmen unterwegs, sodass sie nicht an der Sitzung teilnehmen können. Diese wird dann vom Stellvertreter geleitet. Eine Chance für die Arbeitnehmerseite? Nein, der Gesetzgeber hat aufgepasst: Dem **Stellvertreter** steht nach § 29 Abs. 2 Satz 3 MitbG **kein Zweitstimmrecht** zu.

1297 Nach § 33 MitbG wird ein **Arbeitsdirektor** bestellt. Dieser hat die gleichen Rechte wie die übrigen Mitglieder des Vorstands bzw. der Geschäftsführer und ist für soziale und personelle Angelegenheiten zuständig. Allerdings besteht im Vergleich zum MMitbG ein entscheidender Unterschied: Er benötigt nicht die Unterstützung der Mehrheit der Arbeitnehmerbank, sondern kann

40 Zur Konzernproblematik s. unten 7.2.5. (Rn 1298 ff.).

theoretisch sogar mit Hilfe des Zweitstimmrechts des Vorsitzenden gewählt werden. In der Praxis bemüht man sich um Einvernehmen mit der Arbeitnehmerseite; diese hat allerdings in aller Regel keine Möglichkeit, einen ihrer Gewährsleute durchzusetzen.

Möglicherweise ist dies viel wichtiger als die zahlenmäßige Zusammensetzung des Aufsichtsrats: Da der Arbeitsdirektor letztlich über innerbetriebliche Karrieren entscheidet, könnten sich **Anpassungsmuster** bei vielen Beschäftigten ändern, die man dann (ein wenig überpointiert gesagt) eher bei der 1.-Mai-Demo als im Rotary Club finden würde. In der politischen Diskussion hat dies eine sehr geringe Rolle gespielt.[41] Heute hätte es Bedeutung, sofern sich die Arbeitnehmerseite in der Lage sieht, eine alternative Unternehmenspolitik zu entwickeln.

## 7.2.5. Sonderregeln für Konzerne

Die Beschränkung der Montanmitbestimmung auf den Bergbau sowie die 1298
Eisen- und Stahlerzeugung bringt von vornherein die Gefahr mit sich, dass das Gesetz durch Änderung des Unternehmensschwerpunkts unanwendbar wird. Praktische Bedeutung gewann dies erstmals in den 50er Jahren, als «Montanobergesellschaften» gebildet wurden, die zwar nur Verwaltungsaufgaben erfüllten, aber die Unternehmenspolitik maßgebend bestimmten. Ob das MMitbG auf sie anwendbar war, erschien zumindest zweifelhaft. Aufgrund entschiedener gewerkschaftlicher Forderungen, die durch Warnstreiks von über 800 000 Arbeitnehmern unterstützt wurden[42], wurde das sog. **Mitbestimmungsergänzungsgesetz vom 7. August 1956**[43] erlassen. Es dehnte die paritätische Zusammensetzung des Aufsichtsrats auf die Konzernspitze aus, soweit diese die Rechtsform einer AG oder GmbH hatte und soweit die Umsätze des Gesamtkonzerns zu mehr als 50 % im Montanbereich lagen (§ 3 Abs. 2 MitbErgG). Mittlerweile ist diese sog. **Montanquote auf 20 % gesenkt** worden; andernfalls hätte das MMitbG so gut wie keinen Anwendungsbereich mehr. Unterschiede zum MMitbG bestehen insoweit, als die «Außerbetrieblichen» innerhalb der Arbeitnehmerbank in der Minderheit sind und der Arbeitsdirektor nicht mehr die Unterstützung durch die Mehrheit der Arbeitnehmerbank benötigt. Der Konzernzusammenhang wird nicht definiert; § 1 des Gesetzes verlangt lediglich, dass ein Montanunternehmen «beherrscht» wird.

41 Bemerkenswert aber der Beitrag von Zöllner-Seiter (ZfA 1970, 97 ff.), wo bei einer Realisierung der paritätischen Mitbestimmung die «Konfrontationsfähigkeit» der Arbeitgeberseite als gefährdet angesehen wurde.

42 Vgl. Nagel, S. 32.

43 BGBl I, 707.

1299 Die Behandlung von **Konzernen im DrittelbG** ist genauso kompliziert wie nach den §§ 76, 77 BetrVG 1952 geblieben. Im Einzelnen muss man unterscheiden:

▶ Findet **im herrschenden Unternehmen** eines Konzerns eine **Aufsichtsratswahl** nach dem DrittelbG statt, so nehmen an dieser nach § 2 Abs. 1 DrittelbG auch die Arbeitnehmer der abhängigen Gesellschaften teil: Sie werden ja von den an der Spitze gefällten Entscheidungen genauso betroffen. Dabei wird auf den Konzernbegriff des § 18 Abs. 1 AktG verwiesen.

*Beispiel:* Die Handels-GmbH beschäftigt 700 Arbeitnehmer. Sie ist Mehrheitsgesellschafterin bei der «Finanzierungsabwicklungs-GmbH» mit 200 Beschäftigten und bei der Kundendienst-GmbH mit 600 Beschäftigten. Kraft Mehrheitsbesitzes liegt ein Konzern i. S. des § 18 Abs. 1 AktG vor. An der Wahl zum Aufsichtsrat der Handels-GmbH nehmen auch die Finanzer und die Kundendienstler teil. Die Kundendienst-GmbH wählt daneben ihren eigenen Aufsichtsrat, der aber möglicherweise nicht allzu viel zu sagen hat.

▶ Erfüllt die Konzernspitze von der Zahl ihrer eigenen Arbeitnehmer her die Voraussetzungen des DrittelbG nicht, so stellt sich das **Problem, ob** die bei den abhängigen Gesellschaften Tätigen **hinzuzurechnen** sind. § 2 Abs. 2 DrittelbG sieht dies nur vor, wenn ein **Beherrschungsvertrag** oder eine (nur bei AGs mögliche) Eingliederung vorliegt. Ein bloßer Mehrheitsbesitz genügt auch dann nicht, wenn er 100 % ausmacht.

Hätte im eben genannten Beispiel die Handels-GmbH nur 300 Beschäftigte, wäre das DrittelbG nur dann anwendbar, wenn im Verhältnis zur Finanzierungs-GmbH und zur Kundendienst-GmbH ein Beherrschungsvertrag bestehen würde. Rational nachvollziehbare Gründe für diese Differenzierung sind nicht erkennbar.[44] Es bleibt nur noch der Aufsichtsrat bei der Kundendienst-GmbH.

Was geschieht, wenn die Konzernspitze überhaupt **keinen Arbeitnehmer** beschäftigt, weil sie nur die Anteile an den abhängigen Gesellschaften verwaltet (sog. **Holding**)? Bestehen Beherrschungsverträge, kommt es auf die Zahl der bei der Spitze Beschäftigten nicht an.[45]

Was geschieht, wenn es sich bei der Spitze um eine vor 1994 gegründete AG handelte, die automatisch der Drittelbeteiligung unterfiel, und wenn sie nunmehr keinen Arbeitnehmer mehr beschäftigt?[46] Bestehen keine Beherrschungsverträge, so fällt mangels Arbeitnehmer die Drittelbeteiligung weg.[47]

44 Kritisch auch Wißmann, FS Däubler, S. 393.

45 Dazu Köstler u. a. Rn 266 unter Verweisung auf eine abweichende BAG-Entscheidung, die inzwischen aber wohl überholt ist.

46 Zur Einbeziehung aller AGs s. oben 7.2.3. (Rn 1287).

47 OLG Zweibrücken AG 2005, 928.

Das **MitbG** hat in § 5 Abs. 1 Satz 1 eine eindeutige Regelung getroffen; es **rechnet die Arbeitnehmer der abhängigen Unternehmen** generell **dem herrschenden Unternehmen zu**. Auch hier findet der Konzernbegriff des § 18 Abs. 1 AktG Anwendung. Die Mitbestimmung an der «Spitze» setzt voraus, dass diese als AG, KGaA, GmbH oder eingetragene Genossenschaft organisiert ist und die Gesamtzahl der in den einzelnen Konzernunternehmen beschäftigten Arbeitnehmer über 2000 liegt. Auch eine «arbeitnehmerlose» Holding unterliegt der Mitbestimmung.[48] In bestimmten Konstellationen gibt es zusätzliche Probleme. 1300

Denkbar ist einmal, dass es in einem Konzern Tochter- und Enkelgesellschaften gibt (sog. mehrstufiger Konzern) und dass die Töchter die Geschäftspolitik der Enkel maßgebend beeinflussen. 1301

*Beispiel:* Die Software Holding GmbH ist zu 100 % an der Software-Entwicklungs-GmbH beteiligt, die ihrerseits Alleingesellschafterin von zwei Software-Vertriebs-GmbHs ist. Unterstellt, die Entwicklungs-GmbH steuert auch den Vertrieb, so stellt sich die Frage, ob eigentlich auch bei der Entwicklungs-GmbH ein mitbestimmter Aufsichtsrat zu errichten ist.

Man spricht in solchen Fällen von einem **«Konzern im Konzern»** oder einem «Unterkonzern»; er wird als eigenständige Größe behandelt, sodass die Arbeitnehmer der Enkelgesellschaften an den Wahlen zum Aufsichtsrat der Tochter teilnehmen können[49]. Dies rechtfertigt sich mit der Überlegung, dass die auf die Arbeitnehmer bezogenen Entscheidungen ja auch an zwei Stellen, nämlich bei der Holding wie bei der Tochter fallen. Genauso verfährt die Rechtsprechung, wenn es um die Errichtung eines Konzernbetriebsrats geht.[50]

Möglich ist weiter, dass die Konzernspitze z. B. als OHG oder als einzelkaufmännisches Unternehmen nicht der Mitbestimmung unterliegt, aber eine GmbH beherrscht, von der wiederum andere Gesellschaften abhängig sind. In einem solchen Fall spricht man von einem **«Teilkonzern»**; nach § 5 Abs. 3 MitbG ist bei der abhängigen GmbH ein Aufsichtsrat zu bilden. Dabei wird nicht darauf abgestellt, ob diese eine effektive Leitungsmacht ausübt oder nicht.[51] 1302

Eine weitere verbreitete Erscheinung ist das **Gemeinschaftsunternehmen**, das beispielsweise zwei beteiligten GmbHs jeweils zur Hälfte gehört. Soweit die Leitungsbefugnis nicht auf eine der «Mütter» übergegangen ist, 1303

---

48 BayObLG DB 1998, 973 f.; Köstler u. a. Rn 255.
49 Köstler u. a. Rn 238 ff.; Raiser § 5 Rn 23.
50 BAG AP Nr. 1 zu § 54 BetrVG 1972.
51 Raiser § 5 Rn 35.

liegt eine doppelte Konzernbindung vor; die Beschäftigten können bei den Aufsichtsratswahlen in beiden Muttergesellschaften mitwählen.[52]

1304 In § 4 Abs. 1 MitbG hat die **GmbH & Co KG** eine eingehende Regelung erfahren. Da zwar die GmbH, nicht aber die KG der Mitbestimmung unterliegt, besteht die Gefahr, dass durch «Verteilung» der Arbeitskräfte auf GmbH und KG die Grenzen des MitbG nicht erreicht werden, obwohl es sich um eine wirtschaftliche Einheit handelt.

*Beispiel:* Die GmbH gehört zu 90 % dem X und zu 10 % seiner Ehefrau. Die GmbH hat zusammen mit X eine KG gegründet. Die GmbH beschäftigt 200 Arbeitnehmer, die KG 1900.

Hier werden nach § 4 Abs. 1 MitbG die **Arbeitnehmer der KG der GmbH zugerechnet**, sodass das MitbG anwendbar wird. Dies gilt aber nur, soweit hinter beiden Gesellschaften im Wesentlichen dieselben Personen stehen («Mehrheitsidentität»); gründet die GmbH mit zwei anderen Personen eine KG, die auch Kapital oder ihre Arbeitsleistung einbringen, findet § 4 Abs. 1 keine Anwendung.

Was geschieht, wenn im Gesellschaftsvertrag der KG festgeschrieben ist, dass alle Entscheidungen von den Kommanditisten getroffen werden und die GmbH nichts zu sagen hat? Die Mitbestimmung würde dann ins Leere laufen; § 4 Abs. 2 MitbG sieht deshalb vor, dass die GmbH von der Geschäftsführung nicht ausgeschlossen werden darf. Verboten ist deshalb auch eine Abmachung, wonach die KG gegenüber der GmbH weisungsbefugt ist.[53]

Was geschieht, wenn die beiden Gesellschafter einer GmbH eine zweite gründen und sich beide GmbHs dann zu einer **GmbH & Co OHG** zusammentun? Der Sache nach muss auch hier eine Zurechnung erfolgen, doch ist dies in der Literatur durchaus umstritten.[54] Die Ähnlichkeit der Situation spricht dafür, in entsprechender Anwendung des § 4 MitbG die Arbeitnehmer der GmbH zuzurechnen, die die Geschäfte führt. Dasselbe gilt, wenn eine GmbH oder AG persönlich haftende Gesellschafterin einer KGaA ist.[55]

52 BAG AP Nr. 20 zu § 76 BetrVG (1972); Einzelheiten bei ErfK-Oetker § 5 MitbG Rn 10 ff.

53 Nachweise bei Raiser § 4 Rn 25.

54 Nachweise bei ErfK-Oetker § 4 Rn 1.

55 ErfK-Oetker § 4 Rn 1; Hanau-Ulmer § 1 Rn 39: Raiser, MitbG, § 4 Rn 5; vgl. auch BGH BB 1997, 1220.

## 7.2.6. Klärung des anwendbaren Mitbestimmungsmodells

Ob eines der hier skizzierten Mitbestimmungsmodelle anwendbar ist, kann 1305
im Einzelfall zweifelhaft sein. So ist es etwa denkbar, dass unklar ist, ob das Unternehmen «in der Regel mehr als 500 Arbeitnehmer» beschäftigt oder ob eine Krankenhaus-AG wegen karitativer Ausrichtung aus dem Anwendungsbereich der Mitbestimmungsgesetze herausfällt.[56] Das AktG sieht für solche Fälle in den §§ 97–99 ein besonderes Verfahren vor, das auf andere potenziell mitbestimmte Unternehmensformen entsprechende Anwendung findet.[57]

Ist der Vorstand bzw. die Geschäftsführung der Ansicht, dass der Auf- 1306
sichtsrat nicht dem Gesetz entsprechend zusammengesetzt ist, kann er dies unverzüglich öffentlich und innerbetrieblich bekannt machen und auf die gesetzliche Grundlage für die richtige Zusammensetzung hinweisen. Von der Veröffentlichung im elektronischen Bundesanzeiger an läuft eine Monatsfrist, innerhalb deren die nach § 98 Abs. 2 AktG Antragsberechtigten das zuständige Landgericht anrufen können.

*Beispiel:* Das Unternehmen hat einen Betrieb an eine Firma X verkauft, an der es selbst beteiligt ist. Da ohne den verkauften Betrieb weniger als 2000 Arbeitnehmer beschäftigt sind, veröffentlicht der Vorstand eine Bekanntmachung, wonach der Aufsichtsrat nunmehr nach dem DrittelbG zusammengesetzt sei. Der Gesamtbetriebsrat und der DGB rufen das Gericht an, weil sie der Auffassung sind, dass es sich bei dem Erwerberunternehmen um eine abhängige Konzerngesellschaft handelt.

Widerspricht niemand, haben die Beteiligten nach § 97 Abs. 2 AktG **sechs Monate Zeit**, um ggf. die Satzung anzupassen und die neuen Aufsichtsratsmitglieder zu wählen. Läuft die Frist ab, ohne dass die nötigen Schritte unternommen worden wären, erlöschen die Aufsichtsratsmandate. Nach § 104 AktG können neue Mitglieder gerichtlich bestellt werden.

Vertritt z. B. der **Gesamtbetriebsrat** (oder ein anderer Antragsberechtig- 1307
ter nach § 98 Abs. 2 AktG) den Standpunkt, der **Aufsichtsrat sei nicht dem Gesetz entsprechend zusammengesetzt**, so kann er beim Landgericht beantragen, dieses möge die korrekte Zusammensetzung des Aufsichtsrats feststellen. Ausschließlich zuständig ist das Landgericht, in dessen Bezirk das Unternehmen seinen Sitz hat. Das Verfahren soll eine schnelle Klärung bringen, weshalb lediglich eine sofortige Beschwerde an das OLG zulässig ist, die nur auf Rechtsverstöße gestützt werden kann.

---

56 S. den Fall BayObLG AiB 1996, 494 = ZIP 1995, 1671 (Rhön-Klinikum – Einbeziehung in die Mitbestimmung bejaht).

57 Dazu Köstler u. a. Rn 288.

*Beispiel:* Durch Hinzukauf einer Tochtergesellschaft ist ein Konzern entstanden, der insgesamt über 2000 Arbeitnehmer beschäftigt. Nach § 98 Abs. 2 Nr. 10 beantragt eine im Betrieb vertretene Gewerkschaft, festzustellen, dass das MitbG auf das Arbeitgeberunternehmen anwendbar sei, weil sie in diesem Fall ein Vorschlagsrecht für zwei «externe» Aufsichtsratsmitglieder hätte. Gibt das LG dem Antrag statt, kann der Arbeitgeber das OLG nur mit dem Argument einschalten, das LG habe den Konzernbegriff verkannt oder eine andere Fehlinterpretation vorgenommen.

Die Kosten des Verfahrens einschließlich der eines Rechtsanwalts trägt das Unternehmen. Gibt das Gericht dem Antrag statt, läuft ab Rechtskraft der Entscheidung eine Sechsmonatsfrist, um dem neuen Rechtszustand Rechnung zu tragen.

1308 Im Einzelfall kann es den Interessen der Beteiligten sehr viel besser entsprechen, sich **über das anwendbare Mitbestimmungsmodell** zu **verständigen**.[58] So kann man sich etwa im Vergleichswege darüber verständigen, wie hoch die (schwankende) Zahl der Beschäftigten «in der Regel» ist. Möglich ist auch eine **«Aufstockung» des Mitbestimmungsstandards**, jedoch keine Absenkung, da dies gegen zwingende Vorschriften zugunsten der Arbeitnehmer verstoßen würde.[59] Bei der AG lässt sich dies wegen § 23 Abs. 5 AktG allerdings nicht in der Satzung verankern, sondern nur so realisieren, dass sich Aktionäre schuldrechtlich verpflichten, zusätzliche Arbeitnehmervertreter in den Aufsichtsrat zu wählen. Bei den anderen Unternehmensformen, insbesondere bei der GmbH und bei nicht unter ein Mitbestimmungsmodell fallenden Gesellschaften, ist jedoch eine Vereinbarung mit der Gesellschaft und/oder ihren Gesellschaftern sowie eine nachfolgende **Änderung der Satzung** bzw. des Gesellschaftsvertrags möglich.[60]

## 7.2.7. Legale Vermeidung der Mitbestimmung?

1309 In Zusammenhang mit dem Inkrafttreten des MitbG versuchten zahlreiche Unternehmen, seinen Vorschriften durch Umstrukturierung zu entgehen. Einige Beispiele wurden öffentlich diskutiert[61]:

▶ Ein Kaffeehersteller löst den wichtigsten **Produktionsbereich** aus seiner deutschen Firma heraus und **ordnet** ihn **seiner Schweizer Tochtergesellschaft zu**. Die deutsche AG beschäftigt so keine 2000 Arbeitnehmer mehr, die schweizerische Gesellschaft unterliegt nicht der Mitbestimmung.

58 Dazu umfassend Seibt AG 2005, 413 ff.

59 Seibt AG 2005, 416.

60 Einzelheiten bei Seibt AG 2005, 420 ff.

61 Dazu insbesondere Hartmann. Mb-Gespr: 1979 (Sonderheft), S. 5 f.; Nagel, S. 114 ff. Vgl. auch Naendrup AuR 1977, 225 ff.

▶ Aus einer Brathähnchen-AG werden **vier regionale** Gesellschaften mit jeweils weniger als 2000 Beschäftigten gemacht. Alleinaktionär ist überall dieselbe Person; auch soweit man sie als «Konzernspitze» qualifizieren kann, unterliegt sie als Einzelkaufmann nicht der Mitbestimmung.

▶ Der gesamte **Geschäftsbetrieb** einer GmbH wird **an eine** (nicht der Mitbestimmung unterliegende) **KG verpachtet**, auf die nach § 613 a BGB die Arbeitsverhältnisse der Beschäftigten übergehen. Der Hauptgesellschafter der GmbH behält selbstredend entscheidenden Einfluss auf die KG, unterliegt jedoch als Person keiner Unternehmensmitbestimmung.

▶ Die Regelung des § 4 Abs. 1 MitbG, wonach bei der GmbH & Co KG die Arbeitnehmer der KG der GmbH zugerechnet werden, wurde bisweilen als «lästig» betrachtet. Zwei Tochtergesellschaften des amerikanischen ITT-Konzerns bildeten deshalb eine GmbH & Co OHG, die nach verbreiteter Auffassung von § 4 Abs. 1 MitbG nicht erfasst wird.

Neben diesen praktisch erprobten Möglichkeiten gibt insbesondere das 1310 **Konzernrecht** weitere Mittel der **«Mitbestimmungsvermeidung»** an die Hand: So kann man z. B. ein mitbestimmtes Unternehmen der Leitungsmacht einer nicht mitbestimmten Gesellschaft unterstellen, was den mitbestimmten Aufsichtsrat zwar nicht entfallen lässt, ihm aber alle wesentlichen Kompetenzen nimmt.

**Juristische Gegenstrategien sind wenig erfolgversprechend.** Zwar wird 1311 man mit Naendrup[62] einen «Rechtsmissbrauch» annehmen können, wenn eine Umstrukturierung ausschließlich im Hinblick auf die Mitbestimmung erfolgte, doch werden gut beratene Unternehmen in aller Regel betriebswirtschaftliche Gründe finden, die vielleicht nicht jeden Verdacht, aber doch den positiven Beweis des Missbrauchs ausschließen.[63] Die Zahl der Unternehmen, die von den hier skizzierten Möglichkeiten Gebrauch gemacht haben, wird auf über 100 geschätzt. Statt wie vermutet auf 600 bis 700 fand das MitbG zunächst nur auf 457 Unternehmen Anwendung.[64] **Könnten die Arbeitnehmervertreter** im Aufsichtsrat bestimmte **Entscheidungen** des Unternehmens **blockieren**, würde vermutlich im Gegenzug eine **«Abschaffung» der Mitbestimmung in Aussicht gestellt**. Vielleicht liegt hier auch eine Erklärung dafür, dass die (erste) Biedenkopf-Kommission für die Montanindustrie die

62 Naendrup AuR 1977, 273 f.

63 Vgl. etwa den vom LG Düsseldorf entschiedenen, bei Köstler Mb-Gespr. 1980, 19 mitgeteilten Fall. Zum Schutz vor Umgehungsmöglichkeiten s. auch den Entwurf des sog. Leverkusener Kreises von SPD-Bundestagsabgeordneten, abgedruckt bei Mayer-Reich, S. 175 ff.

64 Vgl. die Wahlergebnisse in GMH 1978, 654 ff. 1991 belief sich die Zahl der erfassten Unternehmen auf 573 – mitgeteilt bei Kronenberg/Volkmann/Wendeling-Schröder WSI-Mitt. 1992, 488. Ende 2002 belief sich die Zahl auf 767 (davon 386 AGs, 337 GmbHs und 44 Unternehmen sonstiger Rechtsform – mitgeteilt bei HWK-Seibt § 1 MitbG Rn 1).

Feststellung traf, die Arbeitnehmervertreter hätten den Investitionsvorhaben des Vorstands in aller Regel keinen Widerstand entgegengesetzt[65] und auch die Dividendenvorschläge akzeptiert, zumal sie «Verständnis für die Erfordernisse des Kapitalmarkts» gezeigt hätten.[66]

## 7.3. Handlungsmöglichkeiten im Aufsichtsrat

### 7.3.1. Gewinnung von Informationen

1312 Nach § 90 Abs. 3 Satz 1 AktG hat der Aufsichtsrat ein **allgemeines Informationsrecht** gegenüber dem Vorstand. Er kann einen Bericht über alle Angelegenheiten der Gesellschaft verlangen. Dazu gehören auch die Beziehungen zu anderen Konzernunternehmen sowie bei ihnen eingetretene Geschäftsvorfälle, soweit sie «auf die Lage der Gesellschaft von erheblichem Einfluss sein können». Dasselbe Auskunftsrecht steht nach § 90 Abs. 3 Satz 2 AktG auch einem einzelnen Aufsichtsratsmitglied zu. Trägt der Vorstand einem Informationsersuchen nicht Rechnung, kann nach § 407 Abs. 1 AktG das Registergericht Zwangsgelder verhängen. Wichtig sind diese Rechte nicht nur dann, wenn es um die Klärung kontroverser Einzelfälle geht; vielmehr kann sich das Aufsichtsratsmitglied auch allgemeine Informationen über das Unternehmen verschaffen, die einem «Insider» mit langer Managementerfahrung vertraut sein mögen, die man jedoch als Arbeitnehmervertreter nicht notwendigerweise kennt.

*Beispiel:* Der Arbeitnehmervertreter möchte wissen, welche Vorteile damit verbunden sind, dass man bei Darlehen fast immer auf die «Hausbank» zurückgreift, obwohl andere Banken bisweilen günstigere Angebote machen. Meist wird er Letzteres gar nicht wissen und deshalb fragen, ob überhaupt Angebote von anderen Banken eingeholt wurden.

1313 Der Vorstand bzw. die Geschäftsführung kann sich auch **nicht darauf berufen**, es handle sich um ein **Betriebs- oder Geschäftsgeheimnis**; gegenüber einem Mitglied des Kontrollorgans «Aufsichtsrat» darf keine «Geheimsphäre» bestehen. Die Rechtsprechung hat deshalb beispielsweise auch einem

65 BT-Drucks. VI/334. S. 44.
66 BT-Drucks. VI/334, S. 47.

Aufsichtsratsmitglied das Recht eingeräumt, über die Arbeitsergebnisse einer Unternehmensberatungsfirma umfassend unterrichtet zu werden.[67]

Eine besonders aufschlussreiche Informationsquelle sind in der Regel die 1314
**Wirtschaftsprüferberichte**, die auf geschäftliche Risiken und in durchaus diplomatischer Formulierung bisweilen auf Managementfehler hinweisen. Nach § 170 Abs. 3 Satz 1 AktG hat jedes Aufsichtsratsmitglied insoweit ein Recht auf Kenntnisnahme. Man kann auch die Aushändigung des Berichts verlangen, es sei denn, die Aufsichtsratsmehrheit hätte beschlossen, dass er nur den Mitgliedern eines Ausschusses übermittelt wird. In einem solchen Fall bleibt nur das Einsichtsrecht. Man kann die Direktionsetage aufsuchen und sich in einem ruhigen Zimmer an die Lektüre machen; Notizen sind selbstredend erlaubt. Dies gilt allerdings nur für die **AG**; für die **GmbH** verweist § 25 Abs. 1 Satz 1 Nr. 2 MitbG nur auf § 171 AktG, wonach dem Aufsichtsrat ein Prüfungsrecht in Bezug auf den Jahresabschluss zusteht, das auch die Berichte umfasst. Manche Firmen betrachten es auch als «Nachteil», wenn es bei der Verabschiedung des Jahresabschlusses Gegenstimmen geben würde: Dies kann dazu führen, dass der Einblick in den Wirtschaftsprüferbericht als das kleinere Übel angesehen wird.

Das für die Arbeitnehmerseite zentrale Informationsrecht wird dadurch 1315
entwertet, dass einzelne Aufsichtsratsmitglieder (oder auch eine Minderheit von einem Drittel) kein Recht haben, einen **Sachverständigen beizuziehen** und sich von diesem beraten zu lassen. **Nur der Aufsichtsrat als ganzer** kann etwas Derartiges beschließen.[68] Handelt es sich um komplizierte Geschäftsvorgänge, werden Arbeitnehmervertreter allenfalls Nachfragen stellen. Auch dies ist bisweilen schwierig, zumal die Sitzungen meist so terminiert werden, dass eingehendere Diskussionen das geplante Mittag- oder Abendessen nach hinten verschieben.

*Beispiel:* Im Aufsichtsrat einer Bank, die bisher im Wesentlichen Wohnungsbaufinanzierungen bearbeitet hat, befindet sich ein Arbeitnehmervertreter. Die Abteilung «Vermögensmanagement» stellt nun ein neues Modell zur Abdeckung von Währungsrisiken vor. Außerdem verkündet der Vorstand, dass er den Bereich «Swap-Geschäfte» erweitern wolle. Von beidem hat der Wohnungsfinanzierer nur eine dunkle Ahnung. Wird er nachfragen und damit die fehlende eigene Sachkunde dokumentieren? Bei einem Gewerkschaftsvertreter ergeben sich insoweit keine Probleme, doch was passiert, wenn er die Natur von Swap-Geschäften nicht auf Anhieb versteht?

---

67 LG Dortmund, wiedergegeben bei Köstler AiB 1984, 164. Die Entscheidung bezog sich auf die alte Rechtslage, wonach nur zwei Aufsichtsratsmitglieder gemeinsam einen erzwingbaren Auskunftsanspruch hatten.

68 Das Problem wurde schon früh wahrgenommen. S. Zachert, S. 21. Für entsprechende Anwendung des § 80 Abs. 3 BetrVG der Gesetzentwurf des Leverkusener Kreises (abgedr. bei Mayer-Reich, S. 191).

1316 Die **Informationsdefizite** sind **nicht auf** die **Arbeitnehmerseite begrenzt**. Eine Befragung der Aufsichtsratsvorsitzenden in den DAX-, MDAX- und Nemax 50-Unternehmen, die alle von der Anteilseignerseite gestellt werden, erbrachte eine Reihe ernüchternder Erkenntnisse: Eine ausschließlich an der Qualifikation der Mitglieder orientierte Besetzung des Aufsichtsrats scheine nicht gewährleistet zu sein, **Informationen** würden **nur aus unternehmensinternen Quellen geschöpft**, eine Versorgung mit externen Informationen sei praktisch unbekannt.[69] Organisatorische Gestaltung und Informationslage seien noch immer an einer nebenberuflichen Mandatswahrnehmung orientiert. Dies verweist auf die Notwendigkeit, dass auch Aufsichtsratsmitglieder Beratungskapazitäten haben müssten, die der Vorstand als zu kontrollierender in reichlichem Umfang hat: Wie sonst sollte man Fehlentwicklungen und vermeidbare Risiken besser als dieser erkennen können?

1317 Eine lückenhafte Information ist immer noch besser als totale Unkenntnis. **Arbeitnehmervertreter** sollten sich nicht scheuen, durch systematisches Nachfragen und ggf. von der Geschäftsführung vermittelte Gespräche mit Abteilungsleitern und Experten die eigene **Sachkunde immer weiter zu entwickeln**.[70] Auch ist eine Rückkoppelung mit Wirtschaftsausschuss- und Betriebsratsmitgliedern von großer Bedeutung, um ein möglichst zutreffendes Gesamtbild vom Zustand des Unternehmens und seinen Zukunftsplanungen zu erhalten.

## 7.3.2. Kontrolle des Vorstands bzw. der Geschäftsführung

1318 Aufgrund ihres (vom Gesetz gewollten) Informationsstandes können die Aufsichtsratsmitglieder das Verhalten des Leitungsorgans kontrollieren und mit diesem in einen Meinungsaustausch treten. Betrachtet man die rechtlichen Rahmenbedingungen, haben die Argumente des Aufsichtsrats durchaus Gewicht: Abgesehen davon, dass er die **Geschäftsordnung des Vorstands** festlegen und so dessen interne Arbeitsteilung bestimmen kann, hat er insbesondere drei wichtige Befugnisse:

▶ Er **wählt die Vorstandsmitglieder** bzw. bei der GmbH die Geschäftsführer.[71] Da sie nur auf höchstens fünf Jahre gewählt sind, kann mangelhafte Information oder nicht aufgenommene Kritik dazu führen, dass die Wiederbe-

69 Ruhwedel-Epstein BB 2003, 161, 166.

70 Vgl. Klebe-Köstler, FS Wißmann, S. 454.

71 § 31 MitbG verweist für alle mitbestimmten Unternehmensformen auf die §§ 84, 85 AktG; lediglich bei der KGaA steht dem persönlich haftenden Gesellschafter automatisch das Recht zur Geschäftsführung und Vertretung nach außen zu (§ 278 Abs. 2 AktG).

stellung unterbleibt. Aus wichtigem Grund ist auch eine vorzeitige Ablösung möglich. Die **Arbeitnehmervertreter** werden in derartige Personalfragen typischerweise **erst zu einem sehr späten Zeitpunkt einbezogen**, doch legt man typischerweise Wert darauf, dass von ihrer Seite keine Gegenstimmen kommen. Bisweilen führt dies dazu, dass Kandidaten «Wohlverhalten» versprechen; ein Gesprächsprotokoll, das man der fraglichen Person zusendet, kann von beträchtlichem Nutzen sein.

▶ Der **Aufsichtsrat stellt** nach § 172 AktG den **Jahresabschluss fest**; dies umfasst auch die Verwendung des Bilanzgewinns. Der Vorstand ist insoweit auf seine Kooperation angewiesen. § 172 AktG gilt allerdings nur für die AG. Auch hier werden die Arbeitnehmervertreter keine zentrale Rolle spielen, doch kann Kritik («übertriebener Shareholder-Value-Ansatz») oder die Drohung, gegen die Wiederbestellung der Wirtschaftsprüfungsgesellschaft zu votieren, durchaus zu Entgegenkommen auf anderen Feldern führen.

▶ Nach § 111 Abs. 4 Satz 2 kann die Satzung, aber auch der Aufsichtsrat aus eigenem Entschluss festlegen, dass **bestimmte Arten von Geschäften** nur mit seiner **Zustimmung** vorgenommen werden dürfen.

*Beispiel:* Grundstückskäufe und -verkäufe über mehr als 100 000 € sowie die Veräußerung von Betriebsteilen mit mehr als 10 Beschäftigten bedürfen der Zustimmung des Aufsichtsrats.

Auch hier ist der Einfluss der Arbeitnehmerseite begrenzt, zumal der Vorstand das Recht hat, notfalls die **Hauptversammlung** anzurufen, die das Veto des Aufsichtsrats mit ¾-Mehrheit ausräumen kann.

### 7.3.3. Mitarbeit in Ausschüssen

Nach § 107 Abs. 3 AktG kann der Aufsichtsrat aus seiner Mitte einen oder 1319
mehrere Ausschüsse bestellen, in denen häufig **wichtige Vorentscheidungen** fallen. Nach § 25 Abs. 1 Satz 1 Nr. 2 MitbG gilt diese Regelung auch für GmbH-Aufsichtsräte. Können die Arbeitnehmervertreter verlangen, dass die zahlenmäßige Parität auch bei den Ausschüssen zugrunde gelegt wird oder können sie – so das gegenteilige Extrem – auch völlig von den Ausschüssen ausgeschlossen werden?

Eine ausdrückliche gesetzliche Regelung fehlt. Eine sinnvoll erscheinen- 1320
de **Lösung** knüpft an **§ 27 MitbG** an.[72] Danach ist es unbestritten zulässig, dass der Aufsichtsratsvorsitzende *und* sein Stellvertreter derselben «Bank» angehören, wenn dies mit Zweidrittelmehrheit beschlossen wird. Angesichts der qualifizierten Mehrheit ist diese Abweichung von der prinzipiellen Parität

72 Säcker, Aufsichtsratsausschüsse, S. 57 ff.; ähnlich Nagel, S. 124 und Köstler u. a. Rn 386 a. E.

zulässig. Gleichzeitig wird jedoch aus § 27 Abs. 3 MitbG deutlich, dass dem Vermittlungsausschuss nach § 31 Abs. 3 MitbG außer dem Vorsitzenden und seinem Stellvertreter je ein von der Anteilseigner- und von der Arbeitnehmerseite gewählter Vertreter angehören muss. Davon kann auch mit Zweidrittelmehrheit nicht abgewichen werden. Ein völliger Ausschluss von Arbeitnehmervertretern aus Ausschüssen kommt daher nicht in Betracht.

1321 Kommt eine solche Zwei-Drittel-Mehrheit nicht zustande, so liegt eine **zahlenmäßige Parität näher beim Gesetzeszweck**, wobei § 27 Abs. 2 MitbG entsprechend anzuwenden ist.[73] Jede Seite wählt also mit Mehrheit die auf sie entfallenden Vertreter im Ausschuss, was den Vorzug hat, dass nicht die als besonders arbeitgebernah geltenden Mitglieder automatisch im Vorteil sind.

1322 Die **Rechtsprechung** ist diesen Weg jedoch nicht gegangen, sondern hat dem **Aufsichtsrat** im Grundsatz **volle Freiheit** bei der Besetzung der Ausschüsse gewährt. Allerdings dürfen die Aufsichtsratsmitglieder der Arbeitnehmerseite dabei nicht prinzipiell benachteiligt werden, da sie dieselben Rechte und Pflichten wie ihre Counterparts von der Anteilseignerseite haben. Der **BGH** hat es deshalb für **unzulässig** erklärt, die **Arbeitnehmervertreter** aus grundsätzlichen Erwägungen von einem Ausschuss **fern zu halten**, der sich um Personalangelegenheiten des Vorstands kümmert: Dabei gehe es um eine der wichtigsten Aufgaben des Aufsichtsrats.[74] Ob die Mindestrepräsentanz der Arbeitnehmerseite in allen Ausschüssen gewahrt sein muss, blieb dahingestellt, doch ist davon auszugehen, dass sich größere Unternehmen kaum dem Vorwurf aussetzen werden, die Arbeitnehmervertreter im Aufsichtsrat diskriminiert zu haben. Auch sind die Vorstandsangelegenheiten ein Bereich, bei dem erfahrungsgemäß das höchste Abschirmungsinteresse besteht; in anderen Bereichen wird man die Anwesenheit von Arbeitnehmervertretern sehr viel eher «ertragen» können.[75]

1323 Kommt es im Einzelfall zu einer paritätischen Besetzung eines Ausschusses, stellt sich das Problem, ob dem **Vorsitzenden** bei einer Pattsituation ein **Zweitstimmrecht** zusteht. Nach der Rechtsprechung kann der Aufsichtsrat dem Ausschussvorsitzenden eine solche Position einräumen,[76] da er über die Einsetzung und Arbeitsweise der Ausschüsse frei entscheiden kann. Gebilligt wurde auch eine **Satzungsbestimmung,** die einem Aufsichtsratsvorsitzenden das Zweitstimmrecht zubilligte, wenn er zugleich den Vorsitz in einem Ausschuss führte.[77] Daraus wird man schließen können, dass dem Vorsitzenden

73 Säcker, a.a.O., S. 59 ff.

74 BGH DB 1993, 1609, 1613 – Hamburg-Mannheimer.

75 Weitere Einzelheiten bei ErfK-Oetker § 107 AktG Rn 19.

76 BGHZ 83, 144 ff. = DB 1982, 745 ff. – Dynamit Nobel.

77 BGHZ 83, 106 ff. = DB 1982, 742 ff. – Siemens.

ohne eine solche Rechtsgrundlage nur eine Stimme zukommt und ggf. im Ausschuss keine Beschlüsse gefasst werden.

Nach § 109 Abs. 2 AktG können **Aufsichtsratsmitglieder**, die einem Ausschuss nicht angehören, gleichwohl **an** den **Ausschusssitzungen teilnehmen**. Allerdings kann der Aufsichtsratsvorsitzende Abweichendes anordnen – was allerdings zur Folge haben kann, dass zu den behandelten Gegenständen besonders intensive Nachfragen gestellt werden. 1324

## 7.3.4. Information von Betriebsräten und Belegschaften

Während niemand das Recht der Aufsichtsratsmitglieder bestreitet, sich die für ihre Tätigkeit notwendigen Informationen zu verschaffen,[78] wird das Recht zur Weitergabe an andere sehr unterschiedlich bestimmt.[79] Hintergrund ist, dass das Aufsichtsratsmitglied selbstredend «Allerweltsinformationen», die man auch in der Wirtschaftspresse nachlesen kann, in Betriebsversammlungen vermitteln darf, dass aber bei umstrittenen Fragen aus Sicht des Vorstands sehr leicht die Situation eintreten kann, **schon das Bekanntwerden der Kontroverse** könne **dem Unternehmen schaden**; erst recht gelte dies in Bezug auf die zugrunde liegenden Fakten und die Positionen verschiedener Beteiligter. 1325

Die **gesetzliche Regelung** zeichnet sich nicht durch besondere Klarheit aus. § 25 Abs. 1 Satz 1 MitbG verweist für die AG wie für die GmbH auf **§ 116 AktG**. Dieser verweist unter der Überschrift «Sorgfaltspflicht und Verantwortlichkeit der Aufsichtsratsmitglieder» auf § 93 AktG weiter, der in seinem Abs. 1 Satz 2 für Vorstandsmitglieder bestimmt: 1326

> «Über vertrauliche Angaben und Geheimnisse der Gesellschaft, namentlich Betriebs- oder Geschäftsgeheimnisse, die ihnen durch ihre Tätigkeit im Vorstand bekannt geworden sind, haben sie Stillschweigen zu bewahren.»

Durch das sog. Transparenz- und Publizitätsgesetz (**TransPuG**) vom 19. Juli 2002[80] wurde dem § 116 AktG ein Satz 2 angefügt, der lautet:

> «Die Aufsichtsratsmitglieder sind insbesondere zur Verschwiegenheit über erhaltene vertrauliche Berichte und vertrauliche Beratungen verpflichtet.»

---

78 Dazu oben 7.3.1. (Rn 1312 ff.).

79 S. bereits Säcker, Informationsrechte, einerseits, und Nagel, S. 140 ff., andererseits, jeweils mwN zum damaligen Diskussionsstand.

80 BGBl I 2681.

Ihrem Wortlaut nach sind beide Bestimmungen nicht deckungsgleich, da beispielsweise nur § 116 Satz2 AktG ausdrücklich auf «vertrauliche Beratungen» verweist. Die amtliche Begründung gewährt keine Aufschlüsse.[81] In der Literatur wird deshalb der Standpunkt vertreten, durch die Einfügung von Satz 2 sei die materielle **Rechtslage nicht verändert** worden; er habe lediglich Verdeutlichungsfunktion.[82]

1326a Ohne Rücksicht darauf, wie weit die Verschwiegenheitspflicht effektiv reicht, ist die Mitteilung an bestimmte Personen erlaubt:

▶ § 93 Abs. 1 Satz 2 AktG gilt nicht für den **Informationsaustausch zwischen Aufsichtsratsmitgliedern**; da sie alle in gleicher Weise zur Geheimhaltung verpflichtet sind, droht der Gesellschaft kein Schaden.[83]

*Beispiel:* Ein Arbeitnehmervertreter gehört dem Personal- und Sozialausschuss des Aufsichtsrats an und erfährt dort von den Plänen, 10 % des Personals abzubauen. Er darf die übrigen Aufsichtsratsmitglieder informieren.

▶ Auch **im Verhältnis zu Mitgliedern des Betriebsrats und des Wirtschaftsausschusses** greift die Verschwiegenheitspflicht nicht ein. Dies ist zwar um vieles kontroverser[84], doch sprechen die besseren Gründe für eine solche Lösung: Zum einen droht der Gesellschaft kein Schaden, da die **«Adressaten»** ihrerseits aufgrund der Vorschrift des **§ 79 BetrVG** zur Geheimhaltung verpflichtet sind und keinerlei Anhaltspunkte existieren, dass insoweit größere «Risiken» als bei Aufsichtsratsmitgliedern bestehen.[85] Zum Zweiten wäre es wenig plausibel, könnte zwar der Betriebsrat nach der ausdrücklichen Vorschrift des § 79 Abs. 1 Satz 4 BetrVG die Arbeitnehmervertreter im Aufsichtsrat vollständig informieren, während diese in umgekehrter Richtung totale Verschwiegenheit praktizieren müssten. Im Ergebnis liefe dies auf eine Art «Informationshierarchie» hinaus, für die jede gesetzliche Grundlage fehlt. Schließlich spricht für freien Informationsfluss auch der Gedanke möglichst umfassender Transparenz: In einem System der **Kooperation** müssen **beide Seiten umfassend informiert** sein, da es allein auf die **Kraft des Arguments** setzt. Ein Konfrontationsmodell, das Meinungsverschiedenheiten letztlich im Wege des Arbeitskampfes entscheidet, könnte eher auf vollständige Information verzichten.[86] Der Betriebsrat ist allerdings

81 BR-Drucksache 109/02 S. 41 f.; BT-Drucksache 14/9079.

82 ErfK-Oetker § 116 AktG Rn 10; Ihrig-Wagner BB 2002, 789, 794; Köstler u. a. Rn 526 a. E.

83 Allg. Meinung; vgl. G. Hueck RdA 1975, 206; Klinkhammer-Rancke, S. 45; Köstler u. a. Rn 546; Naendrup, GK-MitbG, § 25 Rn 203; Raiser § 25 Rn 133.

84 Für freien Informationsfluss etwa Köstler u. a. Rn 547; Naendrup, GK-MitbG, § 25 Rn 206; dagegen G. Hueck RdA 1975, 206; mit erheblichen Einschränkungen: ErfK-Oetker § 116 AktG Rn 10; Raiser § 25 Rn 132; MünchArbR-Wißmann § 380 Rn 22.

85 Dazu oben 6.3.3. (Rn 788 ff.).

86 Die vermittelnde Position von Klinkhammer-Rancke (S. 46), wonach der Betriebsrat dann infor-

darauf hinzuweisen, dass es sich um Informationen handelt, die der Geheimhaltungspflicht unterliegen.

Das Geheimhaltungsproblem stellt sich unter diesen Umständen nur dann, 1327
wenn die Vertrauensleute, die Belegschaft oder gar die Öffentlichkeit informiert werden sollen. Die Frage, **welche Gegenstände der Verschwiegenheitspflicht unterliegen,** ist nach denselben Grundsätzen wie im Rahmen des § 79 BetrVG zu entscheiden.[87] Auch hier kommt es daher darauf an, dass eine Tatsache nur wenigen bekannt ist und ein **berechtigtes Unternehmensinteresse** daran besteht, sie nicht an Dritte gelangen zu lassen. Bei der Bestimmung dieses Interesses sind auch die Arbeitnehmerbelange zu berücksichtigen.[88] Was dies konkret bedeutet, muss durch Abwägung im Einzelfall bestimmt werden. Einen Anhaltspunkt bietet auch die Tatsache, dass die Pflichtverletzung eines Vorstands- oder eines Aufsichtsratsmitglieds nur zum Ersatz des materiellen Schadens verpflichtet; **immaterielle Nachteile** wie eine «ungünstige Presse» können daher **nicht entscheidend** sein.

Was konkrete Einzelfälle angeht, so sind in der Regel Erfindungen, tech- 1328
nische Verfahren, Kundenlisten und Absatzanalysen sowie die **beabsichtigte Erschließung neuer Geschäftsfelder** geheim zu halten. Bei geplantem Personalabbau bis hin zu Stilllegungen sowie bei Unternehmenszusammenschlüssen dürfte in der Regel das Interesse der Arbeitnehmer, rechtzeitig disponieren zu können, den Vorrang haben.[89] Die **Gesamtvergütung des Vorstands** bzw. der Geschäftsführung sind sowieso in die Bilanz aufzunehmen; nur ausnahmsweise kann dies nach § 286 Abs. 4 HGB bei nicht börsennotierten AGs unterbleiben, wenn auf diese Weise ein Rückschluss auf die Bezüge einzelner Vorstandsmitglieder bzw. Geschäftsführer möglich wäre.[90] Soweit diese Form von Publizität reicht, liegt selbstredend keine Geheimhaltungspflicht vor. Bei börsennotierten Gesellschaften greift die Beschränkung des § 286 Abs. 4 HGB nicht ein, sodass auch mögliche Rückschlüsse einer Veröffentlichung nicht entgegenstehen. Ab 2007 besteht insoweit volle Publizität. Der Deutsche **Corporate Governance Kodex** 2005[91] sieht in Ziffer 4.2.4 vor:

---

miert werden darf, wenn die Geschäftsleitung ihren Informationspflichten nicht nachgekommen ist, wirft praktische Schwierigkeiten auf (wie stellt das Aufsichtsratsmitglied ohne Bruch seiner Geheimhaltungspflicht fest, ob die Betriebsräte informiert sind?) und verkürzt den möglichen Informationsstand in den Fällen, wo die Initiative beim Betriebsrat liegt (wie will dieser eine Anfrage formulieren, wenn er von bestimmten Vorgängen gar nichts weiß?).

87 Dazu oben 6.3.3.1. (Rn 789, 789 a).

88 hM; s. die Nachweise bei Köstler u. a. Rn 530 und bei Fitting-Wlotzke-Wißmann § 25 Rn 101 sowie Klinkhammer-Rancke, S. 33 ff.; Laske ZGR 1979, 173; Raiser § 25 Rn 112; Unterhinninghofen, in: Benze-Föhr u. a. § 25 Rn 47.

89 Richtig Nagel, S. 154; Unterhinninghofen, in: Benze-Föhr u. a. § 25 Rn 47.

90 Dazu LG Köln DB 1997, 320.

91 Abgedruckt in: ZIP 2005, 1336. Näher dazu unten 7.5.4.1 (Rn 1372 ff.).

«Die Vergütung der Vorstandsmitglieder soll im Anhang des Konzernabschlusses aufgeteilt nach Fixum, erfolgsbezogenen Komponenten und Komponenten mit Anreizwirkung ausgewiesen werden. Die Angaben sollen individualisiert erfolgen.»

Dies ist zwar genau wie der gesamte Kodex keine rechtlich verbindliche Vorgabe und überdies durch die «Soll»-Formulierung abgeschwächt, doch fällt es gleichwohl schwer, unter diesen Umständen ein «berechtigtes Interesse» des Unternehmens am Nicht-Bekanntwerden der **individuellen Bezüge** zu begründen. Was **Äußerungen und** das **Abstimmungsverhalten einzelner Aufsichtsratsmitglieder** betrifft, so nimmt der BGH einen engen Standpunkt ein und verbietet grundsätzlich eine Weitergabe.[92] Warum eine «Abschirmung» hier im Unternehmensinteresse geboten sein soll, ist nicht ersichtlich.[93] Zumindest muss es möglich sein, über das eigene Abstimmungsverhalten sowie darüber zu berichten, dass die Arbeitnehmerseite überstimmt worden sei.[94]

1329 Die Bestimmung der **Grenze** zwischen «Geheimhaltung» und «Offenheit» ist **Sache des einzelnen Aufsichtsratsmitglieds.**[95] Weder die Satzung der Gesellschaft noch die Geschäftsordnung des Aufsichtsrats noch ein spezieller Aufsichtsratsbeschluss können zusätzliche Geheimhaltungspflichten schaffen.[96]

*Beispiel:* Die Aufsichtsrats-Geschäftsordnung der Dupont de Nemours (Deutschland) GmbH bestimmt: «Jedes Aufsichtsratsmitglied ist verpflichtet, alle Kenntnisse und Unterlagen, die es in dieser Eigenschaft erhält, während der Amtsdauer und nach deren Ablauf als Firmengeheimnis zu wahren.»[97] Unwirksam, das einzelne Aufsichtsratsmitglied kann sich darüber hinwegsetzen.

1330 Wie geht man mit dem **Risiko von Fehleinschätzungen** um? Alle Aufsichtsratsmitglieder, auch die von der Arbeitnehmerseite gewählten, haben nach § 116 Satz 1 iVm § 93 Abs. 1 Satz 1 AktG die Sorgfalt eines «ordentlichen und gewissenhaften Geschäftsleiters» anzuwenden.[98] Im Streitfalle müssen sie beweisen, dass sie dies getan haben (§ 116 Satz 1 iVm § 93 Abs. 2 Satz 2 AktG); gelingt dies nicht, haften sie für einen ggf. verursachten Schaden. Dagegen kann man sich in der Weise schützen, dass man den **Rat eines** im Wirtschafts-

92 BGHZ 64, 325 ff. = Mb-Gespr. 1976, 51.

93 Wie hier Köstler u. a. Rn 455; Nagel, S. 154; Pfarr Mb-Gespr. 1976, 53; Reich-Lewerenz AuR 1976, 352; Unterhinninghofen, in: Benze-Föhr u. a. § 25 Rn 47; differenzierend Fitting-Wlotzke-Wißmann § 25 Rn 106; Klinkhammer-Rancke, S. 50 ff.; für grundsätzliche Vertraulichkeit dagegen Lutter, S. 158 f.; Säcker, Informationsrechte, S. 97.

94 Köstler u. a. Rn 555.

95 ErfK-Oetker § 116 AktG Rn 12.

96 So BGHZ 64, 325 ff.; Köstler u. a. Rn 538 ff.

97 Mitgeteilt bei Klinkhammer-Rancke, S. 38.

98 BGHZ 64, 325 ff.; Klinkhammer-Rancke, S. 45; GK-MitbG-Naendrup § 25 Rn 204.

leben erfahrenen **Rechtsanwalts** einholt; hat dieser (z.B. als Experte für Gesellschaftsrecht) keine Bedenken, kann man die Belegschaft informieren. Seine Kosten sind durch das Aufsichtsratsmandat verursacht und deshalb von der Gesellschaft zu tragen. Er unterliegt seinerseits der berufsspezifischen Geheimhaltungspflicht. Im Übrigen ist zu beachten, dass jedenfalls bei unklarer Rechtslage schwerlich Sanktionen gegen ein einzelnes Aufsichtsratsmitglied verhängt werden.[99] Schließlich haben zahlreiche größere Gesellschaften für ihre Organmitglieder eine Haftpflichtversicherung, üblicherweise **D&O-Versicherung** genannt,[100] abgeschlossen; unterblieb dies, ist zu fragen, ob damit die Gesellschaft nicht ihre Pflichten verletzt hat.

### 7.3.5. Einzelfragen

Die Tätigkeit im Aufsichtsrat wird in der Regel **vergütet.** Die Höhe ist sehr 1331
unterschiedlich und kann von einem eher symbolischen Betrag bei kommunalen Eigengesellschaften bis zu 100000 € reichen. Wer auf gewerkschaftlichen Listen kandidiert, muss zuvor eine Erklärung unterschreiben, dass er – grob gesprochen – alle Beträge an die **Hans-Böckler-Stiftung** abführt, die ca. 4000 € übersteigen. Diese finanziert damit mitbestimmungsbezogene Forschungsarbeiten und Stipendien. Wer sein Versprechen nicht einhält, riskiert, ggf. auf Zahlung in Anspruch genommen zu werden; solange es dieses Mittel gibt, wäre ein **Gewerkschaftsausschluss** nach Ansicht des OLG Frankfurt/Main[101] ein unverhältnismäßiges Mittel. Die von den Gewerkschaften vorgeschlagenen Personen können überdies sicher sein, bei der nächsten Wahl nicht wieder benannt zu werden. Bei innerbetrieblichen Aufsichtsratsmitgliedern, die über großen Rückhalt in der Belegschaft verfügen, sind allerdings dauerhafte Auseinandersetzungen denkbar.

Die vorzeitige **Abberufung** von gewählten Aufsichtsratsmitgliedern ist 1332
**möglich**, erfordert aber nach §23 MitbG und nach §12 DrittelbG eine Drei-Viertel-Mehrheit unter den Wahlberechtigten.[102] In der Praxis spielt sie keine Rolle. Die **Kontrollmöglichkeiten durch die Belegschaften** sind relativ begrenzt, da sich die Amtsführung hinter verschlossenen Türen vollzieht und da der einzelne Arbeitnehmer nur selten über die Fachkunde verfügt, um einen Aufsichtsratsbeschluss fundiert kritisieren zu können.[103]

---

99 Vgl. BAG AuR 1974, 380 mit Anm. Hensche.

100 Die Abkürzung bedeutet «Directors' and Officers' Liability Insurance».

101 NZA-RR 2002, 531.

102 Nach §11 MMitbG erfolgt die Abberufung auf Vorschlag der Betriebsräte durch die Hauptversammlung. Ob sie wohl einen übertriebenen Arbeitgeberfreund seines Amts entheben würde? Bei bloßer Untätigkeit wäre es möglicherweise anders.

103 Näher Däubler BlfStR 1976, 184ff.

1333 Sind einzelne Aufsichtsratsmandate nicht besetzt, weil beispielsweise der bisherige Amtsinhaber zurückgetreten ist und kein Ersatzmitglied existiert, so hat das **Landgericht** nach § 104 AktG ein **Mitglied** zu **bestellen**. Dasselbe gilt, wenn zwar Einvernehmen über die Anwendbarkeit des DrittelbG oder des MitbG besteht, eine Wahl aber noch nicht stattgefunden hat: Hier kann das Gericht alle Mitglieder bestimmen, wobei es sich an den Vorschlägen der Beteiligten orientieren wird. Stehen für die beiden Außerbetrieblichen Vertreter von zwei Gewerkschaften zur Verfügung, so kann das Gericht seine Entscheidung auch darauf stützen, dass durch die Beteiligung der Minderheitsgewerkschaft ein ausgewogenes Geschlechterverhältnis hergestellt wird.[104]

## 7.4. Unternehmensmitbestimmung in globalisierter Wirtschaft

### 7.4.1. Die Ausgangslage

1334 Das MitbG erstreckt sich ausschließlich auf Unternehmen, die eine der in § 1 Nr. 1 genannten Rechtsformen aufweisen. Eine **ausländische Tochtergesellschaft** wird als **Gesellschaft des dortigen Rechts** trotz ihrer Abhängigkeit von der inländischen Konzernspitze **nicht einbezogen**. Die bei ihr tätigen Arbeitnehmer werden auch **nicht mitgezählt**, wenn es um die Überschreitung der 500er- oder der 2000er-Grenze oder um die Zahl der Aufsichtsratsmitglieder geht.[105] Im Ausland gelegene **Betriebe eines inländischen Unternehmens** sind gleichfalls aus der Mitbestimmung ausgeklammert; insoweit stimmt die Praxis mit der des Betriebsverfassungsrechts überein.[106] Lediglich entsandte Personen, die weiterhin zu einem inländischen Betrieb gehören, behalten ihr aktives und passives Wahlrecht zum deutschen Aufsichtsrat. Angesichts des verbreiteten Konsenses wird nur **wenig Sorgfalt auf die Begründung** verwendet; dass das völkerrechtliche Territorialitätsprinzip z. B. der Beteiligung an den Aufsichtsratswahlen zur Konzernspitze entgegenstehen soll,[107] ist nicht ersichtlich; es würden in diesem Zusammenhang keine hoheitlichen Handlungen auf fremdem Territorium vorgenommen. Erst recht würden sich ver-

104 BayObLG AG 2005, 350.

105 ErfK-Oetker § 1 MitbG Rn 3; HWK-Seibt § 1 MitbG Rn 7; Köstler u. a. Rn 154.

106 Oben 6.17.2. (Rn 1205 ff.).

107 So statt aller HWK-Seibt § 1 Rn 7.

mutlich die meisten ausländischen Rechtsordnungen nicht dagegen wehren, dass die Beschäftigten in rechtlich unselbständigen Zweigstellen deutscher Unternehmen ihren heimischen Aufsichtsrat mitwählen.[108]

**Vergleichbar national introvertiert** sind **ausländische Rechtsordnungen**. In Deutschland tätige Belegschaften niederländischer, österreichischer oder schwedischer Konzerne haben ihrerseits keine Einflussmöglichkeiten auf die ausländische Konzernspitze. Nur wenn eine inländische Tochtergesellschaft mit mehr als 500 bzw. 2000 Arbeitnehmern existiert, ist diese mitbestimmt. Hat sie wiederum deutsche Töchter, liegt ein sog. Teilkonzern nach § 5 Abs. 3 MitbG vor.[109] Dass es dabei vielleicht **gar nichts mitzubestimmen** gibt, weil alle Entscheidungen im Ausland fallen, wird in Kauf genommen. Auch dass die Mitbestimmung beseitigt werden kann, lässt sich beklagen, aber nicht verhindern. 1335

*Beispiel:* Eine Konzernmutter mit Sitz in England hat eine Tochter-GmbH in Deutschland, die lediglich die Anteilsrechte an drei «operativen» GmbHs hält. Diese haben jeweils 700 Beschäftigte, sodass die Holding-Tochter nach § 5 Abs. 1 mitbestimmt ist. Der englische Boss meint, der deutsche Aufsichtsrat sei eine Art Schwatzbude mit hoch bezahlten Dummköpfen. Er schließt deshalb namens der englischen Mutter mit den drei operativen GmbHs Beherrschungsverträge, die damit direkt von Großbritannien aus dirigiert werden. Die Holding hat zwar weiter Anteile von jeweils 100 %, doch wird die dadurch geschaffene Konzernvermutung nach § 17 Abs. 2 AktG durch die Beherrschungsverträge widerlegt. § 5 Abs. 1 ist nicht mehr anwendbar, die «Schwatzbude» muss zur Freude des Engländers dichtgemacht werden.

Das «Abschneiden» der jeweiligen Mitbestimmungssysteme an der Grenze schien so lange erträglich, als es ja auch die deutschen Unternehmen und die hier gewählten Arbeitnehmervertreter vor unliebsamen Überraschungen bewahrte. In einigen wenigen Fällen grenzüberschreitender Zusammenschlüsse (Daimler–Chrysler; Hoechst–Aventis, Europipe)[110] hat man vertragliche Lösungen gewählt, die zu einer Vertretung auch der ausländischen Belegschaften im Aufsichtsrat geführt haben.[111] 1336

108 Weitere Überlegungen bei Däubler RabelsZ 39 (1975) S. 451 ff.

109 Einzelheiten oben 7.2.5. (Rn 1302).

110 Dazu Seibt AG 2005, 413 Fn 3.

111 Vgl. Seibt AG 2005, 413.

## 7.4.2. Unternehmen ausländischen Rechts mit Sitz in Deutschland?

### 7.4.2.1. Sitztheorie und Gründungstheorie

1337 Das deutsche Recht folgte bisher der sog. **Sitztheorie**. Jede Gesellschaft unterlag dem Recht des Staates, wo sie ihren effektiven Verwaltungssitz hatte. Eine GmbH mit Sitz in Lyon unterlag den französischen Vorschriften, war also eine «SARL», eine AG mit Sitz in Malmö war eine «publikt aktiebolag» des schwedischen Rechts. Was passierte, wenn sich eine Gesellschaft im Land A ins Handelsregister eintragen ließ, aber ihre Geschäfte ausschließlich im Land B tätigte, also dort auch ihren Verwaltungssitz hatte?

*Beispiel:*[112] Eine ins portugiesische Handelsregister eingetragene Gesellschaft tätigt Geschäfte als Subunternehmer auf dem Bau nur in Deutschland. Ihr Sitz liegt also hier, sie unterliegt deshalb dem deutschen Recht. Da sie nicht ins deutsche Handelsregister eingetragen war, hafteten wie bei einer noch nicht abgeschlossenen Gründung die Geschäftsführer nach § 11 Abs. 2 GmbHG persönlich.

Im Ergebnis war man sich einig darüber, dass allein das Recht des Sitzstaates entschied, ob überhaupt eine rechtsfähige Einheit vorlag. Dies hatte die weitere Folge, dass ein deutsches Unternehmen, das seinen **Sitz ins Ausland verlegte**, seine **Rechtsfähigkeit einbüßte**;[113] es musste liquidiert und woanders neu gegründet werden, was im Übrigen zusätzlich noch mit erheblichen steuerlichen Nachteilen verbunden war. Soweit deutsche Unternehmen im Ausland tätig werden wollten, gründeten sie deshalb immer eine Gesellschaft des dortigen Rechts.

1338 Eine Reihe von EG-Mitgliedstaaten sah dies von vornherein anders. So folgten etwa die Niederlande oder Großbritannien der sog. **Gründungstheorie**: Dort, wo die Gesellschaft gegründet und wo sie ins Register eingetragen wird, ist sie «beheimatet»; sie bleibt auch dann eine Gesellschaft z. B. des niederländischen Rechts, wenn sie ihre Geschäfte ausschließlich in Deutschland tätigt. Die deutschen Gerichte hat das im Prinzip nicht interessiert; soweit sie zur Entscheidung berufen waren, wandten sie die Sitztheorie an.

### 7.4.2.2. Die Rechtsprechung des EuGH

1339 Nach Art. 48 in Verbindung mit Art. 43 EG-Vertrag steht nicht nur natürlichen Personen, sondern auch **Handelsgesellschaften** das **Recht** zu, **sich** in jedem ihnen genehm erscheinenden Mitgliedstaat **niederlassen zu können**. Dazu

112 Nach ArbG Wesel AiB 1996, 126.

113 So aus jüngster Zeit OLG Hamm NJW 2001, 2183.

gehören nach Auffassung des EuGH auch Gesellschaften, die in einem Land gegründet wurden, das der Gründungstheorie folgt.[114] Eine niederländische Gesellschaft muss konsequenterweise ihren Sitz nach Deutschland verlegen können, ohne ihre «Staatsangehörigkeit» einzubüßen und sich nach deutschem Recht neu gründen zu müssen.

Im konkreten Fall hatten zwei Deutsche eine niederländische BV (besloten vennootschap = GmbH) mit Namen **«Überseering»** gegründet, die sich anschließend aber ausschließlich in Deutschland geschäftlich betätigte. Nachdem sie ein Geschäftshaus errichtet hatte, verklagte sie einen Bauunternehmer auf Schadensersatz wegen Baumängeln. Die deutschen Gerichte wollten die Klage abweisen, da «Überseering» nicht rechtsfähig sei; es fehle die Gründung nach deutschem Recht und die Eintragung ins Handelsregister. Der BGH fragte jedoch beim EuGH an, ob dies nicht gegen die Niederlassungsfreiheit verstoße. Der EuGH bejahte dies; «Überseering» müsse auch in Deutschland rechtsfähig sein. Auch liege keine Gesetzesumgehung vor; jedem stehe es frei, in dem Mitgliedstaat eine Gesellschaft zu gründen, wo es ihm am sinnvollsten erscheine.[115]

Damit waren die Würfel gefallen. Es gab zwar noch einen Versuch, die Sitztheorie zu «retten»,[116] doch musste der BGH dem EuGH folgen.[117] Inzwischen hat er die **Gründungstheorie** auch **für** eine **US-amerikanische Gesellschaft** anerkannt[118] und auf Gesellschaften aus dem **Europäischen Wirtschaftsraum**[119] erstreckt.[120] Zahlreiche Drittstaaten wie z. B. die Volksrepublik China werden sich auf die Meistbegünstigungsklausel in bilateralen Verträgen berufen können.[121] Ungeklärt ist im Grunde nur noch, ob deutsche Gesellschaften weiter nach der Sitztheorie behandelt werden, also im Falle eines «Wegzuges» nicht mehr vom deutschen Recht erfasst sind und deshalb die Rechtsfähigkeit verlieren.

In hohem Maß unbefriedigend an dem neuen Rechtszustand ist, dass keine 1340
reale, wirtschaftliche Verbindung zu dem Gründungsstaat («genuine link») verlangt wird. Es reicht ein Besuch z. B. beim niederländischen Handelsregister; auch eine so zustande gekommene **«Briefkastenfirma»** kann sich auf die Niederlassungsfreiheit berufen. Damit kann man das **«großzügigste»**

114 So EuGH NJW 1999, 2027 – Centros; EuGH NJW 2002, 3514 – Überseering; EuGH NJW 2003, 3331 – Inspire Art. Auch wenn der Begriff «Gründungstheorie» nicht auftaucht, sind die Aussagen eindeutig.

115 EuGH NJW 2002, 3614.

116 LG Frankenthal NJW 2003, 762.

117 BGH NJW 2003, 1461.

118 BGH NJW 2003, 1607; Rechtsgrundlage ist die Anerkennung US-amerikanischer Gesellschaften durch den Freundschafts-, Handels- und Schifffahrtsvertrag von 1954.

119 Dazu gehören Norwegen, Island und Liechtenstein.

120 BGH ZIP 2005, 1869.

121 Abkommen zwischen der Regierung der Bundesrepublik Deutschland und der Regierung der Volksrepublik China über die Zusammenarbeit auf den Gebieten Wirtschaft, Industrie und Technik, BGBl 2002 II S. 1023, Art. 6 Abs. 2.

**Recht wählen**, das die Gesellschafter schützt, aber die Gläubiger und die Arbeitnehmer (relativ) leer ausgehen lässt. In den USA bot der Staat Delaware Attraktionen dieser Art, weshalb sich sehr viele Gesellschaften dort registrieren ließen.[122]

### 7.4.2.3. Konsequenzen für die Unternehmensmitbestimmung

1341 Von den durch den EuGH eröffneten Möglichkeiten wurde bereits in beträchtlichem Umfang Gebrauch gemacht. «Favorit» war bislang die englische **«Limited»**,[123] was wohl damit zusammenhängt, dass sie anders als die deutsche GmbH kein Mindestkapital voraussetzt. Wir sehen uns also in Deutschland Gesellschaften gegenüber, die nach einem ausländischen Recht «leben». Dies hat zahlreiche Friktionen zur Folge, die von der Behandlung im Handelsregister[124] über die persönliche Haftung der Geschäftsführer[125] bis hin zum sog. Durchgriff auf das Vermögen der Gesellschafter reichen.[126]

1342 Die Anwendung der **Regeln über die Unternehmensmitbestimmung** stößt auf die Schwierigkeit, dass die deutschen Mitbestimmungsgesetze allesamt auf bestimmte Gesellschaftsformen des deutschen Rechts wie AG, GmbH usw. abstellen, sodass sie jedenfalls von ihrem Wortlaut her nicht auf die «Limited» oder die «Besloten Vennootschap» anwendbar sind. Die ganz **herrschende Auffassung lehnt** auch eine **entsprechende Anwendung des MitbG ab**, da dieses die erfassten Unternehmensformen abschließend bestimme und es außerdem schwierig sein könne, die deutsche Unternehmensmitbestimmung in die Strukturen eines ausländischen Gesellschaftsrechts einzufügen.[127] Beides **überzeugt nicht**. Das MitbG enthält aufgrund der Preisgabe der Sitztheorie eine planwidrige, nicht voraussehbare Lücke; es ist deshalb auf solche Gesellschaften ausländischen Rechts entsprechend anzuwenden, die ihrer Struktur nach der AG, GmbH usw. entsprechen. Außerdem greift das DrittelbG wie das MitbG auch in das deutsche Gesellschaftsrecht ein, indem es die an sich nur zwei Organe (Gesellschafterversammlung und Geschäftsführer) kennende GmbH zwingt, einen Aufsichtsrat einzurichten, also von einer «monistischen» zu einer «dualistischen» Struktur überzugehen. Dies hat auch mit ausländischen Gesellschaften zu tun, wäre auch kein übermäßiger Eingriff in die Niederlassungsfreiheit. Die Wahrung von Arbeitnehmerinteressen ist grundsätzlich eine ausreichende Rechtfertigung,

---

122 Zu diesem sog. race to the bottom s. Merkt, US-amerikanisches Gesellschaftsrecht, Heidelberg 1991, Rn 168 ff.

123 Überblick bei Heinz, Die englische Limited, Baden-Baden 2004.

124 Dazu Lutter, in: Ders. (Hrsg.), Auslandsgesellschaften in Deutschland, Köln 2005, S. 1 ff.

125 BGH ZIP 2005, 805.

126 Schall ZIP 2005, 965 ff.

127 Eingehende Nachweise bei ErfK-Oetker, Einf. zum DrittelbG Rn 4.

eine auf gleichartige Unternehmensformen begrenzte **Analogie** hätte **keinen diskriminierenden Charakter**. Mit Recht hat Thüsing darauf hingewiesen, der Gesetzgeber könne ohne Verstoß gegen EG-Recht die Mitbestimmung auf ausländische Unternehmen mit Verwaltungssitz in Deutschland erstrecken.[128] Bei realistischer Betrachtung ist allerdings weder mit einer analogen Anwendung der Mitbestimmungsgesetze durch die Gerichte noch mit einer gesetzgeberischen Initiative zu rechnen.

Gesellschaften ausländischen Rechts können unter diesen Umständen 1343
in Größenordnungen hineinwachsen, die nach deutschem Recht die Beteiligung der Arbeitnehmer im Aufsichtsrat auslösen.[129] Soweit ihr **«Heimatrecht» gleichfalls** eine **Beteiligung der Arbeitnehmer** in den Organen der Gesellschaft kennt, müsste man dem Rechnung tragen. Für wenig mitbestimmungsfreundliche deutsche Unternehmen könnte es nahe liegen, einer im «mitbestimmungsfreien» Ausland gegründeten und nach Deutschland «eingewanderten» Gesellschaft ihren **Geschäftsbetrieb zu überlassen** und sich mit einer Holding-Funktion zu begnügen. Allerdings müsste man in einem solchen Fall wohl **§ 5 Abs. 1 MitbG entsprechend** anwenden, sodass die Arbeitnehmer der Gesellschaft unter ausländischem Recht der «Konzernspitze» zuzurechnen wären. Der Umgehungsversuch bliebe also ohne Erfolg. Anders wäre es allerdings, wenn man die Beherrschungsverhältnisse umkehren und die Gesellschaft ausländischen Rechts zur Konzernspitze machen würde: Der deutsche Aufsichtsrat würde nicht verschwinden, hätte aber nur noch sehr beschränkte Entscheidungsspielräume. Entsprechendes war zwar schon bisher möglich,[130] doch ist es komfortabler, wenn die «ausländische» Zentrale nicht in Luxemburg oder in Dänemark, sondern einen Stock höher sitzt.

Gibt es Gesellschaften ausländischen Rechts mit Verwaltungssitz in 1344
Deutschland, so können sie auch persönlich haftender Gesellschafter einer KG werden. Dies ist schon für den früheren Rechtszustand bejaht worden[131] und in der Gegenwart im Grunde selbstverständlich.[132] Mitbestimmungsrechtlich ergibt sich das Problem, dass **§ 4 Abs. 1 MitbG** auf die **«Ltd. & Co KG»** nicht anwendbar ist, wenn man der herrschenden Meinung zum Anwendungsbereich der Mitbestimmungsgesetze folgt:[133] Die Zurechnung der

128 Thüsing ZIP 2004, 381 ff.

129 Bisher haben Gesellschaften ausländischen Rechts mit Sitz in Deutschland die 500-Personen-Grenze noch nicht erreicht – s. Böckler impuls 2/2006, S. 7.

130 S. oben 7.2.7. (Rn 1309).

131 OLG Stuttgart JZ 1995, 795, 796.

132 Eingehend Schlichte DB 2006, 87 ff. Es handelt sich gewissermaßen um eine «gemischt-nationale» Ehe.

133 Für entsprechende Anwendung Großfeld-Johannemann JZ 1995, 796. Aus der Praxis wird von 11 KGs berichtet, die mehr als 500 Arbeitnehmer beschäftigen und die eine Gesellschaft ausländischen Rechts als persönlich haftenden Gesellschafter haben (Sick, Böckler impuls 2/2006, S. 7).

KG-Beschäftigten zu einem sowieso nicht der Mitbestimmung unterliegenden Unternehmen geht ersichtlich ins Leere.

### 7.4.3. Die grenzüberschreitende Verschmelzung

1345 Das **UmwG** vom 28. Oktober 1994[134] regelt insbesondere die Spaltung und die Verschmelzung von Unternehmen. Nach seinem § 1 Abs. 1 ist es **nur auf Rechtsträger mit Sitz im Inland** anwendbar; nach § 1 Abs. 2 beansprucht es überdies insoweit exklusive Geltung, als andere Formen der Umwandlung einer besonderen gesetzlichen Zulassung bedürfen. Die Verschmelzung zweier Unternehmen aus verschiedenen Mitgliedstaaten der EU ist daher nur in der Weise möglich, dass die eine der anderen ihr Vermögen überträgt, was umständlich und mit erheblichen steuerlichen Nachteilen (insbes. Auflösung und Versteuerung der stillen Reserven) verbunden ist. Versuche, durch eine **«Fusionsrichtlinie»** an diesem schon vor dem UmwG bestehenden Rechtszustand etwas zu ändern, **schlugen Ende der 80er Jahre fehl**;[135] wesentlich hierfür war die Erwägung, dass die Verschmelzung zur Mitbestimmungsflucht verwendet werden könnte.

1346 Eine wesentliche Veränderung kam auch hier durch den EuGH. Im konkreten Fall wollten ein luxemburgisches und ein deutsches Unternehmen fusionieren, wobei das deutsche das «aufnehmende» sein sollte. Das zuständige Gericht lehnte die Eintragung ins Handelsregister wegen Verstoßes gegen das UmwG ab und legte dem EuGH die Frage vor, ob dieser Rechtszustand **mit der Niederlassungsfreiheit vereinbar** sei.[136] Der **EuGH verneinte dies**.[137] Das Recht, sich mit einem anderen Unternehmen zu verschmelzen, sei eine wichtige Modalität der Niederlassungsfreiheit. Diese könne zwar aus zwingenden Gründen des Allgemeininteresses wie dem Schutz der Gläubiger, der Minderheitsgesellschafter und der Arbeitnehmer beschränkt werden, doch sei ein völliger Ausschluss wie im Fall des UmwG nicht möglich. Damit wäre es jedenfalls zunächst möglich, dass zwei Unternehmen in der Weise fusionieren, dass ein «mitbestimmtes» ein nicht mitbestimmtes (z. B. englisches oder irisches) aufnimmt. Die Tatsache, dass der EuGH nur einen Fall des **«Hineinverschmelzens»** nach Deutschland zu entscheiden hatte, schließt nicht aus, dass z. B. ein englisches Unternehmen ein mitbestimmtes

---

134 BGBl I 3210.

135 Zu den damals gewechselten Argumenten Däubler DB 1988, 1850 ff. Zum Entwurf eines Übereinkommens Anfang der 70er Jahre kritisch Koppensteiner RabelsZ 39 (1975) S. 405 ff.

136 LG Koblenz ZIP 2003, 2210.

137 EuGH ZIP 2005, 2311 – Sevic. Dazu Behrens EuZW 2006, 65 und Heuschmid AuR 2006, 121 ff.

deutsches «schluckt» und so von seiner Niederlassungsfreiheit Gebrauch macht.[137a]

Am 26. 10. 2005 wurde die **«Richtlinie 2005/56/EG über die Verschmelzung von Kapitalgesellschaften aus verschiedenen Mitgliedstaaten»** verabschiedet.[138] Ist an der Fusion ein Unternehmen beteiligt, das mehr als 500 Arbeitnehmer beschäftigt und einem nationalen Mitbestimmungssystem unterliegt, so muss ein sog. **besonderes Verhandlungsgremium** gebildet werden, das mit den Leitungen der beteiligten Unternehmen die künftige Vertretung der Arbeitnehmer aushandelt.[139] Kommt innerhalb von sechs Monaten keine Einigung zustande, findet die weitestgehende Mitbestimmung als **subsidiäres Modell** Anwendung, sofern ein Drittel der Arbeitnehmer aller fusionierenden Gesellschaften bereits eine Vertretung im Aufsichtsrat oder einem anderen Unternehmensorgan hatte.[140] Ist dieses Quorum nicht erreicht, kann das besondere Verhandlungsgremium gleichwohl einen entsprechenden Beschluss fassen. Den Mitgliedstaaten steht es frei, auf das subsidiäre Modell zu verzichten, was bei fehlender Einigung zum Scheitern der Fusion führt. Weiter kann jeder Mitgliedstaat die Repräsentanz der Arbeitnehmer in den Unternehmensorganen im subsidiären Modell **auf ein Drittel beschränken**, sofern das «monistische» Modell gewählt, also die Trennung in Vorstand und Aufsichtsrat aufgegeben wird.[141] 1347

Die Richtlinie ist **bis zum 15. 12. 2007 umzusetzen**. Bis zu diesem Zeitpunkt besteht nach der Rechtsprechung des EuGH «Verschmelzungsfreiheit», wobei man sich allerdings fragen muss, ob eine **Flucht aus der Mitbestimmung** nicht gegen allgemeine Grundsätze des Gemeinschaftsrechts verstoßen würde. 1348

## 7.4.4. Die SE

### 7.4.4.1. Die Gründung einer Europäischen Gesellschaft (Societas Europaea – SE)

Schon vor über 30 Jahren gab es Bestrebungen, eine Unternehmensform zu entwickeln, die dem EG-Recht unterliegt, «Freizügigkeit» in der ganzen Ge- 1349

137a Näher zum Diskussionsstand Heuschmid AuR 2006, 121 ff.

138 ABlEG vom 25. 11. 2005, Nr. L 310/1.

139 Das besondere Verhandlungsgremium ist dem bei Errichtung eines EBR vorgesehenen nachgebildet. Dazu oben 6.17.4.1. (Rn 1218 ff.).

140 Einzelheiten im Gesetzentwurf vom Juni 2006 und bei Heuschmid AuR 2006, 184 ff.

141 Weitere Informationen bei Nagel NZG 2006, 97 ff.; Neye ZIP 2005, 1897 f. Zum Ganzen s. auch Koberski, FS Wißmann, S. 474 ff.

meinschaft genießt und die überall nach einheitlichen Regeln funktioniert.[142] Ähnlich wie bei der grenzüberschreitenden Verschmelzung war die Gefahr eines Abbaus der Unternehmensmitbestimmung das wohl wichtigste Argument, zunächst auf diese Organisationsform zu verzichten. Im Jahre 2000 wurde auf dem Gipfel von Nizza jedoch – ein wenig überraschend – eine politische Einigung erzielt. Sie führte zur **SE-VO** vom 8. 10. 2001[143] sowie zu der **SE-Richtlinie** vom selben Tag.[144] Zur Umsetzung beider Rechtsakte wurde das «Gesetz zur Einführung der Europäischen Gesellschaft» vom 28. 12. 2004 (abgekürzt: **SEEG**) erlassen,[145] das am 29. 12. 2004 in Kraft trat. In seinem Art. 1 enthält es das SE-Ausführungsgesetz (abgekürzt: **SEAG**), das handels- und gesellschaftsrechtliche Fragen zum Gegenstand hat.[146] Art. 2 brachte das «Gesetz über die Beteiligung der Arbeitnehmer in der Europäischen Gesellschaft», das sog. SE-Beteiligungsgesetz (abgekürzt: **SEBG**).[147]

1350 Die SE-VO sieht **verschiedene Wege** vor, **wie** eine **SE gegründet** werden kann.

▶ Nach ihrem Art. 2 Abs. 1 kann eine SE durch **Verschmelzung** von mindestens zwei Aktiengesellschaften aus verschiedenen Mitgliedstaaten entstehen. Anders als nach der Fusionsrichtlinie steht diese Möglichkeit nur Aktiengesellschaften offen; auch ist das «Produkt» keine Gesellschaft nationalen Rechts, sondern eine SE.

Im Einzelfall könnte Unsicherheit bestehen, ob beispielsweise eine Gesellschaft des estnischen oder des maltesischen Rechts eine «Aktiengesellschaft» in diesem Sinne ist. Anhang I der SE-VO zählt daher abschließend die Unternehmensformen nach nationalem Recht auf, die unter Art. 2 Abs. 1 fallen.

▶ Nach Art. 2 Abs. 2 SE-VO können AGs und GmbHs des nationalen Rechts eine **gemeinsame Holding-Gesellschaft** in Form einer SE bilden. Die Anteilsrechte an den Gründungsgesellschaften werden in die Holding eingebracht, die eine Art «Konzernspitze» darstellt; Einzelheiten sind in den Art. 32 ff. SE-VO geregelt.

▶ Nach Art. 2 Abs. 3 SE-VO können Gesellschaften sowie andere juristische Personen des privaten oder öffentlichen Rechts, die in zwei verschiedenen

142 Zu den konzeptionellen Überlegungen s. Däubler KJ 1990, 14 ff.; Wißmann RdA 1992, 320.

143 Verordnung (EG) Nr. 2157/2001 des Rates vom 8. Oktober 2001 über das Statut der Europäischen Gesellschaft (SE), ABlEG vom 10. 11. 2001 L 294/ 1 ff., abgedruckt auch bei Manz-Mayer-Schröder S. 872 ff.

144 Richtlinie 2001/86/EG des Rates vom 8. Oktober 2001 zur Ergänzung des Statuts der Europäischen Gesellschaft hinsichtlich der Beteiligung der Arbeitnehmer, ABlEG vom 10. 11. 2001, L 294/22 ff., abgedruckt auch bei Manz-Mayer-Schröder, S. 899 ff.

145 BGBl I 3675 ff.

146 Abgedruckt bei Manz-Mayer-Schröder S. 913 ff.

147 Wiedergegeben und kommentiert bei Nagel-Freis-Kleinsorge.

Mitgliedstaaten ansässig sind, eine **gemeinsame Tochtergesellschaft** in Form einer SE gründen. Einzelheiten ergeben sich aus den Art. 35 ff. SE-VO.

▶ Eine **AG** nationalen Rechts kann sich nach Art. 2 Abs. 4 SE-VO **in eine SE verwandeln**, wenn sie seit mindestens 2 Jahren eine Tochtergesellschaft hat, die dem Recht eines anderen EU-Mitgliedstaats untersteht. Einzelheiten sind in Art. 37 SE-VO geregelt.

▶ Eine einmal **bestehende SE** kann nach Art. 3 Abs. 2 SE-VO **Tochtergesellschaften** in Form einer SE gründen.

Die SE unterliegt dem EG-Recht, wobei die wichtigsten Fragen in der 1351 SE-VO geregelt sind. Soweit sich dort keine Aussage zu einem bestimmten Problem findet, wird nach Art. 10 SE-VO auf das **nationale Aktienrecht des Sitzstaates** zurückgegriffen. Dies ist der Mitgliedstaat, in dem sich die Hauptverwaltung befindet; für die SE gilt also die Sitztheorie.[148] Das subsidiäre Eingreifen des nationalen Rechts kann ein hohes Maß an Rechtsunsicherheit schaffen, da lange unklar sein wird, ob eine bestimmte Frage durch europäisches Recht geregelt ist oder nicht. Die **Gründung einer ausländischen Gesellschaft** oder die Fusion mit einer solchen erscheint unter diesen Umständen sehr **viel attraktiver**. Nach welchen Regeln z. B. eine «Limited» behandelt wird, ist trotz der Unübersichtlichkeit des englischen Rechts zumindest für sachkundige Menschen ermittelbar, während man bei der SE auf Prognosen zur künftigen Rechtsprechung des EuGH angewiesen ist.

Anläufe zur Gründung einer SE waren bis Ende 2005 nur spärlich zu ver- 1352 zeichnen. Ein hohes Maß an Publizität genießt das Vorhaben der **Allianz AG**, durch Fusion mit ihrer italienischen Tochter RAS eine SE zu gründen.[149] Daneben gab es Versuche, sog. **Vorrats-SEs** zu gründen, die zunächst keine geschäftlichen Aktivitäten entfalten, nach Veräußerung der Anteilsrechte an interessierte Dritte jedoch sehr wohl aktiv am Wirtschaftsleben teilnehmen.[150]

### 7.4.4.2. Die Erhaltung der Unternehmensmitbestimmung

Nach **Art. 12 Abs. 2 SE-VO** kann eine **Eintragung** ins Handelsregister **erst** 1353 erfolgen (und die SE damit erst zur Entstehung gelangen), **wenn** die **«Mitbestimmungsfrage»** i. S. der SE-Richtlinie **geklärt** ist. Nach deren Art. 3 und den §§ 4 ff. SEBG wird ein «besonderes Verhandlungsgremium» der Arbeitnehmerseite gebildet. Diesem stehen drei Möglichkeiten zur Verfügung; wird eine davon ausgeschöpft, besteht «grünes Licht» für die Eintragung der SE.

Nach Art. 4 der SE-Richtlinie und § 21 SEBG kann eine Vereinbarung 1354

148 Zur Sitz- und zur Gründungstheorie s. oben 7.4.2.1. (Rn 1337 ff.).

149 S. etwa den Bericht in: Weser-Kurier vom 9. 2. 2006, S. 23. Weitere Einzelheiten auf dem jeweils neuesten Stand unter www.seeurope-network.org.

150 Dazu näher Seibt ZIP 2005, 2248 ff.; Vossius ZIP 2005, 746 ff.

geschlossen werden, die die Einsetzung eines SE-Betriebsrats (vergleichbar dem EBR) sowie die Vertretung der Arbeitnehmer in den Unternehmensorganen regelt. Weiter besteht nach Art. 3 Abs. 6 der Richtlinie und § 16 SEBG die Möglichkeit, mit Zwei-Drittel-Mehrheit zu beschließen, keine Verhandlungen aufzunehmen oder bereits begonnene wieder abzubrechen.[151] Schließlich ist denkbar, dass die in Art. 5 der SE-Richtlinie bzw. § 20 Abs. 1 SEBG vorgesehene Verhandlungsperiode von sechs Monaten abgelaufen ist, ohne dass eine Vereinbarung zustande kam. In einem solchen Fall greift automatisch das im Anhang der SE-Richtlinie vorgesehene und durch die §§ 34 ff. SEBG in deutsches Recht übernommene subsidiäre Modell ein.

1355 Die Verhandlungsprozedur ist der in der EBR-Richtlinie vorgesehenen nachgebildet. Statt der bei normalen Kollektivverhandlungen im Hintergrund stehenden Arbeitsniederlegung droht der Arbeitgeberseite hier eine Regelung, die ihren Wünschen möglicherweise nur wenig entgegenkommt; von daher besteht ein gewisser Zwang zur Einigung.

1356 Das **«subsidiäre» Modell** ist recht **arbeitnehmerfreundlich** ausgestaltet, was mit der Entstehungsgeschichte des in Nizza gefundenen Kompromisses zusammenhängt: Nur durch «großes Entgegenkommen» gegenüber den Gewerkschaften war es möglich, überhaupt einen Konsens über die SE zu finden. Dabei wird zwischen den verschiedenen Arten des Zustandekommens der SE unterschieden:

1357 ▶ Bei einer Bildung durch **Verschmelzung** nach Art. 2 Abs. 1 SE-VO gilt nach § 34 Abs. 1 Nr. 2 SEBG das (weitestgehende) **Mitbestimmungsmodell**, das auf **mindestens 25 % der Arbeitnehmer** der betroffenen Gesellschaften und ihrer Tochtergesellschaften anwendbar ist. Auch soweit diese **Quote nicht erreicht** ist, kann das besondere Verhandlungsgremium die Weitergeltung dieses Modells für die ganze SE **beschließen**.

Eine deutsche und eine irische AG fusionieren zu einer SE mit Sitz in Dublin. Die deutsche AG beschäftigt 600 Arbeitnehmer, sodass das DrittelbG Anwendung findet. Unterstellt, die irische Gesellschaft hat 1500 Beschäftigte, so wären die 25 % überschritten und ein Drittel der Aufsichtsratssitze würde in der Gesamtgesellschaft an die Arbeitnehmerseite fallen. Unterstellt, die irische Gesellschaft hätte 3000 Beschäftigte, könnte das besondere Verhandlungsgremium denselben Effekt dadurch erreichen, dass es einen entsprechenden Beschluss fasst.

Was geschieht, wenn die einzelnen beteiligten Gesellschaften **unterschiedliche Mitbestimmungsmodelle** haben? In den Niederlanden kann beispielsweise die Arbeitnehmerseite unter bestimmten Voraussetzungen ein Veto

151 Die Zwei-Drittel-Mehrheit muss gleichzeitig mindestens zwei Drittel der Arbeitnehmer der geplanten SE repräsentieren, die nicht nur aus einem Mitgliedstaat kommen dürfen. Dazu Köstler, in: Theisen-Wenz, S. 344 ff.

gegen die Bestellung eines neuen Aufsichtsratsmitglieds einlegen. Art. 2 lit. k der SE-Richtlinie und § 2 Abs. 12 SEBG **definiert** die entscheidende Vorfrage, was man überhaupt unter **«Mitbestimmung»** im Sinne des SE-Rechts zu verstehen hat. Mit im Wesentlichen identischem Wortlaut wird bestimmt:

«Mitbestimmung bedeutet die Einflussnahme der Arbeitnehmer auf die Angelegenheiten einer Gesellschaft durch
1. die Wahrnehmung des Rechts, einen Teil der Mitglieder des Aufsichtsrats oder Verwaltungsorgans der Gesellschaft zu wählen oder zu bestellen, oder
2. die Wahrnehmung des Rechts, die Bestellung eines Teils oder aller Mitglieder des Aufsichts- oder Verwaltungsorgans der Gesellschaft zu empfehlen oder abzulehnen.»

Treffen unter den Gründungsgesellschaften der SE zwei oder mehr Mitbestimmungsmodelle zusammen, so entscheidet nach § 34 Abs. 2 Satz 1 SEBG das besondere Verhandlungsgremium, welches dieser Modelle Anwendung findet. Insoweit lässt sich das höchste Mitbestimmungsniveau auf die gesamte SE übertragen.[152]

Wird die SE als **gemeinsame Holding** oder als **gemeinsame Tochtergesellschaft** gegründet, so liegt die **Quote** für das automatische Eingreifen eines Modells nicht bei 25 %, sondern **bei 50 %**. Wird diese nicht erreicht, kann gleichfalls das besondere Verhandlungsgremium einen Beschluss fassen und die ihm angemessen erscheinende Lösung wählen. 1358

Bildet ein Unternehmen **zusammen mit** einer in einem anderen EU-Mitgliedstaat angesiedelten **Tochtergesellschaft** eine SE (Art. 2 Abs. 4 SE-VO), so bleibt nach § 34 Abs. 1 Nr. 1 SEBG die bisherige Beteiligungsform erhalten. In diesem Fall des bloßen Formwechsels ist nach § 16 Abs. 3 ein Verzicht auf eine Vereinbarung und nach § 15 Abs. 5 in Verbindung mit Abs. 3 eine Minderung der Beteiligungsrechte nicht möglich. 1359

Die Gründung einer SE als **Tochtergesellschaft einer SE** (Art. 3 Abs. 2 SE-VO) wird mitbestimmungsrechtlich nicht angesprochen. Man wird davon ausgehen können, dass bei der Gründung der ersten SE in der Vereinbarung für einen solchen Fall Vorsorge getroffen werden muss. 1360

Die Verhandlungsphase ist trotz des am Ende stehenden «Günstigkeitsprinzips» keineswegs sinnlos. Denkbar ist, dass die Arbeitgeberseite die Struktur der Arbeitnehmervertretung mit anderen Fragen wie z. B. einer **langfristigen Garantie bestimmter Standorte** verknüpft. Wegen der Tragweite der Entscheidung verlangt § 15 Abs. 3 SEBG eine Zweidrittelmehrheit im besonderen Verhandlungsgremium, wenn durch die Vereinbarung die **Mitbestimmungsrechte gemindert** werden. 1361

152 § 34 Abs. 2 Satz 2 und 3 SEBG legt fest, was ohne einen solchen Beschluss gilt: deutsches Modell, wenn deutsche mitbestimmte Gesellschaft beteiligt, sonst das Modell, unter das die meisten Arbeitnehmer fallen.

### 7.4.4.3. Die Vorrats-SE

1362 Im SE-Recht nicht ausdrücklich geregelt ist die Frage, ob eigentlich das Eintragungserfordernis nach Art. 12 Abs. 2 SE-VO auch dann besteht, wenn die SE **weder jetzt noch** in absehbarer **Zukunft Arbeitnehmer beschäftigen** will. AG und LG Hamburg haben die Frage bejaht;[153] in der Literatur haben sie dafür Zustimmung gefunden.[154] In der Tat kennt Art. 12 Abs. 2 SE-VO keine Ausnahme; auch ist nie auszuschließen, dass die heute existierende Absicht, keine Arbeitnehmer zu beschäftigen, später einmal revidiert wird. Auch gibt es keinerlei Anhaltspunkte dafür, dass eine Verhandlungspflicht nur dann besteht, wenn die beteiligten Unternehmen einem Modell der Unternehmensmitbestimmung unterliegen.

1363 Probleme können sich dann ergeben, wenn es sich bei den **Gründungsgesellschaften** gleichfalls um **arbeitnehmerlose Einheiten** oder um Kleinunternehmen mit 5 bis 10 Beschäftigten handelt. Im ersten Fall kann man die Gründung der SE mit dem Argument ablehnen, sie könne die Voraussetzungen des Art. 12 Abs. 2 SE-VO niemals erfüllen; nicht anders als beim Mindestkapital liege es an den Beteiligten, die notwendigen Voraussetzungen in Zukunft herzustellen. Im zweiten Fall kommt dieses Argument nur dann zum Tragen, wenn es nicht gelingt, eine genügende Anzahl von Mitgliedern für das besondere Verhandlungsgremium zu finden, oder wenn diese nicht über die nötige Unabhängigkeit verfügen.

Eine französische SARL und eine deutsche GmbH wollen eine SE gründen. Bei der französischen Gesellschaft sind 10, bei der deutschen 8 Arbeitnehmer beschäftigt. Es wird ein besonderes Verhandlungsgremium mit 11 Mitgliedern gebildet, das alsbald beschließt, keine Verhandlungen aufzunehmen, da für eine Unternehmensmitbestimmung kein Bedarf bestehe. Nach der Eintragung in das Handelsregister werden die Anteilsrechte an ein Großunternehmen verkauft, das kurz darauf seinen Geschäftsbetrieb auf die SE überträgt oder sich deren Weisungen unterstellt. Auch ohne solche Aktionen ist denkbar, dass die SE im Laufe der Jahre immer größer wird.

Inwieweit die Gerichte hier von einem Pseudo-Abkommen sprechen würden, kann derzeit nicht prognostiziert werden.[155]

153 ZIP 2005, 2017 bzw. 2018.

154 Seibt ZIP 2005, 2248.

155 Vertiefte Betrachtungen bei Blanke, «Vorrats-SE» ohne Arbeitnehmerbeteiligung, Düsseldorf 2005.

### 7.4.4.4. Spätere Veränderungen

Nach Art. 66 SE-VO steht es der SE frei, sich **in eine Aktiengesellschaft ihres Sitzlandes** zu **verwandeln**. Ein entsprechender Beschluss darf allerdings erst zwei Jahre nach Eintragung der SE oder nach Genehmigung der ersten beiden Jahresabschlüsse gefasst werden. 1364

*Beispiel:*[156] Eine deutsche und eine englische AG fusionieren zu einer SE. Da sich in den Verhandlungen keine Einigung über die Arbeitnehmerbeteiligung erreichen lässt, findet das auf die «deutsche Hälfte» anwendbare MitbG Anwendung. Zwei Jahre und vier Monate später macht die SE von Art. 66 SE-VO Gebrauch und wird zur «public limited company» (plc). Die Arbeitnehmervertreter werden mit den besten Wünschen für ihre Zukunft nach Hause geschickt.

Art. 11 der SE-Richtlinie ermächtigt die Mitgliedstaaten, durch geeignete Maßnahmen zu verhindern, «dass eine SE dazu missbraucht wird, Arbeitnehmern Beteiligungsrechte zu entziehen oder vorzuenthalten». Davon hat der deutsche Gesetzgeber in **§ 43 SEBG** Gebrauch gemacht, allerdings die Fälle des **«Missbrauchs»** auch nicht ansatzweise umschrieben. Man wird daher ein Überwechseln in ein nationales Modell mit weniger oder keiner Arbeitnehmerbeteiligung nur dann akzeptieren können, wenn es dafür gewichtige betriebswirtschaftliche Gründe gibt.[157] Mit Recht wird empfohlen, den Fall der Renationalisierung **in der Mitbestimmungsvereinbarung zu regeln**; von daher hat auch die Arbeitnehmerseite ein Interesse daran, nicht einfach auf das Scheitern der Verhandlungen und den Eintritt des günstigsten Modells zu warten.[158]

Sind «strukturelle Änderungen» der SE geplant, die geeignet sind, Beteiligungsrechte der Arbeitnehmer zu mindern, so sind nach § 18 Abs. 3 SEBG erneut Verhandlungen aufzunehmen. Diese sind Sache des SE-Betriebsrats zusammen mit den Vertretern neu hinzukommender Gesellschaften oder eines neu einzurichtenden besonderen Verhandlungsgremiums. Kommt keine Vereinbarung zustande, gilt in gleicher Weise wie bei der Gründung der SE die der Arbeitnehmerseite günstigste Lösung. Aus dieser Rechtsfolge lässt sich schließen, dass es bei den «strukturellen Änderungen» insbesondere um den Hinzuerwerb von mitbestimmten Gesellschaften[159] oder um eine so starke Personalexpansion geht, dass die zunächst nicht erreichten Grenzwerte für einzelne nationale Mitbestimmungsmodelle überschritten sind. 1365

156 Nach Kübler, FS Thomas Raiser, S. 251 ff.

157 Zum Missbrauchstatbestand s. Nagel, in: Nagel-Freis-Kleinsorge § 43 Rn 4 ff. Skeptisch Kübler, FS Thomas Raiser, S. 257.

158 Freis, in: Nagel-Freis-Kleinsorge § 23 Rn 18.

159 Köstler, in: Theisen-Wenz, S. 371.

*Beispiel:* Der deutsche Unternehmensteil hatte bei der Gründung 550 Beschäftigte; man einigte sich auf eine Drittelbeteiligung. Durch Hinzukauf von Betrieben wächst die Zahl der Beschäftigten in Deutschland auf 2200; Verhandlungen nötig, da unter diesen Umständen auch die Anwendung des MitbG zur Diskussion gestanden hätte.[160]

## 7.5. Perspektiven der Unternehmensmitbestimmung

### 7.5.1. Rechtspolitische Forderungen

1366 Die gemeinsame **Mitbestimmungskommission von Bertelsmann- und Böckler-Stiftung** veröffentlichte im Jahre 1998 einen umfangreichen, viele Aspekte aufgreifenden Bericht,[161] der eine stärkere Anpassung der Unternehmensmitbestimmung an die jeweilige Situation des Unternehmens vorschlug und dabei den Tarifvertrag als geeignetes Mittel empfahl.[162] Eine grundlegende Reform sei angesichts der friedensstiftenden und produktiven Wirkungen von Kooperation und Konsens nicht erforderlich.[163] In der Tat besitzen gerade die großen, auf dem Weltmarkt agierenden deutschen Unternehmen eine voll ausgebaute Mitbestimmung auf Unternehmensebene, ohne dass sich diese als Nachteil erwiesen hätte. Die gemeinsame **Mitbestimmungskommission von BDA und BDI** verlangte in ihrem 2004 veröffentlichten Bericht gleichfalls eine Flexibilisierung im Sinne einer besseren Anpassung an die Spezifik des Unternehmens und des jeweiligen Marktes, wollte allerdings den Arbeitnehmern in Anlehnung an ausländische Regelungen im gesetzlichen Normalfall nur ein Drittel der Aufsichtsratssitze gewähren.[164] Die Regierung Schröder hat eine **«Mitbestimmungskommission»** eingesetzt, die unter dem Vorsitz von Kurt **Biedenkopf** vorhandene Erfahrungen aufarbeiten und ggf. Vorschläge machen soll. Ergebnisse sollen bis Ende 2006 vorliegen. Einstimmige Emp-

---

160 Ähnlich Freis, in: Nagel-Freis-Kleinsorge, § 18 Rn 15. Dort (Rn 10) auch weitere Beispiele für Änderungen, die insbes. der österreichische Gesetzgeber aufgezählt hat.

161 Bertelsmann-Stiftung/Hans-Böckler-Stiftung (Hrsg.), Mitbestimmung und neue Unternehmenskulturen – Bilanz und Perspektiven. Bericht der Kommission Mitbestimmung, Gütersloh 1998.

162 A.a.O., S. 115.

163 A.a.O., S. 17. Zu den ökonomischen Wirkungen der Mitbestimmung s. insbes. Sadowski, Mitbestimmung – Gewinne und Investitionen. Expertise für das Projekt «Mitbestimmung und neue Unternehmenskulturen», Gütersloh 1997; Thannisch AuR 2006, 81 ff.

164 Abrufbar unter www.bda-online.de.

fehlungen würden in die Gesetzgebungsarbeit eingehen; da sowohl Gewerkschaften als auch Arbeitgeberverbände in der Kommission vertreten sind, muss man Veränderungen als wenig wahrscheinlich einstufen.

Die relativ gelassene Reaktion der Politik steht in einem gewissen Gegen- 1367
satz zu den heftigen Angriffen, denen die Unternehmensmitbestimmung von Seiten einzelner Wissenschaftler in jüngster Zeit ausgesetzt war.[165] Die früher im Vordergrund stehenden verfassungsrechtlichen Einwände werden nur noch selten bemüht, nachdem das **MitbG** vom BVerfG schon im Jahre 1979 für **verfassungskonform** erklärt wurde[166] und dies später implizite auch mit dem MMitbG geschah.[167]

## 7.5.2. Vertragliche Veränderungen

Die Anwendung der Mitbestimmungsgesetze kann im Einzelfall den Vorstel- 1368
lungen der Beteiligten zuwiderlaufen. Man ist sich beispielsweise über die Zahl der Wahlberechtigten nicht einig, will aber keine längere gerichtliche Auseinandersetzung führen. Oder man ist der Auffassung, dass der Aufsichtsrat eigentlich am falschen Platz angesiedelt ist.

*Beispiel aus der Praxis:* Die ausländische Konzernmutter hat ihre Beteiligungen an drei deutschen GmbHs in einer Holding zusammengefasst. Dort wird ein Aufsichtsrat nach dem MitbG gebildet, doch ist auch dem zur Anteilseignerseite gehörenden Vorsitzenden nicht recht wohl in seiner Haut: Er hat Schwierigkeiten, Informationen über das operative Geschäft zu bekommen, da vieles entweder in den abhängigen GmbHs oder von der Konzernspitze entschieden wird und daher an ihm vorbeiläuft. Er überzeugt die ausländischen Konzernherrn, es sei besser, den **Aufsichtsrat bei der größten operativ tätigen GmbH** anzusiedeln. Die Arbeitnehmervertreter begrüßen das. Man verständigt sich darüber, dass der Aufsichtsrat der GmbH nach dem MitbG zusammengesetzt wird und dass man den Holding-Aufsichtsrat «einschlafen» lässt, indem sämtliche Mitglieder zurücktreten und niemand einen Antrag auf Neubestellung nach § 104 AktG stellt.

Möglich ist auch, dass beide Seiten über die Drittelbeteiligung nach dem DrittelbG hinausgehen oder den Stichentscheid des Vorsitzenden auf genau bestimmte Ausnahmefälle beschränken wollen. Letzteres findet sich insbesondere in Unternehmen, die von der öffentlichen Hand beeinflusst sind.[168]

---

165 Überblick und Kritik bei Klebe-Köstler, FS Wißmann, S. 444 ff.; Simitis, FS Weiss, S. 219 ff.

166 BVerfGE 50, 290 ff. = NJW 1979, 699; kritisch zu manchen Aussagen Mückenberger, in: Däubler-Küsel (Hrsg.), Verfassungsgericht und Politik, S. 49 ff.

167 BVerfGE 99, 367 ff.

168 Bertelmann-Stiftung und Böckler-Stiftung (a.a.O.), S. 98. Konkrete Fälle sind analysiert bei Nagel-Haslinger-Meurer, Mitbestimmungsvereinbarungen in öffentlichen Unternehmen mit privater Rechtsform, Baden-Baden 2002.

Seibt schätzt die Zahl der Unternehmen, die derartige Abmachungen getroffen haben, auf mehr als 300[169] – eine bemerkenswerte Zahl, wenn man bedenkt, dass Ende 2002 nur 767 Unternehmen dem MitbG unterlagen.[170]

1369 Die rechtliche Zulässigkeit spielt nur eine untergeordnete Rolle, da derartige Veränderungen so gut wie immer im Konsens erfolgen.[171] Eine rechtlich «wasserdichte» Abmachung wird im Grunde nur benötigt, wenn es um die Eintragung ins Handelsregister geht. Bei der **GmbH** wählt man insoweit eine **Satzungsänderung**, bei der AG ist dies wegen § 23 Abs. 5 AktG nicht möglich, da es an einer gesetzlichen Ermächtigung für «Mitbestimmungsvereinbarungen» fehlt. Hier hilft nur der Weg über eine **Stimmbindungsvereinbarung**, wonach einzelne von der Arbeitnehmerseite vorgeschlagene Personen als Vertreter der Anteilseigner in den Aufsichtsrat gewählt werden.[172] Denkbar wäre auch, dass die Gewerkschaft eine Aktie erwirbt und man ihr ein Entsendungsrecht nach § 101 Abs. 2 AktG einräumt.[173] Ein **Verzicht auf die Ausübung des Zweitstimmrechts** des Vorsitzenden dürfte bei der AG nur in der Weise möglich sein, dass der Aufsichtsrat in seiner Geschäftsordnung eine entsprechende Regel festlegt.[174] Die Frage, inwieweit auch eine **tarifliche Verpflichtung zur Satzungsänderung** bzw. zur Stimmabgabe möglich ist,[175] spielt in der Praxis nur dann eine Rolle, wenn eine Aufstockung der Mitbestimmung gegen den Willen der Arbeitgeberseite notfalls durch Arbeitskampf erzwungen werden soll – davon kann in der Gegenwart nicht die Rede sein.

### 7.5.3. Mitbestimmung an Sachentscheidungen?

1370 Die Stagnation, die seit 1976 im Bereich der Unternehmensmitbestimmung eingetreten ist, sollte Anlass sein, nicht nur auf «böse Mitbestimmungsfeinde» zu zeigen, sondern auch nach den Defiziten des bisherigen Systems zu fragen.[176] Dieses zeichnet sich dadurch aus, dass die Arbeitnehmervertreter in das gesellschaftsrechtliche System «integriert» sind, was eine **Bindung an das Unternehmenswohl** und u. U. sogar Beschränkungen in der Wei-

---

169 Seibt AG 2005, 414.

170 S. oben Fn 51. Die Zahl der dem DrittelbG unterfallenden Unternehmen scheint nicht erfasst zu sein.

171 Zum Ausnahmefall Mannesmann s. Blank, FS Weiss, S. 295 ff.

172 BGH AP Nr. 1 zu § 96 AktG; OLG Bremen NJW 1977, 1154; ErfK-Oetker Einf. DrittelbG Rn 7; Köstler u. a. Rn 322.

173 Dies scheint in der Praxis so gut wie keine Rolle zu spielen. Zu weiteren denkbaren Möglichkeiten s. Däubler, Grundrecht, S. 333 ff.

174 Weitergehend Fabricius, FS Hilger und Stumpf, S. 155, 165.

175 Dazu oben 4.8.5. (Rn 373).

176 Dazu insbes. Simitis, FS Weiss, S. 219 ff.

tergabe wichtiger Informationen an die Betriebsräte zur Folge hat.[177] Dass die Arbeitnehmerinteressen gleichrangig neben anderen Interessen in die Unternehmenspolitik eingehen, erscheint nicht gesichert. In der Praxis führt dies dazu, dass auch bei einer reinen Orientierung an kurzfristigen Renditewünschen der Aktionäre («shareholder value») weder rechtlich noch faktisch Korrekturmöglichkeiten bestehen: Eine Klage gegen Vorstandsmitglieder, das Verfolgen des **Shareholder-Value-Ansatzes** sei eine Pflichtverletzung, die zum Schadensersatz führe, hat ersichtlich wenig Aussicht auf Erfolg, das Stimmrecht im Aufsichtsrat gibt keine Vetomacht. Im Ergebnis kann diese Situation dazu führen, dass die Arbeitnehmervertreter für eine Politik mitverantwortlich gemacht werden, die ihren eigenen Vorstellungen und den von ihnen vertretenen Interessen in keiner Weise gerecht wird. Dies schafft enorme **Legitimationsprobleme** und reduziert mittel- bis langfristig das Interesse der Belegschaften an der Unternehmensmitbestimmung. Notwendig wäre eine Unternehmensverfassung, die den Beschäftigteninteressen im Verhalten des Unternehmens einen bestimmten Stellenwert einräumt und die Vertretung im Aufsichtsrat in die Lage versetzt, zu ihrer Realisierung beizutragen, d.h. Kompromisse mit den anderen «stakeholdern» einzugehen.

Solange ein solches Modell nicht zur Verfügung steht, kommt im Prinzip 1371
nur eine **«punktuelle» Einwirkung** auf besonders gravierende Sachentscheidungen des Unternehmens in Betracht. Diese schon an anderer Stelle entwickelte Konzeption[178] stimmt mit der von Simitis befürworteten «problembezogenen Mitbestimmung» überein.[179] Ihre rechtliche Zulässigkeit wurde bereits oben erörtert.[180] In der Praxis kommt sie gegenwärtig so gut wie ausschließlich in Fällen vor, in denen es um eine drohende Verlagerung geht, in denen die Beschäftigten also nur noch wenig zu verlieren haben.[181]

---

177 Dazu oben 7.3.4. (Rn 1326).

178 Däubler, Grundrecht, 1973, S. 66, 68 ff., 334 ff.

179 Simitis AuR 1975, 321 ff. Der Vorwurf, ich wolle auf tarifvertraglichem Wege nur das erreichen, was auch als gesetzliche Regelung zur Diskussion stünde (AuR 1975, 328 Fn 39), beruht ersichtlich auf einem Missverständnis.

180 Oben 4.9.1. (Rn 374 ff.).

181 Zu ihrer gewerkschaftspolitischen Funktion s. Vorauflage unter 7.9.4. (Rn 1373 ff.).

## 7.5.4. Neuprogrammierung des Unternehmensverhaltens?

### 7.5.4.1. Corporate Governance

1372 Als Reaktion auf Bilanzskandale und betrügerisches Verhalten wurden vor einer Reihe von Jahren in den USA, aber auch in den wichtigsten EU-Staaten **«Grundsätze guter Unternehmensführung»** entwickelt, die man üblicherweise mit dem englischen Begriff «corporate governance» bezeichnet. Die Bundesregierung hat eine Kommission eingesetzt, die im Jahre 2003 einen **«Corporate Governance Kodex»** veröffentlichte,[182] der derzeit in der überarbeiteten Fassung vom 2. Juni 2005 gilt.[183] Zahlreiche andere EG-Länder haben vergleichbare Maßnahmen getroffen;[184] die EG-Kommission hat sich bislang mit einer Empfehlung begnügt.[185]

1373 Seinem eigenen Anspruch gemäß enthält der Corporate Governance Kodex **keine verbindlichen Anforderungen** an das Unternehmensverhalten und gehört deshalb zum sog. soft law.[186] § 161 AktG verpflichtet jedoch börsennotierte Gesellschaften, jährlich zu erklären, **ob** sie **den Empfehlungen des Kodex Rechnung getragen** haben und inwieweit dies nicht geschah. Bei Abweichungen wird in der Regel eine Begründung erwartet (**«comply or explain»**), doch besteht keine entsprechende Verpflichtung. Auch fehlt eine Instanz, die nach Art eines Gerichts relativ pauschale Normen konkretisiert. Erwartungen, dass die Nichtbeachtung einzelner oder aller Vorgaben vom Kapitalmarkt «bestraft» würde, haben sich bisher nicht erfüllt.[187] Ungleich wichtiger für die Unternehmensbewertung und die Entwicklung des Aktienkurses ist das **Rating**, das im Wesentlichen in den Händen zweier großer amerikanischer Agenturen liegt.[188]

1374 In der Literatur ist die Überzeugung geäußert worden, Corporate Governance **löse** die **Mitbestimmung als «unternehmensverfassungsrechtliche Leitformel» ab**.[189] Dies ist als politische Entwicklung denkbar, lässt sich jedoch nicht auf zwingende Sachargumente stützen. Corporate Governance und

182 Wiedergegeben in ZIP 2003, 1316.

183 Im Wortlaut abgedruckt in ZIP 2005, 1336.

184 Dazu Förster ZIP 2006, 162 ff.

185 ABl vom 25. 2. 2005, L 52/51.

186 Dazu oben 1.2.6. (Rn 23 c ff.).

187 Nowak-Rott-Mahr ZGR 2005, 252 ff.; Wackerbarth ZGR 2005, 686 ff.

188 Dazu Däubler BB 2003, 429 ff.; Ehlers NJW 2005, 3256 ff. Zu Problemen der wirtschaftlichen Souveränität Däubler NJW 2003, 1096.

189 Teubner, FS Weiss, S. 109.

wirksame Mitbestimmung lassen sich durchaus vereinbaren,[190] sofern man die Stellung der Arbeitnehmervertreter im Aufsichtsrat an die veränderten Umstände anpasst. Dies wird nicht zuletzt an den 2004 neu gefassten OECD-Grundsätzen der Corporate Governance[191] deutlich, die sich in Grundsatz IV C ausdrücklich zur «Entwicklung von Mechanismen der Arbeitnehmerbeteiligung» bekennen.[192]

Der deutsche Corporate Governance Kodex (im Folgenden: **Kodex**) nimmt 1375
die Existenz von Arbeitnehmervertretern im Aufsichtsrat an verschiedenen Stellen zur Kenntnis. Er **verzichtet** allerdings darauf, das **Verhältnis von Arbeitnehmerinteressen und Unternehmensführung** explizit **anzusprechen** und fällt damit hinter das bis 1965 geltende Aktiengesetz zurück, das in seinem § 70 Abs. 1 der Sache nach (und in moderne Terminologie übersetzt) bestimmte:

Der Vorstand hat unter eigener Verantwortung die Gesellschaft so zu leiten, wie das Wohl des Betriebs und seiner Belegschaft sowie das Allgemeininteresse es erfordern.[193]

Die in der Präambel gewählte Formulierung:

«Der Kodex will das Vertrauen der internationalen und nationalen Anleger, der Kunden, der Mitarbeiter und der Öffentlichkeit in die Leitung und Überwachung deutscher börsennotierter Aktiengesellschaften fördern»

stellt kein ausreichendes Äquivalent dar; Streben nach Vertrauen ist weniger zwingende Berücksichtigung als Entscheidungsparameter. Dasselbe gilt erst recht für die vier Absätze später gewählte Formulierung, die Anteilseignervertreter und die Arbeitnehmervertreter seien gleichermaßen dem Unternehmensinteresse verpflichtet.[194] Dieses wird ersichtlich als autonome und übergeordnete Größe begriffen.

Der Text des Kodex ist in der Weise redigiert, dass **Empfehlungen** mit 1376
dem Wörtchen **«soll»** umschrieben werden. Ihre Nichtbefolgung ist im Jah-

---

190 S. Gerum, Mitbestimmung und Corporate Governance, Expertise für das Projekt «Mitbestimmung und neue Unternehmenskulturen», Gütersloh 1998. S. weitere Jackson, Industrielle Beziehungen 2005, 258 ff., wonach Länder mit ausgeprägter Shareholder-Value-Philosophie typischerweise weniger Mitbestimmung kennen; wirtschaftliche Vorteile ergeben sich daraus aber nicht.

191 Abrufbar unter www.oecd.org.

192 In den Erläuterungen heißt es: «Im Zusammenhang mit Corporate Governance können Verfahren für eine auf die Performance-Steigerung abzielende Arbeitnehmerbeteiligung den Unternehmen insofern direkt wie auch indirekt zugute kommen, als sie die Bereitschaft der Arbeitnehmer zum Erwerb firmenspezifischer Qualifikationen erhöhen.» Es geht daher primär um wirtschaftliche Effizienz, nicht um demokratische Strukturen als Eigenwert.

193 Im Original war von «Gefolgschaft» und dem «gemeinen Nutzen von Volk und Reich» die Rede. In der Sache hat sich dadurch nichts geändert, dass § 76 Abs. 1 AktG 1965 keine entsprechende Formulierung enthält (Hüffer, AktG, 5. Aufl. München 2002, § 76 Rn 12 mwN).

194 ZIP 2005, 1336.

resabschluss kenntlich zu machen. Wird dagegen das Wörtchen **«sollte»** oder «kann» verwendet, so handelt es sich um **«Anregungen»**, die man nach Belieben aufgreifen oder übergehen kann.[195] Der Text erwartet einen aufmerksamen und geschulten Leser.

1377 Der Schwerpunkt der Empfehlungen liegt auf mehr Transparenz und **besserer Kontrolle des Vorstands** durch den Aufsichtsrat. Dieser soll darüber hinaus in die Rolle eines Beratungsorgans hineinwachsen, das seine unternehmerischen und sonstigen Erfahrungen in die Entscheidungen einbringt.[196] Für Arbeitnehmervertreter bedeutet dies, dass auch sie über kompetente Zuarbeiter verfügen müssen.[197] Weiter ist ihre Unabhängigkeit vom Management aufrechtzuerhalten; zunächst bestehende Bedenken der amerikanischen Börsenaufsicht sind inzwischen ausgeräumt werden.[198]

1378 **Für die** heutige **Praxis wichtig** ist Ziff. 3.4 des Kodex, wonach der Wirtschaftsprüferbericht den Aufsichtsratsmitgliedern möglichst rechtzeitig vor der Sitzung zugeleitet wird. In mitbestimmten Aufsichtsräten «sollten» (= Anregung) nach Ziff. 3.8 die Vertreter der Aktionäre und der Arbeitnehmer die Sitzungen des Aufsichtsrats jeweils gesondert, ggf. mit Mitgliedern des Vorstands vorbereiten. Schließt die Gesellschaft für die Aufsichtsratsmitglieder eine D&O-Versicherung ab, so «soll» nach Ziff. 3.8 ein angemessener Selbstbehalt vereinbart werden. Dieser müsste der geringeren wirtschaftlichen Belastbarkeit von Arbeitnehmervertretern Rechnung tragen. Ziff. 5.3 lässt eine weitgehende **Delegierung** von Aufgaben **auf Ausschüsse** zu, ohne dass Empfehlungen für deren Zusammensetzung ausgesprochen würden.[199] Fehlt ein Aufsichtsratsmitglied in mehr als der Hälfte der Sitzungen, so «soll» dies im Bericht des Aufsichtsrats vermerkt werden.

1379 In der Präambel wird auch den nicht börsennotierten Gesellschaften empfohlen, den Kodex zu beachten. Ob dem Rechnung getragen wird, ist der veröffentlichten Literatur nicht zu entnehmen.

### 7.5.4.2. Corporate Social Responsibility

1380 Eher im Schatten der Corporate-Governance-Debatte steht die Diskussion um die soziale Verantwortung von Unternehmen. Inhaltlich geht es dabei

195 So die ausdrückliche Erklärung in der Präambel.

196 Oetker, in: Kraushaar-Berg BB-Special 1/2005 S. 16.

197 Zu den Problemen in der heutigen Praxis s. oben 7.3.1. (Rn 1315 ff.).

198 Der sog. Sarbanes-Oxley-Act verlangt, dass die Unternehmensleitung durch unabhängige Instanzen kontrolliert wird. Bei innerbetrieblichen Arbeitnehmervertretern könnte man dies in Zweifel ziehen, doch führt das Behinderungs- und Benachteiligungsverbot sowie der häufig bestehende Kündigungsschutz in der Eigenschaft als Betriebsratsmitglied dazu, dass die Unabhängigkeit nicht mehr in Zweifel gezogen wird.

199 Zur Problematik der Besetzung der Ausschüsse oben 7.3.3. (Rn 1319 ff.).

in der Regel darum, dass Unternehmen neben Umweltstandards auch bestimmte **Arbeitnehmerrechte wahren** sollen. Insoweit handelt es sich um ein «Gegenmodell zu einem verkürzten Shareholder-Value-Denken».[200] Dies ist insbesondere (aber nicht nur) für die Niederlassungen in Entwicklungs- und Schwellenländern von Bedeutung.[201] Dabei haben sich eine Reihe wichtiger «Quellen» herausgebildet, die jedoch normalerweise keinen bindenden Charakter haben, sondern dem **«soft law»** zuzurechnen sind.[202] Gleichwohl kommt ihnen eine gewisse praktische Bedeutung zu.[203]

Den weitesten Verbreitungsgrad dürften die «**OECD-Leitsätze** für multi- 1381
nationale Unternehmen» haben, deren aktuelle Fassung aus dem Jahr 2000 stammt.[204] Sie bezeichnen sich selbst als **«Empfehlungen»** und übernehmen als Basis die sog. Kernarbeitsnormen der ILO, d.h. das Verbot der Kinder- und der Zwangsarbeit, die Achtung von Koalitionsfreiheit und Tarifautonomie sowie die Diskriminierungsverbote in Beruf und Beschäftigung. Allerdings gehen die Leitsätze erheblich darüber hinaus, wenn sie beispielsweise in Nr. 2b des Kapitels über Beschäftigung und Beziehungen zwischen den Sozialpartnern verlangen, dass den Arbeitnehmervertretern die Informationen zur Verfügung gestellt werden, die als Grundlage für konstruktive Verhandlungen über die Beschäftigungsbedingungen erforderlich sind.[205] Wenig bekannt und für die Praxis bisweilen hilfreich ist die Nr. 7, wonach in Tarifverhandlungen **nicht mit** der vollständigen oder teilweisen **Verlagerung einer Betriebseinheit** aus dem betreffenden Land in ein anderes Land **gedroht** werden darf. Verboten ist auch, Arbeitnehmer aus Unternehmensteilen im Ausland umzusetzen, «um hierdurch die Verhandlungen auf unbillige Weise zu beeinflussen oder die Ausübung des Organisationsrechts der Arbeitnehmer zu behindern» – gemeint dürfte hier insbesondere der Einsatz von Streikbrechern sein.

Interesse verdient weiter der von der EG 1977 beschlossene **Verhaltens-** 1382
**kodex für Unternehmen, die im damaligen Apartheid-Staat Südafrika Niederlassungen besaßen**: Sie sollten auch mit den Gewerkschaften der nicht-weißen Arbeitnehmer verhandeln, den Wanderarbeitnehmern speziel-

200 Hauser-Ditz und Wilke, in: DGB (Hrsg.), Corporate Social Responsibility (CSR), S. 6.

201 Überblick bei Kocher RdA 2004, 27 ff., und in BT-Drucksache 15/1103.

202 S. bereits Baade, German Yearbook of International Law 22 (1979) 17 ff.

203 Sehr optimistisch Teubner, FS Weiss, S. 110, der in der ihm eigenen Terminologie von einem «emergenten Rechtsphänomen» spricht. Interessant der Gedanke von Kocher (GRUR 2005, 647, 649), intransparent formulierte Kodizes könnten gegen das Irreführungsverbot des § 5 UWG verstoßen. Ein solcher Versuch der Annäherung an «hard law» ist aber bisher eine absolute Ausnahmeerscheinung (vgl. Arthurs, in: Conaghan u. a., S. 480: at best, a rough approximation to liberal legality). Wer könnte überdies einen multinationalen Konzern davon abhalten, seinen Kodex zurückzunehmen und ihn durch nichts sagende Verlautbarungen zu ersetzen, sobald er effektiv «lästig» wird?

204 Sie sind an zahlreichen Stellen veröffentlicht und hier zitiert nach: Bundesministerium für Wirtschaft und Arbeit (Hrsg.), Wien (o. J.).

205 A.a.O., S. 22.

le Hilfen gewähren und bei der Entlohnung jede Diskriminierung aus rassischen Gründen unterlassen.[206] Seine **Verbindlichkeit** war **zweifelhaft**, da er als «Beschluss» des Ministerrats erlassen wurde, was ein Rechtsakt ohne klare Bindungswirkung ist.[207] Immerhin hatte es Fälle gegeben, in denen die Bundesregierung Ausfuhrgarantien davon abhängig machte, dass das Unternehmen die politischen Zielsetzungen des Kodex bejahte.[208]

Daneben existieren eine Reihe weiterer «Modellregeln», die von der UNO,[209] aber auch von privaten Organisationen stammen.[210]

1383 Zahlreiche Unternehmen haben mittlerweile **«Selbstverpflichtungserklärungen»** abgegeben, in denen sie derartige Muster ganz oder teilweise übernehmen, bisweilen auch eigene Formulierungen wählen. Im Vordergrund stehen Großunternehmen.[211] Wichtigster Grund ist dabei die **Imagepflege**; daneben spielt der Gedanke, die Leistungsfähigkeit des Unternehmens zu steigern, eine erhebliche Rolle. An dritter Stelle wurden bei einer Umfrage ethische Motive des Vorstands sowie eine Verbesserung des Ratings genannt.[212] Dem entspricht es, dass insbesondere verbrauchernahe Unternehmen der Textil- und Sportartikelbranche eine gewisse Vorreiterfunktion haben;[213] sie gehen ein besonders hohes Risiko ein, dass sie wegen unsozialer Praktiken von Verbrauchern gemieden werden.

1384 Die weitestgehenden Regeln enthalten solche Kodizes, die auf **Vereinbarungen mit internationalen Gewerkschaftszusammenschlüssen** oder anderen Arbeitnehmervertretungen beruhen. Man spricht insoweit von «globalen Rahmenabkommen».[214] Ein Beispiel dieser Art stellt die «VW-Sozialcharta» dar, die auf Arbeitnehmerseite vom Weltkonzernbetriebsrat VW sowie vom Internationalen Metallgewerkschaftsbund unterschrieben wurde.[215] Inhaltlich ist insbesondere darauf zu achten, inwieweit **auch Zulieferer einbezogen** sind, da in Entwicklungs- und Schwellenländern häufig gerade sie aus Kostengründen wenig Rücksicht auf Arbeitnehmerrechte nehmen.

1385 Die **praktische Umsetzung** liegt meist in der Hand der Unternehmen

206 Einzelheiten bei Hailbronner RIW 1982, 111.

207 Baade, German Yearbook of International Law 22 (1979) S. 14.

208 Mitgeteilt bei Hailbronner RIW 1982, 111, der dies kritisch diskutiert.

209 Zu nennen insbes. die sog. Global-Compact-Initiative von Kofi Annan. Dazu Kerkow u.a., S. 23.

210 Überblick bei Kocher RdA 2004, 27f.

211 S. die Befragungsergebnisse bei Hauser-Ditz/Wilke, in: DGB (Hrsg.), Corporate Social Responsibility, S. 6ff.; BT-Drucksache 15/1103 S. 5.

212 Umfrageergebnisse bei Hauser-Ditz/Wilke, in: DGB (Hrsg.), Corporate Social Responsibility, S. 7. S. weiter Arthurs, in: Conaghan u.a. S. 478ff., der den Hauptgrund in der vorbeugenden Abwehr von Störungen der Arbeitsprozesse sieht.

213 BT-Drucksache 15/1103 S. 6.

214 Gegenüberstellung der Inhalte bei Kerkow u.a., S. 17.

215 Wiedergegeben in AuR 2002, 343.

selbst.[216] Eine im Jahre 2000 durchgeführte Studie der OECD ermittelte, dass von 246 untersuchten Kodizes nur 10% eine unabhängige Überprüfung von außen her («monitoring») vorsahen.[217] Auf der Grundlage der OECD-Leitsätze sind in vielen Staaten sog. **Nationale Koordinierungsstellen** errichtet worden, die sich um die Umsetzung kümmern sollen und die auch Beschwerden entgegennehmen. Obwohl sie keinerlei Zwangsmittel anwenden können, ist es für ein Unternehmen bisweilen höchst unangenehm, während längerer Zeit in ein solches Verfahren verwickelt zu sein. Dies kann dazu führen, dass man sich im Vergleichswege einigt.[218] Gleichwohl dominieren in der Gegenwart noch immer die Fälle, in denen den Selbstverpflichtungen nicht ausreichend Rechnung getragen wird.[219] In Einzelfällen kann es unlauteren Wettbewerb darstellen, wenn ein Kodex als Werbe- und Vertriebsargument benutzt, dann aber doch nicht eingehalten wird.[220]

---

216 BT-Drucksache 15/1103 S. 6.

217 Kerkow u. a., S. 8.

218 Zur Praxis der beim Bundeswirtschaftsministerium angesiedelten Nationalen Koordinationsstelle (NKS) s. BT-Drucksache 15/1103 S. 3, 5, 7.

219 S. die «Worst-practice»-Beispiele bei Kerkow u. a., S. 32.

220 Kocher GRUR 2005, 648 ff.

# Stichwortverzeichnis

Die Zahlen verweisen auf die Randnummern.

## U